華東政法大學

建校六十周年《法学》创刊五十六周年文丛

总主编／何勤华　杜志淳

法学的历史

第1卷

1956年-1957年

主　编／何勤华

副主编／周伟文　陈颐　李婧

法律出版社
LAW PRESS·CHINA

华东政法大学建校60周年
《法学》创刊56周年文丛
编委会

主 编 简 介

何勤华

1955年3月生，上海市人。北京大学法学博士，留学日本东京大学法学部。现任华东政法大学校长，教授、博士研究生导师。著有《中国法学史》（三卷，2006年）、《西方法学史》（2003年）等作品70余部，在《中国社会科学》、《法学研究》、《中国法学》、《中外法学》、《法学》等刊物发表论文170余篇。

1992年起享受国务院政府特殊津贴。1997年1月起任中国法学会常务理事，2000年4月起任全国外国法制史研究会会长。1999年被评为“中国十大杰出中青年法学家”，2003年被授予“全国优秀留学回国人员”称号，2009年被评为“国家级教学名师”。

副主编简介

周伟文

1956年生，法学硕士，华东政法大学副教授。主要从事外国法制史与西方法律思想史的教学与研究。发表《法律移植和法治》等论文10多篇，主编、参编著作、译著、教材10多部。曾获“申银万国”优秀教师奖。

陈　颐

1977年生，法学博士、博士后，华东政法大学副教授。主要从事外国法律史的教学与研究。在《中外法学》、《比较法研究》、《环球法律评论》等学术期刊发表论文10多篇，出版专著1部，参编著作、教材多部。

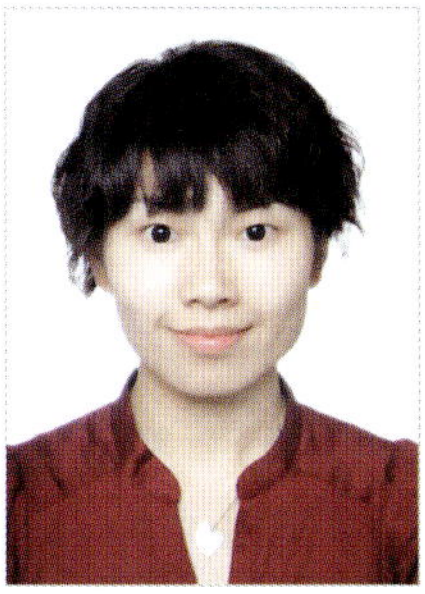

李　婧

1981年生，安徽人。法学博士，华东政法大学讲师。主要从事金融法史、比较金融法的教学与研究。在《政治与法律》、《法制与社会发展》、《法学杂志》、《北方论丛》等刊物发表论文20多篇。主持教育部青年课题、上海市哲学社会科学青年课题、上海市教委课题等多项。

解放思想是法学进步的原动力
（代总序）

1981 年 11 月，由华东政法大学主办的《法学》复刊了。它的复刊，源自 1978 年年底的那场解放思想运动。

回顾新中国 60 多年的历史，我们可以清楚地看到，我们国家的发展，大体可以 30 年为时段分为前后两个阶段。前 30 年，我们党在治理国家的指导思想方面，出现了“左”的倾向。从“批武训传”、批俞平伯的红楼梦研究、批胡风“反革命集团”到 1957 年“反右”运动扩大化、1962 年提出“以阶级斗争为纲”，直至 1966 年爆发“文化大革命”，“左”的思想不断升级，最终导致国民经济濒于崩溃、各项建设事业停滞、学术（包括法学）陷入一片沙漠状态。

1978 年年底，中国共产党召开了十一届三中全会，实行改革开放之国策，社会各界解放思想，因而改变了整个中国的面貌，也迎来了法学研究的春天，导致了《法学》的复刊。自那时以来，我们也已经走过了整整 30 年。在这 30 年中，《法学》在上级部门的领导下，通过全体办刊人的持续努力，紧贴时代发展的脉搏，跟踪社会发展的前沿，及时回应法律界所遇到的热点和难点问题，发表了一大批高水平的作品，对我国的立法、执法和司法实践形成了重要的理论支持，在学术界乃至全社会产生了巨大影响力，推动了改革开放以后中国法律和法学的进步与繁荣。

在回顾总结《法学》30 年历程，探索法学理论与法律实践互动之规律时，我们感受最深的一点就是，解放思想是法学进步、繁荣的原动力，没有中国的改革开放和解放思想，就没有中国法律和法学的今天，更没有《法学》的今天。

一

关于解放思想，邓小平同志有一个定义，就是“解放思想是指在马克思主义指导下打破习惯势力和主观偏见的束缚，研究新情况，解决新问题”。① 这个定义，包含了三个要素：（1）马克思主义的指导，讲的是政治立场和认识论、方法

① 《邓小平文选》（第 2 卷），人民出版社 1994 年第 2 版，第 279 页。

论;(2)打破习惯势力和主观偏见的束缚,这既包括政治体制上的,也涉及其他各个领域里的;(3)研究新情况、解决新问题,就是要跟上社会发展的步伐,与时俱进。因此,在某种意义上可以说,解放思想的精神实质就在于:一是说真话;二是实事求是;三是不唯书、不唯上;四是打破不合理的偏见和传统;五是在理念、观点和制度上创新。

30 年来,《法学》就是贯彻了这一精神,解放思想,不断进步。其中,冲破政治上习惯势力和主观偏见的束缚,提高法学研究在我国政治体制改革中的贡献度,是《法学》首先关注的重点。众所周知,法律与政治紧密相关,法学研究也与社会的政治决策息息相关。要使法学研究对同时代的乃至以后的政治决策有所贡献,必须解放思想。换言之,法学研究在推动社会政治体制改革、回应社会重大政治问题时,如能解放思想、提出有真知灼见的建言建策,就会大大彰显法学研究的贡献。1982 年春天,当我国立法机关将宪法草案提交全国人民讨论时,《法学》月刊社就召集各方面专家,就其内容进行广泛讨论,参与者有徐盼秋、潘念之、肖蔚云、高恭佑、浦增元、孔令望、陈云生、胡土贵、周天平等众多法学界知名人士。各位专家学者解放思想,破除禁忌,充分讨论,各抒己见。《法学》在第 6 期、第 7 期连续刊登了他们的建言建策,对我国宪法内容的确定产生了很大的影响。

1982 年 9 月 1 ~ 11 日,中国共产党第十二次全国代表大会召开,大会通过的新党章明确规定:“党必须在宪法和法律的范围内活动。”但是,如何理解和执行党章的这一规定,许多党员甚至党的领导干部对此还存在许多疑问。当时,许多领导都曾提出了“到底是法大,还是党委大”的疑问;也有领导认为,规定党必须在宪法和法律范围内活动,就会束缚自己的手脚,妨碍开创新局面。针对党的十二大召开后社会上和党内存在的这些想法,《法学》1982 年第 11 期刊登了楚云飞的文章《在宪法和法律范围内活动是党的一项重要原则》,系统阐述了党章这一规定的法理基础,强调我们必须解放思想,充分认识这一规定对推进我们执政党的建设和推动我国社会主义法制发展,全面开创社会主义现代化建设新局面的极其重要意义。

随着 1992 年 10 月 12 ~ 18 日党的十四大提出建设社会主义市场经济的改革目标后,我国市场经济发展迅速,宪法的许多规定就显得落后于客观形势的发展了,但是,真的要提出修宪的主张,在当时还是存在一定风险的。《法学》就在这一点上,以极大的理论勇气,于 1992 年第 12 期,以纪念宪法诞生 10 周年为契机,发表了评论员文章《修宪:市场经济发展的必然要求》。该文指出,修宪问题,无论从宪法学抑或法理学角度来看,应属技术性问题。然而,由于特定的历史条件，重提修宪问题，就不能不在某种程度上引起人们的高度警觉和重视。但是，社会主义市场经济的发展，出现了众多宪法上没有规定的事项。例如，“随着改革开放的不断发展，出现了多种经济形式并存的局面，特别是许多合营、合资、私营企业的出现，能否对这些经济形式进行保护，关系到改革开放能否向纵深发展的问题，而宪法对此并未规定”。同时，改革开放需要合法地出租、转让土地，而这一点也是宪法禁止的。因此，在适应社会主义经济发展和改革开放的历史要求下，1988 年，我们就对宪法进行了修改，允许私营经济形态的存在，以及取消了对土地出租和转让的禁令。现在，改革开放的进程和社会的发展，又一次需要我们对宪法做更大范围的、更大规模的修改，我们应当与时俱进，完成这一历史使命。在发表评论员文章的同时，这一期还刊登了孙潮、戚渊的《论确立市场经济的宪法地位》、李伟的《宪法权威论》、李步云的《不断完善中国人权的保障体系》等文章，对修宪涉及的各个领域的一些重要问题作了阐述。《法学》的这些文章，虽然发表在邓小平同志 1992 年南方讲话之后，但此时在我国，修宪问题还是一个禁区，因此，发表上述言论还是冒了一定政治风险的。

在法理学领域，关于法的定义这一核心问题，在新中国成立的前 30 年，基本上是“阶级斗争论”、“阶级意志论”一统天下。要冲破这一禁区，必须鼓足勇气，在法学理论上来一个大胆的突破。而在这方面，《法学》也走在了全国研究的前列。1986 年，《法学》在第 1 期《新年寄语慰读者》中，率先提出：“科学是没有禁区的，有禁区就不会有发展和深入。法学研究也是如此。”“近年来，我国法制建设和法学研究的现状表明，法学理论的研究正面临着改革和挑战，无论在内容和方法上都亟须有新的突破。”“我们认为，无论是基础法学还是应用法学的研究，都应该把焦点对准现实中涌现出来的或者是历史上没有解决的问题，应该重视和倡导‘问题法学’的研究。”

同期刊登的《中国法制报》政治评论部主任张宗厚的《对法的三个基本概念的质疑》一文，对现行的法的定义中三个核心命题——“法律是阶级社会特有的现象”、“统治阶级意志论”和“阶级性是法的唯一属性”进行了质疑，提出了不同观点，并予以系统阐述。同期还刊登了陈浩然的《对“质疑”的质疑》一文，与张宗厚文中的观点进行了讨论和争辩。《法学》1986 年的《新年寄语慰读者》和张宗厚、陈浩然文章的发表，在我国法学界激起了巨大的冲击波，给我们的思想以极大的震撼。因为直到 20 世纪 80 年代中期，上述从苏联引进的关于法的定义的三个核心命题，是我们熟悉并认为是天经地义的，几乎从未有人提出质疑。而张宗厚的文章则颠覆了我们的传统法学观，其震动不能说不大。而陈浩然的文章，虽然是对张宗厚观点的反质疑，阐述的力度相对小一些，但陈文给学术界带来的推进学术研究“百花齐放、百家争鸣”的贡献，则有目共睹。

在法学研究发展中，一直让我们法律人纠结的就是政治与法律的关系问题。而在阐述法律与政治之关系时，思想最为解放的文章，就是陈鹏生在《法学》1987年第1期发表的《没有法律的政治是危险的政治——法学研究的反思》一文。文中指出：“本来，政治和法律都是上层建筑的组成部分，相互作用，共同为自己的基础服务，是马克思主义的常理。但是，由于高度集权思想的影响，政治被强调到可以冲击，甚至代替一切的荒谬地步。政治与法律相互作用的关系，变成政治决定法律的关系。而按照‘左’的一套理论的逻辑推导，政治就是阶级斗争，阶级斗争就是敌我矛盾。于是服务于并决定于政治的法律，就只能是以阶级性作为自己的唯一的质的规定性，以‘阶级斗争的工具’作为自己的唯一职能了。以法作为自己研究对象的法学，当然也只能是‘阶级斗争’的[学问了]。”

作者认为，这种理论的后果，一方面，使法律失去了自己的独立性，唯政治需要决定自己的兴废存亡：政治安定时，法律成为民主的点缀；政治严峻时，一言可以废法，实际上是以“人治”代替了“法治”。另一方面，也把法律与阶级斗争捆在了一起，使法律与政治一起成为学术讨论和争鸣的禁区，“一旦涉及，就‘以言治罪’，出现‘文笔贾祸’，法学研究也就不复存在”。作者进一步指出：“我们的民主，首先是制度，然后才是干部的思想作风。否则民主就会随领导的喜怒哀乐而变样。因此，要政治民主化，就应该依靠法律制度，保障民主不会因领导人的改变而改变，也不能因领导注意力的转移而改变。我们的法学家，应该通过对法制建设深刻的历史反思，从理论上令人信服地告诉人们千万不要忘记一条历史教训：政治离不开法律，没有法律的政治，是危险的政治、灾难的政治。”因此，为了防止这一点，我们必须研究如何通过法律来保障公民权利义务一致性原则的确立和实施，以及这种意识的形成。

应该说，作者关于“没有法律的政治就是危险的政治、灾难的政治”的观点，不仅是对中国“重政治，轻法律”，崇尚“人治”，轻视“法治”之传统的深刻揭示和批判，而且也阐明了理顺法律与政治的关系，对防止历史悲剧的再次发生、建设社会主义法治的重要意义。应该说，在当时的环境下，没有思想的解放，是不可能有如此大的理论勇气提出这么尖锐和鲜明观点的。[1]

---

① 就在此文发表两年前，谢次昌在“论政治与法律的关系”一文中，还强调“政治与法律相比，政治总是处于主导地位，法律的制定和实施必须服从政治的需要”，载《法学》1985年第5期。

二

解放思想也促进了法学研究在我国经济体制改革中推动作用的发挥。1982年中期，随着我国改革开放的深入，社会主义经济体制转型，经济领域犯罪日益增多且形态各异，尤其是许多正常的经济活动和犯罪行为容易混淆，这对我国的法学理论研究和定罪量刑等都提出了严峻挑战。《法学》解放思想，敢于打破常规，使法学研究及其对司法实践的指导走在了全国的研究前沿。《法学》1982 年第 7 期刊登的一组关于"职工受外单位聘用接受高额报酬是否构成犯罪"的讨论文章，就是突出的一例。

当时，随着打击经济领域犯罪的深入展开，不少单位和群众对一些在职的或退休的职工受外单位聘请、接受高额报酬的行为，向有关机关举发。当时政法机关内部对这类行为到底是否属于犯罪产生了很大分歧。而这种分歧，在 1982 年春上海某区人民法院受理检察机关诉上海某国营工厂的技术人员王某受贿①一案中获得了集中体现。从 1980 年起，王某私下接受外单位（自己的家乡奉贤县钱桥公社橡胶塑料厂）的委托，在业余时间，利用本单位的设备，从事产品试制并获成功。由此给钱桥公社橡胶塑料厂带来了巨大利润，王某也从该厂获取报酬 3800 余元。检察机关认为王某的行为已构成受贿罪，依照《刑法》第 185 条规定，予以公诉，要求惩处。在审判机关内部，有认为该定受贿罪的，有认为该定贪污罪的，有认为该定投机倒把罪的，有认为该定破坏经济秩序罪的，也有认为不该定罪的，等等，不一而足。《法学》抓住这一典型案例，组织专家进行深入讨论，最后一致认为，王某的行为虽有瑕疵，犯有错误，但还未构成犯罪，不该定刑。特别是，在改革开放的大背景下，为加快社会主义现代化建设事业，法律必须引导广大技术人员发挥自己的专长，多为国家做出贡献。而在此过程中，他们的劳动必须得到尊重，必须获得报酬，这不仅不是犯罪，而且是法律应该鼓励的行为。《法学》所发表的专家意见受到了司法机关的重视，不仅王某最终没有被定罪，而且对以后一些在职的或退休的职工受外单位聘请、接受高额报酬行为的评价也发生了良性变化。②

---

① 根据《法学》1983 年第 3 期发表的龚介民的"重视韩琨案件中的法律与政策问题"和张传桢、铁犁的"韩琨案功与罪之争"，载郭道晖、李步云、郝铁川主编：《中国当代法学争鸣实录》，湖南人民出版社 1998 年版，第 285 页。王某的真名是韩琨，上海橡胶制品研究所助理工程师。

② 之后，《法学》还接连讨论了刘亨年、戴振祥等有罪还是无罪的案件。参见《法学》1987 年第 7 ~ 11 期、1988 年第 10 ~ 12 期。

当然,《法学》在经济领域发表学术观点,并有力地冲击了传统法律观点、推动了我国社会主义市场经济体制确立的最有影响力的文章是曹建明、钱富兴、顾长浩、李朝兴所写的《外商租用土地与经营房产业的理论与实践》。① 该文指出:"土地是一种重要资源,也是利用外资、引进技术、进行生产和经营活动的基本条件。""因此,发挥土地经济杠杆在对外开放中的积极作用,实行出租土地给外商从事综合性经济活动,并允许外商在我国购买和经营房产的政策,将涉及我国对外开放中土地和房产两个方面的法律问题,而其中地产业的问题又是最为关键的。""外商租用土地和经营房产业,可在相当的程度上解决开放城市建设资金不足、外汇不平衡的困难。"

文章接着阐述:实行出租土地给外商以及允许外商在我国购买和经营房产的政策,在目前还是一个非常复杂和严重的问题,比如,允许外商租用开放城市的土地,"是否会重演帝国主义在半殖民地旧中国建立租界的悲剧"?作者认为,不会。因为"在对外开放中出租土地给外国投资者,与帝国主义在旧中国的租界是有本质区别的":不仅性质不同,前者是经济活动范围的概念,后者是政治主权的概念,而且产生的原因和条件也不同。作者接着进一步就外商租用我国土地问题的理论依据和法律依据进行分析。比如,出租土地的法律行为并不违背马克思主义的基本理论,也不违反我国的宪法和法律;各国关于外国人租用本国土地的法律制度及其在我国的实践;外商租用土地、经营房产与开放城市经济发展战略的协调;外商租用土地和经营房产业的法规及其协调;等等。

文章刊登后,在全国引起了很大反响。虽然也有一些不同的观点,认为文章提出的主张违反了我国 1982 年《宪法》第 10 条关于"任何组织或者个人不得侵占、买卖、出租或者以其他形式非法转让土地"的规定(因为此时宪法尚未修改),因而是违宪的。② 但大多数学者对文章的观点表示理解、支持和赞赏,认为文章回应了我国改革开放带来的引进外资、迅速发展我国市场经济的实践所提出的实际法律问题,具有重大理论指导意义。1988 年宪法修改,吸收了文章提出的观点,取消了出租和转让土地的禁止条款。文章发表以来,我国经济发展的实践证明了该文的正确以及它的强大生命力,也证明了《法学》思想的解放以及非常的理论勇气和远见卓识。

---

① 参见《法学》1986 年第 7 期。

② 实际上,文章本身已经回答了出租土地给外商是否违宪的问题,文章认为,《宪法》第 10 条并没有禁止"国家"出租土地的行为,只禁止了组织和个人;当时已颁布实施的《中外合资经营企业法》中已经规定了允许出租土地给外商。

三

解放思想也促进了法学学术的进步与繁荣。学术的进步与繁荣,最为重要的就是营造一个有利于学术讨论与学术争鸣的环境和氛围。而这种环境和氛围的形成,必须是在解放思想的前提下,能够说真话,实事求是,不唯书、不唯上,打破不合理的偏见和传统,在理念、观点和制度上创新。在这方面,复刊后的《法学》做得非常好。

比如,在1981年的复刊号上,就发表了华东政法学院院长徐盼秋的《关于社会主义法律与客观规律》一文。在文中,作者解放思想、实事求是,一层一层地分析批判了以往片面夸大意志的作用,要人治,不要法治,权大于法,以言代法等不顾社会发展客观规律的错误观点,明确指出,"利用客观规律来造福于国家和人民是社会主义法律的光荣任务",但我们"要利用客观规律,必须首先掌握客观规律"。作者认为:"社会主义法律必须反映客观规律,但是它并不等于客观规律。""客观世界是不可穷尽的,人们对于客观世界的认识也永远没有完结。所以,人们只能随着对客观规律认识的发展来不断完善社会主义法制。"作者最后指出,社会主义法律,作为社会主义社会上层建筑的一部分,它对客观规律的反映,与上层建筑的其他部分相比,具有自己的突出特点:社会主义法律对客观规律的反映不是以原理、定律等科学理论的形式,而是以法律条文的形式使其规范化;被社会主义法律所反映的客观规律,有国家强制力的保障,这使它本来就具有的客观必然性更加强化,能够加速这种客观必然性的实现;法律对客观规律的反映具有稳定性和严肃性,如果能够坚持以法治国,国家就会以更加符合客观规律的方式获得迅速发展。

与徐盼秋的文章相呼应,《法学》1982年第5期发表了余先予的《论法律自身发展的客观规律》一文,该文将社会主义法律与客观规律的学术探讨进一步引向深入。余文指出:"法律自身发展规律的问题,与法律表现客观规律的问题,是两个不同范畴的问题。前者是指法律这种客观的社会现象的自身发展受哪些客观规律的支配;后者是指法律这种客观事物与其他客观事物之间的关系。为了更好地完善我们的社会主义法制,我们不仅要研究法律与其表现的客观规律之间的关系,而且也要研究法律自身发展的客观规律,使我们的法律既符合客观形势所提出的要求,紧密地为解决党和国家所面临的各项任务服务,又符合法律自身发展的要求,建立完备的社会主义法律体系,真正担当起社会主义时代的历史所赋予法律的任务。"

那么,纵观数千年法律发展的历史,它有哪些规律呢?余先予教授认为,法律自身发展的规律,主要有五个方面:第一,法律制度本身是一种社会的客观存在,它源于物质生活关系,受社会经济条件制约,不是什么人想要就要、想不要就可以不要的东西,也不是可以随心所欲地"创造"的东西。第二,法律都具有鲜明的阶级性,它是取得胜利、掌握政权的阶级意志的体现,是建立和维护有利于统治阶级的社会制度和社会秩序强而有力的杠杆。第三,法律由国家机关制定或认可,以国家强制力为后盾,对全社会具有普遍约束力。第四,法律以肯定的明确的行为规范的形式,给予法律关系的当事人以权利和义务,规定他们可以做什么,不可以做什么。第五,法律制定出来就必须执行,在现实生活中兑现,务求做到有法必依,执法必严,违法必究。

又如,比较法研究,包括法系理论,在新中国成立的前30年,是一个遭受批判的领域,也几乎是一个被人们所遗忘的领域。直至改革开放之后的20世纪80年代初,比较法研究和法系理论依旧被认为是资产阶级的学术观点,是西方资本主义的研究领域。在此时,《法学》解放思想,冲破上述认识的樊笼,在全国率先提出比较法和法系的问题,在王召棠、陈鹏生的《社会主义中国法系初探》①和王召棠、张传桢、陈鹏生的《对中国式社会主义法律体系的探讨》②等文章中,作者旗帜鲜明地提出:"法系不应是资产阶级法学的专用语,而应是整个法学领域中应该着重研究的一个课题。"建立中国社会主义法系,必须肃清重刑轻民的历史影响,必须正确地处理好政治与法律的关系,肃清以政治代替法律、冲击法律的思想影响。应该说,这些观点不仅在当时,即使在目前,也是一种解放思想的观点。

再如,虽然我国于1982年12月通过了新中国的第四部宪法,但宪法理论的研究并没有很好地展开,这当中,除了人们还没有从1966~1976年10年"文化大革命"的噩梦中清醒过来,我国在言论自由方面还没有确立很明确的法治原则(对此,骆伟雄的《言论自由的若干法律问题》一文③有很好的分析)之外,宪法学研究者不能解放思想、缺乏理论勇气也是一个重要原因。对此,我国著名的比较宪法学家龚祥瑞的《中国需要什么样的宪法理论》④一文,勇开先河。龚文认为,宪法意识是从"权力必须受到限制"这个思想出发的。各国宪法规定的限制权力的表现形式可能有所不同,但立宪政府的一个共同信念,就是政府权力不

① 载《法学》1982年第2期。
② 载《法学》1983年第5期。
③ 载《法学》1989年第2期。
④ 载《法学》1989年第4期。

能无限。而宪法就是授予和限制权力的根本法，它规定了立法、行政和司法机关的职责以及彼此的监督和制约，规定了对公民权利的保障，这就是现代宪法的由来。因此，“宪法是治国之法，治官之法，是从崇尚个性解放，保护私有财产，保护人身、言论出版等自由，遏制暴政、苛政，保障公民利益出发的”。“针对权力的先定性和腐化性、侵略性，人们就要用宪法与行政法来约束它、管制它，使之分别由不同主体行使，并置于人民监督之下，这才是我们重新开始要做的。”作者最后指出：“宪法是保护人民利益的根本大法。我们要研究人性中残酷的一面、人间的疾苦的一面，忠诚地以人类追求正义的精神而不懈地积累、更新如何预防权力被人类弱点所滥用的根源、技术和方法，重新开始宪法理论问题的研究。”

重读20多年前文章中这些即使在现在看来思想也是非常解放的观点，我们不得不佩服作者的理论勇气，也不得不佩服《法学》思想的解放。我们认为，龚文的上述观点，对新中国宪法学的研究一定具有长时间的理论指导力和学术影响力。

又如，就我国改革开放之后几次大的法学学术理论探讨，关于开展法学基本理论研究、关于开展社会主义法律体系的讨论、关于社会主义法的本质、法哲学的内涵和价值、①法的阶级性与社会性、宪法司法化、复员军人进法院、“坦白从宽，抗拒从严”的质疑、“婚内强奸”的讨论、法制建设协调发展、②罪刑法定与罪刑相适应的原则、③关于“廉政建设的法律思考”、法学的现状与发展、著名学者论依法治国、“克隆人”与法律、社会主义法的精神、④创新和繁荣法学理论笔谈、⑤《物权法》草案是否“违宪”、检察监督权之探讨、“双规”的合宪性等，《法学》的研讨也都是走在全国前列的。如关于中国社会主义法的体系的讨论，曾

① 如傅季重：“法律哲学研究的对象及其任务”，载《法学》1982年第3期；公丕祥：“也谈重视法哲学的研究”，载《法学》1983年第4期。

② 详细参见《法学》1984年第5～10期、第12期所发文章。

③ 罗平：“同名数罪，毋须并罚”，载《法学》1982年第10期；邹涛：“关于同种数罪及并罚问题”，载《法学》1983年第4期；魏皓奔：“也谈‘罪刑适应’”，载《法学》1983年第7期。

④ 郭道晖在《法学》1994年第10期发表了“社会主义自由——当代社会主义法的精神”，从孟德斯鸠的著作《论法的精神》一书中的思想，谈了“法的精神”的科学含义以及社会主义法的精神的问题。张光博在《法学》1995年第5期上发表了“法的精神与法律精神论略——与郭道晖同志商榷”。郭道晖在《法学》1995年第6期上再发“再论社会主义法的时代精神——答张光博教授”一文，展开了激烈的思想交锋，引起了法学界的关注。

⑤ 参见《法学》1987年第1期至1988年第8期。其中，有些文章探讨的问题在当时都是非常前沿和大胆的，如夏之的“对‘马克思主义法学’提法的商榷”，魏皓奔的“社会主义社会同样产生犯罪”（当时许多人都认为只有资本主义才是产生犯罪的“温床”），崔敏的“客观性也是法的本质属性”，周叶中的“宪法实施：宪法学研究的一个重要课题”，舒国滢的“对法概念之争的思考”，吴家如的“法学研究应从适应型向创造型转变”，杨海坤的“对建立我国行政诉讼制度的思考”，等等。

经是改革开放初期我国法学界热议的课题,《法学》于1983年4月21~29日联合中国社科院法学所,在上海率先举办了关于法律体系和法学体系的专题研讨会。当时的一些法理学大家,如吴大英、沈宗灵、刘瀚、齐乃宽、王传生、陈汉章、余先予积极参加,撰文发言,有力地推动了中国社会主义法律体系和法学体系的形成。

尤其是从1997年起,《法学》在当时的主编郝铁川教授的主持下,连续刊登了一组"建国以来法学界重大事件研究"的文章,其中有《对新中国摧毁旧法制的历史反思》、《"刀把子"风波记》、《无罪推定在新中国的命运》、《1957年错批杨兆龙的"法律继承论"纪实》、《关于80年代"法的社会性和阶级性问题"大论战》、《关于前苏联法对中国法制建设的影响》、《人权禁区是怎样突破的》、《人权研究中的一场风波》、《一场有缺陷的司法改革》、①《"再为司法独立鼓与呼"一文的风波》、《"法权"还是"权利"之争》、《从"法制"到"法治"二十年改一字》、《新中国第一次法理讨论会的回忆与思考》、《五十年代〈法学〉是为何被迫停刊的》、《1996年"晓南"风波纪实》、《1957年的王造时》、《关于更改反革命罪名的风波》、《死刑的限制与扩张之争》、《正当防卫立法的进展与缺憾》、《我们是怎样逐步实现"罪刑法定"的》等。这些文章,后来结集为《当代中国法学争鸣实录》一书,②在湖南人民出版社出版,在法学界引起了很大的反响。

最后,《法学》还非常重视对实务法律问题以及重大疑难案件展开学术研讨,直面社会现实对法学研究提出的要求,并给予法律实践以指导。这方面的例子非常多,如1997年对"碧纯"水侵权案件的研讨,1999年对"枫叶"诉"鳄鱼"不正当竞争案件的研讨,2000年对全国首例老虎袭人致死案件的研讨,对2001年綦江彩虹桥垮塌案件的讨论,2001年深圳中级法院审理之中国首例贞操损害赔偿案件的研讨,对2002年"陆来富案件"的研讨,2003年对"孙志刚案件"的研讨,对2005年"圆明园环评事件"的研讨,2008年年初关于"许霆案"、"孕妇死亡案"、"彭宇案"的讨论,2009年对"杨佳袭警案"、"齐玉苓案"的热议,等等。与此同时,《法学》也积极参与我国的立法活动,组织专家学者就各项法律草案进行学术研讨,对立法活动建言建策。其中最主要的有《立法法》、《行政处罚法》、

---

① 主要指1952年的司法改革运动。这场运动的结果:一是将6000多名旧法人员从我们的审判队伍中全部剔除了出去;二是将"法律面前人人平等"、"司法独立"、"法不溯及既往"、"尊重诉讼程序"等观点全部认定为"旧法观点"而予以彻底批判;三是用马克思主义和毛泽东思想的国家观和法学观武装我们的司法干部。详细参见何勤华:"论新中国法和法学的起步——以'废除国民党六法全书'与'司法改革运动'为线索",载《中国法学》2009年第4期。

② 郭道晖、李步云、郝铁川主编:《当代中国法学争鸣实录》,湖南人民出版社1998年版。

《行政复议法》、《行政许可法》、《公务员法》、《公司法》、《物权法》、《劳动合同法》、《刑法(修正案)》、《刑事诉讼法》、《国家反腐败法》、《能源法》、《水污染防治法》、《反垄断法》、《政府采购法》、《监督法》、《罢工法》等。从而为我国新时期的立法、加快形成社会主义法律体系做出了贡献。

四

《法学》复刊30年的历史证明,一本杂志的进步需要解放思想,一门学术的进步也需要思想解放。这一点不仅仅是《法学》复刊30年的经验和教训,也是它之前的历史透视出来的经验和教训。

《法学》创刊于1956年6月15日。当时,正是中华人民共和国第一部宪法1954年宪法颁布实施、全国法制建设形势一片大好之时,《法学》(1956年创刊号及后面两期刊名为《华东政法学报》)应运而生。从其诞生的第一天开始,它就宣称要解放思想,鼓励学术创新,展开"百家争鸣"。其发刊词称:"'百家争鸣'是推进学术思想的重要精神。不奖励自由思想,不展开自由讨论,没有批评和自我批评,学术上就不会有进步,不会有新生力量。《华东政法学报》将充分体现'百家争鸣'的精神,重视有独立劳动和首创精神的作品,重视'问难析疑、求同存异'的学术争论。"①

正是在上述解放思想的指导方针下,《法学》在其创刊至1958年9月16日被迫停刊,这不到3年的时间内,发表了一批解放思想、极富学术创造力的好文章,如梅泽濬的《哲学上的因果关系及其在刑法中的运用》、②李良的《"百家争鸣"和法律科学》、③刘焕文的《在"百家争鸣"中谈旧法思想》、④杨兆龙的《法律的阶级性和继承性》、⑤孙晓楼的《关于中国法学遗产问题的看法》、⑥黄道的《略论刑事诉讼中的无罪推定原则》、⑦张光博的《关于"公民在法律上一律平等"的

① 载《华东政法学报》1956年第1期。
② 同上。
③ 载《华东政法学报》1956年第2期。
④ 同上。
⑤ 载《华东政法学报》1956年第3期。
⑥ 同上。
⑦ 载《法学》1957年第2期。

意义》、[1]李光灿的《论共犯》、[2]丘日庆的《现阶段国际法的体系》、[3]刘家骥的《谈谈双重国籍问题》、[4]叔思的《对建立我国刑法分则体系的一些意见》、[5]董敬之等的《谈重婚与通奸》[6]等。但到1957年夏天"反右"运动开始、法学界的思想受到禁锢以后,《法学》上也就再没有刊登什么好文章了,甚至登出了黄道被迫写的批判自己无罪推定观点的检讨文章,而中国此时的法制建设和法学研究也基本上处于停顿状态。

法学的历史是这样,其他学科的历史也一样,甚至世界上所有国家的情况都一样。在古代罗马,随着公元426年《学说引证法》(Lex Citationum)的出台,盖尤斯(Gaius,约130~180年)、乌尔比安(D. Ulpianus,约170~228年)、帕比尼安(A. Papinianus,约140~212年)等五大法学家被授予法律解答权(jus responddendi),他们五人的学说观点被认可具有法律效力,而其他法学家则不具有这种权力。百家争鸣的学术环境不再存在时,罗马法学也就失去了学术创造力,日益走向衰弱。中世纪意大利的注释法学派、法国的人文主义法学派、近代欧洲的私法注释学派、第二次世界大战之前的日本民主主义宪法学说等,其走向衰落的重要原因之一,也都是促成这些学派和学说兴盛的解放思想运动日渐衰微。

因此,解放思想是法学进步的原动力:解放思想营造了法学研究领域讲事实、摆道理、说真话这么一种"百花齐放"、"百家争鸣"的环境和氛围,激发了法学研究创造力的勃发,带动了法学方法论的创新,也改变了法学研究的整个面貌。更进一步说,解放思想是法学进步和繁荣的灵魂。应该认识到,在现代社会,包括法学研究在内的科学研究,与现代化生产劳动有着巨大的差异。

一方面,现代化生产劳动(不管是工业生产还是农业劳动)具有重复性,尤其是商业化生产、流水线作业,重复(复制)是其基本特征;而科学研究就不同,它不具有上述特性,它需要每一个项目、每一个专题、每一个观点的创新。如果科学研究不能摆脱重复性,那就是复制,就是模仿,甚至是抄袭,这样的科学研究就没有了原创价值。

---

① 载《法学》1957年第2期。
② 载《法学》1957年第2~3期。
③ 载《法学》1957年第3期。
④ 同上。
⑤ 同上。
⑥ 载《法学》1957年第4期。

另一方面，现代化生产劳动，一般具有集团性、流水作业的性质，这样，才能节约成本，最大限度地利用有限的资源，才具有商业竞争力；而科学研究（尤其是文科研究）不具有这一属性，每一个人大脑里的构思、想法，其他人是无法精确揣摩，也是无法取代的，它完全是个人思考的产物，具有个性化（包括由此带来的多元化）的特征。有没有个性化，是检验学术和科技有没有生命力的首要指标。

因此，科学研究需要解放思想（这么说，并不是否定生产劳动也需要解放思想，而是强调科学研究对解放思想更加具有依赖性，美国苹果公司创始人乔布斯是一个最好的例子），解放思想是科学研究的灵魂，科学研究与解放思想之间的紧密关联，是科学研究发展的规律之一。作为科学研究之重要组成部分的法学研究，当然也无法摆脱，而只能遵循这一规律，《法学》创刊55年、复刊30年的历程已清楚地表明了这一规律。其结论很清楚：遵守这一规律，法学就进步，就繁荣；违背这一规律，法学就退步，就衰微。

《法学》复刊的历史还证明，一个国家、一个民族的进步，也需要解放思想。改革开放30多年我国社会主义各项建设事业的艰难而辉煌的历程表明，什么时候我们的思想解放了，实事求是了，注重理念、观点和制度上的创新了，敢于打破不合理的偏见和传统了，我们的事业就进步；反之，我们的事业就受挫。《法学》复刊30年的历史，只是我们国家改革开放30多年历史发展的一个缩影而已。

本文刊登于2011年第11期《法学》，当时是为纪念《法学》复刊30周年而撰写。此次作为“法学的历史”丛书的代总序，除个别字词之外，没有做大的修改补充。编辑本丛书，基本目的在于纪念华东政法大学成立60周年，以及《法学》创刊56周年，希望通过本丛书，将《法学》（1956年出版的3期称《华东政法学报》）刊登的有影响的文章保存下来，以真实地记录《法学》，更广范围地说也包括了中国法学所走过的曲折道路，了解新中国50多年法学发展的真实面貌，以为中国法学今天的发展繁荣提供历史借鉴。正是基于这一目的，我们在编辑时，对1981年复刊以来的各期，主要是选出比较重要的文章，而对1956~1958年所出的18期（1956年《华东政法学报》共3期，1957年《法学》全年共6期，1958年《法学》1~9月共9期）文章，全文收入，未作删节和修改，以尊重历史真实。

本丛书的出版，得到了法律出版社社长黄闽、财税出版分社社长沈小英以及各位责任编辑的全力支持和帮助。在此，谨表示我们诚挚的谢意。本丛书规模宏大,参与编辑勘校人员众多,错误和疏漏在所难免,对此我们将承担全部责任,也希望广大读者能予以谅解。

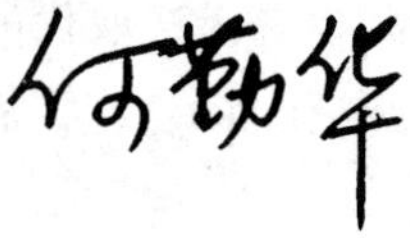

于华东政法大学

2012年8月1日

目 录

1956 年第 1 期

1956年第2期

1956年第3期

1957 年第 1 期

1957 年第 2 期

1957 年第 3 期

1957年第4期

1957年第5期

1957 年第 6 期

1956 年第 1 期

发 刊 词

经过短时间的准备,《华东政法学报》和读者见面了。

这个学报创刊于全国社会主义革命的高潮中,创刊于国家要求人们大力向科学进军的时候,意义是很大的。经济建设的高潮带来了文化的高潮,革命形势的发展,要求理论迎头赶上。这个学报便是响应国家号召,加强政治和法律科学研究的号角。

伟大的中国共产党和工人阶级在其自身的斗争历史中提供了非常宝贵的经验。我国和其他先进国家一起,对推动人类进步和捍卫世界和平的事业,有着很大的贡献。毫无疑义,我国人民的司法建设和司法实践也有着极其丰富的经验。可是如何记录、说明并总结我们的革命实践经验,进行专题研究,创造性地提出我们的政治和法律科学上的成就,以丰富和发展马克思列宁主义的理论,却亟待努力。换句话说,理论跟不上实践。因而加强政治和法律科学的研究,以适应革命实践的需要,使政法理论也能同政法实践一样,赶上世界先进水平,是今天的迫切要求。

根据这个要求,《华东政法学报》将提倡理论联系实际,鼓励学术上的创造性,从实际出发,刊载政治和法律科学的研究作品,介绍政法教学工作和司法实践的经验和总结,组织政治和法律的学术讨论。它愿尽力推动政法研究,为政法研究而服务。

"百家争鸣"是推进学术思想的重要精神。不奖励自由思想,不展开自由讨论,没有批评和自我批评,学术上就不会有进步,不会有新生力量。《华东政法学报》将充分体现"百家争鸣"的精神,重视有独立劳动和首创精神的作品,重视"问难析疑、求同存异"的学术争论。这里发表的文章也未必都是成熟的,我们欢迎大家来讨论和批评。

《华东政法学报》是一个学术性的刊物,但打算从小做起,由低到高。在开始时期,由于我们水平不高,稿件的尺度不能不放宽一些、放低一些。这里除了科学研究的作品以外,也可发表一些通俗论文、学习心得和材料性的习作。除了自己的著作以外,也将介绍和翻译苏联和其他国家在法学上的最新成就。目前来说,我们觉得这样办是适合的。

我院的科学研究工作还在开始阶段,成就有限,现在发行这个学报,是配合上海市哲学社会科学学术委员会筹备委员会关于法学研究的需要,提供为各方面的政法研究者的共同刊物。欢迎各政法院系的师生、各政法业务机关的工作者和其他各方面的政法研究者在这里发表他们的学术成就、工作经验，并通过这里相互交换学术上的意见。

《华东政法学报》创刊了，希望政法阵线的同志们共同加以支持，予以鞭策，使它能够迅速壮大起来，更好地为政治和法律科学的研究而努力！

（1956 年第 1 期）

苏联共产党第二十次代表大会与苏维埃法学的任务

陈中绳[*]译

第二十次党代表大会底世界历史意义在于：它对现代国际局势作了深刻而全面的分析，总结了经济建设、国家建设和文化建设，规定了我国在走向共产主义的道路上进一步发展底远景和任务，创造性地发展了马克思列宁主义理论的许多非常重要的原理。

苏联共产党中央委员会向党的第二十次代表大会所作的总结报告、代表大会所通过的各项决议以及共产党和苏联政府许多领导人的发言，对于也包括苏维埃法学在内的各种社会科学底进一步发展，具有特别重要的意义。上述报告、决议和发言对目前苏维埃法学的情况作了深刻的估计，并提出了许多具有原则性的重要原理，从而创造性地发展了马克思列宁主义关于国家与法的学说。

在代表大会上，我国包括法学在内的各种社会科学底情况受到了严正的批评。苏联共产党中央委员会第一书记赫鲁晓夫在向党的第二十次代表大会的总结报告中指出：整个苏维埃科学无疑是有许多成就的，但是在个别领域中，我国的科学明显地落后于国民经济日益增长的需要了。

谢皮洛夫、苏斯洛夫和米高扬把总结报告中的这一原理应用到各种社会科学上来并加以发展。他们详细地谈到了经济学、哲学、历史学和法学底情况与任务。米高扬说："应该指出，苏联的法学、立法和诉讼准则在苏维埃政权成立的初期，即在列宁在世的时候和他逝世后的若干年内，是按照马克思列宁主义的思想、按照在我们党纲中正确反映出来的无产阶级社会主义法制的原理比较迅速地发展着的。关于以后的时期就不能这样说了，这就引起了苏联共产党中央委员会理所当然的担心，苏联共产党中央委员会认为必须刻不容缓地干预这件事以扭转局面，必须贯彻中央委员会的总结报告中所谈到的列宁的社会主义法则。"①

真的，列宁在世的时候，在他的领导和直接参与之下，苏维埃国家的立法活动有了广泛的开展，马克思主义关于国家与法的学说获得了发展。列宁逝世后头几

---

* 译者单位：华东政法学院（现华东政法大学）。

本文系《苏维埃国家与法》1956年第2期"社论"。

① ［苏］福尔采娃等著：《在苏联共产党第二十次代表大会上的发言》，中央编译局编译，人民出版社1956年版，第128页。

年中的情况也还是如此。但是在后一时期中，国家与法的问题的理论研究就开始落后于社会主义建设发展的需要，而法学促进我国社会主义法制和法律秩序的进一步巩固，也就不够积极了。

如果我们把最近15～20年来法学的发展总结一下，那么事情就会很明显：成绩方面主要是个别法学领域的教科书的编著和为实际工作以及科学工作培养法学干部。至于在总结苏联和各人民民主国家底经验的基础上，来开创巨大的专题研究，从而进一步创造性地发展马克思列宁主义关于国家与法的理论；至于积极协助立法机关完成立法活动，苏联法学家还欠国家一笔很大的债。

这种情况在一定程度上是由跟国家与法的领域方面的科学工作者本身无关的一些原因所引起的。近来，档案材料、统计材料、某些规范性文件和国家机关的实际活动之闭不开放以及立法机关的不完善和落后等，应该是属于上述原因之列的。

但是主要责任还在于科学工作者本人和专门性的法律科学研究机关——苏联科学院法学研究所和苏联司法部全苏法学研究所以及各法学系和法学院底法学教研室本身。

布尔加宁在苏联共产党第二十次代表大会上的报告中说："例如某些科学研究机关和个别科学工作人员多年来毫无成果，这是不能令人容忍的。许多科学研究所和科学工作人员同生产的联系很差。某些科学机关有根深蒂固的自满情绪。在这些科学机关中，换进一些批评和自我批评的新鲜空气，展开一些科学问题的创造性的讨论，也许对事情是有好处的。"①布尔加宁的这一席话，当然也是对上述这些法律科学研究机关说的。

科学院法学研究所和全苏法学研究所在许多最重要的法学理论问题的提出和解决上，至今尚未占领导地位；还没有编著有关国家与法的理论的巨大的专门著作；对于有关法学各具体领域的著作物也出版得太少。在各加盟共和国中，有关国家与法的问题的科学研究工作做得非常不够。在大多数共和国的科学院系统中，没有设置国家与法的专部；在某些共和国（立陶宛苏维埃社会主义共和国和爱沙尼亚苏雄埃社会主义共和国）的科学院中，甚至连原有的专部也被取消了，而乌兹别克苏维埃社会主义共和国科学院竟把国家与法的专部改变成考古学研究所的科级单位了。

至今在科学研究机关和高等法律学校教研室的工作中，还充斥着分散和重叠现象，它们的工作没有保持必要的接触和配合，这就造成科学力量的一定的浪费；往往个别科学团体的力量被花费在对不迫切的问题的研究上了。某些苏联科学院的通讯院士和许多教授与法学博士多年来心平气和地眼看着我国法学的落后现

---

① ［苏］布尔加宁著：《关于苏联共党第二十次代表大会关于1956—1960年苏联发展国民经济第六个五年计划的指示的报告》，中央编译局编译，人民出版社1956年版，第112～113页。

象,却没有写过任何重大的著作,也很少发表文章。这种情况是不能容忍的。

苏联科学院主席团和苏联高等教育部在发展关于国家与法的问题的科学研究工作方面的领导,还嫌薄弱;对它们所管辖的一些法学机关的帮助还很不够,对这些机关的活动也不加监督。

必须特别指出,对于苏维埃法学的发展及其所获成就的利用直接有利害关系的苏联司法部,实质上对这门科学的发展采取了袖手旁观的态度,而不给它应有的影响。不问有关的法律科学研究所和学校单位属于哪些部的系统,苏联司法部都应该要具体地抓它们的工作,深入下去并给予帮助——特别是通过提供有关资料的途径。

法律科学之所以落后的原因之一,就是有关国家与法的问题的科学工作脱离苏维埃国家与法的建设工作的实际,避不提出许多尖锐的政策问题,在法学家之间相当通行的、教条式地和学究式地对待法学问题,不深刻分析和总结苏维埃国家机关各机构的活动而热衷于形式的定义和概念。例如,在法学家之间还在就关于立法和法之间的区别问题进行着完全没有成果也没有必要的争论,被提出来的往往是许多臆想的、没有实际意义的、关于法制和司法等的定义。博士论文和副博士论文获得出版的数量很少这一事实,就是足以证实科学工作脱离苏维埃国家与法的建设上的迫切任务的一个很明显的例子。在大多数场合之下,这种情况是由于以下事实而产生的:许多论文都没有达到应有的理论水平,所包含的是一些对活生生的现象不作分析的抽象的议论,无非是一些人人都知道的、脱离生活的原理底汇编而已。所以,某些论文作者害怕发表论文的这种情况,绝不是偶然的。

苏联共产党中央委员会和党报已经不止一次地指出过:必须消除法律科学工作者活动中的这些严重缺点。虽然如此,我们至今还不能根据那些从共产党和苏维埃国家底政策出发的迫切需要和任务,来组织对于国家与法的问题的科学工作。

广泛流行的个人崇拜在法律科学发展中起着消极作用。法学家们不去深入地总结苏维埃国家与法的实际建设工作,并在这一基础上研究苏维埃法学的迫切问题,却热衷于引经据典,和书呆子式地复述一些个别的、人人都知道的真理(关于苏维埃国家的阶段和职能等),而不敢提出与生活本身底发展相适应的新的原理来。苏联共产党第二十次代表大会关于苏联共产党中央委员会总结报告的决议指出:"中央委员会反对个人崇拜是完全正确的,个人崇拜的流行缩小了党和党员群众的作用、降低了党的集体领导的作用,并且常常给工作带来严重的损失。"①代表

---

① 参见1956年2月25日《真理报》(中译者按:本文作者把2月25日《真理报》上决议原文中的"НаРОднЬIX Масс"误引为"дарТийнЬIX Масс"。故译文中的"党员群众",根据《真理报》原文应译作"人民群众")。《苏联共产党第二十次代表大会关于苏联共产党中央委员会总结报告的决议》,中央编译局编译,人民出版社1956年版,第19页。

大会要求毫不放松地为肃清个人崇拜的残余而斗争，并且在一切实际和科学活动中要以新生活的真正创造者是共产党所领导的人民群众这一原则出发。代表大会这一指示的一贯实现，无疑会在进一步创造性地发展苏维埃国家与法的理论的事业中发挥巨大的作用。

为了使苏维埃法学在建设共产主义社会的斗争中占应有的地位，我们必须克服上述这些重要缺点，坚决改善国家与法方面的全部科学工作，动员和引导全体法学家的力量，研究那些从国民经济发展的需要来看是最迫切、最紧要的国家与法的问题。

苏维埃法学家们还不能彻底克服资产阶级思想意识的影响，尤其是资产阶级思想意识在法的理论的某些专门问题的研究工作中的影响。在这种研究工作中还有这样的现象：不去深刻地揭示苏维埃法的各种制度和概念底社会主义本质，却不加批判地搬用资产阶级的法的范畴。最近，反对资产阶级思想意识的坚决斗争大大地缓和下来了。这是完全不能容许的。我们必须大力加强这一斗争；它必须具有明确的目的性，必须更加深刻，要以对资产阶级各国的事实、事件、文献渊源、规范性文件及其应用的分析为依据，而不要局限于关于帝国主义各国底国家与法的反动本质的那些笼统的词句和宣言。应该在研究这些国家的具体现实的基础上，去揭发资产阶极思想意识的反动本质。评定外国法学家的科学工作，必须采取分别对待的态度。对于那些积极进行和平与民主斗争的法学家底进步观点和进步理论，必须予以支持。

另外，还必须承认，过分夸大安·扬·维辛斯基底科学著作的作用、盲目崇拜他主张的原理、把他的某些原理奉为金科玉律的教条以及那种不能被容许的、对于他的著作中的一些严重缺点闭口不谈的现象，已经对苏维埃法学的发展起了消极的影响。

今后法律科学的发展应该完全服从共产主义建设的实际需要。因此，把苏维埃国家与法的各种科目分为比较直接和明显地与实际有联系的领域和比较不大直接和不大明显地与实际有联系的领域的这种区分，应该认为是不正确的。对于法律科学的一切领域来说，理论与实际的联系都应该是直接而全面的；至于说联系的形式各有不同，那就是另一回事了。如果不深入地联系共产主义建设的实际，整个法律科学的发展是不可思议的。研究和总结实际，对于苏维埃法律科学的一切领域（其中也包括国家与法的一般理论在内）来说，都是同样必要和应该的。对于法学家，正如对于全体苏维埃学者一样，必须以伟大的列宁底下列指示为指导原理："现在最主要的应当是实践，现在已经到了这样的历史关头，这时，理论要变为实践，理论要由实践来鼓舞，要由实践来纠正，要由实践来检阅……"[①]在大力强调实

① 《列宁文选》（两卷集），外国文书籍出版局1950年版，第311页。

践对发展法律科学的意义的同时，也必须为反对点点滴滴的经验主义，反对庸俗的社会学主义，反对对待事实、事件和事例的描述态度而进行斗争。必须记住：不是各色各样的实践都应该加以总结和推广。在阐明实践的时候，要善于揭示社会现象发展底总趋势，预见这一发展的远景，帮助这一发展，并把存在于实践中的一切落后的、陈旧的和错误的东西扬弃掉。

从苏联共产党第二十次代表大会在进一步加强苏维埃社会制度和国家制度、加强工农联盟和苏联各族人民底友谊、发展社会主义民主、改善国家机关以及加强社会主义法制等方面所规定的任务来看，苏维埃法律科学的意义将日益增长起来。米高扬在代表大会上说："……让思想战线上的工作者们知道，党不能容忍他们再落后于生活了。经济学家、历史学家、哲学家和法学家应该同党、同我们的生活步调一致地前进，必须消除科学工作的落后现象，保证创造性地丰富马克思列宁主义。"①

在苏维埃法学工作者必须在最近时期内研究好的许多重大问题之列的，就是巩固和进一步发展社会主义民主的问题。赫鲁晓夫在苏联共产党中央委员会向党的第二十次代表大会所作的总结报告中着重指出，共产主义建设的巨大任务要求劳动人民进一步提高创造的积极性和主动性，要求人民群众广泛参加国家的管理工作，参加我国正在进行的庞大的组织工作和经济工作。也就是说，我们必须大力发展苏维埃民主，消除一切阻碍它全面发展的东西。报告中也指出了：苏维埃工作中有许多严重的缺点，而且有时还直接违背了苏联宪法所规定的规范和原理。

苏联最高苏维埃主席团主席伏罗希洛夫在代表大会的发言中指出：必须进一步改善苏维埃的活动、加强苏维埃与群众的联系、实现苏维埃代表经常向选民做报告的制度、实施苏联宪法关于罢免那些辜负选民信任的代表的规定、经常举行劳动者代表苏维埃会议并在会议上提出和讨论有关经济文化建设以及保健等问题。

因此，在法学家面前就有一项意义重大的任务：使有关苏维埃国家法的理论问题和有关苏维埃建设问题的科学工作进一步积极起来和开展起来。对于苏维埃建设问题的科学研究，过去要比现在重视得多。关于这些问题曾有过科学著作，也出版了两种杂志。此外，也有过为苏维埃机关培养干部的专科学院。在最近苏维埃建设的研究工作和这种干部的培养工作实际上已经结束了。进一步巩固苏维埃国家、加强苏维埃与群众的联系和改善苏维埃对国民经济一切部门的领导等利益，坚决要求在这一领域广泛地开展科学研究工作。

赫鲁晓夫在报告中特别强调了苏维埃国家机关的活动在实现共产主义建设的

---

① ［苏］福尔采娃等著：《在苏联共产党第二十次代表大会上的发言》，中央编译局编译，人民出版社1956年版，第129页。

任务方面的意义。因此，在苏维埃国家法和行政法的科学工作者面前就有这样一个任务：对苏维埃国家机关各机构底活动的多方面的经验进行科学总结，并阐明使之进一步完善的途径和形式。

苏联国家监察部的活动在苏联共产党中央委员会的总结报告中和代表们的发言中都受到了严厉的批评。必须承认：苏维埃法学对国家监察问题、执行情况检查问题、审查劳动人民来信和申诉的工作组织问题以及反对官僚主义和拖拉作风的斗争等问题，至今还是不加研究的。我们必须以苏维埃国家机关的组织与活动的列宁原则为基础，来开展对于这些问题的科学研究。

赫鲁晓夫和伏罗希洛夫各自在总结报告和发言中指出了，苏联共产党中央委员会不论过去和现在是如何重视加强社会主义法制的。苏联共产党中央委员会揭露了下贱而卑鄙的贝利亚匪帮，这个匪帮企图使国家保安机关脱离党和苏维埃政权的监督，把它们放在党和政府之上，并且企图在这些机关中造成目无法纪的专横状态。党的中央委员会发现了对社会主义法制原则的最粗暴的违反和歪曲之后，就在加强社会主义法制和国内法律秩序方面以及改善国家保安机关、法院和检察机关活动方面，采取了许多重大的措施。

在苏联共产党第二十次代表大会关于苏联共产党中央委员会总结报告的决议中，代表大会完全赞同苏联共产党中央委员会在加强苏维埃法制、在严格维护苏联宪法所保障的公民权利方面所实行的措施。

赫鲁晓夫在总结报告中指示说："我们党的、国家的和工会的组织必须保持警惕，捍卫苏维埃法律，必须揭发每一个违反社会主义法制和侵犯苏联公民的权利的人，严厉制止哪怕是最轻微的目无法纪和胡作非为的现象。"①

尽管社会主义法制和法律秩序有着巨大的实际意义和政治意义，但是法学家们以处理有关社会主义法制问题的天才的列宁原理为基础而进行的社会主义法制理论的研究工作，却做得非常差。我国没有一项严肃的专题研究工作是关于那些社会主义法制理论问题以及社会主义法制所由实现的方式方法问题的。赫鲁晓夫和伏罗希洛夫谈到进一步加强社会主义法制的措施的时候，特别强调检察监督的意义。在苏联共产党中央委员会的倡议之下，苏联检察监督条例已经被通过了。伏罗希洛夫说："根据列宁关于苏维埃检察署的作用和任务的指示而制定的条例，是检察机关活动的精确纲领，向它们提出的任务是：在争取苏联的一切机关、主管人员和公民严格遵守法制的斗争中应成为有原则性的和具有不调和的斗争精神的

① ［苏］赫鲁晓夫著：《苏联共产党中央委员会向党的第二十次代表大会的总结报告》，中央编译局编译，人民出版社 1956 年版，第 103 页。

机关。”①

因此,在苏维埃法学家面前产生了一个重要的任务:根据列宁关于苏维埃检察署的组织和活动的原则,对苏联检察监督的许多重要问题进行理论研究。

法律科学工作人员必须深刻而全面地研究并阐明在维护苏联公民的权利和利益的事业中保证法制的各种保障和方法问题,克服苏维埃证据理论中所存在的那些错误原理。安·扬·维辛斯基院士底原理就是这种错误的原理。他底原理否定法院应该就每一个案件确立绝对真实的必要性,容许只根据应归法院评定的这一些事实的盖然性就可以入人之罪②。这种论证是与党和政府关于在侦查、审判和检察机关的活动中必须严格遵守法制的要求背道而驰的。

在侦查机关、审判机关和检察机关的实际活动中有这样的事:只根据被控诉人本人底自白,就认定某些人要对一些重大犯罪行为负担罪责和责任。这一情况是对社会主义法制原则和法律科学基础的一种令人愤恨的违反。

所以,对证据理论问题和苏维埃刑事诉讼理论上的其他重要问题进行深入的科学研究,就在党在维护苏联公民个人权益方面所规定的方案中,获得了特别迫切的意义。

社会主义法制理论问题的科学研究是苏维埃国家与法的理论的各个领域的代表者底事业。并且,关于苏维埃的每一项科学研究工作,首先就应该从这样一个角度来加以评定:它贯彻社会主义法制思想的程度如何,以及它巩固社会主义法制的程度如何。

赫鲁晓夫在代表大会上的报告中说:“还必须指出一点:列宁教导我们,在不同时期,提到首要地位的是马克思主义理论的这个或那个方面。现在,当我们的社会正在提高劳动生产率和解决苏联的基本经济任务而奋斗的时候,提到首要地位的是马克思主义理论的经济方面,是具体经济的各种问题。”③这一原理也同样适用于苏维埃法律科学。苏维埃法律科学应该对我国经济活动及其个别领域的法的调整问题进行深入的研究。在目前苏维埃国家发展的条件下,调整国家经济生活

---

① [苏]福尔采娃等著:《在苏联共产党第二十次代表大会上的发言》,中央编译局编译,人民出版社 1956 年版,第 230 ~ 231 页。

② 维辛斯基写道:“1937 年,我在苏维埃刑事诉讼上的评定证据问题的论文里,曾经保持一种态度,否认要求法院确认绝对真实的适当性和可能性,这是因为‘审判活动底条件使审判员必须不从绝对真实的观点来解决问题,而要人应归法院评定的某种因素底最大限度盖然性的观点(更正确一些应当说:确实性底观点——著者注)来解决问题’。我现在也保持这一观点。要求法院,要使它的判决成为绝对真实底体现,这显然是审判活动条件上不可能完成的任务……”参见[苏]维辛斯基著:《苏维埃法律上的诉讼证据理论》,王之相译,人民出版社 1954 年版,第 236 ~ 227 页。

③ [苏]赫鲁晓夫著:《苏联共产党中央委员会向党的第二十次代表大会的总结报告》,中央编译局编译,人民出版社 1956 年版,第 127 页。

的立法的意义有着空前的高涨。

但是必须承认:苏维埃法律科学现在还没有对工业、运输业、商业及其他经济组织活动的法的调整问题的研究给予应有的重视。在现时,这些问题一部分由民法学代表者在进行研究,一部分由行政法学代表者在进行研究;而不论民法学者和行政法学者,实质上都没有对这些问题进行完全充分的研究。必须指出:民法学家只在有国家管理机关的文件作为发生财产法关系的前提的限度内,才进行这些问题的研究。

从第二十次代表大会的决议来看,我们必须改善对有关组织工业、运输业、商业及其他企业的管理和活动的法的问题的科学研究,并规定调整这种管理和活动的规范在苏维埃法的体系中的地位。

现在,在苏维埃劳动法工作者面前提出了一些非常重要的任务。由于被拟定要在第六个"五年计划"内实施的有关工资、工作日、抚恤金保障、孕假等问题上的那些重要措施,许许多多劳动立法规范的重新审定及法典编纂的工作就非常必要了。

必须指出,直到最近,苏维埃劳动法领域中的科学工作者对本门法学的许多迫切问题的理论研究没有予以应有的注意,还没有就工资、工作日、抚恤保障等问题出版过专题著作。我们必须在最近期内克服这一苏维埃法学的重要领域中所存在的严重的落后现象。

党的第二十次代表大会提出了大力提高各方面农业生产的重大任务,并拟定了实现这一任务的具体途径。

完全根据代表大会对这一问题的决议,为了完成向农业所提出的任务,苏联共产党中央委员会和苏联部长会议在代表大会之后,就立即通过并在1956年3月10日公布了非常重要的决议:《关于农业劳动组合章程及进一步发展集体农庄庄员在组织集体农庄生产和管理劳动组合事务方面的主动性的决议》和《关于集体农庄庄员按月预支及集体农庄中劳动的附加报酬的决议》。这些旨在进一步大力发展集体农庄庄员在劳动组合的公有经济组织中的创造主动性和旨在提高他们对集体农庄生产的物质兴趣的决议的实施,无疑会导致集体农庄的迅速提高。

同时,关于农业劳动组合章程的决议对苏联集体农庄活动的法的调整的制度本身也作了重要的变更。大家认为,二十多年前通过的农业劳动组合示范章程,现在已经不足以包括集体农庄多种多样的生活和活动的一切方面,并且在许多场合下,在最能符合集体农庄具体工作条件的、公有经济的经营办法的确定上,限制了集体农庄的主动性。

苏联共产党中央委员会和苏联部长会议估计到集体农庄乡村中所发生的根本变化,并从进一步发展集体农庄在劳动组合社会生产的组织方面的主动性出发,建议由集体农庄自己根据各集体农庄当地的具体的条件，来补充和修正所通过的农业劳动组合章程。

所以，至今被认为是集体农庄生活的根本法的1935年《农业劳动组合示范章程》，就失去了它原有的法的意义了。今后，每一个个别的集体农庄的农业劳动组合章程连同其修改和补充，在庄员大会上通过并在区执委会进行登记之后，就将成为今后集体农庄活动的根本法了。

集体农庄活动的法的调整中的这一重要变更，在集体农庄和土地法的科学工作者面前提出了非常重要的任务：帮助集体农庄根据苏维埃政权的法律以及党和政府的决议，来调整自己的经济活动。能做到深入地总结许多集体农庄对经济活动进行法的调整的经验，并把这种经验介绍给其他的一些集体农庄去推广的科学研究工作底意义，现在越来越重大了。而且也正是在目前这个时候，土地立法的法典编纂工作，尤其是苏联土地使用要则的拟订工作，获得了特殊的意义。有关集体农庄，机器拖拉机站和国营农场活动的基本的原则规定，应该在苏联土地使用要则中固定起来。从事科学工作的法学家们应该非常积极地参加这些规定的拟订工作。

由于苏维埃国家活动底日益增长的经济组织作用和文化教育作用，苏维埃法在反对人们意识中的资本主义残余的斗争中的教育作用也相应地不断提高。但遗憾的是，苏维埃法学家对苏维埃法底这一个对于提高劳动人民底社会主义的法的意识，以及加强苏联的法制和法律秩序都具有巨大意义的方面，还研究得不够。

苏维埃刑法学家们严重地辜负了国家。例如，像教育方法和强制方法在反对犯罪的斗争中的相互关系、罪责与责任、促使某些犯罪行为完成的原因与条件的辨明、审判政策所由体现的诉讼形式等那样迫切的问题，还没有获得深入的研究。苏维埃刑法学家们还停留在关于人们意识中的资本主义残余是违反法制的原因的这种一般化的讨论上裹足不前，而不去分析审判实践上有关犯人个性及犯罪动机的资料。

刑法及刑诉法学的代表者们应该以苏联共产党中央委员会的指示为指归，认真地研究公众参加反对犯罪的斗争的方式方法。这些指示提到：单靠行政办法而没有群众自己参加是不能削减违反社会主义社会共同生活规则的现象的。必须造成一种气象，使违反行为规范和苏维埃道德原则的人们感觉到社会在对他们进行全面谴责和道义上的抵制。

党的第二十次代表大会所提出的、进一步巩固社会主义法制的任务的实现，是与苏维埃立法的整理工作和进一步完善工作（尤其是苏维埃立法的法典编纂工作）不可分的。伏罗希洛夫在代表大会上的发言中说：一定要加速“起草苏联宪法所规定的法令，这些法令将大大改进我们的立法，将成为进一步巩固社会主义法制的重要手段”。① 本杂志1956年第1期的社论②中已经详细地谈到了法律科学在这一方面的任务。

在现时,关于全苏联立法与共和国立法的相互关系问题,尤其是关于全苏联最高权力机关和共利国最高权力机关在立法及法典编纂方面的管辖界限问题,获得了特别迫切的意义。第二十次代表大会关于“党在民族政策方面一贯依据列宁的这个原理:社会主义不仅不取消民族的差别和特点,相反地,要保证各民族里各部族的经济和文化的全面发展和繁荣”的指示,对上述问题的解决,具有巨大的原则意义。苏联共产党第二十次代表大会关于苏联共产党中央委员会总结报告的决议中说:“党今后在整个实际工作中仍将最仔细地考虑这些特点。”由于加盟共和国在经济和文化建设方面的权利的扩大,由于在加强中央集中的计划原则的条件下同时加强了加盟共和国的主权,所以我们就必须对法律科学中的这一问题的某些见解,采取批判的态度。近来,个别法学家发表了这样一种见解:几乎把苏维埃立法的一切领域,而不仅仅是苏联宪法直接规定的那些领域,都要在全苏联的规模上编纂法典;这些个别的法学者还特别建议颁布一个全苏劳动法典和全苏土地使用法典。这些建议既不根据苏联宪法,也不根据各加盟共和国的宪法,是违反列宁扩大加盟共和国权利的民族政策和民族路线的。

从事国家与法的一般理论的法学家们必须深入地研究社会主义国家与法的发展的规律性,坚决取消在阐明国家与法在社会发展中的作用的时候所采取的肤浅的、平铺直叙的态度,要全力以赴地阐明进一步巩固社会主义国家与法的新道路和新方法。

在赫鲁晓夫的总结报告中和党与政府的其他领导人员的发言中,马克思列宁主义关于由资本主义到社会主义的过渡形式的多样性的学说得到了进一步的、创造性的发展。因此,就在国家与法的一般理论的学者面前提出了特别重要的任务:研究由资本主义到社会主义这一过渡时期中的国家与法的各种可能的形式。为了解决这些问题,就必须深入研究马克思列宁主义经典作家的著作,总结我国、中华人民共和国及其他人民民主国家的国家与法的建设,并研究现阶段个别资本主义国家内工人运动发展的特点。

在社会主义已经成为一个世界体系而各人民民主国家内的社会制度正在顺利地发展和大力巩固的目前的条件之下,在苏维埃国家与法的科学工作者面前就特别尖锐地提出了这样的任务:深入地研究这些国家内丰富而多方面的国家与法的

---

① ［苏］福尔采娃等著:《在苏联共产党第二十次代表大会上的发言》,中央编译局编译,人民出版社1956年版,第230页。

② 《苏维埃国家与法》1956年第1期“社论”,《政法译丛》1956年第3期。

建设经验，以便利用和宣传这一经验。应该承认，就社会主义阵营各国的比较法学编写著作和教材的必要性已经成熟了。

由于东方各族人民底民族解放运动的进一步高涨和他们反帝斗争的加强以及许多亚洲国家（印度、缅甸、阿富汗等）发展道路的特点，对这些国家的国家与法的研究就成为非常迫切的了。但遗憾的是：到最近为止，苏维埃法学几乎还没有注意研究这些国家内所发生的国家与法的改造，许多苏维埃法学家对于上述这些国家的国家与法的性质和特点还是非常模糊的。

除了进一步研究国家与法的一般理论上的诸问题之外，关于苏维埃国家与法的通史的著作的编写工作现在也取得了非常迫切的意义。在第二十次代表大会上已经指出了很不正常的现象：至今还没有一本简明的或是详尽的马克思列宁主义关于十月革命史和苏维埃国家史的教科书，能不加渲染地指出不仅是苏维埃共和国的正面，而且也能全面地指出苏维埃共和国的多方面的生活的教科书。

这一严正的斥责完完全全是针对苏维埃法学而发的。近年来，有关苏维埃国家与法的通史的科学研究工作实际上已经停止开展，至今还没有苏维埃国家与法的通史教科书，在某些高等学校里对于苏维埃国家与法作为一门独立的科学的研究工作已经停顿了——这种情况必须认为是完全不能忍受的。苏联科学院法学院中不设国家与法的通史专部，这一现象也同样应该认为是不正常的。

苏维埃法学家们今后应该在深入研究历史文件、档案材料及说明苏维埃国家与法的多方面的、复杂的发展过程的事实资料的基础上，积极地研究苏维埃国家与法的通史上的各种问题。

苏联共产党第二十次代表大会以现时代可能制止战争的新原理丰富了马克思列宁主义关于社会的科学，并进一步发展了两个体系和平共处的学说。这些问题在赫鲁晓夫的报告中和党与政府的其他领导人员的发言中的解决，乃是创造性地运用和进一步发展马克思列宁主义的伟大学说的卓越的范例。

根据这些原理，就在苏维埃国际法学面前提出了任务：研究现代国际法上有关现代国际关系诸基本问题的各种迫切问题，研究国际法在保证和平共处事业中的作用问题，对国际关系上的基本的国际法原则，首先是著名的五大原则进行理论研究，研究有关联合国机构底活动的国际法问题、争取裁减军备和禁止大规模毁灭性武器的斗争的国际法形式以及其他至今尚未获得充分理论分析的理论问题。

现代国际问题的研究，要求深入认识现代国际活动的事实，仔细观察和研究一些新的过程并在马克思列宁主义理论原理的基础上深刻而全面地阐明这些过程——发生于国际关系和国际法中的那些过程。国际关系和国际法正处在由于世界社会主义体系的形成和人民群众在发展国际法方面所起的作用的加强而发生了变化的新局势之中。

我们的国家是拥有足够的有修养的法学干部去完成这些刻不容缓的、发展苏维埃法学的任务的。苏维埃法学的进一步发展以及苏维埃法学之顺利完成苏联共产党的第二十次代表大会所提出的任务,就要看这些干部将如何充分地把自己的力量和知识贡献给国家与法的活动中的新事实、事件和现象的研究工作及其全面总结工作而定了。

必须更大胆地吸收最有修养的检察院、法院以及其他国家机关的各机构的实际工作人员,来积极参加有关国家与法的问题的科学工作。这些机关的领导人应该在这方面以身作则,列宁在世时和列宁逝世后头几年内的情形就是这样的。经验表明,苏维埃国家机关的实际工作者的积极参加法的问题的理论研究,能提供非常有效的成绩,而且也是实现科学联结实际的最有效的形式之一。

另外,也必须有尽可能多的法律科学工作者参加苏维埃国家机关的各个实际机构,这样做无疑能提高这些机构的实际活动的质量。

有了有修养的法律科学工作干部并不就可以因而取消培养新干部的任务了。但是正如布尔加宁在代表大会上所说的,必须改善科学干部培养工作的质量,要通过研究生制度来显著地改进培养科学干部的工作,对学位、学衔的授予要提高要求,总之,要使这一重要事业有条不紊。

不能再跟这种情况妥协了:科学研究所和高等法律学校教研室被无所事事的人和不能从事创作的人当做庇身之处,这些机关的领导人应该坚决地把这种人从科学工作者的队伍中清洗出去。布尔加宁特别强调,为了吸收有才能的工作人员来参加科学工作,并且解除科学研究机关中那些多年来未曾作出有用的、有实际价值的研究结果的人的工作,应当在各科学研究所中进行定期的选拔考试,以调整科学工作人员的职位。各科学研究所的党组织应该在研究所内的创作气氛的造成上,发挥特别重要的作用。

在评定整个苏维埃法学情况的同时,也应该承认,《苏维埃国家与法》杂志的工作虽然近来已经有所改善,但是仍然没有充分地完成它的使命,杂志给予发展苏维埃法学的影响还很不够;最迫切的问题的提出并就这些问题展开讨论的组织工作做得还差;对科学研究机关和高等法律学校以及个别学者几乎不加批评。此外,在杂志的篇幅上还进行过这样一种讨论:在讨论的过程中一些烦琐的、主观臆想出来的、没有生活意义的原理被提了出来。杂志上常登载一些晦涩的、不论对理论和对实际都一无贡献的文章;这些文章书呆子式地复述了一些尽人皆知的真理,而所用的语调往往又像是在发表宣言似的。

杂志的编辑部应该从苏联共产党第二十次代表大会的决议中得出严肃的结论,提高所发表的文章的质量,进一步地不仅把科学工作者而且也把最有才能的实际工作者吸收进来参加杂志,从而根本改善这一出版机关的工作。

苏维埃法学家如同全体苏维埃人民一样,非常热情地迎接了苏联共产党第二十次代表大会的各项历史性的决议。毫无疑问,苏维埃法学家们一定会从法律科学在党的第二十次代表大会上所受到的这一尖锐的批评中,得出必要的结论,也一定会在深入研究和总结苏联及人民民主国家的国家与法的建设经验的基础上,在深入领会伟大的列宁底遗训的基础上,向国家提供新的、能与我们的时代并驾齐驱的、巨大的研究工作的。

(1956年第1期)

法医鉴定在司法实践中的作用

张颐昌[*]　康　成[**]　徐子风[***]　吴大钧[****]

法医学是应用医学及生物学的知识来为法律服务的，而法学的发展和完备，又给法医学提出了新的内容和新的研究对象，所以法医学被称为司法工作的科学助手。但法医学绝不是普通的医学与生物学的机械总和，它随着司法实践的需要，给自己划出了一定的界限范围，并提出了自己的研究方法和内容。以我国目前的实际情况看来，从事法医学的科学工作者们，研究和探讨有关法医学的知识，并使其为司法、公安和检察机关服务。他们用自己的鉴定活动，在某些场合为侦查人员指出方向，缩小侦查范围和发现有利的线索，并为审判机关提供科学的证据，批判在审判工作中的唯心主义，从而校正用错误的审讯方法所得的错误结果，协助司法工作者达到正确的侦查、迅速的破案、严明而公正的裁判，以保证有关法令的执行与贯彻。所有这些对策就直接地完成揭发犯罪、保护善良的任务；为镇压反革命、惩罚犯罪、保护人民、巩固社会主义的道德和秩序，提出了科学的保证。

法医工作者究竟如何进行鉴定活动，如何发挥侦查和审判的科学助手作用，以及在目前我国司法实践中的实际意义怎样，作者用以下两个代表性的实际例子来进行说明：

例一，浙江省某公路管理局公安处，请法医研究所鉴定某暗杀案内死者的死因及凶器的种类。

案情简要：浙江某地驻军，在1952年3月22日晚上11点50分，山坡上守岗战士朱某，因下岗时间已到，正拟走向山坡下驻营处叫另一战士接岗，碰见了指导员房某从驻营内出来方便。待叫过接岗同志后，回到小山坡上即听见驻营左旁有人呻吟之声。用手电筒照视，见指导员房某俯伏在地。当即叫起大众，并将房指导员扶坐地上，见其口吐白沫，并呻吟不断，但不能言语，臀部有血流出，遂将房某抬至某医师处诊治。经检查后发现房某臀部相当于骶骨部位，有约绿豆大小的圆形创口一个，并认为是枪伤所致。遵医嘱房某送往医院治疗，未达医院即已死亡。

分析当时情况，我军认为可能是匪特用无声手枪暗杀我军干部，因而扣押嫌疑

---

* 作者单位：华东政法学院（现华东政法大学）。
** 作者单位：华东政法学院（现华东政法大学）。
*** 作者单位：华东政法学院（现华东政法大学）。
**** 作者单位：华东政法学院（现华东政法大学）。

犯多人,虽经多次讯问,均未获得结果。为彻底弄清死因,认识真相,该案乃请法医研究所予以协助。检查结果,发现:

尸体外表检查:发现右眼眶下内侧有青紫色血斑一小块,两鼻腔内有血痂附着,左手中指背侧及右手小指背侧各有小块擦伤一处,右腕部有散在性青紫色血斑,右足内踝有一大块血斑。左腿上部有粉碎性骨折,而表面皮肤并无钝器伤痕或血斑。在骶骨部距肛门约 4 厘米处,有约绿豆大小的圆形创口一个,已被当地法医工作人员因检查切开而变形。此外,其他部位未见穿孔的伤痕。

尸体解剖:主要发现为臀部皮下有大片薄层凝血,骶骨下部呈粉碎性骨折,心脏表面有多数大小不一的血斑,左肺表面有一大块薄层之凝血。右侧第九肋之椎骨端已骨折,并有一薄片插入右肺下缘组织内,左第四肋之胸骨端亦有骨折现象。肝脏有小的出血区,大网膜亦有出血现象,肠系膜及左右肾门部均有出血,并在腹腔内腰椎体部分之骨膜表层,检见有范围较广泛之薄层血斑,延至下方骶骨部。

X 光检查:经反复三次的全身的 X 光透视检查,均未发现有金属碎片及其他疑似弹夹之物。

现场调查:现场在小山坡的顶上,有砖墙平房一所,内有战士多人,亦为死者生前居住的地点。在平房的左后方有一座很高的水塔,附有一垂直的铁质长梯,直达水槽上缘,梯有 67 级,每级距离为 29 厘米;全长为 1943 厘米。在顶端的水槽底部之周围,有水平突出相当宽的外缘,可以行走。在水塔与平房之间有一座岗楼。在房子前面的小山坡下约百余步远,另有战士宿舍一所。

发现死者的位置是在岗楼与水塔之间距水塔约两三步远。死者之单布鞋均已脱落,右鞋位于平房左角,约距死者 570 厘米,左鞋在水塔脚前侧,约距死者 220 厘米。皮带已裂为三节,一节系在死者身边,其余两节均距死者约 15 厘米,将三节拼拢其断面均能吻合,断痕呈新裂痕现象。死者所穿的衣服:上身内为白布短褂,外为肉色卫生衫,经检查后,除发现有不规则的薄层灰色泥土在卫生衫上外,无其他发现。下身最内层为短裤,相当于背腰部至裆部渗有多量血迹,相当于臀部中央有直形裂缝一道,长约 5 厘米,裆内亦见有纤细裂隙。中层为白色斜纹布裤一条,臀部也渗有血迹,并有微小破孔两处,上方如米粒大小,下方略作长形,两孔相距甚近。外层为蓝色卫生裤一条,除臀部有血迹外,未检见有破孔痕迹。

分析说明:

1. 原认为骶骨部软组织上的圆形小洞,系属枪伤,但经尸体外表检查结果,在洞口周围并未发现有冲撞轮、擦拭圈及火药粉末等枪伤射入口的特征,伤口皮下组织未有矿坑现象,同时又未检见有第二个孔可以作为枪伤射出口,再加之三次 X 光检查结果,均未发现有金属碎片及其他疑似弹夹之物。此外,死者最外层衣裤并无洞孔,因此可以否定有枪伤存在的可能性。

2. 根据尸体外表检查及尸体解剖结果发现外表有多处皮下出血及擦伤，多处内脏有出血现象，同时有肋骨及大腿骨骨折，骶骨亦有粉碎性骨折，此等多处而严重的损伤，只有在从高处坠落的情况下，才较为常见。此外，可以想象，经过一场剧烈的斗殴，身受严重的多次钝器打击，有可能形成类似伤痕，但其可能性很小，况夹部并无伤损。如属被殴，何能没有呼救声及抵抗伤痕。至于枪伤本身绝不可能造成如此伤痕。

3. 皮裤带断为三节，而三节的位置都相邻近，断端之边缘并不整齐，可能系身体从高处坠地时，因反作用力的关系，以及膈肌及腹壁肌肉在精神极度紧张的状况下，突然猛力收缩，腹压骤然增高，因而聚束腰部的皮带得以断为三节；正如满装一麻袋米从高处掉下的情况，必然会引起麻袋多处的破裂（反作用力的关系），所不同的是除反作用力外，还要加上肌肉收缩的力量。

4. 根据现场调查：地面不平，小石子较多，死者臀部之圆形小洞，可能为挫伤性裂创或因坠落于小石子上所致。此外尸体的位置及所着布鞋互相远离的方向，也符合自高处坠落的分析。

5. 关于内层衣裤之直形裂缝及小的破孔，也是由坠地时所发生的撕裂所致。

结论：(1)根据尸体外表检查及尸体解剖结果，集合本案案情及现场情况，肯定房某系由水塔高处跳下，坠地以致重伤身死。(2)无枪伤检见。

本案最后处理：法医工作人员当时即口头宣布鉴定的初步意见，当地主管机关，对于鉴定意见表示同意。结合死者在"三反"过程中被斗，并坦白了贪污四百余万元，而仍不彻底，须要继续反省，以及死者死前言语行动均有反常现象，可以说明自杀原因及动机早已存在。因此下令释放近 30 名的嫌疑犯。全部案件于 1952 年 3 月 26 日结束。

例二，最高人民法院华东某分院申请鉴定胡某是否被杀。

案情简要：安徽省某县于 1952 年 7 月 8 日深夜，发生一凶杀案件，经该乡调查了解，呈报到县，内容如下：

死者胡某，现年 36 岁，务农为业，家境贫苦。妻华某，系童养媳，现年 34 岁，结婚已 20 年，有一子年 13 岁。华某个性倔犟，同死者时有争吵，在死者死前两个月内争吵尤甚，因而，感情更趋恶化。

事件发生后，华某诉述胡某系自杀。而华某在 1951 年 3 月即与同舍居住之郑某发生奸情，多次被人发现，所以许多人认为胡某有被杀可能。又在死者死前五天，死者之子放牛回家，听郑某讲，胡某不要吊儿郎当，老子迟早会将他搞死的；再结合华某过去即与旁人有腐化行为，并无谋杀胡某的动机，而与郑某发生关系后，即发生胡某的死亡，因此推想郑某亦为杀人犯的主谋或帮凶之一。此外，在郑某被押送到区政府途中多次寻死，是为做贼心虚之表现。更重要的一点是：事件发生后，华某先叫郑某，再由郑某叫胡某的外甥李某，等李某到场时胡某已死亡。以此推断，从胡某被杀到郑某叫李某，是经过相当长的时间的，为什么经过这样长的时间才叫人，这是有问题的。又据反映说：华某临睡时尚穿黑色衣服，出事以后竟另换白的，事件如此危急，何有时间换衣，并在出事后洗过手、脸才出来叫人，因此更有杀人的嫌疑。

第一审法院处理情况：

现场勘验：因记录不详，从略。

尸体检查：尸体仰在床上，被半垫半盖，头向外，左手放在胸前，右手持菜刀下垂，待检验时菜刀已落地，由死者母亲收藏。颈部有伤口一道，长9厘米，宽5厘米，深5厘米（中间部），伤缘皮肤卷缩，刀口平直，并无深浅之处，而食管、气管和舌骨均被割断，其余全身各处均无伤损情况。右臂伸直，手微屈。左臂向胸前弯曲，手放在胸前，手指伸直。目睁口开，枕头上、垫褥上、颈部、胸部均有血迹，左手拇指与食指间亦有血迹，系从颈部伤口的血液流下所染。

原检验的结论为他杀身死而非自杀。其根据有以下几点：

1. 死者为右利①，如果是持刀自杀，右手及臂何能伸直也无血迹；虽检见死者右手持刀，并非真实现象，系凶犯伪装所致。

2. 凡自杀的刀口虽只一道，但入深出浅，不能平直，而胡某颈部刀口平直，并无深浅之分。此外创口达5厘米之深，食管、气道、舌骨均被割断，自杀者不可能造成如此之深。

3. 凶刀上虽有溅血，但不锐利，不能自杀成功。

4. 右手略屈，但握刀不久，刀自落地，足可证明是死后伪造。

5. 右臂不屈，目睁口开，与一般自杀者不同。

讯问笔录摘要：

1. 经讯问多人，均说华某与郑某有通奸情形。

2. 张某说："在死前华某与死者接连吵嘴两天，死者找我好几次。临死的那天晚上，他向我诉苦，我劝他回去；他又来，我又劝他回去，此时已大半夜了。胡某走后不久，他的外甥李某即来报信说，他母舅自杀了。"

3. 死者之母说："死者临死的那天中午到我家去，光是唉声叹气，问他因为什么事，他不讲。"

4. 死者之子说："父亲死前四五天，我放牛回来，走到门口，听见郑某和母亲讲，胡某吊儿郎当，我们把他杀掉。没听到我母亲答话。以后他们听见我的脚步声就不说了。"

---

① 凡一个人的动作习惯于用右手者，称为右利。

5. 有人说,胡某不愿和郑某在一个互助组,郑某不满意地说:"胡某你不要吊儿郎当,与我作对,等过6天我有好日子叫你过。"又有一次,为了田里放水的事,两人又发生争执。郑某说:"你与我作对,将来要你知道厉害。"

6. 嫌疑犯郑某讯问笔录摘要:在前两次讯问中,仅陈述了与华某通奸之经过,对于杀死胡某的凶手究竟是何人并未供认。审讯人员说:"胡某是被杀的,你家内只有你与华某两个人,因此一定是你两个人杀的,你要坦白地说。"此时在郑某的供词中反映出,华某与胡某在那两天吵得很厉害,"杀,可能是华某杀的,我不知道"。

在第三次讯问中,审讯人员说:"杀死胡某,你们两人都知道,是躲不过去的责任,你要老实的讲话,不要互相推卸,也不要互相包庇。"郑某供说:"在天快要鸡叫的时候,华某把我喊起来说,她把她丈夫杀死了,叫我去告诉她外甥,说胡某自杀了。"

问:"你的话不是实话,死者之子在出事前几天放牛回来,听见你们谈杀害胡某的事情,你还不老实。"

答:"我说的句句是实话,我敢和他对供,死者之子说的话,恐怕是村里人恐吓他,教他讲的。因为7月9日早晨,村里的干部把我和华某吊起来,小孩子害怕了,他们教他说的。"

问:"菜刀是否在胡某手中呢?"

答:"我看到的时候,刀在地上,华某给他伪装放上去没有,我不知道。"

7. 嫌疑犯华某讯问笔录摘要:

问:"胡某被杀案,我们已调查清楚,明明是你和郑某两个人杀的,是谁出的主意?怎样商量的?怎样下手的?杀死后如何处理的?要老实坦白,不说谎,不隐瞒。"

答:"是我自己的主意,没有和郑某商量。因为这几天我要做鞋子,也要给童养媳及儿子做衣服,他不同意,因此吵得很厉害,在8日晚上我心里不知怎么一时糊涂,见胡某睡着了,我就拿起菜刀,照着他的颈部砍了一刀,动也没动就死了,死后我把郑某叫起来,告诉他说,我把胡某杀死了,你去告诉他外甥,就说他自杀了。"

8. 嫌疑犯华某与郑某对供摘要:

郑某:"去年(1951)9月与华某发生关系。在今年5月17日(农历)他死的那天,我同戴某等四人乘凉,约有二三更天才回家,胡某、华某还在屋内讲话,我就睡了。天快要鸡叫的时候,华某把我喊起来,她说她把丈夫杀死了,叫我去告诉他外甥说胡某自杀了。"

华某:"快到鸡叫的时候,我把他叫起来,拿着菜刀说,你在旁边看着,如果胡某要动手，你就帮助我按住他。郑某没作声，站在胡某的脚头。我就用菜刀照死者头上砍去，一刀就砍死了。”

问：“杀人时穿的什么衣服？”

答：“是穿黑褂子，清早我怕褂子上有血，就换上白褂子。”

问：“你一个妇人恐怕没有杀人的胆量吧？”

答：“实在没和郑某商量过，是我一时性起，糊里糊涂地把他杀了。”

郑某：“我是在她杀了胡某后才被她叫起的，不是在杀以前叫的，她说的别的都对，就是这句话不对。”

华某：“我说的都是实话，为什么要冤枉他这一句话呢！如果要冤枉他的话，就说是他杀的不好吗！为什么要说自己杀的呢！”

问：“郑某，你在检察署不是承认了在杀前喊起你的，而且帮助她杀人的吗？”

答：“实在是华某在杀人后喊起我的。”

9. 嫌疑犯第二次对供摘要：

华某：“我喊郑某时还没杀，当他起来站在旁时，我已把他杀死了。”

问：“你怎样喊郑某的，说了几句什么话？”

答：“郑某！郑某！胡某自杀了，你给我去喊外甥去，他没作声就去了。”

问：“你不是拿着菜刀去喊郑某的吗？他看到刀子没有？”

答：“他看到没有我不知道。”

问：“他站在旁边的时候，你对他又说了几句什么话？他知道你是杀人吗？”

答：“我轻轻地说了一句：‘他的脚要是动的话，你就给我抓紧他的脚，不动就不要抓。’他听到没有我不知道，因为我的声音很低。他不知道要杀我的丈夫。”

郑某：“华某喊我时是这样的：‘郑某！郑某！胡某自杀了，你去喊外甥去’。我听了这话就说：‘这不得了了，怎么搞呢？’我也没去看她，就给她去喊了。回来时我和他外甥一同看了一下，真的死了。她喊我的时候，是穿的白褂子，左手还正在扭扣子，这是实在情形，我不冤枉她，她也不能冤枉我啊！”

问：“她说是杀前喊你的，并叫你帮助的吗？”

答：“她喊我的时候，我还在熟睡着，起先我并不知道是她把胡某杀了。实在是杀死以后叫我的。”

问：“郑某的话对不对？”

华某：“对的，但有一点不对，这就是我喊他起来，他站在房门口的时候我才杀人。”

第一审法院判决

1. 华某，女，34岁，桐城人，现住本县某乡，贫农。

郑某，男，32岁，无为人，现住本县某乡，佃中农。

2. 华某从11岁起，在胡某家做童养媳。17岁与胡某结婚。夫妻感情一贯不好。去年(1951年)3月搬到郑某家，日久，发生了不正常的关系。自华某与郑某发生了男女关系后，经常和胡某大吵小闹，想要离婚，胡某不同意，就借故争吵，并产生了杀人动机。胡某知道华某与郑某通奸，也深表不满。于去年7月初因为给童养媳及儿子做衣服等，又引起争吵，华某顿起杀机，于半夜趁胡某熟睡，到厨房取出菜刀，叫起郑某，为她仗胆，并乘机帮助。郑某默示同意，站在胡某的脚头。华某操起菜刀对准胡某的颈部猛砍一刀，胡某立即丧命。此时，华某叫郑某去告诉胡某的外甥，说胡某自杀了。

事件发生后，本院派员调查，并检验尸体，结合人证物证，证明胡某系被杀身死。华某、郑某最初虽互相包庇，蒙蔽事实真相，终以证据环绕，无法狡赖，华某俯首认罪。郑某对于有意帮助杀人的事实，还不肯承认，这只能代表他思想上顾虑太多，不愿改造，从重证据不重口供的原则上，肯定他是有意帮助杀人。

3. 华某与人通奸，造成夫妻不和，杀死亲夫。郑某通奸有夫之妇，破坏他人家庭，并帮助奸妇杀人，均属罪大恶极，应予严惩，以维持新民主主义下的幸福美满的家庭制度。依法判处华某死刑，郑某无期徒刑，剥夺政治权利终身，并没收凶刀一把。

判决后华某对于该判决没有意见，而郑某认为受冤，不服，提起上诉。经第二审法院的审理后，判决如下：

1. 华某17岁时与被害人结婚，婚后感情不好，在葛峰居住时华某与人通奸，因此胡某在1951年3月19日，搬到岗上李村郑某家。至同年9月华某又与郑某通奸，以致夫妻间感情更趋恶化，时常大吵小闹。1952年7月初，因为童养媳及儿子做衣、鞋的事，又起争吵，吵了三四日，至7月8日晚上吵得更凶。深夜时，华某起杀意，乘胡某熟睡之际，至厨房取出菜刀，借月光之照明，对准胡某的颈部用劲猛砍一刀，胡某当即身亡。

2. 事后经某县人民法院会同有关部门派员前往肇事地点检验，发现被害人颈部有刀伤一处，长9厘米，宽5厘米，深5厘米；气管、食管、舌骨均被砍断，刀口平直，并无深入浅出之处，认定系被华某、郑某二人所杀害，判处华某死刑，郑某无期徒刑。判决后郑某不服上诉，承认有通奸事实，否认有杀人行为，本院为慎重起见，特派员前往深入调查，认定以上事实。

3. 华某与人通奸，已属不法，又以此毒辣手段杀害亲夫，这是应当受到人民法律的严厉制裁，故本院同意判处死刑。

郑某与有夫之妇通奸，使被害人夫妻间感情更趋恶化，应负一定刑事责任，但经本院查明，确未参加杀人，故将原判决撤销，改处郑某有期徒刑1年。

被告华某对第二审判决不服，上诉到最高人民法院华东某分院，由分院转送法医研究所鉴定。

送来的第一审、二审卷宗，经本所初步审查后，认为有关本案的重点材料不明确的有以下几点：

1. 胡某被杀的因素。

2. 验尸报告中记着“刀口平直”，食管、气管、舌骨何能均被砍断？因为舌骨与气管上下距离较远。

3. 死者尸体上被血沾染的部位，不够详细明确。

4. 胡某临死的那天晚上，连到张家三次，究竟死者第三次从张家出去后，隔了多少时间才听见李某报告他舅父死的。

5. 华某晚上穿的是黑衣服，为什么在胡某死后就换上白褂子。

6. 死者姿势有无变动？

7. 华某既然没有杀人，为什么供认？但又口供含混不清；第一审死刑不上诉，第二审判决又为什么要上诉？

8. 华某说：“听见外面呼呼之声，初以为牛来喝水，起身看时（有月光），见我丈夫手持菜刀，已自杀了。”这呼呼之声从何发出的？

以上几个问题，都是本案的关键，不能从尸体检查报告中获得解决，法医研究所认为须有进一步调查的必要，因此派员与华东某分院审判同志前往出事地点，进行调查访问，获得材料如下：

1. 尸体情况：根据死者之外甥说，他进去时，死者仰卧板上，被半垫半盖，被头盖在小腹上面，右臂伸直，手指略曲，松握刀柄，轻轻一动刀即落地。左手屈在颈侧，尚未僵硬，把它改放在胸前。

血液分布情况：背部多，胸前也有一大块，两肩及左手均有血。据原审检验人员所说，伤口位于喉部，淌血很多，并往下流至胸前、背部及臀部，前面的血较少，被子盖在下半身，被上亦有血，但不多。颈部伤口只有一刀，刀口平直，用稻草插入伤口中部，测量其深度为5厘米，位置稍偏左侧，按在胸部的左手有大块的血斑，拿刀的右手背部，只有喷出来的几点血花。

2. 案情调查摘要：

据张某说：“胡某那天晚上到我家三次，都经我劝回。在第三次时，我已蒙胧入睡，他带来一个黄烟盒子，放在我的桌子上，我当时说：你究竟干什么？他说：华某要扔我的黄烟盒子；同时我也吃不下去了，放在你家吧。又坐了一会，我又劝他回去。走后不久，我尚未睡觉，即听见胡某的外甥喊大家起来，并说胡某自杀了。从胡某走后到听见喊叫时，最多只有一顿饭的时间，这时已经鸡叫头遍了，等乡长来时（距出事地点二里多路），天才发亮。”

华某说：“胡某死的前几天，吵嘴的原因，是没有吃没有穿，自己织的布给胡某做了衣服,借来的半匹布,准备给小孩及童养媳做衣服的,又给胡某卖掉了去买稻子做秧种,这样就吵了三四天。我气的两天没起床,胡某到我娘家去请我哥哥劝我。哥哥说:总是为了吃为了穿在吵嘴,我妹妹的事是父母作主,我管不了,我不去。以后我嫂子来劝过我。”

“在他死的那天晚上,吵嘴后,我就睡了。约一觉醒后,听见‘呼呼’的声音,我以为是牛来喝水的,衣服也没穿就起来了。在月光下见胡某手持菜刀放在颈上,我见此情况,马上回屋内穿衣服,同时叫郑某起来。郑某远远看到就说不得了了！怎么这样！我叫他去喊外甥,待外甥来时,胡某的手势自然的移动,变成向外伸展,我没有动过死人,那天晚上是我先睡觉的,他在吃黄烟,我不知他到哪里弄的;死后张某来说:怎么死了,他还把黄烟盒子送给了我。我承认的原因是,因为乡里干部把我吊起来,到区里也肯定说是我和郑某杀的,一定要我交出凶手,不许讲别的话,没有办法,只有承认。此外在他死的那天,我洗澡后换上白褂子,一件黑褂子穿了两天,放在窗沿上,他们硬说我用肥皂洗了,事实上衣服还是干的。”

3. 据原审判人及乡村中的群众反映说华某被扣后,双手反绑吊在树上,直至面色发青紫时才放下,但华某当时还不承认。在区里讯问时及原审机关第一次审讯时也未供认;以后由公安局局长在看守所中“动员”后才承认。

以上情况经反复调查了解,认为确实可靠。至于死者之子在一审讲的话,其可靠性还可从第一审承办人员的谈话中得到了解。例如,“我在讯问时,因村乡干部多,你一句我一句的,所以对小孩的讲话,当时我自己也认为不可靠。华某在乡里的吊打是事实,在区里及我们第一次审讯中均未供认,那次审讯因为被告不承认,故没有记录。”

审查说明:

1. 胡某系一老实贫农,其妻从前即与人通奸,后又与郑某发生腐化行为,群众公认胡某并未追问,从何引起华某之杀意。胡某在死前将华某的半匹布卖了,因而华某和死者吵了三四天,临死的那天吵得更厉害,胡某因此到张家去过三次。据张某说:“第三次走时,我因身体不适尚未睡觉,相距约一顿饭的时间,即听他外甥说他自杀了。”此点可以说明死者那天晚上,情绪非常坏,精神恍惚不安,甚为苦闷,绝不可能在离张家后不到一顿饭的时间,就睡得很熟,以致在熟睡中被杀而死亡。况胡某是一壮年农民,如在神志清醒时,活活被一个女子杀死而毫无挣扎抵抗,这是不近情理的。

2. 死者死前到华某的娘家去,被华某的哥哥说了一顿,以后华某的嫂子去劝华某不要吵,而华某不但不依所劝,反而吵得更加厉害。加上平日就常有争吵,胡某受气很深,同时家境也非常困难。因以上多种原因,自杀的动机是可以产生的。

3. 胡某一贯是赤膊睡觉,但他死的那天是7月8日,天气正热的时候,反而穿着白衣服躺在床上,可以说明胡某并没准备睡觉;也可以说明是自杀者一种反常心理的表现。

4. 华某说:"我听到外面呼呼的声音,初以为是牛喝水,起身后才看见死者手持菜刀,声音从颈部发出的。"这种呼呼之声,是气管割断后尚未死亡,血液流入气管,呼吸改由创口处出入,将血液冲荡形成泡沫,于一呼一吸过程中,泡沫也随之形成和破裂,因而发出上述声音。此点除法医工作者及医务工作人员外,多不易认识,而华某系一农村妇女,又不识一字,如果伪造情况,且又完全符合于医学学理,显然是不可能的。如为他杀,凶手的目的是置被害者于死地,在一刀砍下后还听到如此之声,唯恐被害人不死,必然要再砍几刀,而该死者的颈部只有一刀,此点即与一般他杀情况不符。

5. 据第一审尸体核检报告的记载:"颈部有刀伤一处,伤口长9厘米,宽、深各5厘米,气管、食管、舌骨均被砍断,刀口平直,并无深入浅出之处,右手无血污。"原检验人员只根据这点即肯定他杀。但将右手手背上的喷溅血迹之重要征象,不但没有仔细检查,反而认定右手无血污,这点在学理上是犯了原则性的错误。此外,胸前、背部及被单上的血迹之形态及分布,均未详细描述,因此仅据原检验人员的报告,分析自杀、他杀是不可靠和不正确的。

根据我们的调查,死者右手背部有溅血,这是由于自杀时切断颈部动脉管壁,又由于动脉管中的血液具有相当的压力,因而将血液从血管中作喷射状压出。不论溅血多少,已足证明死者生前用右手持刀切颈。死者胸前、背部、臀部均有多量血液、被单盖在小腹上面、被上亦有血迹等情况看来,可以说明胡某在切颈时位于坐势,切后倒卧床头,因此血液得以流注于胸腹前面及被单上,此点亦应列入自杀的理由之中。

6. 据创伤的部位稍偏左侧,结合死者生前确为"右利"的情况,亦可说明是自杀的征象。

7. 原审检验人员,认为刀口较深,自杀者不可能造成。企图用切颈创伤的深度来说明他杀,否定自杀,在此案例中是不正确的。

8. 关于右臂不屈曲,右手略屈不能握刀,刀自坠地,足可证明是伪造的说法,同样是错误的。据被告说:最初发现死者手持菜刀,置于颈旁,后来手势移动,变成向外伸展,轻轻一动,刀就落地等事实,与法医学的学理并不违背,是可以相信的。这可能是局部尸体痉挛,但绝不能作为伪造的佐证,而曲解为他杀。

9. 乡政府的刑讯逼供已经证实,并在该乡群众及乡干部中反映出来说:华某被扣后双手反绑,悬空地吊在树上,直致面色青紫时才放下,但还没承认杀人,后经公安局局长动员后才承认。在华某的供词中说:"我没杀人,但乡、区、县都要我交人,我当然交不出,只好自己承认;一审判死刑并要我交人,我交不出没有上诉;第二审判决时(死刑)不要我交人了,我想,死也应该死个明白,所以我要上诉。"从这里进一步明确了本案在审讯作风上是犯了刑讯、逼供、诱供的毛病。不从多方面了解情况,而只片面、主观地根据不完全准确的检查记录来判断胡某是被杀,这是错误的,也是危险的。

结论:综合以上调查审讯情况,结合死者创口的位置形态以及血液沾染的部位和形态等材料来分析,死者胡某系因生前右手持刀刎颈,自杀身死。

本所鉴定发出后,最高人民法院华东某分院刑事判决如下:

上诉人(被告)华某,女,36岁,桐城人,贫农,住某县某区某乡南堡村,现在押。

被告郑某,男,34岁,无为人,中农,现在押。

上诉人华某与被告郑某因被疑奸情杀人案,不服第二审判决,提起上诉,经本院派员会同第一、二两审法院就地调查审讯后,判决如下:

案件事实与认定胡某自杀的根据和理由与法医研究所鉴定大致相同,为节省篇幅起见,因而从略。

判决:

1. 原判华某死刑、郑某徒刑1年均予撤销。

2. 宣告华某、郑某无罪释放。

从以上的两个案件中,我们可以看出法医在进行鉴定的第一个步骤,就是全面地、深入地、细致地去搜集有关本案的各方面材料。例如,对案情详细的了解,特别是对有科学根据的物质证据之收集和记载,对于案件之关键性问题的深入调查与详细讯问。同时,对于所收集的每一个情况、每一条线索、每一个物质证据的可靠性,都给予慎重的、仔细的考虑:不仅考虑到正面,也考虑到事物的反面;不仅考虑到自杀,也考虑到他杀的可能性;不仅搜寻有利于自杀的理由,也一个不漏地记载着可以作为他杀的证据。总之,对于每一个事物表现都给予正确的、真实的、不掺杂任何主观想象的反映,因此可以说是老老实实地以唯物主义的态度去寻求每一个事物的真相;但是这一过程必须要取得司法和公安人员的密切合作、群众的协助才能达到,这就要求法医工作者必须密切联系群众。

对于解决一个案件来说,这样做还是不够的,必须继续进行第二个步骤,这就是分析说明。因为不论任何一个事件的发生,它必然会留下或显或隐的痕迹,或多或少的现象或证物。但它的表现又往往是凌乱的、孤独的和片面的,此时法医工作者的任务,就在于把所获得的材料加以科学的整理、分析和研究,并利用法医学、医学及生物学的知识,有时还须要用物理、化学等现有的理论成就,给案件的发生、经过及结局加以科学的说明;在现代科学水准的基础上,作出正确而完整的结论。这就要求法医鉴定人必须具备一定的科学水准和经验,也要求他必须用辩证的方法去看待每一个问题。

然而在阶级社会里，科学就必然是为阶级服务的。关于这一点，法医学就显得更为强烈。因为法医学内所研究的一切内容，主要目的是解决法律上有关医学及生物学上的问题，它是为法律服务的，而法律本身就是统治阶级的意志，代表着统治阶级的利益，因而对于具体执行鉴定的法医鉴定人来讲，就必须要有坚定的阶级立场和观点，否则，将会在工作中发生原则性的错误。

关于法医鉴定在司法实践中的作用问题，在例一中可以看出，该案件最初被疑为他杀，因而公安机关及侦查人员就展开了紧张的工作。以后由于当地主管机关及时地邀请法医鉴定人予以协助，经过正确的鉴定结果，肯定了自杀，就避免了侦查人员的不必要的体力和精力的耗费，给予侦查人员以很大的帮助；同时也避免了人力、物力、财力的损失，解除了多人的无故受押，就直接维护了党和政府的法制和在群众中的威信。反之，在例二案件的审理上，由于审理人员没有及时、正确地运用法医学知识，致使案件拖延2年之久。可见法医鉴定对于某些案件的正确而及时的解决，有着相当重要的作用。当然，法医鉴定的作用，对于侦查来讲绝不止于此。在某些场合，可以为侦查人员指出方向、缩小侦查范围，发现有利的线索，甚至直接揭露犯罪人等。这些作用只不过是在上述案例中不显现而已。

在第二个例子中，由于第一审、二审的审理和检验人员，缺乏法医学的知识，再加之考虑问题不够全面，因而歪曲了案件的本质，判处被告死刑。后经由华某东分院转送法医研究所，从多方面审查后，明确了案件的真相，作出鉴定，肯定了自杀，乃宣告被告无罪释放。从这里可以看出，原审判人员仅仅根据乡村中片面的汇报、不完全准确的检调记录，再掺杂着不切实际的主观想象，认定了他杀，因此在讯问时就一味地寻找可以作为他杀根据的供词，而对于前后供词的矛盾则不加注意；对于不利于他杀的事实情况毫不理睬，亦不加以记录；对于事物的分析说明不从科学上着眼，而只凭主观的空想，因而在被告不承认的情况下，就动刑吊打；在多次讯问后被告所供不符主观的见解时，就进行利诱和逼供，以致造成严重的错误。可见，原审判人员之所以存在这样的主观主义审讯作风，除了有他们的思想根源外，对于缺乏一定的法医科学的知识也是有关系的。

此外，从例二一案的整个讯问过程中，我们也可以看出审讯人员对于该案件的讯问方法，是缺乏仔细的考虑的。包括“你一个妇人恐怕没有杀人的胆量吧？你的话不是实话，死者之子在出事前几天放牛回来，听见你们谈杀害胡某的事，你还不老实”等的问法，给被问者以暗示，引导被问者的谈话内容顺着或表达了自己的主观思路，特别对于儿童或智力较低的人，采用这种带有提示性的问话，很容易降低供述的真实性，或完全不真实，同时将自己所掌握的材料，在不必要的情况下告诉被告；这样就会影响供词的价值，也可能给犯罪者带来了抵赖的对策。这是我们审判人员所应注意的。

总之，法医鉴定，不仅为司法工作提供科学的证据，解决审理案件中所产生的疑问，同时也可以帮助侦查和审判人员提高防范犯罪的知识水平以及克服唯心主义的办案作风。正如史良部长所说，“法医对一定案件的判断，具有决定的作用；为了判断自杀与被杀、暴死与毒死，如果没有法医，即可能放纵凶手或误判好人，这是判案中极为重大的问题”。此种对法医鉴定作用的评价，是完全符合实际情况的，也是完全正确的。

（1956 年第 1 期）

略论公私合营企业中资本家对生产资料的所有权

张兰田*

无产阶级革命的目的是要废除私有制、消灭剥削、消灭阶级,改变旧的生产关系、解放生产力,它的最终目的是要提高社会生产率,使生产不断地发展和提高,以满足人民日益增长的物质和文化需要,最后实现人类美满的理想——共产主义社会。

国家对资本主义工商业的社会主义改造是国家在过渡时期总任务的一个组成部分,是根据国民经济有计划、按比例发展的需要和社会生产力发展的必然趋势而决定的。

一、改变资本家生产资料私有制为全民所有制的法律根据

《宪法》第10条规定:“国家对资本主义工商业采取利用、限制和改造的政策。国家通过国家行政机关的管理、国营经济的领导和工人群众的监督,利用资本主义工商业的有利于国计民生的积极作用,限制他们的不利于国计民生的消极作用,鼓励和指导他们转变为各种不同形式的国家资本主义经济,逐步以全民所有制代替资本家所有制。”党和国家对资本主义工商业所实行的社会主义改造是遵照宪法的规定,逐步地把资本主义工商业通过国家资本主义的道路,改造成为全民所有制的国营企业。这种由资本主义的生产资料私有制改变成为社会主义的全民所有制,是社会发展必然的不可抗拒的历史规律。根据这一规律,国家政权以法律形式加以规定,并促使其实现。但必须指出:对改变资本家生产资料私有制和改革土地制度,废除地主阶级的土地所有制是完全不同的。因为作为社会制度来讲,封建的土地所有制比资本主义所有制落后,同时又因为地主阶级在经济上和政治上对农民进行封建的残酷剥削和统治,因此对地主阶级的主要剥削工具,就是把土地加以无偿的没收,除留下部分土地给予生活出路,使他们在劳动中改造成为自食其力的公民外,对地主阶级中参与剥削的人,国家依照法律在一定时期内剥夺其政治权

---

* 作者单位:华东政法学院(现华东政法大学)。

利。对于民族资产阶级的资本主义工商业,国家并不采取无代价没收的办法。这是由于我们国家是从帝国主义、封建势力和官僚资本主义的统治、压迫下解放出来的,原来的国民经济是十分落后的,因而在新民主主义革命胜利后的国民经济恢复时期和经济建设初期,还需要发挥和利用资本主义工商业有利于国计民生的积极作用(当然,也限制他们的消极作用)。利用这种积极作用,去扩大社会生产和积累资金,训练技术人才,协助社会主义的国营企业增加生产和扩大商品流转,供应人民日益增长的需要。因此,国家采取利用、限制和改造的政策,以和平的方式,也就是通过国家资本主义道路,逐步地将资本主义工商业改造成为社会主义的企业;将资本家的生产资料私有制改变成为社会主义的全民所有制;对资产阶级分子,则采取说服教育和改造的方针。所谓说服教育和改造是通过各种社会活动,时事政策讲座,以及国家为工商界开办的政治学校等,使资产阶级分子得到学习和受到教育的机会,使他们能了解国家的各项政策,学习马克思列宁主义的理论,认识社会发展的规律,提高政治思想觉悟,掌握自己的命运,并在这个自觉的基础上放弃剥削,将自己改造成为自食其力的劳动者。同时党和国家对资产阶级分子中那些表现进步和积极的,就及时地、实事求是地加以鼓励和表扬,对其缺点和错误则根据其缺点和错误的不同程度给予恰当的批评和有效的教育。对于资产阶级分子的选举权给予合法权益的保护。对于他们中间某些有技术和有特长的人,国家充分地利用和发挥他们的能力来为人民服务;在人事上并给他们以适当的安排。“依靠说服教育的方法,和平地改造了资产阶级工商业;这是我国人民的伟大创举,这是根据中国具体情况灵活地、创造性地运用马克思列宁主义的巨大成就”。① 由于党和国家对资本主义工商业的改造采取了上述方针和措施,这就使民族资产阶级中的绝大多数人拥护和接受社会主义改造。

由于我国国民经济的发展和社会主义国营经济的巩固,这就在经济上大大地巩固和扩大了社会主义的阵地,削弱和缩小了资本主义阵地,特别是从 1955 年下半年随着农业合作化高潮的到来,国家对资本主义工商业的改造必须与之相适应。但是,必须指出,随着国家经济的发展,社会生产力的提高,资本主义企业中生产力和生产关系的矛盾,也就暴露得越突出。这种阻碍生产力发展的资本主义生产关系,如果不进一步地受到改造,就不可能提高生产力来适应国家和人民的需要。因此,就必须从原来在私营企业中所实行的由国家加工订货、为国家经销、代销和个别公私合营的阶段,推进到在一切私营企业中实行按行业的全部公私合营,这是由资本主义所有制过渡到社会主义所有制的有决定意义的一个步骤。国务院李富春副总理在全国先进生产者代表会议上致开幕词时说:“到 1956 年 3 月底为止……

① 参见《人民日报》1956 年 5 月 1 日“社论”。

从产值计算,全国有92%的私营工业已经转变为公私合营;从资本额计算有75%左右的商业已经实行了公私合营。”[①]也就是说,在全国各大、中城市掀起的轰轰烈烈的对资本主义工商业的社会主义改造高潮已经取得了重大的胜利。周恩来总理在全国人民政治协商会议第二届全国委员会第二次会议上所作的政治报告中谈道:“应该指出,目前正在全国展开的私营工商业的社会主义改造的高潮,还只是进一步深入改造的开始。我国除了大型的工商业户以外,有几十万分散的中型的和小型的工商业户,在这样短短的时间内,只能首先在法律上批准公私合营,在合营以后,还要清产核资、经济改组、企业改造、生产安排和人事安排等一系列的工作要去认真地进行和完成。”也就是说,对资本主义工商业实行按行业的全部公私合营,从法律观点上看,由资本家的申请合营到国家有关领导机关的批准合营,仅是完成了公私合营的法律程序,并没有完成对企业改造的任务。对企业的改造还必须从企业的管理,生产任务的完成、经济改组,全面规划、人事安排等进行一系列的复杂工作;同时也要担负起对资产阶级分子的教育和改造,使他们由剥削者逐步地改造成为自食其力的劳动者。这些都必须依靠党的领导和工人群众的监督。

对资本主义工商业进行社会主义改造是一个极其复杂的阶级斗争。这个斗争表现在两个方面:一方面是社会主义所有制与资本主义私有制的斗争;另一方面是社会主义思想与资本主义思想的斗争。通过公私合营的法律形式,我们对资本主义工商业进行改造的基本目的是废除资本家的生产资料私有制,改变生产关系,解放生产力,发展和提高社会生产,以实现《宪法》第4条的规定:“中华人民共和国依靠国家机关和社会力量,通过社会主义工商业和社会主义改造,保证逐步消灭剥削制度,建立社会主义社会。”

二、全行业公私合营以后资本家生产资料所有权问题

全行业的公私合营是改变资本家生产资料私有制为社会主义全民所有制的重要步骤。这说明私营企业实行了全行业的公私合营以后,不仅纳入了社会主义的轨道,而且已基本上成了社会主义的企业。公私合营的企业的性质和国营企业的性质基本相同。因为私人资本主义的企业合营后,经过清产核资、定股定息、经济改组、人事安排,就具有了以下几个原则:(1)它是按照国家计划和人民需要来进行生产的,并受国民经济计划所指导的;(2)按照社会主义原则进

① 《人民日报》1956年5月1日。

行经营和管理；(3)生产关系已起了根本的变化，生产关系和生产力已基本上相适应。因而工人的生产积极性将大大地提高，但这不等于说这种企业已和国营企业完全没有区别了，它们之间还是有区别的。区别就是资本家在一定时期内还取得一定的股息，这种企业我们引证列宁的话来说“已经四分之三的社会主义了”。

国家对于资产阶级私有的生产资料，不是采取没收的办法，而是采取“赎买”的政策。这是由于中国的特殊历史条件和资本家的政治态度而决定的。它并不违反马克思、列宁主义的原则。马克思、恩格斯、列宁都曾经认为在某种历史条件下采取赎买政策，是可以允许的，是对工人阶级有利的。这种政策是逐步的赎买，不是一下子赎买，也不是从国库内另外拿出一笔钱来赎买，而是在一定时期内，工人阶级在为了满足人民和国家的需要而生产的同时，也为资本家生产一部分利润。党和国家对资本主义工商业的社会主义改造，所采取的这种赎买政策是完全符合我们国家的实际情况的，在我国的现实条件下也是资本家容易接受的，是符合国家和人民利益的。

对资本主义工商业实行按行业的全部公私合营，经过清产核资，定股定息以后，企业的生产关系已经发生了根本变化，而不是一般的变化；企业的生产安全已完全掌握在国家手里。资本家对于企业生产资料的所有权虽然没有完全废除，但是资本家已不能直接掌握企业。从法律观点上看，资本家已不能直接占有、使用和处分企业的生产资料。也就是说，资本家已不能变更和支配企业，更不能将企业的固定资金和设备(机器、厂房、原料、生产工具等)抽走、转让、赠与和出卖。当然，不能再以资本家的资格(思想和作风)来管理和运作企业。换句话说，资本家已经不能再像过去那样把企业作为剥削工人的工具。因而，这种生产资料的所有权已不同于资本主义国家的资本家那样成为剥削剩余价值的资本。这是因为企业的性质已经起了根本的变化，资本家在企业里只能以一个普通工作人员的身份和国家在企业里的领导干部和工人群众共同按社会主义原则来把企业管理好。对资本主义工商业实行按行业的全部公私合营以后，虽然资本家不能直接地占有、使用和处分企业的生产资料，而对资本家生产资料的所有权并没有废除。这种所有权就是企业批准合营后所进行的清产核资、定股、定息后，资本家的所有权，就是股权。这种股权是根据原来资本家生产资料的多寡和实际价值而评定的，是资本家对生产资料所有权的表现形式。资本家对他的股权是可以自由处分的，是可以转让、赠送和继承的，也是可以放弃的。正因为这种股权的存在，所以资本家还在一定时期内取得一定的股息。资本家对所取得的股息是完全有权来支配、使用和处分的。也就是说，可以投入生产，也可以存入银行和应用在生活上，但不能利用这种股息去危害公共利益，扰乱社会经济秩序和破坏国家经济计划，因而这种股息也受到国家法律的保护。这种股权和资本主义国家企业中的股权是不同的：一方面不能退股；另一方面也不能直接增加价值；也更不同于资本主义国家里那些资本家的股权一样成为无限制地直接剥削剩余价值的资本。有的人认为全行业的公私合营后，资本家的所有权仅仅表现在股息上，这种理解是不确切的。这正是忘记了资本家之所以能够取得股息，是因为资本家在公私合营企业里还有股权。所以从法律意义上来考察全行业公私合营后的企业，资本家对生产资料的所有权并没有废除，而只是所有权的表现形式有所不同。如果否认这一点，就是不承认现实。但是必须指出，全行业公私合营后，资本家的这种所有权——股权，并不是一成不变的。它是随着国民经济的发展和变化而变化的，是随着国家对私有制的改造而改变的。毛主席今年1月25日在最高国务会议上指示："大约有三年的时间，社会主义革命在全国范围内基本完成。"也就是说，再有3年左右的时间，我国的社会主义改造就可以完成农业、手工业的个体经济和资本家生产资料的私有制改变成为劳动人民集体所有制和社会主义全民所有制。到那时，从生产资料的所有制和社会的经济制度来说，我们国家已经是社会主义的制度了。作为一个阶级的资产阶级也就被消灭了；到那时，我们国家也就没有了剥削阶级。资本家的生产资料所有权也不可能存在了。所以说，所有权是一个历史范畴，是阶级社会的产物，它将随着阶级的消灭而消灭。如果不承认这个事实和看不到这种突飞猛进的巨大变化，就不是一个马克思列宁主义者。刘少奇同志在全国先进生产者代表会议上说："从去年下半年以来，在我国的农村中兴起了巨大的农业合作化的高潮，接着全国资本主义工商业和手工业的社会主义改造也进入了高潮，这就是目前我国正在进行着的极为广阔极为深刻的社会主义革命，这个革命现在已经取得了决定性的胜利。"①这种变化是社会发展的规律，任何人也阻挡不了，任何人也没有本领改变这种规律。这种巨大的变化是不依人们的意志为转移的，但人们对这种规律并不是无能为力的。我们在党中央和毛主席的领导下，团结全国人民，共同努力，做好各项工作，促使这种规律的迅速发展，来完成我们伟大的社会主义改造任务。

（1956年第1期）

① 《解放日报》1956年5月1日。

关于我国继承问题中法定继承人范围和顺序的研究

吴建斗[*]　陈德贵[**]　李文彩[***]

解决新中国的继承问题是和劳动人民的切身利益紧密联系的，因为它不再是"……把死者生前所享有的权利，也就是把那种借自己的所有权侵占他人劳动果实的权利留给了继承人"，①而是为了保护公民的个人财产，并以此来巩固公民的家庭和团结，发挥劳动积极性，促进社会生产力的发展。

《宪法》第12条规定："国家依照法律保护公民的私有财产的继承权。"同时，解放以来，在审判实践中，继承纠纷约占10%以上，而且有上升的趋势。因此，为了进一步贯彻《宪法》的规定，为了有助于解决审判工作中有关继承方面的问题，制定和颁布《继承法》是完全必要的；在理论上研究有关继承问题，同样也是十分必要的。

综合司法和审判实践，在继承问题方面比较难以解决的，而且争论较多的是关于继承人范围和顺序的问题，其中特别是关于法定继承人范围和顺序问题。所以，我们试图就法定继承人范围和顺序问题加以阐述。

一

继承就是把死亡人的财产移转给另外一个人或几个人的事实。其财产移转于另外人的人叫做被继承人；取得这项财产的人叫做继承人；按继承程序所移转的财产叫继承财产或遗产。

继承人范围所要解决的问题，是要确定哪些人可以作为死者遗产的继承人。而法定继承人的范围，就是要确定哪些人根据法律是死者遗产的当然继承人。根据继承的性质和目的，结合我国的实际生活情况，我们认为能够作为法定继承人的

---

* 作者单位：复旦大学。

** 作者单位：复旦大学。

*** 作者单位：复旦大学。

① 《马克思恩格斯全集》（第13卷），俄文版，第一部分，第336页。[苏]C. H. 布拉都西主编：《苏维埃民法》（下），中国人民大学民法教研室译，中国人民大学出版社1954年版，第369页。

有：子女（包括养子女）、未亡配偶、父母、兄弟姐妹及寄养人（在被继承人死亡前，事实上依靠被继承人生活，其本身又无劳动能力的人）。

第一，关于子女（包括养子女）的继承权问题。

父母死亡后，子女为其遗产之当然继承人，这是没有争论而为大家所公认的事实。我国《婚姻法》第14条规定："父母子女有互相继承遗产的权利。"正是子女为其父母死亡后的法定继承人的法律根据。而且，子女作为法定继承人，并不因为性别而有所不同。所以，在我国司法及审判实践中，对于出嫁女子的继承权也是和儿子及未嫁女子的继承权同等看待的。但是，从实际出发，"如果女方出嫁时间已经很长，娘家财产已由别人继承，在继承开始时女方并未提出意见，继承后的财产情况也已有了变化，这样，女方就不能再行返回娘家要求继承"。① 这是完全有必要的。因为，我们应该认为出嫁女子业已抛弃权利，同时，若再允许女方返回娘家要求继承，势必增加社会上的纠纷。所以，这样处理对稳固业已确定的社会经济生活是有好处的，而且也没有否定出嫁女子的继承权。

至于非婚生子女的继承权问题，应该和婚生子女完全一样，因为我国《婚姻法》第15条明文规定："非婚生子女享受与婚生子女同等的权利，任何人不得加以危害或歧视"。其中当然包括继承权在内。但是在实践中，确定非婚生子女和生父之间的关系，是有困难的。我们认为有下列情况之一的非婚生子女，对其生父的遗产就应当有继承权，否则仅能继承其生母的遗产：其一，生父在户口登记时载为子女，或生前已承认其为自己的子女者；其二，经生母或其他人证物证证明其生父者。

关于养子女的问题，根据《婚姻法》第13条的规定，养子女与养父母之间的关系是和亲生父母子女间的关系一样的，因此在继承问题上，养子女和亲生子女亦应有同样的继承权，这是毋庸置疑的。但是，养子女是否可继承亲生父母的遗产呢？我们认为："养子女如已继承了养父母的遗产，不应再有主张继承生父母遗产的权利，因为家庭在今天还是一个生活单位……养子女参加了另一个家庭，虽然在感情上不应当要求他（她）与亲生父母割断，但是在财产关系上则应清楚分开。"②所以，养子女对亲生父母是没有继承权的。

应该指出，在我国历史上，养子女可以得到养父母的遗产，但并不承认其有继承权。③ 纵然"伪六法"承认养子女的继承权，但他和亲生子女的继承权是不平等

① 《西北司法部关于嫁出之女能否返回继承父母遗产问题的答复》（1953年）。

② 最高人民法院华东分院关于亲属继承等问题的批复（1951年）。

③ "伪司法行政部法官训练所民法实用讲义（七）"第1142条。

的，也就是说，“养子女之应继分，为婚生子女之1/2”。① 所以，这种规定正是封建社会和半封建半殖民地社会条件下的必然产物，新中国的立法当然应予废弃。

前夫或前妻所生的子女，只能对生父母有继承权，这是父母与子女间关系的当然结果，然而对于后父或后母的遗产，是无继承权的。因为在前子女和后父或后母之间是没有血缘关系的。但是，这种原则在实际生活的运用上是会遇到很多困难的，特别是当前子女还是未成年人的时候。为此，我们认为在处理此类案件的时候，应该根据具体情况予以不同的处理。也就是说，如果后父或后母与生母或生父的结婚，是在生父母离婚后进行的，结婚后，后父或后母对于前子女愿意或事实上已经进行抚养教育，并共同生活在一起的时候（成年子女不包括在内），事实上可以把他们看做收养关系，而以养子女的身份来继承其后父或后母的遗产是此较好的。因为这样和收养的性质既不矛盾，同时对于未成年子女是有利的。如果后父或后母与生母或生父的结婚是在生父或生母死亡以后进行的，那么，只要在生父或生母死亡后，其遗产业经分割者，前子女对后父或后母的遗产，就不应当有继承权；假使其遗产并未分割，且前子女和后父或后母共同生活在一个家庭之中，当后父或后母死亡后，前子女对其遗产，原则上是没有继承权的。但是，在事实上要划分哪些财产是属于生父或生母，哪些属于后父或后母的财产，是有许多困难和纠纷的。因此，为了避免划分财产上的困难与纠纷，使前子女和后父或后母的子女共同继承生父或生母和后父或后母的遗产是比较妥当的。当然，前子女所继承的遗产应该看做其生父或生母的遗产。

由旧社会遗留下来的嗣子是否应承认其继承权呢？由于立嗣承宗是封建宗法社会的产物，因此，其继承权应从根本上予以否定。但是现在仍有嗣子问题存在，所以必须根据具体情况加以处理，也就是说，事实上已存在收养关系，就应依收养关系而保护其继承权。

由上可知，作为法定继承人的子女，应该包括婚生子女、非婚生子女和养子女在内，但是他们的直系卑亲属，如孙子女、曾孙子女（包括外甥子女在内）是否也有继承权呢？我们认为是没有的。也就是说，假使被继承人死亡时有子女及孙子女的话，仅子女享有继承权，孙子女就无继承权。只有子女死在被继承人以前的时候，孙子女才能以代位继承人的资格共同取得其父或母所应当继承的那份财产。所以从孙子女取得祖父母遗产的法律地位来看，和其他继承人是不相同的。应该指出，这种代位继承对于其他继承人的后嗣是不通用的。所以，如果兄弟的死亡比被继承人为早时，其子女（被继承人的侄儿和侄女）不得代位继承。

第二，关于配偶作为法定继承人的问题。

---

① 伪“民法”第1142条。

我国《婚姻法》第12条规定："夫妻有互相继承遗产的权利。"这是新式夫妻关系必然相应有的规定。① 所以无论夫或妻死亡时，他方配偶应为其遗产的法定继承人。

重婚纳妾是旧社会的产物，我国《婚姻法》第2条已经明文加以禁止，但是在司法和审判实践中，对解放前或在当地解放后，《婚姻法》施行前的重婚、纳妾（必须以永久共同生活为目的而同居者）事实，不采取积极干涉的态度。因此，与被继承人有事实上婚姻关系的妻妾对死者遗产，应享有同等的继承权。

由上可知，确定继承人和被继承人之间有无配偶关系（夫妻关系），是取得死者遗产继承权的前提。因此，究竟哪些人应该认为是死者的配偶呢？我们认为，在1956年6月1日《婚姻登记办法》公布前，只要继承人和被继承人生前有事实的婚姻关系存在，即应认为是死者的配偶，在1955年6月1日以后，只有和死者在生前结婚时曾进行过婚姻登记的人，才取得配偶的身份。但是，并不是所有的乡、镇人民委员会在《婚姻登记办法》公布之日起，就办理婚姻登记。因此，这些地区，在各该人民委员会开始办理婚姻登记之前，继承人和被继承人已有事实上的婚姻关系存在，就应当认为是死者的配偶。若继承人和被继承人生前结婚是在各该人民委员会开始办理婚姻登记以后者，就只有经过婚姻登记的人，才取得配偶身份。继承人和被继承人生前虽未经婚姻登记，但是，如果当事人能提出确切证明其为死者的配偶的证据，而且不进行婚姻登记的理由正当时，法院可以根据当事人的请求，确认其为死者的配偶。

应该指出，能作为死亡人遗产的法定继承人的配偶，必须是被继承人死亡时，仍有婚姻关系事实存在者才行，所以，在被继承人死亡前已经离婚的配偶就没有继承权了。

第三，关于父母作为法定继承人的问题。

子女亡于父母之先，父母对其遗产应同样享有继承权，《婚姻法》第14条业加确定，这也是无须说明的。因此，父母即使与子女不共同生活在一起，也不依靠子女生活时，也应该是自己子女的继承人。

至于养父母和养子女之间的关系，既然是和有血缘关系的父母子女间的关系是一样的，那么养父母对养子女的遗产当然也享有继承权。也就是说，养子女死亡后，养父母也是其遗产的法定继承人。但是，生父母能否作为养子女遗产的继承人呢？基于养子女不能继承生父母遗产的同一理由，生父母也不能继承养子女的遗产。

第四，关于兄弟姊妹作为法定继承人的问题。

---

① 《关于中华人民共和国婚姻法起草经过和起草理由的报告》。

被继承人死亡后,其兄弟姊妹能否作为法定继承人的问题,法律并无明文规定,但是,根据中国家庭的实际情况,我们认为兄弟姊妹间是应当有继承权的。因为这样不仅可以达到保护公民的个人财产的目的,而且可以巩固公民的家庭和团结。同时,这也是我国劳动人民长期遗留的习惯。在司法实践中亦同样认为:“在被继承人无配偶又无直系血亲继承时,兄弟姊妹可以继承。”①但是,应该指出:“如兄弟姊妹对于被继承人生前关系恶劣,已无兄弟姊妹之关系可言者,应不承认其有继承权。”②不过,法院在确定兄弟姊妹和被继承人生前关系的恶劣程度时,应采取极端审慎的态度,否则将会侵害公民的正当权益,这是与宪法精神背道而驰的。

能够作为法定继承人的兄弟姊妹,不仅是指全血缘的同胞兄弟姊妹,就是非全血缘的兄弟姊妹(包括同父异母或异父同母的兄弟姊妹),亦应享有同样的继承权。因此,没有血缘关系的兄弟姊妹(异父异母的兄弟姊妹),当然就不应该有继承权。

第五,在被继承人死亡前,事实上依靠被继承人生活,其本身又无劳动能力的人(寄养人)的继承权问题。

在苏联立法中,将寄养人列入法定继承人范围以内,是从共产主义人道主义的精神出发的,这正是我国立法所应吸取的先进范例之一。同时,这与被继承人的原意也是不相违背的。因为被继承人生前愿意长期担负寄养人的生活费用,那么寄养人在其死亡后取得其遗产的一部分甚至全部就没有什么不可以的。所以,我们认为,在我国的立法中,将寄养人列入法定继承人的范围以内是完全必要的。

然而,究竟应具备哪些条件,才能作为寄养人的问题,是值得研究的。根据苏联的规定,寄养人必须是:(1)无劳动能力;(2)在被继承人死亡前依靠被继承人生活在1年以上者。③ 我们认为,结合我国具体条件和情况,能够作为寄养人的,首先必须是没有劳动能力的人。因此,如果某人有劳动能力,就不能算是寄养人,这与我国《宪法》第16条规定“劳动是中华人民共和国一切有劳动能力的公民的光荣的事情”的精神是符合的。但是,是否必须在被继承人死亡前依靠被继承人生活在1年以上的人,才能作为寄养人呢?我们认为这种规定对于我国是不完全适合的。因为,如果法律规定必须在死亡人生前依靠其生活在1年以上的人才算是寄养人,那么在适用上是有许多缺点的。譬如:被继承人的侄儿或侄女,因某种客观原因,其父母暂时不能教养,由被继承人扶养,在被继承人死亡时虽已超过1年,

① 《最高人民法院关于兄弟姊妹互相继承问题的复函》(法行字第1934号)。

② 同上。

③ [苏]C. H. 布拉都西主编:《苏维埃民法》(下),中国人民大学民法教研室译,中国人民大学出版社1954年版,第380页。

我们能不能将其侄儿或侄女看做寄养人而取得遗产的继承权呢？很明显，他们是不能以寄养人资格来取得其遗产的。否则，就会发生双重继承的不合理现象。相反地，如果被继承人在生前将年老无依的姑母接来共同生活后，不及1年，被继承人死亡，此时假如以其依靠被继承人生活不足1年而否认其继承权也同样是不妥当的。所以我们主张：在被继承人死亡前，事实上依靠被继承人生活的人，才是寄养人。但是，这是不是说，只要有依靠被继承人生活的事实，就能算作寄养人呢？我们的回答是否定的。也就是说，在确定某人是否为寄养人的时候，应该根据具体情况，特别要考虑到被继承人生前有无对寄养人长期扶养的愿望，慎重地加以处理。

应该指出，寄养人并不一定要和死亡人在一起共同生活过（寄养人可能居住在另外的住所，另外的城市等），只要某一人的生活主要来源是由被继承人供给的物质帮助者（并为经常性者），就应视为依靠被继承人生活的寄养人。个别非经常性的物质协助不能被视为寄养人。①

综上所述，能够作为法定继承人的应该是被继承人的子女（包括养子女）、未亡配偶、父母、兄弟姊妹及寄养人。

在司法审判实践中，对于祖父母（包括外祖父母在内）、赘婿和寡媳的继承问题，是没有解决的，因此，首先在理论上加以阐述是有其现实意义的。兹分述如后：

首先，关于祖父母（包括外祖父母在内）的问题。在孙子女死亡后，祖父母对其遗产是否应享有继承权，也就是祖父母能否作为孙女的遗产的法定继承人问题，主张殊不一致。

一些人认为，祖父母应列入法定继承人的范围以内，其理由是："如果祖父母不列入法定继承人的范围以内，在无父母的被继承人死亡时，其生活就会没有保障。"这种论点是不能被认同的。因为，他们没有了解保障祖父母生活的方法是多种多样的，并不一定要列入法定继承人范围才能保障其生活。

另一些人认为，祖父母不必列入法定继承人的范围以内，而应作为被扶养的人。其理由是：在祖父母继承孙子女遗产的情况下，祖父母的年纪已经很大，这样容易发生遗产的反复转移；如果将祖父母作为被扶养的人，既可保障其生活，又可避免遗产的反复转移。我们认为这种理由也是难以成立的。不难看出，持有这种论点的人，并没有承认受被继承人扶养的人（即被扶养人）对死者遗产有继承权，而是为了使祖父母生活有保障，酌给一部分遗产，但是他们忽略了：(1)使祖父母取得一部分遗产的理论根据。(2)继承就是把死亡人的财产移转给另外一个人或

① ［苏］C. H. 布拉都西主编：《苏维埃民法》（下），中国人民大学民法教研室译，中国人民大学出版社1954年版，第380页。

几个人的事实,因此,对祖父母酌给一部分遗产的事实与继承又有什么区别呢?这正说明了持有这种论点的人,在观点上是自相矛盾的。(3)把祖父母当做被扶养人,显然地,这是指被死亡人扶养的,因为,如果是由其他继承人来扶养,则无须在此加以规定。然而,把祖父母当做死亡人的被扶养人时,就必然会得出如下荒谬的结论:公民的权利和义务,并不因死亡而消灭。这是反科学的,而且是反动的。(4)主张把祖父母当做被继承人的扶养人的人,并没有区分是否在被继承人生前即已扶养其祖父母的情况,加以不同处理,因此,就必然会使原来不需要被继承人扶养的人,因被继承人死亡的事实而成为其被扶养人了。这种不合情理的事实是很明显的。因此,认为不把祖父母列入法定继承人的范围以内,而作为被扶养人的论点是不足采取的。

为什么会产生上面这两个论点呢?主要是他们对我国社会情况,尤其是家庭情况的分析是片面的。也就是说,他们只看到我国由于长期地受到封建礼教的影响,绝大多数的家庭还是几代聚居的大家庭,而忽略了我国已经存在,而且将来会更多地出现以男女结合为中心的小家庭,这也是随着社会主义建设的发展,在家庭形式发展上的必然趋势。

因此,我们认为,祖父母不应列入法定继承人的范围,但是,他在符合寄养人的条件下,是可以寄养人的资格来取得死者的遗产的。

为什么祖父母不应列入法定继承人的范围呢?因为既然孙子女对祖父母的遗产没有继承权,当然,祖父母就同样不能对孙子女的遗产享有继承权。

那么,认为祖父母仅能以寄养人资格来取得死者遗产的论点,是否和否认祖父母继承权的观点相矛盾呢?我们认为并不矛盾。第一,如果祖父母是以寄养人资格来取得死者的遗产时,就已经不是以祖父母的身份来继承死者的遗产了,这一点是应该严格加以区分的。但是,在马起同志"关于民事继承权问题初步研究"①一文中对这个问题的认识是很模糊的。他说:"根据我们的法令规定(这是没有根据的——作者注),下列的人为法定继承人:A. 被继承人的子女和养子女;B. 生存的配偶;C. 死亡人的父母或养父母;D. 死亡人的祖父母;E. 死亡人的兄弟姊妹;F. 在死亡人生前一年以上依死亡人生活而无劳动能力的人。"②照他看来,祖父母应列为法定继承人之一。但是,他又认为:"未列入法定继承人范围以内的亲属,如侄儿、侄女、堂兄弟姊妹、祖父母和外祖父母等,以及其他没有亲属关系的人,只要具备了上述的条件(指寄养人的条件——作者注),都可列入依赖生活人范围之内。"③毫无疑问,马起同志在这里又否认了祖父母的继承权,这种自相矛盾的论

① 马起:"关于民事继承权问题初步研究",载《东北人民大学人文科学学报》1956年第1期。

② 同上。

③ 同上。

点，是不值一驳的。第二，能以寄养人资格取得死者遗产的人，不限于祖父母，还有其他人，同时，并不是所有的祖父母都可以寄养人资格来取得遗产。能以寄养人资格取得死者遗产的祖父母和其他寄养人一样，应该具备寄养人的条件。

但是，也许有些同志会反对我们的论点，认为否认祖父母的继承权是不符合我国社会情况和劳动人民的习惯的。因为，我国目前还是大家庭多，而且自古以来，没有祖父母不可以继承孙子女遗产的道理，同时，祖父母既无继承权，在死亡人的遗产由其他人继承以后，祖父母势必陷入困境。但是我们认为，在我国的习惯中，继承死者的遗产时，并不将家庭财产和死者个人财产加以划分，也就是人们把"分家"和继承看做一样的。因此，在思想上必须明确能够作为遗产继承的仅是死者的个人财产，而不是家庭的共有财产（当然家庭财产中，属于死者的那一部分财产，是包括在继承财产之内的）。所以，如果死者生前和祖父母共同生活在一个家庭中，而且也没有分割过家庭财产，那么在被继承人死亡后，祖父母在家庭财产中所应享有的那部分财产，自然不能被当做死亡人的财产来进行继承（这一点正是被人忽略了的），能作为继承财产的仅是死者在家庭财产中所应享有的那部分个人财产和其他的个人财产。因此，祖父母的生活是有保障的。同时如果祖父母具备寄养人资格，对被继承人的财产还能够以寄养人资格来继承。如果不具备寄养人的条件，就说明祖父母尚有劳动能力，或者是依靠其他人生活，当然就不应该再继承死亡人的遗产。假使死者生前就没有和祖父母共同生活在一个家庭中，在被继承人死亡后，继承其遗产的，是不会侵害到祖父母的原有财产的。那么再根据祖父母是否符合寄养人的资格来确定其继承权，是比较合理的。

至于外祖父母应该和祖父母一样，不列入法定继承人的范围以内，仅能在具备寄养人的条件下，以寄养人的资格取得死者的遗产。

其次，关于赘婿和寡妇的问题：应当指出，我们这里所研究的实际上是赘婿和媳妇的继承权问题，也就是说，入赘的女婿在岳父母死亡后有无继承权（无论其妻有无死亡或有无子女），以及媳妇在其公婆死亡后有无继承权（无论其丈夫有无死亡及有无子女）的问题。我们认为，赘婿与岳父母的关系和媳妇与公婆的关系是一样的，他们都是姻亲关系，与收养及血亲关系是显然不同的。因此，无论赘婿或媳妇对于岳父母或公婆的遗产是不应该有继承权的。但是，这种观点并没有得到统一。

有些人认为赘婿如与被继承人劳动生活在一起，并对被继承人尽有扶养义务的，视同养子。也就是说，赘婿可以养子的资格来继承其岳父母的遗产。我们认为，持有这种观点的人，还或多或少地受到旧社会重男轻女的思想的影响。因为第一，他们在承认赘婿为养子的同时，并没有承认媳妇为养女（事实上他们是不会承认的）。因此，他们就无形中确认了男女双方结婚必须女方移居男方，而不能男方移居女方，否则应视同养子。毫无疑问，这种论点是没有根据的。第二，他们会反驳我们说:“我们所以只将赘婿视同养子,是必须赘婿和被继承人劳动生活在一起,并对被继承人尽有扶养义务。”是的,我们并没有忽略这一点,而且正是这一点,反映出持有这种观点的人否认了“妻照料家务抚育子女的劳动,应该看做与夫从事于获取生活资料的劳动有同等价值的劳动”。[①] 所以,我们不应该把赘婿视同养子。

同时有些人认为,无子女的寡妇在翁姑(夫之父母,俗称公婆——作者注)死亡后,应分给其亡夫应继分的财产。这种观点同样是笔者不能同意的。第一,由于其夫是死在被继承人之前,因此已经丧失了继承权,当然不能把亡夫的应继分看做夫的财产而依《婚姻法》第12条由其妻来继承。同样地,妻不能以代位继承来继承其亡夫的应继分。因为,能够代位继承的,仅限于直系卑亲属。所以,无子女的寡妇取得其亡夫的应继分,无论在法律上或理论上都是没有根据的。第二,在翁姑死亡后,分割家庭财产(指大家庭)的时候,媳妇应该取得一部分财产,应该注意,媳妇对这部分财产的获得并不是继承,而是由于她在家庭中进行了劳动,而获得其劳动成果的代价。

以上是关于法定继承人的范围的问题,下面再就继承顺序问题略加分析。

二

继承顺序就是被继承人死亡后,享有继承权的人对死者遗产继承的先后顺序。这种次序应该根据继承人和被继承人的血缘的远近以及在经济生活上的依赖程度来决定。所以我们认为继承的顺序应该是:子女、配偶、无劳动能力的父母和寄养人列入第一顺序;有劳动能力的父母列入第二顺序;兄弟姊妹列入第三顺序。只有在没有第一顺序继承人继承时,由第二顺序继承人继承;如再没有第二顺序继承人继承时,由第三顺序继承人继承;如又没有第三顺序继承人继承,也没有遗嘱时,其财产认为是无人继承的财产,收归国有。

在我国实践中,对于继承顺序的问题是有争论的,但是,尽管他们的意见有诸多分歧,下列两点是被大家所公认的:第一,子女应该列入第一顺序;第二,父母的继承顺序应该在兄弟姊妹的继承顺序之前。然而,对于配偶及父母的继承顺序仍有不同意见。主要的分歧意见有下列两种:

1. 无论有无劳动能力的父母都应列入第一顺序,另一些人的意见主张列入第二顺序。

2. 对配偶的继承顺序,有人主张不要固定,和其他任何顺序的继承人同时继

---

① 《关于中华人民共和国婚姻法起草经过和起草理由的报告》。

承，另一些人主张不要把配偶列入继承顺序之中，固定其应继分为50%。

上述两种意见是值得研究的，但是，我们是不同意的，现就这两种意见分析如下：

第一，关于父母的顺序问题。从血缘的远近程度上来看，死亡人的父母和子女是一样的，应该列入第一顺序。那种主张把父母列入第二顺序的意见是不正确的。我们认为，在考虑父母的继承顺序的时候，必须把有劳动能力的父母和无劳动能力的父母分别列入不同顺序中，也就是说，把无劳动能力的父母列入第一顺序，有劳动能力的父母列入第二顺序是比较恰当的。首先，把有劳动能力的父母列入第二顺序，这样可以更多地照顾死亡人的配偶和子女，对于下一代的成长是比较有利的。其次，还可以使他们仍靠自己的劳动来解决生活问题，这与我国《宪法》第16条的精神也是吻合的。所以，把父母列入第一顺序的意见也是不妥当的。

第二，关于配偶的顺序问题。男女因结婚关系存续而成为夫妻，夫妻是家庭的基本细胞和生殖单位，①配偶和死者生前在生活上的联系是最为密切。因此，他（她）和死者的关系以及死者和其父母，特别是兄弟姊妹的关系上就应当有所不同，在继承问题上亦同样是如此。所以，那种认为不固定配偶的继承顺序，和其他任何顺序继承人同时继承的意见是不足采取的。那么，是否可以把配偶的应继分固定为50%呢？我们认为，这种意见也是不正确的。首先，他们所以主张将配偶的应继分固定为50%，是由于家庭财产为夫妻共有财产。很显然，如果以此为出发点的话，配偶仅取得了原来属于自己的那一部分家庭财产，而没有继承死者的遗产。其次，如果认为是配偶对死者的遗产应继承50%的话，那么，不仅在理论上和实践上找不到根据，而且和继承的平均分配原则是违背的。由此可见，将配偶列入第一顺序是最为恰当的。

关于寄养人的顺序问题，我们之所以把寄养人规定为法定继承人，这是从社会主义人道主义出发的，同时寄养人也是亟须扶养照顾的人，所以把其列入第一顺序是完全必要的。

综上分析，将子女、配偶、无劳动能力的父母和寄养人列入第一顺序；有劳动能力的父母列入第二顺序；兄弟姊妹列入第三顺序是比较恰当而符合实际生活的。

三

正确处理法定继承人范围和顺序的问题，对于保护公民的个人财产，巩固家庭，发展社会生活是有着重大意义的。但是，目前对这个问题存在各种分歧的意

---

① 《关于中华人民共和国婚姻法起草经过和起草理由的报告》。

见。为了使认识上得到统一,必须注意下列两点:

第一,彻底贯彻男女平等的原则。男女平等的原则早为《婚姻法》第1条加以固定,而且已经贯穿在整个婚姻家庭制度中,与婚姻家庭密切联系的继承制度中,当然不应该例外。但是,由于有些同志还或多或少地受到以男子为中心的封建残余思想的影响,促使他们不能正确解决法定继承人的范围和顺序问题,特别明显地反映在外祖父母和赘婿与媳妇继承权的解决方法上。如果他们能彻底贯彻男女平等的原则,那么在对待外祖父母和祖父母的地位上就不会有什么不同。因为从孙子女来说,祖父母是父亲的父母,外祖父母是母亲的父母,既然父亲和母亲的地位是平等的,当然外祖父母和祖父母的地位也应当是平等的。同样地,在赘婿与媳妇的家庭地位上,也应该是一样的。这一点已经在前面谈过,此处不再重复。

第二,继承财产仅限于死者的个人财产,应该和家庭财产严格区分开来。在解决祖父母和寡媳的继承权时,有不少同志是从他们的生活出发而主张列入继承人范围以内的。之所以这样,是由于我国劳动人民在习惯上把"分家"和继承混淆起来的缘故,特别是有几个成年子女的大家庭,常常在父母死亡以后就发生"分家"的事(这在农村最多)。对于这种"分家"的性质,他们是没有弄清楚的。有人单纯地认为就是家庭财产的分配;也有人认为就是继承,这当然是片面的。实际上,这种"分家"应该看作既包括分劈家庭财产,又包括继承(当然,有时纯系分配性质)。也就是说,对死者的个人财产(其中包括一部分归死者所有的家庭财产在内)是继承的性质,对于其他家庭财产是分配的问题。如果弄清这一点,对于祖父母和寡媳是否会因继承而失去生活保障的顾虑,是可以完全消除的。因为在家庭财产中,有一部分应该是属于他们的,绝不能被认为是死者的遗产而加以继承。所以,严格地把属于死者个人所有的财产和属于其他家庭成员共有的家庭财产划分开来,对于正确解决法定继承人范围和顺序的问题是有很大意义的。

(1956年第1期)

从“关于农业合作化问题”中学习分析事物的本质和主流的科学的思想方法

傅季重*

马克思列宁主义哲学是代表工人阶级根本利益的最革命的世界观，也是最科学的思想方法。

毛主席在《关于农业合作化问题》中批判主观主义者的错误时写道：“这些同志看问题的方法不对。他们不去看问题的本质方面，主流方面，而是强调那些非本质方面、非主流方面的东西。”可见，分析事物的本质和主流是马克思列宁主义科学的思想方法。只有掌握了马克思列宁主义科学的思想方法，才能使革命工作不断取得胜利。

本文是学习《关于农业合作化的问题》一文后的体会，试图分析以下几个问题：一、什么是事物的本质和主流；二、分析事物的本质和主流的重要意义；三、怎样分析事物的本质和主流。

一、什么是事物的本质和主流

事物的本质和主流是事物内部的本性，是事物内部那种共同的起决定作用的东西。或者说，事物的本质和主流就是事物的内部联系，是事物的规律性的东西。

客观事物都是运动着的，在任何一个事物的运动中，尽管各种运动形态的表现是多种多样的，但总具有标志着事物运动发展趋向的东西，这就是运动的主流。本质和主流这两个概念是完全一致的，并无原则上的区别；主流则是更形象地反映事物运动发展中起决定作用的东西。

事物的本质和主流是通过事物的现象来表现的。现象是事物的外部表现，是客观事物借以表现的外部形式。所以要明确什么是事物的本质和主流，必须首先正确理解事物的本质和现象的相互关系。人们在一切活动中，正确地了解它们，运用它们，才不致在异常复杂的斗争中迷失方向。

本质和现象都是运动着的客观事物本身所固有的，所以它是客观的。离开了

* 作者单位：华东政法学院（现华东政法大学）。

运动着的事物本身,是无所谓现象与本质的。现象发生于事物本身之中,是离开人的意识而独立存在的。现象是事物的表露,在现象上显示着事物内部底本性或事物底本质。而事物的本质决定着现象发展的方向和性质。没有不表现本质的现象,也没有不通过现象表现出来的本质,所以现象和本质是相互联系、相互依赖的统一体。它们的共同基础就是客观的物质世界。

事物的本质和现象虽然是密切联系着的,但绝不能把现象与本质等同起来。尽管事物的本质与现象之间并没有不可逾越的鸿沟,可是事物底本质往往是隐蔽的,是不能靠简单的直观去认识的。这是因为本质的东西是事物内部最重要的东西,在实际生活中,很多事物的本质在现象中常常不会充分地表现出来,有时甚至跟它的表现大不相同。现象停留在表面上,常常包含着事物的非本质、非主流的东西。人们在一切实践活动中,必须透过现象把本质揭露出来,而不能把现象与本质等同起来。马克思说过:"如果把事物的表现形式和事物的本质直接混为一谈,一切科学都会成为无用的了。"①每一门科学的任务就要在自己的领域内揭露藏在现象后面的本质。

在农业合作化运动初期,有些同志看到某些地区比较落后,农民没有文化,资金筹集困难,所以他们将群众提出的合作化要求看做幻想,他们认为建设容易巩固难。这些想法的错误就是把现象与本质混同起来,没有认真地对复杂的现象中加以科学的分析,没有从本质上去发现群众的积极性。

承认事物的本质和主流存在的同时,也必须承认事物的非本质和非主流的存在。不过事物的本质具有一个根本特点,就是它是事物内部的最根本的东西,它对事物的发展和性质起着决定性的作用。在一个规模巨大的运动中,必然是既存在本质方面的东西和主流方面的东西,同时也存在非本质方面和非主流方面的东西。本质和非本质的东西并不是孤立的,而是有着密切联系的。正由于事物的本质和主流的东西是事物内部最重要的方面,所以本质和主流的东西解决了,其余非本质、非主流的东西也就容易解决了。农业合作化运动发展的客观事实告诉我们,只要抓住了党的领导和群众的积极性这个本质的东西以后,那些干部条件问题、个别群众的落后思想的教育问题等从整个运动看来的非本质、非主流方面的东西也就容易解决了。这里正充分显示了本质和主流的东西对事物发展所起的决定性的作用。当然,本质的东西并不能代替非本质、非主流的东西。因为本质和主流仅仅是许多现象中最根本的东西,是构成这些现象基础的东西,它比直接的现象本身要深刻得多,但本质并不能包括现象底全部多样性,所以忽略解决非本质方面的问题也是错误的。可是如果把非本质、非主流的方面,看成本质和主流的方面,那就是根

---

① 转引自解放社编:《思想方法论》,解放社 1942 年版,第 273 页。

本的错误,从而问题永远得不到解决。毛主席在强调事物的本质和主流的同时,也教导我们“不能忽略非本质方面和非主流方面的问题,必须逐一地将他们解决。但是不应当把这些看成本质和主流,以致迷惑了自己的方向”。这对我们理解事物的本质和主流以及与非本质、非主流的关系,有着深刻的指导意义。

二、分析事物的本质和主流的重要意义

事物的本质和主流既然是各个事物内部联系的最根本最主要的东西,它决定着事物的性质和发展,所以分析事物的本质和主流在人们的认识中有着十分重要的意义。人类日益丰富的科学知识就是不断深入事物的更深的本质中去的过程。科学的任务就在于分析和揭露事物的本质。

分析事物的本质和主流,可以掌握事物运动发展的规律,自觉地依据客观规律促进事物的发展,推动运动的前进。认识事物的本质是和认识事物的规律相符合的。客观事物的复杂现象中,总是存在相互联系相互制约的一定的规律性,规律就是自然和社会中诸现象底规律性的表现和基础,也就是事物本质的表现。马克思所发现的社会历史发展的规律,也就是社会历史发展的本质。达尔文所发现的生物进化的规律,也就是生物进化底本质。所以列宁说:“规律与本质乃是同一性质的(同一次序的),或者说得确切些,同一程度的概念,这些概念表现着人对于现象、世界等的认识之深化。”①

整个自然界和人类社会都是根据客观规律而变化和发展的。无论自然规律或社会规律都是不以人们的意志为转移的。不论人们知道或不知道这些规律,希望或不希望有这些规律,它总是在发生作用的。人们既不能创造规律,也不能消灭规律。只有符合客观规律的东西,人们才能顺利地实现它。人们只有在承认客观规律存在的前提下去认识规律,并利用它来为人类谋福利,才能推动社会的发展。

既然要认识客观规律,才能达到改造客观世界的目的,而规律就是客观事物本质的表现,所见必须分析客观事物的本质和主流,才能真正掌握客观事物的规律,进而从事改造客观世界的任务。

在农业合作化运动中,为什么广大农民有走社会主义道路的积极性,如不从运动的本质上加以分析,而限制在一些表面现象上面,就必然得不到科学的解答,找不出运动的发展规律,也就会阻碍运动的前进。毛主席根据中国的特点对上述问题作了本质的分析。他说:“……广大农民的生活,虽然在土地改革见后,比较以

---

① [苏]列宁著:《黑格尔〈逻辑学〉一书摘要》,曹葆华译,解放社1950年版,第105页。

前有所改善，或者大为改善，但是他们中间的许多人仍然有困难，许多人仍然不富裕，富裕的农民只占比较的少数，因此大多数农民有一种走社会主义道路的积极性。”“我国社会主义工业化的建设和它的成就，正在促进他们的这种积极性。对于他们说来，除了社会主义，再无别的出路。”正由于对上述问题给予科学的、本质的分析，这就找到了农业合作化运动的发展规律，从而推动了整个革命运动的发展。

分析事物的本质和主流是克服主观主义的有力武器。前面提过，事物的本质和主流，往往是和现象不一致的。事物的本质和主流并不是完全直接表现在现象上面，常常是通过许多非本质、非主流的东西而表现在我们面前。因此，人们的认识不能停滞在表面现象，应该努力透过现象寻求事物的本质方面和主流方面的东西。只有如此，才能正确地反映客观世界。

一切主观主义者的错误就在于在认识中不着重对事物本质的分析，而是停滞在表面现象上，甚至为假象所迷惑，把非本质、非主流的东西看成是本质的和主流的东西。主观主义者在思考问题时，总是不从客观实际出发，而是主观意识占第一位。这就决定了他们看问题的表面性和片面性。当社会物质生活发展需要提出新的任务时，当提出新的革命任务与新的工作方案时，他们就只能是张皇失措，“只知跟在车子后面怨恨车子走得太快了，企图把它向后拉，开倒车”。[①] 在农业合作化运动中的“小脚女人”、“坚决收缩”、“赶快下马”的右倾保守思想正是主观主义的明显表现。

党在过渡时期引导农民走农业集体化的道路，这是马克思列宁主义的普遍真理，是符合广大农民的根本利益的。由于我国社会主义工业化的迅速发展和广大农民本身的经济地位，广大农民都有走社会主义道路的积极性，这就是事物的本质，运动的主流，这是辩证唯物主义者对问题的正确的看法。当然，在这个伟大的运动过程中，也必然会存在一些困难和缺点，但这对辩证唯物主义者来讲，却是非本质、非主流的东西。

主观主义者满足于表面现象的认识，不深入研究事物的内部联系。他们只看到少数觉悟不高、暂时观望的群众，却看不到广大群众蕴藏着的无限充沛的积极性；他们只看到少数干部的经验不足，却看不到党的领导的巨大作用，从而得出了“超过了干部的经验水平”、“超过了群众觉悟水平”的错误结论。这就是不分析事物的本质和主流，而以非本质、非主流来代替事物的本质和主流的结果。毛主席在《改造我们的学习》一文中早已指出：“这种反科学的反马克思列宁主义的主观主义的方法，是共产党的大敌，是人民的大敌，是民族的大敌，是党性不纯的一种表

① 《毛泽东选集》（第1卷），人民出版社1951年版，第294页。

现。只有打倒了主观主义,马克思列宁主义的真理才会抬头,党性才会巩固,革命才会胜利。"①这在今天学习《关于农业合作化问题》这一著作时,对上述论断更加感到有深切的体会。

自《关于农业合作化问题》发表以后,广大干部思想上明确多了,主观主义的危害性也得到了进一步的批判。但是客观事物是不断发展变化的,新的任务和新的情况还将不断出现在我们面前。由于人们的意识往往落后于客观存在,所以经常掌握分析事物的本质和主流的思想方法,将是我们不断克服思想中随时出现的主观主义的有力武器。《关于农业合作化问题》一文所给予我们的理论武器的巨大作用正在于此。

分析事物的本质和主流也是一种科学研究的方法。科学是人们关于客观世界发展规律的一些客观知识的体系。科学的对象就是客观世界整体的各个方面。科学的任务就在于认识客观世界的发展规律。科学在解决这一任务的过程中也就是深入客观世界的各种过程,从各种现象深入事物的本质的过程。人们在实践活动中,利用客观规律以达到自己所需要的结果,正因如此,人们就发生了认识客观现象,认识客观现象的本质方面的这种必要与要求。理论的认识、科学的概念都是因为它正确反映了客观实际,分析了客观事物底本质属性,才能正确地预见人们行为的结果,以及进一步地发展与改善人们实践活动的途径。例如,人类的社会生活是十分复杂的,马克思主义学说的伟大力量就在于从多种多样复杂的现象中,分析了事物的本质,指出社会的物质生活是社会生存和发展的基础,这就使人类生活有决定意义的问题得到了科学的解释。马克思、恩格斯创立了历史唯物主义,这就使社会学奠定在真正科学的基础之上。在自然界中,伟大的苏联米邱林学说,改善并培养了许多高度产品率的植物的品种,打破了等待自然恩赐的谎言,就在于他分析了引起这样或那样变化的原因,认识了植物生存的规律和本质。对植物生存的本质的分析,正是米邱林创造新品种和取得科学巨大成就的根本原因。

目前我国广大知识分子都热烈地响应党所提出的"向科学进军"和"迅速达到世界上先进水平"的号召,无论自然科学或社会科学各部门都在大力开展科学研究工作。毫无疑问,毛主席《关于农业合作化问题》一文中关于分析事物的本质和主流的原理,对广大知识分子的科学研究工作说来,不能不具有方法论的深刻的指导意义。

三、怎样分析事物的本质和主流

分析事物的本质和主流是马克思主义唯物认识论的基本问题。只有马克思主

① 《毛泽东选集》(第3卷),人民出版社1953年版,第820页。

义的认识论才建立了关于分析事物的本质和主流的最完整的学说。马克思主义哲学认为,认识就是反映,正确的认识就是对客观世界及其规律的正确反映。但人们对客观事物的认识不是简单的、死板的反映,而是曲折的、复杂的,由简单到复杂,由低级到高级,由现象到本质的反映过程。这就是人们认识的辩证法。所以在马克思主义者看来,辩证法与认识论是完全一致的。又由于事物的本质是十分复杂的,在事物现象的后面,隐藏着更深刻的本质,人们要透过现象去认识事物的本质,就必须运用分析综合抽象概括的逻辑方法,从感觉表象提高到概念的认识,从而进行判断和推理,这是十分重要的逻辑思维的工作。马克思主义辩证逻辑正是研究关于认识的发展规律的学问,是研究人们如何通过辩证思维来认识客观世界的过程,所以逻辑也就是认识论,同样,逻辑与辩证法也是一致的。列宁在《哲学笔记》中写道:"在资本论中,逻辑、辩证法及认识论(三种名词是不必要的,三者都是同一的东西)是当做同一科学来应用的。"①

辩证法、逻辑、认识论相统一的原理是列宁最重要的哲学遗训。毛主席在《关于农业合作化问题》一文中关于分析事物的本质和主流的原理正如在他的"实践论"、"矛盾论"两篇哲学著作中一样,都是生动鲜明地运用了列宁这一最重要的哲学原理来分析理论上与革命实践中的问题。所以,研究怎样分析事物的本质和主流,必须以这个原理为指导来进行分析。

第一,分析事物的本质和主流必须是与唯物主义的世界观相一致的。世界观是最根本的东西,它是认识方法和思想方法的总的指导原则。唯物主义的世界观就是在观察客观世界的各种问题时,都是贯彻着"物质第一性,意识第二性"的原理。恩格斯说:"唯物主义的世界观,不过是对自然界本来面目的了解,而并不附加以任何外来的成分。"②也就是说,在认识客观事物的时候,客观事物是什么就是什么,不能掺杂主观臆断在内,必须是主观符合客观。

人们在一切活动中,要正确地、完全地认识客观事物,要反映事物的本质,反映事物内部的规律性,首先必须认真贯彻唯物主义的观点,反对任何种类的唯心主义的倾向。因为事物的本质和规律性都是客观存在的,它是不以人们主观意志为转移的。一切主观主义者之所以不善于分析事物的本质和主流的东西,常常把非本质、非主流的东西,看成是本质和主流的东西,首先在于主观主义者认识事物的方法是与唯物主义的路线相违背的,他们是从"意识第一性,物质第二性"的公式去认识事物的。

---

① 转引自解放社编:《思想方法论》,解放社 1942 年版,第 181 页。

② 转引自联共(布)中央特设委员会编:《联共(布)党史简明教程》,外国文书籍出版局 1949 年印行,第 141 页。

毛主席经常教导我们应该实事求是。"'实事'就是客观存在着的一切事物，'是'就是客观事物的内部联系，即规律性，'求'就是我们去研究。"[①]这就要我们坚决从唯物主义的立场观点去认识事物，根据客观存在的事实，进行研究，然后才能得出科学的结论，才能求到"是"，才能分析出事物的本质来。

党所领导的农业集体化运动是从根本上改变农业生产上的落后状态的唯一正确的途径，而合作化首先是变革生产关系，经过它使农民的个体劳动者所有制变为集体所有制，变革了生产关系就会促使生产力进一步的发展。广大农民懂得了这是他们摆脱贫困的唯一道路，因而具有高度的社会主义的积极性。这些都是客观存在的事实，也是农业合作化运动中的本质方面的东西。按照恩格斯的说法，这就是广大农民在农业合作化运动中的"本来面目"。我们这样去分析认识是没有"任何附加的成分"在内，所以这是完全正确的。那些犯右倾错误的同志之所以不能分析事物的本质，就因为他们不是如实地反映客观存在的实际情况，而是片面强调了运动中的个别困难和缺点，这样要想从客观实际中引出事物的本质和主流的东西来，当然是不可能的。他们所得出的结论只能是与客观不相符合的主观臆断的错误的结论。总之，"实事求是"这个唯物主义的原理是分析事物的本质和主流的出发点。离开了它，除了陷入主观主义的泥潭，沿着唯心主义路线走去，别无其他。

第二，分析事物的本质和主流必须把辩证法的原理与认识论统一起来。马克思主义哲学认为，认识就是客观世界在人们头脑中的反映，但是客观世界反映到人脑中并不是像某一具体物体反映到镜子里那样简单，认识是有其一定阶段的过程。在认识达到事物的本质以前，它要经过一个复杂的路程。列宁教导我们"从生动的直观到抽象的思维，从思维到实践，这就是认识真理、认识客观实在的辩证法道路"。[②] 列宁的这个经典公式就是说明人类认识的辩证过程。

毛主席在《实践论》中依据列宁的原理，把这个过程分为感性认识阶段和理性认识阶段。这是人们认识客观事物从现象到本质，从事物的外部联系到事物的内部联系的必要阶段。这两个阶段在人们认识中是相互密切联系的，它们在实践的基础上统一起来。感性认识提供我们以判断事物的材料，认识的整个进一步的发展，是依赖于我们关于事物的感性认识的。不去观察客观世界的现象，不去研究事实，仅仅靠着理性是不能得出任何真正科学理论的。科学理论的构成，始终是需要先有对于事实的细心收集，对于现实现象的直接认识。在这个问题上，感性认识有着决定性的作用。马克思主义哲学认为理性认识依赖于感性认识，这就是认识论的唯物主义观点。毛主席在《实践论》中说："如果以为理性认识可以不从感性认

---

① 《毛泽东选集》(第3卷)，人民出版社1953年版，第821页。

② [苏]列宁著：《黑格尔〈逻辑学〉一书摘要》，曹葆华译，解放社1950年版，第130页。

识得来，他就是一个唯心论者。”“认识开始于经验——这就是认识论的唯物论。”①

在整个认识过程中，感性认识是理性认识的基础，但不能把认识归结为仅仅是感觉表象的认识。人们要分析事物的本质，只靠感性认识是不能解决问题的。如果我们满足于我们直接看到的现象，停顿在感性认识上面，那么我们远不能达到认识客观事物的目的。所以马克思主义唯物辩证法应用于认识论，在肯定理性认识依赖于感性认识的同时，还着重指出感性认识必须提高到理性认识。当人们在实践中取得感性认识后，就要再往前一步，上升到认识的更高的阶段。人们在感性认识阶段是不能把事物的本质的、非本质的彼此分别开来。人们要分析出事物的本质和主流来，就必须把感性认识上升到理性认识。毛主席说：“要完全地反映整个的事物，反映事物的本质，反映事物的内部规律性……就必须从感性认识跃进到理性认识。”又说：“认识有待于深化，认识的感性阶段有待于发展到理性阶段——这就是认识论的辩证法。”②

毛主席在《实践论》中对感性认识与理性认识辩证关系的论述，就是马克思主义认识论与辩证法相统一的原理。毛主席在“关于农业合作化问题”中指出：“目前农村中合作化的社会改革的高潮有些地方已经到来，全国也即将到来。”这个论断之所以是完全正确的，并经实践所证实了的，就在于他是依据了十分丰富与符合实际的材料，并在综合这些材料的基础上透过事物的现象和外部联系而进入事物的内部联系，分析了事物的本质而得出来的。这就是感性认识与理性认识辩证统一原理的应用，也是马克思主义认识论与辩证法相统一原理的实际运用。这对分析事物的术质和主流，就具有方法论的巨大意义。

在农业合作化问题上产生像小脚女人走路似的右倾保守思想的认识论根源，就是感性认识与理性认识相脱节的经验主义和教条主义的思想方法。他们满足于在农村工作中获得的不完全的实际经验，缺乏关于事物的本质的、普遍性的认识，因此辨别不出革命不同发展阶段的特点，不明确农业合作化与工业化相适应的普遍原理，看不到大多数农民愿意走社会主义道路的积极性，对资产阶级、富农和具有资本主义自发倾向的富裕中农对农业社会主义改造的态度和大多数农民的态度不能区别开来，从而特别强调合作化过程中的缺点和非主流的东西，主张对农业合作化运动采取“坚决收缩”的方针。

马克思主义者从不轻视实际经验，更不忽视理论的普遍意义，而是在重视实际经验的同时，必须加以分析研究位经验上升为理论；在重视理论的同时，又必须从实际情况出发，加以具体的、历史的分析，这样才能真正分析出事物的本质和主流

① 《毛泽东选集》（第1卷），人民出版社1951年版，第289～290页。

② 同上。

的东西，而不致被非本质、非主流的东西所迷惑，失去了正确的前进方向。

第三，分析事物的本质和主流还须经过逻辑思维的工作，这是人们从感性认识跃进到理性认识的必要的手段。事物的本质和主流并不是它自己直接显示给我们的。为了发现它，就必须经过逻辑思维的工作。只有对直接的感性印象进行逻辑加工之后，才能认识事物的内部联系、事物的本质和规律性。人类不通过抽象思维这一重要过程，是不能发现现象与本质两者的联系及其规律的知识的。人们思维的巨大作用正在于此。

人们在进行抽象思维中，必须遵守反映客观规律的思维规律，才能达到正确的思维，并且要通过一定的思维形式来表达人们对客观事物从现象到本质的认识。马克思主义辩证逻辑就是研究辩证思维的规律与形式的科学。辩证法既用于认识论方面，也同样应用于逻辑思维方面，在应用辩证逻辑来认识客观事物时，辩证逻辑与辩证法就是同一的东西。列宁教导我们在认识客观事物时，不应满足于外部形式的定义而要运用辩证逻辑去思考问题时写道："辩证逻辑要求我们要更进一层。为了真正地认识对象，必须把握和研究对象的一切方面，一切联系和'媒介'。辩证逻辑要求在对象的发展上，在它的'自己运动'上，在它的变化上去把握它。"①也就是说，人们要真正认识客观事物，获得事物的本质和规律性的知识，就应该运用辩证逻辑的方法去进行思考，从事物的联系发展变化中，从事物的内部矛盾分析事物，才能真正地认识对象。毛主席在《实践论》中说："将丰富的感觉材料加以去粗取精、去伪存真、由此及彼、由表及里的改造制作工夫，造成概念及理论的系统。"②这正是辩证法在逻辑思维中的具体应用。人们在通过感官取得大量的感性知识以后，只有从事物的相互联系和发展变化中，运用分析综合的方法，通过科学的抽象和概括，把"粗、精、真、伪"区别开来，才能真正分析出事物的本质，才能正确地了解复杂的现象，顺利地进行我们的实践活动。

犯右倾错误的人，他们思考问题的方法是与辩证逻辑的方法根本不同的。经验主义者不从事物的联系中去思考问题，把农业合作化问题孤立起来，不去注意农业合作化与社会主义工业化的密切联系，不从事物的发展中去认识问题，把暂时的困难看成是永远不变的无法克服的困难；也不了解农业合作化运动是社会主义与资本主义在农民问题上的矛盾的斗争，虽然他们调查了一些事实，却不经过"去粗取精、去伪存真、由此及彼、由表及里"的改造制作工夫，不肯深思苦索，成了思想上的懒汉，从而把非本质、非主流的东西看成是本质和主流的东西了。他们在革命运动的高潮面前成了一个裹足不前的"小脚女人"，并不是偶然的。

---

① 《列宁文集》(第7册)，人民出版社1954年版，第49页。

② 《毛泽东选集》(第1卷)，人民出版社1951年版，第290页。

第四，在阶级社会中分析社会问题的本质必须运用阶级分析的方法，根据历史唯物主义关于社会存在决定社会意识的原理，社会中各阶级的政治态度，是由各阶级的经济地位决定的。这是马克思主义阶级分析方法的中心问题。社会各阶级在一定社会经济结构中所处的经济地位不同，也就决定了他们对待社会变革的不同态度。所以在复杂的社会革命运动中，要找出运动的主流，就必须对社会各阶级的不同经济地位及其政治态度予以科学的分析。

《关于农业合作化问题》一文的伟大意义还在于根据各个时期阶级力量对此的变动情况予以科学的分析。特别是对中农这个阶层作了科学的分析，根据中农的经济地位和对农业社会主义改造的态度，把新老中农的下中农和贫农一起列为依靠力量，这就确定了合作化运动中的核心力量。对各阶级、各阶层的区别以及它们已经发生的变化的科学分析，也就确定了正确的阶级路线。贫农和新老中农的下中农之所以是合作化运动的依靠力量，是事物的本质和主流，正是运用马克思主义阶级分析方法所得出的唯一正确的结论。

有些人不善于用阶级分析方法去认识社会问题，不从农民各阶级、各阶层的经济地位和他们的政治态度去分析问题，因而不能正确地贯彻依靠贫农的阶级政策。他们片面地认为贫农缺乏生产资料，必须依靠生产资料较多的富裕农民办社，才能使合作社增产。这与马克思主义阶级分析的方法是完全相反的。“关于农业合作化问题”发表后半年多的时间，农村两条发展道路之间的矛盾的问题已经基本上解决了，这不仅充分证实了马克思主义阶级分析方法对革命实践的巨大意义，而且对右倾错误的观点也是最有力的批判。

《关于农业合作化问题》这一伟大著作是推动农业合作化运动的具有伟大历史意义的文件，也是指导我国整个社会主义事业的一个重要的思想武器。正如毛主席的其他许多著作一样，这是一篇鲜明的、形象的，而给予深刻分析的马克思主义的哲学著作，它具有极大的理论力量。在这篇著作中充分显示了马克思列宁主义哲学理论与实践相统一的精神，也贯穿着唯物主义与唯心主义的尖锐的斗争。尤其是关于分析事物的本质和主流的科学的思想方法，是战胜一切主观主义的最锐利的科学武器。我们必须从这一伟大著作中，深入地学习丰富的哲学原理，提高我们的认识能力，继续批判阻碍前进的右倾保守思想，使我们在建设社会主义事业中取得更大的胜利。

（1956 年第 1 期）

犯罪动机与刑事责任

刘焕文*

犯罪是非工人阶级的思想意识之表现为危害人民(当然包括人民的政权)的作为或不作为。当社会还有剥削阶级或其思想残余存在时,犯罪总是不能消灭的。所以犯罪问题是一个阶级问题,也是一个重大的思想问题。一个持枪杀人的犯罪事实,我们只看见一个人开枪,另一个人死亡的简单事实。在这一简单事实发生前,犯罪人通常经过一系列的思想活动,这些思想活动,对认定刑事责任,关系甚大。因此,对犯罪行为前犯罪人的思想活动进行分析,在审判实践上是非常重要的。

人的行为大致可分为无意识的行为与有意识的行为两种。前者指无思想活动即无预定目的的动作,如人遇到惊骇事件而发生呼号声,四肢猛然受到刺激就会缩回,以及咳嗽、呵欠、喷嚏、眨眼之类的动作,都属于这一种。这种动作出于人的本能,是一种反射动作,是属于动物性的,不能作道德上的评价。因这种行为而引起社会损失,由于无罪过存在,就不能认为构成犯罪,不发生刑事责任问题。后者指预有一定目的之有意识的动作,心理学及伦理学都把这种行为叫做人的意志行为。犯罪行为(本文所说的犯罪行为,都是指的一般犯罪行为即故意行为)就是属于人的这种意志行为。

作为人的特征的活动,就是人的意志行为。人的意志行为是人类高级神经活动的表现,是经过复杂的思想活动的。人类的行为之所以特别应给予道德的评价甚至应负法律责任,就在于只有人才能作出这种意志的行为。

人的意志是要受客观存在的约束的。马克思说过:"物质生活的生产方式决定着社会生活、政治生活以及一般精神生活的过程。并不是人们的意识,决定人们的存在。恰巧相反,正是人们的社会存在,决定人们的意识。"①但这并不意味着客观存在宿命地支配人的意志,人只能像机器一样,作钟摆式的摆动。马克思在费尔巴哈论纲中又说过:"从前一切唯物主义——连费尔巴哈的也包括在内——所含有的主要缺点,就在于把事物、现实、感性只是从客观方面或从直现方面加以理解,而不是理解为人的感性的活动,不是理解为实践,不是从主观方面加以理解。所以

---

* 作者单位:华东政法学院(现华东政法大学)。

① [德]马克思著:《政治经济学批判》,徐坚译,人民出版社1955年版,"序言"第2页。

结果竟是这样:能动的方面竟是跟唯物主义相反地被唯心主义发展了……”①可见人是具有主观的能动作用的,人在实际的可能性中,在某种范围内,即人“……不是在于想象中的对于自然法则的独立,而是在于认识这些法则,并根据这种知识来能够有计划地运用它们,以达到一定目的”②上,仍有自由选择他所要采取的行为的余地,仍保有意志的相对自由。人的意志行为也就是这种相对的自由意志的表现。

人按照他的意志特别是经过更多思考的犯罪作行为时,总要考虑到:为什么要作这种行为(行为的动机),这种行为对自己及周围会发生何种影响(行为的效果),这种行为是否正当(动机的斗争),最后决意作这种行为(行为的故意)。恩格斯说:“意志的行为只是人们以事实知识作出决定的能力。”③人依据他的知识从各方面认识他的行为,并决意作出这种行为,构成人对其行为应负责任的理论基础。

一切意志行为都是从动机开始,到实行告终,而动机又为意志行为的推动力量,所以动机在研究意志行为中应予以必要的注意。研究犯罪行为也应如此。任何犯罪行为都必有其所以作这种行为的犯罪动机,依据动机,最后采取行动。因此,任何具体犯罪,都应从两方面研究,就是犯罪的动机及犯罪的实施方面。

犯罪的动机是引起犯罪人作该犯罪行为的原因,犯罪的原因不同,对其道德的评价即其应负的刑事责任问题,也就不能一律。同是杀人,一个以反革命为目的而杀人,一个以报私仇为目的而杀人,就不能说都负同种的刑事责任,两者构成绝对不同性质的犯罪。前者应负反革命罪责,后者只负一般杀人罪责。同是杀人,一个为了防卫反革命分子的破坏行为而杀人,一个为了报私仇而杀人,就不能说同负杀人的刑事责任。后者负杀人罪责,前者如不超过正当防卫的限度,就无刑事责任可言。同是杀人,一个为了报私仇而杀人,一个因仇恨反革命分子而将其杀死,也不能说都负同等程度的刑事责任。前者应处较重的刑罚,后者应处较轻的刑罚。这就显出了犯罪动机对认定刑事责任问题的重大意义。

犯罪人为了实现他的愿望,把动机变为行动时,就成了犯罪的实施。犯罪实施具有更复杂的思想活动及其所表现出来的动作。这在刑法学中有详尽的说明,也不是本文所要说明的问题,这里不提。

凡人作犯罪行为必有一定动机,必定是为了达到一定目的而作该犯罪行为,绝没有无目的而作犯罪行为的。如果有人无故作犯罪行为,其人必定是心神失常,应视为无责任能力,不负刑事责任。凡属应负刑事责任的犯罪行为,必具有一定的犯

---

① 《马克思恩格斯文选》(两卷集·第2卷),外国文书籍出版局1955年版,第401页。

② [德]恩格斯著:《反杜林论》,吴黎平译,三联书店1950年版,第197页。

③ 同上,第137页。

罪动机,我们可以说犯罪行为就是具有一定犯罪动机的行为。

任何犯罪行为必具有一定的犯罪动机,但这不是说,犯罪动机是犯罪构成的必要的东西。犯罪动机并不是犯罪构成的一般因素。这个问题,应予说明。犯罪行为起因于犯罪动机,因犯罪动机而发生犯罪故意,因犯罪故意而实施犯罪行为。犯罪动机与犯罪故意都是属于犯罪人的心理活动方面的,而且两者是紧密联系的,但后者是犯罪构成的一般因素,缺少了犯罪故意,一般不构成犯罪(过失犯罪是例外的),而前者却不是犯罪构成的一般因素,虽任何犯罪事实上绝不能没有动机,法律却并不以之作为犯罪的构成因素。其理由何在?为了说明这个问题,应当说明犯罪动机与犯罪故意的区别及关系。

犯罪动机是犯罪人为什么要作犯罪行为的心理活动,即刺激犯罪人犯罪的原因,同是杀人,引起犯罪人杀人的原因,可以千差百异;同是窃盗,引起犯罪人窃盗的原因,也可以千差百异;前面所举杀人的例子足以说明。犯罪故意则是认识自己行为结果之社会危险性,而有意识地使此种结果发生之犯罪人的心理状态。同一法条规定的一切具体犯罪都具有同一的社会危险性。因此,犯罪人对该项社会危险性的认识及其所发生的决意,也只能是同一的。例如,杀人罪之社会危险性是不法夺去人的生命;盗窃罪之社会危险性是不法夺去人的财产。无论犯罪人的犯罪动机如何,但只要是杀人犯必然都具有同一夺去人的生命的认识和决意,只要是盗窃犯必然都具有同一夺去人的财产的认识和决意。犯罪动机,各罪不同;犯罪故意,各罪一律,这是两者显然不同的地方。

由此可见,犯罪故意是一切犯罪的抽象概念,任何犯罪故意,都是人认识其所实施之行为结果的社会危险性而有意识地使此种结果发生之同一共同点的抽象。这一抽象概念既然是从一切犯罪的共同点抽象出来的,它本身就为一切犯罪所共同具有。所以可以也应当列为犯罪构成的一般因素。反之,犯罪动机是每一个具体犯罪之犯罪人的特殊欲望,是各个犯罪的特殊情形,无法概括,犯罪动机千差百异,要想将这种千差百异的犯罪动机,一一列入法律条文,作为每个犯罪的构成因素,势不可当。所以,犯罪动机不应也无法列为犯罪构成的一般因素。

犯罪动机虽是引起犯罪的原因,但动机并不能直接引起犯罪行为,动机只能刺激犯罪人发生犯罪故意,然后按照故意,作出行动。所以,犯罪动机只是犯罪的第二位原因,只是犯罪的远因;犯罪的近因、犯罪的直接原因是犯罪故意。犯罪动机发生后,也有即行打消的,不一定都进而实行犯罪。犯罪动机既非必然产生犯罪,又不是犯罪的直接原因,这是犯罪动机之所以不列为犯罪构成一般因素的另一方面的原因。

犯罪动机不是犯罪构成的一般因素,触犯同一法条的各个具体犯罪,不能因犯罪动机不同而认为是不同犯罪，这是刑法学上的一般原则。但也有若干犯罪是以具有一定目的（犯罪动机之较具体并须特别指出的，法律常用“以……为目的”字样表示，也有用“为……”字样表示的，如《惩治贪污条例》第4条第1项第8~9款的规定即是。自然，还可以用其他字样表示）为该犯罪构成的特别因素的，具有该项目的的犯罪与不具该项目的的犯罪，构成不同犯罪，负不同刑事责任。例如，《惩治反革命条例》第9~11条规定的各种犯罪，都是以“以反革命为目的”为限的。也就是说，这几条罪的犯罪动机仅限于反革命，如果以其他动机作这几条罪规定的行为，就不构成这几条规定的犯罪。试以第11条为例，如偷越国境，不是为了反革命的目的，而是为了探亲访友或者是为了走私漏税，就不能构成这条规定的犯罪。

所以，犯罪动机虽不是犯罪构成的一般因素，有时却是犯罪构成的特别因素。

这里有一个需要研究的问题就是犯罪动机应作如何解释的问题。有些人唯心地解释犯罪动机，认为犯罪动机只是犯罪人作犯罪行为时的目的所在之点，是属于纯主观方面的，是应当完全依据犯罪人的主观意识来认定的。他们把犯罪动机与犯罪手段及犯罪的社会危险性予以割裂，孤立地、单纯地从犯罪人的思想活动方面来理解犯罪动机。拿上述反革命犯来说，就有人觉得不应把恶霸惯匪作为反革命犯处罚。他们认为，反革命犯之所以构成反革命罪，单在犯罪人具有一定特别犯罪动机即具有“以反革命为目的”这一主现意识上；恶霸惯匪虽然可恶，应当处罚，但恶霸惯匪不一定都是反革命的，其罪行也不一定都是以反革命为目的的，因之就不应当都依《惩治反革命条例》处罚。

对犯罪动机作这样理解是完全错误的。犯罪动机像一切意志行为的动机一样，通过行为体现为客观效果，两者具有内在联系，不能离开效果孤立地谈动机问题。毛主席就动机与效果的关系曾给我们作过哲学观点的教导。他说：“这里所说的好坏，是看动机（主观愿望），还是看效果（社会实践）？唯心论者是强调动机否认效果的，机械唯物论者是强调效果否认动机的，我们和这两者相反，我们是辩证唯物主义的动机和效果的统一论者……必须使二者结合起来……社会实践及其效果是检验主观愿望和动机的标准。”[①]毛主席这一哲学见解是辩证唯物主义对于人类意志行为的具体适用，对犯罪行为当然也完全适用。这一论点，对刑法学理论及审判实践都具有极其重大的指导意义。反革命犯之所以特别重视犯罪动机，并把它提高到成为犯罪构成的特别因素，就在于这种犯罪具有特殊的社会危险性。而这种特殊的社会危险性，是应从犯罪的客观效果与犯罪人的主观意识来认定的。犯罪人的主观意识体现为犯罪的客观效果；且主观意识为外人所难以知悉，犯罪人

① 《毛泽东选集》（第3卷），人民出版社1953年版，第870页。

可作狡辩;所以犯罪人的主观意识又应以犯罪的客观效果作检验。试以上述恶霸惯匪为例:恶霸惯匪都是破坏革命秩序,对劳动人民进行迫害,对社会主义建设进行破坏的。哪里有恶霸惯匪,哪里的人民民主政权就不能顺利建立,人民民主事业就不能顺利进行。这是恶霸惯匪活动必然引起的客观效果,恶霸惯匪活动之能引起这种客观效果。也是恶霸惯匪在主观上完全能够认识的,即使他们不以引起这种效果为目的,但他们既认识这种效果,又率意造出这种结果,这在实际的意义上究与以引起这种效果为目的有何差异?如果我们不是"唯心论者是强调动机,否认效果"的话,我们有何理由认恶霸惯匪不是以反革命为目的的反革命犯?我们有何理由离开了犯罪结果,孤立地谈犯罪动机?

上述动机与效果的联系关系,不只是对解释恶霸惯匪适用,适用于解释一切以有一定动机为犯罪构成特别因素的犯罪,也适用于解释一切犯罪的犯罪动机。

由此可见,犯罪动机不能孤立地从犯罪人之主观的心理活动认定,应从犯罪人的主观意识与犯罪的客观效果作辩证的观察。不能强调动机否认效果,也不能强调效果否认动机;犯罪动机应拿犯罪结果来检验。违反了这一认定犯罪动机的原则,不掉到唯心主义的迷阵,便要陷入机械唯物主义的泥潭,都将引起对刑事责任问题认定的重大错误。

犯罪动机具有重大的理论意义。在审判实践中,每一犯罪都应当详细研究犯罪人的犯罪动机及犯罪人在犯罪过程中对于动机的斗争情况。犯罪人作这种犯罪行为,出于反人民或其他卑鄙恶劣的动机,还是出于解决自己难以克服的困难的动机?动机发生以后,犯罪人是一贯地、顽强地要按动机行事,还是经过斗争,最后无法打消动机呢?只有了解了这些情形以后,在判刑时对法定刑罚的衡量,才能更为恰当,不偏重偏轻。当然衡量刑罚的标准,不单以犯罪动机为限。

犯罪动机不单只关系到对法定刑罚的一般衡量问题,也关系到对法定刑罚必须从重或从经不能由审判人员自行斟酌的问题。例如,苏俄《刑法》对于"以复辟资产阶级政权为目的的犯罪"及"出于贪恋或其他卑鄙动机的犯罪"就有从重处罚的规定;对于"非出于贪欲及其他卑鄙动机的犯罪",就有从轻处罚的规定。① 更进一步看,因犯罪动机不同,还有须变更一般处罚规定而应加重处罚的。例如,苏俄《刑法》对于"出于贪欲、嫉妒和其他卑鄙动机的"杀人罪就特定规定较一般杀人罪的处罚为重。② 犯罪动机之应当考虑,这里显出了更大的重要性。

---

① 《苏俄刑法》,陈汉章译,新华书店1950年版,第47~48条。

② 同上,第136~137条。

至此，我们可以总结说：犯罪动机对衡量刑罚具有重大的意义，有时甚至牵涉决定刑事责任即罪名的问题，因此，犯罪动机不仅在审判实践上应给予重大注意，在刑法学上也应给予应有的重视。

（1956年第1期）

怎样判断刑事诉讼中的证据

黄　道*

我们分析了诉讼实践中发生错案的原因,可以看到这样两个方面:或者是由于案件事实搞错了,或者是由于政策掌握错了(适用法律不正确)。搞错案件的事实的原因,则是由于没有充分掌握证据和不能正确判断证据。事实一经搞错,势必影响到政策的正确掌握(法律的正确适用)。可见,搞清案件事实是正确处理案件的首要条件,而要搞清案件事实,就得依靠证据。证据在刑事诉讼中占有非常重要的地位,起着非常重要的作用。

采用哪些侦查方法才能搜集到证据?对所搜集起来的证据应怎样加以判断?这是使用证据问题上的两个极其重要的问题。这里写出个人对后一个问题的学习心得,和大家共同研究。

一、不能正确判断证据就不能正确认定案件的事实

刑事诉讼中的证据就是能够用来确定刑事案件的事实及其他对案件有意义的情况的一切事实材料。搜集证据,占有证据,这是丝毫不能忽视的,是能否正确认定案件的前提。证据的判断也同样不能忽视,不得任意妄断。唯有正确地判断案内的一切证据,才能使整个案情得出真正符合客观事实的可靠结论,成为判决的可靠基础。整个案情,诸如对于犯罪的动机、目的、时间、地点、组织、手段等,都只有根据所搜集到的证据进行正确的判断,才能认识出来。

所谓判断证据,就是审查评判证据有无证明力、其证明力的强弱大小如何,也就是审查评判证据的真实性和可靠性的程度,从而据以确定案件的事实。例如,某合作社的财物被盗窃,甲证明说,乙曾经进入该合作社;而丙却证明说,乙未曾进入该合作社。甲丙两人的证言,谁有证明力?谁无证明力?他们证明力的大小强弱如何呢?这就要求对甲、丙两证人的证言加以审查评判。昆剧《十五贯》里有一句话说得很好:“证,务要真证;凭,必须实凭”。如何来确定是真证还是假证,是实凭还是假凭呢?只有通过正确的审查评判才能加以确定。

以审判员的内心确信(心证)来判断证据是确定案件事实的重要保证。审判

* 作者单位:华东政法学院(现华东政法大学)。

员所持的立场、观点、方法决定着审判员的确信(心证)。“对于案内一切证据所作的判断,是由审判员根据建立在综合考虑案件一切情况的基础上的内心确信来进行。”①

审判员的内心确信(心证)就是审判员对于证据事实和案件事实所下结论的正确性和可靠性的信念。审判员的这种信念是怎样形成的呢?是由什么来决定的呢?

审判员内心确信(心证)的形成过程是审判员意识中反映和认定一定的客观存在的实际事物的过程,这是一个很复杂的过程。“证据是在审判员的意识前面通过,同时又是审判员形成自己意识的基础,在这个基础上形成审判员对这个证据的制断,当然并不是自动地形成的,而是在一定的心理和意识的活动过程中形成的。”②

审判员所持的立场、观点、方法决定着审判员的心证。只有运用马克思列宁主义的立场、观点、方法,才能正确地观察、处理一切问题。判断证据自然没有例外。审判员若能坚定地站在工人阶级的立场上,以唯物的观点、辩证的方法去判断证据,就能得出符合客观事实的正确结论。否则,若以唯心主义者所持的立场、观点、方法来判断证据,是绝不可能正确的。因为唯心主义者是不可能认识客观事物的。“同样的事实和‘证据’,在地主法官,资产阶级法官,官吏法官的心目中和在工人法官的心目中,具有不同的意义和证明效力。”③可见,虽是同一事实和同一证据,若以不同的立场、观点、方法去进行判断,就会有不同的意义、不同的证明力,一句话,就会有不同的看法、不同的结论。

二、应从个别证据开始,并综合案内所有证据联系起来加以判断

列宁说过:“一般的东西只在个别的东西之中,通过个别的东西才能存在。任何个别的东西都是(这样或那样的)一般的东西。任何一般的东西都是个别的东西(的一部分、一方面或本质)。任何一般的东西只是近似地包括一切个别的对象。任何个别的东西都是不完全地进入一般的东西之中,以及其他,等等。任何个别的东西凭着成千次地推移而与其他种类的个别的东西(事物、现象、过程)联系

① 《苏俄刑事诉讼法典》第319条第2款。

② [苏]M. A. 切里佐夫著:《苏维埃刑事诉讼》,中国人民大学刑法教研室译,法律出版社1955年版,第197页注①。

③ [苏]维辛斯基著:《苏维埃法律上的诉讼证据理论》,王之相译,人民出版社1954年版,第67页。

着。诸如此类。”①我们把列宁关于一般和个别之间的相互关系的辩证法的原理,具体运用到判断证据上来,就是告诉我们判断案内的证据应从个别开始,由个别上升到一般,这就是人的认识的辩证性,也就是要从个别中抽出一般的东西。我们在前面说过,认定案件事实必须使用证据,而使用证据的一个关键性的问题,则要解决案内所有证据本身的真实性和可靠性。因此,只有在解决了每一个别证据本身的证明力的基础上,然后把案内的一切证据综合地加以判断(上升到一般),才能对于案件的事实作出正确的结论。在我们的诉讼实践中,有些错案的发生,就是由于有的侦查人员和审判人员不了解或不善于运用这一认识原理,而是形式主义地使用着证据,既不过问证据本身的真实性,亦未加综合地判断(抽出一般的东西)而造成的。

判断个别证据,应该确定该证据与犯罪事实之间的关系,与案内其他证据之间的关系,以及对于该案件的意义。确定了这些,才能解决该证据的证明力。判断个别证据和综合地判断案内的一切证据,两者之间又是紧密地联系着的。判断每一个证据,不能孤立地进行,而必须结合案内的其他证据联系起来加以分析研究,互相加以对此、审核。将这一证据和另一证据或其他若干证据联系起来加以分析研究,互相加以对此、审核,这样就会发现案件的客观事实。

毛主席说:“指挥员的正确的部署来源于正确的决心,正确的决心来源于正确的判断,正确的判断来源于周到的和必要的侦察,和对于各种侦察材料连联贯起来的思索。指挥员使用一切可能的和必要的侦察手段,将侦察得来的敌方情况的各种材料加以去粗取精、去伪存真、由此及彼、由表及里的思索,然后将自己方面的情况加上去,研究双方的对此和相互关系,因而构成制断,定下决心,作出计划,——这是军事家在作出每一个战略、战役或战斗的计划之前的一个整个的认识情况的过程。”②我们不能把毛主席的这段话单单理解为是讲军事,而应理解为:这是极其深刻的唯物主义的认识论。我们把毛主席的这段话应用到判断证据上面来,这就是告诉我们,对于一个案件的正确的判断是来源于周到的和必要的侦查,以及对于各种侦查得来的材料的连贯起来的思索。因此,我们处理案件必须使用一切可能的和必要的侦查手段,将侦查得来的有关案件的所有情况和各种材料(证据)加以去粗取精、去伪存真、由此及彼、由表及里的思索,然后构成判断,认定案情,作出正确的结论,以便作出公正的判决。

---

① [苏]列宁著:《黑格尔〈逻辑学〉一书摘要》,曹葆华译,人民出版社1955年版,第216~217页。
② 《毛泽东选集》(第1卷),人民出版社1951年版,第177页。

三、应研究掌握每一种证据的特点,并采取批判的态度来判断每一种证据

军事工作人员使用武器,需得研究、掌握武器的性能和特点,我们判断证据同样地亦应研究、掌握每一种证据的特点。掌握各种证据的特点,能保证我们判断证据的正确性。

证人是经传唤并负有义务把他所了解的与案情有关的或者与被告人的身份有关的一切情况告知法院或者告知侦查机关的人。证人证言的正确性,和他对国家的责任感是分不开的。证人的责任感越强,就越能如实地反映他所了解的对案件有意义的一切情况;证人的责任感越差,他所反映的情况的真实性程度就越低。

但是,不能不了解的是,最诚实、最善良、责任感最强的证人,他的证言也可能会与事实不相符合。因为人们要通过自己的感觉器官(视觉、听觉)来感受一定的事实,并将它保留在自己的记忆中,然后才能回忆和反映出来。而证人的听觉、视觉、敏感性、观察力、感受力,记忆力等的生理和心理特性都不可避免地会影响到证人证言的质量。同时证人感受某种事实时所处的环境(光线是明或是暗、距离是远还是近等)、从感受到询问时所经过时间的长短、询问证人时的环境以及询问证人的方式等各种客观条件亦都会影响到证人证言的质量。在判断证人证言的时候,就必须研究考虑这些足以影响证人证言的各种客观条件以及各证人的生理特性和心理特性。

判断证人证言还必须考虑到证人与案件有无利害关系,特别要搞清证人与被告人之间的关系。这对于正确地认定证人证言有着巨大的意义。在司法实践中会碰到这样的情况:有的证人因为与被告人的关系非常好,私人交情重于一切,因而往往作出不真实的陈述(多半是作些有利于被告人方面的陈述)。反之,有的证人因为对被告人存有仇恨,心怀恶意,乘机报复,因而就往往作些多半是不利于被告方面的(虚构事实或扩大事实)不真实的陈述。在判断证人证言的时候,对于这些情况不考虑在内,势必影响到判断证言的正确性。

我们要求证人的陈述,应该是关于他所了解的有关案件的事实,而不是叙述他自己对于这个事实的判断。但在实际的证言中,却往往含有判断的因素,而在某些情况下,我们不但不能把证人的判断从他的证言中排斥出去,相反地应当非常珍重这种判断,因为它有助于我们发现案件的客观事实。可是,当我们在判断证人证言的时候,应该辨别证人所陈述的是关于他所了解的案件事实呢,还是叙述他自己对于这个事实的判断,并应加以区别对待。

被告人的陈述(辩解)的特点是与他在诉讼中的地位分不开的。他不但不同于证人,而且也不同于其他当事人。他对案件的结果,是具有最大的利害关系的人。他往往反抗揭露案件的真实情况或者只陈述一些对他自己有利的情况。但他却是最了解自己犯罪行为的人,任何人都不会比他自己知道得更多,知道得更清楚。

四、判断被告人的陈述(辩解),要批判和反对两种截然不同的而且都是不正确的态度

一种是完全不相信的态度。这往往是在被告人否认他犯罪的情况下产生的。抱有这种态度的人,只喜欢被告人关于有罪方面的陈述,而不喜欢被告人说明自己无罪或减轻罪责方面的陈述,主观地认为被告人的陈述总是虚伪的,因此,就一概加以否定。这是不符合实事求是的精神的。

另一种是完全相信的态度。这往往是在被告人自白犯罪的情况下产生的。抱有这种态度的人,认为任何人都不会用谎言来损害自己的利益,因而就不加分析地盲目地认定被告人的"自白"总是真实的,因而丧失了对犯罪的警觉性。

要知道,被告人自白的动机是各种各样的。在司法实践中,可以碰到这样的情况:有的是在我们政策的感召之下,认识了个人的前途后而自白的;但有的是为了掩盖重罪而自白了轻罪;有的是为了掩护共犯而自白了自己的轻罪;有的是希望能减轻自己的刑罚,而不得不自白;甚至有的出于某种奇特的动机,实际上并没有进行犯罪而承认自己有罪,等等。

对于被告人承认自己有罪的陈述和不承认自己有罪的陈述,都要同样地加以判断,联系起来加以判断,切忌把被告人偶然说错的话作为定案的根据。在实践中容易被忽视的,就是对于有利于被告人自己的陈述(辩解),往往不加考虑或者很少考虑,而是孤立地去判断被告人承认自己有罪的陈述。这样就难以得出符合客观事实的结论。

鉴定人的意见,是以科学为根据的,通常都是可以相信的。但有时,鉴定人的意见亦可能有错误。诸如,鉴定人进行鉴定时所掌握的材料不充分;该门科学的发展水平不高;鉴定人的科学水平、业务水平不够;鉴定人认真负责的精神不足等情况下所作出的结论,就会有缺陷,甚至是错误的。例如,某市人民法院处理某某盗窃国家资材一案,曾以赃物——药品委托私营药房鉴定,原系饮水消毒用的药物,而被错误地鉴定为安眠药(后来复查,经医院化验证明非安眠药)。可见,对于鉴定人的意见亦应采取客观的态度进行判断,不能不加研究地一概认为凡是鉴定人的意见总是千真万确的。

对于物证和书证,没有疑问,是应该重视的。只要掌握了一定的物证和书证(当然,要经过审查),即使被告人不承认他的罪行,我们照样可以对他作出有罪的判决。但是,不能不注意,物证和书证也是有伪造的。因此,亦不能盲目地信任物证和书证。国营上海第一纺织机械厂前厂长谢某谋杀妻子王某一案,谢某有计划地在王某睡的房间里烧起煤炉,伪造煤气中毒的现场,企图掩盖其谋杀的罪行。这就是伪造无罪证据(物证)的一个例子。[①] 办理案件如果找到了档案材料(书证)总应该是可据以定案了吧?档案材料总应该是可靠了吧?不见得。档案中所写的事实亦有张冠李戴等不真实的情况。某单位从旧的档案材料中发现,一个干部隐瞒着严重的反动历史。但经查对后,证实了原来他在解放前因为某种原因而将其哥哥的反动经历作为自己的经历而填上表格。

如上所述,无论对于证人的证言也好,被告人的陈述(辩解)也好,鉴定人的意见也好,物证也好,书证也好,都不能不信。但也不能盲目相信,都要采取批判的态度,绝对客观地加以审查评判。"在检验证据之前,法院对于任何证据均无权轻予置信。如果对于案件的材料采取不加批判的态度,就会使案件失掉它的主要内容,也就是使案件的证据不能受到积极的非常客观的检验。"[②]

总之,"在任何工作中都要遵循唯物主义的原理,求得主观与客观相一致,这是工作成功的关键。主观与客观相一致是具体的,不是抽象的,也就是说,在每个具体问题的认识上都要求主现正确地反映客观,主观和客观相一致,这样,就不会有主观主义了"。[③] 遵循唯物主义的原理,求得主观与客观相一致,是判断证据的根本要求。如果主观的认定与客观的案件事实不相一致,不可避免地会造成错案。

判断证据,确定案件的客观事实,其必要条件是:侦查人员和审判人员要具有高度的政治责任感,坚定的阶级立场,马列主义的哲学思想,绝对的客观态度和丰富的有关的法律科学知识。当然,侦查人员和审判人员的一般生活经验和业务上的熟练水平亦起着很大的作用。

(1956 年第 1 期)

---

① 《解放日报》1956 年 1 月 2 日。

② [苏]阿·沃林:"作为进一步巩固审判工作中的法制而斗争",载《政法译丛》1956 年创刊号。

③ 参见杨献珍 1955 年 5 月 21 日在唯物主义讲座上所讲:"思维对存在的关系,这个哲学上最根本的问题也是我们一切实际工作中最根本的问题。"

哲学上的因果关系及其在刑法中的运用

梅泽濬*

在我国刑事审判工作中,许多同志都是对党、对人民忠心耿耿,不畏艰苦,勤勤恳恳地站在自己的工作岗位上,根据党与政府的刑事政策,与各种犯罪分子进行英勇的斗争,这对巩固人民民主专政,保证社会改革与社会主义建设事业,发挥了不可忽视的作用。但是在他们的工作中,也往往发生"错押"、"错判"的现象,于是对犯罪分子打击不力,对人民利益保护不够。这不但未能体现刑事审判是代表6亿人民的意志,反而给国家与人民造成不应有的损失,大大影响到审判工作的质量。我们追溯原因,其中一个极其重要的因素,就是刑法中构成犯罪的因果关系问题还没有在所有司法工作人员中得到完善的解决。这种落后状态是与我国社会主义建设事业的疾速发展不相适应的。为了提高今后的审判质量,大力贯彻中央所提出的"正确、合法、及时"的审判方针,本文试图由个人的学习体会,就这个问题提供一些意见,希望能引起大家的兴趣和讨论。请同志们及有关方面能多予指正。

一

刑法中犯罪的因果关系问题,是帮助我们认识犯罪、分析犯罪构成、确定刑事责任的不可忽视的客观依据。对于这个问题的解决恰当与否、直接关系到党与政府的刑事政策,关系到对犯罪的斗争与对人民的保护。它是审判业务上极其重要的一环。只有从理论上弄清构成犯罪的因果关系,知道如何在实际工作中运用,我们才不至于被纷纭的社会现象所迷惑,才能认识方向,始终保持清醒的头脑,准确地打击犯罪。

当我们解决犯罪中的因果关系时,就必须从哲学的根本问题上批判唯心主义思想,阐述辩证唯物主义思想,使构成犯罪的因果关系问题,建立在辩证唯物主义的科学基础上。

我们知道,从人类的认识史上来看,由于人们所处的地位不同,所处的历史条件不一样,因而对于自然、社会的看法,也就有所不同,其中同样包括对因果关系的认识。但是尽管认识不一,归根结底仍然离不开哲学上的两大派别,即唯心主义与

---

* 作者单位:华东政法学院(现华东政法大学)。

唯物主义。由于这两种绝对对立的世界观,于是在对因果关系的解释上,也就得出完全相反的两种不同的结论。

从唯心主义的观点来看,认为因果关系的问题,实际上是不存在的,它不过是人们思维中所导引出来的概念而已。所以,贝克莱(Berkeley Gelorge)曾公然主张原因与结果只不过是符号或记号罢了。正如他在《人知原理论》一书中所说:“观念的连锁不预想原因与结果的关系,而只是预想着对于以这个名字所表示的物底符号或记号底关系而已。”①对于这种关系究竟如何,他并未具体说明,仅仅含糊其辞地说是“符号”间的关系。

休谟(Hume)曾毫无理由而又极其武断地认为,给因果关系下个明确的定义是不可能的。在他看来,人的感觉、思维都不能给现象底因果关系一个直接的感觉,没有感觉也就没有现象中的因果关系。他认为要真正解决现象中的因果关系,主要靠“惯性”与“信念”。② 因为经验所得出的结论,都是惯性的结果,而不是人们的判断结果。只有“惯性”与“信念”,才能说明因果关系。

嗣后,黑格尔虽然承认因果关系是由现实生活中取出,由现实生活中导入,肯定了因果关系的客观性,但是黑格尔却把自然界的客观现实,理解为“绝对观念”的外化,仍然走上了唯心主义的道路。当前为帝国主义所推崇的哲学——马赫主义者,对因果关系的解释,不过是重弹休谟的旧调罢了。例如,马赫在《力学》中说:“在自然界中,既没有原因,也没有结果”,“因果律底一切形态是从主观的冲动中发生的;在自然界方面并没有与它们相适应的必然性”。③

这样一来,就在他们许多错误观点中,把因果关系搞得极其神秘而又混乱,很难对因果关系下个科学的概念。反映在资产阶级的刑法理论中,大量地散布唯心主义思想,认为犯罪中的因果关系完全凭主观意识决定。这显然是反科学的。只有马克思、恩格斯、列宁总结了人类知识的精华,科学地分析了自然、社会、思维中的繁杂现象,正确地理解因果关系。

从马克思列宁主义的科学观点来看,自然界、社会中的一切现象,在发生、发展与变化的过程中,都有其因果性。没有没有原因的结果,也没有没有结果的原因。现象的本身总是前一现象的结果,同时又是后续现象的原因。原因和结果的这种关系,就叫因果关系。所以恩格斯说:“原因与结果,都是表象,而这些表象只有应用于既定的个别场合才有意义。但是只要我们从它与整个世界的总联系中去考察

① [英]贝克莱著:《人知原理论》第34节。

② 休谟认为,“惯性”是人类生活中底伟大指导者;“信念”是人类认识过程中特别的感情与特别的表现方法。

③ [苏]列宁著:《唯物主义与经验批判主义》,曹葆华译,人民出版社1956年版,第146页。

这一个别场合时，那么这些表象就集聚起来，并且融合为普遍的交互作用底表象，其中原因与结果不断交换着位置，在此时或此地是原因的，在彼地或彼时就是结果了，反转过来也是一样。"①所以我们说，原因与结果都是人们认识个别现象时建立起的观念。归纳起来，可分述如下：

1. 原因与结果均是客观存在的。因为它是客观事物运动的现象在人们脑子中近似正确的反映。它不以人们的意识与意志为转移，它是离开人们而客观存在的。人们研究科学，正是为了发现现象的原因。这是唯物主义不同于形形色色的唯心主义流派的地方。从唯物论的观点看来，人们的认识，只是对自然、社会本来面目的了解，并不作任何外来的附加。同样，对于因果关系的解释，也是对客观事物因果间的变化了解，在人们脑子中所反映出的概念，并不是什么纯逻辑上的联系，或从纯思维中所导引出来的概念，它是客观事物的反映。所以列宁在阐述因果关系的问题上，曾不止一次地论到因果关系的客观性。他说："我们普遍所理解的因果性，不过是全世界联系底一小部分，可是这并非主观的联系底一小部分，而是客观实在的联系底一小部分"。② 因此，我们所说的因果关系，是有着具体的内容，只是表现在我们思维活动中，是经过科学的抽象，由于人们的认识而给予的判断。这个判断就是因果概念。它是反映了事物的本质，反映了事物运动的变化过程。所以说，原因与结果，都是以客观的事物发展为基础，不是以人们的意识与意志为转移的。

2. 原因与结果经过人们的实践活动是可以认识的。因为人的认识是来源于实践，通过实践可以发现真理、认识真理，并可证实真理。既然如前面所说，没有没原因的结果，也没有没结果的原因，那么，经过人们的实践活动，是可以认识产生结果底原因，找出原因与结果的关系来。假如遇到没有原因的现象，那只能表示我们还未找到原因，而原因总是客观的存在着。反之，我们如果发现了现象的原因，但未发现这个原因所产生的结果，那么，这同样表示结果的存在，或者被其他原因所吸收，或者需要我们去进一步的发现，它只是还未被人们认识而已。经过人们的实践活动，总可发现。关于这一点，也是不同于康德、马赫主义者的地方。像毛主席在农业合作化问题上，批判有些同志好像小脚女人一样，老是埋怨旁人说"走快了，走快了"，其原因就是有些同志未认识自己的"右倾"保守思想，看不见新鲜事物与形势发展。这种思想，在毛主席未指出以前就存在了，只是有些人还未认识而已。当毛主席指出这种错误，经过全面规划，加强领导，克服了"右倾"保守思想以

① 转引自[苏]列宁著:《唯物主义与经验批判主义》，曹葆华译，人民出版社 1956 年版，第 144 页。

② [苏]列宁著:《黑格尔〈逻辑学〉一书摘要》，曹葆华译，解放社 1950 年版，第 121 页。

后，于是就发现了群众的创造潜力，使工作推向新的阶段。这说明产生结果的原因经过总结检查，以及人们的实践活动，是完全可以认识的。

3. 原因与结果是相互联系相互制约的，同时也掺杂其他原因与结果，相互联系着，相互制约着。因为自然、社会间的变化，绝不是孤立地在那里进行，而是与许多周围的事物错综复杂地交织在一起。例如，毛主席在人民政协第一届全体会议上告诉我们："随着经济建设的高潮的到来，不可避免地将要出现一个文化建设的高潮。"现在，我们可以看到文化建设的高潮，果然不可避免地出现了。因此我们说经济建设高潮的结果，是文化建设高潮的原因。但这并不是经济建设是在那里孤立地进行，它是与我们国防建设、政权建设、文化教育事业、改革运动等，紧密地联结一起。而国防力量的强大，人民政权的巩固，以及其他各个战线上的辉煌胜利，又推动了经济建设的迅速发展，促使了文化建设高潮的早日到来。文化建设高潮的结果，势必根据科学的成就，促进经济建设的更快发展。所以我们说原因与结果总是相互制约着，同时也受其他的原因与结果的影响和制约。

4. 原因与结果尽管是受其他原因与结果制约着、影响着，并有许多不同原因同时存在，而起决定作用的能支配结果出现的原因，只能有一个是主要的。由于这个主要原因的存在或发展，才使结果出现，其他原因只在这个主要原因的影响下，起次要的，或非决定性的作用。这是毛主席在《矛盾论》中所阐述的原理。毛主席教导我们："在复杂的事物发展过程中，有许多的矛盾存在，其中必有一种是主要的矛盾，由于它的存在和发展，规定或影响着其他矛盾的存在和发展。"①像拥有5亿人口的中国农民，在短短的时期内有条不紊地迅速地驰向农业合作化的大道，这必然会影响到工商业的加速改造，影响到知识分子的向科学进军。我们追溯一下近一个时期之所以能掀起建设社会主义高潮的原因，主要是党中央与毛主席正确而又及时地提出了农业合作化问题的结果，是党的领导艺术，并在群众中发挥了物质的力量，是毛主席抓住了主要原因的结果。尽管原因与结果是错综复杂的，是许多原因交织起来的，但起主要作用的，毕竟只有一个。科学的任务，就是要善于发现主要的、起决定作用的那个原因。这是马克思列宁主义教导我们认识问题的思想方法。

5. 原因与结果间的关系不是一成不变的，往往在此时此地是原因，在彼时彼地则不是原因了。这就是马克思列宁主义所教导我们的因果的转化，正如毛主席在《矛盾论》中告诉我们："在矛盾发展的一定过程或一定阶段上，主要方面属于甲方，非主要方面属于乙方；到了另一发展阶段或另一发展过程时，就互易其位置，这

---

① 《毛泽东选集》（第2卷），人民出版社1952年版，第786页。

是依靠事物发展中矛盾双方斗争的力量的增减程度来决定的。"①像有些工作未进行全面规划以前，阻碍工作前进的主要原因，往往是右倾保守思想，对现存潜力认识不足，看不清前途，看不出工作的远景。当进行了规划，右倾思想遭到初步的批判以后，则障碍工作前进的倒不一定是"右倾"保守思想了，而是如何认真负责地对待规划，善于运用先进力量推动落后力量，共同前进，以保证规划的执行。如果群众的创造超出了规划的指标，而思想仍然停留不前，保持原来的规划，那么阻碍工作前进的又是保守思想了。必须再批判右倾保守思想，变动指标以适合新的发展。所以原因与结果，是根据情况的变化而变化它们间的关系，因果关系绝非永恒的，一成不变的。

以上就是辩证唯物主义对因果关系问题的基本论点。

二

辩证唯物主义的因果观点，即如上述，那么，我们怎样具体运用到刑法上呢？特别是对待具体地分析构成犯罪的因果关系上，究竟应当如何呢？

我国刑法所惩罚的是犯罪行为，只有行为触犯了一定的客体，或有触犯客体之虞时，才采用刑事惩罚的方法，即通常所说的刑罚。如果行为没有构成犯罪，也就谈不到惩罚，这是与国民党刑法及其他资产阶级刑法不同的地方。这里没有什么思想犯、政治嫌疑犯，只有人的行为是真正侵犯了我国人民民主制度、破坏了我国社会主义建设事业、对公共财产或个人合法权益以及公民人身造成侵害，按照党与政府的刑事政策应依法制裁时，才能认为该行为是犯罪行为。

我们刑法中的因果关系，就是指的这种危害社会的"行为"。由于这种行为（原因），而造成了对社会的危害"事实"（结果），前者（行为）称为构成了犯罪的原因，后者（事实）称为构成了犯罪的结果。它们二者之间的关系，称作构成犯罪的因果关系。假如没有这种关系，就不能构成为犯罪。所以犯罪中的因果关系，在帮助我们分析犯罪构成、确定刑事责任上有着巨大的意义。刑法科学的任务，就在于根据辩证唯物主义的原理由结果来认识与发现构成犯罪原因的那种行为，根据这种行为，才能论罪科刑。

既然，因果关系不是我们想象出来的概念，它是客观事物的反映，那么当我们分析犯罪构成的原因时，就必须从实际出发，周密地了解结果的情况，分析结果的性质，从结果的形成中来找原因。正如毛主席在《矛盾论》中所教导我们的："如果

① 《毛泽东选集》（第2卷），人民出版社1952年版，第789页。

不研究矛盾的特殊性，就无从确定一事物不同于他事物的特殊的本质，就无从发现事物运动发展的特殊的原因，或特殊的根据，也就无从辨别事物，无从区分科学研究的领域。”①我们研究结果的性质，正是为了很好地分析造成结果的原因。有些从事司法工作的同志，往往未对结果作任何分析研究，单凭主观臆断，即轻下判决，结果错判了案件，造成许多无法弥补的损失。我们从下面一个简单的例子中，即可看出，从实际出发，认真研究结果的性质，是何等重要。

某地流行一种疾病，当地群众叫“黄痧病”。患者身体水肿，四肢无力，严重的拖上一年半载就要死亡，所以大家都很惧怕。某年，此地流行这种疾病更加猖獗，一村中就有患者20余人，求医无效，人人自危。当地群众不知病的来源，常常祈仙求神。一日忽有人传说，“黄痧病”是本村妇女张大妹施放“飞药”的结果。② 因为她自幼加入“茅山教”，学会施放“飞药”的邪术，每年要施放一次，不放即要伤害自己身体。这种传说传开后，许多人信以为真，于是将张大妹押送到乡政府，由乡政府转送到区。乡干部、区干部要她坦白，不坦白就要召开大会公审，于是张大妹承认了。区政府随即把她送交人民法院审理。审判员对“黄痧病”的来源，未请有关部门分析研究，即偏听迷信邪说，判处张大妹5年徒刑。直到后来，经医生证明“黄痧病”系营养不良，缺乏维生素，乃引起贫血水肿肝脏硬化，最终麻痹致死，法院才发觉案件错判，于是将张大妹释放回家。但是，她已坐了400多天的冤狱，婴儿因无乳哺，饿死家中，丈夫也不知去向了。

我们从这一案件中，知道审判员对于结果——“黄痧病”并未进行调查研究，也未分析结果的性质，仅仅凭传说与迷信，即轻下判决，所以很难找出产生结果的原因，辨别不出“黄痧病”究系施放“飞药”的结果，或系本来即有的流行病。因此，当我们分析构成犯罪的因果关系时，就必须从实际出发，认真研究结果的性质。

既然，原因与结果都是客观存在的，我们对于因果关系又是可以认识，那么，当我们分析构成犯罪的因果关系时，就必须核对证据，证实原因的真实存在，而不能急于结案，轻予定罪。而在我们实际工作中，有些同志恰恰违背了这个原则。例如，某地村干部发现井中起泡沫，怀疑是有人放毒，于是疑惑张某施放，乃报告法院。法院未经必要的调查与化验，即认定张某施放“毒药”。直到后来上级发觉，才纠正这种错误。造成这种错误的原因，就是审判人员急于结案，未作必要的调查核实，否认了原因可以认识。

原因与结果既是规律的联系，同时又不是孤立的，与周围事物无关。那么，当我们分析构成犯罪的因果关系时，就必须注意行为与结果间的规律联系，及其与周

① 《毛泽东选集》(第2卷)，人民出版社1952年版，第776页。

② “飞药”，传说系一种药粉，巫婆只要叫出某人名字，用手一弹即使之得病死亡。

围的关系（如时间、地点、周围环境）。在实际工作中，往往有些人却忘记了这个原则，孤立地在那儿认定罪责。例如，有一青年马某，在工作岗位上坦白自己在 1949 年前参加过反革命活动，并犯有以下罪行：(1)枪杀了颜老五的儿子；(2)用斧头杀害过一名张姓群众；(3)解放前曾打死过雇工；(4)解放后，混入地方部队又泄露过军情。公安机关根据这些坦白材料，批准逮捕，送交法院审理。承办人在审讯时，见他供认不讳，以为这还有什么错，于是对犯罪时的经过、周围的环境、他本人所处的情况，没有调查分析，即认定了事实，判处死刑。后经上级法院复核，认为马某在 1949 年，还不满 16 岁，当时正在为人放羊，充当牧工，既未到达成年，又系充当雇工，犯有如此严重罪行，确实值得怀疑，乃发回重审。经调查结果，马某所坦白的罪状完全虚讲，并非真有其事。原来马某被一犯人检举（系诬告），说他解放前有过罪迹。当时他因刚刚参加革命工作，不懂党的政策，误认为坦白后可以宽大，于是捏造了一些罪迹，希望不受处罚。我们从这件事中，可以发现承办人既没有注意到行为与结果间的规律联系，也没有注意到行为与周围环境的关系。一个未成年的牧工，犯有如此严重的罪行，显然是不符合常理的。况且真有如此严重罪行，周围的人们也不会保持缄默。所以，分析构成犯罪的因果关系时，就必须注意行为与结果间的规律联系及与周围处境的关系。

既然，原因与结果虽受其他不同原因制约着，而对结果起决定作用的原因又只有一个。那么，在我们分析构成犯罪的因果关系时，就必须集中力量，抓住主要的、起决定作用的原因。那些与犯罪无关的原因，不能认为是造成社会危害结果的原因。例如，某村发生了一件婆媳之间争吵的事情，婆婆认为年轻的媳妇经常到外边开会不是正当的行为，于是百般设法阻拦；媳妇不听婆婆的拦阻，认为婆婆人老封建，二人争吵不已。婆婆感到对媳妇管教无力，乃萌短见，于当日夜间悬梁自杀。法院的承办人员认为婆婆的死，主要是媳妇与之争吵所造成的结果，因而要媳妇对死者负责。这在表面上好像有些道理，实际是错误的。因为婆婆的死，主要原因是由于浓厚的封建思想作祟，而死的结果，是自杀，又不是媳妇的行为所造成的，死与不死取决于婆婆自己。媳妇与之争吵，虽然与婆婆之死不无关系，但不是主要的，不是构成犯罪原因的行为。因此，当我们分析犯罪的因果关系时，要集中力量，抓住主要的、起决定作用的原因。

既然，原因与结果间的关系是可以转化的，那么，当我们分析构成犯罪的因果关系时，就必须时时考虑到情况的变化。同一行为，在此时、此地、此种情况下，不会产生犯罪结果，对犯罪不起什么决定作用，而在另一情况下，则会转化为起作用的原因，可以造成犯罪的结果，构成了犯罪的原因。在我们日常生活中，如对某人的头部轻轻一击，不会致人死亡。但是如果此人脑部有病，或者开刀不久，伤口还未痊愈，则轻轻地一击，就会造成死亡，成为犯罪构成的主要原因。所以，我们在分析犯罪构成的因果关系时,应当时时注意情况的变化。

以上就是我们根据辩证唯物主义的原理,在刑法中的因果关系上的具体运用。

三

有些刑法学家,在运用辩证唯物主义来分析犯罪构成的因果关系时,主张把因果关系分为两种:必然的因果关系与偶然的因果关系。所谓必然的因果关系是主体行为所直接引起的结果;偶然因果关系是主体行为由于外界的其他原因交织一起而出现的结果。因此,他们认为在确定刑事责任时,必然的因果关系是刑事责任的客观依据;而偶然的因果关系不是刑事责任的客观依据。为什么呢?他们的理由是,主体能预见则可以作为刑事责任的客观依据;不能预见时,则不作为刑事责任的客观依据。

从哲学的范畴中,将必然性与偶然性硬套在犯罪构成的因果关系上来,是否恰当,这对实际工作有无意义;而且以此来作为刑事责任的客观依据,究竟是否科学,我认为是应该作一番研究的。

我们从马列主义的因果学说来看,正如我们上面所阐述过的,原因与结果是在相互联系、相互制约的现象中,抽出某一现象,它在一定条件下,必然地引起或决定另一现象的发生。对于引起或决定另一现象的现象,称原因,而被引起或决定的现象称结果。恩格斯说:"不起作用的原因就绝不是原因。"①我们所说的因果概念,就是指某一现象必然引起另一现象的发生而言。离开了这个原则,就不符合哲学上所说的因果关系。也只有在这种意义上,即某一现象必然引起或决定另一现象的发生时,才能称这两种现象的关系是因果关系。

但是,从这些刑法学家的论点来看,却把因果关系拆开,分为两种,即必然的因果关系与偶然的因果关系。这实际上,是把哲学上的必然性与偶然性这一对范畴,与因果关系这个概念混淆起来,于是造成了思想上的混乱。

从马列主义的哲学范畴中知道,自然、社会现象,在其发展过程中,有其必然性与偶然性的存在。既有必然性与偶然性的存在,那么,也就有必然性与偶然性的产生原因。这正是我们所说的,没有没原因的结果,没有没结果的原因。正是由于存在了这种原因,引起或决定了必然性或偶然性的出现。但作为因果关系来说,它总是由于必然地起了作用以后,才会出现这种结果。否则,怎么又有必然性与偶然性的存在呢?例如,将水加热,到了一定程度就会沸腾,这是因果关系。但是,究竟加

① [德]恩格斯著:《辩证法与自然科学》,曹葆华、于光远译,人民出版社1953年版,第117页。

热到101℃沸腾或99℃沸腾，则是偶然的、莫测的；然而终不会脱离100℃上下的必然范围。当我们进一步分析为什么这种水在101℃沸腾，或在99℃沸腾时，它总又是有其原因的存在，或者因为气压的关系，或者因为水的纯度关系，总之因这些原因的存在，才必然地出现了在不同情况下的沸腾现象。不论必然性与偶然性，都有其产生的必然原因。所以，作为因果关系来说，必然性有其必然产生的原因，偶然性同样有其必然产生的原因。否则就不能称为因果关系。但是，必然性与偶然性却不是与因果关系同一范畴，它是事物发展过程中以不同形式所表现的现象。也就是说，必然性是指客观事物在发展过程中，由那个根本的、起作用的原因所引起的结果。像上面的举例，将水加热，总是会使水沸腾的。水的沸腾，其根本原因是由于加热。所谓偶然性则是在必然性的基础上，由次要的、非起决定作用的那些原因所引起的结果。像上面例子中所举的气压、水的纯度等次要原因而引起的结果。必然性与偶然性是在统一的事物发展过程中，以不同形式表现出来的，它们二者是辩证的统一。恩格斯在阐述这个问题时曾告诉我们：必然性是通过偶然性为自己开辟道路，偶然性则是必然性的表现形式与补充。我们所说的因果关系，是指在事物发展过程中，或不同的发展阶段中，由一个现象的存在，而必然地引起或决定另一现象的存在，这种关系才叫因果关系。但它不能与必然性与偶然性混同。

我们在刑法中所研究的因果关系，就是指由于主体的行为，而必然地造成了刑法上所保护的客体的侵害。这种因行为而必然引起的损害结果，才是我们所说的刑法中的因果关系。刑法理论也正是从哲学上来解决二者间的关系问题。凡与构成犯罪无关的原因，或对该犯罪构成不起作用的原因，都不是刑法上所要研究的范围，也不是刑法上所说的因果关系。假如把哲学上的偶然性与必然性，同因果关系当做共同的范畴，则势必将犯罪的因果关系分为偶然与必然了。而实际上，犯罪的因果关系总是由于行为造成了损害，必然地引起了结果的发生。如果是偶然，那么只能是偶然性，但偶然性也总是由于必然的原因所造成的，否则，这种偶然性就不会出现了。作为因果关系来说，它还是必然的。例如，甲轻伤了乙，乙因在包扎伤口时疏忽大意，引起了坏血病而死亡。作为死亡原因来说，完全是由于坏血病而引起的；作为引起坏血病来说，则系由于伤口包扎时的疏忽。甲的行为，所造成的结果只是乙的轻伤，行为与轻伤间有因果关系；行为与坏血病以及死亡来说，并没有因果关系。轻伤行为对死亡只能说是偶然性，它们之间是有某些联系。但这种偶然性的出现，是由于坏血病的原因而必然造成的结果。所以，坏血病与死亡之间有因果关系，轻伤行为与死亡之间则无因果关系，但不能说无联系。刑事法律所要制裁的，正是因轻伤行为所造成的轻伤结果，而不是死亡的结果。

但是，这些刑法学家，却把甲的行为与乙的死亡当做“偶然的因果关系”。为什么是“偶然的因果关系”呢？因为是主体没有预见到。如果预见到，则成为必然的因果关系了。这样来解释因果关系,实际上是否认了因果关系的基本概念。我们所说的因果关系,就是指在事物发展总联系中,抽出两个现象进行研究。因第一现象必然地引起第二现象的发生,我们才叫二者间的关系是因果关系。否则,即不能称为因果关系,只能说是联系。像甲的行为,对于乙因坏血病而死亡,只能说是有联系,但不能说是有因果关系。不然的话,凡是有联系的现象,都叫“因果关系”了。那么,这不仅在理论上与马列主义的因果学说相违背;在实践上,刑法上所涉及的因果关系范围,也将要既广且大了。刑法上所要制裁的,并不是那些由非本质的原因所造成的结果,而是本质的原因所造成的结果。否则,即不能在刑法上构成犯罪。这也是马克思列宁主义犯罪学说的基本观点。按照这些刑法学家的论点,不仅扩大了因果关系的范围,在理论上造成混乱,而且在实践过程中,必然引起实际工作人员思想上的模糊。在犯罪的因果关系上考虑偶然的因果关系呢,或者必然的因果关系呢?使他们在“偶然”与“必然”的圈子里兜来兜去,这又有什么好处呢?这样就很容易使他们忽视一个极其重要的问题:“行为的社会危害性”为何?

其次,这些刑法学家把因果关系这样分开认为,“偶然因果关系”是由于主体不能预见;如果主体能预见,则成为“必然的因果关系”。这实际上就否定了偶然与必然的客观性,公然站在唯心主义立场,好像必然与偶然不是离开人们意志客观地存在,而是完全决定于人们的主观预见。这显然不是马列主义的科学观点。我们在阐述因果关系问题时,曾不止一次地谈到因果关系的客观性,偶然与必然的客观性。所有这些,都是客观事物的发展,而不是以主观意志为转移。不论预见与否,它总是根据事物的发展规律,以必然的或偶然的形式出现。必然或偶然,均有其客观的必然原因,这绝不是决定于主观的预见。

另外,把因果关系在刑法上分为必然与偶然的结果,在确定刑事责任时,也容易造成了混乱。他们主张必然的因果关系可以作为刑事责任的客观依据,偶然的因果关系不能作为刑事责任的客观依据。其理由就是由于主体不能预见,如果能预见,也可以作为刑事责任的客观证据,而事实上并非如此。

例如,刑法上的“偶然事件”完全是由于主体的心理活动来确定,假如既非故意又无过失,当造成对客体的侵害,虽有因果关系的存在,也不能确定刑事责任。像甲对乙背后轻轻地一击,想不到乙患有重病,竟因此一击而毙命。因果关系是存在的,而且是甲的行为,必然地引起了乙的死亡结果,但是,这不一定作为刑事责任的客观依据。相反地,有些事情的发生,虽是属于偶然的,但同样要作为刑事责任的客观依据,如运输工作人员偶尔违反了劳动纪律造成了伤亡事故,从事件的性质来说是偶然的,但是仍要作为刑事责任的客观依据。实际上把因果关系分为偶然与必然,并不能作为刑事责任依据的界限。也就是说,按照这些刑法学家的分法,必然的因果关系与偶然的因果关系,并不影响刑事责任的确定,相反地只能增加实践上的烦琐。而作为因果概念来说,始终是必然的,才能确定因果关系。在刑法上所酌定的因果关系,又仅限于行为对客体造成危害而言,如果没对客体造成危害,就不能确定有因果关系的存在。"偶然因果关系"在这里完全没有意义,只能帮助实际工作人员作些概念上的游戏。同时,这些刑法学家把"偶然因果关系"提出后,认为主体能预见,则可以作为刑事责任的依据,否则,就不能作为刑事责任的依据。实际上也就是把刑法上的"偶然事件"与哲学上的"偶然性"混同起来。因为刑法上的偶然事件,在确定是否属于偶然事件时,是需要附带主观的条件,看主体是否能预见。但是哲学上的偶然性,则纯属客观范畴,不是以主观意志为转移的。二者显然不应混同。但这里却把它们强拉在一起。

我们从上面可以看到,因果关系与必然性及偶然性,不属于相同的范畴,是两个完全不同的概念。必然性里面有因果关系;偶然性里面同样有因果关系。因果关系总是由于必然的原因所引起、所决定。否则,即不能称因果关系。偶然性是客观存在的,它是必然性的一种表现形式,但不能把偶然性认为就是偶然因果关系,更不能扩大偶然性的使用范围运用到刑法中去。将刑法的因果关系扩大为偶然的因果关系与必然的因果关系,这既在理论上造成混乱,在实践上也没有好处,相反地却与"偶然事件"混淆不清。所以在运用于刑法上,不应把因果关系割裂为偶然因果关系与必然因果关系,因果关系始终是必然的。与因果关系相联系的,有偶然性的存在,但不能说是偶然的因果关系。

因果关系是一个极其复杂的问题,它曾被不同的哲学流派以不同形式混淆过、歪曲过,只有根据马列主义的科学观点,将因果关系建立在辩证唯物主义的基础上,才能正确地理解因果关系,才能正确地运用到刑法上来。但必须根据马列主义的因果概念,结合刑法这门科学的特点来具体运用,不能生搬硬套而伤害了因果关系的科学概念。这样才能分析犯罪,认定犯罪,从而准确地打击犯罪。然而犯罪中的因果关系,只能作为刑事责任的客观依据,不能单凭因果关系即确定刑事责任。我们的刑法在确定刑事责任时,是事实与法律的统一,行为及其后果的因果关系应与主体思想上的罪过统一。这样才能确定刑事责任。这也是我国的刑法建立在马列主义的思想基础上,比任何资本主义国家刑法优越的地方。我们必须根据这些特点来分析犯罪的因果关系与确定行为人的刑事责任。

(1956年第1期)

对“先入为主、主观臆断”审判作风的思想本质的认识

于占济*

一、人民法院正确地行使审判权,必须要有正确的审判作风

目前我国正“处在伟大的社会主义革命的高潮中”,这个伟大的社会主义高潮,必然使我国的经济基础发生新的变化,社会主义经济基础更趋巩固和发展。

作为上层建筑一部分的人民法院,必须适应经济基础的发展而发展,巩固而巩固。因为经济基础之所以创立上层建筑,也就是为了使上层建筑为自己服务。上层建筑的特点就是“它以政治、法律、美学和其他的观念为社会服务,并且为社会创造相适应的政治、法律和其他制度”。①

人民法院应该随着国家的新形势,发挥自己的特有职能,以保障社会主义建设事业的顺利进行。

人民法院是通过正确地行使审判权的方式为社会主义建设服务的,也就是要求正确、合法而及时地解决刑事、民事案件,而人民法院的决定(判决和裁定),应是客观、公正的。

为了正确地行使审判权,除了进一步加强我国的立法工作,健全人民法院的组织和丰富业务工作外,改善人民法院的审判作风,有着极其重要的意义。

人民的司法工作是以马克思列宁主义理论为基础和在党的领导下成长起来的。所以,人民法院在各项社会改革运动中和国民经济恢复时期,正确地行使审判权,有效地保证了各项工作的顺利进行。但是,在人民法院的审判工作中,仍存在不同程度的错误的作风,突出的就是“先入为主、主观臆断”。这种错误的审判作风是错判的重要因素。事实很明显,错案的出现必然会侵犯国家和人民的利益,并且使党和国家的政治影响遭受不可弥补的损失。“先入为主、主观臆断”的审判作风是和人民法院的任务水火不相容的,是我们审判工作上的死敌,是正确行使审判

---

* 作者单位:华东政法学院(现华东政法大学)。

① [苏]斯大林著:《马克思主义与语言学问题》,李立三、曹葆华译,人民出版社1950年版,第21页。

权的障碍。

作风是思想的外部表现，有什么样的思想就会产生与之相适应的作风。所以，“先入为主、主观臆断”的审判作风，是有其思想内容的，正如董必武院长所说的，坏的审判作风，“实际上就是资产阶级唯心主义思想在我们审判工作中的反映”。

综上所述，有这种错误审判作风的审判人员，就不可能正确地行使审判权。维辛斯基谈到心证与法律意识时曾说过：“……这在决定的程度上，都是要看法官们的人员成分，他们的阶级地位和他们的一般政治的和法律的意识形态是怎样的。”①审判作风是由一定的社会历史条件所决定的。

审判作风是和一定类型的诉讼程序密切联系的，而诉讼类型又是由国家类型所决定的，归根结底是受一定的社会历史条件所决定的。因此，“先入为主、主观臆断”的审判作风不是偶然的产物。

在政权不甚集中的国家里，如封建制度初期的国家中，多系“控诉式”的诉讼程序，而反映到审判作风上，法官在审判过程中，既不进行任何的调查，也不研究案件的情况，只根据当事人在法官面前的决斗、宣誓和“神明裁判”等以确定判决的基础，决定被告人的命运。例如，当时谁在手被捆绑情况下，没入“神”水以后，不沉向水底；谁的手在浸入开水以后，不显伤痕，谁在决斗中就是胜利。胜利者就是无罪的，就是正确的。

实质上，法官利用当时群众的落后、愚昧和宗教迷信为剥削阶级服务。

当封建割据开始没落与君主专制逐渐形成的时期，诉讼类型改变为“纠问式”，君主专制的国家性质，反映到诉讼程序上，不把被告当做诉讼主体，而看成是毫无权利的侦查客体。法官在审理条件上把被告人的“自白”看成是“证据之王”，在证据理论上把被告人的自白当成完成的证据，只要有一个权威的证据，就“足够认定判决犯罪是不必怀疑的”。②

因此，法官在整个诉讼过程中，主要是依靠刑讯逼供——对被告采用暴力，造成其肉体和精神上的痛苦，借以“立证”作判决。

维辛斯基写道：“在科间式的诉讼里，法官和侦查人员不研究案件，不假思索，不分析事实的内在意义，不从证据质量、本性、可靠性和确实性的观点来评定证据。”③

封建专制时期的旧中国的诉讼也是如此。马克思说过：“中国（帝制中国——

① [苏]维辛斯基著：《苏维埃法律上的诉讼证据理论》，王之相译，人民出版社1954年版，第179页。

② 《俄罗斯帝国法规全书》，第305页。

③ [苏]维辛斯基著：《苏维埃法律上的诉讼证据理论》，王之相译，人民出版社1954年版，第81页。

作者注）刑事诉讼这种所有顽固的杖笞刑，就是其强制的特质。”①

资产阶级法官的审判作风，是与其“混合式”的诉讼程序密切联系的。因而资产阶级法官的审判作风也反映了虚伪的民主、自由，一方面，他们以“法官终身职”、“法官独立”企图来论证资产阶级法官是公平的仲裁者，以掩盖其反动的本质。他们在审理案件中，以形式真实标榜客观真实。例如，他们形式上是用证据来证明事实，但是实际上这些证据本身往往就是伪造的事实。另一方面，他们在审判上还无耻地运用“测谎器”来判断证据，甚至采用法西斯的暴力——刑讯逼供或者变相的刑讯。美国在侦查中适用所谓“三个步骤的审讯”，实质就是惨无人道的刑讯。

著名的法国作家阿·佛兰斯描写了一个法官偏袒的事实：当这个法官给一个穷人定罪的时候，完全不顾案件的材料，而是单凭警察的伪证。法官本身也不完全轻信警察的证言，但是，当他作不公正的判决时，他是这样考虑的：“六十四号警察是最高当局的一小部分……损害了六十四号警察的威信就是削弱国家。”

剥削者国家的法官的审判作风，在表现形式上是形形色色的，但有共同的特点，都是为了保护其统治阶级利益，镇压劳动人民的国家本质在司法方面的表现。他们认定事实，都不是从客观实际出发，而是以主观愿望、阶级利益为判决基础的。

我国人民法院的诉讼是属于社会主义类型的诉讼程序，这也决定了审判作风是从实际出发，依靠群众、调查研究、实事求是、“重证据，不轻信口供”和反对逼供信的。所以，人民法院的审判作风是和一切剥削者国家的法院审判作风根本不同的。

显然，“先入为主、主观臆断”的审判作风是有一定历史根源的，个别的审判人员之所以有程度上不同的、错误的审判作风，主要是由于某些审判人员自觉或者不自觉地沾染了资产阶级唯心主义思想；有一部分审判人员的思想，改造得不够彻底，也容易把那些坏的思想作风反映到审判工作上来。

中央对于司法机关的审判作风问题是特别重视的。1955 年五六月间在最高人民法院与司法部召开的座谈会上，对这些错误的审判作风也进行了检查批判。绝大多数的审判人员，因而树立了正确的审判作风；但是，也有个别的审判人员，还只停留在一般的批判上，甚至教条主义的理解，而没有从具体工作上来深刻地检查，提高到理论上来认识。表现在审判实践中，自己做错了还自以为正确；或者知道了错误，但不知错的原因。

① 《马克思恩格斯全集》（第 1 卷），俄文版，第 257 页。

二、“先入为主、主观臆断”是唯心主义的认识方法

“先入为主、主观臆断”的审判作风，在审判上具体的表现形式虽有不同，但是，其实质都是把案情当做第二性，而把自己的想象、臆断、感觉看成第一性。因此，在整个审判过程中，不是追求案情的客观真实；而是进行毫无目的的、形式主义的活动而已。仅从以下的几种表现，就充分地看出其思想本质和错误的原因：

1. 人民法院的公开审判阶段，是决定案件的重要阶段，只有在审判庭上调查与核对的事实，才是判决的基础。但是，个别的审判人员在开庭审判时，敷衍了事，或者只按预先已经确定了的事实加以讯问；也有的以“提高办案效率”为借口，把很复杂的案件潦草结案；甚至有个别的审判员在公开审理案件之前已经写好了该案的判决书。这些表现就是唯心主义的反映。

在刑事案件中，审判人员所认定的犯罪者的行为是否构成犯罪，这都是过去了的事情，审判人员无法亲自看到。所以，这些事实是间接认知的对象——运用思维活动而取得的那些知识。这种认识是以证据证明的方法实现的，是通过复杂的脑力活动进行的。

把公开审判阶段，当做没有任何意义的“合法形式”，其实质就是把认定案情视为一种简单的、直接的和一刹那间就可以完成的行为，而不是复杂、曲折反映客观的过程，这必然不能正确地认识客观事实。这成为唯心主义发生的根源之一。

列宁说过：“人底认识并不是直线……而是无限地近似于一系列圆形、近似于螺旋形的曲线。直线性与片面性、死板性与僵化性，主观主义与主观盲目性就是唯心论的各种根源。”①有个别的审判人员只根据侦查的材料就定罪判刑，并且自己以为是根据“证据”。但是，没有用审判人员的内在信念在公判庭上判断这些证据，调查与核对事实，从而确定判决基础。实际上就是用自己的感觉、观念代替了概念，因为，他所认定的事实，没有通过认识的整个过程，而在感性阶段上就下了结论。这必然就扩大了他的感觉在认识过程中的作用，岂不知在感性阶段中，只能认识事物的片面、肤浅的表面和其外部联系。显然，在这样认识的基础上所认定的案情，是不能全面、客观地符合真实情况的。如果把认识只限于感性阶段，就是把自己的感觉和客观存在的事物分裂开，结果，就把自己的感觉看做第一性、独立的东西，相反地把客观事物看成感觉的复合，这便陷入主观唯心论的泥潭去了。

2. 个别审判人员在审判过程中轻信口供，不重视其他的证据。有的人曾经用

① ［苏］列宁著：《黑格尔〈逻辑学〉一书摘要》，曹葆华译，解放社1950年版，第219页。

"五书定案"（被告人的坦白书、检讨书、悔过书、保证书和具结书）。甚至为了取得被告人的坦白，有极个别的审判人员曾采取逼供、诱供、指名问供以致使用肉刑或变相肉刑的违法乱纪的方式。

这种错误的审判作风，首先由于先入为主而错误地认为"刑事被告都是有罪的"、"民事被告都是无理的"。同时，也反映了他们在认识事物的面前无能为力。在他们看来，认定事实，除了依靠被告人的坦白之外，再无其他途径可走。

这种错误的审判作风，是封建残余在审判上的表现。其实质，是把这些证据的效力预先加以规定了，似乎给予了这些证据以法律的预定分量、威信和意义。他们认为有了被告人坦白书就可以定罪判刑了，这就不自觉地踏入"形式证据理论"的覆辙。

维辛斯基院士揭露形式证据理论本质时曾写道："这种理论把证据的特性和质量看成永恒不变的物体或现象底某种凝固的不变的特性和质量。依照这种理论新建立的证据制度与纠问式诉讼是有组织上的联系的，而纠问式诉讼则是借助机械的适用形式规则来实行的，不留情节上思考和分析余地，并对嫌疑人、被告人和受审人适用直接的强暴方法。"①

当然，被告人的坦白书，是和其他证据占有同等地位。但是不加以任何判断而过于轻信，或者因此放松了对其他证据的搜集，把被告坦白书看成是"唯一的"、"最好的"证据，这就是自己主观的愿望和主观想象了。实际上，被告的坦白往往是为了各种动机而虚伪的陈述，尤其对于以刑讯或变相刑讯所得的口供，更是不言而喻了。

关于刑讯逼供的结果，贝卡里亚很早就说过："数学家能够解决这个问题"，比法官好得多，"怎样按着筋肉的力量和神经的感觉，求得痛苦的充分的程度，以便强迫完全无罪的人承认自己是有罪的"。②

由此可见，在人民法院的审判工作中，必须坚决反对轻信口供而不重视其他证据以及刑讯或变相的刑讯的审判作风，因为这不仅是导致错判的重要因素；而且也是违法和犯罪的行为。

3. 人民法院的判决，是以国家的名义而作的决定，不但总结了整个诉讼程序，并且也确定了被告人的命运。已经生效的判决按其强制性来说具有和国家的法律一样的效力。因此，要求人民法院的判决应该合法、有根据、公平和具有说服力。

但是，个别审判人员却把制作判决当做"完全技术性"的工作，有的说"开庭容易，写判决书难"，也有人错误地认为"写判决书要文化程度高的才能写好"。而表

---

① ［苏］维辛斯基著：《苏维埃法律上的诉讼证据理论》，王之相译，人民出版社1954年版，第81页。

② ［意］贝卡利亚著：《论犯罪》，俄文版，第46页。

现在判决上，有的写得过分简单，事实和理由与全文不相符；也有的文字冗长，形容词累。甚至在判决书上分1、2、3点，就认为是“三段论式”的判决书。在这样的认识基础上，所作的判决书，只能符合自己的主观因素，而不能反映案件的真实情况，或者是形式主义的判决书。

人民法院要求审判人员竭力地使被告人有罪或是无罪的判决书完全符合事实情况。这种真实是指我们认识的事实与外界的并不依赖我们的意识而存在的这个事实相符。正如列宁所说，“不依赖于反映者的被反映的物质存在（外间世界对意识的独立性）是唯物论的基本前提”。① 显然，具有这种错误的审判作风的人，在判决中所得的结论不是根据已经认定的事实，而是以自己的主观因素为前提，所得出的结论当然是不会合乎逻辑的。

实际上，决定判决书质量的，首先就是审判人员的质量（包括其马列主义水平、政治和业务修养等）以及整个诉讼过程中的质量，如侦查完备与彻底性、审判人员在公判庭上的审理好坏。加里宁说过：“如果审判员是一个优秀的马克思主义者、优秀的辩证法学者、老练的实际工作者和有文化修养与有学问的人，那么可以大胆地说，他所制作的刑事判决和民事判决，99%都会具有积极的政治意义，都会是宣传苏维埃法律、宣传党的方针的一种最好的形式……”②所以，认为决定判决质量的只是文化程度的高低，这种想法是错误的。

另外，如果把“三段论式”这种思维形式看成是毫无内容的东西，这更是荒谬的。审判人员在审判过程中，确定犯罪事实是与审判活动的逻辑内容有密切关系的。例如，刑事案件把已经认定的事实，归结到刑事法律上去，这就具有“三段论式”结构的形式。

很明显，三段论式（推论）是贯穿在认识过程中的思维形式，而不是形式主义装潢。毛主席教导我们说：“概念同感觉，不但是数量上的差别，而且有了性质上的差别。循此继进，使用判断和推理的方法，就可产生出合乎论理的结论来。”③

因此，人民法院只有在真实的前提基础上，所得的结论才是正确的。否则，事实尚未弄清或认定的事实不正确，虽然形式上采用“三段论式”，但实质上得出的却是唯心主义的结论。

“先入为主、主观臆断”是一种主观主义的作风，是资产阶级唯心主义思想在审判工作上的反映。改善审判作风的根本方法是首先必须加强马列主义理论及法律科学的学习，树立无产阶级的世界观。我们知道，马克思列宁主义辩证唯物主义

---

① 《列宁全集》（第14卷），俄文版，第111页。

② ［苏］加里宁：“1934年在庆祝苏联最高法院十周年纪念大会上的演讲”。

③ 《毛泽东选集》（第1卷），人民出版社1951年版，第204页。

与历史唯物主义就是无产阶级的世界观。

维辛斯基院士强调世界观对审判上的重要意义时说："审判员的哲学的、政治的、法律观点体系、在他对待真实态度以及对他了解和判断这种或那种事实上起着重大的作用。"①同时，学习其他的法律科学，对于树立正确的审判作风也是有直接意义的。因为，如果不以理论为行动的指南，审判工作就会变成盲目的实践。执行法律的前提，首先就要对法律有正确的认识，然后才能正确地贯彻执行。想对法律的精神实质有正确的认识，是只有通过认真学习和刻苦钻研才能达到的。

董必武院长在1955年年底司法座谈会上，强调了审判人员学习理论和进行科学研究工作的重要性，这是不难理解的。

（1956年第1期）

① ［苏］维辛斯基著：《苏维埃法律上的诉讼证据理论》，王之相译，人民出版社1954年版，第206~207页。

我对“镇压与宽大相结合”政策的认识

刘灿璞*

一

中华人民共和国的成立标志着我国革命性质的转变,即标志着新民主主义革命阶段的基本结束和社会主义革命阶段的开始。由于革命性质的转变,阶级斗争的内容和形式也必然有所不同。当以工人阶级为首的全体劳动人民掌握了政权,变成统治阶级后,它将利用新的斗争工具——人民民主政权,来继续其阶级斗争。正如列宁说的,无产阶级专政是阶级斗争的继续,不过采取了新的形式而已。在我国人民民主专政条件下,也是以新的形式,继续着阶级斗争。这种阶级斗争,首先表现在对被推翻的反革命残余的反抗实行镇压上。

镇压反革命,是巩固人民民主专政的先决条件。毛主席早在中华人民共和国成立初期,就曾教导我们:“革命的人民如果不学会这一项对待反革命阶级的统治方法,他们就不能维持政权,他们的政权就会被内外反动派所推翻,内外反动派就会在中国复辟,革命的人民就会遭殃。”①要肃清一切反革命分子,也必须加强人民民主专政,充分发挥人民民主国家机器的强大威力。也就是说,要运用一切政权工具,如军队、法庭、监狱、侦察机关以及法律、法令等武器,无情地镇压敌人。“我们的人民民主专政的国家制度是保障人民革命的胜利成果和反对内外敌人的复辟阴谋的有力武器,我们必须牢牢地掌握这个武器。”②这就是镇压反革命同巩固人民民主专政之间的关系。按照毛主席的说法,人民民主专政的内容有两个方面,就是:“向着帝国主义的走狗即地主阶级和官僚资产阶级以及代表这些阶级的国民党反动派及其帮凶们实行专政,实行独裁,压迫这些人,只许他们规规矩矩,不许他们乱说乱动。如要乱说乱动,立即取缔,予以制裁。对于人民内部,则实行民主制度,给予言论集会结社等项的自由权。选举权,只给人民,不给反动派。这两个方面,对人民内部的民主方面和对反动派的专政方面,互相结合起来,就是人民民主专政。”③根据毛主席的教导,几年来,在中国共产党的领导下,全国人民成功地执

---

* 作者单位:华东政法学院(现华东政法大学)。

① 毛泽东著:《论人民民主专政》,解放社1950年版。

② 毛泽东在中国人民政治协商会议第一届全体会议上的开幕词。

③ 毛泽东著:《论人民民主专政》,解放社1950年版。

行着人民民主专政，巩固和扩大了全国人民的民主权利，有力地打击了美帝国主义对我国的挑衅，镇压了已被推翻的阶级敌人的反抗。

二

马克思列宁主义者无须讳言，我们要镇压一切阶级敌人，消灭一切反革命分子。但是，这不等于说，我们消灭一切反革命分子的肉体。我们绝不是单纯的惩罚主义者。事实证明也是这样，我们对待反革命分子，从来就是“镇压与宽大相结合”的政策，即“坦白从宽，抗拒从严，立功折罪，立大功受奖”的政策。我们采取这一政策的根据在于：一方面，如果我们不严厉镇压反革命分子的反抗，人民的革命政权难免遭到破坏和削弱，其结果就不是人民民主政权，而将成为反革命的恐怖专政了。解放初期，由于各种原因，对反革命分子的镇压不够坚决，反革命分子的活动就猖狂起来。尤其是当美帝国主义者发动侵朝战争之后，美蒋特务匪徒们及其他残余的反革命势力，以为他们梦想的“三次大战，反攻大陆”的时机到了，他们由隐蔽转入公开，进行各种破坏和暗害。“有些地方，村干部全家被杀。农会干部一次被杀十余人者有之；一村的农会会员被杀四十余人者有之；为人民解放军运输军需粮草的民夫，整队被杀者有之。仅广西一省，人民政府的干部被杀害者，即有三千余人。”①如果不是党中央和毛主席的正确领导，纠正和批判了对反革命分子“宽大无边”的偏向，在1951年及时地展开了大张旗鼓的镇压反革命的运动，清除了露骨的反革命分子，沉重地打击了敌人，国家就不会有今天这样大规模的、有计划的社会主义建设。另一方面，我们必须看到反革命分子中的各种不同情况。在反革命分子中，极少数是罪大恶极的，他们抱定了坚决与人民为敌的决心。而另一些反革命分子，从他们的罪行来说，是一般的或轻微的，他们是由于被欺骗、被利用而走上反革命的道路。如果我们不看到这些情况，单纯强调镇压，对有力地分化、孤立和瓦解敌人是不利的。几年来我们运用“镇压与宽大相结合”政策的结果，证明许多原来不是坚决的反革命分子或被欺骗、被利用的分子，是会自动坦白、交代出自己的罪行重新作人的。

我国对反革命分子采用“镇压与宽大相结合”政策的根据不仅如此，更主要的是由我国的国家本质所决定的。

在资本主义制度的一切矛盾已发展到空前激烈程度的美国，帝国主义所有的特征完全显现出来了。垄断资本家为了维护自己的统治，对劳动者和进步人士，尤

① 彭真：《关于镇压反革命和惩治反革命条例问题的报告》，1951年2月20日。

其是共产党人，采用着血腥的镇压，他们提倡黩武主义和军国主义。他们为了镇压一切进步人士，任意破坏着资本主义初期颁布的一切法律，尤其是依照垄断资本主义时期以前的旧尺度制定的资产阶级刑事法律。“利用资产阶级所建立的法制的时代正被伟大的革命战斗时代所代替，并且这些战斗实际上将破坏全部资产阶级的法制，破坏整个资产阶级的制度，而在形式上必将是这样开始（也正在开始）的，即资产阶级以慌乱的挣扎来摆脱它自己所建立的对它已成为不能忍受的法制！”① 美国“司法”、警察机构同各种各样的法西斯组织、半法西斯组织和亲法西斯组织——三K党、“美国军团”、“美国至上”相互勾结。为他们的主子——垄断寡头效劳。洛克菲勒、摩根和杜邦集团为了保卫他们强加在人民头上的国家制度和社会制度，广泛地“运用”着暴徒、匪徒、刺客、敲诈勒索者、骗子和各种奸细。

死刑，是美国反动法院用来对付进步人士和劳动人民的恐怖方法之一。这一点连臭名昭著的刽子手、前任纽约新监狱狱长鲁意斯·戴维斯也不得不承认，所有被他杀害的人“在一点上是互相类似的，他们都是穷人……有钱的或有职位的被告从未遭到坐电椅或者上绞架的命运”。② 但是，根据法院判决而被处死刑的进步人士和劳动者，只不过是垄断资本家从肉体上消灭阶级敌人总数中的少得可怜的一部分。正如苏联斯·勒·齐福斯所指出的：“为了从身体上消灭自己的阶级敌人，美国统治集团使用了各种各样的方法——警察局拷问室中的杀害，把被执行苦役刑的罪犯殴打致死、军队扫射、私刑、利用为华尔街服务的匪帮加以杀害等。”③ 美国对进步人士和劳动者血腥镇压的另一种表现形式，即法院对被判处者不确定刑罚的一定范围，不确定监禁的期间。例如，“在加利福尼亚州的法律中，直接规定了‘法院在处刑判决中，无权规定监禁的期限或者时日’。在纽约州的立法中，规定了绝对不确定的刑罚——‘从一天起至终身止’的监禁”。④

美国的一切反动法学家，为了讨好主子，掩盖美国司法当局对进步人士和劳动者的血腥镇压，捏造出“生来的犯罪”的理论。认为“生来罪犯”的个别行为不过是生来“危险状态”的表现。因此，他们得出结论：把“生来的”习惯犯判处死刑或终身监禁是必要的。这种主张的代表人物巴恩斯和蒂特斯教授无耻地宣称：“某些罪犯是永远不能恢复正常状态了”，“许多罪犯应当在他们此后残余生命的全部期间内隔离于社会之外”。⑤

---

① 《列宁全集》（第16卷），俄文版，第284页。

② “英国政治社会科学会议记录”，1952年11月号，第14页。

③ ［苏］斯·勒·齐福斯著：《美国刑法的反动本质》，李浩培译，法律出版社1955年版，第95页。

④ 同上，第97页。

⑤ ［美］赫·巴恩斯、纳·蒂特斯著：《犯罪学中的新见地》，1944年版，第585页。

三

前面已经讲过“镇压与宽大相结合”的政策，是我国对反革命分子一贯的政策。为了贯彻这一致策，克服和防止在镇压反革命活动中可能发生“右”的或“左”的偏向，1951年中央人民政府颁布了《中华人民共和国惩治反革命条例》。这个条例是“镇压与宽大相结合”政策的体现。几年来我们执行这一条例的结果，既严厉镇压了罪大恶极的、坚决与人民为敌的、死不悔改的反革命罪犯，又教育改造了一般的反革命分子。“根据1953年年底的统计，已有80%以上的在押罪犯分别投入工农业的生产。在劳动改造的过程中，许多罪犯已经逐渐认罪悔过，愿意做守法的公民，并且养成了劳动的习惯，因而能在刑满释放后从事正当的职业。”①这对打击敌人、巩固人民民主专政起了应有的作用。

“镇压与宽大相结合”的政策，为每一个政法干部所熟知，但如何掌握这一政策，也就是说如何将这个政策用来正确地处理反革命分子，哪些人应该从宽，哪些人应该从严，在什么情况下从宽，在什么情况下从严，确是值得深刻研究的问题。当然，从总的方面来讲，那就是“坦白从宽，抗拒从严，立功折罪，立大功受奖”。但是，仅懂得了这些还是不够。更重要的是还要从国内的阶级斗争形势出发。在去年上半年以前，即社会主义建设和社会主义改造高潮到来之前，农村小农经济还占着绝对优势，已被打倒的地主阶级和将被消灭的不法富农还在想用一切方法来阻挠农业合作化事业。有的则与一切反动势力相互勾结来篡夺领导，瓦解组织，造谣煽惑，挑拨离间，甚至采用暗杀、纵火、放毒，杀害牲畜，破坏生产资料、利用技术进行破坏等手段，企图阻碍农业合作化事业。沈阳市西郊区大榆林乡反革命分子刑德昌、刑德贵和敌伪分子赵景贵合谋杀害了积极参加合作化运动的农民李景云全家八口人，其中有李景云60多岁的父亲、母亲和李景云的两周岁的孩子，李的妻子夏亚珍被凶犯杀害之前还遭到了轮奸。凶犯在行凶后放火烧毁房屋和尸体，企图湮灭罪迹。在城市里，资本主义工商业在国民经济中还占着相当比重，不法资本家抗拒和破坏社会主义改造的犯罪仍然层出不穷。根据1954年上海市的统计，在对某些资本主义企业将要实行公私合营时，发生不法资本家利用爆炸锅炉等手段破坏生产的就有十家之多。罗瑞卿部长于1955年7月27日在第一届全国人民代表大会第二次会议上的发言，谈到不法资本家的犯罪情况时指出：“资产阶级中的不法分子为了抵抗社会主义改造而结成的一些秘密团体，在最近两年内比在‘五反’

① 周恩来著：《政府工作报告》，人民出版社1954年版，第23页。

时期是增加了,其中有些竟直接走上反革命的道路。”一切残余反革命分子和美蒋派遣特务、间谍分子的活动仍然猖狂。据1954年河南、广东、湖南、江西、安徽、江苏、贵州、云南八省和上海市的不完全统计,共破获反革命集团案件83起,其中27起即有反革命分子1074名。胡风反革命集团的反革命活动,在1955年上半年达到了顶点。他们用尽各种方法,竭力扩大其反革命组织。他们惯用的一种手法,即所谓“拉过去”的办法从革命阵营内部寻找一些有毛病的人列为他们欺骗的对象。他们表面上自称是“马克思主义者”,而暗地里却污蔑马克思主义是“机械论”,要“摇撼它”;表面上说是拥护中国共产党,而暗地里却把希望寄托在蒋介石匪帮的反革命武装上。潜伏在宗教团体内部的反革命分子,也在进行着发展反革命秘密组织的阴谋。1952年和1954年,河北献县地区和永年地区破获了两起利用天主教名义进行叛乱活动的秘密组织,仅地洞、暗室、夹壁墙就查出了190处,最大的地洞可容一百多人。1955年9月上海市公安局破获的以龚品梅为首的暗藏在天主教内的反革命集团,就是想尽一切方法发展反革命组织,企图达到颠覆中华人民共和国的罪恶目的。在这样的阶级斗争形势下,对反革命分子应该采取什么态度呢?毫无疑问,应该及时地镇压,从严惩办。不这样,就不能把反革命猖狂的气焰打下去,就不能顺利地进行社会主建设。根据毛主席所指示的“提高警惕,肃清一切特务分子,防止偏差,不要冤枉一个好人”的方针,各级司法机关严肃地批判了在审判工作中的右倾思想,纠正了对敌斗争中存在的“该判不判,该杀不杀,重罪轻判”的偏差。对反革命罪犯从严惩办的结果,得到了广大群众的热烈拥护,他们欢呼“抓得对,判得好”;有些地区出现了“五快”现象,“农业合作化发展快,生产快,统购快,各项工作开展快,开会到得快”。这就及时地、沉重地打击了敌人,保障了以农业合作化为主的各项中心任务的顺利进行。

从去年下半年开始,我国社会主义建设和社会主义改造事业取得了决定性的胜利。在农村,“根据今年4月中旬统计,全国大小合作社共有108万多个。加入合作社的农户,有1.06亿户以上,约占全国农户总数的90%。其中高级社有26万多人,入社农户6600多万户,占全国总农户的56%;初级社82万个,入社农户近4000万户,占全国总农户的34%”。[①] 从所引用的数字里可以看出,农村不再是小农经济而是集体农民的合作社经济占绝对优势了。也就是说,农村的生产关系已经发生了根本的变化,农民的个体所有制已被或即将被集体所有制代替。经济上所起的根本变化,在政治上促进了工农联盟的进一步巩固,加强了贫中农之间的团结,给分化和改造地主、富农提供了可靠的条件。

农业合作化运动高潮的到来和所取得的胜利,促进和推动了我国社会主义工

① 邓子恢:“在全国先进生产者代表会议上的讲话”,载《解放日报》1956年5月8日。

业建设及其他各项建设事业。同样,资本主义工商业者在这个运动中也受到了极其深刻的教育。绝大多数资本家已认识到社会主义是社会发展的规律,在我国必然胜利;他们希望走社会主义的道路,欢迎对他们实行社会主义改造,将自己变成自食其力的劳动人民,为社会主义建设贡献力量。现在,资本主义工商业基本上已实行了全行业的公私合营,纳入了国家资本主义的高级形式,也就是说,这里的生产关系,已不再是资本主义了,已经起了质的变化了。

我国第一个"五年计划"已经执行3年,由于中国共产党的领导、全国人民的努力和以苏联为首的社会主义阵营各国的援助,各项建设事业都超额或提前完成了计划。社会主义建设和社会主义改造事业的伟大胜利,鼓舞和教育着全国人民,使人们鲜明地看到我国社会主义制度的无比优越性,使人们亲切地感到美满的社会主义生活就在我们眼前,因而坚定了全国人民建设社会主义的信心,并把千百万新兴后备力量团结到党的周围来。在此形势下,除少数真正死心塌地效忠于帝国主义和蒋介石集团的反革命分子外,许多反革命分子已发生动摇和分化。他们慢慢地感到越来越孤立,越来越走投无路,只有弃暗投明,重新做人,才是唯一的光明大道。在这次肃清一切暗藏反革命分子的斗争中,大批的反革命分子,甚至包括一部分有严重反革命罪行的分子,也纷纷自动向人民政府投案自首。从去年肃清一切暗藏反革命分子运动开始到现在,投案自首的反革命分子就有几十万之多。根据上述情况,对反革命分子的处理就需放宽一些,只要反革命分子肯彻底坦白、低头认罪,哪怕是罪恶深重,也是可以给予宽大处理——减刑或者免予刑事处分。最近杭州市人民检察院对具有严重罪行的反革命分子张毅的宽大处理就是一个极其典型的例子。只有这样才符合目前阶级斗争形势的要求,才能彻底分化、孤立、瓦解敌人,以达到肃清一切反革命分子的目的。但是,这也不等于说,我们对待任何反革命分子都一律如此。我们对那些坚持反革命立场,死心塌地效忠于美蒋匪帮,继续与人民为敌的反革命分子,仍要严厉惩办。正如董必武同志在中国人民政治协商会议第二届全国委员会第二次全体会议上所作的《关于肃清一切反革命分子问题的报告》中指出的:"我们对反革命分子的政策,从来就是镇压与宽大相结合的政策,这就是'坦白从宽,抗拒从严,立功折罪,立大功受奖'的政策。一切反革命分子,如果拒不坦白,坚持反革命立场,继续与人民为敌,一定要受到国法严厉惩处。但是只要能够真诚坦白,悔过自新,哪怕就是罪恶严重的,也一定会得到国家的宽大处理,并且只要坦白得彻底,立有功劳,不仅可以获得减刑或者免予处刑,而且还给予参加生产或工作的机会。"

镇压与宽大是对待反革命分子的一个完整的政策,在任何时期、任何情况下不能将两者(镇压与宽大)孤立起来,单纯强调哪一方面都是错误的。只讲镇压不讲宽大,那必然会犯"左"的"单纯惩罚主义"的错误;只讲宽大,不讲镇压,那必然会犯“右”的“宽大无边”的错误。无论“左”的或“右”的都会带来在同敌人进行斗争中的不利后果。因此，我们必须全面掌握“镇压与宽大相结合”的政策，不能偏废。

从目前情况来看，经过几年来我们始终一贯地打击反革命分子，残余的反革命分子是大大减少了，其内部也在日趋崩溃和瓦解。但是，我们也必须看到，它们还没有完全被我们肃清。尤其是帝国主义还存在，蒋介石反革命集团还没有被消灭，它们绝不会就此停止向我们国内继续派遣特务、间谍分子的勾当。同时，国内的极少数坚持剥削阶级立场的分子，也可能在敌人的利用下进行反革命活动。因而，我们必须保持高度的革命警惕性，绝不能有任何的麻痹情绪，绝不要被胜利冲昏头脑，要继续及时确地、有效地打击敌人，以保障社会主义建设事业的顺利进行。

（1956年第1期）

怎样进行科学研究工作

【编者按】 本文是苏联法学专家业夫根尼耶夫同志在华东政法学院向教师们和上海市政法业务部门部分工作干部做的报告。文中小标题是编者加的。全文未经专家审阅，如有错误，由整理人负责。

中国共产党提出了要在12年内赶上国际科学的先进水平的号召，因而在全国范围内展开了一个规模非常大的向科学进军的运动。

我是在莫斯科苏联科学院安・扬・维辛斯基法律研究所工作的。所以同志们要我来谈谈关于我个人与其他法学家在法学研究工作的组织方面的一些问题。在今天的报告中，我不准备谈整个苏联的法律科学研究工作的组织问题，也不准备谈法律研究所的科学研究工作的组织问题，仅想谈谈我个人对教员与研究生怎样进行科学研究工作的一些看法。如果我今天的讲话能够对同志们的科学研究工作，哪怕是有很小的一点帮助的话，我将认为没有白白占用同志们的时间。如果在听的过程中，同志们对苏联的整个法律科学工作方面，有问题、有不清楚地方的话，我很希望来回答同志们所提出的问题。

一、关于科学研究中的党性原则问题

现在我就准备来谈一谈科学工作者应怎样来组织自己的科学研究工作，以及科学研究工作的方法问题。但是在讲这个问题之前，我愿意强调一下一个非常重要的原则。这个原则贯穿着所有的科学研究工作，是任何一个科学部门的基础。当然，作为社会科学部门之一的马克思列宁主义关于国家与法律的科学也是不能例外的，那就是科学中的列宁式的党性原则。这个原则的主要内容，就是要对现象和事物进行阶级分析。正如列宁所说过的，“我们要直接的、公开的、站在一定的社会集团的观点上来观察和考察问题”。而对马克思主义学者来讲，这种集团，这种阶级，就是工人阶级。

党性原则排斥对待科学问题的一种客观主义态度，排斥对资产阶级科学的盲目崇拜，这也是科学中的党性原则的一般特征，但是这些并不能够完全概括科学中的党性原则。我个人认为科学中的党性原则，还包括下面的一些非常重要的因素：

1. 科学应该是人民的科学，学者应该为人民服务。所以说，对科学的态度，首先应该是一种爱国主义的态度。但是科学中的真正的爱国主义是与那种骄傲自满、自高自大的现象完全相对立的。这种爱国主义并不意味着拒绝接受其他国家科学所获得的先进的东西,恰恰相反,这种爱国主义要求学者们不仅是要很好地运用本国的经验,而且也要很好地运用其他国家的先进经验,从而更进一步地发展自己祖国的科学。

2. 科学应该与实践密切地联系。任何一门真正的科学都是理论和实践一致的。因此,科学离开了实践,就不能产生与发展。对于从事国家与法律研究工作的同志们来讲,这种实践,就是国家建设的实践,是国家权力机关与管理机关的工作、司法机关和检察机关的工作。科学工作者应该批判地分析实践,才能够发现工作中的缺点,并找出克服这些缺点的途径。

3. 要坚决地否认某些学者和某些学者集团在某一门科学当中的统治,要大力发展老干部和青年干部之间的共同合作。当然,这并不等于说就不可能出现一些有名的权威的学者;一些有名的、权威的学者的出现是完全可能的。他们可以提出对某些问题的见解。如果其他学者同意他的见解,他们还可以合作,来共同从事研究。但是,无论如何,任何一个人也不能强迫其他人来接受自己的见解。

4. 要善于掌握马克思列宁主义关于国家和法律原理的基本精神和实质,而不应该死背一些公式和原理。换句话说,对待科学不应采取教条主义的态度,而应该采取创造性的研究态度。学者不应该坚持那些已经陈旧了的原理,更不应该因为那些陈旧的原理是曾经被自己论证过的,所以它虽然陈旧还是死抓住不放手。真理是具体的。也就是说,虽然某一个原理在过去一定的具体历史条件下,是绝对正确的,但这种原理并不一定在任何情况下都可以运用,并不一定在其他条件下都可以运用。

如果我们大家都注意阅读苏联共产党第二十次代表大会的文件的话,那么在这些文件中,我们就可以很清楚地看到,这些文件,有对经典著作具体情况的深刻分析,也有在新的条件下,对马克思列宁主义理论的新的发展。比方说,关于在帝国主义条件下,战争不可避免的问题,关于议会斗争的问题,以及诸如此类的问题。

在中国共产党领导下所进行的社会主义建设,是在新的历史条件下,对马克思列宁主义创造性地运用的辉煌的范例。

5. 要坚定不移地发展科学,要以新的理论和结论来丰富科学。换句话说,学者不能够踏步不前。每一个学者都应该根据自己的能力,对科学作出应有的贡献,从而来推动科学向前发展。

6. 要对各式各样歪曲马克思列宁主义科学的现象,进行不可调和的斗争,要无情地揭露资产阶级的虚伪科学。揭露资产阶级的科学,这并不是说仅仅批判,说资产阶级科学的反动就够了，还应该找出资产阶级科学的立场的起源，应该揭露出资产阶级学者所企图要达到的真正目的，以及更好地来揭露资产阶级科学的反动本质和实质。

7. 要在学者中展开批评与自我批评。当然，这种批评应该是同志式的批评，应该是有根据的批评，绝不能采取行政命令式的批评，更不能对批评采取扣帽子的方式。应该很好地指出，某一学者在科学工作当中有哪些缺点和错误，帮助他认识到这些缺点和错误。只有这样才能使他进步。

8. 要诚诚恳恳地对待自己的工作，坚决反对在科学研究工作中的名利观点。

我个人认为把以上讲的八点放在一起，就构成科学研究中的党性原则。当然，上面所讲的八点，是相互联系着的，是相互补充的，不能分开。假设我们问第一点和第八点有什么联系？我们可以说，第一点和第八点有着密切的联系，第一点要求科学为人民服务，第八点要求学者要诚恳地对待自己的工作，假如说一个学者不诚恳地对待自己的工作，他就一定不能很好地为人民服务。

二、科学研究工作中的组织和方法问题

对于一个刚开始进行科学研究工作的同志来讲，首先发生的一个问题，这就是选择科学研究的题目问题，或者是选择学位论文的题目的问题。

正确地选择题目，就可以为今后的科学研究工作打下一个良好的基础。恰恰相反，如果科学研究题目选择得不正确，在选择科学研究的题目的时候，没有很好地考虑，这样就不会产生很好的科学研究的结果。由于确定题目的时候不慎重，往往后来又改变了题目，又重新按新题目进行研究。这样，就造成了很大的浪费。

我们不应该把科学研究的题目，仅仅理解为某一本著作的名称或仅仅是一个标题。当然，在标题里面应该反映出某一著作的基本思想，但是我们对科学著作研究，并不是从标题开始，而应该是从问题的本质开始。只要我们能够把问题的本质弄清楚，那么，我们自然就能够找到适当的标题。

在苏联科学研究机构和大学的法律系，他们都制订出一个学位论文题目的一览表。在这里面规定了各种学位论文的题目。但是问题就在于如何正确地来选择这个题目，也就是说，在选择题目的时候，应该考虑到哪些要求和条件。

首先，科学研究的题目应该是有现实意义的，这就是说：

第一，科学研究题目是现实的，因为学者能够用这个题目来阐明社会主义制度的特点和优越性。

第二，这个题目应该符合社会主义建设的实际要求。

第三，这个题目应该是这个科学工作者所从事的部门科学当中的空白点。这

就是说，作为一个学者不应该重复研究已经被阐明了的问题和原理。如果这个学者对某些问题还有不同的个人见解，当然还可以从事这些问题的研究，来发表个人的意见。如果别人已经研究过了的问题，而自己又没有什么新的见解，那就不应该重复来研究别人已经研究过了的论点和问题。

至于学位论文的题目，一般应该是研究某一个具体的问题。学位论文的范围不应该过广，而应该狭隘一点，研究某一个专门的问题。

第四，除了上述三点之外，确定题目，还应该与学者的兴趣结合起来。学者对这题目有兴趣，那么他在研究的时候，他的精力、他的情绪就特别高，这对他的研究写作也是有帮助的。

但学者的兴趣绝对不能够脱离整个科学的发展。也就是说，学者的兴趣和科学的要求是应该结合起来的。某些学者所选择的题目，恰恰是这门科学上的没有什么重大意义的或者是一些次要的题目，这当然是很不好的。作为一个学者，应该选择该科学部门中的具有现实意义的题目和重要的题目。

以上所讲的四点，在选择题目时可以考虑，可以参考。但这并不等于说，这四点是选题时的绝对原理和绝对的原则。不是这样的，这四点仅仅是我个人的看法，也是不可能完全适合每一个同志的。

现在让我们来假定，选择题目的问题已经解决了。也就是说，科学研究的题目已经选定了，而且选得正确。有一些同志认为题目确定之后，就应该着手制订一个非常详细的具体的计划。在这个计划里面，甚至规定科学著作的各章、各节。然后，再根据这个章、节来收集资料。但是我认为这种方法对于刚开始进行科学研究的同志来讲，是并不恰当、并不正确的。我认为在题目确定之后，应该首先来熟悉有关这个题目的数据。

第一，要到各个图书馆和资料室，收集有关这个题目的资料，看一看关于这个题目有哪些现成的资料。

第二，要收集有关这个题目的马克思列宁主义的经典著作，以及有关的党的决议。这些经典著作和党的决议都应该是在不同形式上涉及研究的那个题目。如果想要引用经典著作及党的决议的原理的话，可以在经典著作中和党的决议上，作上记号或者卡片。

第三，我们还应该收集外国的有关这个题目的资料。当然，对外国的科学的盲目崇拜是不正确的，但是如果忽略对外国数据的收集，这也是不正确的。

第四，应该从实际工作的部门收集有关这个问题的资料。比方说，从国家权力机关、国家管理机关、法院、检察机关、公安机关、律师、公证等机关收集有关的实际资料。只有当学者对于这个题目的有关资料（科学著作、实际资料等）有一个了解之后，再着手制订科学研究计划。当然这个计划应该包括学者进行研究工作的一切基本问题,也可规定学者所著作的章和节。这章、节也要看书的大小。在每一章中,可以把这章最主要的基本的问题作为一节,也就是把主要的问题提出来为独立的一节,但是在这时候也不可能把所有的节都确定下来。因为对各个章、节的最后确定,是应该在科学研究的过程中逐渐来做的。如果说,一个学者立刻可以确定他这本著作所有的章和节,那么,也就是说,他对这个问题一切都很清楚了,那他也就不需要再进行什么研究工作了。

当这个科学研究的计划确定了之后,或者是送给科学指导者,或者是拿到教研室的会议上,或者是在其他的教学组织,如教研组的会议上来讨论、来通过。这个科学研究计划被通过之后,就可以按照计划进一步地、深刻地对所收集的资料进行研究工作。这样好像可以把科学研究工作分为两个阶段;第一阶段,就是学者确定科学计划以前的那个阶段,就是收集资料,对资料初步的熟悉和掌握,然后确定计划;第二阶段是从确定计划开始,对所收集来的资料进行比较深刻的研究。在研究过程中,可能有这样一种情况,就是对某些资料反复研究了好几次(因为在科学著作中,有许多章节都涉及这个资料)。当然,也可以避免这种重复的现象。例如,把各章节所需要的数据,一次性摘录出来。但这样对于刚开始进行科学研究工作的同志来讲,是比较复杂的工作,是要困难一些。

研究的过程,也就是对资料加工的过程。可以分为以下四个阶段:

第一个阶段,就是积累知识,收集有关的资料。收集资料可以采取这种方式,就是按照科学著作的章节。比方说,在一章中,可按照这个章的重要程度,从收集的资料中摘录有关资料,或者从有关资料中作出卡片。

而且我认为在研究工作的过程中,应该把那些疑难的问题和心得随时记录下来,因为记录下来总是比记忆更可靠一些。记录下来的那些疑难问题,十分搞不清楚的那些问题,可以在研究的过程中,向科学指导者请教,向教研室主任或其他比较有经验的同志请教,来解决这些问题。

第二个阶段,材料已经收集得差不多了,在这种情况下,就可以再进一步具体地考虑著作的章、节结构的问题。因为只有很好地掌握了资料,很好研究之后,才能够更好地考虑到如何来组织这些资料,把它们分成怎样的章节。

第三阶段,分析资料,就是把收集来的这些资料进行深刻的分析和研究。特别是,首先要研究每一个章节中的最基本的、最重要的问题,同时也来研究其他著作里面有关这个问题的观点和提法是否正确,还要很好地来研究和审查自己所收集的资料,以及在一些实际的工作部门中所收集来的一些资料,是不是完全可靠,是不是很科学。如果经过了分析之后,认为所收集的这些资料确实是可靠的,确实是科学的之后,才把它放在著作里面,然后对自己所收集的、所分析的资料,提出个人的看法。当然,这些看法可能与其他学者的看法不一样,那也可以认可别的学者的看法或者同意别的学者看法的一部分或者是全部。

这三个阶段就是包括对材料的研究、对于材料的整理和对于材料的分析。

第四个阶段，也就是最后一个阶段，就是总结。也可以说是对自己所收集的资料，通过研究得出结论；也就是说对自己的著作、对自己的一些见解、一些观点差不多可以提出来一个初稿。总结这个数据以及写作这个过程，这完全是需要个人的智慧和劳动。当然，在这一方面也很难提出一个统一的标准（应该如何的总结，如何的写作），下面提出的四点仅供同志们参考。

第一点，作者对于自己著作里面所有的观点和见解都应该有一个十分可靠的根据。

第二点，这种可靠性（就是这种根据）应该尽量是全面的，同时应该尽量想办法避免或者是减少别人向自己进攻的那些弱点，也就是别的学者可能提出来批评的那些地方。

第三点，各种论点都应该是根据充分的，这不仅是从整个著作来讲，而且是在每一个细小的具体的问题上，根据也应该是充分的。因为，哪怕是一个细小的漏洞，也会被人家用来向你进攻。

第四点，整个的著作中，前后的观点、提法应该是完全一致的，甚至笔法也应该前后完全一致。这就是说，这个著作里面，所有提法的精神和所有的见解，都是没有任何抵触和自相矛盾的地方。

这就是关于写作方面的个人的一些见解，当然这些见解对某些同志来讲不一定是很适合的，而且这些见解也主要是对一些刚刚开始科学研究工作的同志来讲；至于那些比较老的同志，他们有一定的科学研究工作的经验，这些见解对他们的用处就不一定是很大。

应该指出，每个研究生都有自己的科学指导者，这个科学指导者应该把自己的经验完全介绍给研究生。

昨天收到同志们送来的一些问题，部分问题已经在前面讲过了，但还有些问题很难在报告中来讲，所以放在最后来回答一下。

第一个问题就是在集体写作时怎样来进行分工的问题。

一般来讲，几个学者写一本专著或者写一本教科书，在这种情况下，他们一般是分工合作的，每个人写一定的章或节。但是写完后，要有一个人负责从头到尾地校对一遍，因为这是几个人写的，提法和见解有不完全一致的地方，或者在文字方面有不一致的地方。当然还有这种方式，几个学者写一本专著或者一本教科书，在这里面有经验比较丰富的学者，他就要帮助那些经验比较少的学者来收集资料、整理资料、分析资料。比较年轻的、经验比较少的学者写一小部分，或者写不太大的一节，而大部分的章节都是由比较有经验的老的学者来写，最后由比较有经验的学者来负责校对。

第二个问题是科学研究计划应该如何来制定,以及如何来检查科学研究计划的执行问题。

科学研究计划的基本内容应注意以下几点:

1. 对于有关这题目的资料进行初步的熟悉和了解。

2. 制订科学研究工作的计划。

3. 根据科学研究工作的计划来收集和整理资料。

4. 写作的过程、写作的期限也可以根据各个章节来确定。然后再根据各个章节来制订比较具体的逐日计划。至于这计划的执行情况,教研室主任和科学指导者都可以根据这个计划来进行检查和监督。

除了这四点之外,在计划里还可以规定在教研室会议上讨论学位论文或著作的时间。当然,在教研室会议上可以讨论论文的全部或是几个主要的基本问题,在计划中也可以规定作者根据教研室会议提出的意见如何补充或者修改论文的时间;甚至在研究的过程中,每章写好以后,可以把每章在教研室会议上作一报告,或者在杂志上发表,看看这章的基本论点和见解是否正确,看看同志们对自己的见解和论点是否有不同意见及批评。在教研室会议上听取了报告之后,就可以对著作提出批评意见,找出著作的缺点和不够完善的地方,指出和帮助作者更好地来修改自己的作品。根据作者在教研室会议上报告的论文或在杂志上发表的论文,就可以判断这个科学工作者研究的成果,判断他在科学研究工作中成长得怎样。

第三个问题是教研室如何领导科学研究工作的问题。

首先,教研室应该确定每一个时期的具有现实意义的科学研究的题目,然后根据每一个同志的专长、能力,来分配他的研究题目。把这个科学研究题目分配之后,就需要在教研室会议上来确定每位同志科学研究工作的逐日计划。在教研室会议上,每个同志都可以把自己著作的全部或者部分提出报告,然后在教研室进行讨论和提出意见,特别是在整个著作都写完之后,最好到教研室会议上讨论,以便最后对这个著作提出批评和意见:有些什么缺点,应该补充什么内容。这样做对著作是有帮助的。应该指出,这个科学著作的作者是某一个学者,是他本人,他自己写的,他对这个著作应该负责;教研室的作用,仅仅是帮助他。如果他本人对教研室会议上提的意见和批评有不同意的话,他可以不接受,或者他同意部分,就接受部分。因为他是这本书的作者,他有权决定对这个意见接受或不接受。但是如果这个作者是站在马列主义立场上,而认为别人的意见不十分恰当,仍然可以保留自己的意见。如果这个作者在自己著作中歪曲了马克思列宁主义,在这种情况下教研室必须提出来,并提醒他要很好地来改正这种错误的观点。

第四个问题就是教授、讲师、助教的程度不同,他们在科学研究工作上是否也应该有所不同。

当然,教研室在确定科学研究计划时应该考虑每个同志的理论水平和科学水平,给予适当的科学研究工作的题目。经验比较丰富的同志可以选择重要的理论性的问题,可以深刻地研究和分析;而对那些经验不是很丰富的同志,可以选择一些不是很重大的问题,他们不一定写著作,可以写一篇文章在杂志上发表或者在学校办的校刊或学术性的刊物上发表。如果某一个同志对自己的业务课在讲授方面很有经验的话,他也可以把自己的讲稿或自己在这些方面的一些体会,写出来作为一个教材,在学校的范围内来出版。

第五个问题是关于在职干部的科学研究工作的问题。

在苏联,在职干部推行科学研究工作的方面有两种:

第一种形式,就是通过函授学习,由函授学校给他规定出学位论文的题目及指定科学指导者,同时他工作机关的领导在一定时期内还要给他一定时间,作为科学研究的时间。

第二种形式,完全是自学,他可以自己写科学著作,可以参加讨论会和参加教科书的编写工作,特别是关于一些牵涉实际业务的教科书。

不管是第一种形式也好,还是第二种形式也好,在职干部所选择的科学研究题目应该和自己的实际工作结合起来。这样会增加他们的兴趣,对自己的实际工作也有帮助。

(1956 年第 1 期)

反对现代反动资产阶级的法的理论(上)

[苏] A. B. 杜曼诺夫* 陈中绳**译

资产阶级的法学是维护资本主义秩序和资产阶级法的一种手段。资产阶级的法,无非是被提升为法律的、资产阶级底意志罢了。为了要掩饰资产阶级的法和它所巩固的各种社会关系,资产阶级的法学家们就创造了数十种五花八门的理论。正因如此,资产阶级法学家们把法看做与社会的经济和政治制度割裂的、某种兀自孤立的东西。这种被资产阶级法学底阶级倾向性所规定的、唯心主义和教条主义的方法,就预先决定了以下的情况:资产阶级的法学虽然总结和整理了相当多的历史资料和法的数据,虽然在法学的技术部门有一定的成就,但是却从来也没有能正确地解决那些摆在它面前的基本的科学问题。

随着资本主义社会向它最后的一个发展阶段——帝国主义阶段——过渡,资产阶级法学的萎靡不振状态也就特别激烈地加重了。

马克思列宁主义早就证明了:没有一个社会意识的领域是可以不受政治底影响的。政治是经济的集中表现和总结,它最直接地规定着意识形态的性质。在资产阶级社会中,法学也正如其他部门的科学一样,是处在统治的剥削阶级底政治影响之下的。

一、统治的剥削阶级使法学服从于它本阶级的利益

“从民主转向政治反动,就是在新的经济之上的、在垄断的资本主义(帝国主义就是垄断的资本主义)之上的、政治的上层建筑……帝国主义不论在对外政策上也好,在对内政策上也好,都是一样的:它竭力违反民主、竭力反动。”①

从残缺不全和支离破碎的资产阶级民主到政治反动的这种转变,同样也鲜明地反映在资产阶级社会的法的上层建筑之中:既反映在法的本身之中,也反映在资产阶级的法的观点之中。

在帝国主义和世界资本主义体系总危机的时期中,各种反动的观点在资产阶

---

* 作者单位不详。

** 译者单位:华东政法学院(现华东政法大学)。

① 《列宁全集》(第23卷),俄文版,第31页。

级法学中就流传得特别广泛了。许许多多的资产阶级法学家们不但在自己的著作中掩饰资产阶级法的秩序底阶级性,并且还鼓吹着要否定资产阶级民主的各种传统和法制,竭力在"理论"上替资产阶级的法迁就帝国主义基本经济规律要求的过程找根据。这些法学家们对国家法、刑法、民法、诉讼法和劳动法等立法的个别制度作了如此的解释,以致使司法机关、行政机关和其他国家机关有可能以反动、反民主的精神去解决各种具体问题。同时,这些反动法学家们所倡说的各种理论和解释,是为达到用恶意宣传去欺骗和迷惑社会舆论的目的而服务的。这些法学家们企图利用各种新的、伪科学的手段,去妨碍劳动人民底法的意识的成长,并分散劳动人民对于唯一正确的、马克思列宁主义关于国家与法的学说的注意。

现代资产阶级的"法学概论"或其他什么"法律哲学"、"法律社会学"等,就负有这样的使命:在对资本主义各国劳动人民的法的意识给予恶劣的思想影响的事业中,发挥特殊的作用。资产阶级的"法律哲学"不同于民法学、刑法学等部门法学;它企图回答关于法的起源和法的本质的问题,给法下定义。这就是说,它所研究的是最一般的法学问题。

资产阶级各种关于法的本质的理论一向是资产阶级法学中最糟的部门之一。资产阶级法学的阶级性和局限性,一向就在于它解答什么是法以及法是为谁服务的这一问题的各种企图中,表现得特别明显。

在帝国主义的条件下,资产阶级的各种法的学说,发挥和表现着明显的反动作用。它们虽然以非常概括的面貌反映出在资本主义发展的垄断阶段上、在资产阶级底法以及统治阶级底政治和法的意识形态中所发生的各种变化,但是它们也千方百计地竭力歪曲客观现实。因为"法律哲学"是从资产阶级的阶级立场出发去研究一般法学问题的,所以它就像是一座把整个资产阶级法学和它的理论基础——资产阶级的社会学和唯心主义的哲学——联结起来的桥梁。反动哲学和反动社会学底最新"成就",首先就在资产阶级的各种法的学说之中反射出来并获得法的面貌,以便往后能适用于资产阶级法底专门领域而获得自己进一步的发展。

资产阶级的法学理论家们一面宣传自己的纠缠不清的政治哲学观点,一面又千方百计地设法给予这些观点以"超阶级的"、"抽象的"科学外貌。但是不问这些法学家们关于他们不受资产阶级底阶级利益所牵制的"独立性"已经写过多少本书了,在事实上,他们是真心诚意地为垄断资本服务的;他们的理论维护着帝国主义资产阶级的利益,他们所反对的是马克思主义关于法的本质和发展底规律性的学说。

二、现代资产阶级法的理论中的主要流派

整个资产阶级的法的理论就是各种不同学派和流派的综合。说起来,资产阶

级的法理学正和任何其他一门资产阶级的社会科学一样，它区分为许许多多的大小学派和大小体系，无非是在思想意识上欺骗劳动人民、使劳动人民迷失方向的一种手段罢了。这些学派和体系之间的区别在本质上是毫无意义的。在它们虚幻的“战斗”和争论的背后，却隐藏着一个同样的阶级倾向性。这一切学派和体系不但并不互相排斥，并且还在法理学的一切根本问题上真实地表现为一个令人感动的统一体。

而且，在最近几年来，我们觉触到：某些资产阶级法学家们为了要创设一个统一的反动法学阵线以反对稳如磐石的马克思列宁主义关于国家与法的理论起见，甚至还在竭力磨灭各个个别学学派之间在表面上的区别。为了这个，美国法学家杰·霍尔甚至还提议把现有的一切法学理论都“综合”起来，并通过这种途径创造出一个“整体法理学”。

现代资产阶级的各种法学学派的模仿性和折中性表现得非常明显；这就是它们之所以接近的原因之一。

现代资产阶级“法律哲学”各种流派的代表人物，由于对他们来说，解决最重要的法学问题的正确的科学道路是不能接受的，所以就求诸法学观点、哲学观点和政治观点的旧武库，以便设法使它们时髦起来并适应于当代的条件。这样一来，武装各种法学派的，就尽是一些相同的思想和论点了，尽管它们在折中配合上各有不同的安排。

但是事情倒并不在于现代资产阶级的法学理论的作家们利用了自己的先驱者底思想和观点。全部问题在于：他们从过去的思想遗产中所模仿得来的究竟是些什么东西？大家都很清楚。例如，在资本主义发展的初期，资产阶级科学界的代表人物们就曾经创造过一些或多或少的自由的、资产阶级民主的法学学说。但是现代的反动法学家们只是从批判的观点来注意这些理论。这些理论不是遭到驳斥，便是被企图加以捏造。

阶级利益和政治利益规定着：这一些和那一些旧思想在什么程度上是可以被接受的。这些利益也叮咛着：先驱者所创造的许多东西中间，究竟什么东西才可以在新的历史条件之下加以利用。今日反动的资产阶级法律哲学家们否定一度存在于法学观的历史中的一切进步的东西，同时并热心地努力着把凡是能够在历史中找到的，一切最黑暗、最反动的东西适用到新的条件上来。

资产阶级法的理论中的所有最新的体系和观念，都可以归纳为若干基本的流派。这些流派源于19～20世纪之际。那时候，资本主义转变为帝国主义，正开始在资产阶级的法的上层建筑中有所反映，而先前的法的理论也已经不能恰如其分地适应大资本的利益了。

资产阶级法理学中的社会法学派就是这些流派中的一种。社会法学派的代表人物们反对对法进行教条的研究,而要求把科学的主要注意力放到法庭"社会效果"上去。这一派底代表人物所宣示的、对法的"社会学态度",绝不意味着他们企图通过对规定着法的那些社会条件和经济条件所作的分析,来阐明法底本质。主张这一派的人一口咬定:法并不是以最后决定于人们底生产关系和经济关系的东西为内容的那些规范的总和,而是"在事实上所形成的一种秩序"。

法被解释为不是由国家所规定的那些行为规则和由各种社会关系的性质所决定的那些规范底总和;而各种社会关系反而被解释为是由法来宣布的。这当然是错误的。

社会法学派的代表人物(杰尼、宠等人)从法是"各种关系的事实秩序"这一定义中,得出了资产阶级的法官不受法律拘束的结论。这种问题的提法是完全符合有产者政权底利益的,因为法官的自由斟酌可以更好地在具体的地点和时间条件下考虑到资本底利益,对有利于资本的法律规定作扩张解释,把劳动人民在残酷的阶级斗争中从资产阶级手里争得的民主法律化为乌有。在现代法理学中,社会法学派与资产阶级的实用主义哲学有着非常密切的联系;实用主义的基本原理是:凡是有利的(当然是指对帝国主义资产阶级有利的),就是有用的。

在现代资产阶级关于法的本质的各种理论中的另一个集团组成了所谓规范法学派。安·扬·维辛斯基刻画这一学派时写道:"……规范主义者虽然确定法是规范的总和,但他们把法的规范理解为孤独自在的东西。他们否认法是社会上统治阶级意志的表现,他们看不见也不承认法律是从社会上占统治地位的一定经济条件或生产条件中汲取内容的"。①

规范主义者从某种高于现行法的"理想的原则"("法律观念"、"最高规范"等)中引申出现行法来;这就是说,他们公然站在唯心主义的立场上(这一派的首脑是奥国法学家凯尔逊)。

现代规范法学派的代表人物们与新康德主义的反动哲学底原理相适应地认定说:法所涉及的不是现实世界,而是一种应有的世界,因此,法唯有通过臆测的途径、唯有被认做是一种逻辑范畴,才能当做研究的对象。它企图使读者脱离现行法而钻进唯心主义哲学的抽象领域,用关于法学的性质好像是纯粹的、超政治的这种口号来粉饰它为资本的利益而服务的事实——现代法上的规范主义者的基本目的就是如此。

现代资产阶级法学家的第三个派别把人的知觉、感觉、情感等领域亦即人的心理世界当做说明法底本质的出发点。这些法学家们构成了现代资产阶级法学中的心理法学派。在他们的心目中,一切法的制度、规范和法的关系不过是人们心理感

---

① [苏]维辛斯基著:《国家和法的理论问题》,李樵等译,法律出版社1955年版,第508页。

受如“情感”、“冲动”的一种反应罢了。这里我们所看到的是：主观唯心主义被彻头彻尾地应用到法上来了。主观唯心主义不是从人底社会存在中得出人的意识，而相反地，从意识中去臆测存在。

关于法是许多心理反应的产物这种说法是唯心主义的，从而在科学上是站不住脚的；但是它对帝国主义的资产阶级来说却非常方便。帝国主义的资产阶级试图借助于这些观点，使劳动人民忽视那唯一正确的、马克思列宁主义对于法的解释。借助于这种理论，法的阶级意志因素被化归乌有了；某一个抽象的个人底心理被拿来偷换那表现在法中的阶级意志了。这样，资产阶级各项法的制度的阶级性就被淹没了，而资本主义的秩序却被宣告为是和人底心理相适应的了。

现代资产阶级“法律哲学”的第四个派别“复兴”了自然法的学说，并一口咬定说：在由国家所规定的现行法的体系之外，同时还存在一种比它更高的“超法律”的“自然”法。所谓“超法律”的“自然”法，指的就是某些好像是产生于人底理智或者是由上帝所创造的“最高规范”。而实际上呢，在一切阶级社会里只存在一种法，即表现本社会中统治阶级意志并且由国家所规定的法。

我们必须把自然法的“复兴理论”和十七八世纪的自然法的学说区别开来，虽然它们在形式上是互相类同的。自然法理论是革命资产阶级的思想家在十七八世纪之间所表述的。在这种情况下，它反映出封建社会内自发地发生和发展起来的资本主义制度的要求；尽管它在科学上是无能为力的，但是它在资产阶级的反封建斗争中却起到进步的作用。

现在，自然法学派的论点却被用来替过了时的资本主义体系作辩护了。

假如说在十七八世纪，自然法的学说通过像让·雅克·鲁索那样的最革命的代表人物，赞美了各种民主自由和法制，肯定了人类和人民有神圣不能被剥夺的权利；那么到了世界资本主义体系的危机日益加深的时代，自然法的“复兴”理论就是替反动势力为反对民主自由、法制和全体人民和民族的一律平等而发动的进攻的思想根据的一种企图了。

“复兴”自然法底天主教的变种即所谓法学中的新托马斯主义，特别具有伪善的性质。天主教会恢复了中世纪极端反动的托马斯·阿奎那的这种学说，好像存在一种表现神的智慧的、最高的自然法似的。天主教会千方百计地发展着中世纪烦琐哲学的原理：私有财产是永恒自然现象，低微的人（穷人）应该服从高贵的人（有钱人），信仰高于知识，从而科学应该听命于宗教。这些反动思想受到了教权派法学家们（美国人甘乃地、法国人考斯特·弗洛莱）的响应，他们一口咬定：资本主义的秩序是和“神”法完全符合的。所以，资产阶级的法理学史虽然在开始的时候是否定神学的，但是结果却成为公开的宗教迷信了。

当然，要是断言凡归于上述各流派之一的资产阶级法学家一定是个反动人物，那就会是一种简单化的说法。不过问题的本质却在于:这些流派既然是这样的一些流派,它们当然在现时的条件下发挥着思想上有危害的、反动的作用。

为了垄断资本的最高利润而剥削劳动人民并使他们破产的根据何在,如何替司法暴行和行政暴行辩解,怎样设法替世界主义的"世界国和世界法"的宣传找"科学"根据,这便是那些反动的法学家们正在花工夫解决的一些问题。

对上述各种流派的扼要说明就已经向我们指出了:资产阶级法学离开唯一正确的、唯物主义的法的解释(法是被提升为法律的统治阶级的意志而这种意志又决定于该统治阶级的物质生活条件)有多么远啊。

三、掩饰资产阶级的法的阶级本质,并为剥削制度辩护

马克思和恩格斯在他们的名著《共产党宣言》中回答资产阶级对共产主义社会改造纲领的批评时写道:"然而,你们既是根据你们自己对于自由,教育和法等的资产阶级见解来估计我们废除资产阶级财产所有权的主张,那么就请你们别和我们争论吧。你们的观念本身是资产阶级生产关系和资产阶级所有制关系的产物,正好像你们的法不过是被提升为法律的、你们这个阶级的意志,而这一意志的内容是由你们这个阶级的物质生活条件来决定的。"①

资产阶级的法是统治的资产阶级用来巩固自己政权、保证自己利益的一种工具。资本主义社会的经济制度之所以要产生那作为上层建筑的组成部分的、资产阶级的法,它的目的正是要使资产阶级的法能在阶级斗争中发挥积极作用并促进那些以人剥削人为基础的社会关系的巩固。

只要承认资产阶级的法的阶级性,就可以彻底地揭露它的剥削性和它对于资产阶级的服务作用了。这就是为什么资产阶级和它的法学千方百计地企图把自己的法描绘成某种超阶级的现象、某种"共同意志"或"法的思想"的表现。

法兰西哲学家、共产党人爱尔·伽罗地谈到现代资产阶级的反动思想家时,曾经巧妙地指出他们的基本口号可以表述如下:"为了要使人们觉得共产党人是不对的,应该把什么东西说成是真理呢?"

假如我们把这一条原理的字句另行编排一下,适用到各种反动的法的理论底基本的纲领性问题上来,那么这些问题大概就是这样的了:"为了使法能够肆无忌惮地为无法无天服务,应该把什么东西说成是法呢?"或者"为了要使人们觉得马克思主义关于法的阶级性的学说是不正确的,应该把什么东西说成法呢?"

---

① 《马克思恩格斯文选》(两卷集·第1卷),苏联国立政治书籍出版局1952年版,第24页。

资产阶级的法学们煞费心机地掩饰资产阶级法底阶级本质已经有好几十年之久了。在现时，当那些使资本主义社会分崩离析的阶级矛盾在资本主义总危机的条件之下尖锐到极点，而资产阶级的法变得越来越反动的时候，资产阶级法理学的上述这一趋势，就取得了更为明目张胆的性质了。

首先必须指出：资产阶级的法学家们有意识地不区别法的各种社会历史类型。资产阶级的法学家们所利用的是“一般的法”这一概念，这个概念一经仔细研究，就可以看出是一个资产阶级的法底概念。他们企图通过这种途径，创造关于资产阶级法（首先是生产工具和生产资料私有制这一法的制度）的永恒性这一幻觉，创造资产阶级的法不依赖于社会阶级结构的独立性。

早在半个多世纪以前，列宁就曾经把那种拿历史上一个特定的社会结构底范畴和上层建筑来冒充一般范畴的方法，称做资产阶级的卑鄙手段。① 这种对资产阶级的国家和法的反历史态度——使它们变成好像是过去始终存在、将来也要永远存在下去的、一般的和永恒的范畴——就是对社会发展的规律性进行捏造的一种方法。

属于各种极其不同的流派的现代许多反动法学家们所采取的另一种手法，就是完全漠视关于阶级、阶级斗争和法中的阶级意志的问题。他们硬说阶级是马克思主义者臆想出来的，尽管我们都知道得非常清楚：在马克思主义产生以前，人们就已经知道有阶级的存在、有阶级斗争了。出现在这些理论家的著作中的，是某些抽象的个人——他们生活在一定的时间和空间之外，不具有民族属性，而且只是作为“法的思想”的负荷者才被大家知道的。从这些理论家的观点看来，社会由“一般”的人们所组成，这些“一般的”人们不因阶级属性，即他们在社会生产体系中的地位、对生产数据的态度以及如何参加社会财富的分配等，而有所区别。

1953 年美国政治和社会科学院以一期定期论文集阐明了一些法的问题。这一期论文集的名称是《司法和普通人》。这个“普通人”究竟是个什么样的人呢？根据这一期的编著者的说明，“普通人”就是法和法院日常打交道的某一个抽象的人。事实上，与资产阶级法院打交道的并不是某一个普通人，而是各个现实阶级的现实代表。毫无疑问，这本著作的作者们都知道得很清楚：如果在资产阶级法院面前的是一个进步的活动家或者就是被剥削阶级的代表人物，那么法庭上的全部审理将服从于一个唯一的目的：证明这一个人有罪并把他判罪。如果在同一个法院面前的，是统治阶级的代表人物或统治阶级的某一个走狗（不过这种事情很难发生，因为在这种情况之下，案件照例是不会到法院去的），那么资产阶级司法的图景就完全是另一副模样，而整个审判机器也就拼命包庇那些违法者了。要是正视

① 《列宁全集》（第 1 卷），俄文版，第 138 页。

事实,要是不设法掩饰资产阶级法和资产阶级司法的剥削性,那还谈得上什么"普通人"呢?

现代反动法学家的另一个派别并不公开地否定资本主义社会中存在不同的阶级,但是他们这样做的目的是要对马克思主义关于阶级和阶级斗争的学说加以捏造。这些理论家们企图用关于资本主义世界内的各种阶级利益具有共同性的各种甜言蜜语的理论来欺骗劳动人民。

例如,法兰西法学家、"复兴的自然法"理论的代表人物葛莱塞和赖鲍特·辑柯斯特就要使人相信:资本家和工人同样是为社会服务的,而且(根据他们的说法)可以把资本主义企业看成为"一个协会,这个协会的会员们追随着同一个目的"。同时,这两位法学家还"谦逊地"对于资本家的超额利润和工人们微薄的工资和他们所受到的残酷的剥削,以及在资本主义社会中所发生的罢工和残酷的阶级斗争的其他形式,都只字不提。

美国法学家费尔德企图使读者相信:在现代条件下的各资本主义国家内,所发生的并不是阶级斗争的日趋尖锐化,而是资本家和居民中各无产阶层这两个方面的某种理想的、自愿的协作。

这种鼓吹资产阶级和无产阶级之间的阶级调和以及这两个阶级之间的"协作"的"团结"理论,目前在资本主义的法理学中流行得非常广。出身于右翼社会党人的反动法学家们特别好地利用这些理论。阶级斗争的学说是无产阶级手中最优秀的武器。所以很自然地,反动思想家们就企图通过各种捏造,从劳动人民底手中夺走这一武器。

资产阶级的法学家们把国家和法宣告为在资本主义社会中确立"阶级调和"的工具之一,从而歪曲了这些由资本家用来行使阶级统治的工具底真正性质。美国法学家柯恩在他的《理知与法》一书中断言:虽然社会真的分为不同的阶级,但是任何一个阶级也不可能如此强大,以致能"在法律上把自己的意志固定起来"。柯恩写道:"有的阶级无疑地可以比另一些阶级强大,但是法却是各阶级之间的一种和解——跟和约非常相像。"诸如此类的观念底反科学性和危害性是很显然的。

自从私有财产出现的时候起,各敌对阶级的关系就始终是一种统治与服从的关系了。剥削阶级获得了经济统治之后,总是要在政治上把它固定起来的。正为了这一点,它要掌握国家的政权并在法律中固定自己的意志。因此,阶级斗争中的实际的力量对比虽然也在法中有一定的反映,但是法不论在过去和现在都不是"阶级调和"。资产阶级的法学家们虽然也承认社会有阶级之分,但是他们却不作出一个唯一正确的结论——法是阶级统治的工具,反而企图掩饰资产阶级法的剥削性。包含在资产阶级新托马斯主义法学家著作中的、为剥削制度所作的辩论,具有特别恶劣的性质;他们从"神法"中引申出私有财产和人剥削人的制度,而对有产者权力的服从则被宣告为美德的最高表现。美国教权派分子雷标福和海夫斯在《美国的法律哲学》一书中所宣示的主张,就是诸如此类的手法的一个典范。

雷标福和海夫斯给国家所下的定义是“谋取共同福利和社会和好的社会”,而他们给人定法所下的定义则是“立法者为了社会和好与和谐地调整公民积极性的利益而创立的规范底总和”。这些“法律哲学家”们教导说,在具体的法律关系之中,权利与义务之间不可能有真实的冲突,因为最后总结起来权利也好、义务也好,都是由“神法”所规定的。

这一切假科学理论的目的就是要掩饰那些使资本主义社会分崩离析的、不可调和的阶级矛盾。例如,关于享有权利的人和负担义务的人之间不可能有真正冲突的这种断言,正是为了要埋没阶级斗争的思想,才被提出来的。如果拿雇佣劳动契约来说,按照雷标福和海夫斯的话,不论是作为雇佣人的资本家的权利,还是作为受雇人的工人底义务,同样都是预先由“神法”所规定的,从而它们不能处在冲突的状态中了!那么各资本主义国家中的罢工运动为什么层出不穷呢?这些作家们当然是不会回答这个问题的。

资产阶级的法学家们企图利用那些从教皇的通告中摘录下来的、关于“社会和谐”和“共同福利”等华丽不实的词藻,来掩饰为保证垄断资本的最大限度的利润而进行的、对劳动人民的残忍的剥削并巧妙地抹杀这一事实:正如资产阶级的国家是服从于垄断资本家的一样,资产阶级的法也是维护资本主义剥削和资产阶级政治统治一种手段。

众所周知,资产阶级的法与公然巩固剥削者对被剥削者的统治的奴隶制和封建主义的法不同,它在形式上宣告公民在法律面前一律平等。这些法律上的平等当然与真正的平等毫无共同之处,因为在资本主义的条件下,形式上平等的基础就是生产料所有人即资本家和没有生产资料因而不得不在脖子上套起剥削的桎梏的劳动群众之间的经济上的平等。资产阶级法学家不论过去和现在都在积极地利用形式上平等的口号,作为在思想上欺骗和压迫劳动人民的一种手段,来掩饰资产阶级的法的阶级性和剥削性。

在资本主义总危机时期内,资产阶级的法越来越多地背弃了它所宣告的形式上的平等。在各个资本主义国家内颁布了许多法律,这些法律以公民们的世界观、种族和民族属性以及职业活动等为理由,限制了广大的各阶层公民的权利。

意大利共产党总书记巴·陶里亚蒂在说明资产阶级的法甚至对形式上的平等也企图加以否认的时候,曾经写道:“当各项民主自由的经常利用深刻地揭发了社会关系并显示出为了使人人都享有同等的自由就必须改变经济结构的时候,那些统治阶级甚至对那形式上的自由权也加以否定和争辩了……对于人民则开始有了仇视，由于这种仇视结果，只有那些一点也不想或尚未懂得为了使人人都能具有平等的自由就必须根本改变经济的人们——统治阶级的代表人物和支持他们执政的人——才被认为是有价值的、有功劳的。至于其余的人呢，就一概遭受唾弃；要是他们用民主的方法在某一个组织里获得了多数，那么这个组织就不再被认为是一个民主组织而处于非法的地位中了。"①

帝国主义反动势力为了全力以赴地奴役和剥削广大的劳动人民起见，执行着消灭他们权利的路线；而某些反动法学家们提倡说了相应的法学理论，替这种路线找根据。

在这种法学家的著作中包含着一条原理。根据这条原理，一切"个人"和"人格"（资产阶级法学家们非常喜爱这些用语）甚至在形式上也不能享受平等的权利，而人的法律地位则应该根据他属于什么"社会集团"的成员而定。换一句话来说，假如一个人属于工人阶级或农民阶级，他的权利就应该加以裁减；同时，那些属于统治阶级的人们呢？就应该给他们享受全部权利。

资产阶级法学家们为了证实这些反动原理起见，就千方百计地降低人民群众——历史的真正的创造者，把无产阶级和农民描写成乌合之众和"六亲无靠的群众"，应该让一群极一时之选的"supermen"（超人）即所谓社会的精华来管理他们。这一流法学家中有一个叫格·罗曼的，把"群众"这个词只用在引号里。他把"个人的人格"宣告为法的秩序的基础。所谓"个人的人格"，指的是统治阶级的代表人物。

根据西德"法律哲学家"章·邵威尔的说法，只有具有财产的人才能认为是权利的主体。按照邵威尔的说法，私有财产就是"权利立体"的基体。邵威尔写道："权利主体要是被剥夺了财产，就不再是在法的意义上的人格这一概念了。"

非常明显，这种"推定"导致一个非常反动的结论：居民中无产阶层的代表人物就不是权利主体了，正如奴隶在古罗马并不是权利主体一样。从这种观点来看，在各个资本主义国家内的千百万失业者和半失业者、数十万破产中的小农以及居民中无产阶层的其他代表人物就应该被剥夺一切保护人身的法的手段了。

这种理论的出现明白地证明了：资产阶级的法理学正在脱离资产阶级的民主传统，并企图用各种手段来替资产阶级对劳动人民生死攸关的权利所发动的进攻找根据。

这些"理论"明晰地证实了斯大林同志的话：在资本主义国家里，"现在，仅

---

① ［苏］巴尔米罗·托里亚蒂著：《人类唯一正确的道路》，苏联国立政治书籍出版局 1952 年版，第 12～13 页。

仅那些有资本的人们才被承认有个人权利，而所有其他的公民则被当做只适于供剥削的人类原料。人权平等和民族平等的原则被践踏了；这种原则已代之以从事剥削的少数人享有充分权利而公民中被剥削的大多数人则毫无权利的原则”。[①]

（全文未完，待续）

（1956年第1期）

① 《斯大林在苏联共产党第十九次代表大会上的演说》，人民出版社1952年版，第6页。

1956 年第 2 期

在法学研究中贯彻“百家争鸣”的精神

徐盼秋*

党在学术上提出的“百家争鸣”的方针，像响亮的战斗号角，鼓舞并组织着科学家们向科学进军。我们的法学家和法律工作者同其他部门的科学家一样，以无比兴奋的情绪投入向科学进军的行列。但是也有一些人问：在法律科学研究中是否也允许“百家争鸣”？“遵守法律”与“法学研究上的百家争鸣”是否矛盾呢？

应该指出，作为社会科学的一部分的法律科学是与其他科学有所区别的。因为法律是由国家制定或认可的。它体现统治阶级的意志，保护和巩固有利于统治阶级的社会关系和社会秩序。它具有强烈的阶级性，对于人们的行为具有强制的作用，它规定人们哪些事情可以做，必须做，哪些事情不能做，不准做。它是人们行为规则的总和。因此，我们在进行法律科学研究中是不能不注意到这一特点的。

但这是不是说在法学研究中就不能“百家争鸣”了呢？不是的！遵守法律与在法律科学研究中贯彻“百家争鸣”的方针是不矛盾的。中华人民共和国的法律，是根据马克思、列宁主义的观点，根据我国的实际情况和广大人民的意志制定出来的。它是属于社会主义的法律，是为建设社会主义服务的。例如，作为我国根本法的《宪法》就是反映国家在过渡时期的根本要求和广大人民建设社会主义社会的共同愿望的。作为中华人民共和国的公民，科学家遵守宪法是完全符合国家的根本利益，也是符合科学家切身利益的。因为遵守宪法，不仅不妨碍科学家进行科学活动，正相反，我国《宪法》从法律上保障了公民从事科学研究的广泛自由。《宪法》第95条规定：“中华人民共和国保障公民进行科学研究、文学艺术创作和其他文化活动的自由。国家对于从事科学、教育、文学、艺术和其他文化事业的公民的创造性工作，给以鼓励和帮助。”

遵守法律的目的是为了建设社会主义社会，“百家争鸣”是要繁荣学术、昌明科学，使科学更好地为社会主义服务，二者的目标是共同的。我们主张在法律科学研究上“百家争鸣”，并不是说可以允许否定国家的现行法律，可以不遵守法律。反之，我们说任何公民必须遵守法律，也并不是说，在法律科学研究上不能“百家

* 作者单位：华东政法学院（现华东政法大学）。

争鸣”。

到现在为止，我国的法制还是不完备的，为了使它完备起来，我们法学家和法律工作者的任务，是要通过自己创造性的劳动，充分地反映人民的意志，并使之提高到法律科学的高度，用来指导国家的立法活动或者提供立法机关参考。因此，在法学上充分研究，贯彻“百家争鸣”，使我们的法律科学在一定时期之内达到世界先进的水平是完全有必要的。有人问：如果作为一个科学家，他一方面遵守法律，另一方面对一些法学的指导原理表示不同的见解，甚至提出反对的意见，是不是允许呢？我们认为，在遵守法律的前提下对立法指导原理提出探讨是完全可以的。因为经过争论，真理会显得更加明显。我们国家在制定宪法的过程中，曾经进行过全民的讨论，在讨论中欢迎各界人士充分提出意见，这也证明在法律正式通过之前是可以充分争鸣的。当然，法律的通过是要由国家最高权力机关根据民主集中制的原则来进行的。不能因为少数人不同意而不通过，也不能因为少数人不同意而不执行。

法学研究上贯彻“百家争鸣”的方针的重要性，还表现在这样的事实上，那就是国家的法律是比较稳定的，不可能经常修改。但是生活却发展得很快，有时候简直一日千里。这样，法律的某些内容常常有可能落在生活的后面而与生活不相适应，这是一个实际上存在的矛盾。为了解决这一矛盾，法学家和法律工作者的任务，也要对现行法律进行科学研究，根据新的情况和经验，提出自己的见解，供立法机关的参考，以便立法机关通过法定的程序进行修订，使法律更能反映实际，符合发展着的人民的利益。

那么，在法学研究上应如何贯彻“百家争鸣”的方针呢？

首先，法学研究的范围应该是很广的，古今中外都可研究，但是重点应该是中和今。因为我们不是为研究而研究，而是为了建设社会主义而研究。为此，我们要很好地总结人民民主法制方面的经验，总结审判和检察工作的实践，总结司法建设以及法律宣传教育方面的经验。为了不割断历史并从历史吸取有用的东西，批判地整理法学方面的历史遗产也是必要的。认为法学上没有一点遗产，没有一点可以继承的东西，推翻了“旧法”，对历史上的旧法学也采取一律否定的态度是不对的。但反过来，如果无批判地一律接受，那更是错误的。这里必须说明一下，我们过去否定国民党的“六法”和进行司法改革是完全必要的和正确的。今天我们在科学研究中来整理旧法资料、研究历史问题又是一回事。我们在这方面可以做的工作很多，但必须运用马克思列宁主义的立场、观点、方法去对待这一工作，才能达到“去粗取精，去伪存真”的目的，才能使整理“旧法”的工作具有现实的意义。

在学术上的“百家争鸣”应该与党的组织原则、国家组织活动的原则即民主集中制的原则有所区别。在党和国家机关工作中，也允许进行充分的讨论，党的政策方针在没有正式决定之前也允许充分的讨论。但这种民主性，应该从民主集中制的原则的优越性上来说明，不宜同学术上的“百家争鸣”混为一谈。党和国家机关工作实行少数服从多数、地方服从中央的原则，但在学术上却不能那样：不能少数服从多数，也不能地方服从中央。因为在学术问题上，在通常的情况下多数人的意见可能是正确的。但在不少场合下，少数人甚至个别人的意见也有可能是正确的。如果运用少数服从多数的原则，常常会把正确的见解抹杀，使科学停滞不前。

当然，我们也不主张故意制造分歧，好像没有分歧，就不符合“百家争鸣”的方针。这是不必要的，也是不对的。在学术上我们要抱“求同存异”的精神。所谓求同，就是尽可能经过争论取得一致；所谓存异，就是要尊重少数人、个别人的意见，允许各种不同的主张有发表或表达的机会。

在法学研究工作中贯彻“百家争鸣”，要求在研究的基础上开展争论，进行思想交锋，不要断章取义，避免信口开河，不好好研究人家文章的精神实质、论点和根据，就夸夸其谈、随便批评。应该强调说理，实事求是，特别是法律科学与政治问题有密切关系，更不能随便扣帽子，即使有些问题涉及作者的立场、观点、方法，也应该从学理上去求得解决。在“百家争鸣”的方针下，既要求有坚持真理的精神，也要求有向真理低头的勇气。

在教学工作中，如教学内容、教学法、教学制度等问题上应开展科学研究，在这个科学研究中也要贯彻“百家争鸣”的方针。在学校里的科研组应该成为“百家争鸣”的重要场所。教师们要在独立研究的基础上展开充分的讨论，鼓励教师们的独立见解，克服教条主义的偏向，并且允许在课堂上讲各种不同的见解。为了培养同学独立工作的能力，要允许并吸引同学参加争鸣，应该相信同学经过争鸣，会获得更好的知识。对于能够提出自己独立见解的同学，应该予以鼓励，哪怕他们的意见是不正确的。

（1956年第2期）

“百家争鸣”和法律科学

李　良*

一、“百家争鸣”的法律根据

“百家争鸣”这个具有时代性的政策,对科学工作起了极大的推动作用。为什么提出这样的政策?为什么现在才着重提出这样的政策?从一般理论来说,就是为了使学术得到迅速的繁荣发展,在马列主义的指导下,结合我国过渡时期的实际情况提出来的,也可以说是我国又一次灵活运用马列主义来丰富马列主义。不过从法律科学来看,“百家争鸣”的提出还有它的法律根据。我国《宪法》第95条保障学术自由的规定,就是承认每一个从事科学研究的人,都有发表自己意见和不同意见的自由,并受到国家法律的保障。自从《宪法》施行以来,经过各方面的了解,一般人对于《宪法》上这个规定体会不深,还存在一些不必要的顾虑。国家针对这种情况,采取主动措施,由毛泽东主席在5月2日最高国务会议上宣布“百家争鸣”政策,来充分体现出学术自由的内容,而且作为政策提出,用国家的力量来保障学术自由,以促进一切科学的迅速发展,正是国家履行《宪法》上的职责的表现,使《宪法》上这个规定得到完全的实施,从而也说明我国的《宪法》真正是人民民主的宪法,不同于资产阶级国家的宪法。关于公民享有的自由,不是在字面上公布了事,而是以国家的实际行动来保障其实现,对全世界显示了我国民主政体的优越性。

二、“百家争鸣”与“百科争鸣”

“百家争鸣”提出以后,鼓舞着全国的知识分子展开了热烈的讨论,在报纸杂志上陆续发表了许多意见和问题,使沉寂已久的学术界呈现出一片繁荣景象,令人感到莫大的兴奋。只有一点值得指出的就是,有些先生老在“百家争鸣”的“家”字上做文章。有的说:争鸣的应当是多少可以称为家的;有的认为真正成“家”,是“百家争鸣”的起码应该具备的认识;有的觉得不一定要成“家”而后“鸣”,虽未成“家”,也可以“鸣”;有的主张在“鸣”的中间逐步成“家”,即使弄成“百鸣争家”,亦

* 作者单位:华东政法学院(现华东政法大学)。

不必顾虑;有的不承认"鸣"就是"家",也反对"鸣者必家","非家莫鸣"。这些不同看法,固各"言之成理",但总觉得太强调了"家"的一面。不管是成家而后争鸣,或者争鸣而后成家,都很容易使人误解"争鸣"为的是"个人成家",而不是为社会主义建设服务。

"百家争鸣"也可理解为"百科争鸣",古籍上用"家"字来代表一种学术或派别,不乏其例。例如,史记自序《论六家之要旨》,所说的六家,即阴阳家、儒家、墨家、名家、法家、道家。汉书艺文志"诸子十家,其可观者,九家而已",所指的也是儒家、道家、阴阳家、法家、名家、墨家、纵横家、杂家、农家、小说家。可见"百家"二字,极言学派之多,并不一定专指个人来说。目前着重提出"百家争鸣"的政策,是为了促进学术工作的发展,在各种学术研究中,或每一种学术研究中,都需要开展社会主义竞赛,实质上等于"百科争鸣"。大家竞相科学进军,对某一种科学或某一学术问题,经过独立思考、刻苦钻研,并结合实际,只要于社会主义建设有一点贡献,即可"大鸣特鸣",而不在乎"个人成家"与否。这就是把"百家"看做"百科",一切从"科学成就"着想,不从"个人成家"着想,使各种科学理论迅速达到世界科学水平,充分实现"百家争鸣"的推动作用。

三、法律科学的"争鸣"问题

自人民政权成立以来,在中国共产党和毛泽东主席的正确领导之下,立法活动有了广泛的开展。最主要的是总结历史经验,制定了国家根本法。关于确立国际原则,促进国家法制,巩固法律秩序,以及培养法律人才方面,也都在不断发展。

但总的说来,我国的科学明显地落后于国民经济日益增长的需要,法律科学的落后现象特别显著。这几年来,除了翻译苏联的一些著作外,没有编成一本教科书,没有出版一本专门著作;在报章杂志上发表的法学论文,显得非常贫乏,数量最少,而且质量不高。在目前"百家争鸣"的号召下,分析落后的原因,来解决"争鸣"的问题,成为法律科学工作者的首要任务。

1. 组织领导问题。现在的"百家争鸣,"是为了动员一切力量来建设社会主义,既不同于我国春秋战国时代的"百家争鸣",也不同于欧洲近代初期的"文艺复兴",所以不能是自发而应当有意识地统一领导,把可能动员的一切力量组织起来,对科学工作进行全盘的规划,才能做到"人尽其才"、"物尽其用"。法律科学落后的原因之一,就是过去中国科学院没有设置法学研究所,对法学上的许多最重要的理论问题,放弃领导地位;政法院校的教研室全部力量花费在苏联讲稿的讨论和辅导方面,而忽略了法学上迫切问题的研究。曾经有人想做些翻译工作,间接向法制委员会提出了他的意见,据说当时法制委员会表示要自己翻译,别人不能做。经过思想改造和院系调整，法学教师很久才分配工作，而且大部分转业。至于散在社会上的法律知识分子，为数尤众。这些情况，在“百家争鸣”提出以后，由于各方面采取了一系列的具体措施，已经有所改变。从法律科学的发展来说，如果组织领导问题得不到很好的解决，事实上很难“鸣”起来。国家有必要加以足够的重视，在全国范围内，由中国科学院法学研究所来领导，在法律知识分子比较集中的上海，要及早地成立法学研究的领导机构；在政法院校，要善于发挥学术委员会的领导作用；在法律知识分子本身，也要自觉地团结在国家领导之下积极工作，使落后的法律科学能很快地“争鸣”起来。

2. 学习和批评问题。“百家争鸣”为的是保障学术自由，提倡独立思考，自由争辩。联系到学习，就是学习的自由；联系到批评，就是批评的自由。这些自由属于人民内部。学习范围要广，反对教条；批评不是打击，反对宗派。清除旧法观点，司法改革取得了很大的成绩。但由于防止资产阶级思想意识在法学理论中的影响，连批判的研究，也一律加以反对，因而对资产阶级各国的文献渊源、规范性文件等具体现实，一无所知，只是局限于那些笼统的词句，去揭发资产阶级思想意识的反动本质，显得我们学习范围不够广泛。向苏联学习马列主义的先进法律理论是十分必要的，而且在立法上、教学上已经收到显著的效果了。但由于怕犯错误，怕受批评，机械搬运，相习成风，把曾经在苏联流行过的个人崇拜、引经据典的方法，应用到一切法学问题；不去深刻地分析和总结中国现实，只是旁征博引权威著作，直接搬用苏联翻译文字；对于任何新的论点，非在经典上或苏联著作中找到根据不敢提出，这就违反了实事求是的研究态度。反映在教学上，必然是照本宣科，要学生死记笔记，死背书本，使学习方法流于教条。院系调整以前，从事法律教学的旧知识分子，在马列主义知识方面是有缺陷的。据说在院系调整后，有人表示过去的法律系给他们招来很大的麻烦；有人当面批评学生以前所学的是“牛列主义”。像这样以马列主义者自居，所使用的打击方式，固属极个别的，然而也不是马列主义的态度。一般来说，无论党内党外，对学过旧法的知识分子，并没有入主出奴之见存乎其间，只是怕沾染旧法毒素，有些人对旧法的知识分子往往敬而远之；在学过旧法的知识分子方面，也很多将书卖掉，闭口不谈，并非怕暴露思想，怕的是传播毒素，沾染别人。这些普遍存在的无形戒律，使各方面在思想上有着一定的顾虑，可能是宗派主义在做怪。学习上、批评上的这些情况，影响到法律科学的顺利发展。在“百家争鸣”提出以后，为了法律科学的光辉前途，必须彻底解决学习、批评问题。只有在正确领导和团结基础上，大家鼓起足够的勇气来反对教条主义和宗派主义，才能打破一切清规戒律，以消除“争鸣”上的障碍。

3. 法学遗产问题。我国有很多的法学遗产，值得我们认真学习，批判地加以接受，这是丰富我们法律科学的极其重要的问题。过去为了树立马列主义法律观，清除包括封建思想意识在内的旧法观点，完全有此必要，而且成绩很大，只是过分强调了这一面。就从那时起，到最近中央提出“十二年远景规划草案”以前，我国几千年来的法制和古典法学，一直被贴上封建标签，束之高阁，被认为全是坏处，毫无益处，至多只可作为批判资料，不能作为民族遗产。这种割断历史、鄙视我国法学遗产的看法，对法学研究工作影响很大。本年3月间，在我制定的规划里，列有整理我国法学遗产一项，讨论时就有人怀疑法学能否作为遗产提出。后来中央“十二年远景规划草案”中，明白地把它提出来作为法学研究工作的基本任务之一，这才在看法上有所澄清，引起了法学研究工作者对我国法学遗产的重视。

可是还有人认为草案上只提到“搜集”、“整理”和“进行研究”，究竟我国法学遗产有没有什么东西可以接受，仍然表示怀疑。在这里我想举出一两个实例来说明。大家应该记得1949年4月25日毛泽东主席和朱德总司令所宣布的约法八章：

“（一）保护全体人民的生命财产。

（二）保护民族工商农牧业。

（三）没收官僚资本。

（四）保护公私学校、医院、文教机关及一切公益事业。

（五）除怙恶不悛的战犯及罪大恶极的反革命分子外，国民党政府官员凡不持枪抵抗、不阴谋破坏者，一律不加处分。

（六）一切散兵游勇凡自动投诚报到且将武器交出者，概不追究。

（七）有步骤地废除农村中封建的土地所有权制度。

（八）保护外国侨民生命财产的安全。”

这是人民法制中最重要的规范性文件，取得全国6亿人民的极大合作。随着约法八章的颁布，不数月间，南方和西北各省的广大地区不战而定，使解放战争得到彻底的胜利，在整个大陆上，实现了全国人民所渴望的真正的、和平与民主的统一，效力之大，无与伦比。在我国法学遗产里，汉高祖入关与父老约法三章：“杀人者死，伤人及盗抵罪”，载诸史册，也是大家知道的。固然汉高祖的约法三章，与毛主席和朱总司令的约法八章，本质上和内容上完全不同，不过用这样的法律形式来取得人民的合作，于人民革命事业是有好处的。根据人民革命这一经验，可见我们并不拒绝接受我国法学遗产中有益的东西，来丰富新法制。还有我国法学遗产中的《洗冤录》，最近苏联已经把它译成俄文，加以研究，我们有什么理由不认真学习法学遗产，批判地加以接受呢？——当然，我们不是学习反动制度。在认真的学习中，要细心地选择。对于它的一切错误和缺点，正好作为批判资料来批判；对于它的一些有益的成分，也不应该粗心大意，一笔抹杀。例如，《苏俄刑法典》第16条的类推定罪，否定了罪刑法定主义；我国《惩治反革命条例》第16条也有相似的规定。这一理论,在苏联法学者间尚有一些争议,我们可以把我国旧律上的比附援引,结合我国审判实际,进行深刻的研究。如其是有益的东西,即不妨提出来作为遗产接受,以供立法上参考,而丰富我们的法律科学。

我国的法学遗产,不是很少而是很多,虽然有的久已失传,有的尚待搜集,但现在一般可以看到的还是很多。以我们图书馆入藏的这方面的图书资料来说,就有一万来册。略举其目,以见大凡:

(1)关于法学论著方面:

管子、晏子、邓析子、申子、韩非子、尸子、慎子、商子、法家裒集、法家新书、祥刑古鉴、祥刑经解、明刑管见录、平刑节要、名法指掌、法诀启明、读律佩觿、读例存疑、不碍轩读律六种、读律心得、读法图存。

(2)关于法律制度方面:

周礼、西汉会要、东汉会要、唐会要、唐六典、五代会要、宋会要辑稿、宋朝事实、庆元条法事类、元典章、通制条格、明会要、明大政纂要、清会典、清会典事例、清会典图、宗人府则例、六部则例、吏部则例、户部则例、礼部则例、兵部则例、刑部则例、清通礼、历代职官表、古今法制表。

(3)关于法律考证方面:

汉律辑证、汉律考、九朝律考、沈寄簃遗书、律例通考。

(4)关于律例注释方面:

唐律疏议、宋刑统、唐明律合编、明律集解附例、律例笺释、律解辩疑、清律集解附例、律例根原、律例汇辑便览、律例公纂、律例统纂集成、律例图说、袖珍律表、律例按语、现行律按语、修正刑律按语、律例摘要、律例总类、律例掌珍、王肯堂笺释、律例精言辑览、律网、律例歌括。

(5)关于法律史料方面:

通典、通志、通考、续通典、续通志、续通考、清通典、清通志、清通考、历代刑法志、清盐法志。

(6)关于法律档案方面:

刑案汇览、刑案新编、驳案新编、成案所见集、刑部比照加减成案、成案备考、成案汇奏、定例成案合镌、例案备较、例案新编、定例汇编、定例续编、说帖类编、说帖辑要全类、馆讲类钞、秋审档案。

(7)关于法律检验方面:

补注洗冤录集证、洗冤录详义、洗冤录义证、洗冤录歌诀、洗冤录补、无冤录、检验集证。

(8)关于法律审判方面:

龙筋凤髓判、疑狱集、名公书判清明集、折狱龟鉴、棠荫比事、风宪约、提牢备考、秋谳辑要、秋审条款、秋审实缓比较条款、审看拟式、四西斋决事、顾恕斋山右谳狱记。

目前苏联高等学校法律系的教学计划，把罗马法作为一种独立课程来进行教学。对我们说来，除了罗马法以外，可否也把唐律提出来作为专门研究？《唐律疏议》成于永徽四年，即公元653年，略后于罗马法典120年。唐律是我国历代法典的代表，它集周秦汉魏以来法典的大成，为以后宋元明清法典的规范，影响了朝鲜、日本、越南、琉球诸国法典几百年。疏议是采集众说，推原法意，论断深刻，问答辩难，层出不穷，不下于罗马法的《学说汇纂》。虽则后来发扬，不如注释学派、书院学派和历史学派的昭著，但从唐律本身来说，无论在刑法方面，或者狱讼制度方面，都比罗马法更为完备，是可以提出来专门研究的。

在"百家争鸣"提出以后，为了广泛学习古今中外的知识，法学研究工作者就有责任来解决法学遗产问题，鼓励大家从这方面进行研究，经过独立思考，自由"争鸣"起来。

4. 图书资料问题。法律科学落后的另一原因，便是图书资料问题。法学研究工作中最需要参考的档案材料、统计材料以及某些规范性的文件，有的不很完备，有的作为内部保密，大家看不到。现有书刊，缺乏适当人员予以整理，统计全国尚有1000万册未经整理。我们图书馆入藏古今中外法律书刊三四十万册，到了今年暑假，才算大体整理出来，目录还特付印。为了防止旧法观点的传播，供应上严格区分新旧，限制旧的书刊流通，没有充分发挥现有书刊的作用。关于资产阶级国家的法学书刊，缺的没有补，新的没有订。苏联和人民民主国家出版的法学书刊目录，以及我国各出版社的出版计划，均无从取得。而经费预算上又受到一定的限制，很难做到有计划地选购，以适应法学研究工作者的需要。这些情形的存在，使法学研究工作受到一定的损失。周恩来总理在《关于知识分子问题的报告》里，特别提到图书资料问题，说这不是"小事情"，应该迅速地、认真地解决。最近文化部召开的全国性图书馆工作会议，也着重地指出图书资料是向科学进军的粮草，要求做到"大军未发，粮草先行"，也是很正确的。为了解决法学研究工作的图书数据问题，我们必须根据周总理的指示，"正确地划清机密的界限，而不要任意地扩大机密的范围"，把可以看的数据让大家看，把不完备的资料完备起来，配备适当的干部，从速整理现有书刊，编制更多的目录，破除各种清规戒律，扩大供应范围；经费预算也要放宽尺度，应补的补，应添的添，分别轻重缓急，做好计划，争取向国内外搜购一切必要的图书资料，以便法学研究工作者在有利的条件下进行研究，而"争鸣"于"百家"之前。

（1956年第2期）

在“百家争鸣”中谈旧法思想

刘焕文*

从司法改革以来,过去学习旧法的人深以学习这一学科为不幸,无人愿再谈旧法思想问题。最近中央提出“向科学进军”的号召及“百家争鸣”的方针,过去从事旧法学研究工作的人员也被吸收到向科学进军的队伍中来,成为法律科学研究队伍中的一支力量。这些人既然学过旧法,印象中自然还保存有旧法思想,因此,对旧法思想应作如何估价,便成了一个具有现实意义的问题。我是学过旧法的,对中央这一号召和方针,十分兴奋,特就这一问题提出一点个人意见,与法学界同人商榷。但我对新旧法律思想的认识都甚浅薄,考虑时间不久,这些意见不仅不够成熟,恐怕错误是居于主要的。因为目的只在抛砖引玉,希望因此引起讨论兴趣,求得共同的认识,所以也就不暇顾及其他了。

首先,应对旧法思想的本质作简单的说明。

法律是以社会的经济结构为基础的上层建筑,旧法思想是在旧的经济基础上产生的,它只能适应旧社会,不能适应不同经济基础的新社会。以个人主义为本位的旧法思想之不能适应集体主义的社会主义社会,是不待多说的。

法律是统治阶级的意志的表现,“是统治阶级以武装强制执行的所谓国家意识形态”。① 旧法是体现旧的统治阶级的意志、保护旧的统治阶级的利益的,它绝不能在新社会转变成为新的统治阶级的意志。表现资产阶级意志的所有权绝对性、私法上自治、过失赔偿责任(资产阶级民法的三大原则)等旧法的根本观念,绝对不能在新社会转变成为工人阶级的意志,这也是不待多说的。

旧法思想的基本观点是唯心的。旧法思想产生于剥削社会,其本质不能不受时代局限。社会有了剥削阶级,它为了强制被剥削阶级受其支配,除了用武力镇压外,还不能不颁布一些压制人民的法条,并制造一套欺世惑人的道理,这就决定了旧法思想不能不是唯心的。即使旧法思想中有某些部分在发生时具有一定进步意义,但在今天已成了不合时宜的文化渣滓。

旧法思想包含甚广。就形式说,有实定法思想与法理学;就内容说,包括一切剥削社会的法律思想,但奴隶社会及封建社会的法律思想多带神权色彩及封建伦

* 作者单位:华东政法学院(现华东政法大学)。

① 《中共中央关于废除国民党的六法全书与确定解放区的司法原则的指示》。

理观念，稍有理论价值，而又能为资产阶级服务的，大多已为资本主义社会的法律思想所吸收。因此，资本主义社会以前的法律思想无特别说明必要。这里所说的旧法思想，单指资本主义社会的法律思想。至于实定法因其常受法理学的理论指导，两者难以割裂，所以这里所说的旧法思想又兼指两者。旧法思想到底包含些什么内容？这是首须明确的问题。讲到这里，不能不对所谓旧法思想作一鸟瞰。

旧法思想，并不简单，学说纷纭，派别林立。不过在资本主义世界中能够独树一帜的所谓旧法思想的学派，则只有以下几种：

1. 自然法学派。这一派主张自然界有一定的法则，乃属绝对真理，永恒不变，宇宙间一切现象都受这种法则的支配，社会现象亦然，法律只是一种依人的理性认识并整理出来的自然法则。依此来说，法律早在国家组织出现以前，就存在于自然状态中。1789 年法兰西大革命时代的“天赋人权”思想，就是这种学说的具体表现。这个学说认为法律超越国家，国家出现以前就有法律，自属虚渺无凭。

2. 历史法学派。这一派主张法律不是由人的意志造成，而是由民族的历史逐渐形成的。从这派代表人沙维尼所说“法律是从历史找出的，并不是个人任意创设的……完全是我们群众生活习惯使它自然生长”的几句话，就可知道这派法律思想的梗概。这个学派不从现实社会寻求法律思想，不从经济生活探究生活习惯，怎能符合客观的社会实际？

3. 分析法学派。这是一个以方法论著称的学派，主张法律是主权者的命令，法学者的任务就是将表现主权者命令之现实具体的法律加以分析解剖，详细考察其组织成分，借以认识该法律现象共通要素之观念，以发现其间之原理为目的。这是一个以实定法为基础，离开社会实际，用形式逻辑的方法来表现唯心主义思想的法学派。

4. 比较法学派。这也是一个以方法论著称的学派，资本主义法学者不少主张并采用这种研究方法的。它主张搜集各时代、各地方的法律或各种法律观念、法律学说，进行考察、比较，辨别其同异之点，以探究出法律及法律思想之原理原则。这也是一个以书面材料为基础，作概念上的比较，脱离社会实际，用形式逻辑的方法来表现唯心主义思想的法学派。

5. 纯粹法学派(也称规范学派或维也纳学派)。这一派主张法律只是研究“当为”之法的规范科学，在法学领域中应当排除一切其他实际的要素。这个学派的创立人凯尔森在他所著《纯粹法学》一书序言中所说“所谓纯粹的法律理论，就是使法律理论从一切政治的意识形态和一切自然科学的分子当中解放出来，依其固有的法则性而恢复其特质之谓。最初，我的目的要使几乎完全(公开的或隐蔽的)变质为法律政策的法律学，成为真正的科学，成为精神的科学”的一段话，就完全自供了他的法律学说的唯心主义观点。

6. 社会哲学派。这个学派有几个支派：有从社会功利出发，主张法律的目的在使各人都能于社会共同利益之中求得各人自己之利益的社会功利派；有主张自由为人类之道德意志，法律应适合于社会理想，使社会成为人人具有自由意志的社会，个人只能服从社会公意，个人所享有的社会活动之限制，以增加“社会的利益”为限的新康德派；有主张法律是民族文化的结晶，是应社会生活的需要而产生的，为了满足社会的要求而订立法律，又因为有了这种法律，社会有更新的要求的新黑格尔派。这几派所持理论虽各不同，但都着眼于所谓社会的全体利益，而以纯粹的理想作为法律基础。阶级社会绝不可能实现社会的全体利益，所以他们的理想只能是不符合社会实际的空想。

7. 社会法学派。这个学派的支派更多，凡主张法律应重视社会现象，应以所谓社会学的方法研究法学的，都可归入此派。有从机械运动的观点出发，谓法律是社会势力互相冲突即阶级斗争之自然的结果，法律之制定者必然属于支配阶级，而支配阶级为了维持自身安全，又必然制定一种适合于各阶级利益的法律，以调和阶级斗争的机械学派。这个学派认为法律能够调和阶级斗争，适合于各阶级的利益，其不符合社会实际，与上述社会哲学派同，不重述。以机械的运动说明人的社会，其不能符合社会实际，那就更用不着说了。有以达尔文生物进化论的理论为依据，谓法律以保证社会之自由进化为目的的生物学派及应用社会心理学的理论，谓人类心理是社会上唯一无上的势力，法律就是社会之人类心理产物的心理学派。这两个学派对我国旧法学界无何影响，不多说。社会法学派之曾在我国旧法学界起过重大作用，甚至影响到国民党政权的立法政策的有：

(1)以狄骥为首的实证学派。其学说要点为：①人在社会生活中必然与他人发生关系，这种关系叫做社会连带。人在共同生活中，为了满足共同需要，从事共同活动，因而发生的关系，叫做同求连带；为了满足各人不同的需要，各尽其能，互相服役，因而发生的关系，叫做分工连带。法律规范就是这种社会的连带关系为基础的，即凡属侵害社会连带的行为都不许做，凡属实现或发展社会连带的行为都应当做。②法律规范既以社会连带为基础，就决定了“权利”的概念。人致力于社会连带的一切行动，应有权利去履行并排除外来的侵害，以便他能完成其所负荷的使命。因此，权利只是为了人们履行社会义务而由社会赋予的一种权力：自由权只有在分工连带有所贡献时，才能存在；所有权只是赋予所有人使其得以自由履行其对所有物的社会义务的。③人一生下来就是社会集体的一分子，就是一个为社会连带关系拘束的个体，就应当受法律规范的支配。人先于国家而存在，所以法律不都是由国家产生的，法律超越于国家，在有国家之前，就已有法律存在。按照这个学说，法律先于国家而存在，人生来就是为社会连带履行社会义务的，它以天赋义务与自然法学派的“天赋人权”说相对立，但却同样表现了自然法思想，应属于玄学之流，叫作实证学派是名不副实的。这个学派产生于资本主义社会后期，新的生产力与旧的生产关系的矛盾，表现出了私有财产权的不合理性，岌岌可危，难以终日。它对资本主义担负起了挽狂澜于将倒的任务，一面主张私有财产权的绝对性应作无伤大体的修正，以缓和阶级斗争；另一面为私有财产权作理论上的诡辩，把权利解释为社会义务，不是利益，好像权利还成了负担，使人们发生错觉，借以延续资本主义社会的命运。这就是这个学说的本质。

(2)以庞德为代表的实用学派(这个名称是作者按照庞德学说的精神取的，一般都称这个学派为综合统一派)。其学说要点为：①法律是一种对于"社会的需要"予以满足之社会制度，因此，法律制度及法律原理应重视其对于社会实际生活的效果；②法律是一种妥协，表现社会的利益与个人的利益之均衡；③法律是对社会进行统制所依据之一切知识及经验的总体，法律的内容不以法规为限，应包含种种原理、观念，以作为吾人行为及审判上的准据；④执行法律时，不应重视法律之强制性，应当重视法律之社会的目的，使其成为促进人类之社会的经济的及文化的进步的东西；⑤法律之施行较之法律之抽象的内容更为重要，应当重视法律之施行方法，以保障法律所欲达到之社会的目的。这个学派与实用主义哲学思想一脉相通。实用主义哲学的本质，不久前在我国学术界曾展开过批判，揭露出了它的唯心主义面目。这个学派从这样的哲学观点出发，就决定了它必然是唯心主义的。这派学说注重法律所发生之实际的社会效果，以与社会哲学派对立，强调法律应满足社会需要，法律应重视其目的性。所谓社会的需要，社会目的性，其内容为何？一个阐扬庞德法学思想的资产阶级学者巴克生在其《近世法理学之政治学说》一书中说得对："庞德对于法律的认识只有一点，就是无论任何法律，其唯一目的都在满足人类的欲望、需要与利己的主张。"这里所说的"人类"、"欲望"、"需要与利己的主张"等应作如何了解？难道统治阶级制定法律还能从满足被统治阶级的欲望、需要与利己主张着眼吗！在垄断资本独裁的美国社会，欲望、需要与利己的主张最强的是垄断资本家，他们想把一切小工商业都挤垮，他们想把世界资源都掌握在自己手中。这里所设的"人类"不是指的资产阶级特别是垄断资本家，还是谁呢？这样的法律还说它表现社会利益与个人利益的均衡，岂不是欺人自欺！这个学派产生于资本主义发展为帝国主义而进行法西斯统治的时期，它除了为统治阶级的榨取寻找理论根据外，更主张法律的内容不以法规为限的"自由法"思想，以便统治阶级可以不依法律对劳动人民及进步人士进行其为所欲为的迫害，把资本主义社会奉为金科玉律的一个所谓"法治"的口号也粉碎了。美国政府近年来的一系列的反动措施，如1947年3月21日总统发布的所谓"对不忠诚思想"清洗的命令，毫无凭证地将数以千计的政府工作人员滥加"不忠诚"罪名，无法无天地予以解雇或迫使其辞职；1948年利用原第二次世界大战期间对付纳粹破坏分子的《史密斯法案》

对只是由于政见不同、毫无其他原因的共产党11位领袖尤金·丹尼斯等判处罪刑,以后甚至扩大到进步的出版界及文化界人士以及违反美国宪法精神的《塔夫脱—哈特莱法》、《麦卡伦法案》等,都从这个学说找到了它们的法理上的根据。

除了上述各学派之外,还有一个对实定法进行注解的所谓注释法学派。这个学派并无独立的学术上的见解,只是吸取上述各学派的思想片段,对现行有效的法律从文理上、理论上作全面系统的阐释,使法律的条文编章成为有机联系的理论体系。严格地说,这只是一种法律实务工作,不能称为学派。我国旧法学界从事这项法律注释工作的人特别多。一般注释法律,多从法律条文的概念出发,不从社会经济方面阐明法律的本质并揭露其反人民的方面,而且在方法上多从形式逻辑立论,所见阐释的理论多有利于旧的统治阶级,对社会发展起过相当的阻滞作用。

旧法思想的概要,略如上述,限于篇幅,不能对其思想内容作较详的叙述与批判,且目的重在揭发其唯心主义思想方面,叙述自不全面,不过其轮廓既经画出,本质当然不难推断。旧法思想在今天来说,基本上是反人民的,它在世界舞台上正走向没落,在我国则已完成其历史任务;新法以崭新的面目,完全相反的目的出现。两者界限分明,不容混淆。这是从事法学研究工作的人员须明确的。

尽管如此,旧法思想特别是旧的实定法思想是不是不值一顾,应当视作垃圾,投之大海?这个问题,我觉得还值得商榷。我觉得,旧法思想在某种程度上还是有其研究的现实意义的。

首先,我们知道,新社会的存在条件是在旧社会中发生、发展的,它不能离开旧社会凭空发生,而且“新的更高的生产关系,当它所借以存在的那些物质条件还没有在旧社会胚胎里成熟以前,是绝不会出现的”。[①] 由此得知,新的统治阶级是在旧的社会中生长的,表现新的统治阶级意志的新的基本法律思想也应当是在旧社会就已产生,而在新社会形成为法律,构成新社会的上层建筑的一部分的。

由旧社会过渡到新社会是一个长期复杂的过程。在这长期复杂的过程中,反映新的生产力与旧的生产关系矛盾的阶级斗争逐步深入各方面,除经济方面外,也涉及思想方面,特别是直接规范生产关系的法律思想方面,所以阶级斗争的每一片段,也表现在新旧法律思想斗争中。试以应作为一切法律根本思想的财产权为例:1789年的法兰西大革命高举着“财产权是一种神圣不可侵犯的权利”[②]的大旗,这个思想在1804年的拿破仑法典中完全实现了;以后各国资本主义革命成功,也相继实现了这一财产权思想。于是财产权便成了绝对的、无限制的权利,确立了资本主义所有制。这个制度发展的结果是,国家财富集中于极少数资本家的手中,资产

① [德]马克思著:《政治经济学批判》,徐坚译,人民出版社1955年版,序言第2页。

② 《人权宣言》第17条。

阶级操纵跋扈,影响到全国人民的生活,阶级斗争日益激烈,私有财产权的法律思想逐渐成为阶级斗争的焦点,新的财产权的法律思想发生了。1847年《共产党宣言》中提出的"废除资产阶级的财产",把"资本变为集体的,属于社会一切人员的财产",便体现了这种财产权的新的法律思想。这种思想在阶级斗争中不断丰富其内容,形成为我们现在社会主义所有制的法律思想。新旧财产权思想的斗争,是经济思想的斗争,也是法律思想的斗争。可见,社会主义所有制的法律思想是在旧社会就已发生,而在新社会形成为法律的。没有旧的资本主义所有制的法律思想,便不会发生新的社会主义所有制的法律思想问题,后者是针对前者提出的。又如,《共产党宣言》中指出无产阶级取得政权后可以采用的十项办法:"(一)剥夺土地所有权,以地租充国家支出之用。(二)征收高度的累进税。(三)废除承继权(按:这里指的是废除生产资料的承继权)。(四)没收一切亡命者与反叛者底财产……"不都是在百余年前针对旧法思想并与之作斗争中发生,而在十月革命后才由苏联及各新民主国家逐渐体现为法律形式的吗?可见新旧法律思想是有其密切的内在联系的。

新的统治阶级在与旧的统治阶级作斗争中,从遭受旧的统治阶级法制镇压的体验中,学会了许多对付旧的统治阶级的方法。旧的统治阶级用法院、监狱等来镇压人民,人民今天也同样地"以其人之道还治其人之身"。旧的统治阶级以民法、刑法等维持旧的资本主义社会秩序,人民今天也以新的民法、刑法维持新的社会主义的社会秩序。这些学来的对付旧的统治阶级的方法,构成新的法律思想及法律制度的一部分,而且是很大的一部分。这就更显出了新旧法律思想的联系性。

由此可见,新的法律思想不是在与旧法思想的绝缘状态下产生的。探究新法律思想的渊源,虽然有一部分是为了适应新社会的新事物而独自产生的,如土地改革法、集体农庄法及某些法律的某些部分。这是与旧法思想毫无联系的。但也有的是在与旧的统治阶级作斗争中,针对旧法思想而发生,在旧社会中即已存在的新法律思想,如社会主义所有制及惩治反革命之类的法律思想。有的是扬弃了旧法思想,使之符合于新社会的要求而形成的,如法院组织、诉讼程序、监狱制度及民刑法思想中的某些部分。后两种是与旧法思想密切联系的。

依上所述,新的法律思想有相当大的一部分是从与旧法思想作斗争中产生和扬弃了旧法思想而形成的,它与旧法思想具有千丝万缕的联系。新旧法律思想既有这样的联系和渊源,对旧法思想的了解是大有助于了解并阐明新的法律思想的。罗马法到现在还值得研究,不是无缘故的。

有人以为新旧法律思想毫无相关之处,新旧法律虽有某些用语相同,但这只是语言文字问题,并无思想方面的联系。我觉得这种说法不完全符合事实,是值得商榷的。新旧法律不只有用语相同的地方,也有条文大意相同,甚至有的连编章体系也大致相同的。虽然这种相同,只是形式的,不是内容的,但仅就这一点说,也无法用"耦合"来解释。我们不能想象新法的草拟者、阐释者是从未接触过并吸取过旧法思想的某些成分的。作这种说法的人,大致不外是为了强调新法的阶级性,以为如果说新法与旧法有思想上的联系,就削弱了新法的阶级性。我觉得这种顾虑也是不必要的。我们都知道"马克思主义是人类在十九世纪所造成的那些优秀成果,即德国哲学、英国政治经济学和法国社会主义底当然继承者",①我们也知道这几种思想都不是为无产阶级服务的,其中英国正统派经济学更是资本主义社会的理论支柱,但马克思主义并不因为吸取了这些思想就降低了它的阶级性。

有人以为法律是统治阶级意志的表现,意志是自己的,如果说新法吸取了旧法思想,岂不是违反了阶级意志的理论?我觉得这种说法也是值得商榷的。统治阶级意志的内容是为阶级利益服务的一切思想、方式、方法,它为了达到这一目的,不妨批判地吸收别人的意见,甚至敌人的意见。阶级意志并不是离开了社会独立创造的。

其次,旧法的本质是以维护旧的统治阶级的利益为目的的,其中虽然也有一些好像"多少包括某些所谓保护全体人民利益的条款",但那只是一种"不能不敷衍一下它的根本敌人——劳动人民,企图以此来缓和反对它的阶级斗争"②的手段。在阶级社会中,法律绝无有以"保护全体人民利益"为目的的。这是法律的根本思想。但以保护统治阶级利益为目的的法律,对被统治阶级来说,其危害程度总有轻重之分,也有某些法律对被统治阶级并无重大危害,而在被统治阶级成为新的统治阶级以后还可资利用的。奴隶社会的罗马法思想之能为封建社会甚至资本主义社会的新的统治阶级的利益服务,就是一个例子。但这个例子是就新旧社会都是剥削阶级社会说的,还可以这样说:在剥削阶级社会内,旧社会的主要的被统治阶级并不是新社会的统治阶级,因此,为旧统治阶级服务的一切法律也都能为新的统治阶级服务,所以罗马法既能为奴隶主服务,也能为地主阶级及资产阶级服务。其实即使在利害相反的两相对立的阶级间也还是有这种情形的。例如,伪国民党政府颁行的《古物保存法》固然是以宣扬统治阶级国家的历史悠久、文化发达为目的的,但这种法律对于人民并无重大危害。又如,伪国民党政府《狩猎法》中规定的狩猎不得在鸟兽繁殖期间进行,不得以炸药、毒药、剧药、陷阱等方法进行,禁止狩猎益鸟等及《渔业法》中关于保护水产动植物之繁殖的抑制或禁止等规定,都具有这种情形。这与上述法院、监狱及民刑等法之尖锐的与人民的利益绝对相反的情形,略有不同。像这样情形的旧法资料是可供我们对建设社会主义法制的参考的。

---

① 《列宁文选》(第1卷),解放军出版社1949年版,第69~70页。

② 《中共中央关于废除国民党的六法全书与确定解放区的司法原则的指示》。

这种资料就有待于我们从旧法中发掘。对于某些旧法的这种看法是否正确,还待进一步研究,这里只是作为一个问题提出。

最后,不仅旧的实定法有足供参考的地方,就是旧的法理学经过批判后,也不是没有可资利用的理论。例如,即使就资本主义中最反动的庞德的学说来说,也不是没有一点可取之处的。庞德在《社会法理学的范围与意义》一书中说:"应当研究何以能使法律条文发生实效的方法。此点,我们以前毫未注意,我们只顾集中精力研究立法,以为法律一经制定。便能自行执行……法律的生命完全寄托于执行,所见法律上最重要的问题是在切实研究如何可使众多之法律典籍与法庭解释发生实效。"庞德所注意的法律执行自然是为了更有效地达到其反动目的,这是根据前面所说,可以断定的。但资本主义的法学思想,一般都只注意制定法律,不顾执行,特别关系到劳动人民利益的规定,全是空话,成为欺骗劳动人民的一纸虚伪宣传。正是"他们畅谈言论自由、集会自由、出版自由,可是他们忘记了,如果工人阶级不能拥有适当的机会,良好的印厂,充分的印刷纸张等,那么,这些权利对于工人阶级是会变成空话的"。[①] 新的社会主义的法制从实际出发,凡经法律规定,必须付诸实行。所以庞德这段话,批判其反动本质后,也还是可资利用的法律理论。

此外,旧法思想还为资产阶级学者所赞赏誉扬,在资本主义国家内还起着欺骗劳动人民的一定作用。因而,如何揭发旧法思想的反人民本质,如何从新旧法律思想中进行分析比较,批判旧法思想并阐明新法思想的优越性,这是我们法学者的责任,这就更有待于我们对旧法思想作精深的钻研。

综上所述,旧法思想在科学研究上不是不值一顾,也不是不具有研究的现实意义的。今天在"百家争鸣"的方针下,法学家都得以各本其所见,争鸣于世,我国法学在不久的将来必然放出异彩,对社会主义法制建设作出重大贡献,我们学过旧法的人也会发生应有的重大作用,是不难想象的。

谈到这里,话又应当说回来:新旧法律思想虽有一定的思想上的联系,旧法思想虽也有可供作建立新法制的参考资料的地方,但两者确是有一条严格的界限的。两者表现在实定法上虽形式上有很多相同之处,但内容是绝不相同的。如何看待旧法,如何利用旧法思想使其为社会主义法制建设服务,这是研究法律科学的人应当特别注意的。对于这一现实问题,我觉得我们应有以下两点认识:

1. 科学是为人民服务的,法律科学自然也不例外。这一概念,除极少数以学者姿态出现、别有居心、甘心作反人民的研究工作的反动统治阶级的政治走狗外,凡属忠实于科学研究、追求真理的人都是不会有主观上的不同意见的。但动机尽管纯正,却往往有人不自觉地作出了不利于人民的研究工作。这种情形,对社会科

① [苏]斯大林著:《列宁主义问题》,唯真译,人民出版社1950年版,第683页。

学特别是法律科学来说是更容易发生的。科学研究的成果是否有利于人民,问题不在动机,而在客观的效果是否符合绝对多数人的利益;而且所谓利益并不是直觉的,应当考虑到长远的、暂时的,现象的、本质的等一系列的问题。要想在错综复杂的社会现象中搞清这些问题,绝不是单凭我们的常识与注意所能解决的,应当认为这是一个思想方法的哲学问题。历史唯物主义在告诉我们认识社会方面提供了丰富的理论知识。我觉得我们研究法律科学的人至少应当有这样的一点哲学知识修养。

2. 伴随“百家争鸣”,必然发生互相争辩。因为既有百家,又有争论,决难和平共处、互不侵犯。春秋战国时代是诸子百家争鸣的时候,我们只要看儒家见“杨朱墨翟之言盈天下”,便大声疾呼,毫不留情地骂道“杨子为我,是无君也;墨子兼爱,是无父也:无父无君是禽兽也”,便可想象诸子百家在当时斗争的激烈了。社会主义法学在今天并未达到成熟的境地,还须在实践中继续摸索,由科学研究工作者加以科学的整理和阐释。这种情形不独在我国是这样的。因此,对于社会主义的法律科学的研究工作,我们法学者是负有巨大的任务的。一个未成熟的科学,对于问题的处理意见,当然不能一致。即使有充分理由的见解,也可能受到严厉的批判。我们应当认识学术问题不是个人的,而是大众的,应当供大众讨论,应当欢迎批判,把批判当做发现真理的钥匙;不要一经受到批判,便失去信心,甚至不敢再鸣。这是我们在“百家争鸣”方针中从事科学研究工作特别是法律科学研究工作的人在学术态度上应有的一点修养。

(1956 年第 2 期)

关于法学翻译工作的几点意见

陈中绳*

新中国成立这七八年来,我们的法学翻译工作是有成绩的。尤其是近年来,除了中国人民大学经常翻译苏联法学著作外,还有专业的法律出版社,以翻译苏联法学著作为主要任务。今年,又出版了《政法译丛》两月刊,比较及时地介绍了苏联法学期刊上的论文。这样,就使法律工作者能有机会通过汉译本了解和学习苏联经验,同时也解决了高等法律学校的一部分材料问题。这些基本成绩是值得我们珍视的。但是,如果从向法律"科学进军"和在法学界贯彻"百家争鸣"的要求来看,我们的法学翻译工作就显得很不够了。我愿意在这方面提出几点意见。

到目前为止,我们比较集中地翻译了许多苏联的法学著作。着重翻译苏联的法学著作即使在今后也还是必要的。但是,我们对于人民民主国家的法学著作,就翻译得很少;对于国际民主法学家的著作,几乎没有过翻译;至于有代表性的资产阶级法学著作,那就更不在话下了。

翻译材料的不够全面,也反映在另一方面:不必译的译了,该译的却没有译出来。内容都差不多的关于苏维埃法院的小册子翻译了好几种,就是一个最明显的例子。相反地,对某些苏联(俄)法典的翻译,却几乎形成了一种风气:除了条文本身之外,实践意义很大的"逐条资料"都一概被译者毫无理由地腰斩掉了,出版者也处之泰然。① 这种不尊重原书、宰割苏联经验的做法是很错误的。

在苏联,有关期刊对法学著作经常有书评发表,指出某些书的优缺点。我们的法学翻译工作却漠视了这些书评。举例来说,几本流行较广、已有汉译本的教科书如《国家与法权理论》、《犯罪对策学》、《苏维埃家庭法》和《人民民主国家的国家法》等书的个别论点,都在苏联杂志上受到过批评。② 可是这些书的译者和这些译本的出版单位,却不用适当的方式把它们介绍出来。必然的结果是:广大读者不能在这些问题上更正确地学习苏联经验。

目前法学翻译工作的质量还是不高的。怎样才能帮助译者提高翻译质量呢?

---

* 作者单位:华东政法学院(现华东政法大学)。

① 如前法制委员会的一些译本以及法律出版社《苏俄民事诉讼法典》(1955年版)、《苏俄刑事诉讼法典》(1955年版)和《苏俄民法典》(1956年版)等译本。

② 《苏联科学院经济和法学通报》1950年第6期;《苏维埃国家和法》1950年第6期,1952年第6期、1953年7期等。

我觉得首先得在译者、编者和读者之间开展批评与自我批评。解放以来，我只看到《翻译通报》上有过一篇批评法学翻译的文字。此外就没有见过。这种现象难道是正常的吗？为了开展法学翻译界的批评与自我批评，从而提高翻译质量，我觉得《光明日报》、《政法译丛》和《华东政法学报》等报刊要有意识地组织这一方面的稿件。法律出版社也可以出版一种类似《出版通讯》的刊物，组织大家（尤其是读者），对法学翻译进行批评和介绍。

再从翻译数量来看，法学翻译工作也是做得不够的。就拿《政法译丛》来说，只是那么薄薄的一本，在现有的各种“译丛”中恐怕是字数最少的一种了吧。此外，还有些实际工作和教学上所需要的书籍，也没有能及时翻出来或根本翻不出来。例如，《司法统计》一书，某司法部门早在两年前就提出要翻译，高等法律学校也要开《司法统计》这门课，需要很急。可是至今还没有开译。

问题在哪儿呢？我认为是编辑、出版单位没有大胆放手地积极发挥各地译者的潜力，主动地组织稿件。全国之大，两年内还找不到《司法统计》的译者这个事实本身就说明了这一点。单以上海一地而论，各政法机关、大学法律系以及其他方面就有不少可以从事法学翻译的余力，而法律出版社、《政法译丛》编辑部却从来没有主动地向他们发过一张调查表。一方面是译不出书，另一方面译者却没有机会发挥余力。结果还不是委屈了读者。因此，希望法学出版和编辑部门加强组稿工作，大力发挥全国各地译者的潜力。在法律出版社的工作尚未进一步加强之前，应允许各大城市的地方出版社出版翻译的法学书籍。

法学译名，至今还没有完全统一起来。我同意《政法译丛》创刊号所发表的意见：在目前不必强求一律。但是，对于读者来说，译名不统一究竟是一件不方便的事儿。统一译名的工作必须在“百家争鸣”的方针下来进行；也唯有经过广泛的讨论，才能得出一个或几个比较完善的译名。何况法学译名问题不是单纯的一个翻译上的问题，而是有关法学本身的问题。例如，片面地从“权利”着眼来看“法”而漠视“义务”与“法”的联系的人，会把“лраВО”译成“法权”，就是一个明证。

最近，法律出版社发了一个通知，要求译者在自己译文中采取已有汉译本中的译文并指明页数。这样做便于读者参考已有的译本，是有好处的。但是对发挥译者的创造性来说，却可能有相反的作用。因此，这个办法还值得考虑。

目前进行法学译名讨论的最好的园地应该是《政法译丛》。我希望《政法译丛》的编辑部能担当起组织讨论的工作来。

法学译名的讨论也和其他学术问题的讨论一样，要求参加讨论的人多花一点苦功，扬弃权威崇拜，反对教条。

过去某些主张把“лраВо”译成“法权”的同志，不能充分说明理由，却说“法权”是某某权威的主张；他们不愿花工夫去多翻几本书，却硬说“法权”是新创造的译名，而事实上，“民国”六年上海商务印书馆出版的“法国六法”一书中，早就已经把相当于俄语“лраВо”的法语“droit”一词译成“法权”了。又如，某大学给某法院的一封谈“法权”译名的信中，虽然有些正确的论点，但教条气味很重，连某些在该大学学习过的同志也看不大懂。结果，主要问题还是没有说明。信中还举了许多资产阶级法学家的话，企图从而证明资产阶级是以“法律”为“法”的唯一渊源，是把закоН与лраВо等同起来的。结果却把实际在旧中国施行过的国民党反动六法全书放过了。事实上，旧六法就没有把закоН与лраВо等同起来，也并不认为法律是法的唯一渊源。《民法》第1条就规定“民事法律所未规定者依习惯，无习惯者依法理”。

这些情况在今后讨论法学译名的时候，都是我们应该引以为教训的。

最后，还要谈谈法学翻译书籍的发行问题。有的书印数不算少，但是在书店里往往买不到，据说这是由于法律书籍一般不是“畅销”书。有的书内容并没有什么秘密，在苏联是公开发行的，我国国际书店也公开发行，但被译成中文后，却来个“内部参考”、“内部发行”。像“人大”翻译的一本《犯罪对策技术实习教材》，便是一个例子。这不是要更少的读者看到法学书籍的译本吗？

以上这些意见都不很成熟，但主观上觉得提出来还是有助于今后的法学翻译工作的。

（1956年第2期）

我们在“百家争鸣”中需要些什么

曾毓淮[*]　杨秉烈[**]　徐冲德[***]　黄　夏[****]

党中央在学术上提出“百家争鸣”的政策，对于鼓励知识分子的积极性和创造性，开展科学研究，提高学术水平，有着极其重要的作用。我们作为高等学校的学生，祖国科学事业的接班人，对于党的号召是十分兴奋和拥护的。在党的号召下，我们必须老老实实地学习，开动脑筋，艰苦钻研，以求将来对祖国的科学有所贡献。可是高等学校的现行制度和教学方法，有一些已不适应当前形势的需要，我们在学习上还有一些困难。在“百家争鸣”中，为着响应党的号召，更好地进行学习，我们提出一些要求：

一、我们需要时间和资料

目前高等学校的学生，普遍存在时间不够用的现象。如我们刚过去的这个学期中，每周自习时间连晚上在内，只有22小时，每周上课28小时，课堂讨论经常有三四次，当天功课都来不及复习，哪里还有工夫去看其他书籍。自修时间太少，直接影响着科学研究，因此，我们认为这是首先要解决的关键性的问题。

如何来增加我们的自习时间呢？我们提出以下几个办法：

1. 原每周两个下午的社会活动时间，改为一个下午。以往这些活动多半是一两个小时的一个会议，余下两三个小时，心绪不宁，看书效果很差。我们建议仅以星期六下午作为社会活动（包括党团活动）时间，星期五的下午让我们进行研究工作。

2. 适当印发讲义。有不少同学记笔记技术较差，课后要花很多时间对笔记、抄笔记，而有些笔记，就是老师讲稿的拷版。如果能够印发讲义，同学们就有足够的时间去阅读参考书了。印发讲义不仅解决时间问题，而且有助于同学们的预习；便于老师的讲授，不必为了照顾同学们的笔记，使讲课变成背读讲稿。

3. 减少一些不必要的课堂讨论。过去有几次讨论，都是解释名词概念。讨论

---

* 作者单位：华东政法学院（现华东政法大学）。
** 作者单位：华东政法学院（现华东政法大学）。
*** 作者单位：华东政法学院（现华东政法大学）。
**** 作者单位：华东政法学院（现华东政法大学）。

前，花了不少时间抄笔记（写发言提纲）；讨论中大家读笔记，意见完全一致，枯燥无味，根本谈不上独立思考。像这样的讨论，宁愿不要。

4. 文体活动应改称为业余活动（或课外活动）。在这时间内，不仅可以自顾参加一些文化娱乐活动，或者体育活动，同时也可以进行学术研究。

有了足够的自习时间以后，还必须有足够的资料。过去我院图书馆供应的书报是不能满足同学们的要求的。例如，有些重要参考书一个小组（8～10）只有两份；老师指定的必读参考书和科学研究小组所需要的书，经常借不到；借书数量的限制也太严（一人只能借3本）。我们希望增加参考书的数量，凡属于必读的参考书，要让每个人都能读到；学生科学研究小组的用书，图书馆要全部供应。此外，个人借阅书籍的数量，也不能太少，业务书可适当加宽。上海俄专采用借书证分类办法，每人有业务、画报和其他的三种借书证，是可以效法的。

此外，我们还要求老师在课堂上讲课的时候，介绍与课程有关的"百家争鸣"的情况，把诸家不同的论点告诉同学们，并介绍阅读有关的著作，让同学们来辨别究竟哪一种论点是正确的，合于社会主义建设的实际的。之所以要这样，就是因为我们是学生，见闻少，知识浅，听到一种学说和一家的论点，往往不能辨别是非，难以觉察其中有无问题。只有听过各方面的论争和批判，多知道一些情况，才易于辨别是非，解决问题。这样也才有助于我们的独立思考，丰富我们的知识，提高我们的学习质量。

二、我们需要"鸣"的园地

高等学校中的课堂讨论，是教学方法的重要一环。课堂讨论所采取的方式是自由讨论，每个同学根据自己的见解，论述自己的观点或批评别人的观点（或反对别人对自己的批评）。它能培养同学的独立思考能力，巩固和加深理解课堂上所学到的东西。这一种教学方法，是采取苏联的经验，目前已推广于全国，是行之有效的方法。毫无疑问，课堂讨论是高等学校学生中贯彻"百家争鸣"的基本形式和主要场合。

然而，课堂讨论还有一定的缺陷。首先，讨论题是老师规定的，在结合同学们的志趣上，有很大的局限性。其次，时间短而人多，因而讨论不深，如果有分歧或争执，更不能解决问题，时间一到，老师总结一番了事，分歧仍然是分歧，争执还是有争执。我们建议除了课堂讨论应该设法改进，作为学生"争鸣"的主要场所以外，还应增辟新的园地。其一，组织专题讨论；其二，恢复校刊。

在这里我们想多说几句关于校刊的问题。讨论、座谈等都受时间、空间的限制，以文字来发表意见则有其独特的长处，不受上述的限制。我院自停办校刊，改出《华东政法学报》以来，同学们感到有很大的不便。因为学报要求较高，同学们水平有限，不敢向学报投稿，尽管我们在教与学中有些意见，也往往无发表园地而不动笔了。而且学报是一季一期，前后间隔太长，即使提出问题，时间隔得久，读者印象淡漠，争论的兴趣也就差了。故在学报上虽可“鸣”而不便于“争”。所以，我们十分需要一种适合于我们水平的、出版期较短（一月或半月一期）的刊物，它就是校刊。

三、我们需要热情的帮助和支持

听说有这样的一件事：一个学生的科学研究小组在研究中提出了一些新的意见，因为论证不够充分，受了指导老师的批驳。这些同学心中不服，想寻找更有力的论据，可是资料不足，问题就只好这样搁起来。我们不难设想，假如这位指导老师不是过早地作简单的批驳，而能进一步帮助同学们研究有关材料，提供各种参考意见，让同学们进行分析综合，最后证实他们的意见是否正确，那么，对同学们的学术研究就全有更多的好处。这是问题的一面，即当同学们进行科学研究或提出一己之见时，是如何地需要老师具体的帮助和热情的支持。

问题的另一面，根据我们的了解，目前尚有不少同学存在与“百家争鸣”相抵触的思想。有的是习惯于背诵笔记，不肯动脑筋去发现问题；有的人云亦云，没有独立见解；有的虽有独特之见，但怕带上“资产阶级辩护士”的帽子，不敢讲出来。诸如此类，问题是不少的。对于这些不善鸣和不敢鸣的同学更需要有启发和教育。

总之，在中央的明确方针下，学校的党团组织必须结合本校的具体情况，耐心地进行教育，并从多方面解决一些问题，才能使大家都动起来，才能改进我们的教和学。

最后，贯彻“百家争鸣”，有一些牵涉教育制度改革的问题，还希望高教部能及时地采取有效的措施。

（1956年第2期）

上海市第一审人民法院刑事案件审理程序中目前存在的问题

周子厚*

上海市高级人民法院和司法局在传达第三届全国司法工作会议的内容和精神的同时，还抽调了一批干部，对各级人民法院试行最高人民法院《关于北京、天津、上海等十四个大城市高、中级人民法院刑事案件审理程序的初步总结》（以下简称"总结"）的情况，做了一次具体的检查。检查结果表明：从去年第四季度以来，第一审人民法院受理刑事案件在收案手续上已经按照"总结"的规定执行了。在收案之后审理之前，一般已注意到由审判员和2个陪审员组成合议庭审查案件应否受理，是否对被告人采取强制措施，调查材料，收集证据，拟定审理的方法、步骤，在开庭前3天发出传票、通知以及公布开庭日期（不公开审理的，不公布）等准备工作。审理案件一般也注意了按照"总结"规定的程序进行，特别是向被告人宣读起诉书或者告知被控要点，向被告交代应有的诉讼权利，当庭调查、核对证据材料，进行辩论，让被告人最后发言等这些程序中的重要部分，都为审判人员所认真执行。对案件的裁定，已经严格执行了合议庭、审判委员会集体决定问题的制度；评议案件也注意到实事求是地研究、解决案件中的问题，并作出判决书或者裁定书，然后当庭或者定期宣判。如果当事人在听到判决或者收到判决书的10天内表示不服第一审判决，第一审人民法院即连同全部卷证报送上诉审人民法院审理。由此可见，上海市各级人民法院在执行《人民法院组织法》的各项审判制度上已经取得了不少成绩。虽然，对各个法院来说，有的执行较好，有的较差；在全市范围内，执行法律规定的审判制度还不平衡，但是，即使这样，在这方面我们已经大大地前进了一步。

不过，检查中也发现了若干"总结"中没有规定或者虽有规定但不具体，还是需要进一步研究补充的问题。按当前工作情况来看，这些问题都是需要及时的适当解决的。作为这次检查工作的参加者，仅就管见所及，提出几个问题和同志们讨论。

---

* 作者单位：上海市高级人民法院。

一、关于自诉案件和公诉案件范围的划分问题

如何划分自诉案件和公诉案件的范围，这是目前审判工作中急待解决的问题。不解决这问题，就不能使公安、检察、法院三个机关明确职责分工，遇到具体案件甚至会发生往返移送、拖延时间的偏向，也会影响人民法院正确、合理、及时地进行审判工作。

我们的意见是：自诉案件的范围一般应该是侵犯公民个人的人格、身体和权利的轻微的刑事案件，如侮辱、诽谤、轻微伤害，等等。如果被侵犯人（他的代理人、监护人）提起诉讼，法院可直接受理。因为这些犯罪行为的特点是：情节比较轻微，社会危害性不大。对这种案件提起诉讼或者撤回诉讼，就可以让被害人自行决定，而不一定由检察机关提起刑事诉讼。但是，像强奸、重大伤害、杀人、虐待、迫害等重大刑事案件，虽其侵害对象往往也是公民个人，但这些犯罪的社会危险性是大的，就必须由检察机关进行侦查并代表国家对被告人提起公诉。至于以推翻人民民主政权、破坏人民民主事业为目的的各种反革命犯罪，以及危害国家利益和社会秩序的各种刑事犯罪，当然也是应该由检察院依法进行侦查起诉的。

二、关于"劳改犯加刑"问题

目前有不少法院和做审判工作的同志对这问题是这样提和这样做的。一些被判加刑的劳改人犯，有的是有新的犯罪行为，但有些却是没有新的犯罪而只有若干不遵守管教规则的行为，或者仅有些不好的表现。因此，我们认为，把劳改犯人不是犯罪的行为加判徒刑是错误的，笼统地讲，"劳改犯加刑"也是错误的。

我们认为，在劳动改造中的犯人，过去都是犯过罪的，但是，他们过去的罪行又都已由人民法院根据国家的政策法律作了判决，给予罪刑相应的处罚。在其服刑期间，如果没有新的犯罪，当然不发生加刑问题，即使他们犯有《劳动改造条例》第69条各款列举的行为，那也只是如何给予行政处分的问题，还谈不到加刑。如果他们犯有该条例第71条规定的罪行，那就要依法进行审判，根据审判结果，依法决定处刑或者不处刑，同样不发生加刑的问题。所谓"劳改犯加刑"的说法，不论在事实上或者法律上都是没有依据的。

犯人在劳改中犯了《劳动改造条例》第71条规定的罪行，审理程序应该是怎样的呢？我们认为，应该和审理其他刑事案件的程序一样。《人民检察院组织法》第11条第2款规定："公安机关提起的刑事案件，侦查终结后，认为需要起诉的，应

当依照法律的规定移送人民检察院审查,决定起诉或者不起诉。”大家知道,我国《劳动改造条例》是在我国《宪法》和《人民检察院组织法》公布之前颁布的一个法律,那时的情况是各级人民检察院的机构大多数未建立,检察机关还不能全部担任侦查起诉工作,所以《劳动改造条例》才规定“由劳动改造机关报请当地人民法院依法判处”。也就是说,审判这种案件,公诉人是由公安机关担当,法院“判处”必须依法(包括实体法和程序法)。现在在《人民检察院组织法》已有明文规定、检察机关不但普遍建立而且健全起来的情况下,对这种案件如果仍然由公安机关直接送法院判决,而不经过检察机关决定起诉与否,这不但是错误的,而且是违法的。

三、关于案件的合并审理问题

“合并审理”在诉讼程序上是一个比较重要和比较复杂的问题。目前审判工作在这方面存在的偏向,主要是把合并看得很简单,各人有各人的做法,而且做起来很随便。有的把几个没有关联的问题合并了;有的把彼此不相干的民事和刑事问题合并了;有的则以一个被告人为单位,把所有关于这个人的问题一股脑儿地合并起来;有的法院听说某一被告人在某一法院有案,就把自己正在处理着的这个人的案件,一起送去“请予并案处理”。这样一来,本来是比较简单的问题却弄成了复杂的,原来的审理步骤也打乱了。结果往往由此造成积案,给当事人和法院的审判工作增加了不少的损失和危害。

我们的意见是:在我国诉讼法公布以前,合并审理的案件,一般应限于因被告的犯罪行为造成损失,原告人提起的附带民事诉讼,像伤害、医疗事故、交通事故的损害赔偿等,或者是同一被告人的几个互有关联的犯罪问题,需要合并而又可能合并处理的案件才予合并审理。当前存在的不论问题有无关联,不论审级,不分民刑,而胡乱并案的现象必须纠正。

四、关于准备庭的问题

人民法院接受案件以后,决定案件是否交付公开审理以及交付公开审理前后一系列的准备工作,都必须由准备庭来逐个审查解决。现在,上海市各级法院都已实行了准备庭的制度。审判员在实践中已经明确认识了准备庭不仅是为公开审理做好准备工作,更重要的是在于解决检察院起诉案件证据是否充分,理由是否正确,侦查工作进行得是否全面、合法等问题。

现在,开准备庭的步骤大体是:在接受案件后两三天内发出开准备庭的通知。

准备庭先由检察长(员)报告案情事实,指出控告被告人犯罪的证据和理由,必要时审判员也作补充。如果审判员、陪审员已经事先阅卷,检察长(员)就不报告案情,直接由审判员、陪审员提出问题,由检察长(员)说明和解答。最后由审判员、陪审员合议作出受理、退回补充侦查或者驳回起诉的裁定。裁定的方式包括:如果决定受理,用口头裁定并在笔录上记明;如系退回补充侦查或驳回起诉的,则用书面裁定,分别送达检察院和被告人。

准备庭如果决定受理案件,还要继续研究解决:当事人有无提出新的请求?(如要求传唤新证人)应否准许?检察长(员)是否要出庭支持公诉?对于被告人的强制措施是否继续或变更?以及开庭日期、时间、地址等问题。

贯彻准备庭制度的实践表明:这样做,不仅分清了法院和检察院的职责,提高办案质量,并且进一步发挥了法院和检察院相互监督、相互制约的作用。

五、关于充分保障刑事被告人的辩护权问题

"被告人有权获得辩护,"这是我国《宪法》和《人民法院组织法》所明文规定了的。人民法院是有责任充分保障法律赋予被告人的这项权利的。

《人民法院组织法》公布后,各级人民法院都已通过向被告人交代诉讼权利,在开庭前3天通知被告及其家属进行辩护或者请人辩护,给被告指定辩护人等措施,保障了被告辩护权利的行使。今年四月后,上海市的律师组织建立起来,使法院在实行辩护制度上大大地前进了一步。

经验证明:辩护人出庭,特别是有律师出庭给被告辩护,在贯彻执行审判制度,保证审判工作正确合法上,是有极大的作用的。但是,什么案件要有辩护人出庭,什么案件要有律师出庭辩护,目前我们还是没有法律明文规定的。我们认为,以下几种案件必须有辩护人出庭。①被告人系未成年人的案件;②聋哑人及生理上欠缺智能、不能辨别事理的人参加的案件;③有公诉人出庭的案件;④其他重大复杂的案件。这里所说的重大复杂的案件,应当是被告的罪行被证实了,须判处死刑、无期徒刑、10年以上长期徒刑的案件。对于这种案件,不仅要有辩护人,而且必须有律师出庭辩护,如果被告或者被告的家属没有聘请律师,人民法院就得给他指定律师。人民法院审理这种案件,还应当准许律师和不是律师的其他辩护人同时出庭给被告辩护。

还应注意:通知被告及其家属进行辩护,聘请律师,给被告指定律师等工作,人民法院都应在开庭日期之前3天以前做好,不然,往往会因为时间仓促,准备不及而影响辩护的进行。如果法院不能使被告、被告家属、律师在开庭日期之前3天以前得到通知,被告及其家属有权要求延期审理。

六、关于向当事人告知诉讼权利问题

"总结"规定在审判长(员)宣布开庭后,须查明当事人的身份,宣布法庭组成人员名单,告知当事人应有的诉讼权利。如何把这项工作做好,真正使当事人特别是被告人,能够懂得他们有哪些诉讼权利,怎样行使这些权利,我们认为应当注意以下几点:

1. 最好分段告知,而不要一下子进行全部交代。因为把许多项诉讼权利一下子告知当事人,既不容易使他们清楚了解,而且也不容易让他们全部记住,往往会使告知流于形式。如果在查明当事人的身份之后,就告知回避权利;在辩论终结前告知被告有最后发言权等,这样做就容易使当事人听得清、记得住,真正能使这些审判制度发挥实际作用。

2. 向当事人告知诉讼权利,必须尽量采用当地通用的语言。因为目前我们法律科学的宣传教育还是不够广泛的,多数当事人还都缺乏法律知识,若干法律术语不经过通俗易懂的解释就很难使他们理解领会。例如,"回避"一词,如果我们在法庭上仅仅向当事人说"你有权请求审判员回避",虽然也合法,但却往往不能发生作用,甚至引起其他问题。有一个法院审理一个伤害案,因为没把回疑问题讲清楚,虽然判决是正确的,审判人员也不需要回避,但判决后原告以陪审员"不公正"为理由提起上诉,使上诉审法院为解决这个问题花费了好大力气。

3. 有些诉讼权利的告知,是可以通过具体措施来实现的,光是口头讲一讲,没有用处。例如,关于被告人有鉴别证据的权利这一项,如果口头讲"你有鉴别证据的权利",就不如当庭把证据拿给他看。又如,被告最后发言这一项,如果只是口头告知被告"你有最后发言权",但到辩论终结后,却不问被告还有什么话要讲,甚至不让他讲话,这种告知就是形式的。在这些方面,只有我们的具体措施,才能保证当事人的诉讼权利。

4. 有些当事人的诉讼权利,应该不止一次地告知。例如,关于上诉,在宣判以前,可以告知他有上诉权利,在多少天内,到什么法院上诉;但宣判以后,再向当事人交代一次,特别是对于被判长期徒刑或者死刑的被告,有必要这样做。因为他们在受审的时候,心情是紧张的,听到宣判之后,往往更为紧张,甚至有的紧张到思想混乱的程度。如果不再一次把上诉期间、手续等向他们交代清楚,就很难保证其行使上诉权。

七、关于旁听和群众发言问题

人民法院审理案件,都是公开进行的,除了"有关国家机密,有关当事人稳私的案件,和未满十八周岁少年人犯罪的案件"外,群众都可以到庭旁听。但关于什么人可以到庭旁听,"总结"内还没有具体规定。我们的意见是,满15岁的公民都可旁听,而不满15岁的公民,则是不可以的。这是因为刑事案件中,总有一些违反法律、败坏社会道德的坏人坏事,不满15岁的公民对事物的鉴别能力是薄弱的,很难发挥监督审判的作用;对他们本身来说,旁听这些坏人坏事,也往往是好处少、坏处多。其次,有的妇女带小孩到庭旁听,也往往影响法庭秩序。所以我们的意见是:对不满15岁的公民,可不准其到庭旁听。

旁听群众当庭发言,在现有法律和最高人民法院的"总结"中,都没有规定。但是,不少法院都准许群众发言,有的甚至把这列为审理案件的必经程序之一。我们认为这样做是不适当的。旁听群众并不是当事人,法庭也不可能查明他们的身份,以及他们和当事人的关系。经验证明,过去绝大多数群众发言,往往是把锋芒指向被告,压力很大,有时容易形成群众斗争会,这对案件的审理是没有好处的。我们认为审理案件是不需要请群众发言的,也不应该把群众发言列为一项审理程序。如果群众要检举、揭发犯罪或证明案件真实情况,则告诉他们可以在开庭前或开庭后向法院提出;法院认为需要的时候,可把这些人当做证人,请他们出庭作证。

八、关于撤回诉讼问题

"总结"规定:"对轻微的自诉案件,自诉人可以撤回自诉,但为了避免以后再起纠纷,撤回自诉须经被告人同意,并由人民法院批准将案件注销……当庭调解成立的案件,由人民法院制作调解书,分别存卷和发给当事人。"

目前不少法院在处理撤回自诉问题上,是不符合"总结"的规定的。有的对自诉人的撤回,只是消极地接受下来,并不表示态度,完全失掉了人民法院在诉讼活动中应有的主导作用;有的只是根据自诉人的申请,自行结案了事,既不表示准许撤回与否,也不通知被告人;也有的收到撤回申请,只在笔录上注明一下。由于审判工作上存在这些缺点,有的案件经过撤回,过了一段时间,发生再行起诉的情形,这显然是不应该的。

我们认为,法院对自诉的轻微刑事案件,在没作出裁定和判决以前,自诉人申请撤回诉讼,应当按照"总结"规定,准许撤回,并由承办该案的审判员一人署名作出准许撤回自诉的裁定书，送达双方当事人，将案件注销。当庭调解成立或者当事人在外自行调解成立的案件，也应该由审判员一人署名作出裁定，送达双方当事人，然后将案件注销。仅仅在笔录上注明或者准许撤回，不作裁定书送达的做法，都是应该纠正的。

九、关于合议庭和审判委员会决定案件的分工范围问题

《人民法院组织法》第 10 条第 1 款规定："审判委员会的任务是总结审判经验，讨论重大的或者疑难的案件和其他有关审判工作的问题。"至于哪些案件可以由合议庭讨论决定，哪些案件需要审判委员会讨论决定，《人民法院组织法》和"总结"还都没有具体规定。实践中，有的法院是按照对被告判刑的长短来划分审判委员会和合议庭决定案件的分工范围，如对被告处刑不满 3 年的由合议庭决定，3 年以上的由审判委员会讨论决定等。在目前我国刑法典尚未公布，对若干犯罪还没有法定刑规定的时候，按照对被告判刑长短来划分审判委员会和合议庭决定案件的范围是不适当的。仅仅以"重大的或者疑难的"作为划分审判委员会与合议庭决定案件的范围，有时也不容易掌握。我们的意见是：除了案情重大、复杂、疑难，政策界限不明确或者需要判处死刑、无期徒刑、10 年以上长期徒刑的案件以外，随着社会主义建设和社会主义改造胜利发展而发生的新类型的案件，以及合议庭成员间意见不一致的案件；合议庭与庭长、院长之间有不同意见的案件，都应由审判委员会讨论决定。其余可由合议庭决定。

十、关于合议庭评议案件的问题

"总结"规定："在评议中应研究解决如下问题：被告人的被控事实是否确实；是否构成犯罪；是否为被告人的行为；所犯罪名是什么；应否判处刑罚；判何种刑罚；有无附加刑；应否缓刑；附带民事诉讼如何解决；赃、证物如何处理。在确认被告人有罪时，应作出有罪的判决；反之，即应作出无罪的判决。"我们认为"总结"这样规定，不仅正确，而且就目前审判工作情况说，也是非常需要的。现在，不少法院的合议庭在案件辩论终结后，审判员和陪审员评议案件，往往只是很简单地讲讲对被告判刑不判刑，判什么刑，刑期长短就行了，并不按照"总结"规定对以上各个问题逐项进行研究。这种简单化的评议，反映了我们的审理工作是粗糙草率的，没有把案内的事实搞清楚，也没有把案件的性质弄明确，也没有按照"法律是准绳"的原则决定案件，而这些恰恰就是我们审判工作质量不高，甚至发生错判的主要原

因，今后必须认真改进。

十一、关于宣判问题

现在法院都根据“总结”的规定，用当庭宣判和定期宣判两种方式对当事人进行宣判，并且当庭宣判的案件在日渐增加。存在的问题有：有的同志只是送达判决，而不对当事人进行宣判；有的同志认为不公开审理的案件不能宣判，于是他们对不公开审理的案件，就不宣判。在宣判的时候，只是一字一句地把判决书照读一遍，不注意通过讲解判决理由，向当事人和旁听众群进行政策法律的教育。这些做法，不仅是执行审判程序上的重大缺点，而且也是不符合《人民法院组织法》第3条第2款（人民法院用它的全部活动教育公民忠于祖国，自觉地遵守法律）的规定的。我们认为第一审裁判案件都要公开宣判，不公开审理的案件也要公开宣判。在宣判的时候，必须用通俗语句讲解裁判的理由，向当事人和在场群众进行教育，任何简单化的做法都是不应该的。

十二、关于上诉问题

目前，第一审法院对上诉制度一般是按照“总结”的规定执行，但在某些案件中还是存在问题。有的对有正当理由的逾期上诉也不准许；有的把并无正当理由，但已逾期很远的上诉要求也照例送往上诉审法院；有的不把口头提出上诉的作为上诉案件看待；个别的还有限制当事人上诉的。我们认为，当事人不服第一审判决提起上诉，这不仅是一个审判制度，而且是法律赋予当事人的诉讼权利，限制当事人上诉是违法的。对于逾期上诉，应该认真审查有无正当理由（如送达工作有缺点；上诉期满日是例假日；上诉人本身遇到意外灾害），如果有理由，即应准许上诉；如果是无理由的逾期上诉，则不应准许。

现在，不少第一审法院在公诉案件的被告人提起上诉时，也要他们提出上诉状副本，并且还把这种副本送给检察院。我们认为这是对“总结”规定的“原审人民法院将上诉状副本送达对方限期答辩”的误解。因为上诉审所要研究解决的问题是原审判决是否正确和有无根据，即使法院有时需要和在第一审起诉的检察机关就案内若干问题进行一些研究，或者需要检察机关对这个案件的审理具体地进行监督，但这绝不能认为检察机关或者检察人员就是上诉人的“对方”，更不能要检察机关答辩。有的法院把死刑被告的上诉状送给检察机关而不把上诉案件报送上诉审法院，等了几个月，被告已病死狱中。可见这种由于误解“总结”规定而产生的错误做法，乃是十分有害的，必须立即纠正。

我们的社会主义的法律科学正随着社会主义建设和社会主义改造事业的胜利迅速发展。刑事诉讼程序问题是法律科学的重要部分之一。几年来，人民司法工作在刑事诉讼程序方面已经累积了相当丰富的实践经验，但也存在不少问题。正确地研究、解决这些问题，不仅有利于今后的刑事审判工作，并且也将给我国的刑事诉讼程序的立法工作提供若干参考材料。由于我们的理论水平很低，并且缺乏法律科学知识，因此，只能把实践中遇到的若干问题提出来，还不能作系统明确的分析说明。如果这些问题能够引起做法律科学工作的同志们的研究，并在理论上加以说明，这是我们的殷切的愿望。

（1956 年第 2 期）

对第二审法院刑事案件审理程序的一些意见

张　镇*

自从中央第三次全国司法会议精神传达以来,我们检查了142件二审刑事案子,其中包括反革命45件,破坏革命秩序16件,通奸10件,窃盗14件,诈欺6件,强盗5件,破坏经济金融法令5件,妨害税收4件,侵害个人财产4件,贪污4件,伤害4件,抽头聚赌3件,杀人2件,其他20件。

过去这些案件在二审的审理程序上是比较不统一的。例如,有的采取"一头合议",有的采取"二头合议",有的采取"三头合议"。"一头合议"的,一般都是案情清晰、问题简单、量刑轻微的案件;"二头合议"的,是案情较为复杂,问题有争执,或刑罚较重的案件;"三头合议"的都是案情严重复杂,有尖锐的政策影响或刑罚在有期徒刑15年以上的案件。

这些案件在审理过程中也各有不同。有的经过预审,有的不经过预审;有的主张调查,有的不主张调查。为了今后在审理二审刑事案件的程序上大体求得一致起见,仅将个人的初步意见发表如后,请同志们批评指教。

根据《人民法院组织法》第11条的规定:"人民法院审判案件,实行两审终审制。"这一制度充分体现了我国《人民法院组织法》在保障人民诉讼权利方面的民主精神,同时也是为了便利人民,不使诉讼当事人一次次地受审而经年累月不能结案,造成社会人力、物力、时力的损失。因此,适当地限制审级,对国家与人民都是有好处的。

但是,作为终审的二审法院,应该如何担当这一重大的责任,就值得研究了。

关于二审法院受理的案件,同法第11条第1款规定:"地方各级人民法院第一审案件的判决和裁定,当事人可按照法律规定的程序向上一级人民法院上诉。人民检察院可以按照法律规定的程序向上一级人民法院抗议。"也就是说,当事人遵守法律规定的诉讼条件而提起的上诉,上诉审必须作出自己的判决或裁定。由于二审法院的任务,是使一审事实不清或适用法律不当的判决,经过上诉,能够得到切实而有效的纠正,它在通常审理程序(不包括监督程序)中,是保证人民法院能对案件作出正确判决的最后的一个重要关口。它的判决或裁定是决定被告人的罪

---

* 作者单位:上海市高级人民法院。

过大小或有无，量刑轻重或应否处理。因此，必须根据“事实是根据，法律是准绳”的审判案件的基本指导原则，上诉审必须对所审理的上诉案件确切地查清事实，但有些事实不清或根据不足的案件，并不是只靠审判卷宗就能发现的，所以除了有些发回重审的案件之外，应该进行调查研究。只有在弄清事实的基础上，才能正确地适用法律，从而得到正确的判处。

关于审理上诉案件的做法问题，根据《人民法院组织法》及最高人民法院《关于14个大城市刑事案件审理程序的初步总结》经过实践的结果，我认为二审人民法院的公判审理程序主要是：

一、准备阶段

（一）看卷

二审人民法院在接受上诉或抗议案件后，应当按时看卷。看卷时应注意下列基本原则：

1. 一审在公判调查或侦查机关在侦查时是否充分和正确；
2. 一审是否违反诉讼程序；
3. 一审对于被告人的罪行所规定的罪名是否正确；
4. 一审在适用实体法上是否正确；
5. 一审的判决是否公平。

以上这些是第一审法院所造成的上诉理由，足以成为撤销或变更原制决的根据。

《人民法院组织法》第4条明确规定：“人民法院独立进行审判，只服从法律。”国家与人民既赋予我们这样重大的权威，我们应该如何正确地运用？我认为，审理上诉案件最重要的一点，就是审核一审判决是否合法，即审核案件的侦查和法院的审理，对审理程序和政策法律是否确切地遵守。同时，审核案件事实的问题，即有无根据是与是否合法的问题有机地联系着的。如果说事实搞不清楚，要谈案件判得合法、正确是不可能的。但是，遵守法律和正确解决案件也是根本不可分割而密切相连的。

对于一般案情此较轻微的案件，只要有1个人看卷就行；如对原判无期徒刑、死刑或特殊复杂重大的案件可由2~3人看卷，看卷之后都应作出摘要，以便在公判审理开庭后作案情报告和审理时的注意要点。对于比较简单的案件，可以由个人决定受理或不受理。如何进行审理，审理哪些问题和开庭中的一切准备工作等的决定，由合议庭其他人员通过即可；比较重大复杂的案件则必须通过合议决定。过去二审审理案件时提出的所谓“预审”，我认为是不一定需要的。因为实践证明，开庭后只要主审的承办人在报告案情时能够简明扼要，抓住上诉要点和原判决矛盾所在，以及提出争辩的焦点，其他参与合议庭的审判人员能够丢弃一切与所审案件无关的杂念，集中思想地听，同时并摘记要点，有不明白处随时发问。这样就既能节省时间，又可与审判连贯起来。当然，这种新的做法可能会使有些同志感到不经"预审"，只凭审讯时的报告案情，怕对整个案情不熟悉，或怕在合议时缺乏根据等。但是，如果真正贯彻了民主集中制的精神，发挥了集思广益的作用，正确地理解合议庭的作用与意义，这个问题是不难解决的。

（二）决定开庭中的一切必备工作

1. 开庭的时间、地点；

2. 传唤哪些人；

3. 要否公诉人、辩护人参加；

4. 要否传唤证人、鉴定人；

5. 对被告应否采用强制处分方法；

6. 决定本案公开或秘密审理。

二、公判审理阶段

（一）先决条件

1. 上诉案件的审理，一律公开进行，这是《人民法院组织法》第 7 条所规定的。遇有保守军事、外交或国家机密等的必要或涉及隐私问题和当事人未满 18 岁的少年的犯罪案件时，可以禁止群众在全部或一部开庭时间内旁听。

2. 上诉案件的审理，一律实行合议制，这是同法第 9 条及其第 2 款所规定的。

（二）步骤

1. 书记员先带卷出庭，将卷放好后查点出庭人数，审判长和二位审判员出庭，书记员叫到庭的人起立，审判长等入座时叫大家坐下。书记员向审判长报告出庭人数。这不是形式主义，而是因为法院代表国家，用国家名义来审判的。人民对于法院要表示尊敬，法院本身也要保持严肃和隆重，不能随随便便进行审判。

2. 审判长宣布公开审理。应将××人对××区×字第×号××一案的判决不服提起的上诉案件宣布。

3. 查明到庭受审人的身份及姓名、年龄、住址、职业以及其他事项。

4. 宣布审判组织（公判庭的全体成员）和审查回避的申请。说明受审人有下列权利：向证人、鉴定人及其他受审人发问；辩护权；最后发言权。

5. 主办人起立（有人说不要起立）报告上诉理由及一审判决，问当事人有无补充意见，同时报告一审程序是否合法或一审判决在认定事实上有哪些问题，我们有哪些问题要向当事人发问等。如主审员问得不够周到或不够清楚时，其他审判人也可发问，但为了严肃法庭秩序起见，发言前必须得到审判长的允许。

6. 当审制长宣布讯问完毕后，即进入辩论阶段。辩论发言可依下列顺序进行：

（1）如案件系被告上诉的，有公诉人出庭时，应先由公诉人发言，陈述他对被告上诉的意见，并引证法律说明自己发表意见的理由；然后由被告陈述自己上诉的理由与证据等。

（2）如属公诉人抗议的案件，应先由被告发言，然后由公诉人发言。

检察人员发言时应避免对被告进行审问。

但最后发言权，应该是永远属于被告的。

7. 审判长宣布辩论终结后，然后审判人员进入评议室，共同研究审讯辩论结果，以便作出裁判。在评议时应注意下列各点：

（1）原审程序是否合法，侦查或审讯中有无违法行为。

（2）上诉或抗议中哪些事实可以认定，哪些不能认定；可以认定的事实有无根据；上诉或抗议的理由及根据能否推翻原审所认定的事实及根据。

（3）原审在引用法律上是否适当。

（4）有无从宽、从严的条件。

（5）其他客观方面有无对被告有利或不利的方面。

（6）合议庭不能决定的案件立即送请审委会研究。

8. 判决应该做到：①合法；②有根据；③公平；④有说服力。

然后决定原审判决应否维持变更或撤销。

（1）维持原审判决。事实明确，认定有根据，适用法律正确，符合法定程序，而一审判决正确，上诉又没有理由的，应驳回上诉，维持原审判决。

（2）变更原审判决。事实明确有据，符合法定程序，但适用法律失当，一审判决显有不妥，或对部分事实认定有错误而不需要重新搜集或补行调查证据时，可予以全部或部分改判。

对于被告人提起上诉的案件，变更判决时，不加重被告人的刑罚。

（3）撤销原审判决。除对个别案情重大，撤销原判提出由自己作为一审外，一般可撤销原审判决的全部或一部，用裁定将案件发回重审。

（三）发回重审的根据

1. 作为判决基础的事实未经调查，或对证不清楚，或当事人在上诉审理时提起新的重要证据，而又需要重新调查的。

2. 在诉讼程序上的重大违反，包括：

（1）审判组织不合法。非经法定程序所任命或选出的人而以审判员和陪审员资格参加审理第一审案件的审判组织,或应回避而未回避的审判,参加审理第一审案件的审判组织,以及审理案件时不遵守法律所规定的审判员定额和审判组织等。

(2)对于不应提起刑事诉法的案件(如原告没有告诉的亲告罪),而提起刑事诉讼,且一审已宣告有罪的判决。

(3)对于不具备缺席审理条件的案件,而在受审人没出庭时进行审理(这些条件包括:受审人直接表示同意在他不到庭时审理案件;已经证明受审人逃避出庭)。

(4)对辩护人必须参加的案件,而没有辩护人参加进行审理(如有公诉人参加,或被告人系聋哑、盲人、口吃、精神病患者或不能正确了解某种现象的生理上的缺陷,从而也就无法自行辩护的人,未成年人)。

(5)其他。例如,没有让被告人阅览案件的材料,没有将起诉书的副本送交被告人,剥夺被告人的证人及其他被告人提出问题和在公判庭上进行解释的权利;违反评议的秘密原则,或不应公开审理的案件而公开审理了以及其他一系列的违法现象,都将使判决不可能发生效力,应予撤销。

三、宣　　判

我认为当庭宣判的,可由原合议庭成员为之。定期宣判的轻刑或宣告无罪的裁定,可由承办人一人为之;如案情较为重大或宣判时进行法规宣教工作的,仍应以原合议庭组成人员出庭,出庭时必须带上书记员的记录。

(1956年第2期)

对通奸行为处理原则的探讨

韩学章*

一、引　　言

如何处理通奸案件是目前审判工作中存在的问题之一。因为通奸在法院案件中占一定数量,案件多,情况复杂,处理不易。有些纠纷在“家丑不可外扬”的顾虑下,尚未引起诉讼,所以不仅法院时常接触到这个问题,不少工厂、工会、人民团体等负责干部也常因工人干部中不断发生通奸纠纷而感到烦恼。因而,它不仅是审判工作中的问题,也是社会上存在的问题。

在通奸案中突出的问题乃是惩处和教育的界限问题。到底哪些案件应该处刑?哪些案件属于教育范围?对此有着不同程度的争论。有的甚至于认为,法院不判刑使通奸案增多了。这些争论都反映了我们对婚姻政策的指导思想还不够明确。譬如说,有些人主张对通奸案应一律判刑,用惩罚解决问题。理由是通奸有伤社会风化,妨害家庭,不能不办。这很明显地反映了惩办主义的背后还存在封建思想的残余。另有些人主张一律不办,主要认为苏联对通奸案不处刑,这也说明存在不根据中国具体社会情况的教条主义。我个人的意见认为,通奸既不能一律处刑,也不能一律不处刑,而要根据法律科学的理论、结合中国的具体社会情况,根据中国婚姻政策的基本精神来研究。通奸在基本上是属于教育范围,只有在具备一定犯罪的条件下,才予以惩处。无论教育或者惩处,其目的是反对封建婚姻制度,树立新的家庭观念,从而有利于社会主义建设事业。

二、通奸发生的原因

为了正确认识通奸问题的性质,我们有必要研究各种不同社会通奸发生的一般原因和中国目前通奸发生的社会原因。

1. 封建婚姻制度下发生通奸的原因

封建婚姻制度是封建社会的产物,由于封建社会是以男性为主的宗法社会,就必然形成包办强迫婚姻而不是相互了解、互敬互爱的自由结合;必然是男尊女卑、

---

* 作者单位:上海市高级人民法院。

一夫多妻制（重婚纳妾），而不是平等的一夫一妻制；必然是漠视子女利益，而不是保护子女的利益。在这种婚姻制度下，必然是怨偶多而幸福伴侣少，男子不满意还可以重婚、纳妾、宿娼——合法的通奸；女子不满意的，只能忍受一辈子或者被男子合法的遗弃即休妻，而没有离婚再嫁的自由。因为处在这样不满意的家庭中，一旦（偶然机会）遇到中意的对象（或者坏分子引诱）而产生了通奸行为，这在本质上是消极反抗行为。这是问题的一面。问题的另一面是青年男子受迫于包办婚姻，遇到较好的女性也可能通奸，当然也存在因其他原因而发生通奸的行为。通奸原因虽是多方面的，可是主要是封建婚姻制度不合理，婚姻没有自由的结果。譬如《水浒传》中有这样一段故事：潘金莲是地主张员外的婢女，张员外有意把潘收为妾媵，遭到潘的反抗。张员外为了报复，把潘配给又丑又矮的武大郎。潘由张员外买来做丫头，又被许配给武大郎，完全没有自己的意志，当然她对这个婚姻是不满意的，所以导致与西门庆通奸。今天我们可以看出潘金莲是受到封建婚姻的迫害，而不是天生的淫妇。但在西门庆一方面，他是地主兼商人，家中三妻四妾，他与潘金莲通奸是玩弄性质。

2. 资本主义婚姻制度下发生通奸的原因

资本主义婚姻制度是资本主义社会的产物，资本主义私有制和人剥削人的关系使情感与爱慕一直到结婚都为金钱所左右。男女选择配偶时，不是按其品德来判断，而是按其财产来判断，所以成为利害关系的婚姻。男子为了财产而娶妻，妻子只是永远出卖其肉体的奴隶。正如马克思、恩格斯指出的："资产阶级撕破了家庭关系上面所笼罩着的温情脉脉的纱幕，并把这种关系化成了单纯金钱的关系。"资产阶级虚伪的一夫一妻制，固然是由道德、宗教、法律所正式承认了的，但普遍流行的卖淫，正是对一夫一妻制的明显的否定。不仅公开卖淫，而且更流行着通奸。正如马克思、恩格斯所说："资产者不以他们工人妻女受其支配为满足，更不必说公娼制，并且还以互相诱奸妻子为其特别的乐事哩。"这一切说明资本主义社会的婚姻制度是以卖淫和通奸为补充的虚伪的一夫一妻制。卖淫和性生活的混乱是资本主义婚姻制度不可避免的现象。而且这些现象大都还具有经济目的；这种自私自利的手段，又与资本主义的经济生活分不开。譬如莫泊桑所著《美男子》一书中即暴露了这一黑暗面。书中描写一个从非洲参加殖民地远征回来的青年，找到一个声势显赫的在大报馆里当主笔的同学，这个同学有着年青美貌且擅长交际的妻子，他就是依靠妻子交际获得特殊新闻，再由夫妻共同写作，而逐渐成为著名评论员。年轻的"美男子"，依靠这个同学的力量做了小记者，虽然有才干，可是不得发挥。不久他的同学病死了，他利用这个机会娶了同学的妻子，以后他才明白，那妻子是靠和部长议员通奸来获得消息的。这样就构成了丈夫利用妻子通奸来获得新闻，妻子利用丈夫写作发财来过享乐腐朽的生活。这种夫妻关系不是明显的资产阶级的金钱关系吗？以后故事又继续发展，“美男子”为了向上爬，便和大报馆总经理的太太通奸。丈夫、妻子互不干涉，而且还维持表面很好的夫妻。不久，“美男子”又觊觎报馆经理的女儿的一大笔惊人的遗产，于是他便去揭露他妻子和部长的奸情并提出离婚，离婚以后便引诱报馆经理女儿结婚，结果他是又有名、又有利，飞黄腾达了。这个故事充分说明资本主义婚姻制度下通奸发生的原因是互相玩弄、互相利用，其主要目的是要达到经济利益，这与婚姻制度的性质是分不开的。

3. 中国目前社会发生通奸的原因

中国目前通奸发生的原因到底属于什么性质呢？这首先要看中国的社会性质。几千年来中国是封建制度，近百年来中国受到外来资本主义国家的侵略和中国本身资本主义的发展，使中国成为半封建半殖民地的社会，因此中国的旧婚姻制度也就是封建的和资本主义的混合物，主要的是封建性。在沿海城市因受资本主义的影响较深，特别是受到帝国主义的经济和文化侵略，色情电影和黄色小说到处泛滥，因而也渗着资本主义的性质。

自1949年解放以后，中国社会性质起了变化，由半封建半殖民地社会变成新民主主义社会，而且正在向社会主义社会过渡。社会基础的变化，引起了婚姻制度的变化。特别是《婚姻法》颁布以后，促进旧家庭的崩溃与新的社会主义性质的、男女平等的、互敬互爱的家庭的建立。但是上层建筑的变化通常是落后于经济基础的变化，所以新的家庭在今天还是占少数。特别是，大部分的家庭是在解放以前组成的，或者原来是封建包办的，或者是属于资本主义性质的金钱关系的婚姻，或者是二者兼而有之的混合物。即使在解放后组成的家庭，除大部分真正建立在男女权利平等、互敬互爱基础上的新家庭外，还有些家庭是不够健全的。这是由于思想落后于存在，一般人还存在旧意识、旧立场观点，不是从长期的学习或工作中产生了解、产生爱情，在思想一致的为革命事业努力的基础上而结合的，而是在一定程度上受着名利思想、享乐思想的支配，或受封建环境影响而组成的家庭。总之，不管是旧社会遗留下的家庭，还是在不正确的立场观点下组成的家庭，都是不够健全、不够合理的家庭。在这样的家庭关系中，就可能发生通奸行为。要消灭通奸，就要根本消灭不合理的婚姻制度，所以前中央贯彻《婚姻法》运动委员会副主任刘景范说:男女间不正常关系是婚姻不自由的产物。

从下面案件中可以说明中国目前通奸发生的一般原因：

例一，女方胡某原是童养媳，在20岁时结婚，男方是哑巴，因此夫妻间根本没有感情。女方曾提出离婚，因亲友调解未离。以后女方到某棉纺厂工作，因工作关系和同车间男工某人发生了通奸行为。这个例子说明封建包办的婚姻所组成的家庭本是不健康的，双方终究也要离。在这种情况下发生通奸行为，客观上还是对封建婚姻制度的消极反抗。

例二，男方杨某是教师，原来和妻子很好，后来为夏某代课，与夏妻相识，双方就一同出去看电影，并去苏州游玩，结果发生了关系，引起了纠纷。从这件纠纷来看，杨与自己妻子感情并不坏，只是由于资产阶级思想，以玩弄为目的而发生了通奸，这种通奸行为是近百年来资本主义国家侵入中国，资产阶级腐朽思想传播的结果。

例三，女方戚某现年22岁，解放初16岁时只是由于玩弄性质而与两个男同学发生性关系。与其中一个王某发生关系后有了身孕，她本不愿结婚，王某也无意结婚，并另有女友。但女方戚某的母亲从封建思想出发，希望他们结婚。正巧这时戚和王同时离开学校参加工作，戚某的母亲就通知组织上帮助他们"打通"思想，履行结婚，于是戚和王就在家庭的督促和组织"帮助"下结了婚。在办理登记后，王说："我们什么时候来办理离婚登记？"这说明他们的结婚虽然在解放以后，可是并不是健康的。一方面，男女双方没有真正的感情基础，只是互相玩弄，双方都另有所欢。这明显是资本主义性的。另一方面，女方怀孕后，母亲的督促，环境的压力，其结婚是带有封建性的勉强撮合。所以，戚、王的结合是典型的封建主义和资本主义混合物的婚姻。他们结合后虽然有了两个小孩，双方感情还是不好。而受资产阶级思想支配的女方戚某，在这个期间又找着地位较高、待遇较好的同事陈某通奸，然后再向法院提出离婚。这个案例说明了旧的婚姻制度、旧的封建思想和资本主义的毒害在解放后还没有完全消除，在这种情况下，才造成草率结婚，发生了通奸。这说明通奸行为是有一定的社会基础的。

从上面三个案例来看，中国目前通奸发生的原因，基本上是旧社会遗留的毒害。因此只有认识了通奸发生的社会原因，再进一步从刑法理论上加以分析，才能决定处理的原则。

三、不同社会处理通奸案件的不同原则

各个不同社会中婚姻立法的基本原则是从他们的经济基础出发，反过来再巩固他们现存的社会制度。譬如在封建社会，法律保护以男子为中心的婚姻制度；在资本主义社会里，家庭关系主要服从资产阶级的自私自利的利益，法律保护了商品关系的婚姻制度；在社会主义社会中，保护作为社会主义基层细胞的家庭，巩固男女平等、互敬互爱的家庭，发挥人们的积极性和创造性，从而保障社会主义的建设。在这样的立法精神下，不同社会对通奸问题就有不同的处理原则。

第一，封建的和资本主义的对通奸的处理原则。两者都认为通奸是犯罪。因为它们有共同点，都是少数人的私有制和剥削制度的社会，男子掌握经济权力，而女子在经济上不能独立，都是男女不平等的社会。封建社会中女子成为男子的私

有财产，资本主义社会中女子只有形式上的平等，但都是对妇女进行迫害。不同点是封建社会采取野蛮行为，而资本主义则以虚伪的法律条文来掩饰而已。在封建社会中，通奸被认为罪大恶极，不仅法律上要判刑，而且往往野蛮地利用族权、夫权来私刑处理，一根绳子，一把剪刀，被迫自尽是通奸妇女的下场。但男子通奸除一部分因婚姻不自由外，大部分是玩弄性质的，因他们在经济上占统治地位，不仅可以用宿娼方法公开通奸，即使与有配偶人通奸，也可以用金钱贿赂而逍遥法外。例如，武松到衙门里去告西门庆时，因为西门庆是药铺老板、大地主，就可以买到县官的不受理。

在资本主义社会中，通奸一般都被认为犯罪行为。美国《刑法典》第516条规定：任何人犯通奸罪者一律处3年以下徒刑。旧德国《刑法》第172条规定：因通奸而离婚时，犯罪的配偶与相奸者各处6个月以下轻惩役。本罪须告诉，始得提起追诉。旧中国"六法"也是照抄资本主义的，如国民党《刑法》第239条规定：有配偶而与人通奸者处1年以下有期徒刑，其相奸者亦同。为什么资本主义刑法有这样的规定呢？他们是否主张男女平等呢？是否想通过刑事处分来建立合理的家庭呢？不是的。首先，我们要认识到，在资本主义国家，卖淫是公开的，妓院是合法的，而且是纳税的，因此男子通奸也是合法的，不负刑事责任，不受法律制裁。同时，规定通奸是亲告罪，因为男女经济不平等，女子经济不独立，所以妇女往往就不能坚决地控告丈夫，顾虑丈夫因判罪后会影响到她的生活。旧六法的刑法中更规定了起诉时效：发现通奸6个月不起诉作为放弃论。这又在条文上保证了男子通奸自由。更明显的是，法国刑法上第337条规定：妇女经证明曾犯通奸者处3个月至2年拘役。其夫如同意仍收留其妻时，得停止处刑判决的效力。又同法第339条规定：夫在家内容留奸妇，经其妻控告，并证明属实者，处100法郎至2000法郎罚金。这些条文充分说明男女不平等和男子不同于女子，可以用金钱代替徒刑。所以资本主义与封建社会一样只是为了巩固以男性为中心的婚姻关系，才有迫害妇女的处刑原则。同时我们必须更进一步认识到资本主义国家尽管有一些条文规定，实际上并不照条文实行，社会上性生活混乱是普遍现象。像《美男子》一书中所说的，只有对男子财产上有利时才利用法律实行通奸。一切法律条文只是为有产者服务而已。

第二，社会主义社会对通奸案的处理原则。因为社会主义是生产资料公共所有制，男女在经济上取得平等地位，妇女同样有可以充分就业的自由。正如斯大林所说："只有集体农庄的生活可以消灭不平等，使妇女自立……集体农庄实行了工作日制。什么是工作日制呢？在工作日面前，大家一律平等，无论男人也好，女人也好，谁的工作日越多，谁的收入就多。无论父亲也好，无论丈夫也好，再也不能骂女人，说他养活她了。现在，妇女既然是劳动者，她既然有工作日，则她自己就是自己的当家了。”妇女经济地位的独立，是妇女在家庭中取得平等地位的前提，也是立法上的基础。另一方面，由于苏维埃政权建立30余年来，劳动者生活水平不断地提高及国家对妇女与儿童的各种关怀和帮助，以及长期的有系统的共产主义道德的培养，在这一切条件下建立了新式的健全的家庭。根据家庭法，苏联家庭的特征是基于婚姻和血统而为国家所多方面关心的社会主义社会的基层细胞，它建立在互爱、男女平等、个人利益与社会利益的一致上面，履行互相帮助和对儿童施以共产主义教育的职能。像这样的家庭，在苏联不是个别的，而是普遍存在的。所以，在苏联，特别是1944年以后，通奸和强奸只是个别的、特殊的现象。因为它们已失去了产生的社会根源，同时因为通奸不同于强奸，没有犯罪的客观要件，因此通奸虽然是一件坏事，极不道德的事，但是可以不必用刑事惩处来解决，而用道德和舆论来制裁，以达到逐步消灭的目的。只有对个别“强迫在物质上、职务上处于从属地位的妇女同自己性交的或者用其他形式来满足自己的性欲的，判处五年以下的剥夺自由”（《苏俄刑法典》第154条）。这些处理原则，完全是符合苏联的社会主义制度的。

四、对中国目前通奸处理原则的意见

前面我们谈到资本主义和社会主义对通奸处理的一般原则，主要是为了从比较中来明确中国应该如何处理通奸案件。当然，通奸案的处理原则，也与我们社会性质有关，所以在这里，我根据马列主义的犯罪理论、结合中国具体情况来提出个人的初步意见：

首先，我们要明确什么是通奸。通奸是在双方同意下，均有配偶的男女之间，或者一方有配偶而他方无配偶的男女之间发生的性行为。像这样的行为，无论在法学理论上说，或者从今天中国社会情况来说，基本上是属于教育的范围，而不应该加以刑事处分的。只有在具备某些条件时，才认定为犯罪行为。

为什么说基本上是属于教育范围呢？从理论上说，处刑应根据犯罪行为，有了犯罪行为才处刑。什么是犯罪行为？它的客观属性就是社会危害性，而必须具备四个条件：第一，犯罪主体；第二，犯罪构成的主观方面；第三，犯罪客体；第四，犯罪构成的客观方面。如以强奸而论：犯罪主体即有责任能力的男子；犯罪构成的主观方面是采用强暴行为，使妇女处于孤立无援的地位而进行性交；犯罪客体，破坏了社会主义社会关系（社会结构，国家结构；国家机关、企业及其他社会组织的权益；公民的、政治的、劳动的、居住的及其他人身的和财产的权益），在这里的直接客体是指被迫害的妇女；犯罪构成的客观方面就是对妇女的性自由的侵犯（人权侵犯）。构成了这四方面条件，即构成了犯罪行为。如果以通奸来讲，便没有犯罪的客观要件。因为通奸是以双方同意为前提,不能构成人身(性自由)的侵犯。如果不发生社会危害性,根据这个原理,通奸是不应该处刑的。不过,必须指出,通奸不处刑并不是说通奸是合理的,相反地,通奸是一件极端破坏共产主义道德的行为。因为它破坏了夫妻间相互忠实的原则,是残余的资产阶级的思想和行为。正因为它是残余的资产阶级的思想行为,所以要通过加强道德教育,来逐步消灭这种行为,而主要不是采取惩处的方式。

像前面我们分析的中国目前通奸发生原因中所举的两个案例,女方胡某和同车间男工发生通奸,主要是对封建婚姻制度的一种消极反抗;教师杨某与夏妻通奸,乃是受资本主义性生活随便的影响。即便是双方同意,也不构成犯罪。这两个案例中前者原是封建包办婚姻,夫妻本无感情;后者夏某家庭,夫妻双方均不忠实,家庭本身原不健全,通奸行为并非家庭破裂的原因,因此没有社会危害性,基本上也是属于教育的范围。当然,通奸的类型很多,有时因为立场观点不正确、草率结婚而产生通奸,有的因双方长期分居(因工作关系或一方犯罪)而构成性生活苦闷或经济困难而发生通奸行为等,不胜枚举。总之都应该加强道德教育,而不是简单地、粗暴地以处刑来解决问题。这种处刑原则与资本主义相反,资本主义的处刑是保护虚伪的一夫一妻制,迫害妇女来达到保障私有者的利益,而我们不处刑是和苏联在基本上一致,乃是根据科学理论,改造旧家庭来建立新家庭,达到巩固社会主义所有制的目的。

上面又说过,只有具备某些条件,才成立犯罪,那么,需要具备什么条件呢?这也要根据法律科学理论和中国具体社会情况加以分析。主要有犯罪构成的要件,产生了社会危害性;其次要看是否违反了《婚姻法》的精神。《婚姻法》是保护妇女利益,保护婚姻自由,改造旧家庭,树立新家庭的,而有些通奸行为却正是损害妇女利益,妨害婚姻自由和成为改造家庭的障碍物。把以上二者结合起来,即构成犯罪。这种处刑是符合我们保障新婚姻制度、保护社会制度和有利于社会主义建设的原则的。对于应认定为构成犯罪的,现在初步提出下列四种类型:

第一,通奸引起严重危害家庭的后果。有人说,通奸都是危害家庭的,那么不是一律要处刑了吗? 不能这样说。首先要看哪一种家庭和夫妻双方感情如何。假如原来夫妻感情已经恶化,即使不通奸也不会好的,即不构成所谓危害家庭。只有那种虽是旧式家庭,夫妻感情尚好,并正在改造中的家庭,或者基本上是男女平等和睦的家庭,其配偶发生通奸,因而破坏了家庭,影响了对儿童的共产主义的教育培养,那就应该加以惩处。其次,因为这种通奸是有犯罪客体的。从理论上讲,这个犯罪客体即破坏了社会主义社会关系,这个犯罪客体便是家庭。因为家庭是社会主义社会的基层细胞,只有搞好家庭,才能发挥社会生产力和对儿童进行共产主义教育,有利于社会主义建设事业。通奸固然经双方同意,缺乏犯罪的要件,但通奸的结果引起感情尚好的家庭趋于破裂,就引起了破坏社会主义社会关系(家庭)的后果,产生了社会危害性,这就成立犯罪。所以,有些行为,即使双方同意,但由于其结果具有社会危害性,便不能免除刑事责任。举例来说,苏联曾有这样一个案件:有良种母牛一头,母牛所有人同意宰杀,但宰杀结果,对社会主义的经济事业有危害性,在此种情况下,不因母牛所有人同意而免除刑事处分。因通奸而危害家庭的情况也是如此。这正说明了社会主义立法原则是个人利益服从集体利益。根据这个原则,譬如说,我们处理现役军人的配偶与人通奸时,即不能与一般人同样对待。因这类通奸的后果是足以影响军人情绪,影响人民的最高利益,因此也构成了犯罪。再次,结合中国具体情况,目前我们的婚姻政策正在改造旧家庭,建立新家庭,对第三者破坏家庭的行为,应予制裁。在具体案例中,男方孙某与女方陆某在解放前结婚,婚后感情尚好,生有子女五人,1947 年陆的同学刘某来上海找工作,经陆的介绍认识了孙。孙为刘介绍了工作,并为解决他的困难而容留刘住在家中。1950 年刘乘孙出外经商的机会,与陆发生通奸,事后为孙所知,刘表示以后不再犯,写了保证书,迁出居住。但刘陆关系并未断绝,因而夫妻感情破裂,陆即提出离婚。他们是正在改造中的家庭,基本上是好的,所以刘和陆虽是通奸,虽然双方自愿,但结果是破坏了社会主义基层组织的家庭,产生了社会危害性,构成犯罪行为。这是一方面。另一方面,这种通奸也违反了《婚姻法》的基本精神。但在这种情况下,必须由配偶亲告,以免引起混乱。

第二,利用经济职权引诱和威胁处于从属地位的妇女进行性行为。这和《苏联刑法典》第 154 条相似,因为从表面上看,双方是自愿的,而实际是利用职权,利用物质引诱,这并没有双方同意的前提,因此有了犯罪的客体,成立犯罪。在具体案例中,资方周某生活腐化,已结婚,但又借其资方地位引诱厂中女工胡某发生关系。后来,一面要胡离厂,一面又威胁胡"如果你控告我,我妻子也要控告你",使胡生活陷入困难。胡无法,同时又因周围环境的刺激而自杀了。像这种情况,无论从哪个方面来看,都应处刑。

第三,利用"结婚"诱骗妇女成奸。通奸或不正常男女关系,表面上是自愿而实际上这个"自愿"是有前提的,比如说前提是"结婚"。男方哄骗女方说不久即准备结婚,女方也同意。当时男方并无结婚意图,不过借此要求发生关系。女方则认为是婚前提早发生关系,也就同意。后来结婚未实现,一般情况下,女方在精神上受到了很大刺激,有的发生精神病,有的甚至于引起自杀后果。因此,对男方应该予以法律制裁。因为通奸以双方同意为前提,此时女方同意乃是为了结婚而同意的,所以女方的"自愿"乃是表面现象,因此在理论上构成了对性自由的侵犯。在具体案件中,男方姚某已有对象且与之订婚,却又对女方郑某谎称愿意与之结婚,要求发生关系。女方认为婚前提早发生关系，即同意。而结果姚某与未婚妻结婚，女方始知受骗，悲愤异常，提起诉讼。这种情况男方的动机是欺骗，结果又加遗弃，把动机和效果结合来看，是一致的，所以应当予以法律处分。可是，假定其动机是欺骗，但后来结果是结婚了，就不构成犯罪。因为具体犯罪行为要从动机和效果作辩证的观察，不能强调动机，否认效果；也不能强调效果，否认动机，犯罪动机应以犯罪效果来检验。例如，某男性，未婚，与邻女发生关系，并生有一子。女方所以愿意发生关系是因为男方以结婚为幌子，后来男方遗弃不顾，引起群众公愤，男方乃收留了女方。这事例要看男方动机如何，是玩弄欺骗，还是当初真正有结婚意图。再看其效果，以后是否结婚，还是遗弃不顾。假如原来有意结婚，后来情况发生变化，因而不结婚，可不予处分；如果动机是欺骗，后来承认错误，同意结婚，也不能予以处分。只有动机是欺骗，而后来结果又加遗弃的，即构成犯罪行为。

第四，一贯玩弄女性，情节恶劣的。首先，凡一贯玩弄妇女，其中必有欺骗行为，因此具备了犯罪客观要件。其次，这种乱搞男女关系，面很广，社会危害性很大；同时对我们过渡时期中改造家庭的工作会引起破坏作用，所以应属惩处范畴。在具体案例中，男方王某是无业游民，一贯道分子①，从乡下逃亡来沪，曾先后强奸里弄妇女，又用一贯道手段先欺骗工人郝某的母亲引诱成奸，后再引诱郝妻彭某（女工）发生关系，并唆使彭某与郝离婚，而自己和彭某结婚，借彭某养活自己。这种恶劣行为，不仅构成犯罪行为，有严重的社会危害性，而且这些坏分子，也是我们打击的对象。

以上所述的四种类型属于惩处范畴（上述后三种类型是属诱奸性质，由于法院里一般都当做通奸处理，中央司法统计亦无“诱奸”项目，所以放在这里加以探讨）。但这种惩处在本质上是完全不同于资本主义的。其惩处目的不是单方面迫害妇女而是保障人权，保障家庭。

最后，对通奸问题是否可以采用惩处办法加以消灭呢？我们说，不能。因为这是一个社会问题，是一个思想问题，需要经过长期努力才能解决。而其中关键的问题在于加强共产主义的道德教育。在学校中，我们要培养全面发展的人，使其有一定政治觉悟和优良的品德，认识通奸是资产阶极腐朽的思想行为，应该坚决加以反对。在机关、工厂、农村中，必须广泛深入地宣传《婚姻法》，提倡建立男女平等、互敬互爱的新家庭，树立模范，逐步对旧家庭进行改造。法院方面必须加强法纪教育。在长期进行这些教育后，社会风气才能逐渐改变。更重要的是，在社会经济基

---

① 一贯道，又称天道，非法邪教，明朝中叶形成，至明末清初盛世。20 世纪 40 年代仍有很大势力，1949 年新中国成立后被取缔。——勘校者注

础改变为公共所有制后，人与人的关系也会随着改变，这才能在根本上消灭通奸行为。即使有，也是个别特殊现象。所以对消灭通奸的努力，不仅司法机关有责任，而且必须各方面共同努力，才能达到目的。

（1956 年第 2 期）

"破坏农业合作罪"的犯罪构成

李仲成*

自1955年秋季开始，到目前为止，由于我国农业改造的伟大胜利，广大农民的社会主义觉悟和劳动生产积极性大大提高，使在农村的地主、富农分子和反革命分子赖以生存的社会基础大大地削弱了；他们可以利用进行活动的空隙，也大大地减少了。这种巨大的变化，使他们清楚地看到，只有劳动守法，放弃剥削，投靠人民，才是自己唯一光明的前途。目前，反革命分子的阵营中，已经出现了进一步的分化和瓦解，少数坚持反动立场的反革命分子已更加孤立起来。这就有利于我们能够更有效地瓦解敌人和最后彻底地消灭敌人，从而使农村的社会治安及秩序，进一步安定和巩固。这是问题的一面。另一面，我们还必须看到，虽然反革命分子的确是减少了，他们所走的路也越走越窄，但是也确实还有，还在活动。这说明了少数坚决与人民为敌的反革命分子是不甘于自己的死亡的。他们将依然进行各种破坏活动。对此，我们绝不能放松警惕。任何麻痹轻敌的思想，都是十分有害的。正如国务院第一办公室主任兼公安部长罗瑞卿在第一届全国人民代表大会第三次会议上说："革命同反革命的斗争，目前依然是尖锐的、复杂的。在全国和全世界还存在着阶级和阶级斗争的整个历史时期内，反革命总还是有的，革命同反革命的斗争总还是存在着的。如果我们忽视这个客观事实，因为已经取得的胜利而麻痹自满起来，那就是十分有害的了。"①此外，我们还必须看到，由于这些合作社大都是新建立的，一切制度和规章还不健全，这些都可能给反革命分子和其他刑事犯罪分子以可乘之机。处在这样的新形势下，对如何结合合作社吸收地主、富农、反革命分子的入社规划工作，注意掌握敌情，研究反革命分子在农村进行活动的规律，就是我们农村地区的人民法院的重要任务。

为了准确、有效地打击反革命分子的破坏活动，保障农业合作化运动和农业生产的顺利发展，就必须划清"妨害农业生产合作社"与"破坏农业合作"的犯罪界限。也就是说，必须明确内外界限。

为达到上述目的，在审理案件时，必须查明犯罪事实，分清案件性质。只有以反革命为目的，即以推翻人民民主政权、破坏社会主义建设和农业社会主义改造事

---

* 作者单位：华东政法学院（现华东政法大学）。

① 《光明日报》1956年6月24日。

业为目的的破坏活动，才属于破坏农业合作的犯罪。

那么，什么是破坏农业合作罪呢？根据各地法院的总结材料来看，我们认为凡以反革命为目的的造谣煽惑、挑拨离间、篡夺领导、瓦解组织以及暗杀、纵火、放毒、杀害牲畜、损毁生产数据等足以破坏农业社会主义改造的一切行为，都能构成这种犯罪。

从这一概念出发，这种犯罪的最基本的特征，就是以反革命为目的，破坏农业社会主义改造事业；否则，不能构成这种犯罪。但有的人认为，“最基本的特征，是社会危险性”。或者说，“社会危险性是犯罪的最本质、最主要的特征”。我想，这种提法与我所持的观点，两者并没有矛盾。因为我所谈的最基本的特征，是指构成破坏农业合作罪的特征而言，而不是指“犯罪”的特征而言。当然，构成“破坏农业合作罪”，虽然没有直接指出“犯罪”的特征，但在实质上，最基本的特征意味着犯罪的社会危险性的。因为以反革命为目的而实施犯罪，也是各种刑事犯罪中的社会危险性最严重的一种犯罪。难道说，这种犯罪能没有社会危险性吗？

总之，我们所谈的特征是指构成破坏农业合作罪而言。因此，两者不能混为一谈，否则，就会失掉研究此种犯罪构成的意义了。

二

“破坏农业合作罪”所侵犯的客体，就是农业社会主义改造事业的正常活动。具体地说，也就是破坏农业生产合作化，严重地阻碍着农业社会主义改造的顺利进行。

关于这种犯罪所侵犯的客体，目前在学术研究上，意见并不一致。有人认为，“其侵犯的客体是农村合作化运动”；[①]另一些人认为，“其侵犯的客体是农业合作社组织工作的正常活动”，等等。我认为这两种意见都是不正确的。因为“运动”两字是政治上的术语，它是党和政府在一定的时期内，为着领导群众完成一定任务的一种表现，当然，它不能作为刑事犯罪中所侵犯的客体来理解。至于以“农业合作社组织工作的正常活动”作为客体来说是可以的，但这种客体只能作为“妨害农业生产合作社”犯罪的客体，是属于一般刑事犯罪分子所侵犯的，它不能作为“破坏农业合作罪”所侵犯的客体。这表现在社会危险性上是不同的，其动机、目的也是有差异的。前者所侵犯的客体，是属于人民内部一般刑事犯罪分子的所为，后者是属于反革命分子的破坏活动所侵犯，这是目前农村中阶级斗争的一种形式。因

① 江西省的《对处理破坏农业互助合作案件的今后意见》的总结。

此，两者应该有所区别，在司法实践中应该划清这一犯罪界限。

确定案件的性质，必须根据犯罪者的行为所侵犯的客体来确定是属于哪一类的犯罪。在农村里，对于一般的富农、地主和残余反革命分子，根据《农业发展纲要草案》第5条的规定，先后都要分别地把他们放入合作社作为正式社员、后补社员或者管制生产，进行改造。他们加入了农业合作社以后，多数表现是好的。但是，也有少数分子进入农业生产合作社后仍然进行破坏。如果以反革命为目的进行挑拨离间、篡夺领导或乘机造谣惑众、纵火、放毒等，企图搞垮农业合作，那么，其所侵犯的客体，就是农业社会主义改造事业的正常活动。我们应该认为这是属于"破坏农业合作"的犯罪。至于农村里其他犯罪行为，如强奸、伤害、窃盗，从现象上来看，的确也造成社员之间的不团结，甚至有极个别的也会影响合作组织的巩固和发展，但这种行为仅仅是限于强奸、伤害、窃盗等。因为其所侵犯的客体，是妇女性的不可侵犯性、人身健康、国家和公共财产或公民财产，而没有破坏农业合作事业的目的，所以不能作为破坏农业合作的犯罪。

二

"破坏农业合作罪"的客观方面，就是足以破坏农业社会主义改造事业的一切行为。构成这种犯罪，不仅有积极的作为，而且也有消极的不作为。但在学术研究上，有人认为，"构成这种犯罪只能是积极的作为"，不承认有消极的不作为。我认为这是一种片面的、不合乎科学的观点。因为他们只看到问题的一面，未能从刑法理论上来详加分析。其实，从理论上说，"行为"本身就包括着作为和不作为。当然，我并不否认任何犯罪都要具备这两种形式，可是司法实践证明，有些罪行，不作为是永远不能构成的，如强奸、窃盗，等等。

为什么消极的不作为，也能构成这种犯罪呢？根据各地不法地主、富农破坏农业生产合作的事实来看，有的是通过消极的不作为的形式来实现的。例如，故意有田不耕、有肥不施、有草不锄、有虫不治、坡堤破了不补、农具坏了不修等，他们以此来达到荒芜土地、减少生产，从而造成社员不满，引起退社，使社垮台的反革命的目的。这就是以反革命为目的的"消极怠工"的犯罪行为。

构成这种犯罪，实质上是反革命罪的一个种类。依据各地司法实践关于刑事案件的罪名的总结来看，法院一般地把以反革命为目的的破坏农业生产合作社，列为反革命罪的一项，这是很正确的。因此，构成这种犯罪，我们不应要求有社会危害的结果发生，一般地只要具有某种行为就构成了这种犯罪。当然，对那些犯罪情节，确实显著轻微，又缺乏一定的危害后果（法律不要求有结果）的行为，我们可以从宽处理或免予刑事处分。

根据不完全的调查，构成“破坏农业合作罪”的犯罪行为表现有下列几个方面：

1. 造谣惑众。他们煽动社员退社说：“单干吃得好，生产有劲道。”“入社不自由，谁入社谁受穷。”黑龙江省克山反动会道门头子李某某向群众说：“二区和七区合作粮食打的太少，已经垮掉十来个了。”又说：“今年合作社，来年归大堆，为人不归堆，归堆必吃亏。”河北省献县八区有个反动地主凌某某煽动社员说：“你们退社吧！出社后没困难，我借给你们牛用。”由于这种破坏，引起社员不安心生产和引起退社，使有些合作社垮台。目前退社的现象，基本上是没有了，但造谣惑众，仍然时有发生。

2. 挑拨离间。为了破坏农民与农民、合作社与政府间的团结，他们一面对中农说：“你们样样都有，与穷鬼搞在一起讨不了便宜。”但反过来又对贫农说：“中农对你们一点不照顾，还合作干什么？”当社员的面说社长、委员无能，相反地，当社长、委员的面又说社员不好。在社与社之间，他们一面对甲社的干部说，“乙社里不民主，赚钱多，产生贪污腐化”等，反过来又对乙社的干部说甲社怎样怎样，以造成互相猜疑，相互不睦，进而分裂社内外的团结。有的利用某些群众对政策的不够了解，便从中挑拨说：“共产党领导生产有的吃，我们天天忙生产反而没的吃，搞来搞去都搞到政府那里去了。什么集体化，总是农民吃亏。”以这样的话来挑起某些落后农民群众对政府的政策造成疑虑和不满的情绪。

3. 篡夺领导，瓦解组织。如黑龙江省宾县被斗富农郭某某钻入兴光农业社，伪装积极，待篡夺了主任职权以后，即进行各种阴谋活动（如往外抽资金，鼓动社员退社），造成社员思想混乱，影响了农业生产的积极性。又如，有的利用农具、耕牛、资金、文化、技术等蒙蔽群众而“打进来”；有的是伪装进步，钻入合作社内部，打击领导，破坏社的经营管理，故意混乱账目：有的组织盗窃集团，进行贪污盗窃等；有的钻入社内，联络混入社内的其他坏分子，组织反革命小集团，进行破坏活动（如云南省宜良县反革命分子段某某钻入张惠英同志最早试办的农业社内，联络七个反革命分子，组织“自卫突击组”）；有的是有计划地吸收不纯分子参加，排挤干部和积极分子，以达到篡夺领导权、瓦解组织，进而取得农村阵地的目的。

4. 暗杀。沈阳市某地反革命分子邢某，曾用两面派的手法钻进大榆农业生产合作社，后伙同窃取计划委员职务的赵某（系反革命分子）和反动富农分子邢某某等人，在 1955 年 2 月 28 日深夜，乘李某参加社员大会的机会，把李的妻子夏某诱骗出去施行轮奸后，用砖头将夏活活砸死；然后跳进屋内，用木棒打死正在熟睡的李的父母、侄女、儿子和两个女儿。当李某开会回来刚走进屋时，他们又迎头一棒将他打死。这几个反革命分子将李某全家八口杀死后，为了逃避罪行，最后还将夏的尸体抬入屋内，放火烧毁房屋，企图焚尸灭迹。

这次，在农业合作化运动的蓬勃发展中，他们仍然进行破坏活动。例如，河南省某某县反革命分子张某，于去年10月19日深夜，手持石杵，将开会回来的中共后河村支部书记郝某同志打死，最后还将合作社干部申某同志（女）打伤。

5. 纵火。仅河北省定县、静海等38个县及唐山市就发生45起，烧毁房屋14间，柴草11万斤，大车3辆，其他物资折款1300余元。在黑龙江省集贤地区有一个新富农分子王某某认为自己在社内吃亏，不如单干自由又利大，所以退社后放火烧了社里麦垛。为了逃避罪责，他又故意将自己的麦垛放了火，两次计损失小麦2.3万余斤，大麦700余斤，谷子500斤，时值1600余元。

6. 放毒。这是反革命分子最毒辣的暗害手段之一。例如，福建省水吉县反革命分子李某，曾于去年7月间将砒霜放入农业社的面粉中，使七十多个社员中毒。

7. 杀害牲畜。杀害牲畜的手段是多种多样的。有的借口说牲口不老实，因而将牲畜打伤，打死；有的在牲口食槽内暗放“六六六”粉，使牲口中毒而死；有的用铁钉等物掺在草内，把牲口害死。例如，被河北省通县人民法院判处死刑的反革命分子康某（他是刘德林农业社田园技术指导组组长和牲畜饲养员），就是这样害死牲畜的。有的故意用耙齿将牛的后脚刺伤，使牲畜残废，如广东龙川县地主分子杨某某就是这样残害耕畜的。

8. 损毁生产资料。他们主要是破坏农具、损毁种子。方法也是很多的。例如，有的纵火烧毁合作社的库房、农具和农业生产上使用的各种肥料；有的除对耕畜施行暗害外，还利用各种技术手段，破坏农业机械，阻碍或破坏新式农具的使用；有的在播种时，有意将种子埋得过深或用开水浸种，结果使一棵苗也长不出；有的利用“水利”来浸害庄稼，如广东省番禺县富农黎某某，借放水入田为名，打开水闸故意不按时将水闸封闭，使禾田、蔗地800余亩遭受浸害，其中农业社已追肥的57亩田也全部遭受流失。

根据上述破坏农业合作罪的各种手段，归纳起来是以内部、外部，或明或暗地进行，这也是当前敌人破坏农业合作的基本形式。这里需要说明的是，上述种种破坏行为，如果其动机、目的不是以反革命为目的，即应按照妨害农业生产合作社的罪名予以定罪处刑。例如，某人基于自私自利、嫉妒报复或者发泄私愤等行为，致使农业生产合作遭受一定程度的损害，确实构成犯罪时，应按情节轻重，给予适当处理。但这和反革命的基于阶级仇恨、阴谋破坏的行为有原则的区别。

必须强调指出，基于上述各种行为，如果既没有以反革命为目的，又没造成严重的后果，而仅属于违法或系轻微的犯罪行为，则应予以说服教育，不应作犯罪处理。但是，在司法实践中，有些司法工作者往往不能对具体案件作具体的分析。有的不是从犯罪动机、目的以及危害后果、阶级本质去对案件进行缜密的分析研究，而是孤立地、片面地看问题或者主观臆断，因而造成定错罪名、轻罪重判等不良后果。这是今后应该纠正的。

三

构成这种犯罪的主体,从刑法理论上来讲,一般只能是到达一定年龄、具有责任能力的自然人。在破坏农业合作罪的案件上,可作为犯罪主体的有如下一些人:

1. 不法富农分子。在农业合作化运动以后,他们感到自己所走的雇工、放高利贷、投机倒把等剥削道路受到阻碍,因而抗拒社会主义改造,直接地或间接地勾结残余的反革命分子,进行破坏活动。这也说明农村中仍有极少数的不法富农,不甘心于自己的死亡,起而作垂死挣扎,如广东省在检查93件案卷中,其中属于不法富农进行破坏的,占总案犯的42.5%。

2. 残余的反动地主分子。自"土地改革"以后,农村里的地主阶级已被打倒了,大部分地主分子在政府的教育帮助下,都参加了农业生产。几年来有些地主分子经过劳动改造,已成为自食其力的新人,现已改变"成分"。有的参加合作社以后,已成为正式社员。但是,极少数的反动地主仍然不从事劳动改造,心怀不满,妄想复辟。例如,钻入河北省唐山市大佛头村农业社的地主刘某某,在2个月内就毁坏了七套胶轮大车的珠子。还有极少数的地主阶级分子,基于阶级仇恨,坚决与人民为敌,千方百计地进行破坏活动。据山西省雁北等县的总结,破坏农业社的75件案件,215人中,地主反革命分子就占19人之多。

3. 残余的反革命分子。随着农业合作化运动的日益蓬勃的发展,那些残余的或漏网的反革命分子,也就采取更加隐蔽的方式,进行破坏活动。有的伪装进步打入社内,篡夺领导;有的在外部大肆造谣、污蔑。例如,他们说:"入社是吃大锅饭呀。"他们污蔑山西省朔县最好的牛家岭农业社说:"牛家岭农业社连煮山药蛋也吃不开啦!"以此造成某些对合作化的好处还不了解的、有顾虑的农民不敢大胆地、踊跃地参加合作社,使社的发展受到了一定的影响。

这里所指的残余的反革命分子,就是:

(1)在"镇反"中认为罪行不大、不必制刑或管制的反革命分子;

(2)有些是被判刑已满或已宣布解除管制的反革命分子;

(3)极个别的是化名潜伏,乘机活动的反革命分子;

(4)外逃漏网的反革命分子;

(5)历史上有些罪恶,尚在管制期中,又继续进行破坏活动的反革命分子。

4. 其他受反革命分子利用的坏分子。依据各地司法实践的材料,曾有下列人员:(1)地痞流氓;(2)不法商人;(3)伪职人员;(4)个别的中、贫农成分的蜕化变质分子。

一般地说,上述人员是不能单独构成这种犯罪主体的,特别是个别的中、贫农只是由于受了反革命分子的利用,才走向反革命的道路。譬如,一中农被不法富农利用,以反革命的故意暗害牲畜,烧毁社内财物,致使某农业合作社遭受严重损害。我们认为,这个中农已经背叛了本阶级的利益,破坏农业社会主义改造事业,就应该以破坏农业合作罪的共犯论处;假如这一中农不具有以反革命为目的的共同故意,那么,应以“妨害农业生产合作社”或“侵犯公共财产”罪予以处理,不以共犯论处是比较妥当的。

农村中的中农贫农(包括新、老中农中的上下中农、贫农),为什么不能构成破坏农业合作罪的主体呢?我们知道,从整个农民这一阶层来说,农民是个劳动者,同时又是一个小私有者,农业合作化对他们虽然存有一定的矛盾,但这只是前进与落后的矛盾,并不是对抗性质的矛盾。因此,只要我们多加说服教育,农民懂得了合作化的好处,问题是容易解决的。事实证明也确是如此。例如,自毛主席《关于农业合作化问题》的报告发表后,不到几个月的时间,就在全国农村中掀起了合作化的社会改革高潮,使农村面貌起了根本性的变化:由原来决定留下的65万个左右的合作社,而到今年5月底的统计,全国大小合作社已发展到101万多个;参加的农户,由1690万户增加到11,013万多户以上;由14%增至约占全国农户总数(11,000多万个体经营农户)的91.2%。这就充分说明了合作化的道路,农民是十分拥护的,所以我们说,一般的农民是不会破坏农业合作的。当然,有某些农民兄弟存有自私、落后、保守的思想,表现在社内爱占小便宜、多挣工分、搞资本主义经营,或者发牢骚、说怪话等。这些落后言行,在客观上也的确会影响到合作社的发展和巩固,但这仅是说服教育的问题。只有情节严重,已造成一定的后果而构成犯罪,必须进行处理时,才能构成“妨害农业生产合作社”或其他方面的犯罪而作适当的处理。我们有些司法工作者不加分析而笼统地把上述情况和人员一律按照“破坏农业合作”的罪名定罪,是极端错误的,应该加以克服和防止。

当然,我并不否认上述人员只能构成这种犯罪的共犯,不能以其主体来单独构成。其实,在个别的特殊况下,只要具备法定年龄的不管任何人,如以反革命为目的,破坏农业社会主义改造事业,都能构成这种犯罪的主体,问题是不能单纯地“唯成分论”罢了。必须从犯罪动机和目的去考察,只根据历史出身定罪,那是错误的。

四

这种犯罪的主观方面,简单地说,只有具有反革命的故意,才能构成。这种犯罪动机，主要是基于阶级仇恨。有的对“土改”不满，企图报复，如富农邢某等杀害李某全家八口一案；有的仇视和抗拒社会主义改造，不甘心于自己的灭亡，企图争夺农村阵地，作垂死挣扎；有的憎恨人民民主政权，企图复辟，便以农村的农业合作为进攻的目标，大肆造谣破坏等。其目的是阻碍农业合作化的顺利开展，使我国落后的农村，不能摆脱几千年来的封建统治；不能提高农民应有的生产力，从贫困、落后、分散的小农经济地位解放出来，不能让5亿农民兄弟过丰衣足食的社会主义的美满、幸福的生活；企图从农村来推翻人民民主政权。

（1956年第2期）

编 后 记

"百家争鸣"的政策提出以后,它对全国的科学研究者有很大的鼓舞,同样也活跃了法学研究工作。但如何扩大研究范围,改进研究方法,以使法学研究向前推进一步,还有待于大家的商榷。今天我们应否对"旧法"(包括我国历代的法学著作和法律资料在内)重新估价?应以怎样的态度和方法来研究"旧法"?也是值得讨论的问题。本期刊登了如何在法学研究上贯彻"百家争鸣"精神的文章四篇。刘焕文和李良同志已就这些问题提出了初步意见,我们打算在下一期学报上继续发表这方面的稿件,希望读者参加讨论。

本期发表的关于刑事案件审理程序(两篇)和关于法医学(两篇)的文章,都可供司法实践的参考。《对通奸行为处理原则的探讨》也是根据审判实践的经验写成的。

《南斯拉夫宪法概述》一文的作者搜集了不少材料进行综合介绍,这对我们了解南斯拉夫的现况是有帮助的。

本期丘日庆同志的《维护国际和平与安全的侵略定义》一文介绍了二十多年来苏联对制定侵略定义的斗争,可供研究这一问题的同志作参考。

本学报刊载的文章都是各方面的法学研究的作品。作者在自己的作品中提出了个人的看法和论点,希望在"百家争鸣"中来交换学术思想,并经过讨论而逐渐获得对这些问题的更完备的意见。因而作者的看法和论点并不代表哪一学校或机关的意见,更不是结论,只供大家作参考,请读者注意。如有不同意见,欢迎提出讨论。

本学报创刊以来,获得各方面的大力支持,各兄弟法律院系、各政法业务机关的同志及其他法学研究者都给我们寄来许多稿件。本期刊载的文章中就有北大和复旦法律系、上海市高级人民法院、第一和第二中级人民法院、上海市人民检察院、长江水上运输法院以及景德镇市人民法院的同志的来稿。谨在这里表示谢意。

读者在来信中对本学报创刊号提供了很多有益的意见,对今后本学报的改进有很大的帮助。此外,读者提出关于如何学习法学,及要求解答一些法学上的问题,我们将组织解答,择要在本学报上发表。但因编辑部人手太少,来不及逐一回答,这里特地声明一下。我们仍然希望读者多多来信,对本学报的编辑工作及各期发表的文章提出读后意见。

(1956年第2期)

关于犯罪概念中社会危害性问题的商榷

张仙根*

犯罪概念的理论是刑法犯罪学说中的主要问题之一。由于我国目前还没有一套完整的法制，刑法典尚待颁布，因而从理论上研究有关犯罪概念的问题，对于正确地认定犯罪，有效地惩治犯罪分子，提高检察机关、公安机关和审判机关的工作质量，以及对于目前正在进行的刑法典的起草工作，都是有益的。但是犯罪概念问题的牵涉面很广，本文仅就作为犯罪基本特征的行为的社会危害性问题作一初步探讨。

法律由国家制定。哪些行为算犯罪，哪些行为不算犯罪，完全取决于掌握国家政权的统治阶级。统治者对某种行为宣布为犯罪，并加以刑罚的惩处，其目的在于保护本阶级的利益（直接的和间接的）。犯罪行为仅仅是有损于统治阶级利益的行为中的一部分。对统治阶级利益不利的，还包括行政上、民法上等其他种类的违法行为，以及违背统治阶级的道德的行为。统治者保护他们的利益所采用的方法是与各种违反统治者的利益的行为相适应的。他们除了使用刑罚的方法以外，还用行政法、民法等其他法律上的方法以及道德上的谴责的方法。各种违反统治阶级利益的行为的性质可以相互区别，它们各有自己的特征。犯罪行为的基本特征就是对统治者制定的国家制度和社会秩序具有社会危害性。这一特征使犯罪与其他种类违法行为及一般不道德行为划分开来。

行为的社会危害性一般表现在行为与国家刑法的条文相抵触。我国的刑法典虽未制定，但有些社会危害行为，如反革命、贪污，已经有单行的刑事法律加以规定；另一些法律尚未规定的社会危害行为，如杀人、伤害、盗窃，在实践中，也由司法人员依据国家的政策、自己的社会主义的法律意识和群众的反应认定犯罪，加以惩处。社会危害性实质上是对人民群众利益的一种特殊侵犯。对于具有社会危害性的行为，国家使用特殊的惩处方法，这就是刑罚。

在实际工作中，苏联先进的刑法科学理论起着重要的指导作用；目前，它也是我们研究刑法理论的主要参考资料。《苏俄刑法典》第6条提供的关于犯罪的概念，是我们从事理论研究、司法实际的同志所熟悉的。《苏俄刑法典》第6条规定："目的在于反对苏维埃制度或者破坏工农政权在向共产主义过渡时期所建立的法

* 作者单位不详。

律秩序的一切作为或不作为，都认为是危害社会的行为。”这一条文在字面上虽并没有提到犯罪，可是它的内容很明确：从本质上看，犯罪就是危害社会的行为。在这里，苏维埃的立法者是把危害社会行为与犯罪作为同义词运用的。苏联的法学家们都喜欢把这一条叫做对犯罪概念下的实质定义。这一规定很明显地指出，具有社会危害性的行为，就应该认为犯罪。从苏俄刑法典与犯罪概念有关的其他规定中，我们可以看到苏维埃立法者始终贯彻犯罪就是社会危害行为的原则。根据这一原则，对没有社会危害性的行为，即使从外表上看来，它具备了刑法分则所规定的罪行的特征，却仍旧不能认为是犯罪。这一点在《苏俄刑法典》第 6 条的附注中，作了规定。其次，社会现象是错综复杂的，要想把一切犯罪行为都在刑法分则中网罗无遗，事实上是不可能的。因此，苏维埃立法者采用了类推原则。实质上，这是对《苏俄刑法典》第 16 条的规定的引申。《苏俄刑法典》第 16 条规定：“某种危害社会的行为，如果是本法典没有直接规定的，它的刑事责任的根据和范围，可以此照本法典所规定的同这种犯罪最相类似的犯罪种类的条款来决定。”这一规定表明：只要行为具有社会危害性，即使法律条文没有规定这一具体的犯罪行为，仍然可以适用类推，作为犯罪予以惩罚。《苏俄刑法典》第 6 条附注和第 16 条，实际上是对《苏俄刑法典》第 6 条关于犯罪概念的两个补充规定。有了这两个补充规定，犯罪概念就显得更为明确。这就是犯罪行为必须具有社会危害性。缺少它，行为就谈不上犯罪，反过来，如果行为具有社会危害性，那就不能认为不犯罪。由此可见，社会危害性是犯罪行为的基本特征。有了这特征，就有可能使犯罪与其他种类的违法以及不道德的行为较为鲜明地区分开来。因为，其他违法行为和不道德行为虽也触犯统治阶级的利益，对社会不利，可是无论如何，在法律的意义上，它们都不能认为具有社会害性。

对于犯罪概念中的社会危害性的认识，在苏联和我国都有不同的看法。有些人认为，犯罪行为虽然要具备社会危害性，但并非具有社会危害性就是犯罪行为；必须是社会危害性达到某种程度时，行为才被认为犯罪。在这些人看来，犯罪与否不取决于行为有没有社会危害性，而是由行为社会危害性的大小决定。依照这种说法，其他种类的违法行为，甚至是违背共产主义道德的行为，都含有社会危害性，只是由于社会危害的程度的不同，才分别依行政纪律加以追究，或者引起道德上的谴责。这种把衡量罪行轻重的社会危害性大小与决定行为犯罪与否的社会危害性本身混为一谈的说法，对实际工作是十分有害的。它混淆了犯罪行为与其他种类违法行为及不道德行为的界限。按照他们的理论，犯罪与其他种类违法行为及不道德行为在实质上并无不同之处，而仅仅是社会危害程度上有所区别而已。但是，行为的社会危害程度是不能像自然科学那样用仪器来衡量的；人们因所持的看法不同也往往会强调或者忽视某一点而得出不同的结论，而法制乃要求全国有一致的适用。像我国法制尚未完备的情况下，如果根据这一理论，就会使司法实际的工作人员不是从行为的性质上分析社会危害性的有无，认定犯罪或不犯罪，而可以凭自己的主观愿望判断行为的社会危害程度，认定犯罪与否。结果必然会把一些犯有罪行的人放纵过去，而把另一些只有行政上，或民事上违法行为的人，甚至使一般违背共产主道德的人也受到法庭的无辜审判，从而导致对国家法制的破坏。

苏联法学家 T. B. 采列捷里、Г. B. 马卡什维里就是主张犯罪是由行为的社会危害程度决定的。他们在《犯罪构成是刑事责任的基础》一文中说："在具备'苏俄刑法典'第 6 条附则规定的条件下，虽然该行为可能包含某种程度的社会危害性，并应依行政程序或纪律程序加以追究，或者引起道德上的谴责，但是，这种行为并不负刑事责任。"①我认为他们这种说法是不符合实际的。比如说，欠债不还，系破坏了民事法律所调整的社会关系（财产关系），这是违法的。它无疑对社会不利。但是这种违背民事法规的行为并不能被认为具有社会危害性。如果单单是欠债不还的话，充其量只引起民事上的损害赔偿责任；它不是一种犯罪行为。因此，不仅是欠别人一块钱不作犯罪处理，即使欠得更多（如欠一万元或更多一些），也仍旧不能被认为犯罪。如果说，犯罪以外的其他种类违法行为也具有社会危害性，那么欠债到期不还，依他们看来，也显然是具有社会危害性的。根据这种逻辑，债务的迟延既然具有社会危害性，那么这种危害性到达一定程度时，就可以作为犯罪处理。这种情况，在私有财产神圣不可侵犯的资本主义世界里是可以存在的，但是在我国的社会制度下，那是荒谬的。因为债务迟延之不受刑事惩罚，并不能认为行为的社会危害性轻微，而应该看做行为本身没有社会危害性。某些不负刑事责任的行为，因为违背行政法规，或与共产主义道德不兼容，可以依行政程序加以追究或者引起道德上的谴责。可是在这种情况下，这些行为就应被认为不具备社会危害性。

T. B. 采列捷里、B. Г. 马卡什维里在同一文章中接着又举出堕胎罪为例，说明苏联在 1936 年 6 月 27 日关于以刑罚为威胁禁止堕胎的专门法律颁布以前，堕胎无疑也具有社会危害性，因为它影响母亲的健康，并妨碍人口的正常增长。可是，对这种具有社会危害性的行为当时仅用社会影响的方法进行斗争，而不作为犯罪。这似乎表明，即使具有社会危害性的行为也不一定犯罪。这种说法也不一定妥当。因为法律是为政治服务的。国家的政治形势（包括经济面貌、阶级结构、国际环境等因素）起了变化，同一行为在某一个时期可能被认为没有社会危害性，而在另一个时期却认为具有社会危害性。如上面的例子就应该这样去理解：根据苏联 1936

① 《苏维埃刑法论文选译》（第 1 辑），中国人民大学刑法教研室译，中国人民大学 1955 年版，第 62 页。

年6月27日以前的情况，堕胎没有被认为犯罪来处理，乃系由于在当时的条件下，这一行为不具备社会危害性。

我国的司法实践中也有不少类似的情况。农村的粮食统购统销就是一个很明显的例子。在1953年11月19日以前，我们之所以容许私商在农村收购和贩卖粮食，那是因为这一行为在那个时候还没具有社会危害性。但由于我国政治形势的变化，国家必须对粮食实行统购统销，因此，前中央人民政府政务院于1953年11月19日发布了《关于实行粮食的计划收购和计划供应的命令》，从此以后，私商就不能擅自在农村收购和贩卖粮食。因为这一行为，在新的条件下已具有社会危害性，而被认为犯罪了。当然，不能说，私商在前一个时期与后一个时期的收购和贩卖粮食的行为，只是社会危害程度上严重和轻微的区别。

应该提一提的是，某些从表面上看，似乎犯罪可以由行为社会危害性大小决定的情况。在我国的一部分行政法规中，常常包含刑事法律性质的规定。例如，《暂行海关法》、《工商业税暂行条例》的个别条文就有这样的规定。以抗税行为为例，抗税是违背《工商业税暂行条例》的，是一种违法行为。但是，根据这一条例规定，抗税可以由税务机关作行政处理，也可以移送法院作为犯罪加以惩罚。《工商业税暂行条例》没有指明作为犯罪移送人民法院处理的特别条件，而仅是原则上规定，情节重大者送人民法院处理。① 从形式上看，作为行政处理与作为犯罪处理的抗税仅仅是情节上的不同；抗税行为本身似乎具有社会危害性：一般作行政处理的是社会危害性小，作为犯罪处理的是社会危害性大。好像作为行政上违法的抗税行为和作为犯罪的抗税行为，仅仅是程度上的区别。这样理解问题仍不能认为是正确的。辩证唯物主义的理论教导我们说：物质的量变，达到一定程度的时候，会引起质变。抗税行为从没有社会危害性到具有社会危害性的过程也是如此。从抗税本身来看，前一抗税和后一抗税都是抗不应缴的税款。但是，从法律的意义上，行为的性质却已起了变化。作为行政上违法的抗税行为和作为犯罪的抗税行为，不仅仅是抗税情节程度上的不同，同时，更重要的是，从法律的意义上看，两者的性质已有所区别。前者所以不作为犯罪，是按其情节还没有具备社会危害性；后者却因情节重大，性质上起了变化，它已由没有社会危害性而变成有社会危害性了。毛主席在《矛盾论》中指出，“一切运动形式的每一个实在的非臆造的发展过程内，都是不同质的”②。犯罪与其他种类违法行为及一般不道德行为者有害于社会，但，它们是不同质的。行为的社会危害性的有无是从性质上区分犯罪与其他二者的标志，社会危害性的程度（数量）对于决定犯罪与否并没有意义。但是必须指出，查

① 《工商业税暂行条例》第25条。

② 毛泽东著：《矛盾论》，人民出版社1952年版，第15页。

明、判断行为的社会危害性的大小在司法实践中是十分重要的。在处理刑事案件的时候,不仅要断定行为是否犯罪,同时,必须判明行为的罪行大小、情节轻重等社会危害程度的有关方面,才能正确地量刑,有效地惩治犯罪。查明行为的社会危害性的大小应是公安、检察、审判人员所经常加以注意的重要问题。可是,它毕竟只是在认定犯罪以后,决定适用刑罚时才有重要的意义。

行为的社会危害性问题,不仅是犯罪概念的重要内容,同时,它与犯罪构成的理论也有密切关系。从理论上解决这一问题,对于正确地认定犯罪,加强社会主义法制是有着重大的意义的。

(1956 年第 2 期)

什么是刑法科学中的因果关系问题

姜焕宸*

正确解决刑法科学中的因果关问题，对于审判实践，特别是对于责任事故案件的正确审理，有着重大的现实意义。因为我国工业、交通运输业的生产过程，目前在某种程度上还受着自然条件、技术设备、企业管理水平不高等方面的限制；同时，社会分工细致，生产上往往是联合操作，所以责任事故案件的发生，不仅常常涉及自然条件、技术设备、企业管理等方面的关系，而且还往往牵涉几个部门、几个单位和几个工种中的许多人的责任，因果关系显得非常复杂。为了解决工作中的困难，我对于刑法科学中的因果关系问题比较关心。读了梅泽濬同志的《哲学上的因果关系及其在刑法中的运用》①一文后，虽然对我是有启发的，但同时也感到其中论述的某些问题还不够清楚恰当。为了在争论中求得一致，以利于工作，现仅就其中的几个主要问题谈谈我的看法。

一

读了梅泽濬同志的文章后，首先使我感到的是刑法科学中的因果关系似乎是如何去解决查对和证实案情事实的问题。因此不得不提出：什么是刑法科学中的因果关系？它的任务是解决如何查对和证实案情事实，还是在案情事实已被证实的基础上研究主体的行为（包括作为与不作为，下同）与危害社会后果之间的内在联系？我认为，应该是后者，而不是前者，但不否认前者是后者的前提和基本条件。在某些实质的犯罪案件中，案情事实被证实的同时，因果关系也就明显地显露出来，因而就容易把“证实案件事实”与“因果关系”混为一谈。而在另外一些实质的犯罪案件中，特别是在责任事故案件中，尽管案情事实已被证实，甚至有时还作了技术鉴定，而因果关系仍然是不容易判明的。

例如，某轮船于某大河流自西向东顺水下驶，拟在南岸某港抛锚上客，因该港临近岸边处有一沙滩，轮船不能直接靠岸，须于江心抛锚，上船旅客由木船接送。当该船驶近该港时，港口管理站发出信号，要求轮船于港灯以东抛锚，但轮船并未

* 作者单位：华东政法学院（现华东政法大学）。

① 《华东政法学报》1956年第1号。

按照信号要求抛锚,而是正对港灯抛锚,这样,使木船从岸边驶达轮船就不得不绕过沙滩而采取半圆形的航线。木船从岸边与沙滩间的水道内向东下驶,驶过沙滩后,又转头向西,逆风逆水地向轮船驶去。因当时是西北风,木船可以从侧面利用风力,便扯着帆成"之"字形的航线前进。正行间,吹来疾风,帆受到风的压力很大,此时木船又未立即松去篷索(系帆之绳),以致帆被风力压至水面,木船侧翻,旅客落水。又由于轮船见死不救,港口管理站施救不力(抢救经过从略),造成重大死亡。事后,从气象台记录中查明当时当地陆地上有2~3级西北风(江面上一般比陆地上大一级);从技术操作上判明,木船在当时具体情况下,吹来疾风不松篷索,是要侧翻的。

在这个例子中,案情事实基本上弄清了,但在因果关系问题上,却有着不同的看法:(1)事故原因在于木船未松去篷索。(2)事故原因在于轮船抛锚不当,因为当天是西北风,港口发出信号要求轮船于港灯以东抛锚,就是为了木船容易驶达轮船。木船是落后的运轮工具,由于轮船抛锚不当,就延长了木船逆风逆水行驶的航线,给木船造成了危局,所以才发生事故。(3)事故原因在于港口管理站盲目放船出港,因为木船在江面有3~4级风的情况下逆风逆水航行总是有危险的。我们从唯物辩证法的观点来看,不松篷索、抛锚不当、放船出港都与事故的发生有联系。但是,它们之间的联系,是全部都构成或仅其中的一个或两个构成刑法上的因果关系?这就是刑法科学中因果关系理论所要解决的问题。

因此,查对和证实案情事实是解决犯罪的因果关系的基本条件和前提,事实不清,是无法谈因果关系的。但是,刑法科学中因果关系理论的任务,并不在于如何去查对和证实案情事实,而是在案情事实已被证实的基础上,分析它们之间的内在联系,以判明主体的行为与危害社会后果之间有无可作为刑事责任客观依据的因果关系。

从梅泽濬同志的文章看来,似乎刑法科学中的因果关系理论就是解决如何去查对和证实案情事实,从他所举的许多例子中都可以看到这一点。例如,张大妹施放"飞药"案,是因为某地流行一种"黄沙症",严重的就会死亡,有人传说是张大妹放"飞药"邪术的结果。在区乡干部的压迫下,她自己也承认了,审判员据此判她徒刑5年。后经医生证明"黄沙症"是由于营养不良所致,人们才发现错判。这一案件的错判,据梅同志的分析,是由于审判员对于"黄沙症"未进行调查研究,也未分析它的性质,就"很难找出产生结果的原因,辨别不出'黄沙症'究系施放'飞药'的结果,或系本来即有的流行病"。很显然,施放"飞药"与"黄沙症"是否有关,只要查一查施放"飞药"有什么根据,问题就清楚了;如果一定要硬套在因果关系问题上,也只能是法医学上的问题,根本不涉及刑法科学上的因果关系。我们认为,这一案件的错判,最多也只能是反映了审判人员主观臆断、偏听偏信的恶劣作风。

说得更确切些，它只能是暴露了审判人员的愚昧无知，因为所谓施放“飞药”是没有科学根据的。类似上述的例子还不是个别的。例如，在马某反革命案中，马某被一犯人检举（系诬告），说他解放前有过恶迹，马某因误认为“坦白”后可以宽大，企图不受处罚，于是捏造了四大罪状。审判员见他供认不讳，即判处死刑。后经发回重审，证实所谓“四大罪状”并非真有其实。据梅同志的分析，认为此一案件的错判，是由于“承办人员既没有注意到行为与结果间的规律联系，也没有注意到行为与周围环境的关系”。请问：所谓“行为”、“结果”都没有得到证实，周围环境也没有充分掌握，怎样去注意它们之间的联系呢？捏造的“行为”与“结果”或捏造的“结果”之间，无论如何也不可能有任何联系的，更无法注意它们之间的规律联系。很显然，该案之所以错判，毛病就出在主观臆断、偏听偏信（其中还可能有刑讯逼供）的恶劣的作风上。又如，梅同志所举的张某某施放“毒药”案的例子中，也是由于事实不清，以怀疑代替事实而发生了错误。其实所有这些，与刑法科学中的因果关系是没有什么相干的。尽管梅同志也一再声称刑法中的因果关系是研究主体行为与危害社会结果之间的关系，但实质上却是用如何查对和证实案情事实代替了刑法科学上的因果关系的理论。

最后还必须指出：马克思主义哲学上的原理，为各种专门科学（当然也包括刑法科学）提供了基础和方法，但它不直接解决专门科学中的专门问题。例如，辩证唯物主义认为因果关系是离开人们的意识而客观地存在的，就给我们指出了方向：要解决刑法科学中的因果关系，应该到客观实际中去找，而不要从主观思维中去虚构。资产阶级“刑法学家”正是从主观思维中去虚构、去捏造的，如条件说、相当因果关系说，就是如此。而因果关系的客观性这一原理，只是解决刑法科学中的因果关系的前提和方法，要正确地、彻底地解决这一问题，还必须深入实际中去。

二

梅泽濬同志把辩证唯物主义中的因果性理论归纳为五个基本论点，其中之一是：“原因与结果尽管受其他原因与结果制约着、影响着，并有许多不同的原因同时存在，而起决定作用的能支配结果出现的原因，只能有一个是主要的。由于这个主要原因的存在或发展，才使结果出现，其他原因只在这个主要原因的影响下，起次要的，或非决定性的作用。”又说：“原因与结果虽受其他不同原因制约着，而对结果起决定作用的原因又只有一个……”这就是说，当造成一个结果的原因有多个同时并存时，其中主要的原因只有一个；起决定作用的原因也只有一个。真的只有一个吗？这是值得研究的。

毛主席教导我们：“矛盾的诸方面，其发展是不平衡的。有时候似乎势均力敌,然而这只是暂时的和相对的情况,基本的形态则是不平衡的。"[1]由此可见,事物发展的不平衡性是它的基本形态,但并不否认事物的发展在一定条件下仍有暂时均衡状态的存在。这一原理,运用到因果关系上也是适用的。当许多原因同时并存时,由于事物发展暂时的平衡性,其中就可能有两个或两个以上的原因对结果是起同等作用的。例如,两个或两个以上同样大小的力,以不同的方向同时作用于某一物体,这物体即沿着一定方向以一定的速度移动。我们把"力作用于物体"和"物体移动"从整个世界的联系中抽出来观察,就可以发现:造成物体移动的原因,就是这些同样大小的力的作用的总和,每一个力对于物体沿一定方向以一定速度移动,都是起同等的决定作用的。在这种场合,我们能说"对于结果起决定作用的原因只有一个"吗?

而更重要的、最基本的还在于从事物发展的不平衡性上去研究因果关系问题。毛主席教导我们:"在复杂的事物的发展过程中,有许多的矛盾存在,其中必有一种是主要的矛盾,由于它的存在和发展:规定或影响着其他矛盾的存在和发展。"[2]这一原理,运用到因果关系上,同样也是适用的,即当许多原因同时并存时,由于事物发展的不平衡性,其中必有一个原因是主要的。谁要否认这一点,谁就要犯主次不分的错误。把一切原因等量齐观,表现在刑法科学中的因果关系上,就要陷入"条件说"的泥坑里而不能自拔。但是,我们还可以从另外一种意义上,即从原因与结果间联系的性质和程度上来观察,当结果系由许多原因所造成的情况下,就可以把这些原因区别为两类:起决定作用的原因和不起决定作用的原因。在起决定作用的这一类原因中,这一原因对于结果起决定作用,并不排斥另一原因对于结果也能起决定作用。因此,我们不能把"主要原因"与"起决定作用的原因"混为一谈。从而,当许多原因同时并存时,主要原因可能只有一个,但起决定作用的原因则不一定只有一个。

我们承认:在某些场合,当许多原因同时并存时,既是主要原因,又是起决定作用的原因,的确只有一个。例如,影响社会发展的因素有生产方式、地理环境、人口增加等,而主要的、起决定作用的原因的确只有一个——生产方式。但是在另外一些场合,起决定作用的原因就不止一个,尽管在必要时还可以把它们区别主次。例如,造成旧中国落后贫困的原因,我们至少可以举出以下三个原因都是起决定作用的:帝国主义侵略、封建地主阶级剥削和官僚资产阶级压迫。又如,我们在《列宁主义问题》中读道:"列宁主义之所以具有这个特性,是由于以下两个原因:第一,列宁主义是从无产阶级革命中产生出来的,它不能不具有无产阶级革命的特色;第

① 毛泽东著:《矛盾论》,人民出版社1952年版,第29页。
② 同上,第27页。

二，列宁主义是在与第二国际机会主义博战过程中长成和强固起来的，而与这个机会主义作斗争，过去和现在都是为对资本主义进行顺利斗争所必要的预备条件。”①这两个原因能说只有其中的哪一个才是起决定作用的吗？在马克思列宁主义的经典著作中，在不少地方都可以看到：当分析某一现象的出现时，往往都举出了很多原因，而这些原因按其性质来说，又都是起决定作用的，尽管还可以把它们区别主次。因此，梅泽濬同志认为“起决定作用的原因只有一个”的论断，不能认为是正确的。

如把梅泽濬同志的这一论断运用到审判实践中去，不仅要杷“共犯”这一概念从刑法中排挤出去，而且实际上也势必放纵了罪犯。例如，从“西河”号挖泥船沉没案②中，我们可以看到：事故是由犯罪分子王宝福、李瑞亭、刘孝先等的行为所造成的；他们的行为对于事故的发生都是起决定作用的；同时，他们的行为对于事故发生所起作用的大小并不完全相等，是可以区别主次的。如依照梅泽濬同志的论断，即起决定作用的原因只有一个，并主张必然引起后果的行为才是刑事责任的客观依据，那么可作为刑事责任客观依据的，就只能有王宝福的行为了。李瑞亭、刘孝先将由于缺乏刑事责任的客观依据而可以逍遥法外，这是多么危险呀！

三

梅泽濬同志反对有些法学家的如下论点：“因果关系可分为必然因果关系和偶然因果关系；在确定刑事责任时，必然因果关系是刑事责任的客观依据，偶然因果关系不能作为刑事责任的客观依据。”但在梅同志的文章中，除了某些说法不同以外，我们却看不出梅同志的结论与上述这一论点在实质上有什么区别；相反地，还感到梅同志在驳斥这种论点的时候，自己却陷入自相矛盾中。

梅同志写道：“我们在刑法中所研究的因果关系，就是指的由于主体的行为，而必然地造成了刑法上所保护的客体的侵害。这种行为而必然引起的损害结果，才是我们所说的刑法中的因果关系。”也就是说，行为必然地造成结果时，才有因果关系，才是刑事责任的客观依据。这与“有必然因果关系才能作为刑事责任的客观依据”有什么两样？又怎样理解必然引起结果呢？又怎能使我们在“偶然”与“必然”的圈子里跳出来呢？又怎样帮助我们摆脱“概念上的游戏呢”？

梅同志在驳斥“偶然因果关系不能作为刑事责任的客观依据是由于主体不能

① ［苏］斯大林著：《列宁主义问题》，唯真译，外国文书籍出版局1950年版，第21页。

② 《人民日报》1955年12月4日。

预见”这一论点时,举了如下例子:在无故意或过失的“偶然事件”中,虽有因果关系的存在,也不能确定刑事责任。他接着写道:“相反地,有些事情的发生,虽然是属于偶然的,但同样要作为刑事责任的客观依据,如运输工作人员,偶尔违反了劳动纪律造成了伤亡事故,从事件的性质来说是偶然的,但仍要作为刑事责任的客观依据。”这里所指的“偶然的”,意思是很含糊的。照文气看来,似乎是指“偶然因果关系”而言。如果这样,与梅同志自己的论点(必然的联系才有刑法中的因果关系)就自相矛盾了。其实,运输工作人员偶尔违反劳动纪律,从他违反劳动纪律的情节来看,是偶然的,但这种“偶然”与刑法中的因果关系无关,而是属于犯罪情节的问题;因果关系的任务只研究这种违反劳动纪律的行为与结果的联系如何,而不问违反劳动纪律的行为是一贯的或是偶然的。在某些场合,尽管违反劳动纪律的行为是偶然的,但这种行为与后果间的联系,则有可能是必然的。因此,不应该把犯罪情节与因果关系混为一谈。

(1956 年第 2 期)

南斯拉夫宪法概述

康树华*

南斯拉夫人民爱好自由的传统,特别表现在反法西斯斗争的年代里。他们的顽强、英勇的战斗,为南斯拉夫历史写下了最光辉的、史诗般的一页。

在1941年纳粹德国和法西斯意大利向南斯拉夫突然进攻的危急关头,南斯拉夫旧王朝的国王和政府的官员们逃亡国外,军队投降,南斯拉夫被践踏在德、意法西斯的铁蹄之下。但是,南斯拉夫人民并没有屈服,他们在南斯拉夫共产党领导下举起了民族解放的旗帜,与侵略者展开了浴血的斗争。

在民族解放战争过程中,南斯拉夫人民就在已解放了的许多国土上,开始建立起人民政权机关。1942年11月成立了南斯拉夫反法西斯人民解放委员会作为领导斗争的最高政治机关——一种革命的议会。1943年11月29日在解放区伊柴城召开了南斯拉夫反法西斯人民解放委员会的第二次会议,这次会议通过了一系列的对于建立新的民主国家具有重要历史意义的决议。这些决议成为以后南斯拉夫宪法的基础。这次会议决定,新南斯拉夫国家将依据联邦制的原则,依据国内外一切民族平等和自由的原则建立;同时确认南斯拉夫反法西斯人民解放委员会为新的民主联邦国家的最高政权机关。在这次会议上还通过了关于剥夺流亡伦敦的皇家政府代表南斯拉夫的权利和关于不准国王返国的决议。

1945年8月在贝尔格莱德召开了南斯拉夫反法西斯人民解放委员会第三次会议。这次会议决定将南斯拉夫反法西斯人民解放委员会改名为临时国民大会,临时国民大会通过了关于选举立宪议会代表、实行土地改革、矿藏收归国有以及实行七年义务教育等法律。

1945年11月11日举行立宪议会选举。尽管反动分子企图引起政府危机和破坏选举,但是,绝大多数的南斯拉夫选民仍到投票站去,投票拥护人民阵线的候选人。立宪议会在1945年11月29日第一次会议上一致通过成立南斯拉夫联邦人民共和国和废除君主政体。

立宪议会所起草的南斯拉夫宪法草案,经过全国2个月的全民讨论之后,经立宪议会在1946年1月30日通过。根据《宪法》规定,立宪议会改为人民议会。

《宪法》总结了南斯拉夫人民所走过的道路,并用立法程序确认了南斯拉夫人

* 作者单位:北京大学法律系。

民在革命斗争中所获得的社会经济和政治方面的胜利成果。

大家知道,南斯拉夫是一个多民族的国家。根据南斯拉夫统计局的材料,1954年年底,南斯拉夫联邦人民共和国人口总数有1726.7万人,其中主要居民是塞尔维亚人、克罗地亚人、斯洛文尼亚人、马其顿人、门的内哥罗人。少数民族有:匈牙利人、土耳其人、意大利人、罗马尼亚人、俄罗斯人、捷克人、斯拉伐克人、保加利亚人等。

为了解决民族问题,南斯拉夫采取了联邦制国家结构。《宪法》规定南斯拉夫是包括六个成员国的联邦国家。这六个成员国是:塞尔维亚人民共和国、克罗地亚人民共和国、斯洛文尼亚人民共和国、波斯尼亚—黑塞哥维那人民共和国、马其顿人民共和国和门的内哥罗人民共和国。在塞尔维亚人民共和国内还有两个自治单位:伏伊伏丁那自治省和戈索伏—密托希亚自治区。

《宪法》不仅记载了南斯拉夫联邦人民共和国是共和国形式的联邦人民国家,而且确认了它是享有平等权利的各主权民族的公众集体,各民族根据民族自决的权利可以自愿地参加联邦或退出联邦。

可见,这些规定不仅固定了南斯拉夫联邦的国家结构形式,而且固定了南斯拉夫联邦国家的原则。南斯拉夫联邦国家的第一个原则是联邦的自愿性质。这一原则不仅表明了《宪法》确认了一定的历史事实,而且也反映出参加联邦的各人民共和国是出于自愿的。也就是说,南斯拉夫联邦人民共和国是根据自愿的相互协定组成的联邦这一事实。同时,这也就固定了作为南斯拉夫联邦基础的法律规范,由这种规范当中发生各人民共和国的一定权利和联邦的义务。

各人民共和国的平权也是南斯拉夫联邦制的原则。这就是说,所有参加联邦的各人民共和国,不论其居民多寡,不论其经济资源或领土面积如何,在联邦组织中都享有平等的权利。在资产阶级联邦国家中,邦员国家的平权原则并不是公认的,在这里平权原则不仅在事实上常被侵犯,就是在形式上也常受侵犯。这里表示出资产阶级联邦的特点:较为强大的邦员国家利用联邦作为它称霸的工具,作为镇压和强力统治较为弱小的邦员国家的工具。自然,像这样的相互关系在南斯拉夫联邦内部,无论是在联邦与各人民共和国之间,还是在各人民共和国本身之间,都是不可能的。因为平权原则就是表现和保证一些共和国不能压迫另一些共和国或利用联邦达到这个目的。

南斯拉夫联邦人民共和国保护各人民共和国的主权。各人民共和国的主权仅受联邦宪法所规定的权力的限制。各人民共和国都自己的宪法,反映出自己的特点。所有在南斯拉夫境内的少数民族都有权发扬他们的文化和自由使用他们的语言。各人民共和国的疆界的变动,必须经联邦人民议会批准。各人民共和国在这些方面都得到保护。

《宪法》明确指出：南斯拉夫联邦人民共和国的一切权力来自人民，并属于人民。

南斯拉夫《宪法》不仅确认了政权属于人民这一事实，而且还确实保障劳动人民能够行使这种权力。《宪法》规定劳动人民通过以自由方式选举产生的国家权力代表机关，即地方人民委员会、各人民共和国人民议会和联邦人民议会，来行使他们的权力。一切国家权力代表机关，都是由全体人民按普遍、平等直接选举的原则，用秘密投票的方法产生的。一切国家权力代表机关来自人民，并向人民负责和报告工作。对于不称职的代表，人民可以按照法定手续把他撤换。一切国家权力机关的活动都要根据南斯拉夫联邦人民共和国宪法和人民共和国宪法，联邦法律和人民共和国法律，以及上级国家权力机关的一般规程行使权力。

南斯拉夫联邦人民共和国《宪法》中的这些规定，充分表现出人民主权的原则，因而它与任何资产阶级国家的宪法是丝毫没有共同之处。

南斯拉夫联邦人民共和国的经济基础是生产资料的社会所有制。《宪法》第16条规定："公共所有财产是国家在发展国民经济上的主要支柱。公共所有财产受国家的特殊保护。"

战后时期，南斯拉夫广泛地实行了社会经济的改造。还在1945年8月（《宪法》通过以前）就通过了关于实行土地改革的法律。实行土地改革的结果，废除了地主土地所有制。在1946年，又实行了工业国有化，把原料和动力资源、大型和中型工业、运输业、交通工具、银行和信贷机关都收归国有，全部批发商业和极大部分零售商业也都由国家经营。目前在南斯拉夫的工业中，生产资料的社会所有制占统治地位。90%以上的工业已经公有。工业中私人成分的比重不足10%。但是，在绝大部分农业和手工业中，今天还保持着生产资料的私有制。

《宪法》第18条规定："在经济中保障财产私有制和私有企业。"但是，垄断资本主义在南斯拉夫是被禁止的。同时也应该指出，私人所有权虽然受到法律的保护，可是任何人都不得利用私人所有权来进行损害人民集体利益的活动。《宪法》还规定如果社会利益需要时，根据法律可以把私有财产收归国有。这样，南斯拉夫《宪法》就废除了资产阶级宪法所特有的"私有财产神圣不可侵犯"的原则。

南斯拉夫《宪法》确认了土地改革的成果，实行"耕者有其田"的基本原则，并逐步引导广大的个体农民走上集体化的道路。铁托总统在1955年年末说："……一个社会主义国家，只要它有建成完全社会主义社会的愿望，就不可能有两种生产方式——社会主义生产方式和资本工义生产方式。现在，问题的实质是，必须有步骤地利用各种办法来帮助巩固农村中现有的合作社，使它们成为能够吸引一切单干农民的因素，因为这些单干农民还没有认识到参加合作社比不参加好……"①

南斯拉夫农村中的合作化运动正在逐步地发展着。目前，最普遍的是供销合作社。到1956年年初，供销合作社共有6500多个，包括社员200多万人。同时，南斯拉夫还有生产合作社，目前这种合作社共有896个。"②《宪法》规定国家对于人民合作组织予以特别照顾、帮助和给予其他方便。

《宪法》第15条规定："为了保障人民的生活，增进国民的幸福，以及妥善地开展一切经济潜力和资源，国家通过总的经济计划、依靠国家经济成分与合作组织的经济成分同时保证对私有经济成分的一般控制，规定经济生活和经济发展的方针。"

《宪法》规定每人都有义务按照他的能力从事劳动。这就是说，在南斯拉夫联邦人民共和国，劳动已被确认为每一个有工作能力的公民应尽的天职，是每一个人在法律上和道德上的义务。同时《宪法》也指出了"凡对社会无贡献者不能从社会取得所有报酬"的社会主义分配原则。

《宪法》确认了南斯拉夫联邦人民共和国的公民在法律上一律平等，不分民族、种族、宗教信仰、教育程度都享有同样的权利。凡年满18岁的公民都有选举权和被选举权。

妇女在国家各方面和经济生活与政治生活中享有与男子平等的权利。妇女享有与男子同样的劳动权利和获得相同的劳动报酬。南斯拉夫妇女积极地参加了国家的各项建设事业。1954年，妇女在南斯拉夫社会经济部门中几乎占职工总数的1/4，妇女占国家机关成员总数1/3。③

所有公民在信仰和宗教自由方面都得到保障。教会和国家分开，学校和教会分开，并保障公民有出版、言论、结社、集会的自由。

现在南斯拉夫已没有资产阶级政党组织或反动集团活动的余地。国家唯一的领导政党是南斯拉夫共产主义者联盟。它的前身是南斯拉夫共产党，是在1952年11月改为现在名称的。根据盟章的规定，"南斯拉夫共产主义者联盟是南斯拉夫联邦人民共和国工人阶级的有组织的政治力量"，它"在自己的活动中，遵循着科学社会主义的理论"。1955年5月，铁托总统在对第一无产者师团的官兵演说中指出："……南斯拉夫共产主义者联盟的作用，在目前以及在今后的长时期内对于我们国家的进一步发展、进步和繁荣，将具有决定性的意义。共产主义者，共产主义者联盟盟员不应当在群众中被同化，而应当影响别人，应当是社会主义意识的体

---

① "南斯拉夫经济的成就和问题"，载《经济译丛》1956年第7期。

② 同上。

③ ［苏］叶果罗夫："南斯拉夫联邦人民共和国宪法"，载《苏维埃国家与法》1956年第1期。

现者，应当是马克思列宁主义科学所产生的最好的精华和最积极的中坚……共产主义者自己应当具有建成社会主义的崇高目的。"①南斯拉夫共产主义者联盟在1954年年底时共有盟员65.4万多人。其中工人占28.3%，农民占22.6%，职员占29.8%，学生占2.5%，其他占16.8%。②

目前在南斯拉夫存在广泛的群众性的政治组织与各种协会。其中最重要的群众性政治组织是南斯拉夫劳动人民社会主义联盟，它是在1953年2月22日至25日举行的人民阵线第四届代表大会上改名而成立的。它是以共产主义者联盟为核心的劳动人民的组织（它包括工会、青年、妇女和其他劳动人民团体），现在共计有800万左右的盟员，在南斯拉夫为建设社会主义而奋斗。

南斯拉夫工会联合会是南斯拉夫工人阶级的自由、自愿和民主的组织，现有会员近165万人。南斯拉夫人民青年联盟是南斯拉夫青年的政治和教育组织，现有盟员117万人。南斯拉夫妇女会联合会是南斯拉夫妇女的巨大群众组织，它作为南斯拉夫劳动人民社会主义联盟的成员组织在政治上教育妇女，并解决许多与妇女地位有关的具体问题，现有成员约400万。

此外，在人民解放军协会中有125万左右的成员。在南斯拉夫还有6449个体育组织，它团结着100万左右的人。③

《宪法》规定初等教育是义务教育并且免费。在最近期间，学校、图书馆、电影院、剧院都有了很大的发展。这种在文化生活方面的发展速度，如果和战前对比一下就更加显得突出。在1938～1939年间，南斯拉夫只有3所大学和29个学院、高等学校和科学院，学生17,700人。到1953～1954年度，已经有了5所大学，72个学院、高等学校、科学院，共有学生75,543人。中学学生数与1939～1940年比较则增加了3倍。博物馆也由1939年的62个增加到185个。电影院由413个增加到1229个。现在，南斯拉夫用各民族国家语言出版453种报纸和680种杂志，每年印行3.4亿份左右。十几年来南斯拉夫作家和诗人所写的作品有1280多种，一共出版了近150部长篇小说，300多部中篇和短篇小说集，而且其中大部分作品的艺术价值远远超过了战前作品水平。④

南斯拉夫政府在社会保障方面花费着巨大的资金。例如，在1955年支付的社会保障资金即达11,800万狄纳尔，这个数字占全部国民收入的10.1%。⑤

---

① "南斯拉夫联邦人民共和国"，载《世界知识》1955年第22期。

② "共产主义者"，载《南斯拉夫共产主义者联盟中央机关报》1955年第4号。

③ [苏]叶果罗夫："南斯拉夫联邦人民共和国宪法"，载《苏维埃国家与法》1956年第1期。

④ 张闻天同志在首都庆祝南斯拉夫联邦人民共和国成立十周年大会上的讲话，载《人民日报》1955年11月29日。

⑤ [苏]叶果罗夫："南斯拉夫联邦人民共和国宪法"，载《苏维埃国家与法》1956年第1期。

上述这些具体数字充分反映出南斯拉夫《宪法》对公民的权利和自由，不但规定得广泛和周密，而且有国家一步一步地采取的各种具体措施来保证公民能够真正享受这些权利和自由。

1955 年 1 月 13 日，南斯拉夫人民议会通过了《关于南斯拉夫联邦人民共和国社会组织和政治组织的基础与联邦国家权力机关的基础的宪法》。艾德瓦尔德·卡尔戴里同志在人民议会所作《南斯拉夫联邦人民共和国新的社会和政治制度》的报告中指出："在这个新根本法中基本上修订、补充和废除现有宪法的若干条文或整个条款，但是并不将宪法的条文全部废除……"①现行《宪法》对于上述 1946 年《宪法》中的那些原则仍然保持有效，同时，对于 1946 年《宪法》所确定的国家结构作了某些修订和补充的规定。例如，现行《宪法》第 1 条规定："南斯拉夫联邦人民共和国是享有平等权利各主权民族的社会主义民主联邦国家。"联邦保护着各人民共和国的主权。现行《宪法》规定的南斯拉夫各民族的统一平权，保证了社会主义社会制度、经济体系的统一和国民经济有计划的发展。

现行《宪法》第 2 条是关于南斯拉夫政权性质的规定。它除确认了南斯拉夫联邦人民共和国的"一切权力属于人民"外，并对 1946 年《宪法》第 6 条作了这样的补充："劳动人民通过其所选的各人民委员会和各人民议会的代表、各工人委员会和其他自治团体的代表并直接通过选举、罢免、复决、选民会讲、公民委员会、公民参加行政管理和审判以及通过其他自治方式行使权力，管理社会事务。"

现行《宪法》规定人民委员会是劳动人民行使国家权力的基层机关，它并且是公社、市镇和区的最高权力机关。联邦政府仅具有联邦宪法所规定的权力，各人民共和国也只具有它们宪法中所规定的权力。艾德瓦尔德·卡尔戴里在人民议会上所作《南斯拉夫联邦人民共和国新的社会和政治制度》的报告中指出："需要实行这样的分权制主要是在于：

一、使执行权的施行在实际上尽可能地适应现在仍不一致的具体情况；

二、使群众能以直接控制执行机关的工作，使劳动人民在实际上能自由而充分地发挥其社会主义积极性；

三、防止国家行政机关变为某些对于社会的永久性的集权统治力量。

根据上述理由，新根本法制定了这样的原则，即执行权的实施主要交付各级人民委员会和各种社会自治团体，同时共和国和联邦国家权力机关只保留在性质上属于联邦或共和国的职权以及由宪法或基于宪法而制定的其他法律所规定的职权。

与此有关的是："新根本法同时结束了所谓'双重负责制'。根据'双重负责

① 《南斯拉夫新根本法》，白堃译，世界知识出版社 1956 年版，第 8 页。

制'每个国家机关的执行机构不仅对其相应的代表团体负责,同时对其系统以内的高级行政机关负责。"①

根据现行《宪法》的规定,配合着生产资料的社会所有制,南斯拉夫实现了世界上前所未有的经济民主。经济民主不仅是政治民主的补充,而且是政治民主的基础。无须论辩,实现经济民主必须具有生产工具社会所有这个条件。建立在废除了私人所有制的经济民主可能使工人自己控制剩余价值作为生产者借以创建行使政治权力的物质基础。

南斯拉夫的经济民主制度是通过两种组织形式实现的。在每个经济企业、合作社或其他经济机构中,各工人集体行使权力,即管理生产工具,组织经济程序等。在工人集体较小的地方,由全体工人负责管理工作,在会议上通过重要的决定并从工人中选出管理委员会来执行他们的决定。在工人集体较大的地方,在管理委员会之外,另成立工人委员会作为该企业中自治的主要机关。工人委员会是根据普遍、平等、直接的选举原则和秘密的投票方法选举产生的。每年选举一次。企业的全体工人和职员都享有选举权和被选举权。选举是按着工会和工人与职员小组提出的候选人名单进行的。工人委员会的人数多少是依照企业的工人和职员的数目为转移的。工人委员会的职权包含有通过生产的季度计划,审查企业活动的年度报告,选举和解散企业管理委员会,以及独立决定关于企业中工人和职员的工资、工资基金的分配等问题。

值得注意的是,南斯拉夫自己认识到其经济民主制度只不过才开始发展,许多非常困难的问题仍待逐步解决,因此,这种制度还不是十分完善的,还不是可以简单地应用于其他社会的。②

现行宪法取消了 1946 年《宪法》第 6 ~ 12 章和第 15 章。这些规定了联邦和各人民共和国权力机关之间的相互关系,规定了管理机关的结构以及他们之间的相互关系,规定了关于地方权力机关应有的地位等。

根据现行《宪法》的规定,联邦人民议会是人民主权的代表,是联邦的最高权力机关。它享有修改宪法,选举和罢免共和国总统、联邦执行委员会的委员和联邦最高法院的法官以及制定联邦法律等。联邦人民议会任期 4 年。它是由两院组成:联邦院和生产者院(1946 年《宪法》规定是由联邦院和民族院组成)。

联邦院是由南斯拉夫全体公民在普遍、平等、直接、秘密投票选举的基础上选出的。是由每 6 万选民选出 1 名代表组成的。6 个人民共和国的议会各选派代表

---

① 《南斯拉夫新根本法》,白堃译,世界知识出版社 1956 年版,第 13 页。

② "南斯拉夫联邦人民共和国的经济",载《国际问题译丛》1956 年第 1 期。"南斯拉夫的经济问题",载《国际问题译丛》1956 年第 3 期。

10 名,伏伊伏丁那自治省议会选派代表 6 名,戈索伏—密托希亚自治区议会选派代表 4 名参加联邦院。

1953 年大选时共选出联邦院代表 352 名。在 1953 年大选时,每个选区可以提出 1 名以上候选人(新宪法通过前只能提出 1 个候选人)。候选人由选民会议提名,其程序是由公民直接提出,由选民会议以多数票决定其人选。公民也可以联合(不少于 200 人)提出候选人。

生产者院的代表,不是由全民选举产生的,它是由生产者按每 7 万人选举 1 人的此例选举组成的。按照《宪法》的规定,生产者院的代表是由工业、农业和手工业生产者,在各类生产者单位中选举代表的方式选出。

生产者院的代表并不是直接由生产者选出的,而是由市或区的生产者参议会的议员间接选出的。生产者的选举权并不是平等的,因为不是由一定数目的生产者选举一定数目的代表。生产者院的代表是按生产者在生产中贡献的大小选举的,也就是所生产的价值大,应选的代表就多;所生产的价值小,应选的代表就少。这种代表制度以某一生产单位的生产价值为基础,其实行方法是把生产者分为两类。工业、商业和手工业部门的生产者属于第一类,农业生产者属于第二类。由于第一类生产者所生产的价值远远超过第二类生产者所生产的价值(其价值在每年经济计划中规定),因而虽然南斯拉夫仍是以农业为主的国家,第一类生产者的数目较第二类生产者的数目少得多,但是,第一类生产者选举的代表数目却比第二类生产者所选的多得多。例如,1953 年大选时,尽管工业类生产者共有 1,321,314 名选民,农业类生产者共有 4,824,386 名选民,但是,选出的生产者院的 202 名代表中,工业类却占 135 名,农业类只占 67 名。

为了使联邦人民议会和地方自治权力机关——人民委员会的联系尽可能密切,人民议会的每个代表在其所当选的区或市人民委员会充任当然的参议员。这样,代表在议会中可以更好地转达其所代表的区或市的意见,维护其利益,并向该人民委员会报告议会的工作。

代表在议会的工作并不对任何国家机关负责,因为代表享有议会制的特殊权利。代表在个人因犯刑事罪而应予逮捕方面还享有特权,也就是不经人民议会批准不得予以逮捕。但是,代表在工作上对选民负责,这种负责制特别反映在选民甚至在代表任期未满以前,可以罢免他们认为工作不称职的代表。

生产者院不是与联邦院完全平等的一院,生产者院比联邦院的职权要小得多。根据现行《宪法》规定,生产者院的议员不参加关于国防、国家安全、司法行政、公民权等议案的表决。这些问题都是在联邦院的专职范围之内。从生产者院的性质上可以看出,生产者院参加通过与经济有直接关系的决定和规定其他对于经济有间接作用的任务(特别是选举议会所设立的某些机关)。这是由于生产者院的设立在于直接代表生产者，也就是代表负责创造物质财富的人，代表经济的承担者。生产者院保证生产者与决定他们所创造的物质财富的使用，也就是决定关于经济方面的问题。

在生产者院有权参加作出决定的方面，生产者院和联邦院完全平等。换句话说，决议只有在两院分别举行会议，分别进行讨论而完全同意下才可以通过；两院意见不一致，经努力进行磋商而又失败时，议会（包括两院）即行解散，该问题由新选出的议会来决定。

联邦院和生产者院在平权的基础上决定的问题包括：修改宪法；制订经济计划和预算；制定有关货币、信贷、银行、财政、财产关系，劳动关系和社会保险方面的法律；通过议会其他关于经济方面的决议；决定议会的解散；规定代表和其他国家高级官员的待遇。

选举共和国总统、联邦执行委员会主席、议会主席、联邦最高法院法官、议会各委员会委员，都是在联邦院和生产者院两院代表联席会议上进行。

生产者院的代表也有权建议联邦院修改法律草案，建议联邦院讨论联邦院专属职权范围以内的问题以及修改联邦院已经表决通过的法律。

生产者院也行使某些联邦院所没有的独立职权。生产者院可以向经济机构、国家机关和自治机关提出有关经济、劳动和福利的建议，并且根据特定的法律通过有关上述问题的某些决议。

应该指出，人民共和国、自治省、自治区的议会所选出的联邦院的成员（共70名代表），除在联邦院与其他代表同样工作外，还享有特殊的权利和义务。在限定的一些情况下，这些代表组成联邦议会的特殊团体，称为民族院。1946年《宪法》规定，民族院是人民议会中的平权两院之一。但是，由于各共和国间的坚定团结，证明这样的一院没有必要作为单独的一院举行经常会议。因此，现行《宪法》规定民族院只在修改宪法时方认作特殊的一院。在其他情况下，民族院仅在某一共和国或自治单位一半代表或任何10名代表的要求下才单独举行会议。

民族院有权单独讨论的法律和决议，非经联邦院和民族院取得一致意见，联邦院不得通过。在修改《宪法》和制订经济计划时，如果不能达成协议，经过努力磋商而又告失败的情况下，联邦院即行解散。对于意见不同的问题由新选出的联邦院解决。在其他情况下，不能达成协议的问题只可以延期1年讨论。

联邦人民议会从其成员中选举主席1人，副主席不得少于2人和秘书1人。任期和该届议会的任期相同。主席代表议会，与共和国总统共同签署关于公布法律的法令，并主持两院联席会议。人民议会秘书负责议会的行政工作。

联邦人民议会在其任期中不停地进行工作。委员的工作主要是在各种委员会中进行的。各种委员会在提交议会全体代表大会前仔细研究各有关法律草案和其他议会的法令。

各种委员会在议会的工作中是非常重要的。根据现行《宪法》的规定,议会下设行政委员会、选举委员会。联邦人民议会还必须设立五个常设专门委员会:国际法委员会和分别以四种文字(塞尔维亚文、克罗地亚文、斯罗文尼亚文和马其顿文)编定法律或法令的官定本的四个委员会。此外,人民议院的联邦院下设九个常设委员会:外交委员会、权力机构与行政机构委员会、人民经济委员会、福利和人民健康委员会、教育委员会、预算委员会、立法委员会、委任和豁免权委员会、请愿和申诉委员会。生产者院有七个常设委员会:人民经济委员会、经济机构委员会、劳动和社会保险委员会、预算委员会、立法委员会、委任和豁免权委员会、请愿和申诉委员会。

南斯拉夫的最高权力机关——人民议会的组织机构虽然和其他人民民主国家不同,但本质上则完全相同。也就是说,都具有以下几个共同特点:(1)最高权力机关是唯一的立法机关。立法权只由最高权力机关来行使。最高权力机关一方面颁布最重要的法律规范,来确立新社会制度最重要的社会关系;另一方面还要在日常的国家活动中对最重要的问题作出决定,如宣布战争、签订和约,等等。(2)最高权力机关是反映全体人民的意志,代表人民的主权,把主权属于人民与主权属于国家的原则相结合起来的全权机关。它可以把由它选举的或由它任命的任何工作人员随时撤换。(3)最高权力机关不仅是立法机关,而且也是执行机关。它一方面制定法律,另一方面通过自己的代表、自己的各种委员会和自己的执行机关,来行使自己的法律与决定。

此外,为使人民议会能够行使国家权力,人民议会在任期未满以前,除在两院意见发生冲突的情况下,任何人不得解散议会。另外,议会甚至在任期未满以前可以自行决定解散,召集选举新议会。

现行《宪法》废除了1946年《宪法》规定的作为人民议会闭会期间,代表南斯拉夫联邦人民共和国整个国家,监督法律的实施和联邦行政机关工作的人民议会主席团。按照现行《宪法》规定,它是由共和国总统和联邦执行委员会共同行使。

共和国总统是在议会大选后两院第一次联席会议上选举产生。选举以秘密投票方式进行。候选人须获得绝对多数票才能当选。总统候选人必须是议会的成员,而且必须有议会成员20人的提名才能作为候选人。总统的任期与议会的任期相同。

总统是国家元首。现行《宪法》第71条规定:总统对内对外代表南斯拉夫联邦人民共和国,公布法律,批准同外国缔结的条约和协定,任命和召回驻外国大使和全权公使,接受外国使节的国书,授予勋章和荣誉称号。

总统又是联邦执行委员会的主席和国家武装部队的最高统帅。作为联邦执行委员会的主席,总统对联邦执行委员会的决议不同意时,可以把问题提交议会。在议会对于发生争执的问题作出决定以前,联邦执行委员会必须停止执行其决定。作为国家武装部队的最高统帅,总统得任免三军将领,授予军衔,并主持国防委员会会议(总统也是国防委员会的主席)。国防委员会的委员在总统的提名下,由联邦执行委员会任命。

联邦执行委员会是联邦人民议会的主要执行机关,是在南斯拉夫国家机构中新建立的。根据1946年《宪法》,在南斯拉夫的国家制度中曾设立部长会议作为主要的执行和号令机关。部长会议不仅是决定行政工作的总的政治路线的机关,而其本身是直接的行政机关,每个成员同时是政府某一行政部门的首长。部长会议隶属于议会,议会可以随时使部长会议总辞职或要求撤换其某一成员。按照现行《宪法》的规定,取消了部长会议,设立联邦执行委员会和一些独立的行政机关——国务秘书处,以及其他机构。联邦执行委员会根据法律和议会的其他规定决定行政机关工作的一般政治方针,并且对于这些政策的执行进行最高的监督。也就是说,联邦执行委员会行使以前部长会议所具有的对行政机关的政治监督,但是联邦执行委员会并不自己执行部长会议或各部长所负的行政任务。行政任务由特殊的独立机关(国务秘书处等)来执行。这些独立机关虽然与联邦执行委员会是分开的,但仍然隶属于联邦执行委员会。在这方面,联邦执行委员会不再负责处理经常行政工作,可以专力行使其所具有的职权,保证议会的决定正确地执行。

联邦人民议会就联邦院的代表中选举联邦执行委员会的委员,并且有权罢免其委员。联邦执行委员会最少应有15名委员(现在有30名)。各共和国执行委员会主席应为联邦执行委员会的委员,这样使联邦政府的最高机关与各人民共和国的最高机关可以保持必要的联系,可以保证联邦制原则的实行。依照《宪法》的规定,联邦执行委员会在工作上,对联邦人民议会负责。人民议会有随时向联邦执行委员会提出质问之权。

联邦执行委员会的职权包括:监督执行联邦法律、联邦经济计划、联邦预算和联邦国民议会的其他决定,制订联邦经济计划和联邦预算草案,并对联邦行政机关的工作实行总的领导等。此外,联邦执行委员会还具有过去人民议会主席团的一些任务。例如,在两院发生争执时解散人民议会,宣布新的大选,等等。

为了直接完成联邦权限以内所规定的各项执行任务,设有国务秘书处、各级行政机关和各级独立行政机关。联邦行政机关根据法律和联邦执行委员会的决议,并遵照它的指示进行工作。

国务秘书处共有五个:国防秘书处、外交秘书处、内务秘书处、国民经济秘书处及预算与国家行政秘书处。这些国务秘书处由各秘书长领导、对联邦执行委员会负责。国防秘书长和外交秘书长、由于其职责的性质,特别规定必须由联邦执行委员会委充任。

在国务秘书处之外，还设立其他独立的行政机关，其中包括有十个局（联邦经济设计局、联邦统计局、联邦人民卫生局等），此外，还有一些独立行政机关，如海事与内河航运总署、海关总署以及专门委员会，等等。

各人民共和国权力机关的组织基本上是和联邦的权力机关相同。各人民共和国的最高权力机关是人民议会，任期 4 年，由两院——共和国院和生产者院组成。各人民共和国执行委员会是由共和国人民议会中选出的。为了直接履行人民共和国范围以内的各项执行职务，设有共和国国务秘书处以及其他部门。自治省的最高权力机关是自治省人民议会。自治省人民议会由省参议会和生产者参议会组成。自治区的最高权力机关不是议会，而是区人民委员会。区人民委员会也由两部分组成：自治区参议会和生产者参议会。

现行宪法正式废除了 1946 年《宪法》第 12 章“专区国家权力机关”，这一章在 1952 年由于制定了《关于人民委员会的组织通则》而早已失效了。

上述组织通则规定人民委员会为公社、区和市镇的最高权力机关，所有地方行政机关都受人民委员会的领导。根据这一法律，作为地方权力机关的人民委员会同时也是公社、区和市镇的人民自治机关。人民委员会指导和保证公社、区和市镇的经济、社会和文化建设，加强和发展社会主义的关系，并执行法律所规定的其他任务。

上述组织通则规定区和市镇人民委员会应由两院组成：区（或市镇）参议会和生产者参议会。它的选举也和人民议会各院的选举原则相同，所不同的是生产者参议会不是间接选出的，而是由生产者直接选出的。公社人民委员会不是由两部分组成的，公社人民委员会是由全体公民以平等直接选举方式选出。

区（或市镇）参议会和生产者参议会在平等基础上参加关于经济事业、劳工关系、社会安全等决议的通过。两院共同选出人民委员会的各种机构。两院内得设立常设委员会，审议特定的问题并向人民委员会提出建议。此外，区、市镇和公社的人民委员会得建立各种委员会来执行属于人民委员会职权范围内的各种职务，各委员会的主席必须是人民委员会的委员。

上述组织通则规定，人民委员会应独立地决定它的组织机构。在南斯拉夫联邦人民共和国 1955 年统计年鉴中，转载了区和公社的人民委员会组织机构的示范规程。依照这些规程，区人民委员会得设立一般行政、经济、教育、文化、卫生、社会安全和劳工与劳工关系等委员。此外，公社人民委员会得设立公社经济、房屋、保护妇女和儿童权利等委员会。

1955 年 6 月，联邦人民议会制定了《关于公社和区的组织的通则》。依照这一通则，从 9 月 1 日起，南斯拉夫全国在行政上将有新的划分。原有 353 个区和 4156

个公社，将改划为107个区和1479个公社。① 新设立的区和公社的界限是按照下述方式确定的，即保证每一公社能够获得独立的经济发展而最后发展成为一个高级公社。各区将使各个高级公社联合起来。

上述组织通则对新公社的地位作了这样的解释："公社是劳动人民实行自治的基本政治和经济的联盟……各区是劳动人民实行自治的政治和地方组织，并且是这一地区内所有公社和居民的社会和经济联盟。"

1946年《宪法》关于人民法院的规定，现在仍然有效。根据《宪法》的规定，南斯拉夫联邦人民共和国的司法机关有联邦最高法院、各共和国和自治省的最高法院、县和区法院。联邦最高法院的法官是由联邦人民议会上选举和罢免，各共和国和自治省的人民议会选举和罢免其最高法院的法官，县或区人民委员会选举和罢免县或区法院的法官。

法院独立进行审判，只服从法律。法院以人民的名义宣布裁判。审判一般的是公开进行。被告有权在法庭行辩护。使用诉讼法院所在的各人民共和国、自治省或自治区所用的语言进行。公民不通晓进行司法程序所用的语言时可以讲本民族语言。为了能使人民的意见贯彻在司法工作中，除最高司法委员外，每个审判委员会都有陪审法官代表各阶层的公民。陪审法官由人民委员会选举，根据轮任制度，每人每年在法庭工作15天。陪审法官与正式法官有同等权利。

检察院对法律的执行实行一般监督，其活动独立，只服从法律。根据1954年12月8日联邦人民议会通过的关于检察院的法律，废除了1946年《宪法》第14章关于检察院的规定。根据这个法律，南斯拉夫检察院是联邦执行委员合监督下的一个特殊司法机关。联邦检察长是由联邦执行委员会选任和撤免的。

南斯拉夫《宪法》虽然和社会主义阵营其他国家的宪法有很多不同之处，但在本质上都是属于社会主义类型的宪法，因而南斯拉夫《宪法》也如同社会主义阵营其他国家宪法一样，是和资产阶级国家宪法有着根本的区别。大家知道，资产阶级国家宪法的首要任务，是保护资本主义私有制和资本主义，剥削制度，而南斯拉夫《宪法》则是以消灭资本主义私有制和一切剥削制度为首要任务。资产阶级国家宪法所巩固的是资产阶级专政的政权和有利于剥削者的社会秩序，而南斯拉夫《宪法》所巩固的则是以工人阶级为领导的劳动人民的政权和有利于劳动者的社会秩序。资产阶级国家宪法是民族主义的宪法，它巩固着民族压迫制度，而南斯拉夫《宪法》则是国际主义的宪法，它巩固着一切民族权利平等的原则。资产阶级国家宪法所宣布的公民权利和自由是残缺不全的，而且没有丝毫的物质保障；而南斯拉夫《宪法》则不仅宣布了公民广泛的权利和自由，而且还保障了这些权利的真正实现。

---

① 《政治经济》1955年第179期。

总之,南斯拉夫《宪法》是代表劳动人民的意志和利益的根本法。因此,和资产阶级国家宪法比较起来,南斯拉夫《宪法》具有无比的优越性。目前,南斯拉夫人民正团结在宪法的旗帜下,满怀信心地为争取社会主义早日建成而斗争。让我们向南斯拉夫人民致以诚恳的祝贺,祝他们在进行社会主义建设的伟大事业中,获得新的伟大的成就。

(1956 年第 2 期)

维护国际和平与安全的侵略定义

丘日庆*

由中国和印度首先在1954年4月签订的《中华人民共和国、印度共和国关于中国西藏地方和印度之间的通商和交通协定》中提出的，其后受到其他国家，更有意义的是受到1955年4月亚非会议29个国家所支持的"和平共处"的五项原则，现在是越来越广泛地得到国际的承认，就是像英国和法国这些国家，也在事实上承认了这个原则。

赫鲁晓夫同志在苏联共产党第二十次代表大会上指出："这些原则规定了具有不同社会制度的国家间在目前条件下最好的相互关系的形式。"①

和平共处的五项原则是：互相尊重领土完整和主权，互不侵犯，互不干涉内政，平等互利，和平共处和经济合作。因此，研究其中之一的"互不侵犯（侵略）"原则中的"侵略"的定义，②是有其现实的意义。对于"侵略"一词有了明确的定义，有利于五项原则的巩固，也就有利于世界的和平与各国安全的维护。这是一方面。

另一方面，根据《联合国宪章》第1条的规定，联合国最主要的宗旨为维持国际和平与安全，"并为此目的：采取有效集体办法，以防止且消除对于和平之威胁，制止侵略行为或其他和平之破坏"。在《联合国宪章》之名为"对于和平之威胁和平之破坏及侵略行为之应付办法"第7章中又规定："安全理事会应断定任何和平之威胁、和平之破坏或侵略行为之是否存在"，③并应作成建议或抉择，以维持或恢复国际和平及安全。然而《联合国宪章》对于这样重要的问题：什么是侵略？那些行为构成侵略？却没有规定。虽然苏联几次提出要确定侵略定义的提案，但直至今天，由于美、英帝国主义者的反对和阻挠，联合国大会也还不能作出任何标准和决议，这不能不说是很愤怒的事情。

原来关于侵略定义的确定问题，早在联合国成立之前，就是和平与战争、反侵略与侵略势力之间的尖锐斗争的问题之一。根据1954年第九届联合国大会的决

---

* 作者单位：复旦大学。

① 《苏联共产党中央委员会向党的第二十次代表大会的总结报告》，中央编译局编译，人民出版社1956年版，第35页。

② 周鲠生："从国际法论和平共处的原则"，载《政法研究》1956年第6期，第39页。［苏］达丹尼夫史基："五项原则"，载《国际生活》1956年第3期。按互不侵犯（non-ag-gression——英文，non-agression——法文）均可译为互不侵略。

③ 《联合国宪章》第39条前半段。

议，将由它所组成的专门委员会来研究联大本届（第九届）会议上所提出的关于侵略定义的各项提案，其中包括苏联在1953年8月所提出的定义，和各项修正案，拟出一个侵略定义的草案，向1956年联合大会第十一届会议提出报告。1953年8月24日，苏联代表团曾在联合国侵略定义专门小组委员会提出了一个关于"侵略"的更完整和更丰富的定义。[①] 这是苏联一贯为世界和平与集体安全、制止战争威胁、缓和国际紧张局势的具体行动之一。它在国际会议上再一次为国际法作出最光辉的贡献。

联合国大会第十一届会议又将于今年11月举行了[②]。确定侵略定义的斗争是经过二十多年来长期的斗争，无疑在今年的联合国大会上围绕这个问题仍将继续展开尖锐的斗争。这里将苏联确定侵略定义的原因和经过，予以回顾，揭露帝国主义者反对确定侵略定义的阴谋诡计和蛮横无理，阐明侵略定义的制定对维护国际和平与安全的巨大作用，是有非常重要的意义的。诚如梅汝璈同志在《制定侵略定义的斗争》一文中所指出，"由于它对和平的人民事业的重要性，我们希望全世界爱好和平的人民，特别是各国的民主和进步的法律工作者，不但要密切注视这个斗争的发展，而且还要把他们的力量积极团结起来，投入到这个斗争里去"。[③]

一

苏联关于侵略的定义，早在1933年2月6日，第一次向国联在日内瓦举行的国际裁军会议总委员会提出。这个提案名为《确定侵略定义草案》。它是史无前例地、详尽地和明确地指出什么是侵略，划清自卫和侵略的界限，揭发所有侵略者借以辩解他们侵略他国行动的借口。这使当时英、美帝国王义者、日本军国主义者，德、意法西斯主义者，受到当头棒喝。因此，甚至当时英国资产阶级报纸《曼彻斯特指导报》也不得不称此提案为"自由宪章"。[④]

维辛斯基指出苏联当时确定侵略定义的目的是："为了保证白瑞安—凯洛格公约在最大的程度上付诸实施，并使专门为了保证公约的签字国履行他们所承担的义务而成立的机构确能发生他的作用起见，必须给这个机构获得相应的行动准

① 定义全文见《人民日报》1953年8月29日。

② 根据联合国大会议事规则，大会常会应于每年的9月第三个星期二举行，今年延期至11月12日。《解放日报》1956年5月5日。

③ 《政法研究》1956年第2期。

④ 英国《曼彻斯特指导报》1933年2月7日。转引自1933年《外交评论》第2卷第9期。

则。这就需要对侵略下一个定义,下一个区别进攻和自卫的定义,揭露进攻一方——侵略者——为了辩解他们的进攻通常使用的骗人的遁词。”①

原来1928年的《白瑞安—凯洛格公约》,即《非战公约》,外表上规定反对战争作为国家实行政策的工具,但是实际上它的目的是要用来作为孤立与打击苏联的工具,签字时没有邀请苏联参加就是明证。② 并且它还用以愚弄世界人民,说它们也是反对战争的。苏联在1928年8月5日揭发了它的实质、目的和缺点,③并坚决要求只有苏联参加此公约才能改变它的性质和意义后,英、美、法等国政府在世界社会舆论的压力之下,乃不得不邀请苏联参加此公约。其后苏联正如上面维辛斯基所说的,为了切实使公约有实效起见,认为必须将侵略的定义确定,否则《非战公约》就不完备,漏洞很多,侵略者就容易以侵略说成自卫,逃避法律的责任,而《非战公约》就完全等于具文,没有什么用处了。

苏联关于《确定侵略定义草案》,共分3条。第1条规定什么样的行动就是侵略:“在任何国际冲突中,凡最先进行下列任何行动的国家,即为侵略者:(甲)对他国宣战;(乙)未经宣战,而以武装部队进犯他国领土;(丙)以海、陆、空军轰炸他国领土,或有意地攻击他国的军舰或飞机;(丁)未获他国的许可,把海、陆、空军擅自通过或降落于他国领土,或虽获得许可,但违背他国许可的条件,留驻于其领土内,或扩张其驻留的区域;(戊)封锁他国的海岸或港口。”

以上规定,补救了《非战公约》的很大的缺点。因为《非战公约》只规定了禁止战争,但还没有达到战争程度的武力行动,也是危害世界和平与侵害他国主权和领土完整的,也应该禁止,但《非战公约》对此只字未提。何况这些行动,就常常发展为战争,导致战争,故应定为侵略,把它禁止。此外,帝国主义者又经常狡辩,虽然它已实行对他国的侵略战争,因为没有宣战,便硬说这不是战争。例如,当时日本帝国主义者侵略中国的战争,就企图以此逃避它在法律上的责任。我们为了避免不必要的争论(虽然国际法上所认定的战争,并不以宣战为唯一要件,而系以某一武装冲突的具体情况来决定),在定义中规定了“未经宣战,而以武装部队进犯他国领土”,也是侵略,是非常适时的、非常必要的。

---

① 1952年11月21日,维辛斯基在联大法律委员会会议上“关于侵略定义问题的演说”,载《人民日报》1952年11月26日。

② [苏]鲍姆金主编:《世界外交史》(第4分册),王思澄译,五十年代出版社1951年版,第374页。

③ 例如,公约中只泛泛“指出禁止战争”,而没有指出必须禁止国际间的一切武装冲突,特别是要禁止以镇压民族解放运动为目的战争。此外,公约也没有规定禁止干涉他国内政、封锁、占领他国领土和他国港口等之侵略行动。因为这些都足以引起战争。[苏]鲍姆金主编:《世界外交史》(第4分册),王思澄译,五十年代出版社1951年版,第375页。

因此,以上规定也就推动现代国际法大大向前发展了一步。

第2条明白规定,那些经常给侵略者作为进攻他国的借口,均不能以它作为辩解侵略责任不受法律制裁的挡箭牌。这对维护和平贡献更大。该条规定:“不论何种政治上、军事上或经济上的理由,也不论是想在被进攻的领土内开发资源,或取得某种利益或权利,或在他国有相当大的投资,或所谓在他国有特殊利益,或否认这块领土具备国家的构成特征。所有这些,都不能作为前条所确定侵略行为的借口,并特别举出下列情况,不能作为侵略的借口:(一)一国的内部情况:(甲)如在政治上或文化上的落后;(乙)所谓政治上或行政上的缺点;(丙)可能威胁外侨的生命或财产的危险;(丁)革命或反革命运动、内战、骚乱或罢工等;(戊)任何国家的任何政治、经济或社会制度的建立或保持。(二)任何国家所颁行的法律、条例或命令:(甲)违背国际条约;(乙)取消另一国家或其人民所取得的商业让与权或任何经济权利;(丙)断绝外交或经济关系;(丁)经济上或财政上的抵制措施;(戊)拒绝付债;(己)禁止或限制外侨入境或变更外侨的政策;(庚)侵犯他国正式代表的特权;(辛)拒绝允许他国军队通过本国领土至第三国;(壬)关于宗教或反宗教的措施;(癸)边境事件。”

以上各点,或是牵涉他国内政问题,不容别的国家干涉;或者虽然牵涉他国利益,但都可用和平协商的方法来解决,不容诉诸定义第1条的行动以武力欺侮弱小国家,危害世界和平。若以此为借口,实行第1条的行动的,显然也是侵略,不是自卫,故定义将此强调指出,是非常有必要的。而且事实上,帝国主义者就经常以上面所说的借口,使用武力,侵略别的国家,故定义将其规定,不论在当时和今天,都有完完全全的现实意义。

第3条规定,一国因他国的行动受到威胁时,亦应以外交方法解决。“倘若一国宣布军队动员,或以大批武装部队集结边境时,受威胁的国家,应采用外交的或其他的方法,使国际争端能和平解决;但同时这个国家也可采取同样性质的军事行动,唯不得越过国界。”由此可见,苏联最终贯彻它的和平外交政策,反对武力解决问题,主张以协商的方法解决国际纠纷,就在20多年前,已力争在条约上将此固定下来。

这个草案提出后,获得弱小国家、被侵略的国家和世界爱好和平民主的人士的热烈拥护。然而美、英帝国主义者及其御用学者却极力反对。例如,有的说,预先定出侵略的定义是不可能,侵略者的定义是不容易下的。甚至打比方说(如当时英国外相西门的言论),我们在没有见到“象”——侵略之前,很难描绘其形象,要等到遇到的时候,才能认识“象”是什么东西。其时日本帝国主义者正对中国实行侵略,霸占了我国的东北,而帝国主义者竟熟视无睹,说没有见到“象”——侵略。因为它们本身就是侵略者,狼狈为奸,可想而知。又有的说,将侵略定义规定“太严密了”,难免有“漏洞”,使侵略者有空子可钻,而将成为“犯罪者的避难所”①。这些荒谬不正确的言论,在二十多年后的今天,仍然差不多地翻来覆去、重重复复地在联合国组织内或组织外提出和叫嚣(他们今天反对的理由,详见下面)。

由于苏联不懈的斗争,1933 年 5 月 24 日国际裁军会议总委员会,不得不接受安全委员会关于苏联的提案的报告。报告附有草约 3 条。第 1 条几乎完全列举苏联所提出的行动,作为确定侵略的标准,即“(甲)对他国宣战;(乙)武装部队未经宣战而进犯他国领土;(丙)以陆、海、空军向他国领土或船舰或空军进攻;(丁)对他国海岸或港口实施海上封锁;(戊)对于侵略他国的武装部队予以帮助。”第 2 条亦基本上依据苏联的提案规定,不得以政治上、军事上或其他理由作为侵略行为的借口或辩护。第 3 条声明本约作为裁军公约的一部分。但是由于英、美帝国主义者从中捣乱,国际裁军会议没有通过任何具体决议,当然更谈不到侵略定义在全体大会上通过的问题了。

苏联除将这个对维护国际和平与制止侵略,以及在国际法上有特殊光辉贡献的文献,向国际裁军会议提出外,复在会外,不遗余力地争取与各国缔结确定侵略定义的条约。苏联于 1933 年 7 月 3 日至 5 日,在伦敦和阿富汗、伊朗、波兰、罗马尼亚、土耳其、捷克斯洛伐克、爱沙尼亚、拉脱维亚、立陶宛、南斯拉夫等 11 个国家,订立了一系列的关于侵略定义公约,②将 1922 年 2 月在裁军会议上所提出的侵略定义的基本内容规定于上述国际条约之中。所不同的只是将上面所说的定义第 1 条丁款删去了,而在这一条之末补充了下面的一款,即“支持在其本国领土上组成,然后侵及他国领土的武装匪徒,或是不顾被侵国家的要求,拒不在其本国领土上采取能力所及的任何行动,停止给予这些匪徒以任何援助或保护”③。这一款当然也是侵略的行动。因此,苏联在 1950 年及以后关于侵略定义的提案,均增加了这一款。

从此以后,苏联关于侵略的定义,已得到许多国家明白的接受,而成为国际法的一部分了。1952 年波兰出席联合国第七届大会的代表拉赫教授说:“苏联给侵略所下的定义具有重大的国际意义……这个定义已经变成国际法的部分,被列入许多条约中,对国际法是一个重大的贡献。”④

关于这一点,甚至连当时资产阶级的法学家都不得不承认。这些可从贝拉、卡

① 如当时英国奥斯汀·张伯伦的谬论,见 1952 年 11 月 21 日维辛斯基在联大法律委员会会议上“关于侵略定义问题的演说”,载《人民日报》1952 年 11 月 26 日。

② 按 1933 年 7 月 3 日苏联和波兰、罗马尼亚、阿富汗、伊朗、土耳其、爱沙尼亚、拉脱尼亚订立侵略定义公约。1939 年,芬兰也加入该约。1933 年 7 月 4 日,苏联又和捷克斯洛伐克、罗马尼亚、南斯拉夫、土耳其订立侵略定义公约。7 月 5 日苏联和立陶宛订立侵略定义公约。

③ 苏联和波兰、阿富汗等国所缔结的公约全文,可参见《外交评论》1933 年第 2 卷第 8 期。

④ 《人民日报》1952 年 12 月 9 日。

洛杨尼、柯森尼等人的著作中找到证明。[①] 当时比较开明的日本国际法学家横田喜三郎，在《论具有历史意义之侵略定义公约》一文中也说："在形式上，（苏联等十一国所订的侵略定义公约），虽不是一般的条约，可是在实质上，则等于具有一般条约的性质……现在虽只在十一国间具体化了，可是参加于裁军会议国家中，多数是赞成这个定义的。就从这点上看来，也就不只是个别的国家和个别地方的条约，而是近乎一般的条约了。"[②]也就是说，苏联提出的侵略定义已是国际法的一部分了。

此外，我们知道，在 1950 年第二届世界保卫和平大会的决议中，苏联的侵略定义基本上同样得到反映。它不但得到许多国家的接受，而且成为全体进步人类牢不可破的法律观点，成为全体进步人类的共同意志，不容美帝国主义者动摇。1950 年 11 月 22 日第二届世界保卫和平大会的决议中说："我们认为任何政治、战略和经济上的考虑，任何关于某一国家内部局势或内部冲突方面的理由，都不能作为任何国家武装干涉另一国家的根据。不论借口如何，对另一个国家首先使用军队的国家的这种罪恶行为，就是侵略。"[③]

二

自苏联第一次提出侵略定义经过了 17 年之后，其间经历了"惨不堪言"的第二次世界大战，帝国主义者还没有从其中汲取应有的教训。1950 年美帝国主义发动了侵朝战争，国际局势日趋紧张，而《联合国宪章》对侵略定义又付之阙如。在《联合国宪章》起草时，苏联也曾建议宪章第 39 条和其他有关的地方，如第 2 条第 4 项，规定侵略定义，但也是由于美、英帝国主义的反对，该建议没有被采纳。因此，苏联于 1950 年又在国际会议上，即在第五届联合国大会会议上，再一次提出关于确定侵略定义的提案，以便反对侵略，维护国际和平与安全。苏联于 1950 年所提出的定义，大体上是和早在 1933 年 2 月 6 日在国际裁军会议上提出的相同。所不同的只是将 1933 年 2 月提出的定义第 1 条所列举的侵略行动戊款之后，还依据 1933 年 7 月所订的关于侵略定义公约，加了下列的一款，即己款："支持在其本国领土上组成，然后侵入他国领土的武装匪徒，或是不愿被侵国家的要求，拒不在其

① 1952 年 11 月 21 日维辛斯基在联大法律委员会会议上"关于侵略定义问题的演说"，载《人民日报》1952 年 11 月 26 日。

② 原文载《外交时报》1933 年 9 月 15 日，译文载《外交评论》1933 年第 2 卷第 10 期。

③ 1950 年 11 月 22 日，第二届世界保卫和平大会致联合国组织书。中国人民保卫世界和平委员会编：《保卫和平重要文献》，世界知识出版社 1950 年版，第 5 页。

本国领土采取能力所及的任何行动，停止给予这些匪徒以任何援助或保护。”

1950年苏联在联合国第五届大会所提出的提案，首先即遭到美、英集团恶毒的反对，利用表决机器，将这符合全世界爱好和平与人民利益的提案，交给联合国大会所设立的“国际法委员会”去“再行研究”。在美帝国主义挟持下的“国际法委员会”、“研究”结果，竟向联合国第六届大会提出建议：对苏联关于确定侵略定义的提案，可不作任何决议。这就是企图将制定侵略定义的工作，无限期地搁置。

然而这些阴险恶毒的企图，在世界人民正直舆论的压力和苏联代表的义正词严的揭露和驳斥之下，是不会成功的。因此，1953年1月30日联合国第六届大会全体会议上，以30票的多数通过下列决议，其中说：“为了保障和平与安全，列举构成侵略要素而确定侵略的定义，是可能而且可行的，而制定关于侵略定义方面的指示，以便为未来某些国际机构在判明侵略者的身份时有所遵循，更无疑地是需要的。”决议将侵略定义的问题，列入第七届联大会议议程。①

1952年秋，联合国举行第七届大会，当这个问题重新提到大会时，虽然侵略性的北大西洋公约集团国家的代表力图阻挠讨论这个问题和反对作出决定，但是苏联代表团所提出的关于应该和必须确定侵略定义的提案，仍得到大多数国家代表的赞同。大会在1953年12月20日的全体会议上，以27票的压倒多数，通过了阿富汗、伊朗等国所提的，成立一个由15国代表组成的侵略定义专门小组委员会，来草拟侵略定义草案的决议。这个决议又规定上述草案应向联合国第九届大会提出讨论。②

三

对于苏联这一为争取和平、制止另一次世界大战威胁的重要工具——侵略定义的提案，从1950年联合国第五届大会一开始提出后，美英侵略集团继续以往的反动立场，始终是反对和阻挠通过的。上面已经说过，他们反对的“理由”，主要是将二十多年前的老调重弹，而且在事实的考验之下，他们的“理由”显得更加不能立足，更暴露他们狰狞的真面目。美、英帝国主义者反对和阻挠通过侵略定义的“理由”，在1952年的第七届联合国大会会议上表现得更加蛮横无理，但总括起来，主要不外四点：(1)他们以为由于“现代战争方法”与“侵略的技巧”，不可能制定一个定义；(2)他们强辩说，任何侵略的定义都是不必要的，因为《联合国宪章》

---

① 《人民日报》1952年2月7日。

② 《上海大公报》1952年12月15日和25日。

第39条已规定联合国安全理事会有权“断定任何和平之威胁,和平之破坏,或侵略行为之是否存在”;(3)他们认为在当前紧张的国际局势中,一个侵略定义不能发生什么作用;[①](4)他们认为宪章中没有侵略的定义,由此确定,就构成宪章的修改,从而要通过侵略定义,就要以修改宪章的形式提出。[②]

这些反对的说法,显然是毫无根据和经不起批驳的。

1. 确定侵略定义是完全可能的,这已经由历史事实所证明,不容置疑。苏联曾经提出一个侵略定义。这个定义曾规定于1933年裁军会议安全委员会的报告中,而安全委员会则系由苏联、美国、英国、法国等17国的代表组成的。其后,这个定义的原则又包括于苏联在1933年7月3日到7日和11个国家所缔结的侵略定义公约之中。这些都证明确定侵略定义是完全可能的。

同时我们知道,无论在国际法上还是在国内法上都不可能有绝对的定义,它既可以包括当前事物所有的多种多样性,而又可以包括生活各方面将来的演变。而我们又知道,从来没有一个国家的刑法因为怕有“漏洞”,而就不敢对某一罪名规定它的定义的。诚如维辛斯基所说,“为了对付罪行,只须指出最普遍的、最典型的、最重要的例子就够了。”[③]没有必要,而且也不可能举出所有的例子。

因此,说由于“现代战争方法”和“侵略的技巧”,就不能下侵略定义的提法是不对的。而其实在用心,就是反对对侵略下一定义,因为这样是会束缚他们的侵略行动的。

2. 确定侵略定义是必要的。正因为安全理事会有权“断定任何和平之威胁,和平之破坏,或侵略行为之是否存在”,为了它有所适从,那么我们就应该预先定出一个定义的准则来,作为安全理事会在适用《联合国宪章》第39条及其他有关各条时的指导原则,而且它也还可作为其他经授权的国际机构,在判定国际冲突问题时所应遵循的准则。这样可以避免不必要的争论,使侵略之“火”,能及时扑灭。

关于确定侵略定义的必要性这一点,连资产阶级的学者也不得不承认:“就这个方向进一步努力不得为法律上不妥当的或对正义有妨碍的。”同时又不认为采取了一种侵略定义,就必然剥夺政府或法庭判断某一特殊情况是非的自由,“是一种常见的但是错误的假定……定义表明着运用和遵守法律中一种确定因素。”[④]这

① “确定侵略定义问题”,载《新时代》1952年第51期英文版。

② 1952年12月4日维辛斯基在联大法律委员会会议上“关于侵略定义问题的演说”,载《人民日报》1952年11月26日。

③ 1952年11月21日维辛斯基在联大法律委员全会议上“关于侵略定义问题的演说”,载《人民日报》1952年11月26日。

④ [英]劳特派特编译:《奥本海国际法》(第2卷·第1分册),法律出版社1955年版,第197~198页。

就是说，它能作为法庭、安全理事会等机构断定侵略行为是否存在的准则。

3. 在当前紧张的国际局势中确定侵略定义是有其作用的。非常明白的是，当前紧张的国际局势（虽然目前已经到了某些缓和），是由于侵略战争的威胁而起。因此，用各种努力来再进一步缓和现在的局势，转变为持久和平，是非常迫切的。我们可运用它来划清侵略与自卫的界限，识别侵略，揭露侵略，并进而对侵略者进行斗争，迫使它不敢继续侵略。这就是我们为什么要从速制定侵略定义的目的。维辛斯基说："侵略的定义在当前紧张的国际局势中是必要的、有用的。因为它是一个重要工具。有了这工具，反对侵略与侵略者，对目的在于侵略与奴役外国人民的非正义的掠夺战争的斗争就便于进行了。"

4. 确定侵略定义并不需要修改宪章。帝国主义者说要通过侵略定义就要修改宪章。这种企图是非常恶毒的。原来根据宪章第108条的规定，修改宪章，应有大会会员国2/3同意，其中包括安全理事会全体常任理事国的同意，始生效力。这样美帝国主义者就可企图利用所谓否决权，永远使侵略定义不能制定。

制定侵略定义是不是需要修改宪章呢？这是绝对不必要的。宪章固然没有规定侵略的定义，但上面已经说过，联合国最主要的宗旨系维持国际和平及安全；并为了这个目的，采取有效的集体办法，以防止和消除对于和平之威胁，制止侵略行为；而且根据宪章第11条的规定，联合国大会有权考虑关于维持国际和平及安全之合作的普通原则，并得提出该项原则的建议。这就包括了反对侵略斗争的普通原则、侵略定义的确定等。

由此可见，侵略定义的确定，是完全符合宪章维持国际和平与安全、制止侵略行为的精神实质，并不补充或修改联合国的宗旨；也完全符合宪章第11条的规定，没有增减联合国大会的权限。只有修改联合国的宗旨，修改宪章的原则，修改联合国机关的职权等，总之一句话，只有变更宪章的精神和文字时，才需要修改宪章。因此，他们说确定侵略定义必须以修改宪章的形式提出，是毫无根据的。①

总之，反对者的理由是站不住脚的。美、英帝国主义者之所以害怕侵略定义的确定，是因恐惧一旦侵略定义有了之后，意义明确，将会赤裸裸地揭露出他们目前正在进行着的多种多样的侵略罪行，以及约束他们以后的侵略行动；并使他们不能再随心所欲，含血喷人，诬蔑别的国家进行"侵略"了。这里顺便要指出，他们在联大不但反对苏联提出的侵略定义，而且反对所有一切侵略定义的确定，亦足以证明这一点。

① 以上驳斥理由参见1952年11月21日和12月4日维辛斯基两次在联大法律委员会会议上"关于侵略定义问题的演说"，载《人民日报》1952年11月26日。

四

1953年8月24日苏联代表莫罗佐夫依据联合国第七届大会的决议，在联大向15国代表所组成的侵略定义专门小组委员会提出了新的关于侵略的定义，以便作为小组委员会起草侵略定义草案的基础。这个新定义是比过去所下的定义更加完整，更为精确，并使国际法更向前发展了一步。它是国际法上非常重要的文献，对争取世界持久和平与安全，制止侵略战争的威胁，缓和国际紧张局势具有更大的意义。

苏联这一新的定义，系由过去1950年定义的3条条文增为7条而成，第1条仍规定哪些行动的国家将被视为国际冲突中的侵略的一方。第6条规定不论是任何政治上、战略上或经济上的论据等不得作为侵略行动的借口。第7条规定一个国家，如果因另一个国家在其边境附近动员或集结大批武装部队而受到威胁，有权采取外交的或其他的方法，使国际争端能够和平解决；这个国家也可以同时采取上述相类似的必要的军事措施，但不得越过国境。其余全部内容仍旧不变（按即将过去的第1条、2条、3条改为今天的第1条、6条、7条）。此外更进一步按照一些亚洲、阿拉伯和拉丁美洲国家的愿望，在第2条规定什么是间接侵略行动，第3条规定什么是经济侵略行动，第4条规定什么是思想侵略行动和第5条规定其他未在定义中所列举的行动，如在具体案件中被联合国安全理事会认为采上述侵略行动之一时，仍被视为侵略。这就将侵略行动和牵涉侵略有关的问题包括无遗，同时也就将国际法大大向前发展了一步。

第2~3条系对国际法上公认的主权和不得干涉他国内政的原则作进一步的明确规定和保障。第2条规定："凡有以下情形的国家将被视为采取间接侵略行动：（甲）鼓动对其他国家进行颠覆活动（恐怖行动、破坏行动等）；（乙）煽动其他国家的内战；（丙）促成其他国家的政变或政策的改变，以适合侵略者。"第3条规定："首先采取下列一种行动的国家，将被视为采取经济侵略行动（甲）施用经济压力办法，侵犯其他国家主权，侵犯其经济独立，威胁到该国经济生活的基础；（乙）对其他国家采取有关步骤，阻挠开采它们的自然资源，或阻碍将这些资源国有化；（丙）在其他国家进行经济封锁。"

以上第2~3条的规定，都是帝国主义者，特别是美帝国主义者经常所犯的罪行，这里用不着一一列举它的侵略事例来证明，只要对上述各条每一款举出一个或两个例子来，就可窥见它的一斑了。

1951年10月10日美国总统签署的《共同安全法》，规定每年拨款1亿美元，作为在苏联及各人民民主国家境内，或自该境内逃出的反革命分子、卖国贼从事颠覆和破坏祖国活动的经费，就是最典型的间接侵略行动之一，即第2条的甲款规定的罪行。美帝国主义者武装国民党匪帮的军队，供应大批武器，唆使他们进攻大陆，就是第2条乙款最典型的例子（当然，美帝国主义者还对中国犯了其他种种直接侵略的罪行，则更不在话下）。1954年6月18日美帝国主义者策动危地马拉的匪帮，颠覆危地马拉合法的政府；1954年8月在美帝国主义者的大使指使和鼓励下，巴西反动派迫使总统下台的政变，则是第2条丙款最典型的例子。今年6月波兰的波兹南事件，也同样是这一条丙款的典型例子。

此外，美帝国主义者利用"马歇尔计划"，"经济援助"（"美援"），杜鲁门的"开发"落后地区计划，"开发援助"。1951年美英帝国主义者阻碍伊朗石油国有化。以美国为首的帝国主义对中国、苏联和其他人民民主国家实行禁运、经济封锁等。这些都是第3条经济侵略行动的各该款的典型例子。

定义第4条系对国际法公认的保卫普遍和平与安全的原则、人道的原则、民族平等的原则、和平共处的原则进行巩固。它说："凡有以下情形的国家，将被视为采取思想侵略行动：（甲）鼓动战争宣传；（乙）鼓动使用原子、细菌、化学武器以及其他大规模杀人武器的宣传；（丙）促进法西斯主义—纳粹主义的观点，种族与民族排外的宣传，对其他各国人民的仇恨与蔑视的宣传。"

这些同样也是美帝国主义者经常所犯的罪行。例如，他宣扬"实力政策"，反共叫嚣，散布敌视两个社会制度可以和平共处的原则；他的原子讹诈和恫吓，毫无人性地散布说什么使用细菌武器是最便宜的战争方法；怂恿西德军国主义法西斯主义的复仇叫嚣，宣扬"美国至上"，散播歧视其他有色人种和其他民族的论点，恶意对苏联及人民民主国家的仇恨宣传。例如，最近在联合国经济暨社会理事会污蔑社会主义国家实行"强迫劳动"，说中华民族的站起来为"黄祸"。这些都是第4条思想侵略行动的各该款的典型例子。

以上三条各种行动，无疑都是违反现代国际法基本原则的重大罪行，从而规定它们为侵略行动，是丝毫没有疑问的，是符合全世界所有爱好和平与民主的国家的利益的。

在现在历史条件下，如果不将它们规定于侵略定义之中，侵略定义就不完整，对和平的保障也不够巩固。

定义第5条则堵住了那些反对制定侵略定义的人，认为侵略定义的规定虽然严密，但由于"现代战争方法"与"侵略技巧"，难免仍有在实践中发现"漏洞"给侵略者钻空子的说法。新定义增加了这一条，使它更加完整，使反对侵略定义制定的人无可再施其诡辩的伎俩了。这一条说："除上述各条中列举的行动以外，各国的其他行动，如在具体案件中被安全理事会决定认为构成进攻或经济、思想或间接行动，得被视为侵略。"

总之,苏联代表团于1952年所提出的这一新的定义,是对国际和平与安全的维护和巩固,制止战争的威胁,成为更加完备的和更有力的工具,对现代国际法提供了更光辉的一页。其原应在联合国1954年的第九届大会会议上,作为提案的基础获得通过的。

然而又是由于美帝国主义的阻挠,十五国组成的侵略定义专门小组委员会不能草拟出侵略定义的草案,尽管苏联已经提出了这样完整的和精确的定义可以作为草拟定义草案的基础。因此它没有办法完成第九届联大交给它的任务,而只是将各项侵略定义的草案(包括苏联的草案)原封不动地提交给第九届联合国大会。

1954年秋第九届联合国大会开会,当确定侵略定义的问题提到联合国大会法律委员会之时,美国代表和以前一样,蛮横无理地反对确定侵略的定义,并企图无限期地来搁置确定侵略定义的工作。但美帝国主义的企图没有得逞。1954年11月10日,联大法律委员会以苏联、法国等33个国家的极大赞成多数,对美国等3个国家的反对,英国等14个国家的弃权,通过了下列决议:规定要成立由19国代表组成的专门委员会,来研究在本届会议上所提出的关于侵略定义的各项提案和修正案,设法调和在讨论过程中各国关于侵略定义的不同观点,以拟出一个侵略定义的草案,向1956年召开的联合国第十一届大会提出报告。这个决议随后也被联合国大会全体会议所通过。

我们有理由要求19国专门委员会,从速以苏联在1953年所提出的定义为基础,草拟出一个侵略定义草案,向即将召开的第十一届联合国大会提出,我们并要求第十一届联合国大会在全体会议上将它通过。因为上面已经说过,确定侵略定义是可能的、必要的,对于进一步缓和国际紧张局势,实行日益广泛地得到国际承认的和平共处的五项原则,维护国际和平与安全是有其巨大作用的。而苏联的侵略定义提案,内容是非常完整的和精确的,并且体现了全世界所有爱好和平与民主国家的切身利益,和全体进步人类的愿望。

(1956年第2期)

有关他杀的法医学问题

张颐昌*

研究有关他杀的法医学问题,对于侦查和审判工作有着实际意义。

一、创伤系由何种器械所致

首先确定致伤器械属于何种普通种类:尖器(此等器械的末端尖而狭仄,分为数类:具有圆柱或圆锥样子的器械如针、别针、锥、钉;具有三角形、四角形状的器械等。换言之,即具有棱角的尖器如钢锉、圆规、某种刺刀)、锐器(具有一个或数个刀口的器械如小刀、短刀。有两种锐器:轻锐器如剃刀、小刀;锐又钝器如斧、腰刀)、钝器(挫伤系钝物体作用于人体组织上的结果)、枪。此等诊断并不呈有真实困难,只有在下述数种情况内确甚困难:钝器在头颅的被盖上形成创伤,呈由锐器所致创伤的外形;由枪弹所致之卵圆形创伤似刀击之创痕等。

二、被害人被打击时,取何种姿势

血流之方向于伤者体上或衣服上,能供给一个指示。一人立时被打击,血系直流;一人平卧时被打击,则血向侧面流。上述规则系标准的。

睡眠时被打击的人,仅体上一侧受多数创伤。

三、凶手与被害人相互的姿势如何

此等重要问题的指示,系由创伤的位置、方向及路径而供给。

按照原则,体的前部受打击为凶手在被害人前方之证;打击加诸后部,则为凶手位于被害人身后之证,但此原则有甚多的例外。

在使用锐器的例内,创痕的方向;在使用尖又锐器的例内及使用枪的例内,伤的路径及弹道证明攻击的如何施行,指示各部分的相互位置。

---

* 作者单位:华东政法学院(现华东政法大学)。

但应注意凶手及被害人的比较身材。一身材甚短的人能自高向下攻击一个身材高长的人。

四、被害人在何处被攻击

被害人不常常倾跌于其受打击处，虽于快速致死的创伤中亦系如此，即在墙上，用具上、地上等，所提取的血痕离尸体有相当距离，上述各血痕证明被害人在何处被打击及伤后循何路行走。

特别有关的，系在有相当距离的墙上等提取动脉迸射血的痕迹，小圆形滴及细飞溅血点在其周围或卵圆形滴，其粗大端与迸射最初侵袭之处相合，视血管之壁系被垂直或斜行攻击而各别。

五、依何种次序形成创伤

此为甚难解决的问题。按照原则，可致死的创伤为最后形成的创伤，但接受此种意见必须是有条件的，即经过详细分析，确切认定，获得保证，方可接受。因一个可致死的创伤，不常常立即致被害人于死，被害人仍能接受其他打击。

1. 数个创伤均有同等显著的出血，其中出血最多的系最初形成（避免来自死后出血的一切错误）。

2. 用以形成多数创伤的器械可以扭转、弯曲、缺损，故其所致的创伤，其中的一种呈规则的形态，其他种则呈不规则的形态。规则的形态的创伤系先形成的。因器械在初使用时尚完整，故形成有规则的创伤；不规则形态的创伤系后形成的，因器械遇骨后才弯曲。

3. 骨质创痕内有断折器械的尖端固定在内，确为最后的创伤。

4. 锐器所致的创伤两个相交叉时，依次使创伤的边缘互相接近，能使边缘互相吻合并也获得第二次创伤边缘之吻合，但其轴偏差；若先使第二次创伤的边缘接近，则人终不能达到使第一次创伤边缘吻合的目的。

5. 在颅骨上，两次创击或两次挫伤致颅骨有两个破裂，彼此相距有若干距离，骨折的射线呈星样，自两骨折灶出发，第一次创伤所致的骨折射线系完全的，第二次创伤所致的骨折射线是不完全的，因其射线为第一次创伤先形成的射线所中止。

6. 濒死苦闷时的创伤，譬如由倾跌所致。此等创伤显系续发于可致死的创伤后，故致倾跌。

7. 防卫的创伤，能被推定其发生系在可致死的创伤前，如受能致死的打击，则防卫自应中止。

六、有几个凶手

多数的创伤,暗示有多数凶手,但绝非确证。

1. 同一凶手以同一器械致多数创伤并非例外。

2. 多数创伤由不同性质的器械所形成,通常系多数攻击行为所造成,但不能绝对证明。

3. 反之,多数攻击行为几乎是确实的,如使用同性质的两个器械,但其面积各不相同。在一尸体内检获口径各异的枪弹(两个或数个)是最确切不过的,故若在剖验尸体内,觅得一切枪弹,则可供仔细检查。

鉴定人对于唯一或多数的攻击行为所造成的创伤,须谨慎发言。犯罪的实行系由一人或数人的行为,必须调查了解,方能弄清事实。

七、何种创伤致死

检见一人死于喧争或犯罪处所,有数个创伤,业已证明此等创伤为数个凶手所为:死缘于创伤中的哪一个或哪几个,凶手中的哪一个应负致死的责任。

答案是简单的,如在众创伤中仅有一个创伤系最重,死可仅缘于此创伤。

但同时有数个创伤,均被看做可致死的创伤,则实难答复。少有问题比此更困难,因对于创伤的绝对或相对的能致死,创伤后所能遗留的行动能力,用目前外科方法可幸获的痊愈等,我们所知不多。

鉴定人可基于下述论据以作答复:

1. 所谓可致死的损害发生时期的认识:在现有的两个创伤中,如能确定一个创伤系形成于另一个创伤之前,此另一个创伤仅产生于已由第一个创伤所引起的濒死苦闷的期间内,则第一个创伤及第二个创伤对于所致之不幸的影响均有责任。

2. 比较严重的等级(影响生命,立即或快速停止之比较),即人所检见认为可致死的损害,如不能推知各损害发生的先后,因各损害呈有生活反应的各种征象。一人的腹部有透进的创痕及使颅骨破碎的损害,或损害破开心或大血管,其人似非死于腹部剖痕(依普通预测,腹部创痕遗留相当时期之残生,甚至能痊愈),而系死于颅骨、心或大血管的损害。此等损害常引起快速死。死于颅骨的损害的,系因神经系中枢的功能停止;死于心或大血管的损害的系因出血。

但损害的比较严重的等级常难确立,心的外伤性损害致人死略慢于颅骨外伤性大损害,因颅骨的外伤性大损害,立即消灭脑的功能;但心的损害也能立即致人于死。例如,一人心有一个创伤,另颅骨上有一个创伤,则颇难确定这人杀死于颅骨创伤,抑或心内创伤。又如,一刀切开主动脉,另一刀切开心,则同样难决定哪一刀是致死的。在此种情况中,推论、假定均可引用,但相反的推论、假定亦有同等价值。最简单的假定,即在此种情况内承认死的原因系由创伤的集合。我们能推定两个损害相等,或几乎相等的严重,互相影响,每个损害增加另一个损害的危险性。

八、受伤者在何时始被打击致死

此系死时的确定。

九、创伤追溯至何时

这些问题仅发生于伤后尚残存的人,欲确定绝对确切的期日是相当困难的。

医师能决定创痕是最近的(未结痂),最近结痂(具有最近结痂的性质,红色等),或创痕愈合已久(具有陈旧结痂的性质)。但准确日期的决定,在上述三种情况内,是很困难,尤其是最后情况的决定更困难。各种创伤不在同等速度中愈合;治疗缺乏注意和并发病之干预,自然对于痊愈的期日发生影响。

十、一个或数个创伤是否对于凶手的证明同一能给予一种指示

第一种普通指示能由创伤的位置及其方向推论而出,与凶手使用右手或左手有关系,即与凶手的惯用左手或右手有关系。

简单实验证明右手在面对面的位置所施的打击,不异于左手所施的打击,反之亦如是。Tourdes 氏自身曾注意有许多人能同等使用左手及右手,这点颇值得吾人注意。

一个或数个创伤的研究,偶然能供给对于凶手职业的数种指示。

(1956年第2期)

法医学上关于因伤致死的各项原因的论述

符洪恩*

凡能致人于死命的损伤,总称曰致命伤。对于损伤的致死性,首先必须在尸体上辨别该损伤是否生前所发生。如为生前所发生,又必须辨别该损伤是否足以引起死亡。此外有无其他病变足以构成死因。这些在鉴定时,都必须同时注意,以免错误。

致命伤可以分为两种:一为直接致命伤,二为间接致命伤。直接致命伤是指身体的一部或全部,因损伤的结果遂致死亡。例如,心、肺、脑等的损伤,大血管及实质脏器如肝脾的破裂大出血等属之。间接致命伤是指损伤的自身无多大关系,而它的结果足以引起死亡。例如,损伤的结果虽不直接致死,但因续发炎症,或致全身衰弱而死亡者是。照这样说来,致命伤非仅关乎损伤的大小,部位的重要与否,即使是小的损伤,有时亦能为致命之因;不重要的部位(如四肢部),有时亦能促进死亡。反之,巨大的损伤,亦有幸而不死的。所以与其注意损伤的自身,不如注意其结果如何。这是因为损伤的致命性,与损伤的大小无关,而关系于损伤的结果如何而已。

损伤与死亡之间,如果有原因关系的,不论为间接或直接,都叫做致命伤,已如前述。今将损伤结果的致命原因,列举如下:

一、出　　血

无论损伤的大小,倘其结果伤及血管,因而出血致死者,它的死亡原因有二:一为全身的大量失血;二为失血之量虽少,但因出血是发于贵重脏器,该部蒙受压迫因而致死。

心脏和颈动脉、锁骨下动脉、腋窝动脉、股动脉等的损伤,每因发高度急速的出血,伤者于数分钟内死亡。血液的损失至如何程度而丧失生命,因各种关系而有不同,但大抵失去全体总血量的1/3以上时,因血液循环的不足,就很危险,不免死亡。初生儿对于失血的抵抗力较成人为弱;妇人的抵抗力较男子为强。人类全身的总血量,成人为体重的1/13;初生儿较少,约为体重的1/19。但如果出血迅速之

* 作者单位:华东政法学院(现华东政法大学)。

时,出血量不一定须要达到总血量1/3以上时死亡,即出血至1500公分或1800公分的少量,亦可能发生心脏麻痹而致死。凡因高度出血,无论为内出血或外出血,概能发生急性贫血现象。伤者生前呈强度的呼吸困难,人事不省,瞳孔散大,脉搏细微,全身厥冷和痉挛等症状,如不即行适当的处置,多半因失血而死亡。血管的损伤最危险的症状,当以血管的不全断绝,而血管壁的一部分被横断,因肌层的收缩力,反将伤口张开而流血不已,最为危险。如果血管壁是全然断离的,因其断端肌层的收缩,闭锁断口,因而自然地止血。

鉴定尸体是否因失血致死,除应注意损伤的性质外,还应注意尸体的征状。凡是失血致死的尸体,它的皮肤和黏膜,必呈苍白色,尸斑的发生甚微。剖验时,心脏和大血管内缺乏血液,各内脏贫血干燥,呈灰白色而柔软。但这里必须注意,如果向来有全身贫血性疾病,无论为原发性或续发性贫血,如恶性贫血、恶性肿瘤、肺结核等的患者,亦有上述解剖的变化,所以应当鉴别,以免错误。上述患贫血性疾病致死的,尸体有特殊的全身羸瘦,且发水肿,解剖结果,并有病理的变化,不难与失血致死鉴别。

头盖性和胸膛因损伤而出血,虽然少量,亦很危险,这是因为贵重脏器如脑、肺、心直接受着血液的压迫所致。又如,鼻腔、头盖底、喉头部、气管支受损时,因血液流入气道,虽然少量,亦能妨碍呼吸而诱发窒息致死。但这里必须鉴别的,就是还有因种种病变引起的出血,如脑出血,不仅可由头盖的冲突打击而生,且有因脑血管壁有病理的变化(血管硬化)而诱发破裂者;又心脏除胸部的损伤外,亦有因心脏自身的疾病(如脂肪心)、心脏瘤等的变化而破裂,以致诱发大出血的;又消化管内的出血,有因胃溃疡、胃癌肿而生的,但亦有原来就有此种疾病的人,虽受轻微的暴力,亦能发生内出血致死。因此当鉴定这类案件时,应特别注意。如发现尸体的头部、胸腹部仅有轻微的伤痕,或外观上无显著的特征,为慎重起见,则当解剖检查,以细察有无病理的变化,才能使鉴定正确。

二、栓　　塞

损伤的另一死亡原因为栓塞。凡不溶解于血液的气体、液体或固体,在血管腔内随血流前进,行至不能通过之处,即停留于此,而使管腔狭窄、闭塞的现象,就叫做栓塞,停留的物质叫做栓子。种种栓塞性的循环障碍,亦为损伤死亡的一主因。栓塞可分为三种:(1)空气栓塞;(2)脂肪栓塞;(3)血栓栓塞。今分别说明如下:

1. 空气栓塞。颈部腋窝及锁骨部受损伤,以致该部静脉管壁被伤时,可因外界空气窜入血管内,随血流而达于心的右室,妨害心的收缩运动,突然死亡。

2. 脂肪栓塞。富有脂肪的组织受损伤时,如管状骨骨折,同时伤及黄色骨髓,它的脂肪遂入破绽的静脉管内，随血流窜入心的右室，更转达于肺的毛细管而闭塞之，遂发生高度的循环障碍，终至发生窒息而死。此外，由于肝脏及皮下脂肪组织的损伤，亦可引起同样的危险。

3. 血栓栓塞。损伤部血管内，所造成的血栓一部分破碎，或因转化破坏，遂随血流前进，达至其他重要脏器如肺脏、脑髓等而引起栓塞性循环障碍，因而致死。

三、传　　染

损伤部如受病原菌的传染，每起不测的危险，所以创伤传染亦为危害生命的另一主因。这些病原抑或附着于凶器，或受伤后侵入，或是组织血液内原有的无病性微生物，达于受伤局部而始成为起病性。创伤传染的主要病原体，最多见者为化脓菌，侵入血液而增殖，不但于损伤部及其周围组织，续发化脓性炎症，甚至随血流转移于远隔脏器而成脓毒症及败血症。常见于受伤后，突然恶寒战栗，体温上升，全身疲倦，食欲不振，口渴呕吐，呼吸促迫等症状，每多不治而死亡。此外，因创伤而感染破伤风、马鼻疽、气坏疽、脾脱疽等细菌时，发生各种不同的症状。例如，感染破伤风杆菌时，有破伤风面貌的特征；感染马鼻疽杆菌时，有皮下结节及溃疡出现等征状，不难鉴别。

四、神经麻痹

强烈的暴力作用于头盖、躯干及腰背等部时，发生神经系统的反射性麻痹，因而突然死亡者颇多；但组织并不因暴力的直接作用，发生显著的断离或破碎，而是因为它的震荡作用波及全身，以致各种机能突然障碍，发生于脑中枢神经系时更为显著，这种症状学理上称为震荡症，又名休克。强烈暴力的意义很广，凡是以暴力加于身体的某部，无论是以钝器的袭击，或由高处坠落，或撞车、翻车时的震荡等，都包括在内。通常发生于大损伤之后，但小损伤的疼痛，如睾丸的挫伤，亦能引起本症，其他腹部的打扑挫伤时，亦可发生本症。其症状于受伤后，突然脱失体力，同时心跳微弱，呼吸浅表而不整，体温下降，皮肤厥冷而苍白，知觉及反射机能俱减退，精神机能虽还能保存，但茫然若失，这称为迟钝性震荡症。反之，精神十分兴奋，苦闷呻吟，症状如狂躁者，称为过敏性震荡症。

震荡症有脑震荡、脊髓震荡、胸震荡、腹震荡等区别，各视其发生的部位而命名。因震荡症而死亡者，其死亡原因，为由于外伤所起之神经麻痹，所以在尸体解剖上，除生前所受损伤外，并无何等变化。判断死因为震荡时，必须注意。如果受伤后，发生上述症状而死者，它的死因，固然可以说是震荡；但如受伤后，经过2小时以上死亡者，它的死亡原因，应当由他处去寻求。换句话说，就不能判断为由于震荡致死。

五、衰　　弱

生活上重要的器官，如呼吸器、消化器，受有损伤，不能照常摄取营养或损伤后发生排脓性疾患，经久不治，可使全身高度衰弱羸瘦，结果陷于死亡，这叫做衰弱死。当鉴定这种死因时，应注意与其他慢性疾病死者区别。

综上所述，损伤无论是直接或间接，凡能致人于死的，统称曰致命伤，已如前述。法律上损伤与死亡之间，有原因与结果关系的，称为因果关系。不仅直接致命伤为然，即间接致命伤，如因伤致病、因病致死，仍有因果关系存在。但当法医鉴定损伤与死亡之原因的关系时，更应注意者，即被害人有无特异的病质及因轻微损伤而容易致命的素质。今用数个适例，说明如下：

1. 血友病。被害人如有血友病，则因其血液成分及血管壁有先天的特异遗传病，虽受轻微的损伤，亦淋漓出血，毫不停止，以失血过多而死亡。

2. 内脏转位者。常态之人，心脏居于左胸，右胸虽受刺创，不能伤及心脏；但内脏转位者，因其心脏居于右侧胸膛，如果前胸壁的右侧，受有刺创，则因心脏正当其位，被害者猝然暴死。

3. 心脏脂肪变性者。有此等病变的人，受轻微的殴打，即可破裂致死。

4. 大动脉有肿瘤者。动脉瘤受轻微的打击，易于破裂大出血而死亡，脑血管瘤亦然。

5. 脾脏肿大者。患慢性疟疾及急性传染病之人，其脾脏大抵肿大，此时如受轻微的打击，每多破裂大出血而死亡。

此外，胃溃疡、胃癌肿、肝脂肪变性、肾癌肿、输卵管妊娠等，倘受轻微的打击，都易破裂出血致死。诸如此类，虽都是致命伤，但身体健全或常态之人，绝不致因此轻微伤害而致命。今被害者因原有特异的病质，虽是因伤致死，但其死因实出于加害者意料之外，所以鉴定此类案件时，必须在鉴定书上记载明确，以供审判上量刑的参考。

（1956年第2期）

反对现代反动资产阶级的法的理论(下)

[苏] B. A. 杜曼诺夫* 陈中绳**译

一、资产阶级对法制原则的否定和关于法的各种反动理论

随着资本主义到帝国主义的过渡,资产阶级就把它所一度宣告过的法制原则,也跟其他民主原则放在一起,而竭力加以抛弃了。

这一条原则是由资产阶级思想家们提出来反对专制君王和贵族底专横的。它要求一切国家机关都依法办事,而不越出法律的范围之外。既然谈到的是巩固剥削者统治的资产阶级的法律,所以很明显地,资产阶级法制的主要历史任务就在于借助各种法律来束缚被剥削阶级。

但是到资本主义发展的现阶段,资产阶级对于自己法制的态度就截然不同了。这一情况之所以发生是由于,前一时期中所确立的法的规范和法的原则由于各种条件已经发生了变化而变得不够灵活,从而也不足以用作保证垄断资本底经济利益和政治利益的一种可靠的手段了。

特别使资产阶级害怕的是以共产党和工人党为首的、已经有高度组织水平和觉悟水平的工人阶级,正在残酷的阶级斗争的进程中利用着资产阶级的民主自由,来巩固自己的地位。所以帝国主义资产阶级就践踏那些形式上被宣告在许多法律中(其中也包括宪法规范在内)的民主权利和自由了。

还在40多年以前,当谈到资产阶级法制的历史局限时,列宁就曾经指出过,只要事情一触犯到基本的和主要的问题即维护资本主义的所有制、维护资产阶级的统治,这一法制的全部将不可避免地要被资产阶级自己所破坏。历史的发展证实了这一指示的正确性。

如果说德国法西斯在执政以后就最无耻、最露骨地摧毁了资产阶级的法制,那么现代帝国主义各国的反动集团就宁可采用"合法"暴行的方法来破坏法制。在口头上,现行的宪法和民主原则是被假惺惺地宣告为神圣不可侵犯的。但事实上,垄断资本却使国家机器完全服从自己,拼命把资产阶级的民主法律底实际意义化

* 作者单位不详。

** 译者单位:华东政法学院(现华东政法大学)。

为乌有,但同时又为了达到以恶意宣传欺骗劳动人民的目的,而在形式上维持着它们。

这种对于法制原则的否定就反映在许多国家的立法中(特别是通过颁布与宪法原则不相容的法律底形式),反映在法院和其他机关的活动之中(通过规避法律规定、违反诉讼规范和乱解释法律等),以及最后按照马克思形象化的说法,当"各种审判形式对于贪多无厌的私人利益来说成为一种不堪忍受的多余的阻碍,而这种阻碍又是拘谨的法的仪节摆到它面前去的"①时候,也反映在对阶级敌人的公开的、审判以外的镇压之中。

以现代资产阶级法理学中的上述几个基本流派为例,就已经不难看出:它们在很大的程度上正是这一个在帝国主义阶段中非常突出的过程即破坏资本主义法制的过程所造成的。如果说当资产阶级还依靠法制原则的时候,资产阶级的法学家们还把那被看成是无可争辩的信条的。把不可动摇的(在他们来看)资产阶级的法当做他们作推论的出发点;那么如今,当反动势力对于许多法律和法的原则的维持和遵守已经不感兴趣的时候,"社会学的"、"心理学的"和诸如此类的观点就被提到第一位上了。这种观点都是在不同的程度上削弱或否定法制的。

在帝国主义尤其是世界资本主义体系危机的时期中,摆在资产阶级法学面前的任务是:不但要掩饰资产阶级法底剥削性,不但要把关于整个资本主义秩序特别是关于资本主义的国家与法是永恒不变的这种思想灌输给人们,而且还要在"理论上"替资产阶级法制的破坏的过程找根据。

所以,从资本主义各国法学家底许多最新理论著作的篇幅上,涌现出许多号召漫无限制地行使审判上和行政上专横的口号;为无法无天所作的辩护则在这些著作中占据越来越多的地位。对于美国的"现实法学派"(社会法学派的支流之一)来说,削弱法律和搞垮法制的意图更为突出。

"现实法学派"硬说:法,并不是由国家所规定的各种规范的总和,而是法官或官吏底行动的实际方式。从"现实法学派"的观点来看,法律只不过是立法者对于法的见解,不过是法官立法时所考虑的(或不考虑的)许多因素之一。这一派的首领之一地·弗兰克在一本叫做《法与现代理知》的书中写道:"法官根据自己胸中已有的成竹下判决,然后才挑选法的论点来替自己的判决找根据。"

许多事实指明:资产阶级法官们底"成竹"是站在哪一方面的。因为要不,他们自己就是资本家;要不,他们便是金融界巨头所豢养的。

关于这一点,我们只要回忆一下 11 位美共领袖的审判案就够了;他们被判处长期徒刑的唯一理由是因为他们捍卫了劳动人民底切身利益。对案件所作的最细

---

① 《马克思恩格斯全集》(第 2 版)(第 1 卷),第 157 页。

致、最吹毛求疵的研究也不能给共产党领导人的判罪提供丝毫根据。在这一个审判案中的控诉方面是否有证人出席呢？是的，是有证人出席的，但他们全都是一些被雇用的警察、侦探和流氓，而他们的证言则具有极明显的阴谋性。在审判案中除了这些证人的证言而外，是不是也提出过其他的什么证据了呢？是的，是提出过了的，但这些证据只证明了全体被控告人的行为是完全符合美国宪法和权利宣言的。辩护方面是否提出了关于被控告人无罪的证据呢？是的，是提出过的，但是法官麦地纳的回答却是，以“蔑视法庭”为理由判处了辩护人徒刑。

与美共领袖审判案同时，法官麦地纳还审理了一个关于美国许多大商号的17个首脑的案子。这些首脑人物被控经营非法的信用业务及进行其他阴谋活动。这个审判案具有很明显的恶意宣传的性格；它拖延了6年之久，结果于1953年以停止审判结案。在这个案件中，法官麦地纳的嘴脸发生了惊人的变化。在对共产党领袖们的审判案中，并没有提出过证明他们有罪的证据。法官麦地纳摇身一变，成了控诉人，亲自寻求这种“证据”。在银行家的审判案中，证明有罪的证据有的是。但麦地纳干脆对这种证据置之不理。在共产党人的审判案中，麦地纳使控诉方面处于比被控诉人和辩护方面更有利的地位。在对那些银行家的审判案中，麦地纳自己变成了辩护人并向控诉人进攻。麦地纳把无辜的共产党人宣判了长期徒刑，却开脱了有窃盗行为的银行老板。

弗兰克在匆匆忙忙地替资产阶级法官底诸如此类“胸有成竹”打掩护的时候，宣称法官的行为只能用“心理分析”来阐明。

“现实法学派”分子把法官判决案件的活动宣告为“感情的心理的行动”。他们宣称：对案件如此这般地下判决的根据并不是法律，也不是判例，而是各种心理冲动和反应——法官的同情和厌恶，他的消化情况、法庭底气氛以及如此等。这样，弗兰克为了要证明审判案的进行是正确的，就引述了美国法官哈查生对案件所作的描写。按照哈查生的话，他了解了案情之后，就委身于想象的洪流，并且根据感受和内心冲动判案，而不是根据逻辑思维判案的。哈查生说，这些逻辑上和法律上的论点，是后来，当法官制作已经根据内心冲动而采取了的判决书的时候才出现的。所以，原来法官的活动不在于针对具体案情适用法律规范或判例，而在于对案件进行心理分析然后再给予法律的形式。人们很难想象会有人对法律的意义作更粗暴的辱没。

此外必须补充的是：“现实法学派”分子既摧残了法官应该采用的法律，同时还要蔑视案件的事实情况。大家都知道，事实是最硬的东西。假如一个法官不但可以不顾法律，并且也可以不顾事实而为所欲为，那还有什么办法呢？“现实法学派”分子对于这个问题作了非常简单的解答。他们宣称事实是不可认识的，并硬说法官只能对事实“建立猜测”。逻辑也一起被推翻了，“现实法学派”分子把逻辑称作是“中世纪的烦琐哲学”。所以从这一观点出发,法官既可以不顾法律、不顾事实,也可以不顾逻辑。

现代美国法理学的另一个流派,即“社会”或“哈佛”法学派的代表人物们所采取的那种对于无法无天和胡作非为的辩护,也与“现实法学派”的创作没有多大的区别。

这一个学派的代表人物们千方百计地强调:使他们感觉兴趣的不是法本身,而是从哲学实用主义立场出发的法底“社会效果”和“运用中的法”的研究。从这一前提出发,他们得出了一个结论:好像“法律的稳定性”与“社会生活的社会条件的变化”之间存在不可避免的冲突似的。

“社会学派”与“现实法学派”不同,他们不否定法是国家所规定的法律规范的总和。但是这些法学家们想方设法降低法的规范意义,他们硬说不仅仅是规范的总和,而且首先还是事实上的法的秩序的本身——“社会制度”,以及审判程序。“社会法学派”硬说:法落后于社会变化到这种程度,以致使法律之确切遵守变成是毫无意义的事了。因此,“有用性”应该代替法制的地位。不是法律,而是“有用”被宣告为审判活动的基本标准了。

所以,“社会法学派”也和“现实法学派”一模一样地维护着审判上的专横。他们一面降低法的规范的作用,一面拼命强调审判活动对于保护现有的资本主义制度的重要性。这种问题的提法是与帝国主义资产阶级的趋势——与其指望法律,不如指望审理上的专横,完全符合的。

在这一方面,有一点是很突出的:这一个流派的首脑之一——庞德,不但认为当资本的利益有些要求时,法官可以把法律丢开,并且还进而主张没有法的司法!庞德在他自己的一本著作中提出一个问题:“总的来说,是不是可能有一种无法的司法呢?”结果他回答道:“是的,可能有的。”庞德写道:“为了使司法能适应新的道德思想和已经生了变化的社会条件和经济条件,往往就必须或多或少地走向无法的司法。”

“无法的司法”,这正是资产阶级反动集团所求之不得的东西;在镇压被剥削阶级的事业中,法院、警察、检察以及帝国主义国家的其他机关的各种行动,可以完全不受任何规范的限制。

与“无法的司法”这一思想一起,庞德和许多在庞德背后追踵效尤的反动法学家们还全力以赴地提出一种“司法预防”理论,即关于“对一个没有犯任何罪行、不知道自己有什么罪责的人,只要根据对他将来的违法行为能作出推定这一点,就可以适用刑罚”的理论。在《美国的刑事司法》一书中,庞德要求使“一个对已有的秩序有危险的人”负刑事责任,不问这个人有没有完成犯罪行为。主张这一理论的人提出一条口号:“预防胜于刑罚”。实际上,“预防的刑罚”这一思想,正是对具有进步思想的人们进行全面镇压和全面迫害的一种惬意的理论根据。

我们必须大力强调：在否认法的规范和法律的稳定性的同时，上述各流派的代表人物还千方百计地强调他们自己对私有财产（资本主义剥削的基础）的高度的恭而敬之的态度。他们硬说“财产规则”（应该是私有财产——作者）体现着“健康的原则”，并且应该被坚决地遵守。也就是那个弗兰克宣称：好像公众不喜爱法学家是由于法学家要求“稳定的法”；而公众所以尊敬法学家，就是由于法学家“保护着神圣的财产”似的。

美国法学家中的那些反动分子把《独立宣言》、《权利宣言》以及资产阶级民主的其他文献和法律称作“旧法”，这种“旧法”，按照威斯康星大学教授哈斯特的话来说，“应该把它给扔掉，正如工人扔掉用旧了的、变成不适用的工具而并不以道德问题和正义问题来自寻烦恼一样”。同时，那些反动法律就被宣告为“新法”了。这种“新法”，还是按照同一个哈斯特的话来说，“是完全可以接受的”。

我们已经讲到过这样一种情况：马克思列宁主义理论站在辩证唯物主义的立场，阐明法依赖于阶级社会的物质生活条件及其经济制度的这种制约性；而资产阶级法学家却根据唯心主义的原则，宣告法是某种“法的思想”和“自然法”等底产品。

他们就是用上述这种方式来细致地掩饰下列这一事实的：法是始终具有阶级性的，资产阶级的法反映那以生产工具和生产资料私有制为基础的社会关系并巩固着那些对剥削者有利和惬意的秩序。但是在现阶段，事情就不以此为限了。在某些反动法学家的手中，“法的思想”成为一种替审判上的专横和无法无天找根据的方便手段了。

这样，像西德法学家匈克就断言道：法是由“法的思想”所产生的，“法的思想”是“真和美的思想，只能与它自己比拟而且它本身又含有自己的价值”。同时，匈克又不止一次地强调：“法律站在法的思想之下。”这个法学家写道：“如果法律与法的思想发生了矛盾，那它就不能创造出法来……解决法律与法之间的矛盾问题的去处理是法官。”呈现在我们面前的是最肆无忌惮的、替审判上的专横所作的辩护。法官要拒绝适用法律，只要根据以下这一点就行了：根据他的意见，法律与那“只能与它自己比拟而且它本身又含有自己的价值”的思想不符。换句话说，不是法律在法官之上，而是法官在法律之上。而且毋庸赘言，资产阶级的法官就是根据这种臭名昭著的“法的思想”，根据有产者政权的利益，在每一个具体案件中适用或不适用法律的。

至于说在现代资产阶级法理学中谈得到很多的、抽象的“法的思想”，那它无非是一种假设罢了；在它的背后隐藏着一种被荒谬地冒称为永恒的和普遍的东西——帝国主义资产阶级的法的意义。某些资产阶级法学家，如意大利老牌法律哲学家迪·韦基渥，一面利用永恒的“法的思想”这一概念，一面企图把“地球上的”法制和“地球上的”各种法的制度描写成与上述这种“思想”相形之下是某种不大重要和第三等的东西。换句话说，那些反动集团可以摧毁资产阶级民主的各种法的制度、颁布各种违反宪法的法律，法院和警察可以违反法制，而劳动人民则可以拿这一点来聊以自慰：不知在什么地方存在某一个“法的思想”，并且还在欣欣向荣；而这个“法的思想”——还是用那个迪·韦基渥的话来说——“正以其不朽的美质，在继续发扬光大”。

以上已经谈到过的“复兴的自然法”理论底代表人物，通过把现行法与似乎是比它更高的“超法律的”、“自然”法的对立，把自己提升到“法官”一级，评定起（当然是为垄断资本的利益）这一种或那一种社会经济制度和法的制度来了。这种“评定”是符合现代资本主义基本经济规律和反动资产阶级的政治路线的，这难道还用说吗？好像是受了魔法棒的指点似的，对于垄断资本来说是有利的和惬意的那些现行法底制度被“批准”了。私有财产、资本主义的剥削和巩固资产阶级政治统治的那些法的规范被宣告为“永恒的”、“不变的”和“自然的”规律底反映。同时，虽会一度被资产阶级自己所宣告，但如今已阻碍了垄断资本实现其经济和政治利益，而且又不符合现代资本主义基本经济规律的要求的那些规范和原则，就被宣告为是与“至上的”、“超法律的法”的规范不相容的了。

例如，希特勒国家被打垮之后，在广大的劳动群众的压力下，1949 年的德意志联邦共和国宪法曾宣告了一条关于男女平等的原则，但这条原则附有一项但书：凡违反这一原则的各项法律只从 1953 年 4 月 1 日起才失效。从这一天起，共和国内就开始了一种所谓“家庭法中的真空”，即没有法律的时期，因为已经拟订好的、应该代替已经失效的法律的那些法律草案，如此明显地违反男女平等的要求，以致这些法律草案没有在德意志联邦会议上被通过。于是审判界就以民主的宪法原则的解释者底身份出现了。德意志联邦共和国的最高审判机关之一，就十足地道地根据最新的、自然法学的“理论”探讨，认为那宣告男女平等原则的宪法条文是违反“超法律的”、“自然”法庭最高规范的，因而法官无权把它适用到具体关系上来。

同时，这种不可思议的“超法律的法”就是一种替违法的立法进行辩护的好办法，因为如果站在拥护上述这种推论的立场上，那么主要的不是这一条或那一条法律是否符合宪法，而是这一条或那一条法律是否符合“超法律的法”的原则和“超宪法的”规范。资产阶级法的理论家康因在 1951 年出版的《法律哲学原则》一书中断言道：法官们在研究法律和政府机关的其他条例是否有效这一问题时，与其说应该以宪法为指导，毋宁说应该以“超宪法的自然法”为指导。

所以，非常明显，资产阶级理论家们关于“法的思想”、“超法律的法”等的主张就其本质来说，是与躲在“社会”法学派、“现实”法学派等招牌底下的那种关于无法无天和胡作非为的宣传毫无区别。在一切场合之下,目的倾向性只有一个,所不同的只是伪科学的辩论方式罢了。

帝国主义资产阶级否定法制原则而资产阶级的法学又替这种否定作辩护——这就是资产阶级上层建筑底反动的服务作用的明显的表现之一。

二、"世界法"宣传的反动本质

我们不能忽视这样一个事实:现时,在资产阶级的法理学中,正在大规模地宣传着国界的抹杀、民族主权的消亡和"世界国与世界法"的创造等思想。

关于这一点,我们来指出以下的情况不是没有意义的:还在20世纪的20年代,老牌美国法学家地魏格模就已经反映出美国垄断资本食欲大增的胃口,鼓吹必须创立一种要以"美国思想为支配"的、"超民族的世界法"了。到了30年代,上面已经提到过的意大利法学家迪·韦基渥断言道:"法的思想"是世界性的,它唯有在"世界法"中才可能被完全地实现。这一"理论"的使命是替意大利法西斯向外扩张的意图进行辩白。在纳粹的德国,也有许多法西斯法学家写了不少关于"欧洲法律新秩序"的书。

但是创造"世界国与世界法"和否定民族主权的理论是在第二次世界大战以后才达到它的最高峰的。

诸如此类的"理论"是帝国主义时代的产物。在帝国主义时代里,各帝国主义国家之间在攫取销售市场、原料来源、投资范围等的角逐中的矛盾非常尖锐,比较强大的资本主义国家在经济和政治方面使比较弱小的资本主义国家服从自己。这些"理论"不但是掩饰帝国主义扩张政策的一种手段,并且也是某些资本主义国家统治集团所奉行的、拒绝民族独立的政策底"理论"根据。

现代反动理论家们口中的"世界法"绝不是号召为了促进对外贸易的利益而统一个别的法的制度,尤其是民法制度。它首先就号召消灭法的民族体系。反动法学家们直截了当地宣称:"世界法"毁掉"民族法",使"民族法"服从自己,它是以特种的"超民族的法的意识"作为根据的。他们又宣称:"世界法"是与民族主权不相容的。"世界法"这一概念的沙文主义的反动本质就透过这种世界主义的词藻而清晰可辨地出现了。一些更为强大的资本主义国家就企图借助于这一概念而把自己的法的秩序强加在比较弱小的资本主义国家身上了。

几年以前,美国出版了一本以《论世界法与法的秩序》为总标题的论文集。参加这本集子写作的15个人中有14个深深地相信:取消民族国家和民族的法的秩序的时候到了,得着手创造"世界法秩序"啦。

反动法学家们针对民族主义原则(各国人民反对帝国主义扩张政策的一面旗

帜)的进攻也是与“世界法”的宣传非常紧密地联系在一起的。

凯尔逊是民族主权原则的最狂热的反对者之一,他宣告民族主权原则底陈旧性已经连续有许多年了。按他的话来说,好像主权无非是一种“比喻的”说法似的。

在进攻民族自主原则的勾当上,其他的反动法学家们也不甘落在凯尔逊的后面,他们把这一原则说成是“旧形式”、“坏制度”以及其他等。比利时法学家勃利蒙既宣布主权的消灭所标志的将只是与实际相适应的、法的规范的采用,又感情用事地叫喊道:“关于创造世界国家的思想并不是乌托邦,而认为可以避免创造世界国的想法倒是乌托邦。”

在现代资产阶级社会中,资本家的最高利润不仅是采取剥削本国人民的途径,并且也是采取奴役和经常掠夺其他各国人民的途径,而得到保证的。各资本主义强国正在拼命地创造那些巩固行使这种剥削的可能性,并使之合法化的各种政治条件和法的条件,而那些具有反动情绪的法学家们就创造出一些理论来,鞠躬尽瘁地把法的民族体系宣告为“古董”、把民族主权宣告为“乌托邦”。

资产阶级世界主义的反面便是资产阶级的民族主义。躲在“世界国与世界法”这些漂亮的词藻背后的,不仅是对于各国人民底法的否定,并且还有进行侵略和战争的宣传。美国爱夫·舒曼教授著《人们的共同友谊》一书正是这些趋势在反动资产阶级法理学中的一个突出的例证。这本书的作者把天生的战争本能宣布为人们活动的最重要的动机。他断言战争是人们所偏好的习惯,同时也是在占统治地位的上等人手中用来制服广大群众的最好的手段。

舒曼为了好歹要替诸如此类的观点找些根据,就公开地捏造历史事实;他把个别反动阶级和反动势力的活动与人民群众的生活史和活动史混为一谈,与整个社会的历史混为一谈。舒曼所看到的逃避那作为“重复出现的社会制度”的战争的方法只有一个,这条出路仍然是这个“世界社会”。同时,舒曼又马上补充说:创造这种社会的唯一道路便是征服。

西德法学家艾礼希·考夫曼的一些著作也同样充满着对侵略和战争的歌颂。他早在许多年前就断言战争“是神的世界秩序的一环”,而胜利的战争“就是法的原则的证实,就是那种能像国家与法那样地解决问题的最后的规范”。时至今日,考夫曼还在发展诸如此类的观点,而且又加上了报复思想。

我们已经在上面提到过的邵威尔也不落在考夫曼之后。他同样替侵略战争辩白,并断言:战争是否胜利结束就是这一战争是否符合正义的标准。

毫无疑问,诸如此类的理论就是那遭受世界各国广大的人民群众谴责的、所谓“冷战”的表现之一。反对不同社会制度的和平共处原则并且不惜污蔑苏联和苏联的法的体系的,也正是这些法学家;这,绝不是偶然的。例如,邵威尔在《法律哲学与社会哲学》一书中，用谁也不懂的用语“多头政治国”来给苏维埃国家下定义，鬼鬼祟祟地告诉读者：“在布尔什维克制度中常常能遇到‘6’这个数词”。这种莫测高深的话究竟是什么意思，这位“理论家”不作说明，恐怕也没有任何一个人会去猜测这种蠢话的。诸如此类的观点在现代资产阶级的反动法理学中是一点也不足为奇的，现代资产阶级的反动法理学的代表人物“专攻”苏维埃法，写成了不止一本书，歪曲地、错误百出地、牵强附会地描写苏维埃法的制度和法的原则以及各人民民主国家的法。

很明显，那些号召捣毁民族的法的体系、消灭各国人民的主权、歌颂侵略并诬蔑许多国家的社会制度和政治制度的理论，是与苏、美、英、法四国政府首脑的日内瓦会议的共同合作和互相谅解的精神不能兼容的。

三、为和平民主而斗争的进步法学家

如果在资产阶级法学转变为一种公然的、帝国主义意识形态的形式的那幅暗淡的图景后面看不见进步势力，那就是一种严重的错误。这些进步势力为了使法能替和平与民主服务起见，正在各资本主义国家内，对现代资产阶级法理学的反动趋势进行着坚决的斗争。

帝国主义资产阶级的转向反动，正足以说明资本主义社会的政治与法的上层建筑的特点。但是我们绝对不能就根据这一点而忘怀了工人阶级和全体劳动人民对独占资本向人民的切身权利所发动的进攻进行斗争的意义。这一斗争与争取和平、争取缓和国际紧张局势、争取民族独立和争取法制的斗争有着不可分割的联系。资本主义各国的进步法学家们给这一斗争提供了宝贵的贡献。为了保卫世界和平与各国人民的安全，为了反对侵略和无法无天的思想，他们的呼声越来越响了。

甚而至于那些尚未与进步法学家们的运动结合起来的资产阶级学者中间，也有不少这样的人：虽然这些人在自己的方法论前提和科学结论上都受到限制甚至是保守的，但他们却照样主张那些在政治和科学上遭受反动分子们蹂躏的民主世界观底基础。

还在1946年，在巴黎召开的国际民主法学家会议上，在参加反对德国法西斯占领者运动的法国法学家的倡议之下，创立了一个进步的、民主的，反法西斯的组织——国际民主法学家协会。它的基本目的就表现在“法——为和平服务！”这一句格言之中。国际民主法学家协会积极地为巩固各民族一律独立的原则、为根除法西斯及其他反民主的理论、为保卫与发展各种民主权利与自由而斗争。在参加这一组织的人们中，我们可以看到观点和信念极其不同的人物、各法学部门的工作者和实际法学工作者等;使他们全体团结起来的是同一个意图——使法和法学在争取和平斗争中成为一个有效的武器。

国际民主法学家协会的活动是在与世界和平拥护者组织保持密切接触的情况下进行的。进步法学家们给这一个由千百万正直的人们所参加的民主运动作出了自己的贡献。有83位法学家参加了1950年在华沙举行的第二次世界和平拥护者大会的工作,而1952年12月在维也纳召开的各国人民保卫和平大会的代表中间则有84位法学家。

几乎在各资本主义国家内都有先进的民主法学家们在积极地工作着。

例如,英吉利进步法学家们近年来在对南非种族立法底反动本质的揭露上进行了巨大的工作,保卫了各殖民地居民底公民权利和自由。世界舆论界很熟悉英吉利法学家地·普利特的名字,他为了保卫民主和法制原则而积极地进行实际斗争和理论斗争已经有许多年了。地·普利特是斯大林国际和平奖金的获得者。地·普利特在莫斯科授奖仪式上发言时,曾这样说:"我认为这一个奖励是属于全体在我国积极地为争取和平,反对殖民主义而工作的战士们和全体进步法学家们的……在现时,进步的法学家们结成了一个伟大的兄弟般的整体,隶属于这一整体——是每一个人的荣誉。"

在法国,《法兰西法的进步观察》杂志已经出版好几年了。参加该杂志编辑工作的有法兰西著名社会活动家毕·郭特、季让的法学系教授格·利昂甘、兰拜尔教授和著名法兰西法学家诸尔曼等人。极其不同的法学问题和司法实践问题都在杂志上展开了讨论;该杂志还向读者介绍苏联以及各人民民主国家的法。杂志中以很大的篇幅讨论了对于人权的法的保护问题,揭发了反动法学家们的反民主理论,指出了许多法院和行政、司法机关违反宪法规范的判决和决议底非法性。

巴黎大学法学教授兰·葛必丹和该大学法学系教授伯纳·赖汶都一贯地反对西德的重新武装,争取缓和国际关系中的紧张局势。

进步法学家不仅只在欧洲各国展开活动。在1952~1953年间,就召开过两次全洲范围的拉丁美洲法学家会议,会议坚决地斥责了那些以损害人权为目的的立法措施,宣告了全体公民不问种族、民族、性别、信仰、职业和出身,在法律面前都一律平等,宣告了各族人民都有自决权等。著名的拉丁美洲法学家刘易斯·卡罗斯·贝莱斯在《战争宣传罪》一书中,揭发了一系列具有反动性质的法学观念。尤其是在批评上述意大利法律哲学家迪·韦基渥关于国家的学说时,贝莱斯写道:"这是尽人皆知的真相:绝大多数的人民正在为争取改变现在的秩序而斗争着,而且他们觉得自己在现代的条件之下并不是社会中一个平权的部分,因为国家既不代表他们的利益,又不代表他们的理想,更不代表他们追求新文化的共同企望。相反地,大部分的居民是遭受奴役的。"

成立在加拿大的民主权利斗争联盟,组织了一个广泛的、反对企图以反动的方向修订刑法典的抗议运动。联盟和它分布在全国的分支机构正在进行着争取民主的积极的斗争。加拿大进步法学家们制定了一个叫做《加拿大人权利宣言》的文件,这一文件的使命是便利加拿大人民保卫自己的权利和自由。

1954年9月创立了全印民主法学家协会,拥有会员将近8000人。思想进步的法学家们底运动也在其他东方国家内掀起了广大的浪潮。1953年黎巴嫩法学家罗尔·夏班和赫·尼姆合著的《法学家在法的发展中的作用》一书在贝鲁特问世了。该书从进步的立场出发,研究了关于法律底本质和使命的问题、关于法的渊源的问题和法学家在社会生活中的作用问题。作者们着重指出:法学家们不应该仅仅适用和解释现行的法律,而还应该为争取那旨在替广大的各阶层居民底利益服务的进步立法而斗争。夏班和尼姆写道:"法学家们不能脱离社会生活……他们应该坚决地保卫民主权利并反对那些反动的法律。"

1954年1月在著名的意大利法学家地·尼蒂的倡议之下和国际民主法学家协会的支持之下,召开了国际法学家保卫民主权利和自由大会。出席大会的有31个国家的法学家底代表。在大会上讨论了当前最重要的法的问题:人们底权利平等、各国人民底权利平等和反对歧视的斗争,各项宪法权利和代议机关的发展和蜕化,工会权利之实现,对法官独立和被告辩护权之尊重,尊重法制尤其是尊重人身安全而不受警察和行政专横的这种保证。

在大会上表现出极其不同的观点和宇宙观。出席大会的法学家们包括:发言主张保卫宪法原则、防止反动势力阴谋破坏的意大利教授让尼尼;主张必须全面保卫工人底工会权利的法兰西法学家列·梁·甘;揭发帝国主义分子在殖民地国家和附属国家内施行强暴和专横的方法的阿尔及利亚代表基岛安;对关于尊重法官独立和尊重辩护权问题作报告的加拿大法学家茄尔芬克尔;[①]西德法学蒲范宁许瓦茨等许多人。他们生动地指出了:争取公民自由的斗争与争取和平和争取各国人民之间的相互谅解的斗争是不可分的。

会议在自己的决议中提到:凡是进步法学工作者们,当国会议员的就应该为反对反动的立法而斗争,当法官的就应该严格遵守法律并尊重公民的权利,当律师的就应该保卫民主权利,而当学者的则应该揭发那些反动理论并研究进步的、民主的理论。

1955年1月在加尔加答举行的亚洲国家法学家会议在进步法学家们的运动中又迈进了重要的一步;在会议上,印度、缅甸、印度尼西亚和其他东方国家的代表

① Mr. James Garfinkle, Respect for The Independence of Judges And The Rights of defence. ——译者注

们发出了向反动政治和反动思想意识抗议的呼声。亚洲国家法学家会议研讨了关于“大小各国人民底主权和不干涉他国内政,是国际法最重要的原则”的问题,关于“必须禁止原子武器、氢武器及其他大规模的毁灭性武器”的问题,关于“亚洲国家妇女地位和家庭法”等问题以及“在亚洲国家内保卫民主权利和公民自由”的问题。

有名的印度法学家赖哈宾藷德·琶尔、阿却利亚、莫凯地,日本学者安井馨①(法政大学法学教授)、户泽铁彦(名古屋大学教授)和其他亚洲国家法学团体的代表们都坚决主张禁止大规模的毁灭性武器。他们斥责了帝国主义集团干涉亚洲国家内政的企图,认为性别歧视以及对于公民基本权利的任何侵犯都是不能容许的。

会议所通过的《告亚洲国家法学家书》中宣称:“不论你们在什么地方——在大城市里、在集镇里、在乡村里、在法院里、在立法会议里、在学校里还是在监狱里,一定要满怀决心,积极反对原子战争的威胁,反抗一切不正义的强暴行为,即旨在反对你们的任何一个同胞的行为,旨在用一切方式违反国际法、国内法或五项原则的行为和足以使公民人身自由以及支持正义、确立并保卫和平的事业蒙受威胁的各种暴行……人类有权过幸福的安全的生活。这种生活现在是可以为全体人类争取到的。让亚洲的法学家们都站到为争取这种生活而斗争的前哨上来吧。”

世界各地的法学家们与一切拥护和平的人们一起,为苏联、美国、英国和法国政府首脑们底日内瓦会议的成绩而热烈欢呼,因为这一会议在走向消除国际紧张局势、加强信任和互相谅解、发展各国之间的友好关系和巩固全面和平的道路上,是一个很重要的阶段。

共产党人在进步法学家中占着领导地位,他们所依靠的是马克思列宁主义和马克思列宁主义关于国与法的理论的稳如磐石的基础。共产党人坚决揭发在法和法的意识形态方面的各种帝国主义的趋势。

共产党人写了许多著作,并在这些著作中揭发各种反动的法的观点。美国共产党总书记尤·但断在《不能被监禁的思想》一书中驳斥了无中生有的关于资产阶级司法的超阶级性的鬼话。

1954年美国共产党哲学家哈利·威尔斯出版了《实用主义是帝国主义的哲学》一书,作者在书中逾越了纯粹的哲学问题,广泛地谈到经济、政治和法等方面的问题。威尔斯在揭发那作为一种最善于适应美帝国主义利益的哲学体系的实用主义的阶级根源时,强调指出:实用主义的各种表现(其中也包括实用主义的法理学在内)都归结于资产阶级蒙昧主义旧式武器的现代化,因为这种原有形式的蒙昧主义由于科学发展和无产阶级觉悟的提高,在某种程度上已经起不了危害作用

① 汉字“安井馨”中的“馨”确否待考。——译者注

了。威尔斯写道:"这样,例如在法学方面,实用主义者的攻击目标是关于神法的学说,在心理学方面——则为主上帝所创造的灵魂不死。但是在两个场合下,这种攻击的真正对象都还是对于法和人类心理的科学唯物主义的理解。"威尔斯指出了实用主义者是如何脱离对旧原理的若有其事的批判的;在实际上,他们仅仅把这些原理改头换面地添上了时髦的外貌罢了。威尔斯在揭发实用主义法理学的时候,指出:"……在法学方面,具有阶级性的资产阶级法又给束缚在那些传统的、绝对不变的原则底甲胄之中了;但是,它已经不是一种神法,而是一种以人类不变的天性为其本源的法了。"

在英国共产党执行委员会政治委员会委员杰·霍兰所著《大不列颠政治制度》一书中,不但揭发了对于国家与法的问题的传统的资产阶级观点,而且也揭发了工党对于国家与法的问题的一套说法。

在反驳资产阶级法学家们所偏好的那些关于资产阶级法的"超阶级性"和"全民性"的理论时,霍兰着重指出:法治、法律的不偏不倚,贫者与富者在法律面前的一律平等——所有这一切只是几句实话而已;实际上却完全相反,因为法是有阶级性的法,而司法也是有阶级性的司法。

1953年9月在巴黎召开的共产党员法学家会议上,阿·杜仲作了报告。杜仲揭穿了作为向民主自由和民主法制进攻的规矩的那些政法形式,指出了国家法和诉讼法的规范是怎样为了资本底利益而遭受破坏的,揭穿了资产阶级否认在法律面前人人一律平等的原则的真实原因,对所有这些过程的法学理论根据作了辛辣的、揭发性的批评,并指出了反动法学家们所倡说的那些论点的服务作用。

所以,进步法学家的力量正为着反对思想反动而日益响亮地发出自己的呼声,并与现代资产阶级法理学的那些反动学派针锋相对。进步法学家们的活动是与和平力量的壮大和广大人民群众底日益发展的法的意识紧密地联系在一起的。

在现代资产阶级法学家的著作中正呈现出怀疑态度、惶恐困惑和每况愈下的悲观失望。这,绝不是偶然的。资产阶级法学家们运用大胆乐观的语调的时代早已经过去了。关于日益破灭的理想、对前途失去信心和关于科学底捉摸不定的那些词句,正滔滔不绝地从资产阶级法学家底最新著作的书页上流露出来。而且这个看不见前途的和悲观失望的主题思想(这是走下坡路的意识形态所不可摆脱的同路人)听起来正好是反动法律哲学的一首挽歌,也是它在暗地里害怕马克思列宁主义理论的一种表现。前途是属于马克思列宁主义理论的。

(1956年第2期)

1956年第3期

关于苏维埃一般法学理论科学工作中的几个问题

【编者按】 苏联法律工作者代表团团员、全苏法学研究所副所长勃拉图西教授在访问上海期间，曾应上海法学界人士的邀请，在华东政法学院举举行了"法学演讲会"。这里发表的是教授的演讲的记录。

1. 苏维埃法学是在马克思列宁主义关于社会的学说的基础上、在对历史和社会发展的规律性的唯物主义理解的基础上发展起来的。从苏维埃国家存在以来，苏维埃法学曾被许多有关论述民法、劳动法、集体农庄法、刑法、诉讼法中的具体法律制度的专著和其他著作丰富起来。苏共第20次代表大会指出了法学是普遍落后于共产主义建设的实践。自然，这种落后状况不能不影响到上述著作的质量及其论题等。在法学领域的工作中，最困难但又最重要的一环，就是国家与法的一般理论的科学。关于国家与法的一般理论问题的著作发表得很少，对法学中各个部门都具有普遍性意义的许多理论问题，直到现在还未作过充分的研究，有许多问题还在辩论之中。

对国家与法的一般理论的发展给予不良影响的，有两个方面：一方面就是与个人崇拜有关的，并且已深入各门社会科学中的教条主义、公式主义和书呆子习气；另一方面就是死板的经验主义，肤浅的叙述，对作为认识现实的工具的马克思主义的一般概念和抽象范畴的意义估计不足。

本报告要谈的是对于发展国家与法的一般理论的科学（正是与法的一般理论有关的部分）和法学中各个部门有重大意义的某些原理的研究情况。

2. 多年以来国家与法的一般理论落后的一个原因，就是这门科学的对象还没有十分明确地确定。一方面在国家与法的一般理论之间，另一方面在历史唯物主义、国家与法的历史、政治学说史、法学中各个部门，特别是国家与法之间，没有划定明确的界限。本报告中所要谈的这门科学，大家多称为国家与法的理论，而不是国家与法的一般理论。其实，法学的任何部门都是理论科学，因为这里所说的是对调整一定范围的社会关系的法律规范及其实际适用对该法的部门的发展规律等加以真正的科学分析和总结。苏维埃法学理论就是法学中各个部门发展的总结、结果。所以包括与法学中各个部门有关的一般原理的科学，应该称为国家与法的一般理论，而不应简单地称为国家与法的理论。

3. 作为一门科学学科的国家与法的一般理论，是以马克思主义关于社会的科学——历史唯物主义理论的材料为依据的，是以马克思主义政治经济学的重要原理、以国家与法的历史的材料和政治法律的思想为依据的，同时也是以法学中的各个部门（国家法、行政法、民法、刑法、诉讼法等）的材料为依据的。但国家与法的一般理论在利用这些科学的材料时，不应当融化在这些科学中或者把从上述各门科学中取得的原理加以机械的结合。

实际上情况就是这样，在国家与法的方面，历史唯物主义理论所制定的一些原理和结论，就是在研究具体的法律材料的基础上来创造法律概念的出发点。而这些概念也就成了各门法学学科的基本原理。法学中各个部门的总则所包括的各项原理在发展和丰富国家与法的一般理论的过程中，是有着极其重要的意义的。国家与法的一般理论是根据法学中各个部门的材料来总结国家活动和法律实践的具体材料，同时拟定一些法的概念和定义。这些概念和定义能够反映法的各个不同的部门及其表现的各种不同形式中的最重要和最普遍的特征。

同时，国家与法的一般理论及法学中的各个部门，应该互相充实、互相配合。具体的法学是不可能提高到国家与法的一股理论所能够和应该提到的那种总结的高度。另一方面，国家与法的一般理论如果脱离了具体的法学、脱离了现行法及适用法的实践，就会没有任何成果，而成为烦琐的结构。只有在与法学的各个部门的互相配合下，国家与法的一般理论才能够对科学地研究每一法学部门和法的制度产生良好的影响，才能够成为认识国家与法的工具，从而对实践给予影响。国家与法的一般理论应当在与法的各个部门有关的总结性结论的基础上，来促成国家和法的科学的各个部门之间的内部统一。

4. 下面这个引起苏联理论家们重视的问题，就是法的概念及其定义的问题。最近十八年来，在苏维埃国家与法的一般理论中确定法的定义，就是表现统治阶级意志的规范（行为的规则）的总和。最近期间，有人说这一定义不够完整，同时认为有必要将法律关系列入法的概念中，因为法律关系是法的存在的必要形式。

我们认为，不应当把法律关系包括在法的概念中。社会主义法制是以社会主义法的全部理论为基础的。为巩固法制而斗争的前提，是教育公职人员及公民懂得苏维埃法是一切人都必须遵守的行为规则的总和。这些规则反映了由社会主义经济制度所决定的工人阶级及在它领导下的劳动人民的国家意志。因此，并没有任何必要来降低法的规范性的意义和将其他的特征列入法的概念中，同时，这样做对巩固法制及保护公民权利的任务也不会有所帮助。

虽然法律关系在调整人的行为及为法律所保护的公民及社会主义团体的主观权利中具有巨大的意义，但法律关系毕竟是在法的规范的基础上产生和发展起来的，是与法的规范相适应的。也就是说，是与上升为法律的统治阶级的意志相适应的。

同时,将法仅仅说成是强制也是不正确的。执行法的规范的保证,不但是国家的强制方法,而且还要靠说服的方法、社会舆论的力量、群众的觉悟性。在这方面,今后还需要研究法律中的意志问题、法和政治的相互关系问题以及法的规范和法律意识的相互关系问题。今后对这些问题应当考虑并根据苏共第 20 次代表大会及中共第 8 次代表大会的决议,以及人民民主国家和资本主义国家中各兄弟共产党所积累的理论经验来进行研究。苏共第 20 次代表大会及中共第 8 次代表大会的各项决议中,对于上述的全部问题包括有重要的理论原理。这些决议贯穿着这样一个思想,即人民是历史的创造者。在研究法律中的意志的问题时,必须根据中共第 8 次代表大会所宣布的"从群众中来,到群众中去"的原则作出应有的结论。

5. 法的规范和生产关系的相互关系问题,不仅是国家与法的一般理论中的一个重要的问题,同时也是历史唯物主义理论中的一个重要的问题。法是经济基础的上层建筑的一部分,但是法也给予经济基础以影响:巩固该社会中占统治地位的生产关系,促进它的巩固和发展。但是对这种影响的内容及范围还研究得不够。现在有人认为,法并不调整生产关系,因为生产关系是不依人们意识为转移而形成的一种关系;但法对作为社会生产过程的参加者的人的意志和行为发生影响时,最后也会对作为人的活动的客观结果(产品)的生产关系发生影响。

6. 苏联科学院法学研究所在 1955 年举行的关于社会主义法律关系的讨论会上,以及最近几年来在论述法的规范及法律关系的相互关系的文章中,关于法律关系在调整人的行为中起着什么作用的问题,又被重新提出加以讨论。法的规范能不能直接影响人的行为,或者只有通过法律关系才可能产生这种影响。大多数同志都赞同这样一种观点,即法律关系就是行动中的法的规范,实现着的法的规范。

然而,毫无疑问,在规定公民和团体放弃一定行为的法的规范(如刑法规范、许多行政法的规范、保护财产所有人免受他人侵犯其财产的民法规范)作用,及所据以产生义务当事人一方应当为另一方——权利当事人——的利益实施积极行为的法律关系的法的规范之间,是有着重大区别的。

正确解决法律规范和法律关系的相互关系的问题,不但有着理论认识上的意义,而且也有着实践上的意义。到目前为止,刑法理论还没有研究过刑法中的法律关系问题。法律关系是双方当事人的权利和义务的相互关系。因此,承认法律关系是法的规范影响人的行为的必要手段,也就是承认法律关系的参加者有和主观义务相适应的主观权利(权能)。要巩固社会主义法制,就要求加强重视公民和社会主义团体的主观权利,加强这些权利的保障及保护。与此有关的是,必须进一步研究公民和团体的权利能力及主观权利的内容。确定社会主义法律关系的主体的范围,刑法律事实,即产生法律关系的根据进行分类以及其他有关法律关系的一些问题。

7. 正确解决关于法的适用的概念的内容问题,也就是解决关于在社会主义国家中谁可以适用法的规范的问题,对巩固法制有着直接的关系。就这一问题在《苏维埃国家与法》杂志上所展开的讨论证明,大多数参加讨论的人,正如我们所完全正确认为的,都主张这样的一种看法,即法的适用就是实现法的方式之一,这种方式是与国家的活动有联系的。公民和团体遵守法律并行使其主观权利,但这不适用法的规范。

在讨论的过程中,对将规范性的文件,同适用的规范的文件混淆起来的情形,曾加以正确的指责:这种混淆在实践中造成了毫无根据地扩大某些机关的权限;这些机关依照法律只有适用法的职能,并没有创造规范的职能。明确划清这两种职能将会促进社会主义法制的巩固。

最后,讨论同样也证明了某些作者所主张的看法的不正确性。根据这种看法,法的适用被认为仅仅是对违犯法律的人实行强制的一种形式。这样理解法的适用是有害的。因为这样理解会使国家机关工作人员只采用行政手段,而不去着重进行遵守法律的活动。实际上,适用法的规范的文件,首先是公职人员和国家机关为了贯彻法的规范而进行活动的文件。

8. 巩固社会主义法制,就要求法的理论家们加强对法的渊源问题的注意。应当在国家法专家的帮助下,研究法的渊源的分类(规范性的文件)、它们的相互关系、它们的宗教背景,确定每一种法的渊源的法律力量,弄清法律应该调整那种关系。从狭义上来讲,也就是说,法令应该调整哪种关系;政府的决议,各部及其他主管机关的命令和指示,又调整哪些关系。对于全苏立法和共和国立法的相互关系的问题,必须进行科学的研究。由于扩大了各加盟共和国的主权,即将进行法典汇编和整理苏维埃立法,这一问题就具有特别现实的意义。

在苏维埃的法学著作中,经常很激烈地讨论一个问题,这就是苏联最高法院全体会在研究各级法院就同类案件适用法律的实践的基础上所作出的决议(指示性的法合)是否也是法的渊源的问题。

现在大家都承认,在一定的阶段上,主要是在伟大的卫国战争时期和战后的最初几年内,苏联最高法院超越了自己的职权范围,在其某些决议中,补充了或者修改了法律。这种实践是已经受到指责的。但是,下面的一个问题,仍然有着争论,即苏联最高法院全体会的指导性的指示,如果没有改变法律,而只是对法律进行解释。也就是说,只是指出应该如何将它适用于生活中具体的情况,那么这些指示是否也具有规范的性质?有些法的理论家否认苏联最高法院全体会的决议具有规范性的意义,而另外一些法的理论家则根据任何一项法律都不可能把生活中的各种各样情况完全包罗净尽,像苏联最高法院这样的权力机关,在解释法律时是可以用从法律的意义和任务中产生的、对各级法院有拘束力的新的规范条例来充实法律的。因此,赞同第二种观点的人就认为上述的决议是具有法律性的规范文件,也就是法律的渊源。

9. 关于马克思列宁主义的国家与法的一般理论对非马克思主义观点的法学的结论和原理的关系问题,也要求作进一步的研究。共产党人是一切进步的东西、一切文化宝藏的合法继承者。马克思列宁主义关于国家与法的学说,利用了一切先进的国家法律的思想,这些思想是在人类发展的过去的历史过程中,为先进思想家所形成的。例如,在国家与法方面的民主思想就是这样。民族主权思想包括,在国际往来中,各国权利平等的思想,公民在法律面前一律平等的思想,从法律上,保障人身自由的思想等。在资产阶级争取国家政权的时期,进步的资产阶级思想家曾宣布过这种思想。大家知道,在资本主义国家中,共产党是最彻底的捍卫遵守宪法法制的人。

当然,马列主义的国家与法的理论,摒弃了反动的国家法律的思想、军国主义、法西斯主义的思想体系和破坏法制的思想体系,同资产阶级的思想体系是不能妥协的。但是,马列主义关于国家与法的学说,应该对过去的先进思想和民主制度作出正确的评价。

此外,还必须指出,社会主义国家的立法和法学应该利用资产阶级法学家所确定的法律概念和范畴,但要使这些概念适合于社会主义建设的需要,就要将它们加以改变,以新的内容来充实它们。权利能力与行为能力的概念、法的主体、法律关系、权能、义务、法律的解释等,所有这些都是资产阶级法学家所创制出来的概念。当然,对带有旧的法律形式的一些因素,只有经过社会主义国家批准,才可以利用;它们可以反映在法律规范中,并适应社会主义社会的要求。但是,也不应该忘记,马克思主义的法的理论,应该敏感地抓住和研究由于社会主义的内容而产生的新的法律形式,这种内容是不能而且也不应当去套在旧的法律形式中,并且它也不需要这种旧的法律形式。

(1956年第3期)

上海市哲学社会科学的各学会成立

罗 文*

上海市哲学社会科学学术委员会筹备委员会,已分别整顿、筹建了上海地区哲学社会科学方面的各学会。例如,中国史学会上海分会最近新吸收了一批会员,不久将举行"古代史分期问题"的报告会。中国新经济研究会上海分会,最近举行了"价值规律在我国过渡时期的作用问题"的学术讨论会。上海语文学会负责"语文知识"的编辑工作。上海哲学会、上海教育学会、上海国际问题研究会也正在筹备中。上海法学会于本年9月间开始由雷经天、韩述之、王造时、罗家衡、陈文彬、曹漫之等负责进行筹备工作。这个学会将团结上海的法学研究者和法律实际工作者在马列主义指导下进行法学研究。现在正办理吸收会员,预计在12月可以正式成立。

(1956年第3期)

* 作者单位:上海市社联。

关于刑事上诉案件审理程序上的几个问题

韩述之*

《人民法院组织法》规定:“地方各级人民法院第一审案件的判决和裁定,当事人可以按照法律规定的程序向上一级人民法院上诉,人民检察院可以按照法律规定的程序向上一级人民法院抗议。”也就是说,除最高人民法院的第一审判决和裁定以外,一切法院所作的第一审判决和裁定都能要求依据上诉作再一次审理。不论案件性质如何,都没有禁止上诉的规定。

上诉是整个诉讼程序的重要组成部分,是上级法院对第一审法院的活动实行监督的方法之一,也是对下级法院实现审判政策、审判业务的领导的一种形式。

上诉是通过上级法院对案件的再次审理,使能从实质上得到更为合法公正的结果,从而保证国家法律的正确执行,保护当事人的权利和合法利益。正确贯彻上诉制度和上诉审理程序,对于健全法制和捍卫法制,都有着重要作用。

一、有权提起上诉的是哪些人

上诉审程序,是由于当事人对第一审判决和裁定的不服提起上诉或检察院提出的抗议而发生。除当事人、检察院以外,还有哪些人有权提起上诉?最高人民法院曾经作过总结:为被告利益提起上诉的,有被告人的监护人、辩护人和近亲属;为被告不利而提起上诉的则是自诉人、控诉人。有的法院在某些案件中,还把被害人家属甚至关系人、保证人也列为当事人准其上诉的,这在法理上是显然没有根据的。实践中反映:由被告本人提出上诉的以不在押的为多;被告在押的,则由近亲属上诉的较多。根据上海市某中级人民法院的两个审判员从今年1~5月所受理的上诉案件来看,在21件被告在押的上诉案件中,由近亲属上诉的就有11件。又据该院1956年上半年受理二审案件的统计,由检察院依上诉程序提出抗议的案件,则只有约1%。

在刑事案件中,关系人、保证人提起上诉的,实际上多数是原审把应列为被告的人没有列为被告。例如,承担保证责任的保证人,本应在刑事案件中居于附带民事诉讼被告的地位,但因有的原审把他们写作关系人,未列为被告,因此产生了这

* 作者单位:上海市高级人民法院。

种上诉。遇有这种情况,都由上诉审于判决中指出纠正。关系人中也有个别不是被告的,如合伙企业的部分股东控告执行业务的股东侵占,原判决把会计列为关系人,并指责他“手脚不干净,账册混乱”,致引起不满而提起上诉的这类属个别案件中的偏差。从而关系人的上诉,实际上是不应存在的。被害人家属提起上诉的案件以医疗事故、交通责任事故等为多。实际情况表明,原案经检察院提起公诉,判决后家属提出上诉,有很大一部分是要求民事赔偿的。对这类上诉应作为附带民事上诉受理,如原案未经提出民事赔偿或未经裁判,则应交由第一审法院作为民事案件予以审判。

机关、企业、团体对本单位职工的职务上的犯罪,或与本单位业务直接有关的一般刑事案件,在检察院没有普遍建立以前,是有权直接向人民法院控诉的。但有的经过检察院提起公诉的案件,在第一审判决后,原单位不服,也有直接提起上诉的。有的审判员对待这种不服,曾有将它作为自诉人而准其上诉的;也有把它当做来信加以审查,如原判在认定事实和适用法律上确有错误,即按审判监督程序处理,做法上很不一致。必须明确上诉权利,刑事案件除法律规定可以提起自诉的案件以外,原告诉者并非刑事案件的当事人,因而由检察院提起公诉的案件,原告诉单位或个人即无权提起上诉,只能向检察院陈述自己意见,请其提出抗议。法院不应直接受理。

关于刑事被告的辩护人、近亲属提起上诉,应否征得被告本人的同意和怎样取得同意,认识上也不一致。有的同志认为,取得同意一定要在提出上诉以前。因为事实上除辩护人提起上诉一般都能在事前接见被告,并征求其同意外,家属上诉,不少是出于家属本人的意思,有时因不及接见被告,对取得同意一点,很多未能做到。目前有些被告由于误解,对行使上诉权利还存有顾虑,如怕上诉被认为是不服罪,怕上诉后加刑。为了使更多判决能得到上诉的机会,和有可能使个别案件存在的错误得到纠正,从而主张辩护人和近亲属的上诉可不必被告本人同意。另一意见则认为,非必然享有独立提起上诉的人,其上诉须经本人同意,乃属法制上的问题。所谓取得同意,主要是不与被告人的意见相反,被告人事前同意与否,虽不能作为上诉应否受理的原因,但同意仍属必要。正确的做法,应在二审进行审理时,首先就同意问题加以讯问,如果被告反对上诉(实际上是很少的),则经过审查,如原判在认定事实上和适用法律上都无不当,即可就程序上加以驳回;如原判确有错误,则应按照审判监督程序加以处理。就我们所见到的有关程序问题的总结,则是肯定后者而否定前者的。

近亲属的解释一般是以配偶、父母(养父母)、子女、兄弟姐妹为其范围。但应否及于其他亲属,亦曾有过争论。且曾有人把岳父母、兄弟媳妇、未婚妻等都作为近亲属看待,甚至主张为保护被告人的利益,可以将近亲属的范围扩大。这一问题，在未经立法解决以前，为使近亲属有一较确定的概念，以免造成上诉制度中的混乱；以及要使被告人消除行使上诉权利中的顾虑，关键在于法制的扩大宣传，不应是享有上诉权利的人无限扩大。因此，关于近亲属的解释，从"近"的意义上来讲，仍以限于配偶、父母（养父母）、子女、兄弟姐妹作为在法律上有权上诉的人为宜。至于其他亲友，虽不乏对被告极为关切的人，特别如未婚妻，在中国社会更有一种传统的亲密观念，但因为她在法律上尚未形成亲属的关系，不能无原则地加以扩张。被告除上述近亲属外，如有其他在生活上相互依赖的人，自可以近亲属看待，对他们的上诉作近亲属上诉处理，也是适当的。其他亲友提出请求，则只能作为申诉，在原判确有错误时，仍以审判监督加以纠正。

二、上诉的期间和上诉的方式

不服判决提起上诉的期间为10天，不服裁定提起上诉的期间为5天。但由于有的法院对判决和裁定适用的范围不够明确，对案件实体所作的决定，有时也用裁定而不用判决，从而影响到当事人的诉讼权利。上诉必须在限期以内提出，逾期上诉，必须说明理由。过去有的审制人员对逾期上诉，常不作认真审查，甚至予以迁就，从而影响了法制的严肃性。上诉期间的计算，应自收到判决的第二天开始。如期间的最后一日是例假日，应即依法扣除。有人误解这也属于迟误而不准上诉，也有认为是有理由的延误，都是出于误解。逾期上诉，如果没有正当理由足以说明逾期原因的，即应认为上诉不合法，只能作为申诉处理，对原案加以审查。

上诉的提起，并无必须具备的形式，从而不论是书面或口头提出，都应该受理。上诉状应提出于原审法院，但也可以直接递交上诉法院。如果是口头提出的，受诉的法院即应将其口述记明笔录。口头上诉，以在第一审判决当庭声明不服的较多，但原审一般只记载其上诉的申明，有的虽记有理由，也很简略。事实上受判决人要在听了判决以后，即时陈述全面上诉理由，也有其思虑上的限制。因此可以当庭告知补具上诉理由，不必详细讯问。有人主张，为免予补具的迟缓，应该限期提出。如过期不提出理由，就可将案件中止。这种做法，既限制了当事人的上诉权利，同时也不符合人民审判机关的便民原则。因此，过期不提出上诉理由，应从审理方式上有所改变，不能遽予中止。一般可以通过调查庭讯问被告，并也可同时传讯对方，给对方以答辩机会。认为没有提出上诉理由书，不能送达对方使其提出答辩，就妨碍了上诉案件的审理，是不对的。因我们在上诉审法院，同样可作全面的实体审理，从而纵无上诉的书面理由和答辩，都不应影响案件的进行。

上诉和抗议的副本，应由原审法院在移送上诉以前或同时送达对方，以便能及早提出答辩和意见。直接向上诉审提出上诉的，除对是否逾限应交原审审查的案件以外，应即向原审调取卷宗。根据城市的条件，上诉状的副本亦可由上诉审法院直接送达，以节省时间和免去转送手续。送达时间最迟应在公判审理以前3日。其期间计算，不应连头带尾，所谓最迟3日，总以多于3日送达为宜。

三、上诉案件审理前的准备工作

上诉案件的审理，根据《人民法院组织法》的规定应由审判员3人组成合议庭进行。审理前的准备工作，各个法院在做法上还不完全一致。有的规定参与合议的审判员都要阅卷，或者规定需经3人共同研究后再行定期审理，并说成是所谓“三头合议”的一头。谁也知道，合议审判的重要环节乃在于公判审理时的共同直接参与、共同评议作出判决，有无人人阅卷和事先研究的必要，对多数并不复杂的案件，是完全不必拘泥的。有人担心不阅卷的审判员，不听取一下主办审判员的案情介绍，便会对案情事实了解不清，从而减弱合议的作用。我们说，如果真是这样，也就是经过公判审理以后，仍有审判员对案情事实漠然无知，那便是公判审理未尽到应有职能，也就不能据以下裁判。实践证明，正当的做法，应是先由主办审判员审阅卷宗，首先审查上诉是否合法，再核阅全卷，审查原判认定事实是否充分有据，适用法律有无错误，判处刑罚是否公正，原审在审判程序上有无违反，以及上诉审对事实证据是否要再作补充调查，并确定应传唤到庭的人的名单，送审判长作必要的审阅。为统一安排公判审理时间，审理日期最好也由审判长决定。

合议审判，是审判上民主集中的组织形式。如何在民主集中的原则之下，发挥审判长在合议审判中的作用以及各组成人员都能负起独立工作的责任，是审制工作中不可缺少的方面。因而对少数重大复杂的案件，是否各组成人员都要阅卷，和是否须经共同研究，都可由审判长加以决定（审判员也可提议）。在多数情况下，既有2人已经阅卷，再经公判审理，即可充分发挥合议审判的职能。而对有些须要上诉审法院进行补充调查的案件，还可由主办审判员一人先作调查或开庭讯问，这种做法既与合议审判的精神并不违反，且可在一定程度上避免合议过多，事事商量、个人不负责任的偏向。有的同志认为既然合议，既要开庭，那么便要3人同起同坐，实际上是误解了合议的本旨。为了发挥合议的实质作用，必须从这种拘束中解放出来。

四、上诉审的职能和案件审理的范围

这里有必要说明一下上诉审的职能究竟如何。有一种见解认为上诉审只是审查原判是否合法和有无根据，可不作任何事实和证据的调查，如果上诉审也作实体的审理，那便是混淆和重复了第一审程序，不可免地造成案件审理时间的拖长。这种见解既不符合我们的实际，在理论上也未必不可研究。上诉案件是否必须排除实体上的审判，经验证明，某些案件之所以发生错误，有的是由于政策界限不清和法律适用不当，但更多的则是由于事实调查的不够充分，证据分析认定上存在偏差。且进行实体审理，也并不一定就完全重复一审程序。那种对第一审判决不管事实已否调查清楚，证据的分析是否恰当，都一律从头做起固然不对。但对于事实完全不作调查，仅凭书面材料审查有无根据，其发现错误，自不能不受有限制。我们曾看过《十五贯》这出戏的，类此案件的发回重审，能否不受先入为主思想的限制（当然发回重审是可以指定其他合议庭进行审理的，但审判委员会则是同一的），恐怕是谁也不会放心的。且不适当的发回重审，究竟是减少案件的拖延或增加案件的拖延，也是莫衷一是的。应该肯定地说，上诉程序的对象，除诉讼法和实体法的问题以外，就是案件的全部实质。不排除实体审判，只有好处没有坏处。当然，这也并不是说，所有案件都必须从实体上加以审理；如原判属于审理程序上的重大违反的或重要事实证据没有调查，则可作为撤销判决发回重审的原因。

人民审判机关之上级法院对下级法院具有广泛的监督和检查职能，不仅应对被告上诉或检察院抗议所提出的理由进行审理，对未经提出的理由，同样要进行审查。通过这种广泛的检查，尽一切可能使第一审法院可能发生的错误和侵犯他人权利的行为获得纠正。假如上诉审法院仅对上诉所提出的理由进行审理，也就意味着使不会申述和证明自己上诉是有理由的人要陷入不利地位。例如，有的被告或他们的家属常只提出要求“宽大”或称上诉为“求诉”，不作实体审理，上诉审不将无事可为吗？一个案件如有多数受审人，其中仅有一部分人提起上诉，其未经提起上诉的其他受审人有关的全部案情事实，也同样应加以审查。但其他受审人不必在判决上列为上诉人。如有牵涉其他受审人部分须重为裁判，则应以被告身份列出。

五、上诉案件的公判审理

上诉审法院审理案件，除应由三个审判员组成合议庭（合议庭的成员，不能有参与作出被提出上诉或抗议的判决的审判员参加），与一审法院有陪审员参加不同以外，其他如审判公开、辩论原则、被告人享有辩护权利等，在上诉审亦同样适用。除一审在程序上有重大违反，须发回重审的案件，可以不经开庭直接进行评议、作出裁定以外，其余案件都应开庭审理。有的审制人员认为事实已经清楚，有不经公判审理即行判决和裁定的。这样仅凭书面审查，不仅极易引起当事人的不满，认为没有给予向法庭陈述意见的机会，甚至怀疑到判决的是否公正。为了对事实情节能有更为直接的印象，了解当事人的思想动态，也为了保证案件处理的正确，凡就实体进行裁判的案件，不经公判审理，显然是不适当的。

上诉案件的审理，一般也都是查对当事人姓名、年龄和籍贯等以后，由审判长宣布法庭组成人员，即进行诉讼权利的告知。在权利告知中怎样使当事人确切理解，是一个大家感到不易做到的问题。有的经过反复解释，占去时间很多，实际效果不大。其实有不少权利是我们在审判中所应遵循的原则，要求在审讯过程中具体体现出来，如被告有鉴别证据的权利，乃是要求在审讯过程中就有关证据向被告提示，任其鉴别。而作为权利告知，往往弄得当事人瞠目以对。又如，被告有最后发言权，主要也是要在审理终结前给予被告发言机会，并作必要的询问。有人主张，为使被告切实了解这些应享受的诉讼权利，除了审讯以前集中告知以外，还要分段告知，其用意是好的。但过多的、独白式的语言，很容易形成审判过程的松弛，且对审判也不起什么实际的作用。还有是在公判审理中告知被告可提出新证据和要求传唤新证人为自己作证，而不是在讯问过程中对上诉所提出理由，就其证明方法加以讯问。我曾见过，有在被告要求传唤某一新证人时即当庭发出传票，立等讯问。这在城市或有可能传到，但对证人权利的尊重，则显然是不恰当的。若在农村则更是办不到的。显而易见，如果在公判审理中，当事人要求调查新的证据或传讯新的证人，如认为必要，则应改期审理，否则便易变成徒具形式。为使公判审理能不受阻碍和不间断地进行，对较为复杂的上诉案件，在公判审理前以调查庭方式作必要的讯问倒属可行。总括说来，对诉讼权利的告知，必须区别哪些是应该告知的（如充分为自己辩护的权利，可向证人、鉴定人发问的权利）；有哪些是审判长在指挥审判时所应实际体现的，不必按教科书所讲一一告知，行使审制时间拖得很长，对审判质量又不产生好的效果。

上诉案件的审理，有很多都是由审判员一人报告案情开始，内容包括：案件来由、原审审理过程、原审认定的事实和判决的结果、上诉理由。案情报告以后，由审判长问被告对案情内容有无补充和不同意见。在这问题上，也有过一些争执。主张需要报告的，认为可以通过“案情报告”的准备，促使审判员预先掌握案情，可引当事人发言集中在争执焦点，节省时间，使旁听人对案件情节有一个明朗的概念，有利于法纪宣传。反对意见则认为审判员通过阅卷，切实掌握案情，是任何案件在进入审理以前都必须做到的。但未通过实体的审判，即就原审所认定的事实在公判前提出报告，极易引起当事人的误解，认为第二审已有先入之见；而要使当事人发言集中在争执焦点，主要应于讯问时加以掌握，以此作为达到节省时间的目的，公判前提出报告容易导致简单图快，而影响案情事实的深入审理。特别是报告内容，无一不为当事人所熟知，报告徒使重复；至于贯彻法纪宣传，则应通过具体审判活动及审理的全部过程达到。案情报告的由来,显然是因上诉不作实体审理的指导思想所产生。报告时多数流于照本宣读,徒然浪费时间,对审判质量的提高,不具任何效果。

被告在上诉中应同样享有辩护权利。凡属必须有辩护人出庭的案件,如被告人不自行委托,上诉法院亦应为其指定。有的法院对原审有辩护人出庭辩护的案件,在上诉审仍通知原辩护人出庭。但是案件既经上诉,已为另一审级,最好经由被告再行委托,较为慎重。

在上诉案件审理中,上诉的当事人不仅可以申述其上诉时所提出的理由,也可以提出新的事实和证据。遇有这种情况,除其主张显无理由以外,一般地即应改期审理。

有人主张,如果是被告上诉的,上诉案件的辩论应由检察长(员)首先发言;相反地,如果是检察院提起抗议的案件,则先由被告或辩护人发言。但实践中则多数是由检察长(员)首先发言,再由被告或辩护人答辩。从检察长(员)在上诉审所处地位来讲,由被告提起上诉的案件,仍应先由被告或辩护人发言,申述上诉意见,然后再由检察长(员)发言。抗议案件,则可先由检察长(员)申述抗议意见。因为检察长(员)在上诉审法院已不是公诉人,只是法制的监督人。他的抗议,不仅是为了控诉,有时也为被告利益而提出抗议。所以他的发言,只是发表对上诉或抗议的意见。公判审理中,检察长、被告以及辩护人多次发言,都是可以的。但我们常见有一种辩论不休,似乎必须在法庭上驳倒另一方,其实是不必要的。因为案件的如何判决,终究是应由合议庭决定的。最后发言权在任何审级,都应属于被告。

六、上诉案件的裁判

案件审理终结,经评议后作成判决或裁定,是否当庭宣判或定期宣判,可由合议庭自行决定。

关于判决与裁定的适用,应遵从对判决和裁定的一般解释,即决定案件实体的,用判决;决定程序上一般问题的,用裁定。一度曾有人主张上诉案件只用裁定,不用判决,此不仅与《人民法院组织法》的规定不符,也与我们上诉审不排除实体审判的精神不合。根据实际情况,凡维持原判或自行改判的案件都用判决,发回重审的则用裁定。

关于判决或裁定的格式,一般都是于裁判机关的名称以后首列上诉人或抗议人和被告,再写明案由,然后叙述事实和理由,最后是判决和裁定的结论。有一种格式,不列上诉人、抗议人或被告人及其姓名,首先写一段法庭如何组成等无实际意义的叙述(法庭的组成,在判决或裁定的署名中已可明白看出),使人不能首先看出判决的对象为谁。如果说是为了便于审查法庭组成是否合法，实际上这种审查，却不能专凭判决的叙述，必须从实质上加以审查。

案件经过上诉，其结果：①维持原判决；②撤销原判决全部或一部，自作判决；③撤销原判决，发回重审。有的原判决虽有某些不当，如某些事实情节的叙述错误或理由说明得不当，如果对论罪处刑并不发生影响，亦仍可予以维持，但应在判决中指出纠正。有的审判人员对第一审认定事实、适用法律都无错误的判决，仅因增加缓刑，即将原判决撤销，不仅没有必要，在法理上也是没有根据的。

撤销原判发回重审，应是原审判决在程序上有重大违反，重要事实证据未经调查和发现新的事实是一审未经审理的。因为上诉审应遵从一个原则，即避免一个事实只经过一次审理即行终结，为了保障被告的上诉权利，也应发回重审。至于什么情况属于程序上的重大违反，目前尚无法律规定。根据实践及《人民法院组织法》有关各项审判制度的规定，大体是：(1)审判的组织不合法，即应予陪审的案件未经陪审，应回避没有回避，或法庭组成未遵守审判员和陪审员的定额；(2)对于不具备缺席审理的原因，在被告未出庭而径行审理判决的案件；(3)应有辩护人出庭的案件（有公诉人参加，被告系未成年人或有不能正确理解事理的生理缺陷，从而无法自行辩护，一审判决处以死刑案件）没有辩护人参加进行审理的；(4)应由检察院侦查起诉的案件，仅据检举或无权告诉的人提出控诉，未经移送侦查，即径行审判了的案件。

有了上述原因，都应撤销原判，发回重审。此外，如起诉书副本未在规定日期以前送达被告，公判庭没有笔录，参加公判庭的成员未在判决书上签名，也应作为发回重审的原因。但实践中实例不多。为了严格法制要求，今后上诉审法院必须注意。至于某一诉讼程序的违反是否重大，则应由上诉审法院决定。总之，对影响或可能影响判决正确的，都应认为是重大的违反。因任何违反诉讼法的行为，都可能产生认定事实不准确的结果。任何没有真实根据的判决，也不可能是正确的。这里有一问题是以未经陪审为由而撤销原判，因《人民法院组织法》规定简单的民事案件和轻微的刑事案件，可不陪审（原则上陪审的范围虽以从宽解释为是）。故以未经陪审作为撤销原判发回重审的原因，仍应根据实事求是的精神来审查案情事实及原判处刑轻重，决定是否必经陪审。如果不分案件大小，一律发回，是不妥当的。

在被告提起上诉的情况下，上诉审不加重被告的刑罚是一个具有极为重要的原则意义的问题。经验证明，只有如此，才能切实保障被告人的上诉权利。但不加重其刑罚是否包括发回重审的判决，认识上还不完全一致。我们的意见是，不仅上诉审不能直接加重刑罚，如果是根据被告上诉的理由撤销原判决，发回第一审法院重审，也不应加重刑罚。只有第一审判决是因检察院的抗议而撤销的，才可以在上诉判决中或发回后在重审判决中加重刑罚。因不如此,实质上仍是使被告上诉后陷于不利地位,从而使被告的上诉权利和辩护权利受到妨害。有人顾虑,这样做的结果,是否将使上诉审法院在发现重罪轻判时,无能为力,从而造成放纵罪犯的结果。补救办法,应该是将这一情况以书面通知检察长,以便依监督程序提出抗议。

任何案件,在发回重审时,其裁定均应具有指示的性质,且必须附有理由。过去于裁定以附以指示,而在裁定中不写理由,这一做法是不妥当的。因为它既使被告人不知案件发回的原因,无从准备其有利的辩护;也常易形成为对第一审法院应作出某种判决的建议,与法院独立进行审判只服从法律的原则是不兼容的。上级法院撤销判决,纵系根据检察长的抗议,但重新审理案件的法院,对原判无罪的既不必判为有罪,对原判处刑较轻的也不必一定惩处较重之刑,甚至根据重审的结果,也可以判处更轻的刑罚。当然,上级法院关于对案件进行补充侦查、传唤新证人和进行其他诉讼行为的指示,下级法院在重审案件时是应无条件遵守的,这些又为什么不在裁定中写出呢?

重审案件的判决,仍可提起上诉,并适用上诉程序。

总的来说,提高上诉审程序的法制水平,对健全人民民主法制是具有重要意义的。人民审判工作的优越,应该集中表现在使每一案件的判决都能成为真理的实际表现。对此,上诉审法院是负有更为重要的任务的。

(1956年第3期)

刑事被告人口供的证据意义与运用

戈　风*

一

刑事被告人是否犯有罪行以及犯罪的具体情节如何,知道得最清楚的莫过于被告人自己。因此,被告人的口供在刑事诉讼证据中,具有相当大的积极意义。侦查、审判人员只要正确地发挥这种积极作用,使被告人说出真情实况,好处是很多的。首先,就定案工作来说,被告人坦白了罪情,就可能很顺利地弄清案情事实,从而简化了刑事诉讼的定案程序。其次,就特殊预防来说,被告人坦白了罪情这一事实的本身,证明他已经有了悔改的表现,这就为改造有罪被告人的犯罪思想打下了良好的基础。最后,就一般预防来说,由于被告人就案情事实提供了丰富的、生动的资料,就使法院能够更好地教育群众守法和向犯罪作斗争。所有这些,都使案件的侦查、审判工作,可能达到完善的程度。所以,历来对于刑事被告人口供的重视,绝不是平白无故的。

但是,被告人的口供必须具备一定的法定形式,即必须是刑事被告人对侦查、审判人员的直接的言词陈述,而不能是他人的代述或转述,也不能是被告人向侦查、审判人员以外的人的陈述。被告人的书面陈述即通常所说的"反省书",虽然一般不完全否认其作为口供的效力,但是除被告人没有或丧失了言词陈述的能力者外,它只能是言词陈述的补充或系统化,不能完全代替言词陈述。同时,只能由被告人本人制作或由他人完全依照被告人的口授制作。他人代拟的"反省书",既不能反映被告人的真实思想,也就根本没有口供的作用。

而且,口供仅仅具备了法定形式,并不能在实质上具有证据的意义。只有出自被告人的完全的自由意志的陈述,口供才可能在实质上具有证据的意义。这就是我们刑事诉讼之所以严禁逼供、诱供的主要理由之一。在这里,切实保障刑事被告人的辩护权利具有决定性的意义。因为刑事被告人是诉讼中的特殊当事人,他不仅是诉讼主体,而且是诉讼客体,他因为处于被控告的地位,必须要尽与国家的侦查、审判权相对待的义务。所以被告人只有在充分行使辩护权利的情况下所作的陈述,才是出于自由意志的陈述。

* 作者单位不详。

被告人在享有辩护权利的情况下所作的陈述,其内容既可能是对控告事实的坦白、承认,也可能是对控告事实的辩解、反驳,所以口供的证据意义并不限于坦白、承认,同时也包括辩解、反驳。因为刑事诉讼中的被告人,并不就是实际上的犯罪者。他有可能被判决有罪,也有可能被判决宣告无罪或宣告只犯有在性质上或情节上轻于被控告的罪。在判决以前,绝不能对被告人预抱成见,而必须正确地估计辩解、反驳口供的证据意义,树立两面看问题的观点。对于坦白、承认同辩解、反驳两个方面的口供,应给予同样的注意。

必须指出,这里所说的辩解、反驳,与被告人是否负有证明自己无罪的义务的问题,是两回事情。依照"无罪推定"的原则,被告人没有证明自己无罪的义务。但是,在对方提出了被告人的犯罪证据时,被告人如果不承认自己有罪,就应该加以辩驳;即使承认有罪,如果对某些情节事实不承认时,也应该加以辩驳。所以辩驳的义务是以对方提出犯罪证据为前提;在对方没有提出犯罪根据的情况下,被告人既无须也无从提出自己的反驳,也就不发生这方面的口供之是否作为证据的问题。如果侦查、审判人员在这种情况下强加被告人以辩驳的义务,那是与"无罪推定"的原则相违背的。

还应该注意,被告人的口供不仅具有直接证据的意义,而且也具有间接证据的意义。出自被告人口里的某些表面上似乎与定案没有直接关系的陈述,它们在开始时虽然既不对被告有利,也不对被告不利,但是一旦与其他间接证据综合评定之后,它就可能对于事实的论证起着决定性的作用。而不坦白的有罪被告人,往往很难周密地考虑到这些"细枝末节"的地方而进行隐瞒。有的为了掩饰罪行,对于这些"不要紧"的问题,还可能有意识地作如实的陈述,以表现"老实"。有罪被告人的这些"失算"之处,也说明了口供的间接证据的意义是不容忽视的。

二

口供虽然具备了上面所述的形式要件和实质要件,仍然没有完全的证据意义。因为刑事被告人对于诉讼结果有着实体上的、直接的利害关系,这就使他在诉讼中可能存在各种顾虑,而不说实话:有罪的被告人可能抗拒交代自己的罪行,可能避实就虚或避重就轻地进行"假坦白",或者夸大、缩小某些重要的犯罪情节;实际上无辜的被告人,可能成套地捏造一些外表看来似乎是"具体生动"、"合情合理"的假口供,甚至可能代人受罪。而且被告人在诉讼中的地位不同于证人,他没有说实话的义务。可见口供作为证据来说,有其积极的意义,也有其消极的意义。这就不能不使它的效力具有相对性和条件性。而历来作风优良的侦查、审判人员,都是不轻易地采信被告人的口供的。

我们刑事诉讼所一贯遵守的“重证据而不轻信口供”的原则，正是充分估计了被告人口供的积极意义和消极意义。依照这个原则，口供既不能轻易不信，也不能轻易相信。只有经过认真查对，证明与客观事实相符时，它才具有完全的证据意义。查对是把客观事实作为口供的真实性的标准，这样就免除了主观臆断的错误。而且经过查对属实的口供，即使被告人推翻了，也不至于影响其证据意义。因为口供的客观基础，是不能单凭被告人主观态度的变化而动摇的。

口供与客观事实对证，不仅是必需的，而且是可能的。从辩证唯物主义的科学观点来看，客观事物是普遍联系的，犯罪行为的存在和发展，必然与周围的其他事物有着互相依赖和互相制约的关系；尽管犯罪主体的行为多么隐秘，完全不留一点痕迹是不可能的。我们之所以充满着信心地通过一定的合法程序，通过调查研究，去发现客观真实，正是由于掌握了辩证唯物主义的科学武器。依靠这个武器，我们有可能完全不借助于被告人的口供，而凭其他证据就能够查明案件的全部真情实况。在被告人的积极参加下，即在被告人提供生动的陈述的情况之下，只要我们不放弃这个武器，不为某些假象所迷惑，始终保持客观态度，把口供放在普通证据之列，把它与其他证据作综合的、对照的分析、研究，就完全可能鉴别口供的真伪，正确地发挥其证据作用。在这里，马克思列宁主义关于就具体问题进行具体分析的方法具有重要的作用。被告人的口供越具体，我们就越可能从中看出关键性的问题，越可能就客观事实进行本质的查对。反之，口供越抽象，越空洞，也就越难进行分析和抓住关键性的问题，越难避免单纯形式上的查对。

实践中，往往有被告人仅仅笼统地承认有罪，而不交代具体情节，也有被告人仅仅消极地否认自己有罪或否认某些犯罪情节，而不积极地提出自己的反驳。这样的口供，当然很难进行查对。为要克服这一困难，就只有使口供具体化。口供不具体的原因是各式各样的：既可能是被告人不善于行使自己的辩护权利，也可能是被告人的消极对抗的“策略”。所以侦查、审判人员除应注意积极地、主动地保障被告人的辩护权利、扫清他的各种思想顾虑、启发他“所欲言”之外，属于消极抵抗的场合，最好的办法还是适时地向被告人提示相当的客观证据，或在做好了稳妥的准备工作后命被告人和证人作必要的对质，以促使被告人作具体的陈述。

被告人的口供，只有经查对证明与客观事实相符时，才可以采用，已如上所述。但是口供经查对证明与客观事实不符时，我们必须保持辩证的态度，而不能机械地作相反的认定。属于间接证据意义的口供，经查不实时，其后果只是单纯的这一证据不存在的问题，对于案情事实的认定，根本没有什么作用。属于直接证据意义的口供，经查不实时，问题就比较复杂了。正确的态度应该是：被告人承认有罪的口供经查不实时，如果承认的内容就是被控告的事实，根据“无罪推定”的原则，应该推定被告人为无罪；如果承认的内容不是被控告的事实，就不应该据此推定被告人为无罪。被告人是否有罪，应以被控告的事实的调查结果为转移。被告人反驳有罪的口供经查不实时，其是否有罪，也还是应该以被控告的事实有无证据为转移（本文只是研究事实的论证，而不是研究犯罪构成，所以这里讲的是否有罪，实际上是指的事实问题，而不是指的事实的性质是否构成犯罪的问题）。

我认为，不实的口供在证据问题上并不是毫无意义的。被告人在侦查、审理过程中作出不实的陈述这一客观事实，足以证明被告人事后有过态度不老实的地方。这对于有罪被告人来说，不能不是判决参考材料之一。

三

"重证据而不轻信口供"的原则，是我们运用各种证据的基本原则，尤其是运用刑事被告人口供这种证据所必须遵守的基本原则。我们的侦查、审判人员正是正确地和严格地执行了这个原则，才在向各种犯罪作斗争的极其复杂和艰巨的工作中，取得了辉煌的成绩。但是，个别侦查、审判人员由于主观、片面和形而上学的观点，对于刑事被告人的口供的证据意义，曾经作出不正确的估计，因而在运用时造成了一些错误。

有的人只看到口供的消极意义，无条件地不信口供，尤其是不信辩护方面的口供。他们认为被告人无论如何不会说实话，即使承认，也不免要夸大或缩小；至于辩驳，那就更不要说了。持有这种成见的人，当然不会考虑保障被告人的辩护权利；即使考虑，也只不过是形式主义地"保护"一下，其结果是被告人虽然作了某些辩护，承办人却是置之不理。对被告人口供采取这样片面态度的人，纵然对案件进行了侦查和审理，但是由于违反了辩护原则，在工作中犯错误是不可免的。

在这方面较常见的错误观点是只看到口供的积极意义，忽视其消极意义，无条件地相信口供尤其是相信坦白、承认的口供；甚至单凭坦白、承认的口供定案。持有这种观点的人认为被告人总不至于说自己没有做过的事情，因此只要他坦白、承认了罪行，就算解决了问题或者基本上解决了问题。由于过分地夸大了口供的积极作用，就势必要在被告人的口供上付出很大的力气，就势必要有意无意地用不正确的方法去取得口供。最常见的办法是把"坦白从宽、抗拒从严"的政策当做诱供和逼供的手段。大家知道，这个政策体现了我国刑事政策的基本精神，它的启发作用和教育意义是非常伟大的。事实上也确实有许多犯罪分子在它的感召下坦白交代了自己的罪行因而得到了宽大的处理。但是这个政策是极其严肃的，它只适用于有罪的被告人，它是建立在实事求是的基础之上的。热衷于被告人的口供的人并没有领会这个政策的精神，他们不考虑被告人是否有罪，或者甚至是主观地肯定凡被告人一定有罪，不顾时间、地点、条件地生搬硬套，因而使严肃的政策庸俗化了。由于这样，当他们对被告人交代“坦白从宽”时，往往就是诱供；当他们对被告人交代“抗拒从严”时，往往就是逼供。很明显，这种做法，当然不可能保障被告人的辩护权利，也就不可能使被告人的口供是出自其自由意志的陈述；纵然在形式上是被告人对侦查、审判人员的直接的言词陈述（有的还只是或主要是“反省书”），由于缺乏实质要件，根本不能作为证据。

轻信口供的人，实际上就是不重证据。他们不是把口供作为证据的个别种类，而是把它和证据对立起来。在他们看来，无供不能定罪，没有证据倒没有什么。所以根本不要求口供必须具有证据的意义，也就无形中放弃了或放松了调查对证的工作。他们鉴别口供是否真实，不是以客观事实为标准，而是以被告人陈述时的心理状态为标准，如镇静就是认识了罪过，恐惧就是畏罪情虚等。这种侦查、审判作风对于被告人口供中的某些无心之错可能看成是狡赖，而在被告人真正狡赖的情况之下，又可能看成是老实，所以它根本不可能保证做到不放纵真正的犯罪者和不冤枉好人。并且口供既没有建立在客观可靠的基础之上，即使是合乎实际情况的口供，在被告人一旦翻供时，也必致前功尽弃，造成工作上的被动局面。

对口供放弃查对责任的人，还有一种借口，就是过分夸大了犯罪的隐秘性。他们认为口供中的某些“细节”实际上无从查对，而有些个别行为根本不可能找到其他客观证据，因而把口供当成“唯一证据”。这种说法不是放弃了唯物立场，就是缺乏辩证方法，实质上都是不可知论者。辩证唯物主义者承认事物的客观性，是认为它们的客观存在和发展，彼此有着本质的有机的联系；我们的调查对证工作，正是从这种本质联系去进行，而不是形式主义的单纯从现象看问题，也不是要求照相式地将过去的事情作死板的重现。不可知论者不了解这点，当然会对“若要人不知，除非己莫为”这句格言表示怀疑，所以他们只好乞灵于被告人的口供了。

无条件不信口供与无条件相信口供这两种表面上相对立的观点，实质上都是主观主义。他们在很大程度上都是从被告人有罪的成见出发，片面地、机械地对待被告人的口供，所以不可能对案情事实作实事求是的认定。这种观点和作风在我们社会主义质查、审判工作中，虽然是极其个别的现象，但它的危害性是很大的。

四

共同刑事被告人是否共同犯罪以及共同犯罪的具体情节如何，在通常情况下，是每个共同被告人都会知道的。某些情节虽然可能不是每个共同被告人都会知道，但至少其中两个被告人是知道的。这就削弱了犯罪行为的隐秘性，给运用被告人的口供形成了有利的条件。共同被告人中之一不坦白，未必其余的人都不坦白：这个共同被告人可能交代有关这方面的情节，那个共同被告人可能交代有关那方面的情节。这样,侦查、审判人员就可能从各共同被告人的口中,获得有关整个案情的全部材料。在运用共同被告人的口供时,侦查、审判人员不仅可以用个别讯问的方法,发现各个共同被告人口供的一致与不一致,而且可以用相互对质的方法把不一致的口供一致起来。而侦查、审判实践证明:属于共同犯罪的许多特殊情节,如同谋、策划、组织、主谋等,共同被告人的口供常常是比其他证据更为生动的证据。在很多场合,只要各共同被告人的口供相互一致,就大体可以认定。并且,关于共同被告人口供的一致与不一致的意义和对于共同被告人的个别讯问与相互对质的方法,不仅适用于坦白、承认方面,同样适用于辩解、反驳方面;而由于以上特点,各共同被告人的口供中有着更为丰富的间接证据的来源。凡此种种,都说明共同被告人的口供在刑事诉讼证据上具有特殊的意义。

但是,我们完全没有理由不去深刻地研究问题的另外一面。第一,共同被告人对外的实体上的利害关系是一致的,因此他们有可能互相包庇,甚至代人受罪;而共同犯罪的主体又往往是在被举发以前就订好了"攻守同盟"。第二,共同被告人内部是有着实体上的利害矛盾的。他们可能互相推卸,甚至诬陷无辜,而这种推卸和诬陷,并不是不可能事前就共同计划好的。第三,共同被告人在实际上是否共同犯罪,并不一定是一致的。有可能是其中某几个共同被告人实际上是共同犯罪主体,而其余的共同被告人不是;也有可能所有的共同被告人中只有一个人实际是犯罪者,其余的人都是无辜的;也有可能所有的共同被告人或其中的一部分虽然实际上都是犯罪者,但并不是共同犯罪,而是各自单独犯罪。第四,实际上共同犯罪的人,对于共同犯罪行为的每一个具体情节并不一定全部知道;他们中间可能因为存在利用与被利用的关系,某些人可能被另外一些人蒙蔽了或欺骗了,因而即使是"由衷之言",也难免不陈述些假情况。这些都说明共同被告人的口供的本身是相当复杂的。因此,不应该夸大其积极的一面,忽视其消极的一面,否则,侦查、审判人员大有"上当"的危险。

所以,为了不致为各共同被告人的丰富的口供材料所迷惑,而要真正鉴别它们的真、假、虚、实,除必须要求它们具有一般口供所必须具有的形式要件和实质要件之外,最主要之点仍然是进行查对,使它们建立在客观可靠的基础之上,即使是各共同被告人陈述完全一致,也必须是经过查对、证明与客观事实完全相符时才具有完全的证据意义,才可以采信。因为只有这样,才能鉴别共同被告人口供的一致是真相的一致还是假象的一致。不了解这一点,单纯满足于口供的一致,不加查对,就不可能防止和克服这种口供的消极作用;单纯怀疑口供的一致,不加查对,就不可能充分发挥这种口供的积极作用。

共同犯罪的主体们不仅可能在被举发前就订好了"攻守同盟",造成假象的"一致",在被举发后,在侦查、审理过程中,为了共同的利益,也有可能串通造成新的假象的"一致"。而实践证明,事后串通所带来的后果比事前的"攻守同盟"更为严重。因为犯罪分子在我们掌握了辩证唯物主义武器的人民的侦查、审判工作面前，无论怎样，是不可能事先拟好完善的对策的；而如果在事后串通了，他们就可能掌握着十分有利的条件。这时，即使是并不十分狡猾的犯罪者，也可能变得很顽固，因而使我们的工作陷入被动。所以为要准确地运用共同被告人的口供，除必须遵守运用一般口供所必须遵守的一切规则外，必须严格地防止各共同被告人的事后串供。

可是，由于拘押制度的空隙、无准备和不适当的对质，尤其是不策略的讯问方法（如把共同被告人的口供当做举发材料宣布），常常给共同被告人以串供的机会。在实践中，个别事例的教训是足以发人深省的。

串供所造成的后果虽然是严重的，但是不应该就因此丧失运用共同被告人口供的勇气和信心。因为我们完全有办法击败任何真正犯罪者的各种阴谋，克服他们给我们造成的各种困难，争取斗争的主动。第一，我们可以在保持不至于烦琐的条件下，促使共同被告人的口供更加具体化，以深入被告人的思想的最后一层，从中发现问题。因为作伪的人无论如何不可能在每一个细节问题上都串通得天衣无缝，这就使我们有可能揭开假象的“一致”的重雾，暴露串供人的本来面目。第二，更重要的，我们是唯物主义者，我们不是把口供的是否一致作为真实性的标准，而是把是否符合客观事实作为真实性的标准。串供的人只要不是为了实事求是的目的，他们就会在客观事实面前原形毕露。

（1956年第3期）

中华人民共和国刑法中的减刑

刘灿璞*

减刑是我国刑法中的一项重要制度,是对已判刑的罪犯施行劳动改造政策过程中的一种革命的创举。它鲜明地体现了我国刑法的革命人道主义。实践证明,对劳动改造罪犯适用减刑制度的结果,对推动罪犯努力改造自己起了重大的积极作用。

减刑制度已被《劳动改造条例》以法律的形式确定下来,该条例并规定着对劳动改造罪犯适用减刑的诸条件。为了正确地适用这一制度,最高人民法院和司法部也曾就这一问题作过指示。但各地的法院和劳动改造执行机关不论在认识上,还是适用上,还存在若干不同的意见和做法。本文试图就这方面的问题,发表一些初步的意见,作为大家进一步研究的参考。

一

正确了解减刑的概念,是正确解决减刑中各具体问题的前提条件。

关于减刑的概念,在实践中还存在不正确的理解。有的把减刑认为是改判的一种或者就认为是改判;有的把减刑看做假释。这些认识是不正确的。对减刑概念的不正确的理解,就会产生一系列的错误看法和做法。

根据实践经验和中央有关这一问题的指示精神,我认为,减刑乃是审判机关对已被判决并投入劳动改造的罪犯,根据他在劳动改造过程中的特殊表现,证明其人身社会危险性已经削弱或丧失的情况下,决定对原判决确定的刑罚减轻或缩短其刑期的一种刑法制度。

从上述概念里可以得出这样的一个结论,就是:不能把减刑看做改判的一种或者就认为是改判。改判和减刑是两个根本不同的问题。改判是在发现原判决所根据的事实或所适用的法律错误的情况下,由有权改判的审判机关把原判决所确定的刑罚废除,重新判决;减刑则并不是推翻原判决所认定的事实和所适用的法律,重新判决,而是根据罪犯在劳动改造过程中的表现,认为有减刑的必要时,决定对原判决确定的刑罚减轻或缩短其刑期。所谓减轻是将原判较重的刑罚方法减为较

* 作者单位:华东政法学院(现华东政法大学)。

轻的刑罚方法。例如，惯窃犯王某，原判处刑罚为无期徒刑。由于该犯在劳动改造过程中创造了应该减刑的条件，于是将原判无期徒刑改为15年有期徒刑。所谓缩短刑期，是对被判处有期徒刑或劳役的罪犯减低其刑期而言。例如，罪犯吴某，因利用封建会道门进行反革命活动，被判处有期徒刑10年。经教育后，吴犯知罪认罪，在劳动改造中，又一贯表现积极负责，并能帮助其他罪犯进步，因此，将原判10年有期徒刑减为8年。

减刑也不同于假释。那些把减刑看做假释的人，是在被判处有期徒刑或劳役的罪犯经减刑后，刑期已满、立即释放的情况下产生的。例如，赵某因偷窃被判处有期徒刑3年。该犯经过教育后，痛恨自己的犯罪行为，在劳动中与遵守纪律和学习方面，都有很好的表现。当他执行了2年零6个月徒刑时，即被减刑，将原判徒刑3年减去了6个月。赵犯经过减刑后，就立即释放了。这种情况的减刑从形式上看与假释无异，也是提前释放。但这是两个性质不同的问题。这种减刑后的释放，是被认为所判有期徒刑的刑期已执行完毕，释放后并不规定任何的限制条件。而假释则是有条件的提前释放。这种有条件的释放，就是犯罪者在执行徒刑期间，有良好表现，在徒刑执行到一定期限后，在一定条件下，提前把他释放出来。其尚未执行完了的刑期，作为考验期。在考验期内被提前释放的犯罪者应遵守一定条件。如果违反了这些条件，则仍然要将他关起来，继续执行其未执行完了的残余刑期。只有当被提前释放的罪犯，在考验期满后，没有违反应遵守的条件，其未执行完了的残余刑期才不再执行。可见，把减刑与假释混为一谈是错误的。

减刑制度是我国刑法具有革命人道主义的具体表现。我国《刑法》中之所以有这种制度，是与我国的国家本质、刑法本质和刑罚的目的分不开的。我们对犯罪分子适用刑罚的目的，在于达到改造犯罪者本人，使其不再危害社会，以及使犯罪逐渐减少，以致最后消灭。我们从来也不使一个罪犯遭受多余的痛苦。基于这个原则，当一名罪犯被判刑后，在劳动改造过程中如果证明其人身社会危险性已经削弱，当然就应该将原判刑罚予以减轻或者缩短其刑期。

二

减刑制度是否能发挥它在劳动改造罪犯中的积极作用，除正确地理解减刑的概念，认识它在推动劳动改造罪犯中的积极作用外，更重要的是正确而合理地适用这一制度。现试就减刑中各具体问题加以研究：

（一）适用减刑的条件

根据《劳动改造条例》第68条的规定，犯人有下列情形之一者，可以减刑：

1. 一贯遵守纪律，努力学习，对所犯罪过确有悔改表现的；

2. 劝阻其他犯人的不法行为或者检举监内、外反革命组织和活动，经查明属实的；

3. 积极劳动，能完成或者超额完成生产任务的；

4. 节约原料，爱护公共财物有特殊成绩的；

5. 钻研技术，有发明创造或者把自己技术教会别人有特殊表现的；

6. 消灭灾害或者重大事故避免损失的；

7. 有其他有利于国家人民的行为的。

在实践中，有些劳动改造的执行机关对投入劳动改造的罪犯是否应该适用减刑，是根据上述减刑的诸条件，归纳为思想和劳动两方面进行考虑的。

思想方面是指犯人是否认罪服法和靠拢政府，有否反抗情结，能否认真学习，努力改造自己和帮助落后的犯人改造思想等。

劳动方面是指犯人是否能积极劳动和努力学习技术，有否创造发明或超额完成所分配的劳动，能否帮助其他犯人劳动和遵守劳动纪律等。

从上述思想和劳动两方面考察劳动改造的罪犯是一个比较成功的经验。

从思想和劳动两方面考察罪犯是否应该减刑，与《劳动改造条例》第68条规定的条件并不矛盾。因为一个罪犯的思想如果真正有了转变，不可能不表现在劳动方面。反之，如果一个罪犯一贯积极劳动的话，同样可以说明他的思想。不能想象，一个在思想上没有转变的罪犯能积极地劳动。当然也会有这样的情况，罪犯积极劳动并不是基于对其所实施的危害国家和人民利益的罪行有所认识，而完全是由于追求不正确的目的的结果。但是，这样的“积极劳动”乃是暂时性的。一待他的目的不能达到，这样“积极劳动”的现象也将不再存在。

（二）减刑适用的范围

减刑适用的范围，应从被判处何种刑罚方法的罪犯才能适用减刑与对哪种性质的犯罪才能适用减刑两方面来研究。

关于对被判处何种刑罚方法的罪犯才能适用减刑，我国现行刑事立法并未予以回答。在司法实践中，对于被判处死刑缓刑、无期徒刑、有期徒刑和劳役的罪犯，都曾适用过减刑。

有人认为，对被判处死刑缓期执行的罪犯，经过2年强迫劳动，因确有真诚悔改表现，而改为无期徒刑或长期有期徒刑的罪犯，不是减刑。他们的理由是：死刑缓刑不是刑罚方法，被判处死刑缓刑的罪犯，究竟适用哪种刑罚方法，在原判决中，并没有确定，而是在罪犯经过2年的强迫劳动以后，才能确定。因此，他们认为死刑缓刑改为无期徒刑或有期徒刑，不能视为减刑，而应认为是判决的最后确定。他们认为死刑缓刑不是刑罚方法，这当然是对的。但不能由此得出原判决没有确定刑罚方法的错误结论。死刑缓刑，乃是把犯罪者判处死刑，暂不执行，给他2年的考验期,用强迫劳动的办法,予以最后悔改的机会。如果在2年中确有真诚转变,可根据过去罪恶的大小和现在表现的程度改为无期徒刑或有期徒刑。如果其表现不好,拒绝改造,随时都可执行死刑。这样看来,死刑缓刑并不意味着原判决没有确定刑罚方法的问题。按其本质来说,它是限制适用死刑的一种特殊制度。可见,对判处死刑,缓刑2年、强迫劳动、以观后效的罪犯,改为无期徒刑或长期有期徒刑应视为减刑的一种。但它又与一般的减刑不同。死刑缓刑的减刑是在缓刑期2年过后,如果表现好,是必然要减刑的,而对被判处徒刑的罪犯则不是这样。

另外,对被判处无期徒刑的罪犯应否适用减刑的问题,基本上都是认为可以的。但也有极少数的人还有不同的看法。他们认为,既然被判处了无期徒刑,就说明这种犯罪分子的人身社会危险性极大,只有终身监禁,才能防止他对社会的危害,因此,就不能对具适用减刑。这种意见,无论如何也不能被同意。因为它否认了我国劳动改造政策对改造罪犯成为新人所起的积极作用。

1954年9月7日的《人民日报》在"贯彻对于罪犯的劳动改造政策"的社论中指出:对反革命分子和其他刑事犯罪分子,"……除其中少数罪大恶极、怙恶不悛的分子,必须根据国家的法律处以极刑,才能够平民愤以外,其余大多数的犯罪分子……在判处他们徒刑,剥夺他们的政治权利以后,对他们实行了强迫的劳动改造,组织他们从事劳动生产,并在劳动过程中对他们进行政治思想教育。这样就能够使他们逐渐认识到自己的罪恶,转变他们从反动统治阶级那里带来的敌视人民的反动观点及其他不良的思想意识,在劳动中改造成为新人。"这里讲得非常明白,除对其中少数罪大恶极、怙恶不悛、非杀不足以平民愤的罪犯判处死刑以外,其余大多数都判处徒刑,给予劳动改造,使其在劳动中改造成为新人(这里当然也包括了被判处无期徒刑的罪犯)。显而易见,被判处无期徒刑的罪犯,既然能够被改造成为新人,当然就可以对他们适用减刑。

在司法实践中,对被判处劳役的罪犯,适用减刑的较少。这是由于这种刑罚方法的本身所决定的。因为被判处劳役的罪犯,一般来说,其犯罪所造成的损害结果和犯罪者本人的人身社会危险性都比较轻微,不需要判处有期徒刑。根据天津市1953年至1955年被判处劳役的815个犯罪分子的刑期来看,最低的为3天,最高的为2年。其中3个月至2年的约占90%以上。由此可知,被判处劳役的罪犯,期限都不很长,适用减刑的较少,这也是合乎实际情况的。因为,对一个被判处几个月或者更少一些劳役的罪犯,适用减刑是不大可能的。但是,有些人主张对被判处劳役的犯罪分子不需要适用减刑,也是错误的。

关于对那种性质的犯罪,才能适用减刑的问题,在司法实践中,已经取得了一致的认识。为了证实这一论断的正确,试举两例予以说明:

1. 天津市高级人民法院从1953年到1955年,曾对构成反革命、窃盗、诈欺、烟毒、贪污、盗窃国家经济情报、扰乱金融、杀人、伤害、虐待、陷害、奸污、猥亵、妨害社会秩序和妨害家庭等罪犯适用过减刑。

2. 内蒙古自治区高级人民法院从 1953 年到 1955 年曾对反革命、惯匪、窃盗、过失致死和违法乱纪等罪犯适用过减刑。

从天津和内蒙古自治区高级人民法院适用减刑的情况来看，不论是目的在于推翻人民民主专政的反革命罪犯，还是其他性质严重或不严重的一般刑事罪犯，只要符合适用减刑的条件，都可适用减刑。这种做法是完全正确的。因为它是符合我国对罪犯施行劳动改造的政策和我国刑罚的目的。今后我国刑事立法，应该把它肯定下来。但是，对反革命犯、惯窃犯和其他严重的罪犯在适用减刑，是应慎重考虑的。

(三)减刑的期限

对符合减刑条件的罪犯适用减刑，这是毫无异议的。但减刑的最高期限和最低期限应该是多少，也是需要研究的问题。根据天津市高级人民法院 1953 年至 1955 年适用减刑的统计，最高的减刑是 5 年，最低的还有减刑 4 天的，一般在 1 个月以上 2 年以下。我的意见是：减刑的最高期限一般应该是 2 年，最高不能超过 3 年。因为被减刑过长的犯罪分子一般是被判处长期有期徒刑的罪犯，所以把他判处长期有期徒刑，是因为该犯罪者实施了严重的犯罪行为，其人身社会危险性相当大。如果因为他在一定时期的劳动改造过程中表现好，而对他大量减刑的话，势必不能达到改造罪犯的目的。谁都知道，严重的刑事罪犯并不是也不可能一下子就会被改造好的，必须经过长期的考验。何况减刑也不是对一个罪犯只能适用一次。被判处长期有期徒刑的罪犯减刑后，如果继续表现好或比以前更好的话，我们还可以再一次地对他适用减刑。此外，对犯罪者适用减刑，减刑的期限如果过短的话(如 4 天)，同样是不对的。因为减刑是当犯罪者在劳动改造过程中，符合《劳动改造条例》第 68 条所规定的条件时，才对其适用的。假如一个罪犯，符合《劳动改造条例》第 68 条的规定，那就不应当只减 4 天。如果按其表现只能减 4 天，那显然是不符合减刑的条件，不应该减刑。何况，对劳动改造的罪犯减刑过短的话，同样达不到减刑的固有目的——推动犯罪者积极改造。根据实践的经验，我认为减刑期限最短应该是 1 个月。

前面所谈的减刑期限是仅就有期徒刑说的。至于无期徒刑和死刑缓刑的减刑期限，在有关指示中已有明确的规定，故不赘述。

与减刑期限有联系的一个问题就是减刑究竟对劳动改造的罪犯在什么时候才能适用的问题。实践中，有的主张不管罪犯劳动改造的时间执行了多少，只要符合减刑的条件，就应减刑；也有人主张，对罪犯适用减刑要长期考察。在我看来，这两种意见都不够全面。首先，照第一种观点，一个被判处 10 年有期徒刑的罪犯，如果刚投入劳动改造不久，由于表现好，就对其减刑，就难免发生偏差。因为一个罪犯，尤其是一个被判处长期徒刑的罪犯，是否真正认识了自己的犯罪行为，是需要经过一定时期的考察的。实践证明，有很多刚被投入劳动改造的罪犯，在各方面表现得好，并不是基于对其所实施的危害国家和人民的犯罪行为有所认识，愿意悔过自新，而是由于其他不正确的动机，如希望早被释放，继续实施犯罪行为等。其次，第二种主张有它正确的一面。因为它强调了对罪犯应慎重考察才能适用减刑的原则，这对那些被判处无期徒刑或长期有期徒刑的罪犯是完全正确的。但却忽视了那些被判处短期有期徒刑或劳役的罪犯。这种罪犯就不能适用这一原则了。如果对一个被判处6个月劳役的犯罪分子在适用减刑时仍然要坚持长期考察的原则，就等于减刑制度不适用于被判处这种刑罚方法的罪犯。换句话说，减刑制度只适用于被判处无期徒刑或长期有期徒刑的严重罪犯，而不适用于被判处短期有期徒刑或劳役的轻微犯罪了。不言而喻，这是错误的。

因此，对劳动改造的罪犯在什么时候可以减刑，不能笼统地规定出一个时间，应该根据罪犯被科处的刑罚方法和刑期的长短来决定：对那些被判处无期徒刑或长期有期徒刑的严重罪犯，在适用减刑时，就应有长时期的考察。在实践中，一般是经过劳动改造2年以后，才可对其适用减刑。对那些被判处2年以下或劳役的轻微犯罪分子，就该灵活掌握。只要符合减刑条件，就可以对其减刑。

（四）减刑的程序

减刑的程序，在实践中各有不同。有的是由劳动改造机关提出，经法院审查，作出裁定而减刑；有的是由劳动改造机关提出，经法院审查后，用公函通知劳动改造机关，再由劳动改造机关宣布对罪犯适用减刑；也有劳动改造机关认为某一罪犯符合减刑的条件而自行减刑的。在我看来，第一种意见是正确的。因为减刑是对已被判处刑罚的罪犯缩短刑期或改变刑罚方法。无论对罪犯缩短原判刑期或改变刑罚方法，这种职权只有法院才有权行使。应该把对劳动改造罪犯使用减刑看成是法院行使审判权的一部分。既然如此，法院就应以国家的名义用裁定的方式直接行使这种职权，而不应用公函通知劳动改造机关。根据同一理由，劳动改造机关自行减刑是更加错误的。

当确定了减刑是由法院行使以后，接着就应解决由什么法院来行使的问题。有人认为只有原判法院才有权行使。在我看来，这种意见是值得商榷的。由原判法院适用减刑当然是最适宜的。因为原判法院最熟识罪犯的全部犯罪事实和犯人的个人情况。这些便利条件，就保证了对罪犯适用减刑的正确性。但是，对已决犯的劳动改造并不只限于在原判法院所在地的劳动改造机关执行。在这种情况下，如果仍然认为只有原判法院才能适用减刑，那就会引起很多不必要的麻烦，造成适用减刑的困难。例如，一名惯窃犯被上海市高级人民法院判处了10年有期徒刑以后被送往新疆某一劳动改造机关执行,由于该犯在劳动改造中表现很好,劳动改造机关认为须对其减刑,这时就无须送回原判法院来决定了。因为减刑不是改判,对罪犯适用减刑时,主要是根据罪犯在劳动改造中的表现、结合过去所犯罪行进行处理的,并不需要重新传唤证人或调取其他证据等。所以认为只有原判法院才有权适用减刑的主张是不符合有些实际情况的。正确的做法应该是:在原判法院所在地的劳动改造机关执行劳动改造的罪犯,减刑时由原判法院处理;已送往其他地区、不在原判法院所在地执行劳动改造的罪犯,应由劳动改造机关所在地相当于原判法院的法院处理。

对劳动改造的罪犯适用减刑的裁定书,应按一般裁定书的送达方式送达。但最好由法院和劳动改造机关共同组织大会,公开宣布,以便能影响和教育其他劳动改造的罪犯,达到推动其他罪犯积极改造自己的目的。

(1956 年第 3 期)

【动态】

上海学术界将创办《学术月刊》

天　马*

上海市哲学、经济、历史、法律、国际问题、教育、语言、中外文学等九个学术团体,共同创办的《学术月刊》的创刊号将于1957年1月10日在上海出版。

刊物的基本方针是在马列主义的思想指导下,贯彻“百花齐放、百家争鸣”的原则,鼓舞自由论辩和创造性的学术研究活动。其具体任务如下:

1. 结合实际,创造性地阐扬和发展马克思列宁主义的哲学、社会科学、语言学和文学的理论;

2. 对我国革命斗争的历史经验、社会主义建设和社会主义改造、人民的政治生活和国家制度等各项重大实际问题,进行理论上的探讨;

3. 继承我国学术文化的珍贵遗产并加以发扬;

4. 对现代世界各国工人阶级革命运动及世界和平运动和民族独立运动,进行理论的研讨。

(1956年第3期)

* 作者单位:华东政法学院(现华东政法大学)。

处理离婚案件必须与资产阶级思想进行斗争

子　及*

一

马克思列宁主义科学地阐明了婚姻与家庭是社会历史发展的产物，婚姻与家庭形态是与社会形态相适应的。也就是说，有什么样的社会，有什么样的社会生活，就有什么样的婚姻与家庭。恩格斯在《家庭、私有制和国家的起源》一书中指出："随着社会生产的发展，便形成了与当时社会形态相适应的婚姻与家庭形态。"同时，作为整个社会制度组成部分之一的婚姻制度，是社会上层建筑的一部分，它随着社会经济制度的发展而发展、变化而变化，在一定程度内也严重地影响到社会生产力底发展。但归根结底，它是由社会的经济基础所决定的。这已被社会发展阶段上的封建主义的、资本主义的和社会主义的婚姻与家庭制度所证明。

中国人民在中国共产党的领导下，取得了反帝反封建革命的伟大胜利，使中国半封建半殖民地的社会起了根本的变化。因而使作为半封建半殖民地的旧中国的社会制度组成部分之一的旧婚姻制度也随着全部旧社会制度的死亡而死亡，同时，建立了一个崭新的合乎新社会发展的婚姻制度。

几年来，在党的领导下，随着社会主义经济建设与社会主义改造事业的逐步发展，尤其是自去年下半年开始的农业合作化运动与资本主义工商业全行业公私合营取得了伟大的胜利以后，城市劳动人民的家庭经济生活已逐步有了改善。加之，一系列的社会改革和政治运动（《婚姻法》的宣传贯彻，过渡时期总路线的宣传教育等），特别是城市的广大妇女已积极地参加了生产建设和各项社会改革及其他各种社会活动，这就大大地提高了妇女的觉悟程度和社会地位，从而也就引起了婚姻家庭关系的深刻变化。目前，婚姻和家庭问题的基本情况，就是封建主义的婚姻制度已被摧毁；基于社会主义原则的新的婚姻关系与新型的家庭正在日益增加与扩展，社会主义的道德风气正在日益上升。在结婚方面，婚姻自主已基本上得到实现。根据11个大中城市1954年上半年不完全的统计，合乎《婚姻法》规定被批准

* 作者单位不详。

结婚登记的，占 97.6%；因强迫包办未被批准的，只有 2.4%。在家庭关系方面，亦有了不同程度的改善。据重点调查材料，一般和睦的家庭约有 70%，基本上消灭了打骂、虐待妇女的现象。其中有一部分家庭已经是典型的民主和睦、男女平等、团结生产的新型家庭。从法院受理离婚案件及各地申请离婚的情况来看，由于旧婚姻制度所遗留下来的问题，如包办、买卖婚姻、妇女被虐待、男方重婚纳妾等原因，而提出离婚的是越来越少了。

以上的情况是解放以来在婚姻与家庭方面所呈现的新气象。这是基本的与主要的一面。在另一方面，由于我们的国家正处在过渡时期，还有多种经济成分的存在，社会意识也在新旧交替之中，封建思想和资产阶级思想还有它的社会基础。它反映在婚姻与家庭关系中，还相当普遍地、不同程度地存在封建思想的残余和资产阶级思想的影响。因此，在婚姻家庭方面也还不断地发生各种不同的复杂问题，而先进的社会主义思想正在与封建思想的残余和资产阶级思想进行着尖锐的斗争。

二

目前，反映在婚姻关系上的资产阶级思想及其表现的基本方面是：

（一）把爱情建立在财物与地位基础上的资本主义的婚姻观点和变相的买卖婚姻

有些人受了资产阶级思想的影响，轻视劳动与鄙视劳动，贪图过寄生的生活，再加上旧社会妇女依赖男人生活的传统思想也同样有着广泛的与深刻的影响。因此，在运用婚姻自由的权利时，就为资产阶级的“恋爱自由”的观点所俘虏，把财物与地位作为她们寻觅对象的基本条件，而不看对方的思想、品德，不考虑是否有持久的、巩固的爱情。在城市中甚至有这样的一种传说：“不问党，不问团，光问有钱没有钱。”在农村中有些妇女由于嫌农村生活苦，一心向往城市享乐生活，因而亦有“要嫁平头、皮鞋、表，不嫁箩头、锄头、锹”，“一工、二干、三教员，至死不嫁庄稼汉”等的传说。正因如此，有些男子即认为“要恋爱，就得下本钱”，往往倾其所有，甚至“请会”，借“高利贷”。有的把钱花完了，爱情也就完了。这种现象尤以工矿区更为严重。例如，某市妇联和中级人民法院反映：由于工矿区在当前男多女少的情况下，职工在解决婚姻问题上产生了“饥不择食”的情绪。为了寻找对象，不惜倾其所有来满足对方的要求，甚至无端地吹嘘自己在经济和政治上的条件，以哄骗对方，企图达到结婚的目的。由于这种婚姻关系是以金钱、欺骗而轻率结成的，因而在婚后便往往造成不和，而又很快地提出了离婚。据某市的区人民法院 1955 年 6 月至 1956 年 3 月受理的工人婚姻案件来看，结婚不到 1 年而提出离婚的占 65.9%，其中女方提出要求离婚的占 81.8%。在某矿山有这样的一句话：“毛衣一身，恋爱一冬；毛衣穿烂，咱俩一散。”可见，资产阶级的财物与地位等思想在婚姻关系上的影响，已造成不少青年男女的轻率结婚、随便离婚的不正常的混乱现象。

（二）在两性关系、婚姻问题上的轻率、放荡以及腐化堕落的行为

所谓在两性关系、婚姻问题上的轻率、放荡以及腐化堕落的行为，基本上包含两种情况：一种是部分青年从封建的婚姻制度下解放出来之后，不懂得如何正确地、与严肃地处理婚姻与两性关系，把婚姻自由认为是想结就结，想离就离；甚至是想和谁发生性的关系，就发生性的关系。有的所谓“一见倾心”，对对方并不了解，或者仅看见对方的“外表漂亮”、“举止不凡”、“殷勤备至”、“舞技超群”、“盛装华服”等，因此在认识后只看了几场戏、蹓了几次公园或跳了几场舞，就这样轻率地结了婚。在山东潍坊市有着“先看电影后看戏，接着到政府去登记”的传说。例如，青岛市有一对青年男女认识后还只两天，男方就提出要登记结婚。女方嫌太快，男方说：“不要紧，自由了，将来考虑出问题时再离吧。”结果，在结婚的第一夜就吵架，第二夜就提出离婚。有的女子甚至在未婚怀孕后，还不知男方的姓名。据某市郊区民乐乡四社1956年第2季度的统计，在44个青年男女中由于轻率的性行为而怀孕的11人，其中有2人已生了2个孩子，还未办理结婚登记。由于这种在两性关系、婚姻问题上的轻率、放荡，就往往造成不幸的结局。

另一种则是有少数人发生了严重的腐化堕落、违法乱纪的行为。他们玩弄女性，乱搞男女关系，反映了资产阶级的杯水主义。

（三）资产阶级的损人利己、喜新厌旧的思想在婚姻关系上的反映

资产阶级的损人利己的、喜新厌旧的思想反映在婚姻家庭关系中，尤其是反映在男职工与干部中更为较多。有些男职工和干部原来与妻子的感情不坏，但一旦环境改变，或个人的职位被提升，或者生活条件较好，就感到自己的妻子配不上自己了，认为自己的妻子年龄大、家庭妇女、土气、落后、没有文化等，而认为城市中的女子会说、会玩、工作能力强、文化高，既年轻又漂亮。这些人由于受了资产阶级思想的腐蚀，一味追求资产阶级的生活方式，只贪图自己的“幸福”，不惜与多年同甘苦、共患难的妻子拆散，不惜将这种“幸福”建立在妻儿的痛苦上。为了要达到离婚的目的，他们采取所谓“饥饿政策”、“晒干政策”：故意不理女方，不管女方与儿女的生活，甚至打骂虐待，逼使女方同意或提出离婚。极少数严重的，竟采取谋杀妻子的手段。有些职工或干部遗弃了妻子与第三者结婚之后还说：“这不是政治问题，是生活问题，开除不了党（团）籍。”

以上所谈的是资产阶级思想在婚姻关系上的反映的基本方面，它对婚姻关系的影响是严重的。从离婚的原因来看，据某县人民法庭1955年度的统计，由于受资产阶级思想影响而提出离婚的，占62%。因此，在我国审判实践中如何反对轻率离婚，并与资产阶级思想进行严肃的斗争，从而纠正在处理离婚案件时的某些偏差，这是一项有着实际意义的事情。

三

我国《婚姻法》一方面以改善夫妻关系、巩固家庭、保护男女的终生结合为准则；另一方面当夫妻继续组织共同生活已不可能时，也给予配偶双方以解除婚姻的自由。我国《婚姻法》保障男女离婚自由，正如保障男女结婚自由一样：只有实行了结婚自由，才能组成民主和睦、团结生产的新家庭；只有实行了离婚自由，才能巩固家庭关系。

以下略谈在处理离婚案件时如何反对轻率离婚的资产阶级思想，以及纠正在处理离婚案件时的某些偏差的几个具体问题。

1. 双方感情一向较好，因一方借口感情不和，故意不同居，蓄意拆散家庭，损害子女利益而提出离婚的。在处理这类案件时，必须分析与研究其原因何在。例如，某地张某与武氏结婚已近23年，长子已14岁。张某于1939年参加工作，在游击环境中，武氏千方百计地掩护他，并给张某以经济上的支持。解放后，夫妻关系还很好。以后张某与另一女同志发生了不正当的男女关系，生下一子。这时张强调与武氏没有感情，要求离婚，起诉到县人民法院。该院认为他理由不当，驳回其起诉。事后张某仍不悔改，武氏带孩子来机关找他，他置之不理，仍威胁离婚。对这类案件，不仅不应判离，而且必须坚持说服与教育的方针，针对负责一方的错误思想进行揭发与批判，必要时，应配合当事人所在地的有关部门进行批判和教育。

由此可见，在掌握离婚案件的时候判决不予离婚，是与反映在婚姻家庭关系中的资产阶级思想作斗争的手段之一。但这是否是唯一可行的办法呢？不是的，绝不能这样来理解。因为在一定情况下判决离婚，同样是与反映在婚姻家庭关系中的资产阶级思想作斗争的一种手段。这主要是针对不同的对象、不同的情况，结合我们的政策作出不同的处理。否则，就会造成不良的后果。

至于在什么情况下准予离婚？首先，当双方感情已破裂到不堪同居，不离对双方子女及社会生产均不利时，则应准予离婚。恩格斯说：“如果只有根据爱情的婚姻才是道德的，那就只有爱情继续存在的这种婚姻才是道德的婚姻……要是感情已经完全消失，或者新的热烈的恋爱排挤了它，那么离婚，无论对于双方或对于社会，都成为幸事了。”

2. 凡草率结婚，婚后双方一直未建立感情基础，在共同生活中，彼此缺点暴露，缺乏体谅，或为家庭日常琐事经常引起无原则的吵闹、殴打，以致感情更趋恶化；或者虽不吵闹、不殴打，而实际在思想上、感情上、性格上很不一致，确已达到不堪同居的地步，而一方提出离婚，经调解无效，为了免除双方的痛苦，应判予离婚。

但这不能机械理解为：凡草率结合的婚姻在婚后一定要离婚。因为双方在婚前虽然不了解或不够了解，但在婚后的共同生活中，仍然是可以逐步了解起来和增加感情，建立很好的夫妇关系的。譬如，某些人确实是在双方不了解或不够了解的基础上结婚的，但婚后双方感情尚好。偶因家庭细节，引起吵闹、殴打，以致影响夫妻感情，一方激于一时气愤，坚决提出离婚，对方虽也表示同意，但这时我们应对负有责任的一方采取严肃的批评教育，不准离婚。因为这是由于一时感情的激愤，并不能说明夫妻的感情完全破裂，以致不堪同居，不离对社会已经不利。再从双方当事人来看，虽然一方提出离婚，而另一方同意，但提出离婚的一方是否经过全面考虑，从理智上作出决定呢？同意的一方是否真正由于本心的同意呢？这是应该考虑的。

四

从上述的一系列情况中，可见明确看到正确的处理婚姻案件，对于保障男女的婚姻自由，巩固婚姻与家庭关系以及与当前反映在婚姻家庭关系中的资产阶级思想进行严肃的斗争是有着实际意义的。但某些审判员在实践中是存在某些偏差的。其表现为：

1. 轻率判离。由于某些审判员对婚姻关系的变动情况不够了解，对人民内部的错综复杂的婚姻问题只有坚持教育的方针认识不清，因而，在处理婚姻案件上出现了轻率判离的偏向。他们错误地认为，“多调离，少调和”，“准离容易结案”，因此就“有求必应”。例如，某县抽查了48件调解离婚的案件，其中有32件是不问离婚理由，也不调查研究，即以双方自愿而调解离婚的。如某区人民法院对一个以对方不吃荤菜为理由而提出离婚的竟也予判离。判离后，女方含泪一再嘱咐邻居说：“我走了以后，请你们好好照顾他。”自女方走后，男方亲戚曾代做饭，男方说：“你做饭哪有梅华（女方）好。”继而又值春节，男方怀念亲人，暗自落泪。后据调查，男女双方深表悔恨，女方曾一度来信探问，男方闻讯，欣喜异常，亲往山西接回妻子儿女，再次共度幸福美满的生活。由此可见，轻率判离不仅对双方子女以及社会生产不利，同时也放松了对反映在婚姻家庭关系上的资产阶级思想的斗争。

2. 无原则的调和。在审判实践中，某些审判员在处理婚姻案件时，往往片面地强调和好，或因女方的思想不通，怕出问题而过分迁就。这样的对应离而不予判离，一味的、无原则的调和是错误的。因为它只会造成要求离婚者三番五次地提出申诉，既对当事人双方不利，同时也影响了社会生产。

由此可见，在处理婚姻案件上，必须坚持说服教育的方针。轻率判离或无原则的调和都是错误的。正确地处理离婚案件，正是男女婚姻自由的保证与巩固婚姻与家庭的必要手段，同时，亦是与反映在婚姻家庭关系中的资产阶级思想进行了严肃的斗争。因此，除了法院通过审判进行教育外，还必须依靠党、政、团、民政部门、工会、妇联等的社会力量，继续贯彻《婚姻法》，继续为肃清反映在婚姻家庭关系中的资产阶级思想而斗争！

（1956年第3期）

【动态】

上海市司法干部学习情况

文 楼* 敬 之**

上海市的司法干部在组织“马列主义关于国家与法的理论”的学习的同时，又有计划地组织了业务讨论会。例如，闸北区人民法院对“丈夫死亡后，妻子继承了他的财产，究竟丈夫的父母和儿女有无分割财产的权利的问题”进行了讨论；邑庙区人民法院讨论了婚姻案件中“离与不离”的政策界限；上海市水上运输法院组织讨论了“处理海事责任事故案件的经验教训”；江宁区法院也组织讨论了“债权”问题；提篮桥区人民法院和其他区人民法院都先后讨论了“判决书上存在的若干问题”。

目前，为了把在职干部的学习搞得更好，上海市司法局已重点地把闸北、邑庙、虹口、江宁、徐汇和西郊六个区人民法院负责业务学习的同志组成一个小组，试图通过这个小组的学习和研究，取得经验，以达到普遍地推广的目的。

（1956年第3期）

* 作者单位：华东政法学院（现华东政法大学）。
** 作者单位：华东政法学院（现华东政法大学）。

法律的阶级性和继承性

杨兆龙*

苏联共产党第20次代表大会以后,全国法学界对过去的法律研究及实际工作进行了全面检查,作出了初步总结。在总结里面,除肯定过去的伟大成就外,并着重指出法律和法律科学落后的情况及其落后的原因。

最近半年来,苏联法学界展开了激烈的讨论和研究。法律、法律思想及法律科学的阶级性和继承性问题,也已经在论著或讨论中被接触到。我国学者过去对这类问题研究得不多,有些重要论点还没有获得一致。我对于这类问题不敢说有什么研究,但鉴于问题的重要性,愿将平时一得之愚在本文中提出一部分来和大家商榷。①

一、法律的阶级性

首先要说明的是:本文所称的"法律"是广义的,乃是一切法的规范的总称,不仅指立法机关制定的法的规范,其他的法的规范也都包括在内。

其次要谈一谈阶级性问题和继承性问题的关系。法律有阶级性,这是大家所熟知的。至于法律有无继承性,则大家的认识并不一致,恐怕至今还有很多人根本否认或怀疑法律有继承性。否认或怀疑法律有继承性的论点,固然不止一种,但是最常听到的乃是以法律的阶级性为根据的理由。例如,我们常听到人说:旧社会的法律具有旧社会的反动阶级本质,因此和新社会的阶级要求不合,不能由新社会继承,是应该全部摒弃的……这样的说法是否对或是否全对,可留待后面讨论。但由此可以看出:在许多人看来,法律的继承性是取决于它的阶级性的。所以要解决法律的继承性问题,必须先进一步研究法律的阶级性。这种情形在法律思想及法律科学方面也同样地存在。本文题目之所以将阶级性和继承性并举,也就是为此。

法律的阶级性究竟表现在哪里?它的表现方式怎样?这些问题在过去虽然被接触到过,但是一般人的认识还是相当地抽象、模糊。现在让我们从国内法与国际法两方面来加以研究。

---

* 作者单位:复旦大学。

① 这样做是为了叙述的便利,并不否定法律科学上"法"与"法律"等的区别。

(一)国内法的阶级性

关于国内法的阶级性,过去曾有过下列几种不正确或似是而非的看法:

1. 认为法律的起源是决定法律的阶级性的唯一标准。照这种看法,凡是产生在某一个阶级社会里的法律规范,永远具有那个阶级社会的阶级本质。这种看法的缺点在于将法律规范的起源作为决定阶级性的唯一标准,而没有注意到法律规范的阶级性主要是决定于每个时代的社会经济以及政治文化的条件的。[①] 例如,同样一个"不得杀人,杀人者处死刑或徒刑",或"不得窃盗财物,窃盗财物者处徒刑或死刑",在奴隶社会、封建社会、资本主义社会及社会主义社会,其作用便各不相同,因此,其阶级本质也不能相提并论。其主要原因是各个类型的社会里的社会经济及政治文化条件使这个规范发生不同的作用,而具有不同的本质。如果因为这个规范最初产生于奴隶社会而便认为它永远具有奴隶社会的阶级本质,那就大错而特错了。[②] 这也就说明为什么近代各国的,甚至于苏联的法律里还有不少发源于古代的规范。

2. 认为法律规范的阶级性是固定的,一成不变的。照这种看法,凡被某一个阶级社会的统治阶级采用过的法律规范,永远是为那个阶级服务的,不能改为其他阶级服务;或被另一个阶级采用的话,它还仍旧保持着它原来的阶级本质。十月革命后的最初十年间,苏联的法学界就有过这样的看法。例如,芮叶斯纳尔(M. РейсНер)认为当时苏联的法律是由三种不同阶级性质的法组成的复合体系,其中包括:(1)工人阶级的社会主义法,(2)农民阶级的土地法,(3)资产阶级的民法。[③] 这种看法的缺点在于其机械地、孤立地看问题,而没有想到旧社会采用过的法律规范在新社会里,因为社会经济的及政治文化的具体条件不同,可以具有新的内容而发生不同的作用。

3. 认为法律的形式是法律的阶级性的可靠的标志。照这种看法,凡形式相同的法律,其阶级性亦相同。资产阶级国家的法学家对社会主义国家的法律有时就采取这种看法。我国解放后反对旧法的学者,在旧法能否被批判地吸收这一问题上,也往往表现出这种看法。这样的见解显然是错误的。法律形式的相同并不一定意味着内容的相同。同一形式的法律规范,在不同的社会经济及政治文化条件之下可以有不同的内容,为不同的阶级服务,从而表现出不同的阶级性。[④]

4. 认为一个法律体系内的法律规范在反映阶级利益或立场时,其作用是一样

---

① [苏]卡列瓦主编:《国家与法的理论》(教科书),1955年俄文版,第77~79页、270页。

② 同上,第73页。

③ [苏]维辛斯基著:《国家和法的理论问题》,李樵等译,法律出版社1955年版,第19~20页。

④ [苏]柯罗文:"国际法的现代理论的几个问题",载《苏维埃国家与法》1954年第6期。

的，没有主次之分。照这种看法，凡是一个法律体系内的法律规范，其阶级性都是一样强。这样的见解是与事实有出入的。实际上，一个法律体系内的法律规范，都可以分两大类：一类是主导性或关键性的，另一类是辅佐性或从属性的。主导性的规范是纲领，是主干；辅佐性的规范是细则，是枝叶。主导性规范的变动是可以改变法律的阶级本质的，而辅佐性规范的变动则往往无伤于大体。主导性规范往往只能用于某一个特定阶级社会，而辅佐性规范往往可以用于各种不同性质的阶级社会。例如，在社会主义国家内关于确立公有财产制的法律规范是主导性的，而关于保护公有财产制的方法的规范则是辅佐性的。如果将前者废除或加以基本改变，则社会主义的法律将失去其社会主义的特点；如果将后者删去或吸取资本主义国家的法律规范以替代之，那就不一定会发生这么大的影响。从另一方面来讲，如果将社会主义国家关于确立公有财产制的规范移植到资本主义国家去，那么资本主义国家便失去资本主义的特点；如果只将社会主义国家关于保护公有财产制的法律规范移植到资本主义国家去，那就不会引起这样的结果。

5. 认为一个国家的法律只有一个阶级性。① 照这种看法，一个国家的法律规范，不问性质如何，都只能为那个国家的统治阶级服务。这对社会主义国家来讲，是对的；但对剥削阶级国家来讲，则未必完全说得通。这有以下几个事实可以证明：

(1) 从历史的发展来看，过去在剥削阶级国家里领导统治权不一定完全掌握在一个阶级手中，它可能在某个发展阶段掌握在几个不同的阶级手中。而这几个不同的阶级力量的对比也可能是不相上下或无大区别的。这从某些资产阶级国家过去议会中各党派或成分所占的席次往往可见看出来。例如，法国大革命初期的制宪会议及国民会议的组织成员中有僧侣及贵族代表，也有新兴的资产阶级代表；其党派或集团中有替封建僧侣贵族说话的，有替农民说话的，也有替工商界说话的。他们往往是势均力敌的。他们维护着不同阶级的利益。因此，他们所制定的法律也是反映着不同阶级的立场的。

(2) 在现代的资本主义国家里，垄断资本家虽占领导地位，但劳动人民的觉悟一天天提高起来，反抗反动统治的进步力量也一天天壮大起来。掌握统治权的资本家及其伙伴们不得不对进步人民的要求作一些让步。因此，出现了一些对进步人民比较有利的法律。统治阶级之所以同意制定这些法律，是为了对自己的利益作长远的打算。就这点来讲，这些法律的制定可能还是间接反映着统治阶级的立场的。但是从被统治阶级的角度来看，这些法律究竟是他们初步争取到的，是或多或少地符合他们的利益的，是可以直接反映他们的立场的。就意志表现的程度来

① [苏]卡列瓦主编：《国家与法的理论》（教科书），1955 年俄文版，第 73 页。

讲,在这些法律里被统治阶级意志表现的程度无疑地要比统治阶级意志表现的程度强得多。因此在体系上这些法律虽是资产阶级法律的一部分,而在实际作用上它们却反映着被统治阶级的阶级性。

(3)进步势力在某些资本主义国家发展的情况以及苏共第二十次代表大会的决议已经证明:通过议会斗争的方式过渡到社会主义,在某些国家并不是不可能的。在这些国家里,当进步力量强大到和敌对力量相等或超过它,而在议会中力量的对比上得到相应的反映的时候,则议会所制定的法律就不可能反映一种阶级性。那么在同一个国家的法律体系里面,在某一个阶段,也许一个相当长的阶段,包含两种或更多种的不同阶级性的法律规范。这些不同阶级性的法律规范,在进步力量完全可以控制整个形势而在议会中各种力量的对比上也反映出来时,是会统一的,但在这以前是不可能马上具有一个阶级性的。

从以上三点看来,法律的阶级性在任何时代,任何国家必然是统一的——这种说法是值得考虑的。这里所谈的乃是我个人研究的一点体会,特别希望法学界的同志们作更进一步的研究。

或许有人要问:你在上面既批评芮叶斯纳尔的看法不对,为什么现在又说在剥削阶级国家里法律的阶级性未必统一呢?我的答复是:这两种说法是不矛盾的。其理由如下:(1)苏联在十月革命以后,虽然吸取了一部分过去在资产阶级国家或革命前所见过的法律规范,但这些法律规范在苏联的法律体系内是受社会主义的主导法律规范的支配而适应苏联过渡时期的需要的,它们不是和统治阶级建设社会主义的意志对立的,相反地,是促成其顺利地实现的。它们之所以被吸收,既不是出于苏联统治阶级的让步,也不是出于哪一个对立阶级的要求。它们乃是苏联人民通过代表他们的立法机关,为了过渡到社会主义,有计划地吸收到苏联的法律体系里去的。所以,它们并不是有不同的阶级性。(2)剥削阶级国家里代表某一阶级利益的法律,往往是和其他阶级的利益对立的。一个法律体系内所包含的阶级性不同的法律规范,是因为阶级的互相斗争或让步而产生的。其产生不是为了实现什么长远的共同目标,往往是无计划的。这里主要是创制或认可法律规范的问题,并不是单纯吸取一些旧法律规范的问题。

上述五种不正确的看法的缺点,归纳起来,不外乎机械地、孤立地、简化地、形式地、不加分析地看问题。正确的办法应该是根据法律规范的性质,联系具体社会经济及政治文化条件,来分别决定法律的阶级性表现在哪里。

专就性质来讲,法律规范可大致分为四类:

1. 法律规范的本身是对某一阶级或某一都分人不利或反人民,非正义或反人道的。例如,维护有产者的特权或压迫贫穷者的法律;以出身、性别、种族、财产条件来限制劳动权及选举权或被选举权的法律;排斥有色人种担任某种任务、进某种学校或享受某种权利的法律；根据种族、出身、信仰、社会地位等原因限制或禁止结婚的法律；限制寡妇结婚以及依据宗教的封建迷信传统禁止离婚的法律；承认高利贷的法律；不必要地剥夺或限制人民的基本权利，如言论自由、学术自由、出版自由、信仰自由、居住迁徙自由、人身自由等的法律；对性别、种族、出身、社会地位等不同的人，犯某种罪采用不同的处理方法的法律；准许或鼓励用残酷刑罚或虐待方法来处罚、威逼或折磨诉讼当事人或刑事被告或嫌疑人的法律；不尊重诉讼当事人或刑事被告的诉讼权利的法律；推定刑事被告为有罪，以禁止上诉为原则，以秘密审讯为原则，以刑事被告的自白或证人的证言为定罪的唯一基础，而不考虑自白或证言的真实性的法律；对于犯罪构成要件、刑罚种类、量刑标准、执行方法等漫无规定或基本上规定不明确，从而造成审判及执行人员的专横武断的法律；[①]保持法律的秘密性的法律[②]等。这些法律本身就是非正义、反人道、危害人民的，或对被压迫的某阶级或某部分人不利的；只有剥削统治阶级才会采用它们。剥削统治阶级采用这些法律，是因为这些法律本身的反动性最符合他们的意志，最能保护他们的利益或巩固他们的地位。这些法律本身的反动性就表现了剥削统治阶级的反动性。所以，它们的阶级性主要表现在它们本身的反动性上。

2. 法律规范的本身是正义的，符合人民要求的。例如，保护人民的基本权利的法律；主张不论性别、信仰、种族、经济地位、职业等人人一律平等的法律；保障当事人诉讼权利的法律；保证正确公平裁判的法律；禁止刑讯或变相刑讯的法律；限制政府机关职权，明确政府机关办事程序，以防止专横渎职及官僚主义的法律；主张罪刑法定主义的法律；废除残酷刑罚及禁止虐待犯人的法律；保护人民请愿、诉愿及对政府机关违法及不当行为提起诉讼之权的法律。这些法律的本身是有进步性的，如果认真地执行，基本上是和剥削统治阶级的利益冲突的。剥削统治阶级怕执行这些法律，因此不免故意逃避它们或设法曲解它们。可是被统治阶级却利用它们作合法的斗争。这从现代资本主义国家劳动人民反抗统治阶级的斗争事例中可以明显地看出来。剥削阶级国家之所以采用这些法律，主要有三个原因：(1)因为人民有此要求或愿望，统治阶级不得不让步；(2)统治阶级想借此装饰门面，欺骗人民，博得民主法治之名，以巩固政权；(3)统治阶级的某些成员有时也觉得：如果不采用这些法律，遇到自己人的权利受侵害时，将没有保障。所以仔细分析起来，在剥削阶级国家里，这些法律虽然在形式上是剥削统治阶级意志的表现，但在

---

① 以上五种类型法律规范在苏联及人民民主国家，尤其在苏共第20次代表大会以后，已经普遍地遭到严厉批评，根本违反社会主义的法治原则及人道主义。论者颇多，兹不赘引。

② 这在罗马古代曾有过。参见 Fustel de Coulanges 著：《古代城市》(*La cité antique*)(第3卷)，第11章。

实际运用上，它们的阶级性不表现在它们的本身，而表现在它们在具体情况下所服务的对象。但是在社会主义国家的情形就不同了。在这里这些法律本身的进步性是和无产阶级的要求基本符合的，因此它们本身的进步性基本上也就是它们阶级性的表现。①

3. 法律规范的本身是有反抗性的，是长期为剥削阶级国家的被统治阶级用来对抗统治阶级的，如承认罢工权的法律。这一类法律在剥削阶级国家是反映劳动人民的意志和利益的，是进步的。但在劳动人民自己做主人的国家里，其破坏性往往大于进步性，就未必符合劳动人民的意志和利益。可见其阶级性决定于其运用的场合或用来对付谁。

4. 法律规范本身不一定表现得出具体的阶级性，它们大都是辅佐主导的法律规范的，有关于调整各种关系的一般标准及处理各种事件的程序方法的，根据过去经验的累积而制定或形成的。它们主要可分两种：

（1）关于权利义务或法律关系的发生、变更、丧失的辅佐性的或带有一些国际共同性的法律规范。例如，规定确定损害程度的标准的法律；规定亲子相互间扶养义务的法律；规定夫妇同居义务的法律；规定带有一些国际共同性的事项，如票据、海商、邮政、电报、国际航空等的法律。

（2）关于保障权利或法律关系及法律程序的法律规范，如刑法中非主导性的规范，刑事诉讼法及民事诉讼法中的多数规范。

这些法律规范的具体阶级性决定于和它们有关的主导性法律规范的阶级性。主导性法律规范的阶级性是和当时统治阶级的具体阶级性一致的。所以，我们也可以说这些法律规范的具体阶级性决定于当时统治阶级的具体阶级性。所谓当时统治阶级的具体阶级性是决定于当时的社会经济及政治文化的具体条件的。各个社会发展阶段及各个国家的具体经济条件既然不同，那么与其有牵连关系的政治文化条件，也必然有出入。因此，反映当时的统治阶级的具体阶级性的主导性法律规范，尽管形式相同，也必然是有性质上或程度上不同的内容；而上述辅佐性的法律规范，由于受到当时主导性的法律规范支配或影响，尽管形式相同，也必然具有性质上或程度上不同的内容。

（二）国际法的阶级性

先谈国际公法的阶级性问题。这一问题，可分两部分来讨论：一是阶级性的有无，二是阶级性的表现方式。

1. 国际公法有无阶级性？关于这个问题有两种不同的看法。一种承认国际公法有阶级性，这是苏联一般法学家的看法。另一种否认国际公法有阶级性，但有

① ［苏］卡列瓦主编：《国家与法的理论》（教科书），1955年俄文版，第14～15页。

两种不同的理由。第一种认为国际公法是国际交往的工具，是和语言一样，没有阶级性的。第二种认为国际公法的规范具有客观的公平合理性、普遍性和永恒性，不是专为某些国家或阶级服务的，所以没有阶级性。前一种理由过去曾为苏联一部分学者所采用。[①] 后一种理由一向是资产阶级国家所流行的。

我个人认为承认国际公法有阶级性的看法是正确的。这由以下各点可以证明：(1)从国际公法的发展史来看，近代国际公法有很长一个时期是所谓西方"文明国家"之间适用的法。这从资本主义国家某些学者关于国际公法的定义就可以看出来。在国际公法里有很多原则，是专从帝国主义的立场出发的。关于租借地、租界、外交团、外国驻军、势力范围以及所谓"国际干涉"等片面无理的原则固不必说，就是关于国家的承认，战争的发动、战争的状态，交战国的权利，限制条约的修改等原则，也主要地从当时的强国的角度出发。(2)从实际运用的情况来看，近代国际公法，是往往以某些国家的片面的解释或惯例为根据，或者专被某些国家当做武器运用，而别的弱小国家只好俯首从命或随声附和。甚至国际领导机构，如过去的国际联盟及现在的联合国，尽管在文件上规定得冠冕堂皇，在实际上曾有过某些国家企图将它变成自己的或少数集团的工具。我国从"九一八事变"起，一系列遭受日本帝国主义者侵略的事件，没有得到及时有效的解决，以及最近几年来联合国对某些国际纠纷的不合理的处理方法就是明证。

2. 国际公法的阶级性表现在哪里或如何表现出来？这个问题很不简单。苏联法学界曾有过不少争论，至今还没有得到统一。有些人怀疑国际公法的阶级性，也与此不无关系。现在先将苏联学者的几种不同的学说简单介绍一下。苏联学者一般都承认国际公法里有不少一般国家公认的规范（ОбШеприз – нанные нормы），也有不少非一般国家公认的规范。后者的阶级性，似乎没有引起什么问题。但关于前者的阶级性的具体表现问题，看法并不一致，约有下列几种说法：

(1)资产阶级性说。这种说法的主要理由可能是：[②]这些规范形成于社会主义国家尚未出现之时，是一向或长期被资产阶级国家所利用的。

(2)社会主义法律规范说。这种说法认为一般公认的规范是具有社会主义性质，而被资产阶级国家所接受的法律规范。其理由可能是：[③]这种规范是正义的，符合无产阶级的要求的，其本身的性质是与无产阶级的阶级性一致的。

(3)半社会主义性、半资产阶级性说。这种说法的主要理由是：这种规范是社

---

① [苏]柯罗文："论国际法的一般公认的规范"，载《苏维埃国家与法》1951年第9期。

② 同上。

③ 同上，第16页。

会主义与资产阶级的两种不同制度的互相让步的结果，是法律上双重阶级性的东西。①

（4）不同的法律性的上层建筑中的相同规范说。这种说法认为一般公认的规范虽被资产阶级及社会主义国家所共同承认，但承认的动机既不同，而规范所保护的利益及所具有的目的亦各异；它们是不同的阶级性的上层建筑，即法律里相同的部分。②

（5）社会主义的及资产阶级的两种上层建筑的构成部分说。这种说法认为上述的第四种说法是不正确的，而其不正确之处，主要在于将一般公认的规范看做两种不同阶级性的上层建筑中的相同部分，因为不同阶级性的上层建筑中，只能有形式相同的部分，而不能有本质相同的部分。③

（6）与本国生产关系间接联系说。这种说法认为国际公法（包括一般公认的规范在内）是通过国际关系而间接和不同阶级国家本国的生产关系联系的，而国际关系乃是各个国家本国生产关系的派生的关系。结合到阶级性来讲，这似乎是说：国际法规范的阶级性间接决定于参加或发生国际关系的各个国家本身的阶级性，它们的阶级性是各个国家本身的阶级的反映。④

（7）各国统治阶级意志表达说。这种说法认为国际公法（包括一般公认的规范在内）可反映不同社会结构的国家间的关系；当它反映着这种关系时，它也就表达了这些国家统治阶级的意志。⑤

以上前两种说法有一大缺点：都没有考虑到国际公法是社会主义及资本主义国家阵营的国家所共同遵守或适用的，它们与事实不符，故不足取。第四种及第五种说法也有一大缺点：将国际法的规范当做各个国家法律性的上层建筑的一部分，忘记各个国家是国际法上的主体，是受它拘束的，因此也不足取。第六种说法从各个国家的生产关系间接联系到国际公法的规范，将国内的生产关系和国际关系相提并论，不甚恰当，有些教条主义的气味，并且也未说明各种不同生产关系的国家所共同遵守的国际公法究竟具有什么阶级性，因此也未见得可取。第七种说法指出国际公法的规范反映不同社会结构的国家间的关系并表达这些国家统治阶级的意志，能说明一部分事实，但也没有说明国际公法的规范究竟反映着什么阶级性，未免美中不足。第三种说法说明了国际公法规范的一部分真实情况，可以补第六

① ［苏］柯罗文：“论国际法的一般公认的规范”，载《苏维埃国家与法》1951 年第 9 期。

② 同上。此为柯罗文本人一度所主张，但以后被放弃。

③ ［苏］柯罗文：“国际法的现代理论的几个问题”，载《苏维埃国家与法》1954 年第 6 期。

④ ［苏］柯罗文：“国际法现代理论几个问题的讨论总结”，载《苏维埃国家与法》1955 年第 5 期。后面一段关于阶级性说法是我补进去的。

⑤ 苏联科学院法学研究所编：《国际法》，1951 年俄文版，第 11 页。该部分亦为柯罗文所写。

种说法的不足;但仅把这两种说法合起来,还不够全面。

以上所谈的是关于苏联学者对于国际公法阶级性表现的看法,而且侧重于一般公认的规范方面,不够全面。现在让我们来正面地谈一谈我们所应该有的正确看法。

我们应该知道,国际公法乃是从各国之间的合作与斗争中成长起来的,它的规范是国际合作与斗争的一种结果。① 合作的结果必然意味着各方意志的一致;斗争的结果有时意味着各方由互相让步而归于意志一致,也有时意味着一方压制他方,使他方勉强地与其意志一致。从这个角度来看,我们可以说:国际公法是国际社会里各国统治阶级在国际合作及斗争的过程中意志一致的表现。② 在某些场合,这种意志一致的表现,只反映着某些国家或某种类型国家的利益,因此专门呈现出这些国家统治阶级的阶级性。这种情形在帝国主义国家独霸世界,社会主义国家尚未出现或力量尚未壮大以前,是相当多的。这就说明了为什么现代国际公法中还保留着一部分专对资产阶级有利的规范。不过这类片面性的规范,在社会主义阵营的压力下,将来是会逐步减少,乃至消灭的。在另外一些场合,这种意志一致的表现可以同时反映各种类型国家的利益,因此呈现出几种阶级性。因为一个公认的规范或一个由各种类型的国家参加的条约或公约,虽然只具有一个形式,但对各种类型的国家来讲,可以在不同的方面满足不同的要求,保护不同的阶级利益。这正和普通的买卖契约可以有利于契约当事人双方一样。在这种情形下,国际公法的阶级性不一定表现在它的规范的本身,而主要地表现在各国对规范的实际运用或从规范所获得的或预期获得的利益。因为国际公法中有不少是一般公认的规范。这些一般公认的规范有以习惯法的方式出现的,也有以条约或公约的方式出现的。其本身是合乎正义的要求或有助于国际友谊的培养增进或国际纠纷的合理解决的,不是专对一种类型的国家有利的。

现在让我们来略论国际私法的阶级性问题。③ 这个问题也包括两点:(1)国际私法有无阶级性?(2)它的阶级性表现在哪里或如何表现出来?

关于第一点,我们可肯定地说:国际私法是有阶级性的。其主要理由是:国际私法是与国内法及国际公法有局部共同点的;就现阶段的实际情况来说,它的规范可大体分为国际法性质的和国内法性质的两部分;我们既不否认国内法及国际公法都有阶级性,当然应该承认国际私法有阶级性。

---

① [苏]柯谢尼柯夫:《国际公法教程》,1947 年俄文版,第 24 页;[苏]李索夫斯基:《国际法》,1955 年俄文版,第 13 页。

② [苏]李索夫斯基著:《国际法》,1955 年俄文版,第 14 页。

③ 国际私法的一般性质及内容问题,因限于篇幅,从略。

关于第二点，我们应按法律规范的性质采取不同的看法。对于具有国际共同性，而有国际条约或国际协议为根据的规范，应照上述对于国际公法中一般公认的规范的看法决定其阶级性。对于其余的规范，应照上述对于国内法或国际公法中其他规范的看法分别决定其阶级性。因为第一类规范是和国际公法中一般公认的规范在性质上基本一样的，并且它们的国际共同拘束力，通过国际条约或协议也表现得特别明确。单具有国际共同性而无国际条约或协议为根据的规范，是被国内法片面地吸收进去的，无国际共同拘束力，仍不失为国内法。至于具有国内特殊性的规范，那更不成问题，是国内法的一部分。

二、法律的继承性

过去七八年中由于客观形势的不同，大家的革命警惕性提得特别高，因此对于法律、法律思想及法律科学的继承性问题没有予以应有的重视；在思想上往往存在一些简化的、机械的、脱离实际的看法。兹专就法律的继承性方面的问题，重点地提出三点来谈谈。

（一）法律中的遗产

过去由于对法律的阶级性缺乏全面的、正确的认识，有些人曾否认法律中有遗产可以继承。根据本文上面关于法律的阶级性的分析，我们可以知道法律中有许多规范的阶级性不表现在规范的本身，而表现在谁运用它们或用它们来对付谁。尤其在国际法里面，有许多一般公认的规范或具有国际共同性的规范，它们或是人类正义感的表现，或是被人类长期的经验证明为有益于共同生活的规范。我们不但不应该将它们摒弃，相反地，对于其中某些部分是有必要更好地发挥其作用的。这一切的法律规范，虽然被旧的或剥削统治阶级利用过，但在新社会的各种新的条件下是可以取得新的内容，发生新的作用的。有人可能认为承认法律的继承性是一种复古主义的表现，这是一种幼稚的看法。任何一种新的东西绝不能从“无”中产生出来，它必须在不同的程度上利用一些旧的或原有的东西作为根据、起点、资料或参考。法律当然也不能例外。

罗马法是从奴隶社会发展出来的东西。但是后来各种类型国家的法律中有很大的部分是从它的老的规范中直接或间接演变出来的；就是苏联的法律，也不能完全例外。因为罗马法的编制和规范在中世纪以后是被大陆及英美各国在不同的程度上吸收了的，而近代资本主义的法典对苏联的立法在某种程度上也起了一些参考作用。据苏联民法学家瑙维次基（и. б. Новицкй）教授表示，苏联民法中有些名词和概念是发源于罗马法的;研究了罗马法,才能更好地理解它们。[1]

法国拿破仑时代所制定的各种法典,一面吸取了法国习惯法及封建王朝时代的立法经验(如海商法),一面又吸取了过去法学著作中的研究成果,以后间接直接流传到别的国家,也被广泛地吸收。这些法典在形式上对社会主义国家的立法也有一定的影响。

英国的宪法是从封建社会中产生出来的。它在英国本土上已经过了几个社会发展阶段,但有些基本原则和制度至今还大体保留着。英国的宪法在法国大革命的前后被各国广泛吸收,为条件不同的社会制度服务,影响颇大。资本主义国家的法学家过去曾这样说过:在私法方面,罗马法统治了世界;在公法方面,英国的宪法统治了世界。今日社会主义国家的宪法当然不能和资本主义国家的宪法相提并论,但在形式上也不能说完全没有直接或间接参考英国宪法之处。在某些进步力量正在用议会斗争的方式争取过渡到社会主义的国家,如意大利,将来的新议会也必然从现在的旧议会中演变出来。这就意味着将来的宪法和现在的旧宪法间的继承关系。

在人民民主国家中,有个别国家至今还利用着人民民主政权成立前的立法。例如,德意志民主共和国成立后一直到如今利用着希特勒以前的民法典、刑法典及民事诉讼法典,不过对旧法典作了一些补充和修改。旧的刑事诉讼法典直到1952年10月才废止。波兰至今还利用着1932年的刑法典。新政权成立后仅作了某些补充和修改。当然德、波两国在法律方面所作的这些补充和修改大部分是关键性的,具有主导作用的。不过这可以很好地说明资产阶级的法律规范中有许多是可以被社会主义国家吸收或继承来为新社会服务的。

(二)法律继承的性质

所谓“继承”是一个借用的名词,实际上仅指局部地吸收过去的或先产生的东西而言。对我们今天来讲,法律的继承只能理解为对过去的或先产生的法律,根据马列主义的原则及国家的基本政策和纲领,结合具体情况与需要予以批判的、有选择的吸收。这绝不意味着全盘地、机械地、无原则地抄袭或复制。这是毋庸详细解释的。这里所要说明的只有一点:从旧的或不同的法律体系中所吸取来的法律规范,在被吸收到新的或另一个法律体系内以后,是否还具有原来的内容?根据本文上面已经附带提到的情形,我们可以这样说:从旧的或不同的法律体系中所吸取来的法律规范,在被吸收到新的或另一个法律体系内以后,尽管还保持着原来的形式,在新的社会经济及政治文化条件之下,是会失去它原来的内容的。正如苏联科学院法学研究所1955年编辑出版的《国家与法的理论》教科书所说的,“当一个新

---

① [苏]李索夫斯基著:《罗马私法》,1948年俄文版,第6页。

的阶级对于社会取得政治领导权时，如果还有一部分旧的法律保持其效力的话，这就说明在这些旧的法律中已经注入新的阶级内容了”①。有些学者甚至还有更进一步的看法，认为在这种情形之下被吸收或保留的旧法律，不但在内容上变成新的法律，并且在形式上也变成新的法律。例如，德意志民主共和国德国法学研究所最近编辑出版的《德意志民主共和国民法》（总编）曾这样说：“旧法律及旧法律的制度被赋予了新的阶级内容这一事实，使得一种在内容上和形式上都是新的法律由旧的法律中演变出来。旧社会的一些法律规范之保持效力并不意味着，并且也不可能意味着在新政权所制定的规范体系以外，还存在着某种特殊的法律体系。这不过说明：我们的统一的社会主义的法律，即我们人民民主国家的法律，在为维护新法治的斗争中，根据任务，即阶级要求等，利用了一些完全变了质的旧法律的规范。”②

（三）法律继承的重要性

新的法律或后产生的法律吸收旧的或先产生的法律，在过去是常发生的事实。这在上文已经说明。这种事实的发生不是偶然的，而是有必然性的。因为在任何一个新政权建立后，不可能创出一套形式与内容都是新的法律及法律制度。这不但在新政权刚建立时是如此，就是在新政权建立很久以后也是如此。这里面当然有程度上的差别，但这并不等于说新政权的法律及法律制度中没有一点旧的东西。实际上当一个新政权建立以后，它只能制定一些主导性的或关键性的法律规范，但这些主导性或关键性的法律规范，也不一定是完全从“无”中创造出来的，很可能是参考过去的或别的国家的法律或受其启发而制定的。至于那些辅佐性或从属性的法律规范，其牵涉面很广，并且绝大部分是过去长期经验智慧累积的结果，如果因为是前人或别的国家有过的而一概摒弃，其结果将不堪设想。就拿刑法及刑事诉讼法为例吧。社会主义国家的刑法及刑事诉讼法与旧类型国家的刑法及刑事诉讼法的主要区别，一方面表现在法律规范的形式，另一方面表现在法律规范的内容。就形式方面讲，二者之间的区别主要表现在少数的主导性的或关键性的规范，如有关犯罪概念、犯罪构成、刑罚目的、刑诉的基本原则、基本阶段等规范。但是就这些规范来讲，旧型与新型的法律之间也不是彼此全部没有一点共同点的。至于其余的辅佐性的规范，则形式上共同之点更多。如果社会主义国家的刑法及刑事诉讼法将形式上与旧类型国家的刑法及刑事诉讼法或其他法或多或少有相同之点者一律摒弃，那么剩下来的规范一定很少，与犯罪作斗争的任务必无法完成。刑法

① ［苏］卡列瓦主编：《国家与法的理论》（教科书），1955年俄文版，第73页。

② Dornberger 等著：《德意志民主共和国民法》，德文版，第103页，所引波兰法学家 Muszkat 教授的意见。

和刑事诉讼法尚且如此，其他部门的法律概可想见。以上这些情形都充分说明了法律的继承和任何法律体系的形成发展以及任何阶级统治的成功，有着永远不可分割的关系。

（1956年第3期）

谈苏伊士运河问题

周子亚*

从外交史和国际法的观点来说，苏伊士运河问题确是一个很复杂的问题。为着要说明埃及何以必须收回苏伊士运河公司机构为国有，何以必须审查修改1888年《君士坦丁堡公约》，从而阐明埃及的恢复国权运动并不会影响到运河对各国船只的公开开放和自由出入，本文打算提出如下的几个问题来与大家共同研究。

1. 运河开凿的经过。用水道来把地中海和红海连接起来的计划，并不是法国人费迪南·德·勒赛普所首倡的。早在埃及古代，专制王朝的统治者们就有过这种计划了。据历史记载，公元前1380年，埃及法老①西梭斯的利斯就想把尼罗河和红海连接起来，史称"法老运河"。到公元前7世纪，由于政治上的变迁，运河年久失修，不能作为航道。公元前612年，有名的法老尼哥又想把运河加凿开深，重新使它复航。他曾雇用12,000名奴隶来担任这一开凿的工程，待后来工程进行到一半的时候，他又怕外族利用运河来侵犯埃及，就中途停顿了。到第一个统治埃及的外族君主皮斯王大留士·霍斯打斯劈士时，法老运河经过整理，并另辟了新道，终点在阿尔希奴地方，已很接近现在的苏伊士港。当时帕多力米斯和菲拉狄尔福斯会主张通过苏伊士海峡来开凿运河的另一段，把红海和地中海连接起来。后来怕红海的水位高过地中海的水位，凿成后会使埃及国境泛滥成灾，这一计划并未实现。在埃及被罗马占领时期，法老运河改称为特拉琴河。② 到公元前7世纪阿拉伯人征服埃及的时候，尼罗河通红海的这条运河进入它的历史结束阶段，也就没有人再加以注意。

到土耳其侵占埃及之后，旧尼罗河红海运河和地中海凿通的计划又死灰复燃。这一计划打动了法国统治者亨利三世的野心。当时法国在地中海上占有特殊的优势，他为要和英、西、荷等国竞争远东市场起见，很热衷于这一航路的开凿。第一个倡议开凿这条航路的，是法国人杰魁士·沙佛雷。由于英国表示反对，法国的计划一时未能得逞。其后拿破仑崛起于欧洲，占领了埃及，派了一些人，拟订好计划，很

---

* 作者单位：华东政法学院（现华东政法大学）。

① 法老乃古埃及国王之称。

② 特拉琴王把旧运河加以整理，使它在Babylon（近开罗）地方和尼罗河的主流相连接，史称"特拉琴河"。

积极地想打通地中海和红海之间的航路,①来夺取英国在远东的势力范围。拿破仑失败以后,这些计划也就成为泡影,不过法国人想从土耳其帝国手里获得开凿这条运河的特许权的野心,并没有因此消灭。

1854 年,法国人德·勒赛普利用他和埃及总督塞德·帕夏的交情,向君士坦丁堡宫廷提出了他的开凿运河的计划。1854 年 11 月 30 日,埃及总督根据土皇所颁布的特许执照授权其殖民大臣柯尼克·皮和德·勒赛甘签订一项运河开凿租让合同。② 由于英国阻挠,一直过了 11 年之久,到 1866 年,土皇才批准这一合同,准许德·勒赛普组成"苏伊士海上运河国际公司",并雇用 6 万名埃及人开凿这条运河。实际上,埃及人民为开凿运河而被葬送的生命约有 12 万人。当时他们在凶暴的外国资本家和工头的监督下,用自己的血汗开凿了这条运河。自 1859 年动工开凿起,到 1869 年始告筑成,时历 10 年之久。

从上面这段历史的叙述中,我们清楚地看到:为了开凿这条运河,历代的埃及人民不知葬送过多少可贵的生命,出了多少的劳力,而结果只是便利了帝国主义国家的侵略,他们自己反被套上枷锁,数十年来受尽外国资本家的榨取剥削和帝国主义的奴役压迫。现在埃及已经完全独立,作为一个主权国家,它在自己的领土上收回自己的权益,能说它的行动不符合国际法的准则吗?

2. 帝国主义者加在埃及人民身上的,有两大枷锁:一个是 1855 年开凿运河的租让合同;另一个是 1888 年《君士坦丁堡公约》。就本质来说,前一个合同无非是当时埃及的外国统治者和一个外国私人所订立的契约,也可以说是一个租让执照,纯粹是属于埃及本国法律管辖以内的事。后一个公约是着重于运河对各国船只开放,允许它们通过,目的只是在便利海上交通而已。但是帝国主义者却别有用心,用经济侵略和政治力量把前者特殊化了,用相互勾结的阴谋把后者复杂化了。

租让合同的主要内容有下面数点:

(1)授权法国人德·勒赛普组成一个公司来开凿和经营苏伊士运河。公司所使用的土地是运河两岸的 3 万英亩,10 年之内不必缴地产税。在这一区域内,公司有经济权和行政管理权。

(2)租让期限是运河开航之日起 99 年,也就是从 1869 年起到 1968 年止。期满后埃及政府代公司的地位,无保留地享受公司的全部权利。

---

① 1798 年 4 月 8 日法国执政内阁命:"征东军应立即占领埃及……保证红海之归属于法国。"

② 该合同土耳其文系于 1855 年 5 月 19 日公布。1856 年 1 月 5 日,德·勒赛普取得内容稍加修改的第二个执照。根据第二个执照,规定除开凿一条海运运河以外,还可以开凿尼罗河至第姆蓙湖以及同苏伊士运河平行的两条淡水运河。海运运河的河道,是从塞得港经孟蓙拉湖的边沿通过巴拉湖、第姆蓙湖以及大小苦湖而入红海。

(3)运河通行费均归公司派员征收,埃及每年得纯利的15%。①

(4)假使公司认为有必要使运河和尼罗河连接的话,埃及政府应该把河岸不耕种的公有土地让与公司,公司有权开采公有土地内的矿井和矿山,取得为运河工程及建筑物所必需的一切材料,不必缴付租税,并得为此目的得自由运入、运出各种机器与材料。

此后,苏伊士运河公司又和埃及政府签订了各种协定七十多个,强迫埃及授予该公司以许多特权。

仅从上面四点,即可以看出苏伊士运河公司的权力不仅能支配运河区域,而且还可以侵入埃及内地。一个在埃及注册、受埃及法律管辖的外国私法人,竟可以侵犯埃及领土的完整,真是前所未闻之事。土耳其帝国的统治者只顾自己好处,出卖埃及人民的利益,对埃及人民来说,能算是合理的契约吗?

运河凿成通航后,帝国主义者在运河区域的竞争冲突白热化了。其中主要的对手,是英法两国,以后德意两国相继参加。当时为帝国主义者所御用的学者和学术机关,便想出运河"中立化"和"国际化"的名义来缓和他们之间的激烈斗争。1875年,铁威施爵士建议运河中立化。1879年,国际法协会通过决议,主张订立一个公约,来保障运河的所谓"自由航行"。② 英国政府根据这些意见,在1888年向有关各国建议召开会议,讨论运河中立化问题。会议一直到1888年才在土耳其的京城君士坦丁堡(现改名为"伊斯坦布尔")召开,并订立了束缚埃及主权之行使的《君士坦丁堡公约》。缔约国有英国、奥匈帝国、法国、德国、荷兰、意大利、西班牙、俄国及土耳其。当时土耳其是埃及的宗主国,埃及没有出席会议。会议的一切全由帝国主义国家操纵,压迫土耳其帝国承认,一副枷锁就这样套在埃及人民的身上了。

公约共有17条,除了名义上承认运河是埃及的领土以外,主要的有下面数点:

(1)苏伊士运河在平时与战时均对各国商船与军舰公开开放,许其自由出入。不论在任何情况下,缔约国均不能干涉运河的自由使用,因此不能对运河行使封锁之权(第1条)。

(2)即使土耳其为交战国,在运河内、运河港口及运河港口3英里范围内不许有敌对行为及目的在于阻碍运河自由航行的行为。交战国军舰应尽速通过运河。并除有紧急情形外,不得在塞得港及苏伊士停泊处停留超过24小时。交战国一方船只自此等港口开航与敌对方船只之离开,其间必须有经过24小时之间隔(第4

① 公司的利润分配,按照下列比例计算:埃及得15%,公司的资本开办人得10%,行政管理人员得2%,专门基金2%,各股东得71%。

② [德]奥本海著:《国际法》(上册)(英文第5版),第367页。

条)。

(3)战时,交战国不得在运河内及运河港口卸装军队、军火及军需品(第5条)。

(4)军舰不得在运河内(包括第姆斯湖及苦湖在内)停留,但除交战国外,缔约国得在塞得港及苏伊士港停泊军舰两艘(第7条)。

(5)运河两岸不许建筑永久性的防御工事(第11条)。

(6)缔约国之间,由于订立这一条约而同意的办法,并不受国际苏伊士运河租让合同所规定的时间的限制(第14条)。也就是说,这一条约是无限期的、永久性的;即使根据租让合同的规定,到1968年国际苏伊士运河公司全部权利归还埃及之后,这一条约还是继续有效的。

此外,条约还规定缔约国在埃及驻留"代表"以监督该约的执行,保障运河的自由航行(第8条)。

总的说来,这一公约完全是帝国主义国家为了避免在运河上竞争所商定的一种妥协办法,除了名义上承认运河为埃及的领土以外,实质上把埃及的主权完全置之度外。自这一公约签字后,运河区域俨然成为"国家以内的国家",为帝国主义国家所御用的机构"国际苏伊士运河公司"所操纵管理了。

3. 国际苏伊士运河公司究竟是怎样性质的一个机构?它怎样危害埃及人民的利益呢?在前面我会经提到过:国际苏伊士运河公司是当年土耳其帝国驻埃及总督根据土皇特许执照授权于德·勒赛普所组成的。它组成于1956年3月19日,是一个在埃及注册的股份公司,在法律上它是一个私法人,受埃及法律的管辖,[①]并没有如"多瑙河国际委员会"那种国际机构的性质。即使英帝国主义本身也是承认这一点的。[②] 可是实际上,由于埃及当时受外国的统治,帝国主义国家硬把国际苏伊士运河公司和1888年《君士坦丁堡公约》拉在一起,使它形成特殊的地位,慢慢地在运河地带变成"国家以内的国家",脱离了埃及主权的管辖。这次伦敦会议的公报中,帝国主义国家推翻它自己的前说,硬说运河公司是一个"国际机构",其用意所在,显而易见。国际苏伊士运河公司的股本,最初是40万股,每间股500法郎。法国和埃及王室最多。法国207,000股,埃及王室177,000股。1875

① 1866年国际苏伊士运河公司与埃及所订合同第16条规定:国际苏伊士运河公司为埃及公司,受埃及法律及习惯所管辖。

② 1939年英国政府通过其代表向驻亚历山大港埃及混合最高法庭提出的委托书中说:"国际苏伊士运河公司是得到埃及法律承认的法人,它的国籍和性质完全是埃及的,因此它肯定应受埃及法律的管辖。"转引自1956年8月12日《埃及政府关于英法美召开伦敦会议时讨论苏伊士运河问题的建议的声明》。

年,埃及王室财政困难,把股本卖给英国,英国收购了17万多股,[①]因此英国差不多占有资本的半数。它的力量几乎控制了这个公司。总公司设在亚历山大城,但是它的董事会和行政机关却在巴黎。公司的活动分为三方面:行政部分、航行部门和工程部门。行政上,运河的管理分为三段:第一段自塞得港到开塔拉,第二段自开塔拉到大苦湖,第三段自大苦湖到铁弗克。每一段设有一个段长,分别驻在塞得港、伊士美利亚及铁弗克。董事共有32人。据1937年统计,英法两国几乎占其全部,英国10席,法国19席,埃及2席,荷兰1席。第二次世界大战以后,美国势力侵入,现在32名董事中,法国人16名,英国人9名,埃及人5名,荷兰人1名,新近增加的美国人1名。董事会的权力很大:任命公司高级职员,决定投资数额,通过每年预算,讨论税收增减以及其他有关运河租让合同的重大事项。换言之,董事会实际上等于是运河的太上政府。在它下面,有一个管理委员会,由董事会主席及其他特别任命的4人组成。管理委员会处理运河的全部行政事宜。名义上总公司设在埃及,有总代表维持公司和埃及政府的关系,但是大部分的权力都落在占董事会人数最多的英法两国手里。因而有人把国际苏伊士运河公司称作"两头统治"。

不但如此,公司还派人参与运河沿岸城市的行政。例如,福特港是由埃及和运河公司官员所混合组成的委员会管理的,城市财政由双方共同负责。又如,伊士美利亚城、铁弗克港简直完全是运河公司所经营管理的。其他还有很多由北至南的城市和港口,如开塔拉,过去其行政管理权均落在公司的掌握之中。帝国主义的学者曾说国际苏伊士运河公司是运河地带的"管理者",英法是"保护者",而埃及只是名义上的"所有者",正是暴露其国家之帝国主义和殖民主义面貌的最好供词。[②]

由于国际苏伊士运河公司的存在,80年来运河所带来的经济利益全被西方殖民国家所夺取了。运河的开凿费原为432,807,822金法郎,但从1870年到1920年的60年间,公司的纯利就达85亿金法郎,约等于开凿费的9倍。截至1949年,仅是英国所得到的净利就达6200万英镑。公司的大宗收入是过境费,随着船只的增多,过境费也在不断增加,1950年达280亿多法郎,较第二次世界大战以前要增加18倍之多。这种巨大的利润都流向巴黎和伦敦。埃及所得到的,只是极少部分而已。据埃及总统纳赛尔在收回苏伊士运河公司为国有时宣布,在1955年,国际苏伊士运河公司的利润为1亿美元,但是埃及所得到的,只是300万美元。

4. 从上述一系列的情况来看,国际苏伊士运河公司的存在,对埃及主权和领

---

① 1875年,埃及国王伊斯麦想把运河股票出售,该事为伦敦《保尔马尔公报》记者格林纳达所悉,立即电告英国首相狄斯拉利,狄斯拉利从犹太商人手中凑得3,976,582英镑,把埃及股票全部购买过来。

② [美]Hugh J. Schonfield著:《国际事务中的苏伊士运河》,1955年纽约版,第131页。

土完整的确构成极大的危害，对埃及国家的生存和发展成为显著的障碍。不把公司收为国有，埃及就不能行使它对运河地带的主权，以运河收入来发展自己国家的经济建设。目前，埃及主要建设之一的阿斯旺水坝的建筑和苏伊士运河公司的国有化，诚如纳赛尔总统所说，有着“不分割的联系”。所以，提前收回苏伊士运河公司实有迫切需要。从法律观点来说，埃及收回国际苏伊士运河公司为国有，是完全有根据的。因为它是一个在埃及注册的公司，是受埃及法律管束，可以由埃及政府处理的。1888 年《君士坦丁堡公约》也有审查修改的必要。任何条约都有它当时缔约的情况，如此种情势业经变迁，则此约当无存在之理，特别是未订限的条约，均默认作“条约之继续存在，应以情势依旧为条件”（Conventio omnis inteulligitur rebus Sic Stantibus）。关于这一点，英法国际法学者均持有同样的论点，认为条约订约时的情势起了变化，条约履行危及国家安全，国家可以不履行条约义务，至少可以要求修改。德国国际法学者奥本海曾在他的《国际法》中说：“每一条约都会有一种情况，即由于情势之不可预料的变迁，条约中所规定的义务，危害及于缔约国一方之生存和重大发展时，他有权要求解除条约之义务。”①法国国际法学者路易·勒·费在他的著作《国际法》里也提到这点：“……对于永久性的条约，此一条款特别适用。”②进步的德国国际法学者斯特罗白说得更是清楚：“等埃及完全独立之后，苏伊士运河的船只航行问题，必须有新的规则来予以规定。”③《君士坦丁堡公约》是当年埃及在被外国统治时期，由外国统治者假埃及之名与帝国主义国家所签订的。其中有许多条款，并非是保证这条通洋运河对各国船只公开开放所必需的，但对埃及行使主权却是有影响的（如第 11 条禁止建筑永久性的防御工事，即一显明实例）。80 年来，世界情势已大大变迁，埃及已由一个被保护国变为一个独立国家，这个枷锁的存在，以及因这个枷销的存在而产生的各种事实，对于埃及的独立、生存与发展，确确实实已构成莫大的危害。因此，埃及政府主张审查《君士坦丁堡公约》，并主张召开一次有船只通过苏伊士运河的所有国家参加的国际会议，来重新肯定和保证苏伊士运河航行自由。这对尊重埃及主权和便利国际交通来说，是完全必要的。

事实上，埃及人民要求恢复国家主权的运动也并不始自今日。早在 1882 年 6 月 11 日，以阿麦特·阿拉比上校为首的埃及革命军曾起义于亚历山大，计划进一步占领苏伊士运阿。可惜当时寡不敌众，终于为英国军队所击败。但是埃及人民要求收回运河地区主权的运动并不因此削减。第二次世界大战以后，埃及外交部

---

① ［德］奥本海著：《国际法》（上册），英文第 5 版，第 739 页。

② ［法］路易·勒·费著：《国际法》，1937 年法文版，第 231 页。

③ ［德］斯特罗白著：《国际法大学典》（第 2 卷），第 698 页。

曾于1947年5月28日照会世界各国，声明"驶经苏伊士运河和埃及领海的外国船只，要在该船抵达埃境前十日向埃及外交部申请过境"。这显然是埃及对运河区域恢复国权运动的第一步。当时英、法、美等国政府都照复遵行。严格说来，苏伊士运河的法律地位在那时已有变更了。[①] 此次埃及总统纳赛尔宣布收回苏伊士运河公司为国有，并要求审查1888年公约，只不过是上述恢复国权运动的继续而已。再说一句，从埃及业已完全独立、要求恢复国家主权的立场来说，它的行动在道义上和法律上都是站得住脚的。

英法帝国主义攻击埃及的唯一借口，是说纳赛尔的行动破坏"国际义务"、阻挠航行自由。帝国主义国家所说的"国际义务"，不知道是不是指在埃及注册的国际苏伊士运河公司的债权债务关系。假使是这样的话，那么纳赛尔总统在宣布公司为国有时早就声明："……接管公司财产，偿还公司债务。"这显然不是无价的夺取，而是有偿的征收。公司的债权人一点都不会受到损失。至于运河的自由航行，也是纳赛尔总统所强调指出的。1956年7月31日，他在《保证苏伊士运河航行自由的声明》中说："苏伊士运河的自由航行不会以任何方式或在任何程度上受到影响或连累。"埃及政府并宣称它"坚决保证运河的自由航行"。它说，巴拿马运河和达达尼尔海峡都由一个国家单独管理，难道不能自由通航吗？运河公司国有以后，埃及政府为了自己的利益，也是希望运河繁荣，从而愿意保证自由航行的。因此把一个纯粹的恢复国权运动，说成为破坏国际义务，只不过是帝国主义国家想重温其殖民政策的旧梦，企图霸占运河区域的借口而已。关于这一点，从英法在最近发动侵埃战争，占据塞得港而不撤兵的一系列事实来看，更可得到证明。肯定地说，英法发动军事进攻埃及，是破坏条约、违反国际法准则和《联合国宪章》、侵略埃及的非正义的侵略行为，应该受到制裁。奥本海在他的《国际法》中说："……为着许多法律上的目的，现在似乎又可能区别正义的与非正义的（合法的与非法的）战争——非正义的战争系指违反宪章与非战公约而从事的战争。"[②]关于正义的与非正义的战争一点，《联共（布）党史简明教程》有明确指示："布尔什维克并不反对一切战争，它们只是反对掠夺性的战争，只是反对帝国主义的战争。布尔什维克认为战争有两种：（1）正义的、非掠夺性的、解放的战争，其目的或是在保卫人民把殖民地和依赖国从帝国主义者压迫下解放出来；（2）非正义的、掠夺性的战争，其目的是在侵略和奴役别的国家，奴役别国人民。"[③]英法侵略埃及，是掠夺性的，要夺取

---

① 包遵彭著：《海上国际法》，海军总司令部新闻处1948年版，第20～21页。

② ［德］奥本海著、［美］劳特派特编译：《国际法》（第2卷第1分册），中国人民外文学会编译委员会编译，法律出版社1955年版，第240页。

③ 联共（布）中央特设委员会编：《联共（布）党史简明教程》，外国文书籍出版局1949年版，第208～209页。

运河,恢复其旧的殖民统治,其性质是非正义性的。其为一种侵略战争,可不言而喻。而埃及为“抵御外来侵犯”被迫应战,显然是正义的战争。联合国在讨论侵埃战争时对战争的性质不加区分,对侵略者不予谴责,不加制裁,[①]而仅以命令“双方停战”来敷衍了事,并通过用“国际警察部队”来代替英法侵略军,企图达到“国际管制”的可卑目的,这是我们所坚决反对的。我们希望第十一届联合国大会在进一步讨论英法侵略埃及议案的时候,应命令英、法、以军队立即撤离埃及。不然的话,应注援引宪章第 41 ~43 条的规定,对它们实施制裁,以保障世界和平,而维持宪章尊严。联合国到了面临考验的时期了,这一事件能否合理解决,将关系着这个国际组织的存在与威望。

(1956 年第 3 期)

① 参见《联合国宪章》第 1 章第 41 ~43 条,关于制裁办法的规定。

祖国法医学发展简史

张颐昌*

苏联法医学家波波夫说:"中国宋朝曾出版具有法医学性质的论文;该书的著者是某省的一个提刑——宋慈。"宋慈所著的书,就是《洗冤录》。

远在公元1862年,荷兰人就将《洗冤录》译为荷兰文。公元1908年,法国人又从荷兰译本转译成法文,Hoffmaun重译成德文本。

从上面的叙述来看,《洗冤录》具有法医学性质的价值,早经公认。

为中国法医学史分期便利起见,可以《洗冤录》的成书为分界,将中国法医学的发展分成三期。第一期:《洗冤录》未出现前。第二期:《洗冤录》出现后。第三期:法医学期。

第一期:《洗冤录》未出现前

中国法学发达极早,清朝沈家本做了一篇文章,叫做《法学盛衰说》。这篇文章里说"……战国之时,法学最盛……"战国时代是从周威烈王二十三年(公元前403年)韩魏赵三家分晋起,直至秦并六国(秦并六国的最后一年是在公元前221年)的188年期间。此可证祖国法学的发达已远在两千多年前。

古时,著名的法家甚多,如管仲、商鞅、申不害、处子、慎到、韩非、游隶子诸人。在这七个人中,申、韩尤著名。申不害所著的书,过简,不详细。韩非著书20卷,书名就叫《韩非子》,分成许多篇,其中有两篇名叫《孤愤》、《五蠹》,议论精密。

战国李悝做《法经》。萧何(汉高祖的丞相)作律九章,其中六章就是李悝的《法经》,其余三章才是萧何做的。

医学的起源也很早,刘恕通《鉴外纪内》说:"民有疾病,未知药石。炎帝始味百草之滋,尝一日而遇十二毒……遂作方书,以疗民疾,而医道立矣。"

据传黄帝时有二名医:一名僦贷子,能理邑脉而通神明;一名岐伯,系僦贷子之弟子,内考五脏六腑,外综经络血气色候,参之天地,验之人物,著有《针经》。

《内经》18卷,相传为黄帝所著。这是中国的第一部医书。其内容有脉理,病机,治法,针经,运气。内经内并说:"其死,可解剖视之。"

---

* 作者单位:华东政法学院(现华东政法大学)。

《史记》之《扁鹊仓公列传》内说，“乃割皮解肌，诀脉结筋”，可证明古人已有解剖概念。扁鹊姓秦，名越人，受禁方于长桑君。扁鹊是战国时的名医。仓公姓淳于，名意，为太仓长，故称仓公。少喜医药，终成汉时名医。

《汉书·王莽传》说：“翟义党王孙度既捕得，莽使太医尚方与巧屠共刳剥之，量度五丈，以竹筳导其脉，知所终始。”

汉朝的名医甚多，华佗是其中佼佼者。

《后汉书·方术传》内说：“佗精于方药，若病发结于内，针药所不能及者，乃先令以酒服麻沸汤，既醉无所觉，因刳破腹背，抽割聚积；若在肠胃，则断截湔洗，除去疾秽，既而缝合，敷以神膏，四五日创愈，一月之间皆早复。”《襄阳府志》里面曾述陀为关羽刮骨去毒。华佗诊断明确，擅长手术，他对于临床医学、治疗技术、解剖学和生理学，均有深刻的研究。他的学术不传是一件极可惜的事。《方术传》内又说：“陀临死，出书一卷于狱吏曰：此可以活人。吏畏法，不敢受。佗亦不强，索火焚之。”（按，华佗系被曹操杀死）

梁有《明堂孔穴图》五卷，又有《偃侧图》八卷。

法学、医学均向前进展。医学和药学尚发生相互发展的关系，法学与医学及药学则很少联系。

战国以后，经过1800年，法学日渐发展，到后晋时候已重视证据。为搜求证据起见，自必注意检验。但吾国重视检验由来已久，后人漫不经心，未加注意。《礼经》上所记载的一切，均可证明古时重视检验。《礼经》中有一篇，名叫《月令》，《月令》内说：“孟秋之月，命理，瞻伤，察创，视折，审断。”蔡邕解释如下：“皮曰伤，肉曰创，骨曰折，骨肉皆析曰断。”瞻、察、视、审就是检验方法，可惜的是自秦汉至后晋，虽有讨论检验或类似法医学的书，但因这类书湮没无存，以致古人的检验方法失传。

“据说中国在第六世纪名医徐之才曾著有《明冤实录》是中国最早的法医书，可惜已无传。”①

后晋时，《疑狱集》出现。《疑狱集》系和凝和他的儿子共同做的一部书，共四卷。《四库全书》总目卷一百一曾作如下的按语：“集中所记皆平反冤狱，抉摘奸慝之事，俾览者触类旁通，以资启发。虽人情万变，事势糜恒，不可陷以成法，而推寻故迹，举一反三，师其意而通之，于治狱实有裨益。”

《疑狱集》内所举的实例较多，有些例子中所述的检验方法是切合科学的。现在选录四个例子在下面。

---

① 李涛：“南宋的医学”，载《中华医史杂志》1954年第1期。

第一例:"张举烧猪"

"张举,吴人也,为句章令。有妻杀夫,因放火烧舍,乃诈称火烧夫死。夫家疑之,指官诉妻,妻拒而不承。举用取猪二口,一杀之,一活之,用积薪烧之。察杀者口中无灰,活者口中有灰,因验夫口中果无灰。以此鞫之,妻乃伏罪。"

第二例:"季珪鞭丝"

"宋傅季珪为山阴令,有卖糖卖针老母争丝一团,诉之委珪。季珪令挂丝于柱,鞭之,有少铁屑马,乃罚卖糖者。"

第三例:"破鸡辨食"

"有争鸡者,季珪问早何食?一云粟,一云豆。杀鸡破素,有豆马,遂罚言粟者。"

第四例:"楚金辨捕"

"唐垂拱年,则天监国,罗织事起。湖州佐使江琛阪刺史裴光判书,割取字,合成文理,诈为徐敬业反书以告。乃差使推光,疑云:'书是光书,陪非光语。'前后三使,尽不能决。奉敕令差能推事人劾之,当见实状。曰:'张楚金可。'令劾之,又不移前款。楚金忧闷,仰卧向牕,透日影照之,其字皆补葺作者。若平看,则不觉;向日,则见之。因集州县官吏,索一杯水,令琛取书投于水中,字一一解散。琛叩头服罪……"

《疑狱集》也有不好的例子,有些例子不合求证方法,如"严遵疑哭"。有些例子不合事理,如"丙吉辨影"。但书中大多数例子是有价值的,可供参考。

隋律过于精简,唐律渐趋完备。法律学到隋唐时代,已有相当的成就。

唐武德(唐高祖年号,公元618年至626年)中设博士一人,助教二人,掌教医生,分体疗、疮肿、少小、耳目、口齿,角法。分科之精,唐朝最详。

仁宗(公元1022年至1064年)命令王惟德将针灸方法编出次序来,拿铜人做模型,分府经十二经,旁注俞穴所会,把各个名辞全刻在其所应占的部位,并为铜人针灸图及主疗分术。

崇宁间(宋徽宗的年号),泗州有一贼被执行死刑。该地方首长派一位医家带同一位画师前往实施解剖,将所看到的组织予以描画。画成的图和古书对此,并无不同,这位首长的名字叫李夷行。杨介根据这本图编成《存真图》一卷。

宋时对于医,尤其对于针灸颇知注意研究,隋唐之后格外进步,注重折狱,专心检验、讨论检验的书籍屡有出现。

无名氏著《内恕录》。又有《折狱龟签》八卷,系郑克撰。郑克认为《疑狱集》不详细,也不精密,所以他就写出这部书来。事实上郑克的观点不十分正确。他说死了的人不能再活,对于生存的人应当原谅。这种意见是错误的。

嘉定(宋宁宗年号,自公元1208年起至1224年)中,湖南广西刊印正背人检验格目,江西提刑(相当于各省高级人民法院院长)徐似道就向皇帝指出这检验格目的优点。嘉定四年(公元1211年),宋宁宗把这检验格目发给各省提刑司(相当于各省高级人民法院),并给它起个名,叫做《检验正背人形图》。

第二期:《洗冤录》出现后

宋淳佑(宋理宗年号,自公元1241年至1252年)丁未(公元1247年),宋慈把《疑狱集》、《内恕录》集合在一道,将这些书内有价值的检验材料都保留下来,有些记录被他认为不对的,加以纠正,也有的是他个人的意见。这一部书写成后,就在湖南出版(因为在那时,他是湖南提刑)。书名叫《洗冤集录》。据元本,《洗冤集录》共分五卷。

书内有许多处说得很有道理,试举数条如下:

"自缢"内述:活套头,死套头,脚到地并膝跪地,俱可死。

"被殴勒死假作自缢"内述:"有死后被人用绳索系扎手脚及项下等处,其人已死,血气不行,其痕无血瘾,虽被系缚深入皮,无青紫赤色,但只是白痕。"

"杀伤辨生前死后"内述:"活人被杀者,其受刃处皮肉紧缩,四畔有血瘾。若被支解,筋骨皮肉稠粘,受刃处,皮缩骨露"。"截下头者,活时斩下,筋缩入,皮卷,骨凸,两肩耸皱。死后截下者,项长,皮肉不卷凸,两肩并不耸皱。"

"验火焚辨生前死后"内述:"凡生前被火烧死者,其尸口鼻内有烟灰,两手脚皆蜷缩。若死后火烧者,其尸虽手脚蜷缩,口内无烟灰。若不烧着两肘骨及膝骨,手脚亦不蜷缩。"

"服毒死"内述:"凡服毒死,或即时发作,或当日早晚。若其药慢,或一日二日方发,或有翻吐,或吐不绝,仍须于友服上寻余药,及死者坐处寻药物器皿之类。"

上面所引,均合事理,并符合近代法医学原则。700年前,宋慈已有这样的成就,是值得钦佩的。

《洗冤集录》内所述,大部分是有价值的,但也有不符合科学的叙述,如"自缢"内述:"自缢之处,开掘所缢脚下穴三尺许,如有炭方是"。

《洗冤集录》是科学遗产,值得发掘,不过应该采取批判的态度去整理它。

又有《平冤录》,无名氏著。

元朝王与著《无冤录》二卷。《无冤录》上卷内讲的是官吏的章程,下卷所述都是辨别死伤。《无冤录》内讨论自缢和勒死的分别,有独到的见解。王与并驳斥其他书中所述食颡在前、气颡在后的说法。

在明朝(公元1368年至1643年)时,王肯堂注释《洗冤录》,强景又增补《疑狱集》。

赤水玄珠(书名)内记:"何一阳以医从征,历剖脏腑,见心大于豕心,而顶平不尖，大肠与豕无异，惟小肠上多红花纹，膀胱是脬之室，皆如难经所云。”

清乾隆间，又在《洗冤录》后增加《检骨图》。

第三期：法医学期

清光绪二十五年（公元1890年），江南制造局出版了法律医学。这书是英国盖惠连与弗里爱同著，英国傅兰雅口译，新阳赵元益所笔记下来的。

公元1908年，王佑等译成《实用法医学》，此乃系日本石川贞吉原著，原名为《各国刑事民事检验监定最新讲义》。

公元1913年，江苏公立医学专门学校才开始实行解剖。

公元1932年，成立法医专门机构。

祖国法医学是有长久历史的，但在长期的封建统治和近百年来的帝国主义侵略下，我国法医学不能根据过去的光辉成就，很好加以研究，以求得更大的进展，这是一个无可补偿的损失。

解放以后，中华人民共和国卫生部已在各医学院内设置法医学科或组，培养法医师资。司法部合理地扩充法医研究所的设备，并令法医研究所附设法医训练班，大批训练法医工作人员。1955年9月，人民卫生出版社将中国医科大学教研组所译苏联波波夫教授著的《法医学》出版，这对我国法医工作人员获取先进经验方面将有很大的帮助。在党和人民政府的正确领导下，祖国法医学将成为发挥积极作用的科学。

（1956年第3期）

如何改变我国法律科学的落后现状

吉苏生*

具有伟大历史意义的党的第八次代表大会，光辉地总结了我国几十年来的丰富革命经验，其中包括法律方面的经验。这对开展我国法律科学的研究有着极其深远的意义。解放以来，新中国的法律科学比起旧中国的确有很大的进步和发展；法学家们与法律工作者们都试图以马列主义的立场、观点和方法来解决我国法学方面的问题，成绩是应该肯定的。但也绝不能忽视，当前我国的法律科学与其他科学相比，仍然是相当落后的。董必武同志在党的第八次代表大会上所作的《进一步加强国家法制，保障社会主义建设事业》的发言中指出："……我们的法律工作者，直到今天还没有根据马克思列宁主义的观点，从法学学理上写出一册像样的阐明我国法制的书，现在有的还只是几本小册子。"这几句话直截了当地指出了当前法律科学的落后现状。国家在社会主义取得决定性胜利的今天，在提出要进一步加强社会主义法制的今天，绝不能容许法律科学这种落后状况，必须改变它，使法律科学和其他科学一样，要在今后不长的时期内赶上世界先进水平。如何改变法律科学这种落后现状，我认为应该从如下几个基本方面着手。

一、必须克服教条主义的学习方法，密切联系实际

在法律科学上向苏联学习，这是我们坚定不移的正确的方针。目前存在的问题是如何学习，是教条主义的学习，还是有的放矢的学习？正确的学习应该是后一种。但遗憾的是，不正确的第一种学习方法却在过去的一段不很长的时期内成了法律科学领域中的主流。虽然党早就提出学习苏联必须同中国实际相结合的方针，但在法学研究方面，仍然没有得到有力的贯彻。例如，高等学校的政法院校里的好多课程，是未经改编地从苏联搬过来的，不同的就是把俄文译成中文。虽然其中也讲一部分中国东西，但实际上是苏维埃教科书的重复和翻版，只是外加"中华人民共和国"的几个字而已。这种教条主义的学习风气的流行，就造成了严重的脱离实际、不研究具体实际情况的倾向。从事法学研究与法律教育的工作者们，不是集中力量研究和总结我国的司法实践，批判和整理我国的历代法学，而是把力量

* 作者单位不详。

全部集中在讨论苏联教科书已经解决的问题上，甚至用以说明法律理论的例子也是苏联的，对我国法学上存在的一些重要问题却不去进行研究。为什么会产生这种不良的现象呢？原因有二：一是存在严重的依赖思想。一切问题都依靠苏联，苏联解决了的问题，就认为我们也解决了，而不管这一问题是否适合于中国实际，是否真正能解决中国的问题。因而，有些不适合于中国情况，甚至某些陈旧的、错误的理论，也都被当做至宝，兼容并包地搬过来。例如，维辛斯基院士在刑法和刑诉理论中的某些错误观点，在我们法学界都会流行一时。至于说到在苏联法学领域中引起争论和分歧的问题，我们不是对各派理论探入研究，提出独立见解，而是坐待苏联学研究机关或某法学权威的结论。结论一经作出，就被奉为经典，任何与此相反的见解，都被视为反马列主义的法律观。这种人云亦云的作风，是科学研究中最恶劣的作风。二是某些法学研究者确有自己的见解而不敢提出，在讲起课来或写文章时就违背自己的良心，隐瞒主见，见风转舵。其原因是怕被扣上唯心主义资产阶级法学观的帽子。法律科学不同于其他科学，它的政策性和阶级性特别强烈，因而“帽子”就特别可怕。

根据上述情况，我们要想使我国的法律科学向前推进一步，以适应国家的社会主义建设的要求，就必须克服教条主义的学习方法，认真研究和总结我国各个历史时期的革命法制和当前司法实践的经验。

二、必须提高法学研究与法学教育工作人员的质量

任何一门科学都必须具有一定科学理论水平的人才，否则什么也谈不到。几年以来，我国法学方面，没有编写出一本教科书或对某些法学问题的专门论著。这似乎是一种奇特的现象，但从从事法律科学工作人员的质量来考察，这种奇特的现象就不难找到答案。解放后，特别在司法改革以后，法学界特别强调地批判了旧六法的反动观点及其反人民的本质，这完全是正确的，并且为我国法学研究奠定了良好的基础。但这里面也有一些偏差，有的人怕谈旧法，甚至连旧法的书籍也不敢接近了。学过旧法的知识分子（参加过革命的例外），颇多转业改行了，经过改造而仍从事于法学研究或法学教育的甚少。几年来从事法学研究与法学教育的工作人员中，99%都是新生力量。新生力量确有很多优点，这是人所公认的，不必多谈，但他们也免不了有相应而来的缺点。所谓新生力量就是刚刚参加工作，他们学习时间短、经验少，在法学方面，过去毫无基础或者基础很差。少数同志的文化水平又较低。由于任务要求，他们就走上教学或研究岗位，因而这些同志在法学领域中的知识范围相当狭窄，除了对自己的专业有一般性的理解外，对法学中的其他方面的知识不是不懂就是懂得很少。这就造成了如搞刑法总则的同志，对刑法分则的知

识不够；搞刑诉法的同志，对刑法的知识不足。这些同志虽也迫切地要求提高，希望成为法学专家，但因工作太忙，会议太多而挤不出时间，纵有纸上规划，亦难实现。留下来的旧法知识分子，也没有很好地学习，很少参加实际工作。因此，提高法学研究与法学教育工作人员的质量，是当前法学界的迫切任务。这一任务的解决，应从两方面着手：一方面，对于新生力量应该从“培养多于使用，质量重于数量”的观点出发，帮助他们订出具体的提高规划，给他们时间上的保证，有计划地进行研究和进修。对于文化水平较低或法学知识太差的同志，应该送他们去政法院系作系统的学习；此外，还应该多留一些大学生担任助教，加以培养。另一方面，必须团结一切可以团结的法学人才；争取对旧法学方面有一定素养的专家、教授归队，加以改造，使其从事法学研究或教育工作。特别应该提出的，科学院必须及早地成立法学研究所，有关政法院系也应该招收法学副博士研究生。只有这样才能奠定我国今后法学研究的基础，才能创造中国的新法学。

三、必须解决法学研究的图书资料问题

图书和资料是一切科学研究的必需工具。没有它，科学家就等于失去拐杖的瘸子，寸步难移。我国法学现状的落后，资料的缺乏，不能说不是一个重要的原因。无论在高等政法院系里或是在图书馆资料室里，我们所能见到的几乎仅仅是几本苏联教科书。法学书籍真是如此贫乏吗？不是的。大家知道，我国的法学是世界上最发达的国家之一，早在几千年前就以“家”的身份出现于学术论坛上了。因而法学图书及其历史资料是十分丰富的。缺乏的原因是人为的。由于对旧法学的全部否定，不少有价值的法学图书和历史资料被扔在废纸堆里，当做废纸卖掉，甚至有人为怕传染毒素而将其焚毁，这样就使大批图书和资料遭到损失。此外，在藏有大量法学图书和资料的图书馆，不加区别地把这些西一概视为毒蛇，予以禁闭。例如，在全国最大的北京图书馆，这方面的藏书和资料是很多的，但读者所能看到的同样是几本苏联教科书。由于工作上的需要，机关写了一封介绍信，让我去借这一类图书参考，但图书馆所拿出的藏书卡片只有一二十张。难道北京图书馆真的就只有这几本法学图书吗？不是的。问题是他们有着这样的一种制度，即将某些图书分为“提存”和“封存”两类。凡归属这两类的法学图书，一般读者是不能看的。“提存”的书要有相当机关的介绍信才可以看，但绝不外借，而“封存”的书则根本就禁止看。大家知道，为科学研究和教学服务是图书馆的一个重要任务，教学和科学研究人员对它的希望很大，如果依照北京图书馆这种制度，图书馆就失去了它在科学研究方面的应有的作用。因此，不管北京图书馆或其他图书馆，我认为都必须改变这些人为的、不合理的、妨碍科学研究的制度。

法学研究方面除了缺少图书和历史性的资料以外，还缺少丰富的现实材料。我们并不是为研究而研究，其目的是提高我国当前的法学水平，适应社会主义建设的要求。要顺利地达到这一目的，就必须有大量的、丰富的现实立法方面的资料和审判实践方面的材料。这方面的材料在我们的立法和司法的实际工作部门，的确是非常丰富的。但可惜的是，这些具有研究价值的材料，一直被封闭在有关部门的保密箱中，和法学研究人员脱离。有这样一个例子，某政法学校派了两位同志去司法部搜集有关刑法和刑诉法方面的材料，而司法部管理材料方面的负责同志，首先申明只许看，不外借。经过一再的交涉，负责同志才允许摘录。这两位同志就勤勤恳恳地把所需要的材料摘录在笔记本上。摘完以后，他们怀着非常感激的心情，准备告别。但事不从愿，司法部要审查他们的摘录。结果摘录全部被扣留。据说这是些秘密材料。辛勤劳动了一整天，结果是空手而归。在材料方面的清规戒律是数不清的。例如，把材料分成等级，多少级的干部才可以看多少级的材料。因而有一大批教学和研究人员虽迫切要求这些材料，但因级别不够而不能看。好像材料不是为了供研究之用，而成了一种政治待遇。虽然，我国有成千上万的典型案例，但在教学上或讲稿上有许多例子还是用的苏联教科书上的，只不过是把彼得罗夫改为某甲，把乌沙可夫改为某乙而已。

上述现象的存在，就严重地妨碍着法律科学的研究。要大力开展法学研究，就必须打破这些清规戒律。这当然不是说，我们就不需要保密。保密是应该的，但绝不能把保密看成神秘，应该正确划清机密与非机密的界限。绝不能，也不应该任意扩大机密的范围。有关领导同志必须亲自动手审查各种材料，严格区别密件与非密件，而不应该采取有材料就要保密的官僚主义的态度。

四、法典起草工作应该同广大人民群众见面

我国立法的重要原则之一，就是为了广大群众的利益，吸取广大群众的意见。这是同任何资产阶级国家的立法的根本区别。苏联在这方面的先进经验是值得我们效法的。苏联对任何一个新的立法起草工作，都向人民作广泛的宣传；许多法学家、法律实际工作者以及其他方面的学者都在报纸杂志上发表文章，从各方面对新的立法提出意见，如进行新的立法原因，新的立法应根据什么原则以及体系内容。不同的意见，还展开争论。这些活动就引起了全体人民的重视，提出许多宝贵的意见。既然全体人民都参与了立法活动，这就大大地帮助了立法机关，扩大了立法机关的眼界；这就能保证新的立法的完善性，使其在最大限度上切合实际。反观我国的立法工作则不然。虽然几年以来，立法机关在进行一系列的各种重要立法，如刑法、刑诉法、民法等，差不多都草拟过一个到两个草案，刑法草案甚至有五六个之

多。在立法过程中,我们的立法者们以及一些法学家是存在各种不同的意见的。但在我们的报纸杂志上却从未发表过一篇文章,甚至报上连一条新闻都没有见过。因而,全国人民就不可能知道立法机关在进行哪些立法活动,人民当然也就无法就这方面提出自己的意见。这不能说不是我国立法工作方面的一个重大的缺陷。这也是我国法律科学落后的原因之一。

为了改变我国法学的落后现状,本文所述的四个方面可作参考,这当然不是某些人或某几个法律工作部门就能做好的事情,而是要法律工作战线上的每一个人、每一个部门携起手来,互相支持,共同努力才能得到解决。

(1956年第3期)

试论辩护人的立场

刘笪生*

《人民法院组织法》第7条规定:"人民法院审理案件,除法律规定的特别情况外,一律公开进行。被告人有权获得辩护。被告人除自己行使辩护权外,可以委托律师为他辩护……"这一原则既然为国家立法所肯定,于是便成了人民法院整个活动过程的不可缺少的一环。它对于提高人民法院的办案质量,保护被告人的合法权益,都起到一定的作用。但在辩护工作过程中,辩护人的立场问题是很值得我们研究的。这里我就谈谈这一个问题。

许多著作中都认为辩护人在刑事诉讼中的地位是双重性的,既是被告人的委托人,又是法院的助手,这种说法不能反映出辩护人及其工作的特性。我认为研究这个问题,应该从辩护人参加诉讼的任务和他在诉讼中的地位来着眼。辩护人的全部工作对于法院所作出的判决是辅助性的,不能以"助手"这样的一个任务来提出。辩护人只有努力为被告人辩护,才能使法院作出公正而全面的判决。如果他对法院的工作有所帮助,对辩护人来说,只能是为被告人辩护这一任务所派生出来的。取消或限制了刑事诉讼中的辩护,都会使国家的法制遭到损害。例如,M. A. 契立佐夫不恰当地把辩护人的地位和任务归结为永远是双重性的,这在实质上就是贬低了辩护人与被告人之间的关系,而过高地强调了辩护人对法院的义务。这样就会影响整个国家的司法实践。国家赋予每一个被告人在法庭上(在整个诉讼中都有)有为自己辩护的权利,而被告人又全部地或部分地委托了辩护人来实现这一权利。这在辩护人来说,又成为是对被告人的一种义务。从这样的一个关系来看,如果要求辩护人把帮助法院的任务,同为被告人进行有利的辩护这一任务相提并论,显然辩护人是不能为被告人所信任的。

至于辩护人对被告在实施其辩护义务时,辩护人的任务有两方面:一方面,必须保护被告人的合法利益;另一方面,也不能受被告人的意志所约束。辩护人与被告人之间,对事实和法的看法,可能有分歧,这也是允许的。但辩护人应该尽量避免这种分歧。辩护人要使被告人信任,必须以正义的立场,充分运用自己的社会主义法制的知识,努力向被告人阐明和解释,这是辩护人的最起码的义务。如果分歧不能解决,辩护人只单方面地去揭发被告人的犯罪事实,使自己转变到公诉人的地

---

* 作者单位不详。

位，这便失去对被告人应有的作用。这种做法是不对的。辩护制度是国家保障每个公民的辩护权，辩护人只有使被告信任才能工作，否则将一事无成。当然，也不能为了取得被告信任，就可以无原则地迁就被告人的犯罪行为。

此外，在刑事诉讼中的辩护与被告人的关系不像民事诉讼中的代理关系。辩护人不是被告人的代理人，不受被告人的意志所左右。但这不是说，辩护人在辩护工作中不反映被告人的意志，恰恰相反，辩护人的辩护，是以自己的社会主义法的意识和被告人的意志为出发点，也就是说，在辩护中是反映被告人的意志的。从这个意义上来讲，辩护人又是相对的诉讼主体。

从某法院在审理"通奸引起自杀"一案，可以清楚地看出辩护人为被告人辩护后使法院不受公诉人公诉的约束，而作出对被告不利的判决。通奸的女方，婆媳关系和夫妻关系均恶化，她很早就想自杀。但通奸的男方，家庭关系尚好。通奸后女方坚决要自杀，男方多次劝导无效，结果，由于双方庸俗的"爱情"所致，决定一起自杀。事后经急救，男方被救活，女方死去。此案在法院审理时，公诉人认为：男女双方通奸是引起和加速女方自杀的原因，所以男方要负刑事责任。而辩护人却认为：如果没有外界的强力，他人对于自杀是没有责任的。再加此案女方很早就有了死的念头。这样双方（公诉人和辩护人）的信念、观点和所提出的论点就促使审判员在审理案件中作了较细致的研究，从而使法院对于案件能认真细心地审理和判决。但是，辩护人在辩护时，首先考虑的是如何使被告人在诉讼中处于有利的地位。那些对被告人有利的事实和可资证明的证据没有提出，法律对案件中的运用是否恰当地保障被告人的利益，从搞清案情和正确引用法律来促使法院作出有利于被告人的判决。从这里可以看出，没有辩护人的辩护，就谈不上对法院的帮助。所以辩护人能够真实地、客观地为被告人提出有利于被告人的论证和分析，在主观上是保护了被告人的合法利益，在客观上也就帮助了法院对案件的正确审理和判决。

对于一切国家机关工作人员，都必须站在国家和人民的立场，在自己的岗位上忠诚地工作。辩护人也不能脱离这个要求。因为在社会主义的国家里，与犯罪作斗争是公民应负的责任和义务。辩护人是不能有与社会、国家相对立的立场、观点及行为的。这就是说，我们国家的辩护制度是有着显明的阶级性和党性。它是服务于会主义建设的。而资产阶级国家的律师是钱袋利益的保护者，是帮助资产阶级镇压人民的工具。其所持的立场，显然和我们国家的辩护人的立场不能相提并论。

辩护人在其具体的辩护工作中，必须是站在事实和法律的立场上，找出被告人有利方面，为被告人辩护。换句话说，就是要避免因法院对事实的认定或法律的引用上发生错误而损害了被告人的利益。

什么是事实的立场呢？任何一个案件的事实，不管其表面有多少虚构或伪装，事实总是一个。而且始终存在，谁都不能够否定它。辩护人的辩护也只有建筑在这些客观事实的基础上，才能出色地实现辩护职能。但又不是任何一个案件的事实都那样容易地、确定不移地被认定。辩护人与公诉人对事实认定的一致性不是必然性的，常常是会不一致的。有些案情在公诉人看来已经确实无疑，而在辩护人看来是毫无根据，或者尚有出入，这种分歧当然允许存在。但是，到了一定的阶段，即被那些确实的证据所证实而又无法推翻的话，那么任何一方都应放弃先前那些被事实否定的情况。这就是说，辩护人在主观上可以有自己的信念。如果辩护人已发觉内心的信念是错的，与客观真实不符，那就应该毫不吝惜地放弃。在没有事实证明辩护人的信念错误之前，或者这种信念完全真实，那就应该坚持。

辩护人要站在事实的立场上，就是要求他不应该把事实颠倒黑白，或错误地认定事实，以及不去揭示事实的矛盾和不合情理推断的后果。例如，很多有矛盾的证据并列在一起，如果辩护人以断章取义的态度来采证，或明明证据已否定了事理，而辩护人偏要提出，或以偶然性的可能不可能去认定事实，都是违背辩护人的立场的。

在辩护实践的过程中，证据适用不妥当和不够完善，都会造成对事实错误的认定。所以辩护人在辩护工作中，对于证据的审查和核对，证人证言的可靠程度也是不可忽略的；同时必须掌握着事实的本质的东西，就是要根据这些本质的东西，才构成某种犯罪的。因为认定这些事实，始终是与适用法律规范相联系的。例如，强奸罪，其中最本质的就是用强力致使女方受到奸污，缺少了强力就不构成强奸。假如男方用金钱或职位来诱骗女方，而获得性的满足，这就是诱奸，因为其中并不存在强力。

所谓法律的立场，就是辩护人在他的工作中不仅要成为国家的法律保卫者，而且对国家法制的巩固，也起着重大的作用。

辩护人在实践中，必须注意在适用法律上，对被告人是否妥当或错误，这对于被告人来讲是有很大意义的。例如，某反革命案，检察机关在逮捕时，并未以反革命罪来逮捕，而是以贪污罪名逮捕；逮捕后，被告人提高了认识，主动坦白了自己的反革命罪行。在法庭上公诉人适用《惩治反革命条例》时，除适用该条例的主条外，并参照第14条第2款。这一条文对被告人只是确认一般性的坦白。而辩护人提出以第14条第1款参照，这样就符合被告人的自动（对反革命罪行来讲）坦白的这一事实，法院在考虑被告人的量刑上显然有很大伸缩性。

辩护人不能对法律有错误的理解，或有意无意的歪曲。有些辩护人在辩护工作中，事先与审判员或公诉人对案件中事实认定方面，以及被告人所负的责任都作了联系。这样，在审理案件时，质量必然降低，被告人的辩护权也得不到保障，更严重的是违反了法律。有的辩护人在发觉审判或侦查过程中有逼供信的现象,也不敢在法庭上公开提出,怕丧失政府威信,怕搞坏关系。这就不仅违反了法律所规定的辩护权原则,而且迁就了法院和检察院的违法现象。显然地,辩护人是没有站在法律的立场上,更没有对法院起帮助的作用。

此外,辩护人更不能对法律有断章取义的理解和引用,而必须从法律所规定的实质和内容作出与立法精神相吻合的解释。

在一切场合下,辩护人的政治质量及修养也是决定辩护工作好坏的主要因素。维辛斯基说:"必须向辩护人提出的第一个要求,这就是具有高度的政治责任感,高度的政治修养,高度的锻炼,好的教育和社会纪律……善于坚持自己的观点。并且不单是为了被告人的利益,而是为了社会主义建设的利益,为了我们国家的利益,而在发言中无畏地坚持他自己所相信的事实而斗争。"①

综上所述,辩护人能够真实客观地分析条件的实质和内容,有高度的政治修养,在思想方法上不是主观武断,掌握法律知识是牢固的。那么,其辩护工作一定能够贯彻党的政策及国家的法令,同时保护被告人利益的任务也能实现。

但是在实际工作中,常常会遇到下述情况:一是违反了被告人的合法利益;二是违反了国家或整个社会的利益。这两种倾向都违反了辩护人的立场。

在第一种情况中,主要是辩护人的工作不细致,不去认真研究案件中的细小问题,认为这与案件无关紧要,或者根本没有觉察到。这样对于被告人的许多有利的事实及论点,就有意无意地被抹杀了。这在客观上使被告人处于不利的地位。例如,甲女告乙男强奸其幼女,法医并未作出被告人乙男有强奸甲女之幼女的鉴定,但辩护人在辩护时首先就认定了乙男有强奸幼女的行为。辩护人何以作出这样的认定呢?首先是辩护人忘记了必须觅寻有利于被告人的证据,如甲女为什么要告乙男,甲乙之间平日有何矛盾,等等。由于辩护人没有做这些工作,因而作出了与被告人的利益相抵触的认定,这样不仅使被告人的合法利益遭到损害,同时也影响了法院判决的正确性。在辩护人来说,这是违背了其应持的立场,从而也影响了我们国家律师制度的声誉。

第二种情况则更为严重。有的辩护人由于政治修养差及个人英雄主义思想的作祟,好胜心强,往往作出无原则的辩论。这在表面上看来,似乎是在保护被告人的利益;但实际上不仅违反了国家和社会的利益,而且也违反了被告人的合法利益。例如,把有证据足以说明的事实,却认为证据不足而加以否定;根据情况应该由被告负责任的,却认为被告不了解,不应负责;或者被告应该负主要责任的,而却认为只负次要责任。这样强词夺理地把国家的法律在法庭上公开作歪曲解释,不

① [苏]维辛斯基著:《革命的法制和苏维埃辩护的任务》,莫斯科1924年俄文版,第38页。

仅失去了辩护的意义,而且增加了审判人员的困难,降低审判效率,甚至发生错判。这是完全不对的。所以,辩护人应非常慎重地考虑到自己的论点的属实性和法纪性。如果某些论点找不到更多的证明,应该放弃,不要坚持,否则就会丧失立场。例如,某甲取得我国台湾地区特务机关的津贴,接受了召集某乙、某丙建立反革命组织的任务。这是完全出于某甲主动的行为,但辩护人为了替被告作"轻罪"的辩护,把某甲这种主动召集乙丙的行为认为是被动的,是被迫的。这就是企图掩盖被告人真正的责任,以使被告人逃脱国家应得的制裁。很清楚,这个辩护者已失去了他应有的立场。

此外,有些辩护人在工作中偏听偏信,拿不定主意,对案件缺乏具体的分析,这样使其在辩护工作中模棱两可,降低了辩护工作的质量。显然,这也会影响辩护人的立场。

(1956年第3期)

谈谈怎样自学刑法科学

王文升*

中华人民共和国刑法,是我们国家用以同反革命罪和其他一切刑事犯罪作斗争的有力武器,是我国人民民主专政的锐利工具之一。它保护着我国人民民主制度和法律秩序,抑制犯罪的侵害,从而保障国家的社会主义建设和社会主义改造事业的顺利进行。

作为法学的一个重要部门的刑法科学,它的任务应该是为国家的审判、检察和刑事立法的实践服务的,它帮助审判、检察和国家的立法机关提高工作质量,从而不断地发展和巩固我国的人民民主法制。因此,它所要研究的内容,就应该包括:刑法的斗争对象——犯罪;与犯罪作斗争所使用的方法——刑罚;我国现行的刑事立法;人民法院、人民检察院适用刑事法律的司法实践和刑法发展的历史等几个基本方面的问题。

我国刑法是属于社会主义的法的一个部门,它有着很大的优越性。几年来,我国在以刑法同犯罪作斗争的司法实践中,已经取得了丰富的斗争经验。如果我们能够认真地进行研究和总结,发展成为系统的刑法理论,无疑,对今后在审判、检察工作中加强人民民主法制和促进刑事立法工作的发展,都是会有极大帮助的。但我们过去对于这一工作做的太少,以致我国的刑法科学至今还严重地落后于实际,跟不上客观形势发展的要求。譬如,至今我国还没编出一套具有完整科学体系的中华人民共和国刑法总则和分则的教科书来,就是在刑法科学方面的专题论文,数量也不够多,质量也不高。这一落后现象,是必须迅速加以改变的。在党的"百家争鸣"的方针下,相信我国的刑法科学工作者和广大的实际司法工作者,在不久的将来一定是会创造出新的成绩来的。

但是,我们也必须看到一个现实问题,这就是:在新形势的要求下,在党的向科学进军的号召下,目前我国广大的作实际司法工作的同志,对学习刑法理论的要求是极为迫切的,大部分同志都在自学,但是他们感到有困难,亟须介绍一些学习资料和学习方法给他们。下面我仅根据自己的学习体会,就这一方面的问题,谈谈个人的看法。

我认为,目前在学习的内容方面,应该从以下几方面来进行:

---

* 作者单位:华东政法学院(现华东政法大学)。

1. 应该认真地学习苏维埃刑法科学

学习苏维埃刑法的材料，目前我国已翻印出版的有苏维埃刑法总则和分则的教科书及《1917～1952年苏联和苏俄刑事立法史料汇编》等主要参考书(上述书籍是法律出版社出版的，书店里可以买到)。这些书中，对苏维埃刑法科学的成就和刑事立法文件等，都有着系统详细的论述，是学习时的必读文件。

苏维埃刑法科学是世界上最先进的刑法科学。它是在十月社会主义革命胜利以后，在马克思列宁主义理论指导下发展起来的，至今已有39年的历史。由于苏联党和政府的关怀，由于苏维埃刑法学家的努力，苏联在刑法理论上的重要的问题，如犯罪与刑罚的概念和本质、犯罪构成学说、共犯学说、刑罚的双重任务、判刑的一般原则以及对各类犯罪概念、构成的问题，都有了深入的研究，取得了很大的成就。这一些问题也是我国目前在刑法理论中和司法实践中亟待解决的。苏联的成就是值得我们学习的。在学习方法上必须坚持马克思主义的方法，反对教条主义的方法。

2. 必须很好地学习党与国家的刑事政策和国家的现行刑事法律

我国目前的刑事立法还不够完备。例如，国家还没有颁布刑法典；在刑法理论方面的大规模的科学研究工作也正在开始，还没有编出一套具有完整科学体系的刑法教科书来。在这样的情况下，有系统地进行学习是比较困难的。但这只是一方面的情况。另一方面，我们也必须看到，我国在刑法方面是有丰富的材料可以学习的。因为目前我们既有党和国家关于刑事政策方面的指示、决议等文件，也有像《惩治反革命条例》、《惩治贪污条例》、《妨害国家货币治罪暂行条例》、《保守国家机密暂行条例》等；过去各个革命时期中还有着极为丰富的历史材料。所有这一些，都可以作为我们进行学习研究的宝贵资料。只要我们能够很好地对这一些文件进行学习和研究，一定会有极大的帮助。

上述这些资料，也是不难搜集到的。例如，各地翻印的司法工作手册，一般地都已将主要的刑事立法方面的资料汇辑进去。至于刑法历史方面的资料、报告、专题论文、报纸上的社论等资料，亦已经由出版机关和政法院校汇编出版。此外，我国目前已有像《政法研究》、《华东政法学报》等学术性的法学杂志。这些都是我们学习的有利条件。

3. 加强对工作经验的学习和总结

我国在刑事审判工作中，创造了很多宝贵的先进经验。如果我们能够加强这一方面的学习和总结，对改进工作，提高和丰富刑法理论，是有很大的帮助的。我们应该把它作为主要的学习内容之一。

这一方面的学习数据，是比较容易搜集的。例如，各地都有《司法工作通讯》、《法院工作简报》、《人民检察》以及工作通报、简报等内部刊物和文件。这些作为交流工作经验的材料，都可供我们学习。

总之，我们在刑法方面的学习内容是丰富的，资料也是很多的。如果我们能够从上述三方面来进行学习，就能提高工作质量和理论水平。

下面谈谈我对学习刑法科学的方法的看法。

刑法是具有强烈的阶级性的，在我国，它是人民民主专政的工具之一。刑法的这一特点，就决定了刑法科学高度的党性和战斗性。因而学习的人必须具有明确的阶级观点，以辩证的方法、批评与自我批评的武器，从本质上去分析和认识问题。只有如此，才能看到问题的实质所在，否则很容易被表面现象所迷惑。譬如，要正确地分析一个行为是否构成犯罪，当然必须要依法和运用犯罪构成的理论来进行分析。但是，如果阶级观点模糊、政策水平低，就是有法也不一定会用得恰当。

至于学习刑法科学的具体方法，那应该是多种多样的。这里只谈几个一般性的问题。

1. 掌握刑法科学的体系问题

每一门科学都有它的研究对象和科学体系，刑法科学同样也是如此。掌握刑法科学的体系是很重要的。因为它能够告诉我们应该怎样循序渐进地学习，使学习中少走弯路。刑法科学的体系，在总则部分，主要的包括这样几个内容：(1)刑法的概念、本质、任务、基本原则。(2)刑法的渊源和适用。(3)犯罪学说。这里主要包括犯罪的概念、犯罪的阶级性、犯罪产生的原因、犯罪构成的概念、构成犯罪的各个要件以及犯罪的发展阶段、共犯学说等问题。(4)刑罚学说。这里主要包括刑罚的概念、目的、种类、判刑的原则以及数罪并罚、缓刑、免刑、假释、时效等问题。在分则部分，主要的是分章从理论上对各种犯罪的概念、构成的要件、处刑的原则等进行研究。这里主要是研究反革命罪、妨害公共安全罪、侵犯公共财产罪、侵犯人身罪、渎职罪、妨害管理秩序罪、侵犯公民财产罪、妨害婚姻家庭罪等。要能够全面地了解刑法科学体系，目前可根据苏维埃刑法总则、分则教科书来学习。据说目前在高等法律学校试用的全国统一的《中华人民共和国刑法教学大纲》，不久可由中央高等教育部发表。这个大纲对刑法科学的体系和各章、节的具体内容以及必读参考书等，都有着详细的说明，对自学刑法科学的同志将有很大的帮助。

2. 学习的重点问题

刑法科学的范围非常明确，它只是研究关于犯罪和刑罚有关的问题。刑法是个实体法，它是论罪科刑的标准。具体地说就是：在刑事审判作中，当某一案件的事实完全弄清楚后，在判决时，依它为准绳来确定一个人的行为是否犯罪。如果是犯罪，就依刑法的规定来确定是犯了什么罪，处以应得之刑罚。目前在我国刑事审判工作中最感困难的问题是:罪行性质和罪名的确定、区分罪与非罪的界限、罪与罪界限的标准以及判刑原则的掌握等问题。因此,我们就应该把这一些问题作为我们学习和研究的重点,以便能够取得正确的理论知识来指导刑事审判实践。

(1956 年第 3 期)

研究“旧法”的意义和态度

——关于“旧法”问题座谈会的综合报道

自从本学报第二期发表了李良的《“百家争鸣”和法律科学》和刘焕文的《在“百家争鸣”中谈旧法思想》两文，提出研究旧法问题以后，曾引起了法学界的注意和重视。为了开展这一问题的讨论，加强法学研究，本学报编辑部曾于10月31日邀请了上海市政法部门、政法院系和其他方面的法学家30余人进行座谈。

会上首先由李良和刘焕文两位教授分别对自己的文章的主要论点作了介绍（请参看本学报第二期李、刘两位教授的原文）。接着发言的有孙晓楼、江海潮、韩学章、周子亚、高呈祥、陈忠诚、朱鸿达、缪杰、杨兆龙、俞承修、洪文澜、杨峰、陈文彬、王庆泰、王绎亭、周原冰、曹漫之，潘念之等同志。大家对研究旧法问题从下列几个方面提出不同的意见。

1. 新法和旧法怎样划分？较多的同志认为新法就是社会主义的法，旧法则是非社会主义的法。有些同志认为笼统地说旧法、新法是不清楚的，应分古代法、资产阶级法、社会主义的法。个别同志认为我国法的历史可分为三个阶段，即戊戌政变以前的法是封建的，以后是模仿资本主义的，解放以后才有社会主义的法律。另一些同志认为法与法律思想本身应区分开来，旧社会的法律都是旧法，但资产阶级社会也有统治阶级与工人阶级两种人，反映了两种思想，属于资产阶级法律思想这部分是旧法。

2. 新旧法律思想的关系。座谈中各人对这方面的意见比较有分歧。有的同志认为新的法律思想是在旧的法律思想中产生出来的。但其他同志则反对这种看法，他们认为新的法律思想是在旧社会中早已反对旧的法制，并在对旧法的斗争中生长起来，并不是旧法的逐渐更替。有的同志认为不能把旧社会的法律思想笼统地并作一起来看。所谓旧法思想，从其整个体系上应该理解为旧的统治阶级的主导思想，也即剥削思想。这种剥削思想绝对不会保留在社会主义法学中。至于旧社会中的非剥削阶级的法律思想，反映于旧法学上的个别主张或说法，还有它的某些意义。有的同志说，旧的法理学是无可保留的，但某些旧的实定法，并不是不值得研究。但又有的说，旧法在本质上是反动的，它的基本内容和新中国的制度是不相容的，采取其某种形式而更变其内容，法的本质上就有根本的变化，并不是什么继承的问题。有的同志称国际法中有许多原则是古今通用的，如“公海自由，不得隶属于个别国家的原则”，“相互尊重领土完整与主权”、“互不侵犯”、“互不干涉”等原则，我们的主张和原来的国际法不谋而合。但有的同志认为，同样的原则在不同性质的国家就有不同的内容,我们的"和平共处"绝不是和资本主义国家所标榜的"和平共处"相同,随便引用"古已有之"的说法,是危险的。比较相近的意见是:"历史不能割断"的原则同样也适用于法学中,新旧法学的本质是不同的,但在矛盾和斗争中自然会有着种种方面的关系和影响。

3. 我国历史上有无法学遗产?大部分同志都肯定我国法学是有遗产的,法律作为一门学问在我国历史上曾有过相当的发展。许多同志都指出,春秋战国时代的百家争鸣中,"法家"就自成一家之言。《韩非子》、《商君书》、《申子》、《慎子》、李悝的《法经》等古典法学著作都有精辟说法,有的在今天还是有用的。此外在其他著作中,如最古的《尚书》,儒家的荀卿、朱熹、王守仁以及袁枚等的文集中也有很好的理论意见。不少同志特别提出,《唐律》是我国历代最完备的法典,今天还值得研究。宋代的《洗冤录》是积累历来法律检验的经验,很多合于科学原理,今天还可以参考。

4. 如何研究历史上的法学遗产?多数同志认为新旧法有本质的不同,新法对于旧法绝不是简单的继承问题。有的谓旧法是应该否定的,但否定的意义就包括有某些吸收的意义。我们否定的是旧法的反动本质,但不妨碍吸取其对新社会有利益的部分。大家同意旧法应该整理、研究、批判。通过这工作,可以了解各时代法律的性质;可以认识政治和社会制度的变迁;可以丰富和充实我们的知识,对于研究和建立新的法制也会有些用处。整理的方法,一般都同意须在马克思列宁主义思想指导之下,特别注意到无产阶级的立场,采取批判的办法,加以分析辨别,去其糟粕,取其精华。就是合于科学、对人民有用的部分,也必须经过改造才能吸收利用。有的同志认为对资本主义的法,尤其对帝国主义时代最反动的法学研究,应该特别警惕,否则就会上当,甚至中毒。

会上大家都觉得研究旧法是重要的,但也很复杂,其中还有许多问题必须进一步明确。这次座谈,仅是开始,今后须由若干专家(当然不是普遍地号召大家来做)对各种旧法和旧法思想作具体钻研,进行分析、批判,提出一些有用的材料或总结出一些经验来,这对今天的法学研究和人民立法都是有好处的。

(1956 年第 3 期)

在“百家争鸣”中谈两个问题

陈文彬*

1. 关于我国古代法学遗产,我以为既不能全盘否定它,也不能全盘接受它,而必须进行细致的研究、分析和批判工作。这里,我想把韩非的学说作为一个例子来说明。

韩非是我国古代法学思想的综合者。他的学说是当时新兴的地主阶级在与旧的领主阶级进行斗争的意识。韩非的法学理论的出发点是参验论,而参验论乃是经验论的一种。经验论哲学在欧洲是由培根创始的。他承认知识的来源乃是经验,而经验的来源则是客观的物质世界。在培根看来,哲学与科学应该建立于经验的现实基础之上,只是根据现实得来的经验,才可以所认识事物的本质。所以培根说的经验,乃是客观事物的反映。在这里,培根的经验论是和唯物论相结合的。

但是,培根所说的经验,与贝克莱、休谟等经验论者所说的经验却全然不同。贝克莱、休谟等是把经验解释为主观的意识,内心的体验,即把客观世界的内容主观化了。因此,就把一切事物归结为内心的体验。这样,他们的经验论就成为主观唯心论了。

所以在哲学史上经验论这个概念,包含着两种不同的哲学:有唯物的经验论,也有唯心的经验论。

韩非的参验论是属于唯物的经验论。他认为对于一切事物的认识,都必须通过参验的过程,参验就是实践的考验或实际经验的证明。同时,韩非的学说包含有辩证法的思想,他初步认识到事物发展中的联系和矛盾。他是善于揭露对方议论中的矛盾的。例如,他在《难势》中所讲的“以子之矛,陷子之盾”的故事,是尽人皆知的。他认为:“法之为道,前苦而后乐。”从哲学观点上说,这话是表露了对立面的互相包含,互相转化的思想。这如同老于说的“祸兮福之所倚,福兮祸之所伏”一样,都包含有辩证法的因素。

韩非指出:“世异则事异”“事异则备变。”这就是他的变的历史观。既然历史是变化的,法律也就随着变化,所以他说:“法与时转则治,治与世宜则有功。”这就是他的变的法律观。因此,韩非抨击保守,反对复古,而极力主张面对现实。他说:

---

* 作者单位:复旦大学。

"不务循古,不法常可,论世之事,因为之备。"这说明了他是一个现实主义的法学家。

此外,韩非的学说中还包含有民主主义的思想(如他说"利民萌,便众庶")和刑赏平等主义(如他说:"刑过不避大臣,赏善不遗匹夫")。

以上各点,虽不足以概括韩非学说的全部内容,但我认为这些论点都是韩非学说中的精华,也是我们国人民文化传统中一份珍贵的遗产,绝不能以它是封建社会的产物而全盘否定。

当然,韩非的唯物论,具有不彻底性,而他的辩证法思想,也具有朴素性。韩非的法学思想也包含了它的反动的因素。所以,无批判的全盘接受,也是不对的。

由此可见,继承法学遗产,不是像子女继承父母遗产那样简单,可以拿来就用,而是必须进行细致的研究、分析、批判和改造的工作。这是因为在剥削阶级统治文化的修改下,法学思想受着剥削阶级的世界观和阶级利益的影响。因此,对法学的继承,就应该慎重地进行,应该舍糟粕而吸取其精华。因此,在法学继承性问题上,要防止可能发生的两个偏差:一个是漠视祖国古代法学遗产的虚无主义;另一个是"颂古非今"的复古主义。这些态度,无疑地都会阻碍着法学的发展。

在法学继承性问题上,正确的态度是"在我们对于封建主义和资本主义的思想体系进行批判的时候,我们对于旧时代有益于人民的文化遗产,必须谨慎的加以继承"(刘少奇同志语)。

2. 刘焕文先生的文章把庞德学说概括为五个要点:"(1)法律是一种对于'社会的需要'予以满足之社会制度,因此,法律制度及法律原理应重视其对于社会实际生活的效果;(2)法律是一种妥协,表现社会的利益与个人的利益之均衡;(3)法律是对社会进行统制所依据之一切知识及经验的总体,法律的内容不以法规为限,应包含种种原理、观念,以作为吾人行为及审判上的准据;(4)执行法律时,不应重视法之强制性,应当重视法律之社会目的,使其成为促进人类之社会的经济的及文化的进步的东西;(5)法律之施行较之法律之抽象的内容更为重要,应当重视法律之施行方法,以保障法律所欲达到之社会的目的等。"

我认为这样的概括,不免有些笼统模糊,显然不是在分析的基础上进行概括,而是主观随意的介绍。这就可能使读者发生错觉。例如,以刘先生所介绍的第三点来说,庞德主张"法律是对社会进行统制所依据之一切知识及经验的总体"这句话,如果不加以分析,那么,也许有人会说:既然说经验,那就是承认了一种客观的东西给我们以经验,这样,庞德岂不是一个唯物论者了吗?因为,经验这一概念,有各种不同的看法,问题在于怎样理解经验。列宁指出:"……在'经验'这一字眼下,无疑地可以隐藏着哲学上唯物论的路线与唯心论的路线,同样,也可以隐藏着休谟主义的路线与康德主义的路线。”①

很显明,庞德的法学经验,是从主观唯心论的见地上来理解的。据庞德看来,所谓法律,归根结底是由主观经验决定的,超出经验以外的法律是不可能有的。尽管在庞德的著作中,有些地方也用“工具”或“工程”等字眼来说明法律,但他的理论结局又把法律归结为主观经验,或主观自由意志。对于他,主观经验就是最终的东西,而没有它的客观世界的来源。庞德就是这样理解经验,从而提出这样的命题:“法律是知识及经验的集合体”。这是庞德法学思想的世界观的基础,是非常值得我们注意的。但这个命题,也并不是庞德的“创见”,而是拾了霍尔姆斯的残余。他说过:“法的生命,不是逻辑,而是经验。”庞德曾经力图以这唯心的经验论的法律观来对抗马克思主义的法律观。在这关键的地方,为什么刘先生不着重地进行分析,而只是轻描淡写地介绍一下?这就给人一种印象,好像庞德的法律观与马克思主义的法律观,可以“和平共处”而“互相妥协”的。我看,这是合乎刘先生的逻辑。因为在刘先生的文章中就曾经举出国民党的法律,如古物保存法、狩猎法来论证这些法律,“对于人民并无重大危害”,既然如此,那么,两种根本对立的法律观岂不是也可以“妥协”了吗?

此外,刘先生对庞德学说的基本观点,如法学的怀疑论(这是休谟的不可知论在法学方面的表现)和庸俗进化论等,都没有进行分析与批判,而只是片面地强调庞德学说中的“法律的效果论”的论点。我认为这个论点,很容易和真正科学的论点相混淆,如果我们仅仅注意到它的表面词句,就难免要受到迷惑。要揭露庞德这个论点的反科学性和反动性,就必须把他的表面词句和他的主观唯心论的内容及其阶级要求联系起来进行批判,才能揭露他的理论本质。

但是,刘先生认为:“……庞德这段话,批判其反动本质后,也还是可资利用的法律理论。”我认为,这种说法不仅不能揭露庞德学说中关于“法律的效果论”的反动本质,而且按照刘先生的说法,也陷入逻辑上的矛盾。既然认为庞德所注意的效果,是反动的效果,怎么可以得出“不无可取”和“可资利用”的结论呢?难道新中国的法律,需要这样的效果吗?

即使我们撇开庞德学说的阶级属性不谈,单从他的思想来源上来说,庞德的“法律的效果论”在思想上的来源应该是皮耳士和贝克莱的学说。皮耳士曾经说过:“……我们对于这些效果的概念,就是我们对于这个对象的概念的全部。”意思是说,存在就是有用,也就是有实在的效果. 这如同贝克莱所说的“存在就是被感知”一样都是唯心论的观点。庞德的“法律的效果论”是把皮耳士和贝克莱的学说

① [苏]列宁著:《唯物论与经验批判论》,曹葆华译,人民出版社1953年版。

综合起来而应用于法学方面。因此,庞德认为有用有效果的法律,就是好的法律,否则,就是坏的法律。这是彻头彻尾的主观唯心论。而刘先生却认为“不无可取”甚至“可资利用”,这是从出发点上便弄错了。

(1956年第3期)

新法学不是旧法学的简单继承者

韩学章*

关于法学研究工作者应以怎样的态度来对待旧法学遗产的问题,我认为,对旧法学采取一概否定的态度是不正确的;但笼统地强调新旧法学的继承性而模糊了两者的根本区别,从而无原则地吸收,是有害的。

我们不否认新的事物从旧的事物发展而来,但必须承认其是与旧事物斗争中成长起来的。新法学与旧法学标志着非剥削者的法律与剥削者的法律的本质区别,两者无论在观点上、立场上都是绝对不相容的。这就决定了我们对旧法学只能是批判地接受。批判它的反动错误观点,接受对丰富新法学还可用的东西。我们固然要看到新旧法学之间有其继承的一面,但更重要的是必须认清新法学是在否定旧法学的基础上建起来的。否定当然不是简单说个“不”字,也不像有些人甚至连旧法用语都要反掉,如“假释”两字因旧法学用过,便不能用;又认为在诉讼程序上问当事人姓名、年龄、籍贯也是旧法观点而要反掉,这显然是不对的。我们理解的否定,正如恩格斯所说的:“否定本身便包括继承性”。就是吸收旧法学中一些可以利用的东西,加以批判改造而成为新的、更高的、在质量上与以前旧法学完全不同的新法学。

其次,在研究旧法学时,必须要紧紧地把握住新的立场观点,从本质上划分两者的界限,绝不能把新的本质上不同的东西都看成为“古已有之”,或者把新的本质上不同的东西当做旧的简单的继承。我不同意刘焕文先生在他的文章中所说的,“我们都知道‘马克思主义是人类在十九世纪所造成的那些优秀成果,即德国哲学、英国政治经济学和法国社会主义底继承者’①,我们也知道这几种思想都不是为无产阶级服务的,其中英国正统派经济学更是资本主义社会的理论支柱,但马克思主义并不因为吸取了这些思想就降低了它的阶级性”。我们必须知道,德国哲学、英国政治经济学和法国社会主义,虽然是马克思主义的三个来源与三个组成部分,但马克思主义毕竟不是三者的简单的继承者啊。正如日丹诺夫同志批评亚历山大洛夫的《西欧哲学史》时所指出的一样,只看到马克思、恩格斯哲学对黑格尔、费尔巴哈的继承性,强调了量的变化,而不认识马克思、恩格斯是开辟了历史上

---

* 作者单位:上海市高级人民法院。

① 《列宁文选》(两卷集·第1卷),第69~70页。

的新阶段，这是错误的。因为马克思主义的产生正是哲学中的真正的发现、真正的革命。同样地，我们不能强调新旧法学思想的联系，把新法学当做旧法学的逐渐更替，只是量的变化而不是质的变化。相反地，我们必须看到，新法学是在战胜旧法学的基础上产生、成长、发展起来的。

（1956年第3期）

如何对待法学遗产

周原冰*

会上同志们都赞成在马列主义的思想指导下进行“百家争鸣”,也都承认法学有遗产,并且一致认为这些遗产要批判地接受。但在对这些原则的具体解释和具体运用上,却显得很不一致,这就更加证明“争鸣”的必要。不“争”不足以暴露“分歧”,不暴露“分歧”即无从求统一;从争论中发现矛盾,而又从争论中解决矛盾,这正是马克思列宁主义的思想原则。

谈到我们如何对待法学遗产的问题,我想可以先考虑以下几个问题。

第一,任何学术思想的形成,不能不受到三个方面的限制,也就是要受到三个方面的影响,并反映这三个方面。

一是要受当时社会生产力状况的限制,反映当时生产力的状况。我们不可能要求古代人在生产技术上具有现代人的水平,同样也不要求古代人在学术思想上具有现代人的水平,因而对古代的学术遗产,当然就不能不加分析地全部接受。但同时也不能不承认,古代人在生产上的每一成就,也必然会反映为学术思想上的成就。因而,古代的学术遗产自然有其可以接受的部分。

二是在阶级社会里,任何学术思想,不仅反映每一思想家本身的阶级地位和阶级立场,而且还不能不反映当时的阶级斗争形势。历代统治阶级的学术思想,没有疑问是主要反映统治阶级本身利益的。可是,“主要”并不等于“唯一”,也不等于“全部”。被统治阶级的反抗和斗争,也往往会在统治阶级的学术思想中反映出来。他们有时不得不作些让步,尽管这些让步也是出于他们自己的阶级利益的需要,但却是形势所迫,不得不为,因而并非心甘情愿的。而这些地方,就正是被统治阶级的反抗和斗争的反映,这些地方就往往有很多好的东西。法学有没有?我想也不会没有的。

三是任何学术思想不能不受到历史传统的影响,旧的对新的总会有联系。尽管新的可能否定了旧的,但总免不了又从旧的当中吸收了对公共有益的部分。法学恐怕也是如此。

第二,作为上层建筑的法学,无疑是具有极其强烈的阶级性的。历来反动统治阶级又如何运用法学理论来为其阶级利益服务呢?我想,不外三个办法:一是这种

* 作者单位:中共中央华东局。

法学理论本来就是反动的，反动统治阶级当然可以直接使用而大加宣扬。二是这种法学理论本来并不具有什么阶级性，而是法学的科学发展的成果，反动统治阶级为了使其对自己有利，便随时根据自己阶级利益的需要加以歪曲的解释，以运用来为自己服务，使其也打下反动统治阶级的烙印。三是凡属对反动统治阶级利益直接有冲突的法学理论，他们除斥为“异端”摒弃不用外，还采取更恶毒的办法，使其成为空论，或是弄成玄之又玄，叫人不懂；或是加以歪曲，使人误解。

如果我们对法学的阶级性作如是观的话，那么，是否对待法学遗产便当：批判那些原是反动的，纠正那些被歪曲的，接受那些科学的、有益的法学理论呢？

第三，什么叫做批判的接受？批判，是批判其反动的部分、不科学的部分；接受，是接受其进步的部分、尚合科学的部分。所谓继承或接受遗产，当然不能只是把这些当做史料而已，而是因为其中还确有好的东西。继承当然并不是简单的继承，因为是要在剔除那些不好的有害的东西以后才加以继承。而且即令被继承的部分，也绝不是原封不动的财产转移，而是连这些部分也经过了本质的改造，如马克思的辩证法就和黑格尔的辩证法有本质上的区别。因此，简单地把古代的东西和现代的东西相类比，说那些是从古代接受来的，恐怕是不恰当的，容易引起误解的。

顺便再谈一点，有些先生说，对于遗产的接受标准，是合乎马列主义的就接受，不合乎马列主义就不接受。也许发言的先生们的原意并非如此。如果确有这种意思的话，我看并不一定是正确的。因为马列主义是一个完整的思想体系，要想在马克思、恩格斯、列宁的学说形成之前，定要找出合乎马列主义的学术思想，恐怕是不大可能的，其结果便是否定了对于遗产的继承。因此，问题恐怕应该在马克思、列宁主义的思想指导下去整理，研究、批判和接受遗产，而不是以是否符合乎马列主义来要求学术遗产本身。

（1956年第3期）

把“旧法”和“旧法”思想区别开来

洪文澜*

资本主义社会的法律是不是值得研究？这是当前法学界的一个重大问题。刘先生认为“旧的实定法思想”是值得研究的。我认为这在提法上还是有待商榷的。所谓法律思想是指对法律的指导思想而言。资产阶级的法律思想，虽有种种学派，说法不一，而在各学派的背后隐藏着一个统一的主导思想，这就是保障生产资料的私有制、便于剥削的思想。这样，“旧法”思想不值得研究是毫无疑义的。至于资产阶级的实定法，虽受资产阶级法律思想的指导，但是实定法所规定的东西，通常称为法律规范或法律制度，不称为法律思想。这些规范或制度虽然是为资本主义服务的东西，可是也有一些可以用来为社会主义服务的，因此旧的实定法不像“旧法”思想那样，可以毫不犹豫地认为不值得研究。两者必须区别清楚。刘先生把旧的实定法所规定的东西称为“旧的实定法思想”，并且把它包括在“旧法思想”之内，提法上尚欠斟酌。

刘先生所谓“旧的实定法思想”，如果把“思想”两字去掉，那么他认为值得研究的结论，我是同意的。现在把我同意他的结论的理由简略地说一说：

1. 一定的法律是在一定经济制度的基础上建立起来的上层建筑，它随着基础的变革而变革。要从事于资本主义经济制度的研究，这是大家知道的。研究社会主义社会的法律，当然也要从事于资本主义社会法律的研究。法律随着经济基础的变革而变革的抽象理论，虽然在研究经济制度的时候就知道了，但是变革的详细具体内容怎样？我们还是不知道的。研究社会主义社会的法律，如果不知道这些，那么这种研究就不能深入，而对资本主义社会法律里面的各个规范或制度，也不能加以具体的深刻的批判。刘先生说：“对‘旧法’思想的了解是大有助于了解并阐明新的法律思想的。”如果把其中“思想”字样去掉，我是同意的。

2. 刘先生说：“新旧法律不只有用语相同的地方，也有条文大意相同，甚至有的连编章体系也大致相同。”这确是事实。就民法来说，苏俄民法典关于债务法的部分，有些规范或制度是和德国民法典及瑞士债务法典大致相同的。这是因为债务法的主要部分是以交易为其对象，社会主义社会既然还有商品生产，就不能没有交易。交易的形式在各国大致相同，所以社会主义国家关于债的法律规范或制度，

* 作者单位：华东政法学院（现华东政法大学）。

不能没有和资本主义国家相同的地方。这些规范或制度在形式上尽管相同，而其阶级性却是大不相同。就债务法里面的契约来说，在资本主义社会里，不仅资本家与劳动人民间的契约被资本家用来剥削劳动人民，连资本家相互间的契约也是剥削劳动人民的必要手段。例如，产业资本家向另一产业资本家购买原料的契约，以及出卖商品给商业资本家的契约，都是利用资本的循环来榨取剩余价值的必要手段；反之，在社会主义社会里，由于废除了生产资料私有制，没有利用契约来剥削人的可能，契约在社会主义团体相互关系里，适用最广。社会主义团体以订立契约的方法保障经济计划的完成，确定经济核算的保证。关于商品交换和生产协作上的相互关系，也用订立契约的方法使它实现。社会主义团体与公民的契约，是满足公民物质上及文化上需要的方法。同一契约制度在新旧社会里表现的阶级性完全不同。资本主义社会法律里面的规范制度，即有可为社会主义服务的地方，可见资本主义社会的法律并不是全然不值得研究。因此刘先生的文章关于“旧法资料”也有“可供我们对建设社会主义法制的参考的”这点结论，我也同意。

3. 社会主义国家的对外贸易，依国际私法，有时要适用资本主义国家的法律，这在民法债的法律关系里常有这种情况。近来苏联出版俄文的《资产阶级债务法通则概论》及俄文的《英国契约法概论》，主要是为了适应这种需要。依国际私法适用的资本主义国家法律，有研究的必要，那是当然的。

总体来讲，如果研究的人对于马列主义有相当的认识，研究资本主义社会的法律是有益无损的。

（1956年第3期）

难道旧法思想可以吸收吗

王治安[*]　陈纯铮[**]　姚胎斗[***]

我们读了《华东政法学报》第2期刊载的《在"百家争鸣"中谈旧法思想》一文以后,对文章中的主要论点是不同意的。这里仅提出我们的一些看法与刘先生商榷。

文章的一开始就提出:"对旧法思想应作如何估价,便成了一个具有现实意义的问题。"那么应当怎样来估价旧法思想呢?是否我们过去对旧法思想的估价有错误呢?按照刘先生的说法,"……旧法思想是不是不值一顾的,应当视作垃圾,投之大海?……我觉得:旧法思想在某种程度上还是有其研究的现实意义的"。是的,我们从来就没有否认过研究旧法和旧法思想是有着现实的意义的。问题是研究它的现实意义是什么?刘先生认为,新旧法律不仅是用语上的偶然相同,也有条文大致相同的地方,特别是"我们不能想象新法草拟者、阐释者是从未接触过并吸取过旧法思想的某些成分的"。这就是说,新旧法律思想是密切联系着的,是值得研究的。关于这一论点,在文章的结束时所强调的"……如何对待旧法,如何利用旧法思想使其为社会主义建设服务,这是研究法律科学的人应特别注意的"几句话中就更为明显。

我们认为,研究旧法和旧法思想的原因,根本不在于此。过去我们对旧法思想的估价并没有错。过去没有说旧法完全不值得研究,现在也不想夸大研究的意义。今天我们研究旧法和旧法思想主要是因为我们是法律科学的研究者。我们要了解自从法在人类社会中产生以来的历史发展的情况,就必须研究古代法、资产阶级国家的法、国民党统治时期的法等一系列的旧法。从研究旧法的过程中就能看出历代的不同的制度及其统治阶级是利用什么样的残酷手段来镇压劳动人民。同时,也反映出不同历史时期的变化以及劳动人民不断地与反动统治阶级进行反抗的情况和程度。从研究旧法的过程中来揭露和批判旧法的反动本质,并从此吸取一些"教益"来更加提高新法的阶级性和斗争性,使它显出更多的优越性,更好地为社会主义建设服务。至于从研究旧法的过程中,能吸取点什么旧法思想来为社会主义建设服务的想法,是与我们研究旧法与旧法思想的目的有抵触的。

---

* 作者单位:华东政法学院(现华东政法大学)。
** 作者单位:华东政法学院(现华东政法大学)。
*** 作者单位:华东政法学院(现华东政法大学)。

刘先生为了说明“新法思想在某些方面是继承了前人所留下来的旧法思想”，曾举了一些例子来证实新旧法律思想有着密切的联系，想从联系中来证明这是一种存在的事实。当然，我们承认新法思想与旧法思想确实有着联系，但这种联系只能是表现在：新法思想是工人阶级及广大劳动人民与反动统治阶级镇压劳动人民的反抗的思想进行斗争中产生的，只能是表现在新法思想是针对着旧法思想、旧的法律制度而发生的。如果要从这一联系中得出新法思想就是旧法思想的继续，是吸取了旧法思想的结论，则是完全不合逻辑的。因为就旧法思想体系来说，它根本上是反人民的。它是为剥削者和私有制度作辩护的，是从巩固剥削者的统治地位而出发的。旧法思想作为一种指导思想贯穿在制定旧法和适用旧法的过程中，是直接地为反动的统治阶级压迫和剥削劳动人民而服务的。它是与新法思想根本对立的。当然这种思想斗争的联系也就根本不意味着什么继承。那种强调新法思想在某些方面是吸取了旧法思想的观点，即在文章的其他例子中，也是不能证明确有其事的。我们就法律中的用语方面来说，在新法律中所用的名词、术语是与国民党的法、资产阶级的法，甚至古代罗马法都有着一些相似之处，讲得更明确些，完全相同的也有。例如，在刑法方面的裁判、故意、过失、法律行为，等等。但是如果在这方面忽视了本质的差别，则是很不正确的。我们知道，语言是没有阶级性的。法学上有不少的名词、术语，也像语言中的一般词汇一样并没有阶级性。例如，在国民党的伪立法中有作为权利主体的人和作为权利客体的物，以及权利、义务这样一类的名词、术语，在我们新的法的关系中也有同样的名词、术语，但它所反映的具体内容，则有着本质的不同。那么能不能说，因为旧法中曾经用过权利和义务这样的名词，而新法在调整着这方面的关系时，就应当去创造另一套新的、过去的人所从未用过的名词，否则就证明新法是吸取了旧法思想？这当然是不能的。用语、词汇可以表达出一定的思想，可以表达出为工人阶级和劳动人民的利益而服务的思想，也可以表达出为剥削阶级服务的思想，这就要看人们怎样来运用这些用语和词汇。虽然如此，我们就是在适用这些旧法中所使用过的语言和术语时，也不是不加批判地来应用的。

我们就法律条文来说，是不是新旧法律有相同之处呢？有相同点是不是就是吸取了旧法思想呢？我们知道，法律只能是统治阶级意志的表现，是统治阶级进行统治的工具，剥削阶级的国家所制定或认可的法律，有的是直接地表现着镇压劳动人民的条件，有的则是以掩盖其阶级本质的形式，而实质上是镇压劳动人民的条文，因而就不能将法律看做超阶级的法律。认为剥削阶级的法对劳动人民的镇压有轻重之分：有的法律对劳动人民的利害关系大，有的利害关系则轻，甚至没有。我们就拿文章中所指出的国民党政府颁行的《古物保存法》来说，就其制定这种法的思想和作用来说，他们正是通过这种法来蒙蔽劳动人民对其本质的认识，以达到其长期统治的目的。并且实际上他们利用这种手段将古物不是“保存”到反动统治阶级的客厅中去，就是“保存”到帝国主义的博物馆中去,难道对劳动人民是有利吗?

因此我们说,作为维护剥削阶级的利益和巩固其统治地位的根本思想,在法律的制定上可以通过不同的形式表现出来。其表现的形式各不相同,甚至有些是似是而非的所谓保护全体人民利益的条款。但其根本的思想,只能是保障其统治阶级的利益和地位,是反人民的。例如,国民党统治时期的伪《宪法》中也有明文规定着言论、集会、结社等自由的条文。而我们中华人民共和国的《宪法》,如果从字面和形式上来看,也有相似的条文,但就制定这一条文的思想来说,则与“旧法”思想是根本对立的。旧法思想是从欺骗劳动人民以维护其阶级统治而出发的,是仅仅指保证剥削阶级的自由而言的。正如《中共中央关于废除国民党伪立法全书与确定解放区司法原则的指示》中所指出的:“……反动统治阶级为保障其基本的阶级利益(财权与政权)的安全起见,不能不在其法律的某些条文中,一方面,照顾一下它的同盟者或它试图争取的同盟者的某些部分利益,企图以此来巩固其阶级统治;另一方面,不能不敷衍一下它的根本敌人——劳动人民,企图以此来缓和反对它的阶级斗争。”因此,作为这样的反人民的根本思想,贯穿在制定“旧法”中,是与我们人民的法针锋相对的、势不两立的。所以,绝不能从形式上来看法律条文制定的相似与否,而得出新法是否吸取了旧法思想的结论。

虽然如此,我们并不以为研究旧法对于我们没有什么意义。例如,过去的旧法学界对于各种法律规范和资料,进行了一些整理和分类。他们对于法律的历史和各国的法律制度也进行了一些比较和研究;对法学的范围与体系以及法学各部门的界限与关系和表现的形式,也作了一些说明,这对于我们不是完全没有用处的。它有着一定的参考价值。但这些作为参考的资料,对于我们社会主义类型的国家来说,有用的东西毕竟是有限的。这是因为法学是为某一阶级物质上的特定利益所决定的法的观念的一种形态,它与经济基础直接联系着,其内容也是直接由阶级利益所决定的。同时,由于他们以反动的思想体系及其反科学的方法进行制定和汇集的东西,我们在研究那些旧资料的时候,感到很大的困难。所以我们即使在参考某些旧的材料时,还是要对旧法思想及其认识问题的方法进行严格的、彻底的辨别。总之,我们说,虽然在研究旧法的过程中可以批判地吸收某些有用的材料,但却不可能而且也不是想在研究旧法中去吸取能为社会主义建设服务的旧法思想。因为旧法思想是根本不能为社会主义建设服务的。

(1956 年第 3 期)

关于中国法学遗产问题的看法

孙晓楼*

读了李良和刘焕文先生在《华东政法学报》第2期上发表的两篇有关法学遗产问题的文章后,我也同意他们的看法。过去有些同志认为法律是有高度的阶级性的,它与文学艺术不能等量齐观,并认为过去的法律是中国几千年来反动统治阶级压迫人民的工具,本质上是完全反动的,要作为研究的资料则可,作为法学遗产则不可。这样,在法学的范畴里能不能称遗产?在中国旧法学中有没有遗产?这是一个有待进一步商榷的问题。

中国过去的法学,代表反动统治阶级的意志,为反动统治阶级服务,这是可以肯定的。可是,在中国旧法中,有些是被反动统治阶级用来镇压人民、剥削人民的;有些是由于人民的反抗,反动统治阶级用来掩饰反动本质以缓和阶级斗争的;有些是学者个人的理论主张,为反动统治阶级所嫉视的;有些虽是为反动统治阶级所利用,但比较偏于程序上或检验上的一些技术性的东西;有些是在现在看起来是反动的,而在当时看来是起一些进步作用的。诸如此类,我觉得在中国的旧法学中,是不能全部一律予以否定,而应当有所区别。在有些法律和理论中,不但今日于人民无害,而且可以作批判的吸收的,也确实不少。比如,古代《尚书》中所提到的"刑以弼教,刑期无刑",似可以为今日犯罪对策作参考;又如,黄宗羲所提"有治法而后有治人"的理论,似可以为今日树立人民法纪作参考;再如,《韩非子·心度》中所谓"法与时转则治,治与世宜则有功"的理论,似于立法上有进步的意义。又如,周礼中所提"五听""三刺"之法:所谓"五听"似于今日审判中的客观实际反映有关;所谓"三刺",似于今日审判中的联系群众有关。又如,袁简斋以数学比拟法学之喻,于采证方法论中,可谓独树一帜。其他如唐律"举轻以明重"、"举重以明轻"之规定,又于今日科刑论罪的标准上有重要之意义。此外,宋元时代所遗下的《无冤录》、《平冤录》、《洗冤录》等,都可以说是中国古代几千年来侦查犯罪的经验总结。《洗冤录》在苏联已译成俄文,展开科学研究,我们殊不应认为其毫无科学根据,而予以全部否定。再有,我们大家都知道,苏联自从进入社会主义社会以后,法院的刑事案件一天天减少,犯罪的人数也一天天地减少。最近本市人民法院副院长韩述之在复旦大学法律系作报告时,也提到上海最近两年来刑事案件的锐减,鸦

* 作者单位:复旦大学。

片案、强盗案已基本上消灭。这里当然使我们进一步体会到社会主义制度的无比优越，而诵读古人"花落讼庭，草生图圄"之句，不禁使我有"古道昭然"之感。故此，可以肯定地说，在我们古老的法学园地中，虽是榛芒遍地，但间亦隐现着芬芳的鲜花，还值得我们来采择和欣赏。

莫斯科大学勃拉图西教授在上海讲学时，关于旧法律的看法问题，我曾听到他说："社会到现在还存在着商品生产，旧有的民法在客观上是可以使用的。"同时他也曾指出苏联的《专利权法》，是利用帝俄时代的法律来制定的。最近苏共第二十次代表大会上检查了过去对于苏联的国家与法的研究，没有很好的重视，并强调今后应该积极地研究苏维埃国家与法的通史上的各种问题。苏联党中央要这样地重视法律史的研究，绝不是偶然的，于进一步地改善苏维埃社会主义法制定有重大的意义。这是值得我们学习的。

刘少奇委员长最近于中共第八次全国代表大会的政治报告中说："在我们对于封建主义和资本主义的思想体系进行批判的时候，我们对于旧时代有益于人民的文化遗产，必须谨慎地加以继承。"董必武院长也于《进一步加强国家法制，保障社会主义建设事业》的报告中说："我们的人民民主法制，还吸取了我国历史上和国际上一切对人民有益的经验，特别是苏联的先进经验。"所谓"文化遗产"，所谓"历史经验"，当然也包括法律科学在内。这说明我们党中央的领导，也如何地珍视我们自己的法学遗产。

关于对待法学遗产的态度问题，当然，所谓法学遗产的继承，并不是将中国古有的法学和法制全部予以继承。而是应当将中国过去的法律论著、法律史料、法律档案、法律检验、律例注释等，以马克思列宁主义的立场、观点、方法加以分析批判。扬弃它对于人民不利的部分，吸收它或者改造地吸收它，或者补充的吸收它对于人民有利的部分。把继承看做不加区别、不加改造的照搬是不妥当的，也是有害的。

（1956年第3期）

关于法学遗产和接受旧法思想问题的看法

杨　峯*

《华东政法学报》第2期发表的李良和刘焕文二位先生的两篇文章，其中有不少新的见解，不仅使我增加了许多知识，同时对研究旧法亦找到了一条线索。但其中关于旧法是否有遗产及新型的法能否接受旧法思想的看法是值得商榷的。

我们不应该割断历史地看问题。新制度是在推翻旧制度的基础上建立的，而新法的产生乃是被压迫阶级与旧的统治阶级斗争（包括有与法的斗争）的成果，新法旧法存有一定的历史联系是毋庸置疑的。但是我们如只注意了新法旧法的联系性，笼统地提“法学遗产”而对面者的本质区别注意不够，也是不妥当的。

文化遗产应包括法与法学在内，但它与我们一般所指的民族文化遗产（如文学艺术）是有区别的。我们应弄清问题的主要方面。

在历史上有许多的文学艺术都具有强烈的或明显的人民性，为广大人民所欢迎。所以在劳动人民取得政权以后，对其某些方面加以适当改造，在新的历史条件下是仍可继续为人民服务，继续受到欢迎的。对于这些文化遗产，主要是进一步发掘整理与发扬的问题。但由于旧法是旧的统治阶级意志的集中表现，是压迫、剥削劳动人民的工具，因而在旧社会中为劳动人民所痛恨，并把它作为斗争的一个重要方面。所以在劳动人民掌握政权以后，对于旧法，那主要是批判的问题。

这里应分清法与法学是不同的。我们对于旧法当做研究资料是可以视为遗产接受的，而对于反映旧的统治阶级意志的法的思想是不能当做遗产接受的。因为反映广大劳动人民意志的新型的法的思想与旧法思想是建立在两种不同的经济基础之上的上层建筑的一部分，是为不同的基础服务的，两者是根本对立的，是不能新旧法思想兼容并包的。刘焕文先生认为：“新旧法律不只有用语相同的地方，也有条文大意相同，甚至有的连编章体系也大致相同的。虽然这种相同，只是形式的，不是内容的，但仅就这点说，也无法用‘偶合’来解释。我们不能想像新法的草拟者、阐释者是从未接触过并吸取过旧法思想的某些成分的。”在这里涉及法的形式与法的本质问题。“反动统治阶级为保障其基本的阶级利益（财权与政权）”，“缓和反对它的阶级斗争”，虽在法律上规定“有某些似是而非的所谓保护全体人

---

* 作者单位：复旦大学。

民利益的条款"[①]，但并不会因此影响该阶级的意志。因为其立法的根本思想是为了维护其反动统治，压榨、剥削劳动人民，这些"似是而非"的规定只不过是当做骗人的资本。其虚伪性、欺骗性正反映了剥削阶级的思想本质，是其阶级性的具体表现。在一定时期，旧法是可以用来维持新秩序的。例如，在抗日战争时期，各根据地就曾利用过国民党法律中有利于人民的条文进行合法的斗争。但这仅是"一种策略上的行动"[②]，并不能说明这些条文会反映了旧的统治阶级的进步的法的思想。同时，现在也不能因为新型的法与旧法在用语上和条文上有些相同之处，就认为新法吸收了旧法思想。因为语言是没有阶级性的，哪个阶级运用它，它就可以为哪个阶级服务。最根本的问题还应看政权掌握在谁的手里，法所反映的是哪些阶级的意志。如只根据新法旧法条文的形式有些大致相同，即得出结论认为新法吸收了旧法思想，是值得进一步研究的。

我认为旧法学与旧法是不同的。因为在过去有些法学理论即在当时的历史条件下，其观点与统治阶级的观点并不是完全一致的。例如，中国古代法学家的一些朴素的唯物的法学观点，资本主义社会中一些进步的法学家的思想观点。像这些先进的法学思想、观点，我们是应该当做遗产接受的。但对于一些反动的法学理论，则应进行坚决的批判。

总之，对于旧法与旧法学采取原封不动地接受或一概否定的态度都是不对的，我们应在马克思列宁主义的思想指导下批判的接受。"对于旧时代有益于人民的文化遗产，必须谨慎的加以继承。"[③]

(1956 年第 3 期)

① 《中共中央关于废除国民党伪六法全书与确定解放区司法原则的指示》。

② 同上。

③ 刘少奇著：《中国共产党中央委员会第八次全国代表大会的政治报告》(单行本)，人民出版社 1956 年版。

对在法学中贯彻“百家争鸣”的一些意见[①]

俞承修*

“百家”的意义，我以为应该包括各种科学和各种学派，同时也包括研究各种科学的个人。从法家来说，首先是包括政治的，如荀子、韩非子的著述，大部分都以政治为中心思想，以政治为基础来说明法律和法制的理论，我们可以从他们的著作中看出他们也是主张法律为政治服务的。另外，法家同各家的思想都有不同程度的联系，有时不能把它孤立起来，把它割裂开来，如李悝曾经师从子夏，同时也被列入儒家；申不害的著作里颇有些道家思想，并不完全是法家态度；慎到学黄老之术，也不是纯粹的法家。从这些著作里，我们可以看出法律和政治的结合性，法学和其他学术的联系性。

关于旧的法律理论和法律制度，经过批判后可以作为遗产来吸收的问题，我同意李良先生的看法。中国共产党第八次全国代表大会关于政治报告的决议中指出：“对于封建主义和资本主义的思想，必须继续进行批判。但是对于我国过去的和外国的一切有益的文化知识，必须加以继承和吸收，并且必须利用现代的科学文化来整理我国优秀的文化遗产，努力创造社会主义的民族的新文化。”[②]应该肯定，法学知识是可以包括在文化知识范畴以内的，中国古代的法学遗产也是可以经过现代的科学整理以后批判地接受的。例如，宋朝时的著作《洗冤录》，虽然在今天看来有许多不符合科学原理的地方，但也有一部分可以用法医学来证实它的价值（《洗冤录》不仅仅是中国古代检证方面的唯一根据，而且是法医学的发端）。例如，《洗冤录》中鉴别生前落水或死后投水的区别，指出生前落水有“肚腹胀”、“拍着响”、“头与发际手脚爪缝有泥沙”、“口鼻内有水沫及有些水血污”等现象。[③] 根据法医学理论说明，生前落水必然在继续呼吸，所以腹内有水，腹内有水才有“胀”和“响”，甚至于连吸进去的水分里所含的虫类杂质，都可以从胸腹内解剖出来。投水的必然靠近河岸，垂死挣扎，所以发际和指爪都有泥沙，最后呼吸因窒息而突然停止，才有淡色血污。单从这一点就可以说明它的科学价值。苏联现在已经把它译成俄文来研究。对于这样一部经验丰富、经过长期实践的验证巨著，我们自然

* 作者单位：华东政法学院（现华东政法大学）。

① 参见《毛泽东选集》（第3卷），人民出版社1953年版，第882页。

② 参见《新华半月刊》1956年第20期。

③ 《洗冤录·辩证卷二》，第85页。

应该加以重视。

另外,董必武院长在中国共产党第八次全国代表大会所作《进一步加强国家法制,保障社会主义建设事业》的发言中提出:“我们的人民民主法制,还吸取了我国历史上和国际上一切对人民有益的经验,特别是苏联的先进经验。”①这就可以断然地说明研究中国的法学遗产和一切外国特别是社会主义国家和人民民主国家的法学理论和法律制度,确实有它的必要性。我们应该从研究的实践中,经过分析批判,谨慎地把有益于人民群众的东西加以吸收,灵活地运用在我们新法制方面,来为人民服务,同时也可以充实我们法律科学的内容,发扬我们优秀的法学遗产,使社会主义法制更加丰富多彩。

最后,我想就整理法学遗产的问题提出一些具体意见。我个人认为研究中国的法学理论和法律制度,可以把它划分为三个阶段:从古代到满清政府戊戌变法为第一阶段;从戊戌变法到解放前为第二阶段;解放以后为第三阶段。因为各个阶段的社会制度的变迁,法学思想跟起了质的变化,法学理论和法律制度也就起着一定的变化,所以大体上这样把它划分一下。

第一阶段是封建社会,法律思想偏重于封建礼教,划时代的唐律自然不必说了,而从汉代以后,对法家并不特别地划分出来;同时儒家的政治理论也往往涉及法学理论和法制,在《史记》、《资治通鉴》等书中便可以找出很多例子。此外,如宋朝明公书判,清明集中有朱熹的判词,爱国诗人陆游也有从死刑中废除凌迟处死的奏状。明末顾炎武纳《南雷文定》、《南雷文约》、黄宗羲的《明夷待访录》不仅对当时的政治发表了独特的理论,同时也涉及法学的理论,在今天也都有研究的价值。

第二阶段开始,由于中国受到帝国主义的侵略,清政府在变法维新后,开始吸收资本主义的法律思想和法律制度,所以和前阶段纯封建的法学思想和法制就显然不同。当时法律的变革,也相应引起了新旧两派激烈的争论。以沈家本为首的新派和以劳乃宣为首的旧派单就新旧刑律问题就发表了不少争论的文章。从这些文字里也不难找到一些可以分析批判的材料。我认为,对于中国历代法家的重要著述,现在很需要先编成总目,并系统地整理出来。

第三阶段的人民民主法制,和“旧法”有本质上的区别。这是我们在发掘法学遗产以前应该首先加以研究的。但是,我个人感觉和听见好些人的意见,由于资料缺乏,遇到不同程度的困难。解放以后发表的有关法学理论的专门著作和译述,遍及全国各地报刊,我们不仅无法一一搜求、普遍阅读,甚至于有的连名称还不知道。因此,我要求《华东政法学报》首先把新法学著述整理出一个总目,然后由专业图书馆搜集收藏,供给读者阅览参考。

① 《新华半月刊》1956年第20期。

解放以后的法规，虽然先后出版了《中央人民政府法令汇编》和《中华人民共和国法规汇编》，但有许多已经废止、失效、修正，检查起来就很费事。《新华半月刊》从新中国成立以后出版到现在，刊载政法方面的资料也很丰富，1956 年年底曾经计划编一个总目，后来又决定不办了。为了便于搜集资料，我也希望《华东政法学报》能够编出一部现行法令的总目。

最后我想到杨子法言有几句话："百川学海而至于海"，法学界的"百家争鸣"，我相信是可以一同达到社会主义的大海中去的。

（1956 年第 3 期）

编 后 记

苏联法律工作者代表团在今年10月来我国访问期间，曾应北京和上海等处法学界人士的邀请，作了多次讲学，提出了苏共第20次全国代表大会以后关于法学方面的新的内容。本期选载的是代表团团员、全苏法律科学研究所副所长C. H. 勃拉图西教授在上海作的《关于苏维埃一般法理论科学工作中的几个问题的》报告。

本期韩述之同志的《关于刑事上诉案件审理程序上的几个问题》和戈风同志的《刑事被告人口供的证据意义与运用》，对于审判实践有很大的研究意义。希望各地法律工作者能够多给我们提供司法实践方面的稿件。

本期刘璪璞同志的《中华人民共和国刑法中的减刑》和刘笪生同志的《试论辩护人的立场》，是法学上的具体问题。我们今后准备多发表一些研究具体问题的文章。从李良和刘焕文两同志在上期本学报中提出研究"旧法"问题以后，曾引起大家的注意。为了加强研究，我们编辑部曾邀请上海法学界人士举行座谈会。本期发表的关于旧法问题的几篇短文，就是座谈会上的部分发言摘要和读者来稿。杨兆龙同志的《法律的阶级性和继承性》，也是对新旧法律的关系进行研究的。

此外，我们最近收到不少关于《刑法科学上的因果关系》和《关于通奸问题的处理原则》的来稿，因限于篇幅，本期对于前一问题，将来稿摘要发表，对后一问题，选载了常流同志的一篇文章。对于刑法上的因果关系，我们拟在下一期上继续组织讨论。

中国共产党第八次全国代表大会提出在我国社会主义建设中加强社会主义法制的问题，这无疑是党交给我们全体法律工作者的任务。希望同志们给我们提供这方面的稿件。

在作者和读者的支持下，本学报完成了本年度出版三期的计划。希望大家对这三期刊物给予批评指教，并对今后的编辑工作提出改进意见。明年起，本学报将改名《法学》，从季刊改为双月刊，由华东政法学院和上海法学会共同出版。编辑方针和内容性质基本上与改名前的《华东政法学报》相同。希望同志们给我们更多的支持，使刊物的质量水平能提高一步。

（1956年第3期）

对"对通奸行为处理原则的探讨"的商榷

常　流*

通奸案件在法院的收案中占有一定的比重。因为通奸的社会危险性较小,所以哪些案件要判刑,哪些案件不需判刑,审判工作者常常感到难以掌握。不是一律判刑失之过严,就是一律不判刑失之过宽;或者当判刑者未判刑,不当判刑者判了刑。因此,《对通奸行为处理原则的探讨》一文的发表,对于审判工作是有指导意义的,无疑也是我们司法工作者所欢迎的。现在我仅就文章中的某些论点,提出来和韩同志商榷。

韩同志说:"通奸基本上是属于教育范围,只有在具备一定犯罪的条件下,才予以惩处。""……如果以通奸来讲,便没有犯罪的客观要件。因为通奸是以双方同意为前提,不能构成人身(性自由)的侵犯。如果不发生社会危害性,根据这个原理,通奸是不应该处刑的。"并且举例说:"女方胡某和同车间员工发生通奸,主要是对封建婚姻制度的一种消极反抗;教师杨某与夏妻通奸,乃是受资本主义性生活随便的影响。既是双方同意,即不构成犯罪。"犯罪构成要具备客观要件——犯罪客体、犯罪客现方面。没有客观要件,就不构成犯罪。这是正确的。但韩同志以通奸"是以双方同意为前提,不能构成人身的侵犯",来论断通奸"没有犯罪的客观要件",则是错误的。这是由于韩同志对通奸的犯罪主体、客体、客观方面没有弄清。

通奸的犯罪客体与强奸的犯罪客体不同。强奸的犯罪客体是被强奸者的人身;通奸罪的犯罪客体是通奸者的家庭。韩同志错把通奸行为中女方的人身放在通奸的犯罪客体的地位上来考察,因此,他就错认为"因为通奸是以双方同意为前提,不能构成人身的侵犯",所以"通奸便没有犯罪的客观要件"了。再以韩同志举的例子来看,教师杨某与夏妻通奸,杨某与夏妻危害了夏某与夏妻的家庭,也危害了杨某自己的家庭,因此杨某与夏妻二人都犯了通奸罪,都是通奸罪的犯罪主体。韩同志错把夏妻的人身,当做杨某通奸的犯罪客体来研究,因此他也就错认为教师杨某与夏妻通奸,既是双方同意,杨某的行为就不构成对夏妻的人身侵犯了。杨某的行为也就不构成犯罪。通奸,只有通奸双方的积极作为的配合才能完成。正因为通奸是以双方同意为前提,所以通奸行为的双方都是通奸的犯罪主体。韩同志

---

* 作者单位不详。

把通奸的犯罪主体的一方当做客体来考察，不仅得出了通奸没有犯罪客观要件的错误结论，并由此在通奸的类型划分上出现了所谓“诱奸”。韩同志在他的文章中说：“从理论上说，这犯罪客体即是破坏了社会主义社会关系，这个犯罪客体便是家庭。”但他接着说“通奸固然经双方同意，缺乏犯罪的要件”，再与以上所引韩同志的话合起来看，韩同志的“这个犯罪客体便是家庭”的论点，已被“通奸是以双方同意为前提，不能构成人身（性自由）的侵犯”，“便没有犯罪的客观要件”的论点冲淡了，否定了。

通奸的犯罪主体是通奸的双方，即均有配偶的男女或者一方有配偶，一方无配偶的男女；犯罪的主观方面是通奸双方在双方同意之下进行性行为；犯罪的客体是通奸双方的家庭；犯罪的客观方面是对双方家庭起了危害作用。因此，通奸是犯罪行为，原则上通奸者应受刑事惩处，但因通奸行为社会危险性较小，只有在配偶亲告下，法院才应受理。如通奸所引起的危害作用甚小，可以从轻或免予刑事惩处。我认为这就是通奸行为的处理原则。

通奸的社会危险性大小如何确定呢？应从通奸对于通奸者家庭危害作用上来考察。感情尚好的家庭由于一方与人通奸而破坏了家庭，这种通奸的社会危险性就较大，通奸者就应处以较重的刑罚；如多次与多个有配偶的人通奸，危害了多个家庭，其社会危险性更大，就应处以更重的刑罚；如果是感情本来不好的，甚至感情本来恶化的家庭中的一方与人通奸，使感情本来不好的家庭更加不好，使感情恶化的家庭失去和好的可能，这种通奸的社会危险性就较小，就应该处以较轻的刑罚，甚至免予刑罚。韩同志的“假如原来夫妻感情已经恶化，即使不通奸也不好的，即不构成所谓危害家庭”的论点，是不能令人同意的。夫妻感情不是一成不变的。由好变坏，由坏变好，是常见的情况。尤其是在大张旗鼓宣传《婚姻法》已经三年多的今天，已经获得结婚自由、离婚自由的，尚继续着婚姻关系的夫妻，不论感情如何恶化，只要还没有离婚，就存在由坏变好的可能。苏联影片《忠诚的考验》就是一个最好的例子。不知道韩同志在确定一对没有离婚，甚至没有提起离婚诉讼的夫妻“即使不通奸也不会和好的”，是根据什么标准，什么原则。我认为通奸的危害作用就在于使这种由坏变好的可能性丧失掉。而不能认为没有危害性，“不构成所谓危害家庭”。

韩同志把通奸的犯罪主体的一方当做客体来考察，由此提出了所谓“诱奸”，并且认为“诱奸”构成犯罪，应受刑事惩处。我试着把韩同志提出的所谓“诱奸”的案例分析一下，看“诱奸”是否犯罪；如犯罪，它的正确罪名是什么。

“资方周某，生活腐化，已结婚，但又借其资方地位引诱厂中女工胡某发生关系。”韩同志认为周某是犯了“诱奸”罪，应受惩处。我认为，“诱奸”二字的含义不明确。如果是指周某借资方地位威胁胡某，如不与他相奸就要开除，而胡某因惧怕失业而与之相奸，这种情况，不论周某是否结婚，他都是以威胁手段而侵犯了胡某的人身，周某的行为构成犯罪。但这种犯罪不能认为是“诱奸”，而应认为是强奸罪。如果周某以资方地位，以金钱、地位引诱胡某相奸，如周某、胡某中之一方或双方有配偶，周某、胡某的行为都构成了通奸罪，都是通奸罪的犯罪主体；如周某、胡某均无配偶，他们的行为都不构成犯罪，不能认为周某犯了“诱奸”罪。

“男方姚某已有对象并与之订婚，却又对女方郑某谎称愿意与之结婚，要求发生关系。女方认为婚前提早发生关系，即同意，而结果姚某与未婚妻结婚。”韩同志认为姚某犯了“诱奸”罪。我认为姚某、郑某均无配偶，姚某未使郑某误信姚某就是她的丈夫，他们双方在同意之下进行性行为，只是未婚男女之间的无婚姻关系之性行为，双方均不构成犯罪。姚某的行为不能为构成“诱奸”罪。

“男方王某是无业游民，一贯道分子，从乡下逃亡来沪，曾先后强奸里弄妇女，又用一贯道手段先欺骗郝某的母亲引诱成奸，后再引诱郝妻彭某（女工）发生关系，并诱使彭某与郝某离婚，而自己和彭某结婚，借彭某养活。”韩同志认为王某也是犯了“诱奸”罪。我认为王某是犯了强奸罪和通奸罪，不能认为是“诱奸”罪。因其危害性较大，应处较重刑罚。

为什么以上三例都不构成“诱奸”罪呢？这应从犯罪的构成要件来研究。强奸、通奸的犯罪构成要件，前边已谈到。按韩同志的理解，“诱奸”罪好像是强奸、通奸罪以外的一种罪，“由于法院里一般都当做通奸处理，中央司法统计亦无‘诱奸’项目”，所以韩同志才把“诱奸”与通奸放在一起研究。但必须声明一点：在我们法院里没有判过“诱奸”罪，也没有把“诱奸”当做通奸处理。

韩同志所谓诱奸罪的犯罪主体、客体是什么呢？从上举三例来看，主体是不论有无配偶的诱奸者男方，客体是不论有无配偶的被诱奸者女方的性自由。而通奸罪的犯罪主体是双方有配偶或一方有配偶的通奸者双方，客体是通奸者的家庭。二者的主体、客体完全不同。假设诱奸构成犯罪，在犯罪的分类上，“诱奸”、通奸也不能划在一起，也不能把“诱奸”当做通奸。仅从主体、客体来看，不从主观方面、客观方面看，“诱奸”与强奸是相似的。可是“诱奸”与强奸在主观方面与客观方面是大不相同的。强奸是以强暴、胁迫或以其他方法致使妇女不能抗拒或者利用妇女处于不能抗拒状态而进行性的行为。而诱奸则是双方在同意之下进行性行为的（此种同意在韩同志认为是有条件的同意）。韩同志认为的所谓诱奸的客体是否就是被侵犯的受害人呢？以姚某、郑某案为例，郑某明知在发生性行为时，她与姚某之间并无婚姻关系，姚某也并未使郑某误信他们之间存在婚姻关系。郑某是意识健全、有独立意志的人，她如无积极的行为，仅姚某一方的积极行为是不能完成“诱奸”行为的。因此，既经郑某同意，不论郑某的同意是否有先决条件，只要她的同意不是在受身体强制或不可抗力的影响而违背自己意志的情况下表示的，她对她的行为及其后果都要负责任。她也就不能认为是受害人,是犯罪客体。她与姚某都是这一行为(进行性行为)的主体。例如,甲欺骗乙去杀人,乙是意识建全、有独立意志的人,乙的杀人只有在乙的积极作为的情况下才能进行,因此乙不能认为是甲的犯罪客体,乙与甲都是杀人罪的主体。如果按照韩同志前案分析的逻辑,乙的杀人是被欺骗的,"乙的'自愿'乃是表面现象",乙是甲的犯罪客体,乙被甲侵犯了行动自由。这样分析显然是错误的。

"诱奸"是否有社会危险性呢?只要不具有这种观点,即性行为是"男方占便宜,女方吃亏","男方有所得,女方有所失",我们不会发现未婚男女之间的双方同意的性行为有什么社会危险性。

根据这些理由,诱奸没有犯罪客体,没有社会危险性。诱奸不构成犯罪。说正确些,未婚男女双方同意发生性行为,虽系一方引诱一方,只要不是一方强迫一方,就不构成犯罪(至于道德问题,非本文讨论范围,故不论及)。如果所谓诱奸行为具备了通奸、强奸的犯罪构成要件,如韩同志所举的资方周某与女工胡某案、一贯道分子王某案,也不需要因引诱而另定一种"诱奸"罪,而应按通奸、强奸罪处理。如果把通奸当做诱奸处理,就会把通奸犯罪主体中之一方当做客体而轻纵,就会把通奸责任完全加在主体中的另一方,从而加重了这一方的刑事责任。当然,这并不反对在处理通奸案件时,根据一方主动引诱,一方被动受引诱,而依各人之社会危险程度及其犯罪程度,处以轻重不同的刑罚;也不是主张在处理通奸案件时,要对通奸的双方"各责五十大板"的做法。如果把强奸当做诱奸处理,就会使强奸者减轻罪责。

注:本文所用引文均见《华东政法学报》第2期韩学章《对通奸行为处理原则的探讨》一文。

(1956年第3期)

和陈中绳先生商讨关于“法权”的译名问题

则　鸣*

读了《华东政法学报》第2期上刊载的陈中绳先生的《关于法学译工作的几点意见》以后,我觉得陈先生对“法权”译名的某些指责与事实不符,其中有些地方也是可以再商榷的。

首先,陈先生反对把“лpaBo”译成“法权”,这是可以的。可是陈先生没有说明这种译法的害处和缺点,只是简单地指责“主张把‘лpaBo’译成‘法权’的同志”是“片面地从‘权利’着眼”、“权威崇拜”和“教条气味很重”等,这就很难使人信服了。

原来俄语лpaBo一词在法学中基本上有两种含义:在一种场合,它是指一部分人们行为规范(即法权规范)的总和;而在另一种场合,即其在和“义务”相对称时,则是指人们所享有的“权利”。“лpaBo”译名的争论问题,一般是指它在法权规范总和时应该译成什么。

лpaBo在我们所指的第一种场合下,中文译法有几种(如“法权”、“法律”、“法”、“法制”、“制度”),大多数译者都把它译成“法律”,但这正是造成混乱的根源。因为我们知道,和лpaBo有着密切联系的另一个法学名词——зakoH,在我国法学中也是译成“法律”的(而且这个译语是正确的、没有任何争论的)。可是,лpaBo和зakoH在法学上是不同的两个概念。一个是指法权规范的总和;另一个是指国家最高权力机关所颁布的具有一般规范性的法令。二者存在内容与形式、整体与部分的关系,因而紧密相连,但绝对不是一个东西。混淆这两个概念显然是错误的和有害的。我国法学教育工作者认为这种概念混乱的情况,必须加以澄清,否则对认识лpaBo的本质有着妨碍。因而提出统一和确定лpaBo的中文译名的要求。这也就是主张把лpaBo译成“法权”的某些同志的出发点。

лpaBo译成什么好呢?这些同志认为:在现有的译名中,以“法权”为最好。他们的理由是:第一,“法权”没有概念混乱之弊。它不像“法制”“制度”有着多种含义,也不像“法律”和“法”容易使лpaBo和зakoH相混。既然大家都把зakoH译成“法律”,那么лpaBo再译“法律”,就会造成混淆。至于“法”在我国是和“法律”不

* 作者单位不详。

分的。此如，《宪法》是“根本法”；我国全国人民代表大会所颁布的各种“法”，都是指“法律”而言，译成俄文却是 закоН，而不是 лраВо。同时，“法”这个单音的古语，它有着多种的含义和不确定性（像“有法”“没法”“斗法”“说法”等），用它去严格区分两个容易相混的概念，事实上是有困难的。第二，лраВо 译成“法权”，就是在字义上也还切合。лраВо 是人们的行为标准；是“社会的调整器”。而汉语中的“权”是“天平的一端”，是“势力”，是衡平事物的一种动作，即所谓“权其轻重”。这正表明它和 лраВо 有着相同的含义。第三，主张 лраВо 译成“法权”，是就现有各译名中选出来的，是最好的一种译名。如果有人能够找到或创造出比“法权”更好的字眼，那么当然可以研究采纳。可是迄今还没有人能够做到。因此，简单说来，“某些主张把 лраВо 译成法权的同志”底意见，不过如此。

其次，早在 1954 年年底，陈先生在华东政法学院第 11 期的校刊上就以《关于“法权”的译名》为题写了文章。就那篇文章中所谈到的关于“法权”的译名的某些指责来说，同样也是难以使人信服的。在那文章里，陈先生承认“лраВо 与 закоН 是两个不同的概念，包含着不同的意义”。这是很好的。可是，究竟谁想从 лраВо 与 закоН 的两个不同概念中得出“一定要把 лраВо 译成法权的结论”呢？难道陈先生会从这里面得出“一定”不能“把 лраВо 译成法权的结论”吗？只要陈先生能够找出一个既不混同 лраВо 和 закоН 两个概念，又能确切地反映出 лраВо 含义的中文字眼，难道不会受到主张这种译法的“某些同志”的拍手欢迎吗？

陈先生没有具体地分析“某些主张把 лраВо 译成法权的同志”底意见，而是假定了四个“可能”。其实，这四个“可能”都是陈先生的幻想，“某些主张把 лраВо 译成法权的同志”是完全不知道的。

就以陈先生所提到的四个“可能”来说，也仍有些地方是需要商榷的。陈先生所想出的第一个“可能”：把 лраВо 译成法权是“搬用日语中的现成译名”。因而陈先生说：“……必须服从祖国语言的法则，绝对不容许生硬的搬用。假如法权这个词合乎日本语言的构词法则，那么在用到中文里来的时候，就应该考虑它是否合乎祖国语言的构词法则，否则就是强加，就是硬搬。”那么“法权”这个词有什么不“合乎祖国语言的构词法则”呢？陈先生并没有说到。即使“法权”这个字眼真是“搬用日语中的现成译名”，究竟有什么害处呢？陈先生主张“把 закоН 译成法规”，这个“法规”又是“搬用”哪国“语言的现成译名”呢？据一位语言学家说：“法规”就是“法律”，不过“法规”是由日本来的。

陈先生所想出的第二个“可能”，即“俄语 лраВо……包含两种意思——一种是‘法’的意思”，另一种是‘权利’的意思”，把 лраВо 这个词的两种意思的汉话词中各取其为首的一字，拼凑起来，不就是“法权”了吗？但是这种做文字游戏的“译法之‘妙”正是陈先生自己想出来的,“某些主张把‘лpaBo’译成‘法权’的同志”并没有“一语双关”的想法,而是把“法权”看成不能分割的名词。他们只不过认为лpaBo在第一种场合译成“法权”,而在第二种场合则应译成“权利”。如果不同意这种译法,应该指出它的缺陷,没有必要做这种“拆词游戏”。

陈先生所想出的第三个“可能”,即“‘法’与‘权’是一起的;有‘法’就有‘权’”。因之,就把这两个概念连接为一,而译成“法权”。第四个可能,即“лpaBo……与国家权力是不可分的,所以译成‘法权’来体现这一原则”。陈先生所想出的这两个“可能”不过是他在第二个“可能”中所做“拆词游戏”的补充。因此,这里再也没有更多的东西可供议论了。

陈先生所想出的四个“可能”既然落了空,那么他对这四个“可能”的批评,也就为无的放矢了。

最后,陈先生却从这里得出一个结论:“‘法权’这个译名”是“很不妥当的”。并且给自己“提出了一个任务:澄清лpaBo这个术语的中文译名”。为了执行这个任务,陈先生“初步的意见是:假如把лpaBo译成‘法’,那么就要把зakoH译成‘法律’或‘法规’;假如把лpaBo译成‘法律’,那么就要把зakoH译成‘法规’。”陈先生这个方案真的能够“澄清лpaBo这个术语的中文译名”吗?我们说不仅没有,反而把зakoH这个词的译名也给弄混了。本来зakoH译成“法律”是大家没有疑问的(某些地方也译成“法”),而我国最高权力机关所颁布的各种“法”,大家又都叫它“法律”,并且它也完全符合俄语зakoH的含义。偏偏陈先生又要来两个“假如”:或者译成“法律”,或者译成“法规”。这样做对统一译名究竟有什么好处呢?

以上就是我对陈中绳先生《关于“法权”的译名问题》一文的主要意见。末了,还想附带说明一下,陈先生在《关于法学翻译工作的几点意见》中,曾批评到“某大学给某法院的一封谈‘法权’译名的信”的“教条气味很重”的问题。据我了解,陈先生这一指责也是很难使人同意的。

第一,陈先生说这封信过于艰深,“连某些在该大学学习过的同志也看不大懂”。但这和“教条气味重”又有什么关系呢?难懂就会是教条吗?陈先生既然知道它是一封回信,那么难懂一些又有什么可奇怪的呢?

第二,陈先生说这封信把国民党反动“六法全书”放过了。事实上,“旧六法就没有把зakoH与лpaBo等同起来……‘民法’第1条就规定‘民事法律所未规定者依习惯,无习惯者依理’。”其实陈先生所举出的条文正好说明“旧六法”“事实上”就是把зakoH与лpaBo等同起来的。因为谁都知道,“旧六法”中所说的“法律”一般是指规范的总和,即相当于俄语лpaBo这个术语,同时它把“法典”也叫“法律”,而这个“法律”和陈先生所举“‘民法’第1条”中的“法律”一样是相当于俄语中的 закоН 的。这不叫“等同”又叫做什么呢?“旧六法”在这方面并没有什么高明的地方,只不过把 закоН 与 лраВо 这两个概念弄得更加混乱罢了。

我对陈先生在“法权”译名上的见解的看法就是如此:它既缺少事实根据,又缺乏说理精神,而离开事实和说理是不会解决任何问题的。

(1956 年第 3 期)

【栏目】　读者对刑法科学中的因果关系问题的意见摘要

【讨论提示】 本学报自从第一、第二期刊载了梅泽濬和姜焕宸同志的关于刑法科学中的因果关系问题两文以后，读者对文中的若干的若干论点有不同的意见。下面发表的是一部分来稿的摘要。希望读者围绕以下的三个方面，运用实际材料，继续进行讨论：

1. 怎样把马克思列宁主义关于因果性、必然性、偶然性的原理运用到刑法科学中来解决社会危险行为与社会危害结果之间的因果关系？

2. 什么是刑法科学中的因果关系？怎样判明社会危险行为与危害结果之间的因果关系？

3. 刑法科学中的因果关系有没有偶然的与必然的之分？

什么是刑法科学中的因果关系及怎样判明因果关系

一

元　丁*　余　人**　余　未***

什么是刑法科学中的因果关系？怎样判明因果关系？二者是不同的。刑法中的因果关系是指犯罪主体的行为与危害社会结果之间的关系，这种关系是客观存在的。至于如何发现、判明因果关系，那就不属于因果关系概念本身了。我们基本上同意姜同志的见解。的确，梅同志没有将“证实案情事实”与“因果关系”清楚的区别开来。譬如梅同志说：“当我们分析犯罪构成的因果时，就必须从实际出发，

---

* 作者单位：华东政法学院（现华东政法大学）。

** 作者单位：华东政法学院（现华东政法大学）。

*** 作者单位：华东政法学院（现华东政法大学）。

周密地了解结果的情况，分析结果的性质，从结果的形成中来找原因。”这似乎是说，在判明因果关系问题时还必须去寻找造成结果的原因。而刑法中所说的造成结果的原因是指人的行为（包括作为与不作为）。这种行为往往是，而且应该是在提起刑事诉讼时就被揭发了的；即使当时还没有全部被揭发，也不是判明因果关系的任务，而是应该补充侦查的问题。所以，我们认为判明因果关系的任务，不是去寻找产生结果的原因，而是去寻找两个现象（某一主体的行为与危害社会的结果）间有没有关系，从对两个现象性质的分析中得出结论：此现象（结果）是不是由彼现象所引起的，如果是它所引起的，便判明两个现象间有因果关系；反之，便判明两个现象间没有因果关系。梅同志的说法显然是扩大了因果关系的研究范围。

虽然如此，我们也不是完全同意姜同志反驳梅同志的意见。姜同志完全否认了在判明因果关系时对于分析案件性质的必要性。我们认为判明行为与结果间的因果关系，在比较复杂的案件中，应该分两个不同阶段。第一阶段是查对和证实案件事实（包括行为与结果）是否存在。这一阶段不属于因果关系的研究范围。第二阶段是分析行为与结果的性质，它应属于因果关系的研究范围。这里所说的分析应该包括有关方面的技术鉴定（如法医鉴定）。技术鉴定是判明行为与结果间有否因果关系的得力助手。姜同志排斥了法医鉴定在判明因果关系方面的作用，以为判明行为与结果间的因果关系只是由法院宣布而已，用不着深入实际，显然是缩小了如何判明因果关系的范围。

二

叶景荪*

据姜同志的看法，“刑法科学中因果关系的任务，并不在于如何去查对和证实案情事实，而是在案情事实已被证实的基础上，分析它们之间的内在联系，以判明主体的行为与危害社会后果之间有无可作为刑事责任客观依据的因果关系”。对这一点，我的看法是：案情事实当然不能靠因果关系去证实。要证实案情事实，只有依靠证据。但是在查对案情事实，收集证据的过程中，因果关系理论的作用也是不可忽视的。从侦查和审判的实际情况来看，一个犯罪案件被揭发时，有时是先揭发了犯罪者的社会危险行为，这时侦查的任务就在于进一步查明这种行为造成了什么样的社会危害结果，而侦查人员就必须运用因果关系的理论来指导其工作。例如，有一个私营药厂的资本家为了获取暴利，在制药时故意使用已变质的原料，这一点经该厂工人检

* 作者单位：广州市人民检察院。

举后已经证实。但要查明这种行为的后果，势必要运用因果关系的理论，有目的地通过侦查工作中的一些必要措施（如鉴定、验断）来分清服用药品的这些患者病情上的不良反应，是由于病情本身的变化呢？还是由于医治护理不当呢？还是由于药质量不好而引起的呢？这些问题不解决，绝不能说案情事实已查对清楚，那又怎样来分析行为与后果的因果关系呢？从另一方面来说，也常常有些案件是先发现了一些可能是由于犯罪行为而引起的危害后果，然后再由结果倒推上去找原因。姜同志转引梅泽濬同志所举的"黄痧病"的例子也是属于这一情况的。很明显，"黄痧病"这一案件之所以错判，正因为侦查人员和审判人员没有从因果关系的理论来分析"黄痧病"的原因，把两件（施放飞药和"黄痧病"）本来没有内在联系的现象生拉硬凑起来。但是姜同志却认为这一案件的错判"根本不涉及刑法科学上的因果关系"，认为是由于审判人员的"主观臆断"、"偏听偏信"及"愚昧无知"。我认为所谓主观臆断等却正是表现在他没有把因果关系搞清楚。

按照姜同志的说法，好像查对事实和分析它们之间的内在联系是两回事，必须要案情事实查对得一清二楚以后，因果关系的理论才出马来分析一番；但实际上查对事实和分析其内在联系是统一于对客观事物的认识过程中的，很难截然分开，绝不能说在查对事实之中就不要分析其内在联系。如果内在联系未分析清楚，案情事实也就不能称为"已经查对证实"，而只是一堆没有整理过的现象而已，那又在什么'基础'上来分析内在联系呢？

（1956年第3期）

刑法科学中的因果关系可以有偶然的与必然的之分

许锡珂*

梅泽濬同志反对某些刑法学家把因果关系分为必然因果关系与偶然因果关系的论点，并认为把哲学上的必然性与偶然性"硬套"在犯罪构成的因果关系上来是不恰当的，对实际工作没有意义。对此，我有不同意见。

* 作者单位：复旦大学。

首先,哲学上是存在因果关系的,同时也存在必然性与偶然性。把它运用到刑法科学中来,从因果关系的角度去考察,这不是硬套,而是科学的运用。哲学的研究是从自然和社会现象出发,也必然会和人们的实际生活紧密地联系着。在实际生活中当刑法所保护的社会关系受到侵害时,就一定要产生因果关系的问题,也就有必然性的因果关系和偶然性的因果关系。事实上,偶然的因果关系中其结果只是可能发生,不是必然要发生,所以不能一概归之于必然因果关系,更不能说它是必然的。例如,一个小偷偷窃了甲的财产,被甲追到河边时跳入河中淹死。这小偷的被淹死(结果)对于甲的追赶(原因)只能说是偶然的因果关系,因为甲的追赶不是小偷被淹的必然原因。

在刑法科学中把因果关系分为偶然性与必然性,这对审判实践的定罪具有很大的指导意义。

1. 刑法中的因果关系是刑事责任的客观依据,必然的因果关系当然没有问题,而偶然的因果关系则不能笼统地说是与不是。因为偶然的因果关系就是在客观上这种现象可能发生,也可能不发生。从客观上看,在有的情况下主体是很难预见其结果的,这就不是刑事责任的客观依据。例如,上例中小偷被追赶跳河而死就很难预见。但在有的情况下主体是能够预见的(从客观事物的发展看),则就成为刑事责任的客观依据了。例如,运输人员偶尔违反劳动纪律,就可能造成危害社会的结果。梅同志认为这是否认了因果关系的客观性。我认为不要因为有"主体预见"字样就归之于主观方面,因为这种预见是从客观上来考察的。这里不牵涉主观方面的问题。至于是否主体一定要负刑事责任,那仅有客观依据还不够,还必须视其主观方面是否有罪过。

B. H. 库德里雅夫采夫同志在其《关于刑法中的因果关系问题》一文中说过:"……在一定的具体环境中,通常主体不仅完全可以预见到自己行为的客观必然后果发生的可能性,而且还可以预见到偶然后果发生的可能性。"这就充分地说明了偶然性的因果关系是客观存在的,同时在某些场合下是应该作为刑事责任的客观依据的。例如,上例中运输人员偶尔违反劳动纪律,就可能造成危害结果,应追究其刑事责任。因为从运输工作这一具体的环境说,偶尔不慎就能造成重大的损害,因此法律就要求这些人员格外谨慎、严格地遵守劳动纪律。

2. 否认了刑法中的偶然因果关系可能造成两种情况:一是把这种实际中存在的偶然因果关系归之于必然的因果关系,结果就扩大了必然的因果关系,也就是扩大了刑事责任的客观依据,使不应受惩罚的人受到了惩罚。二是把这种偶然因果关系从因果关系范畴中排挤出去,这就缩小了因果关系,使偶然因果关系中能作为刑事责任的客观依据的部分被排挤出去,结果势必放纵了罪犯,使应受惩罚者逍遥法外。我认为这两种情况都是不对的。

其次，梅同志认为以上的分法就会把“偶然因果关系”与“意外事件”混同起来。其实，这是绝对不会的。因为意外事件是从主观方面去考察的，即其没有罪过，既无故意，也无过失，因此即使是必然因果关系的场合，主体也是不负刑事责任的；而偶然因果关系则是纯粹从客观上去考察的。因为我们研究因果关系只是研究刑事责任的客观依据，不是刑事责任的所有依据，因此没有包括主观依据（罪过）在内。

（1956 年第 3 期）

因果关系的转化问题

一

元　丁[*]　余　人[**]　余　未[***]

梅同志曾举例来说明“因果关系的转化”。他说：“像我们日常生活中，如对某人的头部轻轻一击，不会致人死亡。但是如果此人脑部有病，或者开刀不久，伤口还未痊愈，则轻轻地一击，就会造成死亡，成为构成犯罪的致命原因。”这个例子不能说明因果关系的转化问题，它只能说明：同一个原因在不同条件下直接作用于某一对象，可以产生不同的后果。对某人轻轻一击，如果此人身体健康，只会使被击者的身体感到不舒服（痛）；如果此人身体有某种病，虽则同样是轻轻一击，却出现了死亡的后果。这里不管是某人的身体感到不舒服（痛）或者是死亡，对于轻轻一击来说，它总归是结果，而轻轻一击对于“痛”和“死”来说总归是原因，这里没有什么因果关系转化可言。

梅同志为了说明因果关系可以转化的理论根据，引用了毛主席在《矛盾论》中的一段话（参看梅同志原文）。我们觉得梅同志把矛盾着的两方面主次的转化套在因

* 作者单位：华东政法学院（现华东政法大学）。
** 作者单位：华东政法学院（现华东政法大学）。
*** 作者单位：华东政法学院（现华东政法大学）。

果关系转化上是不够妥当的。毛主席在《矛盾论》中所说的是指在各种矛盾之中,"矛盾着的两方面中,必有一方面是主要的,他方面是次要的。""然而这种情形不是固定的,矛盾的主要和非主要的方面互相转化着,事物的性质也就随着起变化"。但是无论怎样转化,矛盾的两方面,不管谁是主要的,谁是次要的,总是存在于这个矛盾之中。矛盾是又对立又统一的。它说明:任何个别的事物,不管这事物是大的还是小的,在其自身当中,就存在对立的双方面或者两方面,而对立的单方或者一面如果不存在了,那么其他的单方或者一面也就不存在了,于是原来这个事物就成为其他的事物。由此可见,矛盾着的双方面主次的转化与因果关系的转化是根本不相同的。前者是对于每一各别事物本身来说的,后者是指某一特定事物对于与它有关的前后事物来说的。但是梅同志却没有注意到这一点,因此,他对因果关系转化的解释不能令人信服。他说:"像有些工作未进行全面规划以前,障碍工作前进的主要原因,往往是右倾保守思想……当进行了全面规划,右倾思想遭到初步的批判以后,则障碍工作前进的倒不一定是右倾保守思想了,而是如何认真负责的对待规划……以保证规划的执行。如果群众的创造智慧超出了规划的指标,而思想仍停留不前,保持原来的规划,那么障碍工作前进的又是保守思想了。"由此看来,梅同志认为不同的原因可以造成同样的结果(右倾保守可以障碍工作前进,不执行规划同样可以障碍工作前进),把原因的更替说成是因果关系的转化了。

最后,还须指出,因果关系可以转化的原理,只是告诉我们不能把原因和结果两个概念看成绝对化,因此,把这个原理也运用到刑法科学中的因果关系上,我们觉得也是值得研究的。刑法科学中关于因果关系问题的任务只在于如何判明某一主体的行为与某一危害社会结果之间的关系,而不是去研究"行为"的原因和"结果"的结果。当然,这不是说,分析"行为"的原因和"结果"的结果对于更好地与犯罪作斗争,和正确地运用刑罚不无意义。但它是量刑研究的范围,即在量刑的时候应该考虑到促成行为人犯罪的原因和危害社会结果所引起的其他后果加重或减轻对行为的刑罚。

二

叶景荪*

"当许多原因同时并存时,其中对于结果起决定作用的,可以不止一个。"

姜同志认为在某些场合"起决定作用的原因不止一个";凡是起决定作用的原

* 作者单位:广州市人民检察院。

因,和后果之间都是具有因果关系。对这一点,我有不同的看法。

事物的因果关系是一条锁链,从表面上看来,好像是会存在一个以上的起决定作用的原因,但从因果关系来看,必须将这一锁链切断,只取其中的两节来分析。仍以西河号挖泥船沉没案为例。按姜同志的意见,王宝福、李瑞亭、刘孝先三人的行为都是西河号沉没的决定性的原因,三人的行为和西河号沉没都具备因果关系。但我认为,西河号沉没的决定性的原因是王、李的行为,而刘的行为对西河号的沉没只是条件,不能从刘的行为得出必然要引起西河号沉没的后果的结论。刘的行为的后果是造成西河号"可能处于危险的地位",从这一意义上说,刘也应负刑事责任。类似情况的案件很多(特别是责任事故案件),处理时应各负其责。否则,如果把有关的人的行为都看做起决定作用的原因,那是不正确的。至于姜同志认为"起决定作用的原因只有一个的论断"会把"共犯这一概念从刑法中排挤出去",我认为也是不必担心的。从主犯(此处指有分工的共犯而言)的特征来说,在客观方面,应是每一共犯者的行为与执行犯所实施的犯罪之间存有因果关系;在主观方面,则以各共犯者具备共同故意为前提。因此,各共犯者的具体行为虽然不同,但他们的行为加起来就构成一个总的行为,各共犯者的具体行为是在这总的行为中的分工。我们研究共犯案件中犯罪后果与行为的因果关系,是就这一总的行为与后果的因果关系而言的,这是在共犯的案件中与其他案件不同的地方,而这一总的行为对后果来说是起决定作用的原因,因此起决定作用的原因仍然只有一个。如果不注意到各共犯者行为之间是具有内在联系的,把各共犯者的行为看成是孤立的、各不相关的行为,把它们并列起来并由此而论断起决定作用的原因不止一个,那是说不通的。

(1956 年第 3 期)

英国民法中的契约

P. O. 赫鲁菲娜*　刘汉才**译

苏联共产党第20次代表大会非常注意不同社会制度各国的和平共处和发展它们之间的经济和文化联系的问题。苏联共产党第二十次代表大会关于苏联共产党中央委员会总结报告的决议中说:“国际贸易和发展文化联系,对扩大各国合作的基础将起巨大的作用。”第二十次代表大会在规定对外政策的任务中指出:必须积极实行进一步改善与资本主义国家的关系,确立相互信任,广泛发展经济联系,扩大文化与科学方面的接触和合作的政策。

发展苏联与资本主义国家各民族的商务和文化的联系是要求苏维埃学者深刻地去研究和分析资本主义国家的经济、政策和文化中最重要的现象。这对苏维埃法学家来说,也完全有同样的要求。

在资本主义社会中范围广大的多种多样的财产关系借以依据的民法契约是值得仔细研究的资产阶级民法制度之一。研究英国民法中的契约具有特别的意义。这项法律获得广泛的应用。英国最初的“习惯法”规范现在在英国的殖民地、自治领,甚至早已与从前的“宗主国”断绝关系的国家中仍然应用着。直到现在,“习惯法”几乎仍是美国各州民法的主要依据。英国发展的具体历史条件决定了的英国法律制度的特点,研究英国民法中的契约就具有极大的理论意义。

在本文中,我们只论到英国契约法的若干主要问题,特别是只谈到在解决这些问题中英国民法与其他资产阶级国家民法的不同之点。

一

直到现在,先例法,即“习惯法”和所谓“公正法”,仍然是英国调整契约关系的法律的主要依据。这些平行的先例法制度只是大量紊乱并经常相互抵触的判例,它们的存在给法官在判决上和司法创作上开辟了广阔的场所。外部的形式主义和审判几乎不受任何约制相结合可作为英国民法的特点。法院在形式上受先例即以前按类似案件作出的判例或最高法院的判例的约束。但法院在同时却享有无数的

---

* 作者单位不详。

** 译者单位:复旦大学。

法律假设、“意会条件”和附带条件等；在没有废除先前判案所建立的条例的同时，能够作出绝对相反的判决。①

英国国会近几年来所通过的大量法案并没有削弱英国“习惯法”的作用，也没有将它列入任何体系。这些法案在契约法方面仅有时涉及某些很重要和具有很大意义的个别问题，如1893年的《商品买卖法》，但是这毕竟只是一些个别问题。契约关系的一些普遍问题仍受“习惯法”的调整。

由于法律上没有规定英国契约法的一般原则，契约的定义只好寻求先例和法律书籍。最通行的定义是这样的：“契约是一种或多种由法律保证执行的约许。”②

在英国的法律书籍，和特别在实践中通行的这些观点，与其他资产阶级国家法律书籍中通用的契约定义有着重大的区别。按照所有资产阶级的民法制度（英国的除外）的契约理论，契约与其他义务发生的原因的主要不同，乃在于契约是双方面的协定，只管常常是形式上的和被迫的，但毕竟是双方的协定。根据这一观点的考察，契约乃决定于承担义务者单方面的意志表现。契约概念的这种解释与实际存在在英国实践中的一些形式是有关的。

在英国法律的理论和实践中，许多不是出于双方协议的义务被认为是契约上的义务。例如，在所谓“按法院判决的契约”中，义务不是出于双方的协议，而是出于法庭的判决或是出于一方在法庭上的承认。正式契约（或“签字的契约”）包括无论是契约或单方面的要约（遗嘱、“赠赐”③等）。“意会契约”的一般概念包括着范围广大极其多种多样的关系：未经委托而涉及别人利益的行动；经一方同意但未预先协议的劳务；双方无任何协议，但其中一方同意对另一方负担一切义务（这多半牵涉赔偿损失性的义务）。

为了使各种原因产生的义务能够被认为是契约性的义务，并使其适应于契约法规范，必须设法构成一种契约概念，使能包括单方面的要约。这就使得英国所引

---

① 个别英国作者直接说法规不能约束法官。例如，公傅法官捷林公开承认法官有创造法律的作用。他写道：“……许多人以为法律只由国会定立，也只能由国会修改。实际上，法律时刻都在不显著地和经常的变动着，或者说得更清楚一点，就是法官在发展着它。在理论上，法官不能创造只能解释法律。但是，在当法官没有解释以前，任何人也不知道法规是怎样的，因此，法官创造法律。”参见捷林著：《变动中的法律》，1953年英文版，第7页。

② 《波拉克的契约原理》（第13版），1950年英文版，第1页。这一定义为许多英美法家不加修改的接受着。参见沙孟德、费尔雅莫斯著：《契约法基础》，1954年莫斯科版，第44页。

按照荷姆斯的见解，法律规定在契约中的一些事实都是能区别的。“它们能是当事人的签字，补附的图章和文件的转让；也能是口头上的诺言，或提供对偿物的诺许。所有契约上的一般因素都能作为诺许。”参见荷姆斯著：《普通法》，1882年英文版，第289页；威尔斯顿著：《论契约法》（第2卷），1937年英文版，第1045页；伽德勒：“契约原理研究”，载《哈佛法学杂志》1932年第1期；泰勒著：《契约法》，1948年英文版，第1页。

③ 沙孟德、费尔雅莫斯著：《契约法基础》，第27～30页。

用的契约定义与其他资产阶级国家法律中通用的定义有所不同。

但是并非所有的英国和美国的作者们都是遵循着这一含义较广的定义。若干作者机械地将其他资产阶级法律制度中通用的契约定义运用到英国的法律中,认为契约是产生义务双方的协定。①

这就产生了一个困难问题:这种借用观点与英国法律的实践是有显著矛盾,如何使其相协调?若干作者的办法是:只将"非正式契约"列入契约概念中,其余所有汇集在英国实践中的契约的一般概念(主要是"正式契约")则从契约概念中划分出来。②但是上述定义的多数拥护者仍是将"正式契约"(虽然在许多场合下它只是单方面的要件)列入了契约定义的范围。③

契约是双方的协议或仅是承担义务一方的意志表现,这一争论的实际意义正在于能否将所谓"正式契约"、"按法院判决的契约"等列入契约概念中,以及能否将契约法的一些基本原则推广应用在它们上面。这个问题基本上是带有法律技术的性质。无论设法构成怎样的契约概念,"正式契约"、"按法院判决的契约"的这种现实制度是存在的,它们是否像其他某种契约形式或某些独立制度一样,能符合契约法的个别规范,是没有重大关系的。

二

英国法律对作为协定根据的意志表现的问题持所谓客观理论,即承认没有双方的真正心愿,只有双方外部的意志表现。同时,英国法律往往不注意外部意志表现的形式,而注意凡是能够使周围的人发生印象的言论或行动,只要周围的人或一般"有理智的人"能够接受的任何表现意志的言论或行动,虽然根本不是人们的真

---

① 史蒂芬著:《英国法律评注集》(第21版),1950年英文版,(第2卷)第5页;詹克斯著:《英国民法提要》(第3版)(第1卷),1938年英文版,第19页;凯歇尔、费福著:《契约法》(第3版),1952年版,第19~24页。这一观点在美国的法学书籍中广泛流行,参见狄纳福、哈维著:《商法原理》,1940年英文版,第24~25页;西尔特、戚尔荪著:《商业原理和管理》,1940年英文版,第563页;凯尔著:《商法》,1939年英文版,第13页;杜克斯澈氏著:《商法》,1949年英文版,第13页。

② 例如,柏莱克司顺和史蒂芬的论文中,认为"签字的契约"乃是与契约分开的独立的法律制度。凯歇尔和费福直接指出:"正式契约"不是契约,因而不必予以研究。

③ 参见詹克斯:"英国民法提要"。在美国的法学书籍中,就有人企图将某些形式的契约划出和将它们当做与契约并列的特殊形式的协约。例如,费尔荪认为缺乏报酬的供给资则是特殊形式的协定,不能当做契约。此外,他还将某些在缔结时就履行的协定划分出来,并使其与契约相对立。他将买卖、交换和任何其他与协定同时实行的转让都列入特殊形式的协定。作者利用美国司法实践中的某些实例建立了,按他的见解,是与契约毫无共同之点的"变换"的一般概念。参见费尔荪著:《契约和有关问题在法律分析中的理论基础》,1949年英文版,第8~29页。

费尔荪的这一观点在英国未能获得广泛推行,也未能影响实践。

正心愿,法院仍能承认这种意志表现的存在和它的法律后果。英国的法学家们经常援引此来说明法官不能依据不表示在固定行为中的内部心愿或个人动机作出判决。在目前的一些契约法教程和一些作者的专门论著经常引用中世纪法官柏拉昂在1478年所作判案中的话:“个人心愿不能作为法庭审讯的主体,因为罪恶本身是没有人类的心愿的”。

这种普遍流行在英国理论和实践中的观点最充分和明显地表述在波拉克的契约法教程中:“契约中双方的共同心愿是一种事实(或是有关事实的假设),它如同任何其他事实一样,是应该按照证据的一般法理而被证明。因此,当谈到解决有关契约的所有问题应遵循双方的真正心愿时,这意味着问题在于心愿要能为法庭所确定。”①

毫无疑问,客观因素在资产阶级民法中是起着重要的作用。对于资本主义流转来说,重要的不是个人意志的内容(在许多场合下个人不能按自己的意志签订契约),而应是它的外部表现——意志表现(它表述出个人意志的真正心愿)。但是英国契约法不仅注意真正的,虽然是形式上的意志表现,而且注意一些能够使周围的人认为在该场合下能作为固定意志表现的根据的活动。这就极端地扩大了协定中“客观因素”的概念,使它超出了意志与意志表现的关系的范围。

英国的理论和实践承认协定中客观因素的这种解释削弱了协定中意志因素的作用,并为协定找到了不仅没有双方的真正心愿,也没有外部意志表现的根据。作为先例和引用,在《英国契约法教程》最近一版中的埃普东消防队对波伍埃纳一案能作为鲜明的例证。

波伍埃纳农场迁入了埃普东警察分区,但是它挪用皮尔斯柯消防队的免费劳务权,因而不是由埃普东消防队而是由皮尔斯柯消防队为它服务。当波伍埃纳农场发生了火警时,曾向埃普东警察分局的警务检查员报警,请求派出消防队。该检查员派出了本分局的消防队,即埃普东消防队。无论是波伍埃纳,或检查员,或救火员都没有注意到这样一个事实:波伍埃纳不是有埃普东消防队,而是有皮尔斯柯

---

① 《波拉克的契约原理》,第4页。沙孟德和费尔雅莫斯同意这一原则(参见沙孟德、费尔雅莫斯著:《契约法基础》,第26页),以及凯歇尔、费福著:《契约法》,第22页。这一观点在美国法学书籍和实践中占着统治地位。美国法学家巴特生在评述美国“契约法法典”的一篇论文中指出:按照这种在法典中占统治的理论来说,协定的外面表现是比较符合意志得多了,它乃是法律责任的基本标志(参见巴特生:“再论契约法”,载《哥伦比亚法学杂志》,1933年3月)。美国的许多法学家对于意志和意志表现的“客观理论”表现得如此突出以及它的深远影响,使得连契约中双方意志在形式上的表现问题都不发生。例如,荷姆斯写道:“双方的契约关系乃由法官来解释,虽然任何一方在实际上都不能估计到法官会如何规定。”荷姆斯推事的思想和信仰,他的演讲,验文,书信和审判意见,波士顿1945年英文版,第78页。类似的观点参见荷兰著:《法理学原理》(第13版),1924年英文版,第265~267页;泰勒著:《契约法》,第25页。

消防队的免费劳务权。当这一事实查明后，埃普东消防队向波伍埃纳提出劳务报酬的诉讼。地方法院，以及最后的上诉法院都根据"意会契约"责成波伍埃纳向埃普东交付救火费。[①] 十分明显，这里谈不上任何契约，因为缺乏契约的主要因素——双方同意的意志表现。但是"意会契约"的格式却很方便地迫使波伍埃纳交付它能享免费的劳务费用。在这种场合下，没有任何协定、没有任何表现外部意志的行动，虽然也没有任何一方想到契约，但是法官根据"意会契约"的论点，使在这种条件下某些完全自然的行为活动具有了签订协约的意志表现的性质和承认了契约的存在。

在最新的阐明英国法的法律书籍中，特别是在美国，都为法定在许多场合下轻视契约中双方意志的实践奠定"理论基础"。例如，庞德在《关于意志在法律中的作用》一文中，认为在十七八世纪至19世纪70年代，当资本主义带有"个体性质"时，法律曾设法保证实现契约中的个人意志。在现代资本主义条件下，按照庞德的见解，有了垄断统治，有了契约的广泛流行，契约的条件完全为一方所操纵，就未必能谈到实现契约中的双方意志。如果法律乃是根据契约当事人的言论或行动来保证流转的稳定性，保证流转参与者的行动效能，这种说法是足够的。[②] 这样一来，庞德，资产阶级法律科学的著名代表之一，被迫承认在帝国主义和资本主义时期，资产阶级社会应该放弃建立表现参与者自由意志的契约的企图。

三

所谓"对偿物"（consideration）是英国民法中契约的主要因素之一。"对偿物"这个法律的外壳内蕴藏有资本主义社会的契约的精粹——契约的报酬。资本主义流转的每一个参与者只是为了要换取自己的需要才出卖商品。对于商品的所有者来说，直接的使用价值仅在于它是"交换，即价值的担负物，是交换手段。所以，它的所有者会为了对于他自己有使用价值的商品而把它放弃"。[③] 资本主义交换，即商品的交换价值的实现，在契约中的基本内容：在英国法中表现为要求对偿物，在罗马法、法国民法典等中表现为要求有诉因（契约根据）。

在资本主义社会中，"本身不是商品的东西，例如良心名誉等等，也可以由它们的所有者，拿来换取货币，并由它们的价格，取得商品形态"。[④] 由于这个缘故，

---

① 《法学季刊》1942年7月。

② ［美］庞德："意志在法律中的作用"，载《哈佛法学杂志》1954年11月。

③ 《资本论》（第1卷），人民出版社1953年版，第70~71页。

④ 同上，第92页。

资产阶级法学中的对偿物或契约根据在法律形式上必须有足够的灵活性，为出卖这些非商品的东西提供法律保障。这一切就决定于契约中对偿物的意义。

英国的法律书籍和审判实践在确定对偿物的概念时，多半引用凯利时米兹一案判决中所下的定义："对偿物……乃是一方享有兴趣、利益或特权；或者是另一方遭受或负担损害、损失或责任。"①

债权人供给了债务人利益或要求，抑或债权人负担了损害、损失或责任乃是债权人提出诉讼的法律根据。债务人没有获得或取得应得的对偿物，就不能发生义务。承担义务而不享有对偿物的契约（除"按法院判决的契约"和"签字的契约"外）被认为是轻率的契约，双方不能强迫履行。缺乏对偿物表示契约未被签订。这种契约的双方能当做这一契约并不存在。法官只有在认为这种契约中间被赋有某种形式的对偿物的情形下，才能把这种契约当做存在的。

不仅是行动，而且放弃的行动，以及放弃法人主观权利都能当做对偿物。例如，放弃法人向法院的呼吁权；放弃担任固定职务或职业的权利；义务定居或迁离某固定地方，都能作为契约中的对偿物。所有这些属于法人权能一般概念的权利，在英国法律中也如在其他资产阶级民法制度中一样，都能成为协定的对象；但是在经济上较为强大的一方仍能根据"自由契约"来大大地约制对方的权能。

在与垄断统治、财政和银行业务的极端复杂化，各种各样投机契约的广泛流行相联系的帝国主义条件下，将对偿物作为义务的物质等价物的提法是不够充足的。作为契约根据的对偿物原则有时只在形式上成为签订有关垄断价格、出售条件等协定的障碍。登禄普公司对释尔福利公司一案能作为例证。

登禄普公司出售自己制造的轮胎给集友公司。出售的同时签订了这样的协定：如果集友公司减价转卖轮胎，他就应负责购买者在零售轮胎时要按照不低于登禄普公司零售价目表上的价格。释尔福利公司在表明如果违反上述条件由他赔偿登禄书公司的损失后，向集友公司购买了轮胎。释尔福利又按较廉的价格（低于登禄普公司零售价目表的价格——译者注）出卖了轮胎，使得产生了上述协定的责任。登禄普公司提出了赔偿"损失"的诉讼。案件闹到了上院，那里的意见存在分歧，但是多数认为：令承认登禄普公司与释尔福利公司之间有协定，由于缺少对

① 参见《波拉克的契理原理》，第133页。根据美国的《契约法典》，代替义务的对偿物乃是：（1）非心愿的诺许；（2）节制；（3）法律关系的建立、改变或终止；（4）有关缔结协定或享有交换义务的诺许。

偿物,这种协定也不能被认为是契约。①

当然,不应以为,作为契约的必要因素的对偿物原则,能够形成垄断组织在业务上的重大障碍。其中就不能妨碍规定垄断各种商品的出售条件的协定的规定。② 同时应该指出,近年来英国的司法实践对契约中必须有对偿物的要求,是松弛得多了。

例如,在较近的1947年一个判案中,法官回避了对偿物的要求,承认缺乏对偿物的有关减少一定期限的房租的协定是有效的。③ 在更近的柯姆伯案件(1951年)的判案中,上诉法院撤销了初审法院引证1947年的先例的判决,指出这一先例不应扩大解释。

按照上诉法院的意见,上述1947年的先例应用在新的法规上的意义只能在于:如果一方在言行上已同意变更双方原有的契约使另一方能根据新的协议履行义务,那么只要另一方是按着新的协议而行动,他就不能拒绝缔结新契约;不能因新契约缺乏对偿物而要求实现原先的契约。但是,只要是缺乏对偿物而签订的契约,一般认为这种诉讼是不适宜的。

在柯姆伯案件的判案中,再一次证实了契约必须有对偿物才能生效的规则乃是英国契约法的主要原则之一。因此,法院在许多具体场合下竭力回避这项规则,

---

① 这样一个在具体条件下造成的问题的解决,虽然对规定市场垄断价格只是非常虚幻的障碍,但在资产阶级法学书籍中引起了剧烈的批评。伯爵法官派德在自己的一篇专门论到必须放弃对偿物原则的论文中,引用这一案件作为最有根据的论证之一。参见《哈佛法学》1936年6月,第1225~1253页。

② 这类协定在践中非常广泛地被推行,它们的实际情况也没有引起法官的非难。甚至在这样一个比较近的案件中(孟克兰诉约克巴斯雷一案,1951年),在双方还未达成协议以前,就根据了这种契约而免除了供集者的责任。

试援引如此一案:原告同被告即汽车出售公司,签订了购买汽车的契约。契约签订以后,不列颠汽车工业协会的规章公布了。这个规章规定:只有经协会批准和调整的专门标准书面协定才能出售汽车,特别是在转卖汽车方面。原告拒绝同意这一协定并要求被告履行协约。被告借口说原告拒绝同意汽车工业协会的协定,将汽车卖给表示同意这一协定的其他购买者。法官拒绝关于负未履行契约的责任的控诉,借口说被告为要履行契约已尽了一切可能,但只是由于不能由他作主的原因而未能实现(《通用法》,1961年第306款)。这样一来,不列颠汽车工业协会所拟出的协定对于没有加入协会的第三者也被认为是必须执行的。在这种场合下连对偿物问题都未发生。

③ 伦敦中央地产信托有限公司对大树房屋有限公司一案,1947年。对这一案作出判决的伯爵法官捷林发表了一篇文章,文章内根据这一案件和某些其他判例得出关于对偿物问题必须有重大修改的结论,参见捷林:“新近发展的对偿物学说”,载《近代法学期刊》第45卷第1号。

同时在实践和理论中就强调出它的必要性和“稳定性”。①

苏维埃法学书籍指出了现代资本主义的特征倾向于脱离在某些范围内能作为阻碍垄断资本关心的抽象义务的发展的对偿物制度。② 这种情况表现在应用法律的程序上带有无数的附带条件,目的是要只在形式上保存契约必须有对偿物才能生效的规则,使法官可能在任何具体案件中放弃这项规则。

据我们看来,必须这样来寻求解释:对偿物学说是在英国法学的历史发展过程中形成并反映着这一历史的全部特点。英国法规的疑难性、不固定性、矛盾性,无数的规则与规则中更多的例外,所有这些都符合英国法学的一般性质,符合英国法学的传统。统治阶级在一定范围内与这种传统相联系。他们不能改变也不能使任何起作用的旧法条款现代化;不能造成旧法总体系崩溃的缺口;不能建立破坏传统的先例,只能建立这样一些破坏历史上已经形成的,而是不利于统治阶级利益的传统的先例。为了保留这种传统,统治阶级不得不容忍个别的不便利,来保存若干对现代资本主义流转乃是陈旧的,有时是不方便的法律形式。

四

对于评述英国民法中的契约的作用和性质来说,契约能规定免除或限制一方由于自己的过失造成损害的责任是有着重大意义的。特别是一些经常签订的铁路、输船和航空公司及本市内运输机构的运送契约,正是这些机构的剥削活动增加了生命的危险。英国实践中很多在旅客与公司之间发生争论的判案通称为“票务案件”。这些案件对确切说明引用法规的阶级目的提供了重大的意义。

汤姆生对铁路公司一案是这类案件的“主导先例”之一,案件的情况是这样:不识字的原告请她的侄女代购游览票。票的正面注明“游览人请注意背面条款”,而背面又指出,在公司的时间表上规定有发售车票的条款。时间表(它单独出售每张6便士)上注明,公司不承担旅客由于任何原因遭受损害的责任。原告遭受了肉体伤害而提出赔偿损害的诉讼。上诉法院认为这种要求是没有根据的,因为契约上的这一条

① 柏尼:“对偿物的必要”,载《近代法学期刊》1953年10月。作者分析了上述高级法院以及许多其他判案而得出对偿物是英国契约法的基本制度之一的结论,并批评了近年来实现破坏了“先例的稳定性”和在许多场合下放弃了对偿物的要求。在最近出版的一本最老的常常被引用在司法实践中的契约法教程经常论到像对偿物怎样“普遍和有效的法律观念”。参见《波拉克的契约原理》,第157页。在詹克斯《英国法》(法律出版社,1947年莫斯科版)一书中,赞扬了“卓越的”对偿物学说(第332~334页)。登载在《法学时报》和《法学月刊》两种刊物的一些短评和质疑文章中,都着重指出了对偿物规则的“活勃性”和“有效性”。

② [苏]马依著:《资产阶级债务法总则概论》,外国文书籍出版局1953年版,第50~53页。

款就免除了公司承担损害的责任。① 很奇怪的是,法院引用这样的一个论据作为自己判决的根据:如果原告买到的是廉价的游览旅行票(公司对廉价票照例是不负任何损害的赔偿责任——译者注),那么公司就应让她知道铁路公司是能签订有利于她的一些条件的契约的。这样的一种论据免除了公司的责任。

法官并不认为上述案件中铁路公司没有将免除责任的附件通知旅客。但是法官在某些判案中常引证说,规定有免除责任的附件的一方应该证明已将这种附件通知了对方。例如,在1952年的一件判案中,法官根据被告人国际旅行社不能证明已将免除责任的附件通知原告,而满足了原告赔偿行李损失的要求。②

应该指出,由最不能得到保障的居民阶层使用的廉价票,是固定在某一天、半天、特定的义务星期六和游览车上出售的,照例,不管公司的形式如何,廉价票都包括有免除公司任何情况所引起损害的责任的附带案件。③ 免费票通常也有这样的附件,在这类票上指出,公司对票的使用人不负担"……不管是怎样遭受的损害的责任,但职员因公的旅行不在此限"。

正如吴依尔克对伦敦旅客运轮办事处一案的判决所证明,这种免除责任的附带条件对旅客得以使用免费票以前所遭受的损害也能适用。办事处职员吴依尔克因私事准备乘车。当他乘公共汽车时,乘务员因疏忽而未注意所有乘客是否已坐稳即发出开车信号,只有一只脚踏上阶梯的伍依尔克被汽车拖倒并受到严重的伤害。原告坚持说他遭受伤害是在使用免费票以前,因此公司应该按一般的道理负担由于公司职员的过失而造成的伤害。但是法院认为,既然原告是带有使用免费票的意图而乘公共汽车,公司就不应承担任何责任。④

1947年2月5日的秘密会议审判委员会为莱吉特等旅客对安鲁安斯运输有限公司一案所作的判决是免除运输公司的过失责任的一个可作为特征的例子。⑤原告旅客们在公司的一架飞机上,由于公司职员的过失使飞机失火而遭受相当大的损失。但是在旅客的票上已注明:因本公司、公司职员或任何有关人员的不慎或不应有的行为而造成的损失,公司概不承担责任。根据这个声明,加拿大法院,以及后来的秘密会议审判委员会都拒绝了原告的要求。审判委员会的判决中直接指出:"按照'总法',运输公司完全能自由签订有利于它的契约,公司应遵守的一般

---

① 汤姆生对L. M. &S. 铁路公司一案(1930年)。意外事件的说明参见凯歇尔、费福著:《契约法》,第100~101页。

② 参见格永生对国际旅行社一案(1952年)。《通用法》1952年,第46款。

③ 《凯第的论契约法》,1937年英文版,第727页;以及塞尔斯:"标准契约",载《近代法学期刊》1953年7月。

④ 《时报法学报告》(第62卷),1946年第7号。

⑤ 《时报法学报告和商业案件》第63卷,1947年第6号。

责任能由扩大、缩小或例外的专门契约而变更(在这个范围内,这种变更是不与加拿大立法上的约制相抵触的)。"

免除运轮公司对旅客在旅程中遭受损害的责任的附件具有极广阔的性质。例如,一个轮船公司在它出售的票上曾注明:公司在任何情形下都不对旅客负担由公司职员的疏忽或过失造成损害的责任。这就可得出旅客负有全部旅行危险的结险的结论,而且不仅是意外损害的危险,还负担由于公司和其职员过失损害的危险。

这样的附带条件在铁路、轮船和航空公司的业务中是被广泛地推行。阿德莱尔对狄克生一案[①]发生了这样的一个问题:这种附带条件是否不仅免除公司对损失的责任,而且也免除公司的具体在职人员由于自己过失而造成损失的责任。换言之,能否由受害人直接向因过失造成损失的个别职员提出诉讼。法院承认免除损害责任的附带条件只涉及公司,而不是免除不属运输契约一方的个别职员的责任。

这样一来,公司得到契约的全部利润和利益,而由于履行契约所遭受的赔偿损害的责任都推到了个别工人和职员的身上,无论是在职的,还是担负损害责任的工人和职员仅只领得自己的工资而不能得到任何利润。这样的赔偿损失的方法无论如何也不能使受害者满意。在现代技术的交通工具之下,受害人在极大多数的场合下总是不能指出使他遭受损害的具体职员。损害的发生几乎总是公司业务组织的不妥当和多数人疏忽的结果,这使得受害人不能找到具体肇事人和无法提出诉讼。但是甚至在当受害人能够找到具体肇事人和向他提出诉讼的那样一些稀少场合下,受害人也未必能得到满足,因为实际上,特别是如果损失规模大,受害人是不能从职员那里取得十足的损失赔偿。

阿德莱尔对狄克生的判案引起了英国法学家的注意和在书籍中遭到了一系列的批评意见。在一篇专门论到免除一方对损害责任的附件的契约和第三方面问题的论文中,作者提出,法官在这个问题中都是不扩大对免除损害责任的附件的应用,可是也绝不能用不属契约的一方和没享有契约利益的职员来担负责任的方法。由于这个缘故,作者批评了阿德莱尔对狄克生一案的判决。[②]

另外一位作者认为,由于阿德莱尔对狄克生判案的结果,公司签订的契约中关于免除损害责任的附件将会更加扩大应用起来。[③] 毫无疑义,这种推测是有根据的。

因此,对于扩大生命危险作为剥削泉源的有关部门(铁路、海上、室中运输),英国民法是采取缩小或完全免除公司责任的办法,甚至在它们具备有过失的情形

---

① 《法学月刊》1954年12月号。

② 瞿特尔:"免除条款和第三方面",载《近代法学期刊》1953年3月。

③ 《法学月刊》1954年12月。

下也是如此。这一原则完全是为着大运输公司的利益,而打击的大半是最贫穷阶层的居民。为了节省资财不得已而乘"廉价"列车或用"廉价"票的人们,放弃了可能使公司承担损害责任的"奢望"。由上例汤姆生一案可以看出,公司很灵活地使自己拒绝了承担损害的责任。识字不多和朴素而不谙熟法律奥妙的旅客和陌生人们,他们一经购买就担负了甚至是由于公司的过失而直接使其遭受损害的一切旅行危险。使公司能根据契约免除损害责任,这就促使公司不去采取保证旅客安全的一切必要措施,特别是对于使用"廉价"交通工具的旅客。

免除铁路公司的损害责任,特别是当涉及最贫穷阶层的居民的大规模运输时,屡次激起了英国先进的社会团体的广泛愤怒。在1937年,国会中就有了对铁路公司损害责任的质问。运输部长对这个问题的答复是:根据铁路公司的通知,公司不能对使用廉价票的旅客承担遭受损害的责任。但是在社会团体的压力之下,铁路公司被迫声明将在许多场合下放弃对使用廉价票的旅客免除损害责任的附带条件(除使用优待或免费票的旅客外)。[①]

但是实际上铁路公司并没有很大地扩大自己承担损害的责任。在1948年,用所谓"工人票"乘车的妇女跌落到车厢下面而碾断了双腿。按照票上的条款,她不能获得损害赔偿。发生事故的地区的妇女们,向政府提出要求规定公司对类似伤害承担责任的请愿书。由于这一请愿书的缘故,普利特博士向运输部长提出质问,运输部长答称:关于规定铁路公司对使用"工人票"或其他各种廉价票的损害责任问题正在研究和准备中,问题的解决将采取较"纵容的态度"来满足受害人的要求,虽然公司根据"总法"不应赔偿这类情况的损害,公司却将作出"恩惠"(ex-g-ratia)。[②] 十分明显,受害人无须指望赔偿损害。试问,如果垄断组织指靠法律来回避责任,那么当它"依法"能免除责任时又将如何解释?直到现在,要满足受害人要求赔偿损失的这样一个起码要求,受害人还应该向加害人请求"恩惠",仅这一点就不得不令人惊奇。

本文内我们只能简略讲到英国契约法的某些一般问题。许多在本文内尚未说明的问题,如有关契约实现的条件,契约关系在立法上的调整,契约责任的性质,契约的履行和许多其他问题,这些都引起苏维埃法学家明显的兴趣,也是值得独立研究的问题。应该相信,资产阶级民法,其中包括英国的契约法,今后在苏维埃法学中将会有更详细地说明。

(1956年第3期)

---

① 塞尔斯:"标准契约",载《近代法学期刊》1953年7月。

② 同上。

1957年第1期

加强审判工作中的法制

梅泽濬*

一

中国共产党在第八次全国代表大会上提出了进一步加强人民民主法制问题，并在政治报告的决议中指出："由于社会主义革命已经基本上完成，国家的主要任务已经由解放生产力变为保护和发展生产力，我们必须进一步加强人民民主的法制，巩固社会主义建设的秩序。国家必须根据需要，逐步地系统地制定完备的法律"，接着又指出："一切国家机关和国家工作人员必须严格遵守国家的法律，使人民的民主权利充分地受到国家的保护"。党的这些决议，是有极其巨大的现实意义的。

我国人民民主法制，始终环绕着党在各个时期所提出的革命与建设任务而发挥作用。作为保证与推动党在各个时期所提出的任务的审判工作，是贯彻人民民主法制的重要环节，做好审判工作，进一步加强审判工作中的法制，是实行党的决议的必要措施。

二

新中国成立以来，我们国家的审判工作，对巩固人民民主专政、维护革命秩序、保障社会改革运动的开展与保护人民合法利益等方面，曾经起过并正在起着重大的作用。它的确发挥了审判工作的威力，取得了辉煌的成绩。这应当是审判工作中的主要方面与基本情况，但是，这不等于说审判工作的质量已经很高了，工作是完整无缺了。恰恰相反，我们的审判工作中还有一些缺点，还得大力改正和提高。这里仅就值得注意的某些问题来谈谈。

（一）调查研究

弄清案件事实，必须注意调查研究。毛主席经常教导我们，在工作中要走群众路线，不要脱离群众，要调查研究。罗瑞卿在党的第八次代表大会上把群众路线与调查研究，作为肃反斗争的主要经验介绍，这证明从党的长期革命经验中总结出来

---

* 作者单位：华东政法学院（现华东政法大学）。

的这种工作方法，是可以运用到各个部门、各个方面。当然，审判工作也应该把群众路线与调查研究贯彻到每一个环节中去。但是，有些同志却对这条听惯了的工作方法的重要性认识不足，因此在工作中存在着不同程度的官僚主义作风、喜于高高在上的坐堂问案，不重视核对事实、分析研究；只愿听原告的陈词，不愿听被告的辩护；对被告的真实发言，说成是“态度狡猾，不肯低头认罪”；在判决时，“你辩你的，我判我的”，甚至明明搞错了案件，经过平反，证实了被告真正无罪，仍然不愿承认自己的错误，最后还对被告训诫一番才予以释放。在审判工作中，像昆曲《十五贯》里的况钟这样的人物当然不少，而类似过于执与昏官周忱这样草菅人命的人，并非个别现象。

例如，某省基层法院在1956年元月判处了一件“反共改正军”的案件，他们主要罪状是抢劫仓库、割毁电线、烧掉桥梁、张贴反动标语、指示敌机轰炸目标以及投毒暗害等。像这些罪名赫赫、危害严重的反革命组织，论道理应特别仔细调查研究，然后再认定罪行。但是，初审法院仅凭一份花名册与收支账簿及有关机关的起诉书，即对42名被告人中的“主要”分子，分别判处了死刑、无期徒刑，20年、10年有期徒刑，并以此呈请上级法院批准查核。

当上级法院审问了全部卷宗与有关证据，感到矛盾百出，很难证实被告有罪，发回重审，并协助初审法院作了专案调查，真实面目方才大白。原来一个公安人员曾在1950年听说某乡有个“反共人民改正军”从事破坏活动，1951年肃反运动中就去到该乡查案。他未深入群众、实事求是地摸清底细，即将历史上有些污点的和解放后乱搞男女关系的人进行了排队，并且利用诱供、逼供、疲劳审讯的方法，强迫这些人承认参加“反共改正军”的组织，要他们拿出罪证来。这些人在无可奈何的情况下，将解放前自卫队的名册改成“反共改正军”的花名册，将结婚贺礼簿改为“反共改正军”的收支账簿。他们就这样被捕起诉了。初审法院不加调查核对，据此定了案。这件案子中，审判员的错误，在于完全听信那个公安人员的起诉，不调查研究，偏听偏信，主观臆断。所以审判机关搞清案件事实，除根据公安、检察机关的侦查起诉事实以外，自己还要进行调查研究，核对案情，研究证据，以纠正侦查起诉的不足和错误；否则完全依据公诉定案，就失去了审判的意义。上例初审判决，虽经上级法院所纠正，但给予人民的损害已经很大了。像这种情况，虽然极为少见，但绝不应让它继续出现。

（二）定罪与量刑

审判工作，依照宪法规定行使审判权，它只能服从法律，依法办事。离开了这个原则，即要破坏法制，给党与人民带来危害。因此，党与人民要求审判工作人员必须具有强烈的法制观念，严格地遵守法制。在具体的定罪、量刑上，不能有丝毫苟且，绝不容有无罪判有罪、有罪判无罪、轻罪重判、重罪轻判的现象发生。否则，势必造成应打击的罪犯未能很好打击，应保护的善良人民却遭到非法处理的后果。这与我们的人民民主制度及党的政策、法律精神，无疑是背道而驰的。

依据人民民主法制的原则，对定罪判刑的前提，是在被告人的行为中是否具备了犯罪构成。在没有足够材料证实被告是真正构成犯罪以前，无论如何不能把被告看成犯罪的人，更不能对他定罪与判刑。而在具体运用法律条文时，尤应特别注意。像对待反革命罪，就应当具体地分析行为人的行为是否符合构成反革命罪。《惩治反革命条例》第2条，已经明确地指出了反革命是以推翻人民民主政权、破坏人民民主事业为目的的特殊犯罪。这种犯罪与其他犯罪的区别，就在于犯罪的目的不同，侵犯的客体也不一样。假如行为人实施的行为，不具有反革命的目的，那么，纵然对党与人民有所危害，也不能认为构成反革命罪。因此，我们在确定行为人犯罪时，要做许多具体的分析与研究工作。例如，为什么犯罪？犯罪的动机与目的是什么？在什么情况下构成的犯罪？犯罪的行为对社会危害怎样？行为人过去是干什么的？今日的表现如何？等等。这一系列的问题，需要联系起来，认真研究，方可对全部案情作较深刻的了解，否则抓住了某些片段，即轻下结论，像有些同志对具有反动身份的人构成了犯罪，都一概认为反革命罪，这显然是错误的。

审判工作中未能正确地定罪与判刑，其原因之一是某些同志还未树立起强烈的法制观念，对保障人权的严肃性没有足够的认识，于是在工作中以粗枝大叶的态度，草率地处理问题。例如，某地夫妻二人感情不好，妻子提出离婚要求，丈夫几次劝解不从，于是在一时激愤下用裁纸小刀在妻子脸上乱划，以致其面部、颚下多处遭受轻伤。妻子告到法院，并揭发了丈夫在粮食统购统销初期的落后言论。法院在受理此案后，因被告家庭是地主成分，于是认定被告既出身于反动家庭，又有敌视政府的言行，如今执刀杀人，乃定反革命杀人罪。这显然是错误的。

（三）理解政策

党与国家所制定的政策、法律，是完全根据我国实际情况，代表了6亿人民的意志来指导实际工作的，所以毛主席经常教导我们“要了解情况，掌握政策”。了解情况就是认识世界，掌握政策就是改造世界，这是用马列主义武装起来的政党所一贯遵循的行动方针。如果审判工作中把两者对立起来，甚至把政策、法律绝对化，机械地硬套在不同情况与不同对象上，便会造成错误。例如，在适用《惩治贪污条例》的时候，有些同志认为“三反”运动后既然“从严”，那么在处罚贪污犯时，就应该严一倍、两倍或三倍，只有这样才符合党与政府的政策、法律；又有些同志将审判工作为国家中心工作服务单纯地理解为“多判、重判”，而把政策、法律摆在一边。像农业合作化运动高潮与资本主义工商业合营以后，在新的情况下党与政府提出了对反革命分子的处理要“宽一些”，于是有些同志对反革命的现行犯与非现行犯不加分别，一律看待，都不处理；将“坦白从宽”理解为“坦白不办”；将“立功折罪"理解为"立功无罪",而是否真正立功,那又很少进一步研究了。类似这种机械地理解政策、法律的现象,虽经领导机关不时地予以指出,但未真正彻底消除。像某地法院对反革命分子王某的处理就是这样。王某在解放前当过土匪、杀过人,解放后继续活动,被我政府逮捕后又打死看守人员,越狱而逃;经政府第二次捕获后判处死刑,未及执行,又逃跑,当地政府曾明令通缉在案。该犯因为慑于人民觉悟的威力,感到实在无法隐藏下去,于是在不久前乃出来自首。按道理,对这样重大的罪犯,显系利用我宽大政策之机而连续施以犯罪,当然绝不能因自首而不予追究。但这里的法院却免予了其刑事处分。

我们知道,所谓"从宽处理",仅仅限于在法定刑范围之内的"从宽",并不是离开了法律,毫无原则地"从宽处理",甚至把犯了罪的人看做不犯罪,这实际上是对政府政策的错误理解,或者说对政策的歪曲。政府对坦白自首的罪犯是可以从宽处理的。为了促使各种罪犯的真诚认罪,也应该从宽处理。然而,那也只能是法定刑范围内的事。例如,该判死刑的如果坦白自首,则可以考虑不处死刑;该判重刑的坦白自首后,则可从轻处刑。绝不是不论罪恶大小,只要坦白自首,一概不予论处。如果真的这样,实际上无异于鼓励犯罪。而我们党与国家的政策又何尝是如此呢?

产生上述情况的原因,主要是未能认真学习党与国家的政策,没领会政策、法律的精神实质,而对具体情况与具体对象又缺乏认真地分析与研究,机械地搬用政策法律,这怎么能够谈到"了解情况,掌握政策"呢?这又怎么能贯彻以"事实为根据,以法律为准绳"的审判方针呢?

(四)法律与政治

法律是阶级斗争的工具,是为政治服务的。这是马克思列宁主义所畅言不讳的。我们坚决反对资产阶级那种虚伪地认为法律是可以脱离政治,是与阶级斗争无关的论调。我们在司法改革中,对某些受旧法影响的人,曾批评了他们"孤立办案"、借口"法院不管群众运动"的错误思想,其道理也就在此。因而在审判工作中必须贯彻法律为政治服务的精神,以便根据政治形势来确定法律的服务方向,发挥法律的应有作用。但是政治也绝不能代替法律,不能因政治运动或政治情况的改变,即忽视了或放弃了法律的作用,将法律弃之一旁而不顾。二者如果有所偏差,都是错误的。

但是在审判工作中,有些同志对政治与法律的关系总是混淆不清。在处理案件中,不是使法律脱离政治,就是使政治脱离法律,二者不能很好结合。例如,有些案件不能够结合政治形势的发展或中心工作及时处理,以致具有时间性的案件拖得很久,赶不上形势的发展,成为"马后炮",对社会的影响教育作用不大。例如,有些法院在农村合作社正在整社过程中,对合作社的贪污、破坏案件,一拖再拖,直到整社结束才草草结案。像这样的情况，即把法律服务于政治弄成法律脱离了政治，使审判工作不能为中心工作服务。而对真正正确地处理了法律服务于政治的案件，有的人反而在思想上感到不通。例如，在肃反运动中，非现行犯的、历史上的一些反革命，经过坦白交代，不按反革命罪处理，于是就有人疑惑我们《惩治反革命条例》是否已经失效了？这里反映了这些同志还不懂法律服务于政治的道理。

有些人对法律服务于政治仅作片面的了解，好像有了政治运动，总要想些办法使法律予以配合，只有这样才算做好了工作。于是，无事生非，捕风捉影起来。像前面所举的那个公安人员，假如不是在肃反期间，他可能不会想起几年前道听途说的事来。假如是在平时，审判人员也可能深入调查一番。有的人正是为了结合政治运动，才在审判工作中草率从事，甚至以政治任务为借口，忽视了法制。

所谓法律服务于政治，那是在法律范围内，要结合政治斗争与形势发展，来体现法律的服务作用，既不能以政治来代替法律，也不能因法律而忽视政治。法律与政治是统一的，而又不能混为一谈。必须在政治任务的前提下，依法办事。根据依法办事的原则，结合国内外的形势发展来处理问题。

我们从上述的情况来看，审判工作虽然在新中国成立几年来有了很大成绩，但不可讳言，也的确存在一些问题。为了使人民的合法权利得到应有的保护，使社会主义建设的秩序日臻巩固，党提出了进一步加强法制，及时改变审判工作中破坏法制的现象，这完全是当务之急。

三

关于如何加强法制，董必武同志在第八次党代表大会上已经作了专题发言，并提出了原则的指示。根据这些指示精神，我们认为对审判工作还有必要采取一些具体措施：

首先，有关方面应赶快执行董必武同志的倡议，组织力量，把我们实际工作中的丰富经验予以总结，上升为法案，提交全国人民代表大会通过执行，使在审判工作中真正有法可依。我们知道，立法机关很早即注意了总结我国的法制经验，并开始起草了有关法典，但是这项工作远远落后于实际需要，为了慎重起见，仅是在内部作了一些讨论，到今日还未能与广大群众见面。我们认为，对立法工作作慎重的考虑是必要的，而且是应该的。但不能设想不经群众检验、不通过实践修整，而能制定出完全体现人民意志的法律来。相反地，它只能在实践中不断发现问题，不断经过修改，才逐渐形成比较切合实际的法律。我们反对资产阶级那种“恶法胜于无法”的论调，但也不希望以谨小慎微的态度对待立法工作，使立法工作几乎陷于停滞不前的状态，使司法工作在某些地方难于遵循，法制标准不易掌握，造成许多本来可以减少的困难。

有些人可能说，我们立法机关建立不久、干部不多、经验不足，又怎能来得及总结我们实际工作中的法制经验呢？其实，如果组织全国力量，将有实际经验的人吸收到立法工作上来，或者指定某业务单位起草某种法律，然后再经过一定的审查、讨论与批准手续，先颁布实行，在实行过程中逐渐修改，是完全可能做到的。如果把立法工作集中在少数人身上，不仅力量有限，而且实际知识也不可能那样丰富，其结果，或者脱离实际，或者延长颁布法律的日期，对工作是不利的。

其次，及时将审判工作中已经行之有效的工作方法予以制度化，使它成为工作中的准则。对那些破坏法制的行为，依法给予必要的制裁。

我们审判工作中，目前已经有许多比较成熟的而又切实可行的工作方法，如调查研究、核对事实、贯彻群众路线等方面都有良好的经验。但这些经验仅散见于工作中，还未能完全把它规定为制度。有些同志按照一定的工作步骤办了，而且做得很好，使工作没有什么偏差；有些同志却不调查研究、不核对事实、主观从事、没什么约束，甚至办错了案也没有受到必要的法律制裁，虽然有时亦作检讨，检讨完毕即万事大吉。目前所采用的通报、行政处分的办法与当前的法制要求已经不相适应了，还不能使破坏法制的人警戒起来。因此必须在审判工作中建立一定的工作制度，对那些不依照制度办事，显然由于主观疏忽，造成错误的人，让他负一定的责任。对于那些妄作妄为、违法乱纪、损害公民权益的人，予以法律制裁。这样，才能很好地提高办案质量，防止破坏法制现象的出现。

再次，应加强领导机关对下级审判机关的及时检查，充分发挥检察机关与群众性的监督，使审判工作真正是在党政领导及群众督促下进行。

审判工作的经验告诉我们，领导机关对下级审判机关每经过一次检查，总发现了一些问题，纠正了一些错案，保护了人民的合法权益。但是，领导机关的检查，还没有成为经常制度，时隔很久才发动一次检查运动是不够的。因此，我们认为领导机关对下级审判机关贯彻法制的情况，每年至少要检查几次，一旦发现问题，即及时予以纠正。这样不仅会使下级审判工作得到及时帮助，而且对已成事实的错案也能及时地平反。

在检察机关与律师制度还不健全的情况下，除了逐步使这些组织建立与健全外，对现有检察与律师的作用应充分发挥起来。有些人还不敢坚持原则，怕影响关系、怕丧失立场，以致工作上还有缩手缩脚的现象。而审判人员对律师的辩护与被告的上诉还缺乏应有的认识，甚至有某些压制的倾向。这些都是会影响法制的。我们必须充分发挥检察监督与律师辩护的作用，保护被告的合法权益，诸如给予被告以上诉的便利，让被告在受审时敢于发言和严格执行回避制度等，使审判工作不论在制度上或审理上都做到合法、合理。

最后，加强审判工作人员的政治理论及法律科学的学习，使他们能够具有辩证唯物主义与历史唯物主义及法律科学的基本知识，以便理解与掌握党和国家的政策、法律。

我们审判工作中的某些缺点或错误形成的原因，大都是由于政治理论、政策与法律知识的缺乏。而在某些同志思想上对党与政府不得已而采取的办法，即抽调一些未经系统学习的同志做审判工作，缺乏正确的理解，误认为“不学习也可工作”，于是在机关中还未普遍形成浓厚的学习气氛。而负责领导政治理论、业务学习的组织，往往过于强调以“工作为主”，对干部的政治理论、业务学习未能给予必要的帮助，结果使一些同志长期不能从理论上来理解党与政府的政策、法律精神。而在具体运用法律时，又缺乏必要的法律知识，只凭革命热情工作，长此下去，必然使工作质量难以提高，无法适合新的形势发展需要。因此，要求我们注意审判人员的主要政治理论及与工作有关的法律科学的学习，使他们根据辩证唯物主义的基本观点，知道什么是正确的认识、什么是不正确的认识以及如何才算正确的认识等；在对待犯罪问题上，知道什么是犯罪、什么不是犯罪、如何去认识犯罪。像这一系列的问题，虽然因学习可能在工作中感到烦琐，但对今日加强法制来说，是非常急切的，我们应该把加强审判人员的学习看做加强法制中的一项重大任务。

（1957年第1期）

进一步加强人民民主法制和人民法院的审判工作

俞伟奕*

党的第8次代表大会对于进一步加强人民民主法制的问题,给予了应有的重视。大会所通过的《关于政治报告的决议》指出:"我们必须进一步加强人民民主的法制,巩固社会主义建设的秩序。国家必须根据需要,逐步地系统地制定完备的法律。一切国家机关和国家工作人员必须严格遵守国家的法律,使人民的民主权利充分地受到国家的保护。"由此可见,进一步加强国家的法制,意味着我国的各项重要法律将逐步完备,也意味着一切国家机关、国家工作人员和全体公民必须严格而确切地遵守和执行国家的法律。

人民法院是行使审判权的国家机关。建设完备的法制和遵守国家的法制,对于人民法院的审判工作,具有特别重大的意义。

我们的人民民主法制,是在彻底摧毁旧法制的基础上产生的。人民民主法制的特征之一,在于它是适应国家建设的需要和总结了人民斗争的经验而逐步建立起来的。过早过死地规定一套完备、细密的法律,不但会闭门造车、脱离实际,而且还会束缚住群众解放生产力的斗争。所以我国人民民主法制的建设过程,就必须是"根据可能和必要,把成熟的经验定型化,由通报典型经验并综合各地经验逐渐形成制度和法律条文,逐步地由简而繁,由通则而细则,由单行法规而形成整套的刑法、民法"(彭真同志语)。几年来的实践已经证明了这种做法是正确的。国家所制定的各项法律、法令、条例等,在镇压敌人、维护革命秩序、保护人民的权益、保证各项社会民主改革运动的胜利完成、保障社会主义建设和社会主义改造事业的顺利进行方面,发挥了重大的作用。

在人民民主法制的建设方面,我们已经取得了不少成就。我们已经有了宪法和许多重要的法律、法令及其他各项法规。但是若干基本的法规还没有制定,有些应当补充、修正和重新制定的,还没有补充、修正和重新制定。最高人民法院院长董必武在"八大"的发言中指出:"我们还缺乏一些急需的较完整的基本法规,如刑法、民法、诉讼法、劳动法、土地使用法等。同时,我们也还有许多法规,如惩治反革命条例、管制反革命分子暂行办法、惩治贪污条例、农业税法、工商业税法和私营企

* 作者单位:复旦大学。

业条例，以及政府有些部门的组织条例等，由于政治、经济情况的变化，应该修改的还没有修改，应该重新制定的还没有重新制定。”

从中华人民共和国成立以来，七年多的时间已经过去了。我们不但已经彻底完成了资产阶级民主革命的任务，而且取得了社会主义革命的决定性胜利。革命的暴风雨时期已经成为过去。国家的主要任务已经从解放社会生产力改变为保护和发展社会生产力，在这样的新情况下，斗争的方法就必须从群众的直接行动转变为依据法律而行动。进一步加强国家的法制就成为当务之急。列宁曾经指出：“当政权的基本任务已逐渐由军事镇压转为管理工作时，镇压和强压手段的根本表现，也会逐渐由法庭审判来代替就地枪决。”①同时，各地人民法院和其他国家机关几年来在工作中已经积累了丰富的经验，把这些经验系统地总结起来，就可以为制定和修订各项重要的法规提供大量资料。系统地制定各项基本法规，逐步完备国家的法制，不但是客观上的迫切需要，而且是有条件做到的。

人民法院在对待国家的立法活动方面，不应当是消极的、被动的。我国的人民民主法制，是总结群众的革命斗争和工作实际的经验而逐步发展起来的。《人民法院组织法》规定各级人民法院设审判委员会，而审判委员会的任务之一是总结审判经验。由此可见国家对于总结人民法院审判实践的经验，是始终重视的。不断总结审判工作的经验，不但可提高办案的质量和效率，而且可以为立法机关提供重要的资料。各级人民法院不仅可以提供有关案件的类型处理方法、处理后的效果等方面的资料，而且可以提供关于案件产生的原因、数量及其影响等有关社会动态方面的资料，成为制定与修订各项法律的重要依据。

此外，社会的政治、经济情况是不断发展变化的。与此相适应，国家的立法机关应当不断补充、修订和重新制定各项有关的法规。这是在有了各项重要的基本法规以后，仍然存在的经常工作。各级人民法院在这方面也应当发挥应有的积极作用，不断提供有关的资料。

几年来，人民法院是在法制不完备的条件下进行工作的。法制不完备的情况，再加上审判人员政策思想和法律专业知识水平的不同和限制，在工作中就不能没有一些困难。例如，在同类犯罪情节又相仿的案件中，判刑有时相差悬殊，各地对刑事案件所用的罪名，名目繁复，往往对于同类犯罪使用不同的罪名；关于案件的审判管辖，因为没有明白的规定，各地在做法上也不一致。在法制逐步完备以后，有些工作中的缺点是可以避免的。

加强法制的另一方面，就是一切国家机关、国家工作人员和全体公民必须进一步严格而确切地遵守和执行国家的法律。人民民主的法律，反映了以工人阶级为

---

① 《列宁文选》(两卷集)(第2卷)，外国文书籍出版局1950年版，第396页。

首的广大人民群众建设社会主义的意志。任何违法的现象，必然会造成对国家和人民的损害。

人民法院是执法机关。严格地遵守和确切地执行国家的法律更有重大的意义。人民法院应当成为遵守和执行法律的模范。

我们在前面指出，随着国家法制的日益完备，审判工作中的若干困难和缺点是可以减少的。但是这绝不是说，建立了比较完备的法制，甚至不提高审判人员的政策思想和法律专业水平，也可以顺利地完成人民法院的艰巨任务。恰恰相反，法律是政策的体现，政策的条文化，不掌握国家在各个时期的政策，不具备法律专业知识，也就不能正确地理解与运用国家的法律，结果就会自觉地或不自觉地违反法律。例如，在伟大的镇压反革命运动中，有些地区的人民法院划不清落后言论与反革命造谣破坏的界限，实际上也就是忽视了或违反了《惩治反革命条例》中关于"以反革命为目的"的规定。另外，有的把徒刑缓刑误解为免刑或刑罚的延期执行，或者与假释混淆不清；有的把减刑误解为改判或假释等，都是此类例子。不断提高政策思想和法律专业知识的水平，无论在何时都是审判人员的重大课题。

在应用法律方面，最高人民法院可以考虑编印《案例汇编》或《审判实录》一类的定期刊物，指导各级人民法院的审判工作。全国人民代表大会常务委员会已经把关于审判过程中如何具体应用法律、法令的问题，交由最高人民法院审判委员会进行解释。最高人民法院可以通过上述刊物，具体指导各级人民法院如何在审判工作中正确适用法律、法令。

《宪法》规定了人民法院组织和活动的基本原则，这些原则又为《人民法院组织法》所进一步规定。确切地遵守和执行这些规定，就可以做到便利人民、联系人民、保证审判工作的及时和准确，可以切实保护人民的权益和有效地打击敌人。

两年多来，在贯彻执行《人民法院组织法》方面，成绩是很大的，《人民法院组织法》所规定的各项原则和审判制度，已经成为各级人民法院审理案件的经常制度。但是，也必须指出，《人民法院组织法》的规定，有时并没有得到切实的执行。这种现象，必须得到迅速纠正。

在实行公开审判方面，有的审判员在受理案件后，先对被告人进行多次不公开的审讯，一直到认为案情已经搞清以后，才进行公开审判。这就失去了公开审理案件的意义和作用，使公开审判流于形式。有的基层人民法院，对民事案件还一直没有进行过公开审理。

辩护权是国家给予刑事被告人的合法权利。实行辩护对于防止审判上的主观片面有着重要的作用。但是，在人民法院审理案件时，不尊重被告人的辩护权的现象还是比较严重的。有的审判人员对辩护理由完全不加考虑，错误地认为既然有人民检察院的起诉和证人的证明，案件就不会搞错，形成"辩护归辩护，判决归判决”的局面。有的把被告人提出的辩护意见认作是狡猾抗拒的表现。个别的审判人员在审理案件时埋头写判决书，不注意倾听辩护人的发言，到宣判时却说“采纳了辩护人的部分意见”。有的甚至在开庭审理案件前已经决定了判决和刑期。有的在开庭审理前不给辩护人足够的时间阅览卷宗，或者在开庭时限制辩护人的发言。所有这些，虽然是极个别的，但却是违反保障被告人辩护权的法律规定的。

《人民法院组织法》规定人民法院审判案件，实行两审终审制，当事人对第一审案件的判决和裁定，可以向上一级人民法院上诉。保障当事人的上诉权，是为了使法院的判决和裁定，能够得到上一级人民法院的审判上的审查，保证办案的质量，防止错判。但是在实践中，有的审判人员在宣判时不向当事人交代上诉权利；或者把向当事人交代上诉权利作为一种形式，缺乏明确的解释，有的在宣判时，估计被告人能服判的，就一再解释上诉权；估计被告人不能服判的，在念完上诉期限后，马上闭庭就走。个别的审判人员对当事人提出的上诉，不给办理手续。有的在上级人民法院调卷时，附文说上诉没有根据，想以此影响上级法院的裁判；甚至认为上级人民法院不应受理上诉，要上级法院答复。有的竟在判决书内写明不准上诉。甚至有的审判人员在宣判后，声色俱厉地追问当事人“上告不上告?”企图限制当事人提起上诉。类似这些情况，虽然也是极个别的，但毕竟是公开地或变相地压制当事人的上诉。

此外，对于人民陪审员也有在庭审时限制发问，会议时不尊重其职权等违法现象。

在审判案件时，不切实执行法律所规定的审理程序和审判制度，不但是恶劣的违法现象，而且也使得办案的质量不能得到保证，容易造成错案。各级人民法院应当注意克服，人民检察院和上级人民法院也应当随时检查纠正。

关于保障公民的合法权益问题，在刑事诉讼中表现得特别尖锐，因为刑事案件所牵涉的，是人的自由和荣誉，有时是人的生命。审判员的任何一个错误，往往是代价太大的、难以弥补的错误。审判员的责任，在于查明案件的全部客观真实情况，运用法律，作出合法而有根据的判决。查明案件的事实真相，永远是审判工作中首要的、中心的环节。我们广大的审判工作者，是有着实事求是、密切联系群众的优良的审判作风的。他们在镇压敌人、惩罚犯罪、保护人民方面，已经取得了显著的成绩。但是，我们仍然有着一部分审判人员，在工作上还存在粗枝大叶、偏听偏信、主观臆断、凭口供不重证据、用“有罪推定”代替“无罪推定”等错误的审判作风。这种主观主义的审判作风，往往会造成轻纵敌人、伤害人民的严重后果。在人民法院的工作中，错捕、错判了无辜人民的事，还没有绝迹，这样的事是令人痛心的。必须知道，在社会主义国家中，人民的自由和权利是真正得到国家法制保障的，刘少奇同志在《关于中华人民共和国宪法草案的报告》中指出：“我们的祖国越是强盛,我们的人民民主制度越是强有力,我们的社会主义事业越是向前发展,人民的自由和权利也就越有保障,越能够扩大。”关怀人、爱惜人,与人民休戚与共、痛痒相关,是对司法工作者的起码的品质要求。一个组织得正确的、有根据的审判,会在群众中留下深刻的印象,鼓舞人们去同一切违法和犯罪的现象进行坚决的斗争。但是一个没有根据的、非法的审判,却会在群众中造成不良影响,直接破坏了党和政府的威信。任何工作中的错误都是不好的,审判工作中的错误是不可原谅的。苏联法学家苏达里可夫和贝可夫曾经说过:“审判、检察的活动是直接与人身权底保护相关联的,因此审判员或检察长的每一错误是特别危险的,并且是不能容忍的。审判员或检察长的错误可能造成人底荣誉没有充分的根据而受玷污。一个冶金的工程师,有错误也是不好的,它可能招致严重损失的,但这个错误是可以改正的—可是审判员或检察长底错误是特别不能容忍的,因为,纠正他们的错误往往是不可能的。他们所犯错误底对象不是五金而是活人。”①一切审判工作人员(公安、检察工作人员也一样)应当永远记住这一点。必须在人民法院的审判工作方面,做到“使全国每一个人都明了并且确信,只要他没有违反法律,他的公民权利就是有保障的,他就不会受到任何机关和任何人的侵犯”(刘少奇同志语)。

(1957 年第 1 期)

① [苏]苏达里可夫、贝可夫编:《苏维埃国家与法律问题讲座》,中央人民政府法制委员会编译室编译,中央人民政府法制委员会 1951 年版,第 312 页。

刑事审判中的再审和提审

吴 牧[*] 刘树德[**] 金子桐[***]

再审和提审制度已经由《人民法院组织法》第12条作了规定。由于诉讼法规还没有颁布,因而对于如何具体运用再审和提审的程序,目前不但各个法院之间的做法不一,就是同志和同志之间的做法也不尽相同。在这种情况下,就有关刑事审判中的再审和提审问题作一探讨是必要的。

一、再审的意义和条件

人民法院的判决,是审判机关代表国家对案件作出结论的宣示。它决定被告人在整个诉讼过程中的命运。判决一经发生法律效力,便有强制性,就要执行。因此,对于已经发生法律效力的判决,在没有发现错误以前,必须维护它的稳定性。但我们也要认识到,任何错误的判决,对国家法律的尊严和公民的合法权益都有危害。我们审判工作的指导思想是"实事求是",一经发现错误,就要本着"有错必纠"的精神,及时纠正。

对已经发生法律效力的判决和裁定的再审,当然应该极其慎重地进行。因此,法律规定,对已经发生法律效力的判决和裁定的再审,要以这种判决、裁定"在认定事实上或者在适用法律上确有错误"为前提。如果不是"确"有错误,就不得随便再审。但是,这里所指的认定事实上和适用法律上确有错误,只是再审、提审的一个概括规定。对它如何正确理解和具体运用,在审判实践上是十分重要的。

1. 认定事实确有错误。所谓认定事实上的错误,通常是指作为法律上的判决根据的犯罪事实的错误。譬如,杀人案,杀人的动机、目的、手段、后果等,这些都构成了案件的事实。像这样被作为判决的基础的事实发生错误,判决失去了根据,判决结论自然就不会正确,由此依法撤销原判,进行再审,乃是完全必要的。

在实际工作中,造成认定事实错误而再审和提审的原因,主要是:(1)审判人员主观臆断,把事实认定错误。例如,姚某解放前是个惯窃,解放后误收赃物一次,

---

* 作者单位:复旦大学。

** 作者单位:复旦大学。

*** 作者单位:复旦大学。

第一审法院认为姚某既是惯窃，必定会收赃；既是收赃，就是犯罪，便以收赃罪对姚某判刑3年。第二审法院维持原判，经上级法院提审改判了。（2）发现新事实（包括新证据），从而推翻了原判决上已经肯定或者否定了的事实。例如，赵某诈欺案，自诉人陈某诉赵某在解放前诈骗她20英镑、美金2000元。原审法院以陈某提不出“有力”证据而认定赵某没有诈骗行为，因而宣告无罪。后来发现赵某所骗去的金钞被某牛奶公司老板借去未还。陈某根据这事实证据要求再审，赵某无法抵赖，承认了诈骗行为，再审判赵某徒刑1年。（3）因当事人伪造证据，或证人作了伪证明，使原判认定事实发生错误。例如，张某杀人案，原审法院根据证人陈某的指证而认定王某是张某所杀死，以杀人罪对张某判处死刑。后来上级法院发现陈某的证言前后矛盾，向陈某追问，陈某承认她是受真正凶手李某的指使，企图嫁祸于人，才这样讲的。这案被再审平反了。以上三种情况都产生了同一个结果，这就是案件被提审、再审了。但是，也有的同志对什么是案件当中的“事实”弄不清楚，于是，在研究一个案件认定事实上是不是有错误，就发生了分歧，有时竟把判决以外的，甚至与案件无关的事情也拉来作为评断原判决认定事实有无错误的资料。这样一来就发生了随便再审、随便改判的混乱现象。例如，史某投机倒把一案，史某因为投机倒把被判处徒刑4年，判决已经发生了法律效力。1年后，又发现他历史上有反革命嫌疑，原判法院就认为原判决没有把史某的反革命“罪行”判进去，是认定事实上有错误，而作了再审。这显然是不对的。因为，原来对被告起诉的只是投机倒把一个罪。起诉人并没有告他反革命，法院当时也不知道他还有反革命罪行，并且反革命罪和投机倒把罪是两种不同性质的犯罪。事实上，史某干这两件事又是彼此互不关联的，当然不能随便地再审改判。

2. 适用法律确有错误。对于适用法律上确有错误的判决和裁定进行再审，其目的是纠正错误，使之达到“刑当其罪，不枉不纵”。从而，对于适用法律错误的再审，必须以由此造成判决错误为前提。我们的理解是，由于适用法律错误而造成判决不当，必须依法再审或者提审的，主要有下列几个方面：

（1）应当运用法律，而不运用法律判决，造成判决错误。比如，对贪污罪不根据惩治贪污条例处理，而“依照《宪法》第101条规定”判刑，对反革命案件不具体引用惩治反革命条例的某款判处，却“依据镇反条例精神”作判决，结果形成判决错误。如华某反革命一案，原审法院不按照《惩治反革命条例》有关条款的规定处理，而笼统地“依法”判处死刑。华某虽有反革命罪行，但罪行并不特别严重，按照《惩治反革命条例》有关条款的规定是显然不应该判处死刑的。所以经上级法院审查后改判徒刑10年。

（2）应该适用这个条款而适用了另一个条款，造成判决错误。如曹某贪污案，曹某贪污7000元，不具备加重处罚的条件，本来应该按照《惩治贪污条例》第3条第 2 款判处 5 年到 10 年的徒刑，但第一审法院却适用了同条例第 3 条第 1 款判处“死刑”。第二审法院改判徒刑 10 年。

(3)应该适用的个别法律条款适用了，但还应该适用的条款却没有适用，造成量刑畸轻畸重。如屠某反革命案，屠某解放前担任过伪职，解放初期在绍兴参加特务组织 2 个月，后来脱离，充当小学教员。他在 1952 年作了坦白交代，1954 年民改中又再交代一次。原审法院没有按照《惩治反革命条例》第 14 条规定的“酌情从轻，减轻或者免予处刑”，而只依照同条例第 7 条第 4 款判处徒刑 20 年，这和“坦白从宽、抗拒从严，将功折罪，立大功受奖”的政策规定是相违反的。案件经过再审另作了适当处理。

(4)越出法定刑，造成判决错误。越出法定刑包括越出法定刑的最高刑和最低刑。比如，反革命犯陈某解放后参加特务组织，进行造谣破坏，原审法院根据《惩治反革命条例》第 7 条第 2 款、第 10 条第 3 款判处徒刑 3 年，越出法定刑的最低刑。因为根据同条例第 15 条的“凡犯多种罪者，除判处死刑和无期徒刑者外，应在总和刑以下，多种刑中的最高刑以上酌情定刑”的规定，至少应判处徒刑 5 年以上。

对于上述前两种，被作为再审条件，还没有什么争论。但是后面两种，算不算适用法律上的错误呢？对此却有不同的看法。理由是法院没有注意“从宽”、“从严”，只是漏引了法律条款，并不是条款用错，越出法定刑，只是刑期“长一点、短一点”的问题，条款本身也没有用错，所以不能作为“适用法律上错误”加以再审。这种看法是不全面的。如果一个判决，该严不严，该宽不宽，量刑有重大偏差，这种错误正是所谓“漏引条款”所造成的。没有疑问，这种情况应该认为“适用法律错误”的内容之一。至于越出法定刑，本身就是违法的，绝不仅是刑期“长”“短”的问题。

由此可见，适用法律适当不适当，对于判决是否正确起了决定作用。尽管我们把案件中的事实认定对了，可是适用法律错误，还是要出错的，所谓法律是“准绳”就是这个道理。董必武院长指示我们：“凡属有明文规定的，必须确切的执行，按照规定办事，尤其一切司法机关，更应该严格遵守，不许有任何违反。”(见董必武在中国共产党第八次全国代表大会上的发言)只有这样，我们才能不犯或少犯错误。

3. 违反诉讼法规。再审的条件，除了法律规定的“在认定事实上或者适用法律上确有错误”以外，我们认为，严重违反诉讼法规也应该成为再审的条件之一。严格遵守实体法和程序法是正确处理案件的两个方面。程序法之所以如此重要，这不仅是审判机关通过这种活动来实现审判机关的职能和实现法律赋予当事人的各种诉讼权利，更通过这种活动来检验、证实客观真实。但目前有些同志还存在这样的一种看法，即认为对刑事被告人只需要注意他的罪与刑就行，不用多考虑程序问题，因而不可避免地要发生如不进行公开审理、不开庭就判决等严重违反诉讼法规的现象。从这个意义来说，严重违反诉讼法规被列为再审的条件是必要的。

这里所谓严重违反诉讼法规，通常是指：

(1)依法应公开审理而不公开审理。《人民法院组织法》第7条规定："人民法院审理案件，除法律规定的特别情况外，一律公开进行……"审判公开是人民法院民主化审判制度的最重要的一环，是区别人民法院和反动法院的本质不同的主要特征之一。依法应公开审理；而不公开审理，就是违反法律。

(2)不开庭审理，或者依法应传唤被告人到庭而不传唤被告人到庭就作出判决。这两者的后果都使当事人特别是被告人对法律规定的诉讼保障，如辩护权、申请回避诉讼权利无法行使。这种做法都是违反诉讼的直接原则和辩论原则的。如高某窃盗案，第一审法院未经开庭审理，只凭他的一些档案材料就以盗窃罪判处徒刑8年。后来高某向检察院声请再审，说他的盗窃罪已经被判过徒刑，并已执行完毕，只因为法院不开庭，没有陈述的机会，因而被重复判处了。检察院提起抗议，第二审法院撤销原判，将案件注销了。

(3)法庭组成人员不合法律规定。例如，依法应实行陪审而不实行陪审；由无权行使审判权力的人进行审判；依法应实行回避而不实行回避的。

(4)依法应有辩护人出庭，如被告人是聋哑或者未成年人，而没辩护人出庭即行审理解决的。

为了确切保障当事人的充分行使诉讼权利，保证案件的公平审判，只要具有上述违法现象之一，不论判处的结果是否正确，都应该成为再审的条件。

二、再审的提起

《人民法院组织法》第12条规定：各级人民法院院长对本院已经发生法律效力的判决和裁定确有错误，必须提交审判委员会处理，最高人民法院和上级人民法院，对下级人民法院已经发生法律效力的判决和裁定如果发现确有错误，有权提审或者指定下级法院再审；最高人民检察院和上级人民检察院对于下级人民法院已经发生法律效力的判决和裁定，如果发现确有错误，有权按照审判监督程序提出抗议。这一规定，对已经发生法律效力的判决和裁定的再审，在诉讼程序上作了严格的限制。这些限制表现在：本级人民法院发现自己的判决和裁定确有错误，只能由院长提交审判委员会处理，不得随便变更，院长个人更不能乱改；最高人民法院和上级人民法院发现下级人民法院已经发生法律效力的判决和裁定确有错误，只能通过提审或者指令下级人民法院再审的法定程序来解决，而不能用别的办法改变下级人民法院已经发生了法律效力的判决和裁定。最高人民检察院和上级人民检察院，发现下级人民法院已经发生法律效力的判决和裁定确有错误，只能按照审判监督程序提出抗议，接受抗议的人民法院，如果认为抗议没有理由，可以不接受抗议，而依法予以驳回。这些限制，既可以维护已经发生法律效力的正确判决和裁定不被随意变更，又使得错误判决能通过法定程序予以救济。同时，根据这一规定，对已经发生法律效力的错误判决和裁定的再审的提起又是很广泛的。它可以由本院院长提起，又可以由上级人民法院和上级人民检察院提出，这就更保证了这种错误判决、裁定能够及时地得到纠正。

既然法律从多方面来保证错误判决和裁定能及时得到纠正，那么判决是否正确，对于当事人特别是被告人的利害关系最大，从而在法律上允许当事人对于已经发生法律效力的错误判决和裁定申请再审，是非常必要的。目前审判机关对于判决确定以后，当事人再提出的请求、申请或者是当事人家属的来信，都进行了认真的审查。如发现本院已经发生法律效力的判决或者裁定确有错误，就由院长提交审判委员会处理，依法进行再审，当事人的来信实际上成为再审的来源之一。可是，一般并没有把申请再审作为一个诉讼行为来处理，而将申请再审和当事人家属的来信笼统地作为"申诉"来办。如果"申诉"有理由，则依法再审；"申诉"无理由，有的用裁定驳回，有的用书面通知或者口头答复。这里应该明确的是：申请再审被视为一种诉讼行为，那么，进行这种诉讼活动的人，原则上只能是当事人，即被告人、自诉人、监护人等。对待这种申请，如果申请有理由，应该再审，没有理由的则要用裁定驳回。至于当事人家属在判决确定以后来信、来访，要求"宽大"、"重新处理"的，也应该由院长亲自掌握，认真审查。如果他们的请求有理，发现已经发生法律效力的判决、裁定确有错误，即应依法提交审判委员会处理，进行再审；请求没有理由的，可用书面通知答复，不要使用裁定。因为不是诉讼事项而用法律文书——裁定答复，这在法律上是没有根据的。

三、再审的回避

对于再审的案件，原审判人员是应该回避的。《人民法院组织法》第13条规定："当事人如果认为审判人员对本案有利害关系，有权申请审判人员回避……"实行回避制度的目的是保证案件的公平审判。尽管审判人员和当事人之间不是近亲属或者有其他私人的利害关系，但是，为了避免"先入为主"，影响案件的正确处理，在再审的时候，原审判人员是不应该参加的。最近有的同志提出新的主张，认为原审判人员不必回避。理由是我们的审判人员不会坚持偏见，有错就改，何必回避。这个说法也有对的一面，但事实证明，案件出偏差的原因，通常不是由于审判人员坚持偏见，而是因为思想方法不对头和业务水平受到限制。而且，在当事人方面来说,他们对原审判人员往往存在不信任的心理。有时甚至再审的结果是正确的,也可能造成误解。如翁某重婚案,被告人就认为原审判人员若再审理他的案件,是可能会对他不公平的,因而要求原审判人员回避。

四、再审“加刑”

关于再审案件能不能对被告人判处重于前判的刑罚?再审案件的发生是因为原判决在认定事实上和适用法律上确有错误。根据维护公益和保障公民的合法权利的原则,被告人可以对有罪的判决申请再审,要求免除刑罚,或者判处轻的刑罚;同时,自诉人也可以对无罪判决申请再审,要求判处被告人应得的刑罚;而检察机关则可对有罪和无罪的判决提起抗议。从此意义出发,在再审过程中,审判机关根据新的事实或者根据同一个事实而适用了应该适用的法律,判处被告人员重于前判的刑罚,是完全可以的。这里并不发生再审“加刑”的问题。但也不是说,在任何场合都允许再审判处重于原判的刑罚。对于违反程序或者被告人的申请而引起再审的案件,是不应当判处重于原判的刑罚的。只有在检察院提出抗议或者自诉人申请再审的情况下,才允许这样做。不作这样限制,那就要形成再审“加刑”了。

五、关于再审的法院

《人民法院组织法》第 12 条第 2 款规定:“……上级人民法院对下级人民法院已经发生法律效力的判决和裁定,如果发现确有错误,有权提审或者指令下级人民法院再审。”这里所指的下级人民法院,只能理解为原审法院,如果不是原审法院,就不发生“再审”的问题。因为这个案件如果由上级人民法院重新处理的话,那是提审。有的同志把高级人民法院撤销基层法院已经发生法律效力的判决,指令中级人民法院提审,另作第一审判决的案件,也称“再审”,这是不正确的。它把“提审”和“再审”混淆了。还有的同志把上级法院撤销基层法院已经发生法律效力的判决,指令另一个基层法院重新审理,也称“再审”。这也是不对的。这种指定另一法院审理的情况一般并不发生,只有在特殊条件下,比方原审法院已经被撤销,或者当事人双方或一方居住地发生变化等,而将案件转移到另一个基层法院去,这是属于“移转管辖”的问题,也不能称“再审”。

六、再审的审级

案件一经发回再审,就应当按照一般程序重新进行审理。也就是说,必须严格遵守《人民法院组织法》规定的一般程序进行。在判决以后,并应准许当事人上诉。第二审法院如果发现自己的二审判决和裁定确有错误,也可以按照法定程序进行再审。判决以后,当事人不得再行上诉。二审法院再审的结果一般是:(1)第一审判决正确,第二审判决错误,撤销第二审判决,恢复第一审的正确判决;(2)发现犯罪构成要件不足或具备不起诉的理由,而把一、二两审判决都撤销,裁定终止案件;(3)因原判量刑过重,或者应当宣告无罪的,而撤销二审判决,改判被告人轻于前判的刑罚或者宣告无罪;(4)认定事实错误,必须由原审判院重新调查审理,或者因为检察院抗议,自诉人申请而必须对被告人判处重于前判刑罚的时候,即将一、二两审判决撤销,发回原审法院再审。为什么二审法院再审结果,不允许改判重于前判的刑罚呢?因为,这虽然在名义上是二审终结,但实质上对于被判处重于前判刑罚的这个部分,却是一审终结,被告人不能上诉。把一、二两审的判决都撤销,由原审法院再审,可以让当事人有行使上诉权利的机会。

七、实行再审前的程序问题

《人民法院组织法》第12条第1款规定:"本院院长发现已经发生法律效力的判决和裁定,在认定事实上或者适用法律上确有错误,必须提交审判委员会处理。"至于如何"处理",还没有看到更具体的解释,因而在具体运用上,由于理解不同,有的这样"处理",有的那样"处理",显得不一致。我们知道,已经发生法律效力的判决具有排他性,这就是,案件经过判决确定以后,在没有依法变更以前,检察机关和审判机关就不能再把同一案件进行起诉、审判。不如此,就要产生一个案件有两个或两个以上不同结论的判决,而这几个判决又都同时发生法律效力,相互抵触。因此,在审判委员会讨论决定必须再审以后,应当先裁定把原来判决撤销,然后另组合议庭再审。这个裁定可以由院长署名制作。有的同志认为,以院长署名裁定,好像是违反了审判的集体原则。其实不然,因为院长只是依法把案件提交审判委员会讨论、经审判委员会作出决议,而由院长署名宣告,这并不发生违反审判的集体原则,或是"个人决定"的问题。目前一般的做法是:在审判委员会讨论决定再审以后,没有经过裁定将原判决撤销的程序,就由另一合议庭进行再审,再由合议庭在再审判决中注明"原判决撤销"。采取这种做法的理由是:既经审判委员会决定再审，就可以再审；原判决的撤销，由审判委员会授权新组成的合议庭在再审时解决，这样既省事，又“合法”。参照上面的说明，这种做法是不能被认为“合法”的。因为发生法律效力的判决还没有撤销，就再进行审判，这种没有按照法律手续办事，随便传唤当事人到庭审判，只能认为是对当事人合法权益的无端侵犯；有的甚至不传当事人，不开庭，就突然来一个“再审判决”，连检察院也无法进行审判监督，这非但不是“合法”，而是不合法。

八、关于提审的若干问题

《人民法院组织法》第12条第2款规定，上级人民法院发现下级人民法院已经发生法律效力的判决和裁定确有错误时，有权提审。提审和再审一样，都取决于发生法律效力的判决和裁定有无错误。不同的是：再审是由原审人民法院进行，而提审则一定要由上级人民法院来进行。

哪种情况由上级法院提审？哪种情况应该指令下级法院再审？为了加强对下级人民法院的审判监督工作和便于重新审判时，可以就近调查和传讯，一般都应该指令原审人民法院再审。但在特殊情况下，比如案件带有全区性、重大、疑难、影响重大，或者原审法院因为鉴定等条件确有困难等，是可以由上级法院提审的。

提审可以由上级人民法院在实行审判监督中发现下级人民法院发生法律效力的判决和裁定确有错误而引起；它也可以由人民检察院依照审判监督程序抗议而提起，或者因当事人的申请而发生。上级人民法院根据检察院的抗议和当事人的申请而运用审判监督的特别程序来对发生法律效力的判决和裁定进行审查，就不同于对一般案件的审判，因而这种审查不必按照一般程序传唤当事人开庭审理。如果审查结果证实下级人民法院已经发生法律效力的判决或裁定确有错误，必须由自己提审的话，则应该由上级人民法院先行裁定，把原判决或裁定撤销，组成合议庭进行审理。

第一审的发生法律效力的判决，由上级人民法院提审以后，上级人民法院对这个案件的审判，也应该按照第一审的法定程序，由审判员和人民陪审员合议进行，判决后准许当事人上诉。目前，有一种做法，即上级人民法院提审以后，不由审判员、陪审员组成合议庭审理，而由三个审判员组成合议庭审理。判决以后，不让当事人上诉，作为终审判决。这是值得研究的。因为它把运用审判监督程序的提审，作为《人民法院组织法》第11条第2款的上诉程序来办，结果在审级上把一审和二审混淆了。

上级人民法院可以对第一审发生法律效力的判决提审，那么上级人民法院能不能运用审判监督程序对第二审判决提审呢？应该是可以的。如果第二审已经发生法律效力的判决是错误的，因为案情重大等原因，不宜于第二审法院来再审，而必须由自己提审的，可以先行裁定撤销第二审判决，由审判员组成合议庭审理。作为二审判决，当事人不得再行上诉。

我们认为，再审和提审是诉讼法的一个重要部分，它不单是个“手续”问题，而是关系到审判案件合法或不合法的问题。我们只对在审判实践中遇到的问题，提出一些看法，但是，因为法律没有具体规定，也没有从理论上找到足够的根据，这些意见自然是肤浅的，甚至是有错误的。希望同志们加以批评指教。

（1957年第1期）

对一审民事案件审理程序的几点意见

李绳武[*]　王一鸣[**]

我们曾于1956年的10月下旬到本市黄浦、杨树浦、闸北、提篮桥、虹口、榆林、东昌七个区的人民法院作了一次检查，兹就检查中发现的几个问题，提出我们的初步意见。

一、区人民委员会移送的婚姻案件应否受理问题

民事案件的来源，除了绝大部分是当事人自诉，上级法院查办及外地法院移送外，尚有极个别是由区人民委员会民政科移送来的婚姻案件。这种案件有两种情况：(1)男女一方要求离婚，区人民委员会调解无效的；(2)离婚问题已经取得协议，但对子女抚养及财产分割未能达成协议的。移送手续是一纸便函，有的是原始谈话笔录。区法院对这类案件是有意见的。因此有的区院受理；有的区院以"离婚案件应由当事人自行向法院起诉，区人民委员会移案不合诉讼程序"为由裁定不受理。

《婚姻法》第17条规定："男女一方坚决要求离婚的，得由区人民委员会进行调解，如调解无效时，应即转报县或市人民法院处理。"因此，我们认为区人民委员会移送离婚案件(包括因离婚所产生的子女抚养、财产分割等问题)是有法律根据的。至于双方虽有争执，并未请求诉讼的，区人民委员会可不必移送，自不待言。

二、诉 状 问 题

上海市各级人民法院过去曾有诉状出售。原告人就用这种印好的诉状起诉，在这种诉状上对原告人的请求目的、事实、理由以及证件各栏分得都很清楚，基本上做到关于《北京、天津、上海等十三个大城市高、中级人民法院民事案件审理程序的初步总结》所规定的："今后不论个人起诉或机关、企业、团体起诉，一般用诉状，并按被告人人数提出诉状副本。"但1956年7月30日中央司法部突来通知：

---

[*] 作者单位不详。

[**] 作者单位不详。

"本部所发诉讼状及上诉状用纸格式是供法院人民接待室和法律顾问处给群众代书时用的格式,不能强制群众统一使用,即法院人民接待室和法律顾问处在代书时,也不要征收这种用纸的工本费。"通知下达后,各级法院不再出售诉状用纸。当事人既买不到状纸,又不知道诉状格式,因此写得糊里糊涂,使人看不清楚。有的竟连年龄、籍贯也忘了写上去;有的只是在一张纸上写着:"我要求离婚,请求法院帮助我离婚。"大多数是没有副本的;再加有的诉状大于卷宗,有的小于卷宗,造成法院工作上很多困难。

我们认为,为了防止强迫命令的做法,中央司法部及时地指出"不能强制群众统一使用诉状"的规定固然是正确的。但是为了防止强迫群众统一使用,是否连诉讼格式用纸都不能出售了呢?这是值得研究的。如果群众自愿用印好的格式纸,这又有什么不好呢?群众并不是每个人都具有法律知识的,他们拿到印好的诉状格式,就可以一目了然地知道了要填的各个项目。应该说,这种做法是一种有利于群众的措施。按工本费出售诉状,也没有什么不妥之处。我们的意见是仍有恢复使用诉状的必要。

三、夫妻互为代理的问题

民事案件中夫妻双方互为代理时,都没有委托书。他们的理由是:夫妻在经济上有密切的利害关系,不需要委托书;但有的同志却认为夫妻互为代理,也是一种普通代理,应该有委托书,以注明代理权限。

要解决这个问题,首先必须研究夫妻互为代理是否法定代理?我们认为,夫妻互为代理不是法定代理。因为这种代理不是法律规定非代理不可的。它和未成年人及丧失行为能力人必须由他的法定代理人(监护人)代为进行诉讼行为有显著的区别。它的代理基础只能是依委任契约而产生。因此它的代理诉讼应和一般诉讼代理一样,必须具有委托书及委托书上写明代理权限。但是,这里所指互为代理是属于夫妻一方的法权争议而言的。

至于家庭共有财产发生诉讼时,由于夫与妻都是共有财产的权利主体,他们之间相互出庭进行诉讼,这已经不是属于代理问题,而是共同原告或共同被告的问题。因此,我们处理民事案件发现夫与妻互相出庭时,先应搞清楚此案所争的是共有财产,还是一方的个人财产。如属前者,法院可以主动将他们列为共同原告或共同被告;如属后者,则须讲明道理,要他们按一般的诉讼代理,补具委托书及在委托书上注明代理权限。

四、审判员直接收案问题

在接受案件的手续上，有的区院由审判员直接收案，有的区院则由收发室收案。从我们实际工作中来看，审判员直接收案，有以下的好处：

1. 审判员可以直接审查原告人有无诉讼请求权。对没有诉讼请求权的原告人，可以立即说明道理，令其撤回或注销案件。经说服原告仍坚持要告的，则裁定不予处理。

2. 可以直接审查管辖问题，如属别区管辖的，当即告诉原告人到有权管辖的法院去起诉，免得收下案件，再裁定移送，影响案件的及时处理。

3. 可以直接审查起诉手续是否完备，如检查诉状内容是否清楚，有无漏写姓名、年龄、籍贯、地址，有无副本，代理人有无委托书等。审判员发现手续不符或有欠缺之处时，可即令其补正。

4. 对双方当事人同来的简单案件，即可当面进行调解。

5. 可以受理口头起诉案件。

6. 对受理案件应征收诉讼费的，可以当场算好，限期交纳：数字很小的，原告人可持通知单即向财务室交纳，免得再跑一次。

7. 碰到复杂的案件，诉状中尚看不清楚时可立即进行谈话，了解全部案情。

8. 审判员直接与群众见面，可以在深入群众的同时，了解到群众的疾苦，从而增加审判人员的责任心。

在具体做法上，目前试行的审判员收案有三种办法：专设审判员一人在接待室收案；审判员轮流收案，收下后再按地区分案；审判员按经办地区设审判站，自收自办。我们认为第三种做法比较好。这样，审判员可以深入地摸清地区情况。但其也有一缺陷，就是审判员不能整天收案。关于这点，我们认为可以通过里弄调解组广泛地开展法纪宣传，说明审判员直接收案的好处，将收案的时间向群众说明，还可以规定收发室补充收案，以适当地照顾原告人生产的时间。

五、调 查 问 题

刑事案件的提起一般都经过侦查阶段。民事案件的事实是要法院加以认定的。因此，民事案件的调查工作显得特别重要。目前区法院对案件的调查工作都很重视，但在调查的过程中，仍存在一些问题：(1)有些调查未能抓住主要的案情，以致有了很多材料，都不能作为判决的根据。(2)调查报告与调查笔录很少在公判庭上加以查对。(3)调查究竟应该在院外,还是在院内。(4)调查报告以及未经被调查人签名的调查,是否具有证据效力等。

我们认为,调查工作可分院内调查和院外调查两种。究以采取何种方法为宜,可根据案件的性质和情况来决定。例如,房屋案件通常需要实地勘验的,可采取院外调查;债务案件主要在于审查书面证据,则宜于院内调查。未经被调查人签名的笔录,以及机关团体反映情况的调查报告,如果也是反映实质的一个方面,就应认为具有证据效力。不过,无论调查笔录、调查报告以及其他证据都应在公判庭上审查核对,由对方当事人辩解反驳,然后由审判庭加以认定或否定。

六、试行调解问题

最近,区法院试行调解中有一种办法是利用"集体讲解政策,分头进行调解的方法"。先传一批(通常是十桩案件)当事人到法院,集中由审判员讲解政策,让当事人回去作思想准备,再定期分别进行调解,调解不成,再提付公判。法院对调解成立的案件,有些发调解书,有些不发调解书。不发调解书的有下列两种情况:(1)和解不离婚的婚姻案件,因其和解内容通常是不能执行的,如保证不打、不骂,保证每晚十时以前回家,保证不喝酒等。如果发了调解书,一方申请执行,另一方反而被动。(2)有少数房屋债务案件.当事人双方虽达成和解,但和解内容经审判员审查很难自动履行,同时更无法强制执行,如短期迁让出屋、短期还清欠款。法院对这些不发调解书的和解案件,是采用内部将案件注销的办法来结案的。

我们认为,这种调解方式有两个缺点:(1)集体讲解政策,不能照顾到每个案件的特点;(2)集体宣教下的分头调解,仍是变相集体调解的做法,很容易造成草率结案,经法院调解成立的案件,原则上一律应发调解书。虽有些内容不能强制执行,但可以作为教育的根据。只有那些无理由的请求,对方也仅是出于照顾的情况下而同意调解的,如把这些也写在调解书上,会使人误解政策,这样,可以不发调解书。不发调解书的,也应制作裁定注销。内部报结是不合法的。对于当事人的协议,审判员认为违背了一方当事人的真实意愿,而难于执行的,法院应采取干涉政策,主动地与双方当事人说明这种调解违反实际可能,不能批准,应另行协商调解的内容;否则可提付审判解决,不能无原则地迁就。有的同志提出,发了调解书,还应用裁定注销此案。我们的意见是:调解书既是以法院的名义、审判员具名发出的,当然也是审判上的一种决定,无须再发裁定书。在此,法院的调解和确定的判决有同样强制的效力,在调解书上应注明。如一方不履行,他方当事人可向法院申请执行,以示它的法律效力。

七、关于劳改犯离婚案件的审理问题

在离婚案中，有不少是女方向作为劳改犯的男方提起的。由于劳改犯在外地劳改，法院在审理这类案件时，通常只嘱托劳改单位代为询问一下该男劳改犯，即判决结案，这显然是忽视了劳改犯的合法诉讼权利。劳改单位往往由于主观上存在"既是犯人还有什么表示自己主张的权利?"的想法，所以劳改单位的回复公函，一般都不按照司法机关的合法程序进行，通常仅仅是写两三句话，以此作为交代。

我们认为，劳改犯是犯了罪，但他的一切民事权利仍应受到一定的法律保护。任何认为劳改犯就是犯人，他的民事权利也应消失或者要打些折扣的想法都是错误的。法院因提审困难，势必嘱托外地机关代为协助，这是事实。但必须通过当地法院代为询问。随便嘱托外地一般行政机关，如劳改处、公安局、房地局等代为询问，不但影响到当事人诉讼权利的行使，而且也是违反诉讼程序的。如此而作出的离婚判决，不仅不当，同时亦会影响劳改犯的生产情绪。

八、公判调查与开始辩论二个阶段的划分问题

不少区法院的同志反映民事案件除了部分疑难的及有律师代理的以外，一般事实简单的和没有律师代理的，审判员在公判庭上是不划分调查与辩论阶段的。原因是当事人在陈述事实之后，接着申述理由，辩驳也就开始了，而有些事实上没有什么争执的，审理一开始，就是辩论。实践中，调查与辩论阶段难以截然划分。有些同志说："离婚案件通常还包括子女抚养及财产分割等问题，审判员解决离婚案件的主导问题是离与不离。如果离不离问题尚未查清，即调查子女抚养及财产分割问题，会使当事人产生对法院判决的误解；如果先解决离与不离，再解决子女抚养和财产分割，其调查事实与辩论就要重复进行，要划分两个阶段是有困难的。"

公判调查与辩论分为二个阶段是有一定作用的。因为他们的任务与目的是不同的。前者是案件的实体审理，主要任务是调查事实。审查证据，后者是当事人根据法院审理过的一切材料向审判庭提出自己的主张、要求和论据。这样，可以使公判庭在查清事实时，着重弄清事实；在辩论时，也能充分表达理由。这些对作出正确的判决固有积极意义，同时在判决后也能使败诉的一方服判。我们认为，不管什么样简单的案件，总是有一个争执焦点的，或在事实上或在主张上。如果事实清楚，双方并无争执，在事实审查确定以后，即进行辩论也是可以的。问题是审判庭

怎样利用自己的审判经验有意识、有条理地指导进行。至于如离婚案件常存在几个诉的合并问题，这可以一个诉一个诉地循序进行；可以单独地进行调查与辩论，也可以合并在一起进行。因此，民事案件中，公判调查与辩论两个阶段是可以划分的，也是应该划分的。

（1957 年第 1 期）

略谈法院调解的若干问题

广 海[*] 来 璧[**]

审判刑事案件和审判民事案件是人民法院的任务与活动中的两个主要的内容,二者不可偏废。但是在司法实践中,却有很多人轻视民事案件,甚至个别的法院,几年来竟未公开审理过一件民事案件。这反映了人们对我国的现实情况了解得还不够。因为我国目前的政治形势已经发生了巨大的变化。它表现为反革命案件和其他刑事案件所占收案的比例趋于减少,而民事案件却有相对上升的趋势。

由于轻视民事案件的思想在他们头脑中作怪,他们认为"民事案件没啥了不起",所以有的法院对民事案件长期积压,不予处理。某省积压1年以上的民事案件竟达364件之多,更严重的是,在审理民事案件中,还存在许多不贯彻执行各项审判制度的情况。例如,有的法院把民事案件作为一项从属的工作,交由秘书、法警等非审判人员去处理,因此办案粗糙,甚至造成错案。

法院在处理民事案件时,以调解方式结案的为数不少,然而事实告诉我们,有关民事案件的调解工作中不是没有问题的,而是问题很多。这里仅就我们从审判实践中所了解到的和教学过程中所发现的问题和同志们共同研究。

一、法院调解,应该由谁负责主持

我国《宪法》第78条规定:"中华人民共和国最高人民法院、地方各级人民法院和专门人民法院行使审判权。"人民法院对于民事案件行使审判权时,应该按照一定的诉讼程序在法庭上查明和确定案件的事实情况,并根据国家的法律、法令和政策作出判决,解决民事纠纷。除此以外,人民法院对于民事案件,还可以按照案情简单与复杂的不同情况,分别在法庭的审理过程中,或在做好案件审理前的准备工作、尚未开庭审理以前,可以由当事人申请或由法院依其职权而主动提出调解,运用调解方式来结束案件。所以,调解也是人民法院行使审判权的一种形式。

人民法院审判案件的时候,根据《人民法院组织法》第9条第2项的规定:"人民法院审判第一审案件,由审判员和人民陪审员组成合议庭进行,但是简单的民事

* 作者单位:华东政法学院(现华东政法大学)。

** 作者单位:华东政法学院(现华东政法大学)。

案件,轻微的刑事案件和法律另有规定的案件除外。”合议庭的成员,在一审是一个审判员和两个陪审员,在二审是三个审判员,不论在一审或二审,法院院长和庭长都可以亲自以审判员的资格参加审判。由此可见,有权代表法院行使我国审判权的人员是人民法院的院长、庭长、审判员和人民陪审员。既然法院调解也是行使我国审判权的一种形式,那么,法院调解也只能由上述人员来主持进行。

在审判实践中,在以调解方式处理案件时,有些法院的做法是对的,是合法的,但是也有些法院的做法确实存在问题。例如,有的法院由书记员负责主持调解;有的由人民接待室的工作人员负责主持调解;有的甚至由法警负责主持调解。这些做法都是不正确的,也是违反法律的。

首先,书记员是否有权负责主持调解?《人民法院组织法》第 39 条明确规定:“各级人民法院设书记员,担任审判庭的记录工作并管理其他有关事务。”根据该条规定,我们认为书记员一律不应执行审判案件的职务,不应作合议庭的成员。

其次,人民接待室是属于司法行政的组织机构,它在人民法院院长直接领导下进行工作。人民接待室既然不是行使我国审判权的组织机构,当然它就无权行使审判权,因而也就无权出面负责主持调解。

有些人却认为人民接待室可以负责主持调解,他们的理由是:人民接待室的工作是法院委派的审判员一级的干部担任的,他们既然是审判员,当然也就可以负责主持调解。我们认为这种认识是不妥当的。诚然,有的法院的确是委派了审判员一级的干部去担任了人民接待室的工作。但是这也不能说人民接待室是行使审判权的组织,因为作为司法行政组织机构的人民接待室,绝不能够由于有审判员一级的干部去担任工作,而改变其性质,成为行使审判权的组织。委派审判员一级的干部担任人民接待室的工作,这只能说明法院对这一工作的重视,而不能因此就改变了人民接待室的职能。与此相反,当审判员调去搞人民接待室的工作时,他却应当算作司法行政干部了。同时,我们也不应该把这一问题同目前有些法院实行的审判员直接接待群众来访和收案的制度混为一谈。因为这时审判员仍以行使审判权人员的资格来进行活动,对原被告一同到法院、情节简单的民事案件所作的调解,仍然是行使审判权。

综上所述,产生由非审判人员主持调解的情况,主要原因之一就在于有些同志的思想上存在较严重的“重刑事、轻民事”的片面观点。他们认为民事案件是一项从属工作,因而在处理民事案件时,就有意无意地不贯彻《人民法院组织法》所规定的各项审判制度。此外,有些同志不去研究马列主义法律科学的理论,对我国现行法律的含义了解不深,因而在处理案件时也就不能正确地适用法律,甚至不自觉地违反了法律。

二、对法院调解是否准许上诉(或抗议)

有些人认为应该准许当事人对法院的调解提起上诉。理由是:准许当事人上诉是为了严肃法纪,为了保证当事人的诉讼权利。其实这种认识是和我国《人民法院组织法》第11条所规定的精神相抵触的。法院调解和法院判决的法律性质不同。法院判决是具有决定意义的诉讼行为。它是法院以“事实是根据,法律是准绳”,对双方当事人有纠纷的法律关系的一种权威断定。法院在制作判决的时候,仅是根据在法庭审理中所查明和确定的事实,适用国家的法律、法令和政策,对双方当事人的民事纠纷作出决定。所以在宣判前,并不需要征询双方当事人对法院的决定有否意见。正因为这样,在宣判后,当事人一方,甚至双方就有可能对法院的判决表示不满意;与此相适应,法律也就规定了除法律有特别规定以外的第一审案件的判决,不是立即生效,而规定有上诉期间。在上诉期间内,当事人和人民检察院可以按照法律规定的程序向上级人民法院上诉和抗议。

法院调解则与此不同。一方面,它是双方当事人的民事法律性质的行为,是双方当事人在自愿并符合法律、法令和政策的原则下,对他们之间有纠纷的法律关系予以变更或消灭的一种协议。另一方面,它又是法院的诉讼行为,当法院将调解协议审查批准后,案件程序即终止,是法院用来终结案件的一种形式。双方当事人自愿是全部调解活动中应遵循的原则之一。这就是说,双方当事人对他们之间的民事纠纷,是基于自愿而达成一致协议的。正由于双方当事人的自愿,当法院将调解协议审查批准后,通常双方当事人都会表示满意,都能自愿地履行义务。所以业经法院审查批准的调解,应该是立即生效的。它和发生法律效力的法院判决具有同样的效力,其法律后果也是和发生法律效力的法院判决的法律后果一样,即同样具有排除性、不可争辩性和执行性。而按照不可争辩性的要求,对业经法院审查批准的法院调解,当事人不得提起上诉,人民检院也不得提起抗议。

《人民法院组织法》第11条第3项规定:“地方各级人民法院第一审案件的判决和裁定,如果在上诉期间当事人不上诉、人民检察院不抗议,就是发生法律效力的判决和裁定。”由此可见,当事人和人民检察院只能对未生效的法院判决和裁定提起上诉和抗议。法院调解经过法院审查批准以后,立即生效。因此它并不像判决和裁定那样,还规定有一定的上诉期间。所以说,如果准许当事人对业经法院审查批准的调解上诉的话,实质上就等于准许对已经生效的法院调解上诉,这和我国民事诉讼中的上诉制度有着根本的矛盾,显然也是错误的。

业经法院审查批准的调解发现有错误怎么办?

虽然法院调解是双方当事人在自愿并符合法律、法令、政策的原则下,经法院审查批准所达成的协议，但并不能就此得出结论说，法院调解丝毫不会有错误。实践证明，经法院审查批准的调解还是有发生错误的。发生错误的原因何在呢？可能是由于法院本身工作上的疏忽，在审查批准调解时，没能很好地查明调解协议有违背国家法律，法令和政策的情况；也有的时候是由于当事人之一方，对调解协议的内容有所误解，因而对业经法院批准的调解认为不满意，所以要求法院把它废弃而重新处理。如果有这些情况发生，人民法院应本着实事求是、对人民负责的精神，给予适当的解决。在我国审判实践中，解决这一问题的程序是很不一致的。有的法院是由院长将发现错误的调解提交审判委员会处理，我们认为这是正确的。但有的法院是由处理该案件的审判员，报请庭长或院长批准，将发现确有错误的调解废弃，另行调解或作出新的判决来。这些做法是值得研究的。因为从我国《人民法院组织法》第12条第1项规定可以看出，审判员、庭长甚至院长均无权独自废弃本法院已经发生法律效力的判决和裁定。当然，这对发生法律效力的法院调解同样适用。所以说，上述做法不仅是违法的，从理论上也是说不通的。大家知道，法院的一切决定都要求它应当具有相对的稳定性，任何法院均无权任意废弃或变更本身作出的决定。相反的，如果它可以任意地对它自己所作的决定予以废除或变更的话，就会使得法院以及它所作的决定丧失威信。由审判员报请庭长或院长批准废弃原调解，而另行调解或审判，如果按这种做法，人民法院对一件民事案件就可以无休止地作出许许多多的决定：批准了调解，废弃它，又作出另一个调解或判决，判而又改，改而复判，这样就不能迅速地解决当事人之间的纠纷，就会影响到民事法律关系的稳定性。人民法院的任务出就不能很好地完成了。

我们认为，对这一问题的解决，要寻得一个正确而合法的程序，首先必须从法院调解的法律效力来考虑。如前所述，业经法院审查批准的调解是立即生效的，它和发生法律效力的法院判决具有同样的法律效力。既然如此，要想废弃它，也只有参照废弃发生法律效力的判决的程序来处理。这一问题在我国现行法律中虽无明文规定，但在1956年9月21日中华人民共和国最高人民法院给上海市高级人民法院《关于撤销调解书的程序问题的答复》中曾这样指出："关于撤销调解书的程序问题……可以参照《人民法院组织法》第12条规定处理。"因此我们认为，对业经法院审查批准的法院调解，发现它确有错误，只能参照《人民法院组织法》第12条所规定的程序来处理。处理的办法就是：

1. 如果各级人民法院院长发现本法院的调解确有错误，那就应当由他提交审判委员会处理。

2. 如果最高人民法院发现各级人民法院的调解确有错误，上级人民法院发现下级人民法院的调解确有错误，可以将案件提审或指令下级人民法院再审。

3. 如果最高人民检察院发现各级人民法院的调解确有错误，上级人民检察院发现下级人民法院的调解确有错误，就由最高人民检察院、上级人民检察院提出抗议。

三、法院调解书应该包括哪些内容

当事人达成调解协议经法院审查批准以后，通常都由法院发给调解书。调解书是法院的一种正式的审判文件。按其法律性质来讲，实质上就是法院的裁定书。调解书的内容应该和法院调解的法律性质和法律效力相适应。

过去的审判实践中，各地人民法院没有采用统一的调解书格式。在1955年8月司法部总结了各地经验，拟定了一种调解书格式（该格式并没有最后确定，司法部曾要求人民法院在使用时如发现有意见可以提出，以便进一步修正）。这格式中所包括的内容比较详尽、全面，使人看了以后，清楚地知道双方当事人主要争执之点是什么，达成怎样的调解协议。这就是说，它把法院调解是双方当事人的民事法律性质的行为的这一方面完全反映了出来。但是，它也还有不够完善的地方，就是它没有把法院调解是法院用以终结案件的一种形式（法院的诉讼行为）的这一方面，以及法院调解的法律效力，特别是执行性这一点反映在调解书内。因此，我们认为，在司法部拟定的调解书格式中应该补充下面的两点内容：（1）调解协议业经本院审查批准，本案终止审理；（2）如一方当事人不履行本调解协议，他方当事人得向本院申请执行。补充第一点的内容，可以使当事人了解到调解经法院审查批准以后，案件程序即终止，日后他就不能再用同样的理由对这一纠纷再行起诉；补充第二点的内容，使双方当事人都了解到，如果对方不履行调解协议的时候，可以申请法院强制执行。这样，对督促双方当事人自愿履行调解协议，保证双方当事人充分行使其诉讼权利来说，都有着极为重大的意义。

审判实践中，第二审法院在审理上诉案件时，也可试行调解。在二审法院的调解书中，一般包括下列内容：法院名称、调解书类别和案号；上诉人和被上诉人的姓名；双方达成协议的内容；上诉人、被上诉人和审判人员签名盖章等。我们认为，仅具上述内容还是不够全面的，除补充前面已经提到的在一审调解书中应补充的两点内容外，还应该在调解书中写明：调解协议业经本院审查批准，原判撤销。补充了这一点，可以更明确地告诉双方当事人即按照第二审法院调解书所载的协议内容履行，而不必再按第一审法院判决履行。第二审法院审查批准调解协议，就意味着已将第一审法院判决撤销，第一审法院的判决不再具有法律效力。

（1957年第1期）

对一个“窃盗”案例的分析

——请确定犯罪事实的单一性问题

刘庆林*

一

1956年春季，我们到人民法院去实习，曾遇到一件比较难以解决的刑事案件，现在对它略加分析。案情如下：

被告人是某工厂的勤杂人员，小贩出身，31岁；到工厂工作前曾贩卖过几次自行车；独身，住在工厂的集体宿舍里。1954年9月间，某日被告人从他的朋友家里推出一辆八成新的自行车。他正在大街上行走之际，忽然被人（被害人）揪住。被害人自称是某学校的会计员，他说这辆自行车是他们学校的公用车子，前几天他到银行取款时，放在银行的门前被窃丢失了，现在他正在寻找。被告人说这辆车子是他前几天由别人手里买到的，买后放在他的朋友家里，因为朋友家的小孩弄坏了车链子，现在正要去修理。被害人要返还自行车，被告人不同意。于是二人争吵起来，扭到附近的派出所里。被害人拿出该自行车的纳税执照等证明文件，证实了他确是这辆自行车的失主，并且他用电话找来了证明人。被告人则说这辆车子是他前几天在大街上用30元从一个素不相识者的手中买到的；当时认为它很便宜，唯恐被别人抢先买去，所以在匆忙之中疏忽大意，并没有问明卖主的姓名、住址，同时也没有向他要卖车子的书面手续等，因此现在拿不出什么证明文件来。

在这样的情况下，派出所认为被告人就是窃盗自行车的现行犯，①于是就把被告人拘留起来，由人民检察院以“盗窃犯”对本案起诉到人民法院。

本案在人民法院审理过程中，被告人坚决否认自己窃盗自行车的事实。他说：“那一天我在大街上遇到这辆车子，认为它非常便宜才买的。其实我住在工厂里面，用不到车子，我是想以后把它卖掉可以赚些钱。”被告人并举出了反证：他指出在被害人所说丢车子的那个时间，他正在工厂里面做活，工厂的签到簿上有他盖的名章可查。至于问他在买车子的当时是否知道这是赃物，他说：“当时根本没有想到这一点，如果知道是赃物，无论怎样便宜我也是不买的。”

---

* 作者单位不详。

① 参见《中华人民共和国逮捕拘留条例》第5条。

检察院对本案以“盗窃犯”起诉的主要根据和理由是：由侧面否定了被告人所举出来的反证。被告人所在工厂的签到制度，当时是很随便的，时常有工人互相代为签到的情况。再者，被告人是勤杂人员，经常是一个人单独地工作（如扫院子、送垃圾），因此不容易找到证人来证明当时他确实在工厂里。另外，被告到朋友家里去寄存车子、取车子等，也都是在工作时间内。他既没有向工厂请假，而在签到簿上却照样盖着他的名章。再根据从工厂和银行之间的距离，以及往返行程所需时间来推算，被告人在早晨到工厂签到，以后再去肇事地点，也是完全可以的。至于被告的朋友家，对被告人寄存车子的时间，也提不出精确的证明，更不知道这车子是怎么一回事（因为当时只有一年迈的老太太在看家）。检察院还认为被告人以前曾贩卖过自行车，买车子要注意的情况以及应当履行的手续等，他应该是知道的。因此被告人所说的“……由于疏忽大意没有要手续等”，是被告人故意掩饰他的盗窃行为，是不足置信的。

二

就本案现有的全部证据来看，直接确定被告人偷窃的证据是不存在的；相反地，否定其直接行窃，而确定被告人的购买行为，除被告人自己的供述以外，其他方面的有力证据也是不足的。但是综合现有的一切情况来看，虽然被告人自己并未直接承认是故意购买赃物，然而在客观上最低限度不能否定其为故意购买赃物的证据，却是具备的。所以从本案现有的全部证据（主要是间接证据）来分析，完全可以推论出以下两种论断是肯定的：或者是被告人直接偷窃了自行车而拒不承认，或者是在他人行窃以后，被告人故意购买赃物而装糊涂。二者必居其一，并不存在第三种情况。所以人民法院在本案的认定事实上，也得出如下的初步结论来：在肯定了窃盗事实存在的前提下，对本案被告人来说，或者认定他直接行窃的事实，或者是认定他故意购买赃物的事实，非彼即此，非此即彼，既不能逃脱开其中之一，又不能对此完全加以否定。

在这样的情况下，法院是否可以进行判决呢？如果可以判决，究竟应当根据哪一种事实进行判决呢？如果不可以判决，那么对本案进一步应当怎样处理呢？本案在人民法院的合议庭以及审判委员会议上，经过几次研究和讨论，主要有以下两种意见：

第一种意见认为对本案被告人不能作出有罪的判决，应当宣告无罪，予以释放。这种意见的主要论点，认为人民法院的有罪判决，不能根据“非甲即乙，非乙即甲”这样不确定的犯罪事实，人民法院的有罪判决，必须以特定的（单一性的）不能令人怀疑的犯罪事实作为根据。然而，就本案所认定的事实上来看，存在着不确定的因素,有可疑之点并非特点的事实,所以就谈不到对被告人定罪科刑的问题。因此,本案只能作为民事方面所有权追索的问题来处理。

第二种意见认为本案在客观上既然存在窃盗自行车的犯罪事实,而被告人的行为又和犯罪事件存在密切的联系:他或者直接偷窃了自行车而使本案发生,他或者明知道是赃物而贪图便宜故意购买,致使本案的真正犯罪人脱逃。无论是其中的哪一种情况,对社会公共秩序都是有危害的,被告人是有责任的,国家司法机关对此是不能置之不理的。当然在本案的情况下,认定犯罪事实是比较复杂的。在两者之中确定其一,根据单一性的(特定的)犯罪事实进行判决,是存在一定困难的。但是绝不能因此而把二者全部否定,因为两者之中无疑有一个是真实的。因此第二种意见认为本案被告人是有罪的,是应当负刑事责任的。人民法院不能对本案被告人宣告无罪释放。然而,对本案被告人来说,两罪(窃盗或故意购买购物)也不能同时成立,所以也不是在刑法上的合并论罪的问题。因此人民法院对本案的处理上,可以在二者之中选择其中之一来定罪科刑:或者不变更检察院的起诉意见,根据"窃盗"的犯罪事实,对被告人给予较重的刑罚;或者是变更检察院的起诉意见,根据"故意购买赃物"的犯罪的事实,对被告人给予较轻的刑罚。

以上这两种意见在表面上看来都有一定的道理,而且也很难统一,并且在第二种意见中还存在着矛盾;如果认定被告人是故意购买赃物,则恐怕放纵了真正的窃盗罪犯;如果认定被告人窃盗了自行车,则又恐怕被告人确实是故意购买赃物而判错了。在这样矛盾重重之下,人民法院虽然在审理过程中,也进行了一些调查,但是由于没有收集到其他证据,所以在几次的讨论中对于本案的一个中心问题——被告人是否真正地窃盗了自行车的问题,难以认定。于是本案也就迟迟地不能作出最后的结论来。在这样的情况下,本案的被告人也就作为"盗窃罪的未决犯",在拘留所里被羁押了一年多。就本案的全都情况来看,这虽然不是黑白颠倒的完全无辜,但是如此的长期不决,或者继续的向下拖延,毕竟不是应有的措施。在司法实践中这样的情况虽然不太多,但是在各种类型的案件当中并不是没有的。这正如在第一届全国人民代表大会第三次会议上黄绍法代表的发言中所指出的:"……据浙江省高级法院院长谈,某些积案就案情来看是很严重,但没有足够的罪证,也很难获得新的罪证,因此无法判决,年复一年的拖延下来……"所以探讨一下本案究竟应该如何解决的问题,对于人民法院及时地正确地处理刑事案件,并不是没有意义的。

三

人民法院的有罪判决,必须以特定的(单一性的)犯罪事实作根据,不能以"或甲或乙”不确定的犯罪事实作基础，这是完全正确的。因为人民法院判决的正确与否，它不仅直接关系到被告人的个人名誉、人身自由，甚至生命等问题，而且也直接关系到人民法院以及国家的政治威信等问题。因此人民法院的有罪判决，不仅不能令人怀疑，而且必须严肃地追求和达到绝对的客观真实。人民法院的刑事判决，是和民事判决存在一定程度的不同的。人民法院处理刑事案件，不但不受被控告人的承诺（坦白、承认有罪）所约束，而且也不为被害人的请求（原告方面的控告）所局限。因此对刑事案件定罪科刑的问题，与解决民事纠纷中的“选择债权”或“选择债务”等完全不同。

然而在本案的情况下，窃盗自行车的犯罪事件，在客观上确已发生，而窃盗行为的对象——犯罪的直接客体物，即赃物自行车，又为被告人所占有。因此，被告人或者直接窃盗了自行车，或者明知是赃物而故意购买，两者之中必有一个是真实的。这样来认定本案的犯罪事实，并不是没有根据的主观臆造，而是有事实为凭的客观论断。所以本案在认定事实的选择上，是在大前提完全真实的情况下的一种特殊形式的“不确定”而已，对这种“不确定”的论断，应当看成人民法院在认定事实上的必经过程，经过研究，追求出一个最后的结论来作为本案的定论。

前述第一种意见，根据“人民法院必须以特定的（单一性的）犯罪事实进行判决”的道理，于是就认为对本案不能作出有罪的判决，否定了本案被告人行为的罪过因素，这种论断并不是实事求是的态度，这样的结论也是与客观实际情况不相符的。在处理刑事案件过程中，可能在某些具体问题上，有罪（控诉）证据与无罪（辩护）证据同时存在，也可能在某些重要环节上不容易找到直接证据。如果在这样的情况下，都一概地认为人民法院不能作出有罪的判决，显然这是错误的。很可能由于这种论点，而纵容了重要的真正犯罪分子。

本案被告人和窃盗事件的发生或结果有着密切不可分的关系。但是“窃盗”与“故意购买赃物”，两者毕竟是完全不同的犯罪行为，而且也是不能统一的犯罪主体，所以两者是具有不同的犯罪构成要件的。如果确定被告人的“窃盗”行为，就必须否定其“故意购买赃物”的行为。反之，如果确定其为“故意购买赃物”，就必须否定其为“窃盗”。对本案被告人来说，两者不仅不能同时成立，而且也不是完全等同。因此在认定事实上，如果只由两者的犯罪直接客体的一致性出发，或者单纯的从“两者之中必然有一个真实”的前提出发，于是就认为在两者之中可以任意地选择其一来定罪科刑，显然这是不妥当的，这是违背客观真实原则的。因为，这并不是“抓阄猜谜”性质的事情。不能以“大概是差不多”来对被告人定罪科刑。不能由“甲也可以，乙也可以”的结论来制作有罪判决。

由此可见，前述第二种意见，虽然在分析本案的大前提方面是正确的，但是把确定犯罪事实单一性的问题，理解为猜谜打赌，可以任意地选择，盲目地决定，这不是实事求是的庄重态度，这种论点与处理刑事案件确定客观真实的要求是背道而驰的。

四

对本案究应如何处理，我认为解决本案的关键，首先在于确定被告人占有该自行车，是否存在中间（中介）过程，是否存在买卖行为的问题。如果证实了被告人占有赃物自行车，其中确有买卖行为的中间（中介）过程，那么确定被告人是故意地购赃物，则是符合于客观真实情况的，同时也就否定了被告人窃盗行为的存在。相反地，如果被告人占有赃物自行车，中间不存在买卖行为的中介过程，也就是被告人是直接取得自行车，这无疑地被告人的窃盗行为则是真实的，如此也就否定了被告人故意购买赃物的问题。所以解决被告人占有赃物是否存在中间（中介）过程的问题，是处理本案的关键所在，是确定本案单一性犯罪事实的中心环节。

但是被告人虽然不承认是在故意购买赃物的情况下取得自行车，然而被告人却承认了自己是在不知盗情的情况下，善意地取得自行车的事实。被告人这样的口供，毕竟是能够提供出进一步追查买卖行为是否真实存在的调查线索的。如果根据这样的线索，来收集有关被告人购买自行车的时间、地点、来自何人、款项的来源，何时存放在其友人处，友人是做什么的，被告人是否每天签到等方面的证据，这对于确定被告人取得自行车的占有过程，解决其是否因买卖行为而占有赃物自行车的问题，是具有重要意义的。如果根据这方面所收集到的证据，证实了被告人占有自行车，确系买到的，那么确定本案被告人是故意购买赃物则完全是有根据的，完全可以据此定案，可以对本案被告人根据故意购买赃物的特定事实定罪科刑，同时也就否定了被告人窃盗行为的存在。①

综合本案现有的全部证据来判断，只能是否定被告人窃盗自行车的问题，而认定被告人是故意购买赃物的事实。人民法院应当根据被告人故意购买赃物的事实，对本案进行判决，对本案被告人定罪科刑。其理由如下：

1. 根据被告人占有赃物——自行车的事实，而不能直接表明被告人取得赃物自行车的过程，是不能直接肯定被告人的窃盗行为的。

2. 被告人对其占有赃物自行车的事实，虽然不能提出合法占有的证据，但是被告人举出“肇事时间身在工厂”的反证，这种反证在没有被具体事实否定以前，也是不能肯定被告人直接行窃的。所以在本案中，根据被告人没有占有自行车的

① 苏联司法部全苏联法律科学研究所编：《苏维埃刑法分则》（下册），中国人民大学刑法教研室译，法律出版社1955年版，第30页。

合法手续(证据)这一点,也是不能认定被告人的窃盗行为的。

3. 被告人在本案中所举出的反证—工厂签到簿上的名章,虽然有可疑之处,但是并没有直接否定这种反证的罪证(如查明确系某人代他签名)。因此这种反证在本案认定事实上仍然是具有证据力的。没有具体证据对此加以否定,同样也是不能据此认定被告人的窃盗行为的。

4. 本案被告人虽然并不承认自己是故意地购买赃物,但他却供认是在不知盗情的情况下善意购买的。对于被告人这样的口供,固然不能盲目地相信,然而其中与其他事实或情况不矛盾而相一致的部分(购买行为),是可以作为认定事实的根据的。所以在本案中认为被告人故意购买赃物的事实,并不是没有根据的。

5. 本案被告人所指出的购买自行车的时间、地点、买自何人等,虽然并未得到一一证实,但是也没有相反的证据对这些情况加以否定。因此就不能因为被告人这样的供述没有得到证实,于是就认为被告人完全是虚假的,以致作出"窃盗"的判决。

综上所述,本案如果否定被告人故意购买赃物的问题,而认定其为窃盗自行车的事实,证据是不足的。相反,如果否定其窃盗自行车的问题,而认定被告人确系故意购买赃物的事实,却是有根据的。

(1957 年第 1 期)

中国古典法学的一些现实意义

孙晓楼*

中国从周秦一直到清末的三千年左右,法律是建立在封建的经济基础上的。从整个法律思想体系来说,当然是封建的、反动的、过时了的。可是任何事物,都不能割断它的历史背景。毛主席说:"今天的中国是历史的中国的一个发展,我们是马克思主义的历史主义者,我们不应当割断历史,从孔夫子到孙中山,我们应当给予总结,承继这一分珍贵的遗产。"①毛主席的这个指示,当然是对今天的一切科学而言,法律科学和政治思想也不在例外。中国古代法学,虽反映着当时的社会经济基础,可是有些是反动统治阶级用来掩饰反动本质,以缓和人民的反抗的;有些是个别站在人民立场上的学者的理论主张,而为反动统治阶级所嫉视的;有些虽是为反动统治阶级所利用,但比较是偏于执行法律的手续上或检验犯罪上的一些技术性的问题;有些是在现在看起来是反动的,而在当时是起着一些进步作用的,似不应一律予以否定。苏联学者叶高洛夫(Егоров)说:"不好只因旧法律都是旧的,而立即全部予以废弃。有些旧制度下的法律,在一定阶段上可以用来巩固新的秩序,工人阶级要将它们拿来为自己服务。"②法律制度如此,法学理论更是如此。在这百家争鸣之时,我拟提出中国古典法学中有现实意义的几个问题,来向大家请教。

一、关于法律的平等问题

在中国古代儒家的学说影响下,法律之前是大不平等的。古代周礼所谓"八议"之制③就是对于特种身份之人,施以特种法律的优待,又有周礼的所谓"礼不下庶人,刑不上大夫"(《礼记·礼运篇》)及荀子所谓"由士以上则必以礼乐,节之众庶百姓,则必以法数制之"(《荀子·富国》)和"凝士以礼,凝民以政"(《荀子·议兵》)……(这里所谓"凝士""凝民"的"凝"是有"定"的意义,即定士大夫以礼,定老百姓以政的意义),都主张以法律来对付平民百姓,而士大夫阶级包括贵族地主

---

* 作者单位:复旦大学。

① 《毛泽东选集》(第2卷),人民出版社1952年版,第522页。

② [苏]叶高洛夫:"关于旧上层建筑的消灭",载《苏联哲学问题》1955年第5期。

③ 所谓八议之制是议亲、议故、议贤、议能、议功、议贵、议勤、议宾,即以特种身份之人,施以特种法律的优待。

在内，便可不受其约束。这种身份等级的观点，是法家所不能同意的，因之他们提出不同的看法，商鞅说："刑无等级，自卿相军至大夫庶人。有不从王令，犯囚禁乱上制者，罪死不赦。"①

韩非说："刑过不避大臣，赏善不遗匹夫。""法不阿贵，绳不挠曲，法之所加，智者弗能辞，勇者弗敢争。"②这段的意思是说：法律绝不奉迎权贵，法律是不能通融，适用到法律，那么聪敏的人也不能避免，勇敢的人也不敢争先。

这一类言论说明了中国古代法学家是主张法律平等的，对于儒家的身份等级观点是反对的。同时在中国古代的法制中，除了身份等级之外，还有所谓资产等级的不平等。例如，舜典中有"金作赎刑"之令。这种以金赎刑之制，在最初仅限于轻微的罪刑，到汉、魏、隋、唐之世，竟逐渐扩大到流刑、死刑；从此富人犯罪可以金作赎，穷人犯罪，只好坐以待毙，贫富之间，等级悬殊。这也是法学家所不能容忍的。所以尹文子于反对身份贵贱的等级外，又主张贫富之平等，他说："法行于世，则贫贱者不敢怨富贵；富贵者不敢陵贫贱。"③

汉代萧望之又特别指斥赎罪的不当，他说："今欲令民量粟以赎罪，如此则富者得生，贫者独死，是贫富异刑而法不壹也。"④

明代丘濬更说得激昂：

"夫罪入五刑而不疑者，使富而有金者，出金以赎其罪可矣。若夫无立锥之民，而犯大辟之罪，何从而得千缓乎？如是则罪之疑者，富者得生，贫者坐死。是岂圣人之刑哉？"⑤

总之，"法律之前一律平等"的观点，中国三千多年来的法学者，已有精确的见解。中国民间有句俗谚说："王子犯法与庶民同罪。"这或许是古代法学者平等思想的流传吧！可是商鞅、韩非都是代表当时的新兴地主阶级来维护封建君王的特权的。列宁说："在没有完全消灭一个阶级剥削另一个阶级的一切可能时，绝不能有真正的、实际上的平等。"⑥那么从被压迫的农民的立场来说，商鞅、韩非等之所谓法律平等，当然不可能是真正的、实际上的平等。不过两千多年以前的古典学者能够提出法律平等的主张来反对法律贫贱富贵的等级区别，当然可以说是有进步意义的。

① 《商君书·修权》。

② 《韩非子·有度》。

③ 《尹文子·大道》。

④ 《前汉书·萧望之传》。

⑤ 《大学衍义补卷·流赎之意》。

⑥ 《列宁文选》（两卷集）（第2卷），外国文书籍出版局1950年版，第448页。

二、关于法律的宣教问题

中国古代在封建阶级统治下，法律是被看做神秘的，不能公开的。他们认为：假使人民知道了法律，那么不但于他们统治阶级不利，而且会使人民利用法律来钻空子，生出许多是非来，所以论语里说："民可使由之，不可使知之"。人民不知法律，那么统治阶级便可以操纵一切，要怎样办便怎样办。这样便有利于他们统治人民，镇压人民，这是他们反对法律公开，反对法律宣传的主要原因。当春秋的郑子产铸刑书的时候，晋叔向就去书警告他说：

"先王议事以制，不为刑辟，惧民之有争心也……民知有辟，则不忌于上，并有争心以征于书，而徼倖以成之，弗可为矣……锥刀之末，将尽争之；乱狱滋丰，贿赂并行，终子之世，郑其败乎。"①（这里的所谓"刑辟"就是指"刑法"。本段是说，先王对于事物之处理，所以不以刑法者，是怕人民有争心……人民知道有法，就对上没有顾忌，并且可以从法条字义中起争心，这样即或可以成功，但也不足为训……为了很小的事，都要打起官司，那么狱讼纷繁，贿赂并行，郑国就要败了）到后来晋铸刑鼎，在那刑鼎上刻上了范宣子所著的刑书，孔子知道了竟大发雷霆地说：

"晋其亡乎，失其度矣……民在鼎矣，何以尊贵，贵何业之守。"②孔老夫子简直以公布法律为亡国之兆，这可以得见中国古代的儒家是如何地顾忌着法律的公开。这样的看法也不独中国古代儒家如此，即在欧洲、罗马古代，也同样地认为法律和宗教礼节一样都应严守秘密；不但不许外人知道，也不许平民知道；没有受过家族宗教或邦宗教的洗礼是不可能与闻这些秘密的，③到后来经过人民不少次的流血斗争，才逐渐得到公开的形式。④ 可是在我们中国古代的法学家，却很早就主张法律的公开。他们认为法律之所以能够发生作用，就是在于法律的能够宣示群众，使人民知道法律，知道法律，才能遵守法律，因之他们主张法律应该公布出去。

管仲说："凡将举事，令必先出。"⑤

韩非说："法者，编著之图籍，设之于官府，而布之于百姓也。"⑥又说"法者，宪令著于官府，刑罚必于民心，赏存乎慎法，而罚加乎奸令者也。"⑦

---

① 铸刑书事，见左氏昭六年传。

② 晋铸刑鼎事，见左氏昭二十九年传。

③ 参见法国史学家古朗士（Fustel de Caulanges）著的《古代城市》，第3卷第11章。

④ 梁启超著：《先秦政治思想史》，中华书局1936年版，第148页。

⑤ 《管子·立政》。

⑥ 《韩非子·难三》。

⑦ 《韩非子·定法》。

商鞅于主张法律应公布之外，又更精辟地提出如何使法律知识能为人民所共知，即如何使法律知识能够普及于民间，《商君书·定分》有这样一段记载：

“公（注：指秦孝公）问公孙鞅曰：法令以当时立之者，明旦欲使天下之吏民，皆明知而用之如一而无私，奈何？公孙鞅曰：为法令置官吏。樸足以知法令之谓者，以为天下正……诸官吏及民间有问法令之所谓也，于主法令之吏，皆各以其故所欲问之法令明告之，各为尺六寸之符，明书年、月、日、时，所问法令之名，以告吏民。主法令之吏，不告及之罪，皆以吏民所问法令之罪，各罪主法令之吏，故天下之吏民无不知法者。吏明知民知法令也，故吏不敢以非法遇民。”

商鞅在这里很清楚地指出，法律制定以后，要人民知道法律，必须要主管法令的官吏，做好宣教工作，就是要做到有问必答。不但要口头上回答，还要作出书面的说明。假使主法令的官吏没有做好这种工作，那么可以将人们所要问之罪刑，来处罚主管这法令的官吏。此外商鞅又指出，人民都知道法律了，就可以监督官吏，使官吏不敢以非法来欺压人民。这是他见地的独到处。而且商鞅的所谓法律宣传，并不停留于理论上，而是贯彻到实际行动中去。在他做秦相的时候，为了要使人民知道法律之不可不知和不可不守，曾于秦国变法令公布之前，立三丈之木于国都的南门，招呼人民有能将此木搬到北门的赏十金。老百姓听了很奇怪，没有人敢去搬动。商鞅又说：能搬者赏五十金。有一人竟去搬了，商鞅立刻赏他五十金。①这是他以行动来表示法律之不可欺。就是这样，教育了人民知法，教育了人民守法。中国大史学家司马迁对商鞅的政绩有这样的一段话：

“行之十年，秦民大悦。道不拾遗、山无盗贼、家给人足。民勇于公战。怯于私斗，乡邑大治。”②

商鞅是代表当时的新兴地主阶级，他变法的政绩是否真如司马迁那样的评价，本文暂且不谈；可是他在两千多年前，在法律神秘空气非常浓厚的情况下，能提出法律公布和法律知识普及的口号，在法律史上确有很大的意义。

董必武同志说：

“对于那些不知道法律的人，不仅要教育他懂得法律，还要教育他遵守法律。”③

这可以说明我们党中央对于法律宣教工作的重视。也正可以证实二千多年以前的古典法学，并没有为我们人民所唾弃，相反还予以适当的重视。可是时至今日，我们看到英、美等资本主义国家，他们还墨守着判例法的陈规，使法律内容恍惚

---

① 《史记·商君列传》。

② 《史记·商君列传》。

③ 董必武“加强党对人民民主法制的领导”。

迷离，捉摸难定，人民不能明白法律的所以然，法律知识只能为少数人所专有，不能为人民所共知；对人民可以"不教而诛"，"不知法不能宥恕"。其与我国二千多年以前古典法学中商鞅、韩非等法律公开的学说来比拟，不能不说是太落后于时代了。

三、关于守法问题

在古代儒家人治主义思想的统治下，所谓"有治人无治法"；所谓"得其人则治、失其人则亡"①。封建帝王，不但有法而不守，使法律等于具文，甚至可以任意变更法律，撕毁法律。美国有位魏格摩（J. H. Wigmore）教授，他谈到中国司法制度时说："孔子政治哲学和西方政治制度迥不相同者，即在于人治而非法治。"②此言并不为过。有法而不守，也是古代法学家所最感头痛的。法学家认为一切事物，都应当依据法律的客观标准来论断，不能以个人的主观和私见来论断。依据法律的客观标准来论断，那是正确的、稳妥的、靠得住的；依据个人的主观和私见来论断，那一定是不正确的、混乱的、不稳妥的。所以管仲说：

"使法择人不自举也，使法量功不自度也。"③

尹文子说：

"若使遭贤则治，遭愚则乱，则治乱系于贤愚，不系礼乐，是圣人之术，与圣主而俱没。治世之法，逮易世而莫用，则乱多而治寡。"④

这说明依法而治，可以常治，依人而治，必致常乱，此为法家所坚持不移的理论。可是要依法常治，必须要治法者有严格遵守法律、执行法律的决心和勇气，如果没有严格遵守法律、执行法律的决心和勇气，即不可能和违法乱纪作斗争，结果法纪荡然，祸乱相循，仍是一塌糊涂。所以韩非主张执法要严，就是遇到权贵也不要放松。他说：

"刑过不避大臣，赏善不违匹夫"。⑤

关于这一点，慎到说得更透彻而有力：

"法者所以齐天下之动，至公大定之制也；故智者不得越法而肆谋，辩者不得越法而肆议。士不得背法而有名，臣不得背法而有功。我喜可抑，我忿可窒，我法

① 《荀子·君道》。

② ［美］魏格摩（J. H. Wigmore）著：《世界法制概观》（第1卷），1928年美国版，第145页。

③ 《管子·明法》。

④ 《尹文子》。

⑤ 《韩非子·有度》。

不可离。骨肉可刑,亲戚可灭,至法不可阙也。”①

这就是说,一个人任何委屈、任何牺牲都可以忍受,但不能使法律稍有偏颇出入。所谓“我喜可抑,我忿可窒,我法不可离”,“所谓骨肉可刑,亲戚可灭,至法不可阙”,这就是代表古代法家“公正不阿”,“执法如山”的精神。

中国历史上严格执行法律的人,代有其人,譬如在秦变法的商鞅,他为了要贯彻法治,贯彻“法之不行,自上犯之”的主张,在太子(秦惠王)犯了法时,便处罚了太子的师傅公子虔和公孙贾。② 尽管触犯了权贵,他仍是坚持地执行着。

史记里有关于汉朝的廷尉(掌刑狱的法官)张释之的这样两段记载:

“上(指汉文帝)行出中渭桥,有一人从桥上走出,乘舆马惊。于是使骑捕,属之廷尉……廷尉奏当(注:谓当治其罪):一人犯跸,当罚金,文帝怒曰:‘此人亲惊吾马,吾马赖柔和,令他马,固不败伤我乎,而廷尉当之罚金!’释之曰:‘法者,天子所与天下共也,今法如是而更重之,是法不信于民也。且方其时上诛则已,今既下廷尉,廷尉天下之平也,一倾而天下用法皆为轻重,民安所措手足,唯陛下察之,’良久,上曰:廷尉当是也。”

“其后有人盗高庙坐前玉环,捕得。文帝怒,下廷尉治,释之案律盗宗庙服御物者为奏,奏当弃市。上大怒曰:‘人之无道,乃盗先帝庙器,吾属廷尉者,欲致族之(注:谓要灭其族),而君以法奏之,非吾所以共承宗庙意也。’释之免冠顿首谢曰:‘汝如是足也。且罪等,然以逆顺为差,今盗宗庙器而族之,有如万分之一,假令愚民取长陵一杯土,陛下何以加其法乎?’久之,文帝与太后言之,乃许廷尉。”③

其他为了维护一国的纲纪法律,不畏强御,不顾生死,和皇亲国戚斗争,和一国重臣斗争,甚至和专制暴君当朝折冲,像商鞅、张释之等“公正不阿”“执法如山”那样的人物,在我们中国历史上可以说是数不胜数。

列宁说:“要彻底消灭高尔察克和邓尼金,必须遵守极严格的革命秩序,必须恪守苏维埃政权的法令和命令……稍微混乱,稍微违反苏维埃政权的法令,稍不当心或稍许懈怠,都会立刻加强地主资本家的势力,促成他们的胜利。”④董必武同志最近在“八大”发言中也说:“今后对于那些故意违反法律的人,不管他现在地位多高,过去功劳多大,必须一律追究法律责任。”⑤当然,像商鞅、张释之一类人物,他们不可能有工人阶级大公无私的革命精神,无论他们如何严格地执行法律,无论那些封建帝王对他们如何让步,无论过去的史学家对他们如何捧场,目的只是一个,

① 《慎到·书佚文》。
② 《史记·商君列传》。
③ 《史记·张释之列传》。
④ 《列宁全集》(第29卷),人民出版社1956年版,第503页。
⑤ 董必武在党的八大上的发言《进一步加强人民民主法制,保障社会主义建设事业》。

就是以维护封建王朝的法纪，来巩固封建统治阶级的政权。可是今天政权掌握在我们人民手里，为了要巩固人民民主专政，必须遵照列宁的训示，要严格遵守革命法令和命令，和反革命分子斗争，和违法乱纪行为作斗争，对那些故意违反法律的人，又必须依照董必武院长的指示，一律追究其法律责任。那么古代法学家韩非所说的“刑过不避大臣”，慎到所说的“我法不可离”“至法不可阙”的精神，不但还值得我们学习，并且应当将这种精神贯彻到每一个角落，每一个机关中去。

四、关于法官的责任问题

在资产阶级国家里，在形式上不是都有宪法来保障人民的身体安全与自由么？不是都有法律来保障人民的财产权利么？这些自由权、财产权保护的实际情况如何呢？美国耶鲁大学鲍家得(E. M. Borchard)教授，曾汇集英美等国法院所造成的冤狱巨案编成《无辜者判罪》(Convicting the Innocent)一书，中间叙述在英美两国法院所判的刑事案件中，有很多的善良人民，竟会毫无法律根据地被处以有期徒刑、无期徒刑甚至于死刑。[①] 这充分证明了资产阶级国家冤狱的严重。中国有句古谚说“堂上一点朱，阶前千滴血”，枉死城里，不知有多少冤魂，这不啻为今日英美司法现状写照。也不啻为过去国民党政府的司法写照，而他们的国家、他们的法官对于这些冤狱的造成，竟不负任何责任。受冤的人民和家属，也得不到任何的赔偿，这真可以说是天下最不平的事了。近年来英美法等国的法学家，虽盛倡冤狱赔偿之制，可是到现在还没有切实施行，以致法院之不负责任如故，受冤人的得不到赔偿如故，法官之专横和民权的摧残还有加无减。我们中国古代，虽没有冤狱赔偿制，可是国家不发现冤狱则已，一发现冤狱，则主办该案的法官，常会受到严厉的制裁。《尚书·吕刑》记载：

“两造具备，师听五辞，五辞简孚，正以五刑。五刑不简，正以五罚，五罚不服，正以五过，五过之疵，惟官、惟反、惟内、惟货、惟来、其罪惟均。”

这里所谓五过之疵，惟官、惟反、惟内、惟货、惟来，其罪惟均者，是指我们古代的裁判官，假使犯了官(官势)，反(报复)、内(走内线)、货(行贿)、来(来请托)等错误，那么就要和犯法的人同样的处罚。到了秦朝，对于审判不公平的法官，要罚他去筑长城。[②] 汉朝以出罪为故纵，入罪为故不直，犯之者免职受罚，因而弃市(死罪)的也很多。唐律“断狱”有“官司出入人罪”条，规定得更详细：

---

① 参见美国耶鲁大学教授鲍家得(Edwin M. Borchard)于1932年所著的《无辜者判罪》(*Convicting the Innocent*)一书。

② 《史记·始皇本纪》。

"诸官司入人罪者,若入全罪,以全罪论;从轻入重以所剩论;刑名易者,从笞入杖,从徒入流,亦以所剩论;从笞杖入徒流,从徒流入死罪,亦以全罪论。其出罪者各如之。"①

又第2项规定:

"断狱失于入者,各减三等;失于出者,各减五等。若未决放及放而还获,若囚自死,各听减一等。"这里是说因过失而入人罪,减故入人罪三等。于失出时特减五等,尚未将犯人放免,放而复回,或囚人死亡时,更将失出失入各减一等。

唐律关于法官责任的规定,当然并不限于这两项,可是从这两项规定中,可以看到唐律关于法官责任制的严密。宋朝的法律比较宽大些,于失入之责任较为重视。对于失出的责任,就没有如何重视。明清于失出失入的责任,与唐律大同小异。②

在中国古代确有不少的审判大员,因为办案的错误,或因为办案的故出入人罪,致贬官撤职、充军、弃市(死刑)的,常有其事。其于法官责任的重视,可以想见。由于法官责任制的重视,所以审判案件的人比较细致而谨慎,审级不厌其繁复,死刑须经皇帝批准,这些于人民权利保障是有一定积极的影响。当然我们今天的人民审判员,都有一定的政治水平,绝对不能和古代封建时期的法官和资本主义的法官相比拟,我提出这点并不是说古代的法官责任制是办得尽善尽美,更不是说我们今天的人民法制即应当采取那种责任制的办法。可是像英美等国和过去国民党政府的法制,于法官的故意或过失而造成冤狱,致人民受到精神上、物质上的重大损失而可以不负任何刑事责任,对冤狱的被害人可以完全不负民事上的赔偿责任,这和他们宪法上所谓公民权利的保障距离实在太远了。

五、关于法律的变更问题

中国古代儒家的许多学者,不但主张礼教的不变,而且还倡导礼教的复古,所谓"言必称尧舜",所谓"祖述尧舜,宪章文武",这些都可以说是代表中国古代礼治主义的政治思想。解放前我们常听到"古道昭然"、"世风日下,人心不古"等滥调,这或许是儒家复古思想的流传吧!可是秦汉时期的法学家,却并不赞同这样的看

---

① 这里所谓入全罪时以全罪论者,是指被告原是无罪,而法官故意虚构事实枉人全罪者,即应负全罪之罪;由轻入重者,是指被告犯轻罪,而法官故意陷人重罪,应将所处重罪扣除应处轻罪后之余罪科之。至徒流以上所以要科其枉入之全罪,大约是以其害人较大的缘故。所谓出罪各如之者。是指故意开脱罪名者,也应照这样办。

② 陈顾远著:《中国法制史》,商务印书馆1935年版,第245页、1247页。

法，他们不但反对复古主义，而且还主张法律应该变，应该随着时代变。

管仲说："民不道法则不祥，国更立法以典民则祥，法者不可恒者也。"①

商鞅说："三代不同礼而王，五霸不同法而霸。"又说："前法不同教，何古之法，帝王不相复，何礼之循。"②

尤其是韩非，他又从经济方面来说明法之不可不变。他说：

"古者丈夫不耕，草木之实足食也；妇女不织，禽兽之皮足衣也。不事力而养足，人民少而财有余，故民不争，是以厚赏不行，重罚不用，而民自治。今人有五子不为多，子又有五子，大父未死而有二十五孙，是以人民众而货财寡，事力劳而供养薄，故民争，虽倍赏累罚而不免于乱。"

"今有构木钻遂于夏后氏之世者，必为鲧禹笑矣。有决渎于殷周之世者，必为汤武笑矣。然则今有美尧舜汤武之道于当今之世者，必为新圣笑矣。是以圣人不务循古，不法常可，论世之事，因为之备。"③

"法民无常，唯法为治，法与时转则治，法与世宜则有功。故民朴而禁之以名则治，世知维之以刑则从，时移而法不易者乱，能治众而禁不变者削。故圣人之治民，法与时移，而禁与能变。"④

此外，还值得我们注意的是宋代的政治家王安石的言论。他说：

"夫天下之事，其为变岂一乎哉，因有迹同者实异者矣。今之人諰諰然求合于其迹，而不知权时之变，是则所同者古人之迹，而所异者其实也"。⑤

"圣人之心，不求有为于天下，待天之变至焉，然后吾因其变而制法耳。至孔子之时，天下之变备矣，故圣人之法，亦自是而后备也。易曰：'通其变，使民不倦'，此之谓也。"⑥

古代法学家和政治家，像商鞅、韩非、王安石等，能以法律应变说来打破礼治主义的不变思想和复古思想，确认法律是发展的，不是一成不变的学说，这样推动了历史的巨轮前进，应当肯定他们是进步的。虽然他们于生产方式和政治形态的关系没有正确认识，也是站在改良主义的立场来谈法律的变革，可是韩非能从经济方面来论证法律的适应时变；王安石能以客观的因素来论证因变制法，可以说是有些唯物主义倾向的。

后代比较保守的法学家，不能结合到客观实际情况的变迁，因时制宜，随时变

① 《管子·任法》。

② 《商君书·更法》。

③ 《韩非子·五蠹》。

④ 《韩非子·心度》。

⑤ （宋）王安石："非礼之礼"。

⑥ （宋）王安石："夫子贤于尧舜论"。

法，而主张立一法，可以永久不变，长治久安；有的还抱着“以古非今”复古主义的态度来对待法学遗产，这不但与马克思列宁主义背道而驰，而且和古代法学者韩非、王安石等法随时变的理论也大有出入了。

六、关于民主性的法制问题

在古代封建专制统治下，固谈不到什么民主，可是古典法学中，也常常可以听到民主主义的呼声。相传中国古代第一位大法官皋陶氏说：

“天聪明自我民聪明，天明畏自我民明畏，”①这里的意思是说天意即民意，人民的眼睛是雪亮的。

管仲也同样地说：

“以天之目视，则无不见也：以天下之耳聪，则无不闻也，以天下之心虑，则无不知也。”②

尹文子又有联系群众的一段妙论：

“为善不能使人得从、此独善也；为巧不能使人得从，此独巧也，未尽善巧之理，为善与众行之，为巧与众能之，此善之善，巧之巧者。所贵圣人之治，不贵其独治，贵其能与众共治，贵工棰之巧，不贵其独巧，贵其能与众共巧也。”③

这一类民主性浓厚意味的理论，在我们中国古典法学中很多很多，惜乎这些民主意味的理论，常常被专制暴君的魔掌所抹杀，以致没有充分发扬的机会。今天古代法制的历史文献中还残存着民主性的遗迹，值得我们来批判吸收的，兹约略提出几点如下：

（一）咨询制度

《周礼·秋官·小司寇》记载：

“掌外朝之致，以致万民而询焉，一曰询国危、二曰询国迁、三曰询立君。”

小司寇是大司寇（司法部长）之次官，他不但要职掌司法裁判的终审，而且要对国家的重大事件负咨询民意之责，尤其人民对于兵寇之乱的意见，迁都改邑的意见，和继任皇位的意见。因为这些问题关系到人民的安危利害太切，由负责司法的首长来咨询，于民主法治化的意义上，是起着一定作用的。④

（二）陪审制度

《周礼·秋官·小司寇》记载：

---

① 《书经·皋陶谟》。

② 《管子·九守》。

③ 《尹文子·大道》。

④ ［日］东川德治：“中国法制史研究”，廖维勋译，载《中华法学杂志》第1卷第4期。

“以三刺断庶民狱讼之中，一曰讯群臣，二曰讯群吏，三日讯万民，听民之所刺宥，以施上服下服之刑”。

所谓三刺，即三讯之意。要求法官于审理重要案件之中，不但要咨询群臣（师士、乡士、遂士、方士、朝士等法官），而且还要咨询群吏（各行政官）；不但要咨询群吏，还要咨询万民，倾听他们的意见来决定罪刑的为上服（墨劓）抑下服（宫刖）。此地的所谓万民，当然不可使万民个个陪席，而是由人民推选有相当见识者出席，此即古代陪审制度的雏形，无疑地就是我国古代的一种民主性的审判形式。①

（三）监察制度

监察制度，在我们中国有悠久的历史。《尚书·舜典》记载：“舜命龙作纳言。”纳言，就是古代的一种检察制度。到后来从秦、汉、隋、唐，及至宋、元、明、清，都有监察制度之设，唯官职名称，各代不同；发挥的作用，也因人君的态度而有不同。中国历史上在监察职权的行使中，其能深入民间，以了解人民疾苦，平反冤狱，以树立国家法纪的事例，也屡见不鲜。这也可以说是中国民主性法制的一种具体表现。

（四）直诉制度

直诉制度，是冤枉无告之穷民，可以不经过一定的审判机关，不经过一定的诉讼手续，而直接向皇帝或最高级的审判机关申诉之谓，其中最普通的是“登闻鼓”。“登闻鼓”即我们所习知的击鼓鸣冤之制。此制也导源于周代，周礼夏官太仆之职规定：“太仆，建路鼓于大寝之门外，而掌其政，以待达穷者与遽令，闻鼓声，则速逆御仆御庶子。”是即开“登闻鼓”之蒿矢。到了唐朝，于“登闻鼓”外，又有“邀车驾”和“上表”两种直诉办法。“邀车驾”，即于帝皇外出时，在路旁迎驾申诉。“上表”者即直接上书皇帝申诉。到了唐、明、清律，于“邀车驾”和“登闻鼓”都设定了若干的限制。这种直诉制度中“登闻鼓”②，也可说是中国古代一种民主性的诉讼形式。

上述几点，不过是我个人就中国古典法学中自认为有现实意义的地方，提出了初步意见。列宁说：“马克思主义绝不抛弃资产阶级时代一切最珍贵的成就，而是恰恰相反，它要吸收两千多年来人类思想和文化发展中的一切有价值的东西。”③那么在中国三千多年左右的古老法学园地中，无疑地存在不少有价值的东西，值得我们来批判吸收。本文所谈的各点，不一定就是这些，更不一定限于这些。

解放前，国内许多所谓法学者，他们在立法上有一个时期是完全抄袭日本，有一个时期是几乎完全抄袭德国，到后来还抄袭了一些英国、美国的法律，东拼西凑，点缀文饰，以巩固反动统治阶级的政权，来欺骗人民、剥削人民，将中国几千年来有

① ［日］东川德治：“中国法制史研究”，廖维勋译，载《中华法学杂志》第1卷第4期，第89页。

② 陈顾远著：《中国法制史》，商务印书馆1935年版，第242～245页。

③ 《列宁全集》（第31卷），俄文版，第292页。

价值的法学遗产，粉碎无余，以致“囹圄充塞”，“民怨沸腾”。日本法学者小野清一郎说：“夫中国有中国的固有文化，特别于刑法是有最古文化的传统的邦训，其文化的传统，纵今日已非尽可因袭，而其精神虽在今日尚有值得发扬而光大者，予以为尚不少。然而民国（指国民党政府）之立法者，辄容易舍弃其传统而不顾，此予所引以为遗憾而颇不可思议者。”①小野清一郎以资产阶级法学者的立场，过分崇仰中国古代文化的封建传统，我是反对的；可是从他批评中国过去立法者舍弃中国古代法学于不顾这一点，我是表示同意的。

今天我们要建立社会主义的法制，当然应该根据马克思列宁主义原则，参考其他社会主义国家的法律，但马克思列宁主义之所以能放之天下而皆准，在于它能与自己的具体实践相结合。以马克思列宁主义的普遍真理结合到中国的具体实践来制定的中国的法制，主要的，当然是近百年来中国人民在生产斗争和阶级斗争中的经验总结，同时也应该包括中国几千年来历史发展中的许多有价值的法学遗产。利用其中可资利用的部分，吸收其中可以吸收的部分。这样我们的法制就会有创造性的发展，就会十分有力地为我国的社会主义建设和社会主义改造的伟大事业而服务。

（1957 年第 1 期）

① ［日］小野清一郎著：“评中国新刑法”，载《中华法学杂志》第 1 卷第 1 期。

谈 旧 法

高 煬*

如何正确地对待旧法，是法学研究工作中的一个重要的问题，又是尖锐的问题。这里我提出旧法里面有无知识原素可以吸取运用、新旧法律思想有无内在联系和旧法规范能否转移为人民所利用三个问题来谈谈。

一、旧法里面有无知识原素可以吸取运用

旧法里面有无可以为我们所吸取利用的东西呢？不难发现，是有的。根据作者的认识，旧法里面可以为我们吸取的东西，既不是什么有内在密切相联系的思想、理论、原则，也不是什么篇、章、条、款的具体法律规范，而是一些法律的知识原素。也就是马克思和恩格斯合著的《共产党宣言》里面所指："资产阶级将自己的知识原素授给无产阶级"的这种知识原素①（引文中的重点是作者加的）。这种法律方面的知识原素存在于旧法的各个方面，可以被我们吸取而利用于阶级斗争的各个方面。

举例来说，在批判旧法思想中，我们常常要利用旧法本身的东西作为我们的斗争知识原素。不说远的，只说国民党反动统治集团抄袭和标榜着资产阶级关于所谓超阶级的"司法独立"的法学理论，曾经欺骗和麻痹了不少的人。在1947年伪宪法第80条还厚颜无耻地写道："法官须超出党派以外，依据法律独立审判，不受任何干涉。"然而，对上面的所谓"司法独立"，只要稍微研究一下国民党反动统治集团的法律、法令，就能知道它自始至终并不存在。早于1929年5月22日，国民党伪司法院即曾发布"法院审决共党案件，高级党部声明不服，检察官应提起上诉令"②；1929年7月26日国民党伪国民政府又曾发布"党部对于共产嫌疑之判决有异议时，法院不得释放令"③，这两个伪法令就清楚地说明了"司法独立"的庐山真面目。只有熟悉了敌人所摆的是什么阵，我们才能够破阵而入。由此，我们从旧法本身里面能够找出许多有用的知识原素来，它一经为我们所掌握就成为揭发和批

---

* 作者单位不详。

① ［美］马克思、恩格斯著：《共产党宣言》，人民出版社1953年版，第32页。同页附注一说明：在1888年英文版已将"自己的知识原素"字样改为"自己的政治知识和普通知识原素"。

② 伪立法院编译处：《中华民国法规汇编》（第8册），中华书局1934年版，第462～463页。

③ 同上。

判旧法的有力武器。我们应当对这种知识原素,加以吸取和利用,这应当是不容置疑的。

再举例来说,国际法方面,我们社会主义法学工作者必须运用唯一科学的研究方法,即唯物辩证法为基础,发展和提出为社会主义国家的国际法实际所创立的新的原则。但是也需要掌握那些资产阶级的国际法实践的材料。当帝国主义侵略者正在变本加厉地破坏国际法并利用资产阶级国际法的反动理论为它们侵略行为辩护的时候,为了揭露帝国主义侵略者及其辩护人的妄言胡说,为了维护正义的、和平民主的国际法原则,我们可以按照阶级利益、政治利益的要求,在一定程度和一定范围内运用一些旧国际法的知识原素来进行斗争。如大家所知道,不久以前,美国向中国、苏联、捷克斯洛伐克、德意志民主共和国、保加利亚、阿尔巴尼亚和瑞典各国领空放送大量军事侦察气球,对上述各个国家领空进行粗暴的侵犯。可是美国国务卿杜勒斯竟然说什么"较高的空气层的所有权问题是一个争执的问题,空气上面的以太的所有权也是一个争执的问题",企图抹杀国家对领土上空的主权。这种强盗、骗子手的诡辩当然站不住脚。但是,向帝国主义国家的人民说话时,仅仅讲社会主义国际法原则,有时是不够的。如果我们拿近代国际法学界包括多数资产阶级国际法学者在内所一致公认的国际法原则来说,就更有说服力了。这原则说是:一个国家对它领土上空的主权达到无限高度,以便保障它在下面的领土上的充分主权。并且美国国内立法,如1926年《空中商务法》第六节甲项就规定着:美国对于美国领土的上空"拥有并行使完全和排他性的国家主权",①也早已承认了这个原则的。我们把它揭露出来,给杜勒斯打一记很清楚的嘴巴,而使他哑口无言了。这类事例不一而足,也说明旧法里面的知识原素是有用的。当然,我们对待旧法也只能是吸取和利用它里面作为知识原素的材料,绝不容忽视它们所共同具有的剥削阶级世界的本质。

我们还应该看到,旧法里面也有着可以启示与丰富我们法律工作的知识原素。本来法律是表现政治上占统治地位的阶级的意志,一方面,这种意志是由统治阶级的经济生活条件所决定;而另一方面,统治阶级通过法又使本身的意志具有普遍的约束力,富有强制性地调整社会关系,以巩固那种符合统治阶级经济要求的秩序。在各个不同社会发展的阶段上,剥削阶级的法同无产阶级的法在本质、内容、目的方面是不同的。但作为阶级专政工具,这样或那样来为实现和保护自己阶级的利益要求,则在敌对阶级还存在或者阶级敌对分子还没有被完全消灭,阶级敌人的反

① 陈体强:"向他国放送军事侦察气球违反国际法原则",载《新华半月刊》1956年第7期。

抗与破坏还没有停止的时候，在阶级斗争进行的全过程中有着某些相似的契机。①譬如，“当革命阶级对于实行反抗的有产阶级进行斗争之时，它就应当镇压这个反抗；所以我们也要用有产者们镇压无产阶级所使用过了的一切手段去镇压他们，其他的方法是没有的”（列宁语）②。譬如，“如果说资本家当时用宣布私有财产神圣不可侵犯的办法而达到了巩固资本主义制度的目的，那么，我们共产党人就更加应当宣布公有财产神圣不可侵犯，来巩固一切生产部门、商业部门方面的社会主义新经济形式。”（斯大林语）③这些话集中地说明了这个道理。毛泽东主席在《论人民民主专政》一文中，也教导我们：“革命的专政和反革命的专政，性质是相反的，而前者是从后者学来的。这个学习很要紧。革命的人民如果不学会这一项对待反革命阶级的统治方法，他们就不能维持政权，他们的政权就会被内外反动派所推翻，内外反动派就会在中国复辟，革命的人民就会遭殃。”④而在这种阶级斗争契机性的问题上，剥削阶级运用法律手段所积累起来的经验和教训是不少的，我们可以根据我们的立场、观点和方法借以举一反三、触类旁通地启示和丰富我们的法律斗争工作。例如，我国唐律、明律中对死刑采取“斩立决”或“绞立决”（判处死刑立即执行的意思）之外，还有所谓“斩监候”或“绞监候”（判处死刑监禁着稍缓执行的意思）的办法。《清理藩部则例》里面也有伙众抢夺“纠伙至十人以上者，无论伤人与否，为首拟斩立决，为从均拟监候，秋寂时由法部核情，定拟实缓”等规定⑤。这些规定是不是也可以从我们的立场、观点和方法上，当前阶级斗争的需要上，有助于我们立法工作中对死刑缓期执行存废问题的研究和参考呢？作者认为是可以的。而且从旧法中吸取这类知识原素，也是必要的。

二、新旧法律思想有没有内在的联系

旧法当中有着为我们所可吸取的几乎是大量而丰富的各种知识原素，是否我们就可以说新旧法律思想之间有着密切的内在联系呢？作者认为，旧法是过时的、已经死亡或者注定要死亡的东西，它与正在成长、发展的、有前途的新法——社会主义的法，两者有本质的不同，彼此间并没有什么思想的内在联系着。这一点必须

---

① “契机”这个词的意思很多，作者在本文里当做一种事态转变成别种事态之关键的普通含义使用。

② 转引自[苏]苏达里可夫、贝可夫编：《苏维埃国家与法律问题讲座》（第 1 辑），中央人民政府法制委 1951 年版，第 229 页。

③ [苏]斯大林著：《列宁主义问题》，唯真译，外国文书籍出版局 1950 年版，第 526 页。

④ 毛泽东著：《论人民民主专政》，人民出版社 1953 年版，第 13 ~ 14 页。

⑤ 中央法制委员会编：《刑法资料汇编》（第 5 辑），中国人民大学出版社 1955 年版，第 552 页。

认识清楚,不容含糊。

我们知道,法的本身是在物质生活关系之中生根的。它并没有自己的发展历史。它的发展和社会关系,首先是生产关系的发展有机地密切联系着。任何的法都是统治阶级的意志的表现,任何的法必先有一定的法律思想意识。法律思想意识归根结底乃是各个不同阶级经济条件所产生、所决定的。如其他的社会思想一样,只在新生产力与旧生产关系互相冲突的基础上,在社会的新经济需要的基础上,才产生出新的法律思想。它既不能从所谓人类精神的一般发展中去找出,也不能从其中得到理解。因此,纵然这种或那种法律思想作为第二性的作用而影响着另一种法律思想,但这种或那种法律思想并不产生另外的新的法律思想。奴隶主专政国家的法是奴隶主阶级的意志,封建主专政国家的法是封建主阶级的意志,资产阶级专政国家的法是资产阶级的意志。它们之间的法律思想,具有共同的内在联系,这是不足为奇的。因为奴隶制,封建制和资本主义制度下的生产关系类型相同,它们都是以生产资料私有制为基础的统治与服从的生产关系。尽管私有制的形式改变了,剥削的方式改变了,法律思想也各有不同的特征,甚至在一个阶级内部有时也表现不同的意图而趋于分歧,而它们却没有离开为维护私有制,维护人剥削人的制度,公开或隐蔽地确认少数剥削阶级政治权力的思想本质。这个相同的思想本质贯穿在它们法中和社会使命中。有人看到罗马法既能为奴隶主阶级服务,也能够为封建地主和资产阶级服务而感到惊异。其实,正是由于罗马法是立足于私有财产上的法律,同商品生产、交换的发展相联系着,与后来的封建社会、资本主义社会经济生活条件以及封建地主、资本家的某些利益有一定的联系。所以,封建地主阶级、资产阶级在需要调整法律行为的时候,就拿了它作为现存的蓝本。从而我们也可以看到,国民党反动派统治集团抄袭了前帝国主义德国、日本以及法国、瑞士等等的法律中的某些部分,集而成为“伪六法”,而为它自己服务,也就是这个相通的道理。至于无产阶级革命是在资本主义制度下成长起来的生产力和已经成为生产力桎梏的资本主义生产关系之间的冲突,达到了空前尖锐的程度的条件下所发生的。无产阶级同一切剥削阶级的经济要求不同,它借实现革命来把自己变成统治阶级,并以统治阶级的资格去消灭旧的一切的剥削与被剥削、统治与服从的生产关系,消灭私有财产权,变私人所有制为社会全体成员所有的集体财产。它在消灭了旧的生产关系和私有财产权的时候,把阶级对立状况存在的条件以及一般阶级存在的条件一并消灭,把自己这个阶级的统治也一并消灭。无产阶级在经济生活的要求上是同过去遗传下来的所有制关系实行最彻底的决裂,它在自己发展的进程中,也必然要同过去所遗传下来的,产生于私有制基础之上的种种思想、观念实行彻底的决裂。所表现于法律思想方面,正如政治、宗教、道德一样,是同一切剥削阶级所有法律思想绝对地对立的、冲突的。我们能不能从奴隶时代

《汉谟拉比法典》说“若某人盗窃神产或宫廷财产，则应处死”的规定中，[①]同我们对于危害公共财产加以治罪的法律思想上找到内在联系呢？我们能不能从中国封建时代唐律“诸妻殴夫，徒刑一年，若殴伤重者，加凡斗伤三等；死者，斩。”“诸殴伤妻妾，减凡人二等；死者，以凡人论”的规定中，[②]同我们对于伤害、虐杀妇女或逼致妇女自杀的严重罪行，采取严肃的法律手段予以制裁的法律思想上，找到内在的联系呢？我们又能不能从1803～1804年公布的《法国民法典》“所有权是对于物有绝对无限制地使用、收益及处分的权利；但法令所禁止的使用不在此限”（第544条），“任何人不得被强制出让其所有权，但因公用，且受公正并事前的补偿时不在此限”（第545条）的条文中[③]，同我们保护公民的合法收入、储蓄、房屋和各种生活资料的所有权的法律思想上，找到内在的联系呢？显然，《汉谟拉比法典》规定保护财产或宫廷财产，是维护奴隶制私有制的思想内容。我们保护公共财物，是贯彻着属于全民所有的公共财产神圣不可侵犯的思想内容。唐律规定夫殴妻处刑较妻殴夫的处刑为轻，表现了建立在男性掌握封建财产权底经济基础上的封建宗法思想，我们对伤害、虐杀或逼致妇女自杀的严重罪行进行严肃制裁，是贯彻着肃清封建残余、解放封建压迫的妇女的精神。法国民法之所以规定所有权的绝对性，除非受公正并事前的补偿以外，即使是为了社会公益，所有人也有权利不放弃自己的财产。这是给生产资料占有者打开了毫无限制地剥削劳动者的道路并使之合法化，我们保护公民生活资料所有权，是以使劳动者充分享受自己劳动的果实为出发点。它们之间的思想、观念是绝对地对立的、冲突的。所有一切剥削阶级专政国家的法不也都是从它们自身的，以私有制生产关系为基础的思想、观念上出发的吗？我们忽视了无产阶级专政的法与剥削阶级专政的法的阶级实质，忽视了社会主义的法与旧法的深刻的对立性，来找寻并不存在的所谓“法律思想的内在联系”，是有害的。

当然，我们不应该否认世界上各种的事物都是相互依赖，彼此不可分离，彼此相互影响，彼此相互制约的这一马克思主义辩证法的原理。但马克思主义教导我们：事物的相互联系、相互制约是各种各样的，事物之间的联系有本质的和非本质的，外部的和内部的不同。社会主义的法的思想意识形态同旧法的思想形态之间所存在的应是：由经济生活发展中所成长起来的外部的、对立的、非本质的因果性联系，而不是本质的、内在的联系。如果把新的东西是从旧的东西里面产生发展出

---

① ［苏］И. М. 贾可诺夫、Я. М. 马加辛涅尔译注：《巴比伦皇帝哈谟拉比法典与古巴比伦法解说》，中国人民大学出版社1954年版，第9页。

② 中央法制委员会编：《刑法资料汇编》（第5辑）中国人民大学出版社1955年版，第180页。

③ 中央法制委员会编：《民法资料汇编》（第6辑），中国人民大学出版社1954年版，第89页。

来的这个简单概念,代替了实质的分析,遂认为新法与旧法之间有着思想内在的联系,不免是将现象的矛盾理解成为思想的统一,陷落在唯心主义辩证法的泥沼。

三、旧的法律规范能否移转为人民所用

在某些场合下,我们可以有趣地看到,旧的法律规范中,也有着以有利于人民的面貌出现的条款,某些旧的法律规范同新的法律规范有着极大的相同形式;甚至有些人民民主国家曾经或者继续到现在还保留了一些旧的法律规范的效力。是否能够因此认为旧的法律规范里面有正义的、符合人民要求的、没有阶级性的、与剥削阶级统治相对抗的部分,可以把它们转移为人民服务呢?根据作者的见解,对这个问题,应当作否定的回答。因为旧的法律规范是制定这个旧的法律规范的剥削阶级意志的表现,作为一个阶级的意志是不能多元地分割的。一切剥削阶级的利益,普遍地对劳动人民抱着敌对态度,乃是它们的基本立场。法律规范的这一部分同那一部分都是适应着为剥削压迫劳动人民的需要而建立起来的,是相互制约及相辅相成的作用上建立起来的。以资产阶级国家的法律来看,较之中世纪的法律制度虽有伟大的历史进步作用,它规定了人身自由,出版、言论、结社、集会、教育和信教等的自由。这些自由都宣布为公民绝对权利,表面上似乎是十分正义的,合乎人民要求的。可是在这些权利之下,总是附有许多限制的"但书"以及其他相关的法令冲销了这些权利。例如,资产阶级法律规范中关于"集会自由"、"请愿自由"同一些为保证资产阶级"公共安全"、"防止破坏秩序"的登记章程、违警罚则、戒严法令等总是相联系地并存而被运用着。劳动人民集会、请愿,没有不受到限制和阻挠的,没有不受到军队、警察镇压的。旧的法律规范中相似的若干以人民利益的面貌出现的条款,不仅不是正义的、符合人民要求的,也不是对剥削阶级的统治具有对抗性的或者没有阶级性的东西,它的实质乃是深刻的虚伪和陷害,乃是一块血腥的花布。同时,法律规范的概念是有权的国家机关针对一定的一些社会生活秩序,按照本阶级意志规定、认可或批准的行为规则。它永远是同形成这个法律规范的内在法律思想意义统一而不可分割。如果把法律思想抽去,只剩下法律规范的外壳,也就不能称为科学意义上的法律规范。新的某些法律规范和旧的某些法律规范所表现于外部条文的形式上,有时极相类似,至多是新法组织运用了旧法的"词"和吸取了旧法中某些知识原素的结果,不能以此看成旧的法律规范的移转。比如,我国现行《妨害国家货币治罪暂行条例》同旧国民党反动统治集团 1935 年《刑法》第 12 条伪造货币罪同样地规定着对伪造、变造或行使伪造变造货币的行为予以刑事惩罚,但是除了说明:当货币在社会生产、分配与消费的过程中,还有一定作用的时候,发行与管理通用货币的这个阶级就必须以法律手段来禁止伪造、变

造等行为，以保护本阶级的利益，两者有相似的契机，以前者沿用了后者旧有的法律的词句而外，显然，前者所指的货币，是作为劳动人民为达到社会主义生产、分配、消费物品的手段的货币，后者却是作为占有他人劳动的手段的货币；前者所保护的客体是人民过渡到社会主义所需要的金融秩序，后者却是保护官僚资本垄断为主要所需的金融秩序；前者揭示了对反革命为目的伪造、变造国家货币的严厉惩罚，后者却隐蔽了它的阶级本质，而且表现了反动统治者的专横与武断，对供伪造、变造货币所用的各项器械原料，采取"不论属于犯人与否，没收之"的规定。作为法律规范来看，内容既是截然不同，其所表现的形式也仍然有着差异。能否由于某些条文的极相类似而可以认为这样一些旧的法律规范能够被转移来为人民服务呢？当然是不能够的。有的同志认为这样的一些旧法规范可以修改或大大地修改一番转移过来为人民服务，实质上不是修改的问题，是吸取其法律知识原素和组织与运用法律词句的问题。这难道不是十分明确的吗？至于有些人民民主国家在人民民主政权建立后保留了若干旧的法律规范使之仍然有效，这是事实。并且有的社会主义法学家认为，人民权力机关使某些战前时期的个别法律仍然生效，是因为这些法律规范与人民民主国家的立法并不矛盾，而这些法律规范是用来保护劳动人民和人民民主国家的利益的，因此，这些法律规范同新颁布的一些法律即构成了人民民主国家的统一的法的体系。① 但是，从事实的本身说明，这个论点是值得商榷的。例如，波兰人民共和国建立人民民主政权后曾经使一部分资产阶级于1932年所颁布的旧刑法典仍然生效。随之所颁布的许多新的刑事法律、法令，其中极为重要的法令如《关于国家在恢复时期特别危险性的犯罪的法令》，被称为"小刑法典"，与1932年旧刑法是对立的；而且许多涉及刑法分则个别问题的刑事法律也很难与1932年旧刑法分则同时并存，在实际工作中运用时便发生困难。作者十分肤浅地理解：人民的革命政权建立后，吸取旧的词和用语，以组织成为新的法律规范为人民的利益服务，是完全可能和必要的；如果使部分旧的法律规范继续有效存在，只能说是经济基础变革后，庞大的上层建筑发展缓慢的情况下个别的而且并不适合的现象，不能成为旧的法律规范可以移转为新的法律规范的有力论证。

此外，作者认为，在探讨旧法问题上还应当强调提出：世界资产阶级法学者人数众多的队伍中，正如整个知识界一样，随着阶级斗争的过程，随着世界政治、经济复杂变化发展的过程，有着极为复杂的分化。我们应该看到，外国资产阶级法学者

① ［波兰］Л·列尔涅莱："波兰人民共和国刑法发展的几个问题"，载中国人民大学刑法教研室编译：《苏维埃刑法论文选译》（第2辑），中国人民大学出版社1956年版。Л·列尔涅莱教授在这篇文章里虽然认为旧的刑法规范与共和国的立法并不矛盾，可以用来保护劳动人民和人民共和国的利益，但从全文列举的事实来看，则旧的刑法规范于共和国建立后使之仍然生效，是不相适应的。

中间，有不少人虽然局限于甚至沉醉于自己的方法论和学术结论中，但他们仍然捍卫着被政治上和科学上的反动分子所践踏的资产阶级民主世界的原理，他们有资格被称为资产阶级法学队伍里面的进步者。另外，也有不少处心积虑地为帝国主义法制日益矛盾和陷于破败的现象，在法学理论上找寻新的思想形式来作掩饰和辩解，他们则是极端反动的。前者对世界人民民主、和平事业可以而且有的已经作出了有益贡献，后者却是直接起着危害作用。而作为社会意识形态的法学思想来说，他们又都是同社会主义异其体系与本质，不可混淆。特别是一些反动的法学理论，往往是使旧的东西时髦化，容易迷惑人们的眼睛，更要加以警惕。例如，美国社会法学派代表人庞德，曾经到过蒋介石统治时期的重庆，作过若干次讲演，散播他的反动法学思想。他阐扬过法律的生命是"社会效果"。看来，似乎只是法律必须在执行上获得实践的论点。但是，我们不能不注意到社会法学派是以法的规范先于经济关系而产生，并决定着经济关系的发展，这一原理为基础的。庞德的理论乃是替帝国主义破坏法制寻找论据而服务，他所崇拜的是帝国主义的哲学——实用主义。他所导向的是：资产阶级统治集团在镇压被剥削阶级的事业中，警察、检察、法院等机关可以用各种行动去追求为资产阶级统治集团所需要的效果，可以完全不受任何规范的限制，使法制让位于资产阶级反动统治的"有利性"和审判上及行政上专断的无限自由。其结局便是：实行没有法的司法！与我们致力于建设社会主义法制的目标，毫无共同之处。诸如此类的法学理论必须深入批判。否则以所谓可资利用而拿了过来，也是有害的。

总之，旧法的范围很广，内容很多，其中有许多知识原素，我们应当谨慎吸收，这是肯定的。但作为"上层建筑"之一的法律思想意识形态，即新旧法之间没有思想内在联系，对新旧法律规范，也不能够孤立于形式概念来对待，两者的界限必须划分清楚。

我们的社会主义的法律科学，正随着社会主义建设事业迅速的胜利发展而发展。旧法的研究是法律科学研究工作中的一个重要部分。作者就自己一些不成熟的意见，在这里提了出来，错误一定很多，希望大家指正！

（1957 年第 1 期）

编 后 记

从季刊《华东政法学报》改为双月刊的《法学》第1期出版了。这期共发表了19篇文章,从内容上说,它和《华东政法学报》是没有多大区别的。但读者也许会觉到,我们已开始注意刊物内容的多样化。虽然,我们还做得不够好,但我们是向这方面走的。有些读者要求开辟"问题解答"和"名词解释"一栏,我们正在准备中。

《法学》是国内法学界同志在学术上开展自由讨论的共同园地,编辑上将坚持"百家争鸣"和"理论结合实际"的方针。它特别欢迎法学界同志能就实际工作和研究中的现实问题写成论文和各种体裁的稿件,寄给我们。

由于每期的篇幅有限,希望来稿力求精练。学术专论限制在七八千字,一般论述和案例分析以三四千字为宜,书评在二千字以内,学术动态、小品、杂文等不超过一千字。本期因为篇幅限制,有些宏文大作和译稿,一部分只好割爱,一部分留待下期选用。希望作者、译者、读者原谅。

欢迎法学界同志和读者的批评指教。

(1957年第1期)

刑事责任年龄

史 言*

一、规定刑事责任的年龄在刑法中的意义——从资产阶级国家和旧中国的刑事立法例来看确定刑事责任年龄的方法和根据

在刑法上，一个人的刑事责任的有无和大小，取决于他独立辨别是非的能力和独立确定问题的意志底有无和大小。

一般说来，一个正常人生理上的成长达到一定时期时，自己的大脑对自己的行为和外界事物就具有一定的认识能力和支配自己行为的能力，也就是说，自己的行为是代表了自己的意志，并且是受自己的意志所支配的。根据这种能力的有无，就产生了人对自己的行为是否应当负责的问题。假如对于完全丧失了这种能力的精神病人、尚未形成这种能力的幼年人（儿童）和完全具备这种能力的成年人来说，如果发生了社会危害行为，这是刑事责任有无的问题，那么，对于这种能力正在形成过程中的少年人和已经形成了的成年人来说，如果发生了社会危害行为，就是刑事责任大小的问题了。因此，正确确定未成年人开始对自己社会危害行为负责的年龄，是个很重要的问题。如果把未成年人负刑事责任的年龄规定得太高，那就会放纵了某些未成年人犯罪的现象，使应受刑罚的犯罪人不能及时地受到刑罚，从而减少了他们对社会的责任感；如果把未成年人的刑事责任的年龄规定过低，那就会使许多不应受刑罚的人受到了刑罚，结果是徒使少年人精神上遭到痛苦而不能达到改造的目的。由此可见，确定未成年人的刑事责任的问题，在我国，这是关系到如何看待有1.5亿未成年人的法律责任的问题，也是关系到我国人民民主制度和社会秩序的巩固和发展的问题。所以，在我国刑法中究应如何规定刑事责任年龄的问题，是一个具有十分重要意义的问题。

资产阶级的刑法，有着一种形式主义的特色。在他们规定的许多条文的形式上，一眼看去，不一定就表露着资产阶级刑法的阶级性。关于刑事责任年龄的规定，就具有这一特点。

刑事责任的年龄问题，各国刑法的规定都有不同。资产阶级各国在这一问题的规定上。有采取四分法的，有采取三分法的，也有采取二分法的。

---

* 作者单位不详。

四分法,就是把负担刑事责任的年龄,分为四个时期:一是绝对无刑事责任时期,如规定 12 岁以下的未成年人,不论犯了任何罪,一律不负刑事责任。二是相对无刑事责任时期,如规定 12 岁到 15 岁的未成年人只有犯了刑法中明文规定的某几种罪(如杀人、重伤害)才负刑事责任,而犯了其他许多种罪都不负刑事责任。三是减轻刑事责任时期,如规定自 15 岁到 18 岁的未成年人犯罪,虽然都负刑事责任,但比起成年人犯同样的罪来说,减轻对他的处刑。四是全负刑事责任时期,如规定 18 岁以上的成年人犯罪,全部负刑事责任,也不因年龄而予以减轻处刑。

三分法,就是把负担刑事责任的年龄,分为三个时期;绝对无刑事责任时期、相对无刑事责任时期(或减刑事责任时期)、全负刑事责任时期。

二分法,就是只把负担刑事责任时期的年龄,分为相对无刑事责任时期(或绝对无刑事责任时期)、全负刑事责任时期。

世界各国对于刑事责任年龄的确定,不但在分法上各有不同,就是在具体的年龄规定上,悬殊也大。资产阶级各国的刑法在对绝对无刑事责任时期的规定上,最低有未满 7 岁的,如葡萄牙;最高有到 14 岁的,如日本,挪威。对于全负刑事责任时期的规定上,最低有 12 岁的,如美国的纽约州;最高还有到 21 岁的,如意大利、巴西。

这些不同和悬殊的规定,在一定程度上,反映了世界各国的社会经济发展的条件,公民的政治、文化水平,儿童教育施行的程度和未成年人知识开展的程度,以及国家法制的历史传统等的不同。

法国 1810 年的《刑法典》,对于 19 世纪资产阶级刑法关于未成年人的刑事责任的规定,产生了很大的影响。该法典第 66 条规定:“重罪被告人未满 16 岁,而其犯罪行为经认定系发生于不能辨别是非者,应免除其刑,但依具体情况,得将其交由亲属管教,或移送矫正场所,依判决确定之期限,实施教育与拘留,此项拘留期限,最高不得超过被告人届满 20 周岁之时。”这就是说,该刑法典规定了对未成年人犯罪所提出的一个本质性的问题是:当未成年人发生犯罪行为时是否具备了辨别是非的能力?对于尚未具备辨别是非能力的未成年人犯罪,则不予处刑,而应加以教导,法院也可把他交由他的父母管教,或送往教养院,时间的长短,由法院裁定,但以不超过罪犯的成年期为限。接着,该刑法典第 67 条规定了对于具有辨别是非之能力的未成年人犯罪,应该判刑,但应当比成年人犯罪从轻减轻论处。对于应当处以死刑和苦役刑的,应当以犯罪情节的轻重,代之以 20 年以下的监禁。监禁应送往特别执行机关执行。对于犯了轻罪的未成年人,处刑不得超过对成年犯人处刑的 1/2。第 68 条又接着规定了在上述情况下,被判处刑罚的未成年犯人都不受“示众”的处分,这些规定,比之封建刑法的规定确有一定的进步性质。

受了 1810 年的法国刑法典很大影响的 1871 年德国刑法典,对于刑事责任年龄和未成年人犯罪的处理,更作了详细而具体的规定。在该刑法典公布以后所增订的《少年法院条例》,实际上不是少年法院条例,而是少年刑法条例。因为在具有20条之多的条文中,对少年犯人的规定,包括了"适用范围及刑事责任"、"刑罚"(少年监禁)、"惩戒处分"(分少年管束、特种义务的负担、保护监督、保护教育)、"多数罪"、"一般规定"和"普通刑法的适用"七章。资产阶级的法国和德国刑法中关于少年犯罪问题的规定虽然带很大程度的形式主义和虚伪性,但其中的确有一部分合理的内容,可以供我国刑事立法之参考。

我国旧律和北洋政府及国民党的刑法,对于刑事责任年龄的规定,基本上采用了三分法。例如,唐律规定"七岁以下,虽有死刑,不加刑";规定15岁以下的未成年人,犯了流刑以下之罪时,还可以"收赎"(以钱赔罪);并规定了10岁以下的人,"犯反逆、杀人,应死者,上请"("议拟奏闻,取自上载")。明、清律中关于刑事责任年龄的规定。基本上是同唐律一样的,但也有些特殊的规定。例如,清律对于10岁以下毙命案的规定是:如死者年龄大于凶犯4岁以上,准其依律申请。如死者年龄虽大于凶犯但仅大他3岁以下,对凶犯一律拟绞,不得申请。15岁以下的人因被大于他的人欺侮而杀害毙命者,如果死者年龄大于他4岁以上,而又理曲逞凶或被无心戏杀者,也准他申请。这是对于未成年的杀人犯所作的具体处理的规定。民国以后,北洋政府时代的《暂行新刑律》,关于刑事责任年龄的规定是,凡未满12岁人之行为,不为罪,但因其情节,得施以感化教育(第11条)。国民党《刑法》(1935年)规定:"未满14岁人之行为,不罚。14岁以上未满18岁人之行为,得减轻其刑……"(第18条)"未满18岁人……犯罪者,不得处死刑或无期徒刑。本刑为死刑或无期徒刑者,减轻其刑。未满18岁人犯第272条第1项之罪(指杀直系血亲尊亲属——作者)者,不适用前项之规定。"(第63条)

从以上资产阶级各国和旧中国的刑事立法例里,可以看出这些剥削阶级比较相同的一条统治经验是:在对于刑事责任年龄的规定上绝大多数是采用的四分法或者三分法,极少数的是采用二分法(即便采用二分法的,也还有着附带的规定,如法国)。

剥削阶级刑法,特别是资产阶级刑法这种比较相同的关于刑事责任年龄的规定说明了什么呢?他们的刑法关于规定刑事责任年龄的根据是什么呢?

他们的根据和这种比较相同点说明了,对于未成年人一些生理和心理的特点底认识,在一定程度上也反映了人类成长的一般规律性——从幼童时期到少年再进入成年时期,作为一个社会的人的独立意志和辨别是非的能力,是从无到有,从不完全到完全的发展的过程。从少年到成年,是人的独立意志和辨别是非的能力逐渐形成的过程,是从不成熟到成熟的一个过渡阶段。认识这种客观规律性,并将它不同程度地体现在刑法条文上,就必然得出相应的结论:对于这种未成年的犯罪应当是从轻或从宽的原则。对于这一点,在一些资产阶级国家刑法中也多少有所体现,但由于资产阶级为了维护资本主义剥削制度而不能不采用的惩罚主义的刑罚原则,是决定其刑法的本质和贯穿其刑法的全部内容中,就使得它的好看的条文也受到了很大的局限。例如,把绝对无刑事责任时期降低到7岁未满(葡萄牙、加拿大等国)和把全负刑事责任时期降低到满12岁(美国的纽约),这都是对于未成年人负担刑事责任的范围的扩大,实际上就违背了从轻和从宽处理的原则,反映了迫害儿童的反动本质。例如,1871年德国刑法典关于《少年法院条例》的第7章第20条关于"普通刑法的适用"所规定的,把对未成人犯罪的有些情节同成年人犯罪受一样刑罚的判断和决定之权授予了资产阶级法院的审判员,这就巧妙地把对于未成年人犯罪的从轻从宽的原则,扼杀无遗了。

二、社会主义和人民民主主义刑法同资产阶级刑法在关于规定刑事责任年龄问题上的根本区别

如上所述,对于刑事责任年龄的规定,采用四分法、三分法或者二分法,这都不是决定资产阶级刑法的本质所在,都不是资产阶级刑法同社会主义和人民民主主义刑法的根本区别。决定这种本质和根本区别的,乃是刑罚的阶级本质的问题。以改造犯罪人、预防犯罪和辅助社会国家制度消灭犯罪为目的的社会主义和人民民主主义刑法所具有的革命人道主义的刑罚原则,同以折磨犯罪人、恐吓犯罪人和单纯惩罚犯罪人为目的的资产阶级刑法所具有的惩罚主义的刑罚原则底根本对立性,贯彻到全部刑法内容中,而在刑事责任年龄问题上,当然也不能例外。

资产阶级刑法的这种惩罚主义的刑罚原则,不仅适用于成年犯罪人,而且同样适用于未成年的犯罪人。所谓"预防未成年人犯罪",在资产阶级国家里,只不过是一个好听的法律名词而已。尽管资产阶级统治者们这样喊,而实际上他们却是根本没法做到的。因为资本主义剥削制度本身无时无刻不在产生着犯罪,而资产阶级统治者自己绝不可能采用治本的办法即采用推翻资本主义剥削制度的办法来作预防未成年人犯罪的根本措施的。资本主义的剥削制度,使人民大众贫困化、使青少年的道德堕落和犯罪数目的不断增长,这是资产阶级社会的必然现象。马克思和恩格斯在论述典型的资产阶级国家比利时时,对于青年中间犯罪行为不断增长的现象曾经这样写道:"……随着赤贫现象的增长,犯罪现象也在增长着,人民生命的源泉——青年也在堕落着。"①这一科学论证对于青少年犯罪现象大量产生和日益增多的美国来说,是再恰当也没有的了。

在美国,每年都有将近200万18岁以下的未成年人因犯各种罪行而被拘传到

① 《马克思恩格斯全集》(第6卷),俄文版,第351页。

警察局里去。美国联邦调查局在 1956 年 4 月份的报告中说，据 1477 个城市的调查，去年重大罪案中，42.3% 的罪犯是 18 岁以下的少年。而在少年犯罪中，47.9% 还不到 15 岁，儿童吸毒的情况也很严重。美国参议院麻醉剂小组委员会报告说，目前吸毒犯青少年占 13% 。2 月份的《时代》杂志说，目前仅十多岁的少年，平均每年就有 20 万人患花柳病。纽约的一位心理学家华尔脱博士引证了许多关于儿童犯罪的奇怪例子。其中的一个就是：一个阅读了《超人》杂志的小学生，用刀刺伤了他的同学；小孩子们拷打一个 4 岁的女孩，用香烟烧她的胸部。你看！华尔街的老板们就是这样来“关心”美国的后一代的。“今天的儿童，就是将来的军队”，在这种法律意志支配之下，自然也就需要这些强盗小说来灌输给儿童，在那里，强盗统治就是“美国文明”。什么刑事责任年龄的三分法和四分法？什么 1899 年的少年法庭？什么“预防青少年犯罪”和“教养儿童”？这一切，都被抛到九霄云外了。而代替它的真正的东西，就是对待大批青少年犯罪施以“冷酷的感化”和无情地蹂躏，是将对待成年犯人普遍采用的强迫劳动的苦役也同样用在未成年犯人的身上。请看在美国的监狱、苦役队和监所中，不是有成千成万的未成年人同成年人一块受着折磨吗！？例如，L. N. 鲁滨逊著的《监狱 · 费拉得尔菲亚》一书中所载：根据北卡罗来纳州监狱机构的调查，确定在该州的 72 个剥夺自由场所中，同成年人一起囚禁的，甚至还有未满 16 周岁的儿童。被囚禁的青少年和成年人一起服劳役，并且同成年人的苦役犯一起受着同样残酷的刑罚和野蛮的嘲弄。

美国是如此，而在其他帝国主义国家，又何尝不是这样呢？自 19 世纪初叶，在刑事立法和司法方面，步美国后尘的英国，对于刑事责任年龄的规定和对待未成年人犯罪的态度，不也有同样的情形吗？英国刑法规定相对的无刑事责任时期是从 8 岁开始的，对于凡 12 岁到 22 岁的男女青少年犯人，专门设立了所谓“特别惩戒机关”，这些机关是官方专供“那些以前有前科的、现在显然不可避免地要成为惯犯的、仍在犯罪道路上的年轻的流氓”而设立的，这些机关对于青少年犯人就施行着一种所谓“缄默制度”。这种监狱制度的特点，表现在施用一种禁止犯人互相交谈或者互作手势的严厉的纪律处分。古代的英国刑法中那种残酷的对待未成年犯的体刑至今还保存着。1933 年，法院审判员有权对 16 岁以下的未成年人适用白桦棒笞刑；1948 年以后，虽然在法院审判时废除了这种笞刑，但在监狱里，在流氓儿童管教所里，仍然完全保留着英国皇家的刑法传统——用鞭、杖和白桦棒来执行的笞刑。

同上述情形根本相反，社会主义和人民民主主义国家的刑法，对于刑事责任年龄的规定，不仅从原则上系统地体现了社会主义革命人道主义的刑法的性质，而且从对未成年犯罪人的判罪、审理和执行等各重要环节上，都能按社会主义刑法的根本原则，一系列地解决了这个问题。社会主义和人民民主主义国家，对待未成年人犯罪之所以能够以预防为主和教养为主的原则来系统地解决这一问题，是由它的优良的社会经济制度和优良的国家政治制度所决定的。历史的经验证明，工人阶级和广大人民，在因革命战争而取得革命胜利之最初一个时期，由于经济上遭受了战争的破坏，而使一部分儿童和少年人暂时流离失所和儿童犯罪暂时增多的现象存在，如第一次世界大战、外国武装干涉和内战时期的苏联那样，和在1949年人民民主革命刚取得全国胜利不久的我国那样。但是，随着经济的恢复工作，特别是有计划的社会主义经济建设工作的逐步胜利发展，未成年人的犯罪现象就一定是很快地下降，并且一天天地向着逐步消灭的方向前进。很自然地，对于一般成年人犯罪采用惩罚与教育相结合的革命人道主义刑罚原则的社会主义和人民民主主义的刑法，在对国家的后一代——青少年的犯罪现象，不仅一般地能够彻底实行从轻从宽的刑事政策，而且根本就是按照以预防为主和以教养为主的方针，来进行同未成年犯罪的斗争。因此，它必须从原则上到判刑上、从审理上到执行上，在吸取了资产阶级刑法若干合理的法律形式以后，根本否定资产阶级的旧的一套。建设工人阶级的新的一套关于规定刑事责任年龄和处理未成年犯人的制度和工作。

三、苏联刑事立法中关于刑事责任年龄的规定和关于处理未成年犯罪的制度，是社会主义和人民民主主义刑事立法的一个典范

在苏联自从新国家成立以来的刑事立法史上，关于刑事责任年龄的规定和处理未成年人案件的问题，先后有过十几个法律、法令和指示决议等文件。[①]

① 1918年1月14日，人民委员会《关于未成年人事件处理委员会》的法令；1919年12月12日，司法人民委员部决议的《苏俄刑法指导原则》第13条；1920年3月4日，人民委员会《关于未成年人因社会危害行为被控告案件的法令》；1920年，教育人民委员部、卫生人民委员部及司法人民委员部的决议《对于未成人事件处理委员会的指示》；1922年6月1日，全俄中央委员会决议通过施行的《苏俄刑法典》第18条及第56条；1924年10月31日，苏联中央执行委员会决议通过的《苏联及各盟员共和国刑事立法基本原则》，第8条及第16条；1927年1月1日，全俄中央执行委员会决议通过施行的《苏俄刑法典》第12条及第25条第1项；1929年10月30日，全俄中央执行委员会和人民委员会联席会议《关于处理16岁以下未成年人案件的决议》；1935年4月7日，苏联中央执行委员会和人民委员会决议：《关于取缔未成年人犯罪行为的办法》，1935年5月31日，苏联人民委员会和苏共（布）中央委员会决议《关于未来儿童流离失所及无人照管现象》；1940年12月10日，苏联最高苏维埃主席团的指令；1941年5月31日，苏联最高苏维埃主席团关于未成年人刑事责任法令：1943年6月15日，苏联人民委员会《关于加强肃清儿童流浪、无人照管和流氓行为的斗争的决议》。1948年2月17日，苏联最高法院全体会议通过的关于未成年人适用这些法令的程序的特别决议；1950年《苏联刑法典总则（草案）》第30条、第57条。此外，还有对未成年犯人的执行方面的文件。例如，1924年10月16日，由全俄中央执行委员会批准的《苏俄劳动改造法典》第四节、第五节（自第174条至第194条）。1933年8月1日，全俄中央执行委员会和人民委员会决议通过的《俄罗斯苏维埃联邦社会主义共和国劳动改造法典》"第39～43条。

在这些文件里，系统地解决了规定刑事责任年龄和处理未成年人案件的问题。这表现在：

1. 在确定刑事责任年龄分期方面：关于绝对无刑事责任时期的确定，在1918年1月14日的法令规定是17岁以下，在1919年、1920年、1922年、1927年和1929年这五个文件的规定都是14岁以下，自1935年4月7日的法令起直到现在，都规定是12岁以下。由此可以看出：苏联对于决定无刑事责任时期的规定，是由高到低、由宽到严发展的。我觉得从对未成年人犯罪作斗争的历史过程来看，由高到低、由宽到严的发展是正确的。因为它反映了社会主义苏联的历史特点和客观事实，也反映了在社会主义节节胜利的发展过程中，未成年人的知识和智力发展、成熟越来越早的这一客观事实。因此，为了更严肃、更有效地消灭未成年人犯罪和高度关怀新生一代的健康成长，这种越来越较为严格的规定是合理的。关于相对无刑事责任时期的确定，多数文件的规定自12岁到14岁。在这个时期中的未成年人犯一般具有社会危害性的行为是不负刑事责任的。只有当他们犯了杀人、强暴、盗窃、抢掠、强盗、以公共危险的方法破坏或损害财产及足以招致列车出险的行为等具有严重的社会危险性的行为时，才负一定的刑事责任。这就是说，对于自12岁到14岁时期中的未成年人，从论罪的方面首先加以限制，这是完全适合对待未成年人发生的犯罪行为的。关于减轻刑事责任时期的确定，不少文件都有规定。规定比较具体的，是1922年的《苏俄刑法典》。它规定了“对于14岁至16岁的未成年人，法院所科处的刑罚，必须依照相当条文所定最高刑罚限度减经二分之一”（第18条第1款）。“对于16岁至18岁的未成年人，法院所科处的刑罚，必须依照相当条文所定最高刑罚限度减轻三分之一”（第18条第2款）。这些规定，都充分体现了对于未成年人特点的掌握——独立意志和辨别是非的能力正在形成过程中。关于完全负刑事责任时期的确定，各种文件都规定在18岁以上。这种把完全负刑事责任时期的确定与人的发育阶段进入成年时期统一起来的规定，无疑是完全正确的。

2. 对于未成年犯人的判刑范围方面：苏维埃的刑事立法虽然规定了对未成年人也适用对成年人所用的刑罚，但在实际上是不同的。实际上，有许多刑罚对未成年人并不适用。例如，死刑、剥夺政治权利、流放与放逐、不剥夺自由的劳动改造等刑罚，苏联法令明文规定对未成年人是不适用的。这就是说，对于18岁以下的未成年人，从判刑的范围又作了限制。

从论罪方面和判刑方面的制约，是对未成年人从两头加以制约，这就切实贯彻了对于未成年人犯罪从轻从宽的刑罚精神。

3. 在处分未成年犯人的方法方面：处分未成年犯人采取以教育为主的方法，这是苏维埃刑事立法原则和司法制度中的一个重要部分。早在1924年公布的有名的《苏联及各盟员共和国刑事立法基本原则》中就明文规定了:“对于幼年人必须适用医疗教育性的社会保卫方法,对于未成年人仅限于相当机关认为不能对其适用司法改造社会保卫方法时,始应适用医疗教育性方法。在其他场合,关于适用医疗性教育方法的问题由法院决定之……”(第 8 条)“医疗教育性的社会保卫方法如下:(1)将未成年人交付父母、亲属或他人、机关及团体实行监护;(2)安置于特设机关。”(第 16 条)对未成年人的医疗教育性的方法,在另一个条文里具体规定了它的方法如下:“(1)训导人员的谈话、讲解、训诫;(2)开导及在其父母、亲属及考察员照管下令其自由;(3)决定某种工作;(4)安置于学校;(5)送回家乡;(6)安置于儿童之家或某一医疗教育区及机关之中:(7)安置于精神病院的专门隔离所;(8)遇有顽固的累犯或经常从儿童之家脱逃,或在其留在外边自由显然对于附近居民危险的各情形,而认为上述方法均无效时,即将未成年人连同卷宗一并移送人民法院。”(见苏联的教育人民委员部、卫生人民委员部和司法人民委员部 1929 年决议《对于未成年人事件处理委员会的指示》第 16 条)。这个以教育为主的处分方法,更明确地体现在 1948 年 2 月 17 日的苏联最高法院全体会议《关于对未成年人适用 1947 年 6 月 4 日苏联最高苏维埃主席团命令》的决定中。这一决定指出:(1)判决未成年时,广泛地适用《苏俄刑法典》第 6 条附则的规定,①并在可能时对不适宜于受刑事追诉的未成年人,撤销刑事案件;(2)法院对于未成年人因不适宜于判决刑罚而撤销刑事案件时,有权作出关于交付父母或人民教育机关监护的决定;(3)法院在判处未成年人时,经常适用缓刑并对应剥夺自由者代之以轻微的刑罚。苏维埃刑事立法的这一原则,是建筑在未成年人由于独立意志尚不完全具备、辨别是非的能力尚未完全形成的前提下因而不能担负起完全的刑事责任这个科学的基础上的。也正因为如此,所以在许多苏维埃的刑事审判中,对于那些教唆未成年犯罪的成年人采取严格的态度,而把他们送入法院,判处徒刑。②

4. 在处理未成年案件的机构方面:苏联根据 1918 年 1 月 14 日的法令规定,就

---

① 1927 年 1 月 1 日施行的《苏俄刑法典》第 6 条附则的原文是:“凡一行为,形式上虽与本法分则任何条文所定之要件相合,但因其显著轻微;且缺乏损害结果而失去社会危险的性质者,不认为是犯罪行为。”

② 1920 年,苏联教育人民委员部、卫生人民委员部和司法人民委员部决议《关于未成年人事件处理委员会的指示》第 14 条规定:“成年人有下列行为之一者,委员会应检举该成年人并立即将其案件移送人民法院:(一)教唆并劝诱未成年人与幼年人实施社会危险行为者;(二)与未成年人共同犯罪或纵容其罪者;(三)劝诱未成年人与幼年人为从事不正当性交者;为卖淫媒介等等行为者;(四)剥削未成年人与幼年人之劳动者;(五)虐待未成年与幼年人者。”1935 年 4 月 7 日,苏联中央执行委员会及人民委员会决议《关于取缔未成年人犯罪行为的办法》中规定:“教唆或诱惑未成年人参加各种犯罪者,以及迫使未成年人从事投机、卖淫及行乞等行为者,处五年以上监禁。”

成立了未成年案件处理委员会，直到1935年5月31日才明令取消了这种委员会。在17年的长时期里，这种委员会对于消灭未成年人犯罪现象的斗争上，曾经起了积极的作用。但由于社会主义建设的胜利、城乡劳动人民的物质和文化生活水平不断的得到改善，国家曾拨出大量的资金作为儿童机关的经费，并且在同儿童流离失所、无人照管和犯罪现象的斗争方面已经获得了重大成就，所以未成年人案件处理委员会就没有继续单独存在之必要了。在这种委员会取消以后，对于未成年人刑事案件的审理，也并不是由一般审理成年人刑事案件的刑庭来处理，而是由人民法院所建立的特别分庭来处理，并且在法院审理未成年人的犯罪案件时，邀请其父母或教师同未成年人进行谈话。像这样的审理机构，显然是充分贯彻教育为主的原则的。

5. 在对未成年犯人的执行方面：这是对未成年犯人贯彻教育为主和从轻从宽原则的主要方面之一。1924年的《苏俄劳动改造法典》第175条就规定了这样的宗旨："未成年犯人劳动改造所的目的在于：训练他们一种具有特殊技能的劳动，用普通教育和职业教育发展他们的智力，树立他们成为独立自主的并认识自己权利与义务的公民，同时并予以体育教育，用体操、运动及卫生的办法健全他们的身体。"1933年公布的《俄罗斯苏维埃联邦社会主义共和国劳动改造法典》第39条同样规定了"收容未成年人的机关"一节，其宗旨是："为违反法律之未成年人设立特殊类型的工厂学习学校，其任务为从违反法律的未成年人中造出工业及农业的熟练工人并在共产主义教育的基础上，教以积极参加社会主义建设所必需的知识。"1943年6月15日苏联人民委员会《关于加强肃清儿童流浪无人照管和流氓行为的斗争的决议》，指定在苏联内务人民委员部下，成立了劳动教养院。劳动教养院收容经过法院判决的儿童和少年。11岁到16岁的未成年人，具有下列情形之一者，都可以送往劳动会或劳动教养院：(1)无父母或长期过无父母的生活且无固定住址之流浪儿童；(2)因犯轻微的流氓、窃盗行为或其他轻罪被拘禁，法院认为无须加以刑事制裁者；(3)教养院儿童，经常违反院内秩序，并破坏教养院教育与训练规程者。在这些教养院中，少年们可以受到中等的教育。而且教养院对未成年人的纪律，又是以教育原则为基础的。同时，苏联的刑事法律另外又规定了：判处剥夺自由的未成年人，如果在执行期间表现很好，则执行刑期满1/3以后，即可提前释放。显然这也是从缩短执行期来限制未成年人的刑事责任的又一必要采取的措施。

6. 在预防未成年人犯罪方面：同资产阶级国家的刑法根本相反，苏联对未成年人犯罪作斗争的方法是以预防为主的，而不是以惩罚为主。这种方法的采用和行之有效，反映了社会主义制度的无比优越。在苏联，预防未成年人犯罪的基本方法，就是对消灭儿童流浪和无人照管的情形创造出了最广泛的办法：扩大幼稚园、少年宫和少年先锋队，并且在学校中设立儿童运动场、儿童乐园，以及组织共产主义青年团和儿童团的教育工作。与此同时，对于一些流浪儿童，为之设立孤儿院、儿童保育院和教育院，以培养和教育苏维埃的下一代。这些工作的胜利，就是苏联共产主义建设事业胜利的基础之一。因为这些工作会使苏联未成年人的犯罪逐渐减少，以便于建成共产主义的同时，彻底消灭未成年人的犯罪现象。

由此可见，苏联建国近四十年的丰富经验中，关于刑事立法和司法制度中对刑事责任年龄的规定和对未成年人案件的处理工作，有了一套完整的东西。它是建设社会主义和共产主义的庞大的教育、改造工作中的不可缺少的一部分。苏联的经验是其他国家在建设社会主义途程中的典范。

但在苏联的刑事立法和刑法研究中，在规定刑事责任年龄这一系列的问题上，个别问题也有值得研究的地方。这就是：第一，苏联中央执行委员会及人民委员会1935年4月7日决议《关于取缔未成年人犯罪行为的办法》中规定："为了迅速消灭未成年人犯罪行为起见，苏联中央执行委员会及人民委员会特议决如下：一、自12岁起的未成年人实施窃盗、强暴、使人身体受伤害和成残废、杀人或杀人未遂各项罪行者，应使受刑事审判并适用一切刑罚方法……"而在苏联出版的一些刑法著作，如苏联司法部全苏联法律科学研究所集体编著的《苏维埃刑法总则》中，对于1935年4月7日的决议对向未成年人犯罪现象作斗争的办法所作的原则性的修改，也表示完全肯定的论证，我认为这是值得怀疑和研究的。随着社会主义更加发展和胜利，严肃地对待未成年人犯罪的处理，是否一定要采取更严厉的惩罚才能迅速消灭未成年人犯罪现象呢？是否采取教育为主的方法就使得未成年人减少了责任感呢？我认为不是这样的。随着社会主义的胜利，人民觉悟的提高，家庭教育的发展，共产主义道德的成长，对于新生一代所犯的罪过，一般可以不采用严厉惩罚的方法，而采用教育改造的方法，使之劝善改过，变成好人。较严厉的惩罚只应对未成年人中个别顽固不化、态度十分恶劣者才适用。第二，从1935年4月7日的决议以后，对待未成年犯罪的过失行为也都加以处罚。我认为这也有"失之于严"的缺点。一般来说，对于未成年人的过失犯罪行为，是不应当加以处罚的。除了对过失杀人罪而又情节严重者（如过失杀人不止一人），才应负刑事责任外，对于其他许多过失犯罪，都不应当负刑事责任。只有这样，才符合未成年人特别是12岁到14岁的未成年人的特点（在这个年龄期中，一般都是独立意志和辨别是非的能力尚未完全成熟）。我认为，在苏联的刑事立法例中，以上两点不能不说是一个缺点。当然，就整个来说，这个缺点并不能抹杀和减弱苏联关于刑事责任年龄和处理未成年人案件的正确的原则和作为社会主义和人民民主主义国家的典范。

四、中华人民共和国在刑事立法和刑事审判工作中,对于刑事责任年龄和处理未成年人案件问题的意见

中华人民共和国成立几年以来,在国家的立法工作和司法工作上,经常碰到关于如何处理未成年人犯罪的问题。的确,在全国解放最初的几年,由于旧社会所遗留下来的人民贫困和失业现象的严重化,造成了一部分无家可归、露宿街头的流浪儿童,政府一时还来不及对他们进行安置;由于在国民党反动统治时期和日本帝国主义在中国境内反动统治时期所散布的荒淫无耻、盗贼成性等思想毒素传染给了我们下一代的一部分儿童和少年,而我们的教育在很短的时间内又不可能清除这些旧社会的毒素、以消除对儿童和少年人的影响;由于反革命特务分子和一部分惯窃、流氓分子不能在新中国刚成立时就马上肃清,因而他们就利用和影响一部分少年儿童跟着他们做坏事。由于这些原因,在未成年人中曾发生了一些犯罪的行为。

前中央人民政府法制委员会对中南军政委员会对未成年人被匪特利用放火投毒是否处罚的批复(1951年12月5日法制刑字258号)所指的,是关于未成年人具有反革命性质的犯罪行为。

河北省人民法院沧县分院1951年春天,曾经判处了青县一个未满18岁的少年。他怀恨他的父母、弟妹,于是就乘着他们夜间睡熟的时候,用铡刀将他们四人一齐杀死。显然,这是关于未成年人的杀人罪。

1952年6月24日,前中央人民政府最高人民法院关于12岁未成年人庚某伤害致人死的处理意见①所指的,是关于未成年人的伤害(致死)罪。

1952年5月9日,天津市人民法院判决的16岁史某强奸幼女案,是属于未成年人的强奸罪。

由于坏蛋分子引诱和家庭教育不严,在未成年人中出现了一些小流氓,在解放最初的两三年中,在一些较大的城市里,这种小流氓为数也不少,而其中的一部分组织了流氓集团。这些年龄多半在十四五岁的小流氓,大部分是中小学生。从"男女交朋友"、"打架有帮手"这些引诱少年们堕落的直接原因看来,在北京有所谓"十三太保"、"十三妹"、"三十六友"、"三龙一凤"、"一百单八将"等小流氓的组织。在1950~1951年这些年份里,中山公园、文化宫、劝业场、天坛等公共场所,就

① 1952年6月24日,中央人民政府最高人民法院对湖南省人民法院关于十二岁未成年人伤害致人死亡的处理意见,原文如下:"按一般原则来讲,未成年人对于某些犯罪行为(如杀人、伤害等)应负刑事责任,但在量刑方面,不能与成年人一样,应予减轻。"

成为他们进行打拳、摔跤、无理取闹、调戏妇女和扰乱公共秩序的犯罪地点了。在上海、天津和其他城市以及乡村中,也有个别的这种小流氓成为危害社会的根源之一。显然。这是关于未成年人中的流氓无赖的犯罪行为。

此外,未成年人当然还有其他种犯罪行为,如窃盗行为,在解放最初几年内,也有一定的数量。这些旧社会的遗毒对我们新生一代的侵蚀,整个说来虽然为数不多,但问题是严重的。虽然近两年来,未成年犯罪现象已经有了大量的减少,城市流浪儿童已经基本上得到很好的救济和安置,未成年人中犯罪比率正在下降。根据天津市少年管教所《1952年4月到1954年7月综合情况报告》和《1955年少年犯教育工作专报》的材料,假如1952年少年管教所每月平均收押少年犯人数为100%,则后三年依次递减为92%、69%和54%。其他地区也有类似情况。但是未成年人犯罪现象至今仍未绝迹,而且还有一定数目的未成年人仍犯着窃盗、强奸,杀人、伤害等比较严重的罪行。因此,我国的刑事立法工作对此就不得不予以应有的注意,就不得不在总结已有经验的基础上,制定出切实可行的关于刑事责任年龄的规定和同未成年犯罪现象作斗争的原则。

中华人民共和国成立几年来,在国家的革命法制上,对于未成年人犯罪的态度和对于刑事责任年龄问题,一贯是重视的。早在1951年12月5日,中央法制委员会对中南军政委员会对未成年人被匪特利用放火投毒是否处罚的批复中提出:"我们认为:未满12岁者的行为不予处罚,未满14岁者犯一般情节轻微的罪,可以不予处罚,但应交其亲属、监护人或其所属机关团体,予以管理教育。但已满12岁者如犯杀人罪、重伤罪、惯窃罪以及其他公共危险性的犯罪,则可由法院认定。如法院认为有处罚之必要者,亦得酌情予以处罚,并得对其家长或监护人予以警告。14岁以上未满18岁者的犯罪,一律予以处罚,但得比较18岁以上的成年人犯罪从轻或减轻处罚。"这项采取四分法的规定,是符合我国的实际情况的。在中华人民共和国刑法典颁布以前,它就是关于我国刑事责任年龄的规定,是一项刑事立法文件。在1956年2月7日,最高人民检察院、最高人民法院、内务部、司法部、公安部对少年犯收押界限、捕押手续和清理等问题的联合通知中曾这样规定:"关于少年犯捕押的法定手续,在我国刑法尚未颁布以前,应根据前中央法制委员会法制刑字第258号批复中南军政委员会关于未成年人犯罪问题的精神执行。"此规定无疑是正确的。

在刑事审判工作方面,几年来各地法院在审判实践经验中对刑事责任年龄问题也有着各种不同的看法。例如,关于绝对无刑事责任时期的最高年龄,在各地人民司法审判机关中,执行上有不一致的地方,有13岁的,有14岁的,还有12岁的,一般多是十三四岁。在《中华人民共和国劳动改造条例》中关于少年犯的年龄规定是以13岁作起点,因此,我认为把绝对无刑事责任时期的最高年龄规定为13

岁,是完全正确的。

必须说明,在执行对未成年犯人的实际工作中,已经贯彻上述的原则。它被我们以法律的形式固定在《中华人民共和国劳动改造条例》中。该条例明文规定:"少年犯罪,管教十三周岁以上未满十八周岁的少年犯,"(第 21 条)"少年犯管教所,应当对少年犯着重进行政治教育、新道德教育和基本的文化与生产技术教育,并且在照顾他们生理发育的情况下,使他们从事轻微劳动。"(第 22 条)这就表明我国对未成年犯的执行政策是:第一,同成年犯加以严格区别,建立分别监管制度;第二,在追究犯罪的责任上,对待未成年犯人是以教育为主的方针,也就是说,在管教中把他们教养好,事实也证明了,对于未成年犯人,是更容易通过教育的方法来把他们改造成为好人的;第三,还照顾到了未成年犯人生理发育还未完全成熟的特点,体力不足,因此,就不宜于叫他们从事较多、较重的体力劳动。这是很自然的道理。以教养未成年犯人成新人为目的的我国人民民主和社会主义的刑法,同压榨他们的劳动以"感化"成为资本主义奴隶的资产阶级刑法的根本区别,就在这里。

最后,还必须说明我国在预防未成年人犯罪方面的一些基本条件和积极措施,同样是消灭未成年犯罪、首先是大量减少未成年犯罪的一个原因。这些基本条件和积极措施就是:

1. 随着社会主义建设的日新月异的向前发展,社会主义经济、政治和文化的高涨,共产主义的道德也相应地在人们的思想中成长起来,特别迅速地在新中国的下一代中成长起来。为适应这种情况,我们国家主动地进行了培养我国公民奉公守法的社会主义教育,很快地使遵守国家的宪法和法律的法纪教育家喻户晓起来。正如一位外国朋友英国的皇室律师、工党议员琼斯在访问和参观中国的若干地方之后,感叹地举出了一个他亲身经历的事情。他在上海的时候,有一次在从口袋掏笔记本,不小心遗落了一笔钱。等他走了有三四十码远,一个小孩追上来把拾到的那一笔钱交还给他。他要求那个小孩把一笔钱作为礼物收下,但是那个小孩坚决谢绝了。琼斯说:"这虽是一件小事情,但是可以说明中国的公民是怎样的遵守法律和公共秩序。"外国朋友如实地反映了我国少年儿童的这种新道德的成长情况,他亲身遇到的只不过是许多事件中的一个罢了。在这个新道德思想的日益旺盛的成长下,犯罪思想和犯罪行为在我国的少年儿童中必然会一天一天地减少,直到完全消灭。

2. 正由于我国社会主义建设事业的蓬勃发展,全国劳动人民创造性的劳动,改变了和正在改变着社会的面貌。这就给少年儿童身心的健康发展创造了更好的条件。近年来,我国的儿童保健和保育事业有了广泛发展。1955 年,全国平均每个乡已经有 2.1 所学校。从今年开始,在 12 年内,新的一代人人都可以受到义务教育了;全国已经有137处儿童校外教育机关;中小学的数目有了很大的增加;全国已经有2500多万个孩子参加了少年先锋队(北京市全市少年先锋队员占了队龄儿童的82%);儿童文学和艺术作品正在大量出版;关怀和爱护少年儿童的新的社会风气正在逐步树立起来;越来越多的父母已经重视采用正确的观点和方法来教育子女。我国的新的一代正在良好的社会环境当中成长着。这种新的条件,当然会在少年儿童们纯洁的心灵里孕育下真诚、果敢和集体主义的思想感情的幼芽,而对于各种犯罪的思想和行为予以摒弃的态度;也当然会在他们智慧之网里增长着辨别是非、区分好恶的判断能力。这种情况,自然是积极预防犯罪的一个有利条件。

3. 对于失学失业、无依无靠的一些流浪儿童和少年们,国家采取的积极措施是:开办流浪儿童收容所和儿童教养院。国家的民政部门拿出一定的经费妥善地救济和安置了这些少年儿童,并且使他们得到了有人照管和受教育的环境和机遇,这就把他们的身心发展引导到健康的道路上去。并且这些教养院在半工半读的正确方针下,培养和加强了这些过去流离失所的少年儿童的劳动观点、文化知识和纪律性。在很多的儿童教养院里,出现了成批的少先队员、青年团员和模范学生。在政治思想教育和文化教育并重的教养下,把大批少年儿童都教育成好人,自然也就直接预防了在流浪儿童中的犯罪现象。也就消灭了流浪儿童——产生少年儿童犯罪的直接对象。在这种积极措施下,经过一定时间的对少年儿童的教养工作,有许多教养院把小流氓教育改造成了生产革新者;把愚笨的孩子转变成聪明的孩子;把从帝国主义者开办的教养院遗留下来的大批少年儿童病弱交加的情况转变成了生气勃勃、身心健康的情况了。这些预防少年儿童犯罪的正确措施已经收到了良好的效果。可以断定,随着国家社会主义建设事业的前进,这种积极措施将会被继续施行下来,各地教养院的组织将会更好地办下去,而少年儿童的犯罪现象就将会逐步减少到最小的程度直到彻底被消灭。

但是,我们也必须看到在一定时期内,这些积极措施还不能达到完善的地步,而且在社会上的犯罪现象彻底消灭以前,在某一时期或某些地方,未成年人的犯罪现象还有可能暂时滋长起来。如果不看到这一点,我们就会在同未成年人犯罪现象作斗争中麻痹思想,这是很有害的。为了更有效地同未成年人犯罪作斗争,不仅在司法工作方面需要根据未成年人的特点采取以教养为主的方法;而且在刑法科学研究方面,也应当研究未成年人犯罪的问题,以及研究有关学校教育、家庭教育等方面的问题,并建议有关方面都能注意到关心未成年人特别是儿童的教育。只有这样,才能更有利于对未成年人犯罪的斗争。

社会主义和人民民主主义的刑法,在规定刑事责任年龄和处理未成年人犯罪问题的时候,就需要把上述所有的情况和问题,加以全面的考虑,在法律条文化的工作中,尽量做到在系统地总结这些工作经验的基础上全面地、正确地把它用法律形式体现出来。这不仅是我国刑事立法工作者的艰巨的任务,而且也是刑法科学研究工作者的学习和研究的艰巨的任务。

(1957 年第 1 期)

【动态】

上海法学会成立

上海法学会已于1955年12月30日正式成立。目前有会员348人。在成立大会上,一致通过了会章,并选举了雷经天、江庸、魏明、王造时、洪文澜、罗家衡等人为理事。

法学会的主要任务是团结上海法学研究者和法律工作者,在马克思列宁主义的指导下进行法学研究工作,以加强他们彼此间的联系,交流心得,从而促进我国法律科学的繁荣。

今后法学会除了定期举办法学专题讨论会和法学专题报告会以及搜集、整理我国古代法律资料外,从1957年起,将同华东政法学院在原《华东政法学报》的基础上联合编辑《法学》双月刊,作为法学界开展自由讨论和反映法学研究成果的共同园地。在大会筹备期间,会员提出的研究计划和选题的范围是相当广泛的,其中有刑法、民法、审判法、国际法,行政法、海商法、中国法制史和中国古代的各种律例等。

在成立大会上,中共上海市委书记处书记魏文伯和上海市副市长许建国前往祝贺,并对法学会的工作做了指示。魏文伯认为,外国的法和中国古代的法都是可以研究的,但不能照抄,必须是批判地吸取。他说,法学家们研究国际法、海商法都是很好的,但学术研究必须是理论和实践相结合,今后研究的重点应首先放在当前司法工作迫切需要的刑法、民法上,应放在中国近代的法和古代的法上,他建议法学家们对中国的法制史进行研究。最后,他要求每一个法学者必须发挥独立思考的精神,从团结出发,以同志式的态度,展开法学上的自由讨论。

(1957年第1期)

对离婚自由和男女婚姻以感情为基础的理解

王容海*

在审判实践中,关于反对资产阶级思想或封建残余思想破坏婚姻关系的斗争,有着很多成功的经验,但其中也有些问题,至今未获解决。例如,某些男女在结婚之后而又离婚,原因很多,根本原因是双方感情的恶化,或者感情完全消失,以致不能继续维持夫妻的关系。根据我们的婚姻政策和婚姻规定的离婚自由的实质,对于离婚事件的处理,我们并不是采取放任的态度,绝不轻率准予离婚。否则,就会造成离婚的极端自由,这一点大家的看法是一致的。目前,观点不同的问题在于男女双方的夫妻感情已经完全消失,事实上已经无法继续维持夫妻关系的情况下,是不是应该坚决贯彻离婚自由的原则,准许他们离婚?

这里有两种不同的观点和做法,并且经常发生争论。这种争论最明显而尖锐地表现在:当男女关系的存续中,一方同第三者发生了不正当的男女关系,因而促使或者加深了夫妻感情的恶化或完全消失,由犯错误的一方提出离婚要求,另一方却坚持不愿离婚的时候,法院应该采取怎样的态度?有一些同志,采取根本反对的态度,认为这种要求不具备离婚条件的"正当理由",如果准许了,那就等于向资产阶级思想投降,抛弃了审判职能和社会主义的法律意识。多数同志则不同意这种观点和做法,认为资产阶级思想必须反对,但不能作那样简单的理解,是否准许离婚,应该实事求是考察双方感情的实际状况。

前面第一种意见,不论在口头上是否承认,实际上是把不准许离婚作为打击资产阶级思想的一种手段,企图以此来维护男女婚姻关系的正常化。但是这样就不能不脱离维系夫妻关系的爱情这一本质因素去考察夫妻的离合问题,因而在审判实践中,也就不能不产生脱离实际的危险。一方面,可以使某些应该准许脱离的婚姻关系,强制不许脱离;另一方面,由于这种是逻辑本身发展的结果,也可以使某些不应该脱离的婚姻关系,轻率地准许脱离。显然,这种观点和做法,是不能被认为是正确的。

毋庸置疑,作为一个具有社会主义法律意识的审判干部,应该在是与非的前面,采取支持道义,反对不道义;支持有理,反对无理的立场。但应该认识,婚姻关

* 作者单位不详。

系是人与人之间的一种特殊性质的关系，作为建筑这种关系的基础，对作为今天中国的社会实践和马列主义者来说，它应该是男女双方的爱情。恩格斯在《家族、私有财产与国家的起源》（下引同书）中曾作了精湛的论述，这是许多人所知道的。恩格斯把建筑于爱情基础之上的婚姻，称为道德的婚姻。无疑，我们的职责，应该是发扬和保护道德的婚姻，非难和排斥不道德的婚姻；所谓不道德的婚姻，它只能是旧时代的产物，它只能是在旧时代的封建主义的思想制度和一切凭"现金交易"的铜臭淫威之下，才被认为是合理存在的现象。

虽然旧社会曾经给我们遗留下来大量的这种不合理的婚姻关系，从社会意义上来说，这是不可避免的现象。但我们也并没有因此而认为它是合理的现象，而是通过了革命的实践，通过广泛和深入的说服教育，去改善这些不合理的婚姻关系，以促使男女双方建立或恢复起夫妻的感情，从不合理变成合理或者比较合理，从不道德的婚姻变成道德的婚姻。但是，这也只是我们所要完成的任务的一个方面，虽然这是主要的方面，但也还有另一方面，那就是根据从实际出发和婚姻自由的准则，使其中一些无法改善的婚姻关系，得到了合理的解除。

我们所说的男女爱情，既不是小资产阶级幻想式的"单相思"，也不是那种以权力或金钱去换取来的虚假的爱情。它完全基于男女双方的自愿，以他们双方具备的各种物质条件为自己的基础。双方的人生观、世界观（也有政治思想）、生理要求、相互间的关怀、了解、尊敬、爱抚子女的态度以及个性志趣等，都是形成男女相爱结合和维持婚姻关系的物质条件。随着时间的推移，条件在不断地运动变化。某些条件不足的，可能在夫妻的共同生活中充实起来；某些原来有的条件，也可能会在共同的生活中消失。而消失了诸条件的一部分，甚至消失了一个或者二个，就都有可能引起爱情的消失，瓦解整个婚姻基础。

我们有责任对这种消失掉爱情条件的夫妻关系，通过说服教育的工作，使之归于和好，这是党的国家婚姻政策规定的任务，离婚事件必须首先经过调解，这是必须的法定程序。但教育绝不是万能，爱情也不可能因外力的强制而产生。从经验看，有一些原来夫妻有感情的人，因为资产阶级思想的错误，偶尔同第三者异性发生了不正当的关系，虽然已经使夫妻的感情受到影响，但并不严重；或者虽然此较严重，但还没有达到感情的完全消失，不能继续维持夫妻关系的程度。只要及时地给予批判和纠正其错误，对双方进行适当的教育，是能够排除第三者，使夫妻重归和好的；但是如果夫妻原来有感情，或者感情很薄弱，因第三者的渗入，而完全消失掉夫妻感情的，纵然排除了第三者，批判了错误，而夫妻关系也并不一定能够因此和好起来，强制不准离婚，只会加深双方关系的恶化和痛苦。

在前一种情况中，夫妻的一方因对方同第三者有不正当的男女关系而要求离婚，离婚的意愿往往并不很坚决，只是因为出于一时的气愤，或者完全因强烈的爱情所驱使,希望通过“离婚”的形式教育对方,纠正错误,割断对方同第三者的联系。对方虽然也并不想坚持自己的错误,但在一时无可奈何的困难情况之下,却又不得不同意一方的离婚要求,实际上双方都还有着夫妻的感情。如果我们在审判工作上不看到这一矛盾的本质,任意以准许离婚来作为打击资产阶级思想的手段,就必然会造成轻率离婚的,违反男女双方的真实意愿;在形式上是贯彻了婚姻自由原则的离婚自由,而实际上却是强制了有爱情的夫妻脱离了夫妻关系,当然谈不到对婚姻自由原则的正确贯彻。在后一种情况中,往往在由犯有错误的一方提出了离婚的要求之后,另一方也完全明白夫妻关系的恶化已经到了不能恢复和好的程度,但由于某种思想的支配,却又坚持不同意离婚,抱着拖一辈子算了“看他也没有快活”的态度,双方相持不下。如果以一方犯有资产阶级思想的错误为理由,用强制不许离婚行为作为打击的手段,其结果则是强制一对无法和好的怨偶继续过他们犹如冰炭不相容的共同生活,夫妻关系有名无实,双方的劳动生产、学习,甚至健康都不能不受到影响,子女、家庭和整个社会都蒙受不利。而要求离婚的一方即使在不准离婚的终审判决以后,也往往以“什么都可以不要,而婚不能不离”的决心,继续要求离婚,说终审判绝不是“终身”判决。显而易见,这也同样谈不到对婚姻自由原则的正确贯彻。从审判工作者来说,对这种完全消失爱情的夫妻关系,希望他们重新和好,建立感情,往往愿望是很好的,但事实上却无异于幻想在沙滩上建立起宏伟美丽的宫殿一样。照恩格斯的说法,审判工作在这种情况之下,所能为力的,应该是“只要把人们从无益的离婚诉讼的泥污中拯救出来就好了”。无疑,恩格斯的话是完全正确的,可惜有人竟公然否定恩格斯的话,说是已经“过时”了。而事实证明,恩格斯的话不仅过去和现在正确,将来也是正确的,否定它的正确性是错误的。

也许有人会问:准许如上所述的由于资产阶级思想使夫妻关系不能继续维持的人的离婚要求,不是对被损害的一方完全失去了同情和支持了么?这里我想应该以列宁的名言来回答这个问题,列宁说过:事实上离婚自由并不是“破裂”家庭关系,而是巩固家庭关系。既然离婚(当然不是指轻率离婚)是巩固家庭关系,怎么能说是失去对被损害者的同情和支持呢?并且应该说,通过离婚将使被损害者从痛苦的婚姻关系拯救出来,从与道德品质卑下的利己主义者的夫妻生活的泥坑中拯救出来,这就是给被损害者很大的同情和支持。

也许还有人会问:这里,是不是在实际上就意味着“提倡离婚”,从而违背了我们党和国家婚姻自由的政策呢?应该回答:作为我们党和国家婚姻自由政策组成部分的离婚自由实质,既尊重男女双方的自由,又不是无政府主义的放任自由,前中央法制委员会在《有关婚姻问题的若干解答》中有着明确的规定,就是否准许男女一方的离婚要求,要看婚姻关系的事实,如果“事实证明他们双方并非到确实不能继续同居的程度”，纵然一方坚持要求离婚，也是不应准许离婚的。认定夫妻关系“并非确实到不能继续同居的程度”的客观标准是什么？毫无疑问，正确的理解，应该是双方的感情。而我们这里所指的准许离婚的情况也不是别的，恰恰就是夫妻关系“确实到了不能继续同居的程度”，这样当然就不致发生“提倡离婚”违反政策的问题。

应该肯定，在男女婚姻关系上喜新厌旧的资产阶级思想，是与共产主义的道德品质根本不相容的。但毕竟这是一个社会教育问题，为了要使我们的斗争达到实际的效果，我认为必须在审判上彻底克服孤立办案的残余，善于依靠群众，不懈地进行批判和教育，并对败坏道德的行为，发动舆论，给予道义上的制裁。教育群众，正确理解婚姻自由的实质意义，使审判上的教育斗争和群众性的广泛教育结合起来。

（1957 年第 1 期）

对法定继承人范围和顺序中两个问题的商榷

郭　生*

看了《华东政法学报》创刊号刊载的吴建斗等同志《关于我国继承问题中法定继承人范围和顺序的研究》一文，我有些不同的意见，特提出与大家研究。

首先，关于祖父母是否应当列入法定继承人范围的问题，在吴建斗等同志的文章中是不主张列入法定继承人范围的，至于为什么祖父母不应列入法定继承人的范围？他们的理由是："因为既然孙子女对祖父母的遗产没有继承权，当然，祖父母就同样不能对孙子女的遗产享有继承权。"（见吴建斗原文）当然，这是一种主张，一种解决问题的方案，而且参照苏俄民法典的立法经验，也是没有把祖父母列入法定继承人的范围的。但是，由于将来订出的法律规范，是调整中国公民死亡后的财产关系，因此，在提出立法根据时，必须从中国的实际情况出发。否则，所草拟出来的条文将必然是脱离群众的，也是行不通的。

过去，在研究继承问题时，有人曾认为，"继承"两字本身是包括着自下而上的含义，因此应当是下一代承接上一代的遗产，也即由卑亲属承接尊亲属的遗产，祖父母是尊亲属，故不宜进行继承。但是我个人认为，这种理由是不能令人同意的。因为在法定继承人的范围之中，还有父母、配偶和兄弟姐妹等，而这些人都不是被继承人的卑亲属。尊亲属、姻亲属和旁系血亲属都列入法定继承人的范围，故继承两字的含义在我们继承法中的解释是不限于卑亲属接受尊亲属的遗产的，也即同时包括尊亲属及其他亲属的接受被继承人的遗产的。旧中国的某些法学家曾把以上两种情况分开，把下一代接受上一代的遗产才称继承，而其他接受遗产的人叫做遗产的承受。我个人认为，在目前的情况下，是没有区分的必要的。

孙子女没有列入法定继承人的范围，这是事实，但是我们不能忘记，当被继承人的子女先于被继承人死亡时，孙子女是可以代位继承的。当然，这种代位继承，并不是在任何情况下都可以产生，而且每个代位继承人所得的份额也不是一个固定的比例，仅能是已死亡的父或母的继承份额的若干分之一：有一个代位继承人时，是其已死亡的父或母的继承份额的全部；数个代位继承人时，是平均分配其已死亡的父或母的继承份额。因而，每个代位继承人由代位继承中所分得的遗产，不

* 作者单位不详。

一定与其他法定继承人所分得的遗产是相等的。但是,不管怎样,孙子女除了构成寄养人的条件可以从他祖父母的遗产中分得遗产以外(事实上在那时候并不是以孙子女的身份进行继承,而是以寄养人的身份进行继承),还可能以代位继承的方式来继承祖父母的遗产。可是,在相反的情况下,祖父母却毫无继承的权利,这在人情上是难以说得通的。

有些同志虽不主张祖父母列入法定继承人的范围,但亦认为祖父母毫无继承权利也是不公平的。为了弥补这个缺陷,祖父母也应当享有代位继承的意见。我个人认为,这亦是解决问题的一个方案。尽管各国民法一般是没有把祖父母放入代位继承之列,而享有代位继承的人是限于卑亲属的,但各国立法的先例只能供我们参考,并不能约束我们,我国的继承法是可以独创新例,并对代位继承的含义作扩大的解释的。问题是这样的规定是否适合于我国的实际情况和需要。

我认为,法定继承人的范围是应当采取"宜狭不宜宽"的原则的。因为法定继承人的范围如规定的过宽,会使被继承人的遗产分析得过于分散,在适用上不力,且容易产生纠纷。故此,如果将代位继承作扩大解释,祖父母也包括在内的话,则可能使被继承人的遗产流入被继承人的叔伯父、姑母、舅父,姨母,堂兄弟姊妹、表兄弟姊妹等人手中。因为祖父母的代位继承是相当于孙子女的代位继承的。一般规定孙子女在先于被继承人死亡时,孙子女的子女(被继承人的曾孙子女),也可以代位继承。在同样情况下,如果祖父母先于被继承人死亡时,则祖父母的其他子女(被继承人的叔伯父、姑母、舅父、姨母)也可以代位继承。因为在代位的次序上言,叔伯父、姑母、舅父、姨母等的地位正是相当于曾孙子女的地位的。如果再允许代位下去,则根据同样理由,堂兄弟姐妹、表兄弟姊妹也相当于玄孙子女,亦应当有代位继承的权利了。这些叔伯父、姑母、舅父、姨母、堂兄弟姊妹、表兄弟姊妹等与被继承人不仅在血缘上比较疏远,而且彼此间的经济联系也是很不密切的。把他们列入代位继承之内,不仅使遗产分散,而且和群众的习惯也是不相吻合的。故此,我个人认为,不能用代位继承的方式来解决祖父母的继承权利问题。

但是,不解决祖父母的继承权利是将会脱离群众的。举一个例子来说,有祖孙两人,由于目前各有劳动能力,经济上各自独立,互不构成寄养人的条件,可是祖父已经年迈,数年后便要丧失劳动能力,他没有合乎劳动保险的规定,也即将要成为孙子的寄养人。假如祖父死了,那么孙子虽不是他的寄养人,根据代位继承的规定可以全部继承祖父的遗产。这种继承,不仅法律上将有明文规定,而且在群众习惯上也是一向如此的。可是在另一种情况下,孙子死了,而祖父却因不是他的寄养人,在法律上(假如将来的法律没有规定祖父母列入法定继承人范围的话)便不能取得遗产,而孙子的遗产将要根据"无人继承的遗产收归国有"的规定收归国库了。这种做法,恐怕在群众的习惯上是难行得通的。尤其如上面所说,在数年后祖父要丧失劳动能力,由于他不合乎劳动保险的规定,他又将要社会给予救济。在这种情况下,孙子的遗产不能继承,而却由社会负担他今后的生活费用,不仅社会舆论不会同情,而且我们的立法原则也是不宜采取的。

也许有人问,今后公民的收入,主要是劳动所得,所剩下来的遗产可能不会很多;在农业合作化和资本主义工商业全部公私合营后,公民死亡后所能继承的主要是消费资料而不是生产资料。这些少量的消费资料即使给祖父继承了,恐怕也不能维持祖父的余年,今后还要社会进行救济,因此即使将孙子的遗产收归国有也未尝不可,祖父今后的生活费用由社会来负担会更有保障。

我认为,遗产收归国有的原则是应该特别慎重的。我们的国库收入,主要是靠国民经济的发展和社会主义劳动生产率的提高,而不是靠无人继承的遗产作为收入的。只要被继承人有近亲属和需要照顾的人,我们应该尽量让他的近亲属和需要照顾的人进行继承,尤其今后公民的遗产主要是些零散的生活资料,收归国有,对国库是无足轻重的,但对个人有时却能解决一些问题。故此,我们的立法原则,应从大处着眼,从广大群众的需要着眼,而不是单从遗产收归国有的角度出发。祖父继承孙子的遗产后,虽不一定能解决他风烛残年的全部生活费用,但总可以解决其一定期间内的生活问题。目前我国生产力发展的水平仍然很低,社会救济上仍是有一定限度的,与其将孙子的遗产收归国有而让祖父受社会救济,不如不收归国有而让祖父在继承后免除或暂时免除社会的救济。

也许有人会再问,以上所举的例子是太个别了吧!是的,是比较个别的,但不是不可能的。既有这种可能,则在我们的立法中,不能不加考虑。因此,我个人认为,祖父母的继承权利问题,是必须在我们的继承法中有适当的反映的。

对祖父母的继承权利,我个人并不主张他可以优先于别的法定继承人,但是必须列入法定继承人的范围;在继承顺序上,可以列入最后的顺序。这样规定丝毫不影响其他法定继承人的继承权利。

其次,在吴建斗等同志的文章中,主张把寄养人列入法定继承人的范围,并列入第一顺序之内。他们的理由是:"……所以将寄养人列入法定继承人范围以内,是从共产主义人道主义的精神出发的……这与被继承人的原意也是不相违背的。因为被继承人生前既愿意长期担负寄养人的生话费用,那么在其死亡后取得其遗产的一部分甚至全部就没有什么不可以的。"(见吴建斗原文)我个人认为,寄养人是急需扶养与照顾的,但是否一定要用列入法定继承人的范围和顺序的方式加以解决,则是有商榷的余地的。

根据我国的群众习惯,对鳏寡孤独的扶养是我国固有的优良传统。这种优良传统,我们应当加以适当的发扬和鼓励,使这些寄养人在被继承人死亡后可以避免生活无着和流离失所。

但是,对寄养人继承权利问题应作如何反映呢?参照苏俄民法典的立法先例,他们是把寄养人规定在第一顺序之内的,即当第一顺序有其他法定继承人时,与其他法定继承人平均继承;在第一顺序没有其他法定继承人时,则由寄养人单独进行继承,而其他顺序的法定继承人如有劳动能力的父母和兄弟姊妹,便不能进行继承,以上仅是苏联对寄养人的有关规定。

被继承人对寄养人的扶养是出于人道主义的照顾,这是对的,但是否就此便能推定当被继承人尚有劳动能力的父母时,他的所有遗产也可以全归寄养人继承呢?我认为是不一定的。因为被继承人果真有这个意图的话,则他可以用立遗嘱的方式将遗产全部遗赠给寄养人,但这已不再是法定继承的问题,而是属于遗嘱继承的范围了。

对寄养人的范围问题,我们还可以参考赫鲁菲娜著的《苏联的继承法》,她在这本书中曾写道:"这种被收养人可能是:年劫的弟弟、侄、年老的伯母、祖母、在家里居住多年的保姆和完全是被继承人的外人,但他因为从前的友谊关系而依靠被继承人生活。"在上述范围中,当第一顺序没有其他继承人而只有符合寄养人条件的保姆时,将被继承人的所有遗产全归保姆进行继承,而其他顺序的继承人如有劳动能力的父母和兄弟姊妹(注:我也是主张把无劳动能力的父母列入第一顺序,有劳动能力的父母列入第二顺序的),却不能分取被继承人的遗产,这在我国的群众习惯上是行不通的。

也许有人会认为,在《婚姻法》上规定了父母子女有互相继承遗产的权利,只是说他们有继承权,并不是说他们一定能参加顺序内共同继承,也即只有当他们是被召集的顺序时才能参加继承,因而在上述单独给保姆进行继承的情况下,并没有否定有劳动能力的父母的继承权,故只需向来参加继承遗产的有劳动能力的父母、兄弟姊妹等解释一下便行了,群众的习惯是可以扭转过来的。我个人认为,以上说法是不够全面的。首先,为什么要将父母分为无劳动能力的父母和有劳动能力的父母两种,而且把无劳动能力的父母列入第一顺序,有劳动能力的父母列入第二顺序?我的体会是,除了提倡有劳动能力的公民应从自己的劳动中获得收入外,还有一个重要的因素是,为了照顾被继承人下一代的成长。不然,在子女继承其父母的遗产时,为什么又不划分为无劳动能力的子女列入第一顺序,而有劳动能力的子女列入第二顺序呢?非常明显是从照顾被继承人的子女出发的。而且根据一般的分析,在被继承人死亡时,其父母尚有劳动能力,则其子女大多数是未成年的。因为父母尚有劳动能力时,一般可能是在60岁以下,被继承人是在40岁以下,其子女则在20岁以下(这仅是概括的谈)。未成年子女的生活、教养费用多,被继承人死亡后遗留下来的遗产集中由被继承人的配偶和子女进行继承是有利于下一代的成长的。即使不尽如此,也没有问题。因为被继承人的有劳动能力的父母和子女相互间本身是祖父母和孙子女的关系，彼此都有扶养的义务。在继承开始时，被继承人的有劳动能力的父母虽没有参加继承，而是由被继承人的配偶和子女进行了继承；将来如果被继承人的父母（被继承人子女的祖父母）生活有困难时，被继承人的子女（被继承人父母的孙子女）是有赡养义务的。这在群众的习惯上也是容易说得通的。所以要将父母区别为无劳动能力的父母和有劳动能力的父母，其中为了照顾被继承人的子女是一个很重要的因素。被继承人死亡时，在没有配偶、子女、无劳动能力的父母而有寄养人和有劳动能力的父母的情况下，我认为，照顾被继承人子女的因素既已不存在，因而有劳动能力的父母是应该进行继承的；至于对寄养人的照顾问题，可以用另外的办法进行解决。

对寄养人的照顾方法，我认为不必把他列入法定继承人的范围，而是以被继承人生前所扶养的人的资格，在每一个顺序继承人进行继承时都酌情分给他一部分遗产。这种方法不仅可以照顾鳏寡孤独的生活，而且又同时照顾到群众的习惯。

（1957 年第 1 期）

谈我国农业立法中的物质利益原则

陈文藻*

中共第八次代表大会关于政治报告的决议中说:"为了发扬农民的生产积极性,除国家必须实行正确的税收政策、粮食政策和物价政策外,农业生产合作社必须坚持勤俭办社和民主办社的方针,正确地处理合作社内部集体和个人的关系,进一步巩固集体所有制。"邓子恢同志在"八大"会议的发言中说:"实现了农业合作社、解决了小农经济和社会主义经济之间的基本矛盾后,个人利益与集体利益之间的关系就成为合作社内部一个最突出的问题。正确地处理这个问题,是巩固合作社的一个重要关键,也是巩固工农联盟的一个重要因素。"如何在合作社内部正确地处理集体利益与个人利益之间的关系呢?我认为,最近我国农业立法充分实现了物质利益原则是解决这个问题的一种极重要的保证。

过去反动时期,农民受到层层的剥削,生活困苦,达于极点,根本无物质利益可言。解放后,在党和政府的领导下,经过土地改革、组织起来(主要是互助组)、经济扶持和技术指导等工作,农业生产已有显著的进展。但小农经济,仍占优势。由于生产条件的限制,不能大量增产,因此,农民所得的物质利益还是有限的;组织农业生产合作社以后,由个体经济变为集体经济,实行了统一经营、集体劳动,有正确的经营方针和生产计划,合理的劳动管理和财务管理,劳动生产率大大提高。只有在同志合作和社会主义互助的关系中,才能保证农民在集体经济的发展中迈步提高个人的利益;也只有在这种新的生产关系中,才能把集体利益和个人利益密切地结合起来。

在合作社里,农民的劳动报酬是以按劳分配的原则为基础的。实行这个原则,不但使社员经常关心集体经济的发展,同时也养成了自觉的劳动态度。因为他们知道:个人收入的多寡是根据其参加集体生产的程度和集体生产发展的水平来决定的。自己在集体生产中劳动得越多、工作质量越好、劳动成果越显著,他从按劳动日分配的总收入中所得到的个人收入也就越多。因此,尽量动脑筋、找窍门、改进技术、发掘潜力来提高生产,使合作社的产品不断地增加,自己的物质利益也不断地提高。所以社员对于集体生产和自己劳动成果的物质关心,是巩固和发展合作事业的最重要的因素。按劳分配制度,不但把集体利益和个人利益正确地结合

* 作者单位:华东政法学院(现华东政法大学)。

起来,同时也使个人利益服从于集体利益。正因为如此,党和政府在农业立法上一贯重视物质利益的原则。在立法上鼓励农民和合作社对劳动效果的物质关心,用各种方法刺激他们尽最大的热忱来完成并超额完成生产计划。

今年党和政府公布了一系列的农业法令,都充分地实现了物质利益的原则。在过去几个月中,由于各级领导认真执行的结果,在农业增产方面已经取得很大的成效,同时在农业社的巩固与发展方面也起了一定的作用。本文仅就《高级农业生产合作社示范章程》(以下简称《示范章程》)和《关于加强农业生产合作社的生产领导和组织建设的指示》(以下简称《指示》)两种法规中举出几个例子来作一简单的说明。

1. 开展多种经营。《示范章程》第27、28条都有开展多种经营的规定。《指示》第1项指出:"在保证粮棉的同时,还必须增产其他经济作物,发展畜牧业、林业、渔业和其他各种副业生产,开展多种经营,全面发展农业生产。"周总理在《关于发展国民经济第二个五年计划的建议的报告》中也详细说明农业生产合作社开展多种经营的必要。多种经营的开展,可以把社里的人力、物力、财力充分地运用起来,能使半劳动力也有工做,能帮助农业增产,使全体社员增加收入;能给国家生产出更多的产品,使整个农村经济更加繁荣。最近各地农业社积极开展多种经营的结果,获得了很大的成绩。据湖南湘潭专区的报道:长沙九木农业社稻谷产量纯收入计8万余元。利用剩余劳动力把26种副业开展起来,除去开支,还可得纯收入36,000元,占农业纯收入31%。社里单搞农业,每个男劳动力平均全年只能做163个劳动日,搞起副业生产,每个男劳动力可以做274个劳动日。像贫农周东群双目失明,搞了副业,也可以推磨整来,增加收入;①山西安泽县有一部分农业社,因受灾害减产,领导方面大力发动社员开展多种经营,从事养猪、运输、烧石灰,烧炭等副业,使减产社成为增产社,收入比例大大增加,社员更深刻地认识了合作社的优越性。由此可见,开展多种经济,可以使农业中的主要部门与附属部门协调地发展,可以将社员的劳动力在全年时期更充分更均匀地利用。遭受自然灾害时,可以经营副业,弥补意外的损失,保障社员的收入。这些条件,在个体经营时,绝对不能得到。这样,不但激励社员更爱护组织,同时也吸引单干户自愿地参加合作社。

2. 保障家庭副业。《示范章程》第13条规定:"零星树木、家禽、家畜、小农具和家庭副业所需要的工具,仍属社员私有,不入社。"第16条规定:合作社应抽一定数量的土地,分配给社员种植蔬菜。第28条规定在不妨碍合作社生产的条件下,社应鼓励和适当地帮助社员经营家庭副业。第34条规定,社员按计划在社内做够了一定的劳动日后,其余的劳动时间全由社员自由支配。这些规定的主要目的是

---

① 《中国农报》1956年第17期。

帮助社员搞好家庭副业，使社员得到一个额外收入的来源。在目前合作社的集体经济尚不能充分满足社员的需要时，为了提高社员的物质利益，这些规定是十分重要的。社员的主要力量固应集中在社的集体生产上，但并不需要占用社员的全部劳动时间。只要能够妥善安排，可以在不妨碍集体生产的条件下，经营家庭副业。由于经营家庭副业，社员可解决许多具体的问题。这不但对社员个人有利，同时对于全社的生产也是有利的。因为社员收入增加，生产的积极性也随着提高，就能更好地发展全社的生产。同时，家庭副业产品是整个生产的一部分，家庭副业产品的增加，也意味着整个农副业的增产。最近由于推行这个政策，农民的家庭副业产品急剧地增加。报载湖南宁乡流沙河农业社大力推动家庭副业后，每户养猪7头以上，全社养猪6000余头，除1000余头公养外，社员私养5386头（社员713户）。半年内卖猪所得，达24,000元。积集了大量猪粪，留作肥料，对今年的稻谷丰收起了极大的作用，使全社90%以上的社员增加了收入。家庭副业的经营，调剂了社员生活、活跃了家庭经济，增加了牲畜、家禽和蔬菜的产量，丰富了城市副食品的供应，这对于国民经济的贡献是很巨大的。

3. 超额奖励制度。《示范章程》第33条规定："对于超额完成了生产计划的应该斟酌情形多给劳动日作为奖励。"超额奖励附加劳动日的办法，就是根据超产的多少，在社员原来所得劳动日的基础上附加劳动日，作为奖励。附加的数量，是与超产的百分比相适应的。这个办法的好处是：能贯彻按劳取酬、多劳多得的原则，能刺激生产队和队员在物质上关心提高劳动生产率，能够使社员利益、社的利益和生产队之间的利益正确地结合起来。山西潞安琚寨乡党支书荀佩芳同志总结该处实行超额奖励的经验说："五星社正确地掌握了以物质利益鼓励社员发展生产和提高劳动生产率，从去年春天起即实行劳动定额与五定，超额超产奖励制。凡在劳动中超过定额的，评模时给以一定奖金，超额完成增产任务，抽出超额部分60%给超产的生产大队，10%作公积金，30%为作奖励金，于是大大地鼓舞了社员的劳动积极性，保证增产任务的实现。由于领导劳动竞赛与超额超产的奖励，夏季虽遭灾害，但因劳动管理组织得好，玉米还是获得空前的丰收。"这里可以看出超额奖励制度对于增产的作用了。①

4. 预购和预支制度。《示范章程》第44条规定：合作社的现金收入和预购定金，在留下所需要的部分后，应根据社员已经得到的劳动日和实际需要，分期预支给社员。指示第8项第2款说："要健全对于主要农产品的预购制度，在可能范围内，要适当增加预购定金，并保证及时发放，以便帮助农业社建立劳动报酬的定期预支制度。"第5项第4款规定："应建立劳动报酬的预支制度，首先要争取做到青

① 《中国农报》1956年第21期。

黄不接的时候按月预支或预借，对于解决贫苦社员日常生活的困难，提高社员劳动积极性有重大的作用。”建立预购制度，一方面，能预计出可能从合作社收购的产品数额，同时也保证合作社产品的销路。另一方面，它给予合作社一笔周转的资金，借以建立劳动报酬的定期预支制度。因此，它对于提高农民的物质利益和实现生产的计划性，是有重大意义的。预支制度在目前农业社的集体经济尚未十分充裕的阶段，特别重要。比较贫苦的社员在青黄不接之际，获得预支或预借，一方面解决了生活上的困难，另一方面也使他们感到组织的温暖，更加拥护合作社。据各地推行的经验，认为按劳动分工预支办法比按生活包干预支办法更有成效。因为按劳动分工预支办法体现了按劳取酬、多劳多得的原则，刺激了社员的积极性，同时也推动了社的生产。安徽太湖刘洋乡东方红社，实行按劳动分工预支办法后，解决了许多社员生活上的困难，也提高了社员的出勤率。这社的第三工作组 11 个妇女，原来只有 5 个妇女经常劳动，现在 11 个妇女天天出勤。湖北麻城燎原三社实行预支办法后，社员劳动热情高涨，工作特别起劲，原来不积极的，现在天天下田，妇女出勤率由30%提高到90%。① 从各地的报道看来，在巩固合作社的过程中，预支制度是有很大作用的。

5. 调整收购资格。《指示》第 8 项第 1 款规定：“必须合理地调整某些农产品的收购价格，评级定价，应和农民协商，凡是价格偏低阻碍生产的必须适当提高，购销差价过大的，应该适当缩小，务使合作社与农民有利可图，以便发挥他们生产的积极性。”随着农业合作社运动的发展，农产品的产量将日益增多，做好农产品的收购工作，合理地确定农产品的收购价格，能够促进农业合作化运动，同时也能刺激农民增产国家所需要的作物。周恩来总理曾说：“过去有些农业品和土特产品受了收购价格偏低的影响，结果，使农业经济不能全面地和充分地发展，从而影响到整个国民经济的发展，影响到农民的收入。”②为了纠正这个偏差，在农业法令中提出调整收购价格和购销差价的办法，确是适合目前农村的客观要求的。报载国务院 9 月 29 日发出关于提高油菜籽收购价格的指示后，提高了各地农民增种菜籽的积级性。江宁县秦淮乡胜利社用冬间田增种菜籽 300 余亩，江宁县各区增种菜籽 38,000 余亩。四川省根据指示，酌量提高收购价格后，解除了农民怕种菜籽不划算的顾虑，全省播种油菜 580 万亩，比去年扩大面积 60%以上。

6. 调整农业税。《指示》第 8 项第 6 款说：“农业税和副业税征税办法也应该根据合作化后的新情况尽快地加以调整和作必要的改变，以利生产。”农业税和副业税的调整，对于合作社和个别社员的增产，是有重大影响的。根据苏联的经验，

① 《农村工作通讯》1956 年第 5 期。

② 《关于发展国民经济第二个五年计划的建议的报告》。

自1953年起调整农业税和副业税后，大大地提高了集体农民对于家庭副业的兴趣，集体农民所饲养的牲畜、家禽，大量增加，又种植了对个人经济最有价值的作物，使国家获得很多急需的产品。今后我国各地，依据合作化后的新情况，合理地调整农业税与副业税，对于农业增产一定发生很大的作用。因为目前农业增产的潜力还是很大，利用税收政策来刺激农民的物质兴趣，就会使合作事业更迅速地繁荣起来。

7. 提高公共福利。《示范章程》第52条规定：合作社应随着生产的发展和收入的增加，逐步发展各种福利事业。开展公共卫生工作和社员家庭卫生保健工作，组织农忙托儿所，克服女社员参加劳动的困难，保护儿童的安全。在女社员生孩子时，酌量给予帮助；在可能条件下，帮助社员改善居住条件。第53条规定：合作社对于缺乏劳动力或者完全丧失劳动力，生活没有依靠的老、弱、孤、寡、残疾的社员，在生产上和生活上给予适当的安排和照顾，保证他们的吃、穿和柴火的供应，保证年幼的受到教育和年老的死后安葬，使他们生、养、死、葬都有依靠，对于遭到不幸事故、生活发生严重困难的社员，社也酌量给予补助。合作社的生产水平越高，所投的公益金越多，文化福利事业也更普遍地开展起来，社员为合作社多增一份生产，即为社会主义多增一份力量，也为自己多添一份福利。这样，就把个人利益与集体利益更密切地结合起来。山西潞安王家岭集益农业社，由于执行新的措施，今年粮食总产量超过去年一倍，粮食分配每人平均1400斤，五保户每人可得500斤，现款40元。因为社的丰收，社员们不但多卖余粮给国家，同时还提高了社内的福利事业。

从上面的几个例子中，我们可以看出，在农业立法中实现物质利益的原则，结合目前实际来说，产生了下列三种作用：

1. 它指导合作社干部，要在集体利益中经常关心社员的个人利益，解决了个别社员物质上的需要，使社员拥护并热爱合作社，巩固了合作社的群众基础。

2. 它指示各级领导注意到农民在生产中的物质利益，利用税收政策和物价政策来增加农民的收入，使个人利益、集体利益和国家利益正确地结合起来。

3. 在按劳取酬、多劳多得的原则下，尽量刺激社员在物质上关心提高劳动生产率，刺激每一个生产组织在物质上关心完成生产计划，关心进一步发展生产和改进生产。

由于上述作用，它正确地处理了个人利益与集体利益之间的关系，巩固了合作社，同时巩固了工农联盟的基础。

我国农业立法中的上面这些规定，从形式上看来，仍很平凡，但都是从实际出发、根据经济发展的客观要求制定的，所以获得广大人民群众的热烈拥护。在今年的农业生产中，战胜了自然的灾害，仍能达到1957年生产的指标。苏联著名学者亚历山大罗夫说："农业合作社之所以能在较短时期内，在中国农村中得到如此巨大的发展，其主要原因就是：中国共产党所制定的农业合作社的政策及其实现的方法，是充分符合于农民的利益和要求的，因此，广大农民群众日益了解并自觉地拥护这一政策。”①由此可以看到，我国的农业政策和法令在农业合作社化运动中所起的作用了。

最近我国的农业生产，虽有很大的进展，但还赶不上客观形势的要求。

邓子恢同志在“八大”中说：“随着工业的发展，需要农业的发展与之相适应。如果农业的发展赶不上工业发展的要求，不能满足工业发展对于粮食、原料、资金积累和市场的需要，结果只有使工业化的速度降低或者使工农联盟的关系紧张起来。因此，必须正确地拟订计划，付出相当的投资，并作出巨大的努力，使比较落后的农业能够和工业保持相适应的发展。”在这巨大的努力中，农业法的制定和研究，无疑也是一种重要的工作。为了配合农业经济建设的发展起见，我们对于农业法令必须密切地注意和研究，不断地搜集材料，总结经验，供党和政府的参考，以求农业立法的日趋完善。同时也要加强宣传，使广大农民更深入地了解，更热烈地执行。这样，就能利用我们法制的优越性来提高生产，使农业法令成为真正巩固经济基础、发展生产力的最重要的杠杆。

（1957年第1期）

① ［苏］亚历山大罗夫著：《苏联共产党为农业集体化而奋斗》，陈炜译，时代出版社1956年版。

贯彻守法原则,健全人民代表大会制度

廖开铨[*] 程辑雍[**]

中国共产党第八次全国代表大会对我国法制建设和贯彻守法原则的问题极为重视。必须"健全我们的人民民主法制,以便进一步保卫人民民主制度,巩固法律秩序,保障人民民主权利,保护公共财产,更有效地发挥人民群众的积极性和创造性,同时,继续肃清反革命分子,继续同一切违法犯罪的现象作斗争,保障社会主义建设事业的顺利进行"。[①] 依法办事,就是我们进一步加强人民民主法制的中心环节。依法办事有两方面的意义:必须有法可依和有法必依。关于我国地方各级人民代表大会定期召开会议问题是有法可依的。现在我们对按照宪法、组织法的规定按期召开人民代表大会会议的问题提出一些不成熟的看法。

董必武同志在"八大"发言中批评了某些国家工作人员在人民代表大会制度问题上违反法制的现象。他指出:"我们的人民代表大会制度是我们国家的根本政治制度。人民代表大会每年会议的次数,宪法和中华人民共和国地方各级人民代表大会和地方各级人民委员会组织法都有明文规定……经验证明,这是既利于充分发扬民主,又利于更好的集中,完全适合我国的制度。可是,我们县、乡两级人民代表大会,还有些地方没有依照规定按期开会,甚至有个别省的人民代表大会,也有去年一年没有按期开会的……人民代表大会制度,有些地方还没有建立得很好,还没有充分地发挥它的作用,我认为这是值得我们严重注意的。"[②]这一批评是切合实际的、及时的,它对促进国家生活的健康发展起着积极的作用。

大家对我国人民代表大会制度并不陌生。它已有长久的革命传统。当革命只在局部地区胜利的时候,我们就根据人民代表大会制的原则,建立了国家机关。在中华人民共和国成立后,在全国范围内召开了地方各界人民代表会议,并由它代行了人民代表大会的职权。我国宪法、组织法根据多年来建设国家权力机关的丰富经验,对人民代表大会制度作了完备的规定。人民代表大会制度是适应革命的需要而建立的,并且在革命运动中起着保障革命取得胜利的作用,新中国成立以来,它对我国国民经济的恢复和发展,完成各项社会改革,对保证社会主义建设事业的

* 作者单位:华东政法学院(现华东政法大学)。

** 作者单位:华东政法学院(现华东政法大学)。

① 董必武在党的八大上的发言《进一步加强人民民主法制,保障社会主义建设事业》。

② 同上。

进展和社会主义改造的基本完成起了巨大的作用。刘少奇同志说:“我们的国家制度是高度的民主和高度的集中的结合。这个制度已经在我国几年的历史中表现了它的优越性。”①实际生活证明了我国宪法、组织法对人民代表大会制度,特别是对地方各级人民代表大会制度的规定是完全正确的。组织法规定:“省、直辖市、县、市、市辖区的人民代表大会会议每年举行两次,交通不便的省可以每年举行一次;乡、民族乡、镇的人民代表大会会议每三个月举行一次。除此以外,地方各级人民委员会如果认为必要或者有五分之一的代表提议,可以临时召集本级人民代表大会会议。”组织法颁布以来,全国各级国家机关大部分都执行了这个规定,但是目前还有一些对地方人民代表大会会议制度贯彻得不好。这表现在两个方面:一方面,人民代表大会会议制度不正常,尤其在某些基层政权中,每年按规定开四次会议的不多,一般每年只开两次会;另一方面,即便按规定召开了会议,而会议仍存在形式主义的偏向。

我们认为,产生这种现象的根本原因是:某些地方的国家机关工作人员对目前新形势下人民代表大会的作用认识不足和法制观念不强。我们并不否认工作中的某些困难,但是,困难是能够克服的,它不应作为某些人不重视人民代表大会制度的借口。为什么在宪法、组织法已颁布了二年多以后,特别是在社会主义革命高潮的时候还会产生这种现象呢?这是因为:

1. 由于社会主义建设的发展,第一届地方各级人民代表大会中有些人民代表已不称职,未能充分发挥作用;而有些做政权建设工作的同志没有认真及时处理和研究,放松了对代表的教育,反而不愿召开人民代表大会,致产生违法行为。

例如,松江县泗泾区民乐乡的第一届乡人民代表共 43 人,其成分计贫农 24 人,中农 19 人。其中有 3 个代表是富裕中农,他们表示“伸腿不干,干了劲头也不大”。这个例子说明在 1953 年普选时的农村经济状况,此后起了很大变化。当时当选的中农成分的代表经过二年多来,特别是经过统购统销与合作化运动以后,已经失去了代表农民群众的作用。但是必须指出:原来基层人民代表大会代表大部分是称职的,不称职的仅是少数。那些不称职的代表中间虽然暂时表现不好,通过教育是可以改正其缺点的。而严重违法乱纪、为群众极不满意的代表还可由原选区依法撤回更选。过去某些同志不积极地去研究代表不称职的原因,又不及时地加以教育,帮助他们改正缺点和错误,竟对人民代表大会制度采取了不召开会议的态度,是绝对错误的。这种思想若不纠正,在今天第二次全国基层选举完成,改选了代表以后,还是不能使人民代表大会制度健全起来。

---

① 刘少奇著:《中国共产党中央委员会向第八次全国代表大会作政治报告》(单行本),人民出版社 1956 年版。

2. 1950年普选期间所定的选区已经不能适应农业合作化基本完成后的新情况，人民代表大会代表联系选民有些实际的困难。某些做政权建设工作的同志没有能及时克服这些困难，创造更好的办法使代表和群众保持密切的联系，只采用消极态度，不按期召开人民代表大会。

例如，原松江县泗泾区共98个选区，合作化高潮后成立了63个农业生产合作社，原来的选区被合作化所突破了，有的一个选区拆到几个社中去了，有的几个选区合并为一个社，有的甚至乡与乡的界线也突破了。这样人民代表按原来方式去贯彻工作、联系群众，特别是讨论生产计划和工作领导上感到不便。目前全国已进行了农村行政区划的调整，农村选区的划分基本上以生产单位为基础，这样大大地便利了代表直接联系选民，随时随地倾听群众的意见和批评，使人民代表大会真正受到人民群众的直接监督。以往认为人民代表大会制度赶不上合作化的发展，因而可以不召开人民代表大会的看法已经过时了。但是还应该指出：即使行政区划问题已经合理解决了，若有些同志不注意研究和改进人民代表联系群众的方法，片面推向客观困难，不按期召开人民代表大会的错误还是可能发生的。

3. 几年来农村党的领导不断加强，农村党支部的威信日益提高，而有些干部发生了党、政、社不分的简单化的错误作风，人民代表大会的工作为别的会议、别的机关所包办代替了。

例如，有些农村工作的同志布置工作只图方便，欢喜召集"一揽子"会议，"三级干部"会议，而不召开人民代表大会。甚至有些人把人民代表大会和群众大会等同起来，以群众大会代替了人民代表大会。这种做法是不正确的。干部会议所讨论的问题只能限于一定的范围，它只能是布置工作、讨论工作的执行等；而人民代表大会则是地方国家权力机关，所有工作方针和重大计划要经它讨论通过，人民委员会的工作要向它报告，请求审查，经费预算要由它决定。人民代表大会的职权不是人民委员会和任何干部会议所能代替的。用干部会来代替人民代表大会的做法，实际上是玩忽法制，不遵守宪法、组织法关于地方各级人民代表大会职权的规定，侵犯了人民当家做主、参加国家管理的民主权利。

上述事实说明：要健全我国的人民代表大会制度必须和忽视社会主义民主的官僚主义现象进行不断地斗争，我国人民代表大会所经历的不同时期的发展，都是和这种斗争分不开的。我们认为，当前为了加强法制建设和贯彻守法原则，保证地方各级人民代表大会会议制度的经常性和稳定性，充分发挥人民代表大会的作用，关键问题在于加强干部和群众的法制观念和社会主义民主的教育。

第一，应该要求国家机关工作人员从思想上真正重视宪法、组织法关于人民代表大会制度的规定，充分尊重人民当家作主参加国家管理的民主权利。这不仅因为我国人民代表大会制度在历史上已经表现了它的优越性，而且在今天的形势下人民代表大会制度的健全和充分发挥作用具有重大的实际意义。

这首先因为我们党和国家的中心任务“就是要依靠已经获得解放和已经组织起来的几亿劳动人民，团结国内外一切可能团结的力量，充分利用一切对我们有利的条件，尽可能迅速地把我国建设成为一个伟大的社会主义国家。”①。这需要我们更有效地发挥人民群众的积极性、创造性。各级人民代表是由普选产生的，他们和各阶层人民相联系，熟悉人民的情况，能够代表人民的意志，也只有通过人民代表大会，通过各个人民代表，最能动员群众、贯彻政策方针。因此，人民代表大会制度是团结国内外人民共同建设社会主义的根本组织，没有任何组织能代替它的伟大作用。

我国人民已经有了七年多来参加国家管理的经验，已经有了不止一次的选举人民代表的经验，人民代表大会制度已成为人民群众所熟悉、所真诚拥护的根本政治制度，人民群众已能通过人民代表大会对国家机关的活动起着监督的作用。我们国家机关是建立在群众路线的基础上的，人民代表大会制度就是保持国家机关的群众基础的基本制度。

第二，坚决反对召开人民代表大会会议中的形式主义的偏向。人民代表大会制度这一组织形式是和我国人民民主专政的本质相联系的。我们之所以重视人民代表大会制度，是因为人民代表大会制度能有效地克服国家机关中的官僚主义，能不断加强国家机关和人民群众的联系。人民代表大会制度如没有足够的民主实质就失去了意义。因为国家机关工作人员只在形式上依法办事，按期召开了人民代表大会，但不注意履行宪法赋予它的职能，不尊重人民代表的意见，不使会议真正讨论和决定重大问题，也就不能充分发挥人民代表大会的作用。必须充分发扬民主，让每一个代表都能表示自己的意见，反复讨论协商，务使每一项决定都能体现绝大多数代表的共同意志；要展开批评与自我批评，让代表审查政府的工作，提出批评缺点和改正错误的意见；还必须通过人民代表大会保持和人民群众的联系。总之，负责召开人民代表大会的本级人民委员会必须妥善地发挥人民代表大会的力量来贯彻政策方针，推动中心工作。

最后，我们认为，我国的人民代表大会制度之所以有生气、有力量，之所以无比优越的根本原因是中国共产党的领导作用。因而各级党委必须经常讨论关于人民代表大会的工作，上级党委和上级国家机关对下级人民代表大会会议是否按期举行要负具体领导与监督检查的责任。

中国共产党的第八次全国代表大会尖锐地批评了不按期召开人民代表大会的

① 董必武在党的八大上的发言《进一步加强人民民主法制，保障社会主义建设事业》。

违反法制的现象，同时，指出正确克服缺点的指导方针。我们相信，在党的领导下，我国人民代表大会制度将会进一步健全起来，某些地方不按期召开人民代表大会和会议的形式主义现象，将会得到克服。

在世界上只有工人阶级先锋队——共产党领导的国家才敢于在人民群众面前勇敢地揭发党和国家在工作中的缺点和错误，并切实指出克服缺点和错误的方法。我国的人民代表大会制度只有在铲除目前阻碍它向前发展的缺点和错误的斗争中，来证明它是世界上最优越、最民主的政治制度之一。

（1957年第1期）

如何解决刑法科学中的因果关系

马　克*

《华东政法学报》创刊号发表的梅泽濬同志的论文，对刑法科学中的因果关系问题作了比较全面的分析，可是对在刑法科学中行为与危害社会结果之间怎样才具有因果关系的问题却缺乏足够的阐述。在上述学报第二期上所发表的姜焕宸同志的文章，对梅同志的几个论点虽作了基本恰当的批评，但他却没有提出什么是刑法科学中的因果关系的正面看法。为了在争论中使问题逐步得到解决，这里我仅就如何解决刑法科学中的因果关系——行为与危害社会结果之间怎样才具有因果关系这个问题发表一下自己的意见。①

一

马克思列宁主义哲学关于因果关系的学说是解决刑法科学中因果关系的基础。为了正确地解决刑法科学中的因果关系问题，首先需要阐明一下马克思列宁主义哲学如何了解因果关系。从马克思列宁主义哲学看来，因果关系表现为一种现象必然产生另一种现象，表现为一种现象和被其所产生的另一种现象之间的必然联系。②

这里所谓原因与结果之间的必然联系，不应当理解为由原因产生结果的不可避免性。因为把必然性解释为不可避免性，就无异于否认了偶然性，否认了偶然性对必然性发展的一定作用。同时它会走到宿命论的立场，否定主观能动性的作用，把人变成命运的工具。把必然性解释为不可避免性，只是对“必然”的字面的解释，它没有、也不可能揭露必然性这一哲学范畴的深刻内容。所谓必然性乃是现象

---

* 作者单位不详。

① 本文的任务限于阐明如何解决刑法科学中的因果关系，所以这里不打算对因果关系问题（无论哲学上或刑法科学上的）作全面的考察。

② 许多关于马克思列宁主义的哲学著作中都曾指出因果关系是必然联系。例如，在亚历山大洛夫主编的《辩证唯物主义》一书中写道：“现象的因果依赖性表现于一种现象必然引起另一种现象。”“存在于原因和结果之间的不是简单的顺序性，而是深刻的、必然的、内在的相互联系。”[苏]亚历山大洛夫主编：《辩证唯物主义》，马哲译，人民出版社1954年版，第76页、83页。维图·加林诺夫在其《客观世界的规律及其认识和利用》一书中写道：“因果依赖关系表现着先发生的现象（原因）和后发生的现象（行动）之间的必然联系”（《学习译丛》1956年第6期）。

的这样一种发展,这种发展的根据存在于该现象本身之中,它是由该种现象合规律地产生的;并且必然性始终是在一定条件下的必然性,它不能离开一定的条件而发生作用。原因和结果的联系正表现着这样一种性质:

首先,作为原因的现象具有结果发生的实在可能性。列宁曾经指出:"'……结果并不包含……原因中没有包含的东西'反过来也是一样……"①这就是说,在原因中已经包含着结果所包含的东西。例如,一个玻璃圆球在一块平滑的玻璃上置放,把圆球推动一下,它在玻璃面上就滚动起来。在这个例子中,推动是原因,圆球滚动是结果,在圆球滚动(结果)中所包含的力在推动(原因)中就已经包含了。由于在原因中包含着结果所包含的东西,从而作为原因的现象无不存在有结果发生的实在可能性。因此,某一现象具有结果发生的实在可能性,乃是对于确认该种现象是结果发生的原因所首先必需的。根据这点,我们可以在对结果的产生起作用的诸条件中,把原因和条件区别开来。某一现象虽然对结果的发生也起着一定的作用,但如果在现象中没有包含结果所包含的东西,亦即该现象不具有结果发生的实在可能性,那它就不是结果发生的原因,而是结果发生的条件。如上例中,玻璃球的圆形,玻璃面的平滑,都对玻璃球的滚动起着一定作用,但它们本身并不包含圆球滚动所包含的力,所以它们只是圆球滚动(结果)发生的条件。

其次,作为原因的现象不仅具有结果发生的实在可能性,而且它还合规律地引起结果的发生。因为因果关系乃是一个现象(原因)和被其产生的另一现象(结果)之间的合规律的联系,所以,只有当具有结果发生的实在可能性的某一现象根据合规律的发展产生该种结果的时候,某一现象与所发生的结果之间才存在因果关系。否则,如果某一现象虽然具有结果发生的实在可能性,但由于另外的现象切断它的合规律的发展,而由该另外的现象产生出该种结果,亦即该种结果不是由具有结果发生的实在可能性的某一现象合规律的发展所产生,而是由另外的现象合规律的发展所产生,那么,某一现象和所发生的结果之间就没有因果关系存在。因此,仅仅确定某一现象具有结果发生的实在可能性对于认为某一现象是结果发生的原因来说还是不够的。

最后,因果关系只能是在一定的具体条件下的因果关系。原因是不能离开它所处的一定的具体条件而发生作用的,作为原因的现象只有在一定的具体条件下才能合规律地产生出某种结果。同一原因,如果它所处的条件不同,也就会产生出不同的结果来。例如,在社会主义制度的条件下,技术的发达是劳动者福利增长的一个原因,而在资本主义制度条件下,技术的发达却是失业和贫穷现象增多的一个原因。所以在考察事物的因果关系时绝不能撇开它所处的具体条件。

① [苏]列宁著:《哲学笔记》,中央编译局编译,人民出版社1956年版,第141页。

这就是原因和结果的必然联系的内容。这里需要说明:我们说因果关系是必然联系,它的意思是表示因果联系就其联系的性质来说是必然联系,并不是把因果性和必然性的两个哲学范畴混为一谈。因果性与必然性是同一类型的范畴,但它们并不是同一的概念。必然性是指事物发展的总趋势而言的,而因果性则是就已经出现的两个现象之间的联系而言。而只有在总的趋势上是必然性的东西已经变成现实的时候,才能谈到有因果关系的存在。

原因和结果的联系既然是必然联系,那么在偶然联系的情况下有无因果关系呢?为了解决这个问题,应当进一步考察一下必然性和偶然性以及它们同因果性之间的关系。

马克思列宁主义哲学在承认客观物质世界一切现象发生的必然性时,并不否认偶然性的存在。马克思列宁主义哲学认为偶然性也如同必然性一样,是客观物质世界所固有的现象。

所谓必然性,已如前述,乃是现象的这样一种发展:这种发展的根据存在于该现象本身之中,它是由该种现象合规律地产生的。反之,所谓偶然性则在该现象本身中并无它的根据,它不是由该现象合规律地产生的,在该现象必然发展的历程中,它是有可能发生也可能不发生的。例如,每个植物的生长都有一定的期限,这是植物有机体的必然性,但在某棵植物生长过程中,某日一颗坠落的陨石将它压死,这对于这个植物的发展来说就是一种偶然性。

必然性与偶然性虽然是对立的一对范畴,但它们仍然是互相联系、辩证统一的。偶然性是必然性的补充和表现形式,必然性通过偶然性开拓自己的道路,通过一系列的偶然性而表现出来。

一切必然性都被原因所决定,但偶然性也不是没有原因的。没有原因的偶然性是不存在的,“偶然性在必然性的基础上产生,并总是以一定的必然的原因为依据”①。所以,如果抛开某一偶然现象之所以是偶然性的一定过程,而仅仅从它所由产生的原因上去观察时,那它就表现为必然现象了。可见在一种关系或过程中是偶然的,在另一种关系或过程上却成为必然的了。因此,“偶然的是必然的,而必然的又是偶然的”②。所以我们绝不能把这两个概念断然地割裂开来。但也必须指出,我们说“偶然的是必然的,必然的也是偶然的”,这只是说明必然性与偶然性的辩证关系,并不是说必然性和偶然性就是同一的东西。我们之所以说偶然的是必然的,这是因为偶然的东西也是从原因发生的必然的东西,但应知道,它的发生在该事物中、在该一定过程中并无根据。它发生的根据存在于另一事物中、另一

① 陈昌曙:“关于唯物辩证法的两对范畴”,载《哲学研究》1955 年第 3 期。

② [德]恩格斯著:《自然辩证法》,曹葆华等译,人民出版社 1955 年版,第 180 页。

过程中。而必然性的发生则在该事物中、在该一定过程中有它的根据。在这个意义上,我们应把必然性与偶然性严格地区别开来。

由此可见,原因与结果的联系总是必然联系,对于偶然性来说,我们固然不能一般地说偶然性没有原因,同时对一定的事物或过程而言,却可以说在偶然联系的情况下不具有因果关系。

简单说来,马克思列宁主义哲学对于因果关系的理解就是如此。

二

把马克思列宁主义哲学对于因果关系的理解具体运用到刑法科学领域,就会得出如下的结论。

在刑法科学中,为了承认人的某种行为与危害社会的结果之间具有因果关系,某种行为与所产生危害社会结果之间必须具有必然的联系。这就是说,只有当在某种具体条件下,某种行为具有危害社会结果发生的实在可能性,并且由该种行为合规律地产生该种结果时,才能认为某种行为是危害社会结果的原因,亦即才能认为某种行为与危害社会结果之间具有因果关系。

某种行为具有危害社会结果发生的实在可能性是该种行为与危害社会的结果之间具有因果关系的必要前提。所谓某种行为具有危害社会的结果发生的实在可能性,亦即在该种行为中存在有可能使危害社会的结果发生的客观根据时,才能谈到这种行为是危害社会的结果发生的原因。否则,如果某种行为并不具有危害社会的结果发生的实在可能性,亦即在该种行为中并不存在有可能使危害社会的结果发生的客观根据,那就不可能谈到这种行为与危害社会的结果之间具有因果关系。例如,某甲殴打某乙,造成某乙轻伤,某乙在医院治疗时,医生某丙玩忽职守,用割过别人恶疮而未经很好消毒的医疗器械给某乙治疗,致使某乙感染毒菌而死。这里某甲的行为虽然也是发生某乙死亡结果所不可缺少的一个条件(因为某甲如未实施殴打某乙的行为造成某乙轻伤,某乙便不会到某丙那里治疗,某乙不去某丙那里治疗,便不会被未经很好消毒的医疗器械传染毒菌致死),但某甲的行为并不具有发生某乙死亡结果的实在可能性。因为某甲的行为仅只造成某乙轻伤,它还不足以破坏人的有机体组织的生活力。所以某甲的行为与某乙的死亡之间没有因果关系,它只能是某乙死亡的条件。而医生某丙的行为则具有发生某乙死亡结果的实在可能性,因为用沾染毒菌的器械给某乙医疗,毒菌便能侵入某乙的有机体,从而就能破坏人的有机体组织的生活力。所以,医生某丙的行为可能成为某乙死亡的原因。

某种行为具有危害社会的结果发生的实在可能性,只是该种行为与危害社会的结果之间具有因果关系的必要前提，它还不等于某种行为与危害社会的结果之间具有因果关系。因为可能性还不是现实。某种行为虽然具有某种危害社会的结果发生的实在可能性，但在这种可能性向现实合规律地转化的过程中，可能会被也具有某种危害社会结果发生的实在可能性的另一行为（或现象）把这种可能性向现实合规律的转化过程切断，并由这个另一行为（或现象）把某种危害社会的结果发生的实在可能性合规律地变成现实。在这种情况下，某种行为虽然具有某种危害社会结果发生的实在可能性，但这种行为并不是该种危害社会结果发生的原因。该种危害社会结果发生的原因只能是另一行为（或现象），因为该种危害社会的结果正是由也具有某种危害社会结果发生的实在可能性的另一行为（或现象）中合规律地产生出来。例如，某甲与某丙有宿仇，一天某甲伏击某丙，使某丙遭受足以致命的重伤。这天夜里，另一与某丙有宿仇的某乙潜入某丙住宅，以枪弹击中某丙头部，致某丙立时身死。在这个例子中，某甲的行为虽然造成某丙足以致命的重伤，但这个致命重伤向死亡结果的发展过程，却由足以造成某丙死亡的某乙的行为加以切断，并由某乙的行为造成某丙死亡。在这里，某甲的行为与某丙的死亡之间就没有因果关系，只有某乙的行为才是某丙死亡的原因。

根据上述原理，我们不难看出我国旧刑法著作中在因果关系理论上所谓“危险说”观点的错误。依照这种学说，例如，“甲以杀乙的意思，开枪射击，乙负伤而逃入病院。是晚病院失火，乙因之罹火灾而亡。欲判断甲之枪击行为与乙之死亡是否有因果关系，须以伤痕之轻重为断。若系重伤，则有发生死亡结果之危险。有危险则有原因力，正所谓结果发生以前观之，有结果发生之可能力也。如系轻伤则否。”①这种观点以“有结果发生之可能力”作为确定行为与结果之间有无因果关系的标准，而不问结果是否由“有结果发生之可能力”的行为合规律的发展所产生。显然，它不仅把可能性和现实等同起来，而且歪曲了因果关系的真实性质，从而把刑事责任的客观基础毫无根据地扩大了。

所以，为了承认人的行为与危害社会的结果之间具有因果关系，仅仅确定某种行为具有危害社会的结果发生的实在可能性还是不够的；为了承认人的行为与危害社会的结果之间具有因果关系，除了确定某种行为具有危害社会的结果发生的实在可能性之外，还必须确定某种行为的合规律地产生出该种危害社会的结果。某市人民法院所处理的殷某斗殴致死一案可以作为上述原理的实例。殷某与李某斗殴，殷某用脚踢了李某的腹部，因为李某原有疝气病，被踢后当时腹部疼痛难忍，经送某医院诊治，证明需要开刀。但李某因怕疼痛不愿动手术，遂经中医治疗，服草药数次无效而死。经某医院检查身体证明：“李某是因急性化脓性腹膜炎死亡。

---

① 王觐著：《中华刑法论》（总则・中卷），北平朝阳学院1932年版，第375页。

急性化脓性腹膜炎是由肠穿孔引起,而肠穿孔之发生与死者在生前斗殴时下腹被踢有关。”在这个实例中,李某的死亡系由于殷某踢了他的腹部引起急性化脓性腹膜炎所致,所以,虽然李某因怕疼痛不愿动手术对他的死亡不无影响(因为如果开刀可能治愈而不致死亡),但因它并未影响殷某行为合规律的发展,亦即李某的死亡仍系由于殷某的行为合规律的发展所产生,所以殷某的行为与李某的死亡之间依然存在因果关系。

必须指出,在我们确定行为与危害社会的结果之间有无因果关系时,是不能凭借抽象的因果关系的一般公式来加以解决的。因为因果关系总是具体的。一个行为总是在一定条件下才存在有危害社会的结果发生的实在可能性,并且也总是在一定条件下才由这种行为合规律地引起危害社会的结果的发生。同一行为如果所处的具体条件不同,就会产生出完全不同的结果。所以在我们确定某种行为是否具有危害社会的结果发生的实在可能性并由这种行为合规律地引起危害社会的结果的产生时,亦即确定某种行为与某种危害社会的结果之间有无因果关系时,绝不能脱离该种行为实施时的具体条件孤立地来加以考察。在这方面,关于霍某的事件可以说是一个明显的例子。两岁多的女孩霍某,一天头上碰破了一块皮,她父亲为使她伤口早日复原,第二天领她到某门诊部去治疗。医师谈某决定给她注射破伤风抗毒素。按照规定,在注射破伤风抗毒素以前,必须经过敏感实验,以免造成不良结果,但谈某认为特异体质的人很少,不进行敏感实验就给霍某注射了1500单位的抗毒素。注射后,霍某就闹得很厉害,接着面部出现浮肿,全身发青,大小便失禁,几分钟内就死亡了。经过解剖证明,霍某有淋巴腺增生和胸线扩大的症状,不能注射破伤风抗毒素。在这个实例中,如果霍某不是一个特异体质的人,医生谈某的玩忽行为(不经过敏感实验就注射破伤风抗毒素)就不可能引起霍某死亡的结果。正是因为霍某有淋巴腺增生和胸线扩大的症状,不能注射破伤风抗毒素,亦即在谈某行为实施时存在特殊条件,谈某的行为才合规律地引起霍某死亡结果的发生,亦即谈某的行为与霍某的死亡之间存在因果关系。所以,在分析某种行为是否某种危害社会的结果发生的原因时,对于侵害行为对象的特性,实施行为环境的特点,促成或阻碍人的行为的自然力以及其他等,都应与该种行为结合起来仔细地加以研究。只有这样,才能正确地确定该种行为与某种危害社会的结果之间有无因果关系。

三

根据上述论点,我们认为下面两种观点都是不对的:(1)把因果关系分成必然因果关系与偶然因果关系;(2)反对用必然联系来说明因果关系。

把因果关系分成必然因果关系与偶然因果关系的论点,在苏维埃法学界曾得到不少学者的拥护。就在最近一期(1956 年第 7 期)的《苏维埃国家与法》杂志上所发表的 M. Д. 沙尔哥罗得斯基的《法的理论中因果关系的几个问题》的论文仍然坚持这种观点。他写道:“关于因果性的分类问题,只有根据结果的偶然原因与必然原因才可能解决。”我们认为把因果关系分成必然因果关系与偶然因果关系两类的观点是毫无根据的。如前所说,因果关系总是必然联系,偶然性虽然也有它产生的原因,但如果从它产生的原因上来观察时,它也就是必然的,这就是说,它(作为原因的结果)和原因之间仍是一种必然联系。例如,前面所谈的例子,某甲造成某乙轻伤,医生某丙玩忽职守使某乙感染毒菌而死。这里某甲造成某乙轻伤的行为与某乙的死亡只是偶然联系,因为在某甲造成某乙死亡的行为中并无某乙死亡的根据。所以,某甲的行为与某乙的死亡之间没有因果关系。但某乙的死亡不是没有原因的,某乙死亡的根据存在于某丙玩忽职守的行为中,但就某丙玩忽职守的行为与某乙的死亡来看,二者的联系仍是必然的,所以某丙的行为与某乙死亡之间具有因果关系。可见,只有在行为与危害社会结果处于必然联系的情况下才能谈到因果关系。如果某种危害社会结果对于某种行为来说是偶然的,那么这种行为与危害社会结果之间就没有因果关系。虽然这种危害社会结果也有它的原因,但是,如果从它的原因上来观察时,它就不再是偶然的,而是必然的了。正是在这个意义上来说,在偶然联系的情况下没有因果关系,既然因果关系总是必然的,在偶然联系情况下没有因果关系,那就不能再用必然性和偶然性解决因果关系分类的问题了。显而易见,把因果关系分成必然的与偶然的,是与因果关系概念本身相矛盾的。①

反对把因果关系分成必然的与偶然的两种,是否必须把因果关系是必然联系的论点也要加以否定呢?有些刑法科学工作者对这个问题作了肯定的答复。例如,姜焕宸同志认为梅泽濬同志一方面批评因果关系分成必然因果关系和偶然因果关系的论点,另一方面自己又主张在行为必然地造成结果时才有因果关系,似乎梅同志“自己却陷于自相矛盾”。② 这就是说,既然批评因果关系分成必然的与偶然的论点,那就不能再说只有行为必然造成结果时才有因果关系。在我们看来,姜同志对于梅同志的指责是不能令人赞同的。必须知道,区分必然的因果关系与偶然的因果关系是因果关系的分类问题,而认为因果关系是必然联系则是说明因果联系的性质问题;这两个不同的问题是不应混淆起来的。在这里反对把因果关系

① 由于梅泽濬同志在他的论文中对区分必然因果关系与偶然因果关系的观点作了比较详细的批判,这里我对这种观点的错误只作一个简单的分析。

② 姜焕宸:“什么是刑法科学中的因果关系问题”,载《华东政法学报》1956 年第 2 期。

分成必然的和偶然的，正是以因果关系是必然联系的论点为前提的。我们认为把因果关系分成必然的和偶然的观点固然必须反对，但却不应因而也否认了因果关系的必然联系的性质。

从上述观点出发，我们感到在苏联某些刑法著作中对这个问题的论点也还大有值得商榷的余地。

T. B. 采列捷里在其《刑法中的因果关系》学位论文中说："……在必然性的概念中不仅包括着规律性的因素……而且包含着不可避免的因素……假定只有行为的必然后果才负责任，那么，就可能使审判员造成这样一种观念，仿佛只有当某人的行为不可免地要引起某种危害社会后果时，才应该负责任。"①

前面我们已经指出马克思列宁主义哲学并不是宿命论地把必然性简单地理解为不可避免性。可见这种责难的出发点就是错误的。既然这种论点是建立在对必然性不正确了解的基础上，那就很难保证它本身是正确的了。

Г. А. 克里盖尔等在其对1952年《苏维埃刑法总则》的书评中写道："如果教科书的作者们证明因果关系与无因果关系同必然性和偶然性相适应的话，那么他们的主张（按：指行为与结果处于必然联系的情况下始有因果关系，在偶然联系的情况下该行为与结果没有因果关系——引者）就有成立的权利，但是因为这种反辩证法的原则，他们永远也不能证明，所以他们的整个因果关系的主张，其本身基础是有毛病的，因而是社会主义刑法的理论和实践所不能接受的。"②

M. Д. 萨尔果洛得斯基和 H. C. 阿列克谢夫在其《评苏维埃刑法总则》（1952年版）一文中也说："……在偶然联系的场合下没有因果关系……这样来解决问题，是与马克思列宁主义哲学的原理相抵触……"③

的确，偶然性不是与因果性相对立的，偶然性也有它的原因，从这点来说，要想证明因果关系与无因果关系同必然性和偶然性相适应，那确实是反辩证法的，那确实是与马克思列宁主义哲学的原理相抵触的。但是正如我们前面所说，偶然性虽然也有它的原因，可是它的原因却不在于某种事物本身，而在于另一事物。从另一事物来看，偶然性虽然有它的原因，但在这里它也就是必然性，而从某种事物本身来看，偶然性却没有它的原因。正是而且仅仅是从这个一定的某种事物本身来着

---

① 转引自［苏］T. Л. 塞尔格叶娃著："苏联最高法院刑事案件审判实践中的因果关系问题"，载中国人民大学刑法教研室编译：《苏维埃刑法论文选译》（第1辑），中国人民大学出版社1956年版，第128页。

② 中国人民大学刑法教研室编译：《苏维埃刑法论文选译》（第2辑），中国人民大学出版社1956年版，第129页。

③ 中国人民大学刑法教研室编译：《苏维埃刑法论文选译》（第1辑），中国人民大学出版社1955年版，第187页。

眼,我们说在偶然联系情况下没有因果关系。由此可见,尽管能够证明偶然性也有原因,由于偶然性的原因在于另一事物,所以也就不能因而否认偶然性对于某种事物本身来说并无因果关系。显然他们还不了解:“偶然的东西正因为它是偶然的,所以有某种根据,同时也正因为是偶然的,所以也就没有根据。”①

根据上面的论述,可以看到:那些反对因果关系是必然联系的论点的理由是站不住脚的。因此结论仍不能不是:只有当某种行为与危害社会的结果处于必然联系的情况下,才能谈到该种行为与该种危害社会的结果之间具有因果关系。

最后应当说明,我们虽然认为不能否认因果关系的必然联系的性质,但同时感到像梅同志那样只简单地提出“这种行为而必然引起的损害结果,才是我们所说的刑法中的因果关系”②还是很不够的。因为仅仅提出“必然”的概念揭示它的联系的性质而不对它的内容进行具体的分析,也就很难帮助我们摆脱“概念上的游戏”。因此我们认为在研究刑法中的因果关系时,不能仅限于简单地说行为必然的结果才有因果关系,行为偶然的结果没有因果关系;而应当进一步分析行为与危害社会结果之间的因果关系的具体内容和特点,把因果关系之所以成为因果关系,因果关系之所以不同于其他关系的地方比较具体地揭露出来。只有这样,才能帮助我们解决这个在刑法科学中既重要又复杂的因果关系问题。

(1957年第1期)

① [德]恩格斯著:《自然辩证法》,曹葆华译,人民出版社1955年版,第182页。

② 梅泽濬:“哲学上的因果关系及其在刑法中的运用”,载《华东政法学报》1956年第1期。

刑法科学中因果关系的几个问题

杨兆龙*

一、怎样才算“把马克思列宁主义关于因果性、必然性、偶然性的原理运用到刑法科学中来”

所谓“把马克思列宁主义关于因果性、必然性、偶然性的原理运用到刑法科学中来”，可能有两种不同的解释。一种是“不考虑刑法科学中因果关系问题的特点，而将马克思列宁主义的经典著作中关于这方面的一切论点原封不动地照搬到刑法科学中来”；另一种是“结合刑法科学中因果关系问题的特点，适当地将马克思列宁主义的经典著作中关于这方面的一般原理或基本论点，运用到刑法科学中来”。我认为后一种解释是对的，前一种是不对的。其主要理由如下：

1. 每门科学都有它的特点，这些特点未必真的都能概括到马克思列宁主义的一般原理中，因此在解决因这些特点而发生的问题时，有时必须结合这些特点将马克思列宁主义的一般原理，即基本论点加以适当的、具体的运用和发展。刑法科学中的因果关系及其有关问题是有其特点的；这些特点——至少其中一部分——在马克思列宁主义的一般原理中还没有，并且也不可能有机会被全面地、具体地考虑过。刑法科学的任务之一就是要结合这些特点，将马克思列宁主义的一般原理中关于因果关系及其有关问题的论点，加以适当的、具体的运用和发展。

2. 马克思列宁主义的经典著作中关于因果关系及其有关问题的论点，除具有一般性的，即各种科学所共同的以外，还有一部分是或多或少结合某些科学范畴内的特殊情况而发展出来的，是不大好搬用的。例如，经典著作里关于自然科学和历史科学中因果关系及其有关问题的论点中，就有一些是由于这两种科学的特点而具体发展出来的。它们可能和刑法科学中问题的性质不合，如果照搬到刑法科学中来，就未必能正确地解决问题。

因此，所谓“把马克思列宁主义关于因果性、必然性、偶然性的原理运用到刑法科学中来”，只意味着将马克思列宁主义关于这方面的一般原理或基本论点（并非一切论点），根据其精神、实质并结合刑法科学中问题的特点，加以适当的、具体的运用和发展。这也就说明为什么因果关系及其有关问题，除在马克思列宁主义

---

* 作者单位：复旦大学。

的一般原理和经典著作中予以阐述外，还要在刑法科学中加以研究讨论。

二、需要进一步明确的几个基本概念

某些基本概念，如原因、结果、因果性、因果关系、必然性、偶然性、必然因果关系、偶然因果关系、主要原因、决定原因、次要原因、非决定原因，过去虽被大家用得很多，但实际上大家对于这些概念的认识并不一致。因此大家所用的语言形式虽相同，而实际所指的东西并不一样。这有时就引起了一些不必要的争论或混乱。例如，“原因”和“结果”，在历史科学中，可能是个别复杂而长期延续的事件，个别事件是包括许多的或一系列的因果关系的。但在刑法科学中就并不如此复杂，在自然科学中则更为简单。所谓“因果关系”，有些人将它理解为一种过程，有些人将它理解为一种事物的联系，又有些人将它理解为一种规律。“必然性”与“偶然性”在某些资产阶级的学者看来是对立的、互相排斥的。在马列主义的学者看来，它们是互相密切联系的。前者指事物的一般性、规律性，后者是前者在特定条件下的具体表现。但在具体运用上，特别是在刑法科学的具体运用上，大家的认识往往有些模糊。所谓事物的一般性与规律性，在犯罪事件的因果关系上究竟怎样具体地表现出来呢？如果将行为（包括作为与不作为）的“偶然结果”看做事物的一般性与规律性在特定条件下的具体表现的话，那么行为的“必然结果”将通过什么方式表现出来呢？“偶然的结果”与“必然的结果”究竟有何区别呢？“偶然的结果”与“偶然事件”是否有什么不同呢？

以上所举的这些基本概念问题，固然在不同的程度上牵涉马克思列宁主义的一般原理及某些论点在刑法科学中的具体运用问题，但同时也说明了一点，即这些概念在有些人的认识上难免是分歧的、模糊的。这种情况的存在，足以阻碍大家对于刑法科学中因果关系及其有关问题顺利地得出正确的结论。所以在研究因果关系及其有关问题时，应该首先对这些基本概念作一番精密的探讨。

三、刑法科学中关于因果关系的原理和哲学及其他科学中关于因果关系的原理是否一致

刑法科学中因果关系和哲学及其他科学中的因果关系，在苏联及人民民主国家，都是以马克思列宁主义的一般原理或基本论点为基础或出发点的。从这方面来看，它们是基本一致的。但哲学是一般性的，刑法及其他科学都是各有其特殊性的。刑法与其他科学都是在马克思列宁主义哲学的一般原理的基础上结合各该科

学中问题的特点具体发展起来的。所以它们关于因果关系的原理,在实际运用上也免不了或多或少地要结合本身的特点,根据马列主义的一般原理,作一些具体的发展。

我们都知道,宇宙间物质运动的各种形态是互相联系和互相影响的;这种互相联系和互相影响的关系或作用,是普遍的、整体的,严格讲起来,是无始无终的。但是为了认识、掌握某些具体情况起见,无论在实际生活中或在科学研究中,我们都有必要将个别事物从自然的或历史或社会的普遍整个联系中提出来而加以研究,说:这是原因,那是结果。所以因果关系乃是人们从宇宙间事物普遍整个联系中提出来的一个片段,正如列宁所说的,是一种"人为的隔离"(或"孤立")。正因为如此,因果关系的概念是有一定的局限性的。但是,这并不等于说:因果律是人脑子里凭空造出来的东西;相反地,它是以客观事物为根据的,是反映客观真理的,它本身就是一种客观规律。这在实际生活和科学实践中都已得到证明,因为实际生活和科学实践中许多问题是经常通过因果律的运用而获得解决的。

刑法科学,也和别的科学一样,不能不运用因果律,因此也就不能不谈因果关系。可是在运用因果律时,为了配合与犯罪作斗争的要求,却具有某些特点,其中最主要的,可简单说明如下:

1. 将人的行为(包括作为和不作为)在因果关系中突出,刑法科学所研究的最主要的问题之一,乃是何种行为(有一定目的的作为或不作为)构成犯罪。有许多问题,包括因果关系问题在内,都是环绕着这个问题来研究的。为了确定某种行为是否构成犯罪,刑法科学不但要研究这种行为是否为某种结果的原因,并且还要对这种行为作政治上、道德上的评价,以决定法律上的责任(这里是刑事责任)。在这种评价时,固然要考虑到这种行为在因果关系中所起的作用,但这还不够。更重要的是,要考虑行为人对于行为结果的事先的认识及态度。在考虑行为人的这种认识及态度时,主要的是要研究行为人对于行为与结果之间的关系,即因果律的具体体现,如何认识以及想如何运用因果律以达到什么目的(包括犯罪的目的在内)。这一事实非常重要,因为它足以使因果律的运用在刑法科学中起着和在别的科学中不同的作用。例如,在哲学及自然科学甚至历史或社会科学中,在研究因果关系时,人们只考虑人的行为或活动在因果关系中所起的作用,不一定有必要来同时对人的行为或活动作某种评价。但在刑法科学中这种评价是经常要做的,是必需的。因此在哲学及别的科学中(尤其是自然科学中)所要考虑的主要是(当然并非毫无例外)或者只是原因与结果的关系,而人的行为或活动不过被看做一种原因或结果;在刑法科学中所要考虑的主要是行为人如何认识及运用因果律的问题,因果关系的问题是在这个前提下来被考虑的。

2. 因果律的运用,受到行为人主观条件的某些限制。由于上述第一个特点的存在,刑法科学在运用因果律时,便不能像哲学、自然科学、历史或一般社会科学那样,根据事物的客观情况寻出因果关系,就算了事;它还得进一步研究行为人对自己行为和某种结果的因果联系是否在事先已经、可能或应该预见到,以便据以决定他应否负刑事责任。大家都知道,一般人对于哲学及各种科学的知识不可能都是很高的,如果我们拿哲学及各种科学关于因果关系的知识作标准来决定刑法科学中行为人对于自己行为和某种结果的因果关系,是否在事先可能或应该预见到的话,那不知有多少人要受到刑事制裁,这是极不合理的。如果刑法科学这样做,那就要使刑法及刑法科学大大地和实际生活及实际政治脱节。所以在考虑行为人是否在事先可能或应该预见到某种因果联系时,刑法科学有必要根据人们的一般知识水平,而不一定根据哲学及各种科学的知识水平,来决定衡量的标准。这样,哲学上及科学上因果律在刑法科学中的运用,就受到了行为人主观认识和意图的一些限制。例如,某种药品多吃了会使人中毒或死亡,而这点只有医生才知道。某甲不知道这种情形,根据医生乙的处方所开的超过应有标准的分量买来给丙吃,丙因此中毒或死亡。照哲学或自然科学关于因果关系的看法,乙的处方和甲的购药及给丙吃,都是丙中毒或死亡的原因,并且都可以说和丙的中毒或死亡有“必然的因果关系”;可是在刑法科学看来,乙对于丙的中毒或死亡应负刑事责任,是无问题的,至于甲因为事前不知道,并且也不可能或应该知道会发生这种后果,就不应负刑事责任。这种对于因果律运用的限制,是哲学及其他科学所没有或不常见的。

四、因果关系在刑法科学中的地位

从以上所论各点,我们不难看出因果关系在刑法科学中所占的重要地位。不过在刑法科学中却曾经有过一些不正确的看法。现在将它们摘要提出,予以批评。

资本主义国家的刑法学者中,除了某些否认因果关系的客观性者外,曾经有人认为刑法科学可以不必对因果关系加以研究。其主要理由之一是:刑事责任不是取决于什么因果关系,而是取决于行为主体与结果在目的上的联系。这样的看法显然是不对的。因为它只片面地强调行为人的主观条件与刑事责任的关系,却忽略了另一个重要环节:在考虑行为人的主观条件的同时或以前,刑法科学必须要考虑行为与结果间的客观因果联系,以便决定行为人是否可能或应该预见到结果的发生。这种客观的因果联系,在绝大多数的场合,是一般人所能理解的;因此所谓可能或应该预见的结果,在绝大多数的场合,也就是合乎这种客观因果律的结果。只有在少数场合,才会发生因果关系超过一般人(包括行为人在内)理解或预见水平的情况;也只有在这些场合,才有必要以行为人主观的认识或意图对因果律的运用作一些必要的限制。如果照某些学者所主张的那样,将因果关系从刑法科学中撇开不谈,则对于某种结果的可能或应该预见与否,将找不到客观标准来决定。

刑法学者中,也有一部分只知道一味强调运用客观的因果律,将刑法科学中因果关系的问题,看做和哲学及其他科学中因果关系问题完全一样,而没有研究刑法科学除研究因果律外,还要研究行为人对因果律如何认识以及想如何运用它的问题。这些学者的主要缺点在于没有重视刑法科学中问题的特点。因为根据我上面所讲的,考虑行为人对因果律如何认识以及想如何运用它以达到某种目的(包括犯罪目的在内),从而对行为人的行为予以政治上、道德上的评价,这是刑法科学的一个主要特点。如果不考虑这个特点而简单地搬用因果律,那是不可能使刑法科学中有关因果关系的问题,全部得到合理地解决的。

此外,还有一部分学者认为因果关系不是犯罪构成的要件。其理由是:在考虑某种行为和某种结果的因果关系时,不但要检查行为的客观方面,还要检查行为的主观方面及行为主客观方面的联系。换句话说,行为的主客观两方面及主客观两方面间的相互联系,都受着因果律的支配。这种看法能反映出行为的主观条件,即行为人对因果关系的认识等,在考虑因果问题时的重要性。这是好的一面。但是,它主要有两个缺点:第一,它将客观的因果律和行为者对于因果律的认识及意图,与刑法科学根据行为者这种认识及意图,在某些场合对客观因果律的运用所作的限制混为一谈,容易使人误信因果律本身没有客观性。第二,它将因果关系排除出犯罪构成的范围,并没有举出充分的理由;因为因果关系无论与主观方面或主客观两方面有没有联系,都可以作为犯罪构成的要件;仅凭它与主观方面或主客观两方面有联系而否认它可以作犯罪构成的要件,那是没有逻辑根据的。

(1957年第1期)

如何把哲学上的因果范畴应用到刑法科学中来

周原冰*

如何把哲学上的因果范畴应用到刑法科学中来,这是当前司法界和哲学界都感兴趣的一个问题。

有些先生提出哲学上的因果律和刑法科学中的因果关系是不一致的,因而进一步引申出马克思列宁主义哲学是否可以在刑法科学中应用的问题。又有些先生强调提出刑法中的因果关系似乎是只该孤立起来考察犯罪行为和犯罪结果之间的关系,其他原因和犯罪结果之间的关系,概不在刑法上因果关系的考察范围。由此得出结论说。刑法上的因果关系和哲学上的因果关系是有区别的,甚至区别很大。

哲学当然不能代替刑法科学,正像法学也并不能代替刑法、民法这些部门科学一样。但哲学能够应用到刑法科学来,我想该是不成问题的,正像法学可能应用到刑法、民法这些部门科学中来是不成问题的一样。什么是哲学?按照毛主席的说法,哲学就是"关于自然知识和社会知识的概括和总结"。① 这就是说,哲学就是既可以应用到自然科学上又可以应用到社会科学中去的普遍真理。如果哲学上的某些范畴,并不能应用到某些部门科学中去(正如有些先生说的那样只能应用到自然科学去),那就失去了它是个普遍真理的意义了,还能叫什么哲学上的范畴呢?但是,哲学上的范畴毕竟只是具有普遍性的范畴,而各种部门科学又一定各有其特殊性。普遍性不能代替特殊性,也不等于特殊性。特殊性和普遍性的关系,不是特殊性超脱于普遍性,也不是普遍性不能应用于特殊性,而是普遍性一般总是抽象的,特殊性一般总是具体的;抽象的要运用于具体的,通过具体的来体现抽象的。因此,不是什么哲学上的某些范畴不可应用到刑法科学中来的问题,而是哲学上的一切范畴,都要按照刑法科学的具体的特殊性来应用于刑法科学才有意义,而不应当生吞活剥地硬搬。现在我们应用得很不好,有些书这样应用,有些书那样应用,以致引起争论、迷惘、无所适从。但我看这都不能怪马克思主义哲学本身不能应用到刑法科学中来,而是怪我们尚不能善于应用。

关于这一点,我想提供一些粗浅的意见:

---

* 作者单位:中共中央华东局。

① 《毛泽东选集》(第3卷),人民出版社1953年版,第818页。

第一,我们把哲学上的因果问题应用到刑法科学中来的时候,不要神秘化。因果关系虽然是哲学上的范畴,但正是由于它存在于我们日常生活所接触到的各种现象中,经过了人们思维活动的抽象总结,才成为哲学上的范畴。哲学本身并不是神秘的,因而哲学上的一切范畴也都并不是神秘的。什么是因和果?按照恩格斯的说法,假如某种运动从一物体转移到另一物体上去,而且是主动地转移过去的,那么,它便是运动的结果。① 用我们通常的语言来说,发生了一件事情,出现了某一种现象,我们常常要问为什么要这样,我们所追问的这个"为什么",也就是某一事、某一运动的"因";而由于这个"因"而发生的事情或出现的现象,就叫做"果"。有原因一定会有结果,有"果"也一定有"因",这本是很普通的道理(也就是一个普遍的真理)。但一经神秘化起来,就高深莫测了。刑法上的因果关系,并不是神秘的。拆穿了讲,就是审理案件的时候,一定既要考察犯罪结果(果),还要考察造成这种犯罪结果的原因(因),要把发生这一案件的前因后果都查清楚,加以全面的考虑,得出处理的结论。况钟之所以被歌颂,就在于他是这样做的,而且做得很彻底;过于执之所以被讥笑,就是由于他不肯这样做。刑法科学中可以不必理睬因果关系这个范畴,是不是说我们在审理案件时不必去弄清案件的前因后果以及根据对前因后果的考察而确定处理办法呢?我想,不会有人这么说的。

第二,我们把哲学上的因果关系应用到刑法科学中来的时候,不要庸俗化。哲学上的一切原理,都需通过具体事物才可以说明;在把哲学上的原理,应用来说明具体事物的时候,就不仅要对哲学上的这些原理作认真的研究,还要对这一具体事物作周密的考察,如果硬搬硬套,那就会歪曲了哲学上的原理。比如,马克思主义哲学上讲因果关系时,的确特别强调"内因"(事物内部的联系和矛盾)的决定作用,但是,马克思主义哲学从来也不曾说一切因果关系的形式,都必须包括内因和外因,而且一定都是"内因"居于起决定作用的地位。事实上,马克思主义哲学完全承认另一种因果关系的形式,亦即低级的、简单的因果关系的形式。例如,我们拾一块砖头丢到水里去,水面上因而起了波纹,这只是由一种机械运动式转变为另一种同样简单的运动形式,这种转变只是纯外部的转变。在这里,造成水起波纹的只是外因而无所谓"内因",如果谁一定要去从水的本身去找波纹的"内因",岂不是不可思议的么?应用到刑法科学中来,许多案件的发生,可以有内因,也有外因。例如,某个机关发生一种重大的失窃案件,查明的事实是这个机关的制度非常松懈,机关内有个贪污集团为了掩盖他们的贪污罪行,故意勾结了外部的盗贼,制造了这个窃案。这就是既有内因又有外因,而又是以内因起决定作用的例证。但是,还有很多案件是并不能去找内因的,如甲打伤了乙,这有什么内因可找呢?如果定

① [德]恩格斯著:《自然辩证法》,曹葆华等译,人民出版社1955年版。

要说乙之所以受伤主要是由于乙自身可以被打伤,那就实在太勉强了。

第三,我们把哲学上的因果关系应用到刑法科学中时,不要绝对化和简单化。有些先生似乎认为“因”就只能是“因”,“果”就只能是“果”。把因和果绝对化起来,从而把“伤害行为”之类固定为“因”,把“伤害结果”之类固定为“果”。如果我们审理案件抱这种态度的话,恐怕是很难公正的。其实,恩格斯老早就斥责“把原因和结果看成永远分裂的极端,而绝对看不见它们的相互作用的那种流行的非辩证法的因果观”了。从事实际的审判工作的同志,在审理案件时,恐怕都会遇到以下一类事情。比如,这里同时发生了三件伤害案件:凶手甲用铁捧打破乙的头,凶手丙也是用铁棒打破了丁的头,凶手戊同样是用铁棒打破己的头。如果把凶手用铁棒打人固定为“因”,被伤害人的头被打破固定为“果”,而都不可转化,当然对凶手甲、丙、戊都只能作同样的处理了。可是,事情远不是这样简单和绝对。原来甲之所以打破乙的头,是因为乙先拿铁捧打甲,甲为自卫起见,夺了乙的铁棒而于无意中打破乙的头;丙和丁在一起练武艺,丙偶然失手打破了丁的头;戊则是故意寻衅,意在杀害己。所以,伤害行为固然是伤害结果的“因”,但对于为什么会产生此种伤害行为的原因来说,它又是“果”。我们审理案件,是不能只孤立地去考虑犯罪行为和犯罪结果的。

不仅如此,一个结果,往往也有很多原因,我们也不能只抓住一个原因就作出结论。例如,张三轻轻打了李四一下,李四即当场晕倒,送到医院后,医治无效而死。如果只考虑张三打李四这一个原因而定张三以杀人之罪,恐怕天下冤狱从此多矣!事实上李四本身有多年积症,刚刚饮酒之后,在回家的路上踉跄而行撞了张三,张三愤怒之余;轻击一掌,李四病发而倒地,到医院后,医生又医治失当,因而才死亡了。按照这种情况,能判张三以杀人之罪吗?不能!张三打李四,虽也可以是直接原因之一,但并非致李三于死的原因。

此外,有些先生似乎以为要不就不把哲学上的因果问题应用到刑法科学中来,要应用就要能像法律条文那样可据以作出判决,好像我们只要把案件的因果关系弄清楚了,就可以按照什么样的犯罪原因定出什么样的处理办法来,或者根据什么样的犯罪结果定出什么样的处理办法来。处理办法就只能是根据“因”或“果”的一方来作决定的。其实,事情不会这样简单,我们在刑法科学中应用哲学的因果问题,只是作为指导我们在审理案件和对案件作出决定前的一种分析案情和考虑问题的思想方法而已。至于究竟应当怎样判处?那还是要根据具体情况作具体研究。既要根据“因”,也要根据“果”;有时重于“因”,有时重于“果”,都要看具体问题作具体处理。如果把哲学当做教条,并用以审理案件,是未有不成为过于固执的。

(1957年第1期)

奥本海《国际法》评介

周子亚*

在资产阶级国际法著作里，奥本海的《国际法》和福煦依的《国际法大全》①，是有代表性的两部著作。而尤以前者，由于自第五版起，有劳特帕特做编订工作，不断地加进了许多资料，具有研究上的参考价值，流行得更为广泛。

奥本海的《国际法》，共分两卷，第一卷的总题是"和平"，包括下列内容：绪论，国际法的基础和发展；第一编，国际法主体；第二编，国际法的客体；第三编，对外关系的国家机关；第四编，国际关系行为。第二卷分三编："争议"、"战争"和"中立"。其初版印行于1905年与1906年间，再版印行于1912年。第一次世界大战期间，奥本海曾搜集资料，想在战后刊行第三版，不幸于战争结束那年(1919年)逝世，他的友人洛克斯堡继其遗志，给他编订第三版，印行于1920年与1921年间。第四版由麦克奈尔任编订工作，刊行于1927年与1928年间。自第五版起，改由剑桥大学国际法讲座劳特帕特编订，加进了一些材料和注释，印行于1935～1937年。第六版刊行于第二次世界大战结束前后(1944～1947年)。至第七版问世(第一卷刊行于1948年，第二卷刊行于1952年)，已较原书篇幅增加甚多。仅就第一卷而言，即增加了1/4左右，所以严格说来，这部国际法著作，实有劳特帕特和奥本海合作的意义在内。

总的说来，奥本海和劳特帕特都是资产阶级的国际法学者，他们共同为资产阶级服务，替帝国主义辩护，两个人一鼻腔出气，这是毫无疑问的。但是由于他们所处的时代有先后之分，因此他们所代表的思想体系，彼此之间亦有大同小异之处。奥本海生在第一次世界大战以前，原本是德国人，在德国攻读哲学、医学、神学和法律，毕业后执教于德国Freiburg、Basle等大学，讲授刑法；1895年赴英，改习国际法，接受英国实在法学派的思潮，根据实际材料编成《国际法》两卷。由于他反对德国军国主义，为英国的资产阶级的统治者所赏识，1908年继威斯特力克主持剑桥大学W. Whewell国际法讲座，被国际法学院推为会员，成为国际法学中实在法学派的中坚人物。至于劳特帕特呢，他是奥本海的学生，但是他却不满意于他老师的实在法主义的倾向，认为自然法也是国际法的一大渊源，因此有新自然法学派的代表

---

* 作者单位：华东政法学院(现华东政法大学)。

① 福煦依(Fauchille)，编邦菲(Bonfils)的《国际法大全》，是法国学派的代表作品。

人物之称。他的学说形成于第一次世界大战结束到第二次世界大战结束的 20 年期间,也就是在德国军国主义和法西斯主义两度被打垮、英美帝国主义企图独霸世界,要以法律形式来安定世界秩序的时候。被帝国主义所御用的国际法学者劳特帕特因此主张限制国家主权,要把“国际法变为世界法”。他在《美国国际法季刊》上写道:“……没有相当确切的并为一般人所同意的规范,对于称为国际法这东西的法律性质是一种严重的挑衅。”①克利洛夫批评劳特帕特最为恰当。他说,他背弃了他老师的严密的实在法观念,仅以叙述实在法材料的假客观的手法为掩护来贯彻现代资产阶级国际法学说的极端反动的倾向。②

劳特帕特所编订的奥本海的《国际法》的反动论点,真是不胜枚举。限于篇幅,现姑且就第一卷第一分册略举数点,以证一斑:(1)首先,他们把国际法局限起来,将国际法看做一种规定各“文明国家”之相互关系的法律,并谓“古代和中世纪前半期无国际法,在来源上,它主要是基督教文明的产物”。这种论点是完全抹杀事实的。不少的国际法科学研究工作者证明在古代中国、古代希腊和罗马以及中世纪时期都有过国际法规范。其实,他们所指的“文明国家”,就是以这一崇高称谓为掩护、以侵略别国为能事的帝国主义国家集团而已。(2)最不正确的,是奥本海所主张的关于国家承认的学说。他认为只有通过“承认”,国家才能成为国际法的主体。这种所谓“承认的宣告说”,却给强大的帝国主义国家以借口来拖延对新国家的承认,并拒绝给予新国家以国际法主体的平等权利。其实“承认”是一回事,新国家的产生是另一回事,“承认”并不是新国家产生的一种条件。(3)他们对于国际法上的许多准则,作了歪曲的解释,比如,对“自卫”,他们说“国家为自卫的目的而对他国作某些侵犯行为,为国际法所不禁止”,而把“美国出征墨西哥”(1916~1919 年)的侵略行动认为是自卫行为。又如,对“干涉”,他们认为依据条约,一国对他国有权进行干涉,并举 1906 年美国依据 1903 年《哈瓦那条约》干涉古巴和 1914 年依据 1903 年《美巴条约》干涉巴拿马为例,这真是颠倒是非、混淆黑白,其目的无非是要给帝国主义者侵略行为找寻法律上的借口而已。

不过从另一方面说,奥本海的《国际法》,已刊印到第七版,集有大量的法律资料和实际惯例,复经劳特帕特细心注释,每一增订版中所加进去的许多新的材料,是具有研究上的很大的价值的。我们要了解资产阶级国际法的反动本质以及它所采用的观点、所依据的材料,并进而批判它们,不能不把这部书置于案头,以供参考。

奥本海《国际法》的中译本,在国内有新旧两种:旧的是解放前商务印书馆所

① 《美国国际法季刊》1955 年第 1 期。

② [德]奥本海著:《国际法》(第 6 版)。

刊行的译本：岑德彰根据原本第三版的译本和李圣五根据原本第五版的译本，由于原版本均已陈旧，因此旧译本亦很少可供参考之用；新译本是1955年中国人民外交学会根据劳特帕特所编订的英文原本第七版集体所翻译的译本（第一卷第二分册尚未见印出），译文流畅通顺，是近年来国际法研究中的一个大贡献。

但是为求完善和正确起见，我认为译本中有些译名和译句是值得提出来商讨的。此如译者把原文"Law-giving authority"、"Law-making bodies"和"Legislature"都译成"立法机关"，我认为这种译法是欠妥当的。根据原文之法律上的字义，前者应译成"立法权力"，而后两者应分别译为"立法机关"和"立法者"。又如，原文"Statute Law"和"Law"都译成"法律"是错误的。"Statute Law"一词，在英国系指"成文法"而言，故应译作"成文法"。再如，原文"Changed Condition"译作"情势变迁"（译本第1分册第109页第1行）也不妥当。"情势变迁"在国际法上是专用术语，指条约签订时的情势发生变化而言，原文是"Vital change of Circumstances"，因而"Changed condition"应改译作"改变了的情况"。再如，该译本的校订工作亦做得不够精细，比如第1卷第1分册第16页第11行"权力与义务"，原文是"Rights and duties"，明显是"权利与义务"之误印（想来不是误译）。以上数点，是仅就对照第1卷第1分册上半册的译本与原文而指出的，类似的情况还很多，限于篇幅，不能一一列举。我建议原译者于译本再版时作一次细心的校订工作，以求其臻于正确和完善。

（1957年第1期）

“刑法科学中的因果关系问题”座谈会

《华东政法学报》编辑部最近邀请了上海市法学界和哲学界人士40余人座谈“刑法科学中的因果关系问题”。会上发言的有郭卫、杨兆龙、洪文澜、祝华平、梅尔和、徐顺教、刘焕文、周原冰、王文升、俞承修等同志。

杨兆龙同志认为哲学上与刑法上的因果关系是不一致的。哲学上的因果关系是考虑并包括一切因素在内，而刑法上的因果关系主要是考虑人的行为，也就是人为的孤立。其根本的目的是把人的行为突出出来，只考虑当事人的行为和社会的危害结果间的一段因果关系，作为确立刑事责任的客观依据。因此，马列主义的因果性理论不能照搬到刑法科学上来；必须根据它的精神实质，结合刑法科学中的具体特点，加以适当的运用。周原冰和其他同志认为哲学上的因果原理是有着普遍性的，同样可以运用到刑法科学中去，这正像法的一般理论完全可以应用到刑法学上，但仍然不能代替刑法理论一样。这是普遍与具体问题，全面与局部问题，而不是原则问题。

梅尔和同志认为刑法上的因果关系有必然性与偶然性之分。因为必然与偶然是一个事物的过程，必然性是要通过偶然性来表达的，如果摒弃了必然与偶然之分，在实际审判工作中就难以恰当地分析案情；徐顺教等同志认为不能把刑法中的因果关系分为必然与偶然的，如果把它们分开了，就等于把事物的联系简单化了，既是因果关系就是它的必然性，各个不同事件的偶然凑合，不能认为就是偶然的因果关系。

讨论中涉及的问题很多，如社会主义国家和资本主义国家对刑法上因果关系的看法、不同见解等。

此外，大家认为因果关系可作为分析刑事案件的方法，但不能简单机械地应用，即使因果关系查清了，也不能就根据这一点来判罪。因为犯罪除了行为的必然结果外，尚有其他各种条件，如故意、过失、目的、企图、行为责任、危害轻重及刑事政策等。大家认为这个问题在理论上和审判实践上都还有不少的争论，并愿意在今后作进一步的讨论。

（1957年第1期）

关于犯罪概念中社会危害性问题的讨论

【编者按】《华东政法学报》第2期自从发表了张仙根同志的《关于犯罪概念中社会危害性问题的商榷》一文以后，编辑部曾先后收到12篇读者来稿。大部分同志都不同意张仙根在文中所主张的基本论点，下面发表的两篇文章，是来稿中较有代表性的。

江仁宝同志的意见

我对张仙根一文的基本论点和引证有如下不同的意见。

第一，张同志在引用苏俄《刑法典》第6条和第6条附注及第16条关于适用类推的规定，说明只有犯罪才具有社会危害性时说："苏维埃的立法者是把危害社会行为与犯罪作为同义词运用的"，(参见张的原文，重点是我加的)因而将"犯罪"与"社会危害行为"说成一个意思、一个概念。显然这是不合乎逻辑学的原理的。因从"社会危害行为"这一概念的外延来说，它是要比"犯罪"这一概念的外延广得多。它好比"人"这一概念的外延，要比"中国人"这一概念的外延广得多一样。因为"人"这一概念的外延是指所有的人，不仅是中国人，而且也包括外国人、男人、女人、青年人、老年人，等等。从这里可见，如果说"人"这一概念的外延就等于"中国人"这一概念的外延，那自然会得出"社会危害行为"这一概念的外延就等于"犯罪"这一概念的外延的结论。从逻辑上看，这样的推论是错误的，我认为正确的解释应该是，正因为"社会危害行为"这一概念的外延并不等于"犯罪"这一概念的外延，因此，立法者在苏俄《刑法典》第1条中提到危害社会的行为时，后面特别加上括号，注明仅仅是指犯罪而言。这就说明社会危害性问题不只表现在"犯罪"问题上，同时还表现在其他方面，所以用外延狭窄的概念来限制外延广的概念，这是完全合乎形式逻辑的规律的。

第二，张同志曾引证了苏俄《刑法典》第6条附注的条文，并认为只有犯罪才具有社会危害性，而失去了社会危害性，就不认为是犯罪行为。如果不从事物的本质出发，只限于从形式上看问题，很显然会认为这样的引证，就解决了社会危害性只是犯罪才具有的特征问题。但实质上用这样的引证来证明只有犯罪才具有社会危害性是非常不恰当的，我认为不能把苏俄《刑法典》第6条附注同第6条关于犯罪的定义完全分割开来理解。应该认识到：苏俄《刑法典》第6条及其附注好比血与肉的关系。因为,第6条附注是整个第6条中的一部分。为什么立法者不把第6条附注另立一条,或作为其他条文的附注呢?这正说明二者关系的密切,所以,只有把第6条及其附注联系起来理解才是正确的。我们知道,第6条是给犯罪所下的定义,它所指的社会危害行为是:“目的在于反对苏维埃制度,或者破坏工农政权在向共产主义过渡时期所建立的法律秩序的一切作为或不作为,都认为是危害社会的行为。”这里所指的危害社会的行为在苏俄《刑法典》第1条中已有解释,那就是仅指犯罪的行为而言。第6条附注所指的是“失去危害社会性质的行为”,当然也是指失去了足以构成犯罪的、国家有必要用刑罚加以惩罚的那种社会危害性程度的行为,才不认为是犯罪。

正如第6条附注指出的:“……因为显著轻微,并且缺乏损害结果……”这显然是证明了并不是行为根本没有社会危害性,而是轻微程度的不同而已。虽则不认为犯罪,不受刑事惩罚,但是这种行为也可以受到其他处分,如不履行“合同”,就可能发生民事上的赔偿责任问题,或者行政上的纪律处分问题;如果社会危害性达到巨大程度时,就可能构成犯罪,引起刑事责任。

在1948年,阿尔巴尼亚人民共和国《刑法典》第5条也有过和苏俄《刑法典》第6条附注相类似的规定条文,但它是直接规定对社会之危害轻微者,不认为犯罪。至于规定“危害轻微”,这也正是表明行为社会危害性在程度上尚未达到犯罪的地步,但它仍是有社会危害性的。

第三,依照张同志看来,违反民法、行政法等是不具有社会危害性的,只有犯罪才具有社会危害性,故犯罪与其他违法行为的界限,应取决于社会危害性的有无,而不是取决于社会危害性的程度。从这一点来得出结论,也是很不妥当的,并且与客观事实相违背的。

我们知道,统治阶级为了维护其阶级统治而制定了各种法律,凡违反法律,就会发生各种不同的法律后果,如负刑事责任、民事赔偿责任,或行政纪律处分,等等。其之所以如此,正是由于对统治阶级的利益的危害程度不同而来的。在苏联有这么一种情况,因过失而损害他人财产,不履行某种义务的现象,是属于民法范围以内的,也就是由民事法律所调整的。但是,故意损害他人财产,恶意地不履行义务,浪费其承管的财产等行为,就应负刑事责任。这也正是因为它的社会危害性的程度不同之故。过失地实施上述行为也是侵害了苏维埃人民的利益的,也是有社会危害性的,但因它不如故意地实施上述行为的社会危害性大,所以立法者把它列入民事法律调整的范围内。

张同志曾引用民法上的“欠债不还,系破坏了民事法律所调整的社会关系(财产关系),这是违法的,它无疑地对社会不利”的例子(参见张的原文),很显然,张同志既认为违反民法是对社会不利,对民事法权关系的破坏,那在实际上就承认了违反民法是具有社会危害性的行为。可是张同志却又认为"这种违背民事法规的行为不能认为具有社会危害性"(参见张的原文)。这种说法显然是前后不一致的。试问:破坏统治阶级规定的法权关系,因而引起对社会不利的行为,难道说这是不具有社会危害性吗?很明白,所谓对社会不利的行为或破坏了统治阶级法权关系的行为,实质上应该认为是有社会危害性的行为,不过由于社会危害性程度的不同,因而所适用的法律及强制方法也就不同罢了。苏联民法学家马特维也夫教授在讲到民事违法行为时,认为诸如不履行供给契约的条件,破坏苏维埃商品流通等行为也有社会危害性,"……只是这些行为(当然,如果它们同时并不侵犯刑事法律,并且不引起刑事责任的话),就其对苏维埃制度基础底严重性,并不具有构成犯罪程度的危害性罢了"。现在我试就民法上契约部分,关于"合同"问题举个例子加以证明。某甲工厂的负责人与某乙工厂的负责人,订立了一个关于制造"双轮双铧犁的合同",确定在一个月内甲工厂要将"双轮"及"架子"制造成功,乙工厂要将"双铧犁"制造好,以便按期供给农民进行春耕。可是甲工厂的负责人由于(因别的任务)没有抓紧和重视这一合同的履行,以致到期时不能及时供给农民,影响了某一地区的春耕工作。这难道说对国家和人民没有危害性吗?正是为了避免这种情况的发生,或尽可能减少发生,前中央人民政府有关部门才颁布了加强履行合同的指示。例如,政务院财政经济委员会颁布了《机关国营企业合作社签订合同契约执行办法》,中央人民政府贸易部颁布了《关于认真订立与严格执行合同的决定》等。这都证明履行合同是十分重要的。不这样,就会对国家造成危害,以致影响国家计划的完成。

在苏联还有这种情况:流氓行动,如其是结果并不严重的初犯,就其社会危害性来说,在1940年以前,被认为是行政的违警行为,只需受行政处分。然而,在社会主义文化高度发展与社会主义共同生活规则强化的条件下,各种流氓行为已具有更大的社会危害性,因此在1940年制定了法律;根据这个法律,各种流氓行为都认为是犯罪行为。这样看来,很显然,流氓行为的社会危害性的增大,乃是决定它由行政的违警而转变为刑事犯罪的条件。

《惩治贪污条例》第9条第9款规定:"个人贪污的数额、不满人民币一百元,判处一年以下的徒刑、劳役或管制。或免刑予以开除、撤职、降职、降级、记过或警告的行政处分。"在这一规定中,可以以行政处分,又可以以刑事惩罚,到底是适用行政处分还是适用刑罚呢?如果按张同志的主张,即犯罪是取决于社会危害性的有无,适用刑罚必须根据社会危害性的有无,那么对这个条文是无法解决的。对别的法律也同样如此。

司法实践中,对处理贪污案件还有这样的情况:贪污100元以上需要处刑罚,而在100元范围以下,只给予行政纪律处分。但这能否认为贪污100元具有社会危害性，而贪污99元就没有社会危害呢？显然是无法得出这样的结论的。我认为，贪污人民币100元以上，社会危害性较大，并已具备了犯罪构成要件，在这种情况下，如果不给予刑罚，那就不能达到教育改造犯罪者的目的，同时也达不到教育一般人（社会上那些不稳定的分子）的目的。另外，对那些贪污数额在100元以下的，社会危害性较小，不构成犯罪，因而不需要处刑，而只需要给予行政处分，就可以教育贪污者本人，就会使他以后不再走入贪污的泥坑。

第四，张同志认为，在我国法制未完备的情况下，如果根据这一理论，会使司法实际工作人员不是从行为的性质上分析社会危害性的有无，认定犯罪或不犯罪，而可以凭自己的主观愿望判断行为的社会危害性程度，认定犯罪与否，结果必然会把一些犯有罪行的人放纵过去，而把另一些只有行政上或民事上违法行为的人，甚至使一般违背共产主义道德的人也受到法庭无辜的审判，从而导致对国家法制的破坏。（参见张的原文）我是不同意张同志的这个论点的：首先，张同志之所以认为不能主张用社会危害性程度来区别罪与其他违法行为的界限，乃是由于目前“我国法制不完备”，然则一旦刑法典和其他法律颁布以后，国家的法制完备了，是否就可以采取社会危害性程度来决定犯罪与其他违法行为的界限问题呢？试问：法制的完备与否，对于以社会危害性程度来区别犯罪与其他违法行为的界限又有什么关系？这样的主张有何作用与意义呢？其次，张同志在这段话中的观点也是自相矛盾的。因为张同志已承认社会危害性程度是区别罪行轻重的标准，如果说司法实际工作人员可以根据社会危害性程度把犯罪行为的轻重区别开来，那么为什么不可以根据同样的标准把犯罪与其他违法行为区别开来呢？如果说以社会危害性程度作为区别犯罪与其他违法行为的界限，可能司法实际工作人员凭自己的主观愿望认定犯罪，从而导致对国家法制的破坏。那为什么以此标准来区别罪行轻重，就不可能使司法实际工作人员凭自己的主观愿望判断罪行轻重，从而导致对国家法制的破坏呢？显然是很难想象的。再次，我觉得张同志过低地估计了我国司法实际工作人员的马列主义理论水平、社会主义的国家观与法律观，特别是忽视了解放七年来的司法工作经验和司法工作人员在实践中所得到的锻炼，这是不符合我国现实情况的。最后，我认为如果按照张同志的主张来区别犯罪与其他违法行为的界限，这倒可能导致法制的破坏。为什么呢？一方面，这使人们在理论上找到了根据，并造成一种错觉，以为违反其他法律（刑法除外）是不具有社会危害性和不会受到法律制裁的。这样就削弱了中华人员共和国所有法律的积极服务作用，这种忽视一切违法行为的社会政治实质意义，就在客观上推动了人们去实施其他违法行为。另一方面，在实践中，这会使司法工作人员混淆了合法行为与其他违法行为（根本不具有社会危害性的行为）的界限，把一切没有社会危害性的合法的行为当做违法行为处理，或者把一些违法的行为认为没有社会危害性，而不给予法律制裁，从而导致对国家法制的破坏。

曾绍棠同志的意见

张仙根同志认为社会危害性只是犯罪行为所具有的特征，因而是区分犯罪行为与其他违法行为和不道德行为的“较为鲜明”的标准，我是不同意这种主张的。因为社会危害性不仅是犯罪行为的基本特征，而且也是其他违法行为的重要特征和实际内容，它们之间，只是社会危害性程度的大小不同而已。因此，区分犯罪行为与其他违法行为，不应该从社会危害性的有无出发，而应该从社会危害性的程度出发。

大家知道，人们之间的社会关系是多种多样的，各种社会关系的性质也是不同的。我们国家根据各种社会关系不同的性质，相应地建立了人民民主的法的许多部门，构成了统一的人民民主的法权体系。于是，这些被法律手段所调整的社会关系，就以法律关系的形式表现出来，成了法权关系体系。任何违背这种法权关系的行为，同时也都触及人民民主法权体系的一定部门，即任何违法行为，都是对整个法权关系体系的某一部分的破坏，因而也就是对法社会关系的侵犯，绝无例外。

不过，人们之间的社会关系，并不完全都是法权关系，而只是其较重要的部分才被法权所调整。成为法权关系，正是因为它们特别重要，因此，任何破坏受法律所保护的社会关系（法权关系）的行为，都是具有社会危害性质的。比如，违反劳动纪律的行为，不仅影响生产，而且有可能使机器、原料、材料因无人看管而遭受损害。这种行为难道没有社会危害性吗？行政违法行为或民事违法行为也同样是有社会危害性的，只是这些行为，就其对人民民主制度的基础的严重性来说，并不构成犯罪程度的社会危害性罢了。

张仙根同志为了维护自己的主张，虽然举了很多的例子来论证，但这些事例并没有给它任何帮助。例如，在1953年11月19日以前，私商收购和贩卖粮食的行为，法律不认为犯罪，绝不是“因为这一行为在那个时候还没有社会危害性”。很明显，粮食奸商通过自由市场，囤积居奇，投机倒把，严重地危害了人民的生活，破坏了国家社会主义建设和社会主义改造事业，这怎么能说它“没有社会危害性”呢？问题是在当时的条件下，国家主要是采取经济斗争的形式来和这种社会危害行为作斗争，而在法律上却不认为这种行为是犯罪。因为当时在国家生活中提出粮食统购统销的条件不成熟，所以在法律规范上就没有反映对这种行为的要求。到1953年，由于社会主义工业化事业的日益发展，对商品粮食的需要日增，而我国农村提供的商品粮食非常有限，再加上自由市场的存在和粮商的投机捣乱，使国家的粮食购销计划，形成了不平衡的局面。如果不实行统购统销的办法，国家就不能掌握足够的粮食，就不能保证粮食供应。为了保证人民生活和国家建设所需要的粮食，前政务院才在同年11月23日颁布了《实行粮食计划收购和计划供应的命令》，以取缔粮食投机，加强粮食市场的管理。可见，正是由于粮商的投机倒把，造成国家粮食供应的严重困难，国家才实行粮食统购统销的断然措施的。因此，如果说在国家实行粮食统购统销办法以前，私商收购和贩卖粮食的行为是没有社会危害性的，而只是在统购统销的法令颁布以后才具有社会危害性的话，那就是说，这种行为本来是没有社会危害性的，只不过是国家的法令要强加给它一种危害社会的性质罢了。这样，就把国家所制定的政策法令看成没有客观依据的东西了，这种倒因为果的说法显然是与马克思列宁主义的观点对立的。

再如，破坏民事法律规范的欠债不还的行为，也是具有社会危害性的。因为国营企业之间，国营企业与公私合营企业或合作社组织之间，国营企业与公民个人之间等的债权债务关系，都是为了实现国民经济划的任务而发生的，债务的不履行或履行的迟延，都直接影响到国家计划的顺利完成。这种情况，在苏维埃国家的法律里是有规定的。苏俄《刑法典》第131条规定："不依照同国家的或在公共的机关、企业所订的合同履行义务的，如果在民事诉讼中发现这种不履行的行为是出于恶意的时候，判处六个月以上的剥夺自由，并且没收财产的一部或全部。"这就充分说明了民事法律关系中不履行合同所规定的义务的行为，是具有社会危害性的。如果说这种行为没有社会危害性的话，那么，法院有什么根据去追究行为人在主观上是不是出于恶意呢？我们认为，没有客观上危害社会的行为，就没有也不能有主观上的罪过，不过，不是出于恶意地不履行合同所订立的义务的行为，是不负刑事责任的。这是因为它所引起的危害社会的严重程度，还未达到必须采取特别严厉的国家强制形式——刑事制裁的地步。

公民个人间的债权债务关系，也是民事法律所调整的重要内容，因此，公民个人间的债务关系的不履行或履行迟延，也是具有社会危害性的。从形式上看，好像公民个人间的债权债务关系，只关系到公民的个人利益。但是，在人民民主制度下，公民的个人利益是由人民民主的社会制度所派生出来的，是社会利益的一部分。因此，危害公民个人利益的行为，就不能认为是没有社会危害性的行为。特别是我们所指的社会危害性，并不是指某一个别行为，而是指这一类的行为。也就是说，如果这样的行为，让它无阻地发展下去，会不会对社会有危害性呢？显然，这些行为对社会是有危害性的。

张同志还提到违反民事法律规范的行为，无疑对社会是不利的，但是，这种行为对社会没有危害性。如果是这样，那就必须回答这样一个问题：对社会不利不是社会危害性的内容，那么，社会危害性这个概念究竟有怎样的意义呢？

应该着重地指出，我们国家的法律明白地规定了像走私行为、抗税行为、违反交通规则的行为、违反劳动纪律的行为等，都是依据其行为的情节轻重来处理的；

或按行政程序给予行政处分,或依刑事程序科以刑罚。

比如,《海关法》第170条规定:“有本法第176条所规定行为之一者,海关应将其走私物品没收,并得科走私人以走私物品等值以下的罚金,其情节重大者,并得送司法机关究办。”

《工商业税暂行条例》第25条规定:“伪造证据或抗不交税,情节重大者送人民法院处理。”

《城市交通规则》第55条之三规定:“因违犯本规则发生严重事故,需受刑事处分时,移送人民法院或人民检察院处理。”

《国营企业内部劳动规则纲要》第16条规定:“违反劳动纪律的情节严重,使企业遭受重大损失者,应给予开除的处分或送法院依法处理。”该纲要第23条还规定:“企业的领导人员犯错误或违反劳动纪律时,得按隶属系统由原任命机关区别情节轻重给予纪律处分,或送法院依法处理。”

这些规定,说明了我们国家是根据一定行为的社会危害程度(情节轻重)来适用相应的国家强制手段的。也就是说,犯罪行为与一般违法行为都是具有社会危害性的。至于某种行为应不应该负刑事责任,就要看这种行为的社会危害程度(情节轻重)是否达到了必须适用刑事制裁的地步。

而张仙根同志却认为,抗税行为只有当它必须负刑事责任时,才具有社会危害性。因为在这里,行为的性质起了质的变化。我认为,只要抗不交税,就不管抗税行为的情节怎样,都是抵触法律的,都是对国家和人民具有一定社会危害程度的,只是危害程度的大小不同而已。但是,一般的抗税行为(违法行为)与必须负刑事责任的抗税行为(犯罪行为)是有质的区别的,我这样的说法,在反对者看来,是非常荒谬的:既然承认一般的违法行为与犯罪行为之间有质的区别,为什么又说二者之间性质上只有量(社会危害程度)的不同呢?这是因为他们不了解事物的质变,是以其一定的属性的量变为基础的。

任何事物都有它的必不可少的两个方面——质的规定性和量的规定性,社会危害行为也同样。社会危害行为用它的质(社会危害性)与非社会危害行为(不抵触法律的行为)区别开来,而用它的量(社会危害程度)与各种社会危害行为(其他违法行为、包括犯罪行为)区别开来。

这就是说,社会危害性是社会危害行为的一种属性,从极小的社会危害性到极大的社会危害性,它的本身没有质的区别,而只有量的不同。就如同温度是水的一种属性,而水在0℃和100℃时是要发生质变的——冰和蒸汽,尽管温度本身没有质的区别。社会危害行为也是如此,它的社会危害性程度不同,引起了行为本身的质的变化(违法行为与犯罪行为),尽管社会危害行为的属性——社会危害性并没有发生质变。

可见,社会危害行为的社会危害性程度的大小变化(量变),是会引起行为本身的质的变化的。这就是说,一般的抗税行为(违法行为)与必须负刑事责任的抗税行为(犯罪行为),在社会危害性上是量的不同(社会危害性程度的大小不同),但这两种行为之间是有质的区别的。

因此,主张一般的抗税行为(违法行为)在没有发生质变以前是没有社会危害性质的说法,是不妥当的。如果谁硬要坚持自己的主张,那就不能不使人发问:这种行为在没有发生质变以前,是不是也有它的量变过程呢?同时这种量变的过程又是怎样的一种量变过程(什么东西在变)呢?张仙根同志在文章里是没有回答这个问题的。我认为,任何事物都是由量变转化到根本的质变的。这就是说,量变是事物发展的必经阶段,没有事物的量变,就没有也不能有事物的质变。而在这里发生着量变的东西,就只能是抗税行为的社会危害性程度的变化。正是由于抗税行为的情节(社会危害性程度)特别严重,侵犯了刑事法律所保护的社会关系,才使这种行为发生质变,成为犯罪行为。

同时,如果认为民事上、行政上和纪律上的违法行为完全没有社会危害性,就会使人不正确地理解遵守一切法律规范的意义,似乎违反其他的法规(除刑法外)并没有什么严重性。这样,不仅削弱了我国人民民主法权体系的积极作用,反而助长了人们意识中的资本主义残余,在客观上起着莫大的危害作用。

苏俄《刑法典》第6条附则规定:"对于形式上虽然符合本法典分则任何条文所规定的条件,但因为显着轻微,并且缺乏损害结果,而失去危害社会的性质的行为,不认为是犯罪行为。"因此,张仙根同志认为只有犯罪行为才是社会危害行为,这个理由是站不住脚的。如果我们把苏俄《刑法典》第6条给社会危害行为所下定义与第6条附则联系起来,就不难了解这种行为并不是绝对地失去了危害社会的性质,而只是丧失了第6条所规定的危害社会的性质,当然就不再认为是犯罪,没有必要适用刑罚来实行干预,可依行政程序或纪律程序加以追究,或者受到道德上的谴责。

我们的理论是反映现实的。既然一般的违法行为事实上存在危害社会的性质,我们又怎么能否认客观事实呢?

既然不能以社会危害性的有无来作为区分犯罪行为与一般违法行为的标准,而应该从行为的社会危害性的程度出发来判明某种行为是犯罪行为还是一般的违法行为,那么怎样来划分犯罪行为与一般违法行为的界限呢?

关于犯罪行为与一般违法行为的界限问题,在法律上是没有明白的规定的。但是,并非一切犯罪行为都发生划界的问题,而只是其中范围不大的一些极轻微的行为才发生界限问题。同时,在这些极轻微的行为中,一般也只是那些在罚则中所规定的并非剥夺自由的最低限度的行为,才能发生界限问题。这是因为罚则本身是从行为的社会危害性大小出发的,既然规定了某种行为剥夺自由的最低限度,这就是说，这种行为只能是犯罪。

不过，应该说明，这里所指的范围不大的社会危害行为，并不是指这些行为的数量，而是指其种类，在数量上往往还是较多的。

尽管在某些极轻微的社会危害行为中存在界限问题，但是在实践中这个问题早就解决了。那就是从司法人员的法律意识来审查全部案情，判明某种行为的社会危害性质及其危害社会的程度，来区分这种行为是犯罪还是其他的违法行为。

（1957 年第 1 期）

1957年第2期

中华人民共和国刑法中实行惩办与宽大相结合政策的几个问题

[苏]伐·雅·柯尔金*　徐立根**译　邬志雄***校

革命暴力的作用和范围,阶级斗争尖锐程度的大小,正如列宁主义所教导的,是取决于阶级力量的对比,取决于剥削者对绝大多数劳动人民意志的反抗程度,取决于阶级斗争的具体历史条件。

中国革命的有利的历史条件决定了有可能在实现社会改造过程中广泛利用阶级斗争的和平方法,和大大缩小在对待剥削者阶级与反动分子的关系上的暴力作用。工人阶级国家领导权,工农的巩固联盟,社会主义经济成分在国民经济中的领导地位,国内的统一战线,再加上有利的国际条件以及苏联和其他人民民主国家的兄弟式的援助——所有这一切,正如中国党和政府领导人所指出的,就是中国能够通过和平道路消灭剥削制度、建成社会主义社会的必要条件。①

刘少奇同志在《中共中央委员会向第八次全国代表大会的政治报告》中谈到中华人民共和国的阶级斗争仍然继续存在的时候指出:"我们进行这种斗争的主要方法是说服教育的方法,只是对于那些对社会主义采取敌对态度并且违抗国家法律的个别的人,才必须区别情况采取必要的强制改造方法。"

关于在阶级斗争和国家的法的活动中说服和强制相互关系问题的解决,在中华人民共和国刑事政策中有着具体的反映。

因此,中华人民共和国刑法中实行惩办与宽大相结合政策的某些问题,值得认真地注意和研究。

中华人民共和国在同反革命作斗争方面,贯彻惩办与宽大相结合的政策。

毛泽东同志在谈到国家在同人民民主制度的敌人作斗争中的任务时,曾指出:"必须实行镇压与宽大相结合的政策,即首恶必办,胁从者不问,立功者受奖的政策,不可偏废。"②

---

* 作者单位不详。

** 译者单位:中国人民大学。

*** 校者单位:中国人民大学。

① 参见刘少奇同志《关于中华人民共和国宪法草案的报告》。

② 1950年6月6日毛泽东在中国共产党第七届第二次中央全体会议上所做《为采取国家财政经济的基本好转而斗争》的报告。

罗瑞卿同志在中国共产党第八次全国代表大会上的发言中，对于镇压与宽大相结合的政策的具体内容，曾作了如下的叙述：首恶必办，胁从不问，坦白从宽，抗拒从严，立功折罪，立大功受奖。惩办与宽大，两者是密切结合不可偏废的。

惩办与宽大相结合的政策，要求根据罪行、对社会的危害程度并考虑犯罪分子的个人情况而使刑罚特定化。这一政策要求对那些可能回到从事于社会有益活动的道路上来的犯罪分子最大限度地利用一切教育作用的手段。

在同犯罪作斗争中的惩办与宽大相结合的政策，还在中华人民共和国成立很久以前，就有了明确的规定。

1934 年 4 月 8 日颁布的中华苏维埃共和国《惩治反革命条例》，就有过若干反映这个政策的规定。各边区和解放区颁布的同最严重的犯罪行为作斗争的立法文件，在不同程度上也反映了惩办与宽大相结合的政策的要求。

在同反革命分子作斗争中的惩办与宽大相结合的政策，曾被固定在中华人民共和国的临时宪法——《中国人民政治协商会议共同纲领》第 7 条中。

由此可见，在资产阶级民主革命和社会主义革命的各个阶段，在同犯罪作斗争方面，人民政权都一贯地执行着惩办与宽大相结合的政策。

在同犯罪作斗争的不同历史条件下，“镇压”与“宽大”的相对意义是不一样的。

在国内战争时期和封建势力及其他反人民势力为了保持自己的统治地位而进行激烈反抗的时期，要使革命取得胜利，就必须无情地镇压一切反革命势力。在这样的条件下，在镇压与宽大相结合的政策中，镇压便有决定性的意义。

在中华人民共和国成立以后，在实现社会主义改造方面取得历史性的成就以及在同犯罪作斗争方面获得决定性的胜利以后，“镇压”和“宽大”这两个因素的相对关系便起了重大变化。在这种条件下，“镇压”本身的性质已经完全转化为由国家法律所确定的“惩办”的性质了。至于“惩办”的性质也有了变化，它的作用范围已经越来越小，而同犯罪作斗争的教育措施的作用却不断地扩大。

中华人民共和国在实现社会主义改造中的历史成就和对反革命的决定性胜利，已经使国内出现了一个新的环境。基于这个环境，目前在适用镇压与宽大相结合政策的道路上又向前迈了一步。

中国共产党第八次全国代表大会指出了，对反革命残余势力还必须继续进行坚决的斗争，但同时又指出：“……因为反革命力量已经日益缩小和分化，对于反革命分子应当进一步实行宽大政策。除极少数罪大恶极、引起人民公愤的罪犯不能不处死刑以外，其余罪犯应当一律免处死刑，并且给予人道的待遇，尽可能把他们教育成为善良的劳动者。”①

这一政策正如中共第八次全国代表大会所指出的，②是根据犯罪分子的各种具体情况提出的，是根据中国共产党改造社会、改造人类的伟大历史任务而提出的。

那么，这一政策的最重要任务有哪些呢？

在同反革命分子作斗争的方面，惩办与宽大相结合的政策，首先就是要瓦解反革命力量和分化反革命分子。

中国的反革命分子的情况并不都是一样的。正如中共第八次代表大会上所指出的，③反革命分子大体可分三类：

第一类是罪恶和民愤很大的反革命分子。直到现在，还有少数这样的反革命分子仍在继续进行破坏活动。这是反革命分子中的死硬派，是反革命的骨干分子。

第二类是反革命分子中的一般分子，他们占有多数，这类分子有罪恶，但不很严重；进行反革命活动，但不很坚决。他们是反革命残余势力中的动摇派。这一部分反革命分子的地位，在很大程度上是根据同反革命作斗争的积极程度以及对这部分动摇分子的政策是否正确而决定的。当对反革命骨干分子的嚣张活动镇压不力的时候，他们就积极进行反革命活动，以致犯更多更大的罪行。但是当着人民起来，给予坚决的反革命分子以严厉打击的时候，他们便动摇起来。只要对他们实行正确的政策，他们中间的一大批人，便会向人民坦白自首。

第三类是反革命分子中的胁从分子。这类分子被迫参加了反革命组织，或者偶尔参加了某些反革命破坏活动，他们的罪恶比较轻微，而且是不愿或者不完全愿意当反革命的。

在对反革命分子适用刑罚方面的惩办与宽大相结合的政策，一方面是要孤立和镇压同人民对抗到底的那一部分反革命分子，另一方面是要使相当大的一部分还可以加以改造的反革命分子断绝同反革命的关系。

因此，在对反革命分子适用刑罚方面，坚持“惩办少数与改造多数”的原则。

这就是说，对于那些历史上罪恶很大、民愤很大、拒不坦白交代，或者在解放后，特别是经过宽大处理后，仍然继续进行破坏活动的反革命分子，必须依法惩办。

至于那些只有一般罪行，不是坚决与人民为敌的反革命分子，就一律不予逮捕，而区别具体情节，给予管制或不予管制。④ 对于这些反革命分子，国家主要是

① 《中国共产党第八次全国代表大会关于政治报告的决议》。

② 罗瑞卿在中国共产党第八次代表大会上的发言。

③ 同上。

④ 同上。

采取这种或那种的教育感化方法。

从解决惩办与宽大相结合这一政策的上述任务的角度来看，特别值得提出的是中华人民共和国刑法中适用刑罚的下面几个特点：

1. 减轻刑罚、从轻处刑的条件，以及免刑的可能

当法院考虑到罪行的性质、犯罪的情况和犯罪分子的个人情况，认为应判处最轻刑罚的时候，法院即可在法定刑的限度内从轻判刑。

如果在具体情况下判处法定刑的最低限度仍嫌过重，法院即可减轻刑罚，或判处其他更轻的刑罚。

如果根据案件的特殊情节，法院认为对受审人不应判处刑罚时，可免处刑。

减轻刑罚（低于法定最低刑）和免刑的根据，是法律所规定的程度不同的减轻情节。

例如，自首可以作为从轻判刑或减轻刑罚的根据就是如此。凡投案自首而又在揭发他人犯罪方面有立功表现的，即可作为减轻刑罚或免刑的根据。

在中华人民共和国的刑事法律中并没有规定必然减轻刑罚或完全免刑的情况。法律仅仅列举了一些可能减轻刑罚或免刑的最重要情况。[①] 发现这些情况以及在每一具体场合下把它们评断为减轻刑罚或免刑的根据，乃是法院的一项重要任务。这时候，法院是以说明已犯罪行对社会危害程度，说明犯罪分子个人的全部情况以及一般预防和个别预防的任务为出发点的。

2. 在判刑时全面考虑犯罪分子在犯罪后的表现和行动

立法者把犯罪分子在实行犯罪后的表现和行动，看做评定犯罪分子本人社会危险程度的重要情况。

犯罪分子在实行犯罪后的表现和行动能够表明，在犯罪人的历史中犯罪是偶然现象，还是同这个人以后的犯罪活动是密切联系的。

如果犯罪分子在行动上有弥补犯罪所造成损害和向国家和人民立功赎罪表现的，立法者也把它看做一种重要的减轻情况，这种情况表明了犯罪分子本人的社会危险性已经减低，表明了有可能对他们进行改造。例如，《惩治反革命条例》第14条[②]就把下列情况规定为减轻情况：

（1）自动自首，真诚悔过者；

（2）在被发觉、被揭发或被检举后彻底坦白，真诚悔过并立功赎罪者；

（3）解放前反革命罪行并不重大，解放后却已悔改并与反革命组织断绝联

---

① 中华人民共和国的审判实践的出发点是：法律中所列举的减刑情况是大致的，它可以用其他情况来扩充。

② 《人民日报》1951年2月22日。

系者。

根据《惩治贪污条例》第5条的规定,下列情况也属于减轻刑罚的情况:

(1)在被发觉前自动坦白者;

(2)被发觉后彻底坦白,真诚悔过并自动地尽可能缴出违法所得财物者;

(3)检举他人犯贪污罪而立功者。

立法者认为自动自首并真诚悔过的事实具有重大意义,自动自首和真诚悔过乃是罪犯本人经过剧烈自我斗争和在道义上重大转变的一般结果,这一切标志着罪犯改过和接受改造的开始。

由于改造罪犯是社会主义类型刑法中刑罚的重要任务,所以中华人民共和国的立法和审判实践所持的出发点是,必须充分考虑指明犯罪分子改造前景的一切情况。例如,蒋介石破坏组织的特务某甲在1949年5月曾用炸药炸毁天津市内河航运局的船只,而且炸伤了六位搬运工人。以后他又从事组织秘密武装力量。在镇压反革命运动中某甲向政府机关自首,交出了20斤炸药,并检举了八名同案的主犯和共犯。法院考虑到该犯自首后能彻底认罪并检举了其他共犯,所以就从轻处理,判处徒刑5年。

3. 法院适用管制作为刑罚

管制就是法院判处的由有关机关(乡人民委员会、公安机关、被管制人所在工作的机关和企业)和人民群众对犯罪分子的活动加以监督,以便通过一定的惩罚和教育使犯罪分子转变为新人。

被判处管制的犯罪分子,根据所犯罪行的性质和其他情况,可能同时被剥夺一定的权利并应遵守法律所规定的规则(定期向执行管制的机关报告自己的活动,外出时并应报经上述机关批准,积极劳动生产等)。

如果被管制分子违反既定的管制规则或者继续从事犯罪活动,法院可根据情节严重程度延长原定管制期限或把没有执行的刑期改处徒刑。

《管制反革命分子暂行办法》规定对下列被管制分子可缩短其被管制期限或撤销其管制:

(1)认真遵守政府法令和管制规定,而且在行动上确有良好表现者;

(2)服从群众监督,积极劳动生产确已得到改造者;

(3)积极向人民政府检举反革命分子立功者;

(4)有其他立功表现或特殊贡献者。

根据上述暂行办法第3条,凡是历史上有罪恶,解放后既无悔改表现或悔改证明,又无现行反革命活动,虽然需要给予一定的惩罚,但其罪恶程度还不需要加以拘押的反革命分子,即对其进行管制。被管制的反革命分子应该剥夺其政治权利。

对于犯有一般刑事罪行的犯罪分子也适用(但要少得多)管制作为刑罚。属于这种罪行的有:毁损或盗窃国家财产、公共财产和公民财产、职务上的犯罪,以及若干妨害管理秩序、侵犯人身、妨害家庭和婚姻的犯罪。

在中华人民共和国成立后的最初几年,特别是在同犯罪作斗争的几个群众运动中,管制不仅被法院用来作为刑罚,而且也被(公安机关)用来作为目的在于通过动员群众同犯罪作斗争的一种行政处分,在这里执行管制的规则是共同的。

目前,只有人民法院才有权确定管制。

4. "判处死刑,缓期执行,强迫劳动,以观后效"

正如中国共产党第八次全国代表大会所指出的,在罪该处死的反革命分子中,对于那些没有血债,民愤不大,或者虽然严重损害了国家利益,但是尚未达到严重程度的反革命分子,实行"判处死刑,缓期执行,强迫劳动,以观后效"的政策。[①]

被判刑人在2年期间内要受到监禁和劳动改造;2年期满后根据被判刑人的表现(是否坦白,是否积极接受改造还是拒绝改造,是否继续进行活动),死刑判决可以根据法院的裁定予以执行或者改判无期徒刑或有期徒刑。这种政策收效很大。关于这点可以用这样一个事实来证明,还在缓刑期间绝大多数被审判人都坦白了自己的罪行并表现真诚悔改。对于这样的被判刑人,法院即将死刑改判为较轻的刑罚。

实行这种政策,正是说明人民民主制度高度人道主义的精神以及政府尽量减少死刑的适用,即使是对待那些罪该处死的犯罪分子也极力采取一切劳动改造和教育感化的手段。

上面所谈到的适用刑罚的一些特点,我们认为,从解决中华人民共和国刑法中一般预防和个别预防犯罪的任务这样一个观点来看,是值得特别注意的。[②]

大家都知道,在适用预防犯罪的刑法手段时,对于下列两类人必须分别对待:一类是没有犯过罪但今后可能犯罪的;另一类是已经犯罪的。对第一类人只解决一般预防的任务,而对第二类人既要解决一般预防的任务(制止这些人再犯新罪),又要解决个别预防的任务(制止已经犯罪的每个人再犯新罪)。最狡猾的一部分反革命分子和刑事犯罪分子是由过去已经犯过这种或那种危险罪行的犯罪分子组成的。这些犯罪分子和他们的活动,对人民民主制度有着特别的危害性。正因为这样,对这些犯罪分子就必须采取有力的一般预防手段。但是对于这种犯罪分子来说,仅仅重刑的威胁不可能是一般预防(制止他们再犯新罪)的有效手段。这种威胁只会把这些犯罪分子紧紧地固定在犯罪环境中,断绝他们转向真正生活的道路,使他们悲观失望,铤而走险。对这类犯罪分子来说,一般预防的有效手段,就是宽大政策,因为这种政策给他们搭起了一座回到有益于社会劳动的正直道路上来底桥梁。

① 参见罗瑞卿在中国共产党第八次代表大会上的发言。

② 作者并不打算对预防犯罪的刑事手段的问题作全面研究。

政府宣布,如果犯罪分子继续从事犯罪活动,那他就不可避免地要受到严厉的惩罚;可是如果他们割断与过去的关系,表示真心悔改,重新做人,那他就会得到宽大待遇。这样,也就给一切没有最后绝望并投向人民民主制度敌人阵营的犯罪分子,开辟了宽阔的、回到从事对社会有益活动的道路;从而也就破坏了敌人阵营的力量,防止了再犯新罪的可能。由此可见,对于继续从事犯罪活动的分子的将受到惩办的威胁一定要同在停止犯罪时的宽大待遇结合起来。只有这样,才能保证对这种犯罪分子的一般预防任务得到顺利的解决。

关于对那些没有犯过罪,但以后可能犯罪的动摇公民进行一般预防的问题,是按另外一种方式来解决的。对这一类人来说,刑事法律所规定的严厉刑罚就是一般预防犯罪的有效手段。

目的在于同反革命和其他特别危险罪行作斗争的中华人民共和国刑法法令,对这类罪行规定了严厉的刑罚。例如,根据《惩治反革命条例》,凡是实行了危害特别重大的反革命罪行的人,就要受到像无期徒刑和死刑这样的严厉惩罚;根据《惩治贪污条例》,凡是贪污国家财产和公共财产数额特别大的犯罪分子,也要受到像长期徒刑这样的严厉的惩罚。在1951年4月19日公布的《妨害国家货币治罪暂行条例》①以及中华人民共和国的其他刑法法令中,对实行危害特别大的罪行,都规定了严厉的刑罚。

现在,严厉刑罚的适用范围,已经越来越小。然而在目前条件下,国家还不能完全放弃用这类刑罚,其中包括像死刑这种暂时的和特殊的刑罚。

由此可见,实行惩办与宽大相结合的政策,就可能在中国的具体历史条件下,最有效地解决一般预防和个别预防的任务,并保证刑事制裁的准确性。

在实际执行惩办与宽大相结合的政策的过程中,人民民主中国经常同歪曲这种政策的各种现象,亦即同在适用刑罚方面的右倾和“左”倾现象,进行斗争。②

右倾表现在对刑事制裁这一种同犯罪作斗争的必要手段,亦即一般预防和个别预防的必要手段,估计不足,表现在对人民民主制度的顽固敌人,对犯了特别严重的反国家罪行的犯罪分子,适用轻微的刑罚。

“左”倾表现在过分重视刑罚而对教育感化这一种同犯罪作斗争的重要手段估计不足,表现在对那些没有严重社会危险性、可以加以改造的犯罪分子,无理地适用严厉的刑罚。

在适用刑罚方面,无论是右倾或“左”倾,都是严重地歪曲了惩办与宽大相结合的政策,因为这种政策要求对同犯罪作斗争的一切手段要加以全面的考虑。这

① 《人民日报》1951年4月27日。

② 这个问题特别在1956年2~3月召开的第三届全国司法工作会议上得到详细的讨论。

一政策的一个重要任务，就是要为那些同犯罪作斗争和实现审判权的中华人民共和国国家机关（公安机关、检察机关、法院），创造最良好的活动条件。

在目的在于同犯罪作斗争的刑事立法中，这项任务是通过寻找一些能够减轻侦查和审判机关的工作，协助它们顺利地执行它们的重要国家职能的法律手段来解决的。

在这方面，特别值得一谈的是法律所规定的减轻刑罚或免刑的情况。

在这些情况中，犯罪分子在实行犯罪后所采取的目的在于减轻犯罪有害后果和协助侦查与审判机关进行工作的行动，占有重要的地位。属于这种情况的有：投案自首，真诚悔改，彻底坦白，检举他人犯罪有功，自动地尽可能缴出非法所得财物。[①]

蒋介石间谍组织的特务张毅，在间谍学校受训完毕后，即被派进大陆进行特务活动。张毅为了完成接受的任务，开始收集军事情报并和台湾地区建立无线电通讯联系。后来张毅向政府自首了，彻底坦白了自己的罪行，交出自己的技术装备并提供了有关共犯的材料。有关政府机关考虑到所有这些情况，即决定对张毅免予刑事处分并帮助他劳动就业。

在某些立法文件中对于在同法律所规定的罪行作斗争以及消除犯罪后果中有显著成绩的人员，规定了表扬或奖励的办法。[②] 同时，中华人民共和国刑事立法也把犯罪分子在实行犯罪后所采取的目的在于阻挠同犯罪作斗争和妨碍顺利执行审判权的行动，规定为一种严重的加重责任的情况。

例如，《惩治贪污条例》第 4 条对于下列犯罪分子就规定得从重处刑或加重处刑：

（1）拒不坦白或阻止他人坦白者；

（2）为消灭罪迹而损坏公共财物者；

（3）为掩饰贪污罪行嫁祸于人者；

（4）坦白不彻底，判处后又被人检举出严重情节者。

《惩治反革命条例》也规定了下面几种加重责任的情况：

（1）向人民政府登记自首后，继续参加反革命活动者；

（2）经人民政府教育释放仍继续与反革命特务、间谍联系或进行反革命活动者。

例如，特务曾玉霖在敌伪时期曾任伪县长；解放后在 1950 年逃往香港，并和国

① 《惩治反革命条例》第 14 条，《惩治贪污条例》第 6 条、8 条，《妨害国家货币治罪暂行条例》第 8 条。值得指出的是，法律在把坦白看做一个减刑情况的同时，还区分犯罪前坦白和犯罪后坦白，以及彻底坦白和部分坦白的意义。

② 《保障国家机密暂行条例》第 16 条。

民党特务机关建立联系;1954年秘密潜入北京,开始收集军事机密情报向台湾地区发送。曾玉霖被揭发后,拒绝坦白。北京市中级人民法院认为拒绝坦白是加重情况,故判曾玉霖15年徒刑。

法律对于包庇反革命罪与贪污罪,以及对检举人施以打击、报复的行为,都特别规定了应得的惩罚。①

立法规定每一公民对于他所知悉的罪行,都有向政府机关实行检举之权,同时也指出在检举时不得挟嫌诬告。②

综上所述,可见中华人民共和国刑事立法在执行惩办与宽大相结合的政策时,广泛地利用各种法律手段。这些法律手段能提供最良好的同犯罪作斗争的条件,能协助有效地实现审判权。

惩办与宽大相结合的政策在同犯罪作斗争方面的贯彻执行,表明了这项政策已经收到巨大的效果,表明了它和中华人民共和国国内阶级斗争的具体历史条件是完全符合的。

这个政策使得有可能在最短的历史时期内,在同反革命及一般刑事犯罪作斗争中,获得决定性的胜利。

正如在中国共产党中央委员会向第八次全国代表大会的政治报告中所指出的,由于这个政策的影响,由于社会主义改造高潮的影响,由于群众的觉悟程度和组织性的提高,反革命分子的活动越来越感到困难,因而在反革命分子中发生了激烈的分化,成批的反革命分子向政府投案自首。③ 在"三反"、"五反"④运动中,同样也有很多一般刑事犯罪分子坦白自首。

惩办与宽大相结合的政策,保证了对犯罪分子最大限度地采用一切教育感化的手段,保证了使他们之中的大多数人都能回头从事对社会有益的活动。

这个政策给直接实现同犯罪作斗争和直接实现审判权的国家机关,提供了最良好的工作条件。

中华人民共和国的刑事政策,是对中国人民对敌斗争的历史经验进行创造性的马列主义的总结的结果。中华人民共和国的刑事政策,由于总结了中国人民在长期革命战争中和在实现资产阶级民主革命和社会主义革命过程中阶级斗争所取

---

① 《惩治反革命条例》第13条,《惩治贪污条例》第13~14条。

② 《惩治反革命条例》第19条,《惩治贪污条例》第14条。

③ 参见刘少奇同志在中国共产党第八次全国代表大会上的政治报告。

④ "五反"运动是用来和反抗社会主义改造的不法资产阶级分子的违法行为作斗争的(行贿、偷税漏税、盗窃国家资财、偷工减料和盗窃国家经济情报)。

"三反"运动是用来和国家机关、公共团体和企业工作人员的违法行为作斗争的(反贪污、反浪费和反官僚主义)。

得的经验，由于反映了广大人民群众的意志和要求，所以它得到了人民群众的赞许和支持。这个政策的伟大生命力和巨大成就的基础，就在于此。

中华人民共和国在复杂的阶级条件下所积累的历史经验，对阶级斗争的理论和实践，对建设社会主义的理论和实践，作出了巨大的贡献。

注意研究这些经验的政治和法律内容，是苏维埃法律科学的现实任务之一。

（1957 年第 2 期）

如此法律

汪绍麟*译

美国阿拉巴马州、伯明翰市命令第507节规定:"黑人(原文连第一个字母N也未大写——辑录者注)与白人一起玩,或者相互结伴玩纸牌、骰子、骨牌、棋子是非法的",违者处6个月监禁或100元罚金。

乔治亚州爱塔兰塔城命令规定:"白人理发师是仅仅为白人妇女或女孩子服务的理发师。""公墓管理人不能也不能允许在埋葬白人的土地上埋葬任何有色人种。"

密西西比州法律规定:"任何人、商店或者公司,如印刷、出版或者流通有利于白种人与黑种人间社会平等或者互相通婚的印刷物、用打字机打的或者笔写的东西,以提供给大家知道、辩论或者建议的,就构成轻罪,将由法院处以五百元以下罚金,或者六个月以下监禁,或者二者都判。"

得克萨斯州刑法典第492条规定:"如果任何白种人与黑种人要在本州内结婚,或者已经在本州内或本州外结婚,而将继续以夫妻身份在州内共同生活的,将被处以二年以上五年以下的徒刑。"

俄克拉何马州的法律认为有必要将公用电话亭分为供黑人用的与白人用的;得克萨斯州的法律禁止黑人与白人一起拳击;南卡罗来纳州法律规定在纺织厂内黑人与白人不能在同一个房间内一起工作,或者使用同一个发工资的窗口、厕所或者饮酒设备,"或者在同一个时间内使用同一个门、楼梯或者窗口"。

(1957年第2期)

* 译者单位:华东政法学院(现华东政法大学)。

摘译自 Rex chiplin,"This is America!",pp. 23 -24.

论共犯(上)

李光灿*

一、什么是共犯及我国刑事法律同共犯作斗争的意义

在历来的资产阶级刑法及其各派学者的著作中,对共犯问题的规定和见解,一向是众说纷纭、莫衷一是的。但是无产阶级的刑法学说,由于它依据了马克思列宁主义的科学理论去研究共犯问题,从而就找到了这一问题所固有的两条基本线索。第一,根据共犯对于社会危害性的大小及其有别于单个人犯罪的一些特点,来指出我们的刑法同共犯作斗争的重要性;第二,根据共犯中各共犯的相互关系以及他们的行为同犯罪结果的关系是贯穿着犯罪的因果关系,从而就找到了正确地认识共犯、研究共犯和处理共犯问题的规律性,因此也就排除了资产阶级刑法各学派对共犯问题的纷乱的疑团。

什么是共犯?在一些资产阶级刑法书籍中常常看到这样的定义:二人和二人以上共同犯罪的叫做共犯。这个抽象定义的非科学性就在于它不仅包括了故意,而且包括了过失。我们知道,共同犯罪是不能包括过失的。缺乏罪意间联系的各个罪犯,也不可能形成共犯。无产阶级刑法对共犯的定义是科学的,它指出:二人以上共同故意犯罪的叫做共犯。苏联、人民民主国家和我国将要公布的中华人民共和国刑法草案,对共犯的定义都是这样的规定。

这个定义本身所赋予的特征是:

1. 从客观方面来看,这个定义说明任何一个参加共同犯罪的共犯者的作为或不作为,都和实行犯所实行的犯罪之间存在因果关系。因此,就造成了实行犯的实行犯罪行为和其他各共犯者的犯罪行为对于因这些行为所造成的危害结果之间,都存在直接的或者间接的因果关系。这就是说,各个共犯者活动的总和是为了实行犯实行犯罪创造可能性,这种可能性由实行犯去变为现实。这样就形成了各共犯者的行为同实行犯实行的犯罪结果之间的因果关系。

2. 从主观方面来看,所有共犯者对共同构成的犯罪都具有共同的罪意——共同的故意。这种共同的故意,就使得各共犯者的意志联结成一个,使各共犯者的犯罪行动都统一在共同犯罪故意的支配之下。任何过失的情况不能构成共犯。在共

* 作者单位:中央政法干校(现中国人民公安大学)。

犯构成的主观条件方面，必须具有共同的故意。

构成共犯的这两个基本特征，在任何情况下都是必须同时具备而缺一不可的。如果说一个犯罪行为是罪意和罪行相结合的话，那么共同犯罪行为便是共同的罪意和共同的罪行相结合，也就是共同的犯罪的主观条件和共同的犯罪的客观条件相结合。这就是“二人以上共同故意犯罪”的共犯定义的本质。

无产阶级刑法关于共犯的这种科学的定义，同资产阶级的定义显然有着原则的不同。因为资产阶级那种抽象的、含混的、包括了故意和过失的共犯定义，既违反了犯罪的因果关系的原理，又违反了犯罪以主观罪过为基础的原理。资产阶级这种非科学的定义，在实际审判工作中势必重犯封建主义刑法中那种扩大共犯的范围、冤枉好人、株连许多无辜者的威吓主义。

从共同犯罪行为的分工形式上来区分，共犯可以分为简单的共犯和复杂的共犯两种。所谓简单的共犯，就是表现在每一个人都共同故意地参加直接实行那些实现犯罪构成的行为上。这中间对于各共犯来说，无所谓教唆犯和帮助犯，而都是实行犯，也就是在法律术语上所说的共同正犯。所谓复杂的共犯，就是在各共犯之间实行着不同的分工。这种不同的分工，在一般共犯的类型中，有所谓实行犯、教唆犯和帮助犯；在特殊共犯的类型中，有所谓首恶者（组织犯和骨干分子）、积极参加者和一般参加者。这种复杂的共犯，就是在我们的共犯学说中所要研究的体系和对象，也就是刑法术语中所说的狭义的共犯。区分简单的共犯和复杂的共犯的意义，在于使我们的刑事审判工作和刑法科学研究工作，把共犯的认定和研究分清主次。

从共同犯罪意图的联系形式上来区分，共犯可以分为有事先预谋的共犯和无事先预谋的共犯两种。所谓无事先预谋的共犯，就是几个人共同故意地参加实行一个事先彼此并未约定的共同犯罪。所谓有事先预谋的共犯，就是在犯罪以前首先协商了有关共同犯罪的计划，包括怎样分工、计算犯罪时间和隐匿罪迹等，这是一种最普遍的共同犯罪的形式。区分有事先预谋的共犯和无事先预谋的共犯的意义，在于使我们的刑事审判工作和刑学科学研究工作，把共犯的认定和研究，既能分清主次，又能区别对社会危害的程度。

从共同犯罪的结构形式和对社会危害性大小的程度上来区分，共犯可以分为一般共犯和特殊共犯两种。所谓一般共犯，就是具有实行犯、教唆犯、帮助犯等犯罪行为的最普遍存在的一种共犯类型。所谓特殊共犯，是指有组织的犯罪集团。这种有组织的犯罪集团，比一般共犯的类型对社会的危害性要大得多，使我们的刑法同这样的共犯类型作斗争上要比一般共犯类型艰巨得多，这种共犯类型主要包括反革命组织、强盗集团、惯窃集团、流氓集团等。显然，这种共犯类型，是我们的刑法同共犯作斗争的主要打击对象。区别一般共犯和特殊共犯的意义，在于使我们的刑事审判工作和刑法科学研究工作，把共犯的认定和研究，既分清了主次和区别了对社会的危害程度，又突出了共犯类型中的特殊性和复杂性，从而引导我国刑法同犯罪的斗争将其锋芒主要指向危险性最大的、对我们社会制度和法律秩序的侵犯与威胁最严重的犯罪者和犯罪行为。

在各种犯罪现象中，共同犯罪比单独犯罪对于社会的危害性是大的。这是因为：第一，几个人共同犯罪比单个人犯罪对社会所带来的危害程度要大些；第二，几个人犯罪由于经过长时协商或事先预谋，其所采取的犯罪的方法和手段比单个人犯罪要危险些；第三，几个人共同犯罪这种犯罪的联合形式，比单个人犯罪那种犯罪的分散形式会更有力量来对抗我们国家同犯罪所作的斗争，来对抗对他们的法律制裁活动（例如，他们更容易地进行分散隐蔽活动，更容易地探听消息，更容易地去湮灭罪证罪迹，等等）；第四，几个人共同犯罪，比单独个人犯罪会更容易把犯罪的思想影响和传染给公民中的那些不良分子，更容易传播犯罪的种子。

因此，我国过渡时期的刑事法律，在同整个犯罪作斗争的问题上，对共犯的斗争，特别是对有组织的犯罪集团的这种特殊共犯的斗争，始终占据着极其重要的地位。因为革命的阶级斗争和要求保存剥削制度的阶级斗争，往往通过这种犯罪的联系形式、特别是通过有组织的犯罪集团的形式集中地表现出来。在刑法中研究同共犯作斗争的重大意义，就在于使我国刑事法律的锋芒针对这种对新社会危害严重的犯罪，以便采取有效的政策和方法，彻底打击这一类型的犯罪，以保卫我国人民民主制度，维护法律秩序，更顺利地发展社会主义建设事业。

二、一般共犯中共犯者的形式及其刑事责任

在一般共犯中共犯者的形式，可以分为实行犯、教唆犯和帮助犯。这种分法，是从犯罪者在共同的犯罪中所起的不同作用和表现的不同形式来区分的。犯罪的共同故意以及它们的行为共同成为社会危害结果发生的原因，把它们联结在一起。但是，主犯和从犯的区分，不能以上述三种形式做标准。因为主犯和从犯的区分，是根据犯罪人的犯意的危险程度和社会危害结果大小来确定的。犯意的危险性和社会危害性大的为主犯，犯意的危险性和社会危害性小的为从犯。显然，这种共同犯罪中的主从之分，是贯彻到实行犯、教唆犯和帮助犯之中的。这就是说，在实行犯中有主从之分，在教唆犯和帮助犯中也各有主从之分。

现在，我们分别从共犯者的形式来加以分析和论述。

（一）实行犯

实行犯是直接实行犯罪的人，也就是直接实行构成某种犯罪的具体的作为和不作为的人。在简单的共犯类型中，从犯罪行为的形式上来区别，并没有所谓实行

犯、教唆犯和帮助犯的分别,而只有一种共犯者的形式,这就是共同实行的共犯。在这里,两个人或两个人以上的犯罪者,都是实行犯,即所谓共同实行犯,也就是过去刑法上所叫做的"共同正犯"。例如,甲乙丙三人为了共同去杀害丁,甲持刀去杀丁,乙则握住丁的双手,丙按住丁的双腿并叫甲用刀向丁的脖子上砍去,丁因此被杀害了。在这一杀人共犯中,甲乙丙三人都是实行犯,都要负共同的杀人罪,这是显而易见的。

对于共同实行犯的这一犯罪者的形式,我们分以下两点来加以说明。

第一,共同实行犯的犯罪构成。在这一简单的共同犯罪的形式中,它的犯罪构成,也必须具备这样两个因素。第一个因素就是共同犯罪的人,必须有共同犯罪的故意。没有共同犯意的联系,就不可能成为共同实行犯。例如,甲乙二人赶一辆大车进城,当车子行走在一条热闹的街道时,甲乙两人没有注意照顾车子,正当他俩高谈阔论之际,从右面胡同里开出一辆汽车。他们为使车子马上停住便拉了马向左转,正巧后面一个骑自行车的人因来不及躲避而被大车撞倒。在这里,甲乙两个人的疏忽虽然共同构成了撞伤骑自行车的人的结果,但因缺乏共同犯意的联系,是不能构成共同实行犯,而只能对各自的过失负责。当然,相反的例子,就可以说明是属于共同实行犯了。假如甲乙二人事前有预谋杀丙的行为,在犯罪行动上,虽然甲乙将丙用绳绑好禁闭于一间房子里,然后由乙单独将丙用木棒击杀。甲乙二人这样的杀人行为,就是共同实行犯,因为这里存在甲乙两人的共同犯意的联系。第二个因素,就是要有共同实行犯罪的行为。只有共同犯意而没有共同犯罪行为的,仍然不能构成共同实行犯。例如,甲乙共谋为盗,这当然是甲乙已有共同犯意的联系了。但临到实行偷盗行为的时候,乙不想干了,但未通知甲,因此只有甲一人到丙宅去实行偷盗,而乙根本没有加入。这样,甲乙二人也不能构成共同实行犯,而是仅甲一人构成单独偷盗罪。

第二,共同实行犯担负刑事责任的原则。对于共同实行犯的刑事责任的确定,应该根据他们在犯罪中所起的作用处罚,这是最基本的一条原则。例如,一个惯窃引诱了两个 13 岁的孩子同他一起实行窃盗,并共同分赃。在这种场合这个惯窃自然是实行窃盗中的主犯,应负较重的刑事责任。而另外两个未成年的实行犯,因已达负刑事责任年龄,也应视其情节负较轻的刑事责任。

共犯中的共同实行犯的类型,是一个简单的共犯类型。在这一类型里,对于犯罪行为的分析和对刑事责任的认定,是比较容易的。因为在这种共犯类型中只有一种共犯者的形式即实行犯,而没有教唆犯和帮助犯。清律规定"以临时主意及共同强盗者,不分首、从论",也就是指的共同实行犯的类型。在这一种简单的共犯类型中,常见的多是有事先预谋的共犯,但是个别的也可能有没有事先预谋的共犯。例如,甲在偷盗中偶然遇到过去曾经同他一起作案过的乙,因而请乙帮助把偷到手的东西转移出去,这就是没有事前预谋的共同实行犯了。

(二)教唆犯

教唆犯是劝诱他人(包括多人)实行犯罪的人,也就是激起他人产生实行犯罪决心的人。从犯罪的因果关系上来讲,这种教唆犯所起的作用,往往是犯罪结果产生的具有决定性的原因。为了教唆他人犯罪,教唆犯的活动可能表现为各种不同的形式。例如,采取劝告、请求、说服、答应给报酬、强迫、威胁等方法。教唆犯采用多种多样的形式进行教唆都是为了一点:叫他们发生这种或那种犯罪的思想。这是一种制造犯意的罪犯,也就是我国封建刑法上所称的“造意”犯。对于造意的解释,《晋书·刑法志》上载有“唱首先言,谓之造意”。显然,教唆犯是实行犯罪的思想发起人,由激起决心的行为确定了教唆行为与实行犯所实行的犯罪结果之间的因果关系。因此,这种犯罪行为本身的性质决定了它只能是故意的犯罪行为。如果某人过失地引起他人发生了犯罪的意念,这不是教唆犯,也不构成实行犯的共犯。为了说明教唆犯的犯罪的性质和特点,仅分以下两点进行分析:

第一,教唆犯的犯罪构成。

1. 从教唆者的主观方面来看,教唆犯罪必须要有教唆的故意,即教唆者希望结果发生的心理状态这一特点。没有教唆故意就不能成为教唆犯。教唆故意是作为共同犯罪中因果关系的“因”这一方面起积极作用的。从这一“因”的方面,我们可以作出如下的分析:

(1)教唆故意应当区分直接目的和间接目的。教唆犯实行故意教唆犯罪的时候,是有两种情况的:一种是教唆犯为了直接个人的目的。以杀人罪而论,教唆犯的目的就在于直接杀害被害人。例如,甲想杀乙,直接去杀恐怕于己不利,于是才教唆丙,使丙去杀乙,这里构成教唆犯。这种情形就是教唆犯本人出于直接目的去故意教唆他人犯杀人罪。但还有另一种情况,就是教唆犯出于间接目的去故意教唆他人实行犯罪。例如,甲不以杀乙为目的,而是为了谋害丙或其他的目的,才去教唆丙去实行杀乙的犯罪行为。这种情况虽是出于一种间接目的的情况,但仍不妨碍甲构成教唆犯。

(2)教唆故意还要区分特定的犯罪行为和非特定的犯罪行为。例如,甲与乙向来有仇,想要报复但没有得到机会,于是教唆丙,使丙对乙进行犯罪活动。在这里,甲并没有教唆丙要他实行特定的犯罪,只是教唆他实行某种对乙有害的行为,如偷盗他的财产、杀伤行为都可以对乙有危害。在甲的教唆下,丙遂放火烧了乙家。这样,甲所教唆的罪,虽然不是特定的罪,但仍为教唆故意的犯罪行为,随着丙的实行犯罪行为而确定其教唆之罪。也就是说,丙为实行放火罪,甲为教唆放火罪。

(3)教唆故意还要区分特定的实行犯和非特定的实行犯。这就是说,教唆故意是针对着某一个特定的实行犯者或者是针对不固定的某一人作为实行犯者，都能构成教唆罪。例如，甲教唆丙去杀乙，丙是特定的实行犯，教唆故意自然应当成立。但是如果甲乘着群众骚乱的时机，去当众发表煽动群众骚乱的演说，引起了群众攻打合作社，在这种情况下，甲的教唆虽没有特定的实行犯，但仍应构成教唆犯罪。当教唆者的故意是针对特定的实行犯时，对于被教唆者还应当注意区分其有无负刑事责任能力的情况。如果被教唆者是未满13岁的未成年人或者精神病人，也就是说，被教唆者是无责任能力的人，在这里被教唆者的实行犯罪，只不过是为教唆者进行犯罪所利用的一种工具而已。因此，未满13岁的未成年人或精神病人，并不构成任何犯罪。在这里，不是共同犯罪的问题，而是教唆者本人利用他人不受处罚而去实行犯罪的问题。因此在这里，教唆犯变成了实行犯。自然，如果他所教唆的被教唆者，是有责任能力者，而他本人所构成的还是教唆罪。

（4）教唆故意还要区分开头教唆和中间教唆。所谓开头教唆就是激起被教唆者一种犯意。例如，丙本无杀人之意，因为事先甲的教唆而促起了丙杀乙之意。这样的开头教唆固然构成教唆罪。但在另一种情况下，即所谓中间教唆。例如，丙对乙实行监禁，并放火烧房以谋害乙，以后又决定中止，这时甲乃乘机去教唆丙要他继续实行烧房。这种中间教唆的情况仍然构成教唆。

在以上四种情况下，因为教唆故意罪是直接引起实行犯的犯罪故意的原因，他们有共同的犯意，所以就构成教唆犯罪。正如《苏维埃刑法总则》一书中所说：“教唆犯的故意，也和其他一切犯罪主体的故意一样，应该包括以下的预见：第一，对组成所实行的犯罪构成客观方面的一切事实情况的预见；第二，对自己的行为和所发生的犯罪结果间因果关系的一般发展的预见。由于第一种因素，教唆行为应针对具体的一定的犯罪（杀人、窃盗、强盗等）。由于第二种因素，教唆犯的故意应包括对自己的行为引起被教唆者决意实行一定犯罪的认识。通常，教唆犯的故意是直接的故意，因为他是希望犯罪结果发生的。但是在个别场合，假如教唆犯知道自己的行为会引起他人实行犯罪的决心，而对它抱着毫不在乎和有意识的放任的态度的话，那么他的故意也可能是间接的故意。”

2. 从教唆者的客观方面来看，教唆犯必须要有教唆行为。从教唆行为的情况来分析，我们指出以下各点：

（1）教唆行为必须的确给了被教唆者以犯罪的决心为条件才能成立。如果教唆者对于被教唆者仅仅给了他以犯罪的机会或其他的便利条件，而并没有激起被教唆者的犯意，这种情况不能构成教唆犯罪。同样，对于一个已经具有了犯意的人，例如，对于已经具备了杀人决心的人，去用激愤的言词促其既定的杀人决心从速实现者，也不能构成教唆犯罪。在这两种情况下，只不过有可能构成帮助犯罪而已。

（2）教唆行为只要能给犯罪者以犯罪的决心就能成立。在这里，教唆者对于教唆被教唆者采取怎样方法去犯罪等，是可以不去过问的。例如，甲教唆丙去杀乙，只要教唆结果使丙具备了杀人的决心，就构成甲的教唆杀人罪。至于甲是用威胁的方法还是用利诱的方法进行教唆是无关紧要的；同样，教唆丙怎样去进行杀人行为（用枪杀、刀砍或用毒药），也是可以不去过问的。

（3）教唆行为可以由一人去进行，也可以由数人去进行；可以共同去进行，也可以单独去进行。例如，甲乙共同拿出人民币千元劝丙去杀丁，丙因可得这批款项遂决意杀丁。这种数人共同教唆的情况，自然应当构成数人共同教唆犯罪。如果甲乙的教唆行为之间没有主观上的联系，仅在客观上偶然构成同一教唆行为的，这只能是单独的教唆行为。但是，教唆行为由数人分别连续进行，他们的教唆虽不同时，只要教唆者的教唆是出于同一目的、对同一犯罪，而其结果如果促进了被教唆者的犯罪决心因而实行犯罪行为，那么对于数人的教唆者，也都构成了共同的教唆犯罪。例如，甲教唆丁使他犯杀人罪，丁没有同意；以后乙又教唆丁，丁还没有同意；丙再教唆丁，这时丁决定杀人的犯意。在这里甲乙丙三人在不同时间分别地、连续地对丁进行教唆的行为，就构成了共同的教唆犯罪。

此外，在分析教唆犯的教唆行为时，还必须注意到同实行犯所实行的犯罪间有无因果关系。

（1）从教唆者所教唆的犯意方面来看，被教唆者的犯罪行为应当以教唆者所教唆的犯罪范围为限度，才能成立教唆者的教唆犯罪；如果被教唆者实行犯罪的行为，同因教唆所给予的犯意在主要点上不相同时，就不能叫做教唆者的犯意，根据教唆的目的来说，这种情况不应当构成教唆犯罪。例如，教唆者教唆杀人，被教唆者乃实行放火，这种放火罪就没有教唆犯。又如，教唆犯意为教唆强盗罪，被教唆者实行了强盗罪和强奸罪，这里强盗罪是有教唆犯罪的问题，而强奸罪则没有教唆犯罪了。反之，如果被教唆者的犯罪行为，同教唆者的教唆犯意在主要点上相同时，就构成教唆犯罪。例如，教唆者教唆被教唆者用枪杀人，而被教唆者却用刀斩杀之；教唆者教唆被教唆者进行偷盗时要从被偷者的前门进入，而被教唆者却从后门进入，其结果都实行了杀人罪和偷盗罪。在这种情况下，显然构成了教唆者的教唆犯罪。因为它的主要点是相同的。但是以杀人罪来说，如果教唆者教唆杀甲，被教唆者却故意杀死乙，对于杀乙的罪行与教唆者是无关的，但是，被教唆者如果误乙为甲而杀之，教唆者仍然应当负教唆杀人的罪责。

（2）从被教唆者接受教唆者的教唆犯意和实行犯罪行为两个方面来看，对教唆犯罪性质相近的犯罪中由于被教唆者误解教唆犯罪而实行犯罪者，教唆者不能负实行犯所实行犯罪的刑事责任，只能负自己所教唆的犯罪的刑事责任。例如，教唆者教唆窃盗，被教唆者误解为强盗，因而实行强盗行为，在这种情况下，教唆者可按教唆盗窃罪负担刑事责任，而对于强盗罪则不应当负教唆的责任。反之，如果教唆者教唆强盗罪，被教唆者误为盗窃罪，因此实行窃盗行为时，被教唆者可以担负实行盗窃罪的刑事责任，而教唆者则应当按教唆强盗罪来负刑事责任。

在研究教唆犯的犯罪构成时，之所以出现比较复杂的情况，就是因为：①教唆犯的犯罪性质和特点，既依实行犯实行的犯罪性质和对社会危害程度来决定其犯罪的大小和有无，又依教唆犯本身按其性质说来可以独立构成共犯中的一种形式为根据；②共犯中的因果关系体现在教唆犯罪和教唆行为上面，既联系到教唆犯的教唆故意和教唆行为，又联系到教唆犯的教唆行为同实行犯的实行行为。在这里因果关系表现了错综、连锁的复杂性。这种认识和分析，在犯罪理论上，特别在审判实践上，有着极其重要的科学意义。

第二，对教唆犯的处罚。

对于教唆犯，应该根据他所教唆的罪处罚；如果被教唆的人，没有实行被教唆的罪，对于教唆犯可以减轻或者免除处罚。这是对教唆犯的量刑原则。为了简要说明这一原则的内容，兹分下列各点：

1. 教唆犯所教唆的罪如果被教唆者实行了，被教唆者就是实行犯，教唆犯的刑事责任就应当依照实行犯所实行的犯罪以共同犯罪论处。如果产生了程度不同的社会危害结果时，一般应当联系对实行犯的处罚标准来处罚教唆犯。但是对教唆犯的处罚，并不是在任何情况下都必须同实行犯完全相同。也就是说，实行犯的犯罪行为在教唆犯所教唆的范围内，教唆犯当然应当负刑事责任；但是，如果实行犯的犯罪行为超过了教唆犯所教唆的范围时，而教唆犯只能在自己所教唆的范围内负一定的刑事责任；反之，如果实行犯的犯罪行为不及教唆犯所教唆的犯罪范围时，也就是在程度上比所教唆的犯罪较轻、较小时，实行犯仅应按他所实行的犯罪负刑事责任，而教唆犯则仍应按他所教唆的犯罪（包括一部分被实行犯所实行了的和另一部分没有被实行的）来负刑事责任。然而，当教唆犯对于实行犯在他所教唆的犯意里提出了比较灵活的而不是固定的犯罪行为时，在实行犯按照教唆犯所教唆的犯意实行了这种或那种犯罪行为时，对教唆犯应当按实行犯所实行的犯罪行为处罚。例如，甲教唆丙，使他向乙进行杀伤或进行放火。也就是说，甲对丙所教唆的犯意，要他对于乙实行杀伤罪也可，实行放火罪也可。在这种情况下，丙因而就向乙家放了火。这样，关于丙放火的犯罪行为，甲要担负教唆犯的刑事责任。

此外，对教唆他人犯罪并且以后又直接参加实行犯罪的人，应当按照教唆犯兼实行犯从重处罚。例如，甲教唆丙来杀乙，在丙动手杀乙的时候，甲又亲自参加，同丙一起将乙杀死。这里，甲就变成了教唆犯兼实行犯，当然应当从重处罚。

2. 教唆犯所教唆的罪，实行犯并没有去实行。这种没有实行的原因可以包括客观原因和主观的犯意动摇而自动中止。在这里,对于教唆犯应当根据其所教唆的犯罪行为以预备犯论处,按具体情节可减轻他的处罚或者免予处罚。

3. 教唆未成年人犯罪的,应当从重处罚。因为教唆未成年人同教唆成年人,有原则不同的地方。在这里,教唆犯对于未达刑事责任年龄的未成年人的教唆行为,也就是教唆者本人对于犯罪的实行行为。因为既然教唆者把被教唆者当做一种犯罪工具来利用,那么,他的教唆的意义本身也就只能表现为一种实行的形式。对已达刑事责任年龄的未成年人教唆犯罪,也在不同程度上包括有当做犯罪的工具而利用的性质。特别是不管对于哪一部分未成年人的教唆犯罪,都意味着教唆者在未成年人的思想、道德方面施以毒害,从这一点说就已经是一种犯罪行为了。

(三)帮助犯

帮助犯是用各种方法帮助实行犯的人,帮助犯活动可能表现在供给犯罪的人以必要的工具(如供给武器或运输工具等)、排除实行犯罪的障碍(如转移看守人对应当保护的标的物的注意力等)、对实行犯提供意见和供给消息等。要认定某一个人的行为构成帮助犯罪,就必须根据这个人的行为对于实行犯的犯罪行为来说,是造成或增加实行犯罪时在主客观方面的有利条件。帮助犯同实行犯的区别,在于他没有直接参加完成犯罪的行为。这种帮助行为在时间上说,多半是在犯罪活动发展的预备阶段或初期阶段(如给实行犯以购买武器的金钱或直接交付武器),或者是在实行犯罪的时候。例如,甲实行偷盗,临时叫乙帮忙,当甲进入他人住宅进行偷盗时,要乙在街上替他把风来防备房主的返回。也就是说,在实行犯罪的时候,把风者虽帮了偷盗的忙,但没有直接参加这个犯罪活动的实行。或者在实行犯罪以前事先通谋,而在实行犯罪以后窝藏实行犯或为实行犯湮灭、隐匿犯罪证据。这些行为也同样都没有直接参加实现犯罪的实行。帮助犯不同于教唆犯的地方,在于他的帮助行为不是劝诱实行犯罪,不是犯罪思想的发起人,而是对犯罪思想肯定以后要实行犯罪的人的实现犯罪行为的一种帮助行为。为了说明帮助犯的犯罪者形式的性质和特点,现分以下两点进行分析:

第一,帮助犯的犯罪构成。

帮助犯的犯罪构成,也可以从两方面进行分析:

1. 从主观方面来看,帮助犯罪的构成,必须有帮助的故意。帮助的故意包括:(1)必须认识到自己的帮助行为是帮助犯罪的行为,因此必须认识到实行犯的行为是犯罪的行为;(2)必须认识到实行犯的犯罪行为,只有加上自己的帮助行为才能顺利造成危害的结果。在这两点认识的基础上,帮助犯不一定必须认识实行犯是什么人或有多少人,就可以构成帮助犯罪。例如,甲见有不相识者数人深夜进入邻家在实行强盗行为,这时甲便故意给他们一支手枪,并领着他们找到邻家储放钱财的房舍。这样,甲便构成帮助犯罪。这就是说,帮助犯的故意,应该包括以下两点预见:第一种预见,就是构成实行犯所实行的犯罪构成客观方面的一切实行情况。由于这种预见,就使作为共同犯罪的帮助行为,对于完成这一犯罪的实现上起着协助的作用。第二种预见,造成帮助行为和实行犯所实行的犯罪行为之间因果关系的存在。由于这种预见,就使帮助犯的故意自然应当包括我们上面所说的那两种认识。

2. 从客观方面来看,帮助犯罪构成,必须有帮助的行为。在帮助行为上:(1)不管帮助者采用什么手段,只要合乎上面所说的那些主观条件,就都构成犯罪的帮助行为。(2)帮助行为也不管是积极行为或者消极行为,即不管是作为或者不作为,只要合乎上面所说的那些主观条件,也都构成犯罪的帮助行为。例如,看守仓库人替他领路开库,固然构成帮助犯罪,即便自己不动手,但发现之后而不做防止的行动,抱着听之任之的态度,也就是抱着消极不作为的态度,这也构成帮助犯罪。(3)帮助行为不管在实行犯罪以前或者在实行犯罪的过程中,或者事先预谋并事后帮助,只要符合上面所说的那些主观条件,也构成犯罪的帮助行为。

第二,对于帮助犯的处罚。

从我国审判机关对于大量刑事案件的总结中得出来的正确结论是:对于帮助犯,一般应当比实行犯从轻或者减轻处罚,为了说明这个问题,兹分下列各点:

1. 因为帮助犯不是自己在实行犯罪,而是协助他人实行犯罪,所以从这种罪犯本人的社会危害性和他对造成社会危害结果所起的作用来看,比较实行犯自然一般是较轻、较小的。因而对他们比实行犯从轻或者减轻处罚,是理所当然的。

2. 如果帮助犯对于实行犯的犯罪实行,既帮助在犯罪实行阶段以前,又帮助在实行犯罪之中或者以后,对于他的处罚,应当根据他所实现的帮助行为综合考量这些行为对社会危害结果所引起的作用的大小分别处刑。但一般仍然应当以不超过对实行犯的处刑限度为原则。

在一般共犯的研究中,除了共犯者的形式问题以外,还有几个有密切关联的专门问题。

1. 所谓特殊主体犯罪中的共犯问题。所谓特殊主体,就是区别于一般公民来说的。例如,军人在军职上的犯罪,国家机关工作人员在职务上的犯罪及渎职罪。这些犯罪如果发生二人和二人以上共同故意犯罪的问题时,就成立所谓特殊主体犯罪中的共犯问题。在只能由特殊主体构成的某些犯罪中,既有若干国家工作人员参与犯罪,也有一般公民参与犯罪,这种情况就比较复杂了。根据客观事实情况来看,一般公民个人在渎职罪中成为共犯的一分子,是完全有可能的,因为我们人民民主主义和社会主义制度同资本主义制度是根本不同的。在资本主义国家中,公务人员是骑在人民头上的官僚机构中的特权分子,这种官僚机构和特权分子都是为资产阶级的统治利益服务的。所以,不仅他们的公务人员的合法行为处在特权地位，就是他们的犯罪行为也是处在这种特权地位之下。所以在资产阶级的刑法理论中，就提出了"在所谓纯粹职务上的犯罪中，私人不能成为共犯"的原则。在那里，一般公民个人，只能对所谓混合的职务上的犯罪负责（如职务上的诈欺罪）。在混合的职务上的犯罪中，自然不仅公务人员有可能，而且任何一般的人都有可能参与这种共同犯罪。社会主义的刑法对这一问题的解决，同资本主义完全不同。在社会主义国家中，国家工作人员和人民群众是密切联系的，人民群众都关心国家工作人员正当工作的履行。如果一般公民个人参与了职务上的共同犯罪，则应当毫无例外地成立共犯的罪责，因而对他们也都应当一律按照共同犯罪中的共犯来处罚。当然，在认定和处罚一般公民个人在同国家工作人员一起参与共同犯罪中，不应当忽略了它们二者的区别：一般公民个人在职务上的共同犯罪中，可以是帮助犯、教唆犯甚至组织犯，但不可能成为实行犯。因为在职务上的实行犯罪，只有国家机关工作人员这样特定身份的人才能构成。例如，实行滥用职权等，只能是由国家工作人员来充当实行犯。在这问题上，1927 年 1 月公布的苏俄《刑法典》，是一个最早公布的社会主义刑法对于特殊主体犯罪中的共犯问题的规定的范例。

2. 所谓共犯的实行过当行为的问题。实行犯的实行过当行为，即某一实行犯所实行的犯罪行为，有一部分是不在各共犯事先预谋或者临时协议的犯罪计划范围之内，也不在教唆犯所教唆的犯罪行为范围之内，而是超过了那些预谋、协议和教唆的犯罪范围所实行的犯罪行为。例如，甲乙二人商量一起去偷东西，但在偷东西时，乙并实行了强奸罪。这里对于强奸行为，甲不应该负刑事责任，因而在这点上不成立所谓共犯行为。乙的强奸行为是超越了甲的故意，因而应作为乙的一种独立的犯罪来处罚。如果在实行过当的行为中，实行犯不是由一人而是由数人共同进行的，在判罪处刑时，对于共同参与实行过当行为的数人，应当共同并负所实行的过当行为的罪责，作为过当行为的罪犯来论处。而对于没有参与过当行为的其他数人，在论处时，应当认定他们不对实行过当行为的部分担负刑事责任。

3. 关于共犯中的中止行为的问题，也就是共犯中各类形式的共犯者自动放弃犯罪行为的问题。

首先，对于实行犯的犯罪中止行为的问题，他在犯罪没有发生任何社会危害结果之时就自动放弃实行犯罪，就不认为犯罪，也不予处罚。当实行犯在犯罪实行过程中已经发生了部分社会危害而自动中止其实行犯罪的时候，应当减轻处罚。在这里，对于实行犯免予处罚或者减轻处罚，不等于说对于这同一共犯案件中的教唆犯和帮助犯就一律减轻或免除刑事责任了。因为在这里，实行犯自己的自动放弃，同其他教唆犯和帮助犯没有什么关系，因而就不能减轻其他共犯者的社会危害性。因此，其他共犯者仍然要负刑事责任，但是在这里因为没有了共犯中的实行犯，所以对其他共犯者的犯罪行为(如教唆犯和帮助犯的犯罪行为)应当单独另作处理,应当使他们对于实行犯还没有实现的那一部分犯罪的预备行为担负刑事责任。

其次,对于教唆犯的犯罪中止行为的问题,教唆犯的教唆中止行为如果有效地防止了犯罪结果发生的,就不构成犯罪。我们知道,教唆的自动中止始终应当实现为一种积极的行动,也就是教唆者必须积极去防止已教唆的犯罪活动的发生。教唆的自动中止活动,可以表现为用说服诱导的方法而打消他所教唆的实行犯实行犯罪的犯意,也可以表现为自己主动去告诉犯罪所要侵犯的什么人或报告给有关的政府机关。这样的行动当然可以避免犯罪结果的实现。如果再分别来说,教唆者在这样两种情况下,都不能构成犯罪:一种情况是,在犯罪的教唆阶段以内,也就是实行犯还没有开始实行犯罪以前而自动中止了他的教唆行为,因而使实行犯打消了实行犯罪的故意,教唆者自然不应当构成犯罪;另一种情况是,在犯罪的实行阶段以内,就是当因教唆者的教唆而致使实行犯实施犯罪的过程中,教唆者回过头来对于实行犯又进行中止行为的活动,并因此而有效地防止危害结果发生的时候。只有在这两种情况下,教唆者的自动中止行为不构成教唆罪,因而也不负刑事责任。但是,如果教唆犯的自动中止虽然实行了防止社会危害结果发生的行为,然而并未免除危害结果发生的,教唆犯仍应当负实行犯所实行的,亦即由于他的教唆而引起的犯罪的刑事责任。不过,在这种场合下,可以考虑对教唆犯的中止行为,从轻或者减轻处刑。

最后,对于帮助犯的犯罪中止行为的问题。帮助行为的自动中止,当然也不构成犯罪。因为帮助者的自动终止,也可以防止实行犯罪结果的发生。帮助犯的自动中止行为,可以表现为作为,也可以表现为不作为。例如,当一个人允许给实行犯以犯罪工具去实行犯罪,这里帮助者的自动中止行为应该是自动放弃他对实行犯的给予犯罪工具的诺言,这是一种不作为的形式。又如,当一个人在给了实行犯以犯罪工具之后,接着他发生了自动中止的行为,于是表现为他积极地把犯罪工具要回或采用其他方法使实行犯不去实行犯罪,这里就表现了帮助者采用作为的形式。在这两种形式下,帮助者是不构成犯罪的,因而也就不负刑事责任。

【编者按】 《论共犯》一文共分五个部分,因限于篇幅,本刊仅选登其中的第一、二、三部分。本期先发表论文的第一、第二两个部分,其余文字拟在下期续完。

(1957年第2期)

关于“免予起诉”的问题

叶景荪*

报纸上发表了不少反革命分子投案自首后由人民检察院决定免予起诉的消息。对“免予起诉”这个制度,我有些疑问。

这些被“免予起诉”的案件,都是一些已经构成犯罪应该受到处罚,但是由于存在有些可以从轻或减轻处分的情节(如自首投案、检举立功),根据法律、政策可以免予处罚。人民检察院对这些案件“免予起诉”,而不予以“不起诉”,是想要将其与那些因根本不构成犯罪或证据不足而“不起诉”的案件加以区别。这样区别一下是对的,但这个做法却牵涉到检察院有没有权限对这类案件不提交法院审理的问题。同时对“起诉”这个程序的含义是什么、是否为一种处分的问题,也有加以明确的必要。

根据《宪法》和《人民法院组织法》的规定,人民法院是我国行使审判权的唯一机关。因此,只有人民法院有权对犯了罪的人作出处理。即使案件中存在可以减轻或从轻处分的情节,也只有人民法院有权依法予以减轻或免予处分。人民检察院是否有这种权限呢?目前我国刑事诉讼法尚未颁行,还没有作出明确规定,但是根据人民检察院的职权来看,在刑事诉讼中,它的任务是将犯罪的人提交法庭审判,并对人民法院的审判活动进行监督。人民检察院的不起诉决定应该只限于根本不构成犯罪或犯罪情节轻微、缺乏危害后果或证据不足的案件,至于已经构成犯罪,本应予以刑事处分,只是根据具体情节可以免予处分的案件也由人民检察院进行决定免予起诉,我认为这是和人民法院行使审判权的原则不符的。

目前实践中的这种做法,对于“起诉”这个程序的含义也产生了一些含混的地方。“起诉”本来只是向法院提出控告的意思,它本身并不是对犯罪者的惩罚,而只是刑事诉讼中的一项程序。但是“免予起诉”,实际上却是把“起诉”当做一种处分了。否则,又从何而来的“免予”呢?而把“起诉”当做一种处分。则又是和人民检察院作为国家法律监督机关、本身没有任何处分权的原则不符的。

我提出这个问题来,并不是说过去“免予起诉”的案件处理有错误。但是这种做法却值得研究。所以提出来讨论一下,或者对制定我国刑事诉讼法会有些帮助。

(1957年第2期)

---

* 作者单位:广州市人民检察院。

也谈法的阶级性和继承性

方 今*

在《华东政法学报》第3期发表的杨兆龙先生的《法律的阶级性和继承性》一文,有不少值得讨论的问题。杨先生从法律规范的本身来分析其阶级性,把它大致分为四类:正义的、不正义的、有反抗性的、不一定表现出具体的阶级性的。他说:"法律中有许多规范的阶级性不表现在规范的本身,而表现在谁运用它们或用它们来对付谁的","法律也有反映不同阶级的立场的",有的"却反映着被统治阶级的阶级性",因而认定"法律的继承和任何法律体系的形成发展以及任何阶级统治的成功,有着永远不可分割的关系"。他的论述否认了社会主义法律和它以前的剥削阶级法律的对立性,实际上也就是否认了法的阶级性。这和马克思列宁主义关于法的理论是大相径庭的。

法的阶极性和继承性是否相排斥呢?这虽然不是绝对的,但两者的关系绝不是在任何社会中永远相同的。法都是有特定的阶级性的,而它的继承性表现在各剥削阶级的社会间和在剥削社会与社会主义社会间却不相同。这是由于各个社会统治阶级的阶级性所决定,而不是法的本身所决定的。

一、法律保护着统治阶级的根本利益

列宁说过:"法律就是那个已经得着胜利的掌握政权的阶级意志的表现。"一定阶级取得政权以后,为保护他们的阶级利益,强迫、压制被统治阶级服从于它的利益,乃以国家的名义制定法律,并用国家机器的强力来执行。法律和国家一样,是人与人之间的一定的经济关系即生产关系的表现,也就是阶级斗争不可调和的产物。只要阶级存在、国家存在,法律也就存在。

人们从自己的阶级意识出发来说明法律问题。剥削阶级为欺骗被统治的劳动人民,不能不制造许多虚伪的说法,以掩蔽法律的真正面貌。例如,法律是神的意志、自然意志、社会意志,法律是"超阶级的"、万古不变的行为规范等。他们企图用这些谬论来掩盖法的阶级性,但他们的话非但掩盖不住法的阶级性,却正表现出法的阶级性。

---

* 作者单位不详。

剥削阶级的法律是维护它的剥削利益的，但在条文的表面上却表现出很大的欺骗性。以资本主义法律为例，维护生产资料的资本主义所有制是全部法律的中心。资本主义国家的宪法就规定了这一原则，其他法律，不论是民法、土地法、交易法、工厂法、劳动法乃至刑法、诉讼法等也都环绕这一原则使之具体起来、周密起来。这些法律在表面上似乎很公平，如营业自由、保护私有财产权等，似乎对任何公民都一视同仁，任何公民都可以发财致富，成为大企业主，受到法律的保护。但在生产资料私有制的社会里，一无所有的劳动人民是享受不到这些法律权利的。要确保私有财产权，必须实行资产阶级的专政，限制被剥削人民的活动。然而，资本家却在宪法上先写着一些冠冕堂皇的话，如政权归于全体人民、保障人民的民主权利等，然后再公开地或不公开地用其他法令来限制它，取消它，以达到真实的阶级意图。例如，选举法、公务员任用法、治安保障条例、社团登记条例乃至国民党政府的《戡乱时期危害国家紧急治罪条例》、美国的《忠诚法令》等，就是起着这个作用。这种情况在法律的实施中更为显著。例如，言论出版自由，差不多所有资本主义的法律上都有这么一条，但实际上不仅印刷出版等机关都掌握在资本家手中，劳动人民无从运用，而且资产阶级政府的各个部门还有着登记、审查、取缔等办法来管理它。于是真正能在讲坛上或报刊上发表自己意见的，除了资本家及其御用政客、学者外，就没有别的人了。劳动人民即使用尽力量，出版一本小小刊物，组织一次集会，也常被没收、禁止。在伦敦海德公园里，绅士们可以自由发挥他的“政论”，但另外一些演讲者却常被警察干涉、逮捕。这不必引用我国解放前重庆国民党分子捣毁新华日报馆、殴打校场口集会人等许许多多的例子，就可证明资产阶级的法律是保护谁、压迫谁，它的根本目的是什么了。如果人们真的相信他们的法律是正义的、公平的、有利于全体人民的，那倒是合乎资产阶级的意图的。

在阶级社会中，法律没有以保护全体人民利益为目的，更不可能是反映被统治阶级的意志、保护被统治阶级利益的。因而阶级社会的法的阶级性，只能属于统治阶级的，不可能属于被统治阶级的，也不可能既代表统治阶级而又代表被统治阶级的。这是十分清楚的事。至于在某种社会情况中，由于统治者内部阶层或阶级的妥协，或为被统治阶级的反抗所迫而让步，出现所谓“正义的”和“或多或少符合被统治阶级利益”的法律也是可能的。这由于“反动阶级为保障基本的阶级利益（财权与政权）的安全起见，不能不在法律的某些条文中一方面照顾一下它的同盟者或它试图争取的同盟者的某些部分利益，企图以此来巩固其阶级统治；另一方面不能不敷衍一下它的根本敌人——劳动人民，企图以此来缓和反对它的阶级斗争”。[①] 所以那些貌似正义的于人民有利的法律，是出于统治阶级的战略，其阶级

① 《中共中央关于废除国民党的六法全书与确定解放区的司法原则的指示》。

性仍然是显著的、统一的。

在实际斗争中，我们更能看清这一点。资产阶级对被统治阶级的让步，仅仅在它的统治遭到威胁时才出现，只要情势稍一缓和，它认为有利的时候，就会马上收回这些让步。这在历史上屡见不鲜，解放前旧政协的经过就是明显的例子。

杨兆龙先生把法律分为主导性或关键性的法律规范和辅佐性或从属性的法律规范之后，指出："辅佐性的法律规范的具体阶级性取决于和它们有关的主导性法律规范的阶级性。主导性法律规范的阶级性是和当时统治阶级的具体阶级性一致的。""主导性规范往往只能用于某一个特定阶级社会，而辅佐性规范往往可以用于各种不同性质的阶级社会。"①这些说法也是不恰当的。如果说辅佐性的法律规范本身没有阶级性，是不是把这些法律说成是纯技术性或工具性的、中间性的或超阶级的了呢？这显然和"法律有阶级性"这一命题不相符了。

正如前面所分析，任何法律都有阶级性，辅佐性或从属性的法律也包括在内。法的阶级性是由它的一整套体系表现出来的。辅佐性的法律必然从属于主导性的法律，完成统一的任务。其实有的主导性的法律在外貌上也不怎么穷凶极恶，但透过它的辅佐性法律便张牙舞爪地显出真相了。尤其是法的施行细则有着这个作用。袁世凯修改的《大总统选举法》，规定大总统候选人名单要由现任大总统提出并亲笔书写藏于金匮石室中，资本主义国家总统对议会议案保有否决权，这些能说没有阶级性么？再以诉讼法为例，旧社会的烦锁、迟滞和扰民害民的诉讼程序，和今天人民司法制度的手续简单、设立值班制、问事处、进行公开审判制、旁听发言制、陪审制、巡回审判和就地审判、调解制度，法纪宣传制度，以及在群众中间推行仲裁会、同志审判会等规定，能够说没有阶级区别么？

资本主义社会的法律种类很多，形式不同，有的是主犯、有的是帮凶、有的从正面进攻、有的从背后偷袭，真像象棋中的各个角色，纵横交错，使局外人眼目缭乱，但它们各有岗位，各尽其力，共同起着杀敌为民的作用。如果不从全局着眼，不从总的目的任务上看，把各个法律、各个条文分开来从其文字本身上看，硬要在主次轻重上做文章，就会越说越糊涂了。

总之，法是有阶级性的，它的阶级性是统一的。"国民党全部法条只能是保护地主与买办官僚资产阶级反动统治的工具，是镇压广大人民群众的武器"②，绝不是便于劳动人民的。

---

① 《华东政法学报》第3期。

② 《中共中央关于废除国民党的六法全书与确定开放区的司法原则的指示》。

二、工人阶级创造了自己的法律，并不搬用任何旧法

法律和国家一样是阶级社会的产物，随同生产关系的转变而转变。从奴隶社会再到封建社会再到资本主义社会，生产方式和统治关系虽然有过转变，但有一个共同的基础，就是生产资料私有制。因而这些社会的法律和法律观点有不同的方面，也有共同的方面。它们之间是有一定的蝉联性、因袭性的。汉穆拉比法和罗马法能被封建社会和资本主义社会所采取，是必然的。但是认为“在私法方面罗马法统治了世界，在公法方面英国的宪法统治了世界”①的论调，只能适应剥削者社会，而对于社会主义世界就不对了。因为社会主义社会和它以前的社会有着完全不同的基础。旧法律不能成为新社会发展的支柱。“这些法律是由旧关系产生出来的，所以必须与旧关系一同死亡。”②

大家知道，资本主义经济形式是在封建社会内部生长和成熟了的，而社会主义经济形式却是在无产阶级夺取政权以后，几乎在空地上创造起来的。资产阶级的政权是以另一种剥削形式去代替一种剥削形式，而无产阶级专政则是消灭任何剥削。与此相应，社会主义法律同资本主义法律也就根本不同。因而资本主义社会可以袭用奴隶社会和封建社会的法律，而社会主义社会不可能袭用资本主义的法律。它们之间不可能有“蝉联交代”可言。社会主义法律不可能在资本主义社会发生和长成，而是在无产阶级革命胜利建立了自己的政权以后，从空地上创立起来的。这真像列宁所说的：“现在我们已经有了苏维埃宪法了。我们知道，在七月间曾经批准的这个苏维埃宪法，并不是什么委员会所能想出来的，它并不是法律专家写的，它也不是从别的什么宪法上抄来的。世界上还没有过像我们这样的宪法。它记录下无产阶级群众反对我国以及全世界的剥削者的斗争与组织的经验。”③

无产阶级创造革命法律规范的根据，是新的经济发展的要求，而制定这些法律时则运用自己的革命斗争经验，这里也包括从资产阶级那里学来的对付敌人的经验，运用马克思列宁主义的革命理论和政策原则。在人民民主国家，还有世界第一个无产阶级国家——苏联的丰富经验和革命法制，可作参考和采用。

这是问题的一方面。另一方面，工人阶级不会割断历史联系，他们会吸收历史文化中可以吸收的成分，利用其可以利用的东西。上面已经说过，无产阶级据以立法的斗争经验，包括从资产阶级那里学来的对付敌人的经验，就是例子。因而新法

---

① 《华东政法学报》第3期。

② 《马克思在科伦法庭前的辩护词》，洪定六译，中华书局1950年版。

③ ［苏］列宁著：《革命的一周年》。

的草拟者、阐释者曾经对旧法和旧法思想进行接触、研究和批判,也是应该的。没有这样做,就不可能完全认识旧法和旧法思想的反动性,从而更加提高新法的阶级性;不能从对旧法的斗争中吸取有益的经验。但并不能由此得出结论:新法和旧法、新法学和旧法学不是对抗的,没有本质的不同,旧法可以移用到新社会里来。更不能因而推想到:“某些进步力量正在用议会斗争的方式争取过渡到社会主义的国家,如意大利,将来的议会也必然从现在的旧议会演变出来。这就意味着将来的宪法和现在的旧宪法间的继承关系。”①在资本主义国家里,劳动人民运用议会斗争、保卫和平是革命斗争的方法之一,符合劳动人民的利益的,但不能仅仅用这样的斗争方式就希望过渡到社会主义,而由此就推定社会主义的新宪法能够从资本主义议会产生,并继承资本主义的旧宪法,则是异想天开了。

正由于是创造而不是抄袭和搬用旧的东西,革命法制不可能一开始就整齐完备,必须是一点一滴慢慢积聚起来,完备起来。起初可能只是口号、标语,再由纲领、宣言、决议、命令而成为有一定形式和系统的法规。这完全合乎革命斗争的发展过程。我国创造革命法制的实践也就是这样。从革命法庭到人民法院制度,从戴高帽子到教育与惩罚相结合的刑事政策,从中华苏维埃宪法大纲到中华人民共和国宪法,是经过多少实际斗争,积累多少经验,逐步发展提高的。这样根据革命发展需要而逐步制定了法令条例,不仅是合乎实际的法制,而且是区别于资产阶级的“形式与内容都是新的法律与法律制度”。

拿中华人民共和国宪法来说,消灭剥削、消灭阶级,保证过渡到社会主义的原则,工农联盟、民族团结、广泛的人民民主统一战线的原则;公共财产神圣不可侵犯、确保社会主义经济的优先发展、鼓励各种私有制转变为公有制的原则;镇压反革命分子、改造地主和其他剥削阶级分子的原则;以人民代表大会制为基础,彻底实行民主集中制,动员全国人民参加国家政治生活的制度等,和国民党及其他资本主义国家的宪法原则有什么共同之处呢?没有,虽然如此,就章节条款的形式来说,甚至就个别条文来看,我们的宪法和国民党宪法也有些相似之处。但谁都知道,法律的类型不是从形式来判别的。

不仅宪法如此,我们的任何一种法律都和国民党的法律有着原则性的区别。刘焕文先生的《在百家争鸣中谈旧法思想》一文②中虽然称新法和旧法界限分明,不可混淆,但他说“为旧统治阶级服务的一切法律,也都能为新的统治阶级服务……即使在利害相反的两相对立的两个阶级间也还有这种情形的”③,正和杨兆

① 《华东政法学报》1956年第3期。
② 刘焕文:“在百家争鸣中谈旧法思想”,载《华东政法学报》1956年第2期。
③ 《华东政法学报》1956年第2期。

龙先生所说的"资产阶级的法律规范中有许多是可以被社会主义国家吸收或继承来为新社会服务的"[①]话一样。可是他们的话并不能在我们国家里找出事实的证明。刘焕文先生所举的可资利用的旧法律是国民党的古物保存法、狩猎法和渔业法。但这些法律并不像刘先生所想象的是纯技术的东西,却是有利于地主、官僚、资本家搜括物资、垄断渔猎生产、剥削劳动人民的法律,我们绝不会利用。杨兆龙先生所提出作为证明的,是德、波两人民共和国曾利用过去的刑法典、民法典,但杨先生自己已声明:"当然,德、波两国在法律方面所作的这些补充和修改大部分是关键性的,具有主导作用的"。当这些关键性的主导性的内容被改变了,实际上已具有不同的阶级性,不但是内容上,而且形式上也变成新的法律了。所以他们两位的论点,在理论上和事实上都难以找到根据。

从法理学方面来说,若干古典法学家对古代法律制度的建立有过贡献。资本主义时代的个别进步法学家,对于争取民主、保障人权、改进司法制度方面,也有过影响。但历代剥削阶级的法学家基本上都是反动的。至于现代法西斯暴徒完全毁灭法制,采取钢鞭政策,倒退到野蛮世界,他们的法律思想和所谓法学更是极端反动的东西了。

就拿庞德的例子来说,庞德的注意"如何使众多的法典、典籍与法庭解释发生实效"一点,[②]和斯大林所称社会主义法律着重实际设施以使其实现,完全是相反的事。资本主义的法学思想,并不是只注意制定法律,不顾及执行。他们对于保障地主的地租、债主的债权、资本家的利润是极其具体,动员警察、神甫[③]等多方面力量来取得实效。但对于"特别关系到劳动人民利益的规定",他们确是经过深思熟虑,认为不该执行,而有意让它"成为欺骗劳动人民的一纸虚伪宣传"。这点正是他们的意志,而不是没有注意到。再谈到庞德的注意司法实效,确实有他的"方法"。对于这一点,他一方面提出"无法的司法","为了使司法能适应新的道德思想和已经发生了的新的变化的社会条件和经济条件,往往就必须或多或少地走向无法的司法";[④]另一方面又提出"司法预防"论,"对一个没有犯任何罪行、不知道自己有什么罪责的人,只要根据对他将来的违法行为能作出推定这一点,就可以适用刑罚"。[⑤] 这就够了,庞德就是主张不受法律的限制,法院、警察以及特务机关可以用任何方法去对付被压迫人民和进步人民,只要他们认为需要,甚至只要他们设想那人将来可能有违法行为的,就可任意处以刑罚。庞德的这个追求法律的"社

① 《华东政法学报》1956 年第 3 期。

② 《华东政法学报》1956 年第 2 期。

③ 神甫,原文如此。估计作者表达的是"借用神甫(宗教)的力量。"——勘校者注

④ 《华东政法学报》1956 年第 2 期。

⑤ 同上。

会效果"的理论，正是走上法西斯道路的美国统治者所乐意接受并已付诸实行的。卢森堡夫妇被送上电椅，成千上万的美国人民被非美调查委员会所拘捕惩罚，正是运用"司法预防"、"无法的司法"的社会法学派巨子庞德的法理学，这对于劳动人民，除了认识其反动本质、加强对它的斗争外，没有什么别的了。

三、整理旧时代的法学资料，必须反对旧法观点

封建主义和资本主义的法律根本上是反动的，和社会主义的法律是对立的。作为法律规范来说，在资产阶级社会中没有代表工人阶级的法律，资本主义法律体系中没有可以为工人阶级所继承的。这是资本主义法律和社会主义法律的对立性所决定的。

可是在资产阶级的社会中，统治者创造了法律这样的统治工具，经历各个社会逐渐充实完备起来。这些法规对于各时期统治阶级的统治是起了作用的。这里面有些知识、有些经验、有些办法，是从压迫与反抗，维持阶级社会秩序的具体实践中积累起来并证明为有用的东西。工人阶级取得政权以后，也采取法律形式以维持新秩序，吸收这些知识、经验、办法的若干成分，消化入自己的法律中予以运用，这对劳动人民还是有利的。

阶级社会中只有统治阶级的法律，没有被统治阶级的法律，而法律思想和法学方面则并非完全属于统治阶级方面的了。

人民大众和个别不满或背叛当时统治的知识分子对于法律制度方面的思想和学说，是和统治阶级的法律思想和法学不同，有的是进步的、有人民性的。这些思想文化必须和封建的资本主义的东西分开。

所以旧时代的法学资料，其范围如不限于剥削阶级方面的东西，而从整个历史时代中人们在法律方面所作的劳动和斗争，则有着一批宝贵的资料，可供我们整理、研究，乃至吸收、利用和学习。假如我们对于法制史的研究，只看到法律规范，而没有看到存在于法律中的经验和知识；只看到旧统治阶级压迫劳动人民的法律行为，而没有看到劳动人民在法律方面的思想和创造，就会犯另一方面的错误。

根据以上的讨论，若说旧时代的法学资料中还有一些可用的东西，应从以下几个方面去找：

第一，剥削阶级的法学资料中有一些知识、经验，可资吸收利用。例如，有的制度原来是旧的统治阶级用以镇压被统治阶级的反抗的办法，如法院、监狱，警察等，我们今日除去其残酷黑暗的成分，"以其人之道还治其人之身"，用以对付已被推翻而尚未消灭的反动阶级和反革命分子，对人民是有利的。

个别的方式方法，如刘邦入关与父老约法三章，诸葛亮的纪律严明、信赏必罚，

以及某些人审理讼事的例子，对今天的法制工作可以有所启发。我国历代的律例和会典是很多的，这些典籍中有不少可资吸收的东西，我们应该加以整理研究。

有些条例办法，其内容是属于自然科学范围的，如度量衡、营造、卫生和交通规则、商品检验及古代的《洗冤录》等，其中关于技术部分的规定是可以参考采用的。但当这些科学技术被制定为法律的时候，就有着苛扰人民、便利剥削的反动政治因素，是必须注意的。

以上这些可用的旧法范围内的东西，大部分属于形式方面。但必须注意，形式是服从于政治内容的。多数的这些材料仍然有着反人民的内容，就其整体而言，还是属于反动阶级的东西，绝不能原封不动，照搬照用。只能抽取其中的一些东西，而且还要加以改变、改造，加以丰富，制成新的东西，才能满足人民的需要。

第二，另外有一部分资料是资本主义发展时期，有的还是用以同腐朽的封建统治制度进行斗争而提出的要求，在当时是进步的，曾经推动了生产和社会的发展，如选举制度、议会制度、陪审制度、辩护制度、公开审判制度等；有的是反动统治阶级为缓和被统治的劳动人民的反抗的，如保护人民基本权利的条文，实行普选的条文，规定民族平等的条文等。这些法案和条文，有的原来是资产阶级所争取而在它的统治稳定和成熟以后反而背弃了的，有的是它所根本不准备实现而一开始就属于欺骗性质，是反动的。在资产阶级反动统治之下，人民只能利用这些条文来进行合法斗争，迫使统治阶级的局部的、一时的让步，或借以揭露它的反动本质。在人民自己取得政权以后，有的可以转变为人民的制度，有的采取其形式注入新的内容而予以发展，仍可为人民的利益而服务。正像斯大林所说的，民主自由、民族独立这两面旗帜已被资产阶级抛弃了，我们必须举起这两面旗帜前进。①

第三，历史上有过不少进步的法学家，适应社会发展需要，反对旧法律制度，提出新的法律思想和学说。例如，卢梭的“民约论”，孟德斯鸠的“法意”，启蒙学者狄德罗等的一些著作，反对神权和专制制度，呼吁平等自由，主张人权不可侵犯，提出初步的民主政治制度，是有研究价值的。我国古代的法学家如李悝、商鞅、申不害、慎到、韩非等“法家者流”反对当时正统派的儒家学说，提出法治思想。他们反对轻视法制，主张明刑弼教；反对复古，主张依据世事制法②，便利人民；反对封建等级制度，主张刑赏平等，广听众论等。这个法治主义在我国历史上一直是和人治思想相对抗的。尽管他们的做法有些“刻薄寡恩”，但对于古代统治逐步纳入法治，曾有贡献。其中有些思想和制度在今天也有研究的价值。其他历代学者主张减轻

① ［苏］斯大林著：《在联共（布）第十九次代表大会上的发言》，人民出版社 1952 年版。

② “世事制法”，原文如此。估计作者想表达的是“根据社会情况的变化制定法律。”——勘校者注

刑罚，简化讼事，审慎诉讼，爱惜民命，和反对贪赃枉法的暴君酷吏的记载，在各家著作、小说、戏剧和传记中见到的甚多。有名的小说《聊斋志异》就有很多审理疑狱的故事。我国这方面的法学资料极为丰富，必须把它和旧统治阶级的法律和法律观分开，很好地加以研究。

第四，唯一可作为遗产继承的，也唯一属于法律规范的材料，并非属于旧统治阶级的东西，而是它的反抗阶级所创造的。那是历代起义人民所宣布的纲领、制度、规条，当他们曾经建立政权的时候，也都颁布过一些法令。我国古代农民起义中的黄巢、李自成等都有严肃的法令，其后太平天国时法规制度就更多一些了。1871年法国巴黎公社时期，尽管是很短的时候，革命群众的智慧曾创立了最早的无产阶级的、而绝不同于资产阶级的法律规范。这些规范，在其后的人民革命时代基本上是被承继了的。

总之，属于剥削阶级的法律、法律思想和法学，都是反动的，今天研究它，只是作为历史陈迹，借以了解历史的发展，了解剥削阶级如何压迫、剥削人民，揭发他们的反动实质。其中有一些知识、经验，也只是利用、吸收，根本谈不上是继承关系。对于若干进步思想家的思想著作，则是整理研究，批判吸收，也不是继承。这些东西都不能称为遗产。所谓遗产，总得基本是有用的东西；所谓继承，总得基本上接受过来。由于法直接体现政治、体现阶级斗争，阶级性特别强。对于根本相对立的法的体系，不会有继承的关系乃是当然的事。至于历代革命人民所创立的法，因其和今天工人阶级的政权是一致的、一脉相承的，尽管它并不完备，却有着继承关系。

整理和研究旧时代的法学资料，必须特别谨慎。因为它毒素很大，伪装很多，必须要有明确的立场和观点，运用马克思列宁主义的批判方法，谨慎地加以鉴别。我们是为人民大众的利益，为要认识历史规律，也为吸收利用其中的一些素材，去整理、研究那些历史资料，而不是提倡复古，宣扬旧法，一句话，不是为要继承它。因此我们必须根据唯物主义的阶级观，划清新法和旧法的原则界限。我们应认定一切旧法的反动性，它是剥削阶级用以压迫劳动人民的工具，全部否定它，毫无惋惜；绝不能带有旧法观点，“旧法观点是来自旧统治阶级的一切反动的国家观，法律观以及国民党反动政府的一切压迫人民的法律、法令和司法制度”的反动的教条主义。[①] 整理旧时代的法学资料的人有了这种旧法观点，就会模糊视线，看不见真伪，分不清是非，辨不出敌我，把革命法律和反动法律一样看待，只看到新旧法律的形式上某些相似，而不知道它们的根本区别；只看到今天法制还不完备的缺点，而不知道它的优点，甚至留恋于过去的东西，以古非今。以这样的态度和观点来整理旧时代的法学资料，就不可能把它整理好，不可能从旧法堆中吸收有用的东西，

---

① 1952年8月17日《人民日报》社论。

反会被旧法所俘虏。

斯大林说:“我不是对所有一切的秩序都拥护,我只拥护与工人阶级利益一致的秩序。如果旧社会制度的某些法律可以利用来争取新秩序,那也就应当利用这个旧法律。”①可见,没有明确的阶级观点,就是利用旧法进行斗争也有困难。至于整理、研究、批判地吸收历史教训,更是不可能的了。

(1957年第2期)

① 引自斯大林“与英国作家威尔斯的谈话”。

论法的阶级性的统一性

杨 峰*

法的阶级性是关于法的本质问题。这一问题早经马列主义经典作家在不少著作里作过论述。但现代法学家对这一问题进行阐释时,理解上尚不一致。《华东政法学报》1956年第3期发表的杨兆龙同志的《法律的阶级性和继承性》一文,对法的阶级性问题大胆地提出了广泛的见解,对我有些教益,但也有许多可以讨论的地方。原文涉及的问题较广,这里我打算就法的阶级性是否一致的问题,提出一些意见。

一、法的阶级性的决定条件问题

法的阶级本质,不应当从法的本身去探求,而应同其他社会现象,首先应同经济基础和阶级斗争联系起来进行研究。

杨兆龙同志批判了其他同志关于法的阶级性的决定条件的某些看法,提出了自己的观点,认为"法律规范的阶级性主要是取决于每个时代的社会经济以及政治文化的条件"。这样提出问题是不妥当的。

首先,将"经济及政治文化"同列为主要决定条件,便降低了经济基础的作用。法的产生和发展与各种社会生活现象有密切联系,并互相制约着,但在各方面因素的相互作用中,经济因素起着决定性的作用。在剥削阶级占统治地位的社会里,统治阶级与被统治阶级的物质生活条件是根本不同的,这就决定了他们意志内容的根本不同。在经济上和政治上占统治地位的阶级,为了不让本阶级的经济利益受到敌对阶级的侵犯,便将本阶级的意志通过国家制定为具有普遍约束力的法,并利用它来维护、巩固和发展对其阶级统治有利的社会关系和秩序。法是被奉为法律的统治阶级的意志,它是由该阶级的物质生活条件决定的。正如恩格斯所指出的:"每一时代的社会经济结构形成现实的基础,而每一历史时期由法权制度和政治制度以及宗教观念、哲学观念和其他观念所构成的全部上层建筑,归根到底都是应由这个基础来说明的。"①

---

* 作者单位:复旦大学。

① 《马克思恩格斯文选》(两卷集·第2卷),第135页。

其次，我们在解释法的问题时，应当从政治出发，这是肯定的，否则就不可能正确地揭露法的阶级本质。因为法的本身就体现了政治，它是实现统治阶级政治任务的工具。由于反映政治、服从政治，从而政治条件的变化也会影响到法的变化，两者是密切联系不可分割的。但不能因此简单地论定政治是法的阶级性的主要决定条件。因为"政治是经济的集中表现"，政治与法同样都是由其经济基础来决定的。

再次，文化与法是有联系的，如没有一定的文化，统治阶级便不可能根据本阶级的利益制定出法，并使之适应阶级统治的需要尽量趋于完善。但不能将文化看做法的阶级性的主要决定条件之一。因为它不能说明，在都是文化科学高度发展的国家，为什么一个国家的政治法律制度是进步的，而另一个国家的政治法律制度却是反动的或落后的。就是文化本身的发展，也必须以经济发展为前提。将文化同列为主要决定条件，在概念上就含糊不清，它容易与种族论的观点混淆起来。剥削阶级的思想家——特别是资产阶级的思想家——种族论者就企图证明：世界上存在优等民族与劣等民族、文明人与不文明人，优等民族对劣等民族的义务就是使劣等民族文明化，在19世纪的后25年中，法国的政治活动家汝里·菲利就提出过这种主张。他们把帝国主义者说成是文化、文明的体现者，将他们对殖民地的军事、政治等侵略行为说成是传播文明的活动。资产阶级学者过去和现在都想证明，所谓"现代文明"的国家即资产阶级国家，是国家制度发展的最高阶段，他们的法是体现全社会利益的，在这种社会中，调和各阶级阶层的利益是完全可能的。

最后，既然政治、法律和文化都是建立在同一经济基础之上的上层建筑，如将"政治、文化"一般地列为法的阶级性的主要决定条件，那便等于说上层建筑决定了上层建筑。这种"创见"不但不能深刻地揭示出法的阶级本质，相反地，在法的阶级性的决定因素这一概念上陷入逻辑上的混乱。杨兆龙同志在附注中表明这是引证卡列瓦同志主编的《国家与法的理论》教科书中的观点。事实上教科书中只是分别对不同的国家站在不同角度提出的。杨兆龙同志却把它凑在一起，变为自己的观点，这种观点是不能被同意的。

二、法能否反映被统治阶级的意志

在研究法的阶级性问题时，必须紧密地与上层建筑对经济基础的服务作用联系起来。"基础是社会发展到某一阶段上的社会经济制度。上层建筑是社会对于政治、法律、宗教、艺术、哲学的观点，以及适合于这些观点的政治法律等制度。”① 对于这一问题不应机械地来理解。在同一经济基础的社会中，统治阶级与被统治阶级对于政治、法律、宗教、艺术、哲学等就有不同的观点。它们对于现存社会的经济基础起着不同的作用。统治阶级的各种观点与其政治法律制度相适应，对其经济基础起积极的服务作用，而被统治阶级的各种观点则与统治阶级的政治法律等制度处于对立的地位，对统治阶级的经济基础起消极阻碍与破坏的作用。统治阶级对于被统治阶级的各种观点，不可能在一朝一夕，靠一个行政命令强制加以肃清。在思想战线上表现了统治阶级与被统治阶级的思想尖锐复杂的斗争，但统治阶级的思想观点占据着支配地位。例如，在资本主义社会中有封建阶级的思想残余反映了部分上层建筑在社会上的继承性，但它们是被资产阶级的上层建筑排挤与消灭的对象；同时由于工人阶级所处的地位，在资本主义内部产生的工人阶级的思想、观点则是未来社会主义上层建筑的成分和萌芽，是资本主义社会上层建筑新陈代谢的象征，它们是资产阶级的上层建筑开始扼杀和后来限制打击的对象，企图阻碍它们的发展。谁不承认上述事实，谁就不是唯物论者。

作为阶级专政重要工具之一的法是上层建筑的重要组成部分，它与属于思想、观点部分的上层建筑是不同的。最明显的区别在于，法是由在经济上和政治上占支配地位、掌握着国家政权的统治阶级来制定的，它具有公开的强制性。但统治阶级制定法并不是它的最终目的，只是把法当做一种政治手段以实现其阶级的意志和利益。统治阶级之所以创立自己的法，是为了要使法替自己的基础服务；要使法与本阶级的其他部分的上层建筑一起，积极地帮助自己的基础形成起来和巩固起来，积极地为消灭已经过时的旧基础及其旧上层建筑而斗争。杨兆龙同志认为资产阶级国家里某些所谓对劳动人民有利的进步法律里，不仅能反映被统治阶级的意志，甚至“表现的程度无疑地要比统治阶级意志表现的程度强得多”，这种看法是不能被同意的。按照此一观点出发，便会得出这样一个结论：作为资本主义社会上层建筑重要组成部分的法，是统治阶级与被统治阶级意志的混合产物。这种情况是不可能的。如果法走到对各阶级一视同仁，和对统治阶级的利益漠不关心的地步，那么法就会丧失其法的本质，而不成为法了。因而法所反映的只能是统治阶级的意志，在这一问题上，被统治阶级不能也不可能与统治阶级平分秋色。所以，认为法能同时反映被统治阶级意志的观点是不对的。杨兆龙同志认为：“一个国家的法律规范……都只能为那个国家的统治阶级服务。这对社会主义国家来讲是对的，但对剥削阶级国家来讲，则未必完全说得通。”这种论断是不正确的。

我一方面承认在资产阶级国家中，有某些所谓对劳动人民有利的进步的法律

① 《列宁全集》（第29卷），人民出版社1956年版，第459页。

存在的事实；另一方面又不同意这种法律是能反映被统治阶级意志的看法，这是否矛盾呢？是不矛盾的。此一问题在下面将要详细说明。

三、资产阶级被迫制定的某些所谓“进步”法律是否影响其法的阶级性的统一性

在研究资产阶级法的阶级本质时，除首先应着眼于经济因素外，还应与资产阶级国家的统治方法和法的适用联系起来。资产阶级实现其阶级统治的方法基本上有两种：一种是公开的恐怖与暴力，对工人阶级毫不让步；另一种是让步改良和欺骗手段。他们根据阶级斗争尖锐的程度，有时是软硬兼施、双管齐下，有时则将其中的一种方法提到首位。列宁指出：“……资产阶级不仅极高明地学会了使用暴力，而且学会了欺骗、收买、阿谀，以及这些手法的最巧妙的形式。”①

在现代资本主义国家里，由于人民觉悟的逐步提高，反抗反动统治的进步力量的加强，掌握着统治权的资产阶级被迫对进步人民的要求作某些让步，同意制定一些对劳动人民比较有利的法律是可能的。这些法律文件的出现，是因为资产阶级很明白，自己始终是剥削压迫广大劳动人民的极少数。如只用一种暴力恐怖的方法，会完全赤裸裸地暴露出其阶级统治的反动本质，会更加引起劳动人民的反抗。所以资产阶级用极蛊惑的语句，在完全从资产阶级利益出发的法的上面，贴上“民主自由”、“平等权利”等商标来欺骗劳动人民，以进一步扣牢他们手上的镣铐，使其服服帖帖地甘受统治。

在工人阶级通过议会进行斗争比较有利的意大利，资产阶级的宪法，甚至将意大利共产党“政治路线所要求的民主发展和实现结构改革从而朝着社会主义方向发展”②等原则规定下来。但是该国的统治阶级与其他资产阶级国家的统治阶级，在本质上并无区别，因而在统治方法上也基本上一致。他们一方面利用宪法中的进步辞藻欺骗笼络人民；而另一方面，其政府却“是以政治歧视作为它一切活动的基础的，而且，这种做法永远是政府当局多数派、资本家、救济机构、劳动机关等的普遍的行动准则”。③ 他们把使用武力、威胁、恐吓、精神恐怖等整个一套制度，日益露骨地运用在议会选举中，使议会选举不能符合投票的劳动群众的需要。“他

---

① 转引自［苏］斯大林著：《马克思主义与语言学问题》，李立三、曹葆华译，人民出版社 1950 年版。

② 意共总书记陶里亚蒂在意共中央委员会上的报告。参见《批判斯大林问题文集》（第 1 集），人民出版社 1956 年版，第 86 页、12 页、97 页。

③ 同上。

们甚至不愿意作在其他一些国家已经实行了的一些改良主义式的让步。”①陶里亚蒂同志坚决地纠正了那些认为向社会主义发展的意大利道路，意味着仅是通过议会斗争的途径的观点。

就是资产阶级的统治人物，有时也难免不打自招地承认上述虚伪事实。美国有一位曾经当过哥斯达黎加共和国总统的豪塞·费盖列斯于1952年1月，在美国《经济学和社会学》杂志上答复“在美国有没有人权”这个问题时说“在宪法原稿上”，但不敢说出为什么只在宪法原稿上而没有实际上的“人权”的秘密。

尽管资产阶级用尽了种种欺骗的伎俩，但是工人阶级清清楚楚地知道，并且时刻亲身体验到，资产阶级的法律不论写得怎样好看，都是迫害劳动人民的东西。例如，资产阶级国家虽然制定了“承认罢工权的法律”，但是当工人真正起来行使这一权利时，他们得到的回答是警棍、枪炮甚至是飞机坦克的攻击。当劳资发生纠纷到法院诉讼时，被资产阶级豢养的家犬，法官老爷们，在法的适用中永远都考虑资产阶级的利益与镇压劳动群众的必要性。正如列宁所指出的：“当案件牵涉到劳动与资本的斗争时，为资产阶级效劳的法官甚至会使宪法所保障的自由化为乌有。”②

资产阶级为了维护有利于和适合于本阶级利益的社会关系和秩序，不但防止被压迫群众破坏这一秩序的行为，而且也制止本阶级中个别成员危及其阶级统治的行为，这些个别成员在作出犯法行为时，受到一定的惩罚也是可能的。但他们在受审判时，往往又由于有钱，运用了资产阶阶级的忠顺奴仆“万能的律师”，“这些有知识的混蛋”（列宁语）来混淆是非，颠倒黑白，并抓住资产阶级法中的不厌其烦的附带条件、例外和法的伸缩性，帮助他们开脱罪责。即使这些成员真正受到惩罚而（比方）挨打的话，法官老爷们也是采取“打，但不能打死”的原则，在大多数情况下都是形式上负责的。资产阶级之所以这样做，是因为他们如不对本阶级成员的违法行为给予一定制裁，便会露骨地表明全部政权和法都是维护资产阶级的利益，对其阶级统治不利。

资产阶级国家的“法官们是统治阶级的构成部分，这个阶级内部产生的无论正确与否的思想潮流，他们是逃避不开的”。③ 由于他们存有阶级偏私，当处理劳动人民触犯资本家利益案件时，总是采取从严手段，罗织成罪。而对于本阶级内部成员的犯罪是“放纵老虎，打苍蝇”的原则，大资本家和政府的大员们即使犯了死

① 意共总书记陶里亚蒂在意共中央委员会上的报告。参见《批判斯大林问题文集》（第1集），人民出版社1956年版，第86页、12页、97页。

② 转引自中央政法各机关联合办公厅编印：《马恩列斯论法律及革命法制的建设》，1952年。

③ 意共总书记陶里亚蒂在意共中央委员会上的报告。参见《批判斯大林问题文集》（第1集），人民出版社1956年版，第10页。

罪，由于其金钱的势力，和官官相护、互相勾结的关系，也能在法官们的笔下超生。这种现象在国民党统治时期不乏其例。

总之，资产阶级制定一些形式的所谓“对劳动人民比较有利的法律”，和运用法对本阶级的个别成员进行惩罚，都完全是从本阶级最根本、最长远的利益出发的；并借此证明，资产阶级的法是“超阶级”的，是“维护全社会人们利益的”，以掩盖其阶级专政的实质。资产阶级法的欺骗性、虚假性也就具体表现了它的阶级性。他们对于法的制定和适用是完全贯穿着同一阶级内容的。在资本主义社会的经济基础和政权的性质没有改变以前，资产阶级的法的阶级本质仍然是统一的。恩格斯曾经指出：“在一个近代的国家（指资产阶级国家——作者）里，法律不仅仅应该适应于一般的经济状况而作为它的表现，并且还必须是一种自己本身首尾一贯的（指内在一致性——作者），不至于因为有内在矛盾而自相抵触的表现。”①上述这些表面现象，丝毫也不影响马克思主义关于资产阶级的法是被奉为法律的资产阶级意志的理论。杨兆龙同志认为资产阶级国家的某些所谓进步的“法律里被统治阶级意志表现的程度无疑地要比统治阶级意志表现的程度强得多，”“在形式上是剥削统治阶级意志的表现”等观点，未免有些本末倒置。

杨兆龙同志还认为“法律规范的本身是有反抗性的”，这种观点更是错误的。不管资产阶级的法中写进了怎么样的进步辞藻，其目的都是镇压劳动人民，巩固本阶级的统治，并不是为了反抗自己。但是劳动人民并不放弃利用这些法的条文的任何机会进行合法斗争，来对抗统治阶级。因为在某种条件下，在一定程度上对统治阶级的暴力统治能起一种约束作用。虽然劳动人民清楚地知道在根本要求上不可能真正实现，但可以使自己反抗反动统治的斗争能有更多的回旋余地。所以，反抗性是存在于被统治阶级方面，不是在法律规范本身。

各国共产党不断地教导工人阶级，提高警惕性，不要上资产阶级的当，不要为某些表面现象所迷惑，不要因争得的一些形式上的法的规定而自慰；号召他们坚决地为夺取资产阶级政权、废除资产阶级的法而斗争。

四、几个统治阶级共同执政而制定的法，其阶级性是否有统一性

在历史上，在剥削阶级国家里，在某一发展阶段上，政权可能掌握在几个不同的阶级手中，他们分别维护着不同阶级的利益，并在立法上反映出来。杨兆龙同志

① 《马克思、恩格斯关于历史唯物论的信》，艾思奇译，人民出版社1953年版。

列举了法国大革命初期的制宪会议及国民会议的例子,证明在资产阶级与僧侣、贵族等共同参加下制定的法,其阶级性不可能有统一性。这种看法是不全面的。上述情况说明了资产阶级革命不彻底的结果,同时也反映了资产阶级本身的内在矛盾。

法国的资产阶级虽利用了劳动人民的力量,推翻了封建阶级的专政而掌握了政权。在其政权尚未巩固以前,一方面,他们为了继续取得人民的支持,就采取了一些比较进步的措施以敷衍他们。另一方面,他们又害怕革命的发展会危及本阶级的利益,而与没落的贵族阶级实行妥协结成联盟,共同对付劳动人民。事实上这些贵族是在自己的政权被推翻以后,参加资产阶级的政权而服从于资产阶级的意志(这表现在立宪会议中),资产阶级占据着支配地位。他们的立法文件本质上乃是为资产阶级利益服务的,其法的本质上的资产阶级性仍然是统一的。

再从英国的资产阶级革命来看,也是以新兴的资产阶级与没落的贵族阶级妥协结成联盟为结局。但这种妥协并不是偶然的,当时资本主义经济的发展,无论在城市和乡村都占据优势,一些掌握着大量土地和牧场的贵族,采用了资本主义的经营方式,有的兼营商业。许多封建的大地主,在当时虽然仍被认为是贵族,其实他们的习惯和意向已经资产阶级化,并早已变成全国一流的资产者了。他们不但不反对工业的发展,反而力图从工业中取得利益。这部分贵族在政治上和经济上,与资产阶级的利益都是一致的,愿意与资产阶级实行妥协、进行合作。其妥协的条件"是要充分维护金融工商业中等阶级的经济利益"。① 贵族们能够在资产阶级政权中取得职位、肥缺和厚俸,就是以此种条件为前提。

资产阶级之所以愿意与没落的贵族建立联盟,因为这样不仅不妨害其经济利益,而且在政治上还可以利用这种制度作为宣扬阶级调和的资本和巩固其国家统一的一种手段。这样做无论在经济上和政治上对资产阶级都是有利的。在资产阶级与贵族妥协建成联盟的国家的立法,只是在服从于资产阶级意志的条件下适当地照顾其他方面的利益。资产阶级"归根到底是决定国家一般政策的"。②

在同一社会经济形态中,可能产生多种多样的法的形式。例如,美国、法国和英国同样都是资本主义国家,但是在法的表现形式上,判例在英国则占据重要的地位。英国的资产阶级不仅吸收了贵族等共同进行立法,而且还把"大部分旧有封建法律形式保存起来,同时在这些形式中加进资产阶级的内容,甚至直接在封建名称下悄悄添加一些资产阶级的意义"③(着重点是作者加的)。

---

① 《马克思恩格斯文选》(两卷集·第2卷),第106页。

② 同上。

③ 同上,第394页。

即使在资产阶级国家的某一发展阶段上，阶级力量的对比达到过似乎势均力敌的状态，也不应把这种暂时现象夸大起来，当做一个资本主义时代和具体的资产阶级国家，其法的本质的资产阶级性仍然是统一的。毛主席教导说："无论什么矛盾，无论在什么时候，矛盾的诸方面，其发展是不平衡的。有时候似乎势均力敌，然而这只是暂时的和相对的情形，基本的形态则是不平衡的。"杨兆龙同志根据资产阶级国家中不同时期的个别枝节的事例而得出结论说："法律的阶级性在任何时代，任何国家必然是统一的，这种说法值得考虑。"如此论断，有些主次不分而忽视现实。作为一个国家的法，它不是人们提出的各种要求的偶然联合，而是贯穿着同一的阶级内容，有着同一的使命和目的。一定类型的国家其政权组织成分尽管是复杂的，法的表现形式尽管是多种多样的，但按照法的阶级本质来说仍然是统一的。

总之，杨兆龙同志在其《法律的阶级性和继承性》一文中，虽然许多地方提到了阶级、阶级性、阶级斗争等语句，但其下列观点：文化是法的阶级性的主要决定条件之一，法反映着不同阶级的意志和立场；在资产阶级的某些进步的法中，被统治阶级意志表现的程度比统治阶级意志表现的程度强得多；有的法本身具有反抗性；只有某些法才是统治阶级意志的反映等，这实际上就不自觉地吻合了法是"超阶级"的观点，而对马克思主义关于法的阶级性问题的理论作了修正。

以上一隅之见，观点上难免错误，有的用语亦可能不当，请法学界同志批评。

（1957年第2期）

关于“法的阶级性和继承性”的讨论
——介绍上海法学会第二次学术座谈会

关于法的阶级性和继承性问题,目前法学界正在展开讨论,大家的看法还不一致。首先,去年的《华东政法学报》先后发表了李良的《百家争鸣和法律科学》、刘焕文的《在百家争鸣中谈旧法思想》以及杨兆龙的《法的阶级性和继承性》三篇论文。接着今年出版的《法学》双月刊、《政法》双周刊和中央政法干校校刊《教与学》都陆续刊登了有关这方面的文章。多数法学家认为在浩如烟海的旧时代的法律资料中,有着丰富的遗产,经过批判后可以吸收利用,但对于刘焕文提出的“新旧法有内在的思想联系”和杨兆龙在论文中提到的关于法律的阶级性和继承性的某些重要论点,还有不同的意见。为了贯彻百家争鸣的方针,寻求知识,上海法学会于3月14日召开了第二次学术座谈会。参加座谈会的有华东政法学院、复旦大学法律系,上海法律学校的教师和上海市各政法机关的法律工作者以及社会法学界人士共50余人。

座谈会提出下面的几个问题进行研究:(1)法和经济基础的关系;(2)法的阶级性是否统一;(3)新旧法、新旧法思想和新旧法学是否有内在联系;(4)旧法能否在社会主义国家利用;(5)法学遗产的意义和范围。

会上杨兆龙首先就自己论文的主要论点和写作经过做了说明。接着在会上发言的有杨峰、高炀、刘焕文、潘念之、幸世才、周子亚等人。

关于法和经济基础的关系问题,座谈会上有几种不同的看法。杨兆龙认为法律是受经济基础最终决定的,但政治、文化等因素对法律所起的作用也很大。如我国西藏和印度的法律制度有很多是受着宗教影响的。他说,法律和经济基础的关系是互相制约、互相影响的。在某种历史情况下,新的统治阶级是先建立了统治权以后才建立它的经济制度,如苏联和蒙古人民共和国都是在新的经济制度还没建立以前就制定了法律。刘焕文认为法律在其表面上看来,是经济制度的产物,但从实质上看,它是在新的经济制度建立以前就早已有其思想根源的。苏联在十月革命时并没有社会主义经济制度,却已有社会主义的法律思想,就可以说明这点。杨峰、高炀、潘念之等人在发言中不同意以上意见。他们认为政治与法律同样都是由其经济基础来决定的。杨峰说,法是被奉为法律的统治阶级的意志,它是由该统治阶级的物质生活条件决定的。当这个阶级在经济和政治上占据统治地位时,它为了不让本阶级的经济利益受到敌对阶级的侵犯,便将本阶级的意志通过国家制定为具有普遍约束力的法,并利用它来维护、巩固和发展对其阶级统治有利的社会关系和秩序。潘念之指出,经济基础决定上层建筑,不能像母鸡生蛋那样简单地理解。这里面,人的意志(阶级意志)是一个关键问题。革命胜利的阶级根据社会发展的要求,有着摧毁旧经济制度、建立新经济制度的意志,在自己的政权建立后就制定自己的法律,来建立、保障、巩固和发展这一基础。但人们的意志和要求仍然是一定的经济关系和经济条件所决定的,这是一个辩证的关系,不能机械化。苏联固然在颁布土地法令以后才有土地国有制度,但绝不能忘记土地法令颁布以前,苏联人民对于封建土地所有制所反映出来的生产矛盾早已作过长期的、顽强的斗争。

座谈会上引起争论的另一个主要的问题是法的阶级性是否统一的问题。这里又分为以下四个问题:

第一,什么是法的阶级性和是否没有阶级性的法律。杨兆龙认为,法律规范按其性质来看,可以分为主导性的和辅佐性的两种。主导性规范往往只能用于某一个特定阶级社会,而辅佐性规范却可以用于各种不同性质的阶级社会。例如,在社会主义国家内关于确立公有财产制的法律规范是主导性的,而关于保护公有财产制的方法的规范则是辅佐性的。如果将前者废除或加以基本改变,则社会主义的法律将失去其社会主义的特点;如果将后者删去或吸取资本主义国家的法律规范以替代之,那就不一定会发生这么大的影响。许多同志不同意这一意见。幸世才认为,考察法律的阶级性不仅应该从统治阶级制定的法律的条文上去看,而且还应从一个法律的内容、制定和执行的整个过程来看。如果只从条文或字眼上看,认为这一条文或这一个字眼对人民有利,就认为没有阶级性,就认为可以继承,那是不对的。潘念之指出,法律不能脱离社会阶级关系的各种因素来看,它的阶级性只能从它在当时社会中是用来对付谁和保护谁的利益来体现。高炀也认为,如果把法律的阶级性认为只有主导性的法律规范才有阶级性,而辅佐性的法律规范没有阶级性,那就很难说明制定法律的任务。他以国民党时期的《商标法》为例,认为这个《商标法》的第 5 条是反映帝国主义利益的,而《商标法施行细则》第 21 条则更具体地完成了这个目的。又如,杀人是否一定判死刑,也有其不同的阶级内容。在奴隶社会,奴隶是被当做财产来看待的,奴隶被人杀死可以用赔偿的办法抵偿。而在苏联,死刑是作为保护社会主义政权的斗争工具,它的适用仅被限在几种重大的叛国罪行。

第二,法的阶级性是不是单一的。杨兆龙认为法律的阶级性在绝大多数情况下是单一的。但在不同的历史条件下由于国家统治权掌握在几个不同的阶级手中,而这几个不同的阶级力量的对比也可能是不相上下的,这就可能出现有代表几个阶级性的法律规范。他举出法国大革命初期的制宪会议及国民会议的组织成员中有僧侣及贵族代表,也有新兴的资产阶级代表为例,认为这些党派或集团中有替封建僧侣贵族说话的,有替农民说话的。他们维护着不同阶级的利益。因此他们所制定的法律也是反映着不同阶级的立场。高炀和其他同志不同意这种看法。他们认为,同一个国家的法律是只有一个阶级性的,否则,像中华人民共和国当前制定的法律是否也是代表几个阶级呢?高炀指出,法国资产阶级革命时期的议会虽然也包括了僧侣、贵族和新兴的资产阶级,但当时法国的阶级力量的对比,资产阶级是占领导和支配地位的,三级会议只是一种妥协的形式,它所制定的法律是受当时的资产阶级的意志所支配的。比如,革命胜利初制定的《人权宣言》中所体现的"保护私有财产神圣不可侵犯"和"人人平等",这两者就贯穿在所有一切的法律中。

第三,在资产阶级社会里有没有代表无产阶级的法律。杨兆龙认为,在现代的资本主义国家里,垄断资本家虽然占领导地位,但劳动人民的觉悟一天天提高起来,反抗反动统治的力量也一天天壮大起来。在这种情况下,掌握统治权的资本家就不得不对进步人民的要求作一些让步,因此出现了一些对进步人民比较有利的法律。而这些法律是可以直接地反映进步人民的立场的。在这些法律里,被统治阶级意志表现的程度无疑地要比统治阶级意志表现的程度强得多,因而在体系上这些法律虽是资产阶级法律的一部分,但在实际作用上它们却反映着被统治阶级的阶级性。杨峰和潘念之不同意杨兆龙的意见。他们认为在阶级社会中,法律绝没有保护全体人民利益为目的,更不可能有反映无产阶级的意志和保护无产阶级的利益的无产阶级的法律。杨峰说,在现代资本主义国家里,由于人民觉悟的逐步提高,反抗反动统治的进步力量的加强,掌握着统治权的资产阶级被迫对进步人民的要求作某些让步,同意制定一些对劳动人民比较有利的法律是可能的,但这完全是为了本阶级的长远利益打算。所以,它在完全从资产阶级利益出发的法的上面,贴上"民主自由"和"平等权利"等商标来欺骗、麻醉劳动人民,借以进一步扣牢他们手上的镣铐。潘念之指出,资产阶级在宪法中虽也写上一些冠冕堂皇的话,但在实施中总是用其他法令来限制它、取消它。例如,言论出版自由,差不多所有资本主义的法律都有这样一条规定。而真正能在讲坛上或报刊上发表自己意见的,除了资本家及其御用政客、学者外,劳动人民即使用尽力量出一本小小刊物,组织一次集会,也常被没收、禁止和捣毁。所以,潘念之认为这些貌似正义的、于劳动人民有利的法律是出于统治阶级的战略,其阶级性仍然是一致的。

第四,国际法有没有阶级性。杨兆龙认为国际法是有阶级性的。周子亚基本上同意这个说法,但他不同意杨兆龙在其论文中的某些论证。周子亚说,国际法和其他部门的法律一样是有其阶级性的,但它与国内法不同。它所表现出来的阶级意志不是一个国家的统治阶级的意志,而是社会经济制度不同的两个或两个以上国家的统治阶级的意志。这些意志的协调和一致所形成的法律规范,并不直接地和社会经济性质不同的国家中的现存生产关系发生联系,而是通过国际联系发生联系。这种国际经济关系,和最终决定国际法规范的各个国家内的现存生产关系相比较,马克思和恩格斯把它们叫作派生的、第二性的、非原本的生产关系。周子亚接着指出,这种经济关系,本身不是一种经济制度,而只不过是不同社会制度国家之生产关系的联系,把它当做一种单独的经济基础而说国际法公认规范建筑在它上面是错误的。

座谈会上也讨论了关于新旧法律、新旧法律思想和新旧法律科学的继承问题。这里的意见比较有分歧。杨兆龙认为资产阶级的法律规范中有许多办法被社会主义国家吸收或继承来为新社会服务的。他举出波兰至今还利用着 1932 年的刑法典以及德意志民主共和国自成立后一直到如今还利用希特勒以前的民法典、刑法典及民事诉讼法典这两个例子,来说明他自己的论点是有根据的。刘焕文认为,新旧法律思想是有联系的,而且法律思想虽然是反映经济基础的,但它本身却不是没有自己的历史的。因为在新经济基础上制定新法律,也是通过人们对旧法律制度的斗争的思想意识的基本观念做成的。刘焕文认为,如果否认了新旧法律有内在的思想联系,那无疑地就是否定历史唯物主义的原理。但尽管如此,他不同意用“继承”这个字眼。幸世才认为法律文化中是有“遗产”的,“继承”两字也可用。我们理解继承的含义时不应限于狭窄的范围,因为对旧的法律资料的整理、研究、批判的本身就包含着继承的意义。高炀认为新旧法律不可能有继承关系、新旧法律思想也不可能有内在的联系。他说,旧法中只有一些知识原素是可以为我们新社会所吸收利用的。潘念之认为,把继承和遗产这两个概念使用在新旧法的关系中是不够妥当的。他指出,遗产总是基本上有用的东西,继承总得基本上接受过来,它包含着“一脉相承”的意义。我们的法律和剥削阶级国家的法律在阶级本质上是根本对立的。作为旧法规范来说,绝对没有什么“遗产”可以“继承”的,对于旧统治阶级的法律思想和法律科学,也同样不能继承过来。要说旧时代的法律资料中有遗产可以继承的话,那仅是旧时代中被统治阶级对于法律的思想和主张,和在人民起义时所制定的纲领、制度和法令。例如,我国的太平天国和法国的巴黎公社都有一些法制值得我们去学习。但这些是应该和旧统治阶级的法律规范严格分开来说的。潘念之认为,旧时代统治阶级的法律、法学中只有一些知识、经验可以吸收利用,这里绝不可能有如母子继承的关系存在。

以上是座谈会中涉及的几个主要的争论问题,由于时间限制,还有一些与会者没有争取到发言的机会,也还有一些具体问题尚未得到充分的讨论。最后由座谈会主持人曹漫之同志集中了几个问题要求大家继续深入研究,准备在适当的时候再举行另一次座谈会。

(1957 年第 2 期)

关于民事执行程序中的若干问题

蔡选清*

一

民事案件执行程序是程序法中一个重要的课题,我国目前对此还缺乏完整系统的立法。本文仅试就民事给付(包括刑事案件财产部分)的执行程序中比较主要的几个方面,提出一些粗浅的意见。希望能引起法学研究者和司法工作者的进一步探讨。

执行程序通常是因有执行名义的债权人的申请而开始的,也有的则根据审判庭或同级人民检察院的建议或者其他法院的嘱托而开始。[①] 人民法院的执行员在开始执行时,除了对应该执行的事项首先要心中有数以外,更应该了解债务人不主动履行的原因和他的经济情况(如果执行程序并非因申请而开始,则应了解是否已履行),必要时并应查阅原案卷宗,同原承办人取得联系,以便更好地掌握案件特点进行工作。必须强调,调查研究是做好执行工作的重要关键。因为只有确切了解债务人的经济及其思想状况,说服教育或者强制措施才是"有的放矢",才能获得应有效果。在通常情况下,如果债务人确有履行能力而借口拖延或推卸给付责任时,除严肃地进行教育外,在需要时并可指定适当的期限,促他自动履行;经一再教育仍不履行时,应对他的财产强制执行。有的债务人经说服教育后则愿意自动履行,而申请人也同意的,可由申请人撤回执行申请。但有的执行人员却不是这样。

他们从"个人财产摸不着底"、"民事案件只能软不能硬"、"私人纠纷拖几个月没啥关系"等思想出发,因而工作中缺少调查研究,依赖"开庭"为主要或唯一的手段,反复传讯、调解。这样,不仅造成人力、财力上的浪费,也达不到执行的效果。这种情况目前还相当普遍,必须加以克服。

执行员在执行程序中发现有一定情况存在或发生,如果按照原判决(或其他执行名义,下均仿此)执行势将有失公平时,应该按照合法程序,实事求是地加以处理。

---

* 作者单位不详。

① 几年来实践所承认的执行名义大体上有:已经发生法律效力的民事给付判决或者裁定、先行给付的判决或者裁定、已经发生法律效力的刑事判决或者裁定中有关财产部分、在人民法院审判人员主持下成立的给付财产的调解书以及公证机关的执行许可公证书。

一种情况是当事人提出原判决有错误。这就发生了应否再审的问题。《各级人民法院民事案件审判程序总结》(下称“总结”)规定:“各级人民法院对本法院已经发生法律效力的判决和裁定应否再审问题,须经院长或者受院长委托的人进行审查。审查后,如果认为原判决或者裁定并无错误,可以用人民法院名义将审查结果通知当事人或者有关部门。如果发现原判决或者裁定在认定事实上或者在适用政策、法律、法令上确有错误,都应当由院长提交审判委员会处理。”经审判委员会决定后,再组织合议庭再审。这种情况也包括当事人提出新发现的事实(在判决时已经存在但为申请人所不知道的,对案件极关重要的事实)在内。

另一种情况是当事人虽不认为判决错误,也未有新发现的事实,但提出有新事实(在审理时并不存在,而是以后才发生的事实)或起了变化的事实(曾经作为判决根据的事实嗣后起了变化)。在执行时提出这种情况时,是否能适用有关再审的规定,是一个诉讼法上值得研究的问题。[①] 新事实以及起了变化的事实和新发现的事实是有区别的,在一般情况下它们似不得作为再审的理由。但在我国社会主义改造尚未彻底完成,人们经济情况有时还会有较大的变化,如果在执行中对这些情况完全置之不顾,也是不现实的。因此,我认为在这两种情况下,如执行员认为按原判决执行显属不合理或有困难时,应送交原审判庭(或报告上诉审人民法院)依法处理。在处理时应该根据有关的问题的性质(是根本涉及判决实质呢,或者仅仅是给付的方式)而有所不同。如果是前者(如生活费的增减),应该告诉他向有初审管辖权的法院重行起诉;如果是后者(如对分期归偿的债要求变更金额和期限),就可以由原终审法院以裁定进行变更。

执行程序中虽有上述情形发生,但在人民法院未作出中止执行的裁定以前,原执行程序一般应该继续进行,不应随便停止;执行人员更无权径行变更执行的事项。但在实际工作中,有的执行人员往往不顾法律程序,作出不适当的处理。具体表现在:有的踌躇不决,无所适从,实质上停止了执行程序;有的不按合法程序,而使案件一再重复受理;有的甚至在执行中盲目轻率更改判决或裁定。例如,张某(女)与王某(男)因脱离同居、小孩抚养而诉讼,经某法院调解,双方所生孩子归女方抚养,费用由男方贴补。后男方拒不履行,双方又诉至法院。男方以“小孩非他所生”为不履行的辩解,法院竟作为新案重行处理,在去年4月间判决男方败诉,按月付抚养费6元,上诉后二审法院在6月间判决维持原判。过1个月,女方又以“现在丈夫不同意领养”为理由重新起诉。法院又重新审理,在10月变更抚养费

---

① 苏联C. H. 阿布拉莫夫教授认为,新事实与起了变化的事实均和新发现的事实不同,不得作为再审的理由。参见[苏]C. H. 阿布拉莫夫主编:《苏维埃民事诉讼》(下册),中国人民大学出版社1954年版,第192页。

为 12 元，使男方再行上诉。像这样明显地违反诉讼和执行程序的情况虽是个别的，但应引起我们的注意。无须说明，这种做法的结果，不仅浪费时间和人力，妨碍了办案效率的提高，而且还损害了当事人的合法利益，贬低了人民法院在群众中的威信，这显然是和加强法制的要求背道而驰的。

二

判决的强制执行性是判决生效后所发生的必然结果。目前，由于一般人的法制观念还比较薄弱，人民法院审判工作的水平还不很高，法律还很不完备，因此，在采用强制措施时更应该严肃、慎重，必须坚决反对那种不应该强制而盲目强制的倾向；纵使在采用强制措施的时候，也应该防止各种不必要的损害。根据几年来执行工作的实践经验，执行程序中的强制措施大致有扣工资、查封、扣押、冻结、变卖、强制迁让等几种。

（一）扣工资

如果债务人系机关、企业、团体职工或者系其他借劳动有一定收入的公民（农业合作社社员、公私合营企业私方人员），可对他的工资执行。在执行前，执行员应该先向债务人所在的工作单位详细了解他的收支情况，讲明此项法律义务，然后以人民法院名义制发执行通知书，开列应该扣除的数额、时间及交付方法，送交该工作单位，并将通知书内容告知双方当事人。由于债务人工资的执行方法还没有法律规定，人民法院在实践中是遇到一些困难的。困难的发生，主要是由于有的单位对扣工资是法律义务这一点还不了解，认为“工资是劳动所得，按照宪法应予保护”；有的害怕代扣后将损伤被告工作情绪，影响其与职工间的关系，不利于生产，因而不愿代扣，或虽然勉强答应代扣后仍不按照执行通知书内容切实办理，而是采取敷衍塞责的态度，使扣工资不能顺利执行。这些问题是不能单靠人民法院执行员的努力而得到解决的，应该引起立法机关的注意。

扣工资的方法适用于哪些给付，是实践中还有争议的问题。有人认为，扣工资是迫不得已的办法，因此应限于抚养费或生活费的给付；但也有人认为，对于其他种类的给付也可酌情应用。我的意见是：从维护判决的效力出发，对债务人工资执行的方法不仅必要，而且是积极的、合理的。社会主义改造在我国已基本完成，人民（包括很多工商业主在内）绝大多数已依靠工资为唯一或主要的收入，如不能对工资执行，就难以达到执行的目的。抚养费、生活费案件申请人的经济情况一般比较困难，但其他类型给付的债权人又何尝没有急迫需要的情况存在；因此，认为除生活费、抚养费以外，一概不得适用的意见是片面的。当然，由于在目前阶段，一般公民的工资收入还不高，群众对这一方法的采用还不够了解，也还欠缺法律的明文规定，因此，那种在适用上漫无限制的倾向也应注意防止。

扣工资时幅度范围应如何确定，法律上也有统一规定的必要。[①] 一般意见认为，执行时应该考虑债务人的经济状况，幅度不能过大，尤其不能在一次中突然扣得过多，以免使债务人的生活困难；同时扣除的应以工资为限，其他如奖金、福利金、退休金均不得作为扣除对象，这当然是正确的。

（二）查封、扣押与冻结

如果债务人应向申请人交付特定物时，则执行就是要债务人将这些物品交与申请人收受。如债务人应该向申请人交付一定数额的金钱或者判令交出的物品并不存在，强制执行就要求把属于债务人的、相当于应交付的金额或物品价值的财产进行查封、扣押或者冻结。过去对查封、扣押或者冻结在做法上是不一致的。有的由院长或执行员制作裁定后执行；有的转请审判庭裁定；有的不作裁定，而仅仅口头宣告。"总结"对此规定："查封、扣押财产时可以由执行员提出书面意见，经审判庭作出裁定。冻结债务人在银行的存款或者企业股票等财产，应当用公函通知银行、企业并附裁定书，停止债务人提取或者处分。"这样可以从审判方面防止查封等强制措施的滥用。但也有人提出不同意见。他们认为审判庭对执行中的发展变化并不了解，由审判庭制作裁定弊多利少；查封、扣押都是执行程序中的强制方法，如执行员使用不当，可用审判监督程序来纠正，不需要一开始时就由审判庭裁定。我认为这个问题还有进一步研究的必要。

查封财产除有紧急情况外，一般应在白天于债务人或他的代理人（或债务人家属中任何成年人）在场时进行，并需由当地公安机关和居民组织代表到场协助见证。查封财产的总值应大体相当或稍超出债务总额；对日常生活必需品和职业需要品，不得执行。查封时应当当场制作查封财产清单，载明有关物品的名称、类型、牌号、数量等，由债务人及全体在场人员签名，然后可酌情指定债务人或者在场其他适当的人负责保管，告知其应负的责任，同时并应告知债务人自动履行的期间。

在查封时是否可以对债务人及其家属的居所或人身进行搜查，看法也不尽一致。有人认为在强制执行程序中为了防止债务人隐匿财产起见，有时有搜查的必要。可以看到，目前有些人民法院使用的查封令中也还有这样的规定。[②] 有的人则认为搜查是对犯罪嫌疑分子依照法庭程序所采取的措施，在执行工作中不能搜

---

① 在苏联除某些特定给付外一般不超过 20%。见《苏俄民事诉讼法典》第 289 条，《苏俄司法人民委员部调令》第 52 条。保加利亚人民共和国法律则按照债务人是否已结婚、有无子女以及他的收入多少分别规定不得超过 1/3 不等，详见保加利亚人民共和国《民事诉讼法典》第 341 条。

② 如上海市有些区法院的查封令中即规定必要时得进行搜索。

查,也谈不上搜查。应该认为,后一种看法是正确的。因为查封与搜查在法律上是两个不同的概念,具有不同的性质。查封时可以根据需要,对债务人居住地点及财产进行察看或检视。《苏联民事诉讼法典》也规定:“法院执行员于为执行行为时,如对于进行执行有必要,得进行勘验,开启债务人的房舍与保管室。”①当然,在债务人显有隐匿金钱或贵重财物以逃避执行的情况下,执行员可以按法庭程序进行搜查,但这和一般的查封不能相提并论。

必须指出,查封、扣押作为强制措施,在适用上不是没有缺点的。有的人民法院在查封、扣押时(尤其是刑事案件中)存在草率、盲目的思想与作风。主要表现在查扣时超过执行标的过多,甚至将债务人及其家属的日用必需品也一概执行掉;查扣时不问对象,将案外人的财产也一并执行;执行前缺乏准备,执行时也不严格遵照手续与制度;对查扣财产没有很好加以保管和处理,有的甚至在长时期内无人过问。所有这些,都应该引起我们深切的注意。

(三)变卖

财产经查封、扣押以后,如果过了一定的自动履行期,债务人仍未履行,执行员应即将有关财产变卖,将卖得价金交付申请人抵偿债务。目前的变卖一般采用了由国家商业机构收购拍卖或代售的方式。财产变卖时必须合理地估定价格(如系拍卖,则应估定开拍价格),由执行员认真加以审核,并应征求债务人的意见。如果是拍卖或代售而经一定期间未能卖出时,应该由拍卖或代售单位重新估价,经贬价后如果仍未能卖出时,可以折价交给申请人;在后者拒收时,则应将有关财产发还债务人。附带应该指出:前述财产变卖程序仅适用于一般财产,对于那些法律、法令限制或禁止买卖的财产,则应该按照有关的法律、法令办理。

在变卖财产的工作中,由于有些工作人员对公民权利重视不够,在变卖的方法、程序上缺乏法律规定,因而一般存在卖价偏低的偏向;有的财产没有通过合适的商业机构买卖,有的处理不够及时以致长期未能卖出,债务人受到损失。所有这些,必须在工作中加以纠正。

(四)强制迁让

房屋迁让也是财产交付的一种方式,但由于房屋与一般商品有所不同,因而在执行中也就具有不同的特点。在社会主义建设时期,城市中一般存在住屋缺乏的现象,因而强制迁让就不得不成为一件比较繁难的工作。迁让的判决一般难以执行,但如果执行人员能配合有关方面采取正确及时的措施,则在实践上并非不可能。有的执行人员认为租屋困难,因而对房屋迁让案件的执行抱消极态度,这显然是没有根据的。何况,采取这种态度更容易在群众中造成“迁让案件判了也不会

① 《苏俄民事诉讼法典》第263条。

执行”的错觉，使城市房屋政策不能有效地贯彻，反而更增深了租屋的困难，因而是有害的。

根据实践的体会，迁让执行案件通常可分为三种类型：一种是能迁让而抗拒迁让的；另一种是虽有困难但能克服的；还有一种则是确实无法迁让的。在执行中应该采取分析的态度。对第一种情况，必须严肃而又及时地采取强制手段。在强制前，除向当事人进行说服教育外，应做好必要的准备工作（如安排迁移地点、与有关单位联系、发动周围群众等），然后坚决执行。在第二种情况下，一般应针对当事人的具体困难。协商解决办法。如虽经提供办法而仍不迁出的，必要时也得按前方式强迁。对于第三种债务人则不应采取强制办法，如不能用其他方法解决，就应当中止执行。

以上是关于执行程序中的几项强制措施。

在执行程序中是否可以采用人身强制的办法，是一个值得探讨的问题。伪国民政府在1945年5月16日修正公布的“强制执行法”第22条规定：“债务人有下列情形之一者，执行法院应命其提出担保，无相当担保者，得拘提管收之：1. 显有履行义务之可能而故不履行者；2. 显有逃匿之虞者；3. 就应供强制执行之财产有隐匿或处分之情事者；4. 于调查执行标的物时，对于推事或书记官拒绝陈述者。”同法第23条规定“担保人故纵债务人逃亡者”也得拘提管收。伪国民政府并因而制定有“管收条例”。显然，这是剥削阶级借以掠夺劳动人员的极为露骨的强暴手段。在这样反动制度下，有的被告为了交付债款、罚金不得已而到处借卖典当，甚至卖妻鬻子，这在资本主义社会已成为司空见惯的事。

这种方法当然不能为社会主义国家的法律所采取。过去几年中，在缺乏有关执行程序的法律、法令的情况下，大多数的法院在实际工作中坚决摒弃了“管收”这一手段。但也应该提出，有少数工作人员，在旧法思想的侵袭下，仍沿用这一措施，并认为这是“行之有效”的执行方法。这种错误偏向是必须纠正的。

与“管收”相联系但又具有不同内容的“担保”是否可在执行程序中加以应用，则是另一个问题。过去执行中的担保有财产保和人保两种。在实施强制措施时，如果债务人提供适当财产作为暂缓强制的担保，应该认为是可以的，这样可以在避免债务人的不必要损失的情况下达到执行目的，对执行工作是有利无弊的。但是，如果提供的担保不是“财产”而是“人”，那就意味着当债务人按期不履行时，执行员就可以对保人执行。这样，不仅容易造成债务人将责任转嫁与第三人，并且无异于替强迫命令敞开大门，因而是不足取的。当然，如果把“人保”和“管收”联系起来,在保人不为清偿时,就用拘押来达到执行目的,更是非常错误的。①

在执行程序上,否定人身强制办法不应当和对债务人的违法犯罪行为的处理混淆起来。有的执行人员认为,既不能对债务人管收,那么遇到有的当事人故意隐藏、分散财产来逃避执行或是侮辱、漫骂甚至殴打执行人员时,就无能为力了。作者认为,债务人在执行时如有意隐匿或分散财产是违法的,对之应说服批评,并视需要采取一定的措施;在后一种情况下,应根据情节进行处理,这和"管收"显然是两回事。

有的判决要求被告完成与交付财产无关的一定行为或不行为(如判令将小孩交一定人抚养)。这些判决是不能用前述的办法来强制执行的。在被告不肯履行时究竟应该怎么办,有人认为只能教育说服而不能强制;也有人认为,在教育无效时,可以强制。作者基本上同意前一种意见,但对于个别蓄意违抗判决,再三教育无效的行为是否可作为违反国家管理秩序的犯罪行为而予以处理,是可以在立法时考虑的。

三

执行行为是执行事项在客观上有实现可能为前提的,因此,如果在执行程序中有一定情况存在或发生,以致原应执行事项暂时或永久不能执行时,就应该中止或者终止已开始的程序。"总结"规定:"如果债务人死亡而又无财产可供执行,可以由执行员提出意见,经审判庭裁定终止执行,并将裁定书送达申请人。"接着又说:"债务人确无给付能力短期内无法执行的,也可以由执行员提出书面意见,经审判庭裁定中止执行。"有的执行人员由于对中止与终止的含义与适用范围认识不明确,因而发生两者混淆不清或使用不当的现象。不难了解,中止是对执行程序的暂时中断,在中止事由消失后,仍得继续执行。债务人无力给付,仅是中止的一种,而不是唯一的原因,其他如:被告去向不明,一时难以查明;被告另有案件有必要对本案停止执行;案件已准予再审或重新处理,经审判庭作出中止裁定等情况也得成为中止的理由。

在执行工作的实践中,中止是使用较普遍的方法,这和社会主义改造所引起的经济情况的变动是分不开的。但应该指出,有的执行员片面追求结案数字而轻率中止的现象在目前还普遍存在。特别在民事案件中有的中止结案经常在 2/3 以

① 伪"强制执行法"第 23 条规定:"担保人故纵债务人逃亡者,执法法院得拘提管收之。如于担保书状载明债务人逃亡或不履行由其负清偿责任者,执行法院得因债务人声请,经向担保人为强制执行。"

上，这绝不能认为是正常的。

执行程序的终止意味着不再进行执行行为并取消以前所采取的一切措施（如对财产的扣押）。终止的原因通常有：（1）被告死亡而又无遗留财产可供执行时；（2）根据政策、法律不再予以执行时；（3）原告在执行程序进行中放弃给付要求时。此外，如果给付标的系特定物，但该物已经灭失，则执行程序也应终止，当然，在这种情况下并不妨害原告提出损害赔偿的请求。

（1957年第2期）

关于律师参加民事诉讼活动的几个问题

王文正*

由于律师工作尚在初创阶段，业务上还有很多问题没有解决，尤其参加民事诉讼活动方面的问题更多。现在从这方面提出几个问题来谈谈。

一、关于代理人的诉讼地位和作用问题

我们知道，民事代理人和刑事被告辩护人的诉讼地位是不同的。由于辩护人是独立的诉讼主体，在诉讼活动中辩护人的意见可不受被告人的约束。而民事代理人则完全不同。正因为他不是独立的诉讼主体，他进行诉讼活动是受当事人的委托的（他的权利是当事人给予的——法院指定的代理人例外）。所以关于案件实体方面的意见，代理人不仅不应该与当事人的意见相违背，对于某些重大的问题（如放弃部分诉讼请求，与对方和解及承认对方的诉讼请求），如果当事人没有授权，代理人是无权处理的。但这也不是说，代理人可以支持当事人的无理要求，因为代理人的活动必须遵守“以事实为根据，以法律为准绳”的原则。只有这样，才能做到既保护当事人的合法权益，又帮助法庭查明案情，从而作出正确的判决。这正是律师在诉讼活动中所追求的目的。

从上海市的执行情况来看，不少律师在这方面已起到应有的作用，譬如，收案时比较慎重，在开庭前认真地进行调查研究（充分掌握情况），研究有关政策、法令，并与当事人详细地交换了意见，等等。正因此，他们在法庭上的发言既能做到有的放矢、有理有据而且简短有力，使当事人和法院都很满意。但是也有的还未起到应有的作用。譬如，收案时不注意辨别当事人的要求在法律上是否站得住脚，在接受了当事人的委托以后，仅与他们随便谈谈，而没有进行认真的调查研究；在事情的真相还没有搞清以前，即向法院递上诉状，等候开庭，等等。这样律师就使自己的工作，有时处于被动地位。例如，本来认为对方欠款不还，结果查明对方并没有借过款而是拿的解雇费；本来认为女方（被告）品质不好，结果查明是男方乱搞男女关系，已经有了姘妇请求离婚等。

律师办的刑事案件大部分是公诉的，材料和证据一般是比较齐全，只要认真阅

---

* 作者单位：上海市司法局。

卷，注意寻找矛盾，再去接近被告了解情况，都可在法庭上展开辩论。但民事案件却不同了，当事人谈的情况有时很片面，如果不认真地进行分析和调查研究，往往很难掌握全面情况，以致造成工作的被动。实践证明，律师办理民事案件比办理刑事案件更需要进行调查，尤其是担任原告代理人，更加需要慎重进行调查研究。

人民律师不但是人民群众合法权益的保护者，而且是巩固国家法制的战士。律师在参加民事诉讼活动中，仅仅协助当事人讲几句话，或者仅仅传达当事人的意见是不够的。他们应当切实地保护公民的合法权益，并通过自己的说服教育工作，使某些人放弃无理的要求，以尽量减少不必要的诉讼；在接受案件的时候，除了要动员当事人说真话以外，如果证据不充分，应该使当事人设法补充、必要时自己还要进行调查，开庭时当事人可以不出庭，这样可以节省他们的时间（是否出庭由当事人自己决定）。

如果当事人也出席法庭，事实既可由当事人陈述，也可以由代理人陈述。而我认为由代理人陈述更有好处，至少可以抓住重点，缩短开庭时间，有利于法庭提高工作效率。遇到离婚或某些很复杂的案件需要当事人陈述时，代理人也要帮助他做好准备，而不能放任自流。总之，即使当事人也出席法庭，作为代理人的律师，在诉讼活动中仍然要起主导作用。

应该指出，对代理人的诉讼地位和作用，某些审判人员也不够了解，有人甚至认为“有了代理人增加麻烦”。所以在审理有律师参加的民事案件时曾出现过一些不正常的现象：开调查庭不通知律师，案件判决了律师还不知道；有时只因为当事人没有到庭，审判员不问是什么案件以及代理人的权限如何即决定延期审理；律师在法庭上没有一定席位（有的坐在旁边数次要求举手发言而审判员还未看见），和判决书不写代理人的名字、不送给代理人等。这都是需要改正的。

二、当事人的诉讼请求显然无理由的，律师是否代理?

关于这个问题，同志们有不少的争论。有的主张不管有无理由，只要当事人来聘请，我们即应该接受。理由是：律师不是审判人员，难以掌握全面情况，对于当事人的请求是否有理由，我们不能确定，而且完全没有理由的情况也是很少的。个别同志还与刑事案件相此，认为既然刑事被告不管罪行如何严重，我们都要为他辩护，那么民事原、被告即使显无理由，我们也应该予以代理。还有的同志认为，为了避免引起委托人的不满，遇到任何情况都不能拒绝。多数同志不同意这种看法。某些比较复杂的案件，在没有彻底弄清情况的时候，对当事人的请求是否有理，确实难下判断。但多进行一些调查研究，问题还是可以解决的。至于某些当事人的请求显然无理的，不难立刻作出判断。例如，放高利贷的人要求收取利息，二房东要求收回房屋,等等。向人民法庭提出这种毫无理由的请求,必然会败诉。结果只能使当事人受到经济上(诉讼费和律师的报酬费等)和时间上的损失,增加法院的收案,而不会有什么好处。

为刑事诉讼辩护和担任民事原、被告的代理人,是律师的两种性质不同的工作,不能相提并论。我们也为罪行严重的人辩护,是为了使他得到与其罪行相当的处分,而不致受到过重的惩罚。同时,即使刑事被告人的罪行已经查实,我们还可以从他过去的表现、事后坦白认罪的程度和促成犯罪的某些客观原因等方面找出理由进行辩护。而在办理民事案件的时候,如果委托人的请求没有理由,代理人又如何讲话呢?如果强词夺理,又与旧律师有什么区别呢?显然无理的代理案件,只要讲明道理,就是拒绝接受,请求者也不会有什么不满的。如果不管有无理由一律代理,到了法庭上不是无话可说,就是强词夺理,这就很可能引起对方当事人甚至广大群众的不满。

另有一些同志认为,对于没有理由的原告,不代理是应该的;但是对于被告,即使没有理由,还是应该代理的。理由是:被告处在被告诉的地位,在他没有理由的时候,我们的任务在于防止法院要求他负过多的责任,使当事人除了依法尽自己的义务以外,不再受到损失。这种看法也是不全面的,因为人民法院一般地说是不会让被告负过多的责任的,万一法院的判决有偏差,当事人还可以委托律师上诉。

总之,我认为不管原告还是被告,只要他的要求显然无理由,律师即不应该代理,否则即谈不到依法办事了。当然,当事人的要求是否有理,我们不能轻下结论,必须慎重从事,如果个人没有把握,就应该进行集体研究或向领导请示。只有当事人的要求确有理由或至少是有一些理由的,我们才能接受下来。如果一部分要求有理由,一部分要求没有理由的,我们要动员当事人放弃无理的部分。有的同志碰到当事人的部分要求不合法,经过说服后仍不肯放弃,于是只决定代理有理的那一部分,无理的部分由当事人自己进行诉讼,结果把一个案件搞得很复杂,使法院处理起来感到不便。如果遇到法院既可能这样判,又可能那样判的案件(如某些离婚案件是否判离,请求偿还远年债务法院是否支持等),接受代理是可以的,但事先应该把可能出现的几种结果都告诉自己的委托人,让他作思想上的准备。对显然没有理由的,也不是开始即硬性拒绝,而是首先要耐心地进行教育。如果是原告,即动员他不要起诉(如果本人一定要起诉,我们当然不能阻止);如果是被告,即动员他承认对方的诉讼请求(如果他愿意承认对方的请求,只是因为无暇出庭才要我们代理,当然是可以接受的)。如果原来认为有理由已经接受代理了的案件,在诉讼进行中发现了足以放弃原来看法的新事实,也应根据这些原则来处理。

三、关于代理离婚案件的一些问题

这一个问题在以前有相当多的一部分同志主张不能代理。现在虽然"审判程序总结"已明文规定离婚案件可以代理,但仍有少数同志认为不宜代理。理由是:离婚与否决定于当事人之间的感情如何,而感情究竟怎样,他人难以掌握;同时离婚案件的当事人思想变化较多,有时坚决要离婚,有时又希望和好,代理人难以捉摸,代理离婚案件容易形成包办代替。

我们认为离婚案件肯定是可以,而且也是应该代理的。如果说思想感情是第三者难以捉摸的,那就等于承认:离婚案件就连法院也是无法处理的。"审判程序总结"规定离婚案件也可以代理,但当事人仍须亲自出庭(而其他案件只要有代理人出庭,当事人即不一定要出庭了)。我们认为这样规定比较好,它既照顾到了离婚案件的特点,又使当事人仍能得到有法律修养的律师的帮助。目前婚姻案件比其他任何一类案件都多,其中离婚案件又占相当大的比重。例如,去年第三季度在上海市五个法律顾问处所受理的812件民事案件中,婚姻案件即有292件,其中离婚案件又占了163件。这些案件的当事人大多数都是劳动人民,法律知识比较缺乏。有些女方当事人,由于很少参加社会活动,到法庭上谈话有时还会发生困难;如果不允许代理,他们在诉讼过程中即无法取得律师从始到终的帮助。这在情理上是讲不过去的。有一段时间,某些法律顾问处不代理离婚案件,当时有的女方当事人聘请律师遇到拒绝,很不愉快,甚至啼哭。实践证明,离婚案件的当事人也是迫切需要律师的帮助的。

在当事人亲自出庭的情况下,代理人可以在法律方面帮助当事人谈话,保护他的合法权益。关于感情好坏的具体表现,可以让当事人自己谈;关于离婚与不离婚,也应该由当事人自己表示意见。这样就不会形成包办代替。但代理人的作用是否会减低了呢?事实证明并非如此。只要代理人在出庭前与当事人详细交换意见,当事人在法庭上讲话即比较系统全面,重点突出,一般不会提出无理要求。有代理人出庭,当事人的胆子也大了,所有理由都能讲得出来。律师对法律比较熟悉,随时可以帮助当事人讲话,这对他的帮助还是很大的。由于代理人是当事人所信任的人,所以在诉讼过程中,律师还可以对他们进行某些说服教育工作,使法院的审判工作能够顺利进行。例如,有一个离婚案件,双方结婚是由父母包办的,婚后毫无感情,多年没有同居过,但女方有"一女不嫁二男"的封建思想,坚决不肯离婚,并声称如果法院判决离婚即要自杀。经过律师耐心的启发和劝导,女方不仅克服了旧思想,认清了前途,同意离婚,并且生活费用问题也得到合理地解决。离婚案件往往牵涉子女抚养和家庭财产分拆等比较复杂的问题。在解决这些问题的时候，当事人也需要律师的帮助，代理离婚案件和代理其他民事案件一样，律师在协助法院搞清案情方面也有很大的作用。因为离婚案件与其他民事案件有所不同，所以在办理这种案件的时候，要更加慎重，要切实摸清情况，只要有和好的可能，即应设法使他们和好。同时，办理这种案件还要有更多的灵活性，情况变化了，我们的态度也应该改变。例如，女方由于受了男方的虐待而提出离婚，我们是应该支持的。但如果在诉讼进行中，由于法院的教育或其他原因，男方诚心表示悔改，这时我们是可以通过适当的方法动员女方撤回案件的。这样处理问题既符合婚姻法的精神，又符合当事人的利益。如果不管情况如何变化，我们仍然拒绝当事人原来的要求，那是错误的。在诉讼进行中只要有可能，代理人即应该设法促使双方进行协商，或请求法院进行调解。代理人在法庭上的讲话要注意分寸，不能太激烈，以免引起对方反感，愈弄愈僵。律师代理离婚案件，只有好处，而没有什么坏处。

四、执行案件是否有代理的必要

在律师组织建立之初，即有一些执行案件的当事人（当然多数是申请人）要求聘请律师作代理人。当时绝大多数同志都认为代理执行案件只是去跑跑腿，在法律上没有什么意义，所以都没有接受。后来不断地有人提出这种请求，我们即决定代理几件试试看。其后大部分法律顾问处都办过几件。案件类型如下：第一，标的较大，长久以来因某种原因执行不通而又有条件执行全都或一部分的。例如，有一个外侨，房客欠付房租将近 10 万元，他又欠工人工资一万多元。他回国的时候，委托了一个代理人要他收租、发工资。以后房客看到房主回国了，即找出一些借口拒付房租，法院判决后仍然不付。房东的代理人不敢说话，开执行庭时有理由讲不出来，要他与房客协商，他也没有办法。由于房客较多，法院不便强制执行。后来聘请律师为代理人，律师不仅出席过执行庭，而且还与房客代表进行了数次协商，结果在 3 个月内即收到租金一万多元，欠薪全部发出。像这个案件，要不是律师代理，工人的工资问题很难得到这样快的解决。第二，申请人工作很忙，没有时间出庭，家中无适当的人可以代理，而法院又认为有开庭必要的，我们也予以代理。第三，申请人在外地，仅仅写封申请执行状效果不大，只有掌握了双方的经济情况据理力争才有效果，遇到这种情况我们也代理。第四，法院的执行工作有偏差，我们担任债务人的代理人，保护他的合法权益。例如，有一个公民欠债 1 万多元，法院判决以后，他愿意以价值相当的一幢房子作抵。但法院要他用价值 3 万多元的房子作抵，并限令 3 天交出所有权证明书。债务人十分着急，请了律师为代理人，律师向院长提出了申诉，法院即纠正了原来的错误决定。

经过几个月的实践，我们认为一般的执行案件没有代理的必要；分期给付的债务案件,更不宜代理。但执行程序也是一种重要的诉讼活动,在执行过程中法院有时要作出某种裁定,碰到某些问题有时还要双方协商解决。所以,遇到重大、复杂案件,以及当事人无暇出庭等情况,我们还是应该代理的。这对保护公民的合法权益,协助法院搞好执行工作都有好处。不过,究竟什么样的执行案件应该代理,什么样的执行案件不宜代理,尚需要作进一步的研究。估计随着群众生活的提高,法制观念的加强以及人民法院执行工作的改进,需要律师代理的执行案件也会逐渐减少。

五、法院应当为哪些当事人指定代理人

审判实践中有时会碰到这样的情况。夫妇一方是精神病患者,自己也没有亲属,另一方因配偶的病久治不愈,请求法院判决离婚。法院碰到这样的情况,总希望指定律师作被告的代理人。但有一些律师同志认为不能接受,理由是:一方面,法律上没有规定;另一方面,恐怕法院判决离婚以后,如果将来当事人病好了,可能埋怨我们。

我认为在法律尚未作明确规定以前,遇到这样的情况,法院指定律师担任精神病患者的代理人是完全应该的,这对保护没有行为能力的当事人的合法权益和协助法院弄清案情都有好处。只要我们依法办事,将来不会受到埋怨的。如果法院不给他们指定代理人即判决离婚,可能会引起某些群众对他们产生盲目同情的心理,有了代理人则更可显示出法院判决的公正性。人民法院给精神病患者指定的代理人,应有一切诉讼权利,包括上诉权在内。此外,有重大生理缺陷(如聋哑)的当事人,如果没有亲属可以帮助他实现自己的权利,人民法院在征得本人同意以后,也可以指定律师作为他的代理人(或称辅佐人),协助他进行诉讼。

六、代理权限如何确定

过去由于对代理人的诉讼地位了解不够,所以对代理权限究应如何确定也是不明确的。在我们与当事人签订合同中,关于代理权限一项有各种各样的写法。一般的做法是:当事人不出庭,即写“全权代理”;当事人打算出庭,即写“诉讼代理”或“给予法律上的帮助”。但所谓“全权”究竟是指哪些权利,许多同志连自己也不明确,更没有和当事人讲清楚。当代理人在诉讼中稍微有些“让步”的时候,当事人即不满意,当然我们更无权撤销案件了,这怎么能算是全权代理呢?至于“诉讼代理”和“给予法律上的帮助”,含义也很不明确,在诉讼进行中也往往会产

生一些麻烦。

当事人所给予的代理权,是代理人进行工作的依据,因此必须在合同中作出明确的规定。

但究竟怎样确定比较好,我们还缺乏经验,需要继续摸索。兹参照苏联的做法,提出我个人的意见。我认为诉讼代理人最低限度应有下列这些一般的诉讼权利:陈述和辩解,审查证据;运用民族语言发言,申请回避;阅卷和抄录材料,对于法院关于某些程序事项的裁定提出抗告,等等。这些只要和当事人说明就行了,不必写在合同上。但是,当事人如果把下列权利也授予代理人,即应在合同上写清楚。这些权利是:与对方和解,全部或部分承认对方的诉讼请求;全部或部分抛弃诉讼请求;领取财产和金钱,以及在顾问处范围内更换代理人等(除了代理人更换一点以外,其余各项都与离婚案件无关,离婚案件的代理人仅仅有前面讲的那些一般的诉讼权利)。某些事项最好写得具体些,如放弃诉讼权利,最多可以放弃多少。案件判决后是否上诉,要取决于当事人,如果他要聘请原承办律师作代理人,需要另订合同,另行商定代理权限。

签订了合同,确定了代理人权限以后,当事人应该向法院递交一张委托书,写明代理根据。代理人在法庭上发表的意见,只有在代理权限范围以内才能有效。在目前的情况下,委托书不一定要经过公证。有的同志担心委托书上写明了代理权限,如被对方或其他代理的摸到了底,会增加工作中的困难。例如,被告知道了原告的代理人有权放弃部分诉讼请求以后,可能"讨价还价"。我认为这种顾虑是不必要的。因为代理权限仅仅是权利,而不是义务;是有权这样做,并不是非这样做不可。法院要依法处理案件,当事人无理取闹是没有用的。我们与当事人协议的一些细节不一定都写上去,委托书也可以请求法院不让对方看到。

(1957年第2期)

对上海私人房屋迁让纠纷处理原则的探讨

刘钦谕[*]　柳广堤[**]　来　璧[***]

一

共产党把改善劳动人民的居住条件作为自己的主要任务之一。中华人民共和国成立后,党和政府曾先后采取了许多解决住宅问题的措施。新建房屋是主要的措施。几年来,仅上海市一地就已经新建住宅317万平方公尺(迁建的房屋还未包括在内)。此外,许多城市调整了房屋租赁关系,改善对旧有房屋的利用。北京、天津、武汉等许多大城市均先后制定了私人房屋租赁规则、办法等,以便合理地保护房屋租赁关系中双方当事人的正当利益。旧社遗留下来的那种兴风作浪、从中渔利的房屋投机行为,业经政府明令取缔;对那些专门从事中间剥削、不顾房屋保养修缮的经租公司等组织,亦进行了整顿和改造。这一切都表现了党和国家对人民居住条件的关怀。

资本主义国家尽管亦进行住宅建设,亦有关于调整房屋租赁关系的所谓法规,但那些新建的房屋,不是给劳动者居住的;而所谓调整租赁关系的法规,只片面地保护房东或经租人的利益。列宁同志曾经指出:"……剥削工人的不仅有工厂主,而且还有房产家……这些房产家们利用出租住宅、出租小房,出租房间和出租人口密居的居民房所榨取的金钱,远远超过了用出租好住宅所赚的。"在资本主义国家里,房屋租赁关系是加于劳动人民的灾害之一。

我国城市中的房屋有公有房屋和私有房屋之分。我国城市的公有房屋是属于人民政府的,亦即人民的财产,它供给人民居住使用;虽然亦收取租金,仍并非为了获取利润。"由人民政府出租这些公共房屋所取得的低额房租,主要是用来作公有房屋整理、修补的基金。如有多余时,并用于扩展城市的建设。"①由此可知,公有房屋之建筑和出租是人民福利事业的一部分。

我国城市中的私有房屋所占比重很大,情况也很复杂。如以居住面积计算,上

---

* 作者单位:华东政法学院(现华东政法大学)。

** 作者单位:华东政法学院(现华东政法大学)。

*** 作者单位:华东政法学院(现华东政法大学)。

① 《人民日报》1949年8月12日。

海的私有房屋约占60%，[1]它对于城市人民的居住问题有很大的关系。我国对私人所有的房屋，是依法予以保护的。中华人民共和国《宪法》第11条规定："国家保护公民的合法收入、储蓄、房屋和各种生活资料所有权。"前中南区公布的《关于城市房产权的几项原则决定》第1条就规定："人民政府对人民一切合法取得之房屋的所有权与合法经营权(包括修建、买卖、转让、使用、出租等权利在内)一律保护，任何机关、部队，团体和个人不得强购、强租、强借、强占。"当然，利用房屋投机倒把，或征收过高的租金，从而影响市民的生活水平，这是不允许存在的。房屋必须合理使用，合理保养，以利于国计民生。

私人房屋的租赁是我政府一向所关心的问题，政府在这方面虽然作了不少工作和努力，但有关房屋租赁之纠纷仍然不少。根据上海市的情况看来，有关房屋纠纷的案件，在民事案件中占有很大的比重，仅次于婚姻案件。而房屋纠纷案件中，迁让纠纷则居首位。

关于房屋租赁纠纷中，为什么迁让纠纷特别事多呢？我们认为最主要的原因是供求失调。这是旧上海遗留下来的问题。解放后人民政府虽建造了许多新的房屋，解决了60万人口的居住问题，但仍未能满足要求；生产的发展，城市人口的增加，租赁关系的混乱，租金不合理以及房屋年久失修，加深了房屋紧张的严重程度。另外，缺乏对私人房屋的管理，如迄今尚未颁布上海地区的私人房屋租赁办法，亦是原因之一。因而正确而妥善地解决有关房屋租赁纠纷，使得房屋租赁关系正常化，对改善城市人民居住条件，特别是使私人房屋得以合理使用、合理保养，都有着重大的关系。

二

房屋案件之处理，不仅应符合国家的发展与建设这一总的原则要求，而且我们认为在处理这类案件时，还应该注意到全国各地区情况的特点，否则就很难做到对案件的正确而妥善的处理。

从上海各级法院受理的房屋租赁纠纷案件中，涉及迁让问题的主要有：(1)出租人要求收回自用；(2)所有人要求收回房屋出卖；(3)承租人拖欠租金；(4)承租人空关房屋；(5)居住人无权占住；(6)承租人转租(分租)；(7)承租人或其家庭成员损坏房屋；(8)出租人因承租人交换住宅而要求收回房屋。

目前大家对此类案件的处理意见是很不一致的。因而有些该迁的没有迁，结果助长了房客任意不遵守自己应尽的义务；不该迁的却判处了迁让，同样又造成房

① 《解放日报》1956年12月14日。

客无法按判决履行搬让。早在1950年就有人认为“目前人多房少是事实，房屋困难深入市民脑海，一个家庭常常搬东搬西亦是浪费的，所以主张原则上不迁让。”①直到现在，仍有同志持这样的论点。有些同志主张迁让与否应根据房客有无迁让条件来决定，但有的同志却认为迁与不迁，应根据主客双方约定的租赁期原则来加以处理，此外，则有更多的同志认为应根据需要与可能的原则来处理。所谓需要系指房主能确切证明其家庭成员或家庭经济状况已经发生变化，若不收回房屋以供自用或出卖，就会严重地影响一家人的居住和生活。所谓可能是指房客在不妨碍生产、生活的前提下，根据经济情况可能还屋迁让而言。

持以上四种论点的同志，从某种角度上来讲，虽都具备了一定的道理，但不免有些片面。持前两种意见的人，虽在掌握处理问题上有某种程度的区别，但其共同出发点均过于强调租屋的不易，仅仅从这一点去考虑问题，而忽视了双方订立的租赁合同。这种任意否定自由合同的做法，结果会助长某些房客随意违反自己应尽的义务，甚至影响房屋的保养，同时那些有正当理由急需收回房屋的所有人，亦因此不能得到法律的应有保护。事实上，房客另行找屋迁让亦并不是完全不可能。因而这种过于夸大困难，与合理解决当前上海房屋问题的政策精神是不兼容的。主张第三种意见的同志没有正确理解租赁合同中期限的意义。从理论上说，他们不了解合同期满本身并不构成出租人拒绝承租人继续承租的权利，自然亦不构成出租人要求承租迁让的权利。从目前上海市的实际情况看来，房屋的紧张情况，一时尚不能解决，租屋的困难确实存在，若单纯根据合同规定期限届满或不定期租赁由业主事前的通知，即作为迁让的绝对条件，势必增加居住上更多困难和纠纷；甚至会使房屋所有人在当前房屋供不应求的情况下得以任意收回房屋，使他们有了利用房屋进行投机的机会，结果就更引起人为的房屋紧张。因而认为租期届满或不定期租赁的事前通知，一概准许业主收回房屋，这种看法显然不是根据现行房屋政策的精神，采取实事求是的态度对待当前上海的房屋问题。至于持最后一种主张的同志，亦只是看到了需要与可能是帮助掌握处理迁与不迁的一环，但他不了解处理严重违约等迁让案件时，就不能机械地执行了。因而在对某些具体案件处理时，还得按情况作不同处理。

在目前房屋不能满足客观需要的情况下，我们认为解决办法必须围绕为生产建设服务的方针，掌握三方面的原则：第一，尊重双方自由议定的合同，只要合同本身与现行政策法令不抵触。第二，除注意到当事人之间的合同外，还应当结合房屋供求情况加以处理。第三，除注意到当事人之间的合同，并结合房屋供求情况外，还要做到主客兼顾，既要保护业主对房屋的所有权，同时又要注意保护房客合理的

① 《解放后的上海房屋租赁问题》，时代书局1949年版，第70页。

租赁权利。

上述的三个原则是相互关联、不可分割的统一体,又是辩证的关系。因此不论处理涉及任何不同情况的迁让案件时,只有据此,统一加以综合研究后,才能做到既以合同为依据,又不脱离现实;从当前房屋紧张情况出发,有利于房主正当地行使权利,又有利于房客合理的租住和使用房屋。该迁的就迁,不该迁的就不迁,判迁的能按期迁让,不迁的仍然做个良好的承租人。这样才能保障房屋出租人与承租人双方的利益,从而协助解决城市房屋紧张问题。

三

根据以上的处理原则,对解决各类迁让纠纷案件,我们提出一些具体意见:

1. 出租人要求收回自用问题:这类纠纷占迁让案件的比例最大,审判中对这类纠纷的处理,一般根据定期租赁与不定期租赁,而予以不同对待(有些是不分的)。对前者,期满后出租人如确有收回自用必要时,即准予收回;对后者,出租人确有收回自用和承租人又有迁让之可能时,才能满足出租人收屋之要求。以上的处理办法就要导致这样一种结论:定期租赁就意味着到期一定要迁让,因此只要出租人有必要收回自用,就不查究承租人有无迁让的可能,或其他有关情况,均应一律判迁;不定期租赁则意味着无限期租赁,即使出租人确有收回自用的必要或有更重大的急需,亦必须决定于承租人具备迁让可能时,才能允许收回。我们认为这种单纯根据租赁期间的差别而作处理是不妥当的。因为租赁期间仅仅是租赁合同的内容之一。它不是决定迁让与否的唯一因素。迁与不迁应该是由租约的全部内容和房屋供求状况以及主客双方具体情况而决定。房屋租赁的期限,在解决迁让与否问题时,仅能在这种意义上来考虑,即定期租赁以期间届满为主张收回自用的前提;不定期租赁以数月前通知为主张收回自用的前提;约定的期间未满或不定期租赁未事先通知,是不能主张收回自用的。具备了这一前提条件后,才能根据上述处理原则,分别不同情况加以处理。不同的处理结论亦只能是:(1)出租人确有收回自用必要,承租人又确有迁让可能,应判决迁让。(2)出租人并无收回自用的必要时,应驳回迁让的要求。(3)出租人确有收回自用必要,但承租人并无迁让可能时,迁与不迁应这样来决定:如承租人系工厂、企业、学校,团体等,或虽系个人,如判迁让不利于生产建设,应判决驳回;此外,应该准许出租人收回。

2. 所有人要求收回出租的房屋另行出卖的问题:有人认为所有人出卖其房屋是行使其所有权,为此要求收回出租的房屋,是理所当然的事。我们认为这种主张是不正确的,因为房屋租赁关系的存在,并不禁止产权的移转。只要房屋所有人不违反现行政策法令,可以出卖其房屋。所以,房屋所有人以出卖为理由要求收回房屋是不能成立的。但目前买主之所以要买房屋,大都为了解决自己的居住问题,如果出售人出卖有人居住着的房屋,势必难以卖出。因此在某些特定的情况下,如定期租赁已经届满,或不定期租赁经过事先通知,而原承租人不愿购买,原业主经济情况发生变化确已达到非转移产权不足以克服困难的地步,应该满足其请求。所以我们认为,对那些有特殊正当理由,需对方迁让才能出卖的,应当准许其收回。

3. 承租人拖欠租金问题:根据欠租案件的分析,造成欠租的原因,大体上是由于以下几种情况:(1)承租人有给付能力,故意不付;(2)承租人经济困难,确属无力给付;(3)由于出租人的过错引起承租人的拒付,如出租人应负责修屋而不修;(4)由于租赁关系不正常而引起承租人拒付,如租金的不合理。

在目前审判实践中,对造成欠租的原因缺乏具体的分析,对什么情况下欠租,以及欠租达多少时间才能构成迁让等问题,认识亦不一致,因而往往对某些严重影响出租人合法收益、故意拖欠租金的承租人处理得不严肃,这当然是不正确的。因为承租人向房屋出租人依约交付租金是他的义务。1950 年 6 月昆明市前人民政府所颁布的"昆明市民房租赁暂行办法"第 4 条规定:"房主有出租其房屋之权,其租额由主客双方根据公平合理之原则,自行议定之,房客应依约按期缴纳房租……"我们认为对这类纠纷的处理,首先应该具体分析造成欠租的原因,确定过错究在哪一方面,以及过错的性质和过错的程度等。如果确定过错在于承租人确有给付能力而故意不付租金,并连续拖欠达相当月数(除按照双方的合理约定外,在目前情况下以 6 个月较为适当),虽经出租人催告仍不履行者,应该迁让。除此而外,如上面所述的第 2 ~4 项,只能是根据不同案情,予以合理地调整租赁关系,均不能构成迁让。

4. 承租人空关房屋的问题:关于空关房屋是否构成迁让条件的问题,有的主张空关达相当时间,出租人即可主张终止租约;有的主张一定要同时拖欠租金达 6 个月才构成迁让条件。我们认为空关房屋,不仅使房屋不能得到合理而充分的使用,而且造成社会财富的浪费。因此只要承租人没有正当事由而将房屋空关,并连续空关达相当月数(根据目前情况,一般的应以 3 个月为恰当),就应该构成迁让(实际不是迁让,而是停止租赁关系)条件。那种认为既要空关房屋,又要拖欠租金达 6 个月以上始构成迁让条件的认识,显然是不恰当的。

5. 无权占住房屋问题:无权占住房屋,系指没有根据法律或合同,使用属于他人所有的房屋而言。为保护所有人的正当权益,一般应该判决迁让。但这并不等于不加区分地一概判令迁让。这一问题,早在前上海市人民法院关于房屋问题的解答中有所说明:"房客与房东无租赁契约,应依其如何居住入屋内的具体情况,加以审究,或令订租,或令迁让,不能一概而论。"①因此,处理这类纠纷,应该对善

① 《解放后的上海房屋租赁问题》,时代书局 1949 年版,第 84 页。

意占住与恶意占住两种不同的情况加以分别对待。对善意占住，除所有人确有收回自用的必要外，应准许其与业主建立正当的租赁关系；对恶意占住者，除所有人自愿与之建立租赁关系外，一般应判决迁让。但目前有些法院对因恶意占住者，亦多半采取照顾住户实际需要，迁就其占住，这无疑地使非法的侵占行为获得了合法的保障，不仅所有人在思想上搞不通，同时在住户间亦将散布了不良的影响。

6. 承租人转租（分租）房屋问题：所谓转租（分租），就是承租人把所租赁房屋的全部或一部转租给他人而言。苏联及其他人民民主国家都在民法典中明确规定可以转租。我国民法典虽尚未颁布，但在上海当前房屋紧张的情况下，为了合理充分地利用现有房屋的面积，允许转租（分租）更有实际意义。因此我们认为转租（分租）应该是被允许的。目前审判实践中为了贯彻取缔不合理的二房东制度，对正当的转租（分租），亦一概不予保护，这显然是错误的。但是处理这类案件时，应该分清是否违约转租或者是否专为牟取中间剥削而转租。如果是的话，自应加以制止，以取缔不合理的中间剥削和避免租赁关系的混乱；但是对依约转租（分租）或征得出租人同意后的转租（分租），并依照原租赁契约的条件和按比例分摊原有租额，没有额外的剥削，在判处上就应该与前者有所区别，而予以保护。

7. 对于承租人损坏房屋的问题：审判实践中，有的同志以为承租人破坏了房屋设备就应构成迁让，我们认为这种主张虽无不当，但还缺乏具体分析。要知道，承租人或其同居人有义务保护房屋及其附属设备，并应按照约定的方法或按照房屋及其附属设备的性质用途加以使用。如果承租人在租赁期间损坏房屋，应首先查明损坏的原因和损坏的程度。凡确定由于承租人或共同居人的过错，造成了房屋或其附属设备严重的损坏而不为修复或赔偿者，理应构成迁让；如果不是由于承租人或其同居人的过错，就不应由承租人负责，当然亦谈不到迁让问题。这一点在捷克斯洛伐克共和国《民法典》第 408 条已有明确的规定。我们认为这种规定的精神在我国亦可以适用。另外还得根据损坏的程度，如损坏并不严重，过错一方的错误又很轻微，可以不判令迁让，但不该姑息承租人损坏房屋的行为，还应视不同情况采用其他不同方法解决，如责令承租人恢复原状或赔偿损失。

8. 出租人因承租人交换住宅而要求收回房屋：目前有些职工为了便利工作与学习，不断发生调换使用房屋的问题。但其往往遇到出租人借口阻挠，甚至出租人以承租人违法转顶、转让房屋等名义向法院诉请收回房屋。对这问题究应如何处理？这是当前审判工作遇到的新问题。苏联早就把交换住宅作为承租人的权利之一，他们明确规定了承租人有权与其他住宅的承租人交换住宅，除了投机性的交换或在交换的掩盖下进行住宅转让和交换人欠租尚未偿清等而外，出租人无权加以拒绝。① 据1956年12月14日《解放日报》登载的上海市房地产管理局局长汪维恒关于"怎样对待上海的住房问题"的发言中指出："现在，上海市房屋调整委员会正在大力进行三调工作（调整机关、调换工作地点、调换住房）主要是合理调整机关办公房屋，改善路远职工上下班奔走之劳和改变交通拥挤情况。"这说明调换住宅在上海有重要的现实意义。因此我们认为出租人只能积极赞助，如没有正当理由，不能拒绝承租人交换；借此收回房屋，当然是没有理由的。

目前有些法院在处理涉及以上这些情况的迁让案件中，决定必须迁让时，还具体考虑到出租人是否必须全部收回，如果收回一部分亦可解决出租人的困难，则判决部分收回；其次为了使承租人能有充裕的时间觅屋迁让，避免执行时被动，在判决的同时给予适当的预备迁让期间。这种期间一般的是在判决确定日起3个月到6个月。如果某些承租人在经济上确实困难，出租人较为富裕，只要在自愿的情况下，房主补贴适当的搬家费，或帮助其搬家或为其另行介绍房屋等。我们认为这些做法是切合实际的，是合情合理的，而且亦利于人民内部的团结，可以酌情参考运用。

（1957年第2期）

① ［苏］斯·恩·勃拉图西教授主编：《苏维埃民法》（下册），中国人民大学出版社1955年版，第71页。

处理判刑劳改犯离婚案应注意的问题

孙文海*

中华人民共和国《婚姻法》第17条规定："男女双方自愿离婚的，准予离婚。男女一方坚决要求离婚的，经区人民政府和司法机关调解无效时，亦准予离婚。"这是处理离婚问题的法律根据。这条规定适用于中华人民共和国的每个公民，也同样适用于被判刑的劳改犯人。

离婚问题，是错综复杂的、涉及面很广的问题。因此，处理离婚案件，必须经过充分的调查了解，慎重地执行调解和判决的程序，根据《婚姻法》的基本精神，既要保障婚姻自由，又要防止轻率离婚，坚持教育方针，为群众解决问题。

因一方被判刑劳改而其配偶提出离婚的案件，较一般的离婚案件，情形更为复杂，处理更需慎重。兹提出下列问题，略作研究。

一、劳改犯人的配偶提出离婚，是否一律准许离婚

劳改犯人的配偶（一般是指女方）提出离婚的原因是复杂的。过去她们大多依靠丈夫生活，当丈夫被捕后，她们生活就发生了困难，有的因而要求改嫁。但其中也有原来夫妻感情已经破裂的，如劳改犯的重婚、奸淫、生活腐化等行为，早为其配偶所痛恨，现在原告政治觉悟提高而提出离婚。

对于因上述原因提出离婚的案件，大部分是可以判决离婚的。这样判决一般地贯彻了婚姻自由，保护子女和妇女的合法利益，是正确的。但对于另一些原因提出离婚的，可以不判离或不应判离。这是由于那些劳改犯配偶提出离婚的动机和原因，不完全是由于感情破裂，有的是为了摘掉"反革命家属"的帽子，也有的是为了"划清界限"。这里有两个例子：一个姓宋的妇女，已四十多岁了，过去与丈夫感情很好，有了五个孩子。她说："反革命家属在群众中被瞧不起，没有前途，所以要求离婚。"法院准许了她离婚的要求。另一张姓青年妇女，婚后2年生有一个孩子。1954年她的丈夫因反革命案被判刑3年。1956年年初，这个青年妇女在机关里通过肃反学习，为了划清敌我界限，要求与丈夫离婚。经法院函请劳改工地征询男方的意见，男方表示夫妻感情很好，不愿离婚。而法院单纯为了帮助这个青年妇女

---

* 作者单位：华东政法学院（现华东政法大学）。

"划清界限",就判准了他们离婚,并在判决书上写道:"女方为了自己前途,来院诉请离婚,应予准许"。这样的判决显然是不妥当的。可是女方对法院的这样的判决并不满意,她认为自己是为了"划清界限"而要求离婚的,不是为自己的前途或另行结婚而要求离婚的,于是提起了上诉。后来,上诉审法院发现:女方提出离婚,仅仅是为了"划清界限",并不是夫妻感情不好。经过说服教育,女方就不要求离婚了。

"划清界限"不是通过离婚就能解决,而主要应从政治思想上来认识其丈夫的反革命本质和反革命罪行,从而划清界限,分清敌我,站在人民的立场上去帮助自己的丈夫彻底改造、重新做人。否则的话,纵然形式上离婚,而在思想上没有分清敌我,是没有意义的。前例上诉审法院的改判是正确的。

但在审判实践中类似的案件被法院判决准许离婚的还是不少。据说有的同志接到这类案件后很"笃定";也有的说"处理劳改犯的离婚案件最轻松"。他们认为女方要求与劳改犯离婚是"思想进步"的表现,不能不支持;为了怕人家说自己"立场不稳",只好"一律判离"。这样想法和做法显然是不妥当的。

按照《婚姻法》的规定,夫妻是以感情为基础的。如果一方因判刑劳改,一方要求离婚,对这些问题必须加以分析。对夫妻间有感情而劳改犯判刑不长,或刑期虽长,但夫妻感情很好的,可不判离;对生活困难,思想上怕人歧视而有顾虑的,可与有关单位取得联系协助解决思想问题;至于一方坚持要求离婚,经调查双方确无感情,那么不论刑期长短,都应依法判准离婚。

总之,对于劳改犯人之配偶提出离婚的案件,同样应按《婚姻法》第 17 条的规定,全面地考虑到劳改犯人的犯罪性质、夫妻感情、刑期长短、妇女和子女的利益等,按不同性质,加以判处。例如,有个许姓妇女,结婚已十多年,生有三个小孩,男方因贪污被判徒刑,女方乃提出离婚。一审法院判离后,男方不服上诉。经二审法院了解,女方之所以要求离婚,是因不知男方犯罪多大、刑期多长,后来当她知道仅被判处 1 年徒刑,女方就要求不离了。可见,对劳改犯人的配偶提出离婚,在处理过程中,必须非常仔细,而不是一律判离的问题。

二、处理劳改犯人的离婚案件,要否经过调解和判决的程序

劳改犯人大都是离开原所在地的,因之,劳改犯人的离婚纠纷大都是移送外地法院,通过劳改部门征询劳改犯人的意见后处理的。这样做虽没有经过面对面的调解,但大都进行了调查研究。有的由法院主持调解后离婚;有的由法院依法判处离婚,这是符合《婚姻法》第 17 条所规定的具体要求的。这样做是完全正确的,而且收到了良好的效果。例如,有个姓沈的劳改犯人,在法院询问他是否愿意和妻子离婚时说:"人民政府讲民主,我已经劳改了,老婆要离婚,政府还要问问我的意见哩"。虽然,这个

犯人被法院依法判决与妻子离婚了，但是他还是满意的，在劳改中有良好的表现。

但是也有些案件没有依法进行调解和判决的程序，有的是草率从事，简单地问问原告，形式上征求一下被告的意见，却不能像处理一般公民的离婚案件那样严肃和认真。有的劳改犯人虽表示了同意离婚，但这个“同意离婚”，是在怎样一种矛盾复杂的情况下表现出来的呢？是真愿意呢，还是无可奈何地同意呢？这些是应该加以了解和分析的。如果不按《婚姻法》的规定，依法传讯被告，认真执行调解和判决的程序，只听一方要求离婚而不知另一方对离婚的意愿如何，就断然判决离婚，是不合法的。或者审判庭，不按《人民法院组织法》的规定，由审判员和人民陪审员组成合议庭审理案件，而由一个审判员作出判决，也是不合法的。因为它与《婚姻法》第17条规定的离婚应经调解协议的精神不符，它与中华人民共和国《人民法院组织法》第8～9条所规定的人民陪审员制度也是不相符的。这不仅损害公民的诉讼权利，而且也破坏了我们的法制。更严重的是，有些劳改犯人被判离婚后，自己还不知道。例如，有个姓张的劳改犯刑满释放后回家，见老婆改嫁了，孩子叫别人爸爸，他无家可归，愤而自杀，造成群众不满。

可见，处理劳改犯人的离婚案件，同样要注意调解和判决的程序，法律既无特别规定，审判人员当然无权改变处理办法。

三、劳改犯人离婚后能否抚养教育子女

《婚姻法》第20条规定：“父母与子女间的血亲关系，不因父母离婚而消灭。离婚后，子女无论由父方或母方抚养，仍是父母双方的子女。离婚后，父母对于所生的子女，仍有抚养和教育的责任。”根据这个规定，被判离婚后的劳改犯人，与子女间的血亲关系仍然存在，劳改犯人刑满释放后，同样有抚养和教育子女的责任。但是，有的同志却孤立地认为劳改犯人是阶级敌人，是品质恶劣的人，不能抚养和教育子女。因此，把抚养和教育子女的责任一律判由女方负担，女方不愿意抚养或抚养有困难时，即判由其他亲属抚养。这样做在政策观点上是不全面的。要知道，劳改政策是要通过劳动把犯人改造成为社会主义的新人。这是中国共产党和中央人民政府对犯罪者执行“惩罚管制与思想改造相结合，劳动生产与政治教育相结合”的基本方针。反革命犯和一般刑事犯罪者经过改造后，就有可能改变为好人，也就没有理由不承认他们有抚养和教育子女的资格。不能说每个犯罪者都不能真诚地爱护子女，也不能说，经过改造的人所抚养教育下的子女也会犯罪。至于劳改犯人离婚后的子女应由何方直接抚养问题，也同样应根据子女的利益而决定。在犯罪者服刑期间，一般应由另外一方抚养；在犯罪者刑满释放后，是否由他直接抚养，那得从子女直接由谁抚养教育更有利于子女来考虑。

如果草率判决，将不利于子女的成长。例如，有个姓王的劳改犯人，以往对自己的两个女儿十分爱护，在服刑期间，也经常想念女儿。其妻要求离婚他表示同意，但要求把二个女儿暂由劳改犯的父母（孩子的祖父母）抚养，待他刑满释放后再由他抚养，女方对此表示同意。而法院以男方犯有贩卖毒品罪、品质恶劣为理由，把子女判由女方抚养，但女方无力抚养，于是给孩子带来了痛苦。

处理劳改犯人离婚后的子女问题，关键还在于谁对子女有利，谁就有抚养子女的直接责任，这是《婚姻法》所要求的。

四、劳改犯人离婚后的财产和生活是否应予保护

《婚姻法》第七章规定了夫妻离婚后的财产和生活问题，这个规定同样适用于劳改犯人。如果不根据《婚姻法》所规定的夫妻双方对于家庭财产有平等的所有权和处理权的原则，对劳改犯人的合法权益，不加保护，剥夺劳改犯人的财产和刑满释放后的必要生活资料，借以作为惩办犯罪者的手段，是错误的。例如，某法院判决劳改犯贺某与其妻袁某离婚，把全部家具财产判为女方所有，连男方要求收回个人日常衣着用品也不准。其后贺某释放回家，生活困难，却要政府救济。再如，劳改犯张某是喜爱书画的，其妻是个文盲，他们离婚后，张某的折扇、手卷、笔墨、颜色、印泥等全部被判为女方所有，男方在劳改中说“劳改、劳改，连我的文房四宝也改掉了”，情绪十分消极。

正确地处理劳改犯人离婚后的财产和生活问题，不仅是正确地贯彻《婚姻法》的问题，也是改造犯罪者的手段之一。

综合上述各点，处理劳改犯人的离婚案件，不仅和其他的离婚案件同样地关系到夫妻双方和子女的利益，而且也关系到国家对犯罪分子的劳动改造工作。因此，应该同样地、平等地根据《婚姻法》办事。在决定是否准许离婚之前，应当首先查明双方过去的感情和一方要求离婚的原因，然后再进行一些必要的教育。除了犯罪者刑期过长，双方确无感情，而一方坚决要求离婚，判准离婚外，一般应说明劳改政策，指出犯罪分子有可能改造成为新人，而且改造中表现好的，可以争取提前释放。这样就可以运用劳改犯的配偶的鼓励动员作用，使劳改犯积极改造自己。至于那些为了“生活问题”和“摘帽子”要求离婚的，也应予以耐心地说服解释工作。

劳改犯人在关押服刑期间仍然享有一定的诉讼权利，他们对于本身的离婚和离婚后的子女抚养以及财产分割和生活等问题，有权提出自己的要求，法院应该依法保护他们的合法利益。这是我们社会主义法制的民主性和人道主义的精神实质。

（1957年第2期）

试论资本主义工商业全行业公私合营后资本家生产资料所有权问题

全志敏*

资本主义工商业实行全行业公私合营以后,资本家对其生产资料是否还保留所有权问题,引起了许多同志的注意。《政法研究》和《华东政法学报》以及其他报刊都先后就这个问题发表了文章,大家的看法并不一致。有的同志认为,资本主义工商业实行全行业公私合营以后,资本家对生产资料的所有权仍然存在。他们主要的论据就是因有定息,全行业公私合营后资本家生产资料所有权就表现在定息上。丁毅之、卓萍两同志写道:"对资本主义工商业进行全行业公私合营以后,资本家的生产资料所有权已不能直接表现在对生产资料的占有、使用和处分方面,而只能表现在定息方面。"①又如,日安同志说:"定息以后,资本家不能直接掌握企业,企业的生产资料完全由国家掌握,资本家对企业生产资料的所有权只表现在他所取得的定息上。"②另外一些同志也承认全行业公私合营后,资本家对生产资料仍然保存所有权,但不表现在定息上,而表现在股权上。例如,张兰田同志指出:"……资本家的所有权仅表现在股息上,这种理解是不确切的,这正是忘记了资本家所以能取得股息是因为资本家在公私合营企业里还有股权。"③我认为上述的论点,是值得商榷的。

为了更好地阐明上述一些问题,这里,必须首先弄清什么是所有制?什么是所有权?

所有制是属于经济范畴的,它是人们在一定的社会形态中,并借此种社会形态对自然物的占有。④ 这种对自然物的占有,首先是对生产资料的占有。在人类社会发展的任何阶段上,对生产资料的占有始终起着决定性的作用。它决定着对劳动成果的分配和处分。同时,这种对自然物的占有(首先是对生产资料的占有),并不是任何个人独自所能做到,而是在人们的相互结合中、在社会生产活动的过程中完成的。由于占有自然物。人们之间不可避免地就要形成一定的关系,这种人

---

* 作者单位不详。

① 《政法研究》1956年第2期。

② 《大公报》1956年1月22日。

③ 《华东政法学报》1956年第1期。

④ [德]马克思著:《政治经济学批判》,徐坚译,人民出版社1955年版,第150页。

与人之间的关系就是社会关系。故所有制本身就是一种社会关系。也只有在一定形式的所有制的地方,才会有人类社会。因此,所有制是人类社会存在的前提和条件。它以不同的形式而在各个社会发展阶段中存在。

所有权是当人类社会发展到一定阶段,即出现了剩余产品、私有财产、阶级和国家时才产生的。剥削阶级为了保护自己的私有财产,制定了法律,用法律来巩固经济上的不平等,因而就产生了所有权。所有权是以剥削阶级的私有权而首先出现的,它使剥削合法化。所有权就是"在法律上表现并巩固阶级社全中对生产资料,生产工具以及与此相适应的消费资料的分配方式的"。[①] 可见,所有权是一个法律上的概念,它是属于上层建筑的范畴。所有权将随着阶级、国家和法的消亡而消亡,即它具有一定的历史性。这里,还必须进一步指出:"所有权"的概念是在两种意义上运用的。一种意义(客观意义)是指"国家为了巩固、调整和保护该社会在占有自然物、生产工具与生产资料以及消费资料方面的关系所确定的各种法律规则(规范的体系)的总和",[②]即我们普通所称的"所有权法",它是指我们法律上有关所有权的各种规定的总和说的。另一种意义(主观意义)是指"具体法律关系中各个主体就其所有物而具有的权能的总和"。[③] 其即我们普通所称的"所有权",它是指所有人所享有的占有、使用、处分的权能说的。占有就是所有人对物的直接管理,并加以影响的实际能力。使用就是指适应物的社会经济使命而对物的利用和取得收益。处分是指所有人决定物的法律上和事实上命运的能力。将所有权的上述两种概念严格地加以区分是十分必要的。因为作为法律规范总和的所有权(所有权法)和所有人在具体法律关系中所享有的权能的总和,显然不是一个东西。这对我们了解我国资本主义工商业实行全行业公私合营以后,资本家对其生产资料有无所有权,有着重要的意义。

丁、卓两同志的文章指出:"对资本主义工商业实行全行业的公私合营,经过清产核资、定股定息之后,资本家原来的生产资料所有权从法律关系方面来看,已经起了根本性质的变化。这个变化的特点,主要表现在资本家的生产资料(生产工具、原料、生产建筑物、交通联络工具等)一经全行业公私合营清产核资、定股定息之后,就不能再由资本家直接占有、使用和处分了。因为所有权只能在所有人的权能中表现出来,就是在所有人对财产的占有、使用和处分中表现出来。"[④]这是完全正确的。可是,丁、卓两同志并没能从这个客观的事实出发,得出正确的结论,反

---

① 《苏维埃民法讲义》,北京政法学院 1957 年版,第 74 页。

② 同上,第 75 页。

③ 同上。

④ 《政法研究》1956 年第 2 期。

而认为:尽管如此,但资本家对生产资料仍然有所有权,"主要在股额和定息上表现出来"。这种结论显然是不妥当的、自相矛盾的。因为所有人既已永远失去了对物的占有、使用和处分的权能,那么所有人对物的所有权(后一意义上的所有权)当然也就不存在了。永远失去了对物的占有、使用和处分权能的"所有权",是不可能设想的。如果真有的话,那已不是名副其实的"所有权",而变成另外一个东西了。资本主义工商业全行业公私合营后,资本家对生产资料已永远失去了所有权的三个权能。换言之,全行业公私合营以后,资本家已不能任意地支配企业、运用、变动和调换企业,也不能把企业转让、出租、出卖、赠送和抵押。因此资本家对生产资料的所有权(后一意义上的所有权)当然也就不存在了。在这里资本家不是暂时地失去了对生产资料的占有、使用和处分的权能,而是永远地失去了这些权能。主张全行业公私合营以后资本家对生产资料仍然有所有权的同志,正是忽视了这一点。

他们这种结论将导致人们对所有权无法理解,对什么是所有权发生怀疑,也会给实践造成不必要的混乱。但是,作为一种意义理解的所有权(所有权法),并不会因所有人永远丧失所有权的三个权能,而立时消灭。它将继续存在下去,或经一定时期之后有所变更或消灭。譬如,公民把属于自己的物品出卖或赠送,虽然就公民本身来说已永远失去了对物的所有权,即永远失去对该物的占有、使用和处分,但有关买卖赠与的法律规定并不因公民出卖、赠与而有变更或消灭。又如,1954年颁布的"公私合营工业企业暂行条例",其中一些规定现在已过时了,但该条例并不因此立即废除。这种情况,不仅我国如此,就在苏联亦同。可见,当全行业公私合营后,资本家对生产资料即已永远失去了所有人的所有权的三个权能,那么所有权(后一意义上)当然也就不存在了。但作为法律规范总和的所有权(所有权法),并不会立刻因具体的所有人丧失主观意义所有权而消灭。

谈到这里,必须顺便指出,有些同志引经据典说:我国《宪法》第10条规定"国家依照法律保护资本家的生产资料所有权和其他资本所有权",那怎能说全行业公私合营以后,资本家对生产资料没有所有权呢?这不是违反宪法规定吗?我们认为这种规定是完全正确的,但对宪法条文是不能孤立和机械的理解的。众所周知,我国并不是永远保护资本家对生产资料的私人所有权,而是消灭私有、消灭剥削、消灭阶级,走向社会主义的。因此,《宪法》在规定依照法律保护资本家生产资料所有权的同时,也明确地规定"国家对资本主义工商业采取利用、限制和改造的政策。国家通过行政机关的管理,国营经济的领导和工人群众的监督,利用资本主义工商业的有利于国计民生的积极作用,限制它们的不利于国计民生的消极作用,鼓励和指导它们转变为各种不同形式的国家资本主义经济,逐步以全民所有制代替资本家所有制"。《宪法》既鼓励资本主义工商业向国家资本主义过渡而最终为全民所有制所代替,同时又规定保护资本家的生产资料所有权,这是由我国对资本主义工商业采取了和平改造的方针所决定的。但是我们认为《宪法》后一方面的规定,才是问题的主要方面,才是事物的本质和主流。而有些同志①不适当地强调了前一方面,忽略了后一方面。当资本主义工商业实行全行业公私合营以后,资本家已自愿地放弃其个人对生产资料所行使的三个权能,因而也就谈不上依法保护的问题了。

持资本主义工商业实行全行业公私合营以后,资本家生产资料所有权仍然存在的观点的同志,常常引证周总理在中国人民政治协商会议第二届全国委员会第二次全体会议上所作的政治报告中的一段话,作为他们论证的根据。周总理说:"现在实行按行业的全部公私合营,由国家照国民经济计划和社会主义的经营方法进行有计划的企业改造,并且主要地采取定股定息的办法来处理资本家的生产资料所有制,这样,资本主义生产关系就基本上改变了,剩下的只是给予资本家以一定的股息了。"②从这段话里,我们丝毫看不出周总理有说在全行业公私合营以后,资本家对生产资料还有所有权,并仅表现在定息上的意思。这里,周总理仅说明"资本主义生产关系基本上改变了",这种改变是采用了和平改造的办法,即用"赎买"办法进行的。正因为采取了"赎买"的办法,所以剩下的唯一问题就是给一定的"息"罢了。那么,所谓生产关系的基本改变,就是指生产关系中具有决定意义的所有制形式已改变了。③ 为此。我们才有理由说,生产关系基本上改变了,因而作为法律上表现的所有权亦随着所有制的改变而改变。至于说,资本主义生产关系的"基本改变",虽然并不排斥它在一定程度上的残存,但也绝不能就此推论出:由于资本主义所有制还没完全消灭,因而实行全行业公私合营后的资本家生产资料所有权也就存在。因为资本主义所有制没有完全消灭是表现在:我国少数民族地区的私人企业的改造并未全面进行,其他地区也还有未参加公私合营的私人企业。

必须指出,我国对资本主义私有制的改变,对资本家生产资料的处理办法,是采取和平改造、有代价的"赎买"方式。"赎买"是对物而言的,就是"赎买"资产阶级的生产资料,即工人阶级用一定的代价把原来应该属于工人阶级自己的生产资料赎回来,使物归原主;可以是一次"赎买",也可以是逐步"赎买"。我国就是采用后一种——逐步"赎买"的办法。所谓逐步"赎买",就是"工人阶级在这个时期内,在为了满足人民和国家的需要而生产的时候,也从利润中分配一部分给资产阶级,

① 《政法研究》1956年第6期。

② 《人民日报》1956年1月31日。

③ 同上。

而不是由国家另外用一笔钱向资产阶级的生产资料进行赎买”。[①] 分配给资产阶级这一部分的利润就是用定息的形式表现出来。“定息,就是企业在公私合营时期,不论盈亏,依据利率按季付给私股股东以股息。”[②]这种股息并不是一次全部付清,乃是逐步地分期分批地给付。因此,定息正是国家对资本家生产资料实行“赎买”的一种分期交付代价的形式。从实行全行业公私合营的那天起,资本家对生产资料已永远失去了所有权,但对其所得的赎金来说享有所有权,可以把所得的赎金购买生活资料,满足自己及其家庭生活的需要。这种情形就好像出卖人对其所得到的代价可以任意处分,而对被出卖了的物则失去了所有权、无权处分的情形相仿(仅仅是相仿)。主张全行业公私合营以后,资本家对生产资料仍有所有权,并且表现在定息上的同志,正是把资本家对“赎金”享有的所有权与被国家“赎买”后的资本家生产资料的所有权混淆不清;错误地把资本家对赎金所享有的所有权,当做被国家所赎买了的资本家生产资料的所有权。

还必须强调指出的是,有些同志认为,随着全行业的公私合营,在资本家已不能占有、使用和处分生产资料的情况下,资本家生产资料所有权只表现在他的定息上。或者说,“资本家的占有、使用和处分的权能转化为……领取定息的权”。[③] 很显然,这样说法是十分牵强的,是否可以把定息看成是资本家生产资料所有权的表现形式或转化形式呢?我认为不能这样说。在这里必须把资本家对生产资料的所有权和资本家的其他财产权区别开来,二者不能混为一谈。资本家既然已经丧失了对生产资料的所有权,当然无论如何不能再以什么“定息”的形式表现出来。但是,定息的存在表明资本家目前还有权向国家取得一定的股息,这样取得定息的权利是资本家的一种财产权。它和资本家对生产资料的所有权有本质的不同,也绝不是资本家生产资料所有权的化身。因此,绝不能只看到定息的存在就武断地认为资本家生产资料所有权仍然存在,这种结论之所以错误就在于他们只看到事物的外表,而没有深究其本质。

同时,定息虽不是由国家统一支付的,而是按行业由各个企业自行支付,但是,应看做整个工人阶级为“赎买”资产阶级生产资料而担负着支付赎金的担子。大家知道,现在国家已规定全行业公私合营企业对资本家的定息不分工商大小、盈亏都给予统一的利率(个别企业乃可超过统一的息率,早合营的企业并已实行定息,息率较高的,不予降低)。这样一来,那些小的和亏损户所得和多得的,正是别的企业的职工创造的。主张资本主义工商企业全行业公私合营后资本家对生产资料

① 1955年11月22日《人民日报》社论。

② 国务院《关于在公私合营企业中推行定息办法的规定》。

③ 《政法研究》1956年第4期。

仍有权,并仅表现在定息上的同志,正是忽略了定息的这种特性。

此外,有些同志似乎还有这样一个论点:既然资本主义生产关系基本上改变了,资本家生产资料所有权丧失了,那么资产阶级也就应该消灭了;否则,资产阶级没有消灭,资本主义所有制、资本家生产资料所有权也就存在。我们觉得这种看法和推论太幼稚了。众所周知,我国对资产阶级的和平改造包括两个方面:一是对资本家生产资料的"赎买",二是对资本家的教育改造。资本家对其生产资料经过"赎买"就失去了所有权,但对资本家的改造却不是短时间所能完成。他们须逐步放弃剥削而成为自食其力的劳动者,两者并不是一同消灭的。这情况不仅在我国如此,在苏联及其他人民民主国家也如此。例如,苏联在十月社会主义革命胜利之后,社会主义所有制代替了资本主义所有制,国家用国有化的方法无偿地剥夺了资产阶级生产资料所有权,但是私人资本主义,资产阶级并未立刻全部消灭,而是经过若干年(约在1934~1935年间),才彻底地完全消灭。所以今天资产阶级还没有消灭,不能作为资本家仍然保有全行业公私合营企业中的生产资料所有权的根据。

资本主义工商企业实行全行业公私合营以后,企业的性质就起了根本的变化。资本家既不能直接管理,又无权把企业转让。虽然资本家参与企业的经营管理活动,有职有权。但他已不是以资本家的姿态出现,而是作为一个普通的公职人员参与企业的经营管理活动。他们在企业中的职权已经不是以生产资料资本家所有制为基础的资本家的三权(企业财产所有权、企业管理权和人事调配权),而是国家给予的公职人员的职权。[①] 资本家也只是在取得定息时才体现出剥削性。因此,可以说,全行业公私合营的企业,实质上已变成社会主义国家的企业了。

综上所述,资本主义工商业实行全行业公私合营以后,企业的性质起了根本的变化。资本主义的生产关系基本上改变了。资本家对生产资料已永远不能直接地占有、使用和处分,即永远丧失了所有权,生产资料完全掌握在国家的手里。但是资本家对所得的定息享有所有权。他可以任意地支配和处分,用来满足自己及其家庭生活的需要。今后随着社会主义改造事业的进一步深化,到那个时候,定息取消了(约在第二个"五年计划"结束),阶级、剥削完全消灭了,公私合营企业将彻底地完全地变为社会主义企业——国营企业了。

(1957年第2期)

① "正确认识私方人员在公私合营企业中的职权",载《人民日报》1956年9月11日。

略论刑事诉讼中的无罪推定原则

黄　道*

一、什么叫做无罪推定

无罪推定就是指公安机关、检察机关和审判机关对于刑事被告人的行为，尚未依法加以证明以前，不能认为他就是有罪，而应推定他为无罪。把无罪推定的这样一个问题，在刑事诉讼中作为一个必须遵守的原则提出来，这就叫做刑事诉讼中的无罪推定（假定）原则。

二、无罪推定原则的由来

在封建时代的诉讼里不存在无罪推定原则。封建时代的那种专横残酷、"入人于罪"的诉讼制度与无罪推定原则格格不入。别说西欧，且看旧中国晚清时代的小说家李伯元对旧衙门是如何揭露的。他说："我不敢说天下没有好官，我敢断定天下没有好衙门。"①在旧中国还流行着这样的一句谚语："衙门八字开，有理无钱莫进来。"这些都说明那时的诉讼制度从整个说来是是非不明、黑白不分的，绝不可能产生无罪推定的原则。

在资产阶级刑事诉讼中才提出无罪推定的原则。1789年法国资产阶级革命时期所宣布的《人权宣言》曾经提出"任何人在未经宣告为犯罪人之前，一概被假定是无罪的人……"在英国、美国的刑事诉讼中也都曾经宣布过这个诉讼原则，认为这是被告人权利的基本保障。美国纽约州的刑事诉讼的法典曾作过这样的规定：在被告人的罪行还未经发生法律效力的法院判决所确定以前，他要被认为是无罪的人。可是，这里必须指出：资产阶级刑事诉讼理论中提出了这个诉讼原则，和资产阶级革命时期所提出的一切革命口号一样，是用来反对封建主义的专制独裁的反动统治的，是用来吸引人民群众和封建主义作斗争的。在当时它确也起过一定的作用。但当资产阶级掌握了政权，反过来对劳动人民实行统治和镇压的时候，特别在帝国主义时期的刑事诉讼实践中，则完全抛弃了这个无罪推定的原则。所

---

* 作者单位：华东政法学院（现华东政法大学）。

① 李伯元著：《活地狱》，上海文化出版社1956年版，第1页。

谓“一千个被告人当中，一千个是有罪的或者是应当有罪的”，这是在美国的法院里颇为流行的一句话。它证明了，在美国的刑事诉讼实践中已把这个诉讼原则抛弃得干干净净了。而英国、法国也同样如此。《法国刑法典》第 218 条写道：“乞丐和流浪者，如身边被发现持有一个或者数个价值 100 法郎以上的物品，而不能说明其来路时，应处以第 276 条所规定的刑罚”（按：第 276 条所规定的刑罚是 6 个月至 2 年的监禁）。这完全是赤裸裸地关于有罪假定原则的规定。

三、无罪推定原则的意义，兼和持有不同见解的同志商讨几个问题

前面说过，无罪推定的原则是在资产阶级的刑事诉讼理论中所提出来的，同时也是在资产阶级的刑事诉讼中完全被抛弃的。这是不是说，资产阶级刑事诉讼实践的结果，证明了这个原则在理论上有缺陷或者没有实际意义而应该抛弃呢？不是的。资产阶级在理论上提出这个原则，它的目的是资产阶级的利益；而在实践中抛弃了这个原则，其目的也是资产阶级的利益。照我们的观点看来，无罪推定的原则在理论上是具有指导实际的意义的。

首先，这个原则是能推动、刺激侦查人员和审判人员积极主动地去搜集证据，以充分可靠的证据来证明被告人有罪或者无罪，罪重或者罪轻的。因为，不然的话，被告人都将推定为无罪的人了。其次，有了这个原则就能更好地保护被告人的合法权利。因为，对于被告人来说，对他的合法权利的侵害，莫过于无根据地对他判了罪。总之，这个原则，对于正确地处理刑事案件和正确地实现刑事诉讼的目的，起着有力的保证作用。这个原则是符合我们的法制原则的精神的。根据这个原则，我们的公安机关、检察机关和审判机关，如果在缺乏根据的情况下，就不应对被告人采用强制处分，不应对他进行起诉，更不应对他作出有罪的判决。这个原则说明了我们只有对真正有罪的人才能依法加以惩罚。

但是，无论是苏联的诉讼学者或是我国的研究诉讼学的同志，对于这个原则的见解并非都是一致的，不少人对于这个原则抱着肯定的态度，也有的采取否定的态度。

有人说，这个原则只不过是客观真实原则的重复而已，它本身并没有新的内容和意义。持这种见解的人认为，客观真实原则要求侦查人员和审判人员应具有全面观点，不能主观、片面，而必须全面地对于证明告人有罪或无罪的各种情况，对于能加重或者减轻被告人罪责的各种情况，以及对于案件有意义的一切情况进行调查和研究，以便搞清案件的事实，然后依法作出公正的裁判。无罪推定原则，对于侦查人员和审判人员的要求也是如此，因而他们认为这只是问题的提法和名词术

语的不同而已。若果然如此,则在刑事诉讼中只要有客观真实原则就够了,没有必要再提出和采用无罪推定的原则。

我认为这个看法不全面,因为执行客观真实原则是不能一蹴而就的,通常我们说的"事实是根据,法律是准绳",就是说我们办理任何案件,必须以事实作为根据,并以法律作为被告人行为的标准。而要搞清案件的事实,侦查人员和审判人员就必须具有全面的观点,对有利于被告人的一切情况和不利于被告人的一切情况,总之,对案件有意义的一切情况,都应该全面地进行调查研究。只有掌握和贯彻执行了这一要求,才能够发现案件的客观真实情况。但是,问题还在于:正是因为发现案件的客观真实情况往往不是一蹴而就的,除了必须掌握这一根本的要求以外,还必须采取有效的手段和措施来保证客观真实原则的实现,在这里无罪推定的原则就正好起到了保证的作用。事实上,这两个原则的总的精神,也不可能不一致——保证正确地处理刑事案件,以正确地实现刑事诉讼的目的。但是,这两个原则的具体内容和要求,则不是完全的一致的。前面已经说过,客观真实原则主要指侦查人员和审判人员对于案件事实的认定必须符合于客观真实情况;而无罪推定原则,则主要指侦查人员和审判人员对于被告人,在尚未依法加以证明以前,不要先入为主地把他推定为有罪人,而应推定为无罪人。这样它就刺激着、推动着侦查人员和审判人员去搜集证据加以证明,从而发现案件的客观真实情况,更有效地保护着被告人的合法权利。可见,这两个原则不是相互排斥的,而是相辅相成、相互补充、相互联系的。

有人说,保障被告人有权获得辩护的原则就可以代替无罪推定的原则。因为无罪推定原则的本身亦是从保障被告人有权获得辩护的原则引申出来的。

我以为这个看法不全面,殊不知这两个原则的总的精神固然是一致的——保证正确地处理刑事案件,以正确地实现刑事诉讼的目的。但是,这两个原则是从两个不同的角度提出来的,具有不同的要求和作用。这里不发生谁可以代替谁和谁是由谁引申出来的问题。所谓"兼听则明,偏听则暗"。保障被告人有权获得辩护的原则,主要是从有利于发现和解决案件的矛盾的角度提出来的;而无罪推定的原则主要是从有利于侦察人员和审判人员积极地去寻找能证明被告人有罪的根据的角度提出来的。可见,这两个原则,亦不是相互排斥的,而是相辅相成、相互补充、相互联系的。

有人说,有罪的推定固然不对,无罪的推定同样亦不对。如果说有罪推定的原则,会使侦查人员和审判人员产生一种偏左的心理,认为刑事被告人总是有罪的人,那么,无罪推定的原则,则会使侦查人员和审判人员产生一种偏右的心理,容易放纵了真正的犯罪人。

我认为这个看法是值得引起注意的,但据此即否定这个原则,其理由却欠充分。问题在于:我们阐述这个原则的时候,固然,一方面,要客观地说明这个原则的真正的意义和作用;另一方面,亦可以客观地指出因这个原则而产生的一些误解,从而引起人们的警惕,预防任何偏左或者偏右心理的产生。只要我们能够完整而透彻地来阐明这个原则,使人真正理解和掌握,则偏左或偏右的心理是可以而且必须避免的。一个是"无罪的推定",一个是"有罪的推定",这里看来只有一字之差,但却表现出两个不同的思想方法。前者是对头的,后者则肯定不对。有罪的推定,是主观臆断的具体表现,是唯心主义的思想在司法工作中的表现,只有百害而无一利。假定某一种侦查人员或者审判人员,不但不遵守无罪推定的原则,反而运用着有罪推定的原则去办案,我们可以大胆地说:这个侦查人员或者审判人员绝不可能完成自己的任务,他必将是一个20世纪50年代里的"过于执"。因为,在他的思想上如果有了一个"有罪推定"的框框,那么,表现在他的行动上就会满足于自己的"揣摩推测",而不会去搜集证据。其结果是:办错案件,冤枉了好人或者放纵了罪犯。相反地,遵守无罪推定的原则,则丝毫没有意味着可以放纵罪犯。遵守无罪推定的原则,丝毫不应丧失对于犯罪行为的警觉性。无罪推定的原则是积极的,而不是消极的。问题在于当侦查人员和审判人员在运用无罪推定的原则的时候,无论如何也不能遗忘本身的职责和任务——坚决与犯罪作斗争。一方面要坚决执行与犯罪作斗争的职责和任务;另一方面又得遵守无罪推定的原则。把这两者生动地结合起来,无疑地就会有利于保证刑事诉讼的目的的顺利实现。在这情况下,无罪推定的原则就会成为一股强劲的力量,促使侦查人员和审判人员去搜集证据,俟对被告人的行为加以证明,然后作出正确的结论:被告人有罪或者无罪及其罪行轻重的程度。

有人说,这个原则本身是对的,但不明确,它会使侦查人员和审判人员的思想陷入混乱。如果对于被告人未曾作出判决以前都应认为是无罪的话,那么,在判决以前就不能对被告人采用逮捕、拘押等强制处分了,就不能对被告人进行起诉了。而事实上,对被告人采用逮捕、拘押等强制处分,或者对他进行起诉时,总是认为他有罪并认为有必要对他采用逮捕、拘押等强制处分或者起诉的情况下,才对他采用逮捕、拘押等强制处分或者起诉的。这样,就容易使人难以理解。他们因而主张舍弃这个原则。

我认为这个看法是值得引起注意的,但是,据此来否定这个原则,其理由也欠充分。人们不免要问:既然这个原则是对的,则为何不能首先肯定其对的一面呢?这对的一面应该说是问题的主流、问题的本质;至于因这个原则而引起某些侦查人员和审判人员思想上的混乱,毕竟是非主流、非本质的一面,而且是可以克服和避免的。而这恰恰说明了在理论上来阐明这个原则的必要性,绝不能因噎废食。

应该指出,问题不是当我们的侦查人员和审判人员依据法定的程序获得证据、能说明被告人有罪的时候，还是死死地抱着"无罪的推定"而不肯放手，这时，就应该具有被告人有罪的信念（当然，这还不是而且也不可能是被告人有罪的最后决定）。因为，这时"无罪推定"的作用已逐渐在消失中。И. Д. 达维多夫说得对："当然，制作起诉书的侦查员及批准起诉书的检察长应当确信被告人有罪。但是，无论是起诉书，或是检察长对起诉书的批语，都不能作为据以认定被告人有罪的诉讼文件。只有在法院——唯一的审判机关——进行了审判，作出有罪判决并在判决发生法律效力之后，侦查员和检察长关于被告人有罪的意见，才能成为最终的决定。只有法院才能用国家的名义认定被告人有罪或者否决对他的控诉。在这以前被告人还不是有罪的人。"①

也许还有人说，这是资产阶级革命时期所提出的一个诉讼原则，难道在社会主义革命时期的我国亦能适用吗？

刘少奇同志在"八大"的报告中指出："在我们对于封建主义和资本主义的思想体系进行批判的时候，我们对于旧时代有益于人民的文化遗产，必须谨慎地加以继承。"在中国共产党第八次全国代表大会关于政治报告的决议中同样地指出："对于封建主义和资本主义的思想，必须继续进行批判。但是，对于我国过去的和外国的一切有益的文化知识，必须加以继承和吸收……"今年1月周总理访问苏联期间，在莫斯科大学的讲话中亦谈道："当然，在文化科学领域内我们不应该固步自封，列宁曾多次告诉我们要善于吸取人类文化中一切好的东西，但是我们也要善于区别哪些是真正有益的，哪些是带有毒素的。"把无罪推定的原则吸收到我们的刑事诉讼中来是有益无害的。我们还可以举一个例子来说，"中华人民共和国公民在法律上一律平等"和"被告人有权获得辩护"这两条原则，也是在我国《宪法》里明文规定了的。但大家知道，资产阶级也提过"法律面前人人平等"和"被告人有权获得辩护"的口号。这样，是否资产阶级提过的东西，我们就一概不能再提呢？显然不是这样。因为，虽是同一句话，但却代表了两个本质不同的东西；两个不同的阶段，做同样一件事情，它的本质是完全不相同的。苏联法学博士 P. Д. 拉洪诺夫在其所著"苏维埃刑事诉讼中被告人供认的证据意义"的论文中曾强调说："必须同某些理论家和实际工作者把无罪推定看做属于资产阶级范畴的观点进行坚决的斗争，因为对于被告人的偏见及因这种偏见而产生的结果，都是这种观点所造成的。"②

实践也证明了，无罪推定的理论在我们的刑事诉讼中是起到指导实践的作用。不少司法工作人员反映这个原则对大家的启发教育很大。有的写了文章，主张在

① 《刑事诉讼论文集》，法律出版社1956年版，第44～45页。

② 《政法译丛》1957年第1期。

我们的刑事诉讼中必须运用这个原则；有的根据这个原则来检查了“有罪推定”的思想，批判了认为“民事被告就是无理，刑事被告就是有罪”、“被告进门三分罪”的错误观点。可见，这个原则已很自然地成为批判和反对“主观臆断”的思想作风的具体门径之一，从而也就有力地说明了这个原则已在实际司法工作人员中发生了威力，起了指导实践的作用。既然这样，我们又有什么理由说在我们的刑事诉讼中可以不需要采用这个原则呢？

四、由无罪推定原则所引申出来的三条诉讼规则

根据无罪推定的原则，可以得出以下三条诉讼规则：

1. 不能以被告人对侦查人员和审判人员的态度表现不好，就对他作有罪的结论。

2. 不能以被告人的沉默作为他有罪的根据，同时也无权强迫被告人陈述。

3. 不能以被告人的虚伪陈述，作为他有罪的根据；被告人对虚伪陈述是不负刑事责任的。①

上述三条诉讼规则，是合乎逻辑地引申出来的。因为，既然对被告人的行为在尚未依法加以证明以前，不能认为他就是有罪，而应推定为无罪，那么就绝不能因为他的态度不好、沉默和虚伪的陈述，即据此作为他有罪的根据，而应积极地去搜集客观存在的证据来证明他有罪，然后才能认为他是有罪的人。

这三条诉讼规则又有什么实际意义呢？

要知道，违反这三条规则，无疑地就意味着不能做到“不冤枉一个好人，不放纵一个坏人”，不能正确地实现刑事诉讼的目的。无论从诉讼的历史来看，或者从现在的诉讼实践中来看，实质上都违反过这三条诉讼规则。例如，“古代的莫斯科法律对于被告人的自白给予巨大的意义，在被告人行为的评定上，不仅是依据他的供述，而且在一定的条件下也依据他的沉默，显然是遵照着一个成语‘沉默是同意的表示’。”②这样显然是错误的。因此，我们在诉讼理论上从无罪推定的原则中引申出这三条规则来，这就好比在侦查人员和审判人员的面前又插上三道路碑，指引着侦查人员和审判人员一步步地朝着正确的方向进行活动，从而更有利于与犯罪行为作斗争。

不少人问：这三条诉讼规则和我们诉讼实践中一向遵循的“坦白从宽，抗拒从

① ［苏］斯特洛娃编著：《刑事诉讼》，中国人民大学出版社1952年版，第48页。

② ［苏］维辛斯基著：《苏维埃法律上的诉讼证据理论》，王之相译，人民出版社1954年版，第91页。

严”的政策不是矛盾吗?

表面一看,好像有所矛盾,但实际上却并不矛盾。这三条诉讼规则是指不能作为罪行的根据而言。就第1条来说,我们绝不能以被告人的不良态度作为被控诉之罪业已成立的根据,同时在刑事立法上亦不会有一条关于被告人态度不好的罪名。就第2条来说,我们亦绝不能以被告人的沉默作为被控诉之罪业已成立的根据。不能同意这样的逻辑推理:被告人如果真正无罪,他就必然会理直气壮地回答向他发问的问题;现在他默不作声,这就无异说明他默认了自己的罪行,说明他一定有罪,只是由于心虚才默不作声的。再就第3条来说,我们亦绝不能以被告人的虚伪陈述作为被控诉之罪业已成立的根据。同时在刑事立法上亦没有一条关于被告人虚伪陈述的罪名。

“坦白从宽,抗拒从严”的政策,不是指罪行的根据而言,而是指犯罪分子在犯罪后的态度或表现而言的。只有在被告人确实犯有某种罪行的情况下,我们才应用到这一条政策。被告人如果确实真诚坦白了自己的罪行,说明他已有了认罪悔改的表现,他就可以获得从宽处理;相反地,被告如果抗拒交代自己的罪行,这就说明他还没有认罪悔改的表现,就可酌情对他从严处理。

可见,在讯问过程中,被告人所表现的态度不好或者故意默不作声或者故意作虚伪的陈述,对于这些,虽不能作为有罪的根据,但却可作为是否有认罪悔改的表现(可作为抗拒的表现),可以作为处刑时从严处理的条件。两者是没有矛盾的,而是统一的。把二者很好地结合起来使用,就能更有力地打击犯罪分子。

五、被告人对他的虚伪陈述要否负刑事责任

在上述的第3条规则里,还有一个问题需要着重提出研究的,就是关于被告人所为虚伪陈述要否负刑事责任的问题。有的认为要负刑事责任;有的则认为即使无根据地举发他人,也可不负诬告的责任。照我看来,这两种看法,各走着两个极端,都是值得商讨的。

认为被告人对他的虚伪陈述要负刑事责任的同志提出这样一个问题:对于被告人的虚伪陈述固然不能作为他有罪的根据,但是,既然可以作为抗拒的表现,作为处刑时从严处理的条件,难道这不就是负刑事责任吗?比方说,某被告人根据他的罪行本来只需判处2年徒刑,可是由于他抗拒坦白并作了虚伪的陈述,因而从严判他2年6个月的徒刑,难道这6个月的徒刑,不是刑事责任吗?

这样的看法,是把刑事责任的概念作了扩大理解的结果。通常对于刑事责任是这样理解的:某人对其违反刑事法律的行为所应负的责任。如果认为被告人对于他的虚伪陈述负刑事责任的话,这就等于说被告人的虚伪陈述,亦正像证人的虚

伪陈述一样,要成为一种独立的罪名了,但实际上正如前面已经说过的,在刑事立法上是没有这一条罪名的。因而我们就不能以之作为抗拒的表现,对原罪行判处刑罚时作为从严处理的条件,就把它理解为被告人要对虚伪陈述负刑事责任。

"甚至假如被告人开脱罪责,欺骗侦查或审判人员,进行虚伪的陈述;或者推卸自己的罪责而无根据地举发他人,这也是不能要求被告人负责的。同时他对虚伪的陈述,既不负伪证的责任,也不负诬告的责任。"[①]如果对于被告人的虚伪陈述作这样解释的话,那就把被告人完全特殊化了。传统地说,被告人无根据地举发他人,也不负诬告的责任,这就等于宣告:凡是被告人,就可以无根据地举发他人、诬告他人了。这与我们的法制精神以及刑事诉讼的目的都是不相符合的。它包含着相当的危险性。

首先,因此而使侦查机关和审判机关陷在被动的状态中,白费时间地去进行着毫无意义的诉讼活动,妨碍着侦查人员、审判人员去和真正的犯罪行为作斗争。总之,会因此而损害这些机关的威信,甚至可能侵害被无根据地举发的人的人身权利。因为侦查机关和审判机关,对于被告人的举发是不能置之不理的。他们在得到被告人举发的材料以后,一般都得进行一定的诉讼活动。而这种诉讼活动不外有两个结果:一是证实被告人的举发是有根据的;二是证实被告人的举发是没有根据的,是有意诬告他人的,这就属于无根据地举发他人的问题了。于是人们不免要问,对于被告人的举发,既然通过一定的诉讼活动,证实了是无根据的,是有意诬告他人的,那么,下一步的诉讼活动该如何进行呢?很明显,如果根据被告人也不负诬告责任的解释,那么,我们的诉讼活动就只能到此为止了,就谈不到下一步的诉讼活动了。因为在理论上肯定了被告人不负诬告责任,对他们的这种行为已经不能使用刑罚,因而也就不能再继续进行裁判等活动了。可是,这难道是我们的法制所要求的吗?难道是我们的刑事诉讼的目的所要求的吗?

其次,因此而使得人们对于诬告罪的犯罪构成难以理解,除非修正了诬告罪的犯罪构成,否则,即与诬告罪的犯罪构成的理论不相符。我们知道,意图使他人受刑事处分而向有权提起刑事案件的机关提出明知虚伪的诬告或检举的行为,这就是诬告行为。分析诬告罪的犯罪构成大体就是这样:诬告罪的客体,是侵害到侦查机关和审判机关的正常活动及其威信,而且还侵害到被诬告人的人身权利;诬告罪的客观方面,就是表现在向有权提起刑事案件的机关提出明知为虚伪的关于某人犯罪的材料;诬告罪的主体,一般公民都能构成;诬告罪的主观方面,就是不仅意识到所提出的材料显然是虚伪的,是无根据的,而且还意图使明知无罪的人受到刑事

① 刘庆林:"怎样对待刑事案件的被告人",载《政法研究》1956年第3期。

处分或者至少被提起刑事案件。① 我们以诬告罪的犯罪构成的理论来衡量被告人对虚伪陈述不负诬告责任的解释,就不难看出这样的问题:似乎被告人无根据地举发他人的行为就不会侵害到侦查机关和审判机关的正常活动和威信以及被无根据举发人的人身权利;似乎诬告罪的主体只能是除开被告人之外的一般公民,而不能包括被告人。但是,正如前面所说的,并不是这么一回事。这就只能说明:对于被告人的虚伪陈述,如果笼统地解释为"就连无根据地举发他人,不负诬告责任",是不确切的。

综上所述,我认为,被告人无根据地举发他人是否要负刑事责任的问题,应该完全取决于他这种行为是否具备了诬告罪的犯罪构成要件。如果经查明,已具备了诬告罪的犯罪构成要件,没有例外,就应该根据情节对他追究诬告罪的责任。如果被告人是在诱供、骗供、刑讯逼供的情况下无根据地举发了他人,则属另一同事。被告人对他的虚伪陈述不负刑事责任的问题,只能理解为对于本身有罪或无罪、罪重或罪轻的事实作了虚伪陈述,不应使他像证人、鉴定人、翻译人员那样要负虚伪陈述的刑事责任。被告人的虚伪陈述应该以不得无根据地举发他人、诬告他人为界限。被告人对虚伪陈述的这种理论,当然决不意味着对被告人起了鼓励虚伪陈述的作用,而是符合被告人的诉讼地位,被告人陈述的意义,被告人不负证明自己无罪的责任,而控诉人应负证明被告人有罪的责任以及诉讼中的客观真实原则的理论,同时和"坦白从宽,抗拒从严"的政策是一致的。

(1957 年第 2 期)

① 苏联司法部全苏联法律科学研究所新编:《苏维埃刑法分则》,中国人民大学刑法教研室译,法律出版社 1956 年版,第 423 ~427 页。

无罪推定和证明责任

[苏]M. Л. 希夫曼*　张保成**译　黄怡祥***校

这样问题的解决是和苏维埃刑事诉讼对无罪推定的承认完全适应的，因为这一原则具有巨大的实践意义。

无罪推定的使命，在于保证防止检察和审判机关在侦查活动中的入人于罪的倾向；在于防止仅仅根据一些有罪（经常是似是而非的）证据即对怀疑人或被告人，抱着偏执态度。

苏维埃刑事诉讼中的无罪推定意味着：侦查员在侦查中必须严格遵守苏俄《刑事诉讼法》第111条和第112条，只有在"具备告知控诉犯罪的理由的充分资料"（苏俄《刑事诉讼法》第128条），才能追究刑事责任。并且只有在侦查可以认为结束，获得的材料充分可以交付法院审判。也就是说，当收集的材料可以证实犯罪事实；关于犯罪主体、犯罪地点、犯罪时间、犯罪方法等各种情况都已明确，当控诉的理由具有无数使人信服的证据确切地加以证实时，侦查员才有权制作公诉书，检察长也才能加以批准。

法庭审理阶段中适用无罪推定意味着：当法院对受审人的罪行还没有证实以前，就不能把他判罪。

在一般形式上，苏维埃刑事诉讼中的无罪推定意味着：只有对已无可争辩地证实的犯罪，才能作出有罪的判决；对未曾确切证实的犯罪，必须作出无罪的判决，同时恢复被告人的全部名誉。

从无罪推定原则得出结论，就是有罪的证明责任应由侦查和检察机关负担，它们应证实受审人的罪行，并且它们没有权利把这责任移转到被告人，或是被告人的辩护人身上去。依照这一原则，在调查或是法庭审理的过程中所发生的任何疑点，都应该作有利于被告人的解释。①

安·扬·维辛斯基院士写道："企图把控诉人证明被告人有罪的责任变换为

---

* 作者单位不详。

** 译者单位：华东政法学院（现华东政法大学）。

*** 校者单位：华东政法学院（现华东政法大学）。

本文节选自《苏联证据法的基本理论问题》。

① 有名的苏维埃诉讼法学者都承认无罪推定作为苏维埃刑事诉讼的原则。参见[苏]维辛斯基著：《苏维埃法律上的诉讼证据理论》，国家法律出版局1950年俄文版，第249～250页；[苏]M. C. 斯特罗果维奇著：《刑事诉讼》，国家法律出版局1946年俄文版，第158～161页。[苏]M. A. 切里佐夫著：《苏维埃刑事诉讼》，国家法律出版局1951年俄文版，第146～147页。

被告人证明自己无罪的责任，是和苏维埃的证明责任原则绝对相矛盾的。这样的企图，显然歪曲了苏维埃刑事诉讼法的本性，因为苏维埃刑事诉讼法是以被告人的罪行没有证明以前推定其为无罪这一原则为出发点的。"①

无罪推定是从我们诉讼程序的民主基础上产生，作为在刑事诉讼各个阶段中对被告人的实际保障。

在苏联最高法院的审判实践中，反映出了对无罪推定的严格遵守的要求。

1940年，苏联最高法院刑事审判庭按监督程序对K案进行审查时指出："……法院在证实K的犯罪时受了某种动机的支配，这种动机完全曲解了被告人在刑事诉讼中的地位。应当由侦查机关和法院去搜集被告人有罪的充分证据，而不是应当由被告人向法院提出充分证据，来证明自己的无罪。"②

1945年苏联最高法院全体会议按照监督程序审理K案时指出："仅仅凭审判员的信念还不足以解决受审人的有罪无罪问题。为了使这种信念固定起来，必须由法院把一切与案件有关的证据总合起来审查……不能认为被告人必须提出自己无罪的证据。"

苏联最高法院全体会议进一步指出，按照苏维埃刑事诉讼的基本原则，"当被告人的犯罪还没有依照法律规定的程序证实以前，被告人是被认为无罪的"。

按苏维埃法律的内容和精神来看，不是应当由被告人来证明自己的无罪，而是应当由控诉机关来证明所提起控诉的正确性。③

由此看来，不论是苏维埃的理论或是审判实践，都承认无罪推定是苏维埃刑事诉讼上的重要原理，应当无条件地加以遵守。

与此相反，我们在资产阶级国家中可以看到：当涉及统治阶级潜在的敌对者时，无罪推定这一原则就被摒弃了。这种情况不仅表现于立法者公开否认无罪推定的个别规范中，而且表现于刑事政策的普遍的倾向中。这种倾向，就是在对和平民主战士的审判中，虽然无罪推定在正式的现行法律文件中是继续存在着的，但却适用了有罪的推定。美国作家亨利·福克斯承认：在美国的刑事诉讼中，"凭借有罪推定的确立和证明责任的移转来便利对犯罪的证明这种现象，在许多州中已被笼统地加以公认了"。④ 英国刑法和刑事诉讼法教科书著者肯尼同样认定用于英国的诉讼："……虽然无罪的推定是存在的……但是实际上却存在着并且凭良心知道另有一种健全意志的推定，那就是认为市政局讯问后交付法院审判的被告，想必是有罪的。"⑤在提到刑事诉讼时，肯尼不加隐讳地说："与其说是承认无罪推定，

---

① ［苏］维辛斯基著：《苏维埃法律上的诉讼证据理论》，国家法律出版局1950年俄文版，第240～250页。

② 《苏维埃司法》，1940年俄文版，第40～41页。

③ 《审判实践》1946年第10期，第18～19页。

④ ［美］亨利·福克斯："刑法中的最近发展"，载《刑法和犯罪学杂志》1939年第6期。

⑤ ［英］K.肯尼著：《刑法的基础》，外国文书籍出版局1949年版，第369～370页。

毋宁说是承认有罪推定。”①

对无罪推定公开摒弃的倾向，鲜明地表现在对美国11个共产党领袖的审判中。

曾参加该次审判的国际民主法律协会代表古巴著名法学家杜明科·维里雅米声明：在那次审判中，法官显然破坏了作为文明国家刑法典基础的普遍司法道德的规则，法官离开了对被告人的犯罪尚未被证实以前应假定为无罪的这一原则，而以对他们有罪的假定来代替。

萨里伐那（印地安纳州）的法官诺维尔·加列斯也说：“虽然按照法律，受审人的罪行在未被证实前，应认为他是无罪的，但主持该项审判的加洛里特、米契那则是从受审人的有罪推定出发的。”

美国的进步杂志《夫人和先生》发表了一篇美国共产党民族委员会委员杰尔·里赫那（共产党领袖，受审十一被告之一）的文章，作者在这篇文章中指出，在那次审判中，“提出证据的一切责任都加到辩护者的身上……”②这就是说，无罪推定已被抛弃了。

这种倾向鲜明地表现在对迫害民主活动家任何案件的审判中。著名的美国学者、全世界和平委员会委员邱立姆·杜勃在自己经过审判后写道：“当我们出现在华盛顿法庭上……不像把我们当做那种罪行尚待调查的人，而是把我们当做众所共知的罪犯，必须由自己来证明无罪……”③

公开承认用有罪推定来代替无罪推定，在资产阶级国家的刊物上，现在已经可以经常看到了。

美国的《民族》杂志在1952年刊载了一篇文章，其中列举了一些适用于和进步的文化活动家作斗争的方法。这个杂志分析了无数的事实，最后作出一个结论：“一个人没有证实他自己无罪，因而通常就可以认为他是有罪的。”

这就是帝国主义国家中无罪推定原则的命运。

与此相反，正如上面已经说过，无罪推定原则在苏维埃刑事诉讼中已获得了承认。这种承认甚至还在国际讲台上公开宣布。1954年，保卫民主自由的国际法律工作者会议于维也纳成立，在讨论关于人民群众的民主权利和自由时，苏联代表声明：对被告人的无罪推定，在苏联是存在的，对这一原则的任何微小的破坏都是不许可的；至于证明有罪的责任，在苏联仅是由检察长负担。④

（1957年第2期）

---

① ［英］K. 肯尼著：《刑法的基础》，外国文书籍出版局1949年版，第567页。

② 《关于美国的短篇小说》，外国文书籍出版局1950年版，第305页。

③ 《为和平与民主斗争的美国进步势力》，外国文书籍出版局1953年版，第111页。

④ ［苏］M. И. 拉查列夫著：《保卫民主自由的国际法律工作者会议》，国家出版局1954年俄文版，第56页。

试论刑事诉讼中的被告人

罗　荣*

刑事被告人,是刑事案件中具有最大利害关系的人,他从被检举为被告开始,每时每刻都在考虑案件的结果,因而保障被告人各种诉讼权利的充分行使,这是正确解决刑事案件的关键之一。

一、被告人应享有的诉讼权利

被告人一旦被依法检举后,就享有如下的各项诉讼权利:有权知道被控诉的原因、理由及对控诉提出辩护;告知侦查终结后,有权查阅侦查卷宗的全都材料,要求作补充侦查;有权要求调取新的证据(如到某处调取书证或物证),传讯新的证人,进行鉴定或要求亲自参加鉴定;有权在公判审理前三天收到起诉书副本及预审庭决定交付法庭审理的裁定书;有权邀请自己的亲属(如父母,监护人、保佐人,岳父母、配偶——包括未婚夫或未婚妻,姊妹以及其他亲戚朋友等)及他所信任的律师为他辩护,或要求法院指定律师为他辩护(亦有权拒绝法院所指定的辩护人);公开审理案件时,有权要求法院通知其家属及亲戚朋友前来旁听,有权要求审判员(包括陪审员)、书记员、检察长(员)、鉴定人和翻译人员回避;有权用本民族语言进行诉讼,对不通晓法院所用语言文字有权要求翻译;有权在法庭中质问证人及鉴定人,并对他们的意见进行驳斥;有权在法庭上揭发公安、检察机关和法院在诉讼进行中的违法行为;有权参加当事人间的辩论及辩论终结后的最后陈述权;有权在法定期内对法院的判决或裁定(不包括预审庭上所作的裁定)提起上诉。

被告人被控诉的事实未经法定的程序加以证明以前,他和其他公民一样,依法享有“人身自由不受侵犯”权。① 对“由于国家机关工作人员侵犯公民权利而受到损失的人,有取得赔偿的权利”。② 同时,他还享有“对于任何违法失职的国家机关工作人员,有向各级国家机关提出书面控告或者口头控告的权利”。③ 也就是说,被告未经法定程序证实是犯罪人之前,他被假定为无罪的人,这时他仍和其他公民

* 作者单位:华东政法学院(现华东政法大学)。

① 参见中华人民共和国《宪法》第89条及第97条。

② 同上。

③ 同上。

一样，其合法权益应得到国家法律的保护。

从上可见，刑事被告人享有广泛的诉讼权利，应该把这些权利在诉讼进行的每一阶段分别告知被告。但有的同志认为只需告知辩护权和申请回避的权利，如果把其他的诉讼权利，譬如要求调取新的证据，传讯新的证人，揭发公安机关、检察机关和法院在诉讼过程中的违法行为，等等，都给被告讲了，不仅不会起好的作用，相反会延宕案件的结案，甚至使被告，特别是狡猾的被告人利用法庭对我们的司法工作人员进行诬告和反击。我认为这样的忧虑是没有必要的。首先，如果我们公安机关、检察机关和法院在工作中确有严重的违法行为，则被告人在法庭上的揭发，对改进我们的工作是有益的。其次，我们的司法工作者一般地说来都是具有唯物主义的观点和辩证的方法的。被告人提出的问题（申请），如申请调取新的证据，传讯新的证人，我们就要结合整个案件的情况来加以考虑，如整个案情是否都清楚了，取到这一证据对案件有何意义，它对证明被告人的身份又有何意义等。这样做不仅不会使结案延宕，相反，如果我们没有这样做，把有证明意义的证据排斥在诉讼以外，使案件的判决出错，而被告人又提起上诉，这反而拖延了案件的解决。

不重视被告人的各种权利，实质上是受旧法影响的反映。凡看过《十五贯》的人，都可以从过于执和周忱之流的审判作风中看到，在封建时代的控诉主义的诉讼下，法院是采取不干涉主义的。被告人与被害人的诉讼地位相互对立，被害人一方提出控诉理由，他方（被告）提出反驳理由和根据。这在表面看来，法院确是“公正的裁判官”，但若透过它的内核，我们就不难看到这种控诉主义的反动本质。它不仅是把证明义务转嫁于被告人的身上，使他处于更不利的地位；而且连被告人最起码的“人身不可侵犯权及辩护权”都被剥夺。《十五贯》中过于执对于被告人苏戌娟、熊友兰的严刑拷打和把她们的正当辩护说成是“伶牙俐齿”，这就是鲜明的例子。

但今天我们的国家是社会主义类型的国家，从各方面来关心人民，保障人民的权利和合法利益，这是我们国家和任何剥削者的国家在本质上不同的地方。表现在诉讼上也是如此。董必武同志在“八大”的讲话中指出“我国人民应当享受的一切自由，通过人民民主法制获得了切实的保证”。我国《宪法》对此更有明文规定。《宪法》第 89 条写着：“中华人民共和国公民的人身自由不受侵犯。”可见，依法办事，切实地从各方面保障和便利被告人行使各种诉讼权利，这乃是国家对我们司法工作者的要求。坚决贯彻这个要求，不仅是我们司法工作者的职责，同时它对帮助我们的迅速破案也是有益的。

二、陈述(辩解)是被告人的权利而不是义务

从实践中看出,仔细地、耐心地听取被告人的陈述是有重大意义的:他的陈述是证据的一种来源,又是行使辩护权的手段。只有充分地保障被告人的陈述权利,这种意义才能得到实现。但有的同志却错误地把被告人的陈述说成是"义务",如安·扬·维辛斯基在《苏维埃法律中的诉讼证据理论》一书中说:"证明义务变换的规则只能在下述的意义里形成:(一)证明确认论罪的情况属于控诉人的义务;(二)证明反驳论罪的情况属于被告人的义务。"①现在为说明维辛斯基的论点,不妨引用一下他所举的一个例子:某甲被控为违法打猎,理由是某甲在打猎时被捉获。某甲以他具有许可证为辩护。② 照维辛斯基的意见,某甲以具有"许可证"这种对自己有利的辩护是证明义务,不是被告人的诉讼权利。这未必是正确的。因为,某甲以具有的许可证进行辩护,是为了捍卫自己合法打猎的利益,当然这是某甲应有的诉讼权利;如果硬要把它当做"义务",不但对司法工作人员毫无帮助,相反会使他们陷入另一种迷境。就是要强制某甲履行这一"当然义务",结果会造成审判人员过分地重现被告人的口供,从而给刑讯逼供的恶劣作风开辟道路,使侦查人员、检察员和审判员以坐堂问案来代替了实地的调查研究工作,从而使最可靠的客观事实——证据被排除在诉讼以外(因为取得这种证据的义务是属于侦查机关、检察机关和法院)。上述例子的本身也说明这点:侦查人员只要到某甲住处和有权发给许可证的机关侦查一下,取得这样的证据,真相就自然大白了。

从司法实践中看出,如果把被告人这种对自己有利的陈述(辩解)作为权利,并帮助他行使这一权利,一方面能发挥被告人参加诉讼的积极性(因为被告人总是善于行使自己的权利的);另一方面也更好地使侦查员、检察员及审判员发挥他们的积极调查研究案件事实的作用(证据的主动性);同时,这样得出的结论就能建立在稳固的基础上。

既然陈述是被告人的诉讼权利,那么,认真地仔细地听取这种陈述就成为我们司法工作者的义务。有的同志问:"我们对被告人的陈述是否只消极地听取呢?"不是的。我们是站在主导的地位,对被告人的陈述作必要的引导和指导,积极地从其陈述中发现疑点,指出矛盾,分清主次和先后;然后进一步解决这些矛盾。从实践中看出,在被告人的陈述中,有些事实对他是有利的,有些是不利的;有的是肯定

---

① [苏]维辛斯基著:《苏维埃法律上的诉讼证据理论》,王之相译,人民出版社1954年版,第273页。

② 同上,第347页。

了某些事实，也有的否定了一些事实，甚至于自相矛盾。对于这些情况必须慎重对待，不能一概都归结为被告人的狡猾。

三、被告人在诉讼中的地位

被告人在诉讼中的地位是非常复杂的，他一方面是诉讼主体，是一方当事人，有全权参加侦查、审理自己的案件（包括依法不公开的案件）；在法院作出判决后，有依法提起上诉权。另一方面，他是与案件结果具有利害关系最大的人，可能成为法庭上的受审人，也可能是科刑的对象。由此可见，被告人应该参与诉讼，不能请别人代替，这是毫无疑问的（经法院认许后的极轻微的刑事案件可除外）。

从实践中看出，被告人在诉讼中有两种极不相同的表现：一是积极的表现（占被告人中多数），他在诉讼进行中积极地（或经过我们教育后）向公安机关、检察机关和法院提出各种证据，把自己的问题（包括对自己有利和不利的事实），加以陈述，争取对他的宽大处理；二是消极的表现，在参加诉讼后沉默不言或拒绝回答问题，并且表现气愤和发出破坏性的言论。这种情况往往是被告人对自己今后的前途感到无望，也有的是被告人狡猾顽固和故意抗拒交代。第一种表现，对我们弄清案件的事实较易；第二种表现在实践中虽然为数不多，但亦是有过的。对这类案件我们要更多的细心和谨慎，根据不同的对象进行思想教育，反复交代政策，掌握他的思想活动，打破各种顾虑。

有些同志提出：是否能强迫被告人答话？被告人对他的虚伪陈述是否要负责？我的回答是否定的。因为被告人与证人、鉴定人、翻译人员是不同的。在这种情况下，审判人员最要紧的是掌握审判技术和策略，正确地运用党的政策。因为犯罪事实总是客观存在的，哪怕被告人想尽一切办法来掩盖它，但在他的虚伪陈述中是会有矛盾的，是会露出马脚的。此外，在诉讼中，我们审判人员对于被告是不能被动地处于防御状态的。一个好的审判员必须是积极地领导被告，而不是为被告所领导。在审判中我们可以采取由远到近，由次要到关键的、步步深入的进攻方式。当然，为了不致造成对立，也是可以采用“声东击西、迂回进行”的审讯方法来抓住案件的主流——事实的主要点，积极地开展进攻。实践证明，向被告人出示一定的证据——经过切实调查研究的可靠的证据，并且是和案件事实有密切联系的证据，对击败被告人的顽固对抗是非常必要的。

前面已经说过，被告人对其虚伪陈述是不负责任的。他为了说明自己无罪，或者减轻自己的责任，是可以对控诉事实提出各种有利于自己的辩解和可以伪造证据来进行虚伪的陈述的，审判员不能因此对他作出有罪的根据，而使他负责。① 但这样是否就可以把被告人的虚伪陈述理解为无根据地检举他人，甚至诬告他人亦不负责任呢？刘庆林同志在其《刑事被告人的诉讼地位》一文中就是主张这种论点的。他说："甚至假如被告人为了开脱罪责欺骗侦查员和审判人员，进行虚伪的陈述；或者推卸自己的罪责而无根据地举发他人，这也是不能要求被告人负责的，同时对虚伪的陈述，既不负伪证的责任，也不负诬告的责任"。② 刘同志这样笼统地提出被告人即便无根据地举发甚至诬告他人也不负责任的说法不能认为是确切的。被告人如果是在逼供、诱供和骗供的情况下，作了无根据的举发甚至诬告好人，是不负责任的；被告人为了争取立功和对他的宽大处理，把对某人的怀疑或者不真实地反映了情况，也是不能要他负责的。但如果被告人为了打击、陷害、报复他人（如对检举人、证人等），而进行了无根据的举发诬告，则是要负责的。《惩治反革命条例》第 19 条就规定："对反革命罪犯，任何人均有向人民政府揭发、密告之权，但不得挟嫌诬告。"可见，公民的民主权利是受到法律保护的。公民在行使这种权利时，如果遭到一方的阻挡或报复陷害，就会受到国家的严厉惩罚。下面就是一个很好的例子：某甲诱某乙一起行动，某乙因害怕某甲的谋害，在无可奈何的情况下答应了他。但在出发之前，某乙主动地将上述情况报告我公安机关，结果某甲被逮捕了。某甲猜定是某乙的检举，于是怀恨在心，蓄意报复，在法庭审判中无根据地说某乙于解放前，做过伪保长，曾杀害我干部三人，解放后又参加某特务组织进行反革命活动等。但经过长期侦查核实，证明某乙解放前做过伪保长的情况真实（已作交代），但并无杀害干部三人，解放后亦没有参加过特务组织。真相既然大白，法院即将某甲以抢劫未遂罪及诬告罪并合论处定案。在实践中，被告为了对检举人和证人实行打击、陷害而进行无根据的检举是不少的，我们应作为加重处刑（除对诬告已单独构成犯罪外）的理由之一。

从《惩治反革命条例》第 19 条看出，法律并未规定公民可以无根据地举发或诬告他人。恰恰相反，在《惩治贪污条例》第 14 条第 3 款规定："凡对检举人实行打击、报复者，应依其情节轻重，予以刑事处分或行政处分。"这一条虽然是对贪污犯规定的，但我认为，如果其他刑事犯或反革命犯有上述情况，亦可参照其精神予以适用。只有这样，才能给予狡猾的犯罪分子以严厉打击，保护真正的善良人民。如果照刘同志的说法，其结果非但达不到这一目的（往往反而连累好人，甚至冤枉好人），也使法院的审判工作陷入被动。

---

① 对坚决抗拒交代的犯罪分子要从严处理，对于一般的只是表现不好的犯罪分子，可考虑被告是否有悔改表现，在量刑上予以适当考虑。

② 《政法研究》1956 年第 3 期。

综上所述,被告人在诉讼中的地位是非常复杂的,我们既要细心地听取被告人的各种陈述(辩解),又要以批判的态度对待其举发。我们反对那种不结合整个案情进行分析研究,而单纯地把被告人的举发一概当做证据的态度。在通常情况下,被告人的举发约略可以归纳为三种情况:(1)被告人有了觉悟而进行的有根据的检举;(2)目的在于减轻自己的罪责,把一部分责任或者主要的责任推到他人身上,这种情况多半发生在共犯的案件中;(3)为了进行打击报复陷害所作的无根据的、恶意的举发。以上三种情况,我们都要分别对待,俟找到旁证核实后,方被认为具有证据的意义。

我们的人民法院、人民检察院和人民公安机关,都是实行人民民主专政的机关,是直接掌握人民"刀把子"的。我们负有巩固人民民主专政和保障社会主义建设及社会主义改造顺利进行的任务。我们的活动关系到人民的财产、政治权利甚至人的生命。因此,我们的工作必须特别慎重、客观,绝不能预抱成见。但是,有的同志往往错误地对待被告人,认为"被告人就是犯罪人","被控诉的人都不是好人","好人是不会被控诉的"。骤然看来,这些同志的"辩证法"还用得不错哩!有一个法院的承办人员就是在这种思想指导下,把被强奸了的幼女高某判了3年徒刑,而对真正的奸夫却判了半年徒刑,还是缓期执行。事情是这样发生的:高某小时父母双亡,13岁时被船工陈某诱骗成奸;14岁那年被陈的父亲强奸后被其老婆(指陈的母亲)以通奸罪名告至法院。法院承办人认为高既被控告,定是她的错误,于是搜集了一些不利于高的材料,并将高判处徒刑3年,而陈的父亲仅判了半年徒刑还缓期执行。像上述例子的情况虽然是极少数的,但不正确地对待被告人,在司法实践中仍有不同程度的存在,因而坚决反对过于执式的那种把被告人看做"刁男泼妇",以及以"察言观色"来代替调查研究、主观片面的审判作风是有现实意义的。

当然,我们在保障被告人的各项诉讼权利的同时,也不能对被告人放弃应有的警惕性。他不但是一个独立的诉讼主体,而且是与案件结果具有最大利害关系的人,正加安·扬·维辛斯基指出的:"只须记起刑事被告人和民事被告人——是在案件上较诸任何他人为利害关系最大的人们,就可想而知了"①。正因为如此,被告人是最关心案件的结局的。为了摆脱自己被控诉的地位,他往往捏造一些事实来蒙蔽侦查员和审判员。② 这就告诉了我们在办案中要保持清醒的头脑,不要被现象所蒙蔽,也不能轻信被告人的陈述。正确的做法是结合全部案情事实来加以

---

① [苏]维辛斯基著:《苏维埃法律上的诉讼证据理论》,王之相译,人民出版社1954年版,第288页。

② 这种错误甚至无罪的人也会伪造事实以便使自己早日脱案。

分析判断。

四、对被告人的陈述的判断

认真细致地听取被告人的陈述固然很重要，但要使被告人的陈述取得证据上的意义，更重要的还是对其陈述的判断。我们判断被告人的陈述，要遵守以下的几个主要的原则：

1. 尽量取得原始证据来核实其陈述的正确性。被告人在陈述中往往有很多的矛盾，而这些矛盾在确定判决之前都要一一解决。最好的办法是以原始证据来核实。如果实在找不到原始证据，也可用传来证据核实。但如果以上证据都是属于人证（证人的证言）方面的，还要注意三点：(1)如果这一情况有很多人知道，要尽量多找几个人，注意审查供述中是否一致；(2)如果是检举的材料，不能满足于原检举材料和找原检举人就够了，有可能应找其他的人来核对；(3)问清情况的来源，最好是找到知道情况的第一个人。

2. 如果发现几个被告人（共犯中）之间或证人与被告供述之间，甚至和鉴定人之间有矛盾时，要冷静对待，不要轻于作出谁对与谁不对的结论。因为这种情况，可能是被告人的狡猾，故意捏造事实；可能是证人听错了，或者由于生理上的缺点，或者感觉事物时的环境不好以及对被告人的不和好等情况而影响了证言的正确性；也可能是鉴定人工作上的错误，业务水平差而影响到鉴定的质量；有时还由于我们侦查工作未做到家而产生的矛盾。

3. 被告人的陈述作为证据来源之一来运用时，只有与全案事实比较起来，取得旁证后，才能具有证据上的独立意义。被告人无论是承认自己有罪或否认被控诉的事实，只有被告人的口供而没有其他旁证，是永远也不能作为定案的根据的。所谓对被告人陈述之判断要用比较、对照、分析和综合的逻辑方法，就是把全案中的证据（当然也包括被告人的陈述）加以研究，然后得出一致的结论。如果其中有一个证据得出相反的说法，那就是说，我们的工作还没有完成，还不能作出案件事实已经清楚的结论。

4. 对被告人陈述的判断，要反对两种极不相同的态度：完全相信或完全否定的态度。在被告人否认罪责的情况下，就认为被告狡猾、抗拒，而不愿进一步找否认的理由，发现案件的真实。另一种态度，在被告人自白的情况下，采取完全相信的态度，这是不对的。第一，被告人为了掩盖更严重的目的（如掩盖自己更严重的罪行，掩盖自己的亲友、同伙和反动组织）；第二，认为一旦被控诉就成为历史上的污点，回去不好见人，就承认了，甚至说得更严重些，自认为反正无前途了；第三，对我们“坦白从宽、抗拒从严、立功折罪、立大功受奖”的政策有不正确的理解；第四，其他想法,等等。总之,被告人被检举后就有各种想法,我们要有全面分析的观点,深入到事物的内核——案件的客观真实。维辛斯基指出:"证据——这是事实,事实到底是事实。"[①]的确,事实是不能销毁的,它始终客观存在着,贯穿在整个诉讼的过程中。而事实对我们司法工作者来说是不抱任何成见的——只要我们愿意去寻找它,它是绝不会排斥我们的。

(1957 年第 2 期)

① [苏]维辛斯基著:《苏维埃法律上的诉讼证据理论》,王之相译,人民出版社 1954 年版,第 282 页。

关于“公民在法律上一律平等”的意义

张光博*

正确地理解“公民在法律上一律平等”,对加强我国人民民主法制有很重要的作用。然而,目前小册子和报纸杂志有关这一问题的论述却很不一致,本文试图在这方面提出一点意见。

一、“公民在法律上一律平等”对已被推翻的反动阶级的人们是否适用

有人认为,“公民在法律上一律平等”的权利只属于人民内部,而不属于已被推翻的反动阶级的人们。譬如,李光灿和楼邦彦就是这样主张的。李光灿在“论我国公民在法律上一律平等的原则”①一文中曾提到:“问题很清楚:在制定我国宪法和法律时,必须考虑到对公民同非公民的区别:对公民赋予全面的权利和义务(宪法第三章的规定),但对非公民如现行反革命犯及其他严重刑事罪犯,不但不能给他们任何的权利和义务,而且要惩办他们。”②“……把人民的任何一分子统称为中华人民共和国公民”等。尽管李光灿在他后来所写的《我国公民的基本权利和义务》一书中,未曾再见“公民”与“非公民”之称,但仍然是没有改变原有主张,而说“人民的任何一分子统称之为中华人民共和国公民”。③ 这种说法,虽然没有直接说已被推翻的反动阶级的人们不能取得公民在法律上一律平等的权利,但既然有一部分人不算公民,那么公民在法律上一律平等,当然就没有他们的份了。楼邦彦与他抱有相同的看法,他说:“‘中华人民共和国公民在法律上一律平等’,除开国家依照法律在一定时期内剥夺封建地主和官僚资本家的政治权利之外,宪法所规定的公民的基本权利和义务,适用于所有的中华人民共和国公民。”④此外,在江虹编著的《中华人民共和国宪法基本知识》⑤一书中也有相类似的说法,即把剥

---

* 作者单位:吉林大学。

① 《光明日报》1955年10月25日。

② 《宪法》第19条第1款。

③ 李光灿著:《我国公民的基本权利和义务》,人民出版社1956年版,第15页。

④ 楼邦彦著:《中华人民共和国宪法基本知识》,新知识出版社1955年版,第170页。

⑤ 江虹编著:《中华人民共和国宪法基本知识》,湖北人民出版社1955年版,第81页。

夺封建地主和官僚资产阶级(此处应是官僚资本家——引者)的政治权利作为公民在法律上一律平等的一个例外。

以上这种看法实质上是忽略了法律的本质。马克思曾经说过:"任何法权都是把同一标准应用于事实上各不相同,各不相等的人们。"这就是说,法律从来也不是一个什么平等的东西,有法律的存在就意味着有不平等。如果人们之间已经不存在任何不平等的时候,则法律就将成为不必要的了。因为法律是已获得胜利而掌握着国家政权的那些阶级的意志之表现。它表现哪个阶级的意志,就为哪个阶级服务,它不可能对各个阶级都平等看待。我国的宪法和法律都是根据以工人阶级为领导的广大人民的意志,明确规定了保护什么、发展什么、改造什么和反对什么,并且公开标明其阶级本质。公民在法律上一律平等的实现,就意味着以工人阶级为领导的广大人民的意志之贯彻,就意味着工人阶级的根本利益得到了切实的保护。我们国家在一定时期内依照法律剥夺封建地主和官僚资本家的政治权利,不是公民在法律上一律平等的例外,正是公民在法律上一律平等的结果。因为在法律上已经有了这样规定。

除此以外,根据我国《宪法》第89条所规定的"中华人民共和国公民人身自由不受侵犯。任何公民,非经人民法院决定或者人民检察院批准,不受逮捕"以及人民法院审理案件时"被告人有权获得辩护"等,绝不能说只属于"人民一分子",而对被剥夺政治权利的封建地主和官僚资本家是不适用的。很显然,能说对这些人不经人民法院决定或人民检察院的批准,就可以任意逮捕吗?能说在审判的时候,不允许他们进行辩护吗?当然是不能的。在事实上也不存在这种事情。如果按他们那样"公民在法律上一律平等"并不适用于已经被推翻的反动阶级的人们的理解来指导工作,是有害的,它有可能使公民的合法权利受到侵害,放纵司法工作上的任性和适用法律上的混乱。

二、"公民在法律上的一律平等"等于适用法律上的平等吗

把"公民在法律上一律平等"说成是适用法律上的平等的人较多,吴德峰等编著的《中华人民共和国宪法讲话》写道,"我国宪法规定公民在法律上一律平等是指适用法律上的平等"。[①] 金默生在指出楼邦彦同志的错误后说,"因为公民在法律上一律平等,是指一切公民在适用法律上的平等"。[②] 西南政法学院民法教研组在其所编的《我国公民的基本权利和义务》中写道:"'中华人民共和国公民在法律

① 吴德峰等编著:《中华人民共和国宪法讲话》,湖北人民出版社1954年版,第108页。

② 金默生:"就有关我国宪法的几本书中若干问题的商榷",载《政法研究》1956年第1期。

上一律平等'……换句话说,在我们国家里,对于任何公民在适用法律上是一律平等的。"李光灿著的《我国公民的基本权利和义务》和《论我国公民在法律上一律平等的原则》中都写道:"'在法律上一律平等'的真实含义,乃是指国家在施用法律时,在执行法律时(在《论我国公民在法律上一律平等的原则》中写的是'在司法工作上'——引者)对于各个阶级的人,都是按照法律一律平等的。"(这点本来与其"公民"与"非公民"之说是相对矛盾的)此外,李猛、朱云合写的《"公民在法律上一律平等"的认识》①中也说:"'法律面前人人平等'这一原则乃是指在适用法律的时候,应该是人人平等的。"他在后面又把"中华人民共和国公民在法律上一律平等"和"人民法院审判案件……在适用法律上一律平等"作为并列的句子,作了统一的解释。

以上这种看法不能说是正确的。当然,"公民在法律上一律平等"的真正实现,靠国家机关在适用法律上的平等加以保证,这是无可非议的。但是,把"公民在法律上一律平等"和"适用法律上的平等"等同起来是不对的。"公民在法律上的一律平等"是公民所享受的一项重要民主权利,这一权利的主体是公民。而"适用法律上的平等",我想大概是指人民法院在适用法律上的平等。这是国家机关,主要是人民法院进行审判工作的一项原则,也是人民通过全国人民代表大会给人民法院规定的一项职责。人民法院的重要任务之一,是通过平等地适用法律来保障公民在法律上一律平等的权利得到实现,但无论如何,它不能在任何程度上包括或代替公民在法律上的一律平等。这说明"公民在法律上的一律平等"和国家机关在"适用法律上的平等"不仅主体不同,其包含的内容也不一样。一个表示了公民个人与国家之间的法律联系,一个表示着国家机关在进行工作时所应遵循的一项原则。尽管两者之间存在着密切的联系,甚至如无国家机关的平等适用法律,公民在法律上一律平等的权利就有可能落空,但毕竟还是两回事。

至于说"公民在法律上一律平等"是指公民在适用法律上的平等(金默生语——引者注),这是更加说不通的。因为公民从来就不能适用法律。任何法律的适用都是由国家机关进行,并且由国家机关的强制力量来加以保证。当然,在我们这样的国家里,人民已经成了国家的主人,广大人民都有可能直接或间接地参与或支持国家机关的适用法律活动。例如,人民陪审员制度的建立,就是人民群众直接参加适用法律的重要形式。但不管怎样,公民是不能以个人身份直接适用法律的。非常明显,当一个人有违法行为时,虽然每个公民都有权加以干涉,甚至把现行的或严重的罪犯扭送公安机关等,但最后的适用法律,仍然属有检察权和审判权的国家机关,不论任何公民个人都不能给作最后处理。

① 《政法研究》1956年第1期。

三、“公民在法律上一律平等”是否等于公民的权利平等和义务平等

把“公民在法律上一律平等”理解为公民的权利平等和义务平等的人也不少，江虹说：“‘公民在法律上一律平等’这就是说，我国任何一个公民……在权利和义务上都平等。宪法不允许由人民之间的种种差别而在权利和义务上作任何限制或赋予特权。”①李光灿说：“在法律上平等，这在字义的严格意义上讲并不单是指的公民的权利方面，而是指的一切中华人民共和国公民都有平等的权利和平等的义务去参加国家的管理，参加政治的、经济的、文化的和社会的生活。”②秋禹、肖生在其合编的《我国公民的基本权利和义务》中说的更加干脆，“中华人民共和国公民在法律上一律平等”是什么意思呢？“这就是说：凡是中华人民共和国的公民，不分有产者和无产者、不分男女、不分民族和宗教信仰……都一律平等地享受同样的权利，尽同等的义务”。③ 杨化南在所著《中华人民共和国公民的基本权利和义务》中对此问题说的也并不明确，在前面虽然说是依法享受平等权利和负担平等义务，而后边接着又说：“这就是说，在我国不容许因为上述原因的差别，而在权利上作任何限制或赋予某种特权”。④

这样说法也是不妥当的，公民在法律上一律平等和公民的权利和义务平等是两个问题。在我国目前虽然已经实现了绝大多数人的平等权利和平等义务，但能够彻底贯彻实现的仍然只是公民在法律上的一律平等。因为我国剥削阶级还没有最后消灭，为了更好地保护人民的各项权利，对已被推翻的反动阶级分子在权利和义务方面给予必要的限制，是符合人民的长远利益的。我国宪法和法律本身就这样规定了什么样人享受什么样的权利和什么样人应尽什么样的义务，并且明显指出这一点，例如，《宪法》第 19 条规定：“国家依照法律在一定时期内剥夺封建地主和官僚资本家的政治权利。”《兵役法》第 3 条规定：“反革命分子和依照法律在一定时期内被剥夺政治权利的封建地主和官僚资本家和其他被剥夺政治权利的人，都不得服兵役。”除此以外，在人民内部，也是根据实际情况，法律作了不同的规定。《宪法》第 92 和 93 条都很明显地规定了劳动者的休息权和物质帮助权，而非劳动者（如未变成劳动者以前的资产阶级分子）不能享受这两项权利。至于在义

① 江虹编著：《中华人民共和国宪法基本知识》，湖北人民出版社 1955 年版，第 81 页。
② 李光灿著：《我国公民的基本权利和义务》，人民出版社 1956 年版，第 15 页。
③ 秋禹、肖生著：《我国公民的基本权利和义务》，辽宁人民出版社 1956 年版。
④ 杨化南著：《中华人民共和国的基本权利和义务》，中国青年出版社 1955 年版，第 17 页。

务方面,也仍然如此,尤其是公民的纳税义务,由于每个公民的具体情况不同,是有很大差别的。

正因为我国的法律是人民民主的法律,体现了绝大多数的劳动人民的意志,根据我们社会情况作了合乎实际的规定。因而在我国,公民在法律上一律平等的规定,是能够而且必须彻底实现的。这就是说,国家对公民权利的保护只能是依法进行,法律上怎样规定,公民就受到怎样的保护:一切超出法律以外来限制公民的权利或加重公民的义务,都要受到国家的干涉。其实,持有上述公民在法律上一律平等就是公民的权利和义务平等的看法的同志在说了这些话以后,自己就反对了自己。例如,李光灿就是一方面说,在制定法律时对各阶级的人并不是平等地看待;但同时又说,不仅公民有平等的权利,也有平等的义务。又如,前面所举的杨化南的说法,前后也并不一致。

四、"公民在法律上一律平等"是否等于民族平等加男女平等

认为"公民在法律上一律平等"等于民族平等加男女平等的人有胡其安、秋禹、肖生、杨化南等同志。胡其安指出:"公民在法律上一律平等"就是说,我国《宪法》赋予公民以平等权利……我国《宪法》所规定的公民的平等权利主要包括两个方面:第一,民族平等;第二,男女平等。① 秋禹、肖生说得更加明显,竟于"公民在法律上一律平等"的大标题下,直接分为:"一、民族平等","二、男女平等"。② 杨化南的著作主要也是谈这两个问题,其中把《宪法》第3条宣布的各民族一律平等和《宪法》第96条规定的妇女在各方面与男子平等的权利都一概算在这一标题之下的内容了。

当然,民族平等和男女平等是我国公民在法律上一律平等的重要内容,就我国的历史实际说,对于这两方面也有特别加以注意的必要,但公民的平等权利绝非仅仅限于这两方面。公民在法律上一律平等,除了包括不分民族和男女都在法律上一律平等之外,还有诸如不分财产状况、教育程度、宗教信仰、社会出身、居住期限等都享有在法律上一律平等的权利。它表示着扫除了一切阶级特权,反对任何以显贵自居而企图逍遥法外的人。把公民在法律上一律平等仅仅简单地归结为民族平等和男女平等,势必大大缩小它所具有的本来含义。这样的看法对于实践工作是很不利的。

---

① 胡其安著:《我国公民的基本权利和义务》,华东人民出版社1954年版,第8~14页

② 秋禹、肖生著:《我国公民的基本权利和义务》,辽宁人民出版社1956年,第3~12页。

五、"公民在法律上一律平等"是指每个公民都要平等地遵守法律和都有平等地得到国家依法保护的权利

我认为,"公民在法律上一律平等"是指每个公民都要平等地遵守法律和都有平等地得到国家依法保护的权利。这就是说,在我国凡属中华人民共和国的公民,不分阶级、民族、种族、性别、职业、社会出身、宗教信仰、教育程度、财产状况、居住期限、职位高低、功劳大小等都依照法律的规定享受应当享受的权利,履行应当履行的义务。任何公民,只要他的行为没有违反法律,他就不能受到干涉,他的合法权利和利益都受国家的保护;同样,任何公民如果违反法律时,都应受到法律所规定的处理和惩罚。

我们知道,"公民在法律上一律平等"原是资产阶级革命时期所提出的政治口号,但在资产阶级国家中从来没有实现过,而且也不可实现。在那里,由于社会生产资料为资本家所占有,国家机关掌握在资产阶级手里,体现资产阶级意志的法律就是维持剥削的秩序,劳动者不可能与资本家在法律上获得真正平等的地位。因此,这个口号,在资产阶级国家中,只不过是资产阶级欺骗劳动人民、麻痹劳动人民的谎话,是有名无实的"民主"的幌子。尽管资产阶级制定了法律并宣布施行,但由于资本主义生产无政府状态所带来的紊乱和资本家唯利是图的穷奢极欲,使得资产阶级不可能成为守法的人,他们经常破坏自己所制定的法律。这不仅在法律上给予了资本家以运用自由的伸缩余地,而他们的一套审判制度又便于资产阶级所豢养的法官和律师们放纵资本家、迫害劳动者。这就决定了在资产阶级国家中,法律的运用比法律本身更加不人道得多了。至于资本主义发展到帝国主义时代,剥削者施行了残暴的野蛮暴政,更把法律形式也抛诸脑后了。由此可知,在资产阶级国家中"法律面前人人平等"只是掩盖着实际的不平等和真正的奴役的一种"平等"而已。

在我们国家里就根本不同了,我们的国家是工人阶级为领导的人民民主国家,国家的一切权力属于人民。我们的法律是人民经过自己的代表制定的,它表达着人民的意志,保护着人民的利益,是我们对付敌人和坏分子的武器。只有人民都能平等地遵守它、运用它,才能发挥出它的真正作用。任何违反法律和企图得到国家例外保护的想法和做法都必然破坏人民的利益,为敌人和坏分子的破坏活动造成空隙,这是我们国家所不许可的,也是人民所不答应的。我们制定法律的目的,就是要把我们国家已经实现的或正在实现着的方针政策给予定型化,然后大家一律遵守。"公民在法律上一律平等"的实质,意味着要求一切公民都必须平等地遵守法律,从而在这一基础上所建立起来的法律秩序当中,使公民的合法权利得到国家有效的保护。任何想以显贵自居而想在法律面前来表示特殊的人物,在我们国家

都是不容许的。

在我国有一切可能来保证公民在法律上一律平等的权利之彻底实现。在这方面,除了我们的社会制度、国家制度和人民的文化生活水平等根本一些条件外,国家还规定了各种国家机关及其工作人员在贯彻和执行法律方面的严格责任,以及人民对国家机关工作的监督等来加以保证。譬如,《宪法》第18条规定:“一切国家工作人员必须效忠人民民主制度,服从宪法和法律,努力为人民服务”和第19条规定,“中华人民共和国公民对于任何违法失职的国家机关工作人员,有向各级国家机关提出书面控告或者口头控告的权利,由于国家机关工作人员侵犯公民权利而受到损失的人,有取得赔偿的权利”这就使公民的合法权利和利益免除了来自国家机关方面的侵害。在保证实现公民在法律上一律平等有特别重要意义的是人民法院和人民检察院的活动。《人民法院组织法》第5条规定,人民法院在“审判案件时对于一切公民,不分民族、种族、性别、职业、社会出身,宗教信仰、教育程度、财产状况、居住期限,在适用法律上一律平等”。人民检察院以自己的全部活动直接行使对国家机关、公职人员、社会团体和公民是否遵守法律的检察权,就使每个公民的合法权利和合法利益得到了切实的保证。任何公民只要没有违反法律,他就不会受到任何机关和任何人的侵犯;任何机关或任何人如有侵犯公民的合法权利和利益,都要受到人民法院和人民检察院等国家机关的干涉,不论他是什么人,都不能逍遥法外。与此同时,我国人民民主的司法制度也为人民群众解除了在诉讼过程中的一切额外负担,创造了一切方便条件,使之能够积极参加诉讼活动,保障自己的各项合法权利和利益。总之,全部国家机关廉洁奉公和切实执行法律,以及人民直接参加国家管理和对国家机关工作的监督等,就使公民在法律上一律平等有可能得到彻底实现。

可能有人怀疑,公民在法律上一律平等是否削弱了我国法律的阶级性呢?是否便宜了反动阶级的人们,从而有可能使工农的利益受到损失呢?我们说,并不是这样。没有疑问,我们的国家对工农劳动者的利益是要强调加以保护的,然而在法律当中规定了的事情,也是全体人民的最高利益。任何机关或个人对法律的违反都是对人民利益的损害。很显然,有了同样违法行为的人,绝不能因为其阶级出身不同而能使国家和人民的利益受到不同的损害。因此,对一切阶级敌人和剥削者违法时必须惩办;对人民内部的破坏本阶级利益的罪人,也同样不应放纵。人民在法律面前必须都是一律平等的。

以上是我的一些不成熟的看法,是否正确,请同志们指教。

(1957年第2期)

“对一个盗窃案例的分析”的不同意见

《法学》1957年第1期发表了刘庆林同志的《对一个盗窃案例的分析》以后，我们陆续接到李永祥、叶佐政、姜正飞、黄夏阳、徐家齐、张祖瑶、文衡七位同志的来稿，都对这一案例提出不同的分析。他们对于这个案例的看法和处理意见是不相同的，但反对把这案的被告人认定是“故意购买赃物”，则是一致的。大部分人以为刘庆林在文中最后所举的五点理由，可以否认被告人的盗窃行为，但仅仅这些理由，并不能断定被告人是故意购买赃物。因为，即使被告人占有该自行车是由于购买行为，也有如被告人所供认的有善意购买（不知道是赃物）的可能。因而这个案件除了“盗窃”、“故意购买赃物”以外，还有第三种情况“过失购买赃物”的可能，甚至还有失主和第三人沟通进行局骗、“自卖自追”的第四种情况的可能（文衡的看法）。他们认为刘庆林提出“解决本案的关键，首先在于被告人占有该自行车，是否存在中间（中介）过程，是否存在着买卖行为问题”是不够的，而必须完全明确被告人占有该自行车的具体过程，才能把案情事实完全确定。他们和刘庆林同样，认为“人民法院的有罪判决，必须以特定的（单一的）犯罪事实作根据，不能以‘或甲或乙’不确定的犯罪事实作基础，这是完全正确的”。但可惜刘庆林既反对“或甲或乙”的选择法，而他自己却采取了“非甲既乙”的另一种选择法，以致自相矛盾，陷入“主观武断”的另一错误中。徐家齐则认为刘庆林所认定的故意购买赃物罪是盗窃和善意购买之间的折中之论，是毫无根据的主观想法，是不足取的。

对于该案例，七位同志提出如下的三种不同的看法和处理意见。

1. 李永群、叶佐政、张祖瑶的意见：他们认为该案事实还不够清楚，既不能认定是盗窃，也不能认定是故意购买赃物，必须继续进行调查。李永群根据《关于北京天津上海等十四个大城市高中级人民法院刑事案件审理程序的初步总结》中的指示：“在确定被告人有罪过时应作出有罪的判决，反之应作出无罪的判决，如果事实还不够清楚应确定继续审理的措施”，主张该案应再深入地进行调查研究；并举出调查的线索：“例如可以从被告人购车款项的来源作分析，一个勤杂人员马上就拿出三十元是有困难的。同时可以追究被告人过去几次购买自行车的情况，也可以向被告人的亲戚朋友进行调查。”文衡认为对原告的自行车是否确属失窃，亦应调查清楚。

同时他们反对像这样一时不能作出结论的案件把被告人长期羁押下去，主张“除了案情特别严重的以外，一般地可以把被告人交给原工作单位保释回去工作”，等候案情搞清后再行判决。

2. 姜正飞、黄夏阳、文衡的意见:“他们认为根据原文所叙述的情况,该案被告人没有被认定为盗窃的直接证据。”被告人占有自行车这一点,对于证明被告人的犯罪,只能是一个间接的证据,这种间接证据如果没有其他事实(证据)的帮助,如果不和其他证据联系起来,对于证实被告人的犯罪是没有什么意义的。“提起公诉的检察院所提出的被告人在工厂盖章签到并不能证明他没有离厂的可能,仅仅是一种怀疑”,怀疑的证据在认定犯罪上是无力的,只有确凿的、毫无怀疑的证据才有证据力。因而就已经掌握的案情说,既不能认定被告犯有盗窃罪,也不能认定被告犯有故意购买赃物罪。他们主张:根据无罪推定的原则,“对被告宣告无罪,予以释放”。黄夏阳并主张把该案“作为民事方面所有权追索问题来处理”。文衡主张“把自行车交给原告人,被告人对所付买价保有请求权,一经找出卖主即可得到补偿”。他们都主张“为了不放纵犯罪,如果今后发现新证据,可以重新提起控诉,再作处理”。

3. 徐家齐的意见:他认为,“按赃证作为罪证,虽不是绝对的而是相对的,但具有一定的说服力。”“该案既先有自行车失窃的客观事实存在,又有被告人占有该失窃自行车的客观事实发现。再根据已经查明失窃的地点时间来推算,被告行窃亦有可能。除有具体确切的反证外,自得认定对被告人犯有盗窃该自行车的罪行的控诉(有罪)证据已经成立。”“法律上采取无罪推定原则,该案如无控诉证据,被告人根本不必提出‘不在肇事场所’反证的必要,但一旦对他的控诉证据成立时,则他要证明自己无罪,必须提出确切的反证。”该案被告人在签到簿上盖章证明的不在肇事场所一点,已由控诉证据证明其不确切。该车有八成新,卖价只30元,未免不合情理。被告人过去曾贩卖自行车,应该知道买车所应注意的情况和手续,他的辩解反证,显是徒托空言,不足为信。被告如购买该自行车为了出卖赚钱,应该放在工厂里,更加方便些,而把它寄放在朋友家里,亦有盗窃心虚、暂避风头之嫌。这些都可以作为参证。

徐家齐认为非有直接证据不能肯定罪行的说法不能机械化。“直接证据的证据力亦非绝对的而是相对的,直接证据亦非一定优于间接证据。事实上有许多罪行往往是在没有见证人的场合下实施的,尤以秘密盗窃行为为然。因而像该案一样的案件,必须利用间接证据来判断案情。”“证据的取舍应当把它和本案的其他情况联系起来看,同一证据的性格,在特定案件之中,究系控诉证据(有罪),抑系辩解证据(无罪),也常因它和其他证据的相互关系而转移。例如被告提出的辩解证据,若矛盾百出或显属无理,有时和其他情况结合起来看,亦可成为有罪证据。”

根据上述各点情况(证据)的结合,徐家齐认为“该案已经构成一个有罪(盗窃)证据的系统,对于被告实已形成一条盗窃罪的锁链,将他团团围住,已属无可逃避”。

(1957年第2期)

编　后　记

1. 本刊这一期发表了司法鉴定科学研究所顾问伐·雅·柯尔金的《中华人民共和国刑法中实行惩办与宽大相结合政策的几个问题》。这篇文章是柯尔金同志到我国后的专题研究,并经上海部分法学研究者讨论过,对于我国刑法运用的特点,有些重要的阐述。本刊第3期、4期两期将多发表刑法方面的稿件,对我国刑事立法进行一些研究。

2.《华东政法学报》第2期、3期,《法学》第1期发表了讨论新旧法的关系的文章,曾引起各地法学家的注意。最近上海法学会举行了关于“法的阶级性和继承性”的座谈会,已经深入一步地进行了讨论。本刊这一期发表了这次座谈的综合报道,请同志们从各方面来提出意见,参加这个讨论。

3. 最近我们和读者、作者有了一些接触。许多读者认为本刊文章多从实际出发,比较富于现实意义,这是好的。但也有的空洞、冗长,内容单调。他们要求:从实际工作(包括司法实践和教学实践)中提出新的问题和有争论的意见,提高到理论上来进行研究。最好是突出一点来谈,题目要具体,材料要丰富,论述要深刻透彻。同时文字要简练,结构要清楚,不要太冗长枝蔓。读者们也要求稿件各样化,尤其欢迎活泼多彩的短文。

这些意见是好的,我们尽量这样办,希望作者给我们这样的稿件。

4. 有的读者来信问:本刊发表各篇文章所提供的意见,是否可以作为根据,在实际工作上执行?

我们的意见是:本刊以“百家争鸣”的方针进行法学的研究,所发表的文章都是表达作者个人的意见,并不是指导性的文件。理论指导实践只是提供理论来帮助大家考虑问题。如果可以采用,必须通过实际工作者和工作机关的决定,作为他们自己的意见来执行。

5. 有些读者向我们提出了具体的法律问题,要求解答。编辑部因人手少,必须在编辑工作告一段落时才能抽出时间来答复。有的问题比较复杂,还要转请有关方面解答。因此,有的来信答复得缓慢一些,请同志们原谅。

现在各市、县都设有法律顾问处,专门为人民解答并代办法律问题的。为着及时和方便,我们建议:今后读者有具体的法律问题时,可就近向当地法律顾问处接洽。至于理论性问题,我们还是乐意接受的。

6. 因为纸张供应有一定的限制,今后本刊发行额也被限制在一定数量上,不能增加。读者要求增加零售数量一点很难办到。已经订阅本刊的同志,请向当地邮局按期继续预订,以免缺漏。今后关于本刊的发行事项,请向上海邮局发行处接洽,编辑部不再办理发行的事了。请读者注意。

（1957 年第 2 期）

1957 年第 3 期

驳“继承祖国法的遗产论”

万 山*

旧法的遗产能不能继承,这是一个非常重要而又具有现实意义的问题。中国法学界对这个问题予以重视并展开热烈的争论,绝不是偶然的,而是必然会发生的事情。在这个问题的争论中,显示了“百家争鸣”的气象,这是近来法学研究方面可喜的现象。在我研究了李良、刘焕文,杨兆龙诸先生有关本问题的文章①以后,愿提出以下几点意见和以上诸先生商榷。

1. 新法(中华人民共和国的法)和旧法(国民党反动政府及其以前的封建社会、奴隶社会的法)有着本质不同,在它们之间无丝毫的内在联系,根本不发生什么继承问题。

主张“继承祖国法的遗产”的理由之一,认为新法和旧法有着密切的联系,如果否认它们之间的联系和继承性,那就是割断历史地看问题。如刘焕文先生说:“由此可见,新的法律思想不是在与旧法思想的绝缘状态下产生的……新的法律思想相当大的一部分是从与旧法思想作斗争中产生和扬弃了旧法思想而形成的,它与旧法思想具有千丝万缕的联系。新旧法律思想既有这样的联系和渊源,对旧法律思想的了解是大有助于了解并阐明新的法律思想的。罗马法到现在还值得研究,不是无故的。”李良先生也抱着同样的观点,他说:“我国有很多的法学遗产,值得我们认真学习,批判地加以接收,这是丰富我们法律科学的极其重要的问题……我国几千年来的法制和古典法学,一直被贴上封建标签,束之高阁,认为全是坏处,毫无益处,至多只可作为批判资料,不能作为民族遗产,这种割断历史,鄙视我国法学遗产的看法,对法学研究工作影响很大。”杨兆龙先生也说:“新的法律或后产生的法律吸收旧的或先产生的法律,在过去是常发生的事实……这种事实的发生不是偶然的,是有必然性的。因为在任何一个新政权建立后,不可能创造出一套形式与内容都是新的法律及法律制度。这不但在新政权刚建立时是如此,就是在新政权建立很久以后也是如此。这里面当然有程度上的差别,但这并不等于说新政权的法律及法律制度中没有一点旧的东西……以上这些情形都充分说明了法律的继

---

* 作者单位不详。

① 李良的“百家争鸣和法律科学”、刘焕文的“在百家争鸣中谈旧法思想”均发表于1956年《华东政法学报》第2期,杨兆龙“法律的阶级性和继承性”发表于1956年《华东政法学报》第3期,以下所引三人意见均见以上各文,不再注。

承和任何法律体系的形成发展以及任何阶级统治的成功，有着永远不可分割的关系。”

从以上这些引文中，可以看出这三位先生都认为新法和旧法有着不可分割的联系。这种论点是不能令人同意的。

大家知道，法和国家一样，是阶级矛盾不可调和的产物，是统治阶级的意志和利益的反映，是统治阶级用以进行阶级斗争、镇压被统治阶级的工具。因此，法本身具有明显的和强烈的阶级性、政治性、思想性和原则性。法是专门为统治阶级利益而服务的工具。而法的本质归根到底是由统治阶级赖以生存的物质生活条件所决定的。因为法是经济基础的上层建筑物，在不同的经济基础之上，就会产生不同的法。正如马克思、恩格斯所指出的：“你们（指资产阶级——作者）的观点根本就是资产阶级生产关系和资产阶级所有制关系的产物，正好像你们的法权不过是被推崇为法律的你们这个阶级底意志，而这一意志底内容是由你们这个阶级底物质生活条件来决定的。”①剥削者类型的国家的法，都是建立在以私有制为基础的经济基础之上的，它们的任务都是为了镇压劳动人民、巩固剥削阶级的罪恶统治的。因此，它们是可以连续继承的。封建制国家可以继承奴隶制国家的法，资本主义国家也可以继承封建制国家的法律；这就是说，剥削者类型国家的法是脉脉相传、有着千丝万缕的联系。道理很简单，它们都需吸收和继承那些镇压劳动人民的法和法律制度。这就说明了为什么国民党反动政府吸收和继承了古今中外一切反人民法律的原则的真正原因。国民党反动政府所颁布的六法全书就是继承了历代的统治阶级的法的衣钵。正如中国共产党中央委员会指出的：“因此，国民党全部法律只能是保护地主与买办官僚资产阶级反动统治的工具，是镇压与束缚广大人民群众的武器。正因为如此，所以蒋介石在元旦救死求和的哀鸣中，还要求保留伪宪法、伪法统，也就是要求保留国民党的六法全书继续有效。”②社会主义类型国家的法是建立在社会主义经济基础或属于社会主义经济基础类型的基础之上的。它的历史任务是镇压已被推翻的反动阶级的反抗，保护人民的权利和自由，保障社会主义建设事业的顺利进行。它体现了广大劳动人民的意志和利益。从这里可以看到，人民的法和旧法有着本质的不同，在它们之间没有丝毫的联系，它们是水火不相容的，我们必须把新法与旧法之间划一道极其严格界限，不容有丝毫的混淆。同时，我们应该在思想上与旧法实行彻底的决裂。正如马克思、恩格斯指出的：“共产主义革命就是同过去遗传下来的所有制关系实行最彻底的决裂；所以，毫不奇怪的，它在自己的发展进程中要同过去遗传下来的

① 《共产党宣言》，外国文书籍出版局 1948 年版，第 53 页。

② 《中国共产党中央委员关于废除国民党的六法全书与确定解放区的司法原则的指示》。

种种观念实行最彻底的决裂。"①因此，我根本就不同意说什么新法与旧法具有千丝万缕的联系。它们之间毫无瓜葛之处，当然，新法不需要、不应该从旧法那里找什么渊源，也不能从旧法学得什么来丰富新法了。所以新法是绝对不应该继承旧法的，哪怕是一点点。

主张"继承祖国法的遗产"理由之二，认为新旧法律有不少用语是相同的，有不少条文大意相同，更有的体系也大体相同，可见新旧法律是有继承性的。李良先生举出毛主席和朱总司令所宣布的约法八章和汉高祖的约法三章说明这种法律形式有继承性。他得出结论说："固然汉高组的约法三章，与毛主席和朱总司令的约法八章，本质上和内客上完全不同，不过用这样的法律形式来取得人民的合作，于人民革命事业是有好处的。根据人民革命这一经验，可见我们并不拒绝接受我国法学遗产中有益的东西，来丰富新法制。"刘焕文先生也说："新旧法律不只有用语相同的地方，也有条文大意相同，甚至有的连编章体系也大致相同的……我们不能想象新法的草拟者、阐释者是从未接触过并吸取过旧法思想的某些成分的。"杨兆龙先生也说："不过这可以很好地说明资产阶级的法律规范中有许多是可以被社会主义国家吸收或继承来为新社会服务的。"

从以上引文中可见，这三位先生认为，只要新旧法律在用语上、个别条文或体系有相同或相似的地方，就是继承。这种论点是不能令人同意的。

研究法律可以有两种根本不同的方法，一种是法律教条主义的研究方法。根据这种方法，研究法律不必去找寻产生某种法律的经济基础——制定某种法律的统治阶级。只要找出两个法律有多少相同的用语，有多少相同或相似的条文，编章体系如何，然后就可以作出结论，说某个法律继承了某个法律的大部分或一部分。这是一种形式主义的研究方法，它忽视了法律的阶级内容。它不是从产生法律的经济基础和阶级基础来说明法律的本质，而是从条文本身的研究中得出结论。这种结论是不符合客观事实的。因为法律的本质是取决于物质生活条件的。正如马克思指出的："法权关系，也如国家形式一样，不可能从它们本身中得到理解，也不可能从所谓人的精神一般发展过程中得到理解；恰恰相反，它们是根源于物质生活关系……"②法律教条主义者的错误就在这里，就是因为他们不注意研究产生法律的物质条件，而是研究法律条文的本身。试问，毛主席和朱总司令所宣布的约法八章和汉高祖的约法三章有什么联系呢，有什么继承性可言呢？

语言本身是没有阶级性的，它可以为任何一个阶级服务。在新法中采用一些

① 《共产党宣言》，外国文书籍出版局 1948 年版，第 57 页。

② 《马克思恩格斯文选》（两卷集 · 第 1 卷），莫斯科 1952 年俄文版，第 340 页。

旧法中采用过的语言，这并不是什么继承问题，在旧法中可以用宪法、民法、诉讼法、判决、裁定、缓刑、假释等用语，在新法中也可以用。如果以为新法中采用了旧法中用过的语言就有继承性，未免太简单了。

新法和旧法中某些条文相似也不能证明继承性问题。尽管在形式上相似，但它们的内容是有本质不同的，因而形式也就不完全是一回事。为了说明这个问题，让我举几个例子来论证一下：中华人民共和国《宪法》第85条规定："中华人民共和国公民在法律上一律平等。"伪宪法第7条规定："中华民国人民，无分男女、宗教、种族、阶级、党派，在法律上一律平等。"法律教条主义者看到这两条以后，一定会得出如下的结论：这两条文基本上相同，因此它们之间有继承性。事实怎么样呢？我国《宪法》真正保证了公民在法律上一律平等，而国民党伪宪法只不过是欺骗人民的工具罢了。它们之间有什么继承呢？当然没有。我国《宪法》第87条规定："中华人民共和国公民有言论、出版、集会、结社、游行、示威的自由。国家供给必需的物质上的便利，以保证公民享受这些自由。"伪宪法第11条规定："人民有言论、讲学、著作及出版之自由。"第14条规定："人民有集会及结社之自由。"事实上呢？在我们国家里，劳动人民有充分的自由；而在旧社会，劳动人民谈不上什么言论、出版等自由的。例如，国民党的《出版法》第21条规定："出版品不得为左列各款言论或宣传之记载。一、意图破坏中国国民党或违反三民主义者。二、意图倾覆国民政府或损害中华民国利益者。三、意图破坏公共秩序者。"从这一条可以看出，如果宣传革命理论，教育人民打垮反动政府时，国民党就不允许出版——这对劳动人民有什么出版自由呢？再如，我国《宪法》第103条规定："保卫祖国是中华人民共和国每一个公民的神圣职责。依照法律服兵役是中华人民共和国公民的光荣义务。"伪宪法第20条规定："人民有依法服兵役之义务。"这两条从形式上看非常相似，但是仔细分析一下，它们之间有着何等的根本不同。我国《宪法》规定公民服兵役目的是保卫胜利果实，镇压反动阶级的反抗。伪宪法规定服兵役是为了巩固反动统治阶级的政治统治，并将公民作为其镇压劳动人民的工具和炮灰。看吧，它们中间的阶级内容是有多么本质的不同。够了，仅仅举出这三条就足以证明条文相似并不能证明新旧法之间有继承性问题。我国《宪法》和伪宪法毫无联系，我国《宪法》继承了苏联及人民民主国家宪法的优良传统，并且继承了革命根据地颁布的宪法原则、宪法大纲等基本精神。

另外一种方法是马克思列宁主义的研究方法，它不仅限于法律条文形式上的类比，而更重视产生法律的经济基础以及法律所反映的阶级意志和利益，看法律为哪个阶级的政治统治服务。这就是说，马克思列宁主义是从本质方面来研究法律，不为条文上、表面上相似所约束。只有这样，才能真正揭露出法律的阶级实质，才能把新法和旧法加以严格地划分清楚。而我们今天在研究任何法律时，就必须严格地以马克思列宁主义的方法来研究。

主张"继承祖国法的遗产"理由之三,认为《洗冤录》中有很多东西很有用,今天我们还用它,而且苏联已经把它译成俄文,所以新旧法有继承性。李良先生在自己的文章中写道:"还有我国法学遗产中的《洗冤录》最近苏联已经把它译成俄文,加以研究,我们有什么理由不认真学习法学遗产,批判地加以接受呢?"孙晓楼先生说:"《洗冤录》在苏联已译成俄文,展开科学研究,我们殊不应该认为毫无科学根据,而予以全部否定。"俞承修先生也说:"例如宋朝时代的著作《洗冤录》,虽然在今天看来有许多地方不尽符合科学原理的地方,但也有一部分可以用法医学来论证它的价值。"①

从以上这些引文中看出,这些先生们以为我们学习《洗冤录》中合乎科学的验尸理论,就是继承旧法遗产。这种说法是不能令人同意的。

不可否认,《洗冤录》中有着一定的有价值的东西。但是,这并不等于说我们继承旧法遗产。在这里,我要特别提出这样一个事实:《洗冤录》是用医学上的原理来鉴定死者的死因及有关的问题,如鉴定生前伤、死后伤、自伤、他伤、钝器伤、锐器伤。我们的法医学实际上是用医学原理来解决司法工作中有关死、伤等问题。因此《洗冤录》并不属于旧法的范畴之内,而是属于医学的范畴之内。那种认为检验尸体的医学名著《洗冤录》就是旧法的一部分的理论是站不住脚的。《洗冤录》即属于技术科学,它本身没有阶级性,既可以为封建主服务,为国民党反动派服务,也可以为我们服务。当然,《洗冤录》中还有不少的不合乎科学原理的东西,需要我们仔细地加以研究。

主张"继承祖国法的遗产"理由之四,认为马克思主义都是人类科学的继承者,为什么不能说我们继承旧法呢?刘焕文先生在自己的文章中写道:"我们知道'马克思主义是人类在十九世纪所造成的那些优秀成果,即德国哲学、英国政治经济学和法国社会主义底当然继承者',我们也知道这几种思想都不是为无产阶级服务的,其中英国正统派经济学更是资本主义社会的理论支柱,但马克思主义并不因为吸收了这些思想就降低了它的阶级性。"

不可否认,马克思主义是继承了几千年以来人类思想所积累起来的全部先进成果。但是,这种继承绝不是简单地继承,而是批判地加以继承;也不是毫无选择地继承,而是继承其有益的东西。抛弃其有害的东西。正如列宁指出的:"马克思底全部天才,正在于他回答了人类先进思想所已提出的种种问题。他的学说是直

---

① 孙晓楼、俞承修的意见,参见《华东政法学报》1956年第3期。以下引孙、俞两先生意见,出处同。

接继承那些伟大的哲学家、政治经济学家和社会主义者底学说而起的。”①

马克思和恩格斯批判了黑格尔的唯心论,采取了他的辩证法;批判了费尔巴哈的形而上学、机械论及社会观点上的唯心论,采取了他的唯物论,创造出辩证唯物主义及历史唯物主义。马克思和恩格斯批判了英国古典政治经济学家亚当·斯密和李加图的错误的部分,吸收了他们的有益的部分,如“劳动是财富和产品价值的基础”这一著名的原理,创造了马克思主义政治经济学。马克思和恩格斯批判了法国空想社会主义者圣西门、傅立叶在历史观点方面的形而上学、唯心论,否认阶级斗争及暴力革命的错误的东西,采取了他们谴责资本主义、否定资本主义人吃人制度等合理部分,创造了科学社会主义。从这里可以看出,马克思主义所继承的是人类思想的先进成果,对人民有益的东西。试问,充满了反人民、反民主、反自由的旧法,特别是国民党的六法全书,有什么先进可言呢?对劳动人民有什么益处可言呢?既然没有先进和益处,那我们何必要继承旧法呢?难道我们一定要把人民所鄙视和仇视的旧法,特别是六法全书让他们来继承吗?不能,绝对不能。如果那样做了,那是对人民的一种罪过。我们的党没有那样做,而是教导我们说:“……司法机关应该经常以蔑视和批判六法全书及国民党其他一切反动的法律、法令的精神,以蔑视和批判欧美日本资本主义国家一切反人民法律、法令的精神,以学习和掌握马列主义——毛泽东思想的国家观、法律观……来教育和改造司法干部……只有这样做,才能彻底粉碎那些学过旧法律而食古不化的人的错误的和有害的思想,使他们丢下旧包袱,放下臭架子,甘当小学生。”②

可见,我们并不需要继承旧法,而是要以蔑视的态度去批判六法全书。有些先生会不同意我的看法,他们会提出问题质问我。孙晓楼先生说:“刘少奇委员长最近于中共第八次全国代表大会的政治报告中说:在我们对于封建主义和资本主义的思想体系进行批判的时候,我们对于旧时代有益于人民的文化遗产,必须谨慎地加以继承……所谓‘文化遗产’……当然也包括法律科学在内。这说明我们党中央的领导,也如何地珍视我们自己的法学遗产。”俞承修先生也说:“应该肯定,法律知识是可以包括在文化知识范畴以内的,中国古代的法学遗产也是可以经过现代的科学整理以后批判接受的。”

我们并不是虚无主义者,把过去的一切都否定。我们只是否定那些对人民有害的东西,对那些对人民有益的东西,我们必须,而且应该接受和继承,如文学中的《红楼梦》、《水浒传》、《西厢记》等,如中国古代唯物论哲学家的思想以及中医方

---

① [苏]列宁著:《论马克思、恩格斯及马克思主义》,外国文书籍出版局1950年版,第64页。

② 《中国共产党中央委员会关于废除国民党的六法全书与确定解放区的司法原则的指示》。

面宝贵知识，等等，问题在于旧法和六法全书对人民有什么益处呢？我否认旧法和六法对人民有益处。因此，不继承旧法是理所当然的。我认为不能对少奇同志的政治报告作任意解释，更不应该牵强附会地说什么法学遗产也包括在文化遗产之内。孙晓楼先生还可能不同意我的看法，他又会问我为什么董必武院长也于"进一步加强国家法制，保障社会主义建设事业"的报告中说"我们的人民民主法制，还吸取了我国历史上和国际上一切对人民有益的经验，特别是苏联的经验"呢？这如何解释呢？我以为，吸收国际经验，是指吸收社会主义类型国家，特别是苏联的关于法制方面的经验，这容易了解，自不待多言。那么吸收我国历史上一切对人民有益的经验作何理解呢？它包括不包括旧法的经验呢？我认为不包括。我们在建立人民民主法制时，不需要吸取过去反人民的法制的经验，因为它是为剥削阶级服务的反动法制。那么我国历史上的经验是指什么来讲的呢？我认为这是指我们在革命根据地时建立人民民主法制的经验。大家知道，人民民主专政政权经历了两个阶段，人民民主法制当然也不能例外。董老所指的我国历史上经验，就是指在中华人民共和国成立以前，我们建立法制的经验。我们就以我国《宪法》的制定来说，它除了吸收了苏联及其他人民民主国家宪法的经验以外，更重要的是继承了革命根据地时各个宪法文件的优良传统。我国《宪法》的很多条文的基本精神是根据《中华苏维埃共和国宪法大纲》、《陕甘宁边区施政纲领》、《陕甘宁边区宪法原则》等伟大的历史文献而制定的。例如，《中华苏维埃共和国宪法大纲》第1条和我国《宪法》第1条、第2条、第4条和第85条，第9条和第103条，第10条和第87条，第11条和第96条，第12条和第94条，第13条和第88条，第15条和第99条的基本精神是一致的，尽管有些不同的地方，这就说明我国宪法继承了这些宪法文件的优良传统。但我国《宪法》和国民党的反动宪法则是毫无瓜葛、毫无联系。我们有革命法制的传统可以继承，不需要也不应该继承反人民、反革命的法制，这难道还不清楚吗？

2. 过去我们批判六法是完全正确的，今后仍然要继续批判六法观点。在法学界的一部分人思想中发生了这样一个问题：过去批判六法是不是有点儿过火了呢？难道六法就没有对人民有益的东西吗？因此，有些人提出来重新估价六法。刘焕文先生就说："对旧法思想应作如何估价，便成了一个具有现实意义的问题。"杨兆龙先生也说"过去七八年中由于客观形势的不同，大家的革命警惕性提得特别高，因此对于法律、法律思想及法律科学的继承性问题没有予以应有的重视；在思想上往往存在着一些简化的、机械的、脱离实际的看法。"

关于旧法的估价问题，中共中央早已作出了结论，这是不必争辩的。中共中央指出："国民党全部法律只能是保护地主与买办官僚资产阶级反动统治的工具，是镇压与束缚广大人民群众的武器。"既然我们对旧法是这样估价，那么我们对旧法思想应该作如何估价，自然会得出一个结论：旧法思想不过是为保护地主与买办官僚资产阶级反动统治而服务的反动的思想武器。对于反动的旧法思想，不仅过去需要我们提高警惕性，免得受其侵袭；就是今后，我们仍然要保持高度的警惕性，以免受其毒害。我们更不认为不继承旧法就是思想上的简化、机械和脱离实际。恰恰相反，我们否定旧法正是说明我们思想的明朗、辩证和符合实际。因此，过去我们大力批判旧法观点是完全正确的。同时我们也深深知道，旧法思想在一部分人的思想中留有深刻的印象。批判旧法观点，还是我们马克思列宁主义法学工作者今后工作中一项重要的任务。

3. 虽然我们反对继承旧法，但我们却要认真地研究旧法和旧法学：我们之所以要认真地考察旧法，因为这些东西是我国历史上各个时期的上层建筑的一部分。我们研究这些东西，就可以了解当时的法律制度、社会制度等各方面的情况。“知己知彼、百战百胜。”我们对六法全书加以仔细地研究以后，我们才能够对它批判得深刻，才能揭露其反动本质。以这样态度来研究旧法，是为了研究其据以产生的经济基础，研究其发生、发展、消亡的过程。主要的目的是将其批驳无遗。这并不是什么继承问题。

有的人可能又提出问题：“你既然不承认新法思想和旧法思想有任何联系，那么新法思想是如何产生的？”这个问题不难回答。新法思想是在旧社会中被统治阶级和统治阶级进行阶级斗争中产生的。新法思想从它产生那天起，就和旧法思想处于敌对的、不可调和的地位。由于被统治阶级在旧社会中没有掌握政权，因而他们的法律思想也不可能上升为法律。只有在新社会里，劳动人民掌握了政权的情况下，新法思想便被上升为法律。这正如马克思主义思想是在资本主义社会的条件下产生的是一个道理。马克思主义从它产生那天起，就和资产阶级思想处于不可调和的地位，在马克思主义和资产阶级思想之间毫无共同之处，而是和旧思想实行最坚决、最彻底的决裂。这样看来，不能因为新法思想是在旧社会产生的，就说它和旧法有继承性，勉强把它们拉在一起是不对的。

简短的结论：新法是反映以工人阶级为首的广大人民群众的意志和利益的，旧法是反映少数剥削阶级，特别是六法是反映地主阶级及买办官僚资产阶级的意志和利益的，二者有着本质的不同。在它们之间无丝毫的内在联系，在它们之间只存在着不可调和的斗争关系，根本就不存在什么继承问题。过去，我们为了使广大人民群众彻底摆脱旧法的影响，为了使广大革命司法干部划清新法与旧法的原则界限，曾进行系统地批判六法思想的工作，是完全正确的。今后，我们仍须继续批判旧法思想，以免其毒害人民。虽然我们反对继承旧法，但并不排斥我们研究旧法。我们要认真地研究旧法，并且把它看做一部分有价值的资料来加以研究，以便掌握其内容，揭露其本质，更彻底、更深入地批判它。因此，我坚决反对“继承祖国法学遗产”的论调。这种论点会导致新法和旧法的界限模糊,会使人看不出马克思列宁主义法律观和反动的旧法观有何原则区别。因此,我认为关于旧法能不能继承问题争论的实质,是马克思列宁主义法律观和资产阶级法律观之间的论争,是历史唯物主义和历史唯心主义之间的论争。而主张继承旧法的论点,实质上是旧法观点在本问题上的具体反映。正如刘焕文先生所说的,讨论这个问题是有现实意义的。

(1957 年第 3 期)

略论法的继承性

郭宇昭*

探讨法的继承性问题，应以历史唯物主义的下列原理为根本出发点：法是一定经济基础的上层建筑，而它对经济基础又有相对的独立性。

马克思主义关于经济基础与上层建筑的理论教导我们，阶级社会的上层建筑具有阶级性，都直接或间接地为该社会的统治阶级服务。斯大林同志曾指出："只要上层建筑拒绝履行它替基础服务的作用，只要上层建筑从积极保卫自己基础的立场走到对自己基础漠不关心的立场，走到对各个阶级同等看待的立场，它就会丧失自己的本质，并终止其为上层建筑。"①

法是上层建筑的重要组成部分，它在表现上层建筑这一特性上更为明显。它的全部规范都无例外地服从于统治阶级的利益。不看到这点，对法的继承性问题就会作出错误的解释。例如，杨兆龙先生在《法律的阶级性和继承性》一文中，把国内法的规范分为：(1)法律规范本身是对某一阶级或某一部分人不利或反人民、非正义或反人道的；(2)法律规范本身是正义的，符合人民要求的；(3)法律规范本身对统治阶级具有反抗性的；(4)法律规范本身不表现出具体的阶级性，如所谓辅佐性的法律规范四类。② 显然，这种分类是与马列主义的根本原理相违背的。尽管杨先生在文章中用很大篇幅来阐述法的阶级性，但在实际上是否定了法的阶级性。而把法的规范作了形式主义与纯客观主义的分类。当然，据此法的继承性问题也不可能得到正确的阐述。

法作为上层建筑而产生以后，它对基础就有相对的独立性。这种独立性不仅表现在它对经济基础的反作用上，而且还表现在发展过程中有它的特殊性。其特殊性就是由经济基础所决定的法的变革并不完全排除法在发展中某些因素的历史联系性。如果忽视了这点，对法的发展也会作出不切实际的结论。例如，在某些同志的文章中根本否认新法与旧法之间有思想上的联系。照这种论点，似乎社会主义的法并不是法的发展的最高形式，而是完全不同于法的某种东西，因而要给法下一个一般的定义，也就成为不可能的了。如果承认社会主义的法是法的发展的最

---

* 作者单位：中国人民大学。

① ［苏］斯大林著：《马克思主义与语言学问题》，中央编译局译，人民出版社 1950 年版，第 3 页。

② 《华东政法学报》1956 年第 3 期。

高形式,又怎能设想它与它的低级形式之间毫无思想上的联系呢?对两种完全不同的现象又怎能下一个共同的概念呢?其实不然。毛主席早在《论人民民主专政》一文中已指出:“革命的专政与反革命的专政,性质是相反的,而前者是从后者学来的。”所以社会主义的法与剥削阶级的法固然是根本对立的,但作为统治工具来讲,又有它共同的方面;从法的发展过程来着,前者是从后者发展来的。此处所谓“发展”并不意味着“和平长入”,而是包含着革命变革的意义。因而社会主义的法与过去的法有历史的必然联系性。

迄今为止,历史上曾经存在过四种类型的法,即奴隶、封建、资本主义与社会主义的法。我们谈法的继承问题,就是指不同类型的法之间有无继承关系。关于前三个类型,由于它们都奠基于私有制的基础上,都是维护这种或那种的剥削制度,其继承关系是显而易见的。因而大家在这方面的意见也是一致的。但对于社会主义类型的法与剥削者类型的法,特别是与资本主义的法有无继承性问题,目前意见颇不一致。有人认为有,有人认为没有。认为有继承性的同志在解释上又是各式各样的。所以本文也仅就这方面提出一些不成熟的意见。

那么,按照马克思主义基础与上层建筑的原理,剥削者的法对社会主义的法究竟有无继承性呢?是否历史上任何法的规范对于我们新法都有继承关系呢?对于前一个问题,我认为是肯定的。而后一个问题却应根据它对社会发展的作用来加以具体分析。

首先,自从阶级产生以后,任何社会都存在进步和反动两种相互对立的社会意识形态。随着社会发展和阶级斗争的复杂变化,社会意识形态的发展也表现着错综复杂和曲折性,从哲学上看,当一个阶级还是进步的阶级的时候,它都自觉或不自觉地倾向于唯物主义。例如,资产阶级革命时期的一些资产阶级思想家:德国的费尔巴哈,俄国的伯林斯基、赫尔岑,车尔尼雪夫斯基等。但随着资本主义发展到帝国主义阶段,资产阶级学者并没有继承和发展这些思想,而是抛弃人类一切进步思想,崇尚于各式各样的神秘主义和唯心主义。相反地,资产阶级启蒙家的那些先进思想却被无产阶级思想家所继承,并克服其缺点部分而向前发展。这个历史事实就说明,无产阶级并不拒绝历史遗产,而是最珍重遗产,认真继承人类所创造的一切进步遗产。但他们与历代反动思想和观点却永远相对立,因为它始终只能是阻碍社会进步。

法与一般社会文化相比,自然有它的特殊性。但我们加以仔细观察时,却也不能不发现它们之间的类似情况。在资产阶级革命时期,资产阶级思想家也曾提出一些进步的法的思想。例如,孟德斯鸠、卢梭和美国独立战争时期的杰斐逊、托马斯・潘恩等人,都曾无情地揭露和批判了“神权论”和封建专制制度,根据“自然法理论”的观点提出自由平等的原则和人民主权的思想。在实际活动中也规定了若干进步的法的规范,如关于民主自由权利的一些规定,解除土地封建所有制的规定,法制原则、议会制度、普选制度、辩护制度和公开审理制度等,这些思想和制度在历史上都曾起过积极与进步的作用。自然,这些思想和制度即使在资本主义上升时期也不可能在广大人民群众中行使,而只是在资产阶级及其同盟者内部行使,或者仅是未曾实现的一纸空文。但我们仍不能抹杀它们在历史上的进步意义。

资产阶级掌握政权以后,很快便由革命的阶级变为反动和没落的阶级了。这时无产阶级已经觉醒,资产阶级为自己规定着的权利和作为欺骗群众的手段的法律规范,可能被用来作为和资产阶级斗争的武器的时候,资产阶级不是公开抛弃那种民主自由的虚伪面目——像法西斯主义所做的那样,就是用各种补充规定、反动立法、加强行政权等措施,从而在实际上取消了过去具有进步意义的法的规范,公开破坏了法制。例如,美国的塔夫特·哈特莱法案、"忠诚"调查法案、麦克伦法案等。资产阶级反动的法学家也以各种歪曲和造谣来为资产阶级抛弃民主找根据,他们不仅向社会主义的法的思想进行无耻的攻击,而且对资产阶级革命时期所提出的某些进步法的思想也进行了猛烈的攻击。现代资产阶级法律仅成为维护极少数垄断资本家利益的工具,中小资产阶级也几乎处于无权和权利没有保障的地位。他们力图阻挠社会的进步。自然,社会主义的法与这种反动的法是根本对立的,毫无继承可谈。

但对历史上一切进步的法的思想和规范却应给予历史的评价,并将其中于人民有益的部分加以改造和利用,不应由于它们是资产阶级提出的而一概摒弃。当然,这并不是说像砖头瓦块一样搬过来就可为社会主义服务,而必须批判和否定它的阶级内容和虚伪性,注入新的阶级内容而使之更加完善,因而它在社会中的作用与过去也就根本不同了。这种改造和利用也就是继承。关于有哪些法的规范和思想可以继承?以及从中继承些什么?则需要进行专门的研究,此处仅就总的方面提出意见。

这里,遇到一个具体问题,即国民党的六法应作如何估价,它对新法是否也有继承关系?为什么提出这个问题呢?因为差不多所有主张法律有继承性的同志都认为国民党的六法对新法同样有继承关系,并列举了许多规范证明新法已经"继承"了六法的某些条款。我认为这种看法是值得商榷的。

国民党统治时期是中国历史上的反动年代,而同时又是共产党领导广大人民进行革命的年代。在这个时期中,进步势力与反动势力进行着残酷的斗争。表现在法的思想和规范上,两者诚然有着"密切"的联系,但不是继承的联系,而是相互对抗的联系。

我们不能把蒋介石的政府与西欧诸资本主义国家相比。在西欧各资本主义国家,都有从民主走向反动的过程,而旧中国则不然。虽然孙中山先生曾劳碌一生奔走革命,但中国资产阶级革命并未成功。帝国主义不允许出现一个民族独立的中国,蒋介石是在帝国主义支持下背叛了革命而实现其反动统治的。他对社会进步、历史发展没有作出任何有益的贡献。在蒋介石统治的二十多年当中,中国始终是处在半殖民地半封建的社会状况下,在这个基础之上的法——六法全书,也是外国帝国主义的法与中国封建主义法的混合物,它是集中外古今反动之大成的法律。例如,"六法全书"中的刑法,一方面继承了中国封建刑律;另一方面又抄袭了帝国主义国家特别是德国和日本的刑法。在民法中也是如此,其"总则"、"债权"、"物权"主要是采用了帝国主义国家的法律,而在"亲属","继承"两篇则保留了极为浓厚的封建色彩,如对妇女离婚、再婚的限制、维持宗祧继承,此外还有许多反动的判例和解释例。所有这些都服务于一个目的:维护帝国主义、封建主义和官僚资产阶级对中国劳动人民的统治。因此,当中国革命推翻了国民党统治以后,就无保留地废除了国民党的全部法律。

与国民党统治同时,共产党在广大农村中建立了革命根据地,并创制了许多法的规范。其中包括宪法性文件和很多法律、法令。例如,中华苏维埃共和国宪法大纲、陕甘宁边区宪法原则、中华苏维埃共和国婚姻法、土地法、劳动法、陕甘宁边区保障人权财权条例、晋察冀边区选举条例以及各级政权组织原则。过去的法律规范虽不够完整,带有地方性,但体现了工人阶级及广大人民的意志,得到彻底的执行,并成为革命在全国胜利后创制新法的基础。

但为什么会有"新旧法律不只有用语相同的地方,也有条文大意相同,甚至有的连编章体系也大致相同的"呢?① 是否就是新法模仿伪六法呢? 我认为,不仅新旧法本质上根本不同,就是新法所采取的某些形式,也未必是国民党的。国民党六法不过是"东拼西凑、点缀文饰"的东西,②即使抄袭了一些资本主义国家民主自由的个别规范,也从未见实行过。中国广大人民始终处在一种所谓"训政"时期,1946年蒋政权虽然装模作样,制定一个伪宪法,也不过是用以欺骗人民,以图苟延残喘而已!

因之,我们在肯定法的继承性同时,却不可错误地认为任何旧法对新法都有继承关系,而应视其在社会发展中的作用,具体加以分析。

其次,当我们考察法的产生、发展和经济基础的关系时,还不能不充分估计到法与其他社会意识形态的相互关系,如政治、哲学、道德、科学等。它们在发展过程中,互相起着重大的作用。为了正确地了解法的发展的复杂过程,就不能不全面考虑这种作用,而不能简单化地从经济,或直接从生产过程中来推断。例

① 《华东政法学报》1956年第2期。

② 《法学》1957年第1期。

如,马克思主义学说,一方面是在经济发展实践已提出要求的情况下产生的;而另一方面,当时自然科学的成就对马克思主义的产生也起着巨大的作用。马克思主义产生以后,就又给其他科学部门以重大影响。如果我们不否认历史上存在过"积极的"、"进步的"思想材料,不否认各种社会意识形态与法相互作用这一事实,那么这些具有进步意义的思想也便不能不反映在法的规范与法的思想中。

随着经济基础的变革,上层建筑也必然随着变革,而首先是政治与法的变革。因为法直接地体现统治阶级的意志。但即使这样,马克思主义在肯定社会科学继承性问题上却也从未把法排斥在外。列宁曾经指出:"……只有确切通晓人类全部发展过程所造成的文化,只有改造这种已往的文化,才能建设无产阶级的文化……"①康士坦丁诺夫主编的《历史唯物主义》一书也写道:"每一个新的法权、道德、哲学和政治思想的联系,每一种新的宗教、艺术观点和艺术都不是凭空产生,都不是'无中生有'的,它们和先前的思想材料结合起来,吸收、改造并克服它,从它们作为斗争武器为之服务的那些社会力量和社会阶级的利益出发,来利用这些积累来的思想材料。"②

显而易见,马克思主义在谈到吸取历史文化和思想材料时,并没把法看做某种例外,因为法不是孤立自在的社会现象,而是与其他上层建筑互相作用和互相影响的。

张景华同志在《也谈法的继承性》一文中,之所以一方面承认"任何科学知识的发展大都是在批判地吸收了旧的历史时期的成果加以提高而来",③而另一方面又否认法有继承性,显然是忽视了法与其他科学的相互作用。自然,法与其他科学不同,法直接表现了统治阶级的意志。但对于这点,我们亦应历史地来看。当一个新的统治阶级主要斗争锋芒还针对旧的已被推翻的统治阶级的时候,不能不表现出一定的进步性,而它在没落时期就变得不同了。

由此可见,法不仅直接受经济基础决定,而且还受其他社会意识形态的影响。因之,历代社会意识形态中某些进步的思想内容也反映在法的规范和法的思想中,从而可为社会主义的法所批判地吸收和继承。

最后,在旧法中吸取某些条款,加以改造和利用,还由于旧社会的某些经济成分在新社会中通常还存在一个相当时期。列宁曾指出:"无论在自然界中,无论在社会中'纯粹的'现象是没有的,而且也是不可能有的——马克思主义的辩证法就

① [苏]列宁著:《青年团的任务》,外国文书籍出版局 1950 年版,第 7 页。

② [苏]康士坦丁诺夫主编:《历史唯物主义》,刘丕坤等译,人民出版社 1955 年版,第 134 页。

③ 1957 年 2 月 26 日《光明日报》。

是这样教导我们的。它指出，纯粹之概念的本身就表示人们认识的某些狭隘性、片面性，因为人们认识不能洞察事物的全部复杂性。世界上没有，而且也不可能有'纯粹的'资本主义，而总是有封建主义，或者小市民意识，或者还有某种其他东西掺杂其间。"①社会主义国家也同样，一开始社会主义经济并不是唯一的经济成分，旧社会的某些经济成分和与之相联系的某些社会关系在相当长的时间内仍然残存着。关于这点，从苏联、各人民民主国家以及我国的情况都可以得到充分的证实。因此。在调整这一部分关系时，也还可以适当地参考过去的法的规范。当然，如前面所述，并不是直接搬运，而必须是根据社会主义建设的需要，经过改造、修正和补充，使之为新社会服务。例如，个别人民民主国家对某些旧法进行修改、补充和赋予新的阶级内容后，使之在社会中继续生效，是与该国经济现状有联系的，这种情况随着经济变化也会逐渐有所变化。

综上所述，一方面，我们不应该唯心主义和形而上学地来论证法的继承性，似乎全部旧法，包括国民党六法在内，对新法都有继承关系，或者仅从形式上来证实其继承性；另一方面，我们也应该充分估计法的历史联系性与继承性，而不要简单地从经济、从阶级上来推断一切，应依据历史唯物主义观点实事求是地来研究这个问题。为了迅速完备社会主义的法制，主要是要根据我国社会主义建设的任务，总结我们的革命斗争，包括法律斗争的经验，学习苏联和人民民主国家的先进经验，但对旧法和旧法学加以整理研究，从而批判地吸取一些东西，也是一个有益的补充途径。

（1957 年第 3 期）

① [苏]列宁著：《第二国际的破产》，外国文书籍出版局 1954 年版，第 36 页。

略论韩非的法治主义

缪 杰*

一、君主集权

韩非生于战国后期,作为他的法律学说的法治主义的理论,正是站在新兴地主阶级的立场所提出的政治主张,反映了当时的社会实际,并转而影响了秦始皇统一六国以后的社会实际。

在奴隶主和封建领主统治的时代,实质上君主不是大权独揽的,他只不过是奴隶主或封建领主中间最大的一个。君权的扩大是新兴的地主阶级起来以后,为了自己的阶级利益,要求削弱领主贵族的特权而产生的结果。君主集权便是韩非法治主义的中心内容。

韩非主张君主不仅是名义上的元首,而且必须在实质上操持统治权力,决定国家政策。统治权力是统一地集中在君主的手上,由他一个人来掌握,绝不容许为别人或臣下所分享。他说:"明君操权而上重,一政而国治。"①"有国之君,不大其都……有道之君,不贵其臣。"②各级大小封建领主贵族都不能再行使割据式的政权。全国从中央到地方建立一个整套的政治机构,君主就利用他遍布在各地而听命于他的官吏来控制整个国家。这就是"事在四方,要在中央。圣人执要,四方来效"③的体现。韩非眼光中的君主集权的国家必然是一个君主具有最高权威的中央集权的单一国家。

君主即具有最高的权威,他的意志就得是国家唯一的意志,他的号令就得是全国臣民唯一的是非标准。臣下对于君主的意志和号令必须绝对服从,不能有所依违。韩非曾明白地这样主张先王之法,曰:"臣毋或作威,毋或作利,从王之指;毋或作恶,从王之路。古者世治之民,奉公法,废私术,专意一行,具以待任。"④这就是墨子"尚同"的主张,所谓"上之所是,必皆是之;上之所非,必皆非之"⑤的意思。所以按照韩非的看法,一个理想的君主集权的国家,应该是君主"独制四海之内,

---

* 作者单位不详。

① 《韩非子·心度》。

② 《韩非子·扬榷》。

③ 同上。

④ 《韩非子·有度》。

⑤ 《墨子·尚同上》。

聪智不得用其诈,险躁不得关其佞,奸邪无所依。远在千里外,不敢易其辞;势在郎中,不敢蔽善饰非。朝廷群下直奏单微,不敢相逾越”①。

但必须指出,集权并不等于集事。韩非的所谓君主集权绝不是说君主忙忙碌碌地包办一切,把政务收集到自己一个人身上来;恰好相反,君主用不着亲自处理事务,所有的事情都由臣下担当进行;君主只要抓住最后用人、决定和赏罚之权,就可以全面控制了。这里韩非说得很清楚:“群臣守职,百官有常,因能而使之,是谓习常,故曰:‘寂乎其无位而处,谬乎莫得其所。明君无为于上,群臣竦惧乎下’。明君之道,使智者尽其虑,而君因以断事,故君不穷于智;贤者效其材,君因而任之,故君不穷于能;有功则君有其贤,有过则臣任其罪,故君不穷于名。”②可见集权虽然不是集事,却要发挥最高的领导监督的权能;无为固然就是无事,却非不负政治责任,而要使人尽其智虑,使人效其才能。

谢无量先生认为韩非所主张的人君无为,和管子、申不害、慎到相同,就是现代资本主义国家的内阁制度,也就是元首不负责任的制度。据谢先生的解释,这是由于法家为了尊重法律的至高权,不能伸张君权的缘故,并援引《慎子·民杂》中的“君臣之道,臣有事而君无事”,作为证明。③ 陈安仁先生也基于同样的理由,说韩非主张“人君当无为任法,而不应负责任”,并把这样的人君不负责任比成英国的虚君制度。④ 我觉得两位先生都误解了韩非的君主集权的主张,这一误解就是没有把集权和集事两个概念辨别清楚。

韩非君主集权的这一中心主张,固然是为新兴的封建地主的阶级利益服务,想利用统一的君主集权的政权力量来加强对于农民的压迫和榨取;但要求解除封建领主贵族种种世袭的、分裂的、割据的特权制度的束缚,却是符合历史发展的趋向的。所以这一主张在秦始皇统一六国以后,在政治上就获得实现。秦时所建立的一套完整的郡县制度和官吏制度,就是它的具体表现。吕振羽先生认为韩非这种君主集权的理论,在我国此后的政治体制上,曾尽了一个长时间的指导作用。⑤ 我也同意这个看法。

二、法治的实现

韩非对于当时社会的阶级关系曾有深到的认识,他明确地指出如下的事实:一

① 《韩非子·有度》。

② 《韩非子·主道》。

③ 谢无量编:《中国哲学史》(第1编),中华书局1940年版,第81页,并参见第74页。

④ 陈安仁编著:《中国政治思想史大纲》,商务印书馆1933年版,第127~128页、第124页。

⑤ 吕振羽著 :《中国政治思想史》(第1分册),东北书店辽东总分店1949年版,第237页。

方面是“君上之于民也，有难则用其死，安平则尽其力”。① “尽其地力，以多其积；致其民死，以坚其城守”。② 这就是说，成为统治者的新兴的地主阶级所要求于农民的，平时是农民的劳力，战时是农民的生命。另一方面是“民之性，恶劳而乐佚，佚则荒，荒则不治，不治则乱”。③ “上急耕田垦草……而以上为酷……征赋钱粟……而以上为贪。境内必知介而无私解，并力疾斗……而以上为暴”。④ 这就是说，被统治的农民绝不是毫无反抗地让统治阶级任意宰割的。因此，他很清楚地理解到，在这利害冲突的矛盾之下，被压迫阶级必然不会心甘情愿来服从统治阶级的意志和利益。用他的话说，要想依靠人民自觉地为善，是不可能的事；即使有这样的人，也是极个别、极少数的。但是他认为却有办法来利用人民的不敢为非，做到使全国的人民都循规蹈矩。这个办法就是法。

早先在封建领主统治时期，领主贵族不仅世袭地占有土地，而且不完全地占有农民的人身。各级领主都有他的一套以血统为纽带的宗法制度和宗族武装，作为统治农民的工具。到了封建地主统治时期，新兴的地主阶级不是因分封世袭而取得土地的，一般都不直接掌握统治地方的权力。所以韩非主张地主政权的国家为了保护地主阶级的利益，必须求助于法。他说：“圣人之治国，不恃人之为吾善也，而用其不得为非也。恃人之为吾善也，境内不什数；用人不得为非，一国可使齐。为治者用众而舍寡，故不务德而务法。”⑤

法的执行和遵守是强迫的，不执行也得执行，不遵守也得遵守，因此必须依靠国家的暴力或强制力。这一点他也看得很明白，曾一再强调地说：“上古竞于道德，中世逐于智谋，当今争于气力。”⑥“力多则人朝，力寡则朝于人，故明君务力。”⑦这个力是从事兼并的力，也是镇压人民的力，所以不仅指国家对外作战的军事力量，也指国家平时强迫人民服从的一切公共权威：因而也就是国家的暴力或强制力。

韩非为了强调他的理论，还替国家的暴力或强制力的效果找出客观的根据。他反复地论证人民只能服从于权力威势，而不会感化于仁义德爱。他说：“民者，固服于势，寡能怀于义。仲尼，天下圣人也，修行明道以游海内，海内说其仁，美其义，而为服役者七十人。盖贵仁者寡，能义者难也。故以天下之大，而为服役者七

---

① 《韩非子·六反》。
② 《韩非子·五蠹》。
③ 《韩非子·心度》。
④ 《韩非子·显学》。
⑤ 同上。
⑥ 《韩非子·五蠹》。
⑦ 《韩非子·显学》。

十人,而仁义者一人。鲁哀公,下主也,南面君国,境内之民,莫敢不臣。民者固服于势,势诚易以服人。”①“严家无悍虏,而慈母有败子,吾以此知威势之可以禁暴,而德厚之不足以止乱。”②他从而得出结论说:“明主知之,故不养恩爱之心,而增威严之势。”③韩非的这一番议论,说明了新兴的地主阶级为了追求自己的利益,不能不用严峻的、残酷的政治力量来强迫农民为他们进行劳动。

他基于上述论据就进而说明法是治理国家人民的唯一有效的工具:“巧匠目意中绳,然必先以规矩为度;上智捷举中事,必以先王之法为比。故绳直而枉木斲,准夷而高科削,权衡县而重益轻,斗石设而多益寡。故以法治国,举措而已矣。”④“圣人之治也,审于法禁,法禁明著则官治;必于赏罚,赏罚不阿则民用。”⑤他明确地概括出如下的断语:“治民无常,唯法为治。”⑥“国无常强,无常弱。奉法者强,则国强;奉法者弱,则国弱。”⑦

法治的实现不是简单地依靠颁布法律所能达成的,而必须使法律规范贯彻到人们实际的关系上去、生活上去、行动上去,保证它为一切的人们所严格、坚决而确切地执行和遵守。以君主集权为中心的法治要求法律一经制定施行,全国君臣上下就必须绝对遵守,任何人不能以一己私意来破坏变更。这就是所谓“君臣上下贵贱皆从法”的意思。以前的法家虽然都已经讨论到这一点,可是韩非的议论更为透辟,要求也更为彻底。他认为极端严格地遵守法律,把法律规范作为生活行为的唯一准则是保证封建地主阶级统治下“国治民安”的必要条件。他说:“明主之国,无书简之文,以法为教;无先生之语,以吏为师;……是以境内之民,其言谈者必执于法……”⑧“明主之国,令者言最贵者也;法者事最适者也。言无二贵,法不两适,故言行而不轨于法令者,必禁。”⑨韩非为了实行法治,把法律以外的文学、艺术和道德、教育等统统否定了,显然是过分片面的。

当执行法令的时候,要贯彻和示信于人民,还必须反对身份等级的制度,不问对象,不分贵贱,在表面上做到人人在法律前面平等。因此他主张“法不阿贵,绳不挠曲,法之所加,智者弗能辞,勇者弗敢争。刑过不避大臣,赏善不遗匹夫”。⑩

---

① 《韩非子·五蠹》。
② 《韩非子·显学》。
③ 《韩非子·六反》。
④ 《韩非子·有度》。
⑤ 《韩非子·六反》。
⑥ 《韩非子·心度》。
⑦ 《韩非子·有度》。
⑧ 《韩非子·五蠹》。
⑨ 《韩非子·问辩》。
⑩ 《韩非子·有度》。

这样一来,贵族、大臣和官僚就不能公然凭着身份,享受法律上的特权,无功可以受赏,有罪可以免刑;一般农民在生产和战争当中某些应该享受到的利益和待遇,也多少可以获得法律上的保障,不致全无着落。这和儒家主张的尊荣总是归于贵族,刑罚不外加于人民,所谓“礼不下庶人,刑不上大夫”的说法比较起来是跨进了一大步。

韩非是主张君主集权的,君主既掌握国家最高的统治权力,当然再没有什么权力凌驾于君主之上,可以裁制君主的行动;照说君主本人可以不要遵守法律了。但实际上韩非并不主张君主可以离开法律任意行事。他认为法治的实现,必须君主首先重视法律。“明主使法择人,不自举也;使法量功,不自度也。”[①]“诚有功,则虽疏贱必赏;诚有过,则虽近爱必诛。”[②]如果君主不严格遵守法律、执行法律,臣下也就不会认真按照法律行事,甚至造成上下乖乱的现象。“‘道私者乱,道法者治。’上无其道,则智者有私词,贤者有私意,上有私惠,下有私欲。”[③]郭沫若先生认为韩非是一位极端的势治派,君主可以无限制地使用权势,因而说:“他正是极力主张专制行为而为法治之反面”。[④] 萧公权先生认为韩非为了防止“权借在下”的危险,反对“治国是非不以术断,而决于宠人”[⑤],就说他是主张“惟有行绝对之专制,大权独揽,予夺由躬”。[⑥] 我觉得两位先生首先是忽略了韩非抱法处势和用术行法的根本精神,其次可能是以为韩非法治理论中没有提出对君主的制裁。关于前者,我们必须理解韩非的法、术、势三者是统一不可分的,这留在下文里来说明。关于后者,我认为这里问题不在于对作为最高权力者的君主,有没有提出法律上的制裁,因为既曰最高权力者,理论上就不可能对它再有制裁;而是在于对作为最高权力者的君主,有没有提出必须遵守法律的要求。既然有着一定的法,而君主本身也必须守法不移,他也就不可能任意妄为了。

君主不但自己要严格地遵守和执行法律,还要督责臣下不敢违背法律,歪曲法律。“明主之国,官不敢枉法,吏不敢为私,货赂不行者,是境内之事,尽如衡石也。”[⑦]“明主使其群臣不游意于法之外,不为惠于法之内,动无非法。”[⑧]这就是说,在实行法治当中,君主要起主导的作用,既要以身作则,又要推动别人。

---

① 《韩非子·有度》。
② 《韩非子·主道》。
③ 《韩非子·诡使》。
④ 郭沫若著:《十批判书》,人民出版社1956年版,第362页。
⑤ 《韩非子·八说》。
⑥ 萧公权著:《中国政治思想史》(第1册),上海国立编译馆1946年版,第186页。
⑦ 《韩非子·八说》。
⑧ 《韩非子·有度》。

三、法治的确保

法是什么呢？韩非说："法者，宪令著于官府，赏罚必于民心，赏存乎慎法，而罚加乎奸令者也：此人臣之所师也。"①可知他的所谓法是成文的法律：由君主制定，颁布于国家机关，施行于全国人民的。这和管子"生法者，君也；守法者，臣也；法于法者，民也"的意思是一致的。法律一经颁布就要发生效力——"人臣之所师"，所以在立法的时候，就必须在原则上和技术上有周密的考虑。立法的原则是什么呢？他说："圣人之治民，度于本，不从其欲……"②本就是封建地主政权的巩固和封建地主阶级的利益；欲就是广大人民的愿望和要求。这就是说，法律必须能巩固封建地主的政权制度和保护封建地主的阶级利益，并压抑人民的要求和反抗。他又说："法所以制事，事所以名功也。法立而有难，权其难而事成，则立之。事成而有害，权其害而功多，则为之。无难之法，无害之功，天下无有也。"③这就是说，法律的制定、存续、修订和废除，必须从其客观的效果来考虑，而不是仅凭主观的意图来决定的；但完全有利无弊、有功无害的法律，事实上是没有的，只要利大弊小、功多害少，就可说合乎要求了。立法的技术是什么呢？他说："察士然后能知之，不可以为令，夫民不尽察。贤者然后能行之，不可以为法，夫民不尽贤。"④这就是说，法律的规定要以人人能懂得、人人能做到为标准。这和管子的主张"知者知之，愚者不知，不可以教民；巧者能之，拙者不能，不可以教民"，也是相同的。同时，为了避免意义含混，解释分歧，法律条文还必须具体明确、详尽精审："书约而弟子辩，法省而民萌讼。是以圣人之书必著论，明主之法必详事。"⑤

韩非生当二千多年以前，就已经看到经济对于历史的影响，说古代由于生活的资料丰富有余，所以人民不争；当今由于生活的资料贫乏不足，所以人民要争。他更进一步看出历史环境既然不同，法律也就应该随之改变，说人民不争，只要薄罚就行；人民要争，就非严诛不可。虽然其所说的具体内容不是真实的，但是他用经济说明历史，用历史说明法律的根本观点和方法却是正确的。

他认识到历史是演变的，社会是发展的，人事是随着时代而转移的一点，指出适合于上古的事物制度，就未必适合于当今。他说："处多事之时，用寡事之器，非

---

① 《韩非子·定法》。
② 《韩非子·心度》。
③ 《韩非子·八说》。
④ 同上。
⑤ 同上。

智者之备也。当大争之世，而循揖让之轨，非圣人之治也。”①从而他主张“古今异俗，新故异备”。② 所以韩非认为法必须随着时代而变更，才能适合于社会的需要。“欲治其法，而难变其故者，民乱不可几而治也。故治民无常，唯法为治。法与时转则治，治与世宜则有功……时移而法不易者乱，世变而禁不变者削。故圣人之治民也，法与时移，而禁与世变。”③

为着确保法治的实现，除了立法上的考虑以外，还需要有制裁的武器来保证。在这方面，韩非主张：“善为主者，明赏设利以劝之，使民以功赏，而不以仁义赐；严刑重罚以禁之，使民以罪诛，而不以爱惠免。”④“赏莫如厚而信，使民利之；罚莫如重而必，使民畏之……故主施赏不迁，行诛无赦。誉辅其赏，毁随其罚，则贤不肖俱尽其力矣。”⑤这里我们可以看出韩非已经懂得不能只用刑罚为唯一的裁制武器，必须有其他的社会手段，如赏利、毁誉来配合辅助才行。

韩非虽然把厚赏重罚看成相对的东西，但实际上是以重罚为主，而以厚赏为从。他曾说过：“刑胜而民静，赏繁而奸生。故治民者，刑胜，治之首也；赏繁，乱之本也。”⑥可见照他的看法，刑是主要的，所以可以胜；赏是从属的，所以不可以繁。因此我们不得不把他重刑的理论分析一下：

他之所以主张重刑，是因为他认为重刑才能治国。“严刑重罚者……国之所以治也……轻刑罚者……国之所以危也。”⑦重刑为什么会有治国的功能呢？这由于重刑足以使人民恐惧畏怖。“严刑者，民之所畏也；重罚者，民之所恶也。”⑧人民既然对于重刑发生恐惧畏怖，就不敢轻易犯罪，这样犯罪就可以消弭于未萌。因此国家为了确保法治的实现，以巩固政权制度及奠定法律秩序，就必须“陈其所畏以禁其邪，设其所恶以防其奸”⑨，而采用重刑。当时也许有人反对他的这种主张，认为轻刑就可以防止犯罪，不必一定要用重刑。韩非的回答是，如果轻刑可以防止犯罪，重刑当然也能防止；但如果只有重刑才可以防止的犯罪，就不是轻刑所能防止的了。他说：“夫以重止者，未必以轻止也；以轻止者必以重止矣。是以上设重刑者而奸尽止，奸尽止，则此奚伤于民也。”⑩由此可知，韩非是采取重刑威吓主义的。

---

① 《韩非子·八说》。
② 《韩非子·五蠹》。
③ 《韩非子·心度》。
④ 《韩非子·奸劫弑臣》。
⑤ 《韩非子·五蠹》。
⑥ 《韩非子·心度》。
⑦ 《韩非子·奸劫弑臣》。
⑧ 同上。
⑨ 同上。
⑩ 《韩非子·六反》。

他明确地指出重刑威吓所起的作用："重刑者，非为罪人也……重一奸之罪，而止境内之邪，此所以为治也。重罚者盗贼也，而悼惧者良民也，欲治者奚疑于重刑？"①"夫奸，必知则备，必诛则止；不知则肆，不诛则行……故明主之治国也，众其守而重其罪，使民以法禁，而不以廉止。"②不难看出，韩非重刑的理论还是企图达到以刑止刑、刑期无刑的目的；但是仍然停留在只知道对未犯罪的人运用一般预防的阶段，而不知道对已犯罪的人运用特殊预防；尤其丝毫不懂得对于犯罪人个人情况及罪行的危害性进行考虑，给予适当的评价，使判处的刑罚和犯罪两相适应。

韩非的这种重刑理论为秦始皇和李斯所接受，制为秦律。后来萧何依据秦律增编为《九章之律》，秦律就为汉律所继承。③ 还有张汤拟定《越宫律》二十七篇，赵禹拟定《朝律》六篇都"务在刻深"，④也多半是韩非重刑理论的体现。九章之律、越宫律、朝律，这些都构成汉律的内容，而汉律又通过后魏律支配了唐朝以后各代的律。可见韩非的重刑理论在实践上影响的深远。

韩非这样尚法重刑，是否正如司马迁所批评的，由于他"惨激少恩"呢？我看他主观上还是以救世者自命的。他说："法之为道，前苦而长利；仁之为道，偷乐而后穷。圣人权其轻重，出其大利，故用法之相忍、而弃仁之相怜也。"⑤"圣人者，审于是非之实，察于治乱之情也。故其治国也，正明法，陈严刑，将以救群生之乱，去天下之祸，使强不凌弱，众不暴寡，耆老得遂，幼孤得长，边境不侵、君臣相亲，父子相保，而无死亡系虏之患，此亦功之至厚者也。"⑥韩非的法治主义在客观上虽然有利于当时被奴役的一般隶属性的农民从封建领主贵族的束缚下取得解放，但农民一面刚从领主的绳索中挣脱出来，却一面又被套进地主的绞架。农民如果服帖地出力卖命从事耕战，让地主进行压迫榨取，可能被当做牛马一样来养肥，但牛马养肥了也还是为了有益于主人的驾驶。因此韩非所谓利民救乱的尚法重刑，仍然是纯粹为地主阶级的利益服务，所施于人民的暴力统治。

四、法、术、势三者的不可分性

早期法家中本有三派：主势的一派，以商鞅为代表；主术的一派，以申不害为代

① 《韩非子·六反》。

② 同上。

③ 吕振羽著：《简明中国通史》（上册），光华书店1949年版，第162~163页。

④ 《汉书·张汤传》。

⑤ 《韩非子·六反》。

⑥ 《韩非子·奸劫弑臣》。

表；主势的一派，以慎到为代表。韩非综合这三派的学说，加以发展，从而创立了自己的更成熟的学说。法、术、势三者的统一不可分，是韩非法律学说的特色，也是韩非法律学说的精华。三者之中，法是中心；在这一点上，我同意吕振羽、杨鸿烈两先生的看法。[①]

法和术的关系是怎样的呢？没有法，固然要引起混乱，但有了法，不能贯彻执行，也还是达不到法治的目的。君主仅止一人，而且只集权不集事，所以法的执行，绝大部分必须依靠臣下。可是臣下往往不认真执行法律，而君主高高在上也很容易被臣下蒙蔽欺骗。韩非看清了这一点，认为有了法还要有术，二者缺一不可。他说"君无术则弊于上，臣无法则乱于下，此不可一无，皆帝王之具也。"[②]术是什么呢？他说："术者，因任而授官，循名而责实，操杀生之柄，课群臣之能者也：此人主之所执也。"[③]可知，韩非的所谓术就是君主用来督责臣下严格地依照法律处理事务的方法。尤其遇到法律没有明文规定的场合，需要臣下体会法律的基本精神去解决问题时，君主督责臣下的方法更是少不得。"若其无法令，而可以接诈、应变、生利、揣事者，上必采其言而责其实。"[④]也许有人要问：君主既然握着最高的统治权力，对于臣下的督责为什么还要求用术呢？这是因为君主个人的精力时间很有限，而臣下又常会逢迎作伪的缘故。他说："为人主而身察百官，则日不足，力不给。且上用目，则下饰观；上用耳，则下饰声；上用虑，则下繁辞。"[⑤]就是这个意思。

君主应该怎样运用这督责臣下方法的呢？韩非说："道者，万物之始，是非之纪也。是以明君守始，以知万物之源；治纪，以知善败之端。故虚静以待之，令名自命也，令事自定也。虚则知实之情，静则知动者正。"[⑥]这里的"道"是指国家的根本原理和法律的最高准则而言。这就是说，君主在用术之前，必须首先精通熟练这样的道；并要以冷静清醒的头脑来观察臣下的言行。至于术的具体运用，按照韩非的定义，主要有三方面：(1)因任而授官；(2)循名而责实；(3)操杀生之柄。

所谓因任而授官，就是在用人的问题上必须按照才能而授予官职。怎样判别才能呢？韩非指出，才能的高下，要以交际的功用为标准，而功用又必须从言行中去考察。他举了一个生动的此喻："人皆寐，则盲者不知：皆嘿，则暗者不知。觉而

---

① 吕振羽著：《中国政治思想史》（第1分册），东北书店辽东总分店1949年版，第234页。杨鸿烈著：《中国法律思想史》（上册），商务印书馆1937年版，第135页。

② 《韩非子·定法》。

③ 同上。

④ 《韩非子·问辩》。

⑤ 《韩非子·有度》。

⑥ 《韩非子·主道》。

使之视,问而使之对,则盲暗者穷矣。”[①]所以他以为,英明的君主在判别才能的时候,必须追究言行的功用——“听其言必责其用,观其行必求其功”。[②] 如果君主随随便便地“以誉进能,则臣离上,而下比周;以党举官,则民务交,而不求用于法”,[③]这就会败坏法治,造成如下的结果:“官之失能者,其国乱。以誉为赏,以毁为罚也,则好赏恶罚之人,释公法,行私术,比周以相为也。”[④]

所谓循名而责实,又叫做形名参同。名是指言论或职位而说的,实或形是指行动、事功或成绩而说的。这就是现代行政管理上的检查考核,目的在于按照法律的要求,务求群臣在职守上、工作上名当其实,实当其名。韩非对于这种检查考核的实施要领说得很明白:“有言者自为名,有事者自为形,形名参同,君乃无事焉,归之其情。”[⑤]意思是说,检查考核必须用冷静客观的态度,根据本来面目的真情实况来进行,才能得出正确的结果。

所谓操杀生之柄是说按照循名责实的结果,最后对于群臣行使赏罚的意思。关于这一问题,韩非有两层说明,他说:“形名者,言与事也。为人臣者陈而言,君以其言授之事,专以其事责其功。功当其事,事当其言,则实;功不当其事,事不当其言,则罚”,[⑥]这是说赏罚的根据在于言与事是否符合,事与功是否相当。“偶参伍之验,以责陈言之实。执后以应前,按法以治众,众端以参观,士无幸赏,赏无逾行,杀必当,罪不赦……”[⑦]这一方面补充了上述循名质实的实际进行的方法,另一方面指出赏罚的正确在于从多方面来检查,按前后发展来考核。

君主做到这三方面,在消极方面就可以收到“疏贱者不怠,近爱者不骄”,[⑧]“群臣不得朋党相为”,[⑨]“奸邪无所容其私”[⑩]的效果;在积极方面,才能“课群臣之能”,从而收到“群臣守职,百官有常”,“智者尽其虑,贤者效其材”(主道)的效果。

但是要做到上述的三方面,又必须以事实为基础,而事实的了解,仅凭君主一个人的耳目聪明是无济于事的。所以,君主的聪明不是依靠自己的耳目,而是要依靠众人的耳目。“人主者,非目若离娄,乃为明也;非耳若师旷,乃为聪也。不任其数,而待目以为明,所见者少矣,非不弊之术也。不因其势,而待耳以为聪,所闻君

---

① 《韩非子·六反》。
② 同上。
③ 《韩非了·有度》。
④ 同上。
⑤ 《韩非子·主道》。
⑥ 《韩非子·二柄》。
⑦ 《韩非子·备内》。
⑧ 《韩非子·主道》。
⑨ 《韩非子·二柄》。
⑩ 《韩非子·备内》。

寡矣,非不欺之道也。”[1]如果君主把全国的人组织起来,利用大家的耳目来替自己听,来替自己看,这才是无比的聪明。“人主以一国目视,故视莫明焉;以一国耳听,故听莫聪焉。”[2]这也是术的内容。

在用术当中,韩非也有些失之极端的主张,不免流于权谋诡诈,不足为训,也就不加讨论了。

韩非总结性地指出:君主如果善于用术来督责臣下,才是行法的绝对有效的保证,因为这样就可以产生使臣下不得不依法办事和不可能乱法为非的效果。“圣人之治国也,固有使人不得不为我之道,而不恃人之以爱为我也。恃人之以爱为我者危矣,恃吾不可不为者安矣。”[3]“王术不恃外之不乱也,恃其不可乱也。恃外不乱而立治者削,恃其不可乱而行法者兴。故贤主之治国也,适于不可乱之术。”[4]

法、术两者和势的关系又是怎样的呢? 上面我们说过,法的执行和遵守必须借助于国家的暴力或强制力,对于法来说,暴力或强制力是必要的条件。然而在一般的场合,法的执行和遵守并不需要暴力或强制力真实实现和具体运用,只要有这暴力或强制力的真正根源的确实存在,给人以暴力或强制力的认识及威胁就够了。这种暴力或强制力根源的存在通常已足使人屈服,这就是韩非的所谓势。因此法和势的关系也就是法和暴力或强制力的关系的化身。韩非没有给势下一个定义,但是他在《难势》篇里把势比成云雾,比成驾车的马,在他的眼光中,云雾该是浮力的根源,马该是动力的根源。因此他这样来理解他的势。

暴力或强制力根源的主要部分是国家机构的组织,因而一个人在国家机构的组织中所占有的权和位,也就是势。“贤人而诎于不肖者,则权轻位卑也;不肖而能服于贤者,则权重位尊也。”[5]君主之所以能够用术行法,完全由于势的凭借;因为它是国家机构里的最高机关。“尧教于隶属,而民不听;至于南面而王天下,令则行,禁则正。”[6]

韩非把势分成自然之势和人为之势。[7]“尧舜生而在上位……桀纣亦生而在上位……此自然之势也,非人之所得设也。”[8]这种自然之势是指基于自然的血统关系的君位世袭而言,自为人力所无可如何。人为之势就是“人之所得设”的势。

---

① 《韩非子·奸劫弑臣》。
② 《韩非子·定法》。
③ 《韩非子·奸劫弑臣》。
④ 《韩非子·芯度》。
⑤ 《韩非子·难势》。
⑥ 同上。
⑦ 郭沫若著:《十批判书》,人民出版社 1954 年版,第 362 页。
⑧ 《韩非子·难势》。

为什么韩非要讲求人为之势呢？在封建领主统治的时期，君主也同样是世袭的，也未尝没有权和位，但是却不能实行以君主集权为中心的法治。可见，到了封建地主统治时期，要求实行以君主集权为中心的法治，就不能单靠基于君位世袭得来的权位——自然之势，而必须寻找新的凭借，新的暴力或强制力的根源了；因此不得不求助于人为之势。照韩非看来，在以君主集权为中心的法治之下，君主绝不能满足于名义上、形式上的权、位，而必在事实上而且在法律上操持作为暴力或强制力根源的杠杆。人为之势的内容就是郭沫若所指出的聪明之势和威严之势。①

关于威严之势的含义，韩非虽没有解释，但是从他以下一段文章当中，也不难得到解答："无捶策之威、衔橛之备，虽造父不能以服马。无规矩之法、绳墨之端，虽王尔不能以成方圆。无威严之势，赏罚之法，虽尧舜不能以为治……操法术之数，行重罚严诛，则可以致霸王之功。"②这里我们可以看出韩非是把势和法、术结合在一起而提出的，足证在他的理解上，势和法、术是统一的整体，不能分开。因此所谓威严之势，按照我个人的体会，就是君主立于最高的统治地位，控制全部国家机构的组织力量，用术行法，信赏必罚，所体现的客观存在；这个客观的存在，无疑会对人们产生一种森严可畏的暴力或强制力的景象和威慑。根据我这个体会，又反转过来表现出韩非之所以把势和法、术看成一体，是因为他觉察到：势可以实现和加强法和术的作用，法和术可以规定和充实势的内容。

什么是聪明之势呢？韩非却有一些说明："明主者，使天下不得不为己视，使天下不得不为己听。故身在深宫之中，而明照四海之内，而天下弗能蔽、弗能欺者，何也？暗乱之道废，而聪明之势兴也。故善任势者国安，不知因其势者国危……匿罪之罚重，而告奸之赏厚也。此亦使天下必为己视听之道也。"③因此所谓聪明之势，就是君主以全国人民为自己的耳目，要他们通过一定的组织关系随时随地向君主反映情况，反映的有赏，不反映的处罚，所体现的客观存在；这个客观存在无疑会使人们产生一种处于群众监视之下的暴力或强制力的印象和感觉。可是君主依靠众人的耳目以为聪明，另一方面也正是上文所讲用术行法的术的内容。这里我们又可以看出，势和法、术是互为因果、互相转化、一体不可分的。以一国为耳目是督责臣下贯彻法律实施的方法；这个方法一经发生效力，就转化为暴力或强制力的根源；反过来就更提高了法律的威信。

有了上述的势，有了和法术统一不可分的势，只要中材的君主就可以治国平天下，而不必去等待千载难逢的尧舜了。"世之治者，不绝于中，吾所以为言势者，中

① 郭沫若著：《十批判书》，人民出版社1954年版，第362页。
② 《韩非子·奸劫弑臣》。
③ 同上。

也。中者，上不及尧舜，而下亦不为桀纣，抱法处势则治，背法去势则乱。"①可知法、术、势三者统一、不可分的理论是韩非以君主集权为中心内容的法治主义的柱石。

五、小　　结

韩非的法律学说是站在新兴的地主阶级的立场，根据当时社会的阶级对立情势，总结早期法家的法律思想和政治实践的产物。

作为他的法治主义中心内容的君主集权这一主张，要求在于扩大君主的权力，使他成为实质上操持统治权力的最高元首；并解除各级领主贵族封建割据的政权，而以遍布在各地、听命于君主的官吏来办理国家的事情。但君主却要负起最高的领导监督的责任，而不需亲自处理事务。

在新的阶级关系之下，韩非以为不可能依靠人民自觉地为善，只有倡导法治方能使人民不敢为非。法治的实现，要有国家强制力来保证，也要全国君臣上下绝对遵守。但他却片面地把法律规范看成生活行为的唯一准则，成为法律至上主义。②

韩非所说的法是指由君主制定，颁行于全国的成文法而言。他认为必须在立法的原则和技术上有周密的考虑；尤其认识到法律必须随着时代变更而适合于社会需要的道理。这中间他提出以重刑为确保法治的主要裁制武器的主张，目的只在威吓一般人民来防止犯罪。

法、术、势三者统一不可分的理论构成了韩非法治主义的柱石。法是君主制定的成文法，术是君主督责臣下的方法，势是君主拥有的暴力或强制力的根源。这三者互为因果，互相转化，所以是一个整体；只要中材的君主用术行法，抱法处势，就可以治国平天下了。

（1957 年第 3 期）

① 《韩非子 · 难势》。

② 谢无量认为韩非的法治思想是法律至上主义，参见谢无量著：《中国哲学史》（第一编），中华书局 1940 年版，第 79 页；三浦藤作认为韩非的法治思想是法治至上主义，参见［日］三浦藤作著：《中国伦理学史》，张宗元译，商务印书馆 1927 年版，第 177 页。

现阶段国际法的体系

丘日庆*

一

自从社会主义国家首先在旧俄罗斯领土上，接着人民民主国家在中欧、东南欧以及亚洲产生以后，世界分成为两个对立的阵营。在经济方面的结果，就是统一无所不包的世界市场的瓦解，形成了两个互相对立的世界市场。因此，在此以前调整国与国间关系的统一的国际法，是否现在也分成了社会主义国际法和资产阶级国际法？今天还有没有统一的，或共同的或公认的国际法？社会主义国家之间是否已经形成了社会主义国际法？这些问题曾经引起广泛的注意和争论。特别是在1954年苏联科学院通讯院士柯罗文在《苏维埃国家与法》杂志第6期发表了《国际法当前理论中的几个基本问题》一文之后，更引起了苏联和各人民民主国家的很多国际法学者的讨论。因为这个问题是现阶段国际法上最基本的问题。①

关于现阶段国际法的体系，约有如下主张：

1."认为当前世界上并没有一个统一的国际法"，"当前世界上存在着两种国际法体系，即资产阶级国际法体系与社会主义国际法体系"。这就是：资产阶级国家适用资产阶级国际法，社会主义国家适用社会主义国际法。② 苏联国际法专家明任斯基就是如此主张。

2. 认为现代国际法已经不是资产阶级的国际法，同时不承认它是社会主义国际法，他们认为现代国际法由三种规范和制度构成。"第一类——由剥削者类型的社会经济形态（特别是资本主义的社会经济形态）所创立的规范和制度。""第二类——由新的社会主义的社会经济形态所提出的那些制度所构成。""国际法的这些制度是社会主义上层建筑的一部分，它积极地作用于自己的基础，并促进和平的维护。""第三类——由社会主义制度的国家和资本主义制度的国家在其斗争与合作的过程中共同制订的那些规范所构成的。"主张这一种论点的人又说，"有着历史上形成的这三类现代国际法规范的存在，决不能说就有'三种'国际法的存在"，

---

* 作者单位：复旦大学。

① ［苏］明任斯基："关于现代国际法的性质和体系问题"，载《教学简报》1956年第20期。

② 同上。

"所有上述各类的现代国际法规范,都是一个统一整体的组成部分,它们巩固地成为现代国际法的总的宝藏,并且是现代国际法的实质和内容"。[①] 主张上面论点的人,是以苏联法学副博士米纳祥为代表。

3. 认为现在世界上存在着一种共同的或公认的国际法,它调整着社会主义各国之间、资本主义各国之间以及社会主义各国与资本主义各国之间的相互关系。也就是说,它调整着所有各国之间的关系。1955 年《苏维埃国家和法》杂志编辑部认为绝大多数参加讨论柯罗文上述论文的人都同意这一种主张。[②] 据称,很多人民民主国家的国际法学家也持这种论点。[③] 同时《苏维埃国家和法》杂志编辑部又指出:既然目前世界上存在着社会主义阵营,它们之间发展着一种以无产阶级国际主义原则为基础的关系,那么,说社会主义国际法正在作为未来的法而形成着乃是适时的。但这种国际法的萌芽若描述为已经形成的、独立的体系的国际法,则未免为时过早。[④] 也就是说,社会主义国际法的体系尚未形成。

4. 认为现阶段存在着两种体系的国际法,一种是共同的国际法,另一种是社会主义的国际法,后者同时又调整着社会主义国家之间的关系。克雷洛夫教授基本上是主张这一论点的。[⑤] 他并为新的社会主义国际法下了一个定义:社会主义国际法是"调整社会主义国家之间关系并表现它们对保障友好和互助以及最大限度地满足整个社会的物质和文化需要的意志的法律规范的总和"。[⑥] 不过我们这里要指出,由于历史条件的限制,新兴的社会主义国际法的各种规范和制度,还没有完全完备。但这并不妨害它已自成为国际法的一种体系。赞成第一种主张的明任斯基也说:"无论如何,在资产阶级国际法体系之外,又产生了社会主义国际法体系,这是没有疑问的。"[⑦]

---

① 《现代国际法上的基本原则和问题》,法律出版社 1956 年版,第 382 ~ 383 页。

② 同上,第 393 页。法学博士佟金认为柯罗文过去的著作中,曾阐述下列的观点:有一些国际法的原则和规范为一种社会结构的国家所固有,另一些国际法的原则规范,则为另一种社会结构的国家所固有,而公认的国际法规范似乎是"在各种法律上层建筑中符合的规范"。佟金博士接着又说:"这样一来,柯罗文实际上就肯定了一方面存在着资本主义的国际法,而另一方面又存在着社会主义国际法以及公认的国际法规范。"以上说法,柯罗文自己已经承认不对。参见佟金:"和平共处与国际法",载《教与学》1957 年第 1 期。

③ 佟金:"和平共处与国际法",载《教与学》1957 年第 1 期。但另外一方面,明任斯基则指出许多人民民主国家的国际法学者持着与他相同的主张。参见[苏]明任斯基:"关于现代国际法的性质和体系问题",载《教学简报》1956 年第 20 期。

④ 《现代国际法上的基本原则和问题》,法律出版社 1956 年版,第 394 页。

⑤ 同上,第 333 ~ 334 页,第 372 页注释。

⑥ 同上,第 334 页。

⑦ [苏]明任斯基:"关于现代国际法的性质和体系问题",载《教学简报》1956 年第 20 期。

二

我个人是赞成第四种论点的。首先我们认为,现阶段世界上存在着一种统一的,或共同的或公认的国际法的,说其不存在是不符合事实的。我们知道国际法和国内法一样,同是上层建筑的一部分,所不同的只是作为上层建筑的国际法不是同生产关系直接发生联系,不直接反映基础,而是通过国际关系来发生联系,来反映基础。如果我们现在认为现阶段存在着资产阶级国际法和社会主义国际法,而不存在着统一的国际法的话,那么,资产阶级国际法由于它只反映统治阶级(资产阶级)的意志,它只是资产阶级国家的上层建筑,不能是社会主义国家的上层建筑,因而它不能为社会主义国家服务;同样,社会主义国际法由于它只反映了以工人阶级为首的广大劳动人民的意志,它只是社会主义国家的上层建筑,因而它也不能为资产阶级国家服务。然而,上层建筑是为基础服务的。① 这样社会主义国家和资本主义国家之间,在它们合作与斗争的过程中,就没有一种国际法来调整它们的关系,这是一种不可想象的情形。若在很短的期间,或犹可说。但是社会主义国家要和资本主义国家的和平共处却是一个相当长的历史时期。这是根据列宁发现的帝国主义时代资本主义国家发展不平衡的规律,社会主义只能首先在几个甚至在一个国家单独胜利,而社会主义革命不可能在一切国家或大部分国家同时获得胜利的学说的结论。事实上截至目前,苏维埃国家就和资本主义国家已经共处了40年,中欧、东南欧社会主义国家也和资本主义国家共处了十二三年,就是中华人民共和国也和资本主义国家共处了将近8年。以后我们还要和各种不同制度的国家相处下去。和平共处是我们社会主义国家外交政策不可动摇的基础。

那么,总要有一种国际法来调整它们之间的关系。调整它们之间的是什么性质的国际法呢?这就是统一的国际法,或公认的国际法。这种公认的国际法既不是资产阶级的性质,也不是社会主义的性质,它是一种过渡性质的国际法。因此它可以同时成为各种社会制度不同国家的上层建筑的一部分,同时为它们服务。

有人以为社会主义国家和资本主义国家之间虽然没有统一的国际法,但可以适用资产阶级国际法来调整。对于这一说法,除了上面已从基础与上层建筑的角度来论证了它的不可能外,还可指出它只是从形式外表来看问题。我们虽然也主张互相尊重主权和领土完整,互不侵犯、互不干涉内政,平等互利等原则作为和平共处的基础。但我们已给这些原则赋予了新的内容,同资产阶级的原先主张,已有

---

① [苏]斯大林著:《马克思主义与语言学问题》,中央编译局译,人民出版社1950年版,第3页。

原则的区别,它不再是资产阶级的了。如果它们有相同的话,只是外表上相同。尽管在《联合国宪章》中,我们曾同意托管制度,但由于我们坚持托管领土不能由帝国主义者永远托管下去,而是要使它逐渐发展趋向于自治或独立。[①] 这就和国联的委任统治地制度有性质的不同,因此也就不能说它是资产阶级国际法所固有的制度。莫洛托夫说《联合国宪章》中没有“殖民地”字样,没有承认殖民制度……这是《联合国宪章》和国际联盟盟约显然不同之处。[②]

何况到了帝国主义时期,原来调整国与国之间关系的资产阶级国际法已成为反动的了、违法的了。《苏维埃国家与法》杂志的前主编叶夫根尼耶夫说得好:“所谓资产阶级国际法是违法的代名词。”因为资产阶级国际法是不主张以和平方法解决国际纠纷,它承认不平等条约制度、殖民制度、领事裁判权制度,主张以“人道”及其他种种借口干涉他国内政,并认为使用原子武器和氢武器从事战争是不违法等。这些都是和公认的或共同的国际法相违背的。《联合国宪章》是共同的或公认的国际法最重要的文献,是最重要的渊源。因此,今天资产阶级国际法甚至在资产阶级国家之间,也就不能作为调整彼此关系的工具。调整它门之间关系的,也只能是以《联合国宪章》为基础的共同国际法。

至于说现代国际法系由三种规范和制度所构成,但又不承认有三种国际法存在的论点,在逻辑上是说不通的。因为前面的说法事实上容易得到存在三种国际法的推论。[③] 法学博士佟金也说:“这样一来,(按即主张三种国际法规范存在的说法——引者)……实际上就肯定了一方面存在着资本主义的国际法,而另一方面又存在着社会主义国际法以及公认的国际法规范。”[④]

事实上,的确是要得到这样的结论。例如,既然在这一种国际法的规范和制度中包括着由新的社会主义的社会经济形态所提出的这些规范、制度,而这些以马克思列宁主义的学说和无产阶级国际主义原则为基础所建立起来的规范和制度,如所有彼此之间的矛盾都可以用真诚的协商和同志式的讨论而不使用强制来得到解决,在经济、文化、建设各方面给予兄弟般的帮助和支持,毫无疑义,是不可能适用于社会主义国家和帝国主义之间的。这些规范、制度只能“是社会主义上层建筑的一部分”。关于这一点,就是主张此种说法的人也是承认的。[⑤] 既然它只是社会主义的上层建筑的一部分,因此它只能为社会主义国家之间服务,不能为资本主义国家服务,从而这些规范、制度就自然地成为一种独立体系的国际法——社会主义

---

① 《联合国宪章》第76条。

② 《日内瓦会议文件汇编》,世界知识出版社,第181页。

③ [苏]明任斯基:“关于现代国际法的性质和体系问题”,载《教学简报》1956年第20期。

④ 佟金:“和平共处与国际法”,载《教与学》1957年第1期。

⑤ 《现代国际法上的基本原则和问题》,法律出版社1956年版,第383页。

国际法了。

三

社会主义国家之间的关系是一种完全新型的国际关系。它们是由共同的共产主义的理想和目标联系起来的。它们之间不论过去和现在都没有根本的矛盾和利害冲突。在它们的关系中,团结和互助一向是主要的和基本的方面,同帝国主义国家之间互相排挤、互相并吞的关系相反,它们的关系是一种完全新的类型的国际关系。① 因此,调整这种新的关系的,首先就不能是旧型的、不平等的与互相排挤、互相并吞关系相适应的资产阶级国际法。既有了新型的国际关系,则调整这种关系的法律也必定是新的内容的法律。

其次,由于我们之间没有根本矛盾和利害冲突,虽然我们之间曾有过某些错误和缺点,将来也可能还会有,但都可以在马克思列宁主义的共同基础上通过同志式的讨论和协商逐步地求得解决。② 因此,在我们社会主义国家之间共同的国际法体系中,特别是其中的战争法规和惯例,以及强制等,就完全没有适用的余地。柯热夫尼科夫教授也说:"调整这个阵营之间各种关系的国际法体系中,是完全没有那些如强制……使用武力等……制度的。"③

同时,我们社会主义国家之间仅仅以共同的国际法来调整,是不相适应的,必须要以社会主义国际法来调整。因为共同的国际法的基本原则是和平共处的五项原则,它只包括了列宁关于民族平等方面的那些原则,它并不包括无产阶级的国际主义那些方面的原则。然而我们之间的关系,既是以共同的共产主义理想的目标联系起来,因而是以无产阶级的国际主义原则为基础的;同时,由于社会主义各国又是独立的主权国家,因而我们之间的关系又是以马克思列宁主义关于民族平等的原则为基础的。这些原则都在条约中(广义的),④既以法律的形式肯定下来,而成为社会主义国际法的基本原则。

---

① 周恩来:"关于访问亚洲和欧洲十一国的报告",载《国务院公报》1957 年第 10 号。

② 参考周总理前引报告;"中苏联合声明",载《国务院公报》1957 年第 4 号。

③ 《现代国际法上的基本原则和问题》,法律出版社 1956 年版,第 9 页。

④ 参考"中苏联合声明"、"中匈联合声明"(国务院公报,1057 年第 4 号第 62 页),"中德会谈新闻公报"(国务院公报,1957 年第 2 号第 19 页),"匈、中、苏会谈的公报"(国务院公报,1957 年 2 号第 20 页),"中波联合声明"(国务院公报,1957 年第 3 号第 40 页),"中捷联合声明"(国务院公报,1957 年第 13 号第 242 页),"苏匈政府的宣言"(新华半月刊,1957 年第 8 期第 153 页),等等。

四

最后还要阐明的就是社会主义国际法是否已成为一种国际法体系的问题。

社会主义国际法的因素,我们认为随着1917年在俄罗斯诞生了世界第一个社会主义国家而产生了。但在这个最初的时期还没有第二个社会主义国家,从而也就不可能产生社会主义的国际法律关系。其后在1919年至1922年间成立了其他社会主义国家如乌克兰、白俄罗斯以及后高加索等苏维埃社会主义共和国,它们和苏俄都处在条约的关系中。它们之间开始萌芽了新的社会主义国际法。但到1922年,为了加强抵抗帝国主义的侵略,它们和苏俄联合组成为社会主义共和国联盟,因而它们的关系从新型的已开始产生的国际法关系转变为国内法的关系,从而这新的社会主义国际法没有得到进一步的发展。① 在另一方面,1921年蒙古人民革命成功后,建立了新的国家,它的发展,和苏维埃社会主义国家的兄弟般的帮助是分不开的,它们之间也建立了新的类型的社会主义国际法关系。但这时期社会主义国际法的发展是局限于一隅的,因而也很难说到它的世界性的意义。直到第二次世界大战后,产生了一系列的社会主义国家之后,苏联和其他社会主义国家以及它们之间的关系,才提供了社会主义国际法发展的广阔场所。

第二次世界大战末期起至1950年期间,苏捷、苏罗、苏匈、苏保、苏蒙,苏中以及人民民主国家如波捷、罗捷、保罗、匈波、匈罗、阿保、波罗、匈捷、捷保、波保、匈保间都签订了友好、合作互助条约。② 这些条约是新的类型的条约,它们奠定了我们新型的国际关系的基础,使我们国家之间的友谊和合作的国际关系的基本原则用法律的形式固定下来,保证了这些国家的经济繁荣,提供了顺利地进行社会主义和共产主义的建设的条件。

在以上的年代里,社会主义国家之间关于领土问题上,也创造了新的社会主义国际法的范例。例如,1945年苏捷关于将外喀尔巴阡乌克兰并入乌克兰苏维埃社会主义共和国的条约,1950年波德划定国界的兹戈日烈茨条约等。③

以上条约都是根据无产阶级国际主义原则和马克思列宁主义关于民族平等的原则为基础而签订的。正如柯热夫尼科夫教授所指出,所有以上条约就"形成了共同

① 《现代国际法上的基本原则和问题》,法律出版社1956年版,第323页。

② [苏]星拿可叶夫:"新型的国际关系",载《国际生活》1955年第1期。

③ 1951年苏联与波兰又签订了关于交换边疆地区的条约。

的社会主义国际法的基础”。[1] 也就是说,它们奠定了社会主义国际法的体系。

其次,我们社会主义国家在国籍方面,在友邦驻军的法律地位方面又创立了新的社会主义国际法的规范,丰富了社会主义国际法的内容。例如,1956 年 5 月苏南关于解决具有双重国籍公民的国籍问题的专约,1956 年 12 月苏波关于暂时驻扎波兰的苏军的法律地位的条约,1957 年 3 月苏德关于苏军暂驻德意志民主共和国境内有关问题的协定,1957 年 4 月苏罗关于苏军暂时驻扎在罗国领土上的法律地位的协定,这些条约都和资本主义国家间所订的有本质的不同。德意志民主共和国副总理兼外交部长博尔茨对苏德上述协定指出其意义说:“关于苏军留驻德意志民主共和国的协定表现出我们两国之间的关系是建立在尊重主权,互不侵犯、平等、兄弟合作和无产阶级国际主义的原则的基础上的。”[2]

此外,社会主义国家间,为了求得彼此经济、文化、科学的不断繁荣,订立了数以千计关于经济、贸易、文化、科学、技术方面的友好互助合作协定,其中也体现了社会主义国际法的规范和惯例。例如,协定反映了长期的、低利率的、优惠的贷款,在科学、建设、技术上兄弟般的无私帮助,经济资源上互济有无,在国民经济计划方面互相配合发展,等等。

从上面看来,社会主义国际法既在主要的各个方面确定了它的基本原则、规范,难道在总的方面我们还可以说它的体系没有建立吗?我以为是不可以的。葛涅拉洛夫早在 1950 年就肯定地说:“我们是否有根据讲到社会主义国际法的存在呢?基于马克思列宁主义科学的根据,我们应该肯定的答复这一问题。”[3]

最后这里还要特别指出的是,从社会主义国际法的发展历史阶段来说,自 1956 年 10 月 30 日苏联政府发表了关于发展和进一步加强苏联同其他社会主义国家的友谊和合作的基础的宣言,同年 11 月 1 日我国政府发表了关于支持苏联政府这个宣言的声明,以及其后社会主义国家分别发表的联合声明,进一步明确地指出了我们国际间相互关系的基础:一方面是以马克思列宁主义的学说和无产阶级国际主义原则为基础;另一方面又是以列宁主义关于民族平等的原则为基础。无疑地,我们的社会主义国际法又进入了一个新的历史时期,它用条约形式(广义的)明确了我们国际法的基本原则。这对于社会主义国际法今后的发展提供了更广阔的和平坦的前途。

(1957 年第 3 期)

---

① [苏]柯热夫尼科夫著:《斯大林论现代国际法的基本原则》,钱克新译,世界知识出版社 1950 年版,第 24 页。

② 《人民日报》1957 年 3 月 14 日。

③ [苏]葛涅拉洛夫著:《论苏联与各国人民民主国家在国际法上合作之基本特征》,游礼译,世界知识出版社 1951 年版,第 23 页。

谈谈双重国籍问题

刘家骥*

自1955年4月22日,我国与印度尼西亚共和国订立了《关于双重国籍问题的条约》后,1956年又有:(1)苏联和南斯拉夫《关于解决双重国籍问题的条约》;(2)我国与尼泊尔《关于两国关系中的若干有关事项的换文》;(3)周总理接见新加坡劳工阵线主席马歇尔,就新加坡的中国人国籍问题表示的意见。这些都或多或少地涉及双重国籍问题。我国旅外侨民遍布全球,双重国籍问题必将继续引起人们注意。这里我提出两个问题来谈谈。

一、双重国籍问题的发生

国籍是自然人对一定国家的从属关系,这种从属表现在无论在国内外,该国主权权力经常及于该人,而该人的权利与义务的总和,就是以此为条件的。[①] 这里含有两方面意义,一方面是他对国家应履行法律所规定的义务,另一方面是国家对他的保护。形成这种相互关系的地位,就是国籍。

具有双重国籍的人,就是说一个人同时具有两个国家的国籍。一方面他须同时履行两国法律所规定的义务,如服兵役时,须服两国兵役,使他处境非常困难。另一方面,两国都可同时对他实行保护,也要发生冲突。究竟双重国籍问题如何会发生的呢?这是由于各国国籍立法所规定取得国籍的方式不同的缘故。

国籍取得,主要由于两种情况,即出生和自愿入籍(旧称归化)。每种国籍的取得方式,都可能产生双重国籍。

由出生而取得国籍,因各国立法例的不同,又可分为三种:血统制、出生地制、混合制。

1. 血统制,即儿童出生时的国籍,完全随其父母的国籍而定,至于在何地出生,则在所不问。换句话说,本国公民在外国所生儿童,一律算本国人,而外国公民在本国所生儿童则作为外国人。采取血统制的国家大都根据传统习惯。例如,苏联、捷克、匈牙利与我国都一向采取血统制。尤其我国海外侨民众多,在帝国主义

---

* 作者单位:华东政法学院(现华东政法大学)。

① [苏]库德利雅夫采夫等编:《苏联法律辞典》(上册),1956年版,第226页。

国家及其殖民地内者，备受压迫剥削。所以我国《宪法》第 98 条规定，须保护国外华侨的正当的权利与利益。假使我国不采取血统制，则许多华侨及其后代即将丧失中国国籍，而我国政府也无权予以保护。这不但辜负华侨爱戴祖国的热诚，而且也违反我国全体人民的要求。何况血统制在我国已有悠久历史，深入人心。我国国籍法虽未公布，但从我国与印度尼西亚签订的《关于双重国籍问题的条约》全文来看，则是采取血统制。该条约第 8 条规定："在印度尼西亚共和国境内出生的儿童，无论他们的父母双方或仅父方具有中华人民共和国国籍，在出生后，即具有中华人民共和国国籍……"可见我国采取血统制。

2. 出生地制，即以出生的地点来决定国籍。凡出生于本国的子女，不论其父母是否是外国人，均于出生时，予以本国国籍。例如，阿根廷《国籍法》规定：除居于境内之外国使馆官员所生之子女外，凡生于阿根廷者，不论其父母之国籍为何，概为阿根廷人。采取出生地制的，以美洲国家居多，因为它们的人口多从欧洲而来，如采取血统制，必致很少本国人。为了使外来移民的后代成为本国人，所以采取出生地制。

3. 混合制，即一部分根据出生地主义，一部分根据血统主义。帝国主义国家多借此混合制以进行侵略扩张。例如，1943 年修正的《英国国籍与外国人地位法》第 2 节规定："英国人的子女，出生于英国保护国，或委任统治地，或英国有领事裁判权的国家，则该英国人可移转其国籍于其子女，一若该子女出生于英国本土。"美国 1940 年的《国籍法》第 201 节(c)规定："凡在美国国外及其属地外生长的子女，其父母双方均为美国公民，而且其中之一，曾在该子女出生前，住在美国或其属地之一者，应认为美国国民与公民。"第 203 节(b)又说："凡子女出生于巴拿马共和国……或其父母是，或曾是美国公民，为美国政府或巴拿马铁路公司所雇用者，则该子女应认为美国公民。"可见这种规定全为侵略政策服务。

因出生而取得国籍，即有血统制、出生地制、混合制三种立法的不同，这三种立法冲突的结果，就发生双重国籍问题。如采取血统制国家的公民，侨居采取出生地制国家期间所生的子女，就同时具有两国国籍。至于混合制，更易产生双重国籍。如美国人子女出生于巴拿马，就同时具有美国与巴拿马两国国籍。

国籍的取得并不限于出生，还可以通过自愿入籍而取得。自愿入籍又可分为家族性质的，包括由于婚姻及由于收养；非家族性质的主要由于申请。这三种自愿入籍的情况都可能产生双重国籍。

1. 由于婚姻关系而发生双重国籍。第二次世界大战以前，许多资产阶级国家都规定女子结婚后，自动取得丈夫的国籍，好像妇女没有独立的人格一样。直到现在，比利时、丹麦、挪威、泰国等还采取这种重男轻女的办法。所以 1930 年海牙大会讨论关于法律冲突问题，曾向各国建议，研究如何将男女平等原则规定在法律上。尤其是女子结婚或其夫变更国籍,除非得到她的同意外,不应影响她的本来国籍。1957 年 1 月 29 日,第十一届联合国大会曾讨论社会、人道及文化委员会提出的,关于已婚妇女国籍的公约草案的报告。委员会并且以多数票通过了这个草案。这个草案的宗旨是反对妇女在结婚、离婚和丈夫改变国籍时,在改变国籍问题上,受到的不公平的待遇。

其实男女平等原则,早在 1924 年即为第一次苏联《国籍法》所采用。其第 5 条规定,内国人与外国人结婚,各不影响其原有国籍。到 1947 年,苏联禁止苏联公民与外国人结婚。因为资产阶级国家的公民与苏联妇女结婚的动机,大多数不是为了成立家庭,而是为了实现政治目的。

我国国籍法虽未颁布,但从婚姻法的立法精神来看,将采男女平等原则是无疑的,所以中印(尼)《关于双重国籍问题的条约》第 10 条说:"中华人民共和国公民同印度尼西亚公民结婚后双方各保有他们原来的国籍……"依此精神,假定中国妇女与泰国人结婚,一方面既保有其中国国籍,另一方面又因泰国《国籍法》(1952 年)第 8 条规定"外侨妇女与泰人结婚,当可获得泰籍",因此该妇女就同时有中泰两国国籍。

2. 由于收养关系而发生双重国籍。各国立法例有规定养子接受养父母国籍的,也有规定养子保留原来国籍的。苏联法律规定,苏联儿童为他国人收养时,不丧失苏联国籍。而日本《国籍法》则规定为日本人之养子者,取得日本国籍。假定苏联儿童为日本人收养,即有双重国籍。

3. 由于申请入籍而发生双重国籍。申请入籍乃指外国人或无国籍人根据其自愿,向一国的主管当局正式申请,取得该国国籍。申请入籍所以会发生双重国籍者,是因为申请人通常并不限于无国籍人,即有国籍人也可申请。

二、双重国籍问题对于我国的特殊重要性及其解决方法

我国旅外华侨都是旧中国处在困难的政治与经济条件下的时代移居外国的。1718 年,清政府曾禁止移民出境,但在天灾人祸夹攻当中,这个禁令并未完全生效。1860 年,这个禁令终于取消,中国人大批移入到现在的印度尼西亚、泰国、马来亚(马来西亚)与新加坡、越南、老挝与柬埔寨、缅甸、菲律宾等亚洲国家,小部分移入美、澳、非、欧各洲。华侨绝大多数都是劳动人民,他们对于开发当地自然资源,贡献甚大。尤其是开矿筑路,总是手足胼胝,奋不顾身,甚至牺牲生命。今天东南亚的富庶繁荣,与华侨的努力是分不开的。

根据 1954 年 11 月 1 日国家统计局关于全国人口调查登记结果的公布,国外华侨和留学生等有 11,743,320 人。其中除欧洲华侨人数较少,其国籍立法又多采

取血统主义,因之不会有什么严重的双重国籍问题外,其他都是人口内移的国家或殖民地,其国籍立法多采取出生地主义或混合主义。因之,华侨因侨生关系,婚姻、收养及申请入籍关系,都可能具有双重国籍。时间越久,则双重国籍的普遍性越大。

如以印尼为例,1602年,荷兰已开始统治印尼,为了解决当地劳动力的缺乏,曾将我国沿海大批劳动人民强迫移居印尼。他们都是热爱祖国的中国人。荷兰殖民者想使他们的后代效忠于荷兰统治阶级,因此在1910年颁布所谓《有关荷属居民地位的法令》,规定凡属荷属殖民地的原有居民,和出生于当地的非原有居民,都是荷籍属民。所以印尼华侨的双重国籍问题以及其他一度沦为殖民地的亚洲国家的华侨的双重国籍问题,都是由殖民主义者片面侵略性法令所造成,而为旧时代遗留下来的问题。

在20世纪的今天,还有卖国集团抄袭殖民国家的侵略伎俩,而继续制造新的双重国籍问题。如1956年,吴庭艳当局颁布所谓"国籍法",规定所有在南越出生的华侨,必须取得所谓南越籍,并且必须在1957年4月8日前办完必要的"手续"。据估计在南越出生的四五十万华侨,都坚决反对此项违反国际法的片面强迫性措施,而拒绝办理"手续"。但吴庭艳集团就企图在光天化日之下,以一纸片面无效法令,造成四五十万新的双重国籍人,制造国际间新的纠纷。

华侨具有双重国籍,是带有普遍性的。从马来亚(马来西亚)就可以看出。根据1947年马来亚(马来西亚)人口调查报告,全马来亚(包括马来亚联邦与新加坡)的华侨总人口已增至260余万人,其中侨生人口(即在当地土生)双重国籍人是160余万人,占华侨总数62%以上。全马来亚(马来西亚)的华侨总人数在1955年更达到320余万,所增人数绝大部分又是侨生,因此双重国籍的华侨,仅在马来亚(马来西亚)一地,仅从侨生关系而取得当地国籍来计算,已可估计为200余万人。如在世界范围内,华侨总数1000余万来计算(他们大部分又都是侨生),再包括因婚姻收养申请入籍关系而取得侨居国国籍者在内,则具有双重国籍的华侨数目更是惊人。

正因为华侨在国外数目之多,具有双重国籍的又是这样普遍的一个事实,帝国主义国家就利用它来挑拨是非,进行冷战,企图破坏我国与亚洲邻国的友好关系。周总理1955年4月19日在亚非会议全体会议上曾指出:"有人说,中国在国外有一千多万华侨,可能利用他们的双重国籍来进行颠覆活动。但是,华侨的双重国籍问题是旧中国遗留下来的,蒋介石至今还利用极少数的华侨进行对所在国的破坏活动。新中国的人民政府却准备与有关各国政府解决华侨的双重国籍问题。"

帝国主义国家的确有故意允许双重国籍的存在,以便于在国外组织间谍与破坏活动的中心。例如德国1913年和1935年的法律,又日本1899年颁布1924年修正的法律,公开将双重国籍予以合法化。近代美国甚至想用双重国籍,来并吞他国。例如,欧洲小国摩纳哥王妃是美国电影明星,她所生的孩子将继承摩纳哥王位。1957 年 1 月 23 日,她生一女,美国国务院就通知美国驻尼斯的领事说,依照美国移民和自愿入籍法,这个摩纳哥公主可以取得美国国籍。这个一相情愿的"建议",虽为摩纳哥国王所拒绝而没有成功,但已暴露美国想利用双重国籍来实现其扩充领土的野心。

双重国籍问题究竟应该如何解决呢?这里有资产阶级国家解决的方法与社会主义国家解决的方法,但二者之间有本质上的不同。资产阶级国家解决的方法,是不顾民族自决原则的,是片面强迫的。如 1930 年国联主持的国际法编订条约议会订立了《关于国籍法冲突问题公约》,其要点有二:(1)国家关于"本国人员之兼有他国国籍者,当对抗该第二国时(即本国公民住在该第二国时)不得施外交上的保护(第 4 条)";(2)双重国籍人,在其中一国有习惯居所,而且与该国实际上关系最密切者,应免除对他国所负的兵役义务,但具有的他国国籍,得因此种免除而丧失(公约所附《关于双重国籍兵役议定书》)。

苏联并没有参加上述 1930 年的国籍法公约。这一公约甚至并未为大多数资本主义国家所接受。尤其该公约第 4 条片面地规定本国对双重国籍人不保护,而不给他以选择两国之一的国籍权,等于剥夺其自由意志。双重国籍问题没有解决,而双重国籍人已处于无国保护的状态。

社会主义国家一方面不容许双重国籍的同时存在,另一方面又照顾到双重国籍人的自由意志。例如,1956 年 5 月苏联和南斯拉夫签订《关于解决双重国籍问题的条约》规定,凡有苏南双重国籍的人,有权自由声明他们愿意保留哪一个国家的国籍。这个声明,可在条约生效之日起一年内,递交给他愿意保留国籍的那个国家的外交代表机构。1955 年,中印(尼)《关于双重国籍问题的条约》第 1 条规定:"缔约双方同意,凡属同时具有中华人民共和国国籍和印度尼西亚共和国国籍的人,都应根据本人自愿的原则,就中华人民共和国国籍和印度尼西亚共和国国籍中,选择一种国籍,具有上述两种国籍的已经结婚的妇女,也应根据本人自愿原则,在两种国籍中选择一种国籍。"条约特别强调本人自愿选择原则,充分表现其民主性。

条约所规定的选择国籍的方法简便易行,即向有关当局宣告放弃不愿保留的国籍即可(第 3 条)。假使在两年期限内,未进行选择,则根据双重国籍人的血统,来解决其国籍(第 5 条)。这也是最合乎人情的事。条约又规定因收养或婚姻关系而取得双重国籍的解决方法:凡由收养而取得他国国籍,丧失本国国籍,仅以该儿童在年满 5 岁之前被合法收养为限(第 9 条)。至于结婚并不影响男女原来国籍,但申请取得他方国籍后,即当然丧失本国国籍(第 10 条),可见,又以自由意志为准则。

由本人自愿选择原则，是我国解决双重国籍问题的基本原则。周总理在1956年10月9日接见新加坡劳工阵线主席马歇尔时也表示："任何居住在新加坡的中国人，只要他们自愿地取得新加坡公民资格，就不再具有中国公民资格，当然他们所固有的种族联系和文化联系，仍然继续存在。"这就为将来两国签订双重国籍问题条约铺平了道路（1957年4月11日英国已同意新加坡内部自治）。

1956年9月21日，中国与尼泊尔签订《关于两国关系中的若干有关事项的换文》第14项规定："双方同意，凡居住在中国西藏地方，并且由分别具有中华人民共和国国籍和尼泊尔王国国籍的父母所生的人，在年满18岁后，可以根据本人自愿，为他们自己和他们的未满18岁的孩子，选择中国国籍，并且向中国政府办理相应的手续；在完成上述手续后，他们和他们未满18岁的孩子就被认为自动丧失了尼泊尔国籍。"这也是根据本人自愿选择原则。

由本人自愿选择原则，究竟在国际法上有什么根据呢？自愿选择原则类似国际法上的"公民投票"制度，都是由人民实施民族主权的方式。《联合国宪章》第1条第2款规定："发展国际间以尊重人民平等权利及自决原则为根据之友好关系。"自愿选择原则，一方面使双重国籍人能够自己决定其对一定国家的从属，另一方面也消灭了帝国主义国家破坏国际友谊关系的借口。这个原则同时又符合1955年联大第10届会议所通过的人权公约草案的序言和关于民族自决权的第1条。该条规定："一切国家的人民都享有自决权，可以自由决定自己的政治地位和经济、社会及文化方面的发展……"

自愿选择原则不仅在国际法上有根据，而且也符合双重国籍人的愿望。华侨虽然来自中国，在血统上说他们是中国人民的一部分，但他们或久居当地，或生长在当地，也是当地民族的一个重要部分。因此如果他们斟酌实际情况，选择侨居国国籍的话，则政治上受歧视、经济上受排挤的借口将丧失存在的理由。例如马来亚联邦曾经规定，要取得马来亚公民权的公民，方享有选举权、任议会议员、服务行政机关的资格及其他特权。

双重国籍人如果愿意选择我国国籍的话，则我国驻外使领馆可予以正当的保护，侨居国将无从借口双重国籍而拒绝我国保护（上述1930年国联《国籍法公约》第4条）。我国政府将"勉励他们尊重侨居国的法律和习惯，加强同侨居国人民的友谊，为促进中国和侨居国的友好关系而努力"。①

他们如果在我国境外固定居住，还可以自愿重新取得侨居国国籍，但以丧失我国国籍为条件[上述中印（尼）条约第7条]。

---

① 周总理：《关于访问亚欧十一国的报告》1957年3月5日。

双重国籍问题的解决，并非单纯解决一个法律问题，而是拿具体事实来说明和平共处的五项原则。这不但巩固了亚洲国家的和平与合作，而且以友好协商的方法，自由意志的原则，为解决国际间困难问题，提供了一个卓越榜样，因此对促进世界和平与合作，也有伟大的贡献。

（1957 年第 3 期）

领海宽度问题的商讨

魏文翰*

一

领海①对于沿岸国的军事国防、经济利益、人民生活起着重要作用,各国都非常重视。应该多么宽,各国按照自己的需要和条件规定,颇不一致。国际上召开了若干次会议,亦经过了若干次公文往来,而各国的领海宽度,在目前仍没有一致的意见,在国际法上引起若干理论上的争议。

我国自1842年鸦片战役五口通商以后,先后丧失沿海和内河的航行贸易权。帝国主义的船舶不止在我国沿海各口岸之间相互贸易而且他们亦可自由的驶至距离海岸1350浬②的重庆,沿途贸易,并有军船任意往来,借保护商船的名义,实行侵略霸占,使我国沦为半殖民地,哪里谈得上我国领海宽度问题。解放后八年以来,打倒了三大敌人,排除了帝国主义的侵略。我国在工业、农业、交通运输和文化教育上均突飞猛进,人民生活普遍改善,国防力量逐渐增强,从而国际地位空前提高。人民已经当家作主,惩前毖后,对于国家安全、人民福利有密切关系的领海宽度问题,自然予以应有的注意。

二

我国人民一向对外通商贸易,自公元前四五世纪,即由陆路经天山南北二路辗

---

* 作者单位:华东政法学院(现华东政法大学)。

① 通常我们对领海的理解,就是这个国家的土地如果是沿靠大海的,它在一定的宽度范围内就可伸入大海中去,而这个宽度的大海,就是这个国家的领海。领海以外的大海,就是公海。如果大海在这个国家的土地沿岸形成海湾,而海湾的入口狭窄,这个海湾就作为这个国家的内海。按照国际法准则,和土地上的河湖一样看待。

在术语上本文采用"领海"而没有采用"领水",是因为:(1)滨临大海的沿岸国,所有的领海宽度实际上是大海的一部分,应当叫做海,应当叫作领海;(2)我国若干年来惯用领海这个术语;(3)苏联用领水,英美有时用领海,亦有时用领水,各国都有习惯上的术语,不必强求一致。

② 本文所用的"浬"就是海浬,一个海浬等于一个地理浬,60个地理浬就是地图上纬度的一度。一个海浬等于1852公尺,等于6076英尺,亦等于英国法定英里1.15里。在国际协定或有关海事文件所说的浬就是这个等于1852公尺的浬。

转由波斯阿拉伯居间与希腊发生贸易往来。在汉武帝的时候，由广州湾经海道西行与邻国通商，历经隋、唐、宋、元，至明，海外贸易活动更盛。明初虽施海禁政策，然以朝贡关系，对外往来颇为频繁。当时通商所及，到达印度支那半岛、南洋各地，包括今日的菲律宾、婆罗洲、爪哇、苏门答腊。自永乐三年至宣德八年（1405～1433年），郑和出使西洋七次（西洋就是由婆罗洲起向西的南洋各地）。这是历史上有名的三保太监下西洋的事迹。[①] 这次使节煊赫壮大，宝船六十三号，大者长四十四丈四尺阔十八丈，中者三十七丈阔十五丈，随行官兵水手人员共二万七千六百七十名，所到之地遍历爪哇、暹罗、缅甸、锡兰、天方（即沙特阿拉伯）。惟以嗣后倭寇为患，重新严格执行海禁政策，以致海外贸易没有得到应有的进展。

自1492年哥伦布发现新大陆后，西班牙和葡萄牙两国首先进行掳掠，荷兰和英国继之。1498年葡萄牙绕过好望角侵入印度半岛的卡里卡特，1553年侵入我国广东省澳门。1595年荷兰舰队进入爪哇，1604年又侵入我国台湾，直到1661年我国民族英雄郑成功才把荷兰人赶走，收复台湾。

这些殖民主义者，疯狂掠夺，对当地人民恣意蹂躏。他们得意忘形之余，竟异想天开，想据海洋为己有，如葡萄牙据印度洋和部分的大西洋，西班牙据太平洋和墨西哥湾，英国据北海，威尼斯据亚得里亚海。自1609年荷兰法学家格劳秀斯著书《海洋自由论》，反对海洋的割据，有碍交通，认为大海系人类通航大道，且无从居住。这个主张当时的出发点是针对葡萄牙的。因为荷兰和爪哇的航海贸易必须经过印度洋，本质上这个主张也是由自私自利的观点出发，但逐渐地得到当时法学家的理论的支持，从而为各国政府采用，认清通航自由的重要性，放弃海洋割据局面。但各国认为大海与国家的土地是衔接的，为了国防，为了安全，为了居民的福利，由海岸最低落潮的地点起，应画出一定的宽度，伸入大海，作为这个国家的领海。

但这个宽度应该多么宽，有意见分歧，有的说应当是60浬，有的说100浬，有的说应当是视线所及约14浬。到1702年，荷兰法学家宾刻舒克著书《海岸主权论》主张大炮射程的宽度，各国对这个主张都认为合理，认为沿岸的陆地得到了安全保障。嗣后由于意大利法学家加里安尼的倡议，就确定当时大炮射程是3浬。在这个宽度内，沿岸国可以设置国防，建立警察；可以收税，可以缉私；可以检疫；对于海床，如有矿藏，亦可开采。换言之，这个宽度的领海等于国土的一部分，沿岸国家享有主权。对所有进入领海的外国船只享有管辖权。本国人民可以渔猎，而外国人民不得渔猎；本国人民可以航行，而外国人民不得航行。后来逐渐地发展为沿海航行贸易，就是说本国人民可在本国沿岸两口岸之间相

① 《明史·郑和传》。

互航行贸易，外国人民不得享受同样权利。但为了航行自由，对外国商船在领海内善意的和平通过，而这个领海又是通航大道，则不禁止；如沿岸国为本国安全，订立警卫规则，该外国船舶亦应遵守。此项自由通过的权利，原为贸易通商，对于外国军舰并不适用。再者，外国军舰含有威胁性，在原则上非经沿岸国许可不得在领海通行。

自1702年迄今已两百余年，科学昌明，交通改进，海上的面貌今非昔比，帆船已被轮船代替，大炮射程亦远远超过3浬，所有税收、缉私、警卫等主权的权利，各沿岸国都推广至3浬以外。所以若干国家都主张把领海宽度放宽，以符合新的形势。实际上这些国家已经把它放宽，西班牙、土耳其、意大利等国已规定领海为6浬，苏联已规定领海为12浬。苏联这个规定由来已久。1909年12月10日沙皇时代颁布的《关于边防警卫独立兵团的规则》第5条即规定12浬宽度的水面为关税区。1911年5月29日《关于确定阿穆河沿岸总督区海上渔业规则》的法律中肯定了12浬的领海宽度。当时的外交部长沙查诺夫曾向美国送递照会声明，12浬是符合目前大炮射程的距离，而二百年前的大炮射程已不适用。伟大的十月社会主义革命产生的苏维埃国家，继承了这12浬的领海宽度。1923年9月7日苏联中央执行委员会主席批准的《保卫苏联国境条例》，重新规定12浬的领海宽度；1927年6月15日苏联中央执行委员会和人民委员会决议批准的《保卫苏联国境条例》，代替了1923年条例，仍然保持了同等宽度。苏联对于这个12浬领海宽度的主权坚决维护，对侵入领海捕鱼的外国船舶加以逮捕处罚。

英美等帝国一向主张领海宽度限于3浬，并尽量把这个主张向各国推广。但是如果把这个3浬宽度的主张和英美的法令规章结合起来，就发现这个主张是表面的，虚伪的，不切合实际的。例如，英国在1753年《检疫法案》中就规定检疫宽度为12浬，1802年的《缉私法案》中亦规定缉私宽度为12浬，嗣后在1876年的《关税法案》复杂的条文中，同样规定对某些轮船的检查宽度为12浬。美国在1799年和1922年的《关税法》中均规定宽度为12浬。嗣后在1924年6月23日英美的《禁酒签订条约》允许美国对英国商船进行检查，美国原提议在美国沿岸12浬宽度内得对英国船只进行检查，但英国当时正在否认苏联12浬领海宽度的主张，不便在英美条约中规定12浬的字样，①因而规定宽度为快艇1个小时航行的浬程（按当时快艇速度每小时可能行二三十浬），如此也就无形中把宽度扩展到12浬以上。在1935年，美国又在《缉私法案》中规定缉私宽度为12浬。英美在他们法令中、条约中所一再规定的12浬宽度，充分地说明，那3浬的宽度在现代是过时的，不符合实际需要的，不足保障沿岸国的安全和人员的福利的。但英美把这些行

① 吉沙浦著：《领水》。

使征税、缉私、检疫主权的区域,叫做特别区,而不叫做领海,企图在巧立名称上,掩盖他们不合理的领海 3 浬宽度的主张。

英美虽然明知 3 浬领海是不切合实际的宽度,但是不采取实事求是的态度,把它适当地放宽,相反的,变本加厉地企图把这 3 浬宽度强迫加在各国的头上。1930 年,他们利用国联的机构国际法法典编纂委员会在海牙邀集各国代表开会,阴谋实现这个企图。但是许多国家都认为 3 浬的宽度算做现代沿岸国的领海,是不妥当的,因此不能达成统一的意见,会议失败。

为什么英美拼命地抱着这块过时的招牌不肯放手呢?据著者推测,内中自有不可告人的居心。英美拥有庞大的商船队,又拥有庞大的海军,而他们的殖民地和军事基地普遍地设于世界的各个角落,如果其他国家领海宽度都限于 3 浬,就等于缩小了各国的领海面积,而扩大了英美在其他国家领海上的合法活动,从而更便于对各国的威胁,有助于他们的侵略计划。

世界各国目前在领海宽度的看法上没有一致的意见。英美等国主张 3 浬,挪威、瑞典等等主张 4 浬,西班牙、土耳其等主张 6 浬,墨西哥、多米尼加等主张 9 浬,苏联、哥伦比亚等主张 12 浬,智利主张 50 公里(合 26.98 浬),萨尔瓦多主张 200 浬。联合国国际法委员会在 1952 年于日内瓦举行的第四届会议上企图使各国间达成统一的意见,但未能成功。1956 年的第三届会议上,又建议不要超过 12 浬;按领海宽度密切联系着沿岸国的国防安全和经济利益,各国均按本身的需要和条件,作适当的规定。鉴于领海问题的重要性,第二次世界大战结束后若干国家都颁布了新的有关领海法律的规定,例如,阿尔巴尼亚在 1946 年,智利在 1948 年,萨尔瓦多在 1950 年,保加利亚、罗马尼亚、埃及、冰岛等在 1951 年都有新的立法文件。

我国对领海宽度尚没有明文规定。但在 1930 年海牙会议席上,当时旧中国的代表亦曾表示赞同 3 浬的宽度。解放后我国建设事业突飞猛进,国际地位逐日提高,对于这项重要性的领海宽度,有确定的必要。在确定渔业规则时,或颁布边境条例时,或与邻国签订某种协定时,均可把我国领海宽度的主张规定进去。这个宽度究竟是多么宽,应当结合我国海岸的具体形势、国防安全、经济条件、人民福利来决定。著者一时也提不出一个肯定的数字,但无论如何不应少于 12 浬。

三

这个领海宽度又应该从哪里算起呢?这亦是国际法中一个主要争论的问题。有的说应该从海岸或岛屿最低落潮的地点起算,有的说应该从船舶行驶靠近岸边最近的航道地点起算,亦有的说应该由高潮地点起算。按照各国的起算标准,一般的采取最低落潮的地点起算。根据这种起算标准,亦有不同的计算方法。最普通的是平行线法,就是按照这个海岸曲折的情况,由最低落潮地点起,划出一定宽度的领海带;这个领海带外部边缘,是与海岸曲折情况平行的。另有挪威国的直线基线(礁石链条)法,这个方法,是在1935年7月12日挪威国王敕令,为了保护本国人民在北部沿海一带捕鱼所规定的。按照这个方法,挪威可以从那些海岸构成一个整体的岛屿礁石,由北冰洋瓦兰格海湾国界起,沿着这些礁石外部,由点到点的,画成直线,到诺兰特地区的脱兰为止,这些直线,就是基钱,由这些基线向外划出4浬宽度,与基线平行,作为领海带的外部边缘。这些基线的长度十分悬殊,有的点与点之间的距离仅几百公尺,有的到44浬不等。按这样的计算方法,领海宽度在名义上是4浬,实际上,在基线长的地方,超过4浬的若干倍。

我国海岸线达12,000公里,如领海宽度从海岸或岛屿最低落潮地点起算,必须注意到我国南部沿海特殊情况——岛屿众多,渔区繁殖,有采用直线基线方法的必要。至岛屿不多的地区,似乎也可采用一般的平行线法。必须指出,即使我国领海宽度有了规定,其计算方法亦有了规定,在这个领海带范围之外,如存在渔业资源,向为我国人民渔猎者,只要不妨碍自由通航,我国仍应主张权利,或者划为禁区,或者是和有关国家订立协定,保障我国渔民权利。这种意见,都有先例可作参考。通过协定方式的有1882年5月6日的英、荷、丹、比、德、法各国《北海捕鱼协定》,有1911年7月7日俄、英、美、日《北太平洋捕獭协定》;通过一个国家单方面声明的,有1945年9月28日美国总统《建立禁止捕鱼区的命令》。

(1957年第3期)

上海国际法学者讨论国际法的阶级性和体系问题

现代国际法的阶级性和体系,是当前国际法学者尚在争论的问题。上海法学会和华东政法学院为了深入探讨这个问题,特联合召开了一次国际法的专题讨论会。会上着重讨论了华东政法学院国际法教授周子亚提出的论文《国际法的阶级性、独特性、强制性和继承性》。在会上发言的有吴芷芳、刘家骥、丘日庆、张汇文、杨兆龙等人。

关于国际法的阶级性问题,周子亚认为国际法所表现出来的阶级意志不是一个国家的统治阶级之意志,而是社会经济制度不同的两个或两个以上国家的统治阶级的意志。这些意志的协调或一致所形成的法律规范,并不直接地和社会经济性质不同的国家中的现存生产关系发生联系,而是通过国际关系发生联系。与会者在发言中,一般都认为国际法是有其阶级性的。但其中有些人认为在目前国际关系还存在两个阶级阵营的情况下,阶级性是不可能处于平衡状态的,其中必有一个阶级的意志是居于主导的地位。还有人说,目前国际关系中既然存在着两个对立的阵营,因而就不可能制定出一个单一性的国际法规范,而这个国际法规范的阶级性只能是多重性的。另一些人认为国际法的阶级性应把“同意”这个因素突出来。因为突出同意因素并不就是削弱了国际法的阶级性,相反会加强它。

讨论会上争论较多的是国际法体系的问题。不同的意见是:(1)现代国际法体系中存在社会主义国际法和资本主义国际法两个体系。(2)目前是资本主义过渡到社会主义的时代,必须有公认的规范来调整社会主义国家和资本主义国家之间的关系,这就叫做“公认的国际法”或“共同的国际法”。(3)现代国际法规范和制度是由社会主义国家和资本主义国家在其斗争与合作过程中共同制定的那些规范构成的。(4)现时的国际法既不是社会主义国际法,也不是资产阶级国际法,而是在过渡时期两大体系和平共处的国际法。(5)国际法在今天来说还没有一个体系,因为资本主义体系正在瓦解,而社会主义体系则正在形成。(6)今天的国际法可以有现代国际法和社会主义国际法两个体系。社会主义的国际法虽然还不完备,但已经形成。在社会主义体系兄弟国家间,只能以社会主义的国际法规范来调整,绝不能以资本主义的国际法规范来调整。

(1957年第3期)

对建立我国刑法分则体系的一些意见

叔　思*

一

我国刑法正在进行起草工作,它的内容究竟如何并具备什么样的形式,这是法学研究者和司法工作者都很关心的。本文试就刑法分则体系问题提一些管窥之见,和同志们研究。

犯罪的分类是有关刑法分则体系的一个重要问题。在我们所接触到的法学论述中似乎有一种认识,依据犯罪行为所侵犯的客体进行犯罪的分类,乃社会主义国家的刑法区别于资本主义国家刑法的重要标志。据说只有这样的分类,才能明显地反映出各类犯罪的社会政治意义,表现出刑法的积极服务作用。

根据这一主张,我国刑法分则的具体分类和排列应该是:(1)反革命罪;(2)妨害公共安全罪;(3)侵犯公共财产罪;(4)妨害社会经济秩序罪;(5)渎职罪;(6)妨害管理秩序罪;(7)侵犯公民人身权利罪;(8)侵犯公民财产罪;(9)妨害婚姻家庭罪。有人认为应增加"违反劳动保护、劳动纪律罪",有的认为应增加"军职上的犯罪",也有认为只要在次序上作些调整就行。总的说来,对这种分类原则,基本上是没有太大的分歧的。但问题就在于是不是只有这种分类才足以体现各类犯罪的社会政治意义,表现出刑法的积极服务作用?我认为是还可以作进一步地研究和讨论的。

为剥削者服务的资产阶级的法学者,力图抹杀和掩饰犯罪的政治性、它的阶级本质和刑事法律所保护的真正客体——占统治地位的社会关系。他们说"犯罪是对法和法律的单纯破坏"。然而,这只不过是资产阶级的企图,双手是不能掩尽天下耳目的。我们和资产阶级相反,不仅是敢于揭示犯罪的政治性,同时明显地提出刑法服务的对象。归根结底,法律乃统治阶级实行其统治的有力工具之一。但我们所区别于资产阶级刑事立法的,究竟在于论罪处刑的基本观点,还是靠在每一章节标出抽象的犯罪所侵犯的客体?显然应是前者而不是后者。谁也知道,犯罪的分类及其排列,是刑法分则体系的具体表现。要体现刑法的社会政治意义和使之没有差错地实现其服务作用,主要在于它的内容及并有与其内容相适应的体系。过分地从形式上强调其政治意义,实践证明有时反会模糊斗争的目标,招致不利的

---

* 作者单位不详。

结果。我们知道,各种具体犯罪,都是决定于犯罪行为的,刑法也是针对各种具体的罪行加以处罚。什么行为构成犯罪,给予什么样的刑罚,这就表现了我们的政治立场和基本观点。对于犯罪的分类,只应该是合并归纳,而不应是理论上的抽象表现。刑事法律与刑法教科书的差别,也就在这里。在刑法分则中,把各类犯罪的特征,清楚切实地表现出来,明白易懂,是使广大群众易于理解、熟悉和掌握的重要条件,我们的法律之所以有力,并能成为预防犯罪的有效手段,在极大程度上是建立在人民对法律的自觉遵守和对犯罪的抵制的基础之上的。把犯罪的分类,定得过于抽象而不切实际,如果只是像我们过去一度把破坏革命秩序的范围用得很广,流氓行为被列为破坏革命秩序,通奸也成了破坏革命秩序,这样在犯罪的分类上虽做到了高度的概括,却使某些犯罪在界限上混淆不清,在实践上发生很大困难。为了突出我国刑法的政治意义,如有必要,似不妨在刑法中加上个序言。这是比较适当的。

二

按犯罪所侵犯的客体进行犯罪的分类,首先一个问题,就是将相同的犯罪造成人为的割裂。例如,把财产上的犯罪分为侵犯公共财产和侵犯公民财产两章,就有不少犯罪很难作统一的安排。最明显的是常业窃盗,既主要决定于常业这一个特征,实际上又很少有专以窃盗公共财产为常业或以窃盗公民财产为常业的,同一犯罪,就不可避免地要在两类犯罪中作重复的规定。另如窃盗、诈欺、侵占等。因行为的特征,具有决定的意义,虽可从财产的所属加以区分,但由于犯罪的行为特征相同,就不免要后先互见,也就影响了刑法分则体系的严谨。

主张把侵犯公共财产罪和侵犯公民财产罪分为两类的主要理由,是认为公共财产乃建设社会主义的物质基础,必须予以特别的保护。但是在我国资本主义所有制已经发生根本变化以后,资本家虽还没有完全放弃剥削,仍从工人阶级手中取得年息五厘的定息,但一般都正在逐渐向自食其力的劳动者转化。我们所称为公民财产的,在今后主要是属于劳动所得和各种个人所有的生活资料。公民个人财产的存在,基本上乃是社会主义分配所发生的结果,公共财产也好,公民财产也好,都是人民劳动所创造。当它们同样作为犯罪被侵犯的对象时,公共财产应予坚决保护,公民财产同样应受法律的保障。在我国实际情况中,国家、生产单位和生产者个人三方面的关系,从来就是统筹兼顾的。集体利益与个人利益是紧密结合在一起的,在两者不相矛盾的场合,并不产生谁重谁轻的问题。在生产资料私有制制度下的那种个人利益与公共利益的根本对立已不存在。生活资料和劳动者正当收入的个人所有与社会主义的公共所有是完全一致的。《宪法》规定:“中华人民共和国的公共财产神圣不可侵犯,爱护和保卫公共财产是每一个公民的义务。”那只是说，我们在日常生活中应养成爱护公共财产的观念。爱护和保卫公共财产，是我们国家公民的高尚道德标准。《宪法》的规定是在尚未实现社会主义改造以前，因此，也就不能理解为在刑法分则中一定要把公共财产和公民财产摆在不相联系的地位。且在实际生活中，我们在处理窃盗、诈欺等犯罪时，也总是首先考虑是否是惯犯，他的犯罪动机和犯罪所造成的危害。所侵犯的属于公、私财产，只是情节的一个方面，并不因财产的公有或私有，在处刑上显示绝对的重轻。至于国家工作人员利用职务上的便利，侵占、盗窃公共财产，这种犯罪不仅容易造成公共财产的重大损失，而且由于犯罪主体的特殊，犯罪行为的社会危险性也就更为严重。在我国刑事立法中已早确定其为贪污罪，在刑法上自仍应有别于一般的盗窃侵占。有人认为，公私财产在刑法上虽不应割裂，但鉴于私有观念在人们思想上的深远影响，为显示刑法对公有制的特殊保护的严重政治意义，在目前我国刑事立法中对两种犯罪在处刑上有所区别，还有必要。这一意见当然值得研究，但从根本上分为两类，我以为是既不必要，也是不够恰当的。

其次，以犯罪所侵犯的客体作为犯罪的分类，不可避免地要造成分类上的硬拼硬凑，把不同性质的罪名拼凑在一起。例如，以爆炸、放火、决水等方法毁灭厂、矿、企业以及交通工具等，究竟属于危害公共安全罪抑或属于侵犯公共财产罪？就有两种主张：一种认为，应属于侵犯公共财产的加重罪；另一种则认为首先仍在于危害公共安全。另一种犯罪是厂、矿、企业的主管人员违反劳动保护法规，不按规定设置安全设备，致人重伤死亡，或者使国家财产遭受重大损失，以及厂、矿、企业职工违反安全生产规则、操作规程，致人重伤、死亡，或者使国家财产遭受重大损失，有人认为应分设两条，放在妨害公共安全罪之内。另一种意见则认为上述致人重伤、死亡，应属于违反劳动保护；造成国家财产重大损失，则属于违反劳动纪律，应放在“违反劳动保护、劳动纪律罪”之内。还有是制造、贩卖鸦片、吗啡、海洛因，没有医学专门知识而从事医疗职业，制造、贩卖假药等，究竟属于妨害管理秩序还是危害公共安全，或者是单设危害人民健康犯罪一章，也属莫衷一是的。

遗弃、虐待，是否应属妨害婚姻家庭罪？有人主张在妨害家庭罪以下加上“遗弃”二字，姑不论是否适当，但对与遗弃有关的虐待，究应放在哪里也是一个问题。因遗弃、虐待都有非家庭的成员为其被害的对象的。例如遗弃负有扶助义务的没有自救能力的人，以及教师、保姆虐待儿童，师傅虐待学徒，就都是没有家属关系的。类似犯罪，虽因群众的组织性和觉悟的提高，犯罪的可能会日见减少，但在现实生活中却还是存在的，是否按行为分类更为妥当呢？个人认为这比硬塞在妨害婚姻家庭章内要好。

最后，有不少犯罪，不可能按犯罪客体定其类别，有的须以行为作为分类标准，有的应以特定职务确定。例如“反革命罪”就并不似其他犯罪显示犯罪的客体，又如渎职罪，以及有人主张应该增设的军职罪，就都是按犯罪的主体加以区分的，这就说明实际上也不可能以犯罪侵犯的客体作为所有犯罪分类的依据。为了确定刑法分则的合理体系,不应受某一定形式所局限。当然,不能否认,犯罪客体对某些犯罪可以作为犯罪分类的标准之一,但必须确切地反映其内容,更多犯罪则应以行为特征结合直接客体作为分类的标准,较为切合实际。

三

在确定我国刑法分则体系时,必须以我国发展的现阶段所面临的任务为出发点,考虑到我国社会主义改造取得决定性胜利以后,在社会、政治、经济和文化各方面所发生的极其深刻的变化,以及这些变化所引起的犯罪上的变化。是的,资产阶级思想残余和旧社会影响是会长期存在的,但是利用私有财产危害公共利益的基础则已基本消灭;且实际上刑事犯罪不仅在数量上有很大减少,犯罪性质正在起着变化,同时犯罪种类也在开始减少。今后犯罪存在的基本原因,乃是帝国主义与国民党的敌对活动和人们意识中资本主义的残余,这一形势必须加以估计。

刑法的任务,乃在于同实际存在的犯罪进行有效而准确的斗争。因此,必须在总结已往的经验的基础上作更多的理论上的分析。根据现实生活中存在的犯罪作正确的分类,经验虽可作为依据,但不能认为过去有过的,今后一定会有,更不能从这样的公式出发,认为资本主义工商业的全行业公私合营,农业、手工业的合作化,已使社会主义的资金加多和增大,在更大范围内有被侵犯的可能,从而认为在这方面的犯罪就会大量增长。这未必是有根据的。最近以来,我们在合营企业和农业、手工业合作社中确曾发现过一些损公利私、盗窃、侵占的事件,并且也不能设想在一个很短期间内就会绝迹。一般规律,是旧类型的犯罪逐渐减少,某些新类型犯罪又有发生,但总的趋势却应是向下而不是向上的。还有反革命,但是不多了。因此,认为我们的事业向前发展,犯罪也跟着发展的公式,显然是不能成立的。还有是由于资产阶级经营思想,小资产阶级的自私散漫,企业管理人员不注意安全设备,职工忽视安全生产操作规程,也的确是时有发生的。对此,是否一律当成犯罪加以处理,只要是对公共利益有所损害就一律采取单纯的法律惩罚手段?从我们的刑事政策来讲,显然是不相符合的。不能忘记,“我们的国家管理,依据说服教育是基本的,那种法制万能的观念是不对的,当然那种单纯说服教育而忽视革命法制在国家生活中的强制作用,也是不对的,只有说服教育和强制相结合才是我们国家的管理和法制建设的原则”①这一方针,自亦应成为刑事立法的指导原则。当然在我国当前社会斗争中,特

① 国务院法制局:“关于法规整理工作总结”,载《政法研究》1956年第6期。

别与犯罪分子的斗争,是仍然包括着阶级斗争的内容的。刑法不仅是对反革命分子实行镇压的工具,同时在一定范围内还是解决人民内部矛盾的一种必要的辅助手段,也即是保护人民和教育人民、调节人民内部关系的工具之一。

从我国目前犯罪减少的趋势看来,根本原因乃在于经济基础的变化,以及几年来各种社会改革改进的结果,全国绝大多数群众已经组织起来;群众觉悟程度不断提高,就使犯罪的社会基础大大地削弱,群众对犯罪的抵制日益加强。我们看,凡与旧社会制度有关的犯罪减少很快,属于群众日常生活中所引起的问题下降比例较少,这就说明减少的趋势是肯定的,基础也是真实的。不仅如此,由于生产关系的改变,某些问题,本来属于犯罪,将有可能不以犯罪处理。例如,冒用商标,在个别情况下当然还会发生,但一般地是采取行政措施还是作为犯罪加以处理,就是可以研究的。有些犯罪其发生可能已经大大缩小,有之,也已经与原来的意义不同,例如,投机暴利、偷税、抗税等,不论在犯罪规模或危害程度上都将不似过去的严重,这都是在刑事立法中所应考虑的问题。另外,我国刑法,在一定程度上还不可能不带有若干过渡性质,对某些可能残余存在的犯罪,例如,制造、贩运、吸食毒品,虽已基本绝迹,但为了悬为厉禁,在立法上就还未便即加删除。但对这类条文,如何使其简化,也是立法上应加斟酌的。总的说来,对于在实际生活中仍然存在的犯罪问题,不应省略;对于并不存在,根据实际情况的发展将来也不会存在的,则不必主观设定一些罪名,造成分则体系的庞杂。事实上既不可能也没必要在刑法分则中详细列举所有可能发生的犯罪种类,使刑法成了累赘的犯罪一览表,反而使人对我国犯罪状况造成歪曲的印象,误以为我国正存在这些罪行,可是实际情况并不如此。个人意见,一方面条文虽不要过多,但另一方面分章则不应太少,使不相类似条文硬凑在一起,说是体现犯罪的社会政治意义,其实反会模糊犯罪的政治意义。

四

在刑法分则体系中的另一问题,是关于各类犯罪究应如何排列。基本原则应该是按照犯罪的社会危险性大小和各类犯罪相互间的关联。反革命罪,应为刑法分则的第一章,自无疑问。这里不拟详细排列章节,仅就个人认为值得注意的几点,提出以下问题:

首先是杀人罪应该提前摆在重要的地位。由于保护公民人身权利不被侵犯,乃是保护社会主义利益的重要环节所在。人是一切宝贵财富中最宝贵的财富,消灭剥削,建设社会主义社会,就是为了创造人类美好幸福的生活。把杀人当做侵犯个人利益,放在侵犯国家和公共利益甚至财产犯罪之后是不妥当的。因实质上杀人罪虽直接损害的是人的生命,对国家同样是一种严重的损失。把严重侵犯人身的杀人罪放在刑法分则中的重要地位，应是我国刑法分则体系的特点之一。

其次是渎职罪，应放在刑法分则中比较重要的地位。因渎职行为，即使国家机关正常活动遭受破坏，直接影响国家机关在社会主义建设中作用的发挥，同时对人民的权利和利益也极易造成直接的严重危害。对于公民自由等基本权利的侵犯，也往往是基于渎职行为所产生，为了保障宪法上公民的基本权利，对国家工作人员加以严格的法制约束，是具有特殊意义的。要使我们做到人人守法，必须首先要求一切国家机关的工作人员严格遵守法律，为严格国家法制，巩固法律秩序，加强对渎职罪的斗争是具有重要的政治意义的。

再次是对窃盗、侵占等犯罪，不仅目前在比例上占有较大数量，并且财产也是极易遭受侵犯的对象。属于公共所有，其直接损害的是集体利益；属于个人所有，也是公民在宪法上应受到保护的重要权利。因此在刑法分则中应占有适当的地位。

最后是妨害婚姻家庭罪，我们在观念上不应认为婚姻家庭问题，都属于琐细事故，把它摆在一个完全不重要的地位。《宪法》规定婚姻、家庭、母亲和儿童受国家的保护，妇女有与男子平等的权利。这不仅表示我们国家对公民个人生活的关怀，同时因为巩固和发展社会主义幸福的新家庭，乃是建设社会主义、提高劳动生产的重要条件之一。目前这类犯罪在刑事案件中也占着相当大的比重，很多人都主张把它作为刑法分则的殿后一章，显然是不妥当的。

以上所提几点，并不意味分则体系就应按此顺序排列，也不是说其他犯罪都要摆在次于渎职等犯罪的地位；但认为凡属侵犯国家和公共利益的都应在前，侵犯个人利益的必须在后，这种拘泥于被害客体的表面价值的排列方法，似不应采取。

有人认为没有必要在刑法中对于众所周知的概念下什么定义，但由于我们国家正经历着一个历史性的变化，对一部分犯罪从概念上予以明确，对法律的正确执行是具有意义的。例如，以假充真，以次充好，企业经营管理上的过失责任，侵犯著作及发明权等，到达什么程度就必须采取刑事惩罚方法？犯罪的构成如何？以及过去习惯用的“惯窃、惯盗、土匪”等在刑法上适当加以明确都是完全必要的。

合理地确定刑法分则的体系，并使各类犯罪的要点一目了然，使司法人员在实际工作中对个别犯罪构成便于做法律上的分析；刑法规范得到正确理解和适用，应该是刑事立法所应该达到的要求。

（1957年第3期）

论共犯(下)

李光灿*

三、特殊共犯(有组织的犯罪集团)及其共犯者的形式

特殊共犯同一般共犯有着显著的区别,它不包括在一般共犯之内。我这个见解是同历来资产阶级刑法根本不同的,并且也同苏联许多刑法学者的见解不完全相同。现从三个方面来分析关于有组织的犯罪集团这一特殊共犯类型的一些问题。

(一)从研究特殊共犯类型联系到关于共犯概念的问题

在这个问题上有两种片面的见解。一种企图用一般共犯类型来概括有组织的犯罪集团这一特殊共犯类型,而反对把有组织的犯罪集团这一特殊共犯类型从一般共犯中突出出来加以分析研究。这样就把一般共犯类型中共犯者的形式和有组织的犯罪集团类型中犯罪的形式归并在一起,那就是,把一般共犯类型中共犯者的三种形式即实行犯、教唆犯和帮助犯原封不动,而再从有组织的犯罪集团类型中抽出组织犯这一共犯者的形式,来同前述三种形式合并。这种简单归并的做法,是从一般共犯类型可以完全概括有组织的犯罪集团的特殊共犯类型这一片面观点产生的。从这种简单归并的做法中,显然可以看到:第一,它使一般共犯类型中共犯者的形式难以符合所谓组织犯这样一个事实。在一般共犯类型中,简单共犯也就是共同正犯的形式,自然无所谓什么组织犯。就是在复杂共犯的形式中,在多数情况下也不产生所谓组织犯的形式。因此,在历史上成为这种一般共犯类型的共犯者的形式概括为实行犯、教唆犯和帮助犯这三种形式,是完全合乎事实的。因为在一般刑事犯罪中几个人共同犯罪的情况,无论杀人罪、伤害罪、偷盗罪以及其他刑事犯罪,当他们共同来作案时,一般不需要产生一种以领导者身份出现的所谓组织犯。因此,这种简单归并成四种共犯者形式的情况,首先对于一般共犯类型就是不完全适用的,这就是显然多出了一种形式——组织犯的形式。第二,这种简单归并的做法也使特殊共犯类型中共犯者的形式难以符合所谓教唆犯和帮助犯这样一个事实。在特殊共犯类型中,它们的共犯者的形式经常具有的是组织犯和执行犯,至于教唆犯和帮助犯并不是有组织的犯罪集团中经常有的共犯者的形式。为什么

---

* 作者单位:中央政法干校(现中国人民公安大学)。

呢？首先从教唆犯方面来说，在有组织的犯罪集团中各共犯者首先是出于自觉来参加这个集团，然后才跟着这个集团一起来进行这种或那种犯罪的。这里究竟是谁教唆谁呢？显然参加犯罪集团来进行犯罪活动，完全不需要每一个共犯者必须是另一个共犯者的教唆者。在这里，真正的教唆任务往往是结合在组织犯和其他主谋犯的整个活动中的。其次，在有组织的犯罪集团之内也无所谓什么帮助犯。在每个共犯者参加到有组织的犯罪集团中，根据共同的犯罪计划来实行犯罪活动的时候，究竟是谁帮助谁呢？事实上这个界线也是不易划清的。从有组织的犯罪集团所进行的整个犯罪活动来看，当然可能有帮助犯，但这种可能有的帮助犯并不是集团中的成员。例如一个车库看守员帮助一个窃盗集团实行窃盗，这个看守员应该当然构成共犯中的帮助犯，但他不是这个窃盗集团里面的一分子。因此，从有组织的犯罪集团中来认定共犯者的形式时，不但无所谓教唆犯，也无所谓帮助犯。这种情况是从有组织的犯罪集团这一共犯的特殊类型中产生的。因此，那种用一般共犯类型来概括特殊共犯类型，把它简单归并成为四种共犯者形式的意见，只看到一般性，抹杀了特殊性，既不符合事实，又不符合情理，是不科学的。

另一种见解企图用特殊共犯类型来代替一般共犯类型，而同样反对把有组织的犯罪集团这一特殊共犯类型作为与一般共犯类型并存的特殊共犯类型。这种见解是企图把特殊共犯类型一般化，而否定另一端即一般共犯类型的存在。持有这种见解的最主要的代表人就是安·扬·维辛斯基。他在《苏维埃社会主义法律科学的基本任务》的论文中曾经说道："狭义的共同犯罪只是犯罪的联合形式这种庸俗的概念已经过时了。在目前，特别在剥削者世界对胜利的社会主义革命实行阶级反抗的条件下，作为政治斗争形式的共犯问题更具有尖锐的性质。可以说，只有从我们时代的特点，目前阶级斗争的性质和特点的了解出发，才能正确理解苏维埃社会主义国家刑法中的共犯理论。"从事实出发，可以看到维辛斯基在这里所指的"已经过时了"的"庸俗概念"就是一般共犯类型中共犯者形式的概念，即把共犯者分作实行犯、教唆犯和帮助犯这三种形式的概念。我认为这种概念，在现在甚至在较长时期的将来，既不庸俗，也不过时。因为事实是，无论在苏联或各人民民主国家的共同犯罪现象中，除了会存在反革命组织和其他有组织的犯罪集团这种特殊共犯类型以外，还会存在甚至更多地存在普通的刑事犯罪中的一般共犯类型，如共同仇杀、共同偷盗等。反革命集团和反革命残余势力无时无刻不在向我们进行犯罪活动这个事实是存在的，我们应该对它抱有高度的警惕，并且应该从我们对这种反革命活动斗争的经验中总结出新的能推进我们同这些犯罪作胜利斗争的共犯理论。但与此同时，对一般共犯类型的共犯者形式的理论仍然需要紧紧地把握它和运用它，而不能被特殊共犯类型所代替。否则，如果用对待特殊共犯类型特别是对待反革命组织的共犯的理论和原则来对待和处理一般共犯类型，那就要大错特错了。

我的见解是,从实际情况出发,对于一般共犯类型和特殊共犯类型并存的情况同时予以承认,予以肯定,既不因为前者否定后者,也不因为后者否定前者,而是看出两者的一致性(都是共犯类型的一种,都是二人以上共同进行故意犯罪等)和差别性(主要表现在对社会危害的性质和程度不同、共犯者形式的不同)。在实际工作中要同时分别运用共犯者形式的学说,使得对一般共犯类型和特殊共犯类型的共犯者形式的运用各得其所。

(二)怎样正确地认定有组织的犯罪集团这一特殊共犯类型

什么叫做有组织的犯罪集团,刑法学界也有着许多不同的见解。大体上可分为下面两大类。

第一,是把有组织的犯罪集团这一概念同一般共犯类型中的事先协议的形式混为一谈。例如,苏联法学家库利诺夫在《盗窃国家财产和盗窃公共财产的刑事责任》一书中说:"必须指出,如果确定有组织的集团(结伙)的参加者在实行盗窃行为以前进行过有关实行盗窃行为的协商,那足以确定这一盗窃行为是由有组织的集团(结伙)所实施的。"他认为,确定有组织的犯罪集团,"事实上常常必须确定的只有一点:即二人或二人以上的集团事前曾有协议,即使是有关实施盗窃行为的大概的协议"。李斯科维茨在他的《关于盗窃国家财产和公共财产案件的审理》一书中也写道:"如果犯罪的共犯者加入到为了实施一次或数次盗窃行为,而事先组织起来的二人或二人以上的团体时,尽管他不是执行犯,而是教唆犯或帮助犯,它就应当以这一犯罪团体的共犯者论罪。"库利诺夫和李斯科维茨把凡是二人或二人以上事先协议(预谋)的共同犯罪行为都叫做有组织的犯罪集团,这是毫无根据地扩大了这一严重危害社会的共同犯罪的特殊类型。照他们的这种观点来看,在共犯类型中除了无事先协议而只是在实行犯罪的临时共同犯罪的共犯以外,对于一切有事先协议的共犯都看做有组织的犯罪集团。这种观点,同客观事实和国家的实际审判工作是冲突的。因为他们没有区分一般事先协议的共犯类型同有组织的犯罪集团这一特殊共犯类型之间的显著差别。我认为,绝不能把有组织的犯罪集团同一般的事先协议混为一谈。这两者之间是有以下几点显著的区别的:(1)有组织的犯罪集团首先表现着它的有组织性。所谓有组织性就是在这集团中不仅有犯罪活动的具体分工而且有犯罪责任组织分工(即有领导者和被领导者,有组织犯和执行犯),而这种有组织性,在一般的事先协议的共犯类型中是不存在的。(2)从历史上看,参加有组织的犯罪集团的成员都是职业犯罪者,都是新老同行者。他们进行事先协议的目的是经常的犯罪。这个特点在一般的事先协议的共犯类型中也是不存在的。因为一般的事先协议的共犯类型,他们的事先协议往往是为了偶然的犯罪。(3)有组织的犯罪集团表现了犯罪手段的复杂性和多样性,同时也具有对付法律制裁的相当的防卫力。而这一特点又为一般的事先协议的共犯类型所不具备。(4)有组织的犯罪集团是对社会的危害性特别大的特殊共犯类型,而一般事先协议的共犯类型又是社会危害性比它小的一般共犯类型。区分这种差别,对于严格地确定有组织的犯罪集团这一特殊共犯类型是十分必要的。

第二,是把有组织的犯罪集团这一概念限制得很严,把构成有组织的犯罪集团的条件定得很苛刻。例如,苏联刑法学家杜尔曼诺夫,把有组构的窃盗集团理解成为“一个稳固的有组织的犯罪集团,它的形成是为实施偷盗”。另一个刑法学家贝斯特洛娃在《苏维埃刑法总论》一书中,把所有有组织的犯罪集团都看成是一种有组织的坚强性的团体。照他们的说法,组织上的稳固性和坚强性是所有有组织的犯罪集团的特点之一。这里就势必把有组织的犯罪集团理解成为只适合于反革命组织和一些少数的大型的职业强盗集团,而对于那些具有一定组织性和职业性的流氓集团、窃盗集团、强盗集团、走私集团、诈骗集团等,都被划在有组织的犯罪集团之外。显然,这是缩小了有组织的犯罪集团的范围,这种片面性,对于实际审判工作是有害的。

在反对以上两种片面性的理解上,我认为有组织的犯罪集团这一特殊共犯类型应当具备的特点是:(1)二人或二人以上参加组成的经常作案的职业犯罪的团体。(2)在犯罪的方法和手段上,在作案的分工和配合上,在隐蔽自己和逃避国家的法律制裁上具有一定程度的复杂性、狡猾性和防卫能力;具有为实行犯罪而相互间勾结起来的一定程度的组织性和纪律性。(3)这种共犯的类型带有很大的社会危险性,它不仅会连续地发生多种多样的犯罪活动,而且单是这种犯罪集团存在的本身就对社会具有很大的威胁,不论它的犯罪活动是推翻国家制度或破坏社会秩序都是一样的。

(三)有组织的犯罪集团中共犯者刑事责任问题

在这个问题上也有两种片面的见解:

一种是狭隘地和孤立地只根据个人的犯罪活动,根据一般共犯类型中共犯者应否负刑事责任的观点。(就是将共犯者应否负刑事责任只局限在他的具体犯罪行为上)这种观点,是强调共犯者从某一犯罪行为和犯罪结果的直接因果关系问题上来确定他的刑事责任。例如谢尔盖耶夫斯基认为,凡是主观罪过和犯罪结果有关系者,则不论其犯罪行为的性质如何,均称为共犯。照他的意见推论,犯罪集团的参加者,如果他的主观活动没有产生犯罪结果时就不负刑事责任了。福尼茨基认为,应当根据因果关系的一般原则来解释共同犯罪。他认为,“如每一行为人和现象并无内在或外在因果关系,就不能把这种现象归咎于该行为人。”这些见解果然在程度上和措辞上有些区别,但都是从单个个人的犯罪行为方面来运用因果关系的原则,而不是从有组织的犯罪集团这种整个团体的特点和参加有组织的犯罪集团每一共犯者个人的关系上来运用因果关系的原则。这样势必把许多有罪的共犯者宣布无罪,例如,对参加反革命组织还没有作出多少反革命罪行的人宣布无罪释放。显然,这是拿一个人的犯罪活动或一般共犯类型中的共犯者的犯罪活动来看待有组织的犯罪集团中共犯者应否负刑事责任的问题。其理论基础是同对于共犯概念问题的理解即以一般共犯类型来概括有组织的犯罪集团这一特殊类型的理论是一致的。

另一种见解是,笼统地抽象地单从整个有组织的犯罪集团的角度出发,毫无区别地来认为共犯者的个人罪责就是有组织的犯罪集团的罪责,把整个集团的所有犯罪活动都叫参加犯罪集团的任何一个普通成员来负全部的责任,把个人与集团混同起来。这就强调了有组织的犯罪集团的每一个参加者对于全体参加者的罪行担负全部罪责,因而也就否定了犯罪中的因果关系原则的存在。维辛斯基在《苏维埃社会主义法律科学的基本任务》一文中说:“如果一切具体犯罪的实行系根据集团的共同犯罪方针或共同犯罪活动的计划,则这一犯罪集团的参加者就应当被认为对这一切具体犯罪负责。”“实际上,不管犯罪集团的参加者是否曾‘参加’实现了该集团犯罪活动的这一或那一犯罪结果,只要参加这类犯罪集团,参加者也就要对这一结果负责,因为犯罪集团的参加者要对该集团的全部活动负责。”“共同犯罪概念要求的不是因果关系,而是犯人和实施的犯罪间的一般关系。”并且因此他还援引了英国刑法的规定。① 显然,如果按照这种观点,势必将无事先协议的隐匿者也看成是共犯中的参加者,从而把许多罪当从轻处罚的共犯者也给予严重的处罚。这种观点,在理论上是没有根据的。例如,张三在参加有组织的犯罪集团的3 个月时间当中,他自己进行了两次偷盗,而他的其余 50 多个犯罪的伙伴却进行了共 200 多次的偷盗罪行,并且有许多人还伙同进行了杀人、伤害和强奸行为。从这个例子来看,如果要张三对于他自己的犯罪行为同他的所有伙伴的犯罪活动全部负责,而对于其中的李四、王五等许多共犯者也都一样地担负全部的刑事责任,试问,这在理论上究竟有什么意义呢?在同一计划中的共同行动是否就决定了每一个人要对全体罪犯的全部犯罪活动负责呢?不,不应当的。在这里,在同一计划中来行动,只是说明有组织的犯罪集团这一特殊共犯类型的性质和特点,说明这一犯罪集团对于社会危害的严重性,而不应成为在同一计划中来行动乃是每一个共犯者对于全部犯罪活动都要负刑事责任的理论根据。再从实际工作来看,要一个共犯者张三对于他所参加的整个盗窃集团所犯的全部罪行负责,如果这是意味着他不仅犯了两次偷窃罪,而且犯了二百多次偷窃罪并兼有杀人、伤害和强奸罪,那么,不是判处死刑就是判处无期徒刑。这样,对他的判处显然是犯了重刑的错误。

---

① [苏]维辛斯基著:《国家和法的理论问题》,法律出版社 1955 年版,第 139 页。

但如果不是意味着这个，而只是意味着在理论上承认张三对于200多次偷盗罪和共犯的杀人、伤害和强奸罪负刑事责任，并不是把它当做判刑的根据，而在判刑时还是按照各人参加罪行的程度，那么，说要张三负全部责任，对于实际判刑上又有什么意义呢？显然，这种片面观点是站不住脚的。

根据我国对于反革命罪和其他有组织的犯罪集团的政策，在确定有组织的犯罪集团中共犯者的刑事责任时，我的主张是：第一，有组织的犯罪集团中的组织者和其他的一些主谋者，对于该犯罪集团的一切犯罪活动应当全部负责。因为该犯罪集团的全部犯罪活动都是由他们来策划和主持进行的，尽管他们对于其所属成员不一定都认识或者直接授意，也应当负全部刑事责任，科以严峻的刑罚。第二，对于有组织的犯罪集团中一般的参加者，则要根据他们参加该犯罪集团本身所构成的罪行和参加该犯罪集团之后个人所做过的具体罪行结合起来认定他们所负的刑事责任。我们知道，参加一种有组织的犯罪集团来进行犯罪的一般共犯者，不仅同单独的个人犯罪有区别，而且也同一般共犯类型的共犯者有区别。因为有组织的犯罪集团的存在对于社会就具有危害性。所以当一个人一参加某一犯罪集团就构成罪犯。例如，李四参加了反革命组织，虽然还没有作出多少反革命罪行，但也构成反革命罪。同时，在参加了某一犯罪集团之后，参加者个人所进行的具体犯罪活动，自然是该犯罪人所必然要负的犯罪的责任。第三，对有组织的犯罪集团中的一般参加者的刑事责任的认定原则，不但不否定因果关系，反而恰恰是具体运用了因果关系的原则。因为对于认定有组织的犯罪集团中一般参加者的犯罪责任来说，因果关系原则的运用，既不能像在单个个人犯罪中那种简单的形式，也不能像一般共犯类型中那种共犯者的形式。在这里，具有一定的复杂性，因为因果关系表现了连环性，即大因果关系套小因果关系。例如，王五一参加反革命组织这种有组织的犯罪集团，就构成反革命罪。这里，参加反革命组织是因，而在以后进行这些或那些反革命罪行是果，因为反革命组织本身就是要进行这种或那种犯罪活动的。这是一层因果关系，叫做大因果关系。在这大因果关系上面还套着一层小的因果关系，那就是例如，王五在参加反革命组织以后所进行的具体反革命罪行。如果他进行了三次暗杀革命干部的活动，他所进行的这三次暗杀活动本身（包括暗杀的组织、计划、手段和方法）是因，而几个革命干部被暗杀是果。这一层小的因果关系之所以成立，是被头一层大的因果关系的成立所决定的。因为王五参加了反革命组织，然后才在这个反革命组织的指导、命令下连续进行了三次暗杀罪行。所以，在这里，不是像维辛斯基所说的只要什么“一般关系”而不要什么因果关系，也不是像有些刑法学者所说的，只看做简单的那种因果关系而忽视了它的复杂性和连环性。第四，因此我认为，对于有组织的犯罪集团中一般参加者的共犯者刑事责任的认定，把一参加犯罪集团所应当负的犯罪责任和他本人实际应当负的犯罪责任结合起来,这是恰当的。当然,按照这个原则,还要根据实际上有无社会危害性来看待具体问题。对于城市残余反革命分子,全国人民代表大会常务委员会第五十一次会议通过的《关于宽大处理和安置城市反革命残余分子的决定》中指出:“反动组织中的一般成员,以及仅有反动职位而确实没有反革命罪行的人,不应当算作反革命分子”。这是在新的条件下为了更有利地分化和瓦解残余反革命势力,为了胜利地同反革命分子作斗争所作出的完全必要和完全正确的规定。

根据我国同反革命犯罪和一切刑事犯罪作斗争的经验来看,属于有组织的犯罪集团这一特殊类型的共同犯罪,从犯罪的性质上可以区分为反革命组织和其他犯罪集团两种形式。

反革命组织是共犯中和有组织的犯罪集团中最危险的一种共同犯罪的形式。反革命组织和反革命犯罪的情况,罗瑞卿在《我们肃反斗争的主要情况和若干经验》中指出:我国反革命分子的情况,大体上可分三类,一类是骨干分子,这是罪恶和民愤很大的反革命残余势力中的死硬派;另一类是一般分子,这是有罪恶但不很严重、进行反革命活动但不很坚决的反革命残余势力中的动摇派;还有一类是胁从分子,这是被迫参加了反革命组织或者偶然参加了某些反革命活动、罪恶比较轻微而且是不愿意或不完全愿意当反革命的人。针对这种情况,我国对反革命罪犯实施了惩办与宽大相结合的政策,这个政策就是根据惩办少数与改造多数的原则,根据我党改造社会、改造人类的伟大历史任务而提出来的。根据这个政策,我国几年来对于一切反革命罪犯进行了胜利的斗争,积累了丰富的经验,并以法律的形式体现在《惩治反革命条例》和《全国农业发展纲要(草案)》第5条和《关于宽大处理和安置城市反革命残余分子的决定》中。

反革命组织这一有组织的犯罪集团的形式,是整个反动阶级在政治上的集中代表,其中每一个反革命分子的破坏行为都是整个反革命活动中的一个环节。这一犯罪集团旨在推翻人民民主专政的政权,以达到其实现反革命复辟的目的,他们是人民的公敌。因此,反革命组织是在有组织的犯罪集团中最危险、最主要的共犯形式。

除了反革命组织以外,属于特殊共犯类型的还有其他一些犯罪集团,例如有使用武力或者以暴力相威胁进行抢劫的强盗集团(他们还时常进行杀人、放火、强奸和绑架勒索的罪行),有狂暴无礼、侵害人身、侮辱妇女、扰乱公共秩序的流氓集团(常常兼做窃盗、诈骗和强奸等罪行),有为了维持其寄生腐化的生活而经常以秘密的方式窃取公共财产或公民个人财产的惯窃、惯盗集团,还有投机倒把、设局诈骗、集体走私以及其他各种各样的犯罪集团。这些有组织的犯罪集团,在性质上虽然有别于反革命组织,但对于社会的危害性也是很大的,并且它往往同反革命组织有着或多或少的联系。而这些强盗、流氓或窃盗们的犯罪活动,也往往同参与反革命分子的破坏活动结合在一起。例如,黑龙江省呼兰县破获的刘万忠盗匪集团,就是以漏网的反革命分子刘万忠为首纠合地主富农分子、惯窃分子、流氓恶棍和不法资本家组成的。几年来他们经常抢劫和偷盗国家和人民的财产,凶杀革命干部和群众积极分子,强奸妇女等。上海破获的所谓“十兄弟”“三十六股党”等流氓窃盗集团,也是由漏网的反革命分子和不法资产阶级分子结合流氓恶棍共同组成的。很明显,这些流氓、窃盗等犯罪集团,不仅对于生产建设和社会秩序的安定有很大的破坏性和危害性,而且还带有浓厚的反动政治性质。我们的公安、司法和检察机关打击了它,也就会更加孤立了反革命组织的间谍特务活动,甚至会直接暴露出他们的活动,因为流氓、窃盗分子往往是反革命活动的社会基础。因此不但从理论上应该把反革命组织和流氓、窃盗等犯罪集团有机地联系起来,而且在实际工作上也可以把肃反、反特的斗争同反对流氓、窃盗的斗争结合起来进行。

根据我国的反革命组织和其他犯罪集团的材料来看,这些有组织的犯罪集团中共犯者的形式,大致可以分为以下三种:

1. 组织犯和其他主谋犯。这是有组织的犯罪集团中有特殊地位、起着特殊作用、具有特别重大危险的一种共犯者的形式。他是最危险的组织者和策划者。在有组织的犯罪集团中,凡是创立或领导犯罪集团的人以及拟定或指导实行犯罪计划的人都属于这一类。这种组织犯和其他主谋犯,应对这个集团所实行的全部犯罪行为负特别严峻的责任。

2. 执行犯。指参加有组织犯罪集团的一般成员,他们在组织犯和其他主谋犯的授意、指使和命令之下,直接地执行着这种或那种具体的犯罪活动。这就是犯罪集团中的共同实行犯。对于犯罪集团中的这种执行犯,应当结合该犯罪集团的性质和他本人的罪恶程度来确定其应负的刑事责任。

3. 胁从犯。指被迫参加犯罪集团的人。对于这种人也应当根据他实行犯罪的程度来确定其刑事责任。但是对于其中的一部分或大部分人,如果在被迫参加了犯罪集团之后,没有参加犯罪活动或者是罪恶轻微,可以不当做共犯来看待。

这三种共犯者的形式,是一切有组织的犯罪集团中比较一般能够适用的形式。当然,在个别情况下,还可采用其他形式,例如教唆犯和帮助犯的形式。在这里,我们就可以看出,在划分特殊共犯类型同一般共犯类型的共犯者形式的问题上,既有着明显的区别又有着密切的联系。那种企图把这两种类型混合成为一种类型的看法和做法是错误的。同样,那种企图把这两种类型中的共犯者的形式截然分割认为毫无相同点的看法和做法也是不完全正确的。在有组织的犯罪集团中有其应有的共犯者的形式,但在一定情况下也可能具有一般共犯类型中的某一共犯者的形式。因此,我们把有组织的犯罪集团这一特殊共犯类型中的共犯者的形式从一般共犯类型中突出出来,并不是意味着把一般共犯类型中的共犯者的形式全部否定,而是在承认一般共犯类型和特殊共犯类型应当同时并存的前提下,结合具体案件的情况有条件地加以肯定和运用。这样理解和处理有组织的犯罪集团这一特殊共犯类型同一般共犯类型关于共犯者形式的问题,是合乎实际的。

(1957 年第 3 期)

关于《中华人民共和国刑法中的有期徒刑缓刑》的若干问题的探讨

吴　牧[*]　刘树德[**]　金子桐[***]

《政法研究》1956年第4期发表了孔钊、朱华荣两位同志的《中华人民共和国刑法中的有期徒刑缓刑》一文。在同刊第6期又刊登了童颜、戈风、郑正非三位同志《关于"中华人民共和国刑法中的有期徒刑缓刑"一文的几点意见》的三篇文章，他们从理论上对我国有期徒刑缓刑适用的原则、考验期限和考验期的考察等多方面的问题作了比较系统的阐述。现在，我们仅就上述论文中尚待商榷的几个问题，以及他们没有提到，但是和有期徒刑缓刑有关的若干问题提出初步意见，作为研究这个问题的参考。

一、关于"适用有期徒刑缓刑的原则"

适用缓刑的原则，首要是刑期多长才能适用缓刑的问题。孔剑等同志根据部分法院的实际材料和我国社会主义改造事业的飞跃前进的形势，认为"不能把适用缓刑的最高刑期确定为三年或二年来局限广泛适用缓刑的可能性"。他们主张"以五年刑期为适用缓刑的范围"。

我们知道，缓刑一般适用于罪行较轻，可以不予关押，留在社会上进行考察改造而不至于重新犯罪的犯罪者。在实践中，多数是对妨害婚姻家庭、侵害个人财产利益、轻微伤害或小额贪污等轻微犯罪而所判的徒刑在二年以下的案件适用缓刑。就我们所知，上海市几年来判处徒刑缓刑的案件，绝大多数是徒刑二年以下的，只有极个别的是徒刑二年以上的。这是因为一般要判处二年以上徒刑的多数是那些以偷窃为常业的、反革命、重大伤害、杀人及严重盗窃国家财产等重大犯罪，对这些判处较重刑罚的罪犯，通常不适用缓刑，当然是正确的。可见，实践中掌握适用缓刑的徒刑期限之所以一般都在徒刑二年以下，不是没有道理的。再说，在解放初期，社会秩序还没有完全安定，反革命、流氓、盗匪的犯罪很猖獗，在当时从司法方

---

* 作者单位：华东政法学院（现华东政法大学）。

** 作者单位：华东政法学院（现华东政法大学）。

*** 作者单位：华东政法学院（现华东政法大学）。

面对这些严重犯罪采取从严打击的方针，当然是正确和必要的。但由于经济恢复时期早已过去，各项社会民主改革的顺利完成和国家对于农业、手工业、资本主义工商业的社会主义改造事业都取得了重大胜利，阶级关系已起了根本的变化，反革命、流氓、盗匪等破坏活动已日趋减少，在这新的条件下，对刑事犯罪的量刑比之过去将趋向于从轻。因而可以预计，将来判处二年以上徒刑的罪犯都是罪情较大的犯罪，对这些人一般地应当予以社会隔离，实行劳动改造。在这种情况下，如果把适用缓刑的最高刑期放宽到五年，这可能产生对一些不应该适用缓刑的罪犯，适用了缓刑，轻纵了犯罪，失去了法律的严肃性。因此，我们认为规定适用缓刑的最高刑期以二年为宜，不能放宽到五年，或把缓刑期扩大到六年。

其次，适用有期徒刑缓刑，应该从哪几方面来着眼。孔、朱两同志认为应该从犯罪性质、罪行情节、犯罪后的态度、犯罪前的表现和生活四个方面加以考察。前面已经说过，缓刑只能适用于罪行轻微，而又可以不予强制隔离而给予社会考察也能够达到教育改造的目的的罪犯。这就说明，是否适用缓刑，主要是从犯罪者本身是否具备这种条件来考虑。我们认为，这些条件只能是下面两方面：一方面是犯罪者平时的生活表现、品质好坏，是一向安分守法、偶尔犯罪，或是作风恶劣、屡教不改；另一方面，犯罪后是否有悔罪表现，如主动坦白交代、检举立功等。《惩治贪污条例》第5条规定可以适用缓刑的四个条件就包括这两个方面。至于下列几种理由也作为考虑适用缓刑的条件，我们则有不同的看法：

1. 犯罪性质。犯罪性质严重，不等于罪行就是重大。没有疑问，反革命、流氓、盗匪的犯罪社会危害性较大，一般都应判处比较重的刑罚，如《惩治反革命条例》中很多条款的量刑，它的最低刑期都规定在三年、五年以上。当然，对这种罪行严重的罪犯，在判刑后都应该把他关押，进行劳改，避免他们继续进行犯罪活动。但并不是说，犯了反革命罪，都统统要判处三年或五年以上。比如，同条例第4条和第13条都规定罪行较轻的可以判处十年以下，同时第14条还规定有该条后列各种情形之一者，“得酌情从轻、减轻、或免予处刑”。再如，贪污罪是一种重罪，《惩治贪污条例》却明确地规定了对这种犯罪可以适用缓刑。这就说明犯罪性质和罪行大小，并不完全成正比。犯罪性质虽然严重，但罪行可能并不重大。过去一般不对反革命、流氓、盗匪等犯罪适用缓刑，只是因为这些罪犯罪行重大，判处较重的刑，才不予缓刑，而不是为了犯罪性质严重才不判缓刑。因此不能据此划分缓刑只能适用于哪些罪，而不能适用于另一些罪。将来刑法上显然也不必作此规定。

2. 犯罪的动机、目的、手段和后果。童颜同志认为这不是适用缓刑的条件的意见是正确的。很显然，上述各项是决定量刑的几个方面。每一个案件，都要从这几方面研究确定犯罪者的罪行大小和刑期长短。当然，在犯罪动机、目的、手段和后果等都不怎么严重恶劣的话，那么它被判处的刑期就可能在法定的适用缓刑的最高刑期以下，再加上犯罪者本身具有适用缓刑的条件，这就可以给予缓刑。但是罪行大小和应否适用缓刑，则又是两回事。因为罪行虽小，刑期虽短，并不等于都能适用缓刑。在实践中，有的犯罪者只被判处六个月徒刑，但应该关押，而有的犯罪者被判处一两年徒刑，却可给予缓刑，这是常见的。也就是说，尽管犯罪情节不太恶劣，刑期也不长，如果犯罪者个人品格不好，事后又没有认罪悔罪的表现，仍然不能给予缓刑。由此可见，上述各项是不能作为考察应否给予缓刑的条件的。《惩治贪污条例》第 5 条规定的缓刑条件，也不包括犯罪的动机、目的、手段和后果。

3. 家庭生活困难，家庭生活唯一负担者，照顾年幼子女，孕妇，患病，业务上、生产上的需要等，也不是适用缓刑的理由。孔、朱两同志在文章的第一部分也说道，“本来判决确定之日，刑罚应立即执行，但由于某种情况（如被判刑人怀孕、患重病等等）妨碍刑罚立即执行，直到妨碍刑罚的情况消失后，再开始执行”。这个论点是对的。但他们在文章的第二部分却又认为：“当然，这些情况是可以考虑作为适用缓刑理由的”，前后发生矛盾。不用解释，家庭生活困难、怀孕等并不能说明犯罪者就不会继续犯罪，从而作为适用缓刑的理由就不能成立。如果这些人本身具备了适用缓刑的条件而给予缓刑，那是因为他们具有了另外一些条件，而不是因为生活困难等理由而可以给予缓刑。划清这一界限的意义在于在实践中不至于把应该延期执行刑罚的，判为徒刑缓刑，把罪犯轻纵了，或者把可以给予缓刑的，而给予延期执行刑罚，把不需要关押的人关押了起来。

此外，童颜同志主张适用缓刑的条件“主要决定于被判刑人犯罪前的表现、他的人格、品质和作风”，这种看法也是不全面的。要观察犯罪者是否悔罪，会不会继续犯罪，不但要看他犯罪前的表现，更重要的是看他犯罪后有无悔罪的具体表现。有的罪犯，过去品行虽不太坏，但犯罪以后的表现却很恶劣，这能对他适用缓刑吗？当然不行。所以，考察犯罪者犯罪前和犯罪后的表现，是确定能否适用缓刑的两个方面，两者不能偏废。

二、考验期（缓刑期）的问题

我们主张考验期不能低于所判徒刑的刑期，但不能超过刑期的一倍。考验期最长以三年为适当。

首先，刑期的长短，是根据犯罪者的罪行大小，和犯罪者的个人情况来考虑的。比如，甲、乙两人各犯了偷窃罪。假定他们的罪行基本一样，只是他们两人的品行好坏不同，甲是一贯作风恶劣，且不从事于正当劳动，而乙则是一贯劳动守法，这样，就应该把甲的刑期判得比乙长一些。因为甲的人身危险性较乙大，需要对他进行较长期的劳动改造。从这一个角度来说，刑期长短本身似乎也包含有把犯罪者改造成为新人的必要期限的含义。而判处徒刑缓刑，是不剥夺自由而在政府的管束和群众的监督之下进行自我改造的。这个过程，必须有较长的期限加以考察，才能了解犯罪者是否真正认罪悔罪，确实改过自新，因此考验期一般应不低于原判刑期。如果考验期可以短于本刑期限，可以在短期间内把他教育好，那就说明他的罪恶还不是很大，原判刑期是否过长也就值得研究。我们主张考验期不能短于本刑期的另一理由是，如果考验期与本刑期不作一个适当比例规定的话，那在运用上没有一个准则，就可能发生考验期判得过短，不能达到教育改造的目的。譬如，判刑三年，缓刑六个月，显然是不妥当的。这一点我们和孔钊等同志的意见是一致的，但是我们不同意在法律上作判处六个月以下徒刑缓刑一律为六个月，和判处六个月以上徒刑宣告缓刑时考验期应与刑期相等的硬性的比例的规定。因为每一个犯罪者虽然可能同样具有适用缓刑的条件，但是他们的罪行大小、个人的品行、犯罪前后的表现，都不可能是完全一模一样的。从而所谓判处六个月以下徒刑宣告缓刑时考验期一律为六个月，那自然不能适合每个案件和每个不同的犯罪者的特点。比方，把判处徒刑一个月和判处徒刑六个月同样缓刑六个月，自然是不公允的。在实践中，判处六个月以下徒刑的是极少数，多数是从六个月开始的。如果将来刑法规定徒刑最低的期限是六个月的话，那这问题就不存在了。如前所说，每个案件和每个犯罪者都有不同的特点，判处六个月以上徒刑宣告缓刑的时候，考验期都与刑期相等，同样是不切合实际的。

当然，考验期一定要相等于刑期，也嫌机械，没有灵活运用的余地，但是，考验期究竟可以超过刑期多长，则也应作个必要的限制。我们同意戈风的意见。考验期不能超过刑期的一倍，法院可以根据不同的案件、不同的犯罪者的特点，在刑期以上和不超过刑期一倍的期限以内，适当地确定不同犯罪者的不同考验期。有了这个规定，就不至于判处短期徒刑而适用了不适当的、过长的缓刑期限。比如判处徒刑六个月，缓刑三年，考验期显得奇长。

至于为什么我们主张考验期最高只能规定为三年，而不同意把它规定为五年或者六年呢？大家知道，五六年这是一个相当长的期限。自新中国成立以来，只不过是七年的时间，可是变化很大，通过社会主义改造，不仅阶级关系已经发生了根本的变化，而且就敌对阶级的反动分子和犯罪分子的个人情况来说，也有显著的转变。许多地主分子通过几年来的劳动改造，已改变了成分，成为自食其力的劳动者；许多犯罪分子，也通过关押的劳动改造，成为新人，有的还成为先进人物。社会主义过渡时期是一个飞跃发展的过程，再经过五六年，必将有更深刻的变化，如果把考验期规定为五六年，而犯罪者在一年或者二年期间已改造好，正如孔、朱两同志所说的，“当他用自己的实际行动证实了自己，已完全转变成为新人甚至被群众目为先进人物时”,再对他们继续进行考察就不必要了,同时也会产生所谓“解除考验期的问题”(我们不同意解除考验期的意见,理由如童颜同志所说,这里不重复)。而且,在五六年这样长的时间内,犯罪者的工作、居住地点难免发生变化,在执行对他的管束和考察上,也会发生困难。同时,如果需要五年到六年的时间进行考察,那就说明犯罪者的罪行并不太轻,很难使法院确信不予强制隔离能不再进行犯罪,对这种人能否适用缓刑就值得考虑。其他地区的情况我们不了解,就从上海来说,判处徒刑缓刑的案件,考验期并没有长达五年到六年的,这在掌握适用考验期的最高期限无疑是正确的。

三、撤销缓刑的条件

在什么情况下才能撤销缓刑执行原判刑罚,是研究有期徒刑缓刑的最重要的问题之一。把撤销缓刑的条件放得太宽,或者规定得太严,都有害于有期徒刑缓刑制度的正确运用和贯彻,从而都不能达到通过适用缓刑所预期产生的特别预防和一般预防的效果。孔、朱两同志在论文里批评了下面三种不正确的意见:第一,在考验期内只犯了故意罪才可撤销缓刑,过失罪例外,这是低估了过失罪对国家人民的危害。第二,在考验期内只有犯了不轻于前罪的新罪才可撤销缓刑,这种刻板的规定,必然会损害运用缓刑对预防犯罪的积极作用。第三,在考验期内,不仅犯罪而且表现不好也要撤销缓刑,这将发生滥用缓刑的流弊。他们主张以犯罪者在缓刑期内犯了新罪作为撤销缓刑执行刑罚的原则,因为犯罪者在缓刑期间,既已犯了新罪,一般地说,对他再继续进行社会考察,就不发生作用了。这些论点基本上是正确的。但是不能认为既然在缓刑期间犯了新罪是撤销缓刑的一般原则,就得出这样一个结论:凡是在缓刑期间犯了新罪的,都一律撤销缓刑执行原判刑罚。比如,对于在缓刑期间犯了极轻微的罪行和犯了过失罪,是否一律撤销缓刑?或者一律不撤销缓刑?都是值得研究的。

第一,在缓刑期间重新犯罪,有罪大罪小之分。所处刑罚,也有轻重不同,可能是徒刑,也可能是拘役,或者是罚金,或者是训诫。从而,认为只要在缓刑期间犯了新罪,不论一切都要撤销缓刑,人民法院没有一个灵活裁量的余地,是不恰当的。但是如孔、朱两同志所说的仅仅规定只有在判处训诫的场合下,人民法院才可以根据具体情况决定撤销或者不撤销缓刑以外,受到其余的刑罚的都一律撤销缓刑,这仍然不能适用于不同案件具有千差万别的特点,和过分地限制了人民法院灵活裁量的可能。如果将来刑法上规定徒刑的最低期限是六个月,而六个月以下的刑罚是拘役的,那似乎可以这样划分:凡是在缓刑期内所犯新罪应该判处徒刑的,则应撤销缓刑(过失罪可以不撤销);而判处拘役或者罚金、训诫等较轻刑罚的,可以由人民法院决定撤销或者不撤销缓刑。因为新罪判处徒刑以上的，一般是社会危险性比较大的，判处拘役、罚金、训诫的，罪行都是比较轻微的。如果在缓刑期间所犯的新罪被判处拘役以下的刑罚，由人民法院按照每个案件的不同情况，酌情审定缓刑是否撤销，这样可以灵活裁量，显然是有好处的。

第二，在缓刑期内犯了过失罪，作为撤销缓刑的例外，忽视了过失罪可能造成的严重危害，这固然不对；然而不顾过失罪的大小，和过失与故意犯罪"恶性"上的差别，都一律撤销缓刑，也是走了另一个极端。比如，一个人犯了轻微虐待父母的罪而判处了徒刑缓刑，缓刑期间没有再虐待，有悔改表现，只是在同一期间内由于一时疏忽，又犯了较轻微的过失伤害罪，判了短期徒刑，是否一定要撤销缓刑呢？那是不必要的。因此，立法上既不应把过失罪作为撤销缓刑的例外，也不应规定在缓刑期内犯了过失罪的一律撤销缓刑，可以规定由人民法院根据过失罪的大小酌情裁量。

孔、朱两同志已经肯定在缓刑期间表现不好，不是撤销缓刑的条件，这是没有疑问的。但童颜同志在他的文章中则主张：如果是一般的生活上表现不好，就撤销缓刑，是失之过严；但如果是政治上表现不好，如在群众中散布辱骂法院的言论等，还让他继续缓刑，"未免失之过宽"。这个论点是不能成立的。把表现不好区分为政治上的和单纯生活上的，本来就很难划出一个明确的界限，即或是所谓政治上的表现不好，如"坚持错误"，但他没有再进行犯罪，仍然是一个教育问题。用惩罚代替教育说服，当然不能收到应有的效果。其实，童颜同志所指的政治上表现不好——在群众中散布辱骂法院的言论，这已不是表现好坏的问题，而是另犯了新罪。实际工作中在这方面发生了一些混乱现象的原因，往往就是把表现不好与另犯新罪划分不清，因而把犯了新罪当表现不好，或者把表现不好当做犯了新罪来处理。这是不妥当的。

四、新旧罪刑罚的合并执行问题

我们想从下面两方面来谈：

第一，犯了新罪，必须撤销旧罪徒刑缓刑，应如何合并执行？有的把新罪刑罚和旧罪刑罚加起来执行；有的是采取在新罪刑期和旧罪刑期的总和刑以下，其中的最高刑期以上，酌情决定执行刑期的方法。没有疑问，后一种方法是正确的。如果旧罪和新罪所判的刑罚都是有期徒刑，按照前述后一种方法，决定执行刑期，自无问题。问题在于旧罪所判的是有期徒刑，新罪所判的是拘役，应如何合并执行？假定将来刑法上规定，徒刑的最低刑是六个月以上，六个月以下是采取拘役这个刑种的话，那我们的看法是：拘役和有期徒刑同样是剥夺自由的刑罚，在刑种的性质上是类似的，所不同的在于惩罚期限的长短而已。如果这样理解是对的，那凡是旧罪判处徒刑，新罪判处拘役的，即执行徒刑，在执行方法上采取总和刑以下，最高刑以上酌情决定执行刑期的方法解决；至于旧罪判处徒刑、新罪判处罚金或新罪判处训诫的，则旧罪和新罪可判处的刑罚都执行。

第二，缓刑期内犯了新罪，不撤销缓刑，究竟如何执行？童颜同志主张“在这种情况下，我们认为停止旧罪的缓刑期，采取新罪徒刑刑期加旧罪余刑的方法解决较为妥当。比如：旧罪三年缓刑。二年后在缓刑期内犯了判处一年的新罪，这时按照一年徒刑（新罪刑）加一年徒刑（旧罪余刑）的方法执行”。我们认为这里并不发生所谓新罪刑期和旧罪刑期合并执行的问题。因为旧罪的徒刑缓刑既不撤销，那只能执行新罪所判的刑罚。我们不能同意所谓把新罪徒刑一年和“旧罪余刑”一年加起来执行的理由有如下几点：(1)旧罪的缓刑既未撤销，原判徒刑缓刑仍有法律效力，怎能就执行它的所谓残余刑期呢？(2)缓刑期是一个完整的考验过程，在考验期间不犯新罪，依法就应免予执行原判的刑罚。反之，在考验期间，只要犯了新罪，又应撤销缓刑的时候，那前判的刑期，都要执行。很显然，考验期不等于执行徒刑的刑期，过了一段考验期，自然不能把它折抵刑期，因而也根本不发生“旧罪余刑”的问题。(3)徒刑缓刑的期限，有的是相等，有的则高于刑期，例如，判处徒刑二年，缓刑三年，过了一年考验期又犯了新罪，而必须要撤销缓刑的时候，能不能用过了一年的考验期去折抵徒刑一年，还是要等到过了一年半的考验期，才能折抵徒刑一年，计算方法上也大有困难。

五、撤销缓刑的法律程序

撤销缓刑的程序问题，原不属于刑法范围，但与正确运用缓刑制度有着密切关系，所以我们还想大略地谈一下。

缓刑的撤销是以在缓刑期间犯了新罪为前提。也就是说，只有新罪成立，并科处了一定的刑罚，才能决定原判徒刑的缓刑是否撤销。人民法院经过审理，认为新罪应当受到刑事处分，而原判徒刑的缓刑必须撤销的时候，在对新罪进行判决的同时，一并宣告撤销原判徒刑的缓刑，把旧罪的刑罚和新罪的刑罚，按照数罪并罚的原则，酌情定刑。目前有的做法，只是由公安机关把他们认为是犯了新罪的材料，不经过检察院而直接移送到原判人民法院或者是其他人民法院办理。送案的公安机关认为既有前案可查，就不必再经人民检察院起诉。而有的人民法院得到群众的检举，也就“主动”地进行传审，由法院自己当“原告”。这些做法，都是违反刑事案件的提起必须依法起诉的诉讼原则的。

此外，犯罪者在考验期内犯了新罪的案件，应该由哪一个法院或者哪一级法院受理？有的同志认为，判处新罪还涉及撤销前判徒刑缓刑的问题，只有原判法院才有权处理；有的基层法院说，上级法院所判的徒刑缓刑，下级法院无权撤销，否则，就会触犯上级法院的确定判决。

我们认为，刑事案件的管辖，一般地应以犯罪所在地的人民法院受理为原则。就是对在考验期内又犯新罪的案件，也不能例外。只有犯罪所在地的法院才能最直接地和最有效地来搜集证据，查明案情，而且也便于当事人进行诉讼。事实上，犯罪者再一次犯罪的所在地，不一定都在原判人民法院的管辖地区。譬如，有的人在上海判处徒刑缓刑，在缓刑期内迁居外地，在外地犯了新罪，若一定要由上海的法院来处理，不但将发生种种困难，而且这样做的本身就违反了诉讼的管辖原则。再者，新罪和旧罪，是两个独立的犯罪，新罪由另一个法院进行审理，是完全可以的。强调必须由原判法院受理，也是毫无实际意义的。至于所谓“有权”“无权”审理的问题，并不存在。因为判处新罪的人民法院仅仅是撤销原判徒刑的缓刑，执行原判的刑罚，这是把旧罪的刑罚付诸执行，不是改判。照这个道理来说，那些认为受理新罪案件而撤销缓刑，会侵害原判法院的权力或者担心下级法院会触犯上级法院的确定判决的顾虑，都是不必要的。①

（1957年第3期）

① 引文未注明出处的均见《政法研究》1956年第4期“中华人民共和国刑法中的有期徒刑缓刑”和同年第6期“关于‘中华人民共和国刑法中的有期徒刑缓刑’一文的几点意见”二文。

试论新民主主义阶段人民刑法的发展(上)

杨 琪*

革命斗争创造革命的法制。我国人民刑法是随着革命运动的产生、发展而产生、发展起来的,它随着革命形势发展的实际情况和法制发展的一般规律而逐步建立起结构体系,最后建成了中华人民共和国的刑法。我国人民刑法的发展,大体经过这样的阶段:在第一次国内革命战争时期,群众斗争方才开始,革命在反动统治下发展,这就决定了革命斗争的主要方式是群众的直接冲锋,不可能坐下来制定一套法律。但是人民群众在与敌人作斗争中仍然创造了一些保障革命斗争的规章和禁令。这是人民刑法开始。到第二次国内革命战争时期,由于建立了工农民主政权,有了革命根据地,在客观需要和主观可能的条件下进行了各种立法活动,人民刑法在这个时期开始基本上形成了。随着日寇的大规模进攻,国内政治局势发生了极大的变化,人民刑法有了新的更大的发展,制定了一些新的刑法规范,体系结构也就初具规模。日本投降后,蒋介石集团又发动了全面的武装进攻,国内的革命战争又全面爆发,这时人民刑法的主要任务也转向军事斗争。随着全国解放事业的完成,必须根除和破坏一切旧的反动制度,建立新的革命制度和秩序,恢复被战争破坏了的创伤,废旧立新便成为这个时期的革命斗争的基本任务。经过三年的恢复工作,转向社会主义建设时期,随着革命斗争任务和形势的变化,我们就到了制定完备的簇新的社会主义刑法的时期了。列宁说:“……要学会文明地为法制而斗争,丝毫不要忘记革命中法制的界线。”①这就是说,一方面,社会主义法制是建设社会主义的必要条件;另一方面,革命本身创造自己的法制。中国人民革命的历史,决定了人民刑法的发展,也说明了社会主义法制的作用和它的性质。

我国人民革命运动开始就重视法制,几十年来不但有刑法,而且经过长期的发展,不像有的人所想象的那样没有法制。现在研究和分析了刑法的发展,总结刑事斗争的经验,不但可以了解我国刑法的历史渊源,对于今后法制的加强和巩固也有巨大的意义。这里先就我国新民主主义革命阶段的刑法发展,试加论列,以求同志们的指教。

---

* 作者单位不详。

① 《列宁全集》(第27卷),第35页。

一、第一次国内革命战争时期——人民刑法的萌芽(1924～1927年)

1921年中国共产党成立以后,为了推进工农革命运动,党着手组织了农民协会,这时的农会正如同列宁说的,"革命旋风时期的民主专政","他们(指农民——引用者)将冲决一切束缚他们的罗网,朝着解放的路上迅跑。一切帝国主义、军阀、贪官污吏、土豪劣绅,都将被他们葬入坟墓"。"……农会在乡村简直独裁一切,真是'说得出,做得到'……土豪劣绅、不法地主,则完全被剥夺了发言权,没有人敢说半个不字。"①此外,农民还进行了清剿土匪、安定革命秩序和反对不法习惯的斗争,"共产党领导农会在乡村树立威权,农民便把他们所不欢喜的事禁止或限制起来。最禁得严的便是牌、赌、鸦片这三种"。②

为了审判土豪劣绅、贪官污吏,组织了革命的惩罚机关——特别法庭。为了即时地打击和镇压反革命分子和其他犯罪分子,特别法庭所制定的判决不准上诉。

农民打击反革命分子和其他犯罪分子的方式有三:"第一条,戴高帽游乡;第二条,开斗争会,要那被斗争的人拿出钱和粮食来救济穷人;第三条,捆起来送县城,县里办不了的送省里(指特别法庭——引用者)。"③

农民协会制定这些规章和禁令是代表广大农民和一切革命人民的意志,起着推翻旧秩序、建立新秩序的作用。这些因素的规范乃是真正的人民刑法的萌芽,是新的革命法典的创造,是人民刑法发展的起点。

二、第二次国内革命战争时期——人民刑法的形成(1927～1936年)

第一次国内大革命在1927年遭到敌人的内外袭击后,党为了反击帝国主义和蒋介石的联合进攻,在第六次全国代表大会上确定了中国革命的性质乃是民主革命,总任务是建立反帝反封建的工农民主政权,建立红军和革命根据地,实行土地革命。1931年11月7日颁布的《中华苏维埃共和国宪法大纲》规定:民主阶级的基本任务在于保证苏区工农民主专政的政权和它在全国的胜利,彻底改善工农生活,实现妇女解放,取消一切反革命统治时期的苛捐杂税,严厉镇压一切中外资本

① 毛泽东著:《湖南农民运动考察报告》,人民出版社1952年版。
② 毛泽东著:《论人民民主专政》,解放社1950年版。
③ 谢觉哉:《在司法训练班的讲话》,1949年1月23日。

主义的破坏阴谋。为实现这个任务，颁布了一些单行法规，有些法律、法令里也包括有刑法规范，这些规范可分述如下：

第一，规定惩罚机关任务及其活动程序的刑法规范。

工农民主政权成立后，即着手组织自己的惩罚机关。根据中华苏维埃共和国中央执委会1931年12月通过的《第六号训令》和1934年公布的《组织法》及《司法程序》的规定，成立共和国最高法院和省县区地方苏维埃法庭（在法庭成立之前设立裁判部作为临时司法机关），在军队中设立初级的和高级的军事裁判部。

法律规定惩罚机关的中心任务是保护苏区内的民主及镇压苏区内的一切反动势力；通过惩罚与宣传，对人民进行教育和对犯罪者实行改造。

惩罚机关为实现其任务，必须依据现有法律进行活动。因而工农民主政权的法律规定"一切反革命案的审讯和判决都属国家司法机关"（《第六号训令》第一、二类）；除现役军人及军事机关的工作人员外，一切刑事案件的诉讼事宜"也都归裁判部审理"；对一切犯人的判决的执行权，也属司法机关。为正确地处理案犯，《第六号训令》强调"必须坚决废除肉刑而采取搜集证据及各种有效办法。"但由于当时处于频繁而复杂的战争环境，为及时打击敌人，法律允许边区或战线上的国家政治保卫局在紧急情况下，对匪团、法西斯分子、反革命、豪绅地主的破坏，可以不经司法机关而采取紧急处置。

第二，规定同反革命罪作斗争的刑法规范。

受到土地革命打击的地主阶级分子起来反抗，进行反革命活动。国民党反动派还时刻派遣大批间谍特务打入革命内部，企图作为他们进攻革命的内线，如当时的"AB团"，"第三党"、"改组派"、"托派"等反革命组织，此外，还有反革命利用与操纵的封建迷信组织，例如"大刀会"等。在此情况下，如不能镇压反革命活动，政权就难以巩固，革命战争就不能胜利。为此，工农民主政权制定了肃反政策。

但是，由于"左"倾分子采取了过"左"的政策——片面强调镇压，虽然给了敌人以很大的打击，但在这种政策的指导下，不可避免地发生了一些错误。如缺少调查研究，轻信口供，造成错案，在处置犯人上不分析阶级成分，不分首要与附和等，以致造成重罪轻判或轻罪重判，造成群众的不满，使革命秩序未能很好的建立，反革命分子的活动也未能彻底地肃清。

为了纠正错误，及时而有力地打击敌人，工农民主政权根据肃反目的和当时复杂的情况以及反革命分子内部情况的不同，制定了贯穿镇压与宽大相结合的精神的政策。《第六号训令》把新政策精神加以具体化，"不论新旧区，对于处置反革命团体的分子，一定要分别阶级成分，分别首要与附和，即对于豪绅地主富农资本家出身的反革命分子以及首要分子应该严厉处置（如宣告死刑），对广大工农贫苦劳动群众出身而加入反革命组织的分子以及附和分子，应该从宽处置（如自新释放等)”。工农民主政权的法律之所以强调对劳动人民犯反革命罪从宽处理,而对阶级敌人及资产阶级和富农中间的反革命分子从严处理,是由于劳动人民中间的犯罪分子大部分是受反革命的利用,他们的人身危险性不同于一贯进行破坏革命政权的坚决的反革命分子,另外,也是由于阶级敌人和资产阶级分子当时敌视工农政权,企图恢复反动统治。因此,这种分别对待是必要的,绝不能认为是“唯成分论”。

经过与反革命的几年斗争,为了总结斗争成果,更好地打击敌人,1934 年 4 月 8 日公布了《中华苏维埃共和国惩治反革命条例》(共 41 条)。

条例的基本精神体现了镇压与宽大的紧密结合。它一方面规定要狠狠地打击反革命分子在政治、经济、军事、文化等方面所进行的破坏、怠工、暗杀、谋害、窃取机密、放火焚烧、宣传煽动、造谣破坏等反革命活动;另一方面规定对附和分子、胁从分子、有功绩的人、自首分子和自新分子以及劳动人民中的犯罪分子,在量刑时酌情减刑或免刑。因此,对于分化反革命分子和孤立首要分子,对司法机关正确地对反革命分子适用刑罚有着巨大的作用和意义。

条例的基本特点和基本内容是:(1)在揭示出反革命罪的主观特征和客观特征的基础上给反革命罪下了个实质定义,即“意图推翻或破坏苏维埃政府及工农民主革命所得到的权利,意图保持或恢复豪绅地主资产阶级的统治”(第 2 条);(2)规定了各种反革命行为量刑的最高标准为死刑,最低刑是六个月以下的监禁(第 3 ~ 29 条);(3)条例反映了革命的人道主义精神,如规定十六岁以下的未成年犯罪依法减轻,以及法律类推原则等。

第三,同其他刑事犯罪作斗争的规范。

工农民主政权为了切实保护工农的利益,实现妇女的解放,特制定了专门的法律,如 1931 年 12 月制定了《中华苏维埃共和国劳动法》,并设立“劳动法庭”来审理侵犯工人利益的资本家案件。又如 1932 年 4 月制定的《中华苏维埃共和国婚姻法》中对违反男女婚姻自由而包办、强迫或买卖婚姻的行为以及虐待抛弃私生子等行为,规定按照刑法处以应得之罪;并特别强调要严处违反婚姻法的政府工作人员。这是由于当时干部违反婚姻法的现象严重,同时也因为他们是人民的勤务员,比群众受更多的教育与锻炼,他们的犯罪一般要比群众中的犯罪影响大。

在战争环境下,为了保证前线的物质供应,提高人民的生活水平,必须加强经济工作,稳定物价,增产节约,树立廉洁政治。因此,展开了反贪污、反浪费、反官僚主义的斗争及同经济方面的犯罪斗争。在工农民主政权所制定的各个条例中规定了这类刑法规范,例如,规定严禁商业投机、抬高物价和放高利贷,严惩政府工作人员中的消极怠工和不法资本家、企业主的怠工或破坏分子。

综上所述,可见人民刑法在本时期不仅有《宪法大纲》,而且有较为明确的刑事政策和形式多样的单行法规;不仅有刑法分则性的规范,而且有刑法总则性的规范;不仅是惩罚犯罪者,而且还要改造犯罪者;不仅有各级适用刑罚的惩罚机关,而且有基本统一的制定法律的机关。因此,我们可以给本时期人民刑法发展下这样的结论,即人民刑法在本时期已基本形成为一个独立的法的部门。

三、抗日战争时期——人民刑法的继续发展(1937~1945年)

1937年,日本帝国主义向我国发动了大规模的武装侵略。中国共产党为了挽救民族危机,在《救国抗战十大纲领》中提出了"打倒日本帝国主义,全军全民总动员、改革政治机构,实行战时的财经政策,改良人民生活、肃清卖国贼亲日派、巩固后方,团结抗日……"的任务。

因此,人民刑法的任务就是根据党这个救国纲领为基本出发点。为了适应从"七七"事变以后犯罪突然增多的情况,及时打击犯罪分子和迅速处理案犯,乃根据当时"三三制"的抗日民主统一战线关系的存在,曾引用了若干有利于抗日、有利于人民的国民党的刑法条例,但主要还是根据各边区自己制定的施政纲领和单行法规。

当时犯罪现象突然增多的主要原因:首先是由于日寇和国民党派了大批的特务打入抗日根据地,利用部分群众升官发财、自私自利、愚昧无知、贪生怕死、贫困饥饿、报复顽固等弱点,制造了大批的汉奸、特务来破坏解放区各种建设,危害解放区人民的生命财产。例如,1942年日本开始"强化治安"运动,仅太行区的汉奸案件便增至2681件,而1943年国民党特务与日本特务合流,使汉奸案件增到7857件。其次是由于敌伪的残酷掠夺,"三光政策",连年天灾,造成的普遍饥饿贫困,因此犯罪增多,如卖子女、卖妻、溺婴、伪造、盗窃、诈欺、贩卖,直到充当汉奸。此外,有些犯罪是与封建婚姻制度直接联系的,例如贩卖人口、拐骗等。

因此,人民刑法的矛头首先是打击坚决的汉奸特务。关于锄奸政策问题,毛主席曾明确指出:"应该坚决地镇压那些坚决的汉奸分子和坚决的反共分子,非此不足以保卫抗日的革命势力。但又绝不可多杀人,绝不牵涉任何无辜分子。对于反动派中的动摇分子和胁从分子,应有宽大的处理。对任何犯人应坚决废除肉刑,重证据而不轻信口供。"①显然,这里是强调了并具体地说明了对奸特的政策应该是镇压与宽大紧密相结合的,也就是说,必须"严厉镇压罪大恶极的首要分子,争取胁从与附和分子;积极锄奸,保障人权,这是一件事情的两方面,不能有所偏废"

① 毛泽东著:《论政策》,人民出版社1952年版。

（1942年《晋察冀边区行政委员会工作报告》）。实践证明，这个刑事政策是正确的，如太行区汉奸案件从1942年的7857件到1944年下降为1779件。这是由于这个政策能够分化敌人，能够教育和改造很多不稳定分子，能使大家的最大仇恨转向敌人，所以群众容易接受和遵守这个政策。例如，群众在反恶霸、反贪污、反奸的运动中提出首先掌握有罪必罚的除奸政策原则，然后才是保障人身。

虽然，第二次国内革命战争时期对反革命即已提出镇压与宽大相结合的政策精神，但与本时期提出的镇压与宽大相结合的政策有些不同。不同点有二：一是适用对象和范围的不同，前一时期适用于一切反革命分子和阶级敌人（包括地主、资产阶级）中的破坏、暗害分子；而后一时期主要是适用于日寇分子和国内的汉奸特务分子。二是镇压与宽大的比重程度不同，前一时期是镇压与宽大并重，在实践中镇压的程度偏大些；而在后一时期，则稍偏重于宽大方面。其所以不同，乃是因两个时期的历史背景和政权性质有所不同。前一时期，是在资产阶级背叛革命后建立起来的工农民主政权，地主阶级和资产阶级反对并企图推翻它，以便恢复他们的统治。所以对他们的阴谋破坏必须首先是镇压（当然不等于完全消灭肉体）。而在后一时期，则是一切爱国人民（包括开明地主和民族资产阶级）的权益受到日寇的侵害，他们为保护自己的利益，保卫民族的生存，而团结起来一致对外，抗日民族统一战线的政权就是实现这些人民意志的工具；同时这个时期国内的汉奸分子突增，而其中绝大部分是由于日寇和国民党特务机关制造的，实际上这些人是被动的政治犯。所以这时期镇压的对象主要是那些主动的政治犯（日寇分子、职业特务以及坚决的汉奸分子等），对于抗日的各阶层人民则是保护，对于被动的政治犯主要是通过宽大来分化争取。

当然，这里所说的对被动的政治犯偏重于宽大处理并非等于不管，不等于无原则释放，也不等于放弃刑罚。但在司法实践中曾出现“宽大无边”的倾向。它对奸特分子往往是不分主犯与从犯，不分罪恶轻重，在所谓“保障人权”“宽大政策”的掩盖下，自觉或不自觉地对奸特分子不惩或不教就加以释放。不仅司法实践中，就是在个别边区的个别法律文件中，也反映出过于宽大的偏向。例如，1941年5月公布的《陕甘宁边区施政纲领》的第7条规定：“对汉奸分子，除绝对坚决不愿悔改者外，不问其过去行为如何，一律实行宽大政策，争取感化转变，给予政治与经济上之出路，不得加以杀害、侮辱、强迫自首或强写悔过书。对于一切阴谋破坏分子，例如叛变分子、反共分子等，其处置办法仿此。”显然，这是把首要与胁从、罪大与罪小、人民中的犯罪分子与革命的叛徒分子混淆起来。由于这种宽大无边的结果，事实上已使很多犯人经宽大处理后继续进行犯罪。

为把除奸工作造成群众运动，陕甘宁边区于1944年1月17日发布了《为公布汉奸公约的指示信》。林伯渠在1943年关于陕甘宁边区政府工作总结报告中也明确指出:"司法机关审判案件时,须切实照顾边区人民的实际生活,切实调查研究案件的具体情况,分别是非轻重。审判人员须具备充分的群众观点和对敌观点,把审判汉奸反革命当做中心,把保护群众当做天职。"对于错案,他在同一报告中指出:"重新审查暗害分子经手判决的案件,坏分子被纵容或好人被冤屈者,实行平反。"另外,还进行了司法制度的改革,实行了专员兼高等法院分庭庭长、县长兼司法处处长以及对司法工作进行检查等措施,使"宽大无边"倾向得以纠正,暗害分子被发现,坏作风被揭发,保证了除奸政策的正确贯彻。

为了争取与教育大多数,孤立与打击少数,一致对外,对普通刑事案件是采取教育为主、惩罚为辅的方针。这种方针起着积极的作用,获得明显的效果,很多犯罪者经过教育后都成为奉公守法的新人,重犯是很少的。刑事案件逐年下降,根据《晋察冀边区行政委员会工作报告》可以看出:该边区普通刑事案件在 1938 年如为 100% ,1939 年就是 96% ,1940 年则是 43% ,比 1938 年减少 57% 。

本时期各边区都根据党中央统一的政策和边区的施政纲领所规定的任务与刑事政策,进行一系列的立法活动。兹将属于刑法方面的规范和审判实践经验分述如下:

刑法总则方面的规范:

关于刑罚种类,有死刑(陕甘宁边区规定死刑不适用于十八岁以下的未成年人)、有期徒刑(陕甘宁边区规定最高刑期为十五年)、无期徒刑、拘役、没收财产(晋察冀边区强调适用此种刑罚时要注意群众有无此要求,并且只限于犯罪者本人的财产)、劳役(在判定后,由区公所通知村公所登记存册,在轮值以外之个人支差、有人民共同需要、政府兴办之工役及优抚需要等情况下服役)、罚金、训诫。

关于量刑。陕甘宁边区规定对于人民内部的一般刑事犯罪的惩罚刑期,最高刑为十年。根据晋察冀边区的处刑统计,1938 ~ 1942 年,处五年以下的徒刑和拘役的占处刑案件的 58. 5% ,五年以上的占 57% ,死刑的占 25. 5%(其中绝大部分是奸特案件),未处过无期徒刑,同时法律还规定未满十三岁的或神经病患者以及由于紧急避难或不可抗力的情况下而犯罪的,不予处罚。[①] 从上面的规定和统计,可以看出在定罪量刑时是从犯罪者的罪恶大小、犯罪原因、行为者的责任能力、当时的社会政治形势,以及犯罪者的人身危险性等方面来考虑的,并且体现出人民刑法的巨大教育改造作用。另外,这个时期对犯罪者的量刑,在实践中曾形成一种制度——掌握法令与群众意见相结合。不能单顾法律条文,不顾群众意见,也不能只顾群众意见,放弃法令。因为人民的法律是真正维护群众利益的。凡刑事案件,一般都直接地或间接地侵害到群众利益。如延安市地方法院审判罪大恶极的投机分

---

① 参见《晋冀鲁豫边区违警处罚暂行办法》第 6 条。

子毕光斗等罪犯,首先是调查收集证据,召开群众代表的小型座谈会,对证事实,提出科刑意见,再交群众讨论,最后由审委会定刑。这样,上下意见一致,效果很好,同时也防止量刑中发生偏差,纠正错刑。例如,1940年《保障人权条例》颁布后,有的地区曾发生无原则的释放,引起群众不满。因而司法机关重新考查案情是否清楚,事实认定是否正确,法令政策的掌握是否有偏差,量刑是否适当。后来证明是司法机关错了,从而使错误得到纠正。虽然把群众意见作为量刑的参考,但如果群众意见与政策法令矛盾时,应进行说服教育,讲清政策法令,打通思想,以便正确执行法律。此种制度,在政权初建、社会秩序不稳定及群众运动的情况下,是可以采用的。正因为如此,所以在全国解放的初期及"土改""镇反"等运动中都采用过。

关于刑罚的执行。有监内执行、大赦性质的减刑与大赦性质的释放(如1942年晋察边区《关于监犯减刑免刑的决定》中指出:"凡在1942年1月15日以前的监犯普遍减刑1/2,减刑后余刑不满一年者一律释放。"这是由于当时正值太平洋战争爆发不久,统一战线更为扩大,边区政权更为巩固,抗日战争的秩序更加稳定的情况下所决定的)、提前释放(适用于监内表现好的犯人)。此外,抗日时期还创造了回村执行的方法(又叫监外执行、回村服役)。1943年,为适应战争形势,保证军粮供应,减少和限止囚粮,减少监押犯,遂创造了这一群众路线的刑罚制度——回村执行,利用群众管制和教育改造犯人。根据适用对象、条件的不同,可分两种做法:一种是除汉奸以外的一切刑事犯罪,不管其表现如何,刑期长短,影响如何,均送回村服役,如晋察冀边区就是这样做的;另一种是适用于被判处五年以下徒刑,并有悔改表现,群众反映不大的自新分子,如太行区就是如此做的。实践证明,前一种办法不如后一种办法好。例如,太行区十几个县曾在一年多的时间内共送回村服役的自新人2572人,其中80%以上均得到了改造。但是,在适用回村执行时,必须注意:第一,必须先行管押教育,提高其觉悟,在认识罪恶和消除对抗情绪之后,才送回村去服役。第二,回村服役必须在群众已发动,村政权已改造的地区。第三,在送回村执行中,司法机关必须勤于检查,依靠群众,加强教育;通过群众了解犯人的表现和村干部对他的教育和使用情况,并根据了解的情况进行定期会议,目的在于考察奖惩,相互影响,解除犯人的错误思想,推动其生产改造。这就是说,案犯回村服役,只有在一定条件下才有其必要,否则会失去处刑的作用与目的。例如,解放战争时期在华北新区,由于村政权处于新旧交替,群众觉悟不高,采用回村执行产生了很多流弊,如部分群众故意包庇案犯,或因人事关系、宗派观点等,致案犯苦乐不均,而案犯亦借机蒙混。因此,华北人民政府曾发令取消回村执行制度。(1949年1月13日《华北人民政府为清理已决及未决案犯的训令》)但是,根据群众改造犯人的效果和经验,这一由战争环境下创造出来的刑罚执行制度,在严格遵守前述条件和做到应注意的事项的情况下,在和平时期也可以采用。当然,不宜把适用范围放得太宽,但也可以不仅仅局限于自新分子,对于其他罪行轻微的分子,也可以根据情况适当地考虑适用。这一制度之所以被继续和提倡,是因为这种群众路线的执行方法,一方面,可使群众对于何者宽大,何者惩罚的政策法令有所认识,教育群众认识犯罪的来源和犯罪丑恶,从而提高其政治觉悟和革命警惕性;另一方面,可以通过群众,更好地去了解犯罪者,监督和教育犯罪者的改造。正因为如此,所以在新中国成立后,根据新的形势,将回村执行的制度加以提高与发展,创造了高于回村执行的方法——管制。(未完,待续)

(1957 年第 3 期)

苏维埃民法中的民事法律关系

孙文海*记录

苏联专家玛·克依里洛娃曾于本年4月初在上海讲学,这是她的第一次报告。本文是根据当时口译记录下来,整理后送本刊发表的。原文未经报告人核对,如有错误,由记录人负责。

民事法律关系是法律关系中的一种。大家知道,在所有法律关系中有各种各样的法律关系,有行政法律关系、财政法律关系、土地法律关系等。这里讲的是民事法律关系,但也会牵涉与其他法律关系相同的一些特征。民事法律关系的一个很重大的特征,就是民事法律关系的社会性,它是一种社会关系。民事法律关系是发生在人类社会中人与人之间的关系,这就是说,民事法律关系不会产生在人与物之间,或物与物之间。我之所以要提到这一点,是因为在资产阶级法律界有这样的说法:他们认为所有权关系是人与物之间的关系,是所有者与财产的关系。这种说法,早在马克思时代已经有了,在长时期中它是被用各种不同的方式、观点阐述出来的。马克思曾坚决地驳斥了这种说法。他认为法律关系只是产生在人与人之间的关系上。他批判了资产阶级关于"人与人平等关系"的说法,因为,事实上在资本主义社会中,人与人是不平等的,即一些人统治另外一些人的意志。马克思说,任何统治或支配都是对他人的意志的强制或控制。而人只能对物控制,因为物是没有意志的。在研究社会主义民事法律关系时,也要考虑到马克思说的这种社会关系,即人与人之间的社会关系。资产阶级学者为什么要说民事法律关系产生在人与物之间的关系上呢?他们是企图在理论上来解释资本主义社会的不平等关系。资产阶级理论家说,在资本主义社会里,工人、资本家只是与生产资料发生关系,资本家只是对工厂、作坊产生关系,而资本家与人,与工人、劳动者之间并不发生关系。他们以此来说明人对私有制的关系,即是说,控制的是生产资料,而人的意志是不被控制的,借以掩盖资本主义的剥削实质。资产阶级理论家以此来证实他们的"不合理、不平等是合理的现象"的说法,证明这样的法律关系是最好的关系。他们企图证实剥削的合理性,当然不仅用这一办法,还有其他的办法。

在研究社会主义民事法律关系的时候,应该知道民事法律关系的产生是摆脱了任何形式的剥削,是在自由人们之间的关系。因此在社会主义社会里,民事法律

---

* 记录者单位:华东政法学院(现华东政法大学)。

关系产生后，并没有支配与统治的关系，只有经济上的平等关系和政治上的平等关系。社会主义的民事法律关系和其他社会关系一样具有社会性。例如，生产关系产生在社会之中，也是社会关系，但在所有这些社会关系中，生产关系和其他社会关系有区别，生产关系是在所有社会关系中起决定性作用的关系，其他的社会关系则取决于生产关系。现在我们研究的民事法律关系作为社会关系时，就得研究一下生产关系。生产关系就是人们在生产物质财富过程中所形成的相互之间的关系。马克思曾经指出，要研究法律关系，不能从法律关系的本身去找，而要找出法律关系的基础，即生产关系。生产关系是构成社会基础的关系。什么样的生产关系，就可以产生什么样的法律关系。所谓生产关系，是一种经济关系，包括所有制关系及与此相适应的分配与交换的关系。所有这些关系构成了社会的生产关系，组成了社会的基础。所有这些关系在其发生和发展过程中都按一定的方式而产生，表现这些经济关系的形式就是法律关系。马克思把这种以法律形式表现出来的生产关系——经济关系，叫做财产关系。马克思在说明商品交换时谈到了这些关系。商品交换是一种经济关系，这种关系的形式是通过合同表现出来的。合同就是财产关系，也就是民事法律关系。马克思说，商品是一种经济范畴，商品本身无意志，自己不会交换，要商品持有者或所有者面对面地进行一种关系，即合同关系，才能实现交换。表现商品交换关系的形式是合同。法律形式之所以必要，因为它表现出经济形式，而为经济关系服务。因此，我们可以说财产关系又是为经济关系的表现形式，是和他种经济关系紧密联系，而且是在经济关系的基础上产生的，这是一方面；另一方面，财产关系不能与经济关系混淆，对经济关系而言，它是独立的。财产关系构成一种独立的社会关系，和其他社会关系不同。经济关系虽通过法律形式表现出来，但它本身仍然是经济关系，与法律关系不是一个东西。法律关系是表现经济关系的，它本身有一定的形式和一定的结构。这就是说，法律关系的内容是经济关系，但其本身属于上层建筑。法律关系所表现的经济关系，主要是所有制关系、所有权关系以及商品的交换关系和劳动成果的分配关系，这些财产关系就是民法所调整的对象。但是，财产关系不仅受民法调整，而且也受其他法律部门的调整，如受行政法、劳动法、集体农庄法、财政法等调整。这里就涉及一些法律部门的划分问题。而民法又如何与其他法律部门区分开呢？这是一个很大的问题，应当另外来谈。

从以上我们所说的这些，可以得出一个结论，那就是：法律关系是一种特殊类型的社会关系，法律关系产生于经济关系，取决于经济关系，但不能与经济关系相混淆；法律关系在经济关系的基础上产生，属于上层建筑，是一种意志关系。马克思在谈到法律关系是意志关系时，特别强调说，这种关系的产生有人的意志；而在谈到生产关系的产生时说，它是不以人们的意志为转移的。

民事法律关系的这一特征——意志性，表现在两个方面，即法律关系是一种社会关系，这种社会关系是受法律规范所谓整的，它是受社会统治阶级意志表现的。马克思说，法律就是统治阶级的意志，对资产阶级来说，你们的法律就是你们的意志。但马克思讲的是对资产阶级而言。社会主义社会中的法律是表现工人阶级和农民阶级的意志。列宁在研究苏维埃国家时也这样提出，法律是国家意志的表现，法律是统治阶级意志表现的结果，法律关系是受法律规范所调整，所以法律关系具有意志性质。具体地说，在法律关系中，某种法律关系可大大发展，而某些关系就不能让它发展，或者要把它限制在小的范围内。国家就是通过法律和法律关系来影响经济关系的发展，它通过法律关系来促进生产关系的发展或取消某种经济关系的发展，它的影响就可以作用于社会的基础。当我们谈到上层建筑现象影响于基础时，我们只能说，法律关系对基础的影响只是起促进的作用，或者是延缓的作用。关于这种作用的意志，大家是知道的，你们国家是通过法律来作用于生产关系，如通过法律促使社会主义经济发展，限制非社会主义经济的发展以至消灭。这说明法律关系的意志性是受法律规范所调整，统治阶级通过法律关系影响经济关系的发展或消灭。

法律关系的意志性的另一表现，是参加法律关系的人是有意识地加入法律关系的。参加法律关系的人是有意识地进行活动的，他非常清楚自己活动的意义，他了解从事的行为和结果是什么，他还有一定的目的。

什么叫法律关系的意志性呢？列宁曾经非常注意这个意志的问题，因为许多反马克思主义者都用另外一种方式来解释意志。反马克思主义者把意志理解为无所制约的，认为不需要任何法律的，因为法律总是要限制人的自由。当然，这样理解意志是一种无政府主义思想。而列宁是从不同的方式来理解意志自由的，他把意志自由理解为有意识的行动，并且了解自己行动的方向及其目的。这就是说，人们在参与法律关系时，他们是了解国家的意志的，他们所参与的法律关系是在国家所允许的条件和内容下来组织的。民事法律关系是思想关系，在它产生之前，是有人的意识活动，才能产生民事法律关系。所以民事法律关系是一种社会意志的关系，它是一种思想关系。此外，民事法律关系除了是社会的意志关系以外，而且也是法律上的关系，这是法律关系的另一特征。

民事上的关系受法律调整，称之为民事法律关系。例如，道德上的关系是说明社会关系的行为规则，当然道德关系也受一定的规范所调整，但它不受法律关系调整。它们之间的重要区别在于当人们违反道德规范时，就要受到舆论的指责，没有其他后果。但违反法律时，不仅受舆论的指责，而且要受法律制裁。当一个人没有履行民事法律关系上的义务时，就会产生法律上的后果，可能对他采取强制力。这一点与未遵守道德规范的人的后果是不一样的。这就是说，在法律规范后面是政权的力量，国家的力量，在道德规范的后面是社会舆论。这就说明了一切社会意志关系都是法律关系。理解这一点对实践有用处，因为一个人违反规范后要否用强制手段，那要看他是否违反了法律规范。

此外，还有一个重要的特征：民事法律关系的参与人在法律上是完全平等的人，这个平等就表现在法律关系参与人之间，有着相互的权利义务，在法律上是相互制约的。所谓相互制约表现在大多数民事法律关系中，当一方有请求权的话，另一方就担负义务；当一方有义务，一方就有权利，即一方的权利构成他方的义务。这种平等关系还表现在当事人民事法律关系中间的相互制约，并且由国家强力所组成的自愿的关系。也许有人会说，你们审理案件是运用国家的强制力的。但必须指出，民事案件中用强制手段的，对社会上存在的大量的民事案件来说，则是极少数了。所以在社会中绝大多数民事法律关系的参与人都是有意识地自愿参加的，彼此的关系也是平等的。

以上就是民事法律关系的特征问题，现在谈一下民事法律关系的定义。

在各个不同的民法教科书中，作者对民事法律关系所下的定义虽然不一样，但可以从他们的解释中得出一个一般的概念，即“民事法律关系是受社会主义法律规范所调整的，他的参与者是取得相互权利和义务的法律上平等的人”。

在苏维埃民法科学上，还有一个应注意的问题，那就是民事法律关系的要素问题。民法界对此问题有不同的看法，其争论要点有两个：

(1)民事法律关系中有否要素？

(2)如果有的话，有哪些要素？

有些理论家认为，民事法律关系是没有要素的，因为内容就是它唯一的要素。民事法律关系的内容是权利和义务，即当事人之间的权利和义务，它是构成民事法律关系最基本的东西。另一种看法，认为民事法律关系的内容是当事人的权利义务，但这并不产生在空气中，它总是属于某些人的。因此，人就成为民事法律关系的要素了。而且这些权利并非无缘无故产生的，它有一定的目的，完成一定的行为，并有产生权利义务的物(财产)作为民事权利的客体。这就是说，产生权利和义务的对象是法律关系的要素。至于我本人的意见呢？我比较同意前面一种看法，认为民事法律关系主要内容是权利和义务，如果把法律关系的主体列为要素，必须更深入地研究了民事法律关系，才能划分出来。

民事法律关系有三个要素：(1)主体；(2)内容；(3)客体。

能成为民事法律关系的主体是公民，但并不完全是公民，也有法人。民事法律关系不仅产生在公民之间，而且也产生在法人之间，这在法律上是有规定的。刚才所说的那些特征是否也产生在法人与法人之间的关系上呢？法人之间所产生的民事法律关系是社会的意志关系，在法律上平等的人们之间的关系。法人之间所产生的社会关系,由于它产生于社会,当然也是意志关系,但它有一定的特殊性。所谓法人,不是自然人。法人是有一定的组织、一定的结构,而且有权利参与法人的关系。我们能否说法人有意志呢?可以说的。法人是一个组织,这个组织就要表现一定的意志,虽然这个意志是要通过自然人表现出来的。法律关系的主体可能是法人,也可能是自然人,但法人和自然人都不能参与任何民事法律关系。如拿我国的供给合同来说,供给合同是法律关系,但公民不能作为供给主体;如著作权只能属于具体的人,不能属于某一个单位或法人。公民或法人各自有不同的活动范围,这一点我国与你国是一样的。另外,并非任何公民都可参与法律所允许的任何法律关系,公民必须具有行为能力和权利能力才能参与法律关系,这一点也可以要求于法人。但法人的权利能力与公民不一样,法人的权利能力取决于法人组成的目的、任务,这些都规定在法人的组织章程或条例中。按华东政法学院来说,它有它的任务与目的,其目的是培养高级熟练的法律专门人才,它的任务与高等教育的总任务是相符的。因为华东政法学院不可能培养演员和从事生产活动的人,也不可能生产一些手工艺品,因为它的章程上没有这样一个权利。我举这个例子是说明法人是有权利能力和行为能力的,但这取决于法人的任务,说明这一点对于司法实践来说是有意义的,因为当你在审理这一案件时,应该首先考虑这个法人有否参加这种活动的权利,假如没有,就按照没有权利的办法来处理。

既然民事法律关系产生在人与人之间,那么民事法律关系的主体至少有两个人。因为民事法律关系的参与人,相互享有权利和义务,所以它的主体区分为两个方面。民事法律关系中有两方面的当事人,但并非一定是两个人,可能有几个人。民事法律关系中享有权利的一方当事人,在民法科学上叫做债权人,承担义务的当事人叫债务人。在有些法律关系中,每方当事人都享有权利负担义务,因此往往当事人既是债权人又是债务人。如买卖合同,有出卖人,也有买受人,买受人和出卖人的买卖关系的两方当事人,每方都有一定的权利和义务。在买卖法律关系中,出买者有义务把物交给买受人,买受人有权请求交付物;出卖人有权要求买受人支付价金,买受人有义务支付价金。在一般的情况下,债权人一方是一个人,债务人一方也是一个人,但也可能同时有几个人参加的,只是他们在这种法律关系中分享权利和义务的方式不一样。债权人可能同时享有某种权利,或是分享某种权利。这种情况是完全可能的,而且在实际生活中是常有的。有些民事法律关系中,债权、债务人中的人数是肯定的,但也可能一方是肯定的人数,一方是不肯定的人数。例如以所有权关系作例子,在所有人之前有许多负有义务的人,其人数是不定的,不定数量的人,其义务是不侵犯所有者对其所有物的权利。对实践工作来说,在审理这样案件时,要查清这个所有权属于谁,属于多少人,他们有什么样的权利。例如,在解决继承人的继承权问题,须要查清谁是继承人,谁有继承权,除了现有继承人外,还有哪些继承人,这在理论上说,就是解决民事权利的主体问题。

民事法律关系的内容是十分重要的,即当事人的权利和义务。权利和义务是相互的,是为了要达到一定目的的。

民事法律关系参与者的请求权问题。请求权总是具体的,有一定的形式,叫做主观实体权利。主观实体权利,也就是要求对方当事人履行义务的一种可能性,它的实现,当然要取决于负有一定义务的人。主观实体权利是受国家强制力量所保护的,也就是对负有义务的一方给予强制力。主观实体权利属于特定的人们,在这一点上它和客观权利是不同的。客观权利是指国家所颁布的关于调整某种财产关系的法律规范的总和。它仅是法律上所规定的一种权利,是享有主观实体权利的一般前提和一般条件,同时它是保护主观实体权利的法律基础。它的存在,并不能意味着公民已经享有主观实体权利。这可以从我国情况举例,我国法律规定,公民有享有轻便的小汽车的权利,这是表明我享有小汽车的可能性,但这个权利并不能说我就有了小汽车。我要实现我的主观实体权利,我要有小汽车,就要缔结买卖关系,如果我买了小汽车,我才对小汽车有着主观实体权利。当然,要享有这个权利,要买小汽车的话,还要很多的钱,那是另外一个问题了。

所以主观实体权利是根据法律规范产生的,并按主观权利保护的。事实上,法律规定了享有权利的规范,并不等于公民已享有具体的权利,为了要使公民享有这种权利,必须想办法促使这种客观权利可能性的实现。这就是我们所讲的民事法律关系内容问题,也就是当事人的权利和义务关系。

关于民事法律关系的客体问题,我国学者对此有着争论,甚至有相反的意见。有的学者认为民事法律关系中不存在客体,而在事实上法律关系中也不存在客体。但极大多数学者认为,客体,这个要素在法律关系中还是存在的。现在意见已比较一致了,认为民事法律关系是有客体的,而且任何法律关系都有客体。争论的焦点是:什么是民事法律关系的客体?第一种意见认为,民事法律关系的客体只是行为。第二种意见认为,民事法律关系的客体不仅是行为,而且可以是物、物品以及非物质的利益。第三种意见认为,民事法律关系的客体只是物和非物质的利益,而行为只能属于民事法律关系的内容,而不是客体。我的意见是:所有权利和义务的产生都有一定的目的,这个目的就是民事法律关系的客体。法律关系是经济关系在法律上的表现,它包含了一定的经济利益,为了达到一定的经济目的,所以我认为财产、物,就是民事法律关系的客体。法律关系的所以产生,也就是由于权利义务的出现,是由于一定的物产生的。例如,任何合同都有一定的物作根据,如买卖、运送和租赁等合同,没有一个合同不与物有关系,没有不根据物而产生的。至于承揽合同的标的是否是物呢?它有着特殊性。承揽合同中的客体是还没有存在的物,而是法律关系中行为完成的结果。并非承揽合同都产生了物,行为不是制造物的过程，那这种“劳动的结果”就是法律关系的客体。在承揽合同中，劳动过程本身不受民法调整，民法只调整产生劳动的过程以后所产生的结果。另一种法律关系的客体，不是一般地完成某种工作，从事某种劳动。如缔结演出合同，如演员主持一个音乐会，其标的不能是物，其标的，是劳动结果；不是演员在台上走进走出，而是整个演出对我们心理上的享受。总的来说，演出的劳动结果是非物质的利益。

所谓民事法律关系的客体，极大多数是物，其中包括货币、金钱，除物以外还有劳动结果与非物质的利益，民事法律关系的客体取决于民事法律关系的内容。

（1957年第3期）

社会主义共同生活规则在民法规范适用方面的重要意义

洪文澜*

《苏联宪法》第130条规定，苏联每一个公民，都必须尊重社会主义共同生活规则。社会主义共同生活规则，就是社会主义社会依照共产主义道德所树立而未经法律明文规定的人们相互关系的规则。这些规则虽然不是民法的渊源，但是在适用民法规范方面具有巨大的意义，这是苏联民法学者一般都承认的。① 究竟有些什么重要意义呢？拟从下面几点试作比较具体的说明。

一、违反社会主义共同生活规则的法律行为的后果

怎样的法律行为是违反社会主义共同生活规则的呢？在我所看到的苏联法律书籍里，很难找到实例。有的苏联学者认为带有终身抚养条件的出让财产的契约是违反社会主义共同生活规则的，②但是没有详细地论证他的观点。如果因为这种契约是由偶然的事实——让与人的死亡来决定受让人给付的分量，就认为违反社会主义共同生活规则，那是不正确的。这样的契约和出卖财产而以买卖价金为终身定期金债权的契约相类似，这样的终身定期金契约在1951年施行的《捷克斯洛伐克共和国民法典》第501条以明文认为有效。那么，带有终身扶养条件的出让财产的契约，当然也不能认为违反社会主义共同生活规则。现在我拟假设一些违反社会主义共同生活规则的法律行为的例子，以供大家参考。

1. 当事人依法律行为应该实行的行为违反社会主义共同生活规则时。例如，已成年而与父别居的女，不得与已离婚的母同居，若与同居就要支付违约金给父的

---

* 作者单位：华东政法学院（现华东政法大学）。

① ［苏］坚金主编：《苏维埃民法》（第1卷），苏联国家法律书籍出版局1950年版，第87页；中译本为［苏］坚金、布拉都西主编：《苏维埃民法》，李光漠等译，法律出版社1956年版，第117页。［苏］布拉都西主编：《苏维埃民法》（上卷），中国人民大学民法教研室译，中国人民大学出版社1954年版，第38页。［苏］诺维茨基著：《法律行为·诉讼时效》，康宝田译，中国人民大学出版社1950年版，第87页。［苏］约菲著：《损害赔偿的债》，中央政法干部学校翻译室译，法律出版社1956年版，第15页。

② ［苏］赫鲁菲娜著：《苏维埃社会主义民法中合同的意义和本质》，郑华等译，法律出版社1956年版，第196页。

契约,是违反社会主义共同生活规则的。因为女依契约应该实行的不与母同居,违反了社会主义共同生活规则。

2. 当事人依法律行为应该实行的行为虽然不违反社会主义共同生活规则,但是和物质的利益结合起来就违反这种规则时。例如,张三要告发李四的犯罪,而又不愿自己去告发,就和王二订立契约,给王二金钱若干作为酬劳,由王二出面告发。在这种情形下,告发犯罪不仅是法律许可的行为,而且是公民应尽的责任;但是要获得物质的利益,才去告发,是违反社会主义共同生活规则的。

3. 法律行为附加违反社会主义共同生活规则的条件时。例如,某人在她的女儿死亡后赠送财产给她的女婿,但以她的女婿终身不再结婚为条件,如果再结婚,就要返还受赠的财产。这种契约是违反社会主义共同生活规则的。苏联民法学者认为法律行为附加违反社会主义共同生活规则的条件时就无效。①

4. 法律行为的动机违反社会主义共同生活规则时,要分情形来说。当事人一方隐藏在心里而为外界所不能知道的动机,虽然违反社会主义共同生活规则,但是不能说这个法律行为是违反社会主义共同生活规则的。例如,张三心里隐藏着借赌本的意思,诡称有某项正当用途,向李四借钱,李四就借给他,后来虽发现张三在借钱时心里所隐藏着的动机,也不能把这个借贷契约认为违反社会主义共同生活规则。但是表示出来的动机,组成法律行为的内容。例如,张三写信给李四,说要借钱若干,作为赌博之用,李四复信答应,但是要第三天才能交钱,张三复信准第三天来取钱,及张三来取钱时,李四忽自悔不应贷与赌本,拒绝交钱,张三乃以李四不履行借贷契约的预约,②起诉请求判令李四依约交钱。这个借贷契约的预约,是违反社会主义共同生活规则的,法院应该认为无效,把张三的请求驳回。

《苏俄民法典》第30条规定:“违反法律目的或者规避法律的法律行为……一律无效。”苏联有些民法学者认为这条规定,在法律行为违反社会主义共同生活规则的情况下也可适用。③ 这种看法是正确的。社会主义共同生活规则本身,虽然不是法律,但是《苏联宪法》第130条既把尊重社会主义共同生活规则明白规定为公民的基本义务,那么,某一公民违反社会主义共同生活规则而为法律行为,就是违反了《苏联宪法》第130条的规定;在这种情况下,《苏联宪法》第130条便是《苏俄民法典》第30条所指被违反的法律。因此,违反社会主义共同生活规则的法律行为,应当依据《苏俄民法典》第30条认为无效。但是坚金教授在他所著《违反法

① [苏]坚金主编:《苏维埃民法》(俄文本第1卷),苏联国家法律书籍出版局1950年版,第219页。

② 《苏俄民法典》,第218页。

③ [苏]赫鲁菲娜著:《苏维埃社会主义民法中合同的意义和本质》,郑华等译,法律出版社1956年版,第178页,及该页注①所引用的各著作。

律目的所为的法律行为无效》的论文里,认为《苏俄民法典》第 30 条关于违反法律的规定,只有法律行为违反有关苏维埃国家制度和社会制度原则的规范时,才能适用;违反其他法律规范的法律行为,应以《苏俄民事诉讼法典》第 4 条为基础,按照苏维埃立法关于法律行为无效和恢复原状的一般原则来解决问题。① 如果照这种看法,那么,把违反社会主义共同生活规则的法律行为认为无效,不是依据《苏俄民法典》第 30 条,而是另有根据的。这种看法,诚如赫鲁菲娜所论述,②是不能同意的。有些苏维埃民法教科书承认,法律行为以不违反社会主义共同生活规则为其有效的条件,③而没有提到欠缺这种条件的法律行为认为无效的法律上根据。

违反社会主义共同生活规则的法律行为,依据《苏俄民法典》第 30 条认为无效的时候,视为自始无效。④ 就是说,这种法律行为自始就不发生当事人所要达到的那些法律后果。当事人基于无效的法律行为已经对他方有所给付时,依据《苏俄民法典》第 399 条所规定的一般原则,本来可以请求他方返还所给付的东西。但是基于违反法律的无效法律行为有所给付而发生的不当得利,经法律规定了特殊的规则。依据《苏俄民法典》第 402 条的规定,因他人违反法律或损害国家的行为,有损他人而获得利益的,应将其不当的得利归为国家的收入。布拉都西教授主编的《苏维埃民法》中译本下卷在说明这一条时写道:"法律上的这一项规定具有重大的原则意义。它的用意在于指出必须培养对法律、对社会主义共同生活规则尊重的精神,对于非法得利的人,不应还使其保有其不应得的受领。但同时以自己的行为造成此项利得的另一个人,也无权请求返还其已给付之利得。在这种情形下,不当的受领追缴为国家的收入。"⑤《苏俄民法典》第 402 条的规定,在同法典第 147 条里得到具体的表现。⑥ 第 147 条规定:"如契约因违反法律或与国家有显然的损害而无效时(第 30 条),任何一方都无权请求他方返还其依约已经给付的东西。不当得利应该追缴归为国家的收入(第 402 条)。"违反社会主义共同生活规则的法律行为,既然应该依据《苏俄民法典》第 30 条认为无效,那么基于这种法律行为有所给付时,关于不当得利问题,当然也应当适用《苏俄民法典》第 402 条及

---

① [苏]赫鲁菲娜著:《苏维埃社会主义民法中合同的意义和本质》,郑华等译,法律出版社 1956 年版,第 180~181 页。

② 同上,第 180~182 页。

③ [苏]坚金主编:《苏维埃民法》(第 1 卷),苏联国家法律书籍出版局 1950 年版,第 225 页;[苏]布拉都西主编:《苏维埃民法》(中译本上卷),中国人民大学民法教研室译,中国人民大学出版社 1954 年版,第 148 页。

④ 《苏俄民法典》第 36 条。

⑤ [苏]布拉都西主编:《苏维埃民法》(中译本下卷),中国人民大学民法教研室译,中国人民大学出版社 1954 年版,第 225 页。

⑥ [苏]布拉都西主编:《苏维埃民法》(第 2 卷),苏联国家法律书籍出版局 1951 年版,第 331 页。

第147条的规定来解决。但是苏联民法学者也有不同意这种看法的。诺维茨基教授在他所著的《法律行为·诉讼时效》里写道："……法律中却没有规定违反社会主义共同生活规则时会带来任何强制性的后果，因此把社会主义共同生活规则看做法的形式（渊源）的一种是不合适的。所以我们认为以下的看法是正确的：即对于内容同社会主义共同生活规则相抵触的法律行为，适用民法典第147条的惩罚性的后果是没有根据的。"①这种看法还待商榷。违反社会主义共同生活规则而为法律行为，如前面所说，既然就是违反《苏联宪法》第130条关于要求公民尊重社会主义共同生活规则的规定，那么《苏俄民法典》第402条及第147条，正是规定违反社会主义共同生活规则时会带来强制性后果的法律，对于这种法律行为，适用这两条的惩罚性的后果，根据就在《苏联宪法》第130条是这两条所指被违反的法律，并不是把社会主义共同生活规则看做法的形式（渊源）的一种。所以我不同意诺维茨基教授的看法。坚金教授在上述论文里表示的意见，反对把违反苏维埃法律规范和社会主义共同生活规则的大多数法律行为，用归入《苏俄民法典》第30条的办法来适用《苏俄民法典》第147条的处罚方法，这在现行法律的看法上，也是没有根据的，但是在立法上如果按照坚金教授的意见作一些适当的修改，则是学者所同意的。② 另外，坚金教授主张适用《苏俄民法典》第147条追缴不当得利，归为国家的收入时，应该考虑到主观因素，如果契约当事人的一方没有过错，应该准许他请求返还不当得利。③ 这种看法，在解释现行法律的角度上，虽有学者不表同意，但是如果把民法典按照这种意见加以修改，也认为是合理的。④ 总而言之，《苏俄民法典》第147条的惩罚性的后果，如果适用于所有一切违反法律规范的法律行为，应该认为是过分的；如果行为人没有过错，也一律适用，应该认为是不合理的。⑤ 因此，这条规定，在立法上确有再加考虑的必要。《捷克斯洛伐克共和国民法典》第36条第2款规定："法律行为是由于违反法律或者重大的公共利益而被认为无效的时候，法院可以根据检察长的建议，把明知法律行为应当无效的当事人所得的款额，判归国家所有。"这款规定使法院有可能斟酌具体情况，灵活运用，而为适当的判决，是值得注意的立法。假使立法是这样，那么基于违反社会主义共同生

---

① ［苏］诺维茨基著：《法律行为·诉讼时效》，康宝田译，中国人民大学出版社1950年版，第87～88页。

② ［苏］诺维茨基著：《法律行为·诉讼时效》，康宝田译，中国人民大学出版社1950年版，第81页；［苏］赫鲁菲娜著：《苏维社会主义民法中合同的意义和本质》，郑华等译，法律出版社1956年版，第181页。

③ ［苏］坚金主编：《苏维埃民法》（第1卷），苏联国家法律书籍出版社1950年版，第235～236页。［苏］坚金、布拉都西主编：《苏维埃民法》（第1册），法律出版社1956年版，第296～297页。

④ ［苏］诺维茨基著：《法律行为·诉讼时效》，康宝田译，中国人民大学出版社1950年版，第102页。

⑤ 同上，第81～82页、第102页。

活规则而无效的法律行为有所给付时，并非一概不得请求返还。

二、违反社会主义共同生活规则使他人遭受损害的行为的后果

依据《苏俄民法典》第403条的规定，发生损害赔偿的债，是以使他人遭受损害的行为具有违法性为必要条件的。① 什么样的行为才是违法行为？违反法律禁止或命令规定的行为，便是违法行为，但是规定禁止或命令的行为时，要把应该禁止或命令的一切行为，列举无遗，是不可能的。而且社会的情况时常变化，而法律不可能时常修正，今天的法律即便按照今天的社会情况，把所有应该禁止或命令的行为，无遗漏地规定出来，可是明天的社会又有新的情况发生，还不免有所遗漏。因此，未经法律明文禁止或命令的行为，应否禁止或命令，有待于社会主义共同生活规则来决定。社会主义共同生活规则禁止或命令人们去做的时候，如果有人去做了或者不去做，也是违法行为。② 这是因为违反社会主义共同生活规则就是违反《苏联宪法》第130条的规定，所以也是违法行为。但是社会主义共同生活规则单是希望人们不去做或者去做的时候，有人去做了或者不去做，不能认为是违法行为。例如，社会主义共同生活规则希望人们不去购买某种消费品，有人竟去购买，希望人们去救济灾民，有人竟不去救济，在这些情况下只受社会舆论的批评，不受法律的制裁。在一定的具体情况下，社会主义共同生活规则究竟单是希望人们不去做或者去做呢，还是禁止或者命令人们去做，应由法院依据国家和社会对公民提出的高度要求，斟酌该事件的特点来解决。《捷克斯洛伐克共和国民法典》第338条第1款规定："故意以违背善良风俗的方法使他人遭受损害，对于损害也须要负担责任。"这里所说的善良风俗，就是社会公德，也就是社会主义共同生活规则。《捷克斯洛伐克共和国民法典》对于以违背善良风俗的方法使他人遭受损害的情形，限于行为人的过错程度是故意时才使他负赔偿责任，这是值得我们参考的。

违反社会主义共同生活规则使他人遭受损害的行为，有的是作为，有的是不作为。做了社会主义共同生活规则禁止的行为，使他人遭受损害时，是作为。例如，农民张三初到城市，已买好火车票等候上车，意欲吃饭后再上车，由于不知开车准确时间，不敢决定，到车站旁边的饭店去问，店员李四故意把开车的时间延迟半小时告诉他，并且说还有很宽时间可以吃饭，张三就坐下吃饭，饭毕上车，才知道李四所告知

---

① ［苏］布拉都西主编：《苏维埃民法》（下卷），中国人民大学出版社1954年版，第223页；［苏］约菲著：《损害赔偿的债》，法律出版社1956年版，第14页以下。

② 同上。

的时间未到而火车已经开出,张三不得不在城市多耽搁一日,所买车票已经作废,次日不得不另买车票。李四的行为假使不构成刑法上的犯罪,也没有其他法律加以禁止,依社会主义共同生活规则,也是不应该这样做的,所以,李四的行为是违法的,应该向张三赔偿因此所遭受的损害。不去做社会主义共同生活规则命令的行为使他人遭受损害时,是不作为。例如,某甲向乙轮船公司买得5月1日开行的康济轮的票后,该轮遇难沉没,乙公司已在4月27日接到沉没的确实消息,因没有赶紧通知某甲,以致某甲失去了乘别船的时机,遭受了损害。在这样的情况下,由于不可归责于双方的事由,致乙公司不能向某甲履行用康济轮运送旅客的义务,乙公司的运送义务就消灭,只要把所收某甲的票价退还就没有事了。[①] 但是乙公司应该把轮船沉没不能依约运送的事实,依交易习惯上所使用的方法赶紧通知某甲,是社会主义共同生活规则所要求的,应该通知而不通知,使某甲遭受损害,就必须担负赔偿责任。

加害行为在权利的行使时,通常是没有违法性的。但是权利的行使,也只有在不违反社会主义共同生活规则的限度内,才被承认。所以,权利的行使违反社会主义共同生活规则,使他人遭受损害时,也应该负赔偿责任。前面引用的约菲著作里所举房屋所有人在与邻人建筑物毗连而属于自己所有的隔断墙上进行改建的事实,[②]就是违反社会主义共同生活规则行使权利的例子。《捷克斯洛伐克共和国民法典》第838条第2款规定:"由于行使权利而使他人遭受损害,如果他行使权利的时候有任他人遭受损害的企图,也须要赔偿损害。"我以为这款所规定的情形,是违反社会主义共同生活规则行使权利使他人遭受损害的行为的一种样态。这一款规定的用意,是在行使权利违反社会主义共同生活规则使他人遭受损害,限于行为人的过错程度是直接故意[③]时,才使他负赔偿责任。这也是值得我们参考的立法。

违反社会主义共同生活规则使他人遭受损害时,虽然不侵害他人的权利(主观权利),也要负赔偿责任。所以这种行为称为违法行为或加害行为,都可以的,但是称为侵权行为是不正确的。[④]

---

① 《苏俄民法典》,第144页。

② [苏]约菲著:《损害赔偿的债》,中央政法干部学校翻译室译,法律出版社1956年版,第17页。

③ 关于直接故意,参见[苏]约菲著:《损害赔偿的债》,中央政法干部学校翻译室译,法律出版社1956年版,第30页以下。

④ 清朝的《民律草案》和国民党政府的《民法典》,都用"侵权行为"的名称,实际上这个草案和法典并不是把侵害权利作为成立侵权行为的必要条件,句实本不相符,但是这个名称,流传很久,已经成为许多人所惯用。1951年人民出版社出版的《苏联民法概论》第72页把"因致他人损害所发生的债"译为"因侵权行为所发生的债";前面引用的[苏]坚金、布拉都西主编:《苏维埃民法》(第1册)第134页,亦把原本第101页的"……действия,являющегося правонарушением"译为"侵权行为"而不译为"违法行为",大概就是因为许多人惯用侵权行为的名称而这样做的。

三、社会主义共同生活规则是适用民法规范时评定人们行为的准绳

(一)衡量行使民事权利是否正确的标准

《苏俄民法典》第1条规定:“民事权利,除了它的行使违反社会、经济的使命以外、概受法律的保障。”解决关于行使民事权利是否适合社会、经济的使命的问题时,标准虽有种种,但是社会主义共同生活规则,也是标准之一。① 公民如果违反社会主义社会的利益去使用或处分属于公民个人所有权的财产,就是违反社会主义共同生活规则,也就违反了个人财产权的社会、经济的使命。苏俄最高法院曾因一个面粉厂的所有人长久时期未经开工,不加精心保存,而使这个面粉厂有倾毁之虞,没收了他的面粉厂。② 这是因为行使权利违反了社会主义共同生活规则,以致违反了社会、经济的使命。

债的标的物仅以种类特征指示而契约中规定债务人有选择权时,③债务人依契约选定,通知债权人后,债权人有权请求债务人交付原来选定的物,自不待说。但是有的时候,债权人一定要债务人交付原来选定的物,是违反社会主义共同生活规则的。例如,债务人误将原来选定的物卖给别人,无法追回,就在同种类的物里,另行选定与原来品质相同的物交付债权人,并且从一切方面来看,债务人交付另行选定的物,对债权人的利益丝毫无损。如果债权人拒绝受领,一定要原来选定的物,是违反社会主义共同生活规则的,应该认为受领迟延。④

《苏俄民法典》第109条规定:“如法律或契约未另行规定时,债权人有权拒绝接受部分的履行。”当给付多量物品的时候,要同时全部提出,依具体情况,有时是困难的。例如,农民一人要返还别人木柴两担,先挑送一担到债权人住所,并声明即该回去再挑一担来返还,在这种情况下,依社会主义共同生活规则,不应当认为部分的履行,债权人如果以挑到的木柴数额不足两担而拒绝受领,是没有法律上的根据的,应认为受领迟延。

债务人向债权人提出给付的数量超过债权额,要债权人找回差额,在日常生活中是时常遇到的事情,究竟债权人应该取什么态度,要依照社会主义共同生活规则

---

① [苏]坚金主编:《苏维埃民法》(俄文本第1卷),苏联国家法律书籍出版局,第116页、87页;[苏]坚金、布拉都西主编:《苏维埃民法》,李光漠等译,法律出版社1956年版,第117页、152页。

② 《苏维埃国家与法律问题讲座》(第1辑),中央人民政府法制委员会1951年版,第256页。

③ 《苏俄民法典》第108条第1项。

④ 《苏俄民法典》第122条。

来决定。例如，付两角钱的三轮车资，给付五元人民币一张，要找回四元八角，债权人当然可以拒绝。但是按照当时具体情况，如果债权人确有零钱可以找回，而且并不因为找回而受到损失，[①]那么债权人拒绝找回，因而拒绝受领，是违反社会主义共同生活规则的，应该认为受领迟延。但是债务人方面，如果本有零钱可付而用大票支付，要求找回，那时债权人当然可以不找。

（二）衡量履行民事义务是否正确的标准

债务人履行债务，在表面上看起来，虽然已经合乎法律和契约的规定，但是用社会主义共同生活规则衡量起来，也还有不能认为正确的。例如，张三向李四借钱时，约定将来无论在什么时候、地点，张三都可以还钱。有一天，张三和李四坐在一只船里，忽然看到强盗多人持械前来抢劫，张三急忙把所借的钱还给李四，李四不肯收受，结果两人身边所带的钱都被强盗抢去。在这种情况下，张三的还钱，在表面上看起来是合乎法律和契约的规定的，但是张三本来没有还钱的意思，看见强盗来抢，企图把自己被盗的损失，由李四来负担，才要还钱，他的还钱显然是违反社会主义共同生活规则的，所以，不能认为有效的清偿。

依据《苏俄民法典》第 111 条的规定，债务应该依照法律或契约所规定的期限履行。法律或契约规定履行的期限时，通常只指定日期而不标明时刻。是否只要在这一日内任何时刻都可履行债务呢？不是的。依照社会主义共同生活规则，履行的时刻，也有一定的限制。例如，向银行履行债务，应该在银行的营业时间内为之；向个人履行债务，除有正当事由外，不应该在深夜债权人睡眠中叩门叫他起来受领给付。即使如上面举例，张三与李四约定无论在什么时候都可还钱，也不能解释为可以在深夜李四睡眠中叫他起来受领给付。

（三）解决作为民事责任条件的过错程度问题的标准

“法院解决关于负责人的过错程度（重大疏忽或轻微疏忽）的问题时，是以社会主义共同生活规则为依据的。”[②]这是什么意思呢？依据《苏俄民法典》的规定，除在第 404 条的情形没有过错也要负责任外，民事责任，以负责人一定程度的过错为必要条件。债务不履行的赔偿责任，依据《苏俄民法典》第 118 条的规定，以债务人的轻微过失为必要条件。加害行为的赔偿责任，依据《苏俄民法典》第 403 条

---

① 例如，债权人为了收购价值很小的零星对象，必须积存若干零钱，在这种情况下，找钱是于债权人不利的。在旧社会有一时期，拾元一张的钞票停止兑现，一元、五元的钞票仍可兑现，有人买几角钱的东西，付拾元一张的钞票，要找回九元几角，这更于债权人不利。

② ［苏］坚金主编：《苏维埃民法》（第 1 卷），苏联国家法律书籍出版局 1950 年版，第 87 页。中译本把“о ст епени виновност и от вет ст венного лица”（负责人的过错程度）写为“犯错的人的责任程度”，与原文意义不符。民事上的责任程度的问题，是赔偿额多少或赔偿范围大小的问题；过错程度的问题，是故意、重大过失还是轻微过失的问题，两者全然不同。中译本可能是书写或排印错误。

的规定,以加害人的轻微过失为必要条件。债务人在债权人受领迟延后负给付不能的责任,依据《苏俄民法典》第122条的规定,以债务人的重大过失为必要条件。引起错误的一方视同未曾履行契约负赔偿他方损害的责任,依据《苏俄民法典》第151条的规定,以这一方的重大过失为必要条件。在个别的具体情况下,究竟有没有法律所定程度的过错,要看社会主义共同生活规则对于人们所要求的审慎程度(注意程度)来决定。社会主义共同生活规则所要求的审慎程度,看人们的业务、对象的性质以及其他一切具体条件而不同。例如:在卫生事务方面,对于医生所要求的审慎程度要比对护士高些,对于护士所要求的审慎程度,要比对普通人高些;对于工程师、司机、木匠、裁缝等要求他们各不欠缺自己业务上应有的审慎;保管或送交贵重物品或容易爆炸的物品,应该比保管或送交寻常物品格外审慎;驾驶汽车,在白天和在夜间,在旷野和在街市,要求的审慎程度不同;在公民的自觉性、积极性普遍提高以前和提高以后对于社会主义建设事业所要求的审慎程度也有不同。从事一定业务的人,如果对于社会主义共同生活规则所要求的较高的审慎程度有所欠缺,我认为他有轻微过失;如果他连任何人都能做得到的最低限度的审慎,也有欠缺,就认为他有重大过失。

(四)解决承租人的行为是否使其他同居人不能共处问题的标准

依据《苏俄民法典》第171条第5款的规定,住居处所的承租人,因自己的行为致使其他同居人不能与其共居一室或一宅时,虽然这个承租人和出租人所订的租赁契约期限还没有满,法院亦得依利害关系人或机关的请求,解除租赁契约,令承租人迁出。法院解决这个问题时,是以社会主义共同生活规则为依据的。[①] 数人共居一室或一宅时,依照社会主义共同生活规则,各人都要有相当限度的活动自由,所以,他人在相当限度内的活动,纵令感觉到不便于自己的安居,也应该忍受。但是他人的活动,经常超过相当的限度,确使自己无法共处时,就可以请求法院保护。例如,与承租人住在一宅的出租人,因为承租人经常开收音机,夜间不能安睡,无法与承租人共处,请求判令承租人迁出;实际上承租人是在夜间九时至九时半以相当声浪开收音机,收听广播哲学讲座,不能说他的活动超过相当的限度。如果承租人经常深夜以高度声浪开收音机来搅扰出租人的安睡,那就超过了相当的限度,违反了社会主义共同生活规则,法院应当判令承租人迁出。

(五)否定扶养费返还请求权的标准

对于依法律无收受扶养费权利而事实上靠自己养活的人已经给付的扶养费,

① [苏]坚金主编:《苏维埃民法》(第1卷),苏联国家法律书籍出版局1950年版,第87页;[苏]布拉都西主编:《苏维埃民法》(上卷),中国人民大学民法教研室译,中国人民大学出版社1955年版,第38页。

不得请求返还。这样的请求,是违反社会主义共同生活规则的。① 例如,某甲误信对其近亲某乙有法律上扶养义务,便扶养起来,后来知道自己没有这种义务,就请求某乙返还前已给付的扶养费。在这种情况下,某乙没有法律上及契约上的充分根据,有损某甲而获得受扶养的利益,依据《苏俄民法典》第379条的规定,某甲本来可以请求某乙返还不当得利,但是没有法律上扶养义务的人去扶养没有劳动能力的人,是适合于共产主义道德的。法律虽然不能强制这种人去扶养,而他在事实上已经去扶养了,法律就不应当帮助他追回已经给付的扶养费。因为这种帮助,使他有可能在事实上取消从前所做适合于共产主义道德的行为。取消从前所做适合于共产主义道德的行为,就是违反社会主义共同生活规则。所以,承认这种不当得利返还请求权的存在,是违反社会主义共同生活规则的。

(六)解释意思表示的标准

组成法律行为的意思表示,有解释的必要。诺维茨基教授在他的著作里说得很详细,②可以参照。关于解释意思表示的方法,《苏俄民法典》未设明文规定。《捷克斯洛伐克共和国民法典》第31条第1款规定:"解释意思表示,应当注意在表示意思的时候的情况,并且应当符合社会主义共同生活规则。"因为社会主义共同生活规则,如前面所述,是适用民法规范时评定人们行为的准绳,所以解释组成法律行为的意思表示,应当符合社会主义共同生活规则。

如上所述,社会主义共同生活规则在苏联民法规范适用方面,确是具有巨大的意义。《中华人民共和国宪法》第100条规定,公民必须遵守公共秩序,尊重社会公德。这里所谓的公共秩序和社会公德,是在我国宪法和法律没有明文规定的时候用来调整我国社会关系的行为规则,③和苏联宪法上的社会主义共同生活规则,实质上是同一意义。我本来打算研究公共秩序和社会公德在我国民法规范适用方面的意义,但是问题牵涉我国民法规范究竟怎样。因为我国民法典还没有颁行,无从确定,这个问题的研究,也就无从着手。学习苏联民法科学的先进经验,对于研究我国法是必要的。因此,我以苏联民法为依据,从事于本问题的研究,现在我把初步研究的结果写出来,请大家指教。

(1957年第3期)

---

① [苏]布拉都西主编:《苏维埃民法》(第2卷),苏联国家法律书籍出版局1951年版,第331页。

② [苏]诺维茨基著:《法律行为·诉讼时效》,康宝田译,中国人民大学出版社1950年版,第143页以下。

③ 参见李达编:《中华人民共和国宪法讲话》,人民出版社1956年版,第239页;《中华人民共和国宪法讲义》,华东政法学院1955年印行,第106页;《我国公民的基本权利和义务》,通俗读物出版社1955年版,第45页。

法的阶级性和继承性的讨论在展开中

关于法的阶级性和继承性问题，现在各地法学界都在展开讨论。除上海法学会先后召开了两次学术讨论会以外，中国政治法律学会最近在北京也召开了三次讨论会，并分组进行研究。参加的有著名法学家60多人。此外，上海复旦大学和北京大学的法律系、北京政法学院等也曾进行了热烈的讨论。

在中国政治法律学会召开的讨论会上，对于法律、法律科学的阶级性是体现统治阶级意志一点，大家基本一致，没有什么争论。争论集中在继承性上面。有人认为法律、法律科学是有继承性的，有人认为没有，也有人认为在一定条件下有。对于阶级性和继承性的关系，比较多的人认为两者是不矛盾的。在复旦大学法律系召开的讨论会上，就法的继承含义和继承范围以及法的阶级性是否单一等几个问题作了讨论。

新近出版的《新建设》第5期、《教与学》第2期、《教学简报》第24期、《法学》第3期和5月9日的《新闻日报》都陆续发表了有关这一问题的文章。

（1957年第3期）

人民检察院监督刑事审判的工作

王俊常*

审判监督工作是人民检察院行使检察权的方法之一，它的目的是要求人民法院依法进行审判活动作出合法而又有根据的判决或裁定，保证人民法院正确地运用审判权来惩办一切犯罪分子，解决民事纠纷，教育公民遵守法律，忠于祖国。

我想根据几年来实际工作中的一些体会，来与大家共同探讨关于人民检察院刑事审判监督工作的范围及其方法的问题。

一

近两年来各地人民检察院的工作实践，人民检察院对人民法院的审判活动，主要应从下列几方面进行监督：

（一）人民法院是否按照人民法院组织法规定的原则和制度进行活动

具体说来就是监督：(1)人民法院审理案件，除法律规定的特别情况外，是否一律公开审理。(2)审理的案件，除轻微的刑事案件和法律另有规定者外，是否实行人民陪审员制度和合议制（即审判第一审案件，由审判员和人民陪审员组成，审判上诉和抗议案件，由审判员组成）。(3)当事人、证人、鉴定人是否到庭。(4)是否告知当事人应享有的权利。如当事人申请某审判人员回避时，法院院长作出的裁定是否正确。(5)是否为不通晓当地通用语言文字的当事人聘请翻译。(6)是否给予被告人以充分行使其辩护的权利。(7)对第一审案件的判决和裁定，是否准许当事人有权上诉。(8)中级人民法院和高级人民法院判处死刑的终审判决是否允许当事人向上一级人民法院申请复核；基层人民法院和中级人民法院判处死刑的案件，当事人不上诉，不申请复核的，是否经最高人民法院核准。(9)是否违背其他有关法律规定的情况等。

注意上述这些是保障当事人的法定权利，使其不受非法的剥夺和限制。对于发现人民法院不合法律规定的情况，应及时提出意见，要求纠正。

（二）判决的事实根据是否全面、真实

大家知道，人民法院在审理案件时，不仅是根据人民检察院的起诉理由和其所认

* 作者单位不详。

定的证据,更重要的是根据原始证据和被告人、证人、鉴定人的陈述,来研究和认定对被告人有利或不利的证据,并在法庭上进行充分的调查,然后根据客观事实作出的结论,作为判决基础。因此,人民法院对案件事实作出的结论,不一定就与人民检察院所作的结论一致。所以要求检察长(员)在实行监督工作时,不要忽略这点。

在研究和分析人民法院对案件事实作出的结论时,必须对确认的事实是否存在,这些事实的造成是否是被告人所为,有无确凿的证据,此项行为是否构成犯罪,必须对这些问题得出肯定的有根据的回答。相反的,人民检察院就应依法提出抗议,要求人民法院纠正因认定事实不当而作出的错误判决。

(三)判决时适用法律和处刑是否正确

人民法院判处的案件,不仅要认定案件事实是否存在,是否为被告人所为,同时还应依法认定被告人犯了什么罪,应适用何种法律,有无符合法律规定的从重、减轻或免予惩罚的情况,以确定对被告人应科的刑罚。此外,如有附带民事诉讼的问题也要解决。这样对于认定的事实是否与客观真实情况相符和适用法律以及处刑是否确当有极其密切的关系,但即使认定的事实是真实而全面的,有时在适用法律或量刑上也会有不当的情况。因为要确定本案犯罪构成的法律根据及确定某项法律是否适用于这个案件的问题,同样是一项细致而艰巨的工作。如果审判人员在适用法律时,对案件的特点与时间、地点等特点,以及对被告人的犯罪程度对于社会的危害性有所估计不足,就会产生在适用法律和确定处刑方面的错误。因此,检察长(员)在审判监督工作中,必须注意判决时所适用的法律和处刑是否正确。要客观地全面分析研究,从案件的具体情节出发,依据法律确定被告人应负的责任。如有错误时,应依法提出抗议,要求人民法院纠正。

为此,检察人员应对下述问题进行研究:(1)被告人的犯罪行为是出于故意还是过失;(2)此项犯罪行为是否在所运用的法律颁布以前及有关法律是否规定应溯及既往;(3)有无免除违法性的情况(如正当防卫,紧急避难等);(4)被告人的犯罪行为对社会的危害性,应科何种刑罚,是否应交付执行(指是否适用缓刑)等。只有在此研究基础上,才能较有把握地及时发现这个案件是否错误;否则就会使错误判决或裁定发生了法律效力,造成不良的后果。

(四)判决是否被交付执行,执行时是否合法

人民法院的判决在确定以后必须迅速执行(无罪判决应在宣判后立即执行)。如果判决已发生法律效力,而未交付执行的话,就不能起到对被判罪的人,实行刑事制裁的目的。当然这并不是说,判决一经生效,就绝对不可变更,而应根据被判刑人的具体情况与法律的规定,如缓期执行、假释等。要是变更不当,就会影响刑罚所应起的预防作用和教育作用,当然也影响法制的严肃性。

检察人员对判决是否被交付执行必须进行监督,以保障人民法院已发生法律效力的判决合法执行。

（五）还应注意其他不合法律的情况

如有无指供、诱供的现象，有无拖延甚久而不判的情况等。

二

人民检察院对人民法院的审判活动是否合法实行监督，是通过以下几个方面进行的：

（一）出席法庭支持公诉

检察长（员）以国家公诉人的资格出席法庭支持公诉，享有当事人享有的诉讼权利，同时他又担负着监督审判活动是否合法的职责。因此，他在法庭上的主要任务是揭露和论证犯罪，支持公诉；监督守法，保护当事人的法定权利，使人民法院作出正确的判决。为此：

1. 主动积极地协助审判人员查明案件的全部事实。检察长（员）参加法庭调查，是主动积极地协助审判人员查明案件事实的方法之一。根据实践经验，检察长（员）在法庭上遇有下列情况之一时，必须发问：(1)审判人员在讯问被告人的主要犯罪事实和情节有遗漏或证人作证时对应证实的问题回答不够明确；(2)被告人企图混淆是非，推卸罪责；(3)对一些关键问题有必要再度讯问。检察长（员）的发问，可在审判人员讯问进行中或在审判人员讯问后，向审判长提出要求讯问被告人、证人、鉴定人的意见。

在讯问被告人、证人、鉴定人时应注意：(1)事前做好充分准备，拟出讯问提纲；(2)在讯问被告人时，要始终贯彻客观、全面、实事求是的精神，仔细倾听被告人的陈述和辩解，包括对被告人有利或不利的意见；(3)在讯问中，被告人"拒不坦白"时，不要和被告人"顶牛"，应该要求审判长宣读某些证据、被告人的口供笔录或者讯问证人、鉴定人，以揭穿其虚伪的陈述；(4)在讯问证人时，如证人对其应证明的情况有遗漏或一时记忆不起来时，可要求审判长宣读其证明材料，然后讯问其证明情况是否真实；(5)在讯问被告人、证人、鉴定人时，发现新的足以影响被告人的罪责的情况，而又在法庭上不可能一下子查明时，应要求审判长将案件发回补充侦查。

2. 发表公诉词，支持公诉，参加当事人间的辩论。检察人员发表公诉词，参加辩论，对协助审判人员作出正确的结论和宣传法制，教育公民遵守法律等方面，有极其重要的意义。因为检察长（员）在公诉词里，不仅要阐明被告人的犯罪行为的社会危害性及其后果，分析被告人的犯罪动机和手段，并且要求人民法院给予适当的惩罚，同时还阐明法理，导致全体公民遵守法律，并动员他们与一切违法犯罪作斗争。在辩论时，对无理或歪曲的辩解，应该依据事实及法理予以驳斥。

检察长(员)应注意的是:(1)对在法庭调查中未能查明证实的事实,不能作为公诉词的基础;(2)公诉词的内容不得对客观事实加以夸大或歪曲,对被告人有利的一切事实均应加以分析;(3)在公诉词中切忌堆积一些概念的空洞名词,使能生动有力;(4)只对那些足以歪曲案件事实和错误理解法律的辩解,才必须加以驳斥,其他可不必逐项反驳。

检察长(员)在法庭上发现本案件中还有需要负刑事责任而未被追究其刑事责任的人时,应该要求人民法院予以追究;当发现被告人无罪时,应说明理由,撤回起诉;发现侦查工作不全面、某些重要情节尚未查清时(但在法庭上又无法查明的),应要求人民法院延期审理,以便进行补充侦查。

3. 必须注意监督审判活动是否合法。检察长(员)在法庭上最重要的任务之一,就是监督审判活动是否合法。假如检察长(员)在法庭上只注意追究犯罪,而忽略了对审判活动的是否合法实行监督,应该认为是一种失职的行为。

根据近几年来检察工作的经验来说,检察长(员)在法庭上所监督的是:(1)法庭组成人员是否合法;(2)是否按照法律规定的程序进行案件审理;(3)是否妨碍当事人充分行使其享有的法定权利;(4)审判人员对当事人的请求的处理是否正确;(5)有无指供、诱供的现象及其他违法情况。对于上述违法情况,应及时提出意见,要求审判长立即纠正。在一审终结后检察长(员)还应出席上诉审法庭(二审法庭),实行监督。

检察长(员)在上诉审法庭的任务与在一审法庭上的任务基本上是一致的,即协助人民法院查清案情,作出正确的判决和裁定。但亦有所不同,即他不再是以国家公诉人的资格去支持公诉,而是以法制维护者的资格,对上诉及抗议是否有理由、原判决是否合法和有无根据等发表意见。

(二)对判决书或裁定书的审查

对判决书或裁定书应进行审查,使能及时主动地发现其有无错误。所谓错误的判决或裁定,是指:(1)认定的事实是否全面与真实;(2)确定的罪名是否恰当;(3)有无违背法律所规定的程序;(4)运用法律是否恰当;(5)处刑与其罪行是否相适应。对上述错误判决或裁定,一经发现,应当及时提出抗议。

审查判决书或裁定书的工作,应由对此案审查起诉或出席法庭的检察长(员)负责审查。在判决书或裁定书收到后,应即及时进行。如发现错误,应争取在上诉期内提出抗议。审查的方法是:(1)详细地审查判决书和裁定书的各个部分(衡量其认定的事实有无根据和适用法律、处刑等是否确当);(2)发现问题或疑点时,应即调卷核对;(3)如问题或疑点在案卷中得不到解决,应再进行调查;(4)根据事实和法律,展开研究,以确定是否需要提出抗议。

(三)对判决的执行实行监督

这项工作可通过审查和处理有关判决执行的申诉,以及监督判决的执行工作等来进行。

在监督过程中所发现的问题,应分别情况,进行处理。对违法问题,应提请主管机关给予纠正;如遇在执行中确有困难的情况,应提请人民法院处理;对错误的判决,则依法提出抗议。

在监督执行死刑的判决时,人员检察院应派员到场监督,并在执行书上签名。如被告喊冤而判决确有值得怀疑之处,可提出理由要求人民法院暂缓执行。

(四)处理不服人民法院判决或裁定的申诉

负责此项工作的检察长(员),必须认真处理,应当认为这是做好审判监督工作不可缺少的一部分。因为人民群众的申诉,往往给人民检察院提供了许多为检察人员在实行审判监督时未被发觉的情况。这在实际工作中是常有的。

三

人民检察院对审判中的违法活动以及判决或裁定之错误,究应采用何种方式的问题,我的意见是应根据不同情况,分别采取不同的措施。凡对人民法院的错误判决或裁定,必须根据《人民检察院组织法》的规定提出抗议。其程序:

1. 依上诉程序的抗议。人民检察院对同级人民法院未发生法律效力的判决和裁定(即指在上诉期限内),认为确有错误,应依法向上一级人民法院抗议。

人民检察院依上诉程序提出抗议时,应同时将其抗议书送上一级人民检察院,以便上一级人民检察院出席上诉审法庭。如果上一级人民检察院不同意提出抗议时,有权加以撤销。

2. 依审判监督程序的抗议。根据《人民检察院组织法》第16条的规定,对发生法律效力的错误判决或裁定提出抗议。

必须指出:应该及时地在上诉期限内发现判决或裁定的错误,依上诉程序提出抗议,不要等到已发生法律效力时才去发现。因为这时往往会造成不良后果,以致无法挽回。

同时,不应认为对错误判决或裁定提出抗议,就算完成任务。要知道,提出抗议只是消除违法的开始,而不能认为违法现象已经消除。因此,在提出抗议后,必须密切注意人民法院对抗议案件的处理情况。如果认为人民法院对原判没有作依法的纠正,应报告上一级人民检察院,并要求它依法提出抗议,直到错误判决或裁定得到纠正为止。

(1957年第3期)

关于鉴定工作的几个问题的初步研究

王　净*

一

鉴定人的鉴定意见在诉讼当中是证据来源之一,但不能简单地把它理解为一般证据。鉴定意见是"特别的独立的一种证据"。鉴定人与证人不同。证人是由案情本身决定的,他的出庭是就他对案件本身目视耳闻的事实,如实地向法庭陈述出来。他无论到什么时候都不能由第二者代替。鉴定人则不然,在他被邀请为鉴定人之前,其与案件毫无关系;同时也只有这种毫无关系的人才能充当。如某专家被邀请为鉴定人,他是通过对案件发生后的现场的勘验、尸体的解剖、活人的验断、有关材料的鉴别化验以及对有关情况的听取等,凭借专门的科学知识进行分析研究,得出自己的见解,而后出具鉴定意见书,向法院解释与说明非专家所不能理解的案件事实。"把已经确定的案件事实所应适用的经验原理告知侦查员或法院",①这就是鉴定人与证人的主要区别之处。如果法院由于某种原因认为这个鉴定人或鉴定意见不妥,可以改请其他人重新组织鉴定。当事人有理由还可以申请鉴定人回避。

审判实践证明,鉴定对审判工作有极其重大的意义和作用。一个审判员所接触的案件都是社会上千奇百样的最复杂事务的反映。他即使很有经验,也不能成为这种复杂的、千奇百样的社会事务的通晓者,所以涉及关联专门科学知识上的案件,就必须求助于鉴定人。事实上,凡是需要通过鉴定解决的案件,鉴定不但成为发现与揭发犯罪的重要手段,而且也能帮助法院正确解决案件性质、犯罪构成与责任区分等问题,乃至直接关联到被告人的命运。如某法院处理的乔成柱奸情杀人案,某医务机关鉴定死者于德系砷中毒死亡。法院如果根据这个鉴定意见,对乔成柱便可按杀人罪判刑。但是这个案件又经司法部法医研究所重新鉴定,确认于并非中毒死亡,从而使某法院宣告乔成柱无罪。又如,某矿电车司机苏某、贾某,苏某在前,贾某在后,在同一轨道上向同一方向驾驶机车顶车前进(贾某违反操作规

---

* 作者单位不详。

① ［苏］M. A. 切里佐夫著:《苏维埃刑事诉讼》(上册),中国人民大学刑法教研室译,中国人民大学出版社1953年版,第278页。

程),后因苏某违反操作规程而撞死了人。当法院审判苏某时,他提出:“我虽违反操作规程,但如果没有贾某在后边顶车,事故是可以避免的。”这样看来主要的责任应该是贾某的了。可是经鉴定:按制动距离即使没有贾某在后边顶车,苏某的车也要撞过死者一米,事故也是不可避免的。这样就划清了苏、贾的责任。

几年来,鉴定确实对审判工作发挥了一定的作用。但是,由于我们对鉴定工作的性质和重大作用缺乏明确认识以及在做法上尚属陌生等原因,因而也就存在一些混乱的现象。主要表现在人选不当,方法不对,滥作和乱作鉴定与不尊重鉴定人、被告人在鉴定中的权利以及审判人员对鉴定意见的盲目采信、缺乏审慎审查以致引起错判等一系列问题上,这都是应该加以纠正和改进的。

鉴定的范围是极其广泛的,它包括物理学、化学、法医学以及犯罪对策学等问题,而且各有其独特实施鉴定的方式,并往往是综合交错。因此,组织鉴定是一项细致而复杂的、在某种意义上具有专门性质的工作,它常常决定着鉴定意见的可靠、准确与否等问题。这就要求审判人员在组织鉴定时必须耐心研究各种情况,虚心学习自己所不懂的事情。它除了应当有必要的程序保证外,还必须做好以下几个具有基本性意义的工作:

(一)人选问题

要什么样人当鉴定人,这对鉴定工作是至关重要的问题。因为鉴定人所出具的鉴定意见将成为法院判决案件的重要依据,人选失当,必将影响鉴定意见的价值和审判质量。实际工作中常常见到,有的将不懂技术的厂长、党总支书邀请为鉴定人之一,有的邀请非通本行业务的人,至于邀请粗通一般业务知识和具有一般经验的人作鉴定人,更不在少数。这是一类情况。事实上,过去处理的案件中,有的经过高级专业人员或专门从事鉴定工作的人所作的鉴定,同一案件往往是彼一样此一样,那么我们邀请上述几种人作鉴定人,其鉴定意见的价值就不难设想了。尤其不懂技术的厂长、党总支书列席为鉴定人则更是毫无意义的,或者说是有害的。另一类较普遍的现象则系鉴定人是与当事人同一企业或机关的专业人员,个别的还有检举人、证人(包括给患者治过病的医生),甚至由同一案件的法院的陪审员充当。事实给我们的教训是,这些人所作的鉴定多数是不科学的,甚至超出了鉴定人的权利范围。这些人在鉴定书里通常写着:“根据以上事实,我们认为他不是不懂技术,而是有意破坏”,“是以过去对待资本家的工作态度来对待人民财产”等。如某法院处理张克久破坏生产案的鉴定人的发言:“第二个问题,张克久是××委员会成员,厂里为完成任务必须改大锅,那天晚上他把王××领去喝酒……张克久就大声喊大锅对工友身体有影响……大伙当场试验证明好使。”这里除了因记录不周,使我们对这些词句不懂外,它还说明了这不是鉴定意见。但为什么会有这样的“鉴定意见”?原来这个鉴定人的实际面目就是个检举人。再有一类情况,有的将过去受过徒刑处分或被管制的人邀请为鉴定人，这些在政治上、道德上和威望上有问题的人，他们的鉴定意见在客观性和公正性上很难有所保证。因此，也是不妥的。无论从作为证据一种的鉴定意见的特性或其重要作用来说，以及从实践所证明的情况来看，在人选方面有条件的要求是十分必要的。这种要求：

首先，必须精通有关专门知识和具有优良的政治道德品质的人（这种人在目前由于我国实际条件所阻，还不该排除虽未受过一定科学教育而确具有丰富经验的人），只有这样的人所作的鉴定，一般说才能有它巩固的科学基础和可以采信的价值。苏联对法医鉴定人的要求是："中等医务人员不能进行任何法医上的调查研究，所以绝对禁止其担任鉴定人的职务"；"只有对于自己专长极为熟练，并且有科学修养与经验的人，才能充当"。这将是我们从技术条件上要求鉴定人的鉴镜。

其次，必须是与当事人或案件结局无利害关系（无论直接或间接的）和在审判、侦查当中不充当其他职务的人。这种要求的目的，主要是避免与防止这些人思想意识上的不健康和思想方法上的片面所作出的不公正的鉴定。

另外，还必须提到，鉴定人必须是自然人而不能是法人。过去有的鉴定意见书是以机关、企业出名，这是不合要求的。因为这样将使法院无法让鉴定人行使其权利和履行义务。

（二）提供材料问题

鉴定人所提出的鉴定意见即系将客观存在的非专门人才所不能理解的事，归结到一般科学原理上去并从而提出自己的见解，因之它就必须建筑在真实的、巩固的和鉴定工作所需要的全面的基础材料之上，否则即或鉴定人的知识再高深，经验再丰富也不能作出准确的鉴定。可是，我们却往往忽略这一点，从而也就成为在组织鉴定中，常常连续几次鉴定都不能解决问题或者发生错误的主要原因之一。如前述乔成柱奸情杀人案，司法部法医研究所对某医务机关所为之"于德系砷中毒死亡"的错误结论，作有如下的评述："本案前经某法院仅取胃内容脏器送交×××进行化验，并未将案件情况，生前症状，死体检验报告等一同送去参考。而×××既单凭化验所得结果就推定于德系因砷中毒而死亡，这种鉴定不能认为正确"。又如某法院处理的赵成栋以反革命为目的纵火案，法院除了在写给鉴定人的书面材料中事先肯定了"赵乘无人之际即弄电失火"为不当外，更主要的是将足以给鉴定研究起火原因的导线开关（其上有烧熔的痕迹）未有提出，因而使鉴定人不能作出有证据价值的鉴定意见。据此可见，做好准备材料工作是十分重要的。怎样做？我认为：

首先，对存有现场的案件，如失火现场、尸体现场、被毁坏的笨重物体等，事故发生后在必要的情况下，应邀请鉴定人参加现场勘验。即或事故发生后的当时未有做到，如果现场保存下来，事后也应尽量争取。因为这样，不仅鉴定人能够告诉我们哪些物证和情况对案件及进行鉴定是有意义的，而且对鉴定人来说也是最直接的取材，从而既能保证材料需要，便利鉴定，又能保证鉴定质量。有的场合不是鉴定人亲自参加而由其他具有专门知识的人为之，无论谁参加都应制作详细的记录。这种记录不仅是案件有用的证据，而且也是施行鉴定的很好的基础材料，不可忽视。不过，应避免鉴定人或具有专门知识的人单独去搜集材料和讯问被告人、证人等，否则即是越权行为。

其次，搜集鉴定工作所需要的原始证物、文书等实物材料。搜集犯罪行动所波及的而为鉴定工作所需要的实物材料，是准备材料当中非常重要的工作。比如：鉴定某人是否中毒死亡，不仅需要从外形观察等材料，更主要的是从解剖中所得实物去化验；鉴定笔迹就需有作为证物的笔迹与可疑人的笔迹；鉴定某人在试制新产品中是否有错误，就不仅需要有试制出的新产品，而且需要试制这种新产品的配方等。前述赵成栋案，虽然鉴定中有亲见的证人介绍了“导线开关”的烧损情形，鉴定人仍然得不出肯定性的结论，其原因就是因为鉴定人没有直接见到这个导线开关。

最后，搜集鉴定工作所需要的其他情况。鉴定人所提出的鉴定意见，同其他证据一样不是孤立存在的，如果把它局限于对实物的化验、鉴别等，有的案件要设想求得合乎规律的、可靠的鉴定意见是不可能的，必须与案内其他情况结合起来始能奏效。前述乔成柱奸情杀人案，某医务机关所为之错误鉴定就是一例。实际工作证明，确因我们是门外汉，虽然常常感到某些问题应该鉴定，但不了解应根据哪些材料去鉴定（包括搜集实物证据部分），也有的虽然掌握了鉴定中所需用的证物，但不了解应配合周围一些什么情况，因此，往往造成供给材料不足、不恰当，使一个案件经过几次调查补充，几次鉴定结案，影响案件及时处理，甚至发生错误。这个教训我们是应该吸取的。为此，审判员在审理案件当中，如果认为某项事实必须通过鉴定解决时，最好在搜集鉴定工作所需要的材料前，除本身应对案件很好研究和随时学习外，能向事先邀好的鉴定人取得联系，问明应该注意搜集哪些材料，这对保证供给充实的材料是很重要的。

（三）提出鉴定要求问题

向鉴定人提出明确的鉴定要求是组织鉴定中重要环节之一。不提出要求或不提出明确的要求，它的结果易造成鉴定人失于对主要问题的阐述或无的放矢，不能达到预期效果。从某些案件看到的：确有不向鉴定人提出要求，让鉴定人随意提意见；有的虽然提出要求，但不明确或过于烦琐。

另外也存在，有的案件本来应该鉴定，但却没鉴定；有的不应该鉴定的案件，反而提出鉴定。辽宁省高级人民法院在总结厂矿反革命案件中发现有 28 件案子是应由组织鉴定的，可是有 12 件未作鉴定（初步材料）。同时从某些向鉴定人提出的要求中也常见到：有在“制度上有无错误？”“是否合乎章程？”等一类不应从鉴定角度解决的要求，甚至有的在鉴定会上竟向鉴定人提出“过失”“故意”等一类法律性质的问题来讨论等。这同样是错误的。为要改进这一工作，我认为：

首先，审判员在向鉴定人提出鉴定要求前，应对全案进行细致研究，从中发现关联案件实质又确属调查所不能解决而必须通过鉴定始能证实的问题，向鉴定人提出。当然，这种发现有的比较容易，有的则不是那么容易，因此审判员在处理案件当中必须虚心学习，必要时可以和事先邀好的鉴定人研究一下，再确定鉴定要求。审判员在条件可能的情况下，应参加鉴定人在鉴定中的分析研究，以便随时发现问题；但不能以个人见解去影响鉴定人。

其次，凡属涉及法律性质的问题，如犯罪动机、故意、过失等，凡属涉及调查中能解决的问题，如是否违反制度、章程等，不要向鉴定人提出。同时并应向鉴定人交代明白，在鉴定中不要关注这些问题。因为对这些问题的提出或关联都是对审判员与鉴定人界限的混淆，都是使鉴定人越过他的职权而对审判职权的侵犯。向鉴定人提出的要求应当简单，明确，具体；同时也必须向鉴定人提出，他所为之鉴定意见应该肯定，明确。

（四）保证鉴定人在诉讼当中的权利，并说明他所应履行的义务

在谈到鉴定人的权利义务时，有必要说明一下他在诉讼当中的地位。鉴定人的职务是以自己的专门知识在有关材料的基础上探求案件中有关问题的客观真实，因此，无论他的工作内容和方法都是有别于证人的，而在某种意义上与审判员的工作相近似（把个别事实归结到一般原理上去）。另外，尽管他与证人有着原则的区别，但他们仍然有着一致的地方，这就是他们所履行的都是国家义务，为着同一目的参加诉讼，向法院提供证据，证明案件事实，而且同样都是对法院没有拘束效力。但是，这绝不是像资产阶级学者所说的“科学法官”或“更可靠的证人”。因此，法律赋予鉴定人在诉讼当中以特殊的地位。鉴定人在诉讼中应享有当事人的某些权利，也负有与证人相一致的义务，遇有必要时并同审判员一样要回避。鉴定人无论在诉讼的哪个阶段，为了使鉴定意见准确，有权阅览卷宗材料；有权请求批准讯问当事人、证人；有权对向他所提出的问题要求具体和予以明确解释或要求补充材料，属于他职权范围外的问题有权拒绝答复。1955 年某法院处理的高晶责任事故案，辩护人在法庭上提出，鉴定人应同其他证人一样不应留在法庭上听取全部情况，法庭驳斥了这种要求是完全正确的。某法院在组织鉴定中不但不向鉴定人说明与鉴定有关的案件情况，甚至连当事人的姓名都不告知鉴定人，这是错误的。

法院有权延请任何专家充当鉴定人。鉴定人一经审判机关的传唤，应即参加诉讼中的必要活动。鉴定人有义务回答审判员或当事人所讯问的属于鉴定范围而又为他力所能及的一切问题。如果他无正当理由拒不到案，拒不执行职务或有意识地作出不公正的鉴定，将与同样情况下的证人负有同样的法律责任。同时他也有义务注意发现对审判上有意义的事实，告知法院。但是，由于我国目前的法律尚不完备、某些人的法制观念薄弱、人才缺少与业务繁忙，除了专门鉴定机关外，在延请鉴定人上存在种种困难，有些人往往不认为这是履行国家义务，甚至认为在法庭上的某些活动是额外拘束，而不乐意或拒绝担任这个职务。从此而来的，带给审判人员以某些法制问题上的迁就，这主要表现在不向鉴定人交代或不明确交代他所应履行的义务。这是不利于鉴定工作的。

保证鉴定人在诉讼当中的权利和向他说明他所应履行的义务，这是相对的两个问题，目的都是保证鉴定的可靠、准确、明确。因此，我们在实际工作中，应严肃对待。

（五）保证被告在鉴定中应得的权利

根据《宪法》第76条、《法院组织法》第7条的规定，人民法院审理案件，被告人有权获得辩护。因之，就必须保证被告人在鉴定中以应得的权利。这些应得的权利主要是：被告人有权要求鉴定人回避；有权指定或提出追加鉴定人，在实行鉴定的时候有权参加，有权提出他认为应鉴定的问题；在公判调查时有权向鉴定人发问以及有权要求重新组织鉴定等。审判员不仅在举行鉴定前应向被告说明他的权利，并应将交付鉴定人鉴定的材料范围和提出的要求告知被告，征求他是否补充意见和材料。但是必须说明一点，被告人参加鉴定必须在条件可能的情况下（如在外地举行鉴定，将是不可能，但在鉴定后应向被告宣布鉴定意见）；被告人要求补充鉴定事项和指定或追加鉴定人以及要求鉴定人回避等，亦须在审判员认为必要和有理由的情况下实现。保证被告人的上述权利，不仅能使鉴定占有的基础材料更加丰富，促使鉴定人考虑问题的范围更加周密，保证鉴定结论确切，而且也能免除被动。但是，我们在实际工作中却常常忽视这点，这是错误的，违法的。

二

鉴定人的鉴定意见是证据来源之一，因此，无论从它的特性来说和就法院是诉讼主要主体这一地位来说，都不容法院为这种证据所拘束，而应该以批判的态度，像评定其他证据一样去评定它，当然也不能毫无根据地不相信它。可是，实际工作中那种不加审慎审查、盲目采信鉴定意见的事，则表现得较为突出。其结果不是冤枉了好人，就是放纵了犯罪分子。例如，某法院处理的李某过失伤人致死案，鉴定人对死者被打前后的健康状态、精神状态未作很好的研究，就草率地在一个32开纸上连叙述情况在内作了81个字的鉴定意见，法院即据此认定某人之死与李某的殴打行为有关。结果造成错误。又如某侦查机关在处理王中和在给土匪强抢中被打伤的案件时，由于轻信鉴定人鉴定为自残伤的意见，造成错押被抢者。因此，有必要强调改进这一工作。的确，以一个不懂专门知识的审判员去审查具有专门知识的鉴定意见，这不能说没有困难。但是，困难终究不能是盲从的借口，事实上只要我们钻进去，全面研究案情，虚心学习，克服困难，从而有规律地去掌握它，也不是不可能。怎样审查呢？主要应从人选和内容两方面去审查。人选已如前述，现在我打算就内容方面提出以下几点意见。

（一）审查鉴定意见必须与全案其他情况相结合

也就是说，和案内其他证据对照是否矛盾，与案件总的情况比较是否合乎规律。因为整个案件的各个环节都是有机联系的，而且应该是合乎规律的，鉴定仅是其中一个环节。如果这个环节与其他部分发生抵触，这将意味着不是鉴定有问题就是其他部分存在缺陷，在真相没有大白之前就不应轻易采信这个或那个。事实证明，这样做是能够发现问题的。如某法院处理的屈德林滥用变压器专用绝缘备用油案，多数人证明，事后因没有油滋补，变压器已呈现从油标看不见油的缺油程度（将影响生产），但鉴定人则仅根据用油的数量和变压器的容油量，鉴定不会出现这种缺油现象，两者是矛盾的。经再次鉴定，变压器内的油，根据气候的变化是能够降到从油标看不见的程度的。

（二）审查鉴定意见必须注意是否具科学的论据及其逻辑力

鉴定意见的固有特点是把研究案件事实所适用的经验原理告知法院，我们只有从这种告知中才能理解事实和评定它是否可靠。因此，鉴定人不能仅仅提出结论，必须论证他的结论；审判员审查与使用鉴定时，更不能满足于简单性的结论，应该通过周密而慎重的研究，发现鉴定意见的结论部分与叙述部分之间是否存在矛盾，以及它所持经验原理是否巩固。前述李某过失伤人致死案，81 个字的鉴定内容是："据称年龄十岁，颈生有鼠疮之小孩，偶因被打出血，七日后发生头痛高热抽搐，屡经调治无效死亡等，兹按情况推测，该小孩当系旧有慢性结核性脑膜炎症，此次被打震动转为急性发作，以致成为死因。"从这个鉴定内容我们不仅看不到鉴定人实施鉴定的过程，更重要的，他没有对"该小孩当系旧有慢性结核性脑膜炎"与"转为急性发作，以致成为死因"的结论作任何的科学论证，这就使我们无法结合案情考虑它是否正确。但是这个意见却被某法院采纳了，因而发生了错判。

（三）必须注意鉴定所占有的基础材料是否充分、可靠

在某种意义上，上级法院对下级法院和一审法院对侦查部门所组织的鉴定，这种审查则更是必要的。比如某鉴定人听取了对本案显然不合要求的情况并作为鉴定基础材料之一，或者在材料不充分的情况下而提出鉴定意见，这样就必须指出纠正。

同时还必须对实施鉴定的过程加以审查，比如在确定基础材料时，本应经过化验,但他却用肉眼观察代替了,这显然是不可靠的。

(四)从审判员的心证原则说,必须达到确信

也就是说,审判员在审查鉴定时必须通过辩证的分析研究,排除任何怀疑而达到确信;不容许审判员对鉴定人已作出的鉴定意见还存在怀疑或模糊不清的情况下去使用它。为此,鉴定内容及其道理必须为审判员所掌握,这是一个前提,只有这样才能正确地评定与使用它。所以要求审判员应该虚心学习,细致研究案情,有疑必纠,不明白必问,杜绝盲从。

(1957 年第 3 期)

关于刑事诉讼程序中的裁定

关　中*

一、裁定的意义和性质

裁定,是人民法院为了保障诉讼的顺利进行,代表国家,根据政策、法令就经过审查或审理的诉讼程序问题(一般的)或某些实体问题(少数的)所作的具有强制力的决定。

裁定既是为了保障诉讼的顺利进行,所以绝大多数是就程序问题而制作的,与就实体问题而制作的判决是不同的。但在某些情况下,根据法令或最高人民法院的决定,裁定也可用来解决实体问题。如全国人民代表大会常务委员会决定延长、缩短管制期限或提前撤销管制,可用判决或裁定(审判实践中延长管制期限用判决、缩短或提前撤销管制用裁定)。这种裁定就是对实体问题而作的。又如,最高人民法院、最高人民检察院批复中规定根据政策法令应当没收审判前已死亡的反革命分子的遗留财产时用裁定,这种裁定也是对实体问题而作的。所以,笼统地认为裁定只是解决程序问题的看法是不全面的。

裁定既具有一定的法律效力,所以不能与公函、通知、批示等一般的公文混淆起来。有的法院用批示驳回当事人的某些申请、以公函通知银行冻结当事人的存款等做法是不够妥当的。因为这些一般性的公文没有特定的法律效力,当事人或有关部门是可以不受约束,不负担必须确切遵行的义务的。

如前所述,裁定的使用范围是极广的,在审理前、审理中、执行中以及上诉程序、监督程序中都可能使用。它的种类也较多,常用的就有二十多种。正确的使用它,对保证诉讼的顺利进行、保障当事人的诉讼权利、提高办案质量和加强法制,都有极其重要的意义。任何认为裁定只不过是“手续问题”和只重视判决而忽视裁定的想法都是错误的。

二、裁定的种类

裁定的种类,可以从不同的角度来划分。

---

* 作者单位不详。

从裁定的性质看，裁定可分为就程序问题所作的裁定、就实体问题所作的裁定和对实体、程序以外的其他问题（定名可能不妥，但又找不到适当的名称，姑且以“其他”名之）所作的裁定三类。就程序问题所作的裁定，是指解决案件由谁审理、何时审理、如何审理、怎样执行等程序问题的裁定。如驳回回避的申请、移转管辖、退回补充侦查、全部撤销原判发回重审、延期执行等裁定。实践中，绝大多数的裁定都是属于这一类。就实体问题所作的裁定，是解决实体问题的裁定。如缩短管制期限、提前撤销管制、减刑、假释等裁定，直接决定被告人的自由权；没收已死亡的反革命分子的遗产的裁定，可使反革命分子家属丧失对遗产的所有权；终止、中止执行的裁定可使原判决长期或永远停止执行，其效力可导致当事人的某种实体权利不能实现。这些都应当认为是就实体问题所作的裁定。这里应当注意，有些裁定，形式上虽是解决程序问题，但实质上却对当事人的实体权利产生决定性的作用，也应当认为是就实体问题所作的裁定。如驳回起诉的裁定，其效力可使诉讼行为无效，使“官司”不能再打；先付执行的裁定，可在上诉期中立即执行。这些都直接决定了当事人的实体权益，应当属于就实体问题所作的裁定。对实体、程序以外的其他问题所作的裁定是指既不是实体问题，也不是程序问题，但却是与审判案件有关的裁定，如更正判决书中错漏的字句、审判长命扰乱法庭秩序的人退出法庭等裁定。但这里应注意防止对案件无关的问题乱下裁定。如某法院开庭时，律师指出检察员未脱帽，是对法庭不尊重，检察员反驳说，他衣帽整齐，正是对法庭尊重，争执不休。审判长对于这种无聊的争执不加制止，反下裁定要检察员脱帽，这就是对裁定的滥用，丧失了裁定的严肃性。除了上述三类裁定外，尚未遇到过其他性质的裁定。审判实践中，曾一度用裁定向有关部门提出改进工作的建议，因容易引起被建议单位的抵触情绪，早已停止使用而改用建议书；有些法院曾在上诉程序中一律使用裁定，不用判决，因不合乎我国人民的习惯，又使实体与程序混淆起来，所以也是欠妥当的。这种分类的意义在于区别裁定中哪些准许上诉和抗议，哪些不准上诉和抗议（根据有关法令及审判实践，只有就实体问题而作的裁定才准上诉，详见后述）。

从裁定的形式看，裁定可分口头和书面两种。口头裁定多是在公判庭进行中对临时发生的程序问题或其他问题而作的，如延期审理、驳回回避的申请、命扰乱法庭秩序的人退出法庭的裁定等；书面裁定多是在公判庭以外制作的，如预审庭、执行中的各种裁定、移送管辖的裁定和驳回交保申请的裁定等，通常叫裁定书。这一分类的意义在于，该用口头裁定时，就不必要也不可能用书面裁定，如公判庭上决定延期审理，只要在法庭上宣布并记明笔录即可，不必要也没有时间制作书面裁定；该用书面裁定时，绝不应当改用口头裁定。有人认为预审庭把案件驳回起诉或交付审判等可用口头裁定，免得制作书面“麻烦”，这是不对的。因为如果对比较复杂重要的问题用口头裁定，不但难以交代清楚，而且显得极不严肃。

三、裁定的效力

裁定既然是人民法院根据政策法令，代表国家而作出的决定，当然就具有一定的法律效力。这种法律效力表现在排他性和强制性两方面。所谓排他性，就是裁定如果已经发生法律效力，除因确有错误（事实上或法律上），而按照《人民法院组织法》第12条规定的审判监督程序予以纠正外，任何机关、团体或个人，包括人民法院在内，都无权作出取消它或改变它的其他决定。所调强制性，就是裁定如已发生法律效力，当事人和关系人必须无条件地遵守，否则即可强制执行。

不准上诉的裁定，一经宣告，即发生法律效力；准许上诉的裁定，上诉确定后才发生法律效力。

关于裁定中究竟哪些可以上诉的问题，我认为就实体问题所作的裁定，因系对当事人实体权利所作的决定，应当准许上诉；就程序问题和就实体以及程序问题以外的其他问题所作的裁定，是为了保证诉讼的顺利进行，虽然与实体问题息息相关，但并不直接决定当事人的实体权益，都不应准许上诉。《人民法院组织法》第11条第2款关于“地方各级人民法院第一审案件的判决和裁定，当事人可以按照法律规定的程序向上一级人民法院上诉……”的规定，照我个人理解，应当是指就当事人实体权益所作的裁定而言，就程序问题所作的和就程序、实体以外的问题所作的裁定，是为了保证诉讼的顺利进行，又不决定当事人的实体权益，所以不论是在第一审、第二审或监督程序中，都不应当准许上诉。假如准许上诉，不但毫无意义，而且会使诉讼无法进行。如驳回回避申请的裁定准许上诉，那么只能先打要不要回避的官司，主要的诉讼就只好停止进行。又假如中级法院在撤销原判发回重审的裁定上注明了上诉权，如果当事人上诉了，则案件发回基层法院，程序问题却上诉到高级法院，不但使“案件分家”，势必造成审理困难，而且一个案件先后涉及三级法院，同时在高级法院和基层法院打官司，也违背了两级终审的原则。查封、扣押、冻结财产的裁定，多是执行中的强制措施或审判进行中的保全措施，目的是现在（执行中的）或将来（审判中的）更有效地执行判决，假如准许上诉，就会影响判决及时有效地执行。

关于撤销缓刑，中止、终止执行等就实体问题所作的裁定究竟应否准许上诉，意见不尽一致。有人认为，实践中多是在对新罪判刑的同时撤销前判的缓刑，并不先用裁定撤销缓刑，自不发生对裁定的上诉问题。但实质上，这不过是把裁定与判决合并制作而已，假如被告人对新罪的判决提起上诉，这种上诉同时也就是对撤销前判的裁定不服。有的人主张，中止、终止执行裁定，是因事实上无法执行而制作的，不应准许上诉。但是，这种裁定决定当事人的实体权益，实践中也发生过法院认为应中止或终止执行但当事人坚决要求执行的情况，所以还是准许上诉较妥。又有人认为，先付执行的裁定，事实上多是和判决合并制作，如准许上诉，岂不是不能事先执行了。我认为，这种顾虑是不必要的。因为法院有权一面准许上诉，一面予以执行。这种在上诉期间内即开始执行裁定的做法，可以有效地防止当事人以上诉逃避或拖延执行，在苏联和民主德国等社会主义国家的刑事诉讼法上，也有先例可循；实践中有必要，道理上也说得通。

关于减刑、假释、缩短管制期限、提前撤销管制等裁定究竟应否准许上诉，意见很不一致。主张不准上诉的理由是：(1)这种裁定对被告人有利，被告人当然不会上诉；(2)这种裁定是法院根据被告人服刑期中的悔悟立功等表现而作的一种奖励，是否给予这种奖励，权限属于法院，被告人无权上诉。但我认为：(1)减刑等涉及被告人实体权利的裁定，法院仍应严肃慎重地对待它。万一发生错误或不妥，不但影响被告人的实体权利，也会影响到对被告人的改造教育，而且同样会在群众中造成不良的政治影响，为了防止偏差，还是准许上诉的好。(2)有利与不利，是相对的，法院认为对被告人有利了，被告人很可能还嫌不够最有利，何况实际上，法院在减刑等的裁定中，很难做到件件正确，万无一失。其中万一发生偏差或错误，为什么不允许当事人上诉呢？(3)不错，这种裁定的结果是对被告人起着奖励作用，但这种奖励是根据劳动改造条例及全国人民代表大会常务委员会决议等法律法令的规定，并不是法院的"恩施"。如果对这种奖励使用不当或不公平，被告人是有权依法提出上诉的。当然，当前关于减刑、假释，一般是由高级法院裁定(也有高级法院委托中级法院裁定的)，没有必要准许被告人向最高人民法院上诉。我认为，制定刑事诉讼法时，似应对这一问题重新加以研究、考虑。

根据《人民法院组织法》第11条第2款、第3款规定的精神和几年来的审判实践，凡是准许当事人上诉的，当然应当准许人民检察院抗议，不准许上诉的，当然也不能抗议。

四、裁定的制作

关于裁定的制作，应特别注意下列几个问题：

第一，制作裁定同制作判决一样，是法院审判活动中一个极为重要的方面，所以制作过程中，必须同样遵守"以事实为根据，以法律为准绳"的基本原则。必须首先查清事实，然后根据法律、法令予以裁定。一般简单的问题，可于审查申请书或有关材料后作出裁定，不必调查审理。如系移转管辖的裁定，只须审查本院有无管辖权，一般不须调查审理。较复杂重大的问题，必须进行审理、调查，否则就不易弄清事实真相。如审理过程中因自诉人起诉理由而驳回起诉，制作裁定前往往需要多方调查、研究，才能得出起诉无理出的结论。任何笼统地认为裁定简单，因而采取轻率马虎态度，都会给审判工作造成严重的危害。

第二，制作裁定的权限，应当仅属于合议庭、审判员和法院院长。合议审判中，裁定的权限属合议庭；独任审判的，由审判员行使；执行程序中需要裁定时，实践中一般不再组织合议庭，而由审判员裁定。要求审判人员回避的，由本院院长裁定；要求书记员回避的，由合议庭或独任审判员裁定；要求担任审判长的院长回避的，由上级法院院长裁定；用法院、庭长、执行员署名制作裁定的做法是没有根据的。

第三，裁定的做法，口头的必须记明笔录，书面的在格式上与判决书基本相同，这点《各级人民法院民事案件审判程序总结》（最高人民法院1956年10月17日颁布，以下简称《总结》）已作了规定。要注意的是，裁定书的内容虽然比判决书简单一些，但也要说清事实，并要具有说服力。实践中往往有用几句笼统的话就发回重审、退回侦查，或驳回当事人某些申请的裁定，我认为是不妥当的。有人认为，发回重审的裁定书只能笼统地写"认定事实不妥"或"适用法律不当"等理由，不能多说，免得影响原审法院威信，具体情节可用公函从内部通知原审法院。其实，明确地指出错误，更能体现法律的严肃；及时纠正错误，更能提高法院的威信。只有故意掩盖错误，才会丧失威信。何况在今后法制宣传教育日益扩大的情况下，人民群众的法律知识日益增多，原判果真有了错误，事实上是掩盖不住的。再说，从内部用公函通知原审法院，也是不合理的。因为上级法院对下级法院具体审理案件的监督，一般只应运用裁定或判决来实现；公函是一般行政公文，用来指示下级法院的审判活动，不但于法无据，而且也没有拘束下级法院的效力。有人认为，退回检察院补充侦查的裁定，只能写"因证据不充足"的理由，如多写了就会向被告人暴露侦查秘密，增加补充侦查的困难。实际上，这种裁定，不论是预审庭或公判庭所作，都可不送达被告人，自不发生暴露秘密的问题，相反的，假如不写清楚，倒会使侦查工作无从下手。我认为，《总结》规定这种裁定要"告知被告人本案已退回人民检察院补充侦查"①而不规定向被告人送达，就是这个道理。有人认为，对于被告人上诉的案件，因量刑过轻而发回重审的裁定，不应写得太具体，只可写"适用法律不当"，以免被告人产生顾虑，以后不敢上诉。其实，如仅写"适用法律不当"，被告人或辩护人如果进一步追问怎样不当，为什么不当，审判人员则将难以答复，不但被动，而且更会增加被告人的疑虑。何况，假如原审量刑果真过轻，发回重审后自会改判重刑；发回的裁定书上即使不予说破，被告人终究是会了解发回重审的意图的。再者，发回的裁定书上笼统地写，势必要用公函通知下级法院应当如何改

① 《总结》，第3页。

判。前面说过，这种办法的本身就是值得研究的。

第四，在宣告或送达上，也要注意。口头裁定必须宣告并记明笔录。裁定书必须送达，其中重要的还要宣告，并作讲解及交代上诉权利；当事人在外地的，也应委托外地人民法院宣告或送达。对于涉及当事人实体权利的裁定，如不宣告及送达，往往会产生当事人对裁定内容理解错误或不理解上诉权等不良后果。宣告送达，应掌握这样一个原则，即裁定对双方当事人有关的，应对双方当事人宣告或送达，如延期审理的裁定，就应对双方当事人及关系人宣告或送达；裁定仅对一方当事人或关系人有关的，仅向一方当事人或关系人送达，如驳回回避申请的裁定，仅向申请人宣告或送达即可，不必向对方当事人送达；裁定与其他部门有关的，除向当事人送达外，还要向有关部门送达，如系缩短管制的裁定，就必须同时向公安部门送达。

第五，裁定书的末尾，应当注明是否准许上诉及如何进行上诉。《总结》规定上诉期限为 5 天，是合理的。有人认为，除《总结》规定准许上诉的裁定应注明有关上诉的规定外，其余裁定都可不注明准许上诉，也不注明不准上诉，认为这样“灵活机动”，“当事人上诉就照转，不上诉就免得麻烦”。我认为这种看法是不正确的。产生这种认识的原因，一是对某些裁定究竟应否准予上诉弄不清楚，因而不敢写明，怕写错了，这是认识问题；二是有意无意地限制当事人的上诉权，这就是法制观念薄弱，是思想问题甚至是违法问题了。这样做法的结果，对应准许上诉的裁定说，是剥夺了当事人的上诉权；对不应准许上诉的裁定说，徒然增加不必要的麻烦，因为既然没有注明不准上诉，某些当事人就可能要求上诉，从而影响审判的顺利进行。

现在，我想把一些常用的裁定列表说明于后，作为上述初步意见的结束，并供同志们参考。

几种常用裁定列表

内容	性质	形式	制作者	应否准许上诉	如何宣告及送达	备注
退回检察院补充侦查	就程序问题而作	书面	合议庭	不准	仅向检察院送达，并通知被告人	《总结》规定对被告人只是通知，而不是送达裁定书
把案件交付审判	同	书面	合议庭	不准	向检察院及被告人送达	

续表

内容	性质	形式	制作者	应否准许上诉	如何宣告及送达	备注
移转管辖	同	书面	合议庭或审判员	不准	向检察院(自诉人)及被告人送达	向上级法院移送案件时,根据《总结》规定,应用报告
驳回回避的申请	同	口头或书面	院长或合议庭	不准	口头的应宣告并记明笔录;书面的仅向申请人送达	
决定延期审理	同	口头或书面	合议庭或审判员	不准	向当事人双方送达	
查封、扣押、冻结	同	书面	审判员	不准	向被告人宣告及送达	这种裁定多是执行中的强制措施或在审判中的保全措施,目的是现在或将来更有效地执行判决,与停止判决执行的中止裁定、终止裁定不同,故属解决程序问题的裁定,不应准许上诉
驳回要求交保等类的申请	同	书面或口头	合议庭或审判员	不准	向申请人宣告及送达	
指令下级法院再审	同	书面	合议庭	不准	向当事人双方及原审法院送达	
提审、撤销原判发回重审	同	书面	合议庭	不准	向当事人双方及原审法院送达	
延期执行	同	书面	审判员或合议庭	不准	向当事人双方送达	判决前发现有延期执行的情形,延期执行的裁定与判决合并制作;执行中发现有延期执行的情形,延期执行的裁定单独制作

续表

内容	性质	形式	制作者	应否准许上诉	如何宣告及送达	备注
撤销原判发回下级检察院重新侦查	同	书面	合议庭	不准	向当事人双方及原审法院、检察院送达	
补充、修正裁判书上的错漏	就实体、程序以外的其他问题而作	书面	审判员或合议庭	不准	向持有原裁判书者送达	如是刑期、追赃数额、附带民事给付数额、重要事实等问题上的错漏,不宜用裁定更正,仍以按审判监督程序补救为宜
命扰乱法庭秩序者退出法庭	同	口头	审判长	不准	宣告并记明笔录	
驳回检察院或自诉人的起诉	就实体问题而作	书面	合议庭	不准	向检察院(自诉人)及被告人送达	《总结》上规定准许上诉
先付执行	同	书面	审判员	准	向当事人双方宣告及送达	《总结》规定延期执行的裁定要向被告人送达,并向公安机关或他的服务机关、团体送达,通知这些单位对他进行监督
中止、终止执行	同	书面	审判员	准	向当事人双方宣告及送达	这种裁定多使用于有追赃或附带民事问题的案件执行中
缩短或提前撤销管制	同	书面	审判员或合议庭	准	向被告人宣告及送达,并向执行机关送达	
决定减刑或假释、撤销缓刑或假释	同	书面	审判员或合议庭	准	向被告人宣告及送达,并向执行机关送达	这种撤销缓刑或假释的裁定,多是和新罪的判决合并制作的

续表

内容	性质	形式	制作者	应否准许上诉	如何宣告及送达	备注
没收已死亡的反革命分子遗留的财产	同	书面	审判员或合议庭	准	向检察院及被告人家属送达	一般的没收财产，应使用判决

为了简化诉讼程序、防止实践中判决与裁定混淆不清，并使当事人有充裕时间行使上诉权，立法机关似可考虑对实体问题一律使用判决而不用裁定。

（1957 年第 3 期）

编　后　记

一、从本期起，本刊文章的排列次序作了一些改变。现在的次序是：国家与法的理论、国家与法的历史、国家法、国际法、刑法、民法、审判法、检察监督与审判实务。此外，评论放在最前面，书评、问题讨论、座谈记录、资料及什文等一般放在后面。

这个改变仅仅是为阅读方便，对本刊的编辑方针和内容性质并没有改变。

二、为着适应经济建设的需要，促进经济工作中的法制问题的讨论，本刊以后打算多发表几篇民法方面的文章。如关于生产管理、财政监督、经济合同、劳动保护和纪律、保护公共财产及农业生产合作社的法律制度及一般民事立法上的问题等。希望作者（尤其经济机关的法律工作者）多多给我们写稿子。

三、读者不断反映，本刊有的文章太长了。这些文章内容是好的，但主题不够鲜明突出，问题牵扯太广，语言过于重复累赘，概念阐释太多，引文太多，附注太多，头尾太长。如果能把这些东西省掉了，篇幅可以大大精简，同时又加强文章的力量。

希望大家多写短文章，少写长文章，尤其不要写上万字的长文章。

（1957年第3期）

1957 年第 4 期

打退"右派分子"向人民法制的进攻

叶 萌*

向法制进攻,破坏人民民主专政,是"右派分子"反党、反人民、反社会主义纲领的一个重要部分。充当这方面打手的"英雄",在北京有黄绍竑、谭惕吾、杨玉清,在上海有王造时、杨兆龙等。他们进攻的主要办法有如下几点:

一、谬称法律是超阶级超政治的专门科学

"右派分子"杨兆龙在《法律界党与非党之间》的文章里说:"你们过分强调法律的政治性而基本忽视了它的专门性和科学性",①他又到处叫喊:"法律不应该跟政治走","法律是专门科学","不懂法律的外行,办不好事"。"右派分子"有意歪曲了毛主席和中国共产党关于现在大规模的暴风雨式的群众阶级斗争已经结束,人民内部矛盾便成为当前国内的主要矛盾的正确指示,趁大家大谈人民内部矛盾的时候,利用"大放大鸣"的良好机会,正偷偷地贩卖他们那套已经很久找不到市场的私货——资产阶级法律,以便偷天换日,使人民的法律变质,使旧法之魂重新登台。但是他们的阴谋是绝不能实现的,他们的谬论立即遭到了无情的驳斥。

我们知道,法律具有强烈的阶级性,是统治阶级意志的表现,是统治阶级用来保护自己利益、镇压被统治阶级反抗的一种工具,它同军队、法院、警察、监狱等国家机器一样都是阶级压迫阶级的武器。它随阶级的产生而产生,也将随阶级的彻底消灭而死亡。它的历史使命就是为阶级服务。正像世界上没有超阶级的国家一样,也不可能有超阶级的法律。事实很清楚,资产阶级国家的法律尽管标榜着"民主、自由、平等","在法律之前人人平等"等漂亮的口号,但是谁都知道,这是挂羊头卖狗肉,仅仅是一种彻头彻尾的骗局而已。难道在资本主义社会里,有钱有势的资本家能与赤手空拳的工人阶级真正平等吗?难道资本家有权剥削和压迫工人,而工人只能受资本家的剥削压迫,就叫做平等吗?难道资产阶级国家的法律保护资本家私有财产制度神圣不可侵犯,又保护劳动人民有陷入失业和贫困、陷入破产和饿死的自由,也是所谓平等吗?曾经为他们这些"右派分子"服务过的国民党反

---

* 作者单位不详。

① 《文汇报》1957年5月8日。

动派的“六法全书”,难道能够体现中国广大劳动人民的利益吗?难道它不是保护地主与买办官僚资产阶级反动的工具,不是镇压与束缚人民群众的武器吗?

我们中华人民共和国的法律,是社会主义类型的法律,是广大人民建设社会主义意志和愿望的表现。我们的法律给人民以民主,对敌人则讲专政。“右派分子”杨兆龙企图修改法律的定义,强调什么“专门科学”,其目的是要抹杀法律的阶级性。因为如果把法律的阶级性否定了,那么他们那套私货就可以公开继承,就可卷土重来了。

“右派分子”所叫喊的“法律超政治”的调子,也不是什么新玩意。他们贩卖的是资产阶级的“三权分立”、“司法独立”、“法律独立”的陈腔滥调。他们的企图是使人民的法律脱离政治,丧失灵魂,以便破坏人民的法律。大家知道,法律是不能脱离政治的,是要为政治服务的。法律乃是进行阶级斗争和调整阶级关系的工具,它是政治的一部分,有什么样的政治才有什么样的法律。政治变了,法律也要变,如果法律不能为政治服务,或不服从于政治,那么法律就要变质,就不能适应新的经济基础、新的阶级关系和新的阶级斗争的需要。所以“右派分子”的“超政治”的论调是模糊法律性质、欺骗人民的一个重要手法。针对他们的谬论,我们要坚决地回答:我们的法律必须为政治服务。要不要政治,为不为政治服务,这是在法律观点上我们和“右派分子”之间的一条大是大非的界线。

二、诬蔑新中国没有法制,共产党不要法制

“右派分子”在“大放大鸣”中,装得一本正经,打着“护法”的招牌,对共产党进行恶毒的诬蔑。他们到处叫喊:“新中国没有法制”,“共产党不懂法、不重视法、不要法”,并大声疾呼“要建立法制”,并且说:“官僚主义、宗派主义、主观主义产生的根源也是没有‘法制’的缘故”。“右派分子”的这些滥调,也并不新鲜,早在解放之初他们就已经叫喊过一阵,但是没有市场,不得不暂时收起来。现在共产党要进行整风,高价征求党外的意见,他们认为有机可乘,又把这些滥调拿出来了。但是他们的命运并不比从前好,不仅仍然找不到市场,而且遭到更加惨重的批驳。

大家知道,中国共产党是马克思列宁主义的政党,就是在这个党的领导之下,经过长时期的奋斗,打败了三大敌人,粉碎了反动派的专政,建立了人民民主专政。作为领导核心的党,完全懂得革命法制在建设社会主义中的重大作用,也是非常重视建立和加强革命法制的。事实可以证明,中华人民共和国一建立就制定了起临时宪法作用的《共同纲领》、《中央人民政府组织法》、《中国政治协商会议组织法》等法律。几年来根据国家经济生活和政治生活发展的需要,先后颁布了中华人民共和国《宪法》、《婚姻法》、《工会法》、《土地改革法》、《惩治反革命条例》、《惩治贪

污条例》、《拘捕条例》、《农业生产合作社示范章程》、《高级农业生产合作社示范章程》、《人民法院组织法》、《人民检察院组织法》等。而且最近中华人民共和国刑法草案也有了定稿。如果我们看一看1956年12月31日出版的《中华人民共和国法规选辑》,其中所选辑的包括宪法、国家机关、选举、土地改革、社会主义改造、基本建设、司法、公安、军事、财政、金融、盐务、货币、保险、粮食、贸易、工商管理、交通、农林、劳动、文化卫生、民族事务、华侨、工作制度等方面的法规就有138种之多。有了这么多法规,还有检察机关、监察机关对法律的实施进行认真监督。正由于我国重视法制,社会秩序乃能十分安定,犯罪现象大大下降。从上海市人民法院的收案数字来看,1956年的民事案件较1955年减少47.13%,刑事犯罪案件减少83.7%。在解放前的旧上海,1946年那年发生强盗和绑票勒赎的案件886件(一般抢夺案件还不算在内),平均每天要发生强盗、绑票案件2~5起。同年盗窃案件有10,446件,平均每小时要发生失窃事件1起以上。烟毒案件有8168件,如以当时户口计算,平均80户人家即有1件烟毒案。但解放后情况大变,犯罪现象迅速下降,1956年全年只发生轻微的抢劫案3件,今年1月至4月一件也没有发生。至于烟毒犯早在1953年已基本绝迹了。在这种种事实面前,怎么能说共产党"不懂法"、"不重视法"、"不要法","新中国没有法制"呢?

问题很清楚,由于"右派分子"仇视社会主义法制,所以不承认新中国有法制。他们所要建立的法制,乃是王造时所宣扬的美国的法治,乃是杨兆龙所宣扬的法西斯法治和国民党的党化法治。在他们看来,不实行美国的法治就是没有法治,不要"六法全书"就是没有法律。捉反革命、办反革命就是"错捕、错押、错判",就是"无法无天",就使"好人缺乏保障,坏人无所顾忌"。对于他们来说,所要的是反动派的法,是反革命的"法制",我们当然不能要,因为要了它,人民要遭殃,中国要亡国。

我们说的要加强法制,和他们说要建立法治,是完全不同性质的两回事。我们要的是社会主义的法制,他们要的是资本主义的法治,有了他们,就没有我们,有了我们,就没有他们,这就是阶级斗争。

应该提出,我们不仅有法制,而且是很好的法制,比起王造时向往的所谓美国的法治,要优越得多,因为美国的法律是代表少数资本家的利益,他们的法律条文乃是由反动资产阶级所制定的,它就像一条条的锁链一样,是用来镇压和束缚劳动人民手足的。我们的法律是人民自己的法律,是代表全国人民的意志、保护社会主义利益的,是用来反对敌人的。虽然由于过渡时期经济上、政治上变化很大,因而我们还没有制定完备的刑、民法典,但这并不像"右派分子"所叫喊的那样"完全无法可循"。我们不论在人民大众的政治和经济的生活中,也不论在司法机关的审判实践中,什么样的事情应当做,什么样的事情不能做,什么样的行为构成犯罪,什么样的罪应该怎么判处，都是有一定的法律和政策可依的。而且这些法律和政策都是非常好的，是从实际斗争中总结出来的，是人民群众智慧的结晶，不是什么“法学家”臆造出来的，它能够真实地反映经济基础的要求，能够集中地反映广大人民的意志。如果不是别有用心，如果不是满脑子中充满了资产阶级的旧法观点，谁都对新中国法律工作的创造性的成就感到兴趣和重视。但是“右派分子”却偏偏要对新中国的法制施行攻击和污蔑，这难道是偶然的事情吗？

“右派分子”提出“我国重要法典何以迟迟还不颁布”的问题，利用新闻日报写文章、开座谈会进行公开攻击，甚至与北京的“右派分子”勾结起来，提出这个问题去质问中央的负责同志，以便大做文章，制造成新中国“无法无天”的惑人舆论。“右派分子”反对人民政府的立法路线，他们反对人民法律就应从革命实践去创造，而主张由所谓“法学家”来东抄西袭的闭门造车。其实他们这一套办法，在解放之初已经尝试过，领教过，事实证明，他们的“杰作”一钱不值。如果照他们的主张办事，很快地把重要法典颁布出来，不仅不能防止三个主义，相反地会带来严重的混乱和损失。马列主义者认为，社会主义的法律只能从革命的进程中去创造，必须根据大多数人的意志来制定，而决不能主观专横地去臆造。如果想什么时候颁布就什么时候颁布，那是要把事情办坏的。

在解放初期的若干年头内，我们的任务是要建立和巩固革命秩序和革命政权，要充分地发动群众，用群众的直接行动来摧毁旧制度，进行彻底的社会改革。在这种情况下，如果凭主观愿望颁布完备的法典，当然不能切合实际，而且会束缚群众的手足，限制群众的直接行动。请问人民的法律如果起了这样的作用，脱离了运动，脱离了政治任务，那么还叫什么人民的法律呢？可见，在群众直接行动的时期，在缺乏充分经验的条件下，是不能随随便便颁布重要法典的。这里“右派分子”又会叫喊，群众直接行动就是没有法制，就是不合法。不，先生们，你们又错了。在这个问题上，我们同你们也有根本分歧。在我们看来，所谓合法，就是要合群众的法，要符合和体现群众的利益。群众要行动，要摧毁旧制度，这是天经地义，完全合法。我们的法律就是要去充分地发动群众，保卫运动。事实也正是这样，群众要分地主的土地，要斗争地主，我们就根据历史上进行土地改革的经验，颁布了《土地改革法》去保卫群众的要求。群众要镇压反革命，我们就根据历史上这方面的经验，颁布《惩治反革命条例》，去支持群众。所以先颁布一些单行法规，不急忙颁布完备的法典，在无产阶级取得革命胜利的一定时期内，完全是正常的，合乎实际的现象。周总理指出：“在建国之初，特别是过渡时期政治经济情况变动很快，在各方面都制定带有根本性的长期适用的法律是有困难的。例如民法、刑法，在生产资料私人所有制的社会主义改造没有基本完成，社会主义所有制没有完全确立以前，是难以制订的。在这种情况下，国家颁布暂行条例、决定、指示等等来作为共同遵守的工作规范,是必要的、适当的。只有在这些条例、决定、指示行之有效的基础上,才可以总结经验,制订长期适用的法律。"①这就是我国的立法路线。

现在革命暴风雨时期已经过去,新的生产关系已经建立,为了保护社会生产力的顺利发展,制定完备的法制,已经完全必要,也完全可能。事实上,我们已经拟定了刑法典等草案,经过全国人民代表大会常务委员会通过之后,准备付诸全国试行。在这些事实面前,"右派分子"攻击"我国重要法典何以迟迟还不颁布",显然是反对我国社会主义法制,反对我国人民民主专政的一支毒箭。

至于"右派分子"所谓没有法制是产生官僚主义、宗派主义、主观主义的根源,更是一派胡言,不值得多加驳斥。大家知道,三个主义的产生和存在是有它社会根源和认识根源的,它们都是旧社会的产物,它的温床是资本主义私有财产制度。由于我国资本主义改造还没有最后完成,特别是思想改造还有一个很长的过程,也由于我国曾经有过小资产阶级的汪洋大海,而且现在刚刚开始改造,加以人们的思想认识常常落后于客观实际,管理国家的经验还不多,因而才有让三个主义容身的余地。绝不是人民民主专政的新制度产生了这三个主义,也不是没有法制的原因。正相反,正是由于我国人民民主专政的国家制度、社会主义的法制同这三个主义不相容,所以才要进行整风,要整掉这三个主义。如果说三个主义的产生的根源是没有法制,那么在你们看来,旧中国不是有完备的法制吗?然而你们能说旧中国没有官僚主义、宗派主义、主观主义吗?难道能说今天我们要反的三个主义,不就是旧中国遗留下来的吗?那么为什么旧中国的统治者倒反而没有说过要反三个主义呢?那是因为他们不愿意自己反自己,正像强盗不会自己捉自己一样。道理岂不是十分简单吗?

三、丑化工农干部,挑拨工农干部与知识分子的关系,主张旧法人员"归队"

"右派分子"向司法机关进攻的另一个阴险办法,就是在司法干部中间进行挑拨离间。首先是丑化和打击工农干部。他们到处宣传工农干部没有文化,没有知识,不懂法律科学,连判决书也不会写,但却当领导,掌握审判大权。并挑拨知识分子说:你们有文化,水平高,法律业务有一定的基础,可是你们吃不开,受歧视,得不到提升,只能长期当书记员。

他们还大声疾呼,要让旧法人员"归队",说他们"政治上没有什么严重问题,

① 1956年《政府工作报告》。

对业务有专门研究,办案并非毫无成绩,在今天看来,他们工作的质量在某些方面还是今天司法机关某些在职干部所不及的"(指工农干部)。他们说,不要这些人是宗派主义,要反掉宗派主义就请他们"归队"。请看看"右派分子"的手段多么高明!他们完全知道,要反掉党对司法机关的领导,要让资本主义在司法机关复辟,得先把工农干部搞丑,反掉工农干部,把"右派知识分子"争取过去,让旧法人员归队,这样就能使人民的司法机关变质,回到反动的老路,他们就可以翻身了。可是他们的阴谋没有实现,人们识破了他们的诡计。大家知道,人民司法机关是人民民主专政的重要组成部分,它的任务是要镇压反动,保护人民,保卫社会主义改造和社会主义建设事业。因此,它须有党的坚强的领导,要由对人民、对社会主义无限忠诚的干部来担任领导职务,掌握审判大权。它要求自己的工作人员大公无私,有明确的阶级立场和深厚的阶级感情,也要求有法律科学知识和工作经验。但这种法律知识和工作经验一定要建筑在无产阶级政治基础之上,并为之忠诚地服务。一般说来,工农出身的干部是符合这些条件的。几年来,他们作出了很大的成绩,他们在党的关怀之下,在人民的爱护之下,加上自己的刻苦努力,已经克服了文化上的缺点,逐步掌握了科学知识。试问,让他们掌握审判大权有什么不好呢?

在司法机关工作的知识分子,是司法机关的新血液,党和政府自然很重视。几年来他们努力地改造和提高自己,不少人已经当上审判员、助理审判员,而且工作得很好。对青年知识分子来说,让他们多在实际工作中锻炼,从头做起,这并不是什么损失,更不是"右派分子"所说的"宗派主义",而是知识分子发展提高的正确道路。因此我们不能允许"右派分子"挑拨离间,更不能允许他们利用这事来向党进攻。

"右派分子"提出的旧司法人员归队的论调是应该予以驳斥的。司法机关是专政机关,它同军队、警察等机关一样,都是国家机器。马列主义者认为,对反动统治者的国家机器,必须打碎,而不能原封不动,加以利用。列宁提出:无产阶级革命者无可置疑的任务,并不是改良司法机关,而是要把整个旧法院及其机关完全毁灭,彻底铲除。根据列宁的指示,一定要废除旧法,使构成旧法院的司法人员离开专政机关,"右派分子"杨兆龙自命精通马列主义,但反对把旧司法人员调出司法机关,难道打碎国家机器,毁灭旧法院,可以不调出旧司法人员,而要把旧法院的房子拆掉么?

杨兆龙装出一副公正人士的样子,说我们在司法改革中把旧司法人员调开,另外适当安排工作是不公平的,错误的。其实我们也不是一解放就这样做的,在1952年前,也曾经有二三年的时间,我们给予旧司法人员能以实际行动来表明自己能不能继续留下来做人民司法工作的机会。结果怎样呢?他们中虽然一部分是有进步的,但许多人辜负了人民的期望,他们非但不愿改造,反而利用职权为非作歹、贪赃枉法，竟在庄严的人民法院中包庇地主、包庇反革命，甚至把反革命开枪拒捕说成是“正当防卫”；他们在审理婚姻案件时维护封建婚姻制度，迫害妇女，并用“法律不溯既往”、“已失时效”、“暴乱未遂”等旧法观点为敌人开脱，刁难人民。这样的情况如何能容忍呢？因此在1952年全国范围内开展了司法改革运动。这个运动是人民司法工作建设的一个转折点，它纯洁了组织，批判了旧法观点，我们人民司法工作能有今天的成就，自然与这个运动的作用不能分开。今天看来，这个运动不仅是必要的、正确的，而且还做得不够，特别是在批判旧法观点方面做得不够，以致在“大放大鸣”之中，这种观点又死灰复燃。事情很清楚，虽然旧司法人员中间也有不少很好的同志，他们在人民司法机关工作得很好，对于他们早已不适用“旧司法人员”的名称。其他人员也各有不同的进步。为发挥他们的积极性，如果工作上有困难，自可个别地请求适当的调整，但绝不是什么“归队”问题。如果笼笼统统地提出旧人员“归队”论，那么，不仅旧司法人员要归队，就是旧军队、旧警察，也会要求归队，还成何体统？所以，“右派分子”的“归队论”实际上就是反革命复辟论。

四、捏造错案数字，叫喊冤狱平反，煽动反革命分子和他们的家属起来造反

为了制造混乱、煽动人心，“右派分子”大声叫嚷共产党领导下的法院“一团糟”、“胡作非为”，“上海第一中级法院错捕、错押、错判的案件有百分之三十几”。他们把新中国说成黑暗的地狱，把共产党说成是暴君，他们煽动反革命分子和他们的家属起来造反。他们到处搜集材料，如王造时要律师协会为他搜集“无法可依、有法不依、有法乱依”的材料，以便向党向社会主义进攻。他们一面扩大错案数字，一面又叫嚣要制定“冤狱赔偿法案”、“审判人员责任法案”。他们复辟的计划还没有实现，却就想对人民审判员动起手来了。

对于“右派分子”在这方面的阴谋必须予以坚决的回击。他们所捏造的错案数字完全不是事实。根据上海第一中级人民法院的检查，错判的在全部427件刑事案件中只有3件，而且已经根据“有错必纠”的方针作了改正。那么，所谓错案有30%多是哪里寻来的呢？你们口口声声讲法制，难道你们就不知道对国家机关毁谤污蔑是犯法的吗？你们叫嚷“好人”没有保障是什么意思？难道你们所说的“好人”就是反革命分子吗？原来你们口口声声讲要建立的“法制”，就是为了要使这些人有保障。你们所叫嚷的“坏人无所顾忌”，又是什么意思？难道你们所说的“坏人”竟是忠于党的事业、忠于社会主义的共产党员工农干部吗？你们为什么要仇视他们？难道不是为了反对人民民主专政、反党、反社会主义吗？

五、否定政法院系的调整和教学改革，低估教学质量，敌视老干部，挑拨新老教师的关系

“右派分子”叫嚷政法院系调整错了，教学改革不对。他们说：“复旦法律系办得最坏，是公安机关、法院作风”，“政法学院是训练班”，他们说复旦法律系是学政法学院的，而政法学院又是根据政法干校的，“毛草棚的基础不能建立高楼大厦”。他们说产生这些错误和缺点的原因是由于院系调整把老教授调掉了，是由于教学改革把旧法内容改掉了。他们认为要改正这些“错误”，应该把旧院系恢复，特别是要恢复政治系，应该由老教授来治校。

我们应该揭露他们在这方面的谬论。院系调整、教学改革的成绩是不容抹杀的。大家知道，文化教育是一定社会的政治和经济的意识形态上的反映，并且为一定的政治经济服务，旧中国的政法院系，是适应于帝国主义、封建主义、官僚资本主义需要，并为他们服务的。他们训练和培养出来的干部一般说来只能欺压人民。虽然旧政法院系毕业出来的也有一批很好的学生，他们在各种反帝反封建运动中站在前面，但这是受到革命的影响，并不是旧教育的结果。

无产阶级在革命取得胜利之后，能不能原封不动地把旧中国的政法院系保留下来，要它为新社会服务呢？我们能否设想由旧院系来培养忠于社会主义，为人民服务的司法干部呢？显然是不可能的。因此我们必须建立适合于社会主义，为新政治、新经济服务的高等教育，必须对旧教育进行彻底的改革。特别是政法院系是具有强烈阶级性的教育，它是人民司法机关、社会主义法制建设的后备军，对巩固人民民主专政有重要的作用，因而也就更需要进行改革。“右派分子”叫喊“政法院系调整错了”、“教学改革不对”是没有根据的。他们的目的是想把新教育拖回到旧中国的老路，实行教育上的复辟。

在政法教育的改革中，把原来在旧大学任教的教授调整一下，让他们有一个改造的过程也是非常必要的，因为伪“六法全书”被废除了，他们熟悉的一套不适用了，新的知识尚未掌握，如何能够胜任新的教学工作呢？如有些教授在人民大学里传授旧法思想，说什么“犯罪是由于地理、气候、性别等关系所造成的”。这怎么行呢？因而必须给他们重新受教育的机会。现在经过了几年来的教育改造，不少老教授已有了进步，他们在新的政法院系里与青年教师一起进行新的教学了，这原是正常的现象。但是杨兆龙却大加挑拨和污蔑。他责问“青年教师把老教师到底当做什么人看？当普通人、特种人，或者快要死的人？这几年优待给些肉吃吃算了呢？或者你还有十年好活先给草料吃吃”。杨兆龙污蔑党对老教授在生活上、工作上所给予的照顾太不人道，太残酷，把开展批评与自我批评说成是“狗咬狗”。

难道说,党对杨兆龙这样双手染满人民鲜血的人给予教授的学衔和待遇是“太不人道,太残酷”吗?难道只有请杨兆龙重新做“最高检察长”、重新迫害人民才是公平,才是人道吗?应该指出,有觉悟的老教授决不会把互相批评看做“狗咬狗”,而且会愤怒地指斥杨兆龙的恶意污辱。

“右派分子”说我们教学质量低,是的,我们也承认目前教学质量还不很高。但这是与国际上特别是与苏联的教学质量对比而言的。这是相对的,绝不能抹杀我们几年来在教学质量上的巨大成绩。应该指出,比起解放前旧中国的政法教学质量来说,我们是进步得多了。更确切地说,我们与旧政法教育的对比,并不是高与低的问题,而是革命与反动的问题,两者是根本不同的。

不言而喻,“右派分子”叫嚷要恢复旧院系,污蔑党和老干部不懂科学,要由他们来办学,原来是要夺取政法教育工作的阵地,以便彻底反掉人民司法机关,破坏人民民主专政,消灭人民法制而让资本主义法制复辟!

(1957年第4期)

驳斥"法律界党与非党之间"

程瑞锟*

法律科学是阶级性最强的科学,也是最富于现实性的科学。今天我们谈到所谓法律界的矛盾问题,就应该首先肯定这是包括所有从事于法学研究、法律教育和法律工作的人们以及在他们思想上的社会主义和资本主义两条道路的问题,也就是无产阶级的法律与资产阶级的法律谁战胜谁的问题。谁都知道,以国民党"六法全书"为集中代表的一切反动的、压迫人民的法律、法令和司法制度,早经明令废除;但它曾长期为资产阶级服务,作为一种巩固资产阶级专政的思想武器来说,广泛残余的影响,却不可能在一时之间消灭干净。一种表现是受旧法影响较深的人,在接触到某种实际的法律问题时,他的旧法影响就会情不自禁地从思想深处流露出来。另一种表现是有意识地掩饰法律的阶级性,想尽办法把资产阶级法律贯穿到理论和实践中去,重新恢复它失去的阵地。以后者为主,就形成了法律科学领域中社会主义思想与资本主义思想二条路线谁战胜谁的激烈斗争。"右派分子"利用帮助党整风的名义,妄图使旧法复辟,在"大放大鸣"中向社会主义法制猖狂进攻,更把这一问题凸显出来。

最近在全国范围内对"右派分子"斗争所暴露出来的事实,充分证明了法学界旧法复辟的活动,也是"右派分子"有纲领、有组织、有步骤地反党、反人民、反社会主义全面进攻之中的一环。资产阶级是忌讳阶级斗争的,他们总不敢明白说出问题的本质——阶级斗争,正好像他们过去不敢明白承认世界上有资产阶级专政的事实,在今天还向工人阶级上条陈,主张不要把无产阶级专政明白说出来的情形一样。他们就把法律界社会主义与资本主义两条路线的斗争,说成是法律界党与非党之间的矛盾。但资产阶级"右派分子"毕竟只有一小撮,他们要反党、反人民、反社会主义就得披上非党的外衣,好像广大非常人士都与他们搭伙,借此虚张声势迷惑别人,掩盖自己。这正是"右派分子"阴险毒辣之处。杨兆龙5月8日在《文汇报》发表的《法律界党与非党之间》的提法就是这样。

司法改革和政法院系调整,是社会主义夺取资本主义阵地,保证无产阶级法律战胜资产阶级法律的大事件。杨兆龙把它作为法律界党与非党之间的矛盾提了出来,本来这是不足为怪的。但他不是揭发矛盾而是破坏团结,不是列举事例而是歪

* 作者单位不详。

曲和捏造事实。为了明辨事非，作为一个亲身经历过司法改革的人，我打算着重提出以下几个问题来谈谈。

第一，司法改革是不是必要的呢？杨兆龙是否定的。他在文章里说："在职的司法干部中有一部分也是'旧司法官'或'旧法'出身的；他们是党员，解放后就担任司法部门的总的或部门的领导工作。如果司法部门在司法改革以前有毛病的话，主要责任应该由这些同志负担。"可是事实又怎样呢？回忆1949年5月上海解放时，军管会先后接管了国民党反动政府原设在上海的各级法院和江南各地流亡到上海来的各级反动司法机关的工作人员和档卷。为了安定革命秩序与保护人民权益，经过两个多月短期的筹备，就创立了上海市人民法院。这是上海人民第一次掌握了专政工具，也是历史上的创举。此后三年中，由于党的正确领导，处理了好几万件案件，完成了全国大陆解放以后经济恢复时期人民司法机关所应有的历史任务，并取得了一定的成绩，这是应该肯定的一面。但存在的问题也很严重，如(1)包下来的旧司法人员人数过多，与领导骨干和工农干部在比例上不相称，缺乏高度的政治修养和实际斗争经验，处理具体案件不能正确掌握方针政策。更重要的是旧法观点泛滥，阶级立场模糊，有时错放反革命分子，直到人民检举后才重新抓回来办罪；有时拘泥于徒刑易科罚金和罚金易服劳役的旧法影响，同样犯罪，贫困的劳动人民被关进班房，不法资本家却逍遥法外。因此逐渐为广大人民所不能谅解。(2)客观形势飞速发展，对于人民司法工作的要求提高。旧法观点不能肃清，干部的提高与客观要求不相适应。(3)历次运动中清查出不少反动党团骨干分子和违法乱纪、敲诈勒索的依法分子。有从组织上纯洁队伍的必要。从以上三点已可说明了司法改革的必要性。特别当过渡时期总路线的提出和1953年第一个五年计划开始时，进行司法改革更是适当其时的。在司法改革中展开反旧法观点的斗争，无论对于在职干部或调职干部以及法学研究者与法律教育工作者，都是进行了一次划清新旧法律界线的、深入而广泛的教育，具有重大的现实意义。事实证明，在司法改革中调出法院的干部，既不限于旧司法人员；留在法院的干部中也有旧司法人员。杨兆龙要抹杀司法改革的实际意义，把在党与非党之间的矛盾提出来，是讲不通的。

第二，司法改革是改好了呢？还是改糟了呢？这是对于司法改革的正确评价问题。关于这一点，杨兆龙又是否定的。杨兆龙虽然言不由衷地说过去的司法改革是有一定收获的，但收获在哪里却只字不提。我们看司法改革一开始，大批从"五反"运动中涌现出来的工人积极分子参加了法院工作，他们从实际斗争中锻炼坚定的阶级立场和强烈的阶级感情，他们拥护党，热爱人民，对于社会主义忠心耿耿。由他们代替了思想上还不能从"六法全书"里解放出来的旧司法人员，从思想上到组织上纯洁了法院内部，这是铲除了资本主义旧法观点最后的据点。在这个基础上，先后贯彻了陪审制度，建立了市区各级检察机构，推行了新型的律师制度。这都是司法改革的巨大成就。但杨兆龙一面对于工农干部没有学过“六法全书”的说成是不懂法律，同时用中文程度低、不能独立写判决书等恶毒的语言来丑化工农干部。他又在另一篇文章中说：“……就发生一些无根据的控告和不应有的错捕、错押、错判的情况。无论在刑事或民事方面都难免使坏人感到无所顾忌，好人感到缺乏保障……”①这就是他认为司法改革改得“一团糟”的根据。在他的心目中，总认为国民党反动法院有完整的法典，有“精通”法律的人，是最好不过的。不得已而求其次，在司法改革前的人民法院，还有浓厚的旧法观点，还有“精通”旧法的人，也是较好的。只有司法改革后的人民法院既没有他所指的重要法典，又有一些不懂旧法和“不会写判决书”的人，这是最糟的。大有每况愈下之感。所谓工农干部不懂法律、没有独立写判决书的能力的谰言，已由很多先生们根据视察本市司法机关工作的亲身了解的情况予以驳斥。如果我们从阶级立场上看，即使人民法院在司法改革后还存在某些缺点，但是无论如何也否定不了司法改革在消除资本主义旧法观点，对于旧法人员教育改造上所取得的基本胜利。

第三，关于司法改革中对于旧有人员的安排问题，是杨兆龙非常关心的问题。司法改革中批判旧法观点是严肃的，但是对于旧有人员，无论在政治上和生活上，党与人民都给予热情的关怀。当调出法院的时候，都经过了一定时间的学习；在学习期间，照发原薪。因此在分配工作时都愉快地走上新的岗位。其次，调职人员中既非完全为旧法院人员，即于旧法院工作人员中也不完全是学旧法的，其中有不少是具有各项技术的专业人才，调往其他单位后，反而能学以致用，各展所长。例如，杨兆龙的弟弟杨东明先生，本来是学兽医的，解放前由杨兆龙的关系，安插在法院当书记官，解放后留在人民法院当书记员。司法改革中把他分配到苏北国营农场当兽医，对于社会主义可以作出更大贡献，是再恰当不过的。虽然有极其个别的分配工作不很恰当，但在需要与可能的条件下，仍不难随时调整。也不能引申为党对于非党人员的歧视排挤，作为党与非党之间矛盾的表现。杨兆龙在写文章前搜集这一部分材料是费了一些心血的。可惜的是其中所谓派到火葬场去做杂务的典型例子，已经由当事者亲口戳破了他的谎话。至于外调人员在党的领导教育之下，通过自我改造和实际锻炼，都有了一定的进步。进步最快的，在两年之前已经入党。绝大多数也在新的工作岗位上出色地完成任务。但也有极个别的坚决与人民为敌，仇视社会主义的反革命分子，受到了法律的制裁。这些外调人员中有不少人担任文书或有关法律的工作，在业务上仍与人民法院保持一定的联系，他们与法院的现职干部相处无间。旧法人员中不少人在解放以前是杨兆龙的下属，杨

① 杨兆龙：“我国重要法典何以迟迟还不颁布”，载《新闻日报》1957年5月9日。

兆龙现在尽管对他们说出令人肉麻的恭维话，但结果是不受欢迎的。杨兆龙荒谬地把社会主义劳动分出等级来煽惑人心，但在提高了认识的人们面前，杨兆龙“招兵买马”的企图只有彻底破产，所得到的是人们对于“右派分子”的怒斥。“右派分子”要把司法改革说成是党与非党之间的矛盾，与事实不符合，群众是不允许的。

法律科学是阶级性最强的科学，也是最富于现实意义的科学。法律科学是完全为阶级服务的，为巩固阶级专政的思想武器。资产阶级专政的国家，有资产阶级的法律学；无产阶级专政的国家就只有无产阶级的法律学。中国解放八年来，法律科学的落后状态，就在于资产阶级法律学的残余影响还很顽强，无产阶级的法律学尚待加速成长。在谈到政法院系调整问题的时候，就不应当忽略这一总的形势，否认法律学系的特殊情况。解放前后，我连续担任了各院校民法各编的教学工作。回忆在解放前，依国民党教育部规定，这些课程主要以“六法全书”的各编规定为中心教材。在教学过程中，只是比较了资本主义国家各种立法精神，阐述条文，或广征案例以说明具体援用的准则。在当时社会条件之下，教学六法，就是这样平易进行的。解放初期，在各大学教法律的还是原来的旧法学人员，如何教学便成为问题。因为废除六法已为家喻户晓的事实，势不能再用六法和资本主义国家的法律来编写教材，而要综合老区法令，又缺乏资料；如援用苏俄法典，亦与中国现实条件不合。在没有办法之中，只好把苏俄民法与“六法全书”掺合起来，主观上认为这就是未来民法的蓝本，当做民法原理，编写教材。有人说披着苏俄法典的外衣，贩卖六法，大概就是指这种情况而言。这种做法，自然是根本错误。今天还记得1950年上海法学院与上海商学院合并为上海财经学院的时候，对于法律系的存废问题，曾引起争论。结果法律系单独保留，以后又并入上海学院，最后并入华东政法学院。当时大家肯定法律系是必要的，只是怎样改造的问题；而对于资产阶级法律学应当粉碎，应当建立无产阶级法律学的现实，却不敢正视。在当时怀着这种思想情况的，我想不会是很个别的。

1952年的高等学校的院系调整，几乎与司法改革是同时进行的。一方面在全国范围内展开了批判旧法观点，进一步明确划清了新旧法律的思想界限。当时法律教育工作者，完全是旧法学家，直接影响到法律教育的教材和师资问题。形势如此，在院系调整中法律系的调整，即不可能与其他院系调整采用同一步伐。这是必然的结果。

在院系调整后出现的法律系，无论新建的政法学院或综合大学中的法律系，都是以崭新的面貌出现的。在教材和教学上，采取理论联系实际，学习苏联先进经验与中国实际情况相结合的方针，是非常正确的。在师资上加强党的领导并任用一部分有实际斗争经验的老干部和新进的青年教师，注入新鲜血液，也是必要的措施。根据法律科学的性质，在院系调整前后的法律系，就存在本质的不同。

杨兆龙认为："1952 年的高等学校院系调整，一般讲来，有相当好的效果；可是在法律教育方面事情的处理却不能尽如人意。"他所认为不尽如人意的，就是为人民服务的社会主义法律学占领了阵地，就是法律系本质的改变问题。杨兆龙把这个问题，单从人事安排和行政领导的表面现象上提出来，显然不是问题的实质中心。不过，他只能这样，才能把政法院系的调整拉到党与非党的矛盾上去。他还归纳了所以造成这种党与非党之间矛盾的原因，是三种观点：

1. 过分强调法律的政治性，而基本忽视了它的专门性和科学性。

2. 将党外的"旧法出身"的人士估计得很低，认为他们不可能或者很难改造为对新社会有用的法学人才。

3. 不信任党外的法学人才，不敢放手使用他们。

现在就来简单地谈谈杨兆龙所谓的三种观点：

1. 法律的阶级性，杨兆龙好像是承认的。但实际也是以承认法律的阶级性的手法来取消阶级性的。他强调提出法律还有它的丰富的独特内容和技术。我们知道法律之所以有阶级性，所以能为阶级服务，是必须通过它的具体内容和所谓的技术，才能体现出来的。离开了阶级性，哪里还有所谓法律的内容和技术。杨兆龙这种说法，就是说法律当中，有的有阶级性，也有没有阶级性的。这正与他在复旦大学教师座谈会的发言中所说的，"如讲法律是阶级镇压的工具，这定义今天是否要改一改？中国今天镇压对象只有百分之几，百分之九十几的人民要不要法律？可见法律又是同一阶级内部维持纪律的工具"，前后一致。虽然杨兆龙不愿接受，他的这种论调实实在在是否定法律阶级性的修正主义。修正主义与我们是没有共同语言的。

2. 所谓对于党外"旧法出身"的人士的估计，首先要决定于知识分子的自我改造问题。知识分子的自我改造，是长期的、艰苦的思想斗争过程，并不是在一次思想改造劳动中就能脱胎换骨的。杨兆龙不知凭什么认为他自己已有了很大进步而自我陶醉起来？至少从他的放鸣中所暴露的反动法律观和别有用心的阴谋来看，可以证明杨兆龙是一个向社会主义法制"开刀"的"右派分子"。不知他有什么理由可以埋怨党对他估计过低？

3. 尽管在今天有人提出意见，说杨兆龙不是"真正法学家"，而是法西斯分子，是否能加以信任使用，还有重新考虑的必要，但他毕竟是复旦大学法律系教授，这不是对于党外法学人才的信任、放手使用，是什么？难道说只有当"最高检察长"、"刑事司司长"，或是像他过去与庞德勾搭在一起贩卖实用主义法律学时一样的法学"权威"，甚至像他自己认为到台湾地区去可以做到的更大的"官"那样，才叫做信任，才叫做放手使用？这只有杨兆龙自己来说明了。

总起来说，解放八年来，杨兆龙始终保持着他的原来面貌，原封未动。他不但个人对抗改造，反对法律科学的改造，还要乘机千方百计地使国民党的"六法全书"复辟。他仇恨党，仇恨人民，仇恨社会主义，痛恨司法改革，痛恨院系调整。从他文章的精神实质中就可以证明。这不是一篇文章的问题，而是资产阶级法律思想的复辟运动。在杨兆龙的文章中画出了法学界"右派分子"的真面目，这是他对于法学界"反右派斗争"作了的"最大贡献"。但他把法学界两条路线的斗争，披上法律界党与非党之间的矛盾的外衣，必须严肃地加以驳斥。

（1957年第4期）

无产阶级专政是不受任何法律限制的政权
——驳杨兆龙的无产阶级专政学说

齐乃宽*

今年2月间,在上海法学会召开的"民主与专政"问题的座谈会上,杨兆龙曾提到列宁关于无产阶级专政的定义,即"专政是直接凭借于强力而不受任何法律限制的政权"。精通外交的杨兆龙,把列宁这一定义竟译成:"专政是无限制的,不以法律为根据的暴力的政权。"然后他解释说,列宁这一定义在今天看来是不够确切的。这样的定义很容易使人误解,使人感到无产阶级专政,具有恐怖主义的色彩而不讲民主,专政不以法律为根据,也是与法制原则相违背的。杨兆龙当时曾引用了许多英美反动学者的谬论,如无产阶级专政是"法西斯独裁",苏联的制度是"赤色恐怖",它与民主是相抵触的,又说,苏联实行无产阶级专政之所以特别注意采用强力,是有其历史根源的,因为苏联是世界上第一个社会主义国家才不得不如此。意思是说,苏联采用强力也是有些过火的。按照他的意见,强力对于无产阶级专政来说是可有可无的,它并不具有普遍意义。他说无产阶级专政不一定完全依靠强力,甚至在新的历史条件下——如通过议会和平过渡到社会主义的国家,则可以完全不采用强力。

看来,杨兆龙是非常善于"发展"马克思主义的,他是很重视法制与民主而坚决地反对"恐怖"暴力的。那么究竟列宁的定义是不是过时了,还是杨兆龙对于列宁定义进行了曲解呢?这是值得我们深入探讨的。

列宁在《无产阶级革命与叛徒考茨基》一书中曾提到,关于无产阶级专政的下述定义:

"专政是直接凭借于强力而不受任何法律限制的政权。无产阶级的革命专政是由无产阶级对资产阶级采用强力手段,所获得,所维持而不受任何法律限制的政权。"①

试看,列宁所提出的这一无产阶级专政的定义,有什么错误呢?列宁在这里着重强调了无产阶级专政的强力作用和意义,但他是否有丝毫否定民主的意思呢?仔细分析这一定义便不难理解,列宁对于无产阶级专政所下的科学的定义,丝毫没有否定民主的意思。列宁特别强调了专政的强力作用也不是偶然的一时的冲动。

---

* 作者单位:华东政法学院(现华东政法大学)。

① 《列宁文选》(两卷集·第2卷),人民出版社1954年版,第432页。

问题在于无产阶级专政其强力是对付谁的，而民主又是“供哪一个阶级享受”的。

马克思主义者从来不承认有什么“超阶级”的或“纯粹的”民主，民主是具体的，有阶级性的，民主作为一个政治范畴来看是与专政密切相关的。对统治阶级说来是民主的，对被统治阶级说来就是一种有组织有系统的暴力。

列宁在批驳考茨基的“专政就是毁灭民主”的谬论时曾指出：“专政的意思不一定毁灭对其他阶级实行专政的那个阶级所享受的民主，但它一定要毁灭（或加以重大限制，这也就是毁灭的形式之一）受专政所压制或受专政所反对的那个阶级所享受的民主。”①

按所谓民主，其含意是“人民的政权”的意思。在阶级社会中，由于不同阶级对“人民”二字的含意表现出不同的看法，因此对“民主”一词也就有着不同的解释。这就使民主与专政的关系很不容易搞清楚，资产阶级学者往往以此来混淆是非。

古代哲学家如亚里士多德等所理解的“人民”，当然只包括奴隶主与奴隶主上层工商业集团，而奴隶根本不被当做人，被认为和动物没有什么两样。可见在奴隶制社会，民主是属于奴隶主阶级（包括奴隶主以外的自由民）所特有的，而奴隶则被当做专政的对象。

在封建时代，某些反对暴君专制的人（如霍得曼、勃斯之流），虽然也谈到“人民”可以反抗暴君，但他们所理解的“人民”并非全体人民，而只是所谓人民的“代表”——等级会议或三级会议，而真正的人民则被看做“群氓”，是“怪物”。

可见在封建制时代，民主仍旧是封建主阶级（包括与封建主相勾结的有产者阶层）的民主，对广大的劳动群众——农民则是一种暴力专政。

到了资产阶级革命的时代，“人民”一词的含义，较以前任何一个时代都广泛得多。当时的人民包括资产阶级、小资产阶级、手工业者、小商人等，甚至为了动员广大农民参加革命，农民亦被包括在人民的概念之中。

这样看来，资产阶级的民主该是最广泛的民主了，然而任何一个阶级专政条件下的民主，绝不是对一切阶级都是一视同仁的。当资产阶级革命握取政权之后，民主仍旧是属于占统治地位的资产者。广大劳动者，尤其是工人阶级根本享受不到任何民主。资产阶级专政维护的不过是资产阶级本阶级的民主，而对于工人阶级和广大劳动人民，则是民主的毁灭。

到了无产阶级实行专政之后，民主才真正符合了它本来的含意。无产阶级专政是真正的人民的政权，也就是说，在这里实现了真正的民主——广大工农劳动群众的民主。而对于被推翻的剥削者来说，它是一种暴力即专政。以我国为例，“在

① 《列宁文选》（两卷集·第2卷），人民出版社1954年版，第13页。

现阶段，在建设社会主义时期，一切赞成、拥护和参加社会主义建设事业的阶级、阶层和社会集团，都属于人民的范围"，也就是说，我们的民主是属于这些人民的；而一切反抗社会主义革命和敌视、破坏社会主义建设的社会势力和社会集团，都是人民的敌人，也就是说，这些人乃是我们专政的对象。

从列宁的关于无产阶级专政的定义可以看出，无产阶级专政，其强力是"由无产阶级对资产阶级采用"的，即无产阶级专政，其锋芒是指向无产阶级的敌人的。那么，强调了无产阶级专政的强力作用，对于民主即社会主义民主的发扬会有什么影响呢？这样不但对人民的民主没有损害，相反地会更进一步促进人民民主的发扬。

杨兆龙所谓强调专政的强力作用，就会形成恐怖主义，就会影响民主的论断，这与叛徒考茨基的论断有什么差别呢？

一切自由主义者都是最善于运用"偷天换日"的把戏。考茨基把无产阶级专政说成是个人独裁，想用"纯粹的"民主来代替无产阶级专政。杨兆龙把无产阶级专政形容成恐怖主义，把专政的强力作用说得毫无价值，说它不具有普遍意义，而其最终目的也是想否定无产阶级专政。

杨兆龙对于无产阶级专政的强力作用的强烈反感，并不是由于他真正的特别重视民主，而是他对于无产阶级专政制度根本表示否定。按照他这种理论去实行无产阶级专政必将削弱或导致无产阶级专政的覆灭。

要知道，专政之所以必需乃是由于社会中存在阶级利益的敌对。历来在经济上占统治地位的阶级，总是要运用强力手段来强制被统治阶级按照自己的意志行事。阶级政权的建立，就是为了维护某阶级的利益而压制另一阶级。因此，对于专政来说，强力是不可缺少的。

无产阶级专政，其性质根本不同于过去任何剥削阶级的专政，"它是被剥削阶级的专政，是多数人对于少数人的专政，是为着创造没有剥削、没有贫困的社会主义社会的专政，是人类历史上最进步的也是最后一次的专政"。[①] 因此，无产阶级专政比起过去任何剥削阶级专政都具有完全不同的目的，即无产阶级取得政权只不过是无产阶级革命的开始。无产阶级专政的更复杂、更困难的工作在于利用其政权进行严重的经济组织和改造工作。列宁曾说过："消灭阶级要经过长期的、艰难的、顽强的阶级斗争……在建立无产阶级专政以后，阶级斗争并不是消失，而只是改变它的形式，在许多方面变得更加残酷。"[②]又说："从资本主义过渡到共产主义，乃是一整个历史时代，当这个时代还没有终结时，被推翻的剥削者就不免还保

① 毛泽东："论无产阶级专政的历史经验"，载《新华活叶文选》，华东人民出版社1953年版，第2页。

② 《列宁全集》（第29卷），人民出版社1956年版，第352页。

存有复辟希望,而这种希望就变为企图复辟的行动。”①

事实证明,列宁的这些指示是非常正确的。以巴黎公社为例,巴黎工人革命的失败,其主要的教训之一是由于无产阶级专政的政权未使自己的实力统括全国,对于无产阶级的敌人“过于慈善”,犯了“良心的踌躇”的错误。苏联的经验证明,在十月革命之后,如果不用强力来粉碎国内外敌人的猖狂进攻,如果依据布哈林之流的“阶级熄灭论”的理论去削弱无产阶级专政的强力作用,则无产阶级专政已经不成其为无产阶级专政了,年轻的苏维埃政权也早已被覆灭了。

最近匈牙利的十月事件,更是一个极其鲜明的例证。坚持了十一年之久的匈牙利无产阶级专政的国家,正是由于无产阶级专政的强力作用运用得不够充分,纵容了革命的敌人,才几乎遭到亡党、灭国的危险。这些事实告诉我们,强力对于无产阶级专政说来不仅是必需的,而且在无产阶级专政的整个历史时期中也是不能有丝毫削弱的。

博学的杨兆龙对这些事实难道一点都不知道吗?为什么在无产阶级专政已经积累了四十多年的历史经验的今天,在匈牙利十月事件发生之后,杨兆龙仍主张削弱无产阶级专政的强力作用呢?为什么杨兆龙不以事实为根据去论证列宁关于无产阶级专政的定义的正确性,反而列举英美资产阶级反动学者的谬论来诬蔑无产阶级专政呢?

在杨兆龙看来,敌人对于无产阶级专政的曲解,以及对于苏维埃政权的恶毒攻击,不是由于他们对于无产阶级专政政权的仇视,而是由于列宁提出了不正确的定义,其用心之险恶是可想而知了。

再者,列宁为什么提出专政是不受任何法律限制的呢?这样说是否意味着无产阶级专政可以不遵守法制呢?

必须明确,列宁所说的专政不受任何法律限制,着重在于强调无产阶级专政的强力是不可缺少的,绝对不能借助任何其他理由来抹杀强力作用的意义,并非像杨兆龙所曲解的那样,认为无产阶级专政是不根据任何法律的。列宁这一论点的提出,是针对当时的某些资产阶级庸人,特别强调法律的作用,歪曲法律与政治的关系,认为法律是万能的,神圣不可侵犯的。我们知道,当资产阶级国家发展到全盛时代,资产阶级学者们为了从理论上论证资产阶级国家的合法性与公正性,他们曾特别鼓吹过法制原则。似乎在资本主义社会中,一切制度都是以法制为基石的,似乎资产阶级国家机关的一切活动都是有法律根据,而从不越出法律范围的。甚至当某种情况下,由于工人阶级力量的增长而不得不通过一条在形式上多少反映一些劳动者利益的法律时,资产阶级学者们便大吹特吹,认为这种法律对其专政起了限制作用。

① 《列宁文选》(两卷集·第2卷),人民出版社1954年版,第449页。

但实际上,这种形式的法律的宣扬以及某些看来似乎有利于劳动者的法律的通过必须以一个总的原则为前提,那就是绝不能因此而限制了资产阶级的专政,也就是它绝不能触犯资产阶级的根本利益。

恩格斯曾指出过:“当然,据资产阶级的看法,法律是神圣的:因为法律就是它所持有的实力的果实,是为保护它本身和保护它的利益,并经过它的同意所颁布的。它知道,如果某一种法律对它有害,这时整个立法就会来保护它的利益。”

因此,法律在事实上是不能限制统治阶级的专政的。统治阶级创制法律正是为了借助它,更加充分地实现自己的阶级专政,而绝不可能让它自己创制的法律来束缚自己的专政。如果法律真的已经成了统治阶级专政的绊脚石,那么这种法律对于统治阶级专政来说便没有意义了,那时统治阶级便会修改、废止或以新的法律来代替它,也绝不会让它对专政有任何限制。

另外,列宁这句话也是针对某些机会主义的论调而言的。当时一些机会主义者和改良主义者,口头上虽然承认无产阶级革命,但实际上则否认“革命”这一概念中最基本的东西,即否认无产阶级专政。他们把无产阶级革命的夺取政权看做一种“无理性”的行动,是不合法的。针对这种情况,列宁指出,这正是群众革命积极性的表现,是与一切机会主义者不同之处。列宁说,夺取政治自由就是要不根据任何法与法律的;新的革命政权机关的建立,完全是要用革命的方法而超出一切法律与规范之外的。因此,无产阶级专政的政权,当然是不受任何法律限制的强力的政权。

以我国人民民主政权为例,我们的专政绝不能受国民党法律的限制。当国民党反动派在大陆面临全面崩溃之际,当时蒋介石还企图维护其伪法统,以便保持其政治权力。但是人民的政权是与一切伪法统以及一切旧法律完全绝缘的。新华社所发表的《关于废除伪法统》一文说得很清楚:人民政权的权力来源“不是根据任何先前存在的宪法和法律系统,不是根据任何先前存在的法统,它是无产阶级领导的、人民大众的(以工农联盟为基础的)反帝、反封建、反官僚资本的大革命的胜利的结果”。

这就表明我国的人民民主专政(在现阶段实质上是无产阶级专政)也是不受任何法律限制——首先是不受伪六法所限制的强力的政权。

杨兆龙假惺惺地以维护法制者自居,认为无产阶级专政不讲法制,大喊新中国“无法可依”,说人民政府“可以随便行动”,说这是产生错捕、错押、错判、错执行等事故的根源。他说这种情况“已经在人民中造成了相当的不安以及对政府的怀疑”。他假装善意地劝我们迅速地制定(按他的办法实际上是抄袭)一套完备的法律来束缚一下这种“恐怖”专政,叫我们“在新法律颁布以前,不轻易废除暂时可以用来为社会主义服务的(!?)旧法规范”。①

① 杨兆龙:“我国重要法典何以迟迟还不颁布”,载《新闻日报》1957年5月9日。

这就是杨兆龙所玩弄的另一套偷天换日的把戏。在反对列宁的无产阶级专政的定义的基础上，他竟公然地提出要用国民党的反动"六法"来束缚我们专政的手脚。

不管杨兆龙所玩弄的"右派"手法多么巧妙，尽管他在"借他人之灵堂，哭自己的心事"而不直接露骨地提出反对无产阶级专政，然而只要头脑稍清醒些的人，只要把他的一贯的议论和他的"大著"联系起来加以分析，就不难看出他的机会主义本质了。

至于无产阶级专政是否有法制，是否强调了专政的强力作用就等于蔑视法制，这些问题只要多少注意一下无产阶级专政国家的现实情况，就不难得到正确的回答了。

无产阶级专政不同于任何剥削阶级的专政，其基本的主要点在于，这种政权是人民的政权——被剥削劳动群众的专政。

这一政权性质就决定了它是真正的法制国家。无产阶级专政制度下的法制不仅是与阶级敌人进行斗争的有力武器，而且是保障人民民主权利，发扬民主的重要工具。无产阶级专政不受任何法律限制和无产阶级专政必须贯彻法制原则是两个问题，前者说明无产阶级专政的强力作用的重要性，后者则说明了无产阶级专政的严肃性。只有不偏不倚地贯彻法制原则才能充分地实现无产阶级专政的革命任务。因此真正的法制不仅与无产阶级专政是不相矛盾的，而且两者之间是相辅相成的。因此说专政是不受任何法律限制的，并非说无产阶级专政不遵守法制原则。

杨兆龙别有用心地以反对教条主义为名，进行着对无产阶级专政学说的歪曲，企图否定无产阶级专政，这是与马克思列宁主义的无产阶级专政的理论毫无共同之处的。他巧妙地以发展马克思主义者自居，而其骨子里则在贩卖其修正主义的毒药，这些谬论是不攻自破的。所有真正的马克思主义者必须站稳无产阶级立场，对一切歪曲无产阶级专政学说的谬论加以严厉的驳斥。

（1957年第4期）

杨兆龙与庞德的关系①

杨兆龙的反党、反社会主义思想不是偶然的，其根源是受了庞德的影响。现就杨兆龙与庞德的关系分析如下。

1. 二人之间的思想关系。庞德是实用主义，特别反对马克思主义，杨兆龙也是如此，他在《法学》上发表的文章就是表现了实用主义的法律观、多元论的观点。

2. 庞德竭力反对马克思主义的法律定义，特别是法律阶级性的定义，杨兆龙也是如此，他在复旦大学召开的教师座谈会上公开叫嚷要修改法律阶级性的定义。

3. 庞德主张法律的功能论，杨兆龙承其衣钵，否定新中国的一切。他曾说过，新中国好不好，在整风后就可以看出来。他在 5 月 9 日《新闻日报》的文章内就公开提出领导不懂法学，这实际上是反对党在法律界的领导。

4. 庞德主张资本主义立法路线，杨兆龙也是如此，他在《新闻日报》的文章内就主张资本主义的法律有用，旧法学家有用。

杨兆龙是美国哈佛大学庞德的学生。庞德在解放前做过蒋介石的顾问，是反共最得力的人物，当时杨兆龙做翻译，这是 1948 年的事情，这说明临解放前，杨兆龙还公开地为反动派做事。至于杨兆龙与庞德除这种关系以外，是否还有政治上的勾结，杨兆龙必须交代清楚。

（1957 年第 4 期）

① 摘录陈文彬先生在上海法学会复旦小组上的发言。

论专政的必要性和肃反的合法性

——驳杨兆龙否定肃反成绩、攻击人民民主专政的谬论

杨　峰*

"右派分子"杨兆龙最近提出了令人愤慨、荒谬透顶的论调,说我们国家"许多事情长期没有法规可以遵循,因而造成某些混乱现象","发生一些无根据的控告,和不应该有的错捕、错押、错判的情况","使坏人感到无所顾忌,好人感到缺乏保障,因而引起不必要的矛盾"。① 杨兆龙并在一次座谈会上对肃反运动提出了责难。他挺胸昂首,攥拳怒目,咆哮如雷,气势汹汹地责问:"解放以来历次运动的成绩到底如何?""希望检查一下历次运动的合法性,尤其是肃反运动。"②对人民民主专政和肃反运动进行了恶毒的攻击。对杨兆龙的这些观点,我表示坚决的反对,现提出以下几点看法。

(一)加强专政的必要性

列宁说:"一切革命底根本问题,就是国家政权问题。不认清这个问题,便谈不到什么自觉地参加革命,更说不上领导革命了。"③"在国民党反动派统治时期,无产阶级和广大劳动人民为了求得彻底解放,在共产党的领导下,经过了长期、曲折、艰苦的斗争,推翻了国民党反动派的专政,把政权夺取过来,实现了自己的统治,把原来是少数压迫者的国家法权,变成为最大多数人民压迫少数压迫者的人民民主专政的革命政权。但夺取政权并不是无产阶级的最终目的。取得政权仅仅是无产阶级革命的开始。更重要的任务,是要利用无产阶级政权来组织社会主义制度,消灭阶级,保证过渡到无阶级的社会,无国家的社会。"④

但垂死的阶级是不会甘心于自己的死亡的。消灭阶级和剥削,实现社会主义社会,这在劳动人民看来是天堂,在反动派和反动阶级的人们看来则是地狱。他们对社会主义存有刻骨的仇恨。毛主席在中国人民政协第一届全体会议上的开幕词中说:"帝国主义者和国内反动派决不甘心于他们的失败,他们还要作最后的挣扎。在全国平定以后,他们也还会以各种方式进行破坏和捣乱,他们将每日每时企

* 作者单位:复旦大学。

① 《新闻日报》1957年5月9日。

② 《复旦》1957年6月6日。

③ 《列宁文选》(两卷集·第2卷),人民出版社1954年版,第23页。

④ [苏]斯大林著:《论列宁主义的几个问题》,外国文书籍出版局1946年版。

图在中国复辟。”无产阶级在全国范围内掌握政权以后，基于以下原因，必须加强人民民主专政的威力。

第一，国内反革命残余势力，在台湾蒋介石集团和帝国主义的支持下，曾妄图在中国人民的胜利还没有巩固下来的时候，实行里应外合，使反动统治复辟。① 以恢复旧政权、旧秩序，重新骑在人民头上为所欲为。

美帝国主义及其走狗蒋介石匪帮残余，在国内，以及日本、菲律宾等地，搜罗一切亡命之徒，训练成大批特务间谍分子，积极地向我国大陆派遣。这些潜入大陆的特务间谍分子，与敌人在内地预为布置和残余流散的反革命分子，相互结合，进行种种的罪恶破坏活动。“所有这些反革命活动，都有帝国主义特别是美帝国主义在背后策动。这些土匪、特务和间谍，都是帝国主义的走狗。”②他们是帝国主义侵略者在中国的内应。

第二，长时间存在剥削阶级。资产阶级和富农，以及属于剥削分子和其他分子中，有一些反抗和破坏社会主义革命的分子。

第三，社会上还有一些“盗窃犯、杀人放火犯、流氓集团和各种严重破坏社会秩序的分子”。③

第四，帝国主义站在我们的面前，经常企图进行颠覆活动和发动侵略战争。

而前述三类分子，又是帝国主义在中国的群众基础和柱石。国内外情况清楚地告诉劳动人民，在取得政权以后，必须要保持政权，巩固政权，使它成为不可战胜的力量。要巩固和发展革命的胜利，建设我们的国家，就必须坚决地肃清一切反革命残余势力。

1949 年 7 月毛泽东在《论人民民主专政》一文中教导说：“帝国主义还存在，国内反动派还存在，国内阶级还存在。我们现在的任务是要强化人民的国家机器，这主要地是指人民的军队、人民的警察和人民的法庭，借以保护国防和保护人民利益。”

胜利了的中国人民，不仅要努力保卫和巩固人民革命已获得的利益，还要在生产、国防、政治、经济和文化各方面进行建设。党和国家的任务就是要为这些大规模建设事业的进行创设良好条件。但许多条件中，很重要的一个条件就是要消灭破坏人民建设事业的反革命分子。因而镇压反革命不是什么一种权宜的措施，乃是我们国家迫不及待的、必须负责完成的根本政治任务。必须“向着帝国主义的走狗即地主阶级和官僚资产阶级及代表这些阶级的国民党反动派及其帮凶们实行

---

① 罗瑞卿在中共第八次代表大会的发言。

② 毛泽东在中共七届三中全会的报告。

③ 毛泽东著：《关于正确处理人民内部矛盾的问题》，人民出版社 1957 年版。

专政,实行独裁,压迫这些人,只许他们规规矩矩,不许他们乱说乱动。如要乱说乱动,立即取缔,予以制裁。……为什么理由要这样做?大家很清楚,不这样革命就要失败,人民就要遭殃,国家就要灭亡。"①所以必须加强镇反工作,要抱以除恶务尽的决心,把反革命分子彻底肃清。

(二)肃反运动的合法性

根据苏联和人民民主国家先进的革命经验、中国无产阶级切身的革命经验,和毛主席"论人民民主专政"的学说,于1949年9月29日,在中国人民政协第一届全体会议通过的《共同纲领》第7条,对关于镇压一切反革命活动问题,以法律的形式规定下来。为了保障土地改革政策法令的贯彻实施,1950年7月20日,中央人民政府政务院公布了《人民法庭组织通则》。同年同月23日,政务院与最高人民法院呈经毛主席批准,发布了《关于镇压反革命活动的联合指示》,对于重要反革命分子的处理,作了原则的指示。1951年2月20日,经中央人民政府委员会第十一次会议批准公布了《惩治反革命条例》。对处理反革命罪犯的量刑标准进一步作了较具体的规定。1954年9月20日,第一届全国人代大会通过的《宪法》第19条规定了:"镇压一切叛国的反革命的活动,惩办一切卖国贼和反革命分子。"同年12月20日,经全国人代大会常委会第三次会议通过颁布了《逮捕拘留条例》。上述法律、通则和条例中有关镇压反革命的规定,近八年来已经成为干部和群众在平时和每次肃反运动中与反革命作斗争的有力武器,也成为审判人员处理反革命罪犯的量刑准绳。在惩治反革命分子、维护社会秩序、保护公共财产和人民权利等方面起着十分重要的作用。这些镇压反革命的法律根据,是全国人民所家喻户晓的,而自称为法律专家的杨兆龙却指责肃反运动的合法性,除了别有用心以外,还有什么理由呢!

用运动的形式开展肃反斗争,是为我们国家的本质所决定的。我们的国家是真正代表广大劳动人民利益的国家。《宪法》第18条规定,"一切国家机关工作人员必须效忠人民民主制度,服从宪法和法律,努力为人民服务"。为了巩固人民民主制度、确实地保障人民利益,各级国家机关工作人员在贯彻肃反的政策法令中紧密地依靠了人民群众,发动大家起来共同对付反革命。由于有关镇压反革命的政策法令,反映着以工人阶级为领导的广大人民的意志,所以肃反斗争代表了人民的切身利益,反映了他们的正义要求。他们密切地关心着肃反问题,视此项任务是每个人义不容辞的责任。党和政府关于肃反的号召,取得了广大人民的积极支持。群众的伟大力量,构成了防止反革命破坏的铜墙铁壁,使反革命分子陷入极端孤立。近八年来的"肃反斗争,无数生动的事实,充分地说明了广大群众

① 毛泽东著:《论人民民主专政》,人民出版社1951年版。

的政治觉悟和革命警惕性，是我们战胜一切反革命分子的力量中最可宝贵的力量”（罗瑞卿同志语）。

这是任何剥削者国家，在贯彻自己的刑事法令时所不能也不可能做到的。因为任何反动的统治阶级本身就害怕人民，因而也就不要人民。他们的法，本身就是镇压被剥削阶级的工具。它只能引起劳动人民的坚决反抗，绝不可能取得他们的真正支持。

“全国人民团结起来，坚决、彻底、干净、全部地肃清一切反革命分子，”（罗瑞卿语）对于人民利益给予确实保障，是我们国家既定的路线和方针。在一定时期内，发动群众运动开展肃反斗争，是贯彻镇反政策法令的重要方式。这也为我国法律所允许。《宪法》第4条规定：“中华人民共和国依靠国家机关和社会力量，通过社会主义工业化和社会主义改造，保证逐步消灭剥削制度，建立社会主义社会。”我们的肃反斗争就是依靠了国家机关由上而下的正确领导和公安保卫机关的专门工作，与广大人民群众的积极参加防奸反特斗争，形成了由下而上的支持相结合来完成的。在国家政策的正确指导下，通过人民群众的检举斗争，凡确有反革命的证据的，再经由司法机关依法进行侦查、起诉、判处，这又有什么不依法办事呢？而杨兆龙却大呼“错捕、错判”，除了根本反对镇压反革命外，他又有什么用意呢！

（三）肃反成绩不容否定

1950年冬开始，至1952年下半年基本结束的第一次肃反运动，给予当时还压在人民群众头上的土匪、恶霸、特务、反动党团骨干分子和反动会道门头子五个方面的反革命分子以毁灭性打击。其中，对祖国、对人民犯有严重罪行的首恶分子，受到了严厉的惩办。国民党和地主的公开武装土匪200万被肃清了。

随着镇压反革命措施的深入贯彻，反革命分子采取了新的活动方式，由有形转到无形，由公开转向秘密，由集中转向分散，由非法转到合法，由外部转到内部。我们的公安工作适应了这一新的情况，在转入经常性的对敌斗争中也获得了很大胜利，仅在1954年内破获的特务间谍案件即达619起。

在1955年第二次的肃反运动中，从国家机关、人民团体和共产党、各民主党派内部，清查出来一批暗藏的反革命分子。这对纯洁革命组织，巩固人民政权，保卫社会主义事业有很重要的意义。此次运动被清查出来的反革命分子，现在已经定案的就有81,000多名（经政府宽大处理不以反革命论处的没有统计在内）。其中有相当一部分人窃据了党和国家的重要部门（如内务部、公安部、省委宣传部等）的重要职位。1955年至1956年清查出来的反革命分子中，现行犯有3800余名之多，其中还有相当数目的重要的特务间谍。

由于肃反运动，反革命分子内部日益分化和瓦解。一年多来，全国有19万余名反革命分子投案自首。1956年全国的反革命案件,比1955年减少了42.7%,其他刑事案件下降了52.8%。

两次的肃反运动,取得了肃清反革命残余势力的决定性胜利,帮助了社会秩序的安定和社会主义革命的顺利进展。

如果没有轰轰烈烈的肃反斗争,便不可能顺利地完成土地改革和经济恢复工作的任务,便不可能有稳固的后方去对付帝国主义和胜利地进行抗美援朝。没有在肃反战线上取得的决定性胜利,便不可能顺利地实现对农业、手工业和资本主义工商业的社会主义改造,便不可能有稳定的秩序进行伟大的社会主义建设。总之,没有肃反方面的决定性胜利,政权就不可能巩固,没有巩固的政权,社会主义建设事业就失去了保障。无论从实际情况的需要,或从理论上、法律上来看,肃反运动都是绝对正确的。"我们在肃清反革命方面的成功,无疑是我们国家巩固的重要原因之一。"①

这些铁一般的事实,就是我们的敌人也只好叹息地承认。只要具有起码良心的中国人都不会发生怀疑。可是杨兆龙却有另外的看法。他竟捏造和歪曲事实,混淆是非,颠倒黑白地提出问题,企图抹杀肃反斗争的伟大成绩,矢口否认肃反运动的合法性。很明显他是站在了反动阶级的立场,以国民党伪六法的观点来看肃反问题。实际上是在为反革命分子喊"冤枉",成为反革命的代言人。"对敌人的仁慈,就是对人民的残忍。"(列宁语)站在工人阶级和广大劳动人民的立场来看肃反斗争,既合理又合法,是天经地义的好事。站在反动阶级立场的人们,如曾任过国民党反动政府总检察长要职的杨兆龙之类的人看来,则是"无法无天"、"混乱不堪"、"暗无天日"。杨兆龙所说的"混乱"只能是敌人内部的混乱,绝不会是劳动人民。敌人被打得混乱不堪,直至彻底消灭,对人民来说就是最大的安定,这正是广大人民所希望的秩序。他所说的"好人感到缺乏保障",恰好是把事情颠倒了过来。在我们国家内只有敌人才不给予保障,"只许他们规规矩矩,不许他们乱说乱动"。(毛主席语)高度的发挥专政威力,坚决的镇压反革命,使敌人的破坏活动范围缩小到最低限度,就是对人民生命财产的安全和各种权利最大的保障。毛主席教导说:"军队、警察、法庭等项国家机器,是阶级压迫阶级的工具。对于敌对的阶级,它是压迫的工具,它是暴力,并不是什么'仁慈'的东西"。"我们仅仅施仁政于人民内部","我们对于反动派和反动阶级的反动行为,决不施仁政"。② 杨兆龙对反革命体贴备至,甚至勇敢地挺身而出为反革命打抱不平,也并不奇怪。此是他的反动的阶级立场所决定了的。这就是杨兆龙恶毒地诋毁肃

① 毛泽东著:《关于正确处理人民内部矛盾的问题》,人民出版社1957年版。
② 毛泽东著:《论人民民主专政》,人民出版社1951年版。

反运动的阶级本质。如果他的观点能够成立，就似乎"确实需要"成立了一个罗隆基式的"平反委员会"，对已处理的反革命罪犯来个大翻案。这样实质上就等于否定了人民民主专政，对劳动人民来说是不堪设想的。杨兆龙也和其他一些"右派分子"一样，"想翻过去的案，想否定过去肃反工作的巨大成绩，这是完全错误的，这是人民群众所不允许的"。[1]

(1957年第4期)

① 毛泽东著:《关于正确处理人民内部矛盾的问题》，人民出版社1957年版。

必须彻底废除伪六法

叶孝信*　江振良**

自从党提出"百花齐放、百家争鸣"的政策以来，法学界人士中有些对伪六法幼而学、壮而行的先生们，对党中央关于废除伪六法的指示产生怀疑。另一些别有用心的野心分子则利用这次"大放大鸣"的机会，对党废除伪六法的这一英明措施发动猖狂进攻，企图翻案。本文就是针对目前已发现的若干反动论调，提出初步批驳。

一、全国解放前夕，党发布了关于废除伪六法的指示，为我国加强革命法制开辟了康庄大道

无产阶级革命暴风雨时期的实质既然是群众性的大规模的阶级斗争，因而它的基本任务首先就是组织和动员最广大的群众，针对一切足以束缚群众为解放自己而斗争的旧制度和旧关系开火，同时，创建和发展有利于群众解放自己的新制度和新关系。在这里，旧法制和旧的国家机器一起，就必然首先遭到致命的打击。

早在1871年，马克思根据巴黎公社的经验，在《法兰西内战》一书中就指出：工人阶级不能简单地夺取现成的资产阶级国家机器（那当然包括了资产阶级法制——作者注），并运用它来达到自己的目的，而要把它打碎。1872年，马克思和恩格斯为《共产党宣言》作德文版序，肯定了《共产党宣言》发表25年来的实际情况，虽有重大变更，"但宣言中所发挥的一般基本原理整个说来至今还是完全正确"。可是，由于巴黎公社的经验，"这个纲领现在有某些地方已经陈旧了"，于是，把马克思在《法兰西内战》中的上述思想着重地重申一次，作为《共产党宣言》的原则性的修改。列宁在1905年制定的《临时革命政府纲领》中也明确指出：必须立即废除一切反人民、反革命的旧法律。①

从马克思列宁主义对待旧法的基本态度出发，毛主席在1949年1月14日关于时局的声明中提出了将废除国民党伪法统作为与蒋介石反动派协商的八项和

---

* 作者单位：华东政法学院（现华东政法大学）。

** 作者单位：华东政法学院（现华东政法大学）。

① 《列宁选集》（第6卷），第14页。

平条件之一；中共中央在同年2月发布了《关于废除国民党的六法全书与确定解放区的司法原则的指示》；接着，华北人民政府训令各级政府废除国民党的“六法全书”及一切反动法律，新华社信箱又发表了“为什么要废除伪法统的问题解答”。《中国人民政治协商会议共同纲领》第17条更明确规定，要“废除国民党反动政府一切压迫人民的法律、法令和司法制度”。我国第一个根本法对伪法统作了全盘的根本的否定，不仅在人民的立法和司法工作上确立了极鲜明的阶级立场，而且对于广大的人民群众也是一课极其深刻的阶级教育。因此，彻底粉碎伪法统的基本原则实为我国加强革命法制开辟了康庄大道。不容否认，革命法制在今天还存在一些缺点，也不够十分完备。但这些缺点的根源绝不能（如“右派分子”所认定的那样）诿诸彻底粉碎旧法统的基本原则，正如我们绝不能把人民民主政权中的一些缺点的原因归诸于打碎了国民党反动的国家机器一样。相反，我们认为革命法制中的一些缺点，其原因很多，但在一定程度上，毋宁是由于我们在某些时候还没有完全正确理解和贯彻彻底粉碎伪法统这一基本原则所致。众所周知，通过了司法改革，我国革命法制就显然大大地向前迈进了。

二、俄国十月社会主义革命胜利为什么没有立即废除全部旧法

“右派分子”别有用心地援引苏联及其他兄弟国家在革命胜利后没有立即全部废除旧法的事例来攻击我们，认为我们不重视和学习这些社会主义国家的立法经验。这种专横的、歪曲事实的攻击是经不起事实的驳斥的。“右派分子”把苏联及其他兄弟国家当年革命的形势和具体特点故意撇开，一字不提。谁都知道，俄国无产阶级在1917年社会主义革命的前夜没有政权，从而也不可能制定任何法规。中欧和东南欧其他兄弟国家的无产阶级社会主义革命，在极大程度上是在苏联红军击溃德国法西斯匪帮的帮助下取得胜利的，在此以前，它们同样地没有政权，当然也不可能制定任何法规。无产阶级掌握政权的最初期间，百废待举，不可能立即着手制定一套基本上适应形势发展的法规，因此不得不暂时援用一些“未经革命废止及与革命良心与法律意识不相抵触的”旧法。这是不难理解的。即使这样，在1917年11月24日的苏俄《关于法院的第一号命令》中还是根据马克思主义关于无产阶级革命必须根本废除旧法统的原理，宣布废除全部剥削阶级的司法机关和剥削阶级的法，并建立苏维埃司法体系和苏维埃的法。暂时地、有条件地援用旧法只是《关于法院的第一号命令》的一条非本质的例外。惟其如此，从这个文件的讨论时起直到正式颁布以后，都遭到反革命势力的疯狂抗拒。如在1917年12月9日的人民委员会会议上，“左”派社会革命党人司法委员司坦堡即叫嚣完全废除这

个文件。沙皇俄国大理院为此作出特别决议，企图禁止各审判机关采用该项命令，彼得堡律师机构为此举行紧急会议，会议议决：这项命令是未被承认的政权机构所发布的，并不具有法律效力，所有各律师机构的成员仍应继续在沙皇法院中工作。其他各城市的律师和沙皇法官也纷纷召集类似的会议，作出类似的决议。旧的司法机构还擅自以已被推翻的临时政府的名义继续作出刑、民事判决。结果还是在革命武装的协助下，才封闭了旧法院，逮捕法办了极嚣张的旧法官和旧律师。这些依旧制度为命的老爷们对《关于法院的第一号命令》的刻骨痛恨，却正说明了这项命令的基本和主要的革命内容。然而，恰恰是这点，"右派分子"在介绍苏联经验时，把它"忘"了。

这里必须着重指出，在《关于法院的第一号命令》具有法律效力的短短的七个多月内(1917年11月24日至1918年7月20日)，所有各地革命司法机关在处理刑、民事案件时，在事实上，仅仅是在一两个月内，除了极罕有的例外情况外，都全依据全俄中央执行委员会和人民委员会的法令，依据革命良心和社会主义法律意识。不独此也，当时俄国各地还在接到第一号命令以前，即根据革命群众的倡议，自动地开始撤销了旧的司法机关，创立新的革命法庭。列宁指出，这说明了革命群众已经走上正确的道路，并证明出革命的生命力。① 此外，当时许多地方苏维埃都预见到了中央《关于法院的第一号命令》中所规定的法院组织形式。"如在西伯利亚距中央很远的库兹涅茨县并没有接到中央的命令，但所建立的法院，其组织形式与第一号法令所规定的地方法院的组织形式竟然不谋而合……"②而且，这些革命法庭通常是不适用沙皇法律的。这便是《关于法院的第一号命令》颁布后关于所谓暂准有条件地援用旧法的实际情况。惟其如此，1918年7月20日颁布的《关于法院的第三号法令》即明文宣布废除全部旧法(第3条)，这一原则继续在1918年11月30日颁布的《苏俄人民法院条例》(第22条附注)及1919年3月俄共第八次代表大会通过的新党纲中得到确认。可见，苏俄当年暂准有条件地援用旧法只是在当时条件下的权宜措施，而彻底废除全部旧法则是无产阶级革命对待旧法的基本原则，一旦条件成熟，立即付诸实现。然而，正是这点，则更为"右派分子"所不愿意也不敢"介绍"的。

和苏俄及中欧、东南欧兄弟国家无产阶级夺取政权时的具体条件大不相同，在夺取全国范围的政权以前，我们已经有了二十多年革命根据地的经验，有了革命政权和革命法制。固然，由于长期的国内革命战争和民族解放战争的影响，革命法制不可能很完备，但却积累了极丰富的经验，而且在实际配合革命战争和民主政权的

① 《列宁文选》(两卷集·第2卷)，第399页。

② [苏]德·依·库尔斯基著：《论文、讲演选集》，1948年俄文版，第18页。

建设中起了极重大的作用。因此,我们完全有可能在取得全国政权的前夜立即宣布废除全部旧法。革命的具体道路不同,废除旧法的具体步骤亦异。我们强调向苏联及兄弟国家学习,但必须学习他们的先进经验,而且必须与中国的具体情况相结合。杨兆龙对苏联彻底废除旧法——社会主义国家立法的先进经验的基本和主要之点——不感兴趣,将正面文章反做了,竟然"严词指责"我们把旧法废除了。这除了反对党中央关于废除伪六法的指示以外还有什么?

三、抗日战争时期革命根据地对国民党的法律持否定态度

"右派分子"反对废除旧法的另一荒谬论调是:我国抗日战争时期抗日民主政权并未宣布废除旧法,而且在共产党领导下制定的一些重要法规中还明文宣布依据某些旧法,可见旧法对于新政权并非水火不容的。

不错,在1941年11月颁布的《陕甘宁边区各级参议会组织条例》第1条就明文规定:"本条例根据国民政府建国大纲,参照国民政府颁布之省参议会组织条例及陕甘宁边区之实际情形,为着动员与团结广大民众参加抗战建国事宜,实现三民主义抗战建国纲领,完成新三民主义政治而制定之。"同时颁布的《陕甘宁边区各级参议会选举条例》第1条亦明文规定:"本条例系依据国民政府建国大纲的民主选举原则及陕甘宁边区之实际情形制定之。"类似的条文在抗日民主政权的法令中尚多。另一方面,当时确实亦未明文宣布废除全部旧法。但绝不能由此得出结论:抗日民主政权承认了国民党的法律,或抗日民主政权否认了国民党法律的反动性,国民党法律用不着废除了。

首先,大家知道,在抗日战争时期,日本帝国主义决心变中国为其独占的殖民地以及当时的革命力量尚有严重弱点的这一基本情况使中国的政治形势发生了重大的变化——整个中华民族与日本帝国主义之间的矛盾提升到第一位来,国内的阶级矛盾降为次要了。针对这种形势,党的基本策略任务就是尽一切努力建立抗日民族统一战线和在统一战线内部坚持独立自主的原则。为了争取国民党共赴国难,党主动提出了为实现孙中山的新三民主义而奋斗,放弃以武装暴动推翻国民党政府、夺取政权的口号,停止以暴力没收地主土地的政策,把边区政府作为在"国民政府"领导下的地方政府(如1943年1月《晋察冀边区行政委员会组织条例》第1条规定:"晋察冀边区行政委员会为国民党政府所属之地方政府。"其他边区亦有类似情况),把红军改编为国民革命军,同时,抗日民主政权的组织亦贯彻了统一战线的原则——"三三制"。在这情况下,我们认为党对国民党的法律就必须在一定时期内在理论上暂不置可否,在实践上则在统一战线不致破裂的前提下,坚持革命的独立自主原则。前引有关条文一方面是参酌国民党的有关法规,另一方面则

着重指出必须从“边区的实际情形”出发。所谓边区的实际，应当指的是党的领导的实际、抗日的实际和民主的实际，而这些“实际”，在国民党法律中是根本没有或“有若无，实若虚”的。强调从边区实际出发，这就说明了党领导下的抗日民主政权绝对不是简单地承认了国民党的法律，当时未宣布废除，是由抗日民族统一战线这个基本策略任务所决定的。

其次，孙中山的新三民主义在人民民主革命阶段上，原来就具有很大的积极的和进步的一面，它是抗日战争时期国共合作的共同纲领。抗日民主政权的许多法令明文规定根据建国大纲的精神正是党在当时条件下决心实现新三民主义的表现，相反，自封“三民主义信徒”的国民党反动派却对新三民主义阳奉阴违。新三民主义的首要内容是联共，而国民党反动派在这个时期却颁布了一系列露骨反共的法令。如在第一次反共高潮中的《限制异党活动办法》(1939 年)，三个月后，又颁布了《共产党问题处理办法》，1944 年颁布了《特种刑事诉讼条例》等。因此，革命法令反映了党在抗日战争时期为切实实现新三民主义，这不仅不能说明党承认了国民党的反动法律，反而恰恰说明了党对这些反动法律的根本否定。另外，在国民党统治区内，由于党积极领导全民争取自由、民主和抗日的活动，在人民群众正义的压力下，国民党政府也被迫通过了一些客观上有利于人民斗争的法律。如在 1938 年 4 月颁布的、其后屡经修正的《国民参政会组织条例》和接着颁布的《省、市参议会组织条例》等。这些法令，按其实质言，是在人民斗争中反动统治阶级被迫让步的产物，在当时条件下，还有一定的进步意义。问题在于国民党反动派说了不算，而抗日民主政权则“参照”了它，并着重地结合边区的实际情况，制定了在边区切实可行的有关法令，而且认真地执行了。关于“二五减租”的问题也是这样。利用在当时条件下，在客观上有利于人民斗争的某些旧法的某些部分与“右派分子”认定的我们承认了国民党的法律是根本不同的两回事。

最后，必须着重指出，在事实上，党领导下的抗日民主政权的任何立法文件，从未简单地提到根据国民党的任何一项法令，在司法实践中，也从未直接援用过国民党的任何一条法令。这些都表明了，整个说来，在抗日时期，党对国民党的法律是持否定态度的。当时还没有明确指出必须完全废除国民党法律，绝不等于说不要废除国民党法律，正如当时停止土地革命，绝不等于说不要进行土地革命一样。一切以时间、地点、条件为转移。毛主席谈到抗日时期抗日民主政权的领导时指出，这个纲领“应当以适合于反对日本帝国主义及其走狗这个基本任务为原则，据此以适当地修改我们的政策。”①我们认为，抗日时期党对国民党法律的政策就是根

① 毛泽东：1935 年 12 月 27 日在陕北瓦窑堡党的活动分子会议上所作的报告——《论反对日本帝国主义的策略》。

据当时的基本任务而适当地修改了的党的政策的一部分,这和"右派分子"所设想的旧法与新政权可以并容的谬论毫无相同之处。

四、杨兆龙强调所谓法的"继承性"的用心是反对党废除伪六法

"右派分子"杨兆龙在去年11月写了一篇以研讨学术为名,以向党进攻为实的"学术论文"——《法律的阶级性和继承性》。

杨兆龙在这篇"论文"中说了"法律有阶级性"这是大家熟知的。以后,紧接着说:"至于法律有继承性,则大家的认识颇不一致,恐怕至今是有很多人根本否认或怀疑法律有继承性。否认或怀疑法律有继承性的论点,固然不止一种,但是最常听到的乃是以法律的阶级性为根据的理由。例如,我们常听到人说:旧社会的法律具有旧社会的反动阶级本质,因此和新社会的阶级要求不合,不能由新社会继承,是应该全都摒弃的……所以要解决法律的继承问题,必须进一步研究法律的阶级性。"洞若观火,杨兆龙在此"将阶级性和继承性并举",旨在"进一步研究法律的阶级性",从而"解决法律的继承性问题"。

杨兆龙怎样"进一步研究法律的阶级性"呢?

首先,杨兆龙列举了大多属于他个人臆测的五种对国内法阶级性的"不正确或似是而非的看法",然后逐一加以批判。第一种和第二种"看法"事实上就是一种,杨兆龙批判了它们认为法律的阶级性是固定不变的之后,主张:"法律的阶级性主要是决定于每个时代的社会经济政治以及文化的条件的","旧社会采用过的法律规范在新社会里,因为社会经济政治文化的具体条件不同,可以具有新的内容而发生不同的作用"。杨兆龙"批判"了认为形式相同其阶级性亦相同的第三种"看法",主张:"同一形式的法律规范,在不同的社会经济政治文化条件之下,可以具有不同的内容,为不同的阶级服务,从而表现出不同的阶级性。"第四种"看法",认为一个体系内的法律规范在反映阶级利益或立场时,其作用一样,并无主次之分,也遭到了杨兆龙的批判,而主张法律规范有"主导性"的与"辅佐性的"之分,前者只能用于某一特定阶级社会,后者则可"用于不同性质的阶级社会",为了"论证"这一谬论,杨兆龙甚至主张可以用资本主义国家保护财产的方法的法律规范来代替社会主义保护公有财产制的方法的法律规范,因为这些法律规范是所谓"辅佐性"或"从属性"的。最为杨兆龙痛心疾首的是,认为一个国家的法律规范只能为那个国家的统治阶级服务——法律阶级性的统一性——的第五种看法。为了"批判"这一正确的论点,杨兆龙竟歪曲史实并和人们的常识开玩笑。

由上可见,杨兆龙总的认为:第一,旧法在新社会的具体条件下,可以具有新的

内容，其阶级性亦随之“更新”，哪怕是同一形式的旧法，亦即旧法甚至连形式也不用变，就可丝毫不动地用于新社会（批判前四种“看法”后的结论）。第二，法不是“只”代表统治阶级的意志和利益的，是代表“全民”的（批判第五种“看法”的结论）。谁都知道，承认社会划分为阶级和承认阶级斗争的事实并不是马克思主义的创见，资产阶级学者早就看到。问题在于，马克思主义始终坚持阶级——阶级性是具体的而不是抽象的真理，揭发阶级剥削和阶级镇压的实质，并为无产阶级指出彻底解放自己的道路。杨兆龙在“论文”开头也说法律有阶级性，但在批判五种“看法”时，却把极其具体、鲜明的法的阶级性故意弄得血肉模糊，其实质就是干脆抹杀了法的阶级性。试问，旧法只要移植于新社会就具有新的阶级性——从历史发展上，从纵断面分析——而法对全社会各阶级都是一视同仁的——从社会的横断面分析——那么，法的阶级性究竟算个什么东西呢？无非是杨兆龙的魔术罢了。

一棍子打死了多半是从杨兆龙魔术箱中唤出来的“机械的、孤立的、简化的、形式的、不加分析的”几种看法以后，杨兆龙把“法”（或如他说的是“法律”）和“法律规范”这两个有密切联系但有严格区分的法学术语画个等号用法律规范来替用法。然而稍有法学常识者都知道，除了法律规范以外，法的制定、法的适用、法的解释、法律关系、法律意识、法律体系等无一不在不同角度上反映出法的阶级性。杨兆龙把这些都藏在袖子里面，按照杨兆龙的命题，法就是法律规范，“正确的办法应该是根据法律规范的性质，联系具体社会经济、政治文化条件，来分别决定法律的阶级性表现在哪里”。也就是说，上述种种在不同角度上反映法的阶级性的范畴，都可置之不理，仅仅从法律本身的“性质”联系当时具体社会条件，就可决定法的阶级性了。请注意，杨兆龙在这里还许下要联系当时社会诸条件的诺言，可是，这张支票在后面并未兑现，事实大谬不然，别的范畴姑且不论，仅以“法的适用”而言，在资产阶级国家里，统治阶级在被迫不得不制定个别貌似进步的法令以敷衍劳动人民以后，往往是“备而不用”的。如在美国，自1776年的《独立宣言》至1787年的《宪法》，都在文字上给予人民种种的权利和自由，然而，远在当时，这些权利与自由就是一纸无物质保证的具文。在今天，真正具有法律效力的更不是什么宪法，而是《塔夫脱—哈特莱法》、《史密斯法》等法西斯法案。杨兆龙只说“法律规范”而不涉及其他有关范畴，其用心无非是为资产阶级法律的“民主”与“进步”的装潢作自欺欺人的广告，掩饰其抹杀法的阶级性的阴私。果然，“把戏”的第二套，也是主要的一套出笼了。杨兆龙说，专就性质来讲，法律规范大致可分为“四类”，在这“四类”中，除了第一类是杨兆龙实在无法遮盖的具有剥削阶级血腥的阶级性的“非正义或反人道”的法律规范以外，其余三类，在剥削阶级国家中，有的“法律规范的本身是正义的，符合于人民要求的，如保护人民基本权利的法律……”，“它们的阶级性不表现在它们的本身，而表现在具体情况下服务的对象”。有的“法律规范的本身是反抗性的，是长期剥削阶级国家的被统治阶级用来对抗统治阶级的，如承认罢工权的法律，……其阶级性决定于其运用的场合或用来对付谁”。有的“法律规范本身不一定表现得出具体的阶级性，它们大都是辅佐主导的法律规范的……其具体阶级性决定于和它有关的主导性法律规范”。于是，按照“杨氏法律规范分类”，在剥削阶级的法中，除了一些露骨反动的（这仅是四类中的一类）以外，也竟有“正义的”、“进步的”，甚至是“反抗”统治阶级本身的，这些在不同程度上反映了被统治阶级的意志，保护了被统治阶级的利益。最后还有干脆就没有阶级性的。历史和现实都雄辩地证明了，所有剥削阶级国家中所谓“进步的”、“反抗的”的法规，只是统治阶级全部反动的法中，作为露骨反动的补充而已，它们是整个反动的法的体系中不可分割的部分。原来“资产阶级不仅极高明地学会了使用暴力，而且学会了欺骗、收买、阿谀以及这些手法的最巧妙的形式”。[①] 资产阶级自制定这些“进步”法规的第一天起，从来就没打算认真地执行。这些法规，正因为是伪善的，也就更为阴险，无产阶级政党固然要利用以进行“合法”斗争，但更重要的是揭露其反动的阶级实质，教育群众，为夺取政权作准备。至于剥削阶级的所谓“辅佐性”的法规，当然也是整个剥削阶级的法的一部分，它们在事实上完全不像杨兆龙那样的认为是没有阶级性的；相反，有时甚至比“主导性”的更具反动的阶级实质，特别在程序法方面。杨兆龙当过伪最高法院检察长，对此竟毫无所知。即使按照杨兆龙说的，法就是法律规范（当然不是这样的！），法律规范可以分为四类（当然也不能这样分！），但一个国家内任何一类的法律规范无一不具有一致的阶级性。在这里，法的阶级性只有露骨的和隐晦的，狰狞的和伪善的，正面的和侧面的……这样的和那样的之分，并没有有和无之别。杨兆龙故意抹杀事实，肢解了法的阶级性，其实质即根本否定了法的阶级性。

事物总是在斗争中发展的，“右派分子”的谬论亦然。写这篇“论文”时，杨兆龙还言不由衷地谈法律的阶级性，到了党宣布整风时，看看“时机”“成熟”了，杨兆龙便公然叫嚣要修改法的定义了。在复旦大学党委召开的教师座谈会上，杨兆龙说：“讲法律是阶级镇压的工具，这定义是否要改一改？中国今天镇压的对象只有百分之几，百分之九十几的人民要不要法律？可见法律又是同一阶级内部维持纪律的工具。”按照他的逻辑，除非我们把社会主义国家的法的阶级性抹去，不然，我们就得承认百分之九十几的人民是不要法律的。谁都知道，社会主义国家的法，一方面必须镇压阶级敌人，另一方面，也必须保护人民的利益，惟其如此，就显示了社会主义国家的法的阶级性根本不同于一切剥削阶级国家的法的阶级性。杨兆龙要

① 列宁语，见［苏］斯大林著：《马克思主义与语言学问题》，李立三、曹葆华译，人民出版社1950年版。

修改法的定义,无非露骨地抹杀法的阶级性罢了。杨兆龙这样地"进一步研究法律的阶级性",其目的是从抹杀法的阶级性着手来论证和强调法的"继承性"。"继承"者何?伪"六法全书"是也。

杨兆龙在"论文"中强调了"苏联民法中有些名词和概念是发源于罗马法的","法国拿破仑时代所制定的各法典……在形式上对社会主义国家的立法也有一定的影响"。其将苏联宪法与拿破仑法典作为法的"遗产",用以说明法的"继承性"。我们认为,每一部法典有一定的形式,每一法律条文中必须应用一定的法的名词和概念。但是法典的形式、法的名词和概念同具体的法还是两回事。前数者可以说是属于历史遗产范畴内的,可以考虑是否继承和如何继承的问题。在社会主义国家里,在一定程度上批判地吸收利用了一些,也已经完全改变其阶级性,获得科学的解释、阐述和运用。如历史上数千年来习惯地称"国家"为国家,称"法"为法,称"法典"为法典,……而法典习惯地一般有总则与分则,有章、节、条、项、款……(就形式上看),社会主义国家为什么不利用这些名词、概念和形式呢?但这和杨兆龙所指出的在事实上具有强烈阶级性的法可以继承的论点毫无相同之处。为了强调"法律继承的重要性",杨兆龙除了一再谈其苏联及欧洲兄弟国家在社会主义革命后暂不废除全部旧法的滥调以外,还在"论文"中说什么"如果社会主义国家刑法及刑事诉讼法将形式与旧型国家的刑法及刑事诉讼法或其他法或多或少有相同之点一律摒弃,那么,剩下来的规范一定很少,与犯罪作斗争的任务必无法完成。其他法律部门概可想见"。好一个专横的"学者"!按照他的意旨,除非社会主义国家否定一切,不从实际出发,凭空杜撰出一套旷古未有的法的名词和概念,异想天开地设计出一套"与众不同"的法的形式,不然,就得承认,社会主义国家已经"继承"了旧法。易言之,如果硬不继承旧法,"将前人或别的国家有过的一律摒弃,其后果将不堪设想"。显然,杨兆龙在对我们进行恐吓了。

杨兆龙最后说:"以上情形都充分说明了法律的继承和任何法律的形成、发展以及任何阶级统治的成功,有着永远不可分割的联系。"杨兆龙在这里固然没有、也还不敢公然叫嚣反对党中央关于废除伪六法的指示,可是从全文内容来看,反对党中央关于废除伪六法的指示的心情和"理论"已昭然若揭。按照杨兆龙的逻辑,"我国重要法典迟迟还不颁布",就是无法,或者是"法律体系"尚未"形成",我国无产阶级专政的阶级统治是不成功的。而其根源就在于没有"继承"旧法,亦即废除了伪六法。问题的"严重性"还不仅如此,杨兆龙在"论文"中说:"过去七八年中由于客观形势的不同(亦即解放了,党中央宣布把伪六法废除了——作者注),大家的革命警惕性特别高,因此对于法律、法律思想及法律科学的继承性问题,没有予以应有的重视;在思想上往往存在一些简化的、机械的、脱离实际的看法。"换句话说,杨兆龙认为,由于废除伪六法的结果,不仅使中国成为无法的世界,而且还造成了人们在思想方法上“简化的、机械的、脱离实际的恶果”。这就无怪乎杨兆龙把解放后法律科学的教学与研究工作说成“一团糟”了。事实是最雄辩的:在党的领导下,我国的社会主义法制良好,而且正适应着社会主义建设事业的发展而在日益加强着;我国马克思列宁主义的政法科学正欣欣向荣。所有这一切,与彻底废除伪六法的正确措施是分不开的。杨兆龙戴着黑色眼镜的狂言,自然不屑一驳。这里对我们最有现实政治意义的是剥开这位“学者”的“学术”外衣,揭露他反党、反社会主义的反动的政治内容。

(1957 年第 4 期)

挖杨兆龙的法西斯老根[①]

杨兆龙在目前的所言所行,已由资产阶级思想体系发展到法西斯的思想体系。这个老根,在思想改造时已是提出来了。现在仍然如此,如恢复政治系问题。王造时、陈仁炳之用意何在,我不能断定,而杨兆龙主张恢复的理由是他认为欧洲在19世纪时,政治学与法律是不分开的,可是到了20世纪,这两者分开了,这是人类社会科学的一大进步。这样的想法是把政治与法律对立起来。在杨兆龙的文章中,还强调了法律的专门性与科学性。这些,杨兆龙认为是一种进步观点。但我认为这是十足的反动观点。因为把政治与法律分开是与资本主义向法西斯过渡分不开的,他们想把法律说成是超阶级的或是没有阶级性的东西,以此来欺骗人民,达到保护其私有制的目的。而这样的反动东西杨兆龙却认为是进步的,这不正是法西斯思想的具体体现吗?

(1957年第4期)

① 摘录张汇文先生在上海法学会复旦小组上的发言。

走上法西斯专政道路的美国“法治”

丘日庆*

一

“右派分子”王造时说:“美国民主是虚伪的,但法治是认真的。”①这完全是形而上学地把民主和法制(法治)分割开来看的说法。我认为民主和法制有着辩证的关系:假如一个国家的民主是虚伪的,它的法制也是虚伪的;不可能它的民主是虚伪的,而它的法制是认真的。因为法制也是为政治服务。玛·巴·卡列娃等同志说得对,“资产阶级的法制是实现资产阶级专政的方法之一,是维持资产阶级经济统治和政治的工具之一。”②因此,资产阶级的法制,按其本质来说,是为了保护和加强剥削阶级的统治。③ 当然,美国的法制也不能例外。《马克思列宁主义关于国家与法权理论教程》的编者写道:“所谓一般法制是没有的,只有资产阶级法制与社会主义法制。”④也就是说,抽象的法制是没有的,只有具体的法制。

二

美国在资本主义上升时期,它的民主是虚伪的,这是尽人皆知的事实。列宁指出:“资产阶级的民主制较之中世纪制度虽有伟大的历史进步作用,但它始终是——而且在资本主义之下不能不是——狭窄的、残缺的、虚伪的、假仁假义的民主,对于富者为天堂,对于贫人和被剥削者为陷阱、为骗局。”⑤同样地,美国在此期间的民主也不能例外。

从历史看来,美国1787年的宪法及其早期的修正案,由于是在美国资本主义

---

* 作者单位:复旦大学。

① 1957年6月14日王造时在上海法学界人士座谈会上的发言。

② [苏]玛·巴·卡列娃等著:《国家和法的理论》(下册),中国科学院法学研究所译,中国人民大学出版社1956年版,第331页。

③ [苏]弗拉索夫著:《苏维埃国家机关》,郑华译,法律出版社1955年版,第134页。

④ 苏联科学院法学研究所:《马克思列宁主义关于国家与法权理论教程》,中国人民大学出版社1955年版,第164页。

⑤ 《列宁文选》(两卷集·第2卷),1949年俄文版,第438页。

的上升时期,曾体现了某一定程度的民主——列宁所说的狭窄的、残缺的、虚伪的民主,反映在法制上,也是如此,即具有一定程度的、残破的、虚伪的法制。例如,美国《宪法修正案》第5条(1791年批准)说:"人民……非依照法律的正当手续不得剥夺其生命、自由或财产。"美国资产阶级宪法学者对于"法律的正当手续"一词,形容得天花乱坠,说它是美国宪法上最重要的条款之一,说它不单纯系指法律程序问题,而且指管辖问题、法律的实体问题而言,此外,立法和行政部门也受此条款的拘束,等等。①

但是,在实践上怎么样呢?最显著的,以上条款对于黑人就不适用。奴隶主对于黑人奴隶操生杀予夺之权,将黑人私自处死,不算犯罪。再者,又说上述条款不适用于各州,只对于联邦有拘束力,也就是说,州政府可以无故剥夺人民的生命、自由和财产。

直至1865年之后,《宪法修正案》第13条(于是年12月生效)才规定合众国境内或受其管辖的任何地区内,不准有奴隶存在。然而对于某些黑人,还可对其施行体刑。例如,在密西西比州,凡未满十八岁的黑人必须交给某一白人"从事自由生活的准备",该白人有权使用他的劳动力,并有权对他施行体刑。

至于各州非依照法律的正当手续不得剥夺任何人的生命、自由或财产的资产阶级法治原则,则迟迟于1868年才在宪法修正案第14条中肯定下来。

此外,在《宪法修正案》第14条中虽然也规定了各州在其管辖内,对于任何人均应享受法律上的同等保护,并在1889年美国最高法院的判决中说,"法律上的同等保护"的原则,实包含于修正案第5条"法律的正当手续"的条款中,修正案第14条虽未明定联邦也应遵守"法律上的同等保护"的原则,联邦也应受此原则的拘束。但在事实上则刚刚相反,无论在各州抑或联邦,富人和贫民不能得到法律上的同等保护。"资产者无论做什么,警察对他总是客客气气,并且严格地依法办事,但是对无产者却是粗暴而又残酷。"

更惨无人道的就是美国宪法上虽然规定了无论合众国或各州,非依照法律的正当手续不得剥夺人民的生命、自由或财产,可是在美国直至今天,对于"不满意"的黑人,白人暴徒伙同将其凌迟处死,不负任何法律责任。这也是反映了美国资产阶级法制极端的虚伪性。事实上是用不到要通过什么《反暴徒私刑杀人法》(Anti - lynching Act)——如某些比较有人性的国会议员的逻辑,才可以将上面所说的暴徒治罪(《反暴徒私刑杀人法》曾在国会反复讨论,数十年来无法通过)——因为宪法上已经规定得很明白:不得非法剥夺人民的生命,黑白种人都受法律上的同等保护。

---

① [美]威利斯著:《美国宪法》,1936年英文版,第642页。

关于“法律上的同等保护”原则的虚伪性，还表现在有关黑白种人之间的立法上。例如，对于黑白种人间的结婚，有三十多州的法律认为无效，有的甚至认为是犯罪。对于黑种人的选举权也规定了有别于白种人的种种限制条件，如有的州立法规定了选举的教育程度的条件，因此办理选举时测验员常常提出不合理的问题（如《宪法修正案》第 14 条的内容是什么）要黑人回答，借以剥夺黑人的选举权。此外，法律又认为，在某一地区，如另外已有专门为黑种儿童设立的公立学校，则可禁止该地区的黑种儿童入白人的学校；而对于私人办的学校，则无条件地可以禁止任何黑人入学。法律又规定，在火车上黑白种人不得混坐。以上歧视，显然是违反“法律上同等保护”的原则的，然而美国最高法院偏偏说它完全合乎宪法，不违背上述原则。这纯系掩耳盗铃、自欺欺人之谈。以上充分地说明了美国资产阶级法制的虚伪性。

三

如果我们说在美国资本主义上升时期，它的资产阶级法制尚有一定程度的狭窄性，是残缺不全的，是虚伪的，那么，到了帝国主义时代，特别是第二次世界大战以后，美国资产阶级法制则是另外一个完全不同的面貌。到了帝国主义时代，特别是第二次世界大战以后，美国资产阶级的法制，对于美国统治阶级已起着不利的作用，已经不是美国资产阶级专政的有效方法之一。资产阶级法制已成为美国资产阶级维持其统治的“障碍物”或“绊脚石”。

这是由于美国无产阶级和一切进步人士在第二次世界大战后，为了反对美国统治集团在对内和对外方面的反动政策，曾经利用了美国宪法上所宣告的资产阶级民主和法制的残余，向美国统治阶级进行了顽强的斗争。因此，对于美国统治者来说，过去的一套法制，不但不能再利用来维持它的统治，而且对于它日益不利。这样，不得不改弦易辙，抛弃昔日的资产阶级法制，使政治日益趋于法西斯化，使无产阶级完全陷入毫无民主权利和处于无法无天的专横镇压之下，也就是说，企图将资产阶级法制完全让位于行政的专横和警察制度。这可以从司法和立法两方面来证明以上的情况。

1. 司法方面

美国法院到了帝国主义时代，特别是第二次世界大战以后，已经完全不依照法律办案，而是无法无天。简单说来，就是无罪的判作有罪，有罪的判作无罪。在这方面的案子是不胜枚举的。我这里只要举出两个举世周知的案子就可以概见其余了。例如，美国和平战士卢森堡夫妇，于 1953 年 6 月由美国法院以所谓原子弹间谍的莫须有罪名，无辜地判处死刑。这个冤狱，不但美国最高法院法官道格拉斯非常怀疑它的判决是否公正，就是法国红衣主教费尔丹和其他红衣主教也都向美国呼吁，不能执行死刑。

另一个举世周知的案子，则为1957年5月美国军事法院对于证据确凿的、恶意谋杀刘自然的杀人犯雷诺，却悍然不顾一切法律道义，判他无罪。

2. 立法方面

美国国会在第二次世界大战以后，更多地通过了一系列违背美国宪法的法律。这就将美国法制破坏无遗，使劳动人民陷入毫无权利的地位。现在列举其重要的违宪法律如下：

1947年8月施行的《塔夫脱—哈特莱法》，或正式称为《1947年劳动关系调整法》。该法主要的内容为禁止与要求增加工资、减少劳动时间和改善劳动条件无关的罢工，即禁止政治性罢工；规定在罢工开始以前，必须有60天的缓和阶段，即工会在开始罢工前60天，应将"罢工预告"通知企业主和国家机关。这样，就使资本家有可能的准备时间和条件来反对罢工。以上规定，事实上取消了美国工人阶级的罢工权，因此这个法律也就违反了美国宪法上关于人民的基本权利和自由的规定，从而也就是破坏了美国的法制。

1950年9月通过的《麦卡伦法》，或正式称为《1950年内部安全法》。该法主要规定为：

(1)"任何人故意与任何人联合、同谋或协议进行某一行为，而这种行为重要地助成在美国建立"由外国政府团体控制的"极权专政制度"的，则认为系非法行为。这就显然违反了美国《宪法修正案》第1条关于国会不得制定剥夺人民言论或出版自由，和剥夺人民和平集会及向政府请愿申冤之权的法律的规定。

(2)美国共产党及所有美国进步团体统称为"共产主义组织"，均应向司法部登记。凡该组织登记之后，它的会员就不得担任非选举的职务或国家的公职。如不登记，即要受到法律制裁；如果登记，又要丧失职业。这种恶毒的、两面夹攻的办法，不但剥夺了宪法上所规定的人民应有的政治权利，而且也显然违反了美国《宪法修正案》第5条"关于任何人不得因同一的不法行为而受两次处罚"的规定。

(3)该法授权总统，在宣布"国内安全紧急状态"期间，"对于有相当理由认为大概将实施或与其他人同谋实施间谍行为或怠工行为"的人，即可予以羁押，这就是说，不需经过大陪审官的提出公诉和法院的审判，即可将美国进步人士投到集中营和监狱中去。这些规定完全违反了美国《宪法修正案》第4条关于人身安全不受无理搜查和羁押的不可侵犯的权利，第5条关于非经大陪审官提起公诉，人民有不应诉死罪或不名誉罪的权利，以及人民的生命、自由或财产非依照法律的正当手续（这里包括一定要经过法院审判程序）不得剥夺的规定和第6条关于在一切刑事诉讼中，被告有权要求迅速、公开审判的权利的规定。

1954 年 8 月生效的《共产党管制法》。该法主要内容为剥夺美国共产党的法律权利和政治权利。其中规定:美国共产党员必须向政府登记,否则就要被判处最高可达一万元的罚金和 5 年徒刑;共产党组织的成员不得在工会中担任职务,不得领取出国护照(这就意味着旅行权利的取消)和担任政府职务;所谓“共产党控制”的工会不得享有与企业主等举行集体谈判的权利。[①] 这个法案,使美国共产党实际上处于非法的状态,同时也是对美国宪法惊人的破坏,是用法西斯的方式扼杀全体美国人民在《宪法修正案》第 1 条上所规定的言论、出版、结社的自由,以及在《宪法修正案》第 8 条关于禁止对人民科以过重罚金和非常之刑的规定。因此,在该法通过前夕,单是在纽约市就有很多的报纸编辑、法学家、历史学家,以及数百万的普通美国人都认为这一法案违反了美国宪法。[②]

从上面看来,美国资产阶级法制已遭到了严重的破坏。美国现在已走上警察国家和法西斯专政的道路,行政专横和警察制度已完全代替了美国资产阶级的法制。今天,对于美国资产阶级法制,当然更谈不到“认真”的问题了。

(1957 年第 4 期)

① 《解放日报》1954 年 8 月 24 日。
② 《解放日报》1954 年 8 月 26 日。

上海法学界反右派斗争报道

上海法学界揭发、批判“右派分子”王造时、杨兆龙的反党言行

吴耀辉*

上海法学会与政协政法小组于6月12日至13日及7月9日至11日先后联合召开了整8天的法学界座谈会。会议揭发与指斥了法学会副会长王造时、理事杨兆龙等反党、反人民和反社会主义的言行。参加会议的有法学会全体理事及部分会员和政协小组的各召集人和部分组员，共计110余人。在会上发言的达149人次。

会上揭发的很多材料说明王造时、杨兆龙借口帮助党整风而进行的反党、反人民、反社会主义言行是极其险恶的。王造时在市委宣传会议上提出要把整风的重点放到基层，说：“越往下层、越是专横、违法乱纪的事情也越多”，“基层干部有沉重的顾虑”，“基层群众有苦说不出”。在《新闻日报》座谈会上他又极力支持另一“右派分子”李国机所谈的毫无根据的错案比例，要《新闻日报》副总编辑“右派分子”陆诒一字不漏地发表，还要律师协会为他收集错案，显然其用意在于到处点火，煽惑群众，妄图倒扭乾坤。杨兆龙在整风开始后即自称“翻身教授”。5月8日在《文汇报》发表《法律界党与非党之间》，反对司法改革、政法院系调整，说法律界的主要矛盾是由于党的宗派主义所产生。5月9日又在《新闻日报》发表《我国重要法典何以迟迟还不颁布》，指责从群众中来的创造性的立法路线错了，主张沿用旧法。这个曾任国民党重要伪职的杨兆龙不思人民对他的宽大，而竟挑拨党外人士来反党。

会上梁小枫严正地斥责：“右派分子想到基层放火，我是基层干部，现在基层火是烧起来了，但火是烧向右派分子！”会议有力地揭露了王造时伪君子的面目。王造时宣称自己“一贯追随党、拥护党”，但事实却如何？海晏先生所指出的，1931年王造时在罗隆基主办的《新月杂志》上发表《由“真命天子”到“流氓皇帝”》一文

* 作者单位不详。

中说:“且共产党自与国民党分家之后,失却活动的凭借,于是铤而走险,而与土匪结合,采取张献忠、李自成的杀人放火的流寇政策。……于是土匪利用共产党的招牌,共产党利用土匪的暴力,星星之火成为燎原。”王造时所谓一贯追随党,就是如此。

会议对于王造时所说的“美国法治认真及中国重人治”等问题均列举事实进行反驳。

会议也愤怒地驳斥了杨兆龙的谬论。丘日庆等人指出,解放后政府已颁布了四千多种法规条例,为什么杨兆龙还说“无法可依”。张义渔揭发了在民盟,市委司法工作座谈会上王造时、杨兆龙(均非盟员)一唱一和地对党肆意攻击,甚至控制会场,硬说党的司法行政工作一团糟。孙潞、程瑞锟、沈钧、叶传岵等旧司法人员都以自己经过司法改革的亲身经历,一致指出司法改革的必要性与对旧司法人员的合理安排。他们说:“党所不相信的是旧法观点,而非旧法人员,被调出的旧法人员只要努力进行自我改造,同样有美好前途。”他们一致认为杨兆龙的谬论是对旧司法人员的恶意挑拨与侮辱。汪家焯指出,杨兆龙现在为旧司法人员呼吁,只不过是用以作为他个人的反党资本而已,事实上在1948年他任伪司法调查团副团长时曾向上海新闻界发表谈话,说上海司法一团糟、司法人员没有一个不贪污。

在会议期间,会上发言及会外来信来电一致要求会议主席团责成王、杨交代反党、反人民、反社会主义的阴谋活动,交代与“右派分子”章罗联盟的关系。王造时在耍了“一拖二赖三狡辩”的迎战手法后,作了历时四小时半的辩诉词。杨兆龙承认了一些思想错误,而对于他们的阴谋活动及与“右派集团”的关系则一字不提。

会议对王、杨的交代均不满意,坚决表示要把斗争进行到底,将对王、杨等“右派分子”进行追击,把他们完全击溃。

(1957年第4期)

伪君子王造时的真面目

丁 了*

上海法学会副会长王造时一向是被人们作为“君子”看待的,可是王造时自己

* 作者单位不详。

却在“君子”的假面具下向国民党卖身投靠，对社会招摇撞骗，做尽卑鄙无耻的事。原来他是一个反党、反社会的“右派骨干分子”。

王造时是地主家庭出身，留学美国，获得威斯康星大学政治学博士的头衔。他在清华大学读书时候曾经组织了“仁社”，投入国家主义派的门下；留学回国以后又与胡适、罗隆基等搞在一起，成为“新月派”的一员。抗日战争以前，当救亡运动已成为全国热潮的时候，他为了骗取人民的信任，曾一度加入救国会。可是不久又投向蒋介石的大本营，当上国民党政府的“国民组训部委员”，就任“军风纪视察团团员”、“国民参政员”，和救国会分道扬镳了。稍后，王造时在江西吉安办了《前方日报》，接受国民党的津贴，和熊式辉、罗卓英、上官云相等相勾结，标榜着“统一抗日”的口号，实际是攻击共产党和新四军，为国民党效劳的。从此以后，王造时奔走于李宗仁、张群、王世杰和孙科的门下，眼巴巴地想做国民党的部长和大使的官儿。抗日结束以后，蒋介石向人民革命的根据地全面进攻，上海民主人士在党的支持下，号召人民举行民主和平运动，而王造时却和张君劢、曾琦等一起，帮着国民党“收揽人心”，“收拾残局”。

王造时不仅是无耻政客，还是一个不法商人。他办《前方日报》时，极其凶恶地剥削工人。在上海时候，利用他和钱大钧、吴国桢等人的关系，搞房子、车子、纸张、黄金等投机买卖。大官虽然没有做成，钱却捞了一票。最后王造时还是用别人的人力和财力，办了“自由出版社”和“诚明文学院”，而以董事长自居，解放前后，在上海干着剥削敲诈的无耻行为。

王造时一直是美国资本主义法治的宣扬者，是反共反苏的反动派。过去他曾骂“共产党是杀人放火的长毛”，诋毁党所领导的人民革命是“铤而走险，与土匪结合，采取张献忠、李自成杀人放火的流寇政策”。当时他公开主张党向国民党投降：条件是“（一）须交出红军，让政府收编；（二）须放弃阶级斗争政策，以期全国内部的一致”。王造时又反对苏联，骂苏联为赤色帝国主义，说它和日本一样地侵略中国，污蔑中国共产党是苏俄的工具。一直到1941年，王造时为迎奉蒋介石的意志，写了《致斯大林元帅的一封公开信》，以反对《中苏互不侵犯条约》。1945年至1948年，借着承认蒙古人民共和国独立和所谓张莘夫事件等名目向苏联狂吠。直到1953年斯大林逝世时，王造时还对人造谣：“苏联要分裂，中共没有靠山了”。王造时的这些反动言论和帝国主义间谍和国民党特务分子的谰言完全没有两样。

最近几年来，王造时在上海和“右派分子”陈仁炳、彭文应、孙大雨、赵文璧、杨兆龙、陆诒等往来很密，参与了各项反党活动的计划。今年3月间王造时赴北京参加政协会议时，和罗隆基、章乃器、顾执中、潘大逵等几次密议，打算恢复救国会的名义，搞起一个政党。在5月间上海宣传会议时，王造时和所有“右派分子”一起，更猖狂地向党进攻。他们统一领导，分工合作，叫陆诒夺下《新闻日报》的阵地，叫杨兆龙向社会主义法制开刀，让陈仁炳提出算旧账，要撤办一批负责干部，搞垮许多组织和事业，而王造时则从反官僚主义下手，向基层放火，想搞得天下大乱。这些事，王造时都起了策划和推动的作用。

王造时反对社会主义的法制和法学，企图建立资产阶级的民主和法治，企图恢复资产阶级的政治学。在"大放大鸣"中，王造时出席了上海民盟和《新闻日报》的"司法座谈会"，声称："美国的法治精神是认真的，有许多地方可以为我们所取法"。他认为我国没有民主和法治，要建立法制来保障民主。他说有人破坏宪法，他要起而保持宪法的尊严。他说没有刑法、民法、民刑诉讼法，人民的"权利与义务搞不清楚，犯罪不犯罪没有明确的界限，人治主义便要抬头，社会就不容易纳入轨道"。王造时在上海民盟的"恢复政治系座谈会"上，主张在综合大学和政法学院设立政治系，开设政治学和行政学，把旧大学的关于政治系的五类课程，照样在今天的大学里恢复起来。

不仅在言论上，王造时已实际地挑拨、煽动人们反对党和政府，王造时在《新闻日报》的法学座谈会上既主张重新安排老法学家，还大声地说："上海的老法学家很多，冬蛰已久，现在应该响应党的号召，争鸣起来，对于现在的立法工作和司法制度有什么意见和建议，尽管提出，积极帮助政府来解决各种矛盾。"他支持另两个"右派分子"——李国机在同一座谈会上的反动言论，吩咐陆诒在《新闻日报》上一字不改地予以发表。他通知上海律师协会搜集人民法院的错案材料，交给他使用。不仅如此，王造时还煽动复旦的学生罢课闹事。他说："复旦大学是否办好了？我看很惭愧，旁的大学也差不多。学校办成这个样子，学生早该罢课闹事。……从北京到上海，办大学都在混，现在有所谓'吃党饭'的，中国共产党先烈们投下了大量'资本'，但靠吃党的历史的饭，吃下去会吃光的。"王造时说这些话是什么用意呢？不是煽动老法学家、煽动青年学生起来反对党，反对社会主义么？

但是最大的阴谋还是王造时主张整风的重点要放在基层的主张。他在上海宣传会议上说："今天的官僚主义不是个别的现象，而是普通存在着；不是刚刚萌芽，而是发展到了相当恶劣的程度。一般说来，越往下层越是专横，违法乱纪的事情也越多，它阻碍我们的生产进展，影响了我们的建设计划，损害了我们广大人民的物质和精神生活。"他以为今天"来自基层的呼声还是稀少而微弱得可怜……越到下面越不敢放鸣，越不知道如何放鸣；越到乡村越不敢放鸣，越不知道如何放鸣。也就是说，哪里最沉寂没有声音，哪里的官僚主义就可能是最弥漫"。因此他主张组织有代表性的人士、大学教授去积极支援基层的鸣放，要由新闻工作者组织生力军去做基层鸣放的开路先锋。王造时的意思不是要让像他这样的有代表性人士（"右派分子"）、像《新闻日报》的陈伟斯那样的记者（放毒专家）去直接煽动基层群众起来反对干部，推翻组织，企图使党和国家的基础起了动摇，从而使党和政府垮台么？

王造时的这些政治阴谋，集中表现在他的恢复救国会的计划。他在北京向顾执中等对国际局势作了估计，说："世界形势还未可乐观，第三次世界大战还要发生，帝国主义还可能直接进攻中国"。他要在这种形势来到的时候，"趁机而起"。为着这个目的，王造时要组织一个政党，准备力量，等待时机。他们将在帝国主义进攻中国时里应外合，打倒共产党，打倒中华人民共和国，让资本主义复辟，让王造时这个未来政党的领袖登台，实现他的美国式法治，实现他的民主个人主义。可是这还是王造时在几个月以前的估计和准备，而现在王造时在党邀请党外人士协助整风的时候，则认为时机已到，他主张整风重点放在基层，主张鸣放不要有界限，煽动群众，组织力量，到处放火，四面进攻，已经直接起而行动了。

但是王造时毕竟是失算了，全国人民围绕在党的周围，正为保卫社会主义而战。最近上海法学界人士已对王造时进行了无情的揭发和严肃的批判，尽管王造时还是想使用"一拖二赖三狡辩"的迎战新术，可是他已丑态毕露，成为过街老鼠，人人喊打，没有地方可以躲避了。伪君子王造时，和全国的"右派分子"一样，必须放下假面具，夹着尾巴，向人民投降，否则只有可耻的失败。他们是永远没有前途，是永远无机可乘的。

（1957年第4期）

杨兆龙——蒋家忠臣、庞德信徒

梅耐寒*

在"右派罪恶集团骨干分子"中，杨兆龙是一向以进步人士和法学界权威自居的，他口口声声说，自己留在大陆是为社会主义服务。不熟悉他的底子的人，很容易被他的假象所迷惑。但杨兆龙既是狐狸，就难免有一天显现原形。事实正是这样，原来杨兆龙不是什么法学界的权威，更不是什么进步人士，在解放以前，他就是屠杀人民的刽子手，而在这次"右派集团"向党的猖狂进攻中，杨兆龙却是个向社会主义法制进攻的急先锋。

---

* 作者单位不详。

一、蒋家皇朝的忠臣

解放前，由于杨兆龙对蒋家皇朝赤胆忠心，于是得到国民党反动派的青睐。他从美国镀金回来以后，在国民党官场上一直是青云直上。曾担任过资源委员会专员、伪教育部参事、伪司法行政部刑事司司长、特种刑事司司长、伪最高法院检察署检察长、司法调查团副团长、国际刑法学会中国分会会长等伪职。在这些伪职上，杨兆龙是一个反革命的谋士，坏事做尽。当他担任资源委员会专员时，曾为国民党起草过《军事征用法》、《军事征用法实施细则》和《总动员法》。任伪教育部参事时，他曾运用特务、流氓手段镇压了西北大学和朝阳法学院的学生爱国运动。任刑事司司长时，包庇了大汉奸周佛海，使他免于死刑，并参与了释放日本战犯冈村宁次的密谋。

国民党的刑事司和检察署是一座阎王殿，不知多少共产党员和爱国人士都在杨兆龙的"硃"笔下丧身丢命，王孝和烈士就是其中之一。

但杨兆龙是一个"聪明"人，当国民党接近死亡时，眼看势头不对，想出一计，利用他的姨妹（共产党员）和地下党接上联系，在李宗仁假意谈和时期，从国民党监狱中释放了几个共产党员。杨兆龙就借着这点"功劳"，摇身一变，解放后以"进步教授"的面目出现，到处炫耀自己，说国民党时代他是大官，共产党来了也少不了他。

二、反动法学家庞德的信徒

大家知道，杨兆龙曾在美国哈佛大学读书，美国最反动的社会法学派的鼻祖庞德就是他的老师。杨兆龙承受了庞德的衣钵，回国以后曾大力宣扬这个反动学说，推荐庞德来华充当伪司法行政部的顾问。当庞德在华充任司法调查团团长时，杨兆龙就是以副团长的身份随从充当翻译。

杨兆龙不仅是在资产阶级的温床中培植起来的一枝毒草，同时也是吸着法西斯的奶长大的。远在二十年前，在杨兆龙一篇名为《司法与监狱改革》的文章中竭力歌颂墨索里尼的立法精神，推崇德国国社党的"法治"。杨兆龙说，意国首相墨索里尼曾有名言："无法律之政府，能促成专制，无法律的民族，必至陷于无政府、混乱，而完全瓦解的状态"。杨兆龙在另一篇名为《关于疏通监狱的研究》的文章中，站在法西斯的立场，分析犯罪的原因是遗传，是缺乏教育。在另一篇名为《党化司法的意义与价值》的文章中，杨兆龙又向蒋介石献策说，"党化司法"是建立在党的主义上的司法。"党化司法不但不是坏东西,并且还是我们理想的鹄的。今日中国的司法不怕党化,而唯恐其不党化,或党化不彻底……我们今日的努力,应该尽量地发挥党化司法的真精神。"杨兆龙这样赤胆忠心地为巩固国民党的反动统治献策,他的思想学说是有根有源的。

三、全力向人民法制进攻,一心企图资本主义复辟

解放八年来,杨兆龙虽然经过党的耐心教育,但反动立场和反动思想却丝毫没有改变,也没有放下他手中的屠刀,他无时不在伺机而动,准备向党和向人民进攻。

还在解放初期,当杨兆龙在南京大学法律系任教时,就竭力赞扬国民党的"六法全书",说"六法全书好像一把刀子,既然反动派可以拿在手上杀人民,今天人民也可以拿在手上杀反动派"。杨兆龙这个反动观点,在他去年年底写的一篇题为"法律的阶段性和继承性"的论文中,更明目张胆地提了出来,其实质就是公开反对党中央关于在全国范围内彻底废除伪六法的决定。

杨兆龙放出了这一枪以后,法学界虽然三番五次给他帮助,指出这种反动理论的实质,但杨兆龙却反唇相讥,说别人少读书,不懂马列主义。这次他利用"大放大鸣"的机会,向党发动了猖狂的进攻。5月8日,他在《文汇报》上发表了《法律界党与非党之间》的论文。杨兆龙在这篇论文中,集中地对"司法改革"和"院系调整"开刀。他认为司法改革运动的错误是"将大批非党的司法工作人员调出司法机关之外"。因为在他看来,这批人"对业务有专门的研究,对马列主义理论及政策并非都格格不入","在今天看来,他们工作的质量,在某些方面还是今天司法机关某些在职干部所不及的"。杨兆龙接着说:"司法改革后,在职干部中有不少是解放后从各大学法律系毕业的非党青年,法律业务有一定的基础,中文也有相当水平,可是好多年来一直没有机会提升为审判员,而有些领导他们的党员审判员或审判长等却有时既不懂法律,而中文水平也很低,甚至连独立写判决书的能力都没有。"大家看,杨兆龙说这些话的用意是什么呢?一句话,他的第一个目的是要把党对国民党反动派法院的旧司法人员的政治关系,说成是党与非党的关系,把党对旧司法人员的正确政策说成为党的宗派主义,从而借此挑起这些旧司法人员对党和政府的不满,以便组织起向党和政府进攻的队伍。此外,杨兆龙在这里夸大我们对青年同志照顾不够的某些缺点,他的用意也不外是挑拨工农干部和知识分子的关系,挑拨知识分子对党的不满,从而妄想利用青年来作为他向党和政府进攻的子弹。当然,使杨兆龙深恶痛绝的还是司法改革以后工农干部当了人民司法机关的家,掌握了审判大权,使它真正成为人民民主专政的武器。因此杨兆龙故意造谣,破坏工农审判员的威信,企图推翻他们,而叫旧司法人员来"归队"。

在谈到政法院系调整时，杨兆龙更是闭着眼睛说瞎话，全盘否定它的成绩。他污蔑华东政法学院是个训练班，骂复旦法律系办得最坏，是公安机关、法院作风。一句话，杨兆龙把我们几年来的法律教育描绘成“一团糟”。

但是，“司马昭之心，路人皆知”，杨兆龙即使再狡猾，也不免图穷匕见。杨兆龙之所以对政法教育表示这样极端的不满，是可以用他自己的话来回答的。杨兆龙说：“在新成立的政法学院中，大多由党内干部担任行政及教学领导，党外教授参加上层领导者几乎完全没有。”原来，杨兆龙只是因为我们没有请像他这样的“专家”出来参加上层领导，要以他的法西斯法律思想来毒化人民的法律教育。

杨兆龙以旧法人员和青年知识分子作祭品，巧妙地唱起“法律界的矛盾存在于党与非党之间”的挑拨之词，得意忘形地以为“翻身”的时机已经成熟，接着写了一篇题为《我国重要法典何以迟迟还不颁布》的论文。在论文中杨兆龙不顾事实，对我国已颁布的根本大法以及许多刑事、民事法规熟视无睹，竟然恶毒地攻击我国“在过去的七八年中既没有颁布过一部完整的法典，又没有设法弥补这个漏洞（如由主管部门颁布一些有系统的条例规程等）”，已在人民生活中“发生了一些无根据的控告和不应该有的错捕、错押、错判的情况”，而“这种违反民主与法治的基本要求的情况”，又已经“在人民中间造成了相当的不安以及对政府的怀疑”，甚而已使“坏人感到无所顾忌，好人感到缺乏保障”了。请看，我们的社会现状真像杨兆龙所描绘的那样“一片黑暗”吗？不！杨兆龙是在造谣，是企图挑起人民对党和政府的不满，从而造成天下大乱。

杨兆龙在这篇文章中提出他的立法路线是：(1)“发挥老法学家（应该是旧法人员）的力量来推动立法工作”；(2)“在逐步制定新法规以代替旧法规的条件下，逐步废除旧法规，……不采取一开始就一次完全废除旧法的方法”。因而他指责我们对立法没有正确的方针，而只是由于“一种缺乏法律科学根据的庸俗经验主义的看法，因此对真正的法学专家往往缺乏信任或对他们起草的法案轻易挑剔，而自己却拿不出一套正面的东西来”。“实际上这是一个对某些法学家信任与否的问题。”话到这里，这只老狐狸的尾巴又露出来了。原来，杨兆龙是反对社会主义法制和社会主义的立法路线，而阴谋恢复国民党的六法，主张由像他那样的“真正法学家”来掌握我们的立法大权。但可惜的，今天掌握中国政权的已不是蒋家皇朝，而是人民站起来当家作主了。

最后必须补充一句，杨兆龙的矛头绝不是仅仅指向人民法制。他在复旦大学的教师座谈会上说：“另有一个大问题，是解放来历次运动的成绩到底何在？有好有坏，不能都肯定。……如都肯定成绩，还检查什么错误。要检查错误，希望大家检查一下历次运动的合法性，尤其是肃反运动。”天下“右派”是一家，他们虽然花招很多，各要一套手法，但总起来是一条，是反对人民民主专政，反对镇压反革命，这是对他们有切肤之痛的。杨兆龙要"检查历次运动的合法性,尤其是肃反运动",这说明他的反党、反社会主义的整个企图,所谓向法制开刀,仅仅是他的一个战术罢了。

这里我揭开了杨兆龙的画皮,指出他的历史身份和思想根源,也揭发了他向党和社会主义进攻的种种姿态,大家可以清楚这只老狐狸的原形了。但千万要注意,不要以为杨兆龙在"右派集团"中的资历浅而小看他,他对人民仇恨的根深蒂固,他挑拨煽动群众手段的恶辣,是不比任何一个"右派分子"差一点的。在"反右派"的斗争中,绝不能放过这个老奸巨猾的野心家。

(1957年第4期)

试论新民主主义阶段人民刑法的发展(下)

杨　琪*

属于刑法分则方面的规范:

关于惩治反革命罪的刑法规范。根据镇压与宽大相结合的政策和各边区施政纲领规定的原则,各边区都颁布了有关的单行条例、办法。例如,陕甘宁边区于1939年制定的《抗战时期惩治汉奸条例》草案,晋冀鲁豫1942年10月31日公布的《危害军队及妨害军事工作治罪暂行条例》和《汉奸财产没收处理暂行办法》,1943年4月12日晋察冀边区公布的《处理伪军伪组织人员办法》等。

1939年的《惩治汉奸条例》(草案)的显著特征,首先在于它主要从犯罪客观方面具体确定了什么是汉奸罪,就是凡是对抗日政府、抗日军民有颠覆、破坏、间谍、资敌、扰乱、叛变、哗变、煽惑、造谣、谋害、毒害、纵火抢劫等行为之一者即构成汉奸罪(第3条)。其次,条例把罪状与罚则分开(第3、4两条)。最后,条例规定了应予宽大的情节,即从犯、自首、共犯者事先告发同谋并能防止或破获者、十四岁以下的幼年人和八十岁以上的老年人的犯罪等予以减刑或免刑(第7~10条)。此外,条例还规定教唆放纵或协助犯,及犯罪未遂,皆与本犯同论(第5、6两条)。

1942年10月31日的《暂行条例》的主要特点,是它从犯罪的客观方面来确定罚则。例如,条例规定了以下行为应负严重的责任:对于抗日军队及军事工作施行捕杀、煽惑、暴动、抢劫、破坏、迫害、造谣行为之一者处五年以上有期徒刑或无期徒刑或死刑(第1条)。第2条规定,以下行为科以较轻的刑罚:殴打辱骂、恶意诽谤、非法要挟、故意传谣、偷窃军用品等行为之一者处五年以下徒刑。

1943年4月12日公布的《处理伪军伪组织人员办法》,对于伪军伪组织人员中何者为汉奸何者不为汉奸,从主观方面有无故意和客观方面危害大小、行为表现来加以区分。该办法规定,凡积极效劳敌伪危害抗战、甘心事敌、罪恶重大者依汉奸论罪(第6条第2、3两款);对于自新分子或建树抗日功绩的汉奸分子依法减、免其罪(第10条)。除此以外,均不以汉奸论处。

根据上述对条例、办法的分析,可以看出对反革命的刑事立法的共同特点是:贯穿分别对待,分化瓦解,打击极少数,争取大多数的原则;立法者强调反革命故意是确定反革命罪的极重要依据,而不是单纯从犯罪者身份来划分;同时,立法者也

* 作者单位不详。

强调犯罪者的行为和后果是确定犯罪性质和量刑轻重的最主要依据,显然这是与资产阶级国家的所谓"危险思想"、"思想诉追"根本不同的。

关于惩治妨害公共安全和妨害管理秩序罪的刑法规范。根据各边区所制定的单行条例、办法、指令,可分为四类:

第一类,与盗匪犯罪作斗争的规范。主要是1939年制定的《陕甘宁边区抗战时期惩治盗匪条例》(草案)。立法者根据犯罪者的主、客观两个方面确定了盗匪罪的界限。依照条例(草案)第2条的规定,可概括为:凡以抢劫为目的,而聚众持械抢劫、暴力抢夺、掳人勒赎、纵火焚毁、破坏交通、窝匿盗匪、俵分赃物、贩售军火等行为之一者,均为盗匪罪。对于盗匪罪的处理,条例(草案)的规定及措辞同该边区于同年制定的《陕甘边区抗日战争时期惩治汉奸条例》(草案)第4~10条的规定完全相同。

第二类,与破坏坚壁财物犯罪作斗争的规范。为了保护边区财力物力,防止敌寇汉奸破坏与掠夺移藏于地窖、山沟及其他隐蔽所之衣物、粮秣、公文、器具等类之一切公私财物与用土石堵塞之建筑物,制定了有关的法规,如《晋冀鲁豫边区惩治盗毁空室清野财物办法》(1941年10月20日公布)及其《补充办法》(1942年8月9日公布),《晋察冀边区破坏坚壁财物惩治办法》(1942年1月4日公布)。上述规范的特点主要在于:首先,立法者把犯罪者的犯罪手段及其人身危险性作为量刑轻重的极重要标准。例如,规定常业犯、累犯、连续犯、组织犯应负绝对法定最高责任——死刑。又如,规定大规模的破坏(如焚毁)、结伙窃盗坚壁财物者应负严重的责任——十年以上徒刑或无期徒刑、死刑。其次,为使因犯罪造成的损失得以补偿,各条例(办法)规定应追缴犯罪者所得之赃物,并可并科罚金。最后,规定教唆犯、帮助犯及干部的犯罪,应依法从重处置。此外,立法者还根据犯罪目的和手段的不同,把破坏坚壁财物者以汉奸论处,把趁混乱机会侵占他人坚壁之财物者以侵占论罪。

第三类,与烟毒犯罪作斗争的规范。日寇为了毒化中国而有计划地到处强种烟毒,为弥补其财政之不足,"鸦片是公然督种抽税,并勒收着吸食税"。[1] 而反动国民党则实行"保土政策",致使有些无知愚民竟有受其欺骗,秘密偷种,如绥察热辽沦陷区种植罂粟年达80余万亩,年产鸦片约3000万两;"更恶劣的是:鸦片馆……遍于沦陷区的每个角落",[2]并流毒于抗日根据地,如晋察冀边区烟毒案件从1938年到1939年上升为330件。为粉碎日寇的毒化政策,增进人民的健康,遂与烟毒犯罪展开了斗争,处理了大量的烟毒案件,并制定了若干法令或指示。例

① 许涤新著:《现代中国经济教程》,新知书店1947年版。
② 许涤新著:《现代中国经济教程》,新知书店1947年版。

如，晋察冀边区行政委员会于1939年2月19日发布的《第38号命令》，及该边区行委会于1945年10月17日发布的《第六号布告》是禁烟治罪的专门法规，1941年7月15日晋冀鲁豫边区又公布了《毒品治罪暂行条例》。上述条例、命令、布告都明确地规定了边区政府实行禁绝烟毒，粉碎敌寇的毒化政策，同时也指出实现此政策的基本方法是开展群众性的禁烟禁毒运动，并结合司法斗争和行政机关的强制与帮助。但因烟毒的来源不同，烟毒行为的危害有别，必须采取分别对待的方针：严厉惩办敌寇烟毒犯，首先使制造、贩运、买卖烟毒的分子及常业犯负严重责任——处无期徒刑或死刑；依法从轻处罚劳动人民内部的烟毒残余；对于吸食犯，立法者以一定时间、条件来确定是否追究刑事责任，并以其违令再犯次数来确定其应负责任的程度，如在法律规定期限内（3个月至9个月内）未戒绝，处1年以下劳役并科以罚金，3次犯处以1年以上的劳役并科罚金，3次以后再犯者处死刑。①

第四类，与其他妨害管理秩序罪（即以侵害任一政府管理部门及公共团体活动之犯罪）作斗争的规范。根据1942年12月25日颁布的《晋冀鲁豫边区妨害公务违抗法令治罪暂行条例》的规定，这类犯罪有：骚乱捣毁政府机关罪、暴力胁迫或诈术阻止公职人员执行职务罪、煽动公务员逃亡或诱惑公务员腐化堕落贻误职务罪、绑架杀害或重伤公务员及其家属罪、冒用公务人员职权或职称罪、毁坏或窃取公文印信罪等。上述犯罪如果是结伙进行或直接妨害政府机关活动的，立法者规定其应负严重的责任——五年以上徒刑，或无期徒刑、死刑（第1条）。

另外，在其他法令中也规定有管理秩序罪，如《晋察冀边区破坏坚壁财物惩治办法》中规定了陷害诬告罪（第7条）。

关于惩治贪污罪的刑法规范。边区政府和社会团体中一部分工作人员，由于存在剥削阶级思想残余，加以敌人的恶意腐蚀和敌占区腐朽堕落生活的影响，因而贪污案件有了增长。1942年仅太行区审理的贪污案件就有606件。为使群众与贪污罪的斗争得到法律保障，并使司法机关有定罪量刑的准绳，1942年2月11日晋冀鲁豫边区公布了《惩治贪污暂行办法》（15条），同年10月15日晋察冀边区也公布了《惩治贪污条例》（12条）。两个条例（办法）的基本特点在于：（1）把罪状和罚则分开，如规定凡有没收克扣公款、买卖公物从中舞弊、盗窃侵吞、挪用公物、浪费挥霍、伪造虚报、勒索敲诈、收受贿赂等行为之一者均构成贪污罪，并分别情节予以处罚；（2）规定量刑幅度的重要依据，是贪污数字多寡（以小米或纸币来分等级——四级至五级）及其影响大小；（3）规定陷害诬告行为依法从重处理，未遂犯和自首者应予从宽处理（减刑或免刑）；（4）对贪污赃款，应追缴一部或全部，不能追缴的，在不影响其家属生活原则下没收其财产抵偿；（5）条例（办法）指出犯罪主

① 《晋冀鲁豫边区毒品治罪暂行条例》。

体不仅是边区军政机关团体中的工作人员,而且也包括受政府领导或指导办理的社会公益事业的人员,以及一般公民;(6)对于法律的溯及力问题,在《暂行办法》中规定可追溯至抗日政府成立之后的一切贪污分子。惩治贪污罪规范的这些基本原则与特点,有些被吸收到1952年制定的《中华人民共和国惩治贪污条例》中来。

关于与侵犯人权罪行斗争的规范。对于人民民主权利的保护,在抗日期间显得特别重要。因为为民主就是为抗日,只有民主才能够发动群众抗日,所以,"民主成为团结抗日最根本的东西"。因此,必须"保证一切抗日人民的(地主、资本家、富农、工人、农民等)人权、财权、出版、结社、言论、信仰、迁徙居住之自由权,除了司法系统和公安机关依法执行职务外,任何机关部队不得对任何人加以逮捕、审讯和处罚,而人民则有用无论何种方式,控告任何公务人员非法之权利"。(《陕甘宁边区施政纲领》第6条)据此规定,公布了《陕甘宁边区保障人权财权条例》(1942年2月)和《保障人权暂行条例》(此文件原件上未载颁布日期及颁布机关,并找不到其他版本可资查对)。根据《保障人权暂行条例》的规定,凡非法侵犯人民居住行动自由权、生命财产安全及财产买卖自由权应酌情处理。如果是非法拘捕、拷打、捆绑、审讯、处罚或擅自驱逐等行为均以反坐论罪(第3、7至13等条)。

关于与妨害婚姻家庭罪作斗争的规范。早在1933年颁布的《中华苏维埃婚姻法》,即已规定了人民民主政权的婚姻政策是,实行婚姻自由,男女平等,一夫一妻制,禁止包办买卖,禁止童养媳;保护妇女和儿童合法权益。但事实上,这时候对妨害婚姻家庭的行为,很少作为犯罪来处理,如晋察冀边区从1938年到1941年的4年中只有36件作为刑事案件处理。处理该类案件的法律依据,除边区施政纲领以外,还有边区颁布的一些单行条例及命令、指示,如1943年1月5日公布的《晋冀鲁豫边区妨害婚姻治罪暂行条例》及晋察冀边区行政委员会于1943年2月4日公布的《晋察冀边区婚姻条例》,1942年3月13日发布的《第213号通令》(对于堕胎溺婴案件均须依法科刑的通令),1941年7月7日指示信第51号《关于我们的婚姻条例》等。根据上述条例的规定,对于堕胎溺婴、贩卖妇女、霸占他人妻女、抢亲、蓄婢、重婚、纳妾、虐待妇女、煽动抗战军人家属离婚或退婚成为事实者、勒索财产妨害寡妇再嫁或勒财妨害婚姻、与有配偶之人通奸、租妻或合伙娶妻、强迫包办妨害婚姻自由、强奸等犯罪行为都规定以罚则,一般处一年以下徒刑,情节较严重的处五年以下徒刑。为照顾抗战军人的利益,对妨害军人婚姻家庭的犯罪,一律从严处罪。由此可见,对妨害婚姻家庭的犯罪的惩罚是很轻的,而惩罚的目的也在于教育和改造犯罪者,确保法律的贯彻和新制度、新秩序的建立。

关于惩治经济方面的犯罪的刑法规范。根据各边区所颁布的法律法令,属于经济方面犯罪的法规有以下几类:

第一类,与扰乱金融货币罪作斗争的刑法规范。在抗日时期,各边区制定了不少关于保护金融货币的法规，如1941年12月18日公布的《陕甘宁边区破坏金融法令惩罚条例》，同年晋冀鲁豫边区公布的《晋冀鲁豫边区保护法币暂行办法》（5月10日公布，1942年9月1日修正公布）、《晋冀鲁豫边区禁止敌伪钞票暂行办法》（5月10日公布，1942年9月1日修正公布）、《晋冀鲁豫边区保护现银禁使银币暂行办法》（7月5日公布，1943年4月15日修正公布），以及晋察冀边区行政委员会于1945年9月15日发布的《胜字第三号布告》及同年10月13日发布的《关于禁止白洋行使的决定》等。上述法律法令的立法精神是：保护抗日本币，对敌伪进行货币斗争，防止敌伪操纵套换，打击与禁绝敌伪钞票，以发展边区经济，巩固和稳定根据地金融秩序，确保边区政府货币金融政策之实行。因此，立法者规定以下扰乱货币金融的行为应负刑事责任：在边区携带、私运、保存或行使敌伪发行之一切钞票的行为；在边区故意拒用边币的行为；意图破坏边区金融，进行货币投机事业以牟私利的行为；恃强胁迫兑换法币或以不正当之手续借以没收法币及故意提高法币的行为。此外根据1942年10月1日公布的《太行区管理外汇暂行办法》的规定，故意登记假汇票或空头支票，以及在根据地内私自买卖外汇或无银行携带外汇证明文件的行为，也以捣乱金融论罪。（第12、13两条）对以上犯罪行为，立法者规定视其情节轻重，分别处以罚金，或一个月至六个月的劳役，除少数情节特别严重者外，一般不超过两年的有期徒刑。如果一人犯数罪，应予并合论罪。

第二类，与破坏森林法规的犯罪作斗争的刑法规范。为繁殖林木，促进林业发展，边区政府采取保护公私林木的政策，并制定了有关的法规，如1939年9月29日公布的《晋察冀边区保护公私林木办法》、1939年10月2日公布的《晋察冀边区禁山办法》。在这些条例里包括有惩罚规范，如施行违法伐木、放火烧毁公私林木等行为，均依森林法判罪。

另外，在1941年10月20日公布的《晋冀鲁豫边区征收出入境税暂行条例》中，还规定了走私行为应依法惩办。

除以上所述的各类单行法规以外，还有其他一些刑法规范，包括在边区政府所制定的其他条例、办法、命令和指示中。例如，1942年10月23日公布的《晋冀鲁豫边区违警处罚暂行办法》中，规定打架斗殴、扰乱社会秩序、售卖伪造药品或有害卫生之物品饮食、醉酒滋事、当众猥亵、赌博等行为，应依法处罚（罚金、劳役、训诫）。

综合上述，可见抗日时期的人民刑法，在内容上是充分地、密切地配合当时的中心任务，因而就表现出它是抗日民主政权的各种政策实施的有力武器。在法律的形式上，多半是单行条例，此前一时期更为完整些，并创立了一些新的刑法规范和确定了一些新的罪名，如妨害公共安全罪、妨害管理秩序罪、侵犯人权罪、贪污罪以及经济上的犯罪等。在法律制定上，是在中共中央统一领导与指导下，各边区因地制宜，没有统一的立法机构。这是由于当时分散的情况和繁重的对敌斗争任务所决定的，如果不顾实际情况强行作统一规定，则会影响进行灵活的活动。在适用法律方面，各边区当时曾经引用了一些国民党政府制定的刑法条例，如《禁烟治罪暂行条例》和《禁毒治罪暂行条例》等。这是因为当时是统一战线的政权形式。这仅仅是一个策略性的措施。因为当时所引用的只是有利于抗战、有利于人民的刑法条例形式，充实人民民主的内容。正如斯大林同志所说的：我不是拥护任何秩序，而是拥护与工人阶级利益一致的秩序，如果旧制度的某些法律可以利用来制定新秩序，那么，我们就应当利用这种法律。其次值得注意的是，抗日民主政权并不是按照国民党法律进行活动的，而实际上主要是根据各边区自己制定的法律进行活动。林伯渠同志在谈到这个问题时曾指出，"边区施政法律的根据必须是边区的施政纲领和边区颁布的法律"。因此，引用旧法绝不致影响人民刑法的民主本质，这和那种不从无产阶级立场出发而一般地提"旧法可用"毫无相同之点。

四、第三次国内革命战争时期——人民刑法逐渐趋向统一（1946～1949年）

抗日战争结束以后，中国的阶级关系发生了新的变化。国民党反动派为达到反共灭共的目的，在美帝国主义支持下，于1946年7月发起了对解放区的全面进攻。

由于阶级斗争形式的变化，人民刑法也发生了很大的变化。它首先应该是配合革命的军事斗争，分化瓦解敌人，削弱敌势，以促进解放事业的发展。因此，中共中央提出了"首恶者必办，胁从者不问，立功者受奖"的原则，这是过去曾实行过的镇压与宽大相结合政策在新形势下的具体化。虽然政策宽大，但对重大的犯罪分子是不能宽容的。所以，1947年12月10日《人民解放军宣言》规定："审判惩罚以蒋介石为首的内战战犯"（第2条）；"没收蒋宋孔陈四大家族为首的财产"（第5条）；对于蒋匪派进的间谍特务武装，坚决打击，严惩其头子，争取其胁从。（参见1946年9月23日《陕甘宁边区关于治安工作的指示信》）由于一些封建会道门为反动分子操纵利用，进行各种反革命活动，对革命事业发生破坏作用，如充当敌探，刺探军情，散播谣言，煽惑人心，甚至组织武装暴动，扰乱社会秩序。若再任其存在与发展，则对革命事业必将大有损害。为此，1949年1月4日公布了《华北人民政府解散所有会道门封建迷信组织的布告》，宣布取缔所有会道门组织，对其成员根据其参与的程度、动机及活动情况，予以分别处理：依法惩办假借名义与匪特勾结或有其他犯罪行为的首要分子；对其中能够悔过自新的分子予以宽大处理；对对抗不登记，继续活动的首要分子，予以严惩；对于被迫或被骗而误入歧途的一般会员群众,本着争取教育的方针,一经脱离组织,一律不予追究,其能检举立功的,并酌情予以奖励。

为了支援前线,保证各路大军前进的供给运输,加强与破坏铁路交通的犯罪行为作斗争尤为重要。根据1949年7月28日的《搜集与保护铁路交通器材暂行办法》的规定,①下列行为应由人民法院追究刑事责任:未经军委会铁路部许可,在市场上自由买卖轨条、道钉、夹板、垫板、道岔、车轴、车轮等各种铁路专用器材;毁改铁路专用器材作为别用的破坏行为;有意破坏与偷窃铁路或电线设备及现存材料,足以造成重大事故者。但此项办法中并未区分破坏铁路交通行为的犯罪性质。关于这一点,在其他地方性的法令中得到补充,如1949年9月9日的《河南省人民政府河南省军区保护铁路补充指示》中即依照犯罪者的身份和犯罪所追求的目的,将破坏铁路交通的行为分为反革命的破坏与一般的破坏,并对前者处以较重的刑罚(三年以上徒刑至死刑)。

这个时期还制定了一些有关于战勤工作和粮秣工作以及战争动员工作的命令、指示和对上述工作有重大意义的《土地法大纲》,其中包含有刑法规范。如《土地法大纲》中规定,依法治罪不法地主和破坏土改的人。这些法规对保证革命战争对财力、物力和人力兵源的需要,有着重大的意义和作用。

此外,华北人民政府和东北行政委员会等地方政府机关,还制定了一些与妨害税收、破坏森林、贪污、烟毒、纵火、私造枪支、赌博、走私、扰乱货币金融、侵犯人权、盗运古物图书等犯罪行为作斗争的刑法规范。其中大部分法规的基本立法精神和惩罚原则与抗日时期的有关立法是一致的。

人民刑法在解放战争时期的发展中的重大特点之一,就是本时期曾制定了若干专门性的总则规范,如华北人员政府于1949年1月13日公布的《华北人民政府为清理已决及未决案犯的训令》(以下简称《训令》)和华北人民政府《为通报重大案件量刑标准》(以下简称《量刑标准》)。在这两个法令中提出了刑法总则中几个极重要的问题——犯罪概念、刑罚任务和刑罚的适用。

人民刑法的基本政治任务之一,就是规定什么样的行为人民民主政权认为是犯罪行为,从而通过对实施这种行为的人适用刑罚的方法来同其进行斗争。过去在苏区和抗日边区政权的许多刑事立法里,曾揭示出侵害人民民主制度或破坏革命法的秩序的个别行为的要件。与竭力掩饰其反人民的剥削的阶级本质的资产阶级和国民党刑法不同,人民刑法公开地宣布自己保护全体劳动人民和一切爱国人员切身利益的阶级性。因此,人民刑法提出犯罪概念的实质定义。《量刑标准》初次规定出来的犯罪定义是:“凡危害新民主主义国家及由国家所制定的法律秩序,

---

① 由中国人民解放军革命军事委员会铁路部制定,经军事委员会批准。

或危害个人权益致对社会有严重影响者，即为犯罪。"这个定义，按其本质，按其政治的阶级的内容，规定何种行为在人民民主政权中被认为是犯罪，直接地指出犯罪最本质的特征之一的行为社会危险性——对人民民主国家和社会有危险的行为。

犯罪与刑罚是密切相连的。人民刑法中的刑罚作用是保证人民民主革命斗争及其所取得的成果、人民民主政权及其所建立的法的秩序，免受犯罪的侵害。刑罚只是人民民主政权在其与犯罪作斗争时的一种辅助方法，而不是主要方法，但却是必要的方法。因为通过惩罚犯罪者可以影响犯罪者本人，制止其重新犯罪，并以对犯罪人适用刑罚的方法给予其他不坚定分子一种预防影响，制止他们犯罪。所以立法者强调刑罚的任务"……不以报复、损毁人格及使人身体痛苦为目的，而以教育改造为目的"（《量刑标准》甲项 2 款）。

因此，在人民民主政权中，刑罚的适用要求组织得最合理，以保证制裁的准确性与效力。华北人民政府所制定的两项法令，对于正确适用刑罚有很大的作用。

关于量刑。立法者指出，"犯罪之处罚，以危害国家社会人民之利益严重与否，而为科刑之标准。首要的严重的反革命犯，及首要严重的反施政秩序犯，应处重刑。一般的反革命及反施政秩序犯，可依其危害程度大小、主动被动而分别处以徒刑，其他犯罪之处罚亦宜视其行为对社会人民危害程度的大小而分别论处"（《量刑标准》甲项 2 款）。因此，"凡侵害新民主主义国家及广大人民利益的犯罪，如战犯、官僚资本家、奸特、破坏土改的恶棍、杀人犯及破坏国家经济机关或与国计民生有关的财产（如破坏铁路、破坏工厂、伪造钞票、捣乱金融等）等犯罪，处理应从重；至于侵占、伤害及普通损害个人利益之犯罪，则可从轻"（《训令》第 2 项）。"在群众运动中，执行政策发生偏向中之行为，如打人、打伤人、打死人等，一般不追究刑事责任……个别显系挟嫌报复者，不在此限（《训令》第 4 项）。"显然，立法者指出了量刑的最高原则——从人民民主国家和社会的利益出发，保证"不放松一个坏人，不冤抑一个应受宽大而未给予宽大的人"（董必武语）。在处理具体案件时，除从上述总原则出发外，还应考虑以下几个条件：犯罪情节及犯罪行为的轻或重，主动或被动；犯罪科刑时的条件变化情形，如果释放对社会有何影响，在押日期的长短及改造程度（参见《训令》第 2 项及第 3 项之二）。如果发现有错判现象，应该复查改判，改判后的刑罚一般不能重于前判的刑罚（参见《训令》第 4 项之一）。很明显，这些关于量刑的原则、标准和制度的目的就在保证准确地适用刑罚。

关于减刑。"对判刑无误之案犯，刑期执行满三分之一后，有下列情形之一者，得由监所呈报原判司法机关减刑，转呈行署执行：(1)经常遵守规则，遵守纪律者。(2)对错误坦白真实，且有清楚认识者。(3)主动积极从事劳动，能完成任务与超过任务者。(4)学习经常，且能帮助别人者。(5)其他适合于减刑之行为者。

前项减刑不得超过宣告刑三分之一，不得少于宣告刑十分之一……（《训令》第4项之二）”

可见，立法者并未指出可以对被判处无期徒刑的犯罪分子适用减刑。减刑只是对确实犯了罪而被判处有期徒刑的犯罪分子适用，且减刑不同于改判，因为在适用减刑的情况下，原判刑并没有错，同时还有严格的条件。概括起来，这些条件一是犯人方面在执行期间有悔改或立功表现；另一是为全面而慎重地考察其改造程度，为保持刑罚的严肃性和效用，必须严守法定的限制期限与法定程序。此外，减刑只会在原判刑期限缩短，而改判在特殊情况下（发现新罪或原判刑确有重大失当）可以判重于前判之刑。

关于假释。“监所对累犯之合乎下列条件者应略具理由报请该司法机关，转呈行署核准假释：(1)对所犯罪行有深切认识，且悔改有据者。(2)无期徒刑，执行八年，有期徒刑，执行逾三分之一者，但半年以下有期徒刑不在此限（《训令》第4项之三）。”“减刑后，合乎假释条件者，应予假释（《训令》第4项之二）。”可见，不管被判处有期徒刑或无期徒刑的犯罪分子，只要已执行一定的刑期，并有悔改表现者，均可适用假释。

虽然有悔改表现是对案犯减刑或假释的必要条件，但不是唯一条件。立法者指出，“罪行严重，虽有悔悟，但如减刑假释为人民所反对者”应继续执行。所以人民对某犯人的态度和意见，也是考虑对其是否可以适用减刑或假释的条件之一。

此外，在《量刑标准》中还规定了刑法时效的概念，并分为判决执行时效和刑事追诉时效。“犯罪经过一定时间后，国家对此犯罪未为追诉及审理，以后即不得再追诉，是追诉时效。刑罚自判决确定之日起，经过一定时间未执行，即不再执行，是为刑罚之执行时效（甲项之三）。”可见，追诉时效期间与刑罚的执行时效期间不同：前者取决于刑事立法法定刑上所表明的犯罪轻重程度，后者则取决于法律规定的期限。

上述的分析，表明了人民刑法在解放战争时期又有了一些新的发展，特别是刑事立法逐渐由地方转向中央，由分散趋向集中，以及关于犯罪定义的规定，和对肃反政策、刑罚任务、刑罚适用的原则标准与制度等重要问题的法定化与具体化。另外，为了适应战争的形势，一切服从于革命的军事斗争，新的刑法规范多半包括在军政机关所判定的一些命令、训令或宣言里。形式较为完整的单行法律规范是很少的。这一方面说明了当时把主要力量放在打仗上面是必要的，因为敌人还有力量，还在进攻革命，如果不打垮敌人，让敌人占了解放区，则我们就无法可司了；另一方面表明革命即将在全国胜利，人民刑法已从空间上逐渐趋向全国统一，在全国范围内执行新的人民的刑法，首先是审判战争罪犯。

小　结

人民刑法适应着革命斗争的需要在苏区或解放区内而产生、形成、发展和逐步趋向统一。这个发展过程表明，人民刑法一开始就是根据马列主义的原则，并在中国共产党直接领导下从革命斗争中建立与发展起来的。因此，本阶段各个时期所制定的一切刑法规范有共同的特点，即有鲜明的阶级性——体现劳动人民的意志，巩固和保护劳动人员的利益，与各种反革命势力展开不调和的斗争，并与其他刑事犯罪展开群众性的司法斗争；有强烈的革命性——摧毁旧基础和封建秩序，树立革命秩序；是现实的，是群众斗争经验的科学总结——它不是形式的欺骗，而是根据群众的革命斗争经验制定的，又拿到群众中去，指导群众的斗争，考验与证实其正确性。因此，它就具有革命的民主本质，并对革命战争的发展和胜利起着促进的作用。这样，人民刑法的发展过程也就必然是中华人民共和国刑法的孕育过程。

然而，在研究这个问题上，却反映了两种糊涂观点：一种是认为“过去实际上没有法”，更谈不上什么刑法的发展！另一种认为研究人民刑法发展对解决现实问题“没有价值”。我们说，过去在苏区或解放区不是“实际上无法”，而是实际上有法——人民的法，革命的法，只是没有地主官僚资产阶级的法。“解放区无法”的观点正是过去国民党反动派不承认人民法律的一种恶毒的咒骂。因此，“解放区无法”的说法，也就有意无意地符合反动阶级分子的观点。至于认为研究人民刑法发展“没有价值”，这一方面可能是因为他们在认识上存在非历史观点，不了解很多重大创造与发现正是历史经验积累的结果。因为他们不注意一件事物、一个政策或一个新制度的变化性及其发展的规律性，如这些人可能不了解我国的肃反政策是吸收了过去革命斗争中的经验。另一方面，可能因为他们在实际上不够了解过去革命斗争中对于刑事立法方面确实有很多创造与经验，确实有吸取的价值。当然，我们并不否认过去所制定的法律还不够完备，不够系统，不够具体，也不否认作为全国性的人民刑法是随着新中国的成立而建立的。但是，人民刑法正如新中国的诞生一样，是中国人民长期斗争的结果，因为人民的革命斗争给新中国及其刑法的建立创造了前提条件。例如，新中国的刑事立法原则——从我国现实生活的实际出发，并使理论与实际结合；对于反革命犯罪的惩罚政策——镇压与宽大结合，和对于婚姻、烟毒等普通刑事犯罪的刑事政策——惩罚与教育相结合，以及对贪污罪犯的量刑标准等都基本上吸取了过去的斗争经验。有些刑法制度在全国解放后都被加以采用或发展与提高，如将抗日时期的回村执行发展为管制，将当时的根据统一政策原则因地制宜分散立法的精神适用解放初期，给予各大行政区一定的立法权，等等。此外，还规定或提出了刑法总则中的一些重要问题，如关于犯罪基本特征的社会危险性及违法性概念，罪过及其形式的概念，判刑的概念与原则，揭示出共犯、刑法的教育任务、刑罚种类等。

正因为有这些创造和经验，中央人民政府才对于革命战争过程中刑事立法的一些成就，“进一步加以总结提高，逐步以法律形式固定下来，成为我国人民民主法制建设的重要内容之一”。

（1957 年第 4 期）

谈重婚与通奸

董敬之[*] 熊克刚[**] 熊耀武[***] 陈鼎声[****] 刘志舟[*****] 许玉霞[******] 夏道平[*******]

一、重婚和通奸的概念

重婚,指均有"婚姻关系(配偶)的男女,或一方有婚姻关系而他方无婚姻关系的男女,再向政府登记结婚,或以共同生活为目的,有共同经济关系,以夫妻身份而公然同居的"行为。由此说明,可知重婚有两种形态。第一种形态,均有婚姻关系的男女,或一方有婚姻关系而他方无婚姻关系的男女,再向政府登记结婚。第二种形态,均有婚姻关系的男女,或一方有婚姻关系而他方无婚姻关系的男女,以共同生活为目的,有共同经济关系,以夫妻身份而公然同居。这两种行为之所以构成重婚,是由于男女双方已有婚姻关系(配偶),最少一方已有婚姻关系(配偶)。但必须说明,这种已有的婚姻关系是指有效的婚姻,即依法进行结婚登记的婚姻、《婚姻法》公布前结合的婚姻,以及不违背婚姻法结婚的条件仅缺结婚登记手续的事实婚姻,同时这些有效的婚姻必须是存续的。如果已经离婚或者配偶的一方已经死亡,原有的婚姻关系就已经消灭,变为没有婚姻关系了。第一种形态,再向政府登记结婚。向政府进行结婚登记是取得婚姻关系的一种手续,已有婚姻关系的人,欺骗政府再与人登记结婚,取得结婚证书,这是很明显的重婚。第二种形态,虽没有向政府进行结婚登记,但男女双方是以共同生活为目的,有共同经济关系,以夫妻身份而公然同居的,就是具有了事实婚姻的内容。既然同时存在两个婚姻事实,当然也是重婚(如果男女双方都没有婚姻关系,即没有配偶,而成立的事实婚姻,只是欠缺登记手续,应该认为有效婚姻,不能构成重婚)。

通奸,指"均有婚姻关系的男女,或一方有婚姻关系而他方无婚姻关系的男

[*] 作者单位不详。
[**] 作者单位不详。
[***] 作者单位不详。
[****] 作者单位不详。
[*****] 作者单位不详。
[******] 作者单位不详。
[*******] 作者单位不详。

女，双方在同意下发生性行为"。首先，以有婚姻关系为前提。这点是与重婚相同的。其次，双方在同意下发生性行为。也就是说，发生性行为是要男女双方自愿的，不是受暴力、威胁、强迫或精神昏迷的情况下进行的。发生性行为一次即构成通奸，多次也是通奸。最后，通奸的双方既没有办理结婚的手续，也没有共同生活的目的，更不是以夫妻身份而公然同居。这点是和重婚不同的。重婚与通奸的区别就在于此。

二、重婚与通奸行为发生的原因

目前社会上发生重婚、通奸行为的原因，根据审判实践，基本上可归纳为以下几个方面：

1. 因对婚姻、两性关系采取轻率、放荡态度，以及追求享乐腐化而发生通奸、重婚行为。例如，青年妇女朱某离婚不久，因工作关系和杨某相识二十多天就同居。不久她又和同在一起工作的沈、霍两人发生通奸行为，并提出要和杨某离婚。又如，某五金店资方胡某原来夫妻感情尚好，后与秦姓妇女相识，在郎"财"女"貌"的结合下同居了，从此即对妻子不加理睬，以致感情破裂而离婚。这两个例子都是资产阶级的思想行为在婚姻关系中的反映。

2. 因夫妻长期分居而发生通奸、重婚行为。（一般是先通奸而后发展到公开同居）这是由于夫妻一方在外工作，或者因一方犯罪在外劳动改造而长期分居，造成性生活的苦闷，（夫妻虽非长期分居，由于性生活不协调，也可能造成一方性生活苦闷）或者生活困难（绝大多数是女方）而造成的。这种情况的发生，固然与人们生理上的性需要、夫妻分居感情日趋淡薄，以及目前社会上尚有一部分妇女经济地位尚未独立，缺乏就业条件等因素有关；但是这些因素并不能发生决定性的作用。如果婚姻关系和思想意识都很好，这些因素是起不了什么作用的。

3. 因对婚姻不满而发生重婚、通奸行为。例如，张某与妻子是父母指腹为婚的，感情一向不好，夫妻时常争吵。张某在沪工作，与青年女子石某认识后，相互发生了感情而公开同居。又如，夏某与丈夫蔡某在1948年经父母包办而结婚，婚后感情一向不好，解放后曾提出离婚要求，由于父母反对未获结果。夏某一向在上海帮佣，后与冯某产生感情而通奸。当然，不是所有结合基础不好的婚姻都一定会发生问题，但没有感情作基础的婚姻（不仅是包办婚姻，其他感情不好的婚姻也在内）是容易发生重婚、通奸行为的。

4. 基于封建意识为传宗接代而重婚的。基本上包括两种情况：一种是一子顶两门、兼祧娶两妻；另一种是因为妻不生子，为传后代再娶一妻。这两种情况都是以男性为中心的宗法社会的产物。例如，曹某因年老无子，在其妻子的默许下，于

1953年下半年与妇女徐某同居三年，生一女孩，后因其妻子嫌给徐某的生活费太多，发生纠纷，告到法院后才离开。

从审判实践的情况看来，上述四种原因，三、四两种是逐渐下降的，因为它们已失去了产生的社会基础。（这是对上海来说）而一、二两种是目前产生重婚、通奸行为的一般原因。解放几年来社会风气虽然大大转变，但由于旧的风气习惯很难在短时期内清除。在过渡时期，一方面，资产阶级思想的侵蚀仍然存在；另一方面，如果原来婚姻不够稳固的，就很容易发生重婚和通奸等不法行为。

三、重婚与通奸是不是犯罪

什么是犯罪？犯罪就是“一切危害人民民主制度，破坏法律秩序，对于社会有危害性的，依照法律应当受到刑罚处罚的行为”。重婚行为是犯罪，目前已无争论。对通奸行为，我们认为是不宜作为犯罪办的。现就重婚为什么是犯罪，通奸为什么不是犯罪分别提出我们的看法如后：

1. 重婚为什么是犯罪

重婚行为不论是男女双方原来均有婚姻关系的存续，或者只有一方有婚姻关系的存续，都是破坏了一夫一妻制的行为。实行一夫一妻制，是为了达到解放妇女，废除男尊女卑的目的，它与男女婚姻自由、男女权利平等和保护妇女、子女利益，同为我国新婚姻制度的四个有机组成部分。实行新婚姻制度就是要将这四个有机组成部分全部实行。重婚行为既然直接侵犯了一夫一妻制，也就侵犯了整个新婚姻制度，从而对社会的危害性显然是相当严重的。这就是说，已经达到应当用刑罚方法加以惩罚的程度。所以，重婚应该认为是犯罪。这不仅在我国审判实践中，已将重婚行为作为犯罪处理，而且在社会主义国家的刑法中也有先例。例如《苏俄刑法典》第199条规定：重婚的，或者一夫多妻的，判处一年以下的劳动改造，或者一千卢布以下的罚金。《蒙古人民共和国刑法典》第222条规定：重婚的，或者一夫多妻的，判处一年以下的剥夺自由或者劳动改造。因此，我们认为，正在起草的我国刑法典也应该将重婚行为规定为犯罪。

重婚行为既然是犯罪，那么构成犯罪所必须具有的要件又是什么呢？

第一，犯罪主体是均有婚姻关系的男女，或者一方有婚姻关系而他方无婚姻关系的男女。

第二，犯罪的主观方面是直接故意。如果无婚姻关系的一方不知对方有配偶而与之结婚，由于不知情，所以既不是故意，也不是过失，因缺乏主观方面的要件，所以这不知情的乙方，（他或她）不能认为是犯罪。

至于这种婚姻是不是有效呢？有人主张承认这种婚姻为有效，我们认为不对。

因为婚姻法规定禁止重婚、纳妾,并不是以行为人必须知情为前提;如果承认这种婚姻,就等于承认一个人可以有两个以上的婚姻关系,这难道不是违反一夫一妻制吗?

第三,犯罪客体就是刑事法律所保护的,而为犯罪行为所侵害的社会关系。这种社会关系在重婚行为来说就是一夫一妻制度。

第四,犯罪的客观方面。由于重婚罪的主体有配偶的人和没有配偶的人的区别。因此两者犯罪的客观方面也有不同。前者的犯罪客观方面是再行结婚,后者的犯罪客观方面是与有配偶的人结婚(这里所说的结婚是指登记结婚和事实婚姻二者而言)。

由此说明,有配偶而重为婚姻,或者明知他人有配偶而与之结婚的,都是犯罪行为,应该负刑事责任。我们认为重婚虽然是犯罪行为,应负刑事责任,但还不能完全以刑罚来解决问题,应该进一步加强共产主义道德品质教育,以预防犯罪。

2. 通奸为什么不算犯罪

通奸行为所侵犯的客体是什么?有人认为是家庭,我们不能同意。因为家庭的成员包括:(1)血亲关系,如祖父母、父母、子女和兄弟姊妹等;(2)婚姻关系,如夫妻;(3)扶养关系,如养父母、养子女或依赖其生活的人等。通奸行为人的目的只是发生性行为,因而引起了有配偶的一方夫妻间不和睦,这只是侵犯了婚姻关系,而不能说对血亲关系和扶养关系均有直接的侵犯。有人说,夫妻不和就是侵犯了家庭。但要知道,犯罪的直接客体是指具体行为所侵害的具体的社会关系。婚姻是家庭的重要组成部分,但不能说婚姻可以代替家庭(有时也可以只限于夫妻二人刚刚组成家庭,并无父母、儿女及其他人等)。所以,说通奸行为所侵犯的客体是婚姻关系,是比较确切的。

通奸行为的损害结果,使有配偶的一方夫妻间不和睦。婚姻以感情为基础,而感情的维持,需要夫妻共同的努力;有配偶的一方既愿意与他人发生性行为,那么,他(或她)对夫妻的感情已成问题了。另外,有的夫妻间感情原来就不和睦(因对婚姻的不满或感情已有裂痕);有的虽然夫妻间原来感情尚好,但当一方有腐化放荡、喜新厌旧的思想而与人通奸,这是由于道德品质的败坏,对爱情不忠实的结果,就象征着在通奸行为发生前,原来夫妻间的感情已经开始有了裂痕。如果是男女互爱的婚姻,感情一直很好,夫妻间的道德品质也很好(也包括虽是旧婚姻制度结合的婚姻,但多年来共同生活有了感情,变为男女互爱的夫妻),与人通奸的事情就很难产生了。即使一时思想不坚定,偶然犯了通奸错误,经过夫妻双方的诚恳谈话,一方悔改,而另一方又愿意原谅,双方的感情是能够和好如初的。不能设想,用任何外来的强制力能够产生和维系夫妻感情。因此,我们认为,通奸的社会危害程度较小,不需要用刑罚来处罚。事实上,处罚也解决不了人们的感情、思想和道德品质的问题。有人说,通奸行为的严重后果有堕胎、溺婴、虐待、遗弃、他杀和自杀等,社会危害性是很大的,不用刑罚来处罚是不好的。我们说,这几种情况除自杀外,都是另一种犯罪行为,是刑事政策所禁止的行为,都构成另外的犯罪,所侵犯的客体都与通奸不同。这些犯罪行为不是通奸行为的结果。

有人说,结合中国具体情况,目前我国的婚姻政策正在改造旧家庭,建立新家庭。对破坏家庭的第三者,应予制裁。还有人说,尚在继续着婚姻关系的夫妻,不论感情如何恶化,只要还没有离婚,就存在由坏变好的可能,通奸的危害作用就在于使这种由坏变好的可能性丧失掉,不能认为没有危害性。我们不能同意这些说法。首先,婚姻政策改造旧家庭,建立新家庭是针对目前社会上存在的很多按旧婚姻制度结合的婚姻。改造旧家庭的办法就只能是通过说服教育,宣传婚姻法的精神,使群众明确如何对待婚姻和家庭,逐渐改变旧的思想作风,自动地改善夫妻关系和家庭关系。法律制裁改善不了夫妻关系和家庭关系。其次,夫妻感情能否由坏变好是取决于夫妻双方的。通奸的双方是有自由意志而出于自愿的行为,把它认为是由于第三者的破坏是不恰当的。

通奸既然是感情、思想和道德品质问题,也就是新旧思想斗争的问题,要预防和消灭通奸行为,应大力宣传共产主义道德教育,使人们加强这方面的修养。同时,随着经济基础的变化,人们的思想意义也会起变化的。因此,在社会主义建设事业逐渐成长,人们的政治觉悟逐步提高的情况下,通奸问题是可以逐步解决以致得到根本上的解决。即使有个别现象发生,也仅是个别人有剥削阶级思想意识的残余在作怪,思想意识的缺陷还是要靠社会舆论制裁和道德教育来挽救,而不是刑罚所能解决的。

四、重婚与通奸的诉追问题

在重婚的诉追问题中,牵涉以下一些问题,如由谁来进行诉追、提起诉追后能不能撤销,重婚发生的时间和应否诉追、原婚姻关系或重婚关系发生变化后可否诉追等问题。现分别论述如下:

(一)重婚由谁进行诉追

重婚是一种犯罪行为,它所侵犯的客体是一夫一妻制度,对社会的危害性较重。所以,重婚罪的诉追,原则上应该由国家机关来进行,也就是说,应该由检察院侦查后提起公诉。有人认为,重婚的犯罪只是侵犯了个人利益,因而主张一律作为自诉案件,这是不正确的。

重婚罪是不是一律非经公诉不可呢?我们认为有时也可以由当事人自诉。因为重婚往往牵涉到离婚、给付生活费等问题,尤其是对合法的配偶的一方有切身的利害关系。如果重婚的案情已很明确，又不复杂，为了便利群众、处理及时起见，也可以由合法的配偶直接向法院自诉；如案情比较复杂重大、不易弄清的，可以在受理后移送检察院侦查后起诉。不过需要说明的是：提起自诉的人必须限于合法的配偶。重婚本人是犯罪者，当然不能自诉。即便不知情的相与重婚的一方，因为他（她）也是构成重婚行为的主体（因不知情而不罚），亦不能向法院自诉。

（二）关于重婚发生的时间和应否进行诉追

我们分以下三个阶段来谈：

1. 在《婚姻法》公布前的重婚。因为这是由于旧社会不合理的婚姻制度所造成的，不能认为是犯罪，我们一般是不加干涉的，因此就不能诉追。

2. 在1950年5月《婚姻法》公布施行后至1953年3月贯彻《婚姻法》运动前的这一阶段中的重婚。在《婚姻法》第2条中已经明文规定禁止重婚纳妾，因此在《婚姻法》公布以后的重婚，应该认为是违法行为。但是发生在《婚姻法》公布之后贯彻《婚姻法》运动之前的重婚，既是由于旧社会封建婚姻制度所造成的恶果，又由于一般群众对婚姻法尚没有受到系统的教育，所以一般应以不告不理为原则。既然是以不告不理为原则，国家机关就不能主动诉追，只有合法的配偶才有权自诉。

3. 1953年3月贯彻《婚姻法》运动月以后的重婚。原则上应由检察院公诉，合法的配偶也可以向法院自诉。

（三）提起诉追后能否撤销

关于这个问题，我们认为，不论检察机关提起公诉或者自诉人提起自诉后再申请撤销的都不能准许。因为重婚是侵害婚姻制度的犯罪行为，对社会具有严重的危害，所以，即使重婚的配偶能够原谅而愿意撤销告诉，亦不予准许。

（四）原婚姻关系或重婚关系发生变化后，对以前的重婚行为可否诉追？

重婚的构成一定要以婚姻关系为前提，如果婚姻关系已经消灭了（双方已离婚或一方已死亡），发现一方以前的重婚行为，或者婚姻关系并未消灭，发现一方过去有重婚行为但现在已经脱离，或另一方已死亡，是否可以诉追呢？我们认为，重婚既然是犯罪行为，只要是犯罪已经确实构成，同时又未丧失诉追时效（指《刑法》总则所规定的诉追时效）是可以诉追的。但有两点需要说明：如上述前者的诉追问题仅限于国家公诉，后者的诉追问题，由于婚姻关系并未消灭，所以既可以公诉也可以自诉。

（五）在处理婚姻或其他纠纷中发现重婚事实是否可以诉追

如果当事人是以离婚或给付生活费等原因来起诉，法院在审理或调查时发现一方有重婚行为，或者开庭审理时当事人仅仅口头反映一方有重婚行为，却又不要求诉追时，对一方的重婚行为是否要诉追呢？我们认为，如果确已构成重婚，虽然当事人没有提起诉追，法院应将材料转检察院侦查后提起公诉。

（六）对于只告重婚者一方而对相与重婚之一方没有告诉时的诉追

如果检察院公诉或当事人自诉重婚案件时，仅告重婚者一方而对相与重婚之一方没有作为被告诉追时，法院是否可以主动地将另一方列为被告处理呢？我们认为，没有被起诉的一方，除了是不知他方有配偶而与之结婚者因不犯罪不应诉追外，其余的重婚行为人虽然检察院或自诉人没有对他诉追，由于重婚这种犯罪行为是要男女二人方能完成的，法院为了惩罚犯罪，也可主动追究。

（七）通奸案件是否诉追

前面已经讲过，通奸既然不作为犯罪来处理，当然也就谈不上诉追问题。如果当事人仅以通奸为由向法院起诉而又无其他情况时，法院对这类案件应在进行解释后拒绝受理，或者驳回起诉。

（1957年第4期）

【动态】

复旦大学法律系等举行科学报告会

复旦大学法律系于本年5月27日至29日举行了科学报告会。与会者有该系师生、当地业务部门的同志以及其他法学家等。在报告会上提出报告和讨论的有下列几篇论文:

张企泰的《民法的对象是什么》,范扬的《黑格尔法哲学批判》,孙晓楼的《唐律的历史渊源》,高其迈的《魏晋律的初探》,刘家骥的《关于埃及废除不平等条约的法律根据》,黎培锣的《刑事诉讼上诉审中检察长的地位》。

以上论文,有些在学术上作了深刻的探讨,有些对解决政法业务实际工作起到了指导作用。

东北人民大学法律系已在7月16日至20日举行报告会,提出报告的论文有杜若君的《法的概念问题》,陈国柱的《离婚界线问题》,甘雨沛的《中华人民共和国刑法的假释制度》,张光博的《关于中华人民共和国国家法的对象及与其有关的一些问题》,马志振的《论和平共处的五项原则》,王冠五的《对资产阶级刑法中人类学派及社会学派的初步批判》,马起的《论损害赔偿责任构成的一般条件》,李放的《我国人民民主专政两个发展阶段中的法制问题》,乔伟的《关于劳动法中的工人职员物质赔偿责任的初步研究》,刘庆林、何恩涛的《对刑事被告人有无举证责任问题的初步探讨》。

此外,武汉大学法律系也于最近举行了科学报告会,会上提出论文六篇。

(1957年第4期)

船舶碰撞过失责任的研究

魏文翰*

船舶碰撞是一件惊险的事情,对于生命和财产招致严重的危害。

船舶碰撞当然引起刑事或赔偿责任。如果负伤的船舶被第三者船舶救助,并拖至安全地点,又引起救助和共同海损一系列的问题。如果碰撞的船舶属于不同的国籍,而碰撞的地点在公海或在某国的领海,又引起管辖权和法律适用的问题。情形复杂,牵涉的方面很广。

本文就下列三点对碰撞①的过失责任进行一次研究。

一、避碰章程的重要性

船舶在航行中或停泊中,都应谨慎从事,注意本身的安全和另船的安全,应当为的而不为,不应当为的而为,都是过失。致使另船遭受损害,就应当赔偿。船舶在水上航行,应当时刻小心,避免碰撞。例如,甲乙两船在海上逐渐接近,航路是平行的,航向是相对的,两船的速度各为每小时15里,两船速度之和,每小时30里,亦就是每两分钟缩短距离1里。假定两船在2里相距的时候采取措施避免碰撞,如果没有共同充分了解的又必须共同遵守的让路规则,必致临时仓皇,手忙脚乱,虽然海船各尽让避的能事,但因彼此意图不明。各行其道,原来本可以安全驶过的,反而因为力图避让发生了碰撞。轮船在水上航行,即使立即停车,甚至倒车,由于惯性的作用,它的前进力量也不可能立刻停止。而2里的距离仅是4分钟的时间,实在是短促的时间。特别是在夜间,如果没有共同遵守的燃灯和悬挂的规则,必致灯火混淆无从辨识,一旦两船相遇,就成为严重情况,东摸西猜,造成危险后果。在雾中航行的情况也相同。有时候晨雾忽然迷漫,视线不清,本船的首尾亦不能相见,更谈不到及时望见来船。如果没有共同遵守的雾中航行规则,则难以采取有效的避撞措施。

船舶碰撞的威胁,自有船舶航行以来,就是存在的。自从19世纪的下半世纪,轮船大量地在水上出现后,世界工商业发达的大城市,各国船舶云集。例如,英国

---

* 作者单位:华东政法学院(现华东政法大学)。

① 本文限于机动船的碰撞。

的伦敦、美国的纽约，帝俄的圣彼得堡、敖德萨，都空前的发展。苏伊士运河自1869年通航以后，东西贯通，航运益愈发达，船舶更大量增加。倘没有各船共同遵守的航行规则，必致碰撞频繁，损害无穷。早在1848年，英法两国就订立了《船舶燃灯的协定》。之后，在1889年在美国华盛顿召开的世界各国会议上，共同制定了《海上避碰章程》。这个章程是向各国建议的性质，并不是公约。英国结合它在1910年公布了英国的避碰章程。苏联交通人民委员会在1922年亦宣布它有充分的法律效力，凡悬挂苏联国旗在国际航行的船舶，一律适用。

1929年，在伦敦召开的人命安全公约会议，各国代表包括苏联代表团对公约的第二附件《海上避碰章程》，拟订了修正意见。1948年又在伦敦召开会议的时候，通过了这个修正章程，共计32条。参加会议通过章程的国家①，计有苏联、波兰、匈牙利、罗马尼亚、印度、巴基斯坦、埃及、芬兰、瑞典、挪威、意大利、法国、加拿大、英国、美国等国。这个章程可以说是全世界各国船舶，不分国籍、不分社会制度，所共同遵守的海上避碰章程。各国又根据这个章程的内容，在本国的内河或港湾，依照个别地区的特点，制定了地方性的船舶避碰规则。例如，苏联在内海水域的港湾或河流所制定的地方性规则，几乎完全结合这个避碰章程的内容。又如，英国的《泰晤士河规则》，或其他港口或河流规则，也是结合这个章程制定的。所以这个章程的适用范围，不限于大海和与海相通的水道，实际上，也适用于各国的内河港湾和湖泊，凡船舶特别是机动船通航的地方，都在适用。

1948年在伦敦各国通过的《海上避碰章程》，依照协议，是从1954年1月1日一律通用。我国交通部海运总局在1954年12月印发了这个海上避碰章程。这个章程的内容，主要包括三个部分：(1)燃灯和信号；(2)雾中航行；(3)驾驶及航行规则。船舶必须由日落时起至日出时止，点燃船灯。航行时最主要的是右舷的绿灯，左舷的红灯，和前桅的一盏白灯（如船的长度超过150尺，在这盏白灯的前面或后面加悬一盏白灯），及船尾的一盏白灯。这些船灯必须备有遮光板。依照规定，②右舷的绿灯只能由本船右舷的船舶望见，同样的，左舷的红光只能由本船左舷的船舶望见，前桅的白光只能由前方驶来的船舶望见。如果右舷的绿灯，可以被本船左舷的来船望见，或者左舷的红灯，可以被本船右舷的来船望见，必致灯光混淆，无从辨认，失去燃灯的作用。

信号亦有各种规定，其中包括声号：一短声指我船的航向正转右，二短声指我船的航向正转左，三短声指我船的机器正在倒车。雾中航行最主要的规定是谨慎注意，缓慢行驶。至于驾驶及航行规则，条文较多，其中最重要的是关于对遇船、横

① ［苏］克伊林著：《苏联海商法》，俄文版，第302页。

② 技术上的详细规定尽量从略。

交船和追越船的规定。

对遇或近乎对遇的船舶,就是在日间,每船各见对方的前后桅与本船的前后桅在一直线上,或近乎在一直线上;在夜间,每船能见到对方的两盏舷灯。在这种情况下,两船有碰撞危险的时候,每船所采取的避碰措施,应该是各将航向转右,使各船在他船的左舷驶过,也就是红灯相对驶过。

横交船,就是两船逐渐接近,按它们的位置又不是对遇船,如果按原来的航向行驶不变,可能在同一个时间到达一个空间,而发生碰撞。为了避免碰撞,所采取的措施,应该是另船如在本船的右舷,本船应当给他让路。

追越船,就是乙船原在甲船后方的位置而意图越过甲船。因之逐渐与之接近,在这种情况下,乙船应给甲船让路。

《海上避碰章程》共32条,不可能在本文内,逐条加以说明,唯每条都是重要的,必须严格遵守,如有违反,各国的法律一般的都规定处罚。

二、过失责任

在过失责任方面,兹按照下列的几种情况,举例予以研究。

(一)航行船与停泊船的碰撞

情况(1):假定在某港湾水域内,某船甲因故在航道抛锚,由于风浪动荡,船泊横陈,时在白昼,天气晴朗。正当这个时候,乙船航行经过该处,与甲船碰撞。按乙船,在航行中应随时瞭望,谨慎前进,对于甲船所处的位置,自当在注意之中,应该及时采取措施,避免向甲船碰撞。所以这个碰撞的事实,就明显地说明,乙船必有疏忽之处,如乙船不能提出碰撞的原因是由于不可抗力或由于意外,就难以推卸过失责任。

在另一方面,倘甲船不在航道横陈,即使乙船有疏忽之处,又何致发生碰撞,甲船是否亦应负共同责任呢?回答是不能。因为甲船的这种位置,是已成的事实,即使横陈,是妨害交通,甚至由于甲船的过失所造成,但这个过失亦是已经存在的过失,当乙船驶来的时候,是无法改正的。如果没有乙船前来撞它,是不会发生碰撞的。所以甲乙船的碰撞,不是由于甲船早已存在的过失,而是出于乙船的冲撞,自应由乙船负单独过失的责任。

进一步言,假定在航道横陈是违反港口章程,是不是甲船应负碰撞的过失责任呢?那亦不能。因为违反章程是港口主管机关按照具体情况应否给予处分的事情,那是主管机关与甲船间的事情,不是甲乙两船间过失责任的事情,二者不能混淆起来,不应影响甲乙间的过失责任。

情况(2):如果甲船横陈航道的情况是在夜间,没有燃灯,又天黑无月。斯时,乙船驶来，虽尽瞭望的能事，但因甲船无灯，又值黑夜，因之不能在相当的距离望见甲船。等到驶近，忽然发现甲船的时候，已措手不及，无法避让，结果与甲船碰撞。在这种情况下，甲船虽是抛锚船，实际上，碰撞是由于他没有燃灯的过失所招致，应当负担过失责任。

情况(3)：按照情况(1)，假定甲船被乙船碰撞后，走锚，位置移动，撞及另外的抛锚船丙，而丙亦同样走锚，位置移动，又撞及另船丁。如果甲撞丙，丙撞丁，都是乙撞甲的直接后果，中间亦没有另外的过失存在，所有甲丙的碰撞，丙丁的碰撞，都应当由乙船负担过失责任。

（二）航行船与航行船的碰撞

情况(1)：横交船。甲船是由福州马尾开往澎湖列岛，乙船是由汕头开往上海，在台湾海峡遇见。按两船所驶的航线，遇见的时候，假定是横交船，乙船在甲船的右舷，依照避碰章程的规定，甲船应给乙船让路，而乙船应当保持原来速度及航向前进。根据乙船的报告，由于甲船没有让路，结果碰撞，甲船沉没。按当时是夜间，月光明亮，两船早已应当彼此望见。各船均可能在自己的罗经，测定来船的位置。如果来船的方位，经过相当的时间不变，两船就可能在一定时间到达一个空间，而发生碰撞。这种危险处境，既然存在，两船都应遵守碰撞章程的规定，采取措施。这种措施必须是及时的，果断的。例如，甲船既是照章应该让路的船，就应当及时从早让路。按横交船的位置，甲船如将舵转右，就是把航向转右，并鸣汽笛一短声，告知来船，两船很容易地红灯相对而过。或者，甲船停驶，让乙船先行，亦无不可。甲船如不照章让路，或让路不及时，都是过失。

在另一方面，倘甲船不照章让路，仍照原来航向前进，乙船在认定甲船的这种意图之后，也不应当坚持章程赋予的权利，继续保持原航向、原速度，应该采取有助于避碰的动作，因为如坚持不变，必然发生碰撞。在这种紧急情况下，乙船应当及时采取措施，停车或倒车，避免碰撞。如乙船明知碰撞危险当前，而仍向前驶去，毫不采取措施，虽然碰撞危险主要的是由于甲船违章的过失所造成，乙船亦不能完全免除过失责任。

情况(2)：对遇船或近乎对遇船。甲乙两船的碰撞发生在舟山洋面，当时甲船由台湾开往上海，乙船由上海开往台湾，在白节山附近相遇。假定相遇时候的航向是相对的，平行的，亦就是对遇船或近乎对遇船。依照避碰章程的规定，海船应把航向转右，并各鸣汽笛一短声，通知来船，红灯相对而过。检查两船受伤情况，甲船伤在船头右舷，碰撞后，不久即行沉没。兹甲船伤处既在船头右舷，可以推定，当时两船罗经方位，各在本船的前方右舷，可能不超过一点（每点为罗经 11 度 15 分），彼此望见二盏舷灯。按这种情况，海船如在适当距离及时地转右，本可安然驶过。但两船均未照章及时采取措施，直至两船距离甚近的位置，乙船航向忽然转右，企图红灯相对驶过，甲船仓皇失措，急转左舵，将航向转左，企图避免碰撞，但时间紧迫，两船无法避让。因而甲船伤在船头右舷，在上述假定基础上，亦可推测，乙船伤处可能亦在船头右舷。

在另一方面，当甲船在罗经测定来船方位是在右舷，近乎对遇船的位置，如果意图绿灯相对驶过，亦无不可，但必须及时地采取措施，取得乙船的同意。先鸣汽笛两短声，于乙船答复两短声后，各船将航向转左，自可安然驶过，但须注意，这种绿灯对驶的避让，并不符合避碰章程的规定，应尽量避免采用。

兹甲船既不照对遇船的章程规定，把航向转右，以便红灯相对驶过，又不及时取得乙船同意，把航向转左，以便绿灯相对驶过，确有过失。乙船亦未及时采取同样措施，至距离甚近的时候，忽然转舵向右，造成碰撞结果，当然亦负过失责任。

情况(3)：追越船。按照避碰章程的规定，追越船应给被追越船让路，被追越船当保持原速度原航向前进。追越船必须估计当时两船的环境。根据科学理论，并经在试验槽证明，当两个机动船在接触甚近的时候，特别在水道不深、范围受到限制的地方，相互起着水力冲荡和吸引作用，可能发生人力不可控制的现象，船舵虽未转向，船身亦可能转向。兹举下列事例，供作参考。在美国纽约的一条狭窄水道上，甲船在前，乙船是巨轮在后，意图在甲船的左舷越过。两船平行距离是 100 尺，当乙船半个船身正在越过的时候，两船受水力吸引，甲船虽持舵向右，并用右面机器倒车，左面机器前进，予以辅助，最后左右机器均行倒车，仍然不免和乙船右舷冲撞。事经涉讼，法院认定，乙船是追越船，对环境和因素估计不足，以致发生碰撞，应负过失责任。

另外，在追越过程中，前船亦不应采取不必要的动作增加碰撞的危险。亦举一事例，供作参考。在英国福尔斯湾，甲船在狭窄水道航行，该水道宽约两链(每综合 1 里的 1/10 计 608 尺)，中间没有浮筒，甲船在前，速度每小时 8 里，乙船在后，速度每小时 9 里，乙船意图在甲船的右舷驶过。当后者船头接近前者船尾的时候，当时两船平行距离是 100 尺，甲船船身忽然向右动荡，随即转舵向右，乙船避让不及，发生碰撞，甲船沉没，驾驶人员全部淹殁。判决认定，乙船是追越船，基本上应负让路的责任，但甲船转舵向右，增加了碰撞危险，造成了不可避让的情况，应负 2/3 的过失责任，乙船应负 1/3 的过失责任。

在我国 1953 年 1 月 3 日公告的《上海港港章》第 30 条，载有如何追越的规定：

“凡船舶在港内航行，如有追越前船必要时，须先鸣汽笛一长声，前船同意让路时，应先鸣汽笛三长声，继续加鸣本船驾驶方向之声号，后船再鸣本船追越行驶方向之声号，即可进行追越。如前船有困难，不同意赶越时，可鸣汽笛四短声。后船非经前船同意，不得追越。经同意追越时，除前船应尽量让路外，后船仍应负责避让前船之路。”

必须指出，一船在望见另船的时候，如前述(1)(2)两种情况，应该细心察看来船的航向和罗经方位。在断定有碰撞危险可能的时候，避碰章程某条文的规定，立即适用。如认定是对遇船，就适用对遇的条文；如认定是横交船，就适用横交船条文。本船在采取符合对遇船或横交船的条文措施的同时，应相信来船必然亦采取符合该条文的措施。在适用该条避碰措施之后，必须继续适用，自始至终，贯彻适用。不可在适用某避碰条文后，随着两船位置的临时变化，而有所变更，又适用其他条文。忽而适用对遇船的条文，忽而适用横交船的条文，忽而适用追越船的条文，必更引起混淆情况，增加碰撞可能的危险。

(三)雾中航行的碰撞

假定甲船是1万吨以上的轮船，在晨雾中和沿海小轮碰撞，结果小轮沉没。依据碰撞章程，雾中航行必须缓车、谨慎前进，并鸣雾号，以便来船听到雾号，提高警惕。既是缓车，应该是在看见来船的时候，虽然距离甚为接近，亦可运用停车倒车的措施，煞掉本船前进的力量，而避免碰撞。据甲船报告，在14里以外，即在雷达仪器上，把来船反映出来，但毫无警惕，仍快车前进，亦未鸣雾号，直到船头撞入小轮的左舷后，始行倒车，自当负过失责任。

所谓缓车前进，亦就是以缓慢的速度行驶。缓慢是相对的速度，是没有一定标准的。例如，某船在大海中航行，船舶往来不多，忽然晨雾迷漫，所采取的缓慢速度当然和在港湾水域内众多船舶所采取的缓慢速度不同。又如，某船备有两副机器，对于停车倒车煞掉前进的力量，易于发生效力，它所采取的缓慢速度，又与另船仅有一副机器对于停车倒车发生较差效力的所采取的缓慢速度不同。所谓缓慢行驶，应是谨慎注意现场环境，结合当时的具体情况，缓慢前进。倘某船在交通频繁的水域行驶，而缓慢前进的程度已经到了指挥不灵、舵不应手的状态，是否可以盲目地增加速度冒险前进呢？回答是不能。在这种情况下，它的动作应该是停车，或者时而停车时而前进，必要时亦可抛锚。

除缓慢行驶外，必须照章鸣放雾号，以通知可能驶近的另船。某船如听到别船的雾号，而对它的位置不能确定时，应当停车，然后谨慎驾驶，直至碰撞的危险已过为止。所谓某船应当停车，就是给它充分的机会，确定别船的位置。因为水蒸气的传声，有时发生不正常的效果，可能受到机器轰动的影响，不能听见。根据科学试验的结果，[①]认为有的时候，一船虽发放声号，而另船亦可能没有听见。

船舶在雾中航行，它的速度和雾号，必须符合避碰章程的规定，否则，负担应有的过失责任。

---

① [英]马斯登著:《海上碰撞》,英文版,第47页。

（四）没有实际接触的碰撞

某船在狭窄水道航行，如因速度太快，把木船浪沉，虽没有实际的接触，亦应负过失责任。相反的，如某船速度并不太快，所发动的浪潮亦不猛烈，但木船因为载量过重，不能克服一般的水上风险，因而一遇浪，即行下沉。由于这是木船不适航行的因素所造成，不应把过失责任强加在某船的身上。某船有无过失责任，必须结合具体情况断定。

（五）没有过失责任的碰撞

在暴风雨中，由于台风的驱逐，甲船和乙船碰撞。这是天灾，由于不可抗力，双方都不负过失责任。所谓过失责任，其中必须存在过失。如一船已尽谨慎之能事，给予了应有的注意，运用了优良技能，由于不可控制的或由于不明了的原因，仍不能避免与另船碰撞，如果不是由于天灾，就应该认为是意外。该船既是没有过失，就不应负过失责任。碰撞是否由于意外，自然要根据具体情况来决定。兹举两个例子，供作研究。在英国，某船在河中航行的时候，忽然蒸汽舵机的齿轮拥塞失灵，与另一停泊船碰撞。拥塞原因不明，据称该船对舵机经常检查，最近又配置了新的舵链。但因为该船除蒸汽舵机外，尚有手推舵机，如当时运用手推舵机，该次碰撞可以避免。因此法院认为该船未尽到谨慎的能事，尚有过失，应负责任。但在另一判例，当一船在泰晤士河航行时与另一停泊船碰撞，亦由于舵机忽然失灵。时在白昼，天朗气清。事后鉴定，发现舵机中间某机关含有暗藏的瑕疵，结合具体情况，认为该船没有过失，事出于意外，不负过失责任。按照前面两个例子，除碰撞因是否由于意外应作研究外，尚应结合举证责任予以研究。按航行的船与停泊的船碰撞，又在白昼，这个事故的本身，就基本上说明其中必然存在过失。碰撞的责任应由该航行船负担。该航行船拟根据事出意外的原因，予以答辩，自应负举证之责。如所举的证据不能证明其已经尽了应有的谨慎，它所应该负担的过失责任，仍不能免除。

三、过失责任的比例分担

前述过失责任，应该如何按过失程度，由船主负担，在1910年以前，各国的法律极不一致。有的规定，如果双方都有过失，不问个别的过失大小，一律各半负担。有的规定，双方既是都有过失，彼此之间不得相互请求赔偿，所有损害各自负担。有的规定，各船应该按照过失程度，比例负担。

关于违背章程，有的国家规定，不问是否属于碰撞的直接原因，这个违章船舶，应该假定有过失责任。

由于意见分歧，规定混乱，因此在1910年，在比国布鲁塞尔召开了国际会议。

9月23日达成统一的意见，签订了《统一船舶碰撞某些法律规定的国际公约》。这个公约，由英、美、[1]法、俄、德、意、日等25个海商国所签订，又有17个国家，在会议以后参加，[2]这些参加国中，包括苏联、波兰、印度等国。苏联在1926年2月2日承认这个公约，并根据这个公约的规定，制成法律，使它在苏联充分发生效力。英国亦在1911年12月16日，根据这个公约的条文，制成法律，使它在英国充分发生效力。这个公约实际上被世界海商各国普遍承认，予以施行。截至目前，这个公约在国际间和《海上避碰章程》，都是重要的文件。兹将该章程各条译成汉文，附录于后，以供参考。

公约所包括的方面甚广，牵涉的问题很多，本文拟提出两点，予以说明。

（一）强制引水员的过失

在公约签订以前，有的国家，例如英国，对自聘的引水员在船上执行职务，认为是临时的雇用人员，他的过失自应由船主负担。但对于依法强制引水的人员，认为是一种强制的性质。他在船上执行职务，替代了船长，并非雇用人员。所以，如有过失，船主不应负责，而由引水员自负。由于公约的第5条规定，英国的法律基本上起了变化。在1913年公布、1918年1月1日生效的引水章程的第15条，规定船主和船长对于强制引水员过失所负的责任，跟不是强制的引水员同。这样，英国在这点上就和其他若干国家，如法兰西、荷兰、比利时、丹麦、埃及、西班牙、葡萄牙、多瑙河沿岸国、美国、加拿大等国的规定相符合。苏联自1926年承认这个公约后，在1929年7月14日所制定的《苏联海商法》第160条，亦规定由于引水员的过失，即便是强制引水所造成的碰撞，亦由各船按过失程度负担。

强制引水人员的过失，应由船舶和船主负担的法理根据，如英国认为亦是雇佣关系，和非强制引水员同。但在其他国家，一般说来，认为引水员的职权，并没有替代了船长，仅是船长的顾问，航行责任仍由船长负担。《苏联海商法》附录第五“国家引水员”第18条规定：“引水员在船，不解除船长管理船舶的责任。”

我国1953年12月5日公布的《海港引水暂行章程》第34条规定，“引水员在船上执行职务时，船长不得放弃船舶管理责任”。第37条规定，“船长在引水员执行职务时，仍应注意航行安全，如引水员的操作不正确，危及船舶安全时，可即刻采取必要的措施加以纠正”。

引水员的过失，虽由船主代为负责，但这个过失毕竟是引水员的个人过失。如果因为他的过失，对于第三者的人身健康或第三者财产发生损害，那么，他是直接加害人，亦应该个人负责。在行政上，他的引水执照，可能被缴销或受到在一定期

---

① 美国是签字国，但在限期内没有送递批准书。

② ［美］哥利芬著：《美国碰撞法》，英文版，第857页。

间的停职处分;在刑事上,亦可按具体情况,受到刑事处分;在民事上,亦应负担损害赔偿的责任。在赔偿责任方面,按英国的规定,限于该引水员在主管机关原来交存的保证金,和该次肇事应得的引水费。在苏联,认为引水员是国家的引水员,如因过失引起海事,应由国家负责。但是这种责任,只以各该港从引水税金额,按10%所设立的海事基金为限。我国《海港引水暂行通则》第29条亦规定:引水员因过失所发生的碰撞,仅负技术过失责任,受行政或刑事处分,其损失赔偿,按照海事处理暂行办法办理。

必须指出,在引水员个人亦应负赔偿责任的同时,并不排除船主由于引水员过失所应负担的责任。

(二)过失责任的分担

公约中适用最广泛的是第4条关于两船都有过失按各别过失程度此例分担的规定。几乎各国法院或仲裁委员会(如苏联的海事仲裁委员会)普遍采用。对于人身的死亡伤害,是由各船连带负责的。但首先指出,依照一般海上运送契约的规定,本船对运送的货物,由于船长在航行中过失所致的损害,不负责任。

兹举例说明:假定甲乙两船碰撞,都有过失,甲的过失是1/4,乙的过失是3/4。甲船的损害10万元,甲船上货的损失是20万元,甲船上1人死亡,假定抚恤金是2万元,甲船价值假定100万元。乙船的损害是4万元,船上的货物人命无恙,乙船的价值假定为80万元。甲船的损害10万元由乙分担3/4计7万5千元,乙的损害4万元由甲分担1/4计1万元,两相冲抵以后,甲应向乙净取6万5千元。甲船上的货损害20万元,甲根据运送契约,免除1/4的过失责任,仅由乙负担3/4计15万元。甲船上的一人抚恤金2万元,如甲早已付讫,得依照分担规定,向乙请求3/4计1万5千元。总计乙应付给甲方24万元,又负担本船的损害计3万元。甲负担本船的损害2万5千元,乙船的损害1万元,又一人的部分抚恤金5千元,甲共负担4万元。甲船上的货主,净损失5万元。

根据前述例子,假定甲船所死亡的是一名船员,甲船如果属于法国国籍,依照法国法律,船主因本船过失,对船上人员所致的人身损害,不负赔偿责任。因此,这名船员的家属,就不能向甲船要求损害赔偿,但是,他可以向乙船要求,根据连带负责的规定,可以获得抚恤金的全部计2万元。乙方在支付2万元后,依照公约第4条第4项的规定,结合法国的法律,亦不能对甲船要求分担。

按人身健康的损害赔偿,在原则上是由有过失的船舶负连带或个别赔偿责任的。一般说来,如果某船所付出的抚恤金,多于他所应该负担的过失比例,原可以向另船要求分担偿还。但是,如果另船对本船船上人员订有契约,免除船主的过失责任,而事项免除责任的契约,又受到本国法律的支持,或者虽然没有契约,而本国的法律有免除船主事项责任的规定,另船在法律上就没有赔偿的义务。某船不能向另船要求分担,只好按连带负责的原则,负担全部的抚恤金。

附 录

统一船舶碰撞某些法律规定的国际公约

(1910年9月23日布鲁塞尔)

第一条 当海船之间或海船与内河船之间发生碰撞,船舶或船上财物人命因遭受损害所引起的赔偿,不论碰撞地点在任何水域,应照下列规定处理。

第二条 如果碰撞,是由于意外或不可抗力或者由于碰撞的原因不明,损害由遭受者自行负担。

本条规定亦适用于几个船舶或其中之一在事故发生的时候处于抛锚或系缆的状态。

第三条 如果碰撞是由于船舶过失所致者,损害赔偿的责任就由这个有过失的船舶负担。

第四条 如果两个或两个以上的船舶有过失,每一个船舶的责任,应按照各方的过失程度比例分担。但是,按照情况如果不可能确定各别过失的程度,或者过失似乎相等,这个责任应平均负担。

船舶或者船上的货物或者船员旅客和其他人员的杂物财产所遭受的损害,均由有过失的船舶按上述比例负担。就是对于第三者的损害,亦不超过这种比例。

关于人身伤亡的损害,有过失的船舶对第三者的责任,是连带的和各别的,但是并不妨害一船向其他过失船要求分担偿还的权利,如果他所付出的是超过本条第一项应当负担的部分。

关于分担的要求,各国可自行决定有关船主对船上人员责任限制的契约或法律,所应有的意义和效力。

第五条 由于引水员过失所发生的碰撞责任,前述各条的规定适用,就是依法强制,引水亦然。

第六条 因碰撞所引起的损害赔偿请求权,不以送递海事报告书或履行其他特别形式为先决条件。

关于碰撞责任在所有法律上假定的过失,一律废除。

第七条 损害赔偿的起诉权由事故发生之日起,经过两年不行使消灭。

按照第四条第三项所准许的分担偿还要求,必须自给付之日起一年内起诉。

前述时效期间可能中止或中断的理由,由审理该案件的法院决定。

各缔约国有权在本国制定法律，把前述时效期间延长，如果在这个期间不可能在原告住所或主要营业地的国家水域内把被告船舶扣留。

第八条 碰撞以后，各该船舶长在他的船舶船员旅客没有严重危险的情况下，必须救助其他船舶船员和旅客。

他亦必须在可能范围内，把他的船名、船籍港、开出地、开往地通知另船。

违反前两项的规定，并不当然地把过失责任加给船主。

第九条 各缔约国的立法，对于前条的违反如尚没有禁止的规定，应该负起责任采取必需的步骤或向立法机关建议，防止这种违反。

各缔约国应尽速彼此通知，为实现上述义务在本国内所已经或将来公布的法律或规章。

第十条 在不妨害将来缔结的任何公约情况下，本公约的这些规定，对于各国有关船主责任限制范围的现行法律，并不发生任何影响，对于因运送契约或其他契约所存在的法律义务，亦没有影响。

第十一条 本公约对于军舰或者对专用于公务的政府船舶不适用。

第十二条 本公约的规定对所有有关人员适用，如果在某一案件中，有关系的船舶都属于缔约的各国。在其他情况的案件中，本国的法律适用。

但是(1)如果有关人员属于非缔约的某国，每一个缔约国亦可在互惠的基础上适用前述的各项规定。(2)如果有关人员属于同一个国家，当法院审理案件时，应适用本国的而不是本公约的规定。

第十三条 本公约亦规定赔偿，虽然实际上没有碰撞。如果一船对于另船或其船上的货物、人身所遭受的损害，是因操纵的所为或不为，或因不遵守航行章程所引起的。

第十四条 每一个缔约国有权从本公约生效后的三年召开新的会议，目的在于可能的补充或者在于适用范围可能的扩大。

每一个国家行使这种权利时，必须把他的意见通过比利时政府告知其他国家，由比国政府作出安排，在六个月内召开事项会议。

第十五条 没有在本公约签字的国家可以申请参加，由外交途径通知比国政府，再由比国政府通知其他政府。这种参加，从此国政府送出通知后一个月生效。

第十六条 本公约需要批准。

在本公约签字之日后，最长的期间即一年内，比国政府应与其他已经声明准备批准本公约的缔约政府通讯，目的在于决定本公约应否实施。

批准，如果这样决定，应立即在布鲁塞尔交存。本公约从交存的一个月后实施。这种批准公文书对于在布鲁塞尔会议签字的国家保留有效，期间是一足年。在这个期间以后，他们只能依照第十五条的规定参加。

第十七条 如果缔约国的某一国拟退出本公约，事项退出从向比国政府送递通知之日起的一年后始发生效力。本公约在其他缔约国间，仍然实施。

附加一条 虽然第十六条有了规定，兹经同意各缔约国在船主责任的限制范围尚未达成协议以前，没有义务使第五条因强制引水员过失造成碰撞所规定的责任生效。

（1957年第4期）

谈退社社员拉车牵马的处理问题

李　郊*

去冬和今春以来,农业生产合作社社员退社拉车牵马的纠纷,开始诉讼到人民法院。站在农业生产合作社立场上的代理人,对社员退社拉车牵马的行为,看成是直接危害、削弱,甚而是破坏农业生产合作社的行为,要求人民法院予以禁止。站在退社社员立场上的个人,对农业生产合作社不准他拉车牵马表示反对,说农业生产合作社违反《高级农业生产合作示范章程》(下简称《社章》)的规定,要求人民法院给予公平裁判。人民法院到底站在哪方面来处理才算公正,确实是值得研究的一个迫切问题。有人主张(实际也这样做了)应站在农业生产合作社的立场上来处理才算正确,不然怎能谈上保卫农业合作化——这是多数人。也有人主张(实际也这样做了)按《社章》第11条规定,应准予退社社员抽回所交纳的车马才算正确,不然保障公民合法财产成为空话——这是少数人。这两种主张孰是孰非?我愿发表点滴见解。

我认为,在处理这类案件之前,首先应明确三个问题:

第一,对高级农业生产合作社财产性质的认识问题。《社章》第2、13条均明确规定,入社的土地、耕畜、大型农具等主要生产资料为集体所有,即高级农业生产合作社所有。此种在共产党和人民政府领导和帮助下,在自愿互利基础上创立起来的集体农业经济,和个体农民私有的经济,原则上更迥不相同。按其经济性质来说,它是属于社会主义性质的;按其经济主体来说,所有者不是个人而是法人。所以,依照《社章》的规定精神,只有高级农业生产合作社社员大会和管理委员会以及社主任,才是处分农业生产合作社财产的机关或者是权力者。如果有其他任何人任意处分农业生产合作社的财产,一概认为是违背农业生产合作社生产建设原则的。由此可见,退社的社员不管他在一种什么样的情况下,强行拉出、牵走,甚至毁坏、变卖农业生产合作社车马的行为,无疑是一种违法行为。农业生产合作社有权向他要求返还,有权要求他补偿非法占用期间的收益和损失;同样也有权向未经合法手续取得人——买主,索回它的财产。人民法院应该以极大注意力,保障这种合法权利的行使。

第二,对社员退社行为的法律认识问题。由于社的性质决定了农业生产合作

---

* 作者单位不详。

社的基本原则之一，就是自愿。这个原则具体反映到入社问题上，同时也反映到退社问题上。因此，《社章》第7条规定入社自愿，第11条又规定社员有退社的自由，在政策、法律上找不到强迫入社、限制退社的条款。但是，社员要求退社，要经过申请、批准等手续。目的在于使那些犹豫不定、又退社确实对他好处不大的人，经过教育自动撤回退社的申请，安心于农业生产；那些坚决退社和确实有一定理由的人，应准予他出社，从事其他劳动或者单干。这就是说，退社行为虽不是法律所提倡的，但它确确实实又是一种合法行为。自然，退社的社员有权向他参加的农业生产合作社请求如何处理他入社时所交纳的股份基金和投资，农业生产合作社有义务根据社的经济能力认真研究申请人的实际情况之后，给予妥善处理。农业生产合作社对返社的社员不但不应有任何歧视，而且对他的申请要采取积极负责的态度去处理。如果农业生产合作社与退社社员自行解决不成，人民法院就应当受理，分别具体情况，认真加以调处。

第三，对退社行为这一客观事实的认识问题。农业合作化发展是健康的，农民奔社会主义的心情是坚定的，只有个别的少数人退社。目前发生有少数人退社的现象，绝不能和农业合作化的优越性混为一谈，要把它看成是客观存在的、比较正常的事物。那么，我们分析一下这种现象产生的原因，便会有一个完整的认识。原因不外是：(1)高级农业合作化才仅仅实行一年之久，社干部经验不足，在处理具体事物时贯彻“民主办社”的方针不够，官僚主义作风容易伤害社员的感情；(2)农民间私有观念的遗毒不能在短时间内净除，集体利益和个人利益发生较大矛盾的时候，特别是富裕中农往往不肯服从集体利益；(3)由于农业生产合作社劳动种类增多、劳动纪律较严，又加之去年城市职工普遍补薪，迫使和影响不惯与懒于参加农业生产的人盲目进城；(4)部分地区歉收，政治工作、经济工作没有及时跟上去，未能很好克服社员怀疑合作化的思想情绪；(5)自由市场开放，车马价格上涨，有的社员感到入社车马价格偏低；(6)因特殊情形，如男女婚姻关系、家庭关系，以及因丧事、疾病发生困难等。这些原因都是不可避免的和短时间内所能解决的。这种现象随着农业合作化的巩固与发展，随着社员入社时所交纳的股份基金逐步获得解决，将归于消灭。

明确上述三个问题之后，在处理这类问题时，必须遵守三项原则：

其一，必须依《社章》办事。可是有相当数量的司法干部认为，在处理社员退社拉车牵马不能按《社章》办事，理由是如果按《社章》办事，农业合作化发展就要受损害。不晓得这个道理是从哪来的。《社章》不仅是章程，而且是一种法律。不依《社章》办事，当然就是不依法办事。人民法院不依法办事的错误行为是不可饶恕的，因为它直接破坏了法制。不能依《社章》办事的实质反映了一个很重要的问题，即章程中的条款有的需要更改。这种认识很危险，《社章》的基本条款，在高级农业生产合作社中一律有效,农业生产合作社必须恪守,不得有所违反。人民法院对于《社章》所规定的各条款实施情形,必须时加注意。《社章》不仅是任何农业社所应遵守,而且是具有国家基本法令的效力,如有违反者,必受法律处分。《社章》第11、17条,对于社员入社时交纳的股份基金和投资的处理有明确规定。为什么有人说不能按《社章》办事呢?有的人对《社章》基本精神缺乏足够了解,对具体条款作孤立、片面的理解,认为第11条是指退社社员的,第17条是指在社社员的。我的理解不是这样的。第11条规定:"……可以抽回他所交纳的股份基金和他的投资。"可以抽回的规定,只有在一种特殊的情况下行得通,才有意义;在非常情况下,可以抽回股份基金和投资,是不适用于一切具体案件的。因为可以抽回的另一面,就是可以不抽回,或者少抽回;可以于退社的当时抽回,也可以以后抽回;可以一年抽回,也可以逐年抽回;可以一期抽回,也可以分期抽回。这需要根据具体案件而定。因此,第17条相应地规定:"……付清的时间一般的是三年,至多不超过五年。没有付清的价款的利息问题,由合作社同本主协商解决。"这条既包括在社社员的价款这样处理,又包括退社社员价款也这样处理。我觉得对具体条款作这样的解释,不等于自由的解释,既不违反《社章》规定的基本原则,又不违反人民大众的利益。有的地方、有的人采取破坏《社章》的做法,即准许退社社员带走他入社时投入的车马,但需以现在行价核给。其目的非常明显,站在绝对维护合作社的立场,损害了退社社员的利益。这样的处理,会使退社社员提出这样的问题:我的车马定价入社就低,你们怎么给解决?我的车马使用价值问题、价款的利息问题,你们怎样处理?这就使案件更加复杂化了,使《社章》成为虚无的东西。由此而论,人民法院依照《社章》办事,是解决农业生产合作社一切案件的法规。

其二,必须发挥充分协商的精神。即社员拉车牵马的纠纷是农业生产合作社内部的事情,是农村人民内部矛盾的一个具体的反映。这种行为是属于民法调整范畴的,解决这类纠纷的唯一途径,就是充分发挥协商的精神进行妥善处理,"团结—批评—团结"。在贯彻这一指导原则时,首先,在司法工作者头脑中要明确这种纠纷的性质,纠正和防止惩办主义情绪去代替充分协商的精神。其次,对来自乡社干部和某些部门的惩罚要求不应迁就,要向他们讲明道理,说明为什么不用刑罚处理,消除惩罚情绪,同时也要指责退社社员拉车牵马行为的错误所在。只有这样,从头至尾贯彻着与保持着充分协商的精神,双方感到没有压力,问题才趋向和缓得到解决。充分协商的精神可通过这几种形式来发挥:(1)自行(即合作社同本主)协商;(2)有关部门(农业领导部门)参与帮助协商;(3)法院主持协商。这几种形式,各有各的特点。作为这类问题的处理,最好发挥前两种形式的作用,比较复杂的纠纷,可通过第三种形式解决。人民法院主持协商的目的是增强人民内部团结,使问题建立在调解的基础上以得到圆满解决。协商不成的亦应判决,但判后要向当事人说明为什么这样判而不那样判，进行法制教育。

其三，必须具体问题具体处理。就上述纠纷的复杂情况，在处理上，我认为可分两种情况：一种是退社社员要求抽回他入社时交纳的车马，显然这种情况好处理，问题不大；另一种是退社社员已公开地或者偷偷地将他入社时交纳的车马拉出，隐藏甚至变卖，显然这种情况不好处理，问题麻烦。对前一种情形处理应是：(1)退社社员迁往城市从事其他劳动，其家庭生活并不困难，就是为了花钱方便才申请抽回他入社交纳的车马的，应以《社章》第17条规定的价款分期付清来处理；(2)退社社员盲目迁往城市后，因无职业，生活发生困难才申请抽回他入社交纳的车马的，尽量动员其本人回到原地参加农业生产，如其不同意，也可酌情暂付一部价款，帮助解决生活问题；(3)退社社员因丧事、疾病所困，致无钱不治病就得死人、无钱买棺材就不能完丧事的程度的，尽可能付给一部或全部价款；(4)退社社员要自行单干才申请要抽回他入社交纳的车马的，应准予抽回原物或相同之物以便个体经营农业生产。对后一种情况处理应是：(1)对已将车马拉出隐藏起来的，动员其返回来或者判令交来，对经济上确有特殊困难者，须予适当解决，一般不宜叫其负担损失；(2)对将车马拉出后卖出的，原则上应一律将原物索回或者从退社社员手中追回卖款全部，对其中由此而严重影响生产、社员反映极大和卖款隐匿起来不交出者，则可采取强制措施，但必须慎重。此外，对于社员由甲地农业生产合作社转到乙地农业生产合作社、由农业生产合作社转到运输生产合作社，可以由社负责联系办理，不宜由社员自带车马出社。对于国家公务人员家属退社的，如生活基本赖其子女赡养，最好动员其放弃抽回入社时交纳的股份基金和投资。

(1957年第4期)

新中国劳动法的产生和发展

任扶善*

一

劳动法是我国人民民主法的一个重要部门。它的任务在于建立、巩固和发展我国社会主义的劳动组织，从而促进劳动生产率的不断增长，并且在生产发展的基础上逐步改善我国劳动者的物质和文化生活。因此，正确地运用劳动法这个武器，就能充分发挥劳动者的积极性和创造性，就能有助于生产计划的完成和超额完成，就能加速社会主义建设的进程，使我国早日从落后的农业国变为先进的工业国。

中国共产党和人民政府对于劳动法的积极作用非常重视。1949 年全国解放以后，在宣布废除国民党政府欺骗和压迫工人的劳动法规的同时，就开始新的、真正符合工人阶级利益的劳动立法。在中国人民政治协商会议全体会议通过的《共同纲领》中对于劳动问题已经作了若干原则性的规定，其中第 32 条集中地规定了工厂委员会、劳资集体合同、工作时间、最低工资、劳动保险、青工女工的保护以及工矿检查等问题，在另外几条中又规定了结社的自由、遵守劳动纪律的义务、技术教育和业余教育等问题。由于《共同纲领》曾经起着临时宪法的作用，这些规定在新中国成立初期，就成为劳动法的基本原则，一切劳动法规的制定都以这些规定为基础。

自从中央人民政府成立以后，中央劳动部和其他有关方面即根据《共同纲领》的规定，着手草拟各种劳动法规。八年以来，在党的关怀和领导下，经过各方面的共同努力，我国劳动法已经得到很大的发展。现在把经济恢复时期和第一个五年计划时期我国劳动法的发展情况，简单叙述如下。

二

在恢复国民经济的三年期间，由中央制定并颁布的重要劳动法规，为数达 70 余种。这些法规实施以后，对于我国经济恢复工作的顺利完成，起了很大的推动

---

* 作者单位不详。

作用。

1950年6月，中央人民政府委员会公布的《中华人民共和国工会法》是新中国最早的法律之一。由于这个法律明确规定了工会的法律地位、工会的权利和责任、工会的基层组织和经费来源，因而实施以后，便有力地推动了我国工会组织的发展，使全国工人阶级迅速地组织起来，成为人民政权的坚强支柱。同时，还大大加强了工人群众的团结，提高了工人阶级的觉悟，因而能在企业中顺利地完成民主改革和与不法资本家进行斗争，并且能在全国范围内广泛展开劳动竞赛，以加速国民经济的恢复和发展。

在恢复时期，调整劳资关系的几个法规也具有重要的意义。这几个法规是：1949年11月由中华全国总工会制定、以后经各大行政区和直辖市人民政府分别批准公布的“劳资关系三大文件”（《关于劳动关系暂行处理办法》、《关于私营工商企业劳资双方订立集体合同的暂行办法》和《关于劳动争议解决程序的暂行规定》），以及1950年4月中央人民政府劳动部颁布的《关于在私营企业中设立劳资协商会议的指示》。由于这几部法规及时规定了劳资双方的权利和义务，确定了协商的机构和协议的形式，并且明确规定了劳资争议的处理程序，因而实施以后，很快就克服了解放初期劳资关系的紧张状态，同时限制了资本家对工人的过分剥削，使毛主席确定的“发展生产、劳资两利”的方针得以具体实现。

解放初期，处理失业问题的几个法规也收到了很大的效果。由于帝国主义和反动政权的长期统治，旧中国的失业现象非常严重。解放以后，党和政府对于失业人员极为关怀。1950年6月，前政务院发布了《关于救济失业工人的指示》，劳动部同日又颁布了《救济失业工人暂行办法》，规定了救济失业工人的经费来源、组织机构、登记手续和救济方式。根据这些规定，全国各大城市迅速展开了史无前例的失业救济工作，使一时相当严重的工人失业现象大为减轻，大量失业工人，重新得到就业或安置，暂时无法就业或安置的也得到了现金救济，减轻了生活的困难。在救济失业工人获得显著效果的基础上，1952年8月前政务院又颁布了《关于劳动就业问题的决定》对全国各种失业人员进行了普遍的登记，并且根据具体条件采取了各种处理的办法。虽然在执行这个决定的过程中曾经出现过某些偏向，使工作一度陷入被动，但是无论从就业和安置的人数来看，或是从接受现金救济的人数来看，执行这个决定的结果，成绩还是主要的。

在恢复时期颁布的劳动法规中，前政务院1951年1月颁布的《中华人民共和国劳动保险条例》，占有非常重要的地位。这个条例对于保险金的征集、保管和支配，保险待遇的种类和标准，以及保险事业的执行和监督等问题，都作了具体的规定。根据这些规定，从该年5月起，在全国100人以上的厂矿和铁路邮电企业中开始实行劳动保险,从此职工在生、老、病、死、伤、残时都可以享受到保险待遇,在某些情况下,还可以享受由保险基金举办的集体福利事业。这些措施对于减轻职工的生活困难,增进他们的身体健康,提高他们的生产情绪,都发生了极大的效果。

在恢复时期,全国性劳动保护法规颁布的不多,正式颁布的只有前政务院中央财经委员会于1951年12月颁布的《工业、交通及建筑企业职工伤亡事故报告办法》,劳动部于1951年10月公布的《关于搬运危险性物品的几项办法》和1952年12月公布的《关于防止中毒的办法》。劳动部草拟的《工厂卫生暂行条例》(草案)虽然曾由前政务院通令试行,但并未正式公布。不过,恢复时期,各产业主管部门在劳动保护方面发布的文件为数不少。例如,重工业部、铁道部、纺织工业部、第一机械工业部等产业部门先后发布过关于开展安全卫生教育、进行安全卫生大检查以及布置季节性劳动保护工作的指示和命令。由于以上这些法规的实施,旧中国遗留下来的极端恶劣的劳动条件得到显著的改进,解放初期相当严重的伤亡事故,也得到很大的减轻。

除了以上这几方面的法规以外,经中央各机关颁布的还有《关于年节及纪念日放假办法》、《废除搬运业封建把持制度》以及《在国营公营企业建立工厂管理委员会》等文件。

在恢复时期,除了中央各机关颁布的全国性劳动法规以外,各级地方政府也颁布了很多地方性的法规,以补充全国性法规的不足。这些法规多半是经当时各大行政区军政委员会(后改为行政委员会)和直辖市人民政府颁布的,也有一些是经各省、市人民政府颁布的。这些法规对于当时当地劳动关系的调整和劳动工作的开展,也有相当重要的意义。

以上就是我国经济恢复时期劳动立法的大致情况。总的说来,这个时期的劳动法规数目并不算少,并且这些法规对于工会运动的发展、劳资关系的调整、失业现象的缓和、职工生活困难的减轻以及工矿劳动条件的改进,都发生过积极的作用。因此,那些认为我国恢复时期劳动法规太少和未起多大作用的说法是不正确的。

同时,必须看到,在恢复时期我们的劳动法规还是不完备的,劳动关系的许多重要方面,如工作时间、工资、劳动纪律、工矿安全卫生条件以及青工女工的保护等,都还没有或者很少制定有关的法规。这种情况自然不能不说是一种缺点。不过,在新中国成立之初,这种缺点也是难以完全避免的。正如董必武同志在八大发言中所指出的,“我们不可能也不应该设想,一下子就能够把国家一切法制都完备地建立起来,这样想是不实际的”。尤其是劳动法,牵涉到许多政策性和技术性的问题,我们在这方面缺乏成熟的经验。同时,解放初期我国工业水平很低,而且产业间和地区间的发展极不平衡，要想过早地制定出一套全国适用的劳动立法来，客观上也是不许可的。

三

在恢复国民经济的巨大工作完成以后，从1953年起，开始实行第一个五年计划，从此我国进入有计划的经济建设时期。在这一时期，由于国家在经济和文化方面的职能更为扩大，劳动立法应该随着大大加强，以便充分发挥劳动法对于社会主义建设的促进作用。但是在实行第一个五年计划的头两年中，我国劳动立法却还没有显著的进展。

在1953年这一年中，由中央颁布的重要劳动法规只有两个：一个是该年1月由前政务院修正公布的《中华人民共和国劳动保险条例》，修正后的条例比1951年原条例在实施的范围方面适当地扩大了一些，在保险待遇方面也有重点地提高了一些。这对于进一步减轻职工生活困难，鼓舞他们的劳动热情，当然是很有好处的。另一个是该年4月前政务院发布的《关于劝止农民盲目流入城市的指示》。这个指示针对当时农民入城的严重情况规定了各种具体措施。实施以后，农民大量入城的问题基本上得到解决，这对于减轻城市失业现象和保证农业生产是有很大益处的。

在1954年中，由中央颁布的劳动法规也还不多。其中最主要的只有该年7月间前政务院根据中华全国总工会的建议所颁布的《国营企业内部劳动规则纲要》。这个纲要包括了企业录用、调动和辞退职工的手续、行政和职工的基本职责，以及违反规则的处分办法等标准规定，为各产业、各企业订立内部劳动规则提供了法律根据，这对于巩固劳动纪律具有重要意义。在这一年中，劳动部颁布了《关于进一步加强安全技术教育的决定》和《关于厂矿企业编制安全技术劳动保护措施计划的通知》。此外，劳动部在1954年还制定过《建筑工人调配暂行办法》和《技工学校暂行办法》等几个草案，经前政务院中财委批准试行，但并未正式公布。

在1953年和1954年这两年中，各产业主管部、各级地方政府也曾制定过一些产业性和地方性的劳动法规，但数目也不算多。

由于劳动立法进展缓慢，许多重要法规未能及时公布，以致使劳动法远远落后于客观发展的要求，加班加点普遍、工资制度混乱、伤亡事故增加等就是具体的表现。

劳动法的落后情况，在1954年9月《中华人民共和国宪法》公布以后显得更为突出。

我国宪法在劳动问题上作了许多重要规定，但这些规定只是为劳动法提供了基本原则，要使这些规定具体实施，就必须制定完备的劳动法规。例如，《宪法》第91条关于公民劳动权利的规定，就要求国家采取扩大劳动就业、改进劳动条件和工资待遇的法律措施；第92条关于公民休息权利的规定，就要求国家制定工人职员工作时间和休假制度的法律；第93条关于公民物质帮助权利的规定，就要求扩大和改进现行的劳动保险制度，另颁社会保险条例。

同时，我国宪法要求一切国家机关工作人员和全体公民严格遵守法律，在处理劳动问题时，当然，也必须依法办事。但是，由于我国劳动法很不完备，许多问题缺乏法律依据，不好处理，因此有关方面普遍反映，要求国家颁布更多的劳动法规，以便有所遵循。

为了适应各方面的迫切要求，改变劳动法落后于客观需要的情况，劳动部遵照党中央和国务院的指示，从1955年起大大加强了劳动立法，特别是劳动保护立法的工作。

经过两年多的努力，劳动部已经草拟和修订了许多法规。在劳动保护方面，已经正式公布的有：1956年1月劳动部修正公布的《关于防止沥青中毒的办法》，以及1956年6月国务院公布的《工厂安全卫生规程》、《建筑安装工程安全技术规程》、《工人职员伤亡事故报告规程》和《关于防止工矿企业中矽尘危害的决定》。这几项法规公布以后，劳动保护工作便有了较多的法律依据，执行以来已经取得初步的成绩。许多工厂和建筑单位结合规程的条文，检查了安全卫生设备，揭发了大量的问题，能解决的当时就解决了，不能立即解决的，也定出了定期解决的规划，以便逐步实现。在贯彻以上各项规程中，还加强了企业管理人员的法制观念，也普及了职工的安全教育。因而实施以后，企业的劳动条件已有进一步的改进，伤亡事故一般说来也有逐月降低的趋势。

在工资方面，已经公布实施的重要法规有：1956年6月国务院通过的《关于工资改革的决定》、《关于工资改革方案实施程序的通知》以及《关于工资改革中若干具体问题的规定》，同年10月国务院通过的《关于新公私合营企业工资改革中若干问题的规定》等文件。根据这些文件，从1956年下半年开始，全国范围内开展了空前规模的工资改革工作，使全国职工的工资水平有了很大的提高，同时在提高工资水平的基础上，对不合理的工资制度和工资关系也作了适当的改进和调整。这次工资改革得到广大职工的拥护，鼓舞了职工的劳动热情，对于社会主义建设事业起了很大的推动作用。

在劳动力管理方面，几年来也颁布了许多法规。不过由于劳动力供需情况近几年中变化很大，劳动力的管理政策也随着一再改变，因此前两年所颁布的劳动力法规，现在大部分已不适用。目前适用的主要法规有：国务院1956年12月颁发的《关于防止农村人口盲目外流的指示》，1957年1月发出的《关于有效地控制企业、事业单位人员增加、制止盲目招收工人和职员的现象的通知》,1957 年 3 月颁发的《关于防止农村人口盲目外流的补充指示》,1957 年 4 月发出的《关于劳动力调剂工作中的几个问题的通知》,此外还有劳动部于 1957 年 4 月发出的《关于对城市失业人员进行清查和安置工作的通知》等文件。这些文件对于控制企业继续盲目增加人员,合理调配现有多余人员,以克服劳动力的浪费现象,有着重要的意义。

在技工培训方面,劳动部于 1955 年曾制定《工人技术学校学生守则》等几个文件,1956 年 2 月又将《工人技术学校标准章程》(草案)发交各地试行。1956 年 12 月国务院发出一项通知,指示各部门合理使用初中毕业的学徒和技工学校学员,并指示有关部门加强对技工学校的领导,要求学校改进教学工作和对学员进行劳动教育。根据这项通知,各有关部门和学校检查了自己的工作,加强了政治思想教育,对于安定学员的学习情绪有了很大的帮助。

除了以上各方面的法规以外,劳动部为了健全劳动行政机关的机构,以便有效地管理劳动工作,于 1955 年制定了《中华人民共和国劳动部组织简则》和《省、直辖市、市劳动厅(局)组织通则》,于 1956 年 10 月经国务院批准公布。劳动部根据《简则》的规定,已经改组所属业务单位;各地方劳动厅、局也先后根据《通则》的精神调整了自己的组织机构。各级劳动行政机关经过这次改组和调整以后,我国劳动行政工作将得到进一步的加强和改进。

在最近两年中,各产业主管部门以及各级地方政府颁布的产业性和地方性劳动法规,也有所增。这对于适应各产业和各地方的具体情况和特点,也有重要的作用。

综合以上所说的情况,我们可以看出在第一个五年计划时期,我们的劳动立法已经有了很大的发展,而且由于许多重要法规的公布和实施,劳动法的积极作用已经得到进一步的发挥。不过还须看到:我国劳动法到目前为止仍然不够完备。劳动关系的许多方面,如劳动合同、工作时间、休息时间、特殊情况下的工资、女工和未成年工的保护等方面,至今还几乎没有法规,这不能不说是一个缺点。近两年来,劳动部和全国总工会虽然就以上这些问题草拟了许多法规草案,但因为种种原因都还没有完成立法手续。

中国共产党第八次代表大会对于健全我国法制已经作出决议,规定:国家必须根据需要,逐步地系统地制定完备的法律。一切国家机关和国家工作人员必须严格遵守国家的法律,使人民的民主权利充分地受到国家的保护。因此,根据“八大”的决议,进一步加强我国的劳动立法工作,使我国的劳动法能够早日完备起来,已经成为我国目前的迫切任务之一。

(1957 年第 4 期)

【讨论】

【**编者按**】本刊第1期发表了王容海同志的《对离婚自由和男女婚姻以感情为基础的理解》后，曾接到不少来稿。有的是同意王容海的意见，有的则反对王容海的意见。本刊特在这里选择有代表性的两篇文章，发表出来，以帮助大家更深入理解这一问题。

不能助长资产阶级思想的发展

何哲身*

离婚自由是我国婚姻政策的基本原则之一，这是无可置疑的。在审判实践中处理一切离婚事件，绝对不能违背这个原则。

现在社会反映出来的离婚事件中，有不少的是以资产阶级的玩弄、欺骗、荒淫的手段，利用合法的“离婚自由”来为个人的丑恶的自由服务。对待这种性质的离婚案件，我认为不应给予过分的“自由”。

例如，夫妇关系中的一方同第三者发生了不正当的男女关系（目前大多数是发生在男方），因而造成或者加深了夫妻感情的恶化或至完全消失，并且由犯错误的一方提出了离婚。对待这类性质的离婚案件，有些同志认为必须采用说服教育的方法，但经说服教育仍不能归于和好的，就应该判令离婚。如不判令离婚将会强制一对“无法”和好的怨偶继续过他们有如冰炭不相容的共同生活。我认为不是绝对都是如此，这样做的结果，将自觉地助长了男女离婚关系上喜新厌旧的资产阶级思想。对这种违背共产主义道德品质的极端恶劣的行为，加以片面的“法律”保护，仅仅想通过社会舆论给以道义上制裁的办法，是脱离群众、脱离现实的。看起来那样做是依法办事，忠心耿耿地保护着婚姻自由，而群众则会指责我们是在“做缺德的事”，“维护资产阶级的思想残余”。

男女婚姻确是以感情为基础，当闹离婚时，他们的感情确已发展到了破裂的严重程度。但由于第三者的渗入，男女的一方与第三者热恋，而使夫妻双方的感情完

---

* 作者单位不详。

全消失的，情况并不完全相同，因第三者的渗入，而致消失的夫妻感情，不能视为永远不变，这类感情有它的二重性，夫妻间暂时突出的矛盾，也不是永远不变的。它是会随着客观事物的变化和主观的思想意识的变化而转化的。思想好的既然可能变坏，那么暂时坏的感情也可能会转好。我试举下例加以说明：

有一对男女在早期共同革命时相爱而结婚，已有三个小孩，夫妻感情一贯很好。解放后男的来上海工作了六七年，职位提高了，现在他的妻子地位比他低，并且在作风上仍保留着朴素的生活习惯。丈夫的思想开始滋生不健康的萌芽，有了比自己妻子更"漂亮"的第三者，因与第三者感情的渗透，而对妻子冷淡、厌恶，直至提出离婚，经多次的说服教育无效。男方坚持要离，女方坚持不离，双方相持不下，夫妻的感情彻底瓦解了，丈夫不再回家，平日疼爱的孩子也不要了，一个人住进机关宿舍里。当这个离婚事件正在慎重处理过程中，妻子采取了主动和耐心的态度去感动已经消失了夫妻感情的丈夫。她讲起了过去革命时夫妻艰难而又和睦的生活；在战争最艰苦时期妻子在生活上、经济上帮助丈夫的难忘友谊；提出了许多旧事旧物，又讲到了现在的生活和现在发生不愉快事情的根本原因等，加以劝慰和批判，并主动地从夫妻生活上以很好的态度去对待丈夫。结果使许多人认为他们夫妻俩已经无法挽回的感情逐渐转变，而且又变得仍是那么的好，眼看又要生第四个孩子了。如果当时草率判准离婚，也就那么样地离了，可又有谁能完全保证他再也不受第二个第三者的渗入而瓦解与第一个第三者的感情呢？

再举个已经判准离婚的例子来进一步探讨感情的二重性问题。有个同志是青年团员，他的妻子是个家庭妇女而热心社会工作的积极分子，双方是自由恋爱结婚的，虽无孩子，但夫妻的感情很好。后来男的遇到了一个容貌上、文化上都比妻子好些的女学生，由于日常一起工作，男方对她有了感情，他终于偷偷地与她发生了不正当的男女关系。由于第三者的渗入，男方对妻子越看越不顺眼，后来就提出离婚。当女方决不离时，男方卑鄙地从精神上、生活上以致经济上进行虐待，女方在被迫和气愤之下表示同意，就这样在"双方自愿"的情况下判准离婚。但第三者始终迟迟不肯与男方结婚，后来违法乱纪的真相被揭露，男方受到了团纪处分，第三者被调离该工作单位，久而久之，双方的感情因渐渐的疏远而冷淡下来，他们的关系就断了。男方见已离婚的妻子仍和过去一样的诚实勤劳而后悔，消失了的夫妻感情又复燃起来，他向她大胆地认了错，双方终于重归于好而复婚。复婚后的感情看起来此先前更为好些。

因此，我认为男女婚姻以感情为基础，而感情是可以随着人们的意识和外界强烈的影响的变化而变化，在任何情况下都不变的感情恐怕是少有的。不分青红皂白一眼子看死是不对的。我已说过，这种对"感情的"看法当然是就男女双方因为第三者的渗入而产生新的感情，遗弃旧的感情的那种感情而言。

为此，我也认为在目前的情况下，对那些违背社会公德的、不仅是资产阶级思想反映，而且是资产阶级腐朽生活残余影响的那些离婚事件，不应给以过分的自由，是比较适合的，但那些包办、买卖式的婚姻应例外。现在我们国家已经基本上消灭了那些包办、买卖、强制式的婚姻，男女双方一般经过自由恋爱，有充分的时间去考察对方的人生观、政治品质、个性志趣、家庭和经济等情况，并培养感情，然后决定能否结合，这种婚姻是稳定的，不给离婚以过分的自由，对于这些男女是没有什么妨碍的。而那种资产阶级思想所导致的离婚事件的实质，一种是喜新厌旧的表现，另一种是它根本没有什么道德的感情基础可言，因此，我认为，对道德败坏的恶劣行为，要发动舆论给以道义上的制裁，也必须给以法律制裁，二者不可缺一。如果以支持不道义、反对道义，支持无理、反对有理的立场去办案问事，就是违背社会主义法律的根本原则，和离婚自由的本意是不相符的。

（1957 年第 4 期）

夫妻感情破裂是离婚的主要根据

李德庭*

从目前离婚案件来分析，造成离婚的原因是很多的。其中有一部分的离婚，是由于请求离婚人一方存在喜新厌旧的资产阶级观点，或由第三者的关系和挑拨所引起的。这种案件，往往一方，特别是女方，抓住对方的这一缺点，坚决不同意离婚。在这种情况下，由于审判人员的思想认识不一致，处理也有所不同。在决定离和不离的标准上，有的是以夫妇感情是否已经破裂而不堪再继续同居的事实作为主要根据，有的则单纯地强调打击资产阶级思想。持第二种意见的人认为，造成离婚的原因是由于当事人一方的严重资产阶级思想所造成，这个责任应由他（她）自己来负，不能把离婚的痛苦强加于对方身上。他们顾虑，如准许这样的人离婚，群众就会说我们不支持正义，就会助长资产阶级思想的滋长。因此，离婚当事人一方存在资产阶级思想的，尽管他们夫妇感情已经破裂，再不堪继续同居下去，也不能准许他们离婚。由于认识上的不一致，往往感情已经破裂再不堪继续同居的夫妇在一审法院判决离婚了，而又在强调打击资产阶级思想和追究离婚责任的理由下

* 作者单位不详。

被二审法院撤销改判了。我认为，忽视夫妇间是否还存在和好的可能，而以不准许离婚作为打击资产阶级思想的手段，充分反映了某些同志以感情代替政策的主观偏见。

“以事实为根据，法律为准绳”的原则，不但适用于处理其他所有刑、民事案件，同样也适用于处理离婚案件。这里所谓事实，即夫妇之间的感情是否破裂。一件离婚案子除了夫妇感情破裂之外，同时也可能还有一些其他事实存在：如当事人一方有资产阶级思想，道德品质败坏，或涉及第三者从中挑选，等等。尽管后面的事实从共产主义道德来看是为社会所排斥的，但它却不能排斥以夫妇感情是否破裂这一事实作为是否准许离婚的主要根据。

我们知道，“婚姻是基于感情相投而自愿结合的夫妻关系”。有的夫妇在结合时，虽然感情很好，但由于外界的影响，某些条件的消失和思想的变化，就可能使感情逐渐变坏以致决裂。如果我们不从教育着手，积极地设法去排除他们夫妇之间的矛盾，只想用法律的强制去恢复夫妇的感情，是不可能的。这在审判实践中可以得到证明。根据最近调查的七个由于请求离婚人的资产阶级思想造成夫妇感情破裂向法院请求离而没有得到准许的案件来看，自判决不准离婚以后，还都没有恢复同居，有的分居已达 7 年之久。有的表示，今年不离明年离，明年不离后年离，一辈子不准就一辈子也不再同居。如潘某（男）1942 年由父母包办和费某（女）结婚，婚后感情不好，1947 年又和徐某（女）同居，1949 年再和一女同学发生了不正当的男女关系。1950 年潘某和费某离婚，1951 年又以徐某年岁太大（比潘某大 7 岁）和婚后感情不好为理由，向法院提起了离婚的请求，但因徐某生小孩没满周岁未获准。1952 年潘某再次提出离婚，因徐某反诉遗弃，被判了徒刑。1954 年潘某第三次提起离婚，经一审法院判决离婚，女方不服上诉，经二审法院审查，认为潘某的资产阶级思想严重，要求离婚的理由不正确，撤销了原判，改判不准离婚。以后潘某又提出申诉，要求再审，但法院并没有考虑。尽管一再地打击了潘某的资产阶级思想，驳回了他的离婚请求，但他们至今已 7 年没有同居了。再如，刘某（女）和张某（男）由偶然的关系而结婚，但男方比女方大 30 多岁，不能满足女方性生活的要求，婚后没有树立起感情，在女方找到了职业、经济上能够独立又和别人发生了不正当的男女关系的情况下，便向男方提出离婚，告诉到法院。男方当庭同意离婚，只有扶养孩子的争执。在这种情况下，本来应该准予离婚的，但审判员并没有这样做，借口打击资产阶级思想，驳回了女方的离婚请求。结果判决后，女方服毒自杀，经急救未死，又经协议离婚，使男方在经济上、精神上遭受了本来可以避免的很大损失。这种单纯强调打击资产阶级思想，把已经失去感情不堪继续同居的夫妇强制不准离婚的做法，实质上是不符合于解除人民痛苦，减少犯罪，减少人民内部纠纷，发展社会生产的原则的。相反的，由于实际问题长期不得解决，给社会带来了不利的因素。由此可见,夫妇的感情不是用任何外力的强制所能产生的,如果把已经失去感情不堪同居的夫妇,在单纯强调打击资产阶级思想的借口下不准离婚,事实上是没有好处的。

有的同志说:"如果夫妇感情破裂就判决离婚岂不太轻率了。"我认为判决轻率与否,它不表现在根据夫妇感情破裂再不堪同居的事实而准许离婚的这一原则上,而是表现在处理粗糙,不深入了解具体情况,不做适当的思想工作,就草率下判的情况上。我们处理离婚案件,必须采取以教育为主的方针。首先,对案情进行深入的调查了解,查明离婚的原因,弄清是非真相,找出矛盾的关键,不厌其烦地对当事人双方进行耐心的说服教育。同时,在必要的情况下,和当事人的亲属及有关部门共同进行这一工作。对由于第三者的关系和挑拨而引起离婚的案件,在一方告诉的条件下,对第三者进行正确的处理。采取正确适当的方法,解决夫妇之间的矛盾,促其和好。如经过这一系列的工作之后,夫妇感情仍不能恢复,没有和好的希望,并认为采取任何方法无法排除其夫妇之间的矛盾时,不管他们请求离婚的理由是什么,证明这个家庭在事实上已经瓦解,就应准予离婚。这正说明了我们处理的慎重,对人民的负责,而不是轻率下判的。相反的,如果不做必要的和适当的工作,以法庭上对当事人一方的严厉批评去代替深入细致的思想教育工作,抛开感情破裂的事实不问,只因请求离婚人有资产阶级思想就一律不准离婚的做法,不管他们口头上如何强调"离婚案件不可草率判决",但这种不从具体情况和实际出发的审判方法,实际上却是草率下判。

以感情破裂的事实作为判决离婚的主要根据,是否会助长资产阶级思想的滋长,引起群众的不满呢?我认为不会的。因为第一,上面已经说过,我们对这样的案子,首先要进行深入的调查了解,查明离婚的原因,弄清是非真相,找出矛盾的关键,在审判过程中始终贯穿着对当事人一方的资产阶级思想的揭发批评和教育。这样做不但教育了犯错误的本人,而且也教育了群众。第二,如果由于当事人的资产阶级思想严重,其行为已达到犯罪的程度,我们应严肃对待,给予应得的惩罚。这一惩罚不是不准离婚,而是叫他(她)负刑事责任。不准离婚和惩罚二者是不可相互混淆的。第三,对由于第三者的关系和挑拨而引起的离婚案件,在一方告诉的条件下,应对第三者给予正确的处理。如果我们分别问题的性质,予以正确的不同处理,群众是不会有意见的。

(1957年第4期)

检察长参与民事诉讼工作

高鑫田*

审判监督工作是人民检察院法律监督职能的重要组成部分。它通过参与国家的诉讼活动,监督人民法院审理刑、民案件严格遵守法律,正确地判处案件。仅就民事案件的审判监督工作来说,人民法院审理民事案件,负有调整社会主义组织之间、公民之间以及二者相互之间的财产关系和人身非财产关系的重要任务。多数的民事案件都直接或间接地关系到国家工、农业的生产建设。例如,城乡社会主义高潮到来之后,工业、农业和商业等的生产计划性日益加强,国营企业、公私合营企业和农业生产合作社之间的经济联系正在日益广泛和密切,合同关系有了很大的发展,因而有关合同纠纷也就随之发生。这些民事纠纷案件的正确解决,对国家社会主义建设事业都起到积极作用。再者,公民间的婚姻、债务、抚养等纠纷案件的及时正确解决,同样也关系到人民群众对生产和工作的情绪。因此,在今天新的形势下,研究如何进一步加强人民检察院对民事案件的审判监督工作是有着现实意义的。

根据《人民检察院组织法》的规定,人民检察院民事案件审判监督职能的行使是通过参与下列国家诉讼活动进行的:对于民事案件提起诉讼或者参加诉讼,出席法庭支持诉讼,监督人民法院审判活动是否合法,对于人民法院的错误判决和裁定依法提出抗议以及监督判决的正确执行等。本文现就以上几项工作综合为提起诉讼和参加诉讼的区别、案件范围、程序及对判决和裁定的监督四个问题,提出自己的意见和认识。

一、提起诉讼和参加诉讼的区别

提起诉讼和参加诉讼是人民检察院参与民事诉讼活动的两种不同方式。两者的区别在于前者是对于未经诉讼当事人提起民事案件的参与;后者是对已经诉讼当事人提起民事案件的参与,其中包括人民检察院主动参加和根据人民法院的要求而参加。在这两种参与诉讼的方式上,出席法庭的检察长(员)的诉讼地位和活动内容有以下不同之点:

* 作者单位不详。

1. 诉讼地位。人民检察院提起诉讼的民事案件,出席法庭的检察长具有诉讼当事人——原告的诉讼地位,享有原告的一切诉讼权利,并负担除缴纳诉讼费用以外的诉讼义务。因此,就检察长的诉讼地位来说,案件中的被告人是和检察长有同等权利的当事人,具有和检察长进行辩论的诉讼权利。但是尽管如此,检察长和利害关系人——原、被告的诉讼地位仍有很大不同,这是因为出席法庭的检察长无权处分双方当事人所争执的实体权利,法院的判决对他也不发生强制作用。检察长出席法庭参加民事诉讼案件,由于案件是利害关系人——原告提起的,所以他不具有诉讼当事人的诉讼地位,而仅仅是以国家法制监护者的身份参加法庭的案件审理,因此他也不享有诉讼当事人的诉讼权利。

2. 检察长对提起民事诉讼案件出席法庭时,有权根据庭前调查所获得的证据和法庭审理中查明的事实,论证被告人在民事权利争执中应负的责任,并就案件的事实和法律依据与被告进行辩论,使人民法院通过双方的辩论,明确双方当事人争执纠纷的真实情况和关键所在,以利于对案件的正确判处。参加民事诉讼案件的检察长,在法庭上虽也有责任就案件的真实情况发表意见,评论双方诉讼当事人应负的责任,但因为他不是法庭审理案件的诉讼当事人,所以他不参加诉讼当事人之间的辩论。

3. 人民检察院是从维护国家和人民利益的观点提起民事诉讼,以达到保护诉讼当事人——原告的合法权益的目的,所以从原则上说,检察长出席法庭是要支持利害关系人原告和追究被告人在权利争执中应负的责任。有的时候在法庭审理中,虽也可能发现被支持的原告所持的理由不够充足,甚至需要检察长转而去支持被告,但这种情况已显然说明人民检察院提起民事诉讼案件的工作质量是存在问题的,即在提起诉讼前没有充分搜集和研究分析作为提起诉讼案件的全部证据材料,应该说这是一种不应有的现象。而参加诉讼的案件,由于案件不是检察长提起的,检察长在法庭上从维护国家和人民利益的观点,根据事前调查所取得的证据和法庭审理时查清的事实,以事实为根据,以法律为准绳,既可以支持原告全部或一部分的诉讼请求,也可以支持被告全部或一部分的诉讼请求。

4. 检察长在提起诉讼案件中享有诉讼当事人的诉讼权利,是为了有利于在诉讼活动中完成其所负责的任务,所以他和利害关系人原告一样负有举证的责任。至于参加诉讼的案件,因为检察长不具有诉讼当事人的诉讼地位,只是以国家法制维护者的身份对案件进行评论,必要时虽也可以通过举例来证实争执的事实和双方当事人应负的责任,但不能视为这是检察长出席法庭应负的义务。

检察长出席提起诉讼和参加诉讼案件的法庭,就诉讼地位和活动内容虽有上述几点不同之处,但是不论提起诉讼的案件中,或者是参加诉讼的案件,检察长都负有一个共同的任务,即以法制维护者的身份监督人民法院的审判活动严格遵守法律，以保护一切诉讼当事人包括被告人在内的诉讼权利。

二、提起诉讼和参加诉讼的案件范围

由于民事案件具有案情复杂，种类繁多，牵涉面极其广泛而又渗入人们生活与生产中的特点，所以不能要求人民检察院参与一切民事案件。

根据《人民检察院组织法》第4条第6款规定的"对于有关国家和人民利益的重要民事案件提起诉讼或者参加诉讼"的精神，人民检察院的任务，在于从大量的民事案件中选择出最重要的、最具有原则性和政治意义的案件，提起诉讼或者参加诉讼。具体说来，在我国当前的新形势下，检察长应当对以下民事案件提起诉讼或者参加诉讼：

(一)关于国家机关、企业(包括国营企业、地方国营企业、公私合营企业)、合作社之间的法权纠纷案件

城乡社会主义高潮到来之后，工业、农业和商业等集体生产计划性加强，国家机关、企业和合作社相互之间的合同关系有了很大的发展，因而同时也产生了各种各样的、错综复杂的合同纠纷。这些纠纷大体上表现为：加工订货、供应供销、买卖、承修或租赁机器房屋和损害赔偿等。这些属于经济上的法权纠纷，一般都涉及国家的重大利益问题，检察长应当将这一类合同纠纷案件作为参与民事诉讼的重点。但是，这绝不等于说检察长应当参与所有的公与公之间的合同纠纷案件，因为这些纠纷并不是都能适用法律程序达到及时有效的解决的，其原因在于国家机关、企业和合作社相互之间的纠纷，很大部分是由于国家计划的临时变更、物资的调配及临时发生经济上的某种措施以致不能按期、按量、按质执行合同所造成的。这些关系到国家某一部门经济计划的调整和经济上安排的纠纷，实践证明，是适合于由其主管的行政部门来解决的。这不仅是因为国家的审判、检察机关无权对其生产计划和任务作出变更的决定，更主要的在于其主管部门掌握国家生产计划的情况，了解每个时期国家的经济措施，熟悉业务技术和规章制度，可以比较容易地查明不能履行合同的原因和责任，及时进行适当的解决，并通过合同纠纷的处理，加强对所属部门经济活动情况的了解，有利于对其下级的监督。因此，检察长发现这样的合同纠纷，应当通过人民检察院一般监督职能的行使，建议其主管部门进行解决。只有那些由于某方故意不履行合同或有详细的规章制度可遵循、责任比较明确的合同纠纷案件，检察长才应该提起诉讼或者参加诉讼。

(二)关于农业生产合作社与社员之间的法权纠纷案件

目前在农业生产合作社之间发生的经济上的纠纷，主要是因积肥、垦荒、造林、兴修水利和经营副业而发生的争夺肥源、湖草、荒地、湖港、渔分等纠纷；在农业社与社员间，则主要是因投资、退社、损害赔偿、评记工分和违反劳动纪律所产生的纠纷。这些纠纷，除其中争执的问题比较轻微、涉及农业社集体和社员个人利益不大的，可以通过农业社内部或区、乡调解组织解决外，对于涉及社与社员重大利益的经济纠纷案件，特别是在当前带有一定普遍性和政治意义的，检察长应当提起诉讼或参加诉讼。这里需要提出的是，当前某些地区曾经发生农业社社员要求退社强制拉走入社时已作价归社的车和牲畜的纠纷。这些纠纷产生的原因，是农业社初建时经验不足、经营管理不善或因自然灾害减产，使部分社员收入减少，特别是自由市场开放后有车马户经营运输可获厚利，因此有的社员不经社的允许，坚持退社，拉走车马。对于这类纠纷案件，有的地区由于没有正确分析矛盾的性质，只看到车和牲畜公有化的一面，而认为是侵犯合作社财产的犯罪行为，这种认识显然是不够恰当的。我认为这类案件实质上是一种社员因退社而引起的社员与社之间的财产纠纷，即社员与社怎样抽回入社的股金和投资的争执，是属于民事法权纠纷的问题。为了有利于团结、生产，保护农业社和社员双方的合法利益，检察长应当积极参与诉讼，采取说服教育的方法，监督人民院合理地进行解决。

（三）关于公民间法权纠纷案件

公民之间的婚姻、扶养、债务、房屋等纠纷案件在民事收案中占最大的比重，检察长要善于在不同的社会条件下从中选择带有普遍性和社会教育意义的案件参与诉讼。例如，高级农业合作化发展纲要发布之后，有些农业社的社员对五保制度缺乏正确理解，曾经发生拒绝扶养老年父母的现象，检察长对于这类扶养案件的参与诉讼，就会发挥保障正确贯彻农业社五保制度的作用。对于某些因沾染资产阶级腐朽意识而提出离婚的典型案件参与诉讼，不仅会有力地保护妇女和儿童的利益，同时，通过在法庭上支持诉讼的发言，动员群众对那些破坏婚姻法的道德败坏分子给以社会舆论的制裁，对教育公民遵守社会主义公德是有重要意义的。

三、提起诉讼和参加诉讼的程序

检察长对于民事案件提起诉讼和参加诉讼，其程序可分以下几个阶段：

（一）审阅告诉材料，制作参与诉讼的文书

审阅告诉材料及有关证据并通过调查了解或鉴定、检验等工作，全面了解案情，这是检察长决定是否参与民事诉讼的物质依据，也是正确地参与诉讼、协助人民法院合法处理案件的保证。检察长提起诉讼的案件来源，一般有两种情况，即利害关系人原告向人民检察院提出申诉请求支持其诉讼要求的和从人民检察院一般监督工作中发现应该提起诉讼交付法庭审判的。在提起诉讼之前，检察长应当详细审阅告诉材料和有关卷宗，必要时通过讯问诉讼当事人、证人或进行技术鉴定、检验等工作，以查明双方当事人的身份、权利纠纷产生的原因和经过、双方所持的理由和根据、权利纠纷的关键所在以及依照国家有关的政策，法律应对哪一方的诉讼请求给以支持等。经过上述审查工作，认为应该提起诉讼而案件又属于同级人民法院管辖范围的，应制作《提起民事诉讼书》，连同有关告诉材料和调查、鉴定等证据材料一并移送同级人民法院审理。检察长主动参加或根据人民法院的决定而参加的民事诉讼案件，在参加诉讼之前，同样应做好上述审查工作，但一般可不制作诉讼文书。

审查告诉材料、决定是否参与民事诉讼，应注意以下三个问题：

1. 必须从维护国家和人民利益的原则出发，不受某方当事人提出的诉讼要求的限制。发现诉讼案件争执的问题所涉及国家和人民利益的范围超过当事人的诉讼请求的，应当在调查证实后正确地改变当事人的诉讼请求；发现原告人的理由不充足、被告人的利益遭受侵犯而又涉及国家和人民的重要利益的，应当支持被告人的诉讼请求，依法提起诉讼。

2. 在审查告诉材料和调查了解过程中，如果发现诉讼当事人一方对争执权利的诉讼标的物，如财产、机器设备、原料等，有隐匿、破坏、浪费或变卖等可能，从而影响判决的执行和使遭受侵害的一方权益恢复发生困难的，检察长为了保护国家和人民的合法权益，在提起诉讼时应建议人民法院依法采取保全措施来加以防止。保全措施包括对系争的标的物和可能作为损害赔偿的财产予以查封、扣押、变卖或提供财产保证等。但是对于国家机关、国营企业和有重要生产意义的工厂、矿山等，一般不应采取保全措施，以免影响工作和生产的进行。在特殊情况下必须采取保全措施的时候，也只能限于采取提供财产保证的办法。

3. 某些民事案件，在人民检察院调查对证之后，由于权利争权纠纷的事实真相和诉讼当事人双方应负的责任已经比较明显，双方当事人往往可能提出通过协商自行解决的请求。如果这种协商有利于双方的团结生产，检察长应当允许并加以协助，并对其协商过程进行监督。如果协商不成或协商的结果损害了国家和人民的利益，检察长为了维护国家和人民的利益，仍应提起诉讼。

（二）出庭前的准备工作

检察长在法庭上支持诉讼的发言或对争执案件的评论意见，往往关系到案件的正确处理，因而检察长在法庭上的发言必须是极其严肃、正确、合法和有依据的。实践证明，检察长出席法庭之前，只有经过缜密的分析研究所作出的发言提纲，对顺利完成出庭的艰巨任务才有保证。发言提纲的内容通常是：（1）根据调查了解和有关证据材料，说明案件争执的事实真相、双方争执的焦点和关键所在；（2）根据证实的案情和有关政策、法律的规定指出被告人应负的责任或评论诉讼当事人双方应负的责任；（3）评论争执案件的特点，争执的问题对国家、人民利益的影响和人民法院正确审理以及解决这一案件的社会教育意义;(4)人民检察院对争执案件的处理意见等。

此外,检察长为了做到事先心中有数,在出庭前还必须考虑到:(1)充分估计到可能作为被告人企图歪曲、隐瞒事实真相和推卸责任的种种借口,证人可能变更证言的各种情况,并针对这些情况,准备好揭露这些企图所需在法庭上询问有关诉讼当事人的问题以及应宣读的证据、笔录等;(2)根据案件所具有的特点,考虑可能向法庭提出迅速合理地审理这一案件的具体程序;(3)在开庭审理时,遇有那些应传唤到庭的人缺席时就会影响到案件的审理等。

(三)出席法庭支持诉讼或者发表评论意见

法庭审理与判处案件是诉讼程序中的一个主要阶段。人民法院开庭审理案件的任务是根据所搜集的有关证据材料和查明的事实真相,确定诉讼当事人双方之间的相互关系、诉争的责任,并作出解决案件的判决或裁定。因此,积极地参加案件的审理,协助审判人员查明案情和正确处理案件就成为检察长出席法庭的首要任务。为了完成这项任务,检察长可以询问当事人、证人和鉴定人,同时利用举证来证实争执案件的真实情况。人民检察院提起诉讼的案件,在法院的辩论阶段,检察长应参加被告人(或辩护人)的辩论,从而使审判人员从双方的辩论中进一步审查和分析有关证据,明确案件争执的事实和责任。检察长支持诉讼的发言或者对案件的评论意见,系统地阐明争执案件的事实关键,正确地援引有关政策、法律的规定,提出解决案件的意见,并根据案件所争执的事实所具有的特点和人民法院审理这一案件的意义,向广大群众进行法纪宣传,教育人民遵守国家法律和社会主义公德是公民的神圣责任。

(四)监督人民法院审判活动严格遵守法律

严格地依照法律规定的诉讼程序审理案件,是正确、及时解决案件的保证,也是国家赋予检察机关参与诉讼活动、实施审判监督职权的依据。检察长出席法庭的这项任务,不因人民检察院参与民事诉讼的方式不同而有所削弱。

对于人民法院审判活动监督的内容,根据各地人民检察院工作实践的经验是:(1)法庭组成人员是否合法,有无应当回避的情况;(2)审判人员是否已向诉讼当事人告知了诉讼权利;(3)法庭审理时所使用的语言,当事人是否了解,是否需要备有翻译;(4)审判人员在询问时是否有诱导性的发问或强迫当事人承认的情况,当事人之间是否有串供而审判人员未及时制止的情况;(5)法庭是否有限制被告人充分行使辩护权利的现象;(6)审判人员对于当事人提出传唤新证人等请求所作的裁定是否正确、合理;(7)法庭在审理中对当事人请求和解而制成的和解协议书是否符合双方当事人和国家的利益;(8)法庭评议案件和制作判决、裁定的过程是否合法等。

检察长出席法庭，发现人民法院的审判活动有违法现象时，应当及时提出制止或纠正的意见。如果违法现象严重，以致影响判决的正确性，或检察长对法庭违法现象所提的意见未被接受时，应请求法庭将这种情况记入审判笔录，作为向人民法院提出抗议的依据。

四、判决和裁定的监督

对于人民法院的民事判决和裁定的监督，是检察长参与民事诉讼工作的一部分。这一部分工作，包括监督人民法院的判决、裁定是否合法和是否正确执行等。

检察长对于人民法院判决和裁定的监督，主要是通过以下几种工作来实现的：(1)对于提起诉讼和参加诉讼的案件，出席法庭，支持诉讼和注意人民法院的审判活动是否合法；(2)对判决和裁定进行审查；(3)审查处理不服人民法院判决和裁定的申诉；(4)注意报刊杂志上揭发判决和裁定不当的文章。在进行上述工作中，发现人民法院的判决和裁定确有错误时，应当提出抗议，请求纠正。

根据《人民检察院组织法》的规定，提出抗议的法律程序有两种：一种是按照《人民检察院组织法》第15条规定的上诉程序提出抗议；另一种是按照《人民检察院组织法》第16条规定的审判监督程序提出抗议。两种提出抗议的法律程序的区别在于：

1. 上诉程序的抗议是在判决和裁定在上诉期内尚未发生法律效力之前，如发现确有错误的时候提出的。而审判监督程序的抗议，则是在判决和裁定已经发生法律效力以至执行期间或执行终了以后，如发现确有错误的时候提出的。

2. 根据《人民检察院组织法》的规定，只有最高人民检察院对各级人民法院(包括最高人民法院)已经发生法律效力的判决和裁定，上级人民检察院对下级人民法院已经发生法律效力的判决和裁定，如果发现确有错误时，才有权依审判监督程序提出抗议。因此，地方各级人民检察院对于同级人民法院已经发生法律效力的错误判决和裁定，只能制作《抗议意见书》说明判决和裁定错误的理由和根据，呈报上一级人民检察院审核。上级人民检察院认为应当抗议的，即以其名义向其同级人民法院提出，否则即向提请抗议的下级人民检察院说明不抗议的理由和根据。而上诉程序的抗议，就不受此种限制。地方各级人民检察院对于同级人民法院的错误判决和裁定，在上诉期内，有权制作抗议书，说明抗议的理由和根据，向上一级人民法院提出抗议。

3. 由于我国人民法院审判案件实行两审终审制，人民检察院按上诉程序提出抗议，仅限于对同级人民法院第一审案件的判决和裁定，在上诉期内才能提出。而审判监督程序的抗议，则不论是对第一审案件已经发生法律效力的判决和裁定，或者是经上诉审人民法院作出的终审判决和裁定，如果发现确有错误时，都有权提出抗议，请求纠正。

为了防止人民法院的错误判决和裁定因为发生法律效力而造成侵害国家和人民利益的恶果，检察长应当更重视上诉程序提出抗议的工作，即通过出席法庭、审查判决、裁定以及处理人民群众不服判决和裁定的申诉工作，及时地发现错误的判决和裁定，在未发生法律效力之前，按照上诉程序提出抗议。

检察长对于民事判决和裁定的执行实施监督的重要意义，在于判决和裁定是人民法院就诉讼当事人双方关于民事权利争执的实质所作出的裁判。在判决和裁定正确、合法的前提下，只有正确地付诸执行，才是最终地保护了国家和人民的合法权益。为此，检察长应当经常地了解人民法院的民事判决和裁定的执行情况，发现判决和裁定未能正确执行或因某种客观原因以致执行确有困难的时候，应当提请人民法院设法解决；发现人民法院的执行人员在执行判决和裁定的工作中有违法现象的，应提请人民法院加以纠正。执行人员的违法行为严重并已构成犯罪时，应追究其刑事责任。

（1957年第4期）

证言的证据意义与运用

戈 风*

一、证言的一般证据意义

俗话说:"若要人不知,除非己莫为。"犯罪活动尽管隐秘,但绝对不露一点风声、不留一点痕迹是不可能的。因为犯罪是一种社会现象,犯罪主体是生活在群众中的社会的人,其他的人总有可能通过各种关系与犯罪行为以及与犯罪主体有关的各种情况发生直接的或间接的联系,这些人的陈述,对于与犯罪现象作斗争来说,无疑是有重要意义的。所以历来都把证人的陈述作为活的证据来源,而且是一种运用得最普遍的证据来源。

但是,运用证言具有强烈的阶级性,这不仅是因为提供证据来源的人具有不同的阶级性,而且更主要的是运用证据的侦查、审判机关是阶级统治的工具,它们具有最强烈的阶级性。这种阶级性不能不一般地决定证言的证据意义。剥削者的侦查、审判的根本利益在于歪曲和掩盖阶级压迫和人剥削人的铁一般的客观事实,以达到残酷地压迫和剥削劳动人民的目的,他们当然不愿意并且害怕证人提供真实可靠的陈述,因此证言的证据意义是受到很大限制的。难怪解放前中国的一般社会风气把"对簿公堂"看做一生中非常不幸的事情。但这只是一个方面,另一方面,人证作为劳动人民与统治者作斗争的武器来说,其意义仍然是越来越大的。

资产阶级的学者们对于运用证言日益丧失信心,以致提出对证人实行所谓"心理鉴定"的荒谬"理论";而马图索式的"证人"却把他们的侦查、审判机关当做牟取暴利的市场。所有这些,反映了帝国主义国家的法制已经一败涂地。

社会主义的侦查、审判代表着劳动人民和全体进步人类的利益,因此侦查、审判人员在与犯罪作斗争中有着极其广泛的群众基础,人民群众把作证看成是自己在法律上的光荣义务和在政治上与道义上的义不容辞的责任。所以侦查、审判人员正确地运用这一证据来源,也就是正确地执行了党的群众路线的工作方法。我们在镇压反革命、"三反"和"五反"等运动中所取得的巨大的胜利,正是坚持了专门机关与广大群众相结合的群众路线,而运用证言起着惊人的作用。今后,随着社会主义法制的进一步加强,人民群众的政治觉悟与文化水平的进一步提高,他们对

---

* 作者单位不详。

于与犯罪现象作斗争的责任感会越来越加强,斗争经验会越来越丰富,提供真实可靠的证言的可能性也就越来越大。因此,这一证据来源无疑将发挥更大的作用。但是,正确地认识这一证据来源的一般特点和影响它的可靠性的各种原因,全面地掌握它的积极意义和消极意义,以便对它作出正确的判断,则是每一个侦查、审判人员所必须切实注意的问题。

二、证言的一般特点

证言除必须具备证据的一般特点外,还必须具备下面的一些特点:

(一)证言必须是证人在明了作证义务和享有证人的各种权利的场合下所作的陈述

证人的义务,有应遵传到庭作证、应说实话、应具结等。抗传不到、抗拒陈述或作虚伪陈述等违背义务的行为,都会导致一定的后果,甚至要受到刑事制裁。因为证人和被告人不同,被告人拒绝陈述或作虚伪陈述只能作为他在侦查、审判中的态度来考虑,不能构成单独的犯罪。因此有共犯关系的共同被告人的相互作证不但是违背"被告人有权获得辩护"的宪法原则,而且是违背证据原则的。具结是为了加强证人的政治责任感,使他巩固对作证义务的认识,以达到实事求是地陈述的目的。因此,心理条件不适应这样要求的证人(如儿童),不应该要他具结,否则会带来不好的副作用。

证人的权利,有自由陈述、请求准确地记录、请求宣读笔录、请求补充陈述,等等。这些权利是为了使证人能够"畅所欲言",所以限制这些权利,就不能保证证言的充分性和准确性,也就不能保证证人正确地履行自己的义务。

侦查、审判人员在讯问证人时,必须保持庄严而又和蔼的态度,以自己的责任感来激发证人的责任感,使证人感到可以自由地、毫无拘束地陈述。轻率与漫不经心固然会在证人心目中丧失应有的威信,而急躁、严词厉色、随便打岔、挑剔证人的语病等也会限制证人的积极性,至于引诱、威逼等违法方法,更只有使证言完全丧失证据意义。乱谈废话、故意兜圈子、提与案情及被告人无关的问题,也会影响证人陈述的质量,而且证人可以拒绝回答。讯问证人,最好是先简单地询问一下他的身份,使他不至于对侦查、审判人员存有不必要的顾虑,同时了解他一般的心理状态,随后即提出需要证明的问题,让他连续陈述,再然后就不充分和不明了的地方发问,最后让他自行补充。这样就可以使证言达到完善。

(二)证言必须是证人的直接感觉或传述他人的直接感觉

前者即原始证言,如亲眼所见、亲耳所闻;后者即传来证言,如张三传述李四的耳闻目见。必须注意,绝不能以取得传来证言为满足,而要追根到底,尽量取得原始证言。这是因为传来证言与对象没有直接的联系,传述他人的感觉,不仅可能以讹传讹,而且更可能有意无意地添枝减叶,甚至完全失实。所以只有当不能取得"身临其境"的证人的证言时,才能把传来证言作为证据来源。例如,被害人已死,就只好听取他周围的人传述他的遗言了。

不管是原始证言或传来证言,它们都必须建立在与对象的直接联系的基础之上,道听途说、风闻、谣传等,都不能作为证言。群众反映如果不具备证言的一般要件,也只能供作参考,不能作为定案的根据。必须认识,我们之所以重视群众反映,绝不是一般地认为它本身即是证据,而是认为它可以提供采证,尤其是采集证言的广泛的丰富的线索。在很多场合,反映的人本身就是直接地或间接地掌握着重要情况的证人,只是由于各种原因,没有把材料的来源说出来,或者不愿意使自己或他所知道的人作为证人而已。只要耐心地、深入地进行思想发动工作,他们就可以"变"成证人。有些人不加分析地认为群众反映多是无源之水,无本之木,很难相信,甚至概不可信。另外一些人不加分析地认为群众反映总是事出有因,不可不信,甚至认为同样反映的人越多,可靠的程度越大。显然,二者都是错误的,前者是盲目地不相信群众的官僚主义,后者是盲目地相信群众的尾巴主义,都只看到问题的一面,忽视了另一面,因此都是主观主义。

(三)证言的内容必须是与案情有关或与被告人有关的具体情况

不具体的证言不可能进行查对,也就不可能保证它与对象具有真实的联系。这是证言与鉴定意见不同的地方。所以证言越具体,其证据意义就越大。经过调查人的概括所制作的综合材料既不具备这个特点,当然不可能具有证据的意义。所以,单凭综合材料定案是缺乏根据的。但是证人可能有意或无意地把具体生动的材料说得十分笼统,甚至把肯定的事实说成"想当然",侦查、审判人员必须作出正确有效的努力使之具体化。至于与本案或被告人无关的情况,不仅证人可以拒绝陈述,而且对确定客观真实没有意义,当然不能作为证言。但是为了了解证人的本身情况或者从使他更好地履行作证义务出发所作的某些谈话和询问,它们的本身虽然不是证言,但不能当做废话看待。

(四)证言必须是证人直接向侦查、审判人员所作的陈述

证人没有向侦查、审判人员以外的人陈述证言的义务,这些人的感觉不能保证证人能够充分地享受应有的权利,从而也就不能保证证人能够正确地履行自己的义务。但是由于不客观的原因,委托非承办本案的侦查、审判人员讯问证人,应该认为是不违反直接原则的。又证人可以提供书面的证言,但这只能是言词陈述的特殊形式,如果没有侦查、审判人员在事前或事后就证言的主要部分进行讯问,而只是纯粹的书面材料,那是不能作为证言看待的。因为这种材料很可能不具体,没有说出来龙去脉,其内容可能牛头不对马嘴,而且更主要的是这种材料常常是不负责任的。

(五)证言必须建立在个别陈述的基础之上

确定证据客观真实是使侦查、审判人员的意识中对案情形成理性认识,这就必须依靠大量的、具有各自特点的感性材料。如果这些材料由于人为的原因,预先就形成了千篇一律,就可能得出"假象一致"的结论。所以证言必须具备个别性的特点。运用这一证据来源的首要任务是竭力防止证人事先串通。而防止串通的最有效的方法,当然是以最快的速度及时地、个别地进行侦查,一次把证言搜集齐全,就使证人与被告人或证人与证人之间果真串通了,也不致造成危害。可是实际生活中这样合理想的事情并不是很多的,因此要绝对防止串通几乎是不可能的事情。但是,谁要是企图抹杀事实,他就必然要被事实所征服,串通的人无论如何不可能预先筹备好尽善尽美的对策,但策略的侦查、审判人员只要在各种关键性的细节问题上,用更加具体的方法对证人进行反复的、仔细的讯问,就可以击破他们的阴谋,使证言重新具备个别性的特点。这种做法,对于克服证人随声附和所造成的错误是有效的。所以,尽管在侦查中已经讯问过证人,在法庭调查时也仍然要个别地进行讯问。必须指出,乞灵于开"调查会"的简单粗糙作风,其结果只有给工作带来失败。

三、影响证言可靠性的各种原因

证言既然是与案情或被告人有关的社会的人的陈述,其可靠性自然也可能受到以下这些方面的原因的影响。

(一)证人是否愿意陈述真实情况

证人如果对于案件存在利害关系,他就可能为了包庇、陷害或者顾虑当事人进行报复,而自觉地作出不实或不充分的陈述。例如,夸大、缩小、歪曲、捏造、隐瞒自己的记忆状态,把确定的印象说成不确定,或者相反,或者一问三不知等。这些利害关系是:第一,对案件结局的利害关系,如事件的被害人;第二,对当事人的利害关系,如当事人的亲属或同当事人有恩仇关系的人。在运用他们的证言时,必须十分谨慎,并应该尽可能地在讯问之前就查明这种关系,以便引起警惕。

但是,绝不能把利害关系作为否定证言的证据意义的根据。在社会主义制度下,由于我们事业的正义性和法制的教育作用,甘心充当伪证、危害国家的侦查、审判利益的人,只是极个别的;实际生活中,妻子检举丈夫,儿子到庭指证父亲的罪行的例子,是数不鲜见的。而且不可忽视的是,正是由于这种关系,他们可能是事件的目击人,或者对于案情和被告人有着深刻的了解,因此他们所提供的证言,在一定情况下也是有价值的。我们在严格注意其消极意义的同时,必须正确地发挥它的积极意义，在真正查明它不实或确实之前，不应该抱有任何成见。对方也只能用反证来驳倒它，或者提请侦查、审判人员注意这种关系，而不能要求侦查、审判人员拒绝讯问这样的证人。

至于陈述人对案件的利害关系已经使他具有当事人（自诉人、有共犯关系的共同被告人、附带民事原告人）的地位时，就丧失了证人的地位，它的陈述当然也不具有证言的意义。

此外，证人本身的社会成分和社会地位虽然一般会影响他的作证态度，侦查、审判人员对此应有足够的注意，但是在具体案件运用证言时，对于证人是否愿意说实话的问题，采取“唯成分论”或“唯社会地位论”的观点，是要犯错误的。

（二）证人能否陈述真实情况

证人不仅可能自觉地作出虚伪的陈述，而且更可能由于各种主观原因和客观原因不自觉地作出与事实不符的陈述。证人因为智慧、经验、身体和精神条件、感觉与表达时的注意程度和感情状态等的不同，以及一般的政治、文化水平的差别，他对事物的领会、记忆和表达能力也是各式各样的。同时，对象本身的各种特点、感觉时的环境、感觉到表达这段时间的长短、证人在这段时间的经历、表达时所受到的外界刺激等客观条件，对于证人的上述心理状态，亦常常起着巨大的作用。所以证人产生“无心之错”是完全可能的。

侦查、审判人员对于防止和克服证人的无心之错不是完全无能为力的。他们可以从政治上加强证人的责任感，或巧妙地运用可以引起联想的事物去提醒（不是暗示）证人，或用辨认或实验的方法，让证人“旧地重游”，以引起他“触景生情”，使他校正过去的领会或回忆起已经消失了的印象；他们也可以用通俗易懂的语言，耐心地向证人提出各种问题，使他克服“文不对题”的缺点，尽其所知地表达出来。

但是这些努力仍然只有相对的作用，不能保证每次都能收到预期的效果。因为人的心理状态不能像机器那样由人掌握。要克服证人心理上的弱点，终究只能通过证人的心理来实现。所以证人的无心之错往往是不可弥补的。例如，证人由于疏忽造成了观察上的错误，在记忆中留下的也就必然是错误的印象，表达出来的也就必然是错误的证言，而以后事过境迁，错误的印象已经无从校正。遇到这种场合，任何高超的侦查、审判人员也是无法使这个证人作出在客观上真实可靠的证言的。所以，高度地注意证人能否陈述真实情况的问题，对于正确运用这一证据来源来说，是具有决定性的意义的。

在真正掌握证人心理的问题上，资产阶级的所谓心理鉴定的论述当然是无能为力的，而“唯成分论者”之所以犯错误，一方面固然是在证人的是否愿意陈述真实情况这个问题上存在主观成见，而最根本的原因则是他们对证人的心理状态，即对证人的能否陈述真实情况的问题缺乏应有的注意。

（三）关于幼年人证言的可靠性问题

有的人认为"小孩子不说假话"，他们的话绝对可靠。有的人认为幼年人都是听成年人教唆的，他们的话都是靠不住的。这两种说法是片面的。幼年人的证言的可靠性问题和成年人一样，绝不能是先验的，但是在运用时必须充分估计由于幼年人的思想上和心理上的特点所具有的特殊积极意义和消极意义。幼年人常常能够对于成年人不注意的细小问题十分注意，因而造成的印象也可能很深刻，而且在长时期后能够如实地反映出来；幼年人如果不受外界影响，一般不会说假话。有的犯罪者有时对于幼年人很"麻痹"，所以幼年人的证言，有时是非常有价值的。但是，幼年人对事物的领会往往不充分、不确实，对于较复杂的事物甚至可能完全领会错，并且幼年人富于想象和容易受外界影响等。这在运用幼年人的证言时，必须特别慎重。

四、证言可靠性的判断

证言虽然可能由于以上各种原因影响其可靠性，但是只有就本案全部证言和所有其他各种证据来源（如口供、物证，鉴定等）进行综合的判断，才能够解决证言是否可靠的问题。侦查中的综合判断，主要是侦查人员通过许多次对个别证据的互相对照进行比较的研究，而在侦查终结后作出全面的判断。审判中的综合判断，则是审判人员通过法庭调查对个别证据及全部证据进行分别和集中的核对，在辩护终结和受审人最后陈述后，作出全面的判断。

本文仅就有关判断证言可靠性的几个主要问题，提出意见。

（一）证言的法庭调查

法庭调查是判断证言可靠性所必经的法定程序。这一程序的实质在于各个诉讼主体能够对证言进行充分的、反复的审查和判断。所以，为了判断证言的可靠性，证人虽然在侦查中作过陈述，仍然应当到庭陈述。这样做完全不是形式主义，而是国家的审判利益所必需的，因此不能认为是劳民伤财、脱离群众的官僚主义作风。但是社会主义的审判工作反对滥传证人，只有非到庭不可的证人才传唤。这样的加给公民义务的问题，必须由合议庭组成人员在预审庭上作出决定，以昭慎重。而且，遇到证人因为老、病、工作紧迫等客观原因确实不能到庭时，也可以当庭宣读他以前的陈述，以便核对。但是，如果发现矛盾不能解决，就不应草率从事，而应延期审理，再就该证人进行补充调查，然后再在法庭调查时重新核对。

凡是参加法庭调查的诉讼主体都可以对证言进行审查，但刑事被告人的审查是必不可少的。这是因为被告人享有宪法所规定的辩护权利，而讯问证人，审查证言的可靠性是行使辩护权的重要表现。证言如果在客观上是可靠的，它就一定经得起被告人的反驳,中国古人所说“真金不怕火来烧”即是这个道理。所以法庭的“三头对面”,一直被认为是审查证言的主要形式。

证人相互间如有必要,也应该使他们相互审查。因为“人怕见面”,证人的相互审查,常常可以统一许多重要矛盾。这种方法,如重新讯问、对质等。

(二)证言的前后不一致

证人可能就同一问题作出前后出入甚至矛盾的陈述的:有时是证人修改或补充以前因记忆不清或表达不具体不明确的错漏陈述,有时是证人在以后陈述时由于同样的原因发生了错漏,有时是证人的法制观念加强了或经不起法庭的审查而改正了以前的虚伪陈述,有时是受了当事人或其他方面的影响或因某种错觉自觉地推翻以前的正确陈述,还可能是其他原因。在判断证言的可靠性时,必须查明前后不一致的原因。如果是属于记忆或表达能力的问题,就应该以其充分、具体、明确的陈述为根据;如果证人的前后陈述不一是出于伪证的动机,就应该否定其虚伪陈述的效力,承认其正确陈述的效力;如果陈述不合法,如证人是在根本不明了作证义务或被剥夺了证人权利的情况下所作的陈述,除其合法性可以补正外,不能承认他的陈述具有证据的意义。但是,查明这些原因是相当艰巨的。有时要对案件的全部证据材料进行错综复杂的查对,包括宣读证人以前的证言、对证人的重复讯问以及对质等方法。有的侦查、审判人员在解决证言的前后不一致的问题时,不是细心地找出它的原因,而是毫无根据地指责证人,最后满足于证人在这种粗暴作风的影响下作出的人为的一致,这当然是错误的。

(三)证言的相互不一致

两个以上的证人可能在同一问题上作出互相出入甚至彼此矛盾的证言,这种情形在双方当事人所举的证人之间更为常见。不一致的原因也是非常复杂的,有的是由于个别证人的记忆或表达能力方面的问题,有的是由于个别证人自觉地作出不实的证言,也有个别证人的证言是不合法的。对待态度和查对方法基本上和上一条所论述相同,而相互对质则更有重要意义。对质,包括证人与被告人的对质、证人相互间的对质,这是一种面对面的斗争,它可以使矛盾得到合理的统一,也可以因此产生假象的统一。所以,这种方法包含着很大的危险性,如果准备不充分(如事前讯问不仔细)或掌握得不好(如露出了相信一面的表情),都可能造成失败。所以,在运用这一方法时必须特别慎重,竭力防止可能产生的副作用,最好是万不得已时才采取这种方法。

解决证人陈述的相互不一致的问题,采取“少数服从多数”的表决方法是错误的。因为多数的相同,有可能是由于事先串通或由于同样的心理特点所产生的同样的错误(如由于同样的出发点在感觉时产生了同样的错觉),并且两个以上的证人所作出的彼此间不差丝毫、完全一致的证言,有时可能是事先串通的表征。至于由于“一人传十、十人传百”的结果所造成的多数，其来源仍然是单一的，则更不能从数量看问题。可见，解决证言的一致与不一致的问题，绝不能仅从它们本身的外部特征去分析，而必须就全部证据材料作综合的判断。

（四）原始证言与传来证言的可靠性问题

通常认为的传来证据的可靠性比原始证据要小些的规则，具体运用到证言方面则是比较复杂的。一般说来，传来证言失实的机会比原始证言要多些，但这只是事情的一个方面。事情的另一方面是第一手的证人可能将真实情况告诉了第二手的证人，或者将真实情况告诉了好几个第二手的证人（当然可能内容互不一致），他在作证时却自觉地或不自觉地作出了不实的陈述，而第二手的证人在作证时说了真话，这时如果无条件地认为，原始证言优于传来证言，则是不妥当的。正确的办法应该是运用传来证言来校正原始证言。所以在遵守上述规则的同时，必须充分注意证言的特点，而它们之间的错综复杂的关系，对于判断证言的可靠性来说，是可以在一定限度内提供非常有利的条件的。

（1957年第4期）

编 后 记

一、"右派分子"趁着党邀请党外人士协助整风和"大放大鸣"的机会,造谣生事,制作蜚言,四处放火,煽动人心,拼命向党和社会主义进攻。在法律界也有这样一些人。这里有的是"右派野心家"的阴谋活动,有的是残余的资本主义法律观的抬头,但都对人民法制——人民立法和人民司法以及法律教育工作起了破坏作用。这一期本刊发表几篇文章,驳斥了"右派分子"关于法律方面的谬论。同时,本刊还揭发了上海法学界主要"右派分子"王造时和杨兆龙的反党、反社会主义的言行,希望读者继续予以驳斥,本刊下期将继续发表这方面的文章。这是一场激烈的政治斗争,也是一场严重的思想斗争,我们绝对不能放松。

二、由于增加了"反右派斗争"的文章,同时又要照顾其他各方面的文章,本期增加了一些篇幅,仍不能不将一些稿件(如讨论法的继承性的文章等)推迟到下一期发表,请读者和作者见谅。

(1957年第4期)

正确地推行国家公证制度

陈六书*

一

公证机关代表国家负责证明合同、委托书等各种法律行为，证明有法律上意义的文件和事实，确认它在法律上有无可争辩的可靠性。公证机关的使命是：保护公共财产和公民个人财产，保护国家机关、企业、合作社和社会团体的权利及其合法利益，保护公民身份上、财产上的权利及其合法利益，借以巩固国家的法律秩序。公证机关用它的全部活动，教育公民遵守法律，提高公民的法制观念，从而预防纠纷，减少诉讼，有利于人民群众的生产和团结。

二

几年来，我国公证工作确立为国家建设服务的方针，开展了公私经济合同的公证证明，并以此作为公证工作的重要内容，这是完全必要的。由于从公证工作方面加强了对公私经济合同的审查和履行过程中的法律监督，合同违约的情况显著减少。合同违约件数和合同总数的比例，据司法部统计，一般从未办公证以前的10%～25%下降到1%～5%。这就有利于国家社会主义建设和社会主义改造事业的顺利进行。

自国家对私营工商业的社会主义改造工作进入一个以全行业公私合营的新阶段，公私之间的合同关系随之转移为公营与公私合营企业之间的合同关系。“资本主义企业实行公私合营，是企业所有制的一种根本改变，是资本主义所有制基本上转为社会主义所有制的一种改变。”①公营与公私合营企业之间的合同关系，亦即基本上是社会主义经济组织之间的一种工商关系。公私合营企业的生产和经营，基本上纳入国家计划，因而，公营与公私合营企业间经济合同的是否正确履行，不仅对完成本部门的业务计划有直接的关系，而且对实现国民经济五年计划和保障国民经济的发展，也具有重要意义。

---

* 作者单位不详。

① 陈云在中国共产党第八次全国代表大会的发言。

但由于我国经济部门的某些工作人员对待合同的签订和履行的情况还重视不够,因此曾产生过一些问题。去年9月3日,《大公报》记者发表了一篇题名叫《“马大哈”们在淮河工地弄险》的报道,是一个很好的说明。1956年12月间,由于治淮工程的紧急需要,中国百货公司天津采购供应站和蚌埠市百货公司、治淮委员会成交手推橡胶胎单轮车一万套(包括内外胎各一万条),不订合同,只有《成交手续单》。单上没有规定产品的规格质量,只作了口头诺言;没有具体的交货日期,只是“乙方争取在2月20日前发货”。天津“中百站”又将此项任务分别转委托给天津公私合营人力车轴工厂与长城、津沽橡胶厂生产,签订合同,两项总值283,500余元。但合同交货日期与先前成交单上所写的不相适应,而是“2月20日交两千套,2月28日交齐”。并由于厂方生产计划不当,造成误期交货,关于产品规格,合同上同样未曾规定清楚。在厂方盲目赶任务的思想支配下,粗制滥造,以次充好,规格质量完全不符合需要。胶胎、车具制成以后,由天津运到治淮工地使用之后,结果轴碗破裂、轴挡损坏,外胎脱圈,内胎跑气,几乎成了一堆废物,严重地影响了治淮工程的进行。淮北大堤防洪工程被迫推迟一个月才竣工,北淝河怀远圈堤防洪工程也延期半月才开工,幸亏在党和当地人民极力挽救、支持之下,工程总算在洪水来到之前完成。据天津市监察局调查处理报告,由于上项合同不能正确履行,直接损失310,300余元,这不能不认为是一件严重的教训。

要避免或者减少这类事件的发生,除了从各方面加强经济工作,加强对经济部门工作人员的政治思想教育外,还应加强国家法制为社会主义建设服务的作用。而建立与健全国家公证制度则是其中的一个重要保证。因而,为了监督合同的确切执行,公证工作除了对今天尚存在的公私经济合同继续办理证明外,还应注意对公营与公私合营企业间的经济合同办理证明,并且应该以此作为当前公证工作的重要任务。

各地公证实践证明:公证工作对巩固合同纪律和计划纪律方面起了一定的作用。这样做是适时的、可行的,也是正确的,如1956年长春市公证处证明的900余件合同中,150件经公证处提出意见作了修改,这就在一定程度上保障了合同的确切履行。又据福建省司法厅统计,1956年全省各公证机关共办理证明的经济合同8100余件,其中99%能够按约履行。可是我们也还有不少同志,他们以为私营企业转变为公私合营后,生产关系根本上改变了,合同还经过上级工商管理部门审查,没有问题了,何必多此一举,增添“麻烦”。然而,从各地公证实践说明,不是没有问题,而是问题还很多。从上述“马大哈事件”证明,如果他们之间的合同(包括成交单),通过公证机关的审查证明,多少可以防止一些纠纷。只因为怕小麻烦,结果却造成更大的麻烦,并且给国家财产和社会主义建设事业带来重大的损失。这难道还不是那些“怕麻烦”的人们应该吸取的教训吗?

另外，手工业和农业进入合作化高潮以后，涉及合作社方面的合同也随之增多。公证机关也应把这方面合作的证明，作为业务项目之一。

关于国家机关、国营企业、供销合作社相互之间亦即"公、公"之间的经济合同，也是需要公证证明的。在我们的公证实践中，福州、呼和浩特、重庆等若干城市的公证机关，已经根据有关部门的要求，试办"公、公"合同的公证证明，反映良好。但是，从"公、公"合同的范围来考虑，从客观的需要和我们的可能来考虑，目前可以办哪些，暂时不办哪些，应该在重点试办过程中摸索经验，根据具体情况，有计划地逐步推进。

对于涉及公民权利义务关系方面的公证业务，如对于合同（契约）、委托书（继承、遗嘱、收养子女等的证明），也是公证机关的一项重要任务。几年来，我们在这方面也已经积累了一些经验。各公证机关必须主动地开展这方面的业务。根据上海市的调查，目前公私合营企业的股权继承方面，普遍存在混乱现象。任何一个基层厂、店都有权核定继承权，有的凭派出所或同业公会、同企业的股东，或主张继承权人的工作单位的证明即认定有继承权，因此发生该继承而没有继承、不该继承而非法占有的情况。为了保护公民的合法继承权，我以为公证机关开展对合营企业股权继承的公证证明也是必要的。

有些同志认为，中国公民没有要求公证证明的习惯，毋须办理这方面的公证业务。这是不对的。中国人民在长时期反动政权的统治奴役下，他们不相信"政府"会替他们办事。过去国民党的某些"地方法院"里也设立了公证机构，但那些所谓"公证人"是替资产阶级、地主阶级办理交易手续、办理移转物权的文书，专为保护他们的"剥削"权利的。人民相信自己的亲戚、家族、朋友，胜于相信"政府"，他们之间发生民事法律关系，前者就是他们之间可靠的证明人，那是完全可以理解得到的。今天，情况完全变了，我们的公证机关是为人民服务的，它的全部活动体现了中国人民公正的意志。因而，它将会是并且已经取得人民群众的支持与欢迎。我们还有什么理由不能改变已经过时的习惯呢？例如，成都市公证处在1956年第二季度共公证证明房产买卖合同565件，其基本上都系厂矿、企业、机关、学校的职工买房自住。这些合同因经界错误、处理权限不明、共有物漏列、文字含糊、合意不明等情况由公证员建议纠正而后公证证明的有124件，占合同总数的22%。这些证明都为当事人避免了纠纷，保障了权利，也为当事人所普遍欢迎。

但是，必须注意的是，主动地开展工作，不等于强行推广。某些地方采取"内部控制"的变相强制公证的做法，是违反马列主义的工作原则的。各公证机关应该广泛地、生动地通过一些具体例子向群众作宣传，使他们能够自愿申请公证，使国家的措施能为群众所拥护，成为群众自觉意志的体现。

三

公证工作有无作用,作用多大,就要看我们的工作方法是否对头。每一个公证员必须懂得,应该做什么和不应该做什么。八年来的公证实践,我们已经积累了一些经验,这些经验虽尚未系统化,但实际上在各公证机关已作为一种制度来执行,我们应该予以足够的重视。当公证机关接受当事人申请公证的时候,公证员应该做哪些事情呢? 首先,应该严格审查当事人(或其代理人、代表人,下同)的身份,审查当事人有无行使权利和履行义务的能力。其次,审查当事人申请公证证明的文件或者事实的内容是否真实、合法。为了完成此项工作,应该要求当事人到场(但对于国家机关、企业、合作社、社会团体的代表人,如果公证员对他们在需要公证证明的文件上的签名盖章并不怀疑或者有案可查的情况下,也可以不要求他们亲自到场),要求当事人对所提出的文件或者对所叙述的事实举出相当的证明,必要的时候,公证员还应调查证实。只有公证员认为真实无讹后,才能给予公证证明,发给公证文件。如果证明的是经济合同,公证员还应该重点检查合同的履行情况。发现问题,应及时反映给有关部门,以公证人的身份,协助解决违约纠纷。如果已成诉讼行为,公证只有责任提出公证证明的文件和办理这一公证行为活动过程中的有关材料,作为法庭审判上的可靠证据,以便于案件的及时处理。

在公证机关的全部活动中,还应该对当事人进行社会主义法制教育。凡与目前社会主义建设和社会主义改造的精神不相符的案件,应对当事人宣传、解释、劝止和纠正。

公证员还应当对于那些利用诈欺行为,规避法律,企图给国家和公民个人以损害的犯罪分子进行斗争。例如,哈尔滨市某京剧团职工王家善,原姓张,因有政治历史问题,竟窃取该团队有公章的空白介绍信,来公证处申请将小孩张某改为王姓,以便证实王家善姓名。经审查发现后,已送有关部门处理。又如,广州市公证处注意与申请公证的当事人谈话,进行实地调查对证,因而得以制止了几件非法买卖房屋,进行黑市交易的违法情事。

另外,有些同志把对于经济合同的公证证明工作只看做"审查条文"而"不问履行",这种形式主义的工作方法和我们的认识是没有丝毫共同之处的,无论是机关、企业、团体或者个人,他们也不欢迎这样的工作作风。他们曾经讥讽这样的公证机关是"税收部门",因为它只能"要钱盖戳"(指收公证费),当事人则是"给钱买戳",认为公证不起作用。但是,我们也反对那些把对于公证检查合同的履行情况理解为要"了解机器的设备性能"、"核算成本利润"、"鉴定产品规格质量"、"审查产销计划"等不切合实际的想法。同时,我们也不同意把公证员过问合同的违约纠纷理解为“有决定处理权”,或者是“保证合同执行”,一概是“给予强制执行的效力”,因为这和公证机关的职能是不符合的。另外,有些公证机关强调所谓“正轨公证程序”,规定了一些不必要的繁琐手续,层层核批,增加了当事人不少麻烦,这不仅拖延时间,还耽误合同的适时履行,也是万万要不得的。

(1957 年第 4 期)

对《婚姻法》第18条的理解

张平顺*

《婚姻法》第18条规定:“女方怀孕期间,男方不得提出离婚;男方要求离婚,须于女方分娩一年后,始得提出。但女方提出离婚的,不在此限。”这条规定包含了照顾母性和子女利益的两个方面。因为妇女在怀孕期间或刚分娩后,精神上、肉体上已十分痛苦,胎儿或婴儿正在发育,均须特加保护,使他们谋得安定的生活;如男方于此时期向女方提出离婚,对女方的感情刺激过大,甚至发生生活上的困难,势必严重地影响到母性健康和胎儿或婴儿的发育,所以有禁止男方于此时提出离婚要求的必要。

但有些人对《婚姻法》第18条规定的精神有不同的理解和主张。他们认为,这条规定只能适用于由夫妻同居关系而怀孕的;对于女方在婚前、婚后和他人发生不正当的性行为而怀孕的,不适用这条规定。即在这样的情况下,男方可以在女方怀孕期间提出离婚。理由是女方有过错,当然不受《婚姻法》第18条的约束。

是不是因为女方有了过错而怀孕,母性和子女的利益就不受保护了呢?我认为不能这样理解。《婚姻法》第18条之所以作此规定,正是保护怀孕妇女和初分娩的母性和婴儿的特殊情况,这种保护不受任何条件的限制。《婚姻法》第15条也明确规定:“非婚生子女享受与婚生子女同等的权利,任何人不得加以危害和歧视……”这就说明孩子不论是不是本人所生的,都应加以同样的保护。把这一条的精神贯彻到第18条,男方不得在女方怀孕时期和分娩后一年内提出离婚的规定,当然不论是婚生和非婚生关系都是适用的。如果因胎儿或婴儿非本人所生而不适用《婚姻法》第18条的规定,便是根本违反国家保护母性和子女利益的原则。

(1957年第4期)

---

* 作者单位不详。

对一个伤亡事故案件的分析

冯吉礽*

一、案情简介及事故发生后的几种不同意见。

去年10月，北京的一个建筑工地发生了这样的一件死亡事故案件，案情大致如下：

北京市第四建筑工程公司一工区装修工段，在10月4日开始拆除一项五层楼上的挑担架子。工段技术主任王继龙事先召集八名架子工开会，决定在拆除的时候，在工作地点下面支搭五个围栏，围栏内不许外人进入，上面拆除的材料就向围栏内投掷，再由壮工将材料搬出整理。规定在投掷材料时，架子工要问下面有人没有，下面的壮工要回答"有"或"没有"。架子工听了"没有"，才能投掷。这个办法经工区安全技术组审核同意之后，便开工了。开工后的第七天下午，工人赵瑞林在上面问了一声，没有听到答话，以为底下无人，随即扔下一块脚手板，不幸落到工人许忠祥的头上，负伤身死。①

事故发生后，有关方面在分析处理这一事故案件的责任时，产生了不同的意见。

北京市检察院认为，工段技术主任王继龙对于这次事故没有直接责任，不受刑事处分。但他没有按规定办事，有一定的间接责任，建议给以行政处分。工人赵瑞林没有严格执行上呼下应制度，是这次死亡事故的直接责任者，应受刑事处分。

北京市工会联合会和建筑工会北京市委员会以及其他一些同志则认为，技术主任王继龙应该负造成这次伤亡事故的刑事责任。他们的论点是：(1)上呼下应制度是一个极不安全的办法，存在发生事故的可能性，这种违反安全技术规程的错误措施是发生事故的根本原因(《建筑安装工程安全技术规程》第100条规定：在高处进行拆除工程，要设置流放槽……禁止向下抛掷)；(2)架子工赵瑞林在执行错误的上呼下应制度中虽有过失，但因他处于被领导地位，是执行命令的人，没有权力从根本上解决这个错误办法的危险性，因而只能负次要责任，主要责任应由违章作业的技术主任王继龙负责；(3)王继龙故意违反安全法规，造成伤人致死的重大事故，应构成妨害公共安全罪；(4)如果不追查技术主任的刑事责任，就是轻重

---

* 作者单位不详。

① 李成杰："追查伤亡事故的刑事责任时应当实事求是"，载《工人日报》1957年1月4日。

倒置，这样既不能教育工人和领导，接受教训，改进工作，防止类似事故的重复发生，也不能维护国家劳动法规的尊严，使国家颁布的劳动保护法规彻底贯彻执行。①

二、行为和危害社会的结果之间有无因果关系是行为人负担刑事责任的客观基础。上呼下应制度与职工许忠祥的死亡并无因果关系。许忠祥的死亡是由赵瑞林违反上呼下应制度的行为所造成。

作为一个法律问题来研究，工会方面的意见是不能令人同意的。

我认为要追查造成这一伤亡事故的刑事责任，首先必须实事求是地运用刑法科学中的因果关系的原理来进行客观的分析和论证，才能得出正确的结论。如果离开刑法科学中的因果律，笼统地从什么“根本原因”去寻求行为人的刑事责任，那是得不到正确的答案的。

那种认为在高空实行上呼下应的投掷办法，存在发生事故的可能性，因而便要王继龙负刑事责任的论点，就是把刑法科学中因果关系的必然性和发生事故的可能性混淆起来。这是十分错误的。

刑法科学中关于因果关系的原理，是建立在马克思列宁主义哲学关于因果关系学说的基础之上的。马克思列宁主义哲学认为：因果关系是一种现象在一定条件下，必然产生另一种现象；引起另一种现象的现象称为原因，被引起的现象称为结果；前者（原因）与后者（结果）之间有着合乎规律的必然联系。把哲学上这一因果律运用到刑法科学上来，就是人的某一行为必然合乎规律地产生这一结果时，才能认为这一行为与危害社会的结果之间具有因果关系。由此可见，必然性乃是刑法科学中衡量行为与结果之间有无因果关系的标准。可能性则不同，它仅是必然性的一个必要前提。二者的概念是根本不相同的。苏联法学家基尔格叶娃在阐述可能性与必然性的区别时说：“必然性的概念认为，实际可能性是一个先决条件。只有当事先已造成发生后果的实际可能性时，在具备某些条件下，这种后果才必然地产生出来，但是实际可能性的范畴与必然性的范畴不同，它的特点就是具有某种不稳定性，因为可能性毕竟还不是现实。”②这对我们进一步理解必然性和可能性的区别与联系，正确地分析因果关系是有帮助的。

我认为，当我们说某一行为具有发生危害社会的结果的可能性时，仅是指这一行为与发生危害社会的结果之间具有因果关系的条件，并不等于说这一行为与危

---

① 综合1957年3月12日《工人日报》中“对北京两起死亡刑事责任的分析”一文和李成杰一文的论点。

② 中国人民大学刑法教研室编译：《苏维埃刑法论文选译》（第1册），中国人民大学出版社1956年版，第131页。

害社会的结果之间已经发生了因果关系。因为可能性毕竟还不是现实，当这种可能性在向现实合乎规律地转变的过程中，是可能被另一行为把它加以切断、中止，而由另一行为把它变成现实的。譬如，甲殴打乙，乙受重伤，有死亡的可能。在医治中，医生丙错开药方，致乙服药后中毒死亡。甲的行为虽然有造成乙死亡的可能性，但当这种可能性尚未转变成现实时，已由丙的行为加以割断，而由丙的行为导致了乙的死亡。可见甲殴伤乙的行为，仅是造成乙死亡的一个条件，并无因果关系，因而绝不能得出"乙被丙毒死的'根本原因'是由甲的伤害行为，甲应负伤害致死的刑事责任"的结论。

本案的情况也是如此。根据上呼下应制度的规定：在投扔材料时，架子工要问下面有人没有，下面壮工要回答"有"或"没有"，架子工听了"没有"才能投扔。这一规定是该区工人，特别是架子工人应该严格执行的劳动纪律。但赵瑞林却违反了这项纪律。由此，我们可以清楚地看到：当所谓造成事故的根本原因的上呼下应制度尚未必然合乎规律地变成现实时，已由赵违反这一规定，乱扔脚手板的行为所切断，并由这一行为合乎规律地导致了壮工许的死亡。从因果关系来分析，赵瑞林违反劳动纪律的行为与许忠祥的死亡结果之间有着必然的联系，赵瑞林这一行为不仅是造成事故的直接原因，而且是具有决定性的原因。而王继龙所制定的上呼下应制度与许忠祥的死亡是没有因果关系的。换句话说，王不能为赵的违反劳动纪律的行为代负刑事责任。

无可否认，上呼下应制度的不科学以及王继龙违反《建筑安装工程安全技术规程》（以下简称《规程》）第100条的规定，未设置流放槽等与工人许忠祥的死亡是有一定联系的。但是，从整个事故发生的过程来看，上呼下应制度仅仅是造成许死亡的一个条件，而不是起决定性的原因。假如因为它与许的死亡有一定的联系，因为它有造成伤亡事故的可能性，就把这些当做造成事故的根本原因，要制定这项制度的王继龙对许忠祥的死亡负刑事责任，那就会掉进资产阶级的"条件即原因论"的泥坑中去。按照这个"理论"推论下去，赵的工作介绍人、死者许的工作介绍人和建造五层大楼的业主，都将因他们的行为是造成许死亡的一个条件，也可以说是"根本原因"而负刑事责任了。这种逻辑是说不过去的。

只有根据案件的具体情况，实事求是地分析行为与结果之间的因果关系，才能作出正确的处理。如苏联有过这样的事故案件：舰长马耶夫斯基错误地、毫无根据地决定科特佐夫为第三领航员后，因违反劳动纪律，使第五十六号曳网渔船在海中失事。苏联最高法院全体会议决定：船长马耶夫斯基决定科特佐夫为第三领航员的行为和所发生的事故之间并没有任何因果关系。因为事故的发生是科特佐夫严重地违反劳动纪律的结果,它与马耶夫斯基所提出的录用意见,没有任何联系。①我认为这样的分析是非常正确的。如果按照"根本原因论"的理论逻辑来分析,舰长的滥用职权和玩忽职务的行为就是造成渔船失事的"根本原因"而予以治罪了。由此可见,我们要判断某一行为与结果之间有无因果关系,必须对整个事故的发生过程进行深刻的分析,才能找出发生事故的真正原因,使案件获得正确的处理。

三、赵瑞林违反上呼下应制度的行为,在主观方面是有过失的,应该负过失伤人致死的刑事责任,但可从轻处理。主张王继龙应负妨害公共秩序罪的意见,是十分错误的。

主张技术主任王继龙应负刑事责任的另一个理由是:工人赵瑞林在执行错误决定中虽然也有过失,但因他处于被领导地位,是执行命令的人,他没有权力从根本上解除这个错误办法的危险,因此,王继龙仍应负主要刑事责任。这种说法显然也是自相矛盾。我们既然承认这次事故是由赵瑞林违反上呼下应制度的过失行为所造成的,那么,就不能再不分皂白地说赵瑞林无权从根本上解除这个错误办法的危险性。因为只有在执行错误决定的工人既无故意也无过失的情况下,确实由于上呼下应制度本身的毛病而造成事故时,才能说赵瑞林无权根本解除这一错误办法的危险性,而免除其刑事责任。但本案的情况并非如此。事实证明:开工后的六天中由于架子工赵瑞林严格遵守了上呼下应制度,因此,并没有发生任何伤亡事故。足见,上呼下应制度所存在的"危险性"并不是不能根本上解除的;而这次事故完全是由赵瑞林违反了上呼下应制度的行为所造成的,而且在他的主观上是存在过失的。因为,赵瑞林没有听到下面答话的原因,不外以下三种:(1)下面的工人没有听到赵瑞林的问话;(2)下面的工人听到了赵瑞林的问话而没有回答;(3)下面的工人回答了而赵瑞林没有听到。现在我们不妨根据这三种可能发生的情况来分析一下赵瑞林在主观上究竟有无过失:第一种第二种情况都是下面没有回答赵的问话。不管没有回答的原因是什么,总之,既没有听到回答,赵是不能把木板扔下来的。因为上呼下应制度规定了"在投扔材料时……架子工听了'没有'才能投扔",这是赵瑞林应该遵守的劳动纪律。如果违反了这项纪律,就可能造成伤亡事故,对架子工来说,这是应该预见而且是可预见的。但赵瑞林疏忽大意,违反了这项纪律,因而造成死亡事故,毫无疑问,应该负担过失责任。第三种情况,是下面回答了,而上面没有听到。如果是由于回答的声音太低而没有听到,既没有听到回答,赵瑞林不遵守纪律,乱扔木板,是应负过失责任(理由已如上述)。如果下面回答的声音很大,赵瑞林应该听到而且可以听到,但由于赵瑞林思想不集中而没

① 中国人民大学刑法教研室编译:《苏维埃刑法论文选译》(第1册),中国人民大学出版社1956年版,第134页。

有听到，那么，赵瑞林应负过失责任就更不待言了。所以不管哪种情况，伤亡事故都是由于赵瑞林违反了上呼下应制度的过失行为所造成，他应该负过失伤人致死的刑事责任。但在处理时可以考虑从轻。

还有一些人认定技术主任王继龙的行为应该构成妨害公共安全罪。我是不同意这种论点的。我认为，即使王继龙违章作业的行为已经构成犯罪，也绝不能成立妨害公共安全罪。

首先，从犯罪构成的客体来分析，妨害公共安全罪是一种严重的犯罪。由于这一犯罪的主要特征是危害公共安全，因此它所侵犯的客体已不仅是妨害一般的社会管理秩序或国家机关的正常活动，而是公共安全。但王继龙所侵犯的直接客体仅仅是劳动纪律或劳动保护，它的社会危害性远不及妨害公共安全罪来得严重。其次，从犯罪构成的主观方面来分析，妨害公共安全罪都是由故意构成，但王对这次事故的发生则完全出于过失，特别是违章作业所引起的工人死亡的后果，是完全出于他意料之外的。为了防止事故的发生，王在开工前曾"在工作地点支搭五个围栏，围栏内不许外人进入"；在开工过程中又曾"累次开会，布置安全工作"。这些具体措施可以证明王继龙在主观上是不希望发生事故的，这与妨害公共安全罪的主体在主观方面对犯罪完全出于故意这一点是根本不相同的。所以认定王继龙构成妨害公共安全罪的理由是毫无根据的。

四、王继龙违反《规程》的行为并不构成犯罪，但应受到行政处分。批准上呼下应制度的工区技术安全组有关人员，也应受到适当的行政处分。企图单纯用刑罚的办法去预防工矿事故是错误的。

有人问：技术主任王继龙违反《规程》，另自订立上呼下应制度的违章作业行为，即使不构成妨害公共安全罪，是否应构成违反劳动纪律和劳动保护罪而受到适当的刑事处分？

答案是否定的。

我们必须弄清，《规程》仅仅是一种劳动技术规范，而不是一个法律规范。据我肤浅的理解：这种《规程》是生产技术操作经验的积累和总结，也可以说是劳动技术的组合。即生产过程中，人与人、人与生产工具和劳动技术的结合（组织）。它的目的是在指导人们如何正确进行生产，借以保护工人、职员的安全和健康，提高生产效率和工程质量，从而保证社会主义建设的顺利进行。这种劳动技术规范在生产中的贯彻实施，主要是通过企业行政、工会组织的宣传教育，使工人、职员、工程师以及技术人员在自觉的基础上贯彻执行。再者，是依靠其他有关的法律规范，如行政法规，刑事法规的强制力来保证其贯彻实施，劳动技术规范的本身是没有强制力的。

《规程》共分9章，计112条。它从对施工的一般安全（如第2章）到对各项建筑安装工程的要求以及安装的方法(如第5章、6章、7章)都提供了一套完整的操作规则和操作程序,但是在这112条中并没有看到违反这一规程时,应该受到何种刑罚处分的规定。这充分说明属于劳动技术规范的《规程》,其本身并没有强制力和惩罚力,它与一般法律规范是有所不同的。

所以违反《规程》的行为,只有在这种行为可能引起重大的危害后果,或已经引起了危害的后果,触犯了国家刑律,才能构成犯罪,并受刑事处分。如果违反《规程》的行为,既未引起危害后果,也不可能引起重大的危害后果,而只是触犯了国家的行政法规,那这种行为只能受到行政处分。

就本案的情况而论,王继龙所定的上呼下应制度,虽然违反了《规程》第100条的规定,但它并没有引起危害后果(许忠祥的死亡与上呼下应制度并无因果关系的理由,已如上述),因此他的行为不构成犯罪,当然也无刑事责任。可是他这种不按《规程》办事的行为毕竟是错误的,它与前中央人民政府政务院颁布的《国营企业内部劳动规则纲要》所规定的精神是抵触的。[1] 为了督促王继龙今后严格遵守操作规程,正确组织劳动,防止意外事故的发生,根据该纲要第4章第15条的规定,给予警告或记过等行政处分,我认为还是必要的。工区安全技术组的负责人草率批准这个上呼下应制度,也应受一定的行政处分。

由此,我们就不难看出,那种认为只有追查技术主任王继龙的刑事责任,才能教育群众、改进工作、预防事故发生的似是而非的观点,是不足取的。对一个在工作上存在缺点,甚至犯有错误但尚未构成犯罪的公民,企图滥用刑罚来达到惩一儆百的教育和预防的目的,这与刑法科学中犯罪构成的原理和马列主义的犯罪学说完全背道而驰;把这个理论去指导实践,无疑将在审判工作中扩大惩罚的范围,使社会主义的法制受到破坏,这对我国社会主义的建设事业显然是十分有害的。

五、正确处理工矿伤亡事故的一个重要关键,在于正确运用因果律。在这方面应该特别注意两点,以防止发生偏差。

综上论述,我们在分析、处理刑事案件时,必须根据犯罪构成的四个要件,对整个案情加以全面、客观的研究,尤其对于一般工矿伤亡事故案件,由于情况比较复杂,牵涉的人员较多,危害社会的行为与所造成的危害结果之间的因果关系也就特别错综复杂,而且显得微妙,在处理时只有正确运用刑法科学中的因果律,才能使案件得到正确的判断。上述案例,在讨论中之所以产生各种不同的意见,其根本原因就在于有些同志没有正确掌握和运用刑法科学中的因果律。因此,正确地运用刑法科学中的因果律去解决工矿伤亡事故案件中的犯罪构成的客观基础,就有着

① 《国营企业内部劳动规则纲要》,1954年5月6日政务院第215次政务会议通过,1954年7月14日公布。

头等重要的实践意义。在这方面，我认为必须特别注意两点：

第一，在分析因果关系时，必须将个别事物从现象的普遍联系中抽出来，单独地进行研究。宇宙间物质运动的各种形式都是互相联系，互相制约的；这种互相联系、互相制约又是普遍的、整体的，也可以说是无边无际、无始无终的。正如恩格斯所说，“……原因与结果，只是一种概念，它们本身只在应用于个别场合时，才有意义；可是我们如果从它对整个世界的总联系上来研究这些个别的场合，那么这些概念就融化为普遍的交互作用的概念。在这中间，原因与结果，互相交替。所以，现在在此地是结果的，在别一地方，在别一时候，就是原因了；反过来看，也是如此。”①所以，我们在研究刑法科学中的因果关系时，必须按照列宁所指出的“人为地把一个唯一的世界过程的一方面孤立起来，”②就是从事物的普遍联系中把人的有社会危害性的行为和危害社会的结果之间的因果关系抽出来，单独地加以研究才有实际意义。如果不是这样，我们就要淹没于千头万绪、错综复杂的因果锁链之中，而不能得到正确的结论。

第二，我们在分析因果关系时，还必须把条件和原因严格区别开来。辩证唯物主义认为，在具体条件下，只有某一危害社会结果的发生是某一行为合乎规律的结果时，这一行为才是造成这一结果的原因，如果这一行为仅是发生这一结果的必要条件而不是原因，它对结果是不负刑事责任的。相反，条件即原因论者认为，原因是在结果之前的一个条件，没有这个条件，结果就不会发生，因此，原因是同样体现在每一个先于结果而发生的条件之中的，从而极其错误地把条件当做原因。有些同志把上呼下应制度当做造成事故的根本原因，实质上就是条件即原因论者的观点的反映。这就必然要扩大刑事责任的客观基础，扩大惩罚范围，这与马克思列宁主义的犯罪学说是毫无相同之处的。

（1957年第4期）

① ［德］恩格斯著：《反杜林论》，吴黎平译，三联书店1950年版，第12页。

② ［苏］列宁著：《唯物论与经验批判论》，曹葆华译，人民出版社1953年版，第194页。

【动态】

和平共处的法律性质

——记近年来学术性国际会议对于这一问题的争论

周子亚*

一

在叙述近年来各种学术性国际会议对"和平共处"这一问题的讨论之前,我想先简单地谈一谈和平共处的理论根据和其具体发展。

社会经济制度不同的国家可以和平共处,原是列宁根据他所发现的资本主义发展不平衡的规律提出的。在这个问题上,列宁提出了著名的"一国内建设社会主义"的学说。第一次世界大战以后,世界上虽然只有一个社会主义国家——苏联,但是由于三种情况的存在——社会主义制度的优越性,资本主义制度内部的矛盾与危机,资本主义国家的工人阶级和全世界人民对社会主义的拥护和支持——它可以在资本主义世界的包围下成长和壮大起来。不过,同时由于另一种情况——即由于资本主义发展的不平衡性的存在,社会主义不能一下子在各国都取得胜利,因此,在一定的历史时期内,首先获得胜利的社会主义国家将在两个制度同时共处的情况下存在和发展。

第二次世界大战以后,社会主义的胜利高潮带来了许多以社会主义为立国原则的人民民主国家,而中华人民共和国的诞生,在两大阵容的对立与共存上意义尤为重大。周恩来总理提出了有名的五项原则,来作为处理现阶段国家间关系的准则。它的具体内容是:互相尊重主权和领土完整、互不侵犯、互不干涉内政、平等互利与和平共处。总的说来,这个原则是不同社会制度的国家可以和平共处的列宁学说的具体发展,对于推动国际法的向前发展起着极大作用,因此谈到和平共处,不能不提到五项原则。五项原则最初是在1954年4月中印两国签订的《关于中国地方和印度之间的通商和交通协定》中提出来的。两个月以后,我国周恩来总理

* 作者单位:华东政法学院(现华东政法大学)。

访问印度和缅甸，先后同这两国政府总理发表了联合声明，宣布用五项原则来指导两国相互间的关系。此后，五项原则在万隆会议的决议中，以及在1954年10月12日的中苏联合声明、1955年6月22日苏印联合声明、1955年6月2日的苏南宣言、1955年11月3日苏缅联合声明、1955年7月18日的苏越联合公报、1955年12月18日的苏联阿富汗联合声明、1956年1月11日的苏联利比里亚的联合声明和在各国政府的其他类似声明中都得到了确认。正如1954年11月世界和平理事会斯德哥尔摩会议的决议中所指出的，它使"和平共处的理想具体化"了。

二

在中国提出和平共处的五项原则以后，国际学术界，特别是法学界，注意到这个问题的重要性，从1954年起，即展开了广泛的讨论。但是为帝国主义所御用的学者们，特别是美国国际法学者，却利用这一机会来对和平共处进行歪曲的宣传。第一次把这一问题提到国际学术会议中去讨论的，是出席在蒙得维多所召开的第八届联合国教育科学文化组织会议的印度代表。印度代表原本是根据《中印联合公报》的精神以"促进国际间和平共处（Peaceful Co-existence）"作为提案命题。但是英美代表对印度提案施行压力，把"利平共处"改为"和平合作"（Peaceful Co-operation）。帝国主义的学者选用这几个字来作为讨论命题，实具有不可告人的目的。他们想把"不同社会经济制度国家共同存在"的这一客观事实遮盖起来，而意图用旧的即资本主义的殖民方法来进行他们的所谓"国际合作"。

第二次提出这一问题来讨论的，是1955年8月20日至30日在瑞典京城斯德哥尔摩所召开的国际政治科学会议，报告人代表着世界人民的公意，仍然提出"和平共处"来作为讨论命题。美国代表有意胡说和平共处很可能共存而不合作，歪曲和平共处是公开冲突和冷战的中间状态，因此他仍主张用"和平合作"。在同一年的国际经济会议上，他们又提出了"经济合作"为"和平合作"之前提的论调，而在所建议的方法中，竟有所谓"投资"的一项，其用意所在可想而知。

1956年2月17日至21日，联合国教育科学文化组织所召开的世界法学家会议在巴黎举行，"和平共处"问题列为讨论的首要项目，苏联国际法学者柯罗文教授和美国哥伦比亚大学教授哈桑特（John N. Hazard）进行了一场严正的理论争辩。美国代表说："……用'合作'要比'共存'好得多，因为假定一个国家坚持其狭义的主权观念而不愿为便利国际交往，牺牲一点自己的利益，那么国际紧张局势很难有所改善的。"从这些话里可以看出美国垄断组织的真正意图，它们企图借"国际合作"之名以遂其限制他国主权之实。柯罗文教授严正地驳斥说："我们不反对'和平合作'，它正是'和平共处'的中心内容，所以也完全符合于社会主义制度国家的政策的……恐怕不愿意真正合作的,还是美国。”会议在英国代表的操纵之下,改用“主权与国际合作”作为讨论题目。美国代表重复美国国务卿杜勒斯的话:“和平共处这几个字无论如何不能用,我们一定要反对。”巴黎世界法学家会议的结果就是,和平共处的积极意义已成全世界舆论所普遍认识,美国代表的诡计因此未能得逞。

1956 年 5 月 22 日至 26 日在比利时首都布鲁塞尔所召开的国际民主法学家第六届大会上,“和平共处”问题又复列入于首要的议程。讨论的议题是“作为和平共处之法律根据的联合国宪章”。中国代表与日本代表共同认为和平共处不但是一个抽象的观念,而且是具体的现实。大家都认为和平共处的原则与《联合国宪章》的精神是一致的,特别是民族自决权、主权原则、不干涉他国内政等项,更显示出两者的息息相关。因此,和平共处问题曾在大会及小组委员会中作了具体的讨论。在同年 7 月的世界著名学术团体的专家会议上,“和平共处”与“和平合作”并在一起来讨论了,他们所讨论的题目是“共存与和平合作的一般理论和历史发展”。最后,在同年 8 月 26 日至 9 月 2 日国际法学会在南斯拉夫的杜白罗尼克开会,会议是在英美代表的多数操纵下举行的,但是会上还是讨论了“国家间积极和平共处的法律性质”,而且还把这一问题建议到下一届,即 1958 年 9 月在纽约所召开的国际法学会上去讨论。可见,“不同社会经济制度国家共同存在”的这一客观事实绝不是站在形而上学观点上的学者们所能抹杀得了的。

三

从上述各种学术性国际会议讨论“和平共处”的情况来看,显明地有两种不同的见解在斗争着。一种是社会主义阵容的学者们的意见,他们认为要解除目前国际紧张局势,只有在两大阵容间实行和平共处,而要实行和平共处,必须以互相尊重国家主权和不干涉他国内政作为前提。这种主张与《联合国宪章》的精神是完全符合的。相反的,代表国际垄断组织的法学者们,硬要把“不同社会经济制度国家共同存在”的这一客观事实完全抹杀,甚至竟荒谬到说美国资本主义的“人民性”(哈桑特在巴黎法学家会议上的发言),否认有社会主义与资本主义的区别。他们意图宣传限制国家主权的主张,来推行有利于垄断组织的国际合作。由于《联合国宪章》符合和平共处的原则,他们又提出要修改《联合国宪章》的论调来。他们的实际目的是想鼓吹成立“世界政府”,由美国一手来包办国际合作。但是这种合作并不是全世界人民所需要的。比较头脑清醒一点的资产阶级学者,也能看清大势所趋,主张不同社会经济制度的国家应该和平共处,如美国的德依奇教授,在他所著的《民族主义与社会交往》一书中着重地提出了这点。英国下院工党议员休斯著文向英国政府呼吁:“我们应当选择和平共处的道路”。资产阶级国际法学者孔兹(Kunz)在1951年1月号《美国国际法季刊》上所写的《变迁中的国际法》一文也提到:社会主义阵营的出现,使国际法起了根本的变化,而和平共处是它的重要基础。

(1957年第4期)

1957年第5期

捍卫马列主义法学，驳斥“右派分子”的谬论

——在上海市第二届人民代表大会第二次会议的发言

雷经天*

一

“右派分子”对马列主义法学的进攻，是和所有其他“右派分子”反党反社会主义的活动配合在一起的，是整个资本主义逆流的一股，必须予以坚决反击，彻底粉碎。

“右派分子”反对社会主义的法制，首先是曲解社会主义法律，从理论上进行毒化。他们否认法律的阶级性，把它看做超阶级、超政治的所谓纯技术的东西。“右派分子”杨兆龙曾经说过：“法律中有许多规范的阶级性不表现在规范的本身，而表现在谁运用它们或用它们来对付谁的。”因而他认为“六法全书好像一把刀子，既然反动派可以拿在手里杀人民，今天人民也可拿在手中杀反动派”。从这个反动观点出发，“右派分子”就提出一连串的谬论，作为他们向社会主义法律进攻的理论根据。

我们知道，法律是统治阶级的意志的表现，是取得政权的阶级为了保护自己的阶级利益、强迫被统治阶级服从于他们的利益，乃以国家的名义制定，并以国家的强力来执行的。所以法律是阶级专政的工具，永远是属于统治阶级的。由于各时代统治阶级所处的经济关系和政治立场的不同，必然要用不同的手段来保护其不同的阶级利益，因此这个作为阶级专政工具的法律就要随着统治阶级的具体情况而有不同的具体内客。资产阶级要进行剥削，它的法律以维护生产资料私有制为中心，维持着少数人压迫多数人的阶级统治。工人阶级要消灭剥削，它的法律以巩固生产资料公有制为基础，从而起了消灭阶级，建立团结友爱和繁荣幸福的社会主义社会的作用。这两种法律是根本不同的两种体系，体现了两种不同的阶级性，它们中间没有共同的本质，是不可能等同起来的。

社会主义革命胜利，随着资产阶级统治的崩溃、工人阶级政权的建立，随着资本主义所有制的消灭和社会主义所有制的建立，就必然要摧毁资产阶级统治的国家机器，废除旧法统，建立新法统。旧法必须废除，旧法观点和旧法制度必须改革，

---

* 作者单位：华东政法学院（现华东政法大学）。

法律武器和审判大权必须掌握在工人阶级的手里，乃是理所当然之事。"右派分子"反对司法改革，反对高等学校的院系调整和教学改革，反对工农干部领导法律工作，而主张旧法学者和旧法人员的"归队"，实质上就是反对社会主义革命，反对工人阶级领导政权。企图实现资本主义复辟的阴谋，是十分显明的。

"右派分子"另一方面强调了法律的技术性、专门性，从而掩盖它的政治实质。杨兆龙说："你们过分强调法律的政治性而基本忽视了它的专门性和科学性"，"法律有它的丰富的独特内容和技术"。并因而说："不懂法律的外行，办不好事"。我们从来就把法学作为一门专门科学，也不否认法律有它自己的形式和技术。但法律的形式和技术必须为政治服务，服从于它的政治实质，绝不能超脱内容实质而另有独特的、固定的形式与技术。和实质相矛盾的形式和技术是没有的。例如，法律的体系和分类、法律术语和概念，都是密切跟随法律的内容而有所不同。有些人认为法律术语没有阶级区别的看法是不正确的。新的法律概念必须创造新的术语来表达它，有的虽沿用旧的语汇但发展了不同的内容。社会主义法律的形式和技术正随着社会主义法律的建立和发展而建立和发展起来，旧法技术和旧法思想，对于社会主义法律是没有多大意义的。因而我们的法律工作者必须有坚定的无产阶级立场和丰富的政治斗争经验，懂得党和政府的政策，才能很好地阐明和运用法律。而"右派分子"故意抹杀了社会主义法律同资产阶级法律的本质区别，从他们的所谓技术性出发，强调了法律的科学性和专门性，强调法律工作的业务水平，并因而得出结论——只有"旧法学专家"才能立法，才能审判，才能从事法律教学，这完全是为窃取和篡夺我们的法律阵地而作的谬说，毫无理论根据，必须严厉予以指斥。

二

"右派分子"是怕专政而讲"民主"的，因而他们提出法律是民主的体现。王造时说："近代法治的趋向必然是民主。"杨兆龙说："社会主义民主是社会主义法治的指导原则，同时也是它的内容。"从而他们认为法律主要的不是阶级专政的工具，而是体现人民内部的民主生活的工具。马克思列宁主义者一向认为法律和国家一样，是阶级斗争不可调和的产物，是阶级专政的有力工具。人类社会出现了阶级专政以后，才有了法律这个专政的武器。任何法律都是保护统治阶级的特权而镇压被统治阶级的反抗。它从这两个方面来实现阶级专政。保护统治阶级特权的法律当然不会不调整统治阶级内部的关系，但这个内部关系是由镇压敌对阶级而维持的；同时，对敌对阶级的镇压，是由充分发挥统治阶级内部力量而加强的。这样，不论就阶级内部关系说或就阶级镇压说，法律都成为十足的专政工具。

当然，体现人民民主专政的人民法制有民主的一面，但绝不能因此而忽视镇压的一面。目前我国阶级没有消灭，反革命虽然少了但是还有，社会上也另有各种严重破坏社会秩序的坏分子，蒋介石集团和国外帝国主义者仍在企图武力进攻，因此必须加强专政的力量。与此不同，我国人民内部的关系是友好的。人民内部虽然也有矛盾，但不是对抗性的矛盾，可以用“团结—批评—团结”的方式来解决。因而在人民内部之间要维持民主的关系，而不是专政的关系。

我们国家的法律，也正是保卫人民民主的。周总理说：“我们的国家有民主和专政两方面的职能。”①从而我们的法律也有着民主和专政两方面的任务，即“对敌人实行专政和调整人民内部矛盾——维护社会秩序，保护公民的权利和合法利益，保护发展社会生产力，保卫我们的社会主义制度的继续建立和巩固”。② 由此可见，“右派分子”的认为社会主义法律只应讲民主，不应讲专政，或过去是偏重于专政，今后应偏重于民主的说法，是完全错误的。

我国《宪法》规定，在人民内部实行民主集中制，人民有广泛的民主和自由的权利，“但这个自由是有领导的自由，这个民主是集中指导下的民主，不是无政府状态”，③否则全国人民就不能集中力量来建设社会主义国家。

民主和自由不是抽象的，而有阶级内容。极端民主和绝对自由在历史上从来没有过。在资产阶级的国家里，资本家有剥削的自由，劳动人民就没有反抗剥削的自由；反过来，在社会主义国家里，工人阶级要消灭剥削，资产阶级就没有剥削的自由。所以在资产阶级国家里，只是少数人的剥削阶级才有自由，才有民主的权利，而绝大多数的劳动人民是没有民主和自由的。而我们社会主义国家则保证广大人民享受法律所赋予的民主、自由，而仅仅剥夺了少数反动派的民主、自由。

我们社会主义国家的民主、自由要比资产阶级的民主、自由广泛得多，也确实得多，这是由于生产资料所有制不同而必然分异的。在资本主义私有制下，必然发生竞争和垄断，即在资产阶级内部的自由和民主也受到种种的破坏和限制。而在社会主义国家里，工人阶级、农民阶级和劳动知识分子，团结友爱，完全享有宪法所赋予的广泛的民主权利，而且这种民主权利，随着社会主义事业的发展，将有不断地扩大，随着物质生产的增长而不断获得保障。中国劳动人民拥护人民民主专政制度，为社会主义的事业而努力，没有感到宪法上的权利有什么被侵害，没有“不安之感”，只有资产阶级“右派分子”才会感到“呼吸窒息”和“心神不宁”。但这不是自由和民主多少的问题，而是阶级立场的问题。因为他们要违反宪法而乱说乱动，当然要受到人民的反对和法律的制裁。“右派分子”要想进行资本主义的活

① 周恩来在1957年全国人民代表大会第四次会议的《政府工作报告》。

② 董必武在1957年全国人民代表大会第四次会议上的《关于最高人民法院工作的报告》。

③ 毛泽东著：《关于正确处理人民内部矛盾的问题》，人民出版社1957年版。

动，享受资产阶级的民主，在我们社会主义的国家里，当然是不允许的。

三

高等政法院系是研究法学、培养政法干部的教育机关，"右派分子"也不放松对它的进攻。"右派分子"说："法学界的宗派主义表现在把旧法学家一棍子打死"，"旧法学家不继续教课，法学将要绝种"。杨兆龙说："复旦大学的法律系办得'一团糟'，复旦法律系是学华东政法学院的，华东政法学院是学中央政法干校的。茅草蓬的底子，建筑不起高楼大厦。"王造时说："华东政法学院不是一个高等学校，只是一个训练班。"他们攻击我们高等政法院系的目的是企图破坏我国新建立起来的马列主义的法学，恢复资产阶级的法律学。

解放后，我国高等政法院系建立得比较晚。1952年司法改革和高等学校院系调整以后，创立了新的政法学院，1954年再在若干综合大学里成立了法律系。在上海的华东政法学院和复旦大学法律系是和全国政法院系一样，在党的领导下建立起了社会主义的高等政法教育机关。几年来它们已经具备了应有的学科和体制，也培养了师资，编写了教材，并已逐步完备起来。

我国的法学和其他社会科学一样，一开始就被作为一门专门科学来进行研究，它受着马克思列宁主义理论的指导，而有着本门科学的完备体系和充实的内容。由于我国马列主义法学是完全新建立的，过去没有基础，首先就要学习苏联先进的经验。在学术上我们吸收了苏联研究的最新成就，同时也总结了本国革命法制实践的经验，但是总结得不够。因此我们高等政法院系里在教学方面有些教条主义的缺点。这些缺点，我们并不否认，但自去年已开始大力改进。马列主义法学是反映工人阶级的法律观，阐述社会主义法制原则，它总结历史上法学的成就，但根本上是总结社会主义革命斗争的经验而新建立起来的，它有着极丰富的和最进步的内容，绝不同于腐朽的、反动的资产阶级的法律学。"右派分子"还积极主张要在政法院系恢复资产阶级的政治学、社会学的课程，他们曾召开会议，提出"为恢复政治学而斗争"的口号。资产阶级的政治学、社会学和它的法律学一样，是反映剥削者的政治意识，培养爪牙，为资产阶级专政服务的，它和马列主义法学是为工人阶级专政服务完全相对立。"右派分子"说："党和政府不重视法学"，"新法学并不是一门学问"。企图否认马列主义法学，是有恶毒的用意的。"右派分子"从其阶级偏见出发，指责我们学习苏联先进经验是教条主义，指责我们总结人民民主革命时期的经验是庸俗的经验主义，以为不采纳资产阶级的学说就不是科学，以为除了旧法学者就没有法学专家，显然是狂妄的谬论。"右派分子"之所以这样说，并不是为充实和提高我们的法学，而只是想"院系再调整"，"为旧法学招魂"，把已被淘汰了的旧法律院系恢复起来，使资产阶级的法律学、政治学和社会学复辟。曾昭伦、费孝通等提出的反动的“科学纲领”，钱端升企图设它的“大法学院”、杨兆龙所梦想的“翻身”，正是他们的具体阴谋，这些当然是我们所反对的。

由于马列主义法学的特点，高等政法院系的教学工作，不能不依靠于有坚定的工人阶级立场和富有革命斗争经验的老干部，并依此要求，大力培养青年教师，同时必须彻底改造旧法学者并发挥他们的潜力。老干部和青年教师的法学水平还不高，他们必须努力钻研，求得丰富法律知识，熟习法律业务，青年教师还要在实际斗争中获得锻炼。这里必须着重提出的是，旧法学者过去学的是资产阶级的各派法学，他们既未体验工人阶级的生活和斗争，又未接触到马列主义的理论，甚至有的一直是社会主义的坚决反对者。旧法学者如果没有经过彻底的思想改造，没有根本抛弃旧法观点而从头学习马列主义的法学理论，是无法在新的政法院系讲课的。在马列主义法学的教学岗位，正如其他法律工作的岗位一样，对于旧法学者来说，只是改造和学习的问题，是视具体情况而适当安排工作的问题。“归队”的说法是错误的，旧职位跟着旧制度一同被革命的洪流所摧毁，他们是无队可归的。

最后我希望新的和老的法学家们，不要为“右派分子”的挑拨所离间，大家团结起来，努力学习，改造自己，加强马列主义的法学研究，为提高社会主义的法学教育，捍卫马列主义法学而斗争！

（1957年第5期）

论杨兆龙篡改法律定义的本质

杨　峰*

“右派分子”在向党、向社会主义的猖狂进攻中，尽管手法巧妙、花样繁多，但有其共同特点，那就是：否定社会主义建设的一切成绩，反对社会主义的政治路线；反对党的领导，攻击人民民主专政制度；在思想战线上则攻击马克思主义，宣扬资本主义。法律界“右派分子”的急先锋杨兆龙，在其反党反社会主义的言行中，就完全表现了这一特色。

杨兆龙在“大鸣大放”中放出了许多谬论以后，特别提出要篡改法律的定义。他得意忘形地说：“讲法律是阶级镇压的工具，这定义今天是否要改一改？”并煞费苦心地问道：“中国今天镇压对象只有百分之几，90％几的人民要不要法律？”又假惺惺地说：“可见法律又是同一阶级内部维持纪律的工具。”①乍一听似乎杨兆龙很关心人民法制的建设，注意研究实际生活，能及时地发展法学理论。但仔细分析一下，便可以看穿他的卑鄙企图和反动本质。

一、杨兆龙要篡改的是人民法律的本质

杨兆龙提出所谓修改法律定义的问题，首先便暴露了他在马列主义法学理论的重要问题上是多么的浅陋无知。“法律是阶级镇压的工具”这一句话并不是法律的定义，而是指出法律的本质；它说明法和国家一样，是阶级矛盾不可调和的产物和表现。由于私有制的产生和社会阶级的形成，敌对阶级的利益相互冲突，造成了阶级矛盾的不可调和。在政治上、经济上占统治地位的剥削阶级，为了维护自己的利益不受侵犯，就通过国家制定出代表本阶级意志的法律，并以国家的强制力保证全体社会成员必须遵行。法律和国家是同时“在社会分裂为敌对阶级的基础上产生的，其所以产生，是为了剥削者少数的利益来约束被剥削者多数”。② 著名的苏联法学家卡列娃同志等，在维辛斯基同志制定的法的定义的基础上，对法下了一般的定义：“法是经国家制定或认可的，体现统治阶级意志的，由国家的强制力为

---

* 作者单位：复旦大学。

① 《复旦》1957年第66期。

② ［苏］斯大林著：《列宁主义问题》，唯真译，人民出版社1964年版，第940页。

了保护、巩固和发展有利于并适合于统治阶级的社会关系和社会秩序,而由国家的强制力保障其适用的行为规则(规范)的总和。"①所以法具有强烈的阶级性,它是阶级统治的重要工具。

在奴隶制、封建制和资产阶级国家中,法律始终是极少数剥削者镇压被剥削者多数的工具。在资本主义制度统治下的无产阶级和其他劳动人民,为了求得自身的彻底解放而进行革命的基本任务,就是夺取资产阶级的政权,打碎旧的国家机器,摧毁旧法制,废除旧法律,运用自己的政权来制定适合于本阶级利益的新法律,并把法当做广大劳动人民镇压少数压迫者的工具。所以列宁说:"一切革命的根本问题,就是国家政权问题。"②

总之,法在过去是,现在是,在将来一定时期内,只要有剥削阶级的存在,只要有国家的存在,它仍然是"阶级镇压的工具"。如果法不能起"阶级镇压工具"——对阶级敌人专政的作用,它便与一般的社会规范(如道德规范)没有了区别,就会丧失法的本质而不成其为法了。除非是全世界所有的国家都取得社会主义的革命胜利,国家走上消亡,法才会丧失其"阶级镇压工具"的本质。杨兆龙经常夸耀自己是第一流的法学家,但竟把法律的定义都搞错了,对马列主义法学的主要理论作了根本的歪曲。这是否单纯由于杨兆龙的愚蠢无知所致呢?难道说这位反动透顶的法学家、臭名远扬的实用主义法学派头子庞德的信徒,连"法律是阶级镇压的工具"这点粗浅的道理都不懂吗?不是,显然不是。杨兆龙在身任国民党反动政权司法部刑事司司长、最高法院检察署检察长要职的时候,曾代表一小撮反动派的利益,运用了国民党的法律去镇压劳动人民,他是如何重视这个"阶级镇压的工具"的?他还在其《党化司法之意义与价值》的反动文章中,极力主张"法律高于一切"。为什么当掌握了政权的广大人民运用自己的法律去对极少数的敌人实行专政的时候,杨兆龙就认为作为"阶级镇压工具"的法律"要改一改"呢?这里不难看出杨兆龙乃是以"关心"法制作招牌,以学术探讨为幌子,而是在理论方面对人民的法律从本质上进行恶毒的进攻。

二、杨兆龙有意曲解民主与专政的正确关系,企图改变人民民主专政的使命

杨兆龙责问我们"90%几的人民要不要法律?"是与他污蔑我国法制"一团糟",说我们国家"许多事情长期没有法规可以遵循","使坏人感到无所顾忌,好人

① [苏]卡列娃等著:《国家与法的理论》(上册),中国人民大学出版社1956年版,第75页。

② 《列宁文选》(两卷集·第2卷),人民出版社1954年版,第23页。

感到缺乏保障”[1]等谬论相联系的。他将我们的国家描绘成没有法规，武断专横，只有镇压没有民主的国家，这是对全国人民进行的极大的污蔑。

令人难以容忍的是，杨兆龙强调了法律“是同一阶级内部维持纪律的工具”，而对于应当镇压的“百分之几”的敌人，却主张不要镇压。他提出对于作为“阶级镇压工具”对敌人实行专政的法律“要改一改”，其阴谋就在于此。

毛主席教导我们，民主与专政是统一的，不可分割的，是一个问题的两个方面。“对人民内部的民主方面和对反动派的专政方面相互结合起来，就是人民民主专政。”[2]只有高度地强专政威力，使敌人的破坏活动范围缩小到最低限度，广大人民的民主权利才有更大的保障。而“无产阶级专政之所以强有力，所以能够战胜国内外的强大敌人而负起实现社会主义的伟大历史任务，正因为它是劳动群众……大多数人对少数人的专政，正因为它对于广大劳动人民实现了任何资产阶级民主所不能实现的民主”。[3] 正由于我们的国家，在过去对民主与专政这两个方面能很好的结合运用，才能在肃清反革命残余势力方面取得决定性的胜利，才能有“今天镇压的对象只有百分之几”的情况。为了巩固和发展这一伟大的胜利，就要抱着除恶务尽的决心，继续对仅有的敌人进行坚决镇压，一直到彻底肃清为止。

我们说民主与专政是统一的，不可分割的，一个问题的两个方面，但不等于说这两个方面在任何时间和任何情况下都可以半斤八两地等同起来。它可能因时间、地点、条件的不同，而采取不同的形式和方法，因而使某一个方面比较突出地表现出来。例如，在全国解放之初，在新解放地区，从整个说来，强力专政的一面表现得比较突出。由于当时的革命秩序尚未巩固，反革命活动非常嚣张，为了摧毁旧秩序，建立新秩序，当时的主要方法是发动群众直接行动。群众运动配合军事镇压，以急风暴雨的方法，集中地给予当时还压在人民头上的土匪、恶霸、特务、反动党团骨干分子和反动会道门头子五个方面的反革命分子以毁灭性的打击，来解放生产力。因为这是使广大人民群众真正获得和进一步发展民主权利的先决条件。但这时对敌人的专政，是建立在对广大人民群众发扬民主的基础上的。

经过了两次巨大规模的肃反运动和平时的肃反斗争，反革命分子的主要力量已被肃清，在肃反战线上取得了决定性的胜利。从1956年以来，全国情况有了根本的改变。在和平建设社会主义的时期，民主的方面则表现得特别突出。但是，“社会主义民主在任何意义上都不允许同无产阶级专政对立起来；都不允许同资

---

① 杨兆龙在“我国重要法典何以迟迟不颁布”问题座谈会上的发言，见1957年5月9日《新闻日报》。

② 毛泽东著：《论人民民主专政》，人民出版社1953年版。

③ 毛泽东：“再论无产阶级专政的历史经验”，载《人民日报》1956年12月29日。

产阶级民主混淆起来。……如果有一种民主可以被利用来进行反社会主义的活动,可以被利用来削弱社会主义事业时,那么,这种所谓'民主'就绝不是什么社会主义民主"。① 因而绝不能得出结论说:在和平建设时期,专政的强力方面对敌人的镇压作用已经消失。例如,本年7月12日,反革命集团在广东省廉江县雅塘墟发动武装暴动,杀害干部和居民,劫夺公款和财物。经围剿捕获的反革命罪犯,有21名主犯被人民法院依法判处死刑(内有2名缓期两年执行)。由此可见,尽管全国范围内是处于和平建设的时期,但在某一时间、个别地点、就某一个或某些事件来说,对敌人的镇压作用丝毫不会减低,对敌人严厉镇压方面又突出地表现出来。

毛主席根据国内外情况,明确地指出我国专政的任务有两个作用。"第一个作用,就是压迫国家内部的反动阶级、反动派和反抗社会主义革命的剥削者,压迫那些对于社会主义建设的破坏者,……为了维护社会秩序和广大人民的利益,对于那些盗窃犯、诈骗犯、杀人放火犯、流氓集团和各种严重破坏社会秩序的坏分子,也必须实行专政。……第二个作用,就是防御国家外部敌人的颠覆活动和可能的侵略。"②可见我们人民民主专政的作用,除了镇压国内的残余反革命势力以外,还要对付从国外来的侵略力量和颠覆活动。而杨兆龙取消法律的镇压作用的谬论,是与我国当前实际情况的需要背道而驰的。我国目前,不但国内的反革命势力没有完全消灭,而美帝国主义卵翼着蒋介石集团,仍然占据着我国台湾地区和少数沿海岛屿,并时刻不停地企图用武力来侵占我国大陆,乃是谁都知道的事实。在这样形势之下,有什么理由可以减弱以致消灭我们的专政力量?

毛主席教导我们:"必须懂得,没有肃清的暗藏的反革命分子是不会死心的,他们必定要乘机捣乱。美帝国主义者和蒋介石集团经常还在派遣特务到我们这里来进行破坏活动。原有的反革命分子肃清了,还可能出现一些新的反革命分子。如果我们丧失警惕性,那就会上大当,吃大亏。不管什么地方出现反革命分子捣乱,就应当坚决消灭他。"③如果按照杨兆龙的意见,对属于"镇压对象百分之几"的敌人不再进行镇压,并把作为"阶级镇压工具"的法律作了修改,给反革命分子大开方便之门,那还了得吗?对今后再出现的反革命分子,国家根据什么去进行惩办呢?如那时要惩办的话,恐怕杨兆龙更要振振有词来检查肃反的"合法性"了。

① 毛泽东:"再论无产阶级专政的历史经验",载《人民日报》1956年12月29日。

② 毛泽东著:《关于正确处理人民内部矛盾的问题》,人民出版社1957年版。

③ 同上。

三、杨兆龙篡改法律定义的目的是使人民在敌人面前放下武器，束手就擒

资产阶级“右派分子”反对走社会主义的道路，当他们看到社会主义革命已基本完成的时候就不甘心，要来倒算，来翻案。同时由于他们与国内外的反动派有千丝万缕的联系，他们还要替已被镇压的反革命分子和已被推翻的地主阶级翻案。在此次“大鸣大放”中，他们中间有许多人已原形毕露。杨兆龙就是其中之一。

当“右派分子”发动向党猖狂进攻的时候，原来隐蔽伪装的敌人，以为时机已到，便从各个角落钻了出来，明目张胆地进行破坏活动，残杀干部和群众；煽动和组织暴乱，企图制造所谓“匈牙利事件”；发动武装暴动或大力发展反革命组织。如广西省南宁市公安机关于7月24日，破获了一个反革命组织“中国志和党”。他们计划在两年内发展反动武装三万人，还计划去找“右派分子”黄绍竑等人支持。有些地方，许多地主分子疯狂地对农民进行倒算，夺回土改时被没收的房屋财产等事件接连发生。这些情况告诉我们，“右派分子”的猖狂叫嚣和反革命分子的活动是一线相连，彼此相互呼应的。杨兆龙主张让我们的法律取消镇压一面，显然不仅为已被镇压的反动派呼“冤”，且正为那些蠢蠢欲动的反革命分子打算。其用心是十分阴险的。

马列主义经典作家早就指出，法与国家是紧密联系在一起的。法由国家制定或认可，并以国家的强制力保证其实行。另外，国家组织本身、结构，它的机关的权限与任务全部固定在法的里面。我们强有力的国家机器就是依据于阶级性明确的法来发挥专政作用的。如果杨兆龙的阴谋能够得逞，法律不再作为“阶级镇压的工具”，那么我们的国家机器也就会瘫痪无力。全国人民代表大会就不能再制定有关镇压反革命的法律，并监督《宪法》第19条关于镇压反革命规定的实施；人民检察院就不能再对反革命分子进行侦查和提起公诉；人民法院就不能再依照法律对反革命分子进行审判。现有的有关镇压反革命分子的法律就应当废除。法院检察院等惩罚机关就应当解散。这样便会动摇我们一系列的国家权力。他使用了釜底抽薪的办法，企图挖掉人民民主专政制度的老根，根本销毁我们的法律和国家机器，叫人民在敌人面前放下武器，束手就擒。

杨兆龙的反动言行，乃是全国“右派分子”反党反社会主义的一个重要组成部分。在此期间，黄绍竑到处为已处理的反革命分子喊“冤”，要“翻案”。罗隆基则要组织“平反委员会”来“平反”。杨兆龙也一拍即合，赶快大呼“错捕、错押、错判、错执行”，主张“检查肃反运动的合法性”，又提出要改变作为“阶级镇压工具”的法律本质。似乎杨兆龙比黄绍竑、罗隆基更“高明”些，更有“远见”，提出的办法更

"牢靠"一些。因为只要法律不再作为"阶级镇压工具"而存在,反革命便可无所顾忌地为所欲为。杨兆龙一劳,反革命则可永逸。这样,杨兆龙企图篡改法律定义的目的就算达到了。

四、杨兆龙的谬论和托洛茨基、布哈林的反动理论"异曲同工"

杨兆龙的谬论,是从他的反动的阶级立场出发,与其他"右派分子"的论调一脉相通的,如北京大学的"右派分子"龙华英就公然提出"无产阶级专政的口号已经过时","阶级斗争已不存在了"。这是反映剥削阶级垂死挣扎,与杨兆龙所作的合唱。杨兆龙的谬论不但在国内是无独有偶,而在国际反革命市场中也早已有他的同调。

在十月社会主义革命胜利以后,无产阶级的叛徒托洛茨基、布哈林之流即对马列主义的国家学说进行了粗野的攻击。他们想出了一个特别的公式:"首先消亡的便是……'陆军和海军','以后,便是惩罚和镇压机关的系统','再次,劳动的强性'。"①这种论调早已被马克思主义者埋葬于地下了,可是杨兆龙又把它挖掘出来(更确切些说,杨兆龙在这方面是无知的,乃基于其反动的阶级本能所提出的,和托洛茨基、布哈林不谋而合),作为反党反社会主义的武器。不过杨兆龙改换了提法。他的公式是篡改作为"阶级镇压工具"的法律。尽管提法不同,但本质无异,其根本目的都是剥夺无产阶级手中的对敌斗争的武器。

无产阶级专政并不是无政府状态,而是有着严格的秩序的。它"借助于法和为法律所规定的各种措施,通过各种行政机关和审判机关,来解决无产阶级革命的任务"。② 如果法律不再作为"阶级镇压的工具"而存在,就会动摇我们一系列的国家权力,这实质上就是取消无产阶级专政,削弱我们的国家作用,走上了托洛茨基、布哈林所希望的罪恶道路。斯大林曾痛斥过这种反革命的理论,称宣传这种理论的人是变节分子或两面派。他说:"国家的消亡不是经过国家政权削弱,而是经过国家政权最高限度加强的道路到来的;只有最高限度加强国家政权,才可以最终铲除垂死阶级的余孽,并组织国防去抵御还没有被消灭掉,而且不是很快就会被消灭掉的资本主义包围。"③毛主席教导我们要"为着促使这些东西的消灭而创设条件,

---

① [苏]维辛斯基著:《国家和法的理论问题》,法律出版社1955年版,第480页。

② 同上,第18页。

③ [苏]斯大林著:《列宁主义问题》,唯真译,外国文书籍出版局1950年版,第622页。

而努力奋斗……人民专政的国家权力，就是这样的条件”。[1] 而要加强“人民专政的国家权力”，就必须进一步制定系统的对敌人专政的法律，以便把这些权力固定下来。杨兆龙看准了这个要害，便恶狠狠地放了一支毒箭，提出来对作为“阶级镇压工具”的法律“要改一改”。请看这个恭顺的为资产阶级服务的奴婢是多么的赤胆忠心。

（1957 年第 5 期）

① 毛泽东著：《论人民民主专政》，人民出版社 1953 年版。

不许“右派分子”破坏我国的立法路线

江振良*

一

自从人民政权出现之后，关于立法问题，就发生了根本的分歧，出现了两条不同的路线，即社会主义的立法路线和资本主义的立法路线。这两条不同的立法路线，有不同的社会基础、不同的方针和办法，而且也有不同的结果。

我国人民民主的立法路线，就是社会主义的路线，是在先进的工人阶级政党（共产党）领导下，在民主集中制原则指导下的人民群众的立法路线。它的总方针，是民主和集中相结合以及党的领导和人民群众相结合的、创造新的革命法制的方针。它的办法，是由党和政府根据工人阶级的阶级意志，实事求是地总结革命斗争的经验，提出初稿，并在这个基础上经过人民群众的广泛的民主讨论（或征求意见）和立法机关的审议通过（有的事先还经过一定时期的试行）到最后定案，才成为正式的法律，颁布施行。很明显的，这条立法路线是有它的一定的社会基础的，这个社会基础就是革命的人民民主政权的存在。因为立法问题也和政权问题一样，具有强烈的阶级性，只有在人民群众自己掌握了政权之后，人民群众才有可能根据自己的阶级意志，进行立法活动；而且这样的立法活动才会得到国家政权机关的承认和保障。

从历史的眼光来看，这条人民民主的立法路线远在巴黎公社时期就已经有了雏形，这是巴黎公社的一个极其重要的经验。我们知道，巴黎公社是成立于1871年3月29日的，在它成立后的第一个措施，就是颁布了关于打碎旧国家机器和废除旧法制的重要法令，严肃认真地否定了过去的旧法制；并在短短的十周内，先后制定和颁布了一系列的反映当时斗争任务的新法令，开始创建人民的革命法制。例如，制定和颁布了《关于没收企业主所抛弃的工业企业法令》、《关于征收空宅法令》、《关于审判凡尔赛政府委员会及扣押与查封其财产法令》、《关于审判凡尔赛政府一切同谋者法令》、《关于组织陪审委员团法令》，等等。这些法令，虽然在当时革命形势下还没有来得及实行人民的讨论，但它是根据人民群众的意志、革命斗争的需要和依靠人民群众创造出来的。当时公社也吸收了不少的公社社员直接参加公社的立法工作。这样也就保证了公社能够迅速地建立起革命法制，并使它沿

* 作者单位：华东政法学院（现华东政法大学）。

着社会主义的道路发展。为什么巴黎公社要走这条道路呢？因为革命的经验证明不这样做是不成的。旧的法制是属于剥削阶级的法制，是保护剥削阶级、压迫人民的工具，所以这是不适用于新的人民政权的，必须彻底把它废除。相反的，新的人民的革命法制，是保护人民、压迫阶级敌人的工具，是人民群众的阶级意志的集中表现，所以也就只有人民群众才能创制这种法制。也就是说，革命法制的阶级本质，决定了巴黎公社只有走这条新的革命的立法道路。

随着苏联十月社会主义革命的胜利，这条人民民主的立法路线也就最终形成了。我们知道，苏维埃共和国从它最初成立的那一天起，就得到了联共（布尔什维克）的领导，这一点正是它优越于巴黎公社的主要之点，有了这样一个正确的党的领导，也就保证了当时的立法工作能够往更正确的方向发展。从苏联的法制发展史中，我们得知，在他们革命胜利的初期，也是没有一套系统的完备的法律的，但是由于他们坚持了人民民主的立法路线，不断地总结革命斗争的经验，坚决贯彻了“从群众中来，到群众中去”的立法原则，因此，他们能够迅速地逐步地把新的革命法制完备和健全起来，并最终形成为一个完整的社会主义的法律体系。譬如，他们的宪法的制定和发展过程，就是一个很生动的例子。他们从十月社会主义革命胜利之后，到1936年，就先后制定过三个宪法，即1918年《苏维埃宪法》、1924年《苏联宪法》和1936年《苏联宪法》。如果把这三个宪法从结构到内容都作一个比较，那么，我们不难看出，苏联人民在联共（布尔什维克）的领导下，随着社会主义革命事业的发展和革命经验的日益丰富，他们的法制建设工作的确是蒸蒸日上，日趋完备和健全。他们这些宪法都是联共（布尔什维克）和苏联人民在各个不同时期，根据不同的社会状况、阶级力量对比关系和革命斗争的经验而制定的。宪法中的一些基本原则，都是经过长期的实际生活的考验，被认为合适之后才确定下来的。而且每个宪法制定之前，都经过长时期的酝酿以及宪法起草委员会、联共中央执行委员会、苏维埃代表大会和其他有关方面的反复的讨论，特别是1936年《苏联宪法》，在全国范围内经过了五个多月的几千万人的讨论，反复的补充修改之后才确定下来的。因此，苏联的宪法真正反映了人民群众的意志，真正是人民群众自己的宪法，得到了人民群众的衷心拥护，能够在全国范围内切实地贯彻和执行。这些情况充分证明，人民民主的立法路线具有无比的优越性和生命力，它的确是创建、发展和健全社会主义法制的一条非常正确的路线。

与此相反的另外一条立法路线——资产阶级的立法路线，是在资产阶级操纵下的、由少数上层分子（指资产阶级及其走狗而言）包办的闭门造车的立法路线。它的总方针，是少数人独裁包办的、继承旧法制的方针。它的办法是：由资产阶级聘请、收买一些他们所称心如意的法学家，或立法委员，根据有利于资产阶级统治的原则，搜罗和抄袭本国的或外国的旧法制，并在这个基础上稍微补充、修改、编成法典；在国会或立法院审读通过（形式主义的），便成为正式法律，颁布施行。很明显的，这条立法路线，只适用于剥削者国家，因为剥削者国家都是建立在私有制的基础之上，都是少数人剥削大多数人，少数人统治大多数人的国家。也就是说，他们的剥削本质是相同的，而在这个基础上所产生的法制，它的本质也是相同的，因此他们就可以互相抄袭，互相继承。翻开过去的法制发展史来看，古今中外，没有一个剥削者国家不是抄袭和继承旧法制的。

当然这也并不是说，资本主义国家的立法就原封不动，毫无发展了，它随着经济的发展和阶级斗争的发展还是不断变化发展的。但是不管怎样，对于旧法制中的基本法规和原则，如保护私有制的不受侵犯、保护商品经济的发展、保护有产者对无产者的剥削和统治、保护大民族对弱小民族及男子对妇女的压迫和奴役等方面的法规和原则，他们的立法家们都是毫无保留地继承和抄袭下来。从世界范围来说，意大利、西班牙、比利时、荷兰、瑞典、瑞士、德意志等资本主义国家的法律，基本上都是继承古罗马法和拿破仑法的。他们的所谓立法工作、法典的编纂工作，也只不过是由几个所谓法学家在古罗马法和拿破仑法的基础上稍加修改补充而已。马克思就曾经这样评论过：罗马法是"立足于私有财产上"的最完整的法律形式。①所以，几乎没有一个剥削者国家不抄袭罗马法（当然也不是说各个国家就是千篇一律，其中也有程度的不同），而《拿破仑法典》又是在罗马法的基础上发展起来的，因此拿破仑法也就成为"世界各洲法律编纂的基础的法典"。②

就是从比较特殊的、以习惯法为主的英国来说，其虽然不像其他资本主义国家那样抄袭古罗马法或拿破仑法，但是它的所谓习惯法也是由历代的判例所构成的，而这些判例有许多是远在 14、15 世纪时所形成，所以英国资产阶级革命前和革命后的法的继承性并不比其他国家有所逊色。恩格斯也曾经这样评述过："在英国，革命前的与革命当时的制度之间的继承关系以及大土地所有者与资本家之间的妥协，表现在判例的继承性上，也同样表现在对封建法的形式的妥加保存上。"③至于其他一些成文法，基本上也是继承和抄袭封建旧法的，如 13 世纪时所颁布的法令，到 19 世纪时仍有两千条以上保留有效。英国的法制就是以保守主义著称于世的。

再从近百年来旧中国的立法情况来说，所谓立法，也只不过是抄袭封建旧法和外国法律而已。我们知道，在清末就曾经起草和颁布过好些法律，其中所谓《钦定宪法大纲》草案（1908 年公布）及《十九信条》（1911 年公布），是由清政府的走狗载泽、戴鸿慈等几个人仿照日本的宪法而制定的；所谓《大清新刑律》（1910 年公布），是由清

① 《马克思恩格斯全集》（第 14 卷），俄文版，第 104 页。

② 《马格思恩格斯通信录》，俄文版，第 382 页。

③ 《论历史唯物主义》，俄文版，第 20 页。

政府聘请日本法学博士冈田朝太郎仿照日本刑法及中国封建旧法而制定的;所谓《民法草案》(1911 年完成起草工作,没有正式公布),是由清政府聘请日本法学博士松冈义正、志田钾太郎等仿照日本、德国、瑞士的民法而制定的。随后,这些法律就几乎全部被北洋军阀及国民党政府所继承下来,成为一脉相传的所谓“法统”。(不可否认,北洋政府和国民党政府对于清末的这些法律曾进行过多次的修改,但是这些修改并未损害旧法的基本原则和主要内容。)虽然在国民党统治时期,还先后颁布过不少的法西斯法,但是,这些法西斯法也不是国民党的“创举”,基本上也都是从德意志、意大利的法西斯国家抄袭过来的(如所谓《保安处分》、《特种刑事的审判程序》等)。一向被国民党奉为圣典的所谓六法全书的全部来历也只不过是如此而已。

同时,从过去的历史来看,剥削者国家除了必须走这一条立法路线之外,再也找不到别的立法路线了。尽管有某些国家,如国民党政府也口口声声地标榜着给予人民群众以创制权和复决权(参见 1947 年国民党政府公布的《中华民国宪法》),但是,全都是假的。因为他们的阶级本质决定他们不能这样做。

既然他们要制定法律来统治人民,压迫人民,试问他们又怎么能够轻易地把这个如此重要的立法权给予人民群众呢?而且问题还不仅仅在于他们不敢公开地给予人民群众立法权,甚至他们有许多立法也是鬼鬼祟祟的。有些法律根本没有经过立法院的讨论,同时也怕与人民群众见面,索性由国民党中央秘密颁布执行,如 1939 年的《限制异党活动办法》和《共产党问题处置办法》就是秘密颁布的。

很明显地,这样立出来的法,不但得不到人民群众的支持和拥护,反而为人民群众所反对,所以在他们的法制中也就不可避免地充满着矛盾,甚至有的时候,特别是在走向法西斯统治的时候,立法和执法往往是不一致的。

由此可见,两种不同类型的国家,有它们不同的立法路线,而且体现了不同的阶级意志,以及不同的统治关系。

二

既然这两条立法路线是根本分歧的,那么,我们应该采用哪一条立法路线呢?这是关系到我们国家的性质问题,也是关系到我国法制发展的方向问题。

我们知道,中国共产党在 1921 年成立之后,就开始领导我国的革命运动,当时党科学地分析了我国社会的性质,确定了我国革命的任务,向全国人民指出:我们一定要彻底打垮封建的帝国主义的反动统治,建立新的人民的政权,创建新的人民的法制以及发展新的人民的经济和文化。所以远在第一次国内革命战争时期,在我们党所领导下的革命地区,就已经开始革命政权的建设工作和革命法制的创建工作。到中华苏维埃共和国成立之后,革命根据地的立法工作随着革命形势的发展，也就进一步开展起来了。在那个时候，虽然我们还缺乏立法经验，对立法工作还感到有点生疏，但是在党的正确的领导下，我们一开始就吸收了巴黎公社和苏联的立法经验，毫不犹疑地否定了资产阶级的立法路线，采用了人民民主的立法路线。例如，我们的土地立法，在土地革命的初期，我们的经验是不足的，不能马上就制定出一个统一的完整的土地法，于是党就先在各个土地革命的地区，根据党的土地革命的政策，一方面充分发动群众，开展革命斗争；另一方面从斗争中创造经验，总结经验，拟定一些地方性的土地法（如1928年井岗山的土地法，1929年兴国县的土地法等）来指导革命群众的行动，保障革命群众的利益，然后再在斗争中继续检查考核，肯定正确的部分，修改错误的部分，这样接二连三地经过几次的修改和补充之后，就在1931年制定出一部比较完备的《中华苏维埃共和国土地法》了。其他如刑事立法等，也是和土地法一样，根据革命形势的需要，在党的领导下，不断地总结群众斗争的经验而制定出来的。毫无疑问，这样制定出来的法律，真正反映了人民群众的意志，符合人民群众的利益和革命的需要，因而在革命斗争中起了积极的作用，推动了革命事业的发展。

在中华人民共和国成立之前，我们依靠着这条人民民主的立法路线已经制定了不少有关的民事、刑事、诉讼审判，以及其他方面的法律、法令和条例，取得了巨大的成绩。通过这二十多年来的立法活动，我们的确积聚了不少的立法经验。事实证明，在党的领导下，我们所走的这条人民民主的立法路线是完全正确的。

毫无疑问，在中华人民共和国成立之后，我们国家仍然需要遵循着这条久经考验的人民民主的立法路线，在原有的革命法制的基础上，继续创建新的社会主义的法制。八年来，我们的立法工作，也取得了显著的成绩。我们国家适应着建设的需要，不仅制定和公布了国家的根本法，而且也先后制定和公布了许多重要的法律、法令和条例，保障了各种社会民主改革和社会主义改造的胜利。当然，我们是不能满足于这些成绩的，特别在今天，由于我国社会主义革命的胜利和社会主义建设事业的迅速发展，也就相应地要求我们进一步加强我国人民民主法制。党的第八次全国代表大会已经要求我们加强立法工作，并要求我们坚决贯彻这条人民民主的立法路线，使我们的法制逐渐完备起来。我们相信，在党的领导下，我们的立法工作将会取得更大的成就。

三

从上面的情况来看，我们的立法工作、立法路线是正确的，成绩是主要的。但是"右派分子"却企图一笔勾销我们的成绩，否定我们的立法路线。例如，疯狂向我国法制开刀的急先锋"右派分子"杨兆龙就这样对我们进行一系列的恶毒的攻击，说我们国家“在过去的七八年中既没有及时地颁布过一部完整的法典，又没有设法弥补这个漏洞，使许多事情长期没有法规可以遵循，因而造成某些混乱现象”，并认为产生这种的原因，主要是由于我们“具有一种缺乏法律科学根据的庸俗经验主义的看法”，“过分相信自己的创造能力”，“对真正的法学专家往往缺乏信任”，“没有……发挥老的法学专家的力量来推动立法工作”。如果不改变这种情况，“专靠大家的革命法治意识或社会主义法律意识或大家从经验实践中慢慢地创造出的法的规范来解决问题，那就不知要等到什么时候才可以有一套完整的、统一的、明确稳定的法律出现，那就要使法律制度的发展大大落后于社会主义建设的要求，就要造成法律制度和各种建设事业的脱节，甚而至于矛盾”。言外之意，就是说我们没有法制。但我们的民、刑法典之所以没有马上颁布，正是由于我们坚持人民民主的立法路线，如果要改变这种现状，那就必须改变这条立法路线，另由老专家来立法，走老专家（其实就是旧法专家和杨兆龙本人）的立法路线——资本主义的立法路线。对于杨兆龙这种反动谬论，我们必须严予驳斥。

首先，我们是不是如杨兆龙所说的那样在我国没有法制呢？我们制定法典是不是太迟了呢？

我们认为，这是毫无根据的，简直是胡说八道。

不可否认，我们的法制是不够完备，我们还缺乏一些急需的较完整的基本法规，如刑法、民法、诉讼法、劳动法、土地使用法等。但是，能不能就此得出结论，说我们没有法制，没有设法弥补这个漏洞呢？显然是不可以的。前面我们已经说过，解放以后，一方面，我们国家针对着各种革命运动和国家建设的需要，颁布了许多重要的法律，如《宪法》、《土地改革法》、《工会法》、《婚姻法》、《镇压反革命条例》、《惩治贪污条例》、《初级和高级的农业生产合作社章程》、《1956年至1967年农业发展纲要》（草案），以及《有关公私合营企业定股定息和清产核资》等办法。此外，截至1956年年底，包括中央及前各大行政区所颁布的法律、法令、指示、命令等具有法律效力的文件就有四千多个。另一方面，我们国家也一再地谆谆告诫我们的公职人员必须严格守法，对于那些少数违法乱纪的人（包括党与非党在内）都作了严肃的处理。一般地说，我们国家机关的绝大多数的公职人员都能严肃认真地依据政府所颁布的法律、法令和指示来处理问题。这难道不是法制吗？这难道不是设法“弥补漏洞”吗？

必须指出，在革命暴风雨时期，法制不够完备的状态，是一种不可避免的正常的现象。因为革命暴风雨时期的主要任务是要彻底从反动统治下解放人民，从旧的生产关系束缚下解放社会生产力，破坏反动秩序，建立革命秩序，[1]所以这个时

---

① 刘少奇著：《中国共产党中央委员会向第八次全国代表大会的政治报告》（平行本），人民出版社1956年版。

期的主要特点是敌我双方进行紧张的大规模的阶级斗争——为了取得人民的胜利，巩固和发展人民的胜利，我们党和政府也就必须充分地发动人民群众直接参加斗争。在这种群众运动的革命情况下，也就决定我们不能过早过死地不切实际地制定一套详细完备的法律来束缚群众的手脚。我们不能为法律而制定法律。我们的法律应该从实际出发，为革命为政治服务。如果法律成为束缚人民群众的革命行动的话（不根据实际情况和革命斗争经验所制定的法律，事实上不能不起这个坏作用），那么，这样的法律是要不得的，对革命事业是有害的。同时，我们还必须注意到，在革命暴风雨时期，革命形势的发展是很快的，是千变万化的，情况也是非常复杂的。这样，在客观上也就不需要马上制定一套定型化的具体而详细的法律。况且，法制由不完备到完备是需要一个过程的，由简单到复杂，由通则到细则，由单行法到有法典，是法制建设的一个必然的规律。因此，杨兆龙也就没有任何理由来责难我们"迟迟不颁布法典"。杨兆龙提出这个荒谬的论调，不是为了混淆视听，有意鼓动一些落后的人对我国法制的不满，又是为了什么呢？

其次，我们是不是如杨兆龙所说的那样，我们的立法工作具有庸俗的经验主义呢？我们能不能改变我们的立法路线呢？

我们认为这也是荒谬的。所谓经验主义是什么呢？简单地说，就是从狭隘的经验出发，把局部经验当做到处可以适用的教条。试问，我们的立法工作有哪一点是这样的呢？根据杨兆龙的意思，他认为我们的"庸俗的经验主义"是什么呢？就是说我们太过强调过去的立法经验，过分地遵循在解放前已经采用的立法路线？这是多么可笑！马克思列宁主义认为，科学地总结革命斗争的经验，以这个经验来指导革命的行动，并不是什么经验主义，而是真正的马克思主义。前面我们已经说过，从巴黎公社到苏维埃，从苏区革命根据地到中华人民共和国，都证明在人民民主的社会主义的国家里，依靠人民民主的立法路线来创建社会主义的法制是完全正确的；对于这个久经考验的行之有效的经验，我们有什么理由不要呢？好的经验不要，那么究竟要什么呢？问题提得很清楚，现存的只有两条立法路线，不要社会主义的人民民主的立法路线，就是要资产阶级的立法路线。

但，我们是人民民主专政的国家，我们所要的法律就是人民民主专政的法律。这种法律，从本质来说，是和过去的旧法相对立的。所以，我们根本不能依靠几个法学家抄袭旧法来解决我们的立法问题。就是对于社会主义国家的法律，由于我们和他们的具体情况不同，我们也只能吸取其中对我国人民有益的部分，不能采取盲目抄袭的办法来解决我们的立法问题。总之，我们国家的性质及其具体的历史条件，决定我们不能变更我们的人民民主的立法路线。这完全是革命的经验，而不是庸俗的经验主义。

最后，我们是不是如杨兆龙所说的那样，在我们的立法工作中排斥和不信任老专家呢？我们的立法工作能不能依靠老专家呢？而他所提出的走老专家的立法路线的实质又是什么呢了！

我们认为，走人民民主的立法路线，并不是排斥老专家，不让他们参加立法工作，相反的，我们是需要吸收他们中间一些有真才实学，排除了旧法观点，学习了马列主义的进步的专家来参加立法工作。解放以后，我们党和政府不是吸收了不少的老专家参加立法工作吗？宪法的起草固然如此，民法、刑法及其他法律的起草也都有老专家参加，这是铁的事实，想否认也是否认不了的。但是问题倒又要说回来，如果叫我们放弃人民民主的立法路线，专门依靠老专家来立法，那是办不到的。不要人民民主的立法路线，就意味着在立法工作中不要党的领导，不要依靠有坚定的工人阶级立场和丰富的革命斗争经验的老干部，不要人民群众参加立法活动，不要从实际出发、实事求是地总结人民群众的革命斗争的经验。试问，离开了这些最本质的东西，凭着老专家们的脑袋，又能够搞出什么名堂来呢？最多也只不过是翻版一下别人的法律而已。

何况老专家还有好坏之分，有社会主义法学专家和资本主义法学专家之分呢！对于好的社会主义的法学专家，我们党和政府从来就是很尊重的，总是想尽一切办法，给予最有利的条件，使他们能够充分地发挥自己的知识和才能，为社会主义服务。但是对于那些不想改造的，或者是未经改造的旧法学家，我们当然不能随便地信任他们，依靠他们来立法。这也是我们革命的一个重要的经验教训。假如我们放手依靠这些满脑袋旧法观点的法学专家如杨兆龙、王铁崖之流来立法，那才是真正的危险呢！

虽然他们在口头上也表示拥护社会主义，赞成废除六法，但骨子里却是反对社会主义，希望恢复六法。如果给这些人掌握了立法权，自然会马上在中国复活六法的死灵魂。但谁都知道，六法是集古今中外反动法律的大成，是封建和法西斯的混血儿，难道我们需要这些肮脏的东西吗？

这样问题也就很清楚了，“右派分子”杨兆龙之所以提出由老专家来立法，走老专家的立法路线，就是企图把那些旧法专家拉进立法部门，从而篡夺党在立法工作中的领导权，并通过他们的魔手使旧法逐步复活起来，以便改变我国革命法制的性质。

这样，资本主义也就可以在中国复辟了。

由上可见，杨兆龙所提出的立法路线就是资产阶级的立法路线。为了进一步完备和维护社会主义的法制，必须坚决地维护我们的社会主义的立法路线，彻底粉碎“右派分子”的阴谋，这是我们全体公民的神圣职责。

（1957 年第 5 期）

资产阶级议会“两院制”的反动本质

韩启璋*

章伯钧—罗隆基联盟企图把我国人民政治协商会议改为上议院,借以牵制全国人民代表大会的职权,达到他们取消共产党的领导,离开社会主义的道路,最后使资本主义在我国复辟的目的。这是资产阶级“右派分子”对共产党所进行各种恶毒攻击中的一种手法。现在他们反党反社会主义的阴谋活动已被全国人民所识破和粉碎了。

所谓“两院制”乃是从资产阶级国家贩卖过来的货色,“两院制”在资产阶级国家是垄断资本家借以维护其统治的极重要的工具之一。

大多数的资本主义国家议会的组织形式,一般是采取“两院制”,分成上院和下院。两院的名称,在各个国家也各不同。例如,英国称上院为贵族院,下院为平民院;美国称上院为参议院,下院为众议院。两院的产生方式也不同。英国的上院是封建势力和资产阶级妥协的结果,上院议员是由贵族世袭;下院议员选举产生,任期五年。美国上院代表所谓各州的利益,由每州选出二名代表组成,任期六年,每二年改选1/3,候选人的资格较下院的为高;下院代表全国选举产生,任期二年。上院和下院比较,由于上院的产生比下院更不民主,所以上院的反动性也比下院更厉害。资产阶级就利用这种组织形式来加强对议会的控制,使议会在实际上为资产阶级服务。

资产阶级国家产生上院的目的乃是为了牵制下院的职权,因为下院是选举产生的,资产阶级考虑到在群众的压力下,有时下院会受到舆论的影响而通过一些对资本家不利的法案,有了上院就可以阻挠下院所提出法案的通过。这一点即使资产阶级学者也是不加掩饰的。詹姆斯·贝莱斯在《美利坚合众国》中写道:参议院(上院)使命是“压抑下院议员的热情和冲动,并以此使政府不受人民的热忱和舆论可能发生的转变的影响”。① 英国的劳合银行董事长巴尔福勋爵也曾说过:“我们必须有第二议院(上院),因为下议院有时感情用事,只要通过简单的一个条文的法案就可以破坏任何东西。”②

---

* 作者单位:华东政法学院(现华东政法大学)。

① 转引自[苏]米申著:《美国中央政权机关是垄断资本专政的工具》,潘同龙等译,法律出版社1956年版,第172页。

② [英]约翰·高兰著:《英国政治制度》,希铭译,世界知识出版社1956年版,第71页。

资产阶级国家以上院牵制下院活动的例子很多。如英国的贵族院(上院)被称为捣乱院,贵族院内保守党的力量占绝对优势。贵族院曾经数次反对自由党政府提出的《爱尔兰自治法案》,工党政府提出的煤矿法案也被拖延了很久。又如美国参议院(上院)职权比众议院的更大(在英国平民院——下院的职权比贵族院的大),众议院几次迫于人民群众的压力所提出的带有进步意义的法案,如《反对人头税法》和《反私刑法》均遭到参议院的否决。

资产阶级经常吹嘘他们的"民主"表现在议会开会时互相争吵闹骂的紧张空气中,我国资产阶级"右派分子"也认为资产阶级国家议会内有反对意见,有争论,而我国的全国人民代表大会开会表决则是一致通过,以为他们要比我们民主。这也是一个极端反动和荒谬的论点。实际上那种争吵闹骂只是愚弄人民的,完全是一种虚假的民主。例如,美国、英国都是所谓两党制,美国是民主党和共和党,英国是保守党和工党。虽然它们的名称各异,但阶级本质是一致的,都是垄断资本家统治的工具。议会内的争吵不过反映了垄断集团间的矛盾,对人民丝毫没有好处。相反,这种假民主掩饰了国家的阶级本质,使一部分人为"议会民主"所迷惑。

我们且来看看这种议会争吵的民主究竟是怎么一回事?资本主义国家的议会开会,就是议员的职业,他们会议时间很多,而且都是空谈。美国参议院内争吵是有名的,在 1935 年有个路易斯安那州的参议员叫做"龙"的,为了反对《国家产业复兴法案》的通过,竟作了 15 小时的发言,而所谈的内容尽是与本题无关的话。1953 年有个叫做摩司的参议员,为了反对某个石油法案的通过,作了 22 个多小时的发言,打破了参议院发言最长的纪录。参议员这样长的发言并不是为了讨论问题,而是用这种冗长无味的发言来阻挠违背他们所代表的垄断集团利益的法案的通过。像这样的讨论对人民有什么好处?

再看英国,英国是以有所谓悠久的议会"民主传统"而自豪的国家。但是议会内的"民主"究竟对人民有多少好处呢?可以举去年英法侵略埃及的事情为例。在英法侵略埃及前,英国国内人民都反对用武力解决苏伊士运河问题。议会内处于反对党地位的工党,迫于群众的这种要求,不得不在议会内乱吵乱嚷,一定要保守党的艾登首相保证不在苏伊士运河问题上使用武力。从形式上看,议会内闹得不可开交,的确是"民主"的了,但是结果呢?艾登还是不顾全国人民的反对和工党的叫嚷而在埃及扔下了炸弹。

国家是阶级压迫的工具,是上层建筑,是为其经济基础服务的。资产阶级国家的议会是保卫资本主义制度的工具。在美国和英国议会中,议员的社会成分绝大多数是公司经理、厂主、商人、律师、新闻记者和黄色工会的负责人。他们都是代表少数资本家的意志和利益的,一点也不代表劳动人民的意志和利益。在美国国会议员是受到人民轻视的。资产阶级学者詹姆士·贝莱斯说过:"这些所谓人民代表的意见是无足轻重的，只要一选上为参议员或众议员就有人怀疑他们是属于受贿之类的小人物。”英国法学家布罗冈曾引用盖尼·阿丹姆士关于国会议员的一段话说：“你不能以委婉的态度来对待国会议员，国会议员是一些猪，你应拿着木棍对着他们的猪鼻加以猛打。”①

在美国，议会实际上还不止两院，除了参议院和众议院外，还有所谓“第三院”（即国会走廊），这是垄断集团借以影响国会议员立法活动的场所。干这行的大都是前任议员、律师和政客等。他们和国会议员都有勾结。他们受垄断集团的委托，以对议员进行贿赂或威胁方式，使国会通过有利于或否决不利于他们背后的垄断集团的法案，这是公开的最肮脏的政治交易场所，这是所谓美国“民主”的一个表现。

资产阶级国家的议会在自由资本主义时期，由于经济上的自由竞争，垄断集团还未形成，因此，在资产阶级内部，议会还是他们相互争吵比较厉害的机关，但是一到帝国主义时期，情况就不同了。今天的“议会制”正经历着深刻的危机，权力已从议会转移到内阁手中，其原因主要在于资本主义在发展到帝国主义阶段，垄断集团已将国家机器完全掌握在自己手中，所谓议会的议员，全是垄断集团金钱支配下的有声机器，完全没有意义。甚至它们还干脆丢弃了所谓议会制的形式，因为资本主义进入总危机时期，阶级斗争尖锐，垄断资本家已不需要更不愿意再用老办法统治人民了。

英国是议会制国家，原来由议院中席位占多数的政党组织内阁。由于今天政党的垄断，已经有一百多年未曾发生过下院投不信任票而使内阁下台的事。议会的所谓立法权、财政监督权和对政府监督权几乎已是徒有虚名了。内阁手中握有委托立法权和宣布紧急状态权，议会已完全被控制在内阁手中。

美国是总统制国家，帝国主义时期总统的权力得到了惊人的扩张。总统可以用对国会提咨文，提年度预算案，使用否决权以及掌握国会开会日期等方式来控制国会。

与此同时，资产阶级国家的另一政治倾向是日趋法西斯化，美国在战后先后成立了反动的《忠诚调查法》，并颁布了《塔夫脱—哈特莱法》、《史密斯法》、《麦卡伦法》、《卡尔脱—麦卡伦法》和《共产党管制法》等。美国的和平战士卢森堡夫妇被判处死刑，美国共产党十一位领袖被非法审判处刑。资产阶级国家议会制的危机以及政治的法西斯化充分说明了资本主义制度已经到了日暮途穷的地步，资产阶级为了挽救其摇摇欲坠的政治，不得不撕破资产阶级“民主”的假面具了。

① ［苏］米申著：《美国中央政权机关是垄断资本专政的工具》，潘同龙等译，法律出版社 1956 年版，第 167～168 页。

从上述事实充分说明，资本主义国家议会的实质完全是资产阶级对广大劳动人民实行专政的工具，对资产阶级来说是民主，对劳动人民来说则是压迫、黑暗和痛苦。很明显，它和劳动人民要求的民主，是风马牛不相及的。但是，“右派分子”章伯钧之流却念念不忘西方资产阶级的那套“上下两院制”，他们企图把我国人民政治协商会议改为上议院，并企图通过这样一个“上议院”牵制全国人民代表大会的职权，来夺取共产党的领导地位。这是人民绝对不能容许的事。

（1957 年第 5 期）

上海法律界继续驳斥“右派分子”王造时、杨兆龙

吴耀辉*

上海法律界在8、9两月继续举行各种座谈会,进一步“摆事实,讲道理”,对“右派分子”王造时、杨兆龙进行深入批判。王造时和杨兆龙的反动言行除本刊第四期所揭发的以外,还有下列一些事实。

王造时早年曾参加国家主义派和新月派,发表了许多反共反苏言论,已被大家揭发,是无可争辩的事实,可是王造时自欺欺人地说,他在1933年参加人权保障同盟、1936年参加救国会以后就向左转,一直追随着共产党的。然而在1935年,他却把过去反共反苏的论文汇印成为《荒谬集》出版,继续进行反动宣传。在救国会中,他和诸青来、彭文应、潘大逵等结成所谓大学教授的“右派小集团”,处处和靠近共产党的救国会的进步派对立。直到1947年5月,国民党反动派向解放区全面进攻,民主党派都已宣布反蒋护共的时候,王造时还拒绝救国会的劝告,独自出席了国民党召集的参政会。这样,王造时追随着谁,岂不很明白么?

王造时自称他主办的《前方日报》是进步的,可是当1941年“皖南事变”以后,《前方日报》却发表了《二届参政会感言》的社论,对当时共产党参政员要求惩办事变祸首、恢复新四军等条件,拒绝出席会议的行动,表示“遗憾”,并要求“中共及时自省”。同年,他又草拟致斯大林大元帅的公开信,反对《苏日协定》。很显然,这时王造时又是追随谁呢?

王造时说他一向是“反蒋”的,但他在《前方日报》的《1941的新年献辞》上说:“蒋委员长卓越天才,伟大的人格,领袖全国,感召四方,坚持抗战,始终不渝……全国拥戴,亿兆同心。”同年在祝蒋介石55岁生日的社论中又说,蒋介石有“三十年致力于彪炳勋业和四年抗战的劳苦功高……全国一致爱戴,尊为唯一之领袖”。如此丑恶肉麻,向蒋介石献媚,王造时是反蒋么?

---

* 作者单位不详。

王造时以中国的拉斯基自居，一直贩卖着英国的费边社会主义。从1938年到1947年他曾两次活动纠合各小党派组成一个大党，走第三条路线。所谓第三条路线，名义上是反共亦反国，实际上是反共不反国。所谓费边社会主义，名义上标榜着社会主义，实际上却是英国资产阶级学者所提倡的专门反对无产阶级革命和无产阶级专政、反对列宁主义、完全为资产阶级服务的东西。

解放八年以来，王造时不满于我国的法制和民主生活，在“大放大鸣”中到处放火，并企图用资本主义制度来“逐步修正”以致“代替”我们的社会主义制度。可是这个老牌“右派分子”王造时在大量事实之下，虽然不得不承认他是个加引号的“民主人士”，实质上是反党反社会主义的，但仍旧以为是动机好而客观效果不好。特别对于他和章罗联盟及其他“右派分子”间的阴谋活动，说成是私人应酬往来，不肯彻底交代。

杨兆龙在“大放大鸣”中，除了在《文汇报》、《新闻日报》及各种座谈会上发表反动言论，进行各种反动活动外，而且还嚣张地提出十二条荒谬意见，企图通过《新闻日报》记者“右派分子”陈伟斯向最高人民法院董必武院长质问，要求董院长公开答复。在所谓十二条质问中，杨兆龙提出：我国重要法典所以迟迟不颁布的原因，似乎在于起草工作“只是由某些对法学并无精深研究的党内人士在那里指挥掌握”，而未动员“法学专家”；说各国民刑诉讼法典“并没有什么太大的具体特殊性”；说“大家强调在革命的暴风雨时期不可能制定民刑法典及民刑诉讼法典……是不正确的”；质问我国立法工作“是否有‘坐而言，不起而行’的毛病”，等等。他并挑衅地问：“据你（指董院长——作者注）看，过去所发生的错捕、错押、错判、错执行等事故在何种程度与上述重要法典的不及时完成颁布有关?”最后他还主张“根本改革”我国的司法机关，说：“现在全国检察院及法院的检察人员及审判人员中有不少是不懂法律并且文化水平很低的，过去在司法方面造成不少混乱现象，今后似应作一番根本的改革。”这十二条质问，虽然因“反右派斗争”展开，来不及向董院长提出，但杨兆龙企图夺取我国立法和司法领导权的野心，已经活跃着了。

杨兆龙又借科学研究为名，在复旦大学科学讨论报告会上提出《刑事法学中的无罪推定与有罪推定的问题》的报告，诬指中国实际上流行着“有罪推定”，妄图为他所捏造的“错捕、错押、错判、错执行”及“检查肃反运动的合法性”的叫嚣提供“理论根据”。

杨兆龙在他的反党反社会主义言行被揭露以后，虽不得不承认自己是“右派分子”，但仍然说是“没有什么动机”，是“被人利用”，并把自己描绘成“只有言论没有行动的扩大意义上的‘右派分子’”。同时他又要弄两面手法，一面在会上表示认罪，一面在会外又到处说：“报上揭露我的问题不是事实”，只因“我说话很有权威，才被当做右派斗争”。他竟如此无耻！

由于这些“右派分子”还不是老实交代，彻底投诚，因此上海法学界的“反右派斗争”还是方兴未艾，不获全胜，誓不收兵。

（1957年第5期）

上海司法部门全面反击“右派”

卓启民[*]　许润麟[**]

上海司法部门的“反右派斗争”，自6月中旬开始以来，经过各单位先后召开一系列的大会、小会，进行了揭发和“摆事实、讲道理”的说理斗争，日前，以上海市第二中级人民法院民庭庭长、民盟市委机关工作委员会副主任何济翔为首的司法部门“右派小集团”已充分暴露，斗争正在深入开展中。

根据已揭发的大量材料表明：这个以何济翔为首的“右派小集团”，除包括上海市律师协会筹备会的龙镇中、第二法律顾问处的律师张中、第四法律顾问处的律师李国机和第一中级人民法院的刘和平外，他们还深入到基层活动，已经揭发的还有普陀区人民法院严文雄等。他们是民盟上海“右派集团”反党、反社会主义阴谋活动的一个重要组成部分。他们执行了“民盟右派”的组织路线和大发展的方针，在各司法机构到处拉人入盟。短短的几个月内，盟员人数增加了几乎十倍之多。这些盟员不但包括了一部分有政治历史问题的和不少对党有严重不满情绪的人，而且也有已定案的历史反革命分子。

当党提出了整风，号召“大鸣大放”之际，这个“右派小集团”，首先，组织了一支司法部门的“放火队”——“民盟司法工作组”，并企图成立“民盟市委政法工作部”，以便与中共上海市委政法工作部分庭抗礼，从而达到“联合专政”，进而“以盟代党”的阴谋。其次，他们还四处活动，恶意造谣、污蔑和抹杀司法改革、镇反、肃反的成绩，丑化工农出身的司法干部，歪曲党对知识分子的政策，挑拨知识分子和党的关系。何济翔污蔑司法改革是“对旧司法人员扫地出门”，“连根拔”，“一棍子打死”。他说：“现在错判案件比司法改革前有过之而无不及！”大骂工农审判员是“昏官”，“要为知识分子打抱不平，反对工农路线”。张中则到处煽动司法人员“吐

---

[*] 作者单位不详。

[**] 作者单位不详。

苦水”,“要趁机给党增加压力”。李国机污蔑党对知识分子的政策是“利用、限制、改造”,并肆无忌惮地污蔑人民司法工作,说:“有些不学无术的审判人员,就凭主观臆断……啥政策、啥法令,恐怕连审判员也不知道……现在审判员既执法,又立法,真是封王了。形成无法可依、有法不依、有法乱依的现象。”别有用心地大呼:“人权又从何取得保障”?刘和平则公开造谣:“第一中级人民法院处理社会镇反案件错判34%。”这些污蔑和谣言都被大家用具体事实加以批驳,证明它们完全是荒谬的。

目前,“右派分子”何济翔、张镇中、张中等在大量罪证面前,虽然不得不招认:“扩大组织是为了向党进攻”,“是想否定党的干部政策,是想赶走工农干部,恢复司法部门的资本主义制度”。这次进攻是“企图在司法部门制造混乱,夺取党的领导权,以盟代党”。但是他们的交代仍然是避重就轻,极不彻底。

此外,随着斗争的逐步深入,上海市司法局、第二中级人民法院和个别区法院还先后揭发出几个“右派分子”。全市司法干部在斗争中都得到了很大的提高,现在正满怀信心,积极投入斗争。决心锄尽毒草,消尽毒素。

(1957年第5期)

“右派分子”罗家衡向人民法制进攻

呈　祥*　习　思**

上海法学会副会长罗家衡,一向自命为“拥护社会主义的法学专家”,实际上他是一个反党、反人民、反对社会主义的“右派骨干分子”。

“右派分子”罗家衡和黄绍竑异口同声,南北呼应,凶狠地向党、向人民法制进攻。罗家衡竭力拥护黄绍竑历次发表的“攻击公安、司法工作,污蔑党和政府的肃反政策”的谬论,并认为黄绍竑所指的“冤狱”(实际是反革命案)、“破坏法制”(实际是依法办事)完全是事实。他还毫无根据地在上海市政协会议上质问审判机关处理刑事犯罪“宽严失当”,“把问题搞错”了。又荒谬地说,执行坦白从宽、抗拒从严、立功折罪、立大功受奖的政策有“偏差”和“错误”。

---

* 作者单位不详。

** 作者单位不详。

罗家衡还同其他“右派分子”一样，反对工农司法干部，污蔑他们“业务水平不高，社会经历不足”，“缺乏分析能力，办案中发生偏差和错误”。并公然提出提高目前司法干部的质量，须从两方面着手：（1）大胆使用在司法部门工作的党外知识分子；（2）吸收社会上无业的旧司法人员。这里可以很明显地看出，罗家衡企图叫工农干部下台，让旧法人员篡夺党的司法大权。

罗家衡常谈“大赦”的好处，曾在1955年竭力主张“大赦”反革命分子。他以为“根据这一方针应该将已捕的、已判徒刑或管制的反革命分子从宽处理，提前释放”。后来他在“反右派斗争运动”中受到批判时，还厚颜无耻地为他的谬论辩解说：“我是受了‘仁者无敌’、‘宽者得众’、‘不嗜杀人者能一之’等古代仁爱思想的影响。”但事实有力地驳斥了他。早在1945年，罗家衡在《中华民国宪法刍议》一书中，曾向反动的国民党大献其策说：“法西斯主义也可兴国”。那书中也谈了大赦，但他却认为，“凡不可赦免者，仍不得赦免，如谋叛民国，则为法所当诛，规定其不得赦免”。这里可以看到，罗家衡要共产党和人民政府大赦反革命分子，而在国民党统治时代却认为共产党是“法所当诛，不得赦免”。他的反党、反人民立场不是很鲜明的么？

罗家衡不满于我国人民代表大会制度，主张人代会应该采用资本主义国家的议会方式。他又故意曲解“长期共存、互相监督”的方针。他说：“由于这个方针的提出，共产党与民主党派的关系，可以大大改善。今后机关、学校、工厂和其他党与党外人员共同在一处工作的时候，要忘却历史不同，地位的界线……”企图由此来否认共产党的领导，并进而使共产党解体、消亡在民主党派之中。

“反右派斗争”开始后，罗家衡还为“右派分子”章伯钧、罗隆基、陈仁炳、王造时辩护，叫冤。到斗争转向他的身上时就要了无赖手段，托辞“年老多病”，拒不参加任何会议。尽管如此，他的丑恶嘴脸，还是一次又一次地被揭露出来了。

（1957年第5期）

关于法律继承性中的几个问题

张景华*

看了王珉、陈盛清同志在《新建设》月刊第5号发表的《关于法在历史发展中的继承性问题》这一论文后,我认为有些问题(也是讨论中争论最多的问题)还有探讨的必要。这里提出一些粗浅的意见。

一、怎样正确理解"继承性"这一概念

正确地理解"继承性"这一概念,是讨论法律有无继承性的前提,否则,便会越讨论越糊涂。可是,王、陈二同志对于"继承性"这一概念的理解,我认为不能说是正确的。

他们说,"继承性就是一切新旧事物发展中的一种历史联系"。因为"任何事物在发展过程中不可能没有它的历史联系",自然,任何事物在其发展中都不可能没有继承性。"社会主义的法和剥削阶级的法的根本不同,并不排斥二者之间一定的历史联系",因之继承性也是当然的。这是他们对法的继承性的第一个解释。显然,他们在这里是把"继承性"和"历史联系"看成了同义的概念。继承性就是历史联系,历史联系也就是继承性。

历史联系和继承性是否是同义的概念呢?我认为历史联系和继承性这两个概念的含义在外延上是毫不相等的。历史联系的外延比起继承性来要广大得多。继承性才是历史联系的形式之一,并不是它的全部内容。事物和现象中有着历史联系的不一定都有继承性。例如,社会主义社会对于资本主义反动的腐朽的不合理的事物绝不能发生什么继承关系,但是不能由此而否定了它们之间的历史联系,否定和抛弃的本身就体现着它们之间的历史联系。抛弃就是联系的一种形式。所以把历史联系解释成为继承性是不正确的。

除此之外,王、陈二同志对继承性还有第二种解释,这种解释在某种程度上恰好否定了他们的第一种解释。他们说:"不能把法在历史发展中的继承性简单地理解为接受……也不能把这种继承性理解为转化,搬用或抄袭,因为继承……是从不同质的东西加以扬弃、改造和吸收。"这也就是说,继承性只能是"从不同质的东

* 作者单位不详。

西加以放开、改造和吸收"。而事物和现象本质相同或者是转化、搬用或抄袭的却不能算是继承。这样既把我国法制建设中对于苏区、老解放区的法律的继承关系否定了,也把剥削阶级法律中以"搬用"、"抄袭"为其形式的继承关系否定了。显然,这同历史事实相违背,因而也是不正确的。

怎样理解"继承性"这一概念才是正确的呢?我认为既不能把它扩大到同历史联系相等的范围,也不能把它限制在"不同质的东西加以扬弃、改造和吸收"的狭小范围。继承性就是一种事物对于另一种事物的承受性,前者肯定并容纳后者一部或全部内容作为自己的组成部分就是有继承性,反之即无继承性。

二、什么是"法律"

"什么是法律"这一问题,早在马克思列宁主义经典著作中就解决了,今天已经是不成为问题的题目。但是鉴于王、陈二同志在论证法律的继承性时,并不是把法律当成法律看待,而是把法律当成文化看待,因此,有必要再把这问题重谈一下。

他们说:"法律虽然具有特殊性,并不排斥它作为精神文化的一般性,社会文化发展中所发生的革命,绝不排斥文化发展中的历史联系和继承性,相反地,它是以文化发展的历史联系和继承性为前提。"由此可见,他们不是把法律当做阶级斗争中的一种政治现象,而是当做一种文化现象来看待的。

尽人皆知,法律不是别的东西,而是阶级的意志表现。不只如此,法律还只能是统治阶级用来镇压被统治阶级的意志表现。所以,法律在人类历史上始终以政治领域中的一种阶级意识形态的姿态存在于社会。虽然法律也在一定程度上反映着一个时代的文化水平,但它从来没有以一种文化姿态出现于社会上过。因此,法律按其实质来说,并不是什么属于文化范畴的精神财富,而是属于政治范畴中的阶级意识形态。《资本论》说得好:"以文化为对象的批判,不能以意识的任何一个形态或结果来做基础。这就是说,能作为这种批判的出发点的,不是观念,只是外部现象。"①同样的道理,今天以法律为对象的继承性的讨论,亦应以阶级意识形态作为基础,不应以文化精神财富作为基础。只有把法律当成阶级意识形态看待,它才具有法的意义。不难设想,在没有法的意义的对象中讨论法律的继承性,是无的放矢的,然而也是徒劳无功的。

王、陈二同志在文章中把我国废除反动统治的伪法统,仅仅看成是在"文化发展中所发生的革命",即是贬低法律在政治生活中意义的实例之一。

---

① [德]马克思著:《资本论》(第1卷),第15页。

三、怎样认识法律的继承

在探讨法律有无继承性时，只有具体对象具体分析才能得出正确的结论。我不同意王、陈二同志机械地用否定的否定的规律套在不同性质的法律上以证明法律继承性的那种方法，也不同意他们由此而得出的所有法律都有继承性的那个结论。

法律是阶级斗争的工具，是统治阶级用来镇压被统治阶级的意志表现。这就是说，法律首先是同产生它的阶级不可分离的。有什么样的统治阶级，就要产生什么样的法律。社会之所以分成阶级，是由于经济占有关系所决定的。统治阶级之所以把自己的意志提升为法律，就是为了保护它所占有的经济利益。所以法律又是同这个社会的经济基础分不开的。因此，在我们考察法的继承性时，不能把法律看成脱离阶级和经济基础的一种独立的绝对观念。法律虽有其相对的独立性，但是无论如何不能将它绝对化。法律既不能独立存在，也不能独立发展。马克思早就指出："法权关系，也如国家形式一样，不可能从它们本身中得到理解，也不可能从所谓人的精神一般发展过程中得到理解；恰恰相反，它们是根源于物质生活关系。"①"想把所有权确定为一种独立的关系，一种特殊的范畴，一种抽象而永远的观念，这只能是形而上学者或法学家的一个幻想。"②因而，我认为，把本质不同的法律同产生它的阶级、经济基础人为地割裂开来，生硬地塞进否定的否定规律的框子里，来证明它的继承性的那种方法，不能说是科学的。

剥削阶级之间的法律，能否产生继承关系呢？对于这个问题必须把法律同产生它的阶级、经济基础联系起来考察，才能作出正确的答案。远在奴隶社会中期就已经孕育着封建制度的萌芽，奴隶制度崩溃之后，奴隶主除去被迫解放了奴隶之外，并没有放弃它所占有的其他财产。经过了一个大的社会革命之后，原来的奴隶主摇身一变，却成了封建社会的大土地所有者，居然成为新社会的统治阶级。原来的奴隶虽然变成稍有自由的农奴，但他们仍然是封建领主的剥削对象。因此，作为反映奴隶主阶级意志的、用来镇压奴隶的法律，能够全部或者部分为封建阶级所继承。资本主义社会尽管是在摧毁封建社会之后建立起来的，但就它们的根本利益来说，并不是对立的，而且好多资本家是从封建领主转化来的。马克思说，在资本主义取得胜利之后，"土地所有者的和城市的领主特权，转化成为国家权力的同样众多的职能；封建的显贵人物，转化成为领取薪俸的官吏；像一大堆货样那般杂乱

---

① 《马克思恩格斯文选》(第 1 卷)，外国文书籍出版局 1957 年版，第 340 页。

② ［德］马克思著：《哲学的贫困》，何思敬译，解放出版社 1949 年版，第 221 页。

的、互相错综的中世纪领主权力的图谱，则转化成为确切规定了的国家权力的图案”。[①] 可见，资本主义取得胜利之后既不完全取消封建领主的特权，亦不粉碎和抛弃封建社会的上层建筑，而是把它继承下来稍加改造去进行统治。所以，作为封建社会上层建筑重要成分之一的法律，全部或部分为资产阶级继承也是自然的。事实上，今天资产阶级的法律大部分是从封建社会继承下来的。至今，奴隶时代的罗马法仍然能够作为资产阶级国家法律的蓝本，其道理不外于此。

回答社会主义法律与资本主义的法律有无继承关系，也必须从产生它们的阶级、经济基础的关系中去探讨。无产阶级在资本主义社会是最下层的阶级。无产阶级之所以是无产阶级就是因为资产阶级剥夺了他们的生产资料并对他们进行压榨。所以无产阶级和资产阶级的经济地位是根本对立的。这种对立反映在政治关系上不能不是激烈的阶级斗争。无产阶级从自身经验中体会到，只有彻底推翻这个剥削制度才能得到解放。不言自明，作为保护资本主义制度的资产阶级的上层建筑必须同这个制度一起被打碎。无产阶级对它的态度不能像资产阶级对封建社会的上层建筑的态度那样保留一部或全部，而是全部彻底的抛弃。《共产党宣言》说：“无产阶级……若不把压在它头上而由组成正式社会的那些阶层所构成的全部上层建筑物抛出九霄云外，便不能伸腰，便不能抬头。”[②]资产阶级的法律是资产阶级上层建筑的主要部分之一，而且是最反动最腐朽的一部分，所以当无产阶级抛弃资产阶级上层建筑时，不可能对于体现资产阶级意志的法律还有什么保留和继承，这也是自然的。我国的革命斗争遵循了马克思列宁主义革命的学说，在打碎旧国家机器的同时废除了国民党的六法。这即意味着我们社会主义法律是崭新的体现人民意志的法律，它同反动的六法无丝毫关系。几年来我国立法实践中并未继承六法的任何成分，这也是众所周知的。

同上述问题有关的还应指出，王、陈二同志把社会主义的“等价交换原则”看成是对资本主义经济基础的继承，把列宁所说的“资产阶级式的法权”看成对资本主义法律的继承，亦欠正确。

马克思列宁主义经典作家屡屡指出：“基础是生产关系的总和。”这就是说，能够作为基础的只能是人们之间的社会关系，而不是其他。在阶级社会里，人们之间的社会关系都体现着阶级关系，所以阶级社会的基础实际上是以生产占有关系为主体的阶级生产关系的总和。等价交换原则是经济范畴的现象，是自发调整人们经济生活的一种分配手段。按其性质来说，它是纯商品流通中的价值规律。“在以私有制为基础的商品生产条件下，价值规律的作用，引起资本主义关系的产生和

---

① 《马克思恩格斯文选》(第 1 卷)，外国文书籍出版局 1954 年版，第 309 页。

② 同上，第 20 页。

发展。”①可见，价值规律（或交换原则）不是生产关系的组成部分，其使资本主义生产关系产生的基础是私有制，而不是价值规律本身。所以社会主义等价交换原则的存在，不应看成是对资本主义基础的继承。马克思说，“资本主义生产方式的基础就在于：以资本私有制和土地私有制为其形式的物质的生产条件，掌握在不劳动者的手中，而人民大众则只有人身的生产条件，即劳动力。”②正由于这个基础的存在和发展，“使得劳动群众的贫穷困苦成了社会生存的必要条件，现金交易，日益成为这个社会的唯一联系因素……商业日益变成为诈骗行为。革命的箴言‘博爱’已实现为自由竞争产生的诡计和嫉视。贿赂代替了暴力压迫，金钱代替刀剑，成了社会权力的主要杠杆。初夜权从封建领主的手中转到了资产者工厂主的手中……”③这就是作为资本主义基础的生产占有关系以及由此产生的种种社会关系的实质真相。试问，这样腐烂透顶的基础对于社会主义来说又有什么继承可言呢？当然，资本主义创造的生产力和经济财富以及某些经济现象，我们是要继承下来的。但这已经不是什么基础范畴的东西了。因为基础只能是生产关系的总和，所以将它记在基础继承性的账上就欠公道。

我觉得王、陈二同志把列宁在《国家与革命》一书中所说的，在共产主义第一阶段仍需要有“资产阶级式的法权”解释为继承资产阶级的法律，也是不正确的。列宁在这里是专门从经济意义上论述社会主义劳动者对产品分配的平等情况的。列宁指出，这里虽然已经实现了按劳取酬的社会主义原则，由于劳动者的实际生活情况不同，如有强弱之分、已婚未婚之分、子女多少之别等，凡此种种，都使在同等劳动之下所取得的劳动成果有所不同，为避免这些，权利就是不平等的。在这个意义上说，这里的平等权利“还是资产阶级式的法权，它也如任何法权一样是以不平等为前提的”。④ 由此可见，列宁在这里指的“资产阶级式的法权”是个比喻，是个借鉴，并没有肯定资产阶级法律对无产阶级法律有什么内在的必然联系。因之，以此作为论证继承旧法的立论依据是没有道理的。

四、怎样看待资产阶级的民主制度

目前不少法学家主张继承旧法的主要理由，是说资产阶级的法律尚有“民

① 苏联科学院经济研究所编：《政治经济学教科书》（上册），中央编译局译，人民出版社 1958 年版，第 83 页。

② 《马克思恩格斯文选》（第 2 卷），外国文书籍出版局 1954 年版，第 23 页。

③ 同上，第 120 页。

④ 《列宁文选》（两卷集 · 第 2 卷），人民出版社 1954 年版，第 241 页。

主”、“自由”的成分,并说这些“民主”和“自由”是进步的或者曾经是进步的“积极”因素,因之,颇有“弃之可惜”之感。王、陈二同志的文章基本上也是持的这种观点。如他们说:“我们社会主义法律批判地继承剥削阶级法律,就是批判地接受剥削阶级法律中有益于人民的成分。”“资产阶级革命初期,资产阶级为了反对封建专制和特权……提出了民主、自由、平等等口号,在资产阶级掌握政权以后并且反映在法律里面……这些东西具有人民性,是资产阶级法律里的积极成分,是无可置疑的。无产阶级取得政权后,把它当做资产阶级法律制度里的积极成分而批判地继承下来。”

看了上述引文,使人不自禁地要发出这么一个疑问:在社会历史上难道曾有或会有这种适用敌对阶级的同一的民主、自由吗？可是,马克思列宁主义经典作家们在总结了全部社会历史之后对此却作了否定的回答,认为没有也不会有什么超阶级的——适用各个阶级的——永恒的纯粹的同一的民主、自由。民主、自由这些阶级斗争中产生的政治概念,永远是具体的、属于特定阶级所有的。所以列宁对资产阶级的民主和无产阶级的民主分别作了这样的结论:“供少数人享受的民主,供富人享受的民主——这就是资本主义社会的民主制。”“供绝大多数民众享有的民主,而以强力镇压那些剥削和压迫人民的分子,即是把他们摒除于民主制之外——这便是从资本主义进到共产主义的过渡时期内的那种民主制。”①

可见,无产阶级的民主、自由同资产阶级的民主、自由毫无共同之处,不仅本质不同,而且内容完全相反。资产阶级越民主越自由,无产阶级越不民主越不自由,因而,无产阶级的民主、自由不能不是在剥削这些少数反动资产阶级的民主、自由基础上建立起来的崭新的只供人民享受的民主、自由。人民的民主、自由意味着反动资产阶级失去民主、自由。在政治生活中如此,反映在法律上也不能不如此。试问,资产阶级的民主、自由对于无产阶级的民主、自由来说,又有什么继承可言呢？

的确,资产阶级的法律及其民主、自由也如同资产阶级本身一样在社会历史上曾经起过一定的进步作用,这是无可非议的。但是如果由此导引出“凡是起过进步作用的东西都要继承”的结论,也是违背历史实践的。在历史唯物主义看来,一种事物的产生和发展过程都有它合乎历史发展要求的时期,通常说就是它的进步时期。由于历史不断向前发展,这一事物逐渐成为不适应历史发展要求的旧的东西。在政治关系中这种旧东西不只不愿正视现实,自动退出历史舞台,而且还要尽力挣扎保持原来的统治阵地,因而它不仅是旧的,而且是反动的东西。这是社会历史中一切事物的发展规律。就拿资本主义剥削制度来说,不能说它没有历史的进

① 《列宁文选》(两卷集·第2卷),人民出版社1954年版,第236、237页。

步作用，但是对于无产阶级来说，它却始终是反动的不合理的制度。无产阶级绝不因它起过历史进步作用而对它有任何留恋，也不能因此对它有任何保留和继承，而是同它割断一切关系。《共产党宣言》说"共产主义革命就是同过去遗传下来的所有制关系实行最彻底的决裂"。① 作为资本主义剥削制度来说是如此，作为保护这个制度的体现资产阶级意志的法律又何尝不是如此？其实，《共产党宣言》对此亦有指示：无产阶级革命也要"在自己的发展中同过去遗传下来的种种观念实行最彻底的决裂"。② 当然，这里所说的种种观念，绝不能排除作为资产阶级意识形态的法律和法律中的"民主"、"自由"。

在有些人看来，对一种事物，又承认它的历史进步作用，又否认对它有继承关系，这是一个令人难解的问题。既承认它的历史进步作用就得承认对它的继承关系，既否认对它的继承就必然否定它的进步作用，二者必居其一，不可能有其他意见。可是历史事实却是这样存在着：既不否认它的历史进步作用，又不承认它有什么继承关系。这对辩证法来说是完全可以理解的，而对于形而上学者观点来说却是永远也不可理解的一个"谜"。

综上论述，我想应该得出如下的结论：

1. 法律是统治阶级的意志表现，是统治阶级的物质生活条件的反映。法律虽然有其相对的独立性，但它不能离开阶级和这个阶级的物质生活条件而独立存在和发展。法律的任何部分都不是什么超阶级、超社会的永恒的独立观念，而永远是具体的属于特定阶级所有的。因之，探讨法律的继承性时，只有用科学的态度把它同产生它的阶级、经济基础联系起来，具体分析，才能得出正确的结论。

2. 如果用科学态度去具体分析，便可以看出：历代剥削阶级都是以镇压和剥夺被剥削阶级为其生存条件的。他们的经济利益在根本上是一致的。所以在统治和压迫劳动者的方法上好多地方也是一致或相似的。这样，作为他们统治和压迫劳动人民的、体现他们意志的法律之间存在继承关系是很自然的。无产阶级是人类历史上被剥削阶级第一次掌握政权的阶级，它同剥削阶级是根本对立的，有着完全不同的社会基础和上层建筑，必须彻底破坏剥削制度。因之，作为保护资本主义剥削制度、镇压广大劳动人民的资产阶级的法律，不能为无产阶级所继承也是自然的。无产阶级建立的法律体系是崭新的，同资产阶级法律根本对立的法律体系。

3. 不继承旧法不等于不整理、不研究旧法。任何时代的法律都是反映当代社会制度和社会性质的历史文献和史料。即使是最反动、最腐朽的东西，如果作为资

① 《马克思恩格斯文选》（第1卷），外国文书籍出版局1954年版，第28页。

② 同上。

料来说,对我们还是有用的。《再论无产阶级专政的历史经验》一文中说:“我们从来认为敌人是我们最好的教师”,道理就在于此。但是,把研究和整理旧法看成是对旧法的继承就是错的。

（1957 年第 5 期）

谈谈我国刑法中的剥夺政治权利问题

许丽生*

一、剥夺政治权利的概念与意义

我国刑法上剥夺政治权利这一刑种的名称,是根据《共同纲领》第7条、《宪法》第19条的规定而确定的。它是我们国家镇压反革命分子和阶级敌对分子的重要手段之一。毛主席在《论人民民主专政》一文中指出,“剥夺反动派的发言权”,“选举权,只给人民,不给反动派”,对他们“实行专政,实行独裁,压迫这些人,只许他们规规矩矩,不许乱说乱动”。随着我国社会主义建设的发展和社会主义改造的基本完成、国内政治经济情况的发展变化,毛主席在今年2月27日最高国务会议扩大会议上所作的《关于正确处理人民内部矛盾的问题》的讲演中又指出人民民主专政的专政作用的一个方面,“就是压迫国家内部的反动阶级、反动派和反抗社会主义革命的剥削者,压迫那些对于社会主义建设的破坏者”。“在一个时期内不给地主阶级分子和官僚资产阶级分子以选举权,不给他们发表言论的自由权利,都是属于专政的范围。为了维护社会秩序和广大人民的利益,对于那些盗窃犯、诈骗犯、杀人放火犯、流氓集团和各种严重破坏社会秩序的坏分子,也必须实行专政。”这些指示对刑法上剥夺政治权利这一刑种赋予了重大的政治指导意义。因此,我国刑法上的剥夺政治权利,是体现着国家对被推翻阶级的专政,是镇压反革命分子和阶级敌对分子的一种重要手段,它与镇压、剥削劳动人民,维护资产阶级利益的资产阶级刑法上的所谓“褫夺公权”有着本质的区别。

当然,我国刑法上的剥夺政治权利同我国《宪法》第19条中所规定的“国家依照法律在一定时期内剥夺封建地主和官僚资本家的政治权利”,还是有所区别的。后者是我们国家对整个被推翻阶级中的敌对分子所采取的一种革命的专政措施,不管他们现在的行为犯罪与否,国家一律依法在一定时期内剥夺他们的政治权利;而前者则是我们国家对反革命罪犯和危害较大的其他刑事罪犯实行惩罚的一种刑罚方法。这种刑罚方法,就是人民法院根据案件性质、犯罪情节和罪犯本人的具体情况,依法宣告在一定期限内剥夺罪犯的为刑事法律所规定的政治权利,以达到预防犯罪、消灭犯罪的刑罚目的。

---

* 作者单位不详。

二、剥夺政治权利在我国刑罚体系中的地位

关于剥夺政治权利在我国刑罚体系中的地位问题,亦即是要研究这一刑种的性质是属于重刑还是轻刑、主刑还是附加刑的问题。大家知道,我们是人民民主专政的国家,人民是国家的主人,在政治上享有广泛的权利,对人民的敌人则实行专政,剥夺他们的政治权利。所以,享有政治权利与否,就标志着每个公民能否以主人的资格参加国家管理和从事其他重要政治活动。由于政治权利的这种崇高性和庄严性,就决定了我国刑法中剥夺政治权利这一刑种是属于一种严厉的刑罚方法。这在我国现行刑事立法中也可以看得出来,如《妨害国家货币治罪暂行条例》第10条的规定,就是鲜明的例证。①

关于剥夺政治权利这一刑种是一种主刑,还是附加刑,还是可以两者适用的问题,中央司法部在1950年5月20日和前中央法制委员会在1950年11月28日曾有过解答,可以两者适用,也就是说,可以作为主刑单独适用,也可以作为附加刑适用。在审判实践中,单独适用剥夺政治权利的情况极为稀少。根据最高人民法院在1956年2月《关于刑事案件的罪名、刑种和量刑幅度的初步总结》初稿来看,从5500余个刑事案件材料的统计中,单独适用剥夺政治权利的情况就很少。实际上,对不必处以徒刑的危害不大的犯罪单科剥夺政治权利,就要滥用了这一刑罚;反之,如单独适用于危害较大的必须予以强制社会隔离的罪犯,则又枉纵了犯罪。这就说明,剥夺政治权利这一刑种,今后是否有作为主刑单独适用的必要,是值得研究的。如果将来的刑法典中能把它确定为只能与主刑同时适用的附加刑,将会是更符合实际情况,因而也是较为妥当的。

三、关于剥夺政治权利的内容

关于剥夺政治权利的内容,亦即是应该剥夺哪些权利的问题。前中央法制委员会在1950年11月28日《关于剥夺政治权利问题的解答》中指出剥夺下述各项政治权利:(1)选举权与被选举权;(2)担任国家职务之权;(3)担任公共团体职务之权;(4)受国家的勋章、奖章及荣誉称号之权;(5)受领恤金之权。其后,1952年

① 《妨害国家货币治罪暂行条例》第10条规定:“凡犯本条例所规定各罪者,得视其情节轻重,附带宣告剥夺政治权。但犯第六条之罪者不在此限。”第6条规定:“凡误收伪造、变造货币,在收受后察觉为伪造、变造者,应即报告所在地中国人民银行或公安机关,其明知不报而仍继续行使者,视其情节轻重处一年以下劳役。或酌处罚金,或予以教育。”

7月17日公安部经前政务院批准颁布的《管制反革命分子暂行办法》中也作了规定,即(1)选举权与被选举权;(2)担任国家机关行政职务之权;(3)参加人民武装与人民团体之权;(4)言论、出版、集会、结社、通讯、居住、迁移及示威游行之自由权;(5)享受人民荣誉之权。由于两者在内容上不尽相同,中央司法部曾于1953年6月11日作过解答,指出剥夺政治权利的内容依《管制反革命分子暂行办法》的规定。

关于言论、出版、集会、结社、通讯、居住、迁移及示威游行之自由权和参加人民武装之权及享受人民荣誉之权,今后是否宜于列入剥夺政治权利之内,是值得研究的。因为言论、出版、集会、结社、通讯、居住、迁移及示威游行等自由权利,是否属于政治权利,值得商榷;而且在刑满释放后再予剥夺这些自由权利,似亦过严;在执行上亦有困难,易与"管制"不分。按照我国《宪法》第103条的规定,依照法律服兵役是我国公民的光荣义务,而非权利,如果作为权利加以剥夺,似与宪法规定不合。至于国家勋章、奖章等人民荣誉,这是一个公民对国家和社会有所贡献和功绩的一种标志,也是一个公民在历史上不可磨灭的事实,如果犯了罪,就一笔加以抹杀,似亦过严;而且需要剥夺时,亦可依有关授勋给奖等单行法规的规定,无须在剥夺政治权利之内加以规定。那么,我国将来的刑法典中的剥夺政治权利应确定剥夺哪些权利呢?根据我国目前政治经济情况的发展变化,从剥夺政治权利这一刑种的性质、作用出发,我认为,在将来的刑法典中应确定剥夺如下的四项政治权利:(1)选举权和被选举权;(2)担任国家机关行政职务的权利;(3)担任审判员、陪审员、检察员、律师的权利;(4)担任人民团体职务的权利。同时,这四项权利是必须全部剥夺的,也就是说,在适用剥夺政治权利的内容上,法院没有选择的余地。因为剥夺政治权利的作用,就是要剥夺罪犯参加国家管理和从事其他重要政治活动的权利。不可设想,被剥夺了选举权和被选举权的人,还可以担任国家机关的行政职务、人民团体的职务和审判员、陪审员、检察员、律师的工作;也同样不可设想,担任着国家行政职务、人民团体职务和审判员、陪审员、检察员、律师的人,而被剥夺了选举权和被选举权。实践中所以有剥夺一部或全部的情况,主要是剥夺政治权利的内容中列有享受人民荣誉之权,现在我们既主张在将来的刑法典中的剥夺政治权利之内,不写上这项权利,再写可以剥夺一部,也就没有意义了。

现把主张剥夺的四项权利,简述一下:

1. 选举权和被选举权。在我们人民民主的国家里,人民是国家的主人,国家的一切权力都属于人民,而选举权和被选举权,是人民行使主人权利、参与管理自己国家活动的一项重要权利。毛主席早在《论人民民主专政》一文中就指示我们,"选举权,只给人民,不给反动派"。在前中央法制委员会所解答的和《管制反革命分子暂行办法》中所规定的剥夺政治权利的内容中,亦规定有选举权和被选举权。

我国《选举法》中也明文规定，依法被剥夺政治权利的反革命分子和其他依法被剥夺政治权利者，没有选举权和被选举权。因此，在将来的刑法典中继续把选举权和被选举权作为剥夺政治权利的首要内容，是不容置疑的。

2. 担任国家机关行政职务的权利。国家机关是实现人民民主专政的锐利武器，是组织和进行文化教育和经济工作的重要工具，在建设社会主义中有着极其重要的作用。而担任国家机关的行政职务，有着一定的行政职权，依法从事其公务行为，是一项极其严肃的工作。被剥夺政治权利的人，就显与这种要求不合。同时，我们既主张把选举权和被选举权列入剥夺政治权利之内，这就不可设想，被剥夺了选举权与被选举权的人，还能担任国家机关的行政职务，从事公务行为。而从前中央法制委员会所解答的和《管制反革命分子暂行办法》中所规定的剥夺政治权利的内容来看，也是把担任国家机关行政职务的权利作为剥夺政治权利的一项内容的。这就说明，在将来的刑法中继续把担任国家机关行政职务的权利作为剥夺政治权利的内容之一，毋庸置疑。

3. 担任审判员、陪审员、检察员、律师的权利。人民法院和人民检察院是实行人民民主专政的锐利武器，是行使国家审判权和检察权的重要机关。而审判员、检察员则担任审判、检察工作，具体行使着审判、检察职权。人民陪审员在陪审期间，是审判庭成员之一，与审判员有同等权利，而且担任陪审员，亦是一个公民参加国家管理的一项重要活动。人民律师则是站在国家和人民立场，给予公民、机关、团体等以法律上的帮助，维护法制。这说明，这些工作是严肃而重要的。同时，他们又是执法者，应当是率先守法，才能正确、公正地执行国家的政策法令，保护国家和人民利益。被剥夺政治权利的人，显与这种要求不符。根据《人民法院组织法》的规定，被剥夺过政治权利的人是不得担任审判员、陪审员的。从1956年5月8日《全国人民代表大会常务委员会关于被剥夺政治权利的人可否充当辩护人的决定》中关于被剥夺政治权利的人在被剥夺政治权利期间，不得充当辩护人的决定来看，亦可说明被剥夺政治权利的人是不得担任律师的。而且审判员、检察员职务，不属国家机关行政职务，人民陪审员是一种选任职务，律师则属团体组织，因此，就有必要把剥夺担任审判员、陪审员、检察员、律师的权利，专项列入我国将来的刑法典中的剥夺政治权利之内。

4. 担任人民团体职务的权利。在我国，人民团体的性质，就广义讲，是实现人民民主专政的国家机构组织之一；就狭义说，则是一种社会组织，是从事广泛群众性活动的社会团体。它是党团结群众的桥梁、教育群众的纽带和政府工作的支柱，对于实现党的政策、完成国家的任务和进行社会主义建设事业，都有着直接的作用。这就说明，人民团体的职务是严肃的。同时，从《管制反革命分子暂行办法》中所规定的和前中央法制委员会所解答的剥夺政治权利的内容来看，前者是剥夺参加人民团体之权，后者是剥夺担任公共团体职务之权。因此，把担任人民团体职务的权利作为我国将来的刑法典中剥夺政治权利的一项内容，是较妥当的。有的同志主张只剥夺担任人民团体领导职务的权利，不必剥夺担任一般职务的权利，这是值得商榷的。因为剥夺政治权利的作用，就是要剥夺参加国家管理和其他重要政治活动的权利；同时，我们也主张在适用剥夺政治权利时，剥夺政治权利这一刑种内所定的四项权利必须一律剥夺，这似不可设想，被剥夺了选举权和被选举权的人，还能在人民团体中任职，被剥夺了担任国家机关行政职务权利因而已不得在国家机关任职的人，却还可以在人民团体如全国总工会、全国民主妇联等组织中担任职务。当然，剥夺担任人民团体职务的权利，并不意味着就不得在人民团体中工作，只是在被剥夺政治权利期间，不得担任职务。也就是说，只能做一般工作，并取得相应的工资待遇，而无职称薪级。在实践中是有这样做法的。这种既严肃、又宽大地给以劳动者生活机会的做法，是值得研究肯定的。

四、关于剥夺政治权利的适用范围

关于剥夺政治权利的适用范围，亦即是适用于哪些犯罪的问题。根据《惩治反革命条例》和《管制反革命分子暂行办法》的规定，对被判刑和管制的反革命分子，应予剥夺政治权利；《惩治贪污条例》规定，对贪污犯、盗窃犯（盗骗国家资财等），亦得视其情节剥夺其一部或全部政治权利；《妨害国家货币治罪暂行条例》规定，对伪造、变造、贩运国家货币等罪犯，亦得视其情节并科剥夺政治权利。

今年2月，毛主席在《关于正确处理人民内部矛盾的问题》的讲演中指出："为了维护社会秩序和广大人民的利益，对于那些盗窃犯、诈骗犯、杀人放火犯、流氓集团和各种严重破坏社会秩序的坏分子，也必须实行专政。"这就赋予了剥夺政治权利的适用范围以重大的政治指导意义。根据毛主席的这一重大指示，这些罪犯和坏分子，就应该作为适用剥夺政治权利的对象。

根据毛主席的这一讲演指示，以及上述现行刑事立法，说明剥夺政治权利适用于敌视人民民主制度的反革命罪犯；在其他刑事罪犯中，则主要适用于破坏国家经济建设、危害公共安全的贪污犯、破坏国家货币犯、盗窃犯、诈骗犯、杀人放火犯、流氓集团和各种严重破坏社会秩序的坏分子。无疑，这个适用范围是正确的，也是符合剥夺政治权利这一严厉的刑罚适用范围不宜过宽的原则的。因为上述这些罪犯，就其犯罪性质来说，已经说明在政治品质上完全破产，如果让其继续行使政治权利，显然有损政治权利的崇高性和庄严性，因而对他们适用剥夺政治权利这一刑罚是完全应该的。当然，对上述罪犯以外的其他罪犯，并不是绝对不能适用，但应严肃慎重。

据上所述，并从剥夺政治权利这一刑罚的性质作用出发，可以研究确定如下几项适用原则：

1. 对于反革命罪犯，在适用刑罚的时候，必须并科剥夺政治权利。因为反革命犯，敌视人民民主制度，以颠覆人民民主政权、破坏社会主义事业为其犯罪目的，是社会危害性最大的犯罪，而且这种罪犯具有很大的人身危险性，故必须采取阶级专政措施，在处刑的同时剥夺其政治权利。《惩治反革命条例》和《管制反革命分子暂行办法》都规定对判刑和管制的反革命分子必须剥夺政治权利，这是不容置疑的。

2. 对于判处五年以上有期徒刑的其他刑事罪犯，根据犯罪性质和情节及罪犯本人的具体情况，如有必要，也可以并处剥夺政治权利。因为根据我国刑事政策、刑事立法和审判实践，凡是判处五年以上有期徒刑的犯罪，一般来说都是危害较大、罪情较重的犯罪。目前在实践中一般也认为五年以上徒刑为重刑，五年以下徒刑是轻刑。因此，以五年有期徒刑作为可以适用剥夺政治权利的起码刑期，不但符合剥夺政治权利这一刑罚的重刑性质，因而是比较适当的，而且从主刑刑期上划出一个可能适用的范围，对于实践中正确适用这一刑罚方法，也是有好处的，也是必要的。

这里应该提出的是，对于审判时尚未年满18岁的未成年犯，纵然判处5年以上有期徒刑，而且根据其犯罪性质、情节，认为有剥夺政治权利必要的时候，也不宜并处剥夺政治权利这一刑罚，因为按照我国《宪法》第86条的规定，未满18岁的人尚未享有选举权和被选举权。而且从党和国家对新生一代无限爱护和深切关怀来看，从我国刑事政策对未成年犯从轻、减轻处刑的原则以及剥夺政治权利这一刑罚的性质看，也说明对未成年犯不宜适用剥夺政治权利这一刑罚方法。

3. 关于犯罪前已被剥夺了政治权利的犯罪分子，在判刑的时候可否并处剥夺政治权利的问题。从这些犯罪分子在剥夺政治权利期间又行犯罪来看，说明其不易改造，自可再予剥夺。如果是反革命罪犯，必须再予剥夺；对其他刑事罪犯，则视犯罪性质、情节和需要而定。至于期限的计算问题，则可把没有执行完的期限和新处的期限，合并执行。

关于地主分子在未改变成分前犯罪，根据犯罪性质和情节，认为需要剥夺政治权利的时候，也可以并处，唯期限不宜和因其未改变成分而剥夺政治权利的时间相加。因为前者是个人犯了特定的罪行，而予以特定的刑罚，并由法院判决，后者则是普遍性的政治措施，由宪法直接宣布。至于执行问题，我的看法是，在法院所处的剥夺政治权利的期限内，被判刑人不得改变地主成分，须待剥夺期满，再由当地人民委员会根据具体情况，依照前政务院《关于划分农村阶级成分的若干新决定》中有关地主改变成分的规定办理。

4. 关于死刑犯和无期徒刑犯，是否需要并处剥夺政治权利的问题，这是有着不同意见的。有的认为需要并处，有的则认为不需要并处，在审判实践中也有并处和不并处的情况。主张并处的主要理由，不外是死刑犯和无期徒刑犯，对国家社会犯了极严重的罪行，国家既要剥夺其肉体生命或终身自由，在政治权利上自也应予以终身剥夺，以示法律的严肃性；同时，按照我国《宪法》中大赦特赦的规定，罪犯有赦免的可能。我是不同意这种主张的。因为行使政治权利是以享有人身自由为其前提，死刑犯和无期徒刑犯既要被剥夺肉体生命和终身自由，就无再行行使政治权利的客观可能，因而徒具形式地加以并处，也就谈不上法律的严肃性问题。同时，纵遇大赦特赦，也只能免除一死，并不能就此恢复自由，尽可待至减刑为有期徒刑的同时再加科处；对于死缓犯和无期徒刑，也可待至减为有期徒刑，无期徒刑犯待至假释的时候，再予科处。而且，我们既不主张把享受人民荣誉之权列入剥夺政治权利之内，对死刑犯和无期徒刑犯并处剥夺政治权利，也就更无实际意义了。因此，我认为，在未来的刑法典中，如果能确定对死缓犯和无期徒刑犯，在减刑为有期徒刑的时候，无期徒刑犯在假释的时候，再予宣告剥夺政治权利，将是更实际一些。

五、关于剥夺政治权利的期限

在期限方面所要研究的是期限幅度和刑期的起算两个问题。

关于剥夺政治权利的期限幅度问题，现行刑事立法还没有明文规定。根据我国刑事政策、审判实践和剥夺政治权利这一刑种的性质，我认为，以一年以上、五年以下作为我国刑法中剥夺政治权利的期限幅度，是较为妥当的。因为犯罪分子在刑满释放后再剥夺过久时间的政治权利，使其长期处于没有政治权利的状态，从我国目前和今后的政治、社会的情况来看，没有必要，亦不合适；而前政务院《关于划分农村阶级成分的若干新决定》中所规定的封建地主需经五年的劳动改造才能改变成分的"五年"，亦可以作为我们研究确定上限不超过"五年"的参考依据。下限亦不宜低于一年，否则，期限过短，难以发挥剥夺政治权利的刑罚作用。有的同志主张将上限定为"十年"，反之，有的同志则认为"三年"就够了。我觉得前者是失之过严，同时，幅度过大，亦难满足法制要求；后说似又过低，幅度过小，亦难以发挥剥夺政治权利在与不同犯罪作斗争中的积极作用。

关于剥夺政治权利的刑期起算问题。根据刑事诉讼中有罪判决执行的理论和审判实践，刑事判决自判决确定之日开始执行。由于政治权利的行使是以享有人身自由为其前提，因而犯人在执行徒刑监禁期间，就被停止了政治权利的行使，只有获释恢复自由之后才有行使政治权利的客观可能。同时，我们既然主张剥夺政治权利的最高期限是"五年"，对于判处五年以上有期徒刑的罪犯才能适用（反革命罪犯除外),如果把它与主刑同时执行,则罪犯在服满徒刑释放的时候,期限亦必届满,失去剥夺政治权利这一刑罚的实际作用。这就说明,剥夺政治权利的刑期应该从主刑执行完毕或在假释之日开始起算。1953 年 4 月 3 日中央选举委员会《关于选民资格若干问题的解答》第十二问中解答的"反革命罪犯在判处徒刑刑期已执行期满获得释放后,在其依法宣布剥夺政治权利的期限尚未执行期满前,仍无选举权和被选举权"和第十七问中所答"经宣布剥夺政治权利的刑事犯,虽已假释,但在其剥夺政治权利的期限尚未执行期满前,仍无选举权和被选举权"就是很鲜明的例证。

应该提出的是,根据《管制反革命分子暂行办法》第 4 条的规定,对被管制的反革命分子,是同时剥夺政治权利的。实际上,管制期间若不剥夺政治权利,管制也就没有什么内容,且在执行上易与缓刑、假释等不分。因此,在将来的刑法典中如果把"管制"保留下来的话,则似应确定对管制的罪犯,必须剥夺其政治权利。这就说明,所判主刑如果是"管制"的时候,则剥夺政治权利应与管制同时执行。

六、关于剥夺政治权利的执行问题

在执行方面需要研究的是剥夺政治权利如何执行及被剥夺政治权利的人在剥夺政治权利期间的工作和工资待遇两个问题。

关于剥夺政治权利的执行问题。如前所述,剥夺政治权利的刑期是在主刑执行完毕或者假释之日开始起算的,也就是说,被剥夺政治权利的人在剥夺政治权利期间,是不与社会隔离的。这就需要研究一定的执行制度,借以保证剥夺政治权利这一刑罚的严格执行。是不是可以用"管制"的办法来执行呢?从管制的性质来看,它是一种刑罚方法,并须经由法院判决,显然不能采用。为此,似宜采用如下两项办法:

1. 劳动改造机关对于被并处剥夺政治权利的犯人,在徒刑服满释放或者假释的时候,应该将人民法院所处剥夺政治权利的期限在该犯人释放证明书上写明,并且通知他所在地的公安机关或乡人民委员会予以监督,加强思想教育。

2. 被剥夺政治权利的人,如果要迁移户口,必须报经所在地县、市公安机关的批准,否则,被剥夺政治权利的人就有可能利用迁移不受限制的空隙,逃避剥夺政治权利这一刑罚的执行。

这里还应该谈一下的是,在剥夺政治权利的期限届满时,是否要有一定的手续再予恢复政治权利的问题。从被剥夺政治权利的人在剥夺政治权利期间,并不与社会隔离,也不被限制自由的情况来看,在期满时似不发生解除手续和批准制度等问题。因为期限届满,剥夺政治权利这一刑罚就执行终了,不再对被判刑人有强制作用,如果是在剥夺政治权利期限内犯罪或发现新罪,则是按罪处刑问题。因而批准制度,不是要成为一种形式,就是要发生批准与否或批准误时而不能按期恢复政治权利等问题。这可说明,被剥夺政治权利的人在剥夺政治权利期满之日,似应即行恢复政治权利。

关于被剥夺政治权利的人,在剥夺政治权利期间的工作、工资待遇问题,亦即是在剥夺政治权利期间,是否可以劳动就业以及如何发给工资待遇问题。如前所述,剥夺政治权利的刑期是在主刑执行完毕或者假释之日开始起算的,也就是说,被剥夺政治权利的人在剥夺政治权利的期限内,是不与社会隔离的,是不被限制自由的,同时,也只被剥夺了政治权利,并不剥夺其劳动权利。根据我国《宪法》第91条“中华人民共和国公民有劳动的权利”的规定,及全国人民代表大会常务委员会《关于宽大处理和安置城市残余反革命分子的决定》中关于刑满释放分子的工作安置和“同工同酬”的规定,《高级农业生产合作社示范章程》第8条中关于刑满释放分子入社劳动和“同工同酬”的规定来看,被剥夺政治权利的人在剥夺政治权利期间是可以劳动就业的。这可说明,被剥夺政治权利的人要求劳动就业的时候,有关部门似应根据他们的劳动能力和其他个体情况,给予劳动就业上的机会和工作生活上的出路。但在剥夺政治权利期间,如果在国家机关工作的时候,则不得定职评薪,也就是说,不得委以职称,评定级别,亦即所谓“叙职”;在企业、事业单位、学校和团体工作的亦是一样。至于工资待遇,因他系在进行自觉劳动,则应根据所做工作,按照“同工同酬”原则发给应得的工资。如在生产合作社工作,亦同样应该根据其劳动能力及具体情况,分配工作,并按“同工同酬”原则给予应得的工资或劳动工分。这样做,有利于动员一切可以动员的力量参加国家的社会主义建设,符合社会主义“按劳取酬”原则,而对巩固改造罪犯成果,鼓动被剥夺政治权利的人更好地改造及发挥劳动积极性来说,也是有好处的。

七、关于在剥夺政治权利期限届满前是否可以提前恢复政治权利的问题

关于在剥夺政治权利的期限尚未届满前是否可以提前恢复政治权利的问题,这在我国现行刑事立法方面还没有明文规定。我的看法是,被剥夺政治权利的人在剥夺政治权利期间,如果表现良好,立有功绩,是可以提前恢复政治权利的。应当指出,在我们国家里,刑罚并不是目的,而是改造犯罪者的一种积极手段。人民法院对犯罪分子处以刑罚,其目的在于教育改造犯罪者重新做人,不再危害国家社会,并不是为惩罚而惩罚。《劳动改造条例》第68条中所规定的减刑和假释,全国人民代表大会常务委员会《关于对反革命分子的管制一律由人民法院判决的决

定》中所规定的缩短管制期限和提前撤销管制，都具体地体现了党和国家的这种教育和鼓励犯罪者早做新人的政策精神，对于被剥夺政治权利的人，自然也应该如此。目前，在审判实践中，有的人民法院已经这样做了。这种创造性的做法，是值得加以研究肯定的。

至于提前恢复政治权利的程序问题，实践中是援照《劳动改造条例》第70条中关于减刑、假释程序的规定，由被剥夺政治权利的人所在地区的高级人民法院裁定批准。从目前情况来看，这种做法也是比较恰当的，可行的。

（1957年第5期）

对处理轻伤害、斗殴案件的体会

郭亚岚[*]　王国新[**]　田　雨[***]

目前,从若干地区人民法院的收案数字上看,随着我国社会主义改造和社会主义建设事业的胜利发展,国内阶级矛盾的基本解决,广大人民群众的法制观念和社会主义道德觉悟的提高,以及几年来同一切犯罪分子作斗争所取得的重大成就,刑事案件普遍有下降的趋势。但是,一般侵犯人身权利、妨害人身健康的轻伤害、斗殴案件,却表现得很突出,根据九个市、县(区)人民法院的统计:1956年度刑事收案总数比1955年度减少了53%;而1956年度受理的轻伤害、斗殴案件,却比1955年度所受理的同类案件增加了12%。人民法院受理的轻伤害、斗殴案件不仅数量大,产生的原因和情况也是非常复杂。因此,在实际工作中就此问题的管辖范围、犯罪与不犯罪的界限,以及如何适用刑罚等加以研究是很必要的。

一、轻伤害、斗殴案件的一般情况和特点

根据查卷和部分社会调查了解到,在过去这段时期内,人民法院受理的轻伤害、斗殴案件,有下列一些情况和特点:

第一,轻伤害、斗殴案件的当事人,特别是被告人,95%左右是工人、农民、职员和职工家属,有28%的被告人是妇女。这种情况表明,轻伤害、斗殴问题,基本上是劳动人民之间的违法、犯罪问题。

第二,从人民法院受理案件的来源看,占我们查卷总数的77%以上的,都是来自城镇和工矿区,农村较少。这一方面,是因为城镇和工矿区人口密集,不从事生产的闲人(职工家属和盲目流入城镇和工矿区的农民)和空隙时间多,容易发生纠纷;农村多是分散居住,凡是有劳动能力的人都忙于劳动生产,闲人和空隙时间则较少。另一方面,城镇和工矿区的居民,来自四面八方,经常流动,隔壁和“对门屋”往往也互不了解,一旦发生纠纷,就常常是互不谅解;农村的邻里之间,多是老亲故友或宗族关系,即或有时发生纠纷,也大多是容易经过亲友和乡、社领导以及

[*] 作者单位不详。
[**] 作者单位不详。
[***] 作者单位不详。

基层干部劝解和好，轻易不便撕破情面或涉讼到人民法院来。此外，城镇和工矿区多数都距离法院近，交通便利，诉讼条件方便，这也是一个客观原因。

第三，从案件的发生规律看，不仅一般多是发生在暖和季节和生产的空隙时间里，而就其产生的客观原因来看，也呈现着极为复杂的情况。在城镇和工矿区里，多是个人之间或邻里之间由于生活琐事口角、扯闲话、小孩打架以及奸情等纠纷引起的；少数则是流氓、其他旧社会渣滓等寻衅滋事而挑弄起来的。在农村，农业合作化以后，随着生产关系的变革，则多是因为农社管理、劳动生产和分配等纠纷引起的社员与社员、社员与干部以及社与社之间的打架、斗殴。从农村中业已发生的案件看，有的是某些人存有自私自利的落后观念，对经营管理制度不习惯，因为个人利益与集体利益、局部利益和整体利益之间的矛盾引起的；有的是由于农社经营管理不善，或者个别干部的官僚主义、违法乱纪所引起的；还有的是坏分子故意挑弄是非、制造纠纷所引起的；也还有的是少数落后群众，由于进行赌博、跳神等不法活动而引起的。

第四，就被告人的主观原因看，促成轻伤害、斗殴案件，大体上还有这样一些情况：第一种情况是双方当事人都没有殴打和伤害他人的意图，只是在言语冲突、发生口角中，由于“话赶话挤起来”的一般斗殴。这类案件占查卷总数的47%左右，其中有的是一方动手打人，有的是双方动手互打。这种情况多是互不相识，各有缺点，实践中一般很难评断是非。当然，其中也还有的是少数人态度蛮横，故意挑弄是非，以致引起斗殴和伤害。第二种情况是蓄意殴打和伤害他人的。这类案件也占查卷总数的47%左右。其中有的人是基于宿怨、嫉妒或者出于误会，抱有成见，为了报复、泄恨而动手伤人的；有的人是在自身受到重大侮辱，或者在一方蛮不讲理、欺压别人的情况下，由于一时激愤“抱不平”而动手伤人的；还有的人则是漠视国家法纪和公民的人身权利与身体健康，往往三句话不合就动手打人的。属于这种轻易动手打人的大体上有三种人：一是蛮横成性的流氓和其他旧社会渣滓，他们故意挑弄是非，不但轻易伤人，甚至有时还要集众扰乱社会治安和公共秩序；二是极少数自以为有“功劳”的复员、转业军人和因工负伤的职工，他们抱有“老子天下第一”的思想，往往也漠视别人的身体健康和人身权利；三是某些职工和基层劳动人民，对“民主”和“自由”有过火的理解，认为民主、自由就是任意而行，他们在日常生活、生产以及公共集会场所或集体活动中，一旦个人无理要求得不到满足的时候，就表现为无组织、无纪律的行为，进而动手打人，甚至有时还要聚众闹事。

上述情况说明：轻伤害、斗殴问题，基本上是属于人民内部的问题。有些人在日常生活中，特别是在社会大变动中，由于人与人之间、个人利益与集体利益之间以及先进与落后思想之间发生冲突，形成矛盾的时候，往往就把侮辱人格和伤害他人身体健康，作为解决这些矛盾的一种手段。这是蛮横习气和自私自利等落后思想意识的反映。为了减少和消灭这种不健康的社会现象,单纯依靠法律制裁是不够的,而对于广大人民群众,进行遵守国家法制和社会主义道德教育,提高政治思想觉悟,就显得有更为重要的意义和作用了。

二、轻伤害、斗殴问题的危害和影响

轻伤害、斗殴案件所造成的危害,一般是比较轻微的,但程度也有不同。据查卷了解,在九个市、县(区)人民法院的已结案件中,有53%左右是互相争吵、撕扯或用巴掌打几下,一方或双方既没有损害身体健康,肉体上也没有遭受到重大痛苦;部分是拳打脚踢,造成被害人眼脸青肿、鼻嘴流血、皮下淤血和皮内裂伤,从而使被害人肉体上遭受重大痛苦的占37%;少数是用木棒、石头或者用拳脚击伤人身重要部位等方法,使被害人身体健康上受到一定程度的损害,有的吐血、伤筋,有的挫伤关节或轻度骨折,被害人大多是需要一定时期的医疗和休养,以致暂时影响或短时期丧失了劳动能力,属于这种情况的占10%。

轻伤害、斗殴案件不仅直接损害公民的身体健康和劳动能力,影响工作和生产,同时对于公民的人身权利、正常生活和社会治安等方面,也有很大的危害和影响。有些案件由于争吵、邻里不和,造成人与人之间的感情破裂,严重地影响到正常的生活和人民内部的团结;有些案件由相互对打,进而形成群殴,妨害了社会治安和公共秩序,严重的还要行凶杀人;还有的案件因不同民族的公民发生纠纷,还曾在个别地方引起民族间的不团结。更值得注意的是,有些被害人由于人身自由权利遭到侵犯,自尊心受到挫伤,他们有的感到非常难堪,无脸见人;有的思想苦闷,精神失常,严重的还要寻死上吊;而有些医生和农社干部还因此影响了工作情绪。此外,也还有少数人殴打自己的尊亲属,严重地破坏了新社会的道德风气。

三、对处理轻伤害、斗殴问题的几点意见

人民法院及时而妥善地处理轻伤害、斗殴案件,对于维护国家法制、保障公民人身自由权利、教育群众、团结生产等方面,均具有极为重要的意义和作用。根据审判实践经验和当前存在的问题,我们愿就以下几个问题,提出一些意见:

第一,人民法院受理案件的范围。目前,在人民法院接受的轻伤害、斗殴案件中,有很大一部分不构成犯罪,是不应当通过审判方法解决的。其中有的是当地政府或公安机关解决不了介绍来的,有的是当事人持以“不到黄河不死心”的态度,不服从当地政府或公安机关的调处,硬是要求法院依法治罪。在这种情况下,有些

案件即或审判人员明知不构成犯罪，也只好收案审理；假如不管，不但群众不谅解、有关部门埋怨，就是当事人也不答应。少数蛮不讲理的人，还无理纠纷，到处哄闹。因此，属于轻伤害、斗殴问题，不论大小、是否构成犯罪，一旦发生纠纷，就常常涌向人民法院来。这就说明，划一划人民法院受理此类案件的范围，是具有很大实际意义的。

在审判实践中，对于哪些案件应由人民法院管，哪些案件不应由人民法院管，从上到下都有争论。实际工作中，有关政法部门也经常发生互相推诿的现象。我们曾发现有的当事人，为了一个案件，从街道办事处到公安派出所和人民法院，又从人民法院推回公安派出所和街道办事处，往返经过一年左右不得解决，致使当事人长期受讼累，影响工作和生产，被害人愤愤不平，群众不满，有关部门则互相埋怨。这是一种不正常的现象，必须彻底纠正。

我们认为，轻伤害、斗殴案件，有很大一部分是属于轻微违法尚不构成犯罪的案件。对于这部分案件，原则上是不应作为刑事案件通过审判方法解决的。有的可以由调解组织进行和解，有的则应由公安机关依照治安行政拘留处分办法解决。但是，目前由于我国刑法和治安行政法尚未颁布，有关机关不能各司其事，于是就使得这部分问题，不可避免地要涌向人民法院来。这种情况，不仅短时间内不能彻底解决，即使将来刑法和治安行政法公布了，也不可能一下子就截然划分清楚。为了适应当前情况，应当坚持以当事人告到哪里就由哪里接受的原则，不应互相推诿。人民法院对于收到的某些仅仅是互相争吵、撕扯，不但不构成轻伤害犯罪，根本双方都没有殴打行为的，应当调解息讼，必要时还可与当地调解组织及当事人所属机关、企业、团体协商，共同进行调解；如果调解无效，始终坚持告诉时，则应以被告人的行为不构成犯罪为理由，用裁定驳回告诉。对于被害人坚持告诉的被告人只有实施殴打行为，而不构成伤害犯罪的一部分案件，一般可以调解息讼，有些也可以“收转”公安机关，依照治安行政处罚办法处理；如果调解无效，公安部门无法解决，被告人还坚持告诉时，人民法院就应当作为一个案件受理。因为殴打是违法行为，它起码侵犯了人身自由权利，已经具有犯罪的可能性。对于这种人，在被害人坚持告诉、调解无效的情况下，就应当视为刑事被告人加以审判处理。把有无殴打行为作为人民法院受理案件的起码标准，人民法院的收案范围仍然会宽一些，这是没有疑问的。但是“打人犯罪”，事实上已经成为人民群众的普遍舆论，如果一个公民被殴打，到人民法院来告状时，被推出去不管，既不好交代，也势必会招致当事人和人民群众的误解与不满。当然，受理后仍可继续调解，就是调解不成也不一定案案都必须作出有罪的结论。事实上，目前绝大多数人民法院，也就是这样做的。我们认为，这种做法目前仍然是可行的。

第二，犯罪与不犯罪的界限。轻伤害、斗殴案件的犯罪界限问题，在审判实践中也是有很大争论的。一种意见是从伤害客体上看。有人主张，伤害犯罪的侵害客体是人身健康，只有健康受到危害和影响的才能构成伤害犯罪。殴打是违法行为，只要没有危害或影响人身健康，就不能视为犯罪；也有人说，殴打就是侵犯人身自由权利的行为，凡属对公民有殴打行为的，就应视为犯罪行为。还有人说，殴打干部和尊亲属等有特定身份的人算犯罪，殴打一般人不算犯罪。还有一种意见是从是非上看。有人主张，无理殴打者犯罪，有理打人者无罪；也有人主张，一方动手打人者犯罪，双方对打者不犯罪；此外，还有人主张，和解成立者可不究，凡是和解不成，需要判决者就一定得论罪。至于在人民群众中，“打人犯罪”则形成了普遍的舆论。我们认为，伤害罪就其侵害客体来说，是他人的身体健康，而我们所研究的轻伤害罪，对于未遂犯既无法追究，也没有可罚性。因此，确定一个人的行为是否构成轻伤害犯罪，主要应从危害的实际结果来分析，也就是说，只有在被告人的行为已损害到他人的身体健康，或者虽未损害身体健康，但造成肉体上重大痛苦，已影响到他人的身体健康的情形下，才能构成轻伤害犯罪。具体说，所谓损害他人身体健康，就是使被害人吐血、伤筋、挫伤关节、轻度骨折等情况；所谓影响他人身体健康，就是造成被害人眼脸青肿、嘴鼻流血、皮下淤血以及皮肉裂伤等情况。至于超出上述范围，使人肢体残废，丧失听觉、视觉和其他器官机能，毁坏面容以及造成其他对人身健康有重大伤害的行为，则属于重伤害。有些人使用刀、斧，企图造成他人重伤，即或结果未造成伤害或造成轻伤，也应当以重伤害未遂论。

在审判实践中，有一部分案件，被告人只是对他人有殴打行为，既没有损害被害人的身体健康，也没有使被害人肉体上遭受重大痛苦而影响到身体健康。我们认为，对这部分案件，一般均可以采取调解和批评教育的方法解决，不能作为犯罪论；至于其中有少数蛮横无理、一贯打人或其他情节特别恶劣的分子，原则上应由公安机关依照治安行政处罚办法处理。目前，由于治安行政法尚未公布，如果公安机关无力承担而被害人又坚持告诉者，暂可当做“侮辱”或常用的“暴行”罪论处。因为对这种行为，如果不予追究，依法制裁，既容易助长少数品质恶劣、一贯打人的不法分子的不法行为，也势必引起被害人和群众不满，丧失社会同情。当然，待国家颁布治安行政法以后，我们认为这部分案件中，除了属于用殴打作为犯罪手段而构成其他犯罪的情况外，如果仅仅是殴打行为，还是要交由公安机关依照治安行政管理处罚办法加以处理的。

此外，在审判实践中，还必须区分下列界限：首先，对于少数反革命分子和反动地主、富农分子以反革命为目的殴伤干部和群众的，或者其他坏分子为捣乱社会秩序、妨害公务执行，故意挑动是非，殴打国家工作人员的，应当按反革命罪和妨害管理秩序犯罪论处。在这种情况下，殴打和伤害行为，只不过是作为另外一种犯罪的手段，就不单纯是轻伤害、斗殴问题了。其次，对于杀人未遂与伤害、重伤害未遂与轻伤害、虐待与伤害、一般打人与轻伤害和侮辱等界限,也必须严格加以区别,这样才能够更准确地惩罚犯罪分子,教育人民。

第三,关于刑罚问题。审判实践中,对于轻伤害、斗殴案件中的一部分构成犯罪的人,在适用刑罚上也有不同意见。有人主张,这类犯罪的被告人,基本上都是劳动人民,可以只要教育,不要制裁了;也有的人主张,罪与刑是统一的,只要犯罪,就得判刑。我们认为,这两种意见都有它的片面性。轻伤害、斗殴案件的被告人基本上是劳动人员,犯罪的发生情况比较复杂,坚持教育为主的原则是应该的。因为它既然基本上是人民内部的违法犯罪问题,就不是不可以调和的矛盾。显见,单纯依靠惩罚的办法求得解决是不妥当的。但是也应当看到,有一些犯罪情节严重的分子,特别是那些流氓、坏分子一贯挑弄是非、殴打和伤害干部与劳动人民的行为,如果不予以有效的制裁,实际上是助长了他们胡作非为的不法行为。正如已经发生的情况那样,他们在群众中表现得很嚣张,甚至有的还扬言说"法院也不会把老子怎样",从而引起广大人民群众的错觉和不满,使人民法院的工作脱离了群众。显而易见,对于这种人,只要"教育",而不予以适当的法律制裁,也是一种错误意见。我们意见是,有一部分情节轻微的犯罪,能够通过批评教育后调解和好,当然是可以的;如果调解不成,则应区别对待。对于确实构成犯罪的人,如果危害后果不十分严重,并具有下列两种情形之一的,尽管应当肯定他的行为是犯罪行为,但是经过适当的批评教育后,可以免予刑罚或给予训诫:一是有些被告人一贯勤劳守法,偶尔犯罪,或者由于自身遭受被害人的重大侮辱和侵害,一时激愤伤害他人,以及在一方蛮横无理、欺压别人和损害国家、公共利益的情况下,出于义愤"抱不平"而伤害了他人。对于这种人只要事后有承认错误的表现,就可以免予刑罚或给予训诫。二是有些被告人的犯罪行为虽然不可谅解,但是他能够真诚认错道歉,确有悔改表现的,也是可以免予刑罚或只给予训诫的。所谓真诚认错道歉、确有悔改表现者是指某些被告人能够诚恳承认过错,主动向被害人赔礼道歉,并且能够积极为被害人医治所造成的伤害,主动表示愿赔偿一切损失。对于上述两种人如果采取免予刑罚和训诫的办法,不仅被害人和广大人民群众可以谅解和赞同,对于加强人民内部团结也是极为有利的。

对于某些犯罪情节严重,事后又没有诚恳悔过的犯罪分子,应当处以刑罚,但据实践体会,一般判刑也不宜过重。一般可以判处拘役,有些则可以判处一年以下的有期徒刑。其中如果有极为少数犯罪情节特别严重恶劣,民愤较大的犯罪分子,特别是那些一贯挑弄是非、殴伤他人的犯罪分子,在少数情况下,是可以判处一年以上的有期徒刑,但最高刑不得超过有期徒刑三年。实践证明,如果需要判处徒刑三年以上的,犯罪性质就将发生变化,不是构成了其他犯罪,就是重伤害未遂,实际上已经超出我们所研究的轻伤害、斗殴的范围了。

此外，我们在调查中了解到，对于这类案犯适用缓刑的实效是不大的，即对本人起不到教育作用，群众也认为是“无济于事”、“不解决问题”。他们主张，“刑期可短，但不要缓”。因此，我们认为除极少数具有特殊情况者外，尽可能少用缓刑。

第四，关于捕人、押人的问题。轻伤害、斗殴案件基本上是自诉案件，在审判实践中，经常有人批评人民法院，没有在判决确定前及时将被告人捕起来。而有的人民法院为了满足被害人和某些群众的要求，也曾经发生过“有告就捕”的偏向。我们认为，判决确定前逮捕被告人，这只是一种预防措施，目的在于防止重要罪犯逃避审判、继续犯罪或者伪造和湮灭证据。从而可见，司法机关对某些重要案犯，在侦查、审理过程中采取强制措施，先行逮捕被告人，这是必要的。但是轻伤害、斗殴案件，既然是不告不理，就说明它是属于轻微刑事案件，而且这类案件的被告人绝大多数又都是劳动人民，一般来说，是不必要在确定判决之前就先行捕人、押人的。因为如果把这类案件的被告人在判决确定前就先行捕起来，有许多坏处：一是被捕的人可能不构成犯罪，会错捕好人，造成冤狱。二是有些人的行为虽然构成犯罪，也可能不需要判刑，捕起来也不好；同时，被捕人即或构成犯罪，也需要判刑，还容易羁押过期，也是一种不正常的现象。当然，不捕、不押不等于对被告人一点也不予约束，必要时责令被告人“取保候审”就是一种较为妥善的措施。这样做，既与审判案件无影响，也将有效地防止侵犯公民的人身自由权利。至于个别犯罪后果严重、影响大，并已引起群众公愤的犯罪分子，为了满足社会要求或推动中心工作，也可先行逮捕，但是必须严格审查，尽可能不要错捕、错押，而且应抓紧处理，以免久押不决，超过应判的刑期。

（1957 年第 5 期）

关于"坦白从宽"问题

童　颜*

"坦白从宽",是我们处理反革命和其他刑事犯罪分子的一个重要政策。对坦白的犯罪分子从宽处理,不仅能瓦解敌人,分化犯罪集团,而且也反映了我国刑罚的目的不在于单纯的惩罚和报复,而在于预防犯罪和消灭犯罪。罗瑞卿同志在中国共产党第八次代表大会的发言中说:"党在肃反斗争中的严肃与谨慎相结合的方针,体现在对待反革命分子的政策上,就是惩办与宽大相结合的政策,它的具体内容就是首恶必办,胁从不问,坦白从宽,抗拒从严,立功折罪,立大功受奖。"《惩治贪污条例》第4条第7款把拒不坦白作为从重加重的情况之一,第5条第1款、第2款把坦白作为减轻从轻的情况之一。这说明犯罪分子犯罪后的态度是否坦白在考虑量刑时有着很大的意义。因此,如何才能正确掌握"坦白从宽"这一政策的问题,就有加以研究的必要。

什么是坦白呢?坦白就是犯罪人被发现后表示真诚悔过的一种态度。真诚悔过的主要表现就是犯罪人揭发自己的犯罪事实,向人民低头认罪,要求重新做人。如果犯罪人缺乏揭发自己的犯罪事实这个前提而空口表示向人民低头认罪,要求重新做人则不能以坦白论。

自首从广义上讲是坦白的一种表现,也是犯罪人犯罪后表示真诚悔过的一种态度,但二者是有区别的。犯罪人在主观上认为政府或地方团体没有发现自己是犯罪人前,而主动向政府或地方团体告发自己罪行,表示真诚悔过的一种态度为自首;政府或地方团体发现犯罪人后才表示真诚悔过的一种态度为坦白。

犯罪人不仅坦白交代了自己的犯罪事实,而且还向政府机关检举了其他犯罪分子,或者提供了其他犯罪分子的材料,虽然这也是一种真诚悔过的表现,但这已是立功。立功者可将功折罪,立大功者可受奖。坦白只是从宽处理的情节,而不能受奖,这就是坦白和立功的区别。

从以上所述,我们可以发现坦白、自首、立功虽然都是犯罪分子犯罪后的一种真诚悔过表现,但坦白表示真诚悔过的程度是要小于自首,在一般情况下也要小于立功。因此,在处理时把它们之间的界限区分开来是有必要的。

坦白既是表示真诚悔过的一种态度,那么在什么情况下才算坦白呢?这主要根据犯罪分子揭发罪恶事实的程度来看;如果交代的问题是犯罪事实的主要情节,

---

* 作者单位不详。

就应当认为是坦白；如果交代的问题不是犯罪事实的主要情节，就不是坦白。如一个反革命分子某时在某地任伪保长期间杀死过一个共产党员，如果犯罪分子交代了杀死过一个共产党员，就认为交代了犯罪事实的主要情节，以坦白论；如果只交代出某时在某地任过伪保长，就不能认为交代了犯罪事实的主要情节，则不得以坦白论。前者才能从宽处理，而后者不能从宽处理。

坦白按其程度上分有彻底的坦白和不彻底的坦白。凡是犯罪分子交代了一切情节的就是彻底的坦白，如前例中交代了杀死过共产党员，又交代了在某时在某地任过伪保长；凡是交代了主要情节而隐瞒了次要情节的就是不彻底的坦白，如前例中只交代出杀死过共产党员，而未交代出在某时某地任过伪保长。至于交代了主要情节后，因为时间过久或记忆力减弱而未能交代出次要情节，也应按彻底坦白论。无论是彻底的坦白或者是不彻底的坦白，他们都是坦白，因此都要从宽处理。然而由于坦白的程度不同，因而在从宽的幅度上也应当有所不同。

坦白按其原因上分，有经斗争说服后坦白的，也有出于自觉而坦白的。无论基于什么原因，只要犯罪分子交代了主要情节都算坦白，都要从宽处理。但是，由于坦白原因的自觉程度不同，从宽的幅度也应当有所不同。如交代出次要情节，经过斗争说服后才交代出主要情节的，虽然也算坦白，但从宽的幅度就要比没有经过斗争说服就交代出主要情节的小。

坦白按其时间上分，有早坦白的，也有晚坦白的。犯罪分子在任何时候都可以坦白。在公安局、法院、劳动场所等阶段都可以坦白。只要犯罪分子不是在对质的情况下交代出主要情节的都应当按坦白论，给予从宽处理。但是，由于坦白的时间不同，因而从宽的幅度也应当有所不同。坦白早的则从宽的幅度大，坦白迟的则从宽的幅度小。

此外，掌握"坦白从宽"的政策时，尚要考虑到犯罪人造成罪行的危害大小程度。既不能强调犯罪后的态度，也不能强调犯罪人所造成罪行的大小程度，二者必须结合起来。如果犯罪后坦白态度相同，造成罪行大的则从宽的幅度小，造成罪行小的则从宽的幅度大。

坦白既然是一种真诚悔过的表现，因此，凡是在确凿的证据面前被逼招供的就不能以坦白论。招供之所以交代出罪行，并不是犯罪人表示要真诚悔过而是由于犯罪人在事实面前不能不承认。把坦白与招供的界限区分开来，其意义就在于，只有坦白才能从宽，而招供不能从宽，但它也不能从严。

凡是以虚造事实或者以其他方法掩盖其真正罪行的，不是坦白，而以假坦白论。犯罪人假坦白时，都是企图利用"坦白从宽"的政策，来逃脱自己的罪责。假坦白不能从宽，而要从严。

（1957年第5期）

关于当前婚姻财礼的性质及处理原则的探讨

陆子奇* 魏焕华**

婚姻财礼纠纷(以下简称财礼)是婚姻案件中最常见的纠纷之一,但长期以来,在审判实践及法学理论上,对财礼的性质及处理原则都还存在若干分歧的看法,因此各地在处理财礼纠纷案件中的政策界限也是有所出入的。据浙江省高级人民法院民事审判庭今年2月从部分县的典型调查来看,离婚案件中约有72%涉及婚前财礼问题,而审判人员对"变相买卖性质的财礼"与"赠与性质的财礼"的界限认识,也有分歧。总的来看,有以下几种不同主张:(1)认为财礼本身就是封建婚姻制度的产物,因此,发生在《婚姻法》贯彻以后的财礼都是非法的,应该没收。(2)主张以财礼的内容来区分。财礼中的"聘金"是钱财,属变相买卖性质,应予没收;"聘礼"是衣服用品,属赠与性质,可以不没收。(3)主张以讨取财礼的方式来分。凡是女方本人或其家庭主动索讨的,即已构成"借婚姻关系索取财物",应该没收;男方自己主动送去的才是赠与。(4)主张以财礼数字大小来分。财礼数量大的应该作变相买卖婚姻处理,数量小的可作为赠与处理。个别地区甚至规定在人民币40元以上的可作变相买卖婚姻。(5)主张以财礼归谁享用来划分。凡是用于女方本身的属于赠与,被女方家庭享用的属于变相买卖。

由于存在这样不同的认识,以致有许多不应没收的财礼被作为变相买卖的身价没收了,有许多不应强制返还的东西被判决强制返还了。如奉化县贫农邬××(女青年团员)与渔民余××(民兵)在村里工作时,通过自由恋爱结婚了。婚前女方曾经向男方要过二石作聘金,担子钱12元及布料、毛线等东西若干,男方也自愿给了。结婚以后由于男方思想落后,禁止她参加团的活动,双方意见越闹越深,女方提出离婚。原审法院认为,女方是借婚姻关系索取财物,违反《婚姻法》第2条的规定,除准予双方离婚外,还给以批评教育的处分,并且没收了被夹里布二丈五尺、各式衣料三丈九尺、衣服二件、毛线一磅,还在判决上规定:如果布料已做了衣服,即将衣服没收。在这些被没收财礼的夫妻中,有许多结婚已经数年,结婚时收到的财礼早已穿破用烂了;有些则是非常恩爱的夫妻,只是在申请结婚登记时因为

* 作者单位不详。
** 作者单位:上海市人大。

女方承认拿过男方一些钱，就被送法院究办了；有些是农村的先进分子，她们不但婚姻自主，还在婚姻仪式上跳舞，唱歌庆贺自己的婚事。显然，这些自主的、有一定爱情的婚姻正是我国婚姻法所支持的婚姻。可是，它们却往往在财礼问题上被作为“变相买卖婚姻”，不但财礼被没收，有时还受到训诫、警告，甚至个别的还受到徒刑处分。我们认为，产生这些现象的主要原因在于对财礼性质上的几个根本问题还缺乏全面的认识，我们这里愿意提供一些粗浅的意见。

一、财礼与封建婚姻制度的关系

“财礼”又称“采礼”，这一名称来自封建婚姻制度，因此说财礼是封建婚姻制度的产物，原无不可。但据最高人民法院及司法部的解答来看，这里所指的财礼实际上是包括双方自愿赠与的财物在内的。① 《婚姻法》第2条的规定，也把“任何人借结婚关系问题索取财物”作为禁止的行为，不单以封建财礼为限。因此，目下“财礼”的含义实际上是指双方因婚姻关系所交付的一切财物。如果从这个广义解释出发，那么就不能笼统地把财礼都看成封建婚姻制度的产物。在若干久远的民间传说、历史记载及古代社会制度的考察中，我们至今还可以找到许多历史痕迹，证明远在人类的蒙昧时代起就用一定的物件来作为庆贺两性结合的标记。《史记·补三皇本记》上说：“太皞庖牺氏制嫁娶，以儷皮（即两张儷皮——笔者注）为礼。”《通鉴外记》也记载着“上古男女无别，太昊始设嫁娶，以儷皮为礼。”人所周知，罗马时代新娘为了表示系缚于丈夫，接受丈夫的铁戒指一个，后来才演变成今日结婚时交换金戒指的习惯。这些都是婚姻财礼原始形态的残迹，只在私有财产及对偶婚姻产生以后才逐渐发生了“嫁妆”、“聘金”之类带有继承及买卖性质的制度。但是，即使这些制度也是远在封建社会以前早已有之。例如《创世纪》中记载，拉结的两个正妻就是他向她们的父亲拉班各做了七年劳役换来的。② 在非洲若干种族中间，求婚的人必须在未来的岳母处服役。③ 也就是说，远从人类的黎明时代起，已经有了婚姻财礼出现。实际上它只是作为抵付女方出嫁后在岳父家中所引起的经济或劳动力上的损失罢了。到了封建社会，这些古代的“财礼”才被统治阶级固定下来，作为巩固门阀利益，维护等级制度的手段，从而使财礼完全成为婚姻自由的绊足石。现在的财礼中有的是属于庆贺或象征吉祥的食品用具，有的

---

① 最高人民法院与司法部1951年10月8日会发编字第9577号《关于婚姻案件中聘金或聘礼的处理原则问题的解释函》。

② 《旧约》，《创世纪》第三十章第一节。

③ ［德］奥古斯特·倍倍尔著：《妇女与社会主义》，沈端先译，三联书店1955年版，第51页。

是属于男方自动的经济帮助，也有些是作为变相买卖婚姻的身价，总之把一切财礼都与封建财礼混为一谈是不符合事实的。

从财礼的广义解释上说，财礼不是封建婚姻制度的产物，而是私有制度的产物。有的同志不能容忍任何婚姻财礼的现象，认为封建婚姻制度已经被打垮了，财礼现象也不应该存在，否则就要严加禁止，因而错误地将一些自主婚姻也作为"变相买卖婚姻"来处理，把许多赠与性质或帮助性质的财礼也没收了。这种错误的根源之一，即在于没有从社会经济基础来认识财礼的性质。

二、从实际出发来看婚姻关系

没收变相买卖婚姻中的财礼，目的在于保障婚姻自由。因此，审判人员在考虑一个婚姻案件的财礼没收问题时，首先应当考虑其后果对保障婚姻自由是否有利。可是，有些同志却在财礼数量、品种、用途，以及所得财礼的方式等枝节问题上花了很多时间，企图从这些方面划分出没收与不应没收财礼的政策界限来，然而对保障婚姻自由这一根本目的却忽视了。

这种本末倒置的现象绝不是偶然的，主要是由于对"婚姻自由"的含义还存在一些争论。有些同志认为我们所保障的婚姻自由必须是以纯洁的爱情为基础的婚姻自由，不容许夹杂任何经济上的考虑或财物的影响在内。这些同志认为只有像梁山伯与祝英台那样的婚姻才是自由婚姻，只有像祝英台送给梁山伯的玉扇坠才能算是赠与，根据这个非现实的看法，把许多自主婚姻都当做变相买卖婚姻处理了，这显然是错误的。

应该承认，我们无产阶级所主张的婚姻，是具有真正爱情的婚姻。那些以对方经济地位，甚至财礼多少来衡量爱情的婚姻，说它是变相买卖婚姻，原无不可。但是我们绝不应该脱离当前社会条件及群众实际觉悟程度去分析事物的实质。

任何先进的立法中，只能有婚姻自由的规定，没有自由恋爱的规定；即使是自由恋爱也不是超现实的。关于自由恋爱的实质，列宁在1915年给伊尼莎·阿尔曼的信中曾经作了卓绝而确切的分析，他指出在"自由恋爱"的要求下掩盖着十个可能的要求，即(1)脱离恋爱上物质的（钱财的）顾虑而自由吗？(2)脱离物质上的烦扰而自由吗？(3)脱离宗教的偏见而自由吗？(4)脱离父亲的禁止而自由吗？(5)脱离社会的偏见而自由吗？(6)脱离狭隘的环境（农民、市侩或资产阶级知识分子）而自由吗？(7)脱离法律、法院和警察的羁绊而自由吗？(8)脱离恋爱上的严肃态度而自由吗?(9)脱离生育小孩而自由吗?(10)奸淫的自由吗?诸如此类。[①] 列宁也指出,这十项要求中前面七项都是与无产阶级解放斗争发生根本联系的,而后面三项却是我们所唾弃的资产阶级实质。我国人民自解放以来已经完全获得了列宁所说的第(4)、(7)两项自由,青年男女已从父母包办与反动法律的威胁下解脱出来,成为自己婚事的主人,可是列宁所说的其余五项,也就是说,各色各样的偏见与物质顾虑还不是每个人都能摆脱得了的。恩格斯也曾说过:"结婚的充分自由只有在资本主义生产与它所造成的财产关系消灭,把今日对选择配偶尚有巨大影响的一切派生的经济顾虑消除以后,才能普遍达到。到那时候,除了相互的爱慕以外再也没有别的动机存在了。"[②]目前我国虽已基本上消灭了剥削阶级,但资本主义因素以及它所遗留和派生的千丝万缕的思想影响,显然还是存在的。对这些思想影响只能从教育改造着手,绝不是法律上一纸规定所能禁止的。彻底的自由恋爱只有在社会经济、文化、人们的思想意识等各方面进行了全面的社会主义改造以后才能实现。国家法律只能保证缔结婚姻的双方可以真正的自主自愿的情况下结婚,却无法限制双方在什么情况下自主自愿。固然,实现纯粹的爱情婚姻是我们工人阶级的理想,但是,法院只能通过宣传教育的方式使青年男女们能正确慎重地运用婚姻自由的权利,绝不可能采用司法手段来鉴别和强制每一对婚姻都在纯粹的、绝不夹杂任何经济影响的爱情下结合,那些主张以梁山伯、祝英台式的爱情来衡量现实社会婚姻关系的看法,错误就在于把司法上的禁止与道德上的谴责混为一谈了。

三、当前财礼的几种通常形态

目前社会上财礼现象还是相当普遍的。由于人民生活逐步改善,财礼的质量也有了提高。所谓"三毛二黄"(毛线、毛呢裤、棉毛袴、金戒指、金耳环),"三毛四馆"(除上述三种毛线品外,还加上菜馆、戏馆、照相馆、旅馆四个过程),已是群众对目前婚姻财礼情况的写照。在农村中,结婚时由男方送几套列宁装、卡其裤等给女方,更是十分常见的事。据奉化县吴家埠乡1955年10月的调查,在25对结婚或订婚的夫妻中,共花了以上费用3200元,平均每对结婚或订婚的夫妻中,要花财礼128元。

从目前财礼的性质来看,不外乎三类:第一类是家长包办婚姻中的财礼,男女双方对婚姻既不自主自愿,对财礼多寡好歹也无权过问,它对婚姻关系的成立与否

---

① 原函发表在1939年苏联《布尔什维克》杂志,第13号。

② [德]恩格斯著:《家庭、私有制和国家的起源》,人民出版社1951年版,第77页。

往往具有决定影响。这种财礼就浙江地区来说已经很少。第二类是男女双方婚姻自愿,但女方为了考虑婚后生活上的需要,加上风俗习惯上的影响,认为"光身过门不光彩",在婚前向男方讨取一些衣服、日常用品,以备婚后使用。有时男方把女方需要之物折为现钱交女方自己选购。这种财礼目前为数最多。一方面,它是在男女双方同意结婚的前提下进行的,不是婚姻成立与否的唯一条件;但另一方面,它对双方婚姻关系也不是毫无影响的,有时,由于男方不肯交付事前讲妥的财礼,女方认为他"没有情义",因而婚事吹了的情况也是有的。因此,它既不同于封建包办婚姻中的财礼,又不同于真正的赠与。第三类是自主婚姻中由于男方经济情况比女方好,在婚前自动赠送或帮助女方若干财物。这些财物有时仍以习惯上的财礼形式送给女方(如用红帖、礼担子等方式),但实质上则完全是出于爱情的赠与。

在审判实践中,对第一类的封建财礼一般是容易区别的。争论最多、问题最多的是第二、三两类。正如前面所述,如果我们承认婚姻财礼是私有制及其派生的一切经济影响的产物,承认没收财礼应以维护婚姻自由为目的,承认婚姻自由这一含义在现实生活中的局限性,那么,我们就不难看出,第二、三两类的财礼都是不应采取没收手段的,而应该看做我国过渡时期中从旧婚姻制度进到新婚姻制度必然的社会现象。当然,我们并不主张婚姻要任何财礼,更不应当去提倡它,只有通过宣传教育逐步地加以转变。

除了变相买卖婚姻以外,一般情况下,群众对财礼的看法也是无可厚非的。在我国习俗中,嫁妆与财礼往往成正比,男方在婚前付出财礼,在婚后仍由妻子将财礼变成嫁妆带回夫家。据奉化、镇海二县情况来看,大约80%以上的婚姻关系中女方从娘家带来的嫁妆远比男方所付的财礼值钱。群众中一般认为动用女儿的财礼是最不体面的事。父母借女儿婚事捞取利益的情况只是少数。嫁妆与财礼实际上是一件事情的两面,它们名目虽然繁多,但从内容上看不外乎四种:第一种是用于女方婚后生活的衣服、首饰、化妆品等;第二种是双方婚后共同生活中所需的家庭用具(如各式桶、盘、桌、椅);第三种是婚后用于劳动生产的工具(如女红工具等);第四种是用以庆贺婚礼的食品(如酒担、糕饼)。在习惯中,一、四两种是由男方作为财礼送过去的,二、三两种是由女方作为嫁妆带过来的。由此可见,只要婚姻自主自愿,这种习惯上的分工也有无可厚非的地方,不能认为凡是采用财礼形式的都是封建婚姻。由于妇女经济地位暂时还弱于男子,她们在婚姻大事中为了考虑婚后生活条件,要求男方预先置备一些生活用品,也是可以理解的。有一位农村妇女干部对我们说:"人一辈子结婚一次,不能像平常一样,讨几件衣服总不算过分。"这句话确实是反映了大多数农村妇女对财礼的看法,这也说明,在妇女还没有完全摆脱繁重的家务劳动走向社会之前,当妇女经济上的较弱地位还没有彻底改变之前,在目前群众觉悟的水平下,对财礼限制过严是不得人心的。

四、解除婚约后的财礼返还问题

解除婚约后的财礼是否要返还,怎样返还?从来,不同阶级的法律中都有不同的规定。资产阶级把婚姻看成赤裸裸的金钱交易的契约关系,所以在资本主义国家立法中,尽管承认了解除婚约的自由,却设定了许多条文,使解约的一方必须承担返还财礼乃至赔偿损害的义务。前德国及瑞士的民法中都规定,婚姻不成立时,婚约人之一方得依不当得利的规定要求对方返还财礼,只有婚约人一方死亡了,才不能要求返还。① 不仅如此,他们还规定悔约一方必须承担赔偿损失的义务。瑞士民法中甚至规定这种要求对方赔偿损失的权利可以继承。② 这就是资产阶级用以扼杀婚姻自由,使婚姻的缔结完全皈依于金钱交易的手段之一。

解放前,反动立法对解约后的财礼也是采取严厉的追究态度。远的不说,满清时代关于财礼的处置就设有明文规定:(1)男家悔婚再娶时不追财礼;(2)女家再许他人时追还财礼;(3)再许他人之女应归前夫,前夫不愿,倍追财礼;(4)后订婚知情时,财礼入官。③ 这种规定一直到民国初年,还在沿用。后来,国民党反动派在民事立法中又采取了更为虚伪的手段,他们一方面对解约后能否请求返还财礼的问题不作明文规定,另一方面又规定了没有一定"理由"违反婚约的话,须负赔偿损害的责任;而且规定,对方虽非财产上的损失也可要求赔偿相当金额。④ 同时,他们又将聘礼作为婚约成立的要件,规定"聘财须依礼纳送","收受聘财系订立婚约所应践行之方式"。⑤ 因此,国民党反动立法中虽然规定"婚约不得请求强迫履行",⑥实际上只是骗人的把戏。在各色各样的"返还"、"赔偿"等法律挟制下,所谓"婚姻自由"的实质已是不言而喻了。

解放后,我国对财礼的返还问题虽未在法律条文上加以规定,但一向主张:凡属赠与性质的聘金或聘礼不问交付在《婚姻法》施行前或施行后原则上均不许请求返还;只在给付一方经济特别困难、对方又有返还能力时,才可以在确保婚姻自由的条件下判令返还一部或全部。⑦ 应该看到,这是青年男女实现婚姻自由的重

① 前《德国民法》第1301条,《瑞士民法》第94条。
② 《瑞士民法》第98条。
③ 《满清现行律婚姻》,《男女婚姻条例》。
④ 伪"民法"第977条、第979条。
⑤ 民国4年最高法院上字第247号判例,民国6年最高法院上字第137号判例。
⑥ 伪"民法"第975条。
⑦ 最高人民法院1951年12月3日给察哈尔省人民法院的批复。

要保证之一。可是,近来,不论在审判实践上或法学理论上都出现了一种相反的倾向。不少同志在返还财礼问题上不适当地强调了经济上的“公平”,强调了对男方损失的“照顾”,忽视了确保婚姻自由的一面,从而在实质上返回到资产阶级立法中所采取的办法,使财礼变成束缚婚姻自由的桎梏。甚至有的妇女,已经在身上的毛线衣(男方订婚时送的)也被强制脱下返还男方。在法学理论上,主张解约一方应当返还财礼的也是不少,如马起同志在《中华人民共和国婚姻法概论》一书中提出:“就一般来说,男女当事人所为的帮助与赠与,乃是在有结婚之目的基础上发生的,没有婚姻上的原因,就不能发生这种帮助和赠与。婚姻上的原因消灭,受赠人已经失掉了受赠与的身份,没有这种身份,许可接受他方的帮助和赠与显然是没有根据的,所以应该返还”。[①] 显然,作为一种债务契约来看的话,这种主张不能说是不公正的。可是,根本问题在于婚约关系完全不同于债务契约。马起同志这种主张恰恰是陷入了他自己所批判过的资产阶级观点中去,把订婚时的赠与作为一方的“不当得利”或作为“附解除条件的预约金”来处理了。按照这种主张,尽管是赠与性质的财礼,也有了拘束婚姻自由的力量,悔约的一方有时为了怕返还财礼就不得不勉强结婚,造成婚后感情不睦。如镇海县法院去年就曾遇到这样的离婚案件:原告是头一天晚上刚刚结婚的新娘,做新娘时的脂粉都未洗掉就来法院要求离婚了。经过了解,原来她在订婚时收过男方送的一些财礼,后来她听说男方不好,不愿与之结婚,要提出解约,她爸爸对她说:“解约是容易的,就是财礼还不出,不如结了婚,再离婚,就不要赔了。”像这样的事例岂不正是强制返还财礼的后果吗?由此可见,解除婚约后的财礼,如果是赠与性质的,原则上不应强制返还;如果是变相买卖性质的,也只能在现有的财礼上考虑没收与否的问题,不应强令交出已经花用了的部分。否则,对实现男女婚姻自由来说都是不利的。

五、几点意见

综合上面所述,我们认为,目前社会上的财礼现象乃是封建婚姻制度摧毁以后过渡到新婚姻制度时的一种现象,财礼现象的存在并不足以说明封建婚姻制度的存在。我们必须从社会的现实条件出发,从群众的实际觉悟程度出发,从有利于婚姻自由出发来考虑财礼问题的处理。我们对这个问题提出如下几点处理意见:

1. 财礼的没收与否,应以婚姻性质为准。如果双方婚姻确实出于自愿,并且互相都有共同生活的真诚愿望,那么双方婚前自愿交付的财物,不论是否采用财礼

---

① 马起著:《中华人民共和国婚姻概论》,湖北人民出版社1951年版,第32页。

的形式或名称，都应视为赠与性质，不应没收。

2. 变相买卖性质的财礼应该是指封建包办婚姻中女方家庭或第三者所索取的聘金、聘礼而言。对这种财礼虽然应该禁止，但也不宜在离婚纠纷中追溯既往滥加没收，以免形成对女方婚姻自由的变相限制。在离婚纠纷中，婚前财礼原则上应该作为带产问题处理，不能因为女方家庭或第三者借婚姻关系索取财礼的行为，从而影响男女双方的婚姻，应该离的照样判离，不因追偿婚前财礼而妨碍当事人的离婚问题，对女方家庭或第三者是否追偿财礼，应分开处理。

3. 此外某种结婚，其目的纯粹是骗取财物，并无共同生活的真诚愿望者，应作为借结婚为名骗取财物处理。将骗取的财物判还受害人，情节严重的，还可给以适当的惩罚。如果受害人本身也是以买卖婚姻为目的而交付财礼的，则应予以没收。至于公开买卖婚姻显然是犯罪的，并不是财礼问题，其处理不在本文讨论范围之内。

（1957 年第 5 期）

对《对〈婚姻法〉第十八条的理解》的意见[①]

本刊第四期发表了张平顺同志的《对〈婚姻法〉第十八条的理解》一文后,曾接到几位同志的来稿,对该文提出了不同意见。它们的内容要点综述如下:

来稿一致认为张平顺对《婚姻法》第18条"女方怀孕期间,男方不得提出离婚;男方要求离婚,须于女方分居一年后,始得提出。但女方提出离婚的,不在此限"规定的基本精神的理解是正确的,即该条"包含了照顾母性和子女利益的两个方面"。但对这条适用的认识却是错误的。

张平顺的错误在于:把《婚姻法》第15条的"非婚生子女享受与婚生子女同等的权利,任何人不得加以危害和歧视……"的精神引用到《婚姻法》第18条上去,认为"对于女方在婚前或婚后和他人发生不正当的性行为而怀孕的",仍应适用《婚姻法》第18的规定。在这一点上,来稿是一致反对的。

大家认为婚姻法的基本精神,在于废除封建的婚姻制度,在实行男女婚姻自由、平等、一夫一妻的基础上,建立和巩固互敬互爱、和睦团结、劳动生产的新家庭。如女方与人通奸,显然是违反了社会主义道德品质,破坏了婚姻法所要建立和巩固的家庭关系。法院对这种与婚姻法基本精神相违背的行为,是不能加以保护的。在这种情况下,法院接受男方的起诉要求,也是合乎情理的。因为女方与人通奸犯了错误,对男方说来也是痛苦的。

同时,法院受理这样的案件,并没有违反《婚姻法》第15条的精神,被起诉的妇女和非婚生子女仍旧可以享受他们的正当权益。《婚姻法》第15条的第2款规定,"非婚生子女经生母或其他人证物证证明其生父者,其生父应负担子女必需的生活费和教育费全部或一部"。这一规定对保护非婚生子女的利益更加具体,它把对子女的抚育与教养责任,赋予了生身之父。张平顺把《婚姻法》第15条的第1款和第2款割裂开来,而将它引申到第18条去,从而主张对孕妇和胎儿的保护,看法是片面的。

来稿都认为这个问题在最高人民法院给辽宁省高级人民法院的批复中已经得

① 来稿综合。

到解决，即“男方提起离婚时，如婚后通奸怀孕的事实为女方所不争执或经查明属实，则法院应该处理，不适用婚姻法第 18 条的规定。法院受理后应否判决离婚，则应视具体情节而定，不能笼统规定，而且法院仍应注意对于妇女和胎儿的保护”。①

（1957 年第 5 期）

① 《人民司法工作》1957 年第 7 期。

试论刑事公诉案件中的被害人

程荣斌*

为了及时有效地同犯罪分子作斗争,更加严密地保护国家利益和被害人的合法权益,在整个刑事诉讼中,必须重视被害人的诉讼地位,赋予他不可缺少的诉讼权利,使他在诉讼中有充分的实际可能,积极主动地协助侦查、审判机关揭发犯罪和惩罚犯罪者,维护建设社会主义的社会秩序。

由于犯罪行为的不同,它所造成的被害人也是很广泛的。按照一般的理解,它可以大略概括为:凡是由于犯罪行为,致使公民个人的合法权益受到直接侵害,这个直接遭受侵害的人,就是被害人。通常都是由直接遭受侵害的本人,才有权利以被害人资格参加诉讼,但是在某种情况下,也可以由被害人的法定代理人参加诉讼。例如,在直接受害的人是未成年的时候,在犯罪行为造成直接被害人的精神失常或生理缺陷的时候,以及在被害人死亡的时候,他们的法定代理人就可以参加诉讼来保护被害人的合法权益。他们虽然不是直接受害的本人,但是,由于他们和直接受害的人有着特殊的切身利害关系,对被害人来说,他们参加诉讼是非常必要的。在实践中,被害人的法定代理人参加诉讼,多半要提起附带民事诉讼。但也有的并不要求物质利益,而只是为被害人申冤控诉,要求国家惩罚犯罪的。例如,强奸幼女案件,被害幼女的法定代理人参加诉讼,并不追求物质赔偿,而是因为女儿被害,使他也受到极大的精神痛苦,要替女儿控诉。

不提起附带事诉讼的被害人,参加公诉案件,他占什么诉讼地位,享有哪些诉讼权利,这是有待研究的问题。有的同志硬把被害人划在证人的圈子里,事实证明,这种观点不仅对实践没有指导意义,而且给漠视被害人的诉讼权利提供了借口。从实际出发来研究一下被害人和案件的利害关系,就会使被害人突破证人的圈子。证人是由案件所造成的,事实上也并不是每个被害人都能作为证人,因为被害人不一定都知道案件的情况。例如,甲乙婚后,甲又在工作地和丙结婚,甲的重婚罪被公安机关发觉,作为被害人的乙对于甲犯重婚罪的情况就不了解。因此叫乙作为证人参加诉讼就没有意义。如果认为他既不具有证人资格,把他排除于诉讼以外,只是作为一般的旁听群众,这显然是不合情理的。

由于实践中的做法不一致,因而引起有些被害人对于侦查、审判机关有意见,

---

* 作者单位:中国人民大学。

认为不能充分保护自己的合法权益,在诉讼中没有机会反映自己的意见和要求。据我所知,实践中有过这样几种做法:

1. 把被害人作为关系人。“有的在法庭上特地摆上关系人的席位;有的在判决书上并列写着:“公诉人×××”,“被告人×××”,“关系人×××”;也有的在法庭上虽没有挂关系人的牌子,在判决书上也不写关系人,但是在审判人员的思想上确认他是关系人。

“关系人”,这是个模糊的概念,可以有各种不同的理解。首先,可以把“关系人”理解为诉讼关系的当事人。因为诉讼关系必须要有原告人和被告人双方,双方当事人对于诉讼结局来说,就是最有直接利害关系的人。其次,可以把“关系人”理解为除了当事人以外其他所有的诉讼参与人。这些人虽然不是诉讼中的当事人,但是,他们都和诉讼具有某种关系,因而可以称他们为关系人。国民党刑事诉讼法上的关系人,就是指除去诉讼当事人以外的其他所有参与诉讼活动的证人、鉴定人、翻译员。最后,可以把“关系人”理解为参加诉讼的被害人。因为被害人是由犯罪行为所造成的,犯罪的存在是开始刑事诉讼活动的前提,诉讼活动同时必然要产生诉讼关系,从这点来看,被害人和追究犯罪者刑事责任的诉讼活动是有关系的。再说,其他所有参与诉讼活动的人,都有自己具体的诉讼地位,而被害人的地位却不明确,因此,可以把这种和诉讼活动有关系,而又无明确诉讼地位的被害人,当做关系人。

我们知道,无论任何人参与诉讼活动,都有其一定的目的,毫无目的而参与诉讼活动的人是没有的。被害人参加诉讼活动的目的,就是保护自己的合法权益,揭露犯罪者,要求国家惩罚犯罪者。诉讼参加者为了达到自己的目的,就必须要有一定的诉讼地位,享有必要的诉讼权利。当事人——证人、鉴定人和翻译员等,都各有其明确的诉讼权利和义务。而“关系人”是一种极含混的概念,容易使人产生各种不同的误解。例如,有的一审法院在判决书上写着:“关系人×××”,当宣判后这种关系人向上诉审法院提起上诉的时候,上诉审法院就很难辨别这个关系人是谁,他有无上诉权。即使是把“关系人”作为被害人的专用代名词,也不过只是给被害人安上一个“关系人”的名字而已。因为被害人作为关系人在诉讼当中占什么地位,享有哪些诉讼权利的实质问题并没有解决。所以,这种不能解决实质问题的、空洞而含混的“关系人”的字眼,应该在刑诉当中消除掉。

2. 把被害人作为证人。证人是由犯罪行为所造成的特定的人,需要他对某个具体案件作证。证人是不可代替的。作为证人的条件,首先就要了解某个具体案件的有关情况,同时还要在生理上和精神上能够正确地反映他所知道的,并且和案件有关的情况。一般说来,被害人是直接遭受犯罪侵害的人,因此,他对于自己受害的经过是最清楚的,可以作为有力的证人来揭露犯罪者的罪行。但也并不是所有的被害人都具备证人条件,如在前面已经提到的重婚罪的例子。再如,由于犯罪者的毒害,致使被害人生理或精神上的不正常,对于受害的经过记忆不清,或者是不能正确地理解和陈述。像这些不具备证人资格的被害人,也绝对不能拒绝他们参加诉讼追究犯罪者的刑事责任,不能因为是公诉案件,就可以毫不顾及被害人的意见和要求,法律上和检察机关的职责,都要求侦查审判机关完满无缺地保护被害人的利益;尽管侦查审判机关作了最大的努力,还是不能使每个被害人满意。况且,检察机关也可能存在官僚主义、主观主义的片面性,疏忽被害人的合法权益。为了克服这些缺点,弥补这方面的漏洞,赋予被害人一定的诉讼权利是有好处的,这样就可以使被害人参加诉讼,有机会充分表达自己的意见和要求。

被害人可以作为证人来询问,但是不应单纯地作为证人,因为被害人的利益要求,应当给他比证人更多的诉讼权利。从法律上看,作证是每个公民应尽的义务,通常证人参与诉讼活动,都是侦查审判机关为查明案情传唤来的。作为证人,就有义务把自己所知道的与案件有关的全部事实,据实陈述,并且还要具结负责。如果他拒绝陈述或者作伪证,就要负法律责任。证人在诉讼中只有履行了这些义务之后,才能享有某些诉讼权利。可以说,证人在诉讼中的权利,是由他作证的义务中派生出来的。很明显,被害人和证人参加诉讼的目的是不相同的。受到犯罪侵害的被害人,参加诉讼一般是积极主动的;他与犯罪的揭发,不同于一般群众的检举,他特别关心诉讼的进行和结局。侦查审判机关不能限制他与犯罪作斗争的积极性,而有义务吸收他参加诉讼,听取他的意见和要求。在必要时作为证人来询问,也不应叫他具结负责。因为被害人是在精神上或肉体上直接受到了犯罪者的侵害,犯罪者使他受到极大的痛苦。因此,他对这个直接使他痛苦的犯罪者,一般是采取极端痛恨的态度,被害人的这种心情我们是可以理解的,并且也是应当同情的(被害人往往以气愤情绪来控诉犯罪者,他的证言有时带有渲染夸大的成分)。被害人本身既具有这些特点,所以不能单纯叫他担负作证义务,应当考虑他的诉讼权利,保证他能够充分地反映他的意见和要求,积极地协助检察机关更好地追究犯罪者的刑事责任。

3. 把被害人作为当事人。有的是检察机关提起公诉后,没有证人出庭支持公诉,被害人在法庭上事实上当了控诉人,并和辩护人进行辩论,但不送他判决书,其也没上诉权。这种情况已成为过去时,因为目前检察院对公诉案件全部出庭支持公诉,这种情况就不存在了。有的是一审法院把被害人当做关系人或者证人,宣判后,被害人对一审判决不服,坚决要求上诉的时候,上诉审法院就把他作为上诉人。这种做法使被害人有上诉权,变成了二审的当事人。但我认为,从保护被害人权益来说,这种做法是残缺不全的。有的把被害人作为当事人,在诉讼中他和检察长(员)站在一起,结合作为控诉人,享有当事人的全部诉讼权利。我同意这种做法。因为犯罪行为给被害人直接造成的损害是各种各样的。重婚和强奸就会使肉体上或精神上受到极大的痛苦,重伤和杀害不仅要受痛苦,甚至会失去生命。被害人不论受到哪一种痛苦,都急切地渴望侦查审判机关,能够及时采取有效的措施来保护他,惩罚犯罪者;被害人同时也愿意积极参加到诉讼中来,向侦查审判机关提出自己的意见,希望能亲眼看到侵害他的犯罪者受到法律的严厉制裁。被害人的这些要求,完全是正当的,合理的。侦查审判机关应当十分重视这种合理的要求,使被害人享有当事人的诉讼权利,才能保证他这种要求得到满足。

为了更好地保护国家利益和被害人的合法权益,必须注意被害人本身的特点,以及他和诉讼的特殊关系,被害人要求享有诉讼权利来控诉犯罪者,这对侦查审判机关诉讼活动的进行是很有价值的。当然,同犯罪作斗争是极其艰巨复杂的任务,这个任务应当由专门的国家机关来担负,不能依赖被害人,因为从诉讼的开始到结束,保证完成每个诉讼阶段的任务,绝不是被害人所能胜任的事情。任何犯罪特别是严重的犯罪,都首先具有社会性质,是破坏国家的社会主义建设秩序、危害国家利益的社会危险性行为,侦查审判机关的职责就是根据法律,追究犯罪者的刑事责任。所以,在刑事诉讼中规定有公益原则(职权原则)。根据这项原则,全部刑事诉讼活动,都要由国家的侦查审判机关(为了保护国家利益和公共利益,不管被害人的态度如何)主动地追究犯罪者的刑事责任,从侦查、起诉到审判的整个诉讼过程,所进行的全部诉讼活动和结局,都由国家侦查审判机关根据法律和本身的职责来决定。这项原则的重要意义,就在于根据统一的法律同犯罪作斗争,不受任何个人意志的影响(告诉乃论罪是由被害人决定的),保证国家的法制统一,按照法律给犯罪者以公平的惩罚。

但是,公益原则并不排斥被害人的诉讼权利。因为犯罪行为除了损害国家利益以外,往往同时还要直接侵犯被害人的合法权益。法律对这两种紧密结合的利益,都要严加保护。而被害人为了更好地保护自己的利益,当然,有权和检察长(员)共同控诉犯罪者,提出自己的严正要求。

法律规定某些轻微的刑事案件,被害人可以自诉(受到这种轻微侵害的被害人有权自诉,以自诉人来全权进行诉讼活动,享有当事人的全部诉讼权利)。对于受到了严重侵害的被害人,法律规定的公诉案件,由侦查机关以职权来进行诉讼是完全必要的,但是,因此而排除被害人的诉讼权利,这是不合情理的。例如,甲受到轻伤,属于自诉案件,他享有当事人全部诉讼权利;乙受到重伤,属于公诉案件,他没有诉讼权利而负有作证的义务。甲乙两个被害人,只是由于受害的轻重程度不同,决定了他们在诉讼中的有权和无权,这显然是不公正、不合理的。当然,我并不是主张诉讼案件的被害人也完全享有自诉人的诉讼权利。比如,自诉人有和解与撤回自诉的权利,但绝不能给公诉案件的被害人这些权利,这样就破坏了公益原则。被害人不参加公诉,对诉讼的进行不能有丝毫的影响,这是公益原则所决定的，国家利益绝不能以被害人的意志为转移，或者受它约束。公诉案件一般是复杂重大的，对国家危害就更大，必须根据公益原则来追究犯罪者的罪责，但是被害人享有一定诉讼权利也是必要的。

被害人在诉讼中的地位和他享有的诉讼权利，都表明法律对被害人的态度问题。被害人参加诉讼，应当享有下列诉讼权利：

1. 被害人有权向侦查审判机关告发犯罪。侦查审判机关收到告发后，经过调查研究，决定不提起刑事案件的，应当通知被害人并说明理由。被害人对这个决定不服时，还有权向法院或上级检察院去控告。

2. 被害人在侦查中，自己可以提供各种证据，并且有权申请侦查员收集和调取各种证据。

3. 被害人可以对侦查员申请回避。

4. 被害人对于侦查终结，检察院作出的不起诉或免予起诉的决定不同意时，有权向法院或上级检察院去控告。

5. 法院应当把开庭审理的时间和地点通知被害人。被害人在法庭上和检察长（员）站在一起，结合作为控诉人。如果需要被害人提供证言，可以先把他作为证人讯问，然后再在法庭上和检察长（员）共同行使控诉人的诉讼权利。

6. 被害人有权申请审判人员、书记员、翻译员、鉴定人回避。因为他与案件的结局有密切的利害关系，只有让他所信任的人来处理他的控诉，才能作出使他信服的判决。

7. 被害人为了保护自己的利益，在法庭上可以提出新的证据。有权向证人、鉴定人、受审人发问。认为鉴定不正确的，可以申请重新鉴定。查问证人、鉴定人和受审人相互间的关系，引用各种证据来论证被告人应负的刑事责任。

8. 被害人可以参加辩论，使他有机会在判决前向法院提出自己的意见和要求。

9. 判决书应送被害人，他如不服法院判决，还可以在规定的期间内上诉。因为被害人对于不满意的判决是难以接受的，特别是对于错误的判决更难容忍。

10. 被害人在法庭调查终结以前，随时都可以提起附带民事诉讼。

被害人有了当事人这些诉讼权利，会不会妨碍国家公诉人以职权和根据法律进行诉讼活动呢？当然不会，因为被害人所享有的诉讼权利，只是为了更充分地反映他的意见，这些意见对侦查审判机关来说是珍贵的，但没有拘束力，只是帮助法院更加全面地考虑问题，最后还是由法院根据事实来正确地适用法律，作出公正的判决。被害人的意志并不能够决定诉讼的结局，整个诉讼进行和结局，都是由国家机关根据职责和法律来决定的。被害人并不能独立地撤回诉讼，或者以和解来结束诉讼。侦查审判人员能够有机会通过听取被害人的意见，来克服工作当中的主观片面性,特别是对审判人员来说,听到的意见越广越多,考虑问题就越全面,在这个基础上所作出的判决,也就更加正确。

被害人享有当事人的诉讼权利,会不会妨碍被害人作为证人来揭露犯罪者呢?按照一般规则,证人是不能在同一案件当中作当事人的,但是对被害人来说,就可以同时作为证人和当事人。例如,当被害人提起附带民事诉讼的场合,他就既是当事人,同时可作为证人被讯问。因此,在他不提附带民事诉讼的场合同样是可以的,只要他的陈述能够如实地反映案件的情况,就可以和其他证据对照审查后采用,并不因其作为当事人而失去作证的意义。再如,被告人的口供,经过审查后可以作为证据采用。被害人的陈述和被告人的口供,完全是从两个相反的角度提出来的,经过审查后当然都是可以采用的,所要特别注意的是他们都和案件有着特殊的关系,这种证据的采用需要特别的慎重。

被害人享有诉讼权利,会不会拖延诉讼时间呢?被害人有了诉讼权利,在诉讼当中就要行使这种权利,单纯从诉讼时间,特别是从结案速度来看,可能要多花一些时间,但法院在他行使这些诉讼权利的条件下,所作出的判决就会更多一层正确的保障。比如,他亲身参与诉讼活动,就会容易接受判决。如果不给他诉讼权利,法院虽然很快结了案,但被害人并不承认判决的正确性,因为在解决他亲身受害的案件时,他没有权利提出自己的意见和要求,相反地,还是要到处去申诉他的意见。接到申诉的机关,还得把原案件调来审查,甚至开庭重审。例如,原由被害人告发的案件,过了半年还不知结果,后来到检察机关询问,说早已免予起诉了,被害人对此处理极为不满,坚决地申诉要求处理。这样不仅拖延了时间,而且会使侦查审判机关脱离一部分群众,特别是把一个案子分为几次来搞,往往使案件转向了复杂化。只有拿实质问题是否全部解决,才能检验出时间的长短。如果一次能够解决全部问题,就会减少被害人的申诉。对于思想不通的被害人,在诉讼中行使了他的权利,已经表示了他的全部意见,侦查审判机关再向他说明国家的法律、政策,他也比较容易接受这种决定,放弃自己不合理的要求。

被害人虽然享有当事人的诉讼权利,但和检察长(员)的诉讼权利比起来,他只是享有辅助性的诉讼权利。不管他在诉讼当中采取何种态度,都不能影响检察长作为独立的控诉人,检察长(员)的活动并不依他的意志为转移,而完全是根据公益原则来决定诉讼进行和结局。赋予被害人这些诉讼权利,就是为了加强社会主义法制,扩大人民的民主权利,更周密地保护国家利益和公民合法权益,使侦查审判机关和广大群众结成铜墙铁壁,真正做到不放纵一个犯罪者,教育公民积极勇敢地来协助国家机关,同犯罪分子作斗争。具体来看,还有下列优点:

首先,被害人辅助检察长(员)共同作为控诉人,就会更加全面彻底地揭露犯罪者,充分地发挥被害人同犯罪斗争的积极性。如果认为只靠侦查审判机关就能同犯罪作斗争，那是不正确的。必须发动群众的积极性，吸收被害人以及广大群众参加，才能揭发一切犯罪，帮助收集有价值的证据，审查证据的真伪，来弥补侦查审判人员工作中的疏忽和遗漏，帮助克服工作中的官僚主义和主观主义。侦查审判机关不能单靠自己的措施，而要依靠群众，听取各种不同的意见才能分析出案件的真相，使自己的工作受到更多人的监督，也就会作出正确的决定。侦查审判机关密切地联系和依靠群众，就会使每个犯罪者失去容身之地，因为社会上的每个人都在监视着他的活动，不会漏掉一个犯罪者。

其次，被害人享有当事人的诉讼权利，在整个诉讼过程中，他可以行使这些权利，来充分反映自己的意见和要求，亲自监督侦查审判工作，从而体会到人民诉讼制度的民主性，确信判决的公正合理，进一步认识到国家利益、公共利益和个人合法权益是血肉不可分割的。保护这些利益，每个人都有责任。特别体会到国家的法律，是严密地保护着自己的权利、生命、健康和财产，因而就更加安心地参加社会主义建设。

再次，被害人亲身参加诉讼就会受到实际教育，认识到法律只保护正当合法的权益，放弃自己某些无理的报复性要求。从思想上解决问题，就会减少被害人的申诉。参加诉讼的被害人，并会以自己的事例来向群众宣传法纪。

最后，被害人参加诉讼活动，会特别深刻地认识到人民的司法机关真正是人民自己的机关，人民的司法干部都是忠心耿耿、认真负责地在为人民服务。为了人民利益，不怕任何困难和劳苦来办好每个案件。再对比地回想旧中国的贪赃枉法、徇私舞弊的国民党衙门，这就会更加热爱人民的司法机关和人民的司法干部。

（1957年第5期）

试论被告人自白证据价值

刘庆林*

一

在刑事诉讼中被告人的自白,是被告人的供述形式之一。由于被告人对自己犯罪与否知道得最清楚,所以被告人真实的自白,也可以作为一种证明方法,来认定案件事实。但是被告人自白的动机极为复杂,自白本身的真实与虚伪可能往往同时存在,因而鉴别被告人自白的真伪,判断其虚实,也是非常复杂的问题。本文对此试作探讨,先从一个案例说起。

吉林省某区供销合作社,1953年秋为了便于开展供销业务,又分出一个供销组,在本区内几个乡之间,做粮食的收购等工作。供销组的营业员共二人,其中一人(被告人)在收购粮食工作中进行零星的贪污。贪污的手段是利用购粮工作中没有严格管理制度的机会,把购粮中的涨量部分及定额耗损而实际未耗损部分,也同样报账领款,然后自己用掉。自1953年开始,到1955年该供销组改为供销分社为止,约两年间共零星地贪污粮食×斤,合人民币×元左右。

上述事实是被告人在1956年肃反运动中,自己主动交代出来的。该供销社便把被告人控诉到人民检察院。

检察院侦查过程中,由于供销合作社的账簿及购粮报账单(已不齐全)上,找不到被告人贪污的证据;在卖粮群众中调查,也很难进行对照。而另一营业员已在1955年死去。在被告人生活作风、工作表现方面也找不到其他证实被告人贪污行为的有力旁证。但再次讯问被告人,其仍然对自己的贪污行为供认不讳。至于购款去路及具体数额,供称已在工作中"随手来,随手去"零星花掉,数目记不清了。

对本案应该如何处理? 基本上有两种意见。

第一种意见,认为本案的贪污事实是可以认定的。因为是被告人(自白)主动交代的,这种口供反映了客观事实,具有充足的证明力。虽然找不到其他有力的旁证,但这是由于时过境迁以及此种犯罪的性质所决定的,其自白是可信的。因此主张对被告人以"贪污罪"起诉到人民法院,并认为可以酌情从轻处刑。

第二种意见,认为本案被告人虽然自动坦白了贪污罪行,并在侦查中供认不

* 作者单位:华东政法学院(现华东政法大学)。

讳,但是只有被告人口供,没有其他证明材料,贪污事实仍然是不能认定的。因为人民检察院追究犯罪者的刑事责任,提起公诉的根据,不能只依靠被告人的口供(自白),否则被告人一旦翻供,即动摇了公诉事实的基础。所以本案应以证据不足的理由,给予不起诉处分。

在上述意见中,既牵涉认定事实方面的问题,也涉及适用法律方面的问题。而其中主要的却是在认定事实方面,即本案贪污事实是否可以认定的问题。

二

根据上述情况,在本案当中能否认定贪污事实问题的关键,就是怎样运用被告人的自白,对被告人自白的证据价值(证明力)如何判断的问题。换言之,在认定事实上,什么样的自白,才能成为认定案件事实的根据?如果只有被告人的自白,是否可以作为认定案件事实的基础?对这样问题的正确的统一的认识,就是解决本案事实问题的关键。因此,首先搞清被告人自白的成立要件,是有必要的。

所谓被告人的自白,简言之,就是被告人对自己犯罪行为的承认,也就是被告人主张自己有罪的意思表示。被告人自白有无证据价值,其证明力大小,不在于主张(自白)本身的形式如何,是书面的,还是口头的,是对犯罪事实的全部承认,还是对主要部分的承认,而取决于这种意思表示的真实性,即被告人自白与实际事实的一致性,也就是它的客观性。但是怎样来检查和鉴别被告人自白的真实性呢?首先应该从以下几方面来衡量。

第一,自白的明确性。自白能够成立的条件之一,就是它必须是具体的、明确的、肯定的主张,不能是笼统、模棱两可的承认,如果被告人在受审过程中简单地回答"不错,是有过这件事"或者"是的,这件事是我干的",这并不是自白。以本案为例,在被告人承认自己贪污以后,并对贪污的动机、手段、过程、次数、数额、时间、地点、客观环境、周围情况、赃款去路……都作了具体的、肯定的明确表示,这才具有自白的意义。因此,被告人只是对控告事实的简单承认,或否认犯罪,只举出一些归咎于己的缺点,或者承认一些鸡毛蒜皮的零星琐事,而与案件主要事实无关,这样的口供并不是被告人的自白。

第二,自白的任意性。自白具有证据价值,必须是被告人在意志完全自由的前提下作出的有罪的承认(其中不能有任何被迫、受威胁、受引诱等因素)。因为自白在刑事诉讼中的证据意义,就在于它是被告人把自己亲身经历的犯罪事实,向国家司法机关来表白。它能否反映犯罪事实的真实情况,这决定于被告人是否真正的自觉。如果被告人身体受到痛苦的威胁,或者在精神上受到利欲的诱惑等,这往往不能真实反映客观的犯罪事实的。这种"自白"虽有自白的形式,实际上缺乏自白的证据价值。在本案中对于被告人第一次的坦白，以及历次的供认不讳应当考察其当时的心理状态，研究其自白的动机、目的，是出于真正的自觉，还是受到客观上的某种影响，或怀有其他的企图和目的。由此来判断自白的证明力。

第三，自白的合法性。所谓自白的合法性，就是取得被告人自白的合法性。这是自白任意性的保证。如果司法工作人员用非法的手段、用违法的方式取得被告人的自白，这种自白违背了被告人的自由意志，当然其真实性就很成问题。所谓取得被告人自白的非法手段，就是指威胁、利诱、逼供、指名问供等手段。

实践中有人认为，取得被告人自白的方式无关紧要，只要属实即可作为认定事实的根据。这种观点是非常错误的，他不了解刑事诉讼的特殊性质，而且这也是“无供不能定案”、“逼、供、信”思想的反映，是具有危害性的。至于取得自白合法性的标准，除法律有规定者外，应以是否能保障自白的任意性为原则。因此在司法实践中，片面地单纯强调“坦白从宽，抗拒从严”，以致被告人慑于“从严”，而企求“从宽”，于是虚伪地承认自己有罪，或者按司法工作人员的意图“坦白了犯罪”，实质上这也属于违法之列。在本案中应当据此检查取得被告人的自白是否合法。

第四，自白的直接性。自白必须是被告人本人亲身直接地就其自己有罪的事实所作出的明确表示。因此，间接地由他人代为表白，或委托他人转述，或由他人代拟“坦白书”等，这在某些情况下可作为对被告人的检举材料，并不具有自白的证据意义。因为这不能直接表示出被告人真正自由的意思活动，不是由被告人本身对客观犯罪事实的反映。此外，被告人在受审过程中的沉默，也不是自白。但有人认为：“被告人如果真正无罪，则必然理直气壮地回答问题。而沉默无言，即无异于承认了自己的罪行。”认为这是被告人心虚的表现，这是一种暗示性质的默认自白。这种认识是一种形式逻辑“有罪推定”的观点。对于被告人复杂的多种多样的心理状态是不甚了解的。这种简单化的形式逻辑，对实际工作的危害性是很大的。根据同样的道理，被告人逃跑、拒捕、湮灭罪迹等，虽然在客观上能说明被告人有犯罪嫌疑，但这也不等于被告人的自白。

第五，自白的逻辑性。自白的内容是否符合客观事实，是否与事物本身的逻辑相吻合，这也是鉴别自白真实性的标准。因此，如果被告人虚构捏造，进行假坦白，则必然是前后矛盾，没有逻辑性可言。但是怎样来判断被告人自白有无逻辑性呢？一方面，要根据司法工作人员已有的科学知识、工作经验、社会常识等；另一方面，对案情的深入调查、全面了解也是很重要的。因此，被告人自白的逻辑性如何，不完全取决于司法工作人员的主观认识，更重要的是自白内容本身是否符合客观事物的一般规律和特殊规律。以本案为例，如被告所称：赃款“随手来，随手去”花掉了。这就需要进一步调查清楚被告人经济上的收支情况，实际生活水平，以及其在客观环境中是否有随手花掉的可能等。然后判断被告人自白是否合乎逻辑。

第六,自白的客观性。如果自白具备了上述各项条件,还不能说自白就具有完全的绝对的证明力。上述各项条件是保证自白真实性的前提,但是不能认为,凡是具体明确的自白就是真实的,或者是经合法取得而在形式上合乎逻辑的自白,就有充足的证明力。实践证明,有些被告人的自白,自己说得“千真万确”,有枝有叶,又完全没有受到任何强制,听起来也是合乎逻辑的,但是经调查的结果仍然是虚伪的。其之所以如此,是因为被告人自白的动机是非常复杂的,其表现形式也就多种多样,不一而足。因此,鉴别被告人自白的真伪,判断其证据价值的强弱,它是否能够作为认定事实的根据,不仅在形式上要求具备上述条件,而且必须在符合上述条件的基础上,又得到客观的证实,也就是由其他旁证材料证明。自白真正地反映了客观事实,而与客观上已经发生过的犯罪事实相一致,这种自白才有实质上的证据意义。这就是自白的客观性。当然,自白的客观性与上述各项自白的条件是密切不可分的。然而,只有这样的自白——在客观上得到证实,才能作为认定犯罪事实的根据。所以自白的旁证(辅助证据——间接证据的一种),对于自白的成立及其证明力之大小,具有决定性的意义。

综上所述,以本案为例,解决事实问题的关键:

首先是根据上述第一至第五项标准,在形式上审查被告人自白的性质,鉴别自白的真伪。

其次是根据自白的具体内容,进行深入的调查,寻求旁证材料,以第六项标准,在实质上判断被告人自白的虚实。

最后是根据案内所有的材料(证据)对案件事实进行综合的判断,并解决法律问题以及决定是否起诉,还是免予起诉等。

三

根据被告人自白的具体内容,进行深入的、细致的,不放过任何有意义情况的调查(侦查),如果犯罪事实已发生,被告人的自白是真实的,那么是不会找不到任何旁证材料的。当然,这样的自白也必然是符合上述各项条件的。相反,如果被告人别有用心,捏造事实进行假坦白,经过调查也必然会真相大白,这样的自白当然就不可能完全符合上述各项条件。因为犯罪事实如果确已发生,确系被告人所为,除了被告人自己知道得很清楚以外,是不会在客观上不留下任何痕迹的。所以被告人真实的自白,是能够由旁证材料所证实的。因此一般说来,被告人自白的证据价值如何,通过周密的调查研究是比较容易判断的。

但是在个别的情况下,由于时间过得很久,客观环境、事物的变化等,或者由于最初的侦查路线、侦查方法的错误等,以致对被告人的自白找不到证实犯罪事实的有力旁证材料,当然也是可能的。甚至在少数极为个别的情况下,对被告人的自白找不到任何旁证材料,这也不能说是绝对没有的。所以在进一步判断被告人自白证据价值的复杂性方面,就集中在以下的两个问题上。

第一,什么样的旁证材料是证实被告人自白的真实性的有力旁证,它对被告人自白所应该证实的范围和程度如何,也就是对“旁证材料”应该如何解释和运用的问题。

第二,唯一的自白——对被告人自白没有其他任何旁证材料——这样的自白,是否可以作为认定犯罪事实根据的问题。

关于第一个问题,所谓对被告人自白有力的旁证,它必须是具备以下两个因素:首先,旁证材料本身是属实的,具有充足的证明力;其次,旁证材料的证明对象是属于犯罪构成客观要件方面的一些事实。这样的旁证材料即是被告人自白有力的旁证。因此,如果单纯是对被告人素行好坏的评论,或纯系被告人生活作风上的一些表现等,而与犯罪事实无直接关系,这种材料是不能直接肯定或否定被告人自白的真实性的。所以这并不是被告人自白有力的旁证。以本案为例,如果是证实被告人贪污行为(贪污的方法、手段、过程等),或者是证实贪污的结果(粮食赃款的去路、所在,处分的方法或消耗的手段等),总之是属于证实其贪污事实的客观性方面的事实,无论对其中哪一方面能够有所证明,都是有力的旁证材料。这些旁证材料本身,对案件事实来说并不要求必须是直接证据,间接证据也是可以的。同时就这些旁证材料的来源来说,也并不要求必须是独立的原始证据,根据被告人自白的内容而搜集到的传来证据等也是可以的。当然,被告人前后几次自白本身的相互之间,是不能作为有力的旁证材料的。

在这些有力旁证材料的运用上,当然并不能要求用它把犯罪事实全部一一都加以证明,只要是能够证实其中的一部分也是可以的。仍以本案为例,在被告人自白的许多次贪污行为中,只要是能够证明其一两次,即是证明案件事实的有力材料;在赃款的去路等方面也是如此,只要是证实其中的一部分,即可以作为认定案件事实的重要根据。如果根据这些旁证材料,侦查、检察或审判人员对于犯罪事实的发生,以及被告人的犯罪行为等达到充分确信的程度,其他未经旁证材料所证实的部分,则可以据此作出有根据的推定。至于犯罪构成的主观因素方面,在这样的情况下当然可以根据被告人的自白本身来认定。因而这就解决了全部案件的犯罪事实问题。

关于第二个问题——唯一的自白是否能够认定犯罪事实的问题。

如果对被告人自白的内容,经过深入的细致的调查(侦查),结果没有搜集到任何旁证材料,(如前所述,这样的情况一般来说虽然不是绝无的,但也是少有的罕见情况。)那么在这样的情况下,只根据被告人的自白,是否可以认定案件的犯罪事实呢?

在刑事诉讼中,只有被告人自白承认自己犯罪的口供,没有其他任何旁证材料,这样的情况在人民检察院来说不应该起诉,在人民法院来说不应该据此(完全不能证实的自白)作出有罪的判决。

因为人民检察院起诉的事实根据,人民法院有罪判决的事实基础,不能完全地单纯以被告人的口供(自白)为前提。如果只依靠被告人的自白,实际上这不是检察院对被告人起诉,而是由被告人对自己起诉;不是法院对被告人作有罪判决,而是由被告人对自己宣布有罪判决。这就等于被告人高兴承认,起诉(判决)的事实就存在;被告人不高兴承认,起诉(判决)的事实就不存在。这样,国家司法机关的决定(起诉或有罪判决)是否成立,完全以被告人高兴承认与否为转移,完全以被告人这样说或那样说为定夺,这是与法理不合的,是违背马列主义法律科学的基本原则的。

但是,这种结论——唯一的自白不能认定犯罪事实,是否违背"不枉不纵"的原则而与我国基本的刑事政策相矛盾呢?在形式上看,好像是有矛盾的,但在实质上来说并无矛盾。因为"不枉不纵"是由国家司法机关所掌握的原则,并不是被告人所决定的政策。如果只根据被告人自白即决定起诉,决定处罪科刑,实际上这是由被告人来决定"枉"、"纵"的问题,这在实质上才是违背了"不枉不纵"的原则。

同时,我们国家刑事政策的基本精神,与一切反动统治国家的刑事政策根本不同,绝不是以"宁枉杀三千,而不放纵一人"为宗旨,而是以"不放纵一个坏人,也不冤枉一个好人"的实事求是的革命人道主义为原则。所以在刑事诉讼中极为少数(个别)的情况下,由于被告人的自白完全得不到证实,而不追究其刑事责任,这绝不能说动摇我国"不枉不纵"的刑事政策。

至于这样的结论——唯一的自白不能认定犯罪事实,是否违背在判断证据上审判员心证(内心确信)的原则呢?或者这是否乃是一种所谓"消极的形式证据"①的观点呢?在形式上来看好像是这样,实际上也并非如此。因为完全得不到证实的被告人自白,其本身在客观上缺乏证据价值,并不是人为地排斥其证据价值。在我国司法实践中既不承认"积极的形式证据"②理论,当然这种结论也谈不上是什么"消极的形式证据"的问题。

总之在刑事诉讼中,要求被告人的自白必须得到证实,才能作为认定犯罪事实的根据。而得到证实的自白也只是一种普通的证据(证明方法)。否定自白本身

---

① [苏]维辛斯基著:《苏维埃法律上的诉讼证据理论》,王之相译,人民出版社 1954 年版,第 90 页。

② 同上。

具有独立特殊的证据意义,这样的结论对于司法实践来说是有一定意义的。它能够防止醉心于被告人自白的人,单纯地在被告人的口供上下工夫,这对于防止出现任何形式的"逼、供、信"是有好处的;同时使司法工作的重心,放在对客观事实的调查研究上,使检察院的起诉、人民法院的有罪判决,不致轻易地为被告人"不高兴承认"所否定,这对维护人民司法机关的威信等方面,也是有重要意义的。

(1957年第5期)

关于公证工作的几个原则和效力问题的研究

冯吉礽*

公证乃是国家公证机关负责证明合同(契约)、委托书等各种法律行为,证明有法律意义上的文件和事实,确认它在法律上具有无可争辩的真实性和合法性。董必武同志在“八大”的发言中特别指出:“公证制度是认证机关团体和公民法律行为的一种良好制度……应该予以加速进行。”为了使国家的公证制度既迅速而又正确地进行,本文拟就在这方面提出一些意见。

一、公证工作的几个重要原则

为使国家公证机关通过它的全部活动,达到保护国家机关、企业、社会团体和合作社的权利和合法权益;保护公民身份上、财产上的权利和合法权益,借以减少诉讼,预防纠纷,巩固国家法律秩序的目的,在公证活动中应该遵守下列几项重要原则。

(一)法制原则

国家公证机关以及公证机关的一切工作人员应该严格遵守国家的法制。毫无疑问,作为国家机关之一的公证机关,它的全部活动,也应该严格地遵守法律。实践证明,公证机关的全部活动过程,就是贯彻执行法律的过程。从案件的受理,一直到实行公证行为或拒绝实行公证行为,都必须处处服从法律,适用法律,只有这样才能使公证的事件既属实又合法。所以,依法办事就成为公证机关进行活动的根本原则。

法制原则不仅要求公证机关通过自己的活动保护国家机关、企业和公民群众的合法权益,并且要求公证机关与那些利用诈欺行为,使用伪造文件,企图规避或破坏法律而使国家和人民利益受到损害的一切违法犯罪行为,进行坚决的斗争。

(二)自愿原则

公证机关在开展公证工作时,必须根据群众自愿和有关部门的需要进行工作。

---

* 作者单位不详。

申请公证是公民、国家机关、企业、团体的一种权利，而不是必须履行的义务。在法律许可的情况下，公民、团体和政府机关对自己所为的法律行为，是否需要公证，应由他们自己决定，公证机关绝不能强迫命令，强行推广。有些地方的公证机关，为了开展公证工作，采取了“内部控制”，有关机关“把守关口”，务使群众非申请公证不行的做法，实质上是一种变相的强迫公证，这与公证的自愿原则显然是相违背的。

开展公证必须坚持自愿原则，但这并不等于说国家公证机关在开展工作时，可以采取消极等待的态度。各地公证机关应该根据当地情况，广泛、深入地展开公证制度的宣传，使人民群众认识到公证制度的优越性，从而积极、自愿地申请公证。实践证明，凡是能够结合公证工作的具体事例，做好宣传工作的地方，公证工作就一定能在当地人民群众的拥护和有关机关的支持下，稳步地开展起来。

（三）保密原则

公证机关应该遵守的另一重要原则，就是保守秘密。保守秘密成为公证机关的工作原则，是由公证机关工作的特性所决定的。公证机关对于公民群众之间所为的法律行为，如当事人申请公证的合同和遗嘱的内容，公证机关为当事人保管的文件、保全的证据等，都应该为之保守秘密，只有这样才能更好地保护当事人的合法权益，并取得人民群众对公证机关的信任。

（四）使用本国民族文字的原则

公证机关只有在对中国文字写成的文件上予以公证证明，才为有效。任何外国文字写成的文件，必须将其翻成中文后，公证机关才能在中文的文件上予以公证，然后随同与用外国文写成的文件，一并发给公证的当事人各一份。

《宪法》第3条第3款规定，“各民族都有使用和发展自己的语言、文字的自由”。公证机关在实行公证行为时，对不通晓当地适用的文字或语言的当事人，应当为他们翻译。在少数民族聚居或多民族杂居的地区，公证机关张贴的布告、制发的公证证明书以及其他文件，都应该用当地适用的文字。对于不同民族的当事人所签订的合同，应该用他们本民族的文字各写两份发给他们。

使用本国民族文字进行公证的原则，是与保护当事人的合法权益分不开的，防止当事人一方利用对方不懂文字，不了解合同的真实内容，而侵犯他方的合法权益。任何不尊重少数民族文字的大汉族主义的思想和行为，都是与《宪法》规定的精神不符的，应该坚决防止和克服。

（五）直接原则

直接原则是公证员（公证员缺席则由助理公证员代理）代表国家公证机关审查公证事件真实性和合法性的重要环节。对公证事件进行审核的过程也就是公证员了解案情，审阅合同、证件，（如产权证、身份证等）以及其他有关材料的过程，因此，只有当公证员直接听取当事人的陈述，观察被证明事实的全貌，接触并掌握整个事件的内容和有关材料以后，才能作出正确、真实，并有充分法律根据的证明。对于某些情况比较特殊的法律行为，如开启封固物，证明病人口述遗嘱，应该由公证员亲自到场，亲眼目睹，并经其检验查实后，才能作出符合客观真实的证明。所以直接原则，同样应该成为公证工作中必须遵守的重要原则之一。

有些地方的公证机关常常由书记员办理公证行为，然后，由公证员出面署名的做法，在今后条件许可的情况下，应该迅速注意纠正。

（六）公正原则

公证员在实行公证行为时，不仅应注意遵守法律，而且还应该遵守公正的原则，这就是要求公证员在实行公证时，严格地站在公正的立场，毫无偏颇地对待申请公证的当事人。

为了从制度上保证公证员的公正立场，公证员应该不办理本人及其配偶、直系亲属、兄弟姊妹申请办理的公证行为，此外，与公证员本人有利害关系的公证行为也不应该办理。

二、公证效力的几个问题

关于公证的效力问题在实践中有不少争论，现在从下面三点来谈。

（一）证据上的效力

公证工作的主要任务在于：保护国家和公民的合法权利，预防纠纷，减少诉讼，巩固国家的法律秩序。即使发生诉讼，也因经过公证的文件，内容合法、真实，有利于诉讼的顺利解决，所以公证证明的文件，具有强有力的、最可靠的证据效力。

但是，有些同志不同意这种说法，他们说："如果认为公证的文书的证据力强于不经过公证的文书，就是预先规定了证据的效力，这样就不自觉地陷入了形式证据主义的泥坑……（大意如此）"①这种论点，不能认为是正确的。

为了说明问题，简单地阐述一下形式证据主义理论的基本内容是必要的。

形式证据理论的主要特征在于它对每一证据的意义和效力的强弱大小，都由法律预先规定，审判员对于作为证据的每一事实，不能按照自己的见解去判断，而必须机械地根据预先的规定，作出法律的规定的结论。根据这种原则，形式主义证据理论把证据分为完善的和不完善的、完全的和不太完全的、多一半完全的和少一半完全的等几种。例如，1857年的《俄罗斯帝国法规全书》曾规定，受审人的坦白、

① "关于目前公证工作几个问题"，载《教与学》1955年9月。

书面证据、亲自勘验等是属于完善的证据，受审人的攀供、邻居对犯罪嫌疑人个别情况的陈述等属于不完善的证据；被告在法庭外的坦白则认为没有一点证据效力，但这种坦白经过二个人证实时，便有一半的证据效力。根据这个规定，法院对于被告坦白的内容是否真实，有无隐瞒都可以不加审查，即赋予最完善的证据力，而邻居对犯罪嫌疑人所作的证词，哪怕是非常重要而又真实，也只能当做不完善的证据；至于被告在法庭外对自己的犯罪行为所作的坦白，虽然是真情流露，也只能按照法律规定不予采信，即使有两个可靠的证人予以证实，也只能有一半的证据效力。非常明显，这种预先规定证据效力的理论，不是实事求是，从实际情况出发的，而是完全从形式主义出发的。所以它是十分错误的。但是，我们肯定公证书具有强有力的证据效力，却不是从形式出发的，也不是毫无根据地"预先"规定的。我们认为，公证书之所以具有法律上无可争辩的真实性和合法性，乃是经过公证机关通过一定的法律程序，予以严密审查后确认下来的，公证证据效力之所以强于一般未经公证的私文书，正是公证后必然取得的结果，而不是形式的规定，它与所谓形式主义的证据理论毫无相同之处。

把公证证据的效力和一般私文书的证据效力不加区别地等量齐观，不仅在理论上不能自圆其说，而且与我国公证机关的任务和作用也是不相容的。实质上就是降低和否认我国公证机关应有的作用，所谓保护公民和国家的权利，预防纠纷，减少诉讼，巩固国家法律秩序等，也都成了一句没有实际意义的空话，我国公证机关也就显得可有可无了。这对于我国目前正在推行公证制度的工作，是十分不利的。

当然，公证证明的文件和合同，不可能是十全十美而没有一点缺点和错误。对于有错误的公证书，法院在掌握了充分的材料和确定的证据时，可以经过特别程序裁定公证书无效，①但是，在未裁定无效之前，它仍具有强有力的、最为可靠的证据效力。

（二）赋予执行的效力

1. 关于一般双务合同可否赋予执行效力问题。过去有些地方的公证机关，为了保障公私经济合同的正确履行，对于在国营企业和私营工商业所订的加工、订货、承揽、建筑、代销等合同中，由双方自愿附载："如一方不履行合同时，他方得申请人民法院强制执行"的条款，认为"公证工作不可能十全十美，不发生一点错误，即便完全正确，公证后情况变化，债务人不履行的原因相当复杂，公证时无法预先

① 《苏维埃民事诉讼法》规定，对公证的抗告应经特别程序处理。我国中央司法部规定，对公证处的驳回不服，可向法院提出抗议，由法院院长作出裁定，当事人对院长所作的裁定，不得声明不服。这与一般诉讼程序不同，带有特别程序的性质。

加以肯定"①,因此不赞成赋予强制执行的效力。我认为,这个问题是值得研究的。

在双务契约中,违约的情况比较复杂,公证处虽然难以事前掌握,但是一般说来,违约的情况还是有一定的规律和范围的,而且违约的原因大多是由于一方的故意或过失行为所造成,如果合同内容订得明确全面,债务内容可以用一定的金额计算,在违约后债务人对应该承担的债务又无争议时,不经审判程序,直接用强制执行的办法解决,不仅可以减少诉讼,而且可以更加有力地督促双方当事人正确地履行合同,以保护债权人的合法权益。

如果违约的原因,是由于双方的行为所造成,或者是由于非人力所能抗拒的原因所造成,双方对不履行合同的责任有争执,或者违约后所造成的损失不能确定金额时,债务人可以向法院提出异议,经过法院的审查,认为有必要先停止执行时,可以裁定暂停执行。如果公证证明的合同有错误,当事人一方或双方,可以在规定的期限内提出控告,通过这些措施,都可以使当事人的合法权益不致受侵犯。前上海市人民法院公证处,在双方当事人自愿的原则下,对于申请公证的银行贷款契约均载有强制执行的条款,这对减少诉讼,督促借款人偿还借款,是起了一定作用的。至于在公证经济合同中,由于赋予了强制执行效力,对督促双方,特别是私方正确履行合同,取得了一定的成效。所以我认为,双务合同在双方自愿原则下,赋予强制执行效力,是可以考虑推行的。例如,借贷合同、租赁合同、买卖合同,都可以赋予强制执行的效力。对于赋予强制执行的合同,由于关系重大,在公证时应该审查周详,必要时,可以载明在哪些情况下方可申请强制执行,绝不能马虎草率,以免损害当事人的合法权益,影响公证的威信。

2. 对于到期的债权赋予执行效力问题(即执行许可公证)。公证机关对于当事人在民事流转中所发生的一些债权债务关系,如果审查属实,可以依债权人的请求,发给执行许可的公证书,赋予强制执行的效力。

办理执行许可公证应该具备哪些条件,在无统一规定前,根据工作实践,我认为应该严格注意掌握以下几点:

(1)债权人申请办理执行许可公证时,必须提出确切而完备的证件,以证明债务人所欠债务毫无疑义;(2)债权人所提出的证件,内容必须不违反国家的政策和法律;(3)对于申请执行许可证明的债权,应该规定一定的时效。《苏联公证条例》第33条曾这样规定,申请执行许可公证的债权应该"自债权到期之日起尚未逾一年,如法律规定的时效期限少于一年时,应在法律规定的时期内办理"。过去,我国有些公证机关对此未作明确规定,因此,对于一些年久日深的债权难以查明其确实性和合法性,即使查明予以公证,也因债务人的生活发生了变化,如有的已经离

① "关于目前公证工作的几个问题",载《教与学》1955年9月。此外,有些同志也有相同的看法。

开了本地,使公证的债权无法执行。所以我认为,规定适当的时效,如自债权到期之日起一年至两年,还是十分必要的。

(三)法律上的效力

经过公证证明的合同和文件,不仅具有法律上无可争辩的真实性、合法性,而且对于那些依法必须公证的法律行为和法律事实,只有在公证后,才能发生法律效力,如没有经过公证证明,就不发生法律效力。

为了迅速推行公证制度,很好地保护国家和公民的利益和合法权益,下列法律行为和法律事实,可以考虑依法规定必须公证方始有效:(1)遗嘱;(2)委托;(3)无主财产收归国有;(4)不动产的转让;(5)死亡和失踪的宣告;(6)价额较大的无偿让与(赠与)财产契约。

(1957 年第 5 期)

谈谈判决书的写作

叔　思*

一

判决书是人民法院代表国家依照法律对审理的案件所作的结论。在刑事案件中，它所确定的是被告人的行为是否构成犯罪，罪重或罪轻，以及适用何种刑罚方法。在民事案件中所解决的是具体的民事权利的争执，确定当事人相互间的权利义务关系。因此，判决对巩固国家法制和法权秩序起着重要的作用。

判决之所以对国家法制和法权秩序的巩固具有重要作用，在于它不仅教育犯罪者和案件的当事人，也教育广大群众，使他们知道怎样遵守和执行法律，不违背法律，和按照法律获得国家对其权利的保护，并对违反法律的行为进行斗争；对国家的安全和共同生活规则增加责任感与尊重感，根据人民民主法制的要求和社会主义共同生活规则来建立相互之间的关系，以及他们与国家之间和公共团体之间的关系。加里宁于1934年在庆祝苏联最高法院十周年纪念大会上的讲话里说："如果审判员是一个优秀的马克思主义者，优秀的辩证法学者，老练的实际工作者和有文化修养与有学问的人，那么可以大胆地说，他所制作的刑事判决和民事判决百分之九十九都会具有积极的政治意义，都会是宣传苏维埃法律，宣传党的方针的一种最好的形式。"

为使判决能广泛教育群众，通过具体实例使群众领会到国家法律的内容和意义，必须把判决做得令人信服，显示出国家法律的高度的公正；只有公正，才是最具有说服力的。因此，无论是诉讼理论或诉讼实践，对判决的要求都是很高的。

最近以来，"右派分子"利用整风机会，发动了对人民司法工作的进攻。他们大声狂叫，说人民法院工农出身的审判员"既不懂法律，中文水平也很低，甚至连独立写判决的能力也没有"。主要的是嫉恨我们的审判员不仅不使用他们那套陈词滥调，且根本采取了鄙视蔑视的态度，这就不能不使自认为"专家"的"右派分子"感到痛心。可以毫无愧色地讲，人民审判机关对写作判决，已经基本上创造出一套全新的形式，写作质量也在逐渐提高，存在的缺点也正在不断减少。

---

* 作者单位不详。

二

写好判决是我们早就提出的要求。过去为适应大规模群众斗争的简判，也早已不采用了。什么样的判决算好，主要应在它的高度的思想政策内容，剖析事理时的辩证方法，因此，先决条件就在于对案情事实的充分调查研究，审讯透实，根据法律对各项论据作审慎而正确的分析。这就说明诉讼程序的质量和审判作风的群众路线乃是写好判决的基础。这在人民司法工作中是从来就具有保证的。“右派分子”肆无忌惮，但如果将他们置于群众面前，将会是束手无策的。

判决的一般写法，都分为事实、理由和结论三部分。

判决的事实部分，在叙述判决所认定的事实，既不应事无巨细，一起罗列，使重要事实被淹没冲淡，也不应一味力求简化，看不出案件的具体情节来。判决所认定的事实，必须是经过调查并经公判审理有充分证据足以证明的。因此，在认定事实时就应对诉讼所涉及的问题，进行全面的分析综合，做到完全客观和真实，并条分缕析，事理分明。因为任何一个案件都是矛盾的实际存在，究竟什么情况是真的，什么情况是伪的；什么是主要的，什么是次要的；既不能偏听偏信，更切忌主观臆断，随意取舍。在任何矛盾的事物面前，如果不进行全盘的考察，则任何判断都很难不是片面的。刑事判决的事实叙述，主要是经审理已被确认的，可不及其他。民事判决可以按原告和被告所声明和陈述的那样叙述，也可以加以综合，和刑事判决的叙述方法相同。但无论刑、民事判决，对曾经起诉或当事人曾经主张过的事实如不采取，都必须在理由中加以说明。有过这样一件抚养纠纷，原告是一个老年妇女，与一个外籍男性侨民争养一个女孩。该女孩是一个和外籍侨民再婚的妇女与其前夫所生，女孩生母在二岁时失去父母，为原告抚养长大，并改从原告丈夫之姓，女孩在出生后也曾长期由原告抚养，仅在其母与被告结婚前不久，才随其母与被告同住。其母和被告结婚后仅五个月即行死亡。在未死之前曾一度与被告至公证机关请求将女孩公证为被告的养女，未获批准。由于原审对死者由原告抚养长大和已从原告丈夫之姓氏等事实没有采取，认为死者与原告仅属于母女关系，以女孩在其生母与被告结婚后曾被共同抚养为由，而驳回原告的请求。由于事实认定上的错误，把应作为判决基础的重要情节遗漏未叙述，从而造成判决的错误就是一个例证。

事实的叙述，凡能写出时间、地点的都应写出来，交代其来龙去脉。对多种相同情节作必要的概括虽可以，但不应因为力求简练而作出不切实际的抽象词句，使案情事实受到掩蔽。纵属同一行为重复多次，也必须逐个写出，不能笼统地写“一贯”如何。争议的权利不止一个的，必须写出各个债权成立的经过，并写出其各个数额,不能只写一个总数。事实的叙述必须具体,才能显示情节的严重与否和它的程度,使存在于当事人间的真实关系体现出来,也才便于在理由中作必要的概括。

判决的理由部分。首先,是对于事实的论证。判决确认的事实所根据的证据是什么?是怎样来判断这种证据或那种证据的?为什么某一行为应构成犯罪或不构成犯罪,有罪的其轻重程度如何?为什么采取判决所确定的刑罚方法?在有民事权利的请求时,并应说明其应被允许或不被允许的理由。在民事判决中,对于所争执的权利义务关系为什么作这样的认定?当事人的一方或双方为什么要做什么或不做什么?得出这样的结论的论据(理由)如何?

判决的理由,也是对于刑事被告和民事当事人的行为的评价,但说明必须朴素中肯。如有人对裁缝为歌舞团缝制衣服时偷窃布料,因歌舞团行将出国,便说成是"破坏了世界和平的崇高事业"就不免引申过分,陈义太高。也有在虐待儿童致死的案件中说被告将两岁儿童的头向墙壁上碰撞,是"被告人行为预见不够,这同被告无知缺乏正确对待儿童的知识有关"。对养父强奸十三岁养女,在理由里不说利用教养关系实施强奸的严重性质,而说"养父对养女有抚养教育义务",似乎是仅仅没有尽到抚养教育责任,使犯罪的性质受到模糊。也有在训示被告时说什么"今后对每一问题,应详加考虑,不要轻举妄动",不仅空泛无力,也不似教育犯罪者的口吻。

刑事判决遇有加重减轻或从重从轻的情节时,也必须在理由中作明确的交代。例如,累犯从重或坦白自首、检举立功,从轻、减轻等,都应在政策上有所体现。但有的判决在理由里写着"不思悔改"或"累教不改",处刑却又很轻,或说"坦白尚好",判刑却又是很重,形成自相矛盾。至于把在审讯中供认罪行说成是"审讯中尚能坦白认罪"或"事后尚能认错"并作为量刑主要的根据,不从犯罪的性质情节和对社会的危害程度作总的考虑,更属于理解上的偏差。

自"右派分子"发动了猖狂进攻以后,某些审判人员因受"右派"谰言的影响,对某些案件曾有不能坚持原则的现象,思想上只有片面防止错判观念,缺乏与犯罪作斗争的警惕,以致把历史罪行就成是"历史劣迹",把流氓侮辱妇女、聚众赌博说成是"生活作风"和"道德品质"问题。形式地对待犯罪的表面的结果,对强奸幼女案件,以幼女被强奸后没有外伤,即认为"无严重后果",作为减轻从轻的理由。有的在肯定被告罪行时,一转笔说"考虑到……什么、什么",使犯罪性质情节有了改变,因而判决无罪或免刑。这更属认识上的错误,应从立场观点彻底加以纠正。

判决的法律依据,也是在理由中所应说明的问题。法律依据不仅是各种成文法规,凡具有法律效力的决议、指示和命令,也应包括在内;不仅是立法机关直接作成和发布的,凡是各级国家机关根据自己的权限或为执行法律和上级的决议、指示、命令而发布的也包括在内。最高人民法院对于法律的解释和适用法律的指示，都是审判工作上的重要依据，必须注意。适用法律，必须准确无误。为了避免引用法律时造成错误，应该是首先对刑事的犯罪行为或民事当事人间的相互关系的法权性质加以论证，并就应予适用的法律作必要的说明。在具有成文法规的情况下，法律的解释比较容易一些，但法律的正确适用，不仅要体察立法的原意，还要估计到每一案件的特点以及时间、地点等条件的不同。这就实际上超过了狭隘的法律范围，而涉及审判人员的政治素养。解释法律不仅只是单纯的法律活动，而且也是政治活动。在实际工作中确有一种情形，即某些刑事犯罪和民事权利争议尚无具体的法律加以规定，也无决议、指示、命令可以援引，遇有这种情形，则应该是从国家立法原则和总的政策给以充分的说明，使其具备实质上的法律依据。法律在多数情形下都是政策条文化，违反政策与违反法律，同样应成为撤销判决的原因。“右派分子”毫无根据地诬蔑我们的判决没有法律依据，“无法可依，有法不依，有法乱依”，“审判人员可以随意立法”，无非是想根本否定人民民主法制和我们国家所已确立的法律秩序。凭常识也可理解，在我国日新月异的大变革时期，要把一切可能发生的法律问题，一一从法律上预先加以规定，其实只是一种空想。就是老牌的资本主义国家法律也是逐步形成，且实际上也还是利用决议和命令或判例解释为其补充的。有的审判员在遇有前述情形时，在判决书上写“依据社会主义的法律意识”，使人看了很难捉摸。法律意识（包括法律理论）应当是作为指导审判员解释法律和说明政策的指针，空谈依据，十足显露为无所依据。有某私商倒挂户，在合营前欠原告借款600元，按银行牌价计息，到合营时本利已达1300多元，原告起诉，请求全数判还本利。被告答辩说：在合营时经双方协商，已达成协议，只还本金600元，除已付给现金300元外，余下300元以企业股份作抵，并已经合营企业的批准。判决中首先阐明，合营时倒挂户以企业财产偿还债务，在法律上应具有破产清理的效力，原告否认达成协议，即不能提出任何证据，在法律上即应对行政上的认可予以支持。经过这样说明，判决的法律理由便已很充足了。

判决结论部分，正如画龙必须点睛。刑事判决的结论所要解决的中心问题，乃定罪和量刑问题。民事判决则是对双方权利的争议作最后的判定。任何判决都必须有一个明确而扼要的结论，不能稍涉含糊。结论的解释，只能是一个，不能是很多。模棱两可和词义不清的语句是判决结论所必须避免的。有人把刑事判决原判七年徒刑减刑三年的判决，写成“判处被告减刑三年”，叫人看了不知究应执行徒刑三年还是四年。也有写成“减轻被告徒刑×年”的，仍须将原判刑期拿来计算以后才能确定应执行徒刑的期限。正确的写法应该是“×××原处徒刑×年，减为徒刑×年”，较为明确。在民事判决中有写“被告应按月给付（或偿还）原告××元，如经济好转再增加给付”，什么情况才算经济好转，增加给付若干，均无从判断。不仅容易引起执行上的争执，且足以造成新的纠纷。

在写法上，刑事判决的结论，一般只须写出罪名、刑期，有附加刑的要同时写出；数罪并罚的应分别判刑，并确定应执行的刑。此外的结论，则是无罪、免刑、免予追究、不再处理，等等。“无罪”适用于被告行为不构成犯罪或者事出乌有；“免予刑事处分”适用于犯罪情节轻微可不采刑事惩罚方法或有其他原因可免予处刑；“免予追究”适用于犯罪已经超过追诉时效；“不再处理”适用于犯罪行为已经经过处理，包括已经作过审判，或检察机关侦查后免予起诉或作不起诉处分的。上述几种除无罪判决以外，都是在有罪的前提下适用的（这些结论的用语是否适当，曾经有过争论，可再作研究）。对根本不构成犯罪的，则无从免除也无从处理，在判决书上绝不使用这些用语，要知犯罪是否构成及罪名应否确认，即足以影响被告人的名誉，也影响法制的严肃。

民事判决的结论，应该是精确地符合于法院所要具体解决的一切问题。如果判决胜诉，必须精确地指出向何人判以什么，归于何人；如果只是部分胜诉，便必须精确地指出何项请求应被满足，何项请求应予驳回。如全部驳回诉讼，必须在判决的事实理由中能够看出驳回的是什么请求，或在结论中明白标出。判决胜诉的在结论中还应定出履行的方法，如是定期给付，应确定其给付期间和给付的数额。此外诉讼费用由谁负担，结论里也应写明。

上诉审的判决书，除应写明是不服某某法院何项判决以外，基本上与一审判决并无根本差别。我们的上诉审，并不排除作事实的审理，因而既可以肯定一审所认定的事实，也可以根据调查结果，叙述自己所认定的事实。在肯定一审所认定的事实时，应着重说明上诉人对一审判决所作的辩解，并提出自己的论证方法，说明维持原判或变更原判的理由。上诉审判决其结果除维持、改判的以外，还有发回重审。对维持原判的，有写作“维持××法院××字号判决”的，也有写“上诉驳回，维持原判”的，对原审刑事判决全部维持仅因缓刑即全部撤销原审判决的。为了较为划一，凡二审同意一审判决，似可一律采用“上诉驳回”。原审判决应否维持等可写在理由里面。全部或一部撤销和改判的，其撤销部分，必须明确肯定，并同时写出自己的改判结论。凡维持原判宣告缓刑的，从其结果看，即是对原审判决认定的事实和判决结论均无变动，即不应撤销原判，应判决“上诉驳回”，宣告缓刑。

再审案件的判决，其根据是原判在认定事实或适用法律上确有错误，因此应没有例外地在叙述事实之前说明再审的原因，并在理由中对原判决所存在的事实和法律上的错误作实事求是的分析，不应笼统地说“原判显有错误”或“不当”，必须说明原判之所以错误的论据，才能显示改判的必要性与严肃性，也才能使受到改判的不利结果的当事者感到信服，增强法院在群众中的威信。

三

判决书是审判工作中一项基本的重要的文书，它的效力是绝对的，除具有法律规定的撤销原因以外，应是不可争辩的。因此，无论何时，判决的推理判断都必须完全符合客观真实，所使用的概念和语言，必须十分精确；概念的明确，是导致正确思维所必要的条件。列宁说："正确的思维与论辩是不相容的，谁想对其周围的世界及其规律性得到真正的知识，他就不应当使用双关的含糊的不正确的概念。"判决更是如此。概念的明确性与语言的精当，是正确判断问题不可缺少的条件。斯大林在其《论社会主义经济问题》一书中说，关于政治经济学教科书的修改"最好……也包括一位有经验的法学家来检查措辞的确切性"。这就意味着法律文件所使用的语言和各个具体概念必须是精当的，准确的。例如，强奸和通奸在法律上是具有完全不同含义的，处理上也有很大的不同，因此也就不能把强奸、通奸统称为"奸污妇女"；"偷税"、"漏税"也是两种不同性质的犯罪和违法行为，也不能简称为"偷漏"。这种概念的双关，既容易造成逻辑思维的混乱，也就不可避免地要招致错误的结果。

附带说明一下裁定的写法问题。判决和裁定的差别，仅在于所解决问题和适用范围的不同，两者的内容在写法上并无根本的区别。一般的裁定比判决简略。判决适用于作实体审理的结论，裁定适用于解决程序上的问题（即在实体审理中为解决实体上的问题而发生的一切有关问题）。有人主张上诉审一律专用裁定，不用判决。按照《人民法院组织法》所规定的精神，判决和裁定的适用，并无单以审级区分的含义。将来在诉讼法中，当有更为明确的具体的规定。

四

关于判决的格式，几年以来，在人民审判机关已逐渐形成一种通用的形式，即把事实、理由和结论顺次写下，但并不逐一标明。由于理由的说明，必须以事实提供为根据，而事实的叙述，实际上也不可避免要有情节的分析和判断，也就已兼及于判决的理由。只有对于事实理由作了缜密的分析和探讨，在这样完整的印象的基础上才能成为制作判决的坚强信念，也才能导致正确的结论。

有一种判决，在其开头都加上一段引言，叙述法庭的组成及审理方式，把被告和当事人的姓名混写在引言之内。实践结果，认为法庭由谁组成，从判决的署名上已可明白看出，把被告和当事人姓名混写于文内，不写年龄、籍贯，不辨男女，不能一眼看出受判决的人为谁。因此这种写法已很少采用。判决的适当形式,还是以我们沿用已久的形式较好,即在法院的名称以后,详列公诉人、被告(及辩护人)或民事当事人的姓名、年龄、籍贯等,使能一目了然。接着是事实及理由,然后提出判决的结论,最后要署明审判人员姓名及作出判决的时期。至于判决的语言,主要在于明白易懂。作为人民法院的审判员,对祖国的语言文字,自应很好掌握。我们有信心把人民司法按社会主义的法制要求推向前进,包括写出更高质量的判决书在内。

(1957年第5期)

人民检察院怎样做审查起诉工作

赵维之*

人民检察院对公安机关或者对自己所属的侦查单位移送来的案件,进行审查,并作出决定,分别处理,是正确处理反革命案件和其他一切刑事案件的一个关键。并且在我看来,这还是办理一切刑事案件的一个重要的独立的诉讼阶段,换句话说,应当把它与侦查、审判等诉讼阶段看做同等重要。鉴于这种认识,我想谈一谈人民检察院审查起诉工作应该怎样做。不妥之处希望得到指正。

一、审 查 什 么

(一)案件是否已进行了全面的彻底的侦查

首先,对被告人有罪无罪、减轻或者加重罪责的情况是否都进行了侦查并将证据收集在案;其次,对被告人犯罪的时间、地点、方法和危害结果等是否都已经侦查清楚了。在这个要求方面,可以列出如下的一般要点:

1. 被告人的姓名、身份和主要历史。

2. 被告人的犯罪时间:是在哪年、月、日甚至几点钟犯的罪;对于连续犯罪的案件,是在哪几年、月、日开始犯罪和终了犯罪的。

3. 被告人是怎样实施犯罪的。如怎样准备犯罪工具、制造犯罪条件;怎样着手实施犯罪,因为什么客观原因没有达到犯罪目的;怎样自动放弃犯罪或者自动防止犯罪结果发生,或者用什么手段达到了犯罪和湮灭犯罪证据。

4. 是否二人以上共同故意的犯罪。其中谁是直接实施犯罪的实行犯,谁是组织领导犯罪的组织犯,谁是劝诱他人实施犯罪的教唆犯,谁是用供给工具或者其他方法帮助他人犯罪和事前通谋藏匿犯罪人以及湮灭、隐匿犯罪证据的帮助犯。各个共同犯罪的被告人在犯罪中所起的作用怎样。

5. 被告人是一次行为的犯罪,还是连续二个以上行为犯了一个罪;是初次犯罪,还是在免予起诉、赦免、缓刑期满、假释、刑期执行完毕以后的一定期限以内又重犯罪的累犯。如果是累犯,被告人这次所犯的罪行与前次所犯罪行的性质是否相同,严重程度怎样。

* 作者单位不详。

6. 被告人的犯罪动机和目的是什么。

7. 被告人犯罪是出于故意还是出于过失。也就是说,被告人犯罪是出于明知自己的行为会发生危害他人,并且希望或者放任其发生的故意;还是出于应当预见自己的行为可能发生危害他人,因为疏忽大意没有预见或者已经预见,但是轻信能够避免,以致发生了危害结果的过失。

8. 被告人的行为是否危害了人民民主制度和经济制度,破坏了法律所保护的社会秩序、对社会确有危害和依照法律、法令、政策应当受到刑罚。

他的犯罪性质、罪名是什么,违犯了现行法律、法令、政策的哪些条款,是否一个罪行触犯了两个以上罪名,其中哪一个罪名重或者轻。从犯罪终了时计算,是否已过追究犯罪的期限。

9. 被告人的犯罪行为是否确实。有无证据,证据是否真实可靠。

10. 按照被告人犯罪的性质和程度,是否应当经过被害人或者他的父母、养父母、监护人以及负有保护责任的机关和团体的代理人告诉,才能进行侦查、起诉和审判。例如,故意轻伤他人,过失致人伤害,诽谤、侮辱和强奸他人以及借婚姻关系索取财物而妨害婚姻的案件,未经告诉均可考虑不予受理。

11. 被告人的犯罪,是否曾经人民检察院免予起诉或者曾经人民法院进行过审判。

12. 被告人有无刑事责任能力。比如,是否精神病人在不能辨认、控制自己行为时候的行为造成危害结果的,是否尚未达到刑事责任的法定年龄。被告人有无因为年轻、年老、又聋又哑等严重生理缺陷等可以从轻或者减轻刑罚的情况。

13. 被告人有无出于正当防卫而超过必要限度,或者出于紧急避难而超过必要限度从而可以减轻或者免处刑罚的情形。

14. 被告人有无出于被威胁、强迫、职务上或者物质上从属地位的影响而实施犯罪的情形。

15. 被告人有无投案自首和立功的表现,或者拒不坦白、阻止他人坦白以及为掩饰犯罪行为而嫁祸于人、毁灭罪证的情形。

16. 被告人是否对孕妇、未成年人、老年人、鳏寡孤独的人、在职务上有从属关系的和被其保护教养的人实施的犯罪。

17. 被告人的行为对社会的危害结果如何。

18. 应否附带民事诉讼和附带民事诉讼的赔偿范围、责任人是否正确。

从事实上进行审查的地方,还可以举出一些,但一般说来,主要的可能就是这些。这些一般要点,不是每个案件都同时具有的,因此也就并不要求对所有案件都去审查这些。

（二）案件的侦查，是否遵守了法律、法令和政策

审查决定起诉的实践证明，在对案件进行侦查的时候，违背法律、法令和政策，时常就会影响案件正确的终结。因此，审查侦查中是否违背法律、法令和政策以及是否确实影响了案件的质量，这是审查的又一个主要方面。在这个要求方面，可以列出如下的一般要点。

1. 侦查员是否根据检察长或者公安机关首长批准的提起刑事案件决定书进行侦查的。如果是在紧急情况下，先采取了必要侦查措施，那么事后是否报经检察长或者公安机关首长补办了审批提起刑事案件的手续。

2. 侦查员是否是本案受害人、被告人或者被害人、被告人的亲属，侦查员或者他的亲属是否与本案有利害关系，侦查员是否是本案证人、鉴定人或者附带民事诉讼当事人的代理人，被告人、被害人是否提出足以认为侦查员有偏袒可能的事实。如果有这些情况，侦查员就应当回避；如果他没有回避，就要审查其原因。

3. 侦查员是否在获得足以证实犯罪嫌疑人的犯罪证据以后，才告知他为被告人的；是否在告知犯罪嫌疑人为被告人以后，才对他实施强制措施和进行讯问的。

4. 对被告人实施交保、监视居住、拘留和逮捕等强制措施的时候，是否有违背法律、法令和政策的情形。所采用的强制措施是否正确，有无变更的必要。

5. 对被告人及第三人的身体、住宅等进行搜查的时候，有无违背法律、法令和政策的地方。扣押的物品是否都是违禁物品、证据（包括犯罪所得的物品）。对应扣押但不宜长期保存的物品是怎样处理的。

6. 侦查员对两个以上被告人，是否设法防止他们互相串供，是否分别进行讯问的。询问证人以前是否查明了他的身份和他与被告人、被害人的关系，是否告知他拒绝作证或者故意作虚伪证言应负的法律责任。对两个以上的证人是否设法防止他们串证，是否分别进行询问的。

7. 侦查员在进行讯问被告人和询问证人的时候，是否为不通晓当地通用语言文字的或者聋、哑、盲的被告人、证人聘请了翻译人员。

8. 被告人的陈述、证人的证言、鉴定人的鉴定意见以及进行勘验、检查、侦查实验、搜查和扣押等侦查行为的记录是否完备，是否已经有有关人员承认无误，并签名或者捺了指印。

9. 侦查员是否向被告人告知侦查终结了。告知侦查终结的时候，是否将侦查卷宗交给被告人阅览过；对没有阅读能力的被告人，是否向他宣告了他要查阅的侦查文件。

10. 侦查员对被告人、受害人、控告人、鉴定人、翻译人员及其他对案件有利害关系人的权利有无侵害或者限制的情形；是否以严肃认真的态度对待了他们的申诉，从而真正地保证了他们的申诉权利。

11. 从开始侦查到终结侦查共经过多少时间，有无因为作风拖拉，致使侦查期间显然过长的情形。

应该从法律、法令和政策上进行审查的地方还可以举出一些，但是就实践中所经常碰到的最主要的，可能就是这些了。

二、怎样审查

（一）有关审查决定起诉的手续

公安机关在案件侦查终结后，认为需要起诉或者免予起诉的，应当分别提出起诉意见书或者免予起诉意见书，连同侦查卷宗移送人民检察院审查决定。关于人民检察院审查决定的手续，最高人民检察院谭政文副检察长在今年4月召开的七个省、市审判监督工作座谈会上指出：人民检察院对公安机关移送审查、决定起诉和免予起诉的案件，统由侦查监督单位进行审查。侦查监督单位审查后认为应当不起诉、免予起诉或者要补充侦查的时候，即办理法律手续，报经检察长审核决定。审查后认为应当起诉的，即移送审判监督单位。审判监督单位接到侦查监督单位移送的案件，经审查同意起诉时，就制作起诉书，报经检察长审核决定起诉。经审查不同意起诉时，即提出不起诉、免予起诉或者补充侦查的意见，退交侦查监督单位办理法律手续，报经检察长审核决定。这个指示，初步地总结了几年来各地人民检察院审查决定起诉的经验。虽然这样做，看起来手续有点繁琐，但它却能从制度上保证审查决定起诉的质量。因此，就现有的经验看来，它是比较切实可行的。对于人民检察院自行侦查终结的案件，我认为也可仿照试行。

（二）审查的具体方法

审查的方法要求用最少的时间和精力作出正确的决定。为此，仅有正确进行审查决定的手续是不够的，还必须有正确的审查方法。

1. 对移送侦查卷宗进行审查的方法。审查时最好是按照侦查案件的进展次序来对全部侦查卷宗进行审查。这样才便于彻底了解案件的全部具体发展过程和在侦查过程中发生的问题及其处理的情形；这样才便于彻底了解侦查员认定或者否定某项材料是否确有理由，才便于彻底了解被告人认罪态度的变化和发现被告人、证人、鉴定人所作的供述、证言、鉴定意见本身和供述、证言、鉴定意见之间有无矛盾。相反，如果采用单纯选择重点材料进行审查的做法，特别是把审查范围局限在起诉意见书、免予起诉意见书所认定的犯罪事实上的做法，就不可能圆满地达到这种要求。对所有侦查卷宗进行审查的过程中，还应当注意寻找、确定出那些必须着重进行审查的主要问题，并集中力量加以彻底审查。

审查，必须从对被告人有利和无利两个方面进行。由于某些侦查员在心理上时常喜欢以有罪结论来终结自己侦查的案件,所以在侦查中多偏重搜集证明被告人有罪方面的证据,而忽视搜集否认或者减轻被告人犯罪方面的证据;在评定证据时,也同样会发生这种主观上的偏见。而这种情形反映到侦查卷宗中,就表现出在具体事实上、用语上、侦查卷宗的总精神上就是扩大被告人有罪的方面,而对被告人无罪或者减轻罪责的方面则记录得不够,甚至有遗漏。因此,在对侦查卷宗进行审查的时候,要注意从对被告人有利和无利两个方面进行审查,这是非常重要的。至于不把对被告人有利的侦查材料附入卷宗并移送审查的情况,在实践中已有发现,这当然更应该注意。

审查,首先是审查案件中的证据,因为正有证据才能证明是否犯罪和是否被告人犯罪。对于证据的审查,不仅应当从其来源、方法和与其他证据相对照中审查其是否是客观事实,而且要审查这一证据与其他证据是否相符合,不顾及这种必要的联系,就不可能对被告人是否犯罪作出正确的结论。如果被告人的陈述或者被告人互相间有利害关系的陈述,不能用其他证据证明,那它就不具有证据的力量。证人的证言、鉴定人的鉴定意见等也应当结合其他证据、情形去加以评定。人们按照各式各样的证据的特点将其分为两类,把直接证明案件事实的叫做直接证据,把间接证明案件事实的叫做间接证据。虽然谁都高兴用直接证据来简单明了地认定是非,但是审查起诉的实践证明,间接证据似乎是更多些。由于间接证据的本身特点,就决定了对间接证据的审查比对直接证据的审查要困难些、复杂些,因此,这也就要求严格地审查作为间接证据的各个事实是否确实存在;如果存在,它们能否有机地联系起来和能否论证案件的事实。

2. 用直接讯问和补充侦查的方法进行审查。对移送的侦查卷宗进行审查的时候,一般说来,应当直接讯问被告人,也可以直接讯问侦查员、证人、鉴定人、控告人、被害人;认为必要的时候,还可以采用其他方法进行某些补充侦查。

这种审查方法,对于正确地审查和决定起诉,起了重大保障作用。比如,直接讯问被告人,不仅有助于澄清在审查中发现的疑难问题,而且能够帮助认定侦查员是否有扩大、缩小、遗漏了被告人犯罪事实和有无故意伪造、隐匿侦查材料以及刑讯、逼供、诱供和妨害、侵犯被告人权利的非法行为。在审查侦查卷宗的时候,如果发现疑难问题,不能得到解释,就可以采用直接询问侦查员、证人、鉴定人、控告人、被害人,必要时还可以举行鉴定、侦查实验等方法进行查对。这不仅对彻底把案件审查清楚来说是必要的,而且能够防止不必要的决定退回补充侦查。

用直接讯问被告人、讯问侦查员等有关人员以及采用勘验、鉴定、侦查实验等方法进行审查起诉,是应当肯定的。但是,有的人民检察院直接派检察人员参与公安机关的侦查活动(如参与某些讯问、终结案件的讨论会,告知被告人侦查终结等),并以此作为审查起诉的方法,是不妥当的。因为这样做固然有好的一面,但因此而忽视了人民检察院自己的审查工作，就大大损害了侦查监督的质量，而且是不合法的。

三、对审查终结的要求

（一）审查决定起诉是办案的重要关键之一，因此，这就要求人民检察院在作出决定以前，必须对以下最主要的问题作出肯定性的回答

1. 被告人的行为是否构成犯罪，犯罪的证据是否确凿，对被告人的犯罪行为有无扩大、缩小和遗漏的地方。

2. 侦查机关对被告人所犯罪行的性质、罪名的认定是否正确，应当怎样认定。

3. 侦查活动有无违背法律、法令的情形，这些违法行为对正确终结案件的影响如何。

4. 是否需要对被告人采用或变更强制措施。

5. 应否附带民事诉讼，对被告人的财产实施的保全措施是否适当。

（二）应当依照下列情况，分别作出审查的决定

1. 被告人的行为已经构成犯罪，证据确凿，并且应当追究刑事责任的，应当决定起诉。

2. 被告人的犯罪已经人民检察院免予起诉、已经人民法院审判过、已过法律规定追究犯罪的时效、被告人已经死亡而又无须起诉、被害人及其法定代理人告诉才能处理的案件、法律和法令规定免予追究被告人刑事责任的案件和被告人的行为不构成犯罪的案件等，均应当决定不起诉。

3. 被告人的行为虽然已经构成犯罪，并且证据确凿，但是依照法律、法令和政策中关于从轻、减轻和免予刑罚的规定，认为应当免予起诉的，应当决定免予起诉。

4. 被告人的犯罪事实没有侦查清楚，或者证据不充分的，应当决定补充侦查。

（三）根据审查结果，分别作出包括以下主要内容的起诉书、不起诉决定书、免予起诉决定书或者补充侦查决定书

1. 起诉书的主要内容：

第一，被告人的姓名、籍贯、住址、性别、出生日期、民族、党派、职业、社会出身、个人成分、宗教信仰、文化程度、过去是否受过刑事处分。

第二，犯罪的时间、地点、动机和目的、方法、结果和证明被告人犯罪的证据与被告人对犯罪的态度。

第三，被告人犯罪的性质、罪名和犯罪行为所触犯的现行法律、法令的条款。

第四，应当传唤的被告人、证人、鉴定人及其他有关人的姓名和住址。

第五，应当附带民事诉讼的，还要记明附带民事诉讼的双方当事人姓名和对被告人财产已经采用的保全措施。

2. 不起诉决定书的主要内容。不起诉决定书，除应当写明起诉书中第一项的主要情形外，应当写明不起诉的根据和理由；如果对被告人采用了强制措施的，应当注明撤销。

3. 免予起诉决定书的主要内容。免予起诉决定书，除应当写明起诉书中第一、第二、第三各项的情形外，应当写明免予起诉的理由和对赃物、证物及违禁物品如何处理。

4. 补充侦查决定书，必须写明需要进行补充侦查的事项。

四、对审查决定和审查决定控告的处理

（一）对审查决定的处理

根据审查结果制作了起诉书、不起诉决定书、免予起诉决定书或者补充侦查决定书以后，就应当依照下列方式，分别处理：

1. 将起诉书副本连同侦查卷宗、证据移送有权审判该案的人民法院进行审判，同时将起诉书副本送达侦查案件的公安机关或者人民检察院自己所属的侦查单位以及被告人、被害人及其他有关当事人。

2. 将不起诉决定书副本或者免予起诉决定书副本，分别送达侦查案件的公安机关或者人民检察院自己所属的侦查单位和被告人、被害人及其他有关当事人。

3. 将补充侦查决定书副本连同侦查卷宗、证据一并退回侦查案件的公安机关或者人民检察院的侦查单位进行补充侦查。

（二）对审查决定控告的处理

人民检察院对公安机关移送的案件所作的不起诉决定和免予起诉决定，如公安机关认为有错误，或者被告人、被害人、控告人、检举人认为人民检察院所作的免予起诉决定有错误，或者被害人、控告人、检举人认为人民检察院所作的不起诉决定有错误的时候，都有权在接到决定书副本后的一定期限（如7日），通过原作出决定的人民检察院或者直接向上级人民检察院提出控告。

虽然人民检察院对案件的审查决定，在未经上级人民检察院决定改变以前，并不能因为提出了控告而停止对原决定的执行，但被提出控告的人民检察院，仍必须在接到控告材料后立即连同侦查卷宗、证据一并转送上级人民检察院进行处理。上级人民检察院对控告进行审查后，应当做出附具理由的决定书，并将其副本连同侦查卷宗一并送达下级人民检察院执行，同时将决定书副本送达提出控告的公安机关或者被告人、被害人、控告人、检举人。

（1957年第5期）

血迹检查

林锡署*

一、血迹检查的意义

在犯罪侦查、现场勘察及刑事案件审理中,经常碰到有关血迹检查的问题。特别是勘验刀杀案件的现场,血迹检查具有决定性的意义。往往根据现场上遗留下来的血迹形态、方向及位置等,对照尸体上的损伤情况,得以判明案件的性质——自杀抑或他杀。因此,作为刑事侦查人员、检察人员及审判人员,都必须了解有关血迹检查方面的一些科学知识,以提高办案质量。

二、血迹的形态及类型

血液是流动性的液体,没有固定的形状。但当其与物体接触后,基于接触情况的不同,而在物体表面上留下各种形态类型的血迹:

1. 圆点状血迹:是血液从高处垂直滴落于物体平面上所形成的血迹。一般高度在1公尺以内的,形成边缘整齐的整圆形血迹;高度达1~2公尺滴落时,圆点状的边缘出现不齐,成为星芒形血迹;再高,则边缘越向外摔出而呈放射线状。

2. 喷射状血迹:乃由于动脉管受伤破裂,血液被压从裂口处喷射而出。通常与物体表面成斜角方向接触,形如感叹号的血迹,四周夹杂有喷雾状的小血点;感叹号的尖端指示方向,即血液的喷射方向。大的动脉管(如颈动脉)破裂,血液大量喷射到墙壁上时,如距离近,则喷射状血迹大都密集、作扇形排列,并向下流坠。单个排列的感叹号形血迹,有时可能是手上的血(出血或粘附的血)被摔溅于物体表面所形成。

3. 地图形血迹:这往往是创伤口内有较大的血管破裂,在身体位置姿势比较固定的情况下,血液自创口溢出后继续、重叠地向下流,并向四周扩展形成;血量多而浓厚,其中常有凝血块,即所谓血泊状态。当人的颈部受创伤、倒地而死时,在尸体头颈下的地面上,经常可以见到这种地图形的血迹。

4. 流柱状血迹:系较大的血点在接触面上,自上往下垂流而形成。流柱的上

---

* 作者单位不详。

部血薄色浅，下部血厚色深，终端钝圆；有急流与慢流之分。

5. 涂擦状血迹：为未干的血迹，被涂擦后形成。涂擦的结果往往使血迹失去原来的形态，淡薄而模糊不清，在其边缘（或中间）顺涂擦的方向形成多数呈并行排列的线条状涂擦纹。

6. 印迹状血迹：是已经沾染着血液身体部位或物体（如血手、粘附有血液的鞋底等），再与其他物体相接触而遗留下来的印迹，形态多半与接触面的物体形态一致。例如，沾血的手指取物时，在物体表面上留下血印性指纹，便属此类。

三、血迹检查时应注意的事项

1. 在尸体上发现有血迹时，必须根据血迹的性质、类型找寻出血部位，查明出血原因。特别应该警惕的是，血迹之下常掩盖着创口，不易察觉。1950年12月8日，我参与勘验南京公安局报验钞库街84号妇女涂李氏服毒吐血死亡一案，经仔细检查，于死者嘴唇边的血迹下，发现有一个细小的枪弹射入口，子弹通过口腔向上穿入头颅腔内，形成盲管枪创而没有射出口；结合死者的臀部有一弧形的压印、马桶前地上的血迹形态及枪支弹壳不在现场等情况，鉴定涂李氏并非服毒吐血死亡，而是当其坐在马桶上时，被凶手用手枪从前面射击致死。侦查结果，证实系死者丈夫用勃朗宁手枪在上述情况下将其杀害。

2. 出血不一定是自创伤，有时是由于疾病。例如，习惯性鼻癌、肺结核空洞破裂出血、痔疮出血、子宫癌出血，等等。这种病理上的出血，在检验案件中常常碰到，应加以注意。1953年8月27日，江宁县第五区丹桂乡发生一件被认为是他杀缢死的案件，他杀的根据之一，就是死者陶洪轩的右足底有刀伤两处。后经我与县法院同志前往验明，原来是死者肛门内有痔疮出血，缢死后痔疮的出血滴落于右足后跟，并沿足底两侧下流至足趾；洗去血迹见该处皮肤完好无损。因此，证明这一他杀论据是错误的。

3. 刀杀现场上查获凶器时，更应很好地察看凶器上有无喷射状血迹及印迹状血迹——血印性指纹的遗留。前者证明有动脉血管的破裂，可与创口内的损伤情况相比对；后者是血手在凶器上留的痕迹，应该将其摄影采取，并进行指纹的分析比对，确定是凶手的指纹抑或是死者自己的指纹，据此，往往能判明案件的性质（他杀抑或自杀），使复杂疑难的案件得到及时正确的解决。1954年6月10日，停泊在南京市三汊河岸的一艘驳船上的女佣赵萧氏，到当地公安派出所去控告船老板强奸她，回船后不久即死于刀杀。我会同公安侦查人员到达现场勘验，见现场上有两种凶器——切菜刀及剪刀各一把，尸体颈部正中有刀、剪混合性损伤大创口一处，两个乳头被剪去，腹部亦刺了好几刀，情况相当复杂。但由于我们在凶器（切菜刀)的正面靠近刀柄的角上,发现一个血印性的指纹,比对鉴定结果与赵萧氏的右手大拇指纹相同,于是得以证明是持刀(右手)自杀。

4. 检验死者两手有无血迹及空白印,对于颈部受刀伤致死的案例来说是重要的。有不少持刀刎颈自杀者,在自杀的过程中,手上常被创口流下来或喷出来的血所沾染,但握住凶器而与凶器紧贴部分的手上皮肤,则不为血所沾染,因此,该部皮肤上留下与凶器紧贴面形状相一致的空白印,例如,刀柄空白印、剪把空白印等,可作为持刀自杀方面的根据。

5. 在刀杀现场上看到的血迹,可能是多种多样的,这里、那里都有,勘察人员应该沉着处理,切忌慌张。这样,不但要对各处血迹的类型、方向、高低、分布、排列、特征等,逐一加以研究,而且还要注意彼此之间的互相联系,综合分析。妇女吴秀英站在门后用刀剪颈自杀未死,开门到对面房内,企图另取切菜刀而未达目的,最后倒地身死。我们在这个现场上,发现门后墙壁上有高达156厘米的喷射状血迹,门把上有与其手上粘血形态相一致的血印性指纹,通往对面房内放切菜刀处过道上有步行断续滴落的星芒状血迹,胸襟、裤套前有流柱状血迹,鞋底有印迹状血迹,尸体头颈下地板上有地图形血迹等。依据这些血迹综合分析,得以判明她在自杀过程中的一系列行动。

6. 对于现场上血迹的处理,一般是使用摄影、绘图和直接采取等方法。摄影时要注意保持照相机的镜头、底片及目的物(血迹)三者在彼此平行的位置上,以免因照相机与目的物之间存在倾斜角度而致使摄得的目的(血迹)照片失去原有的真实形态。绘图尽可能采用透明或半透明的纸复贴在血迹上描绘的方法,以减少绘图技术上造成的形态差异。至于血迹的采取方法随其附着物体的具体情况而不同:血迹存在于便于携带的物体上时,最好是连同物体一同取回,再作研究;树枝、木杆上的血迹,可将其锯下一段;雪地上的血迹须连周围的雪取出一团,放入干净瓷杯中,并在雪团下放一张白色吸水纸,以便在雪化开时吸取血迹;墙壁、地板、木橱等不能带走的物体上的未干血迹,可用白色的滤纸(或白色吸水纸)吸取,已干的则将纸蘸生理食物水后擦取或用刀刮取。

7. 血迹(尤其是微量的血迹)有时发现不易,勘察人员必须熟悉找寻血迹的一些原则方法,灵活运用。例如,持刀杀人的凶手,往往于杀人后将自己手上、脸上或衣着上的血迹擦洗以消灭罪证。因此,勘察人员在作这方面的检查时,特别要注意在嫌疑犯的指甲缝内、头发内、耳壳内、纽扣下、袖口里、衣着缝隙等处找寻有无残留的微量血迹,在检查被怀疑肇祸伤人的车辆时,要注意检查保险杠、轮胎凹纹内、车底缝隙等处有无血迹、脑髓等粘附。

8. 暴露于空气中的血迹,因受光线、温度、细菌等作用的影响,颜色渐次改变,由鲜红→暗红→棕褐→褐色→淡黄→褪色;发生腐败的血迹则呈褐绿色或黑褐色。

因而不能主观地认为血迹一定是红色的。已起颜色改变的血迹,与其他的斑迹(如铁锈)色泽相类似,不易辨认,须依赖化验检查来证明,最简便而常用的化验方法是:用刀刮取可疑的血迹少许,放于干净的白色滤纸(或吸水纸)中,然后依次滴上冰醋酸、联苯胺酒精饱和溶液及3%的过氧化氢(这些药物医药公司处可以买到)各一滴于其上,若不立刻变为蓝色,可认定不是血迹:倘立现蓝色,则表示可能是血迹(因尚有他种斑迹——乳汁、蛋水等,亦能起此反应),须将此斑迹采取,送法医检验机构,进一步化验确定是否为血、是否为人血及属何血型。

血迹在经年累月之后,颜色淡褪,发觉不易。在这种情况之下,要证明现场上是否有血迹存在,可使用化学发光的血痕检查法,即将预先配制好的鲁米诺(Luminal)药剂(由鲁米诺0.1克,加0.5%过氧化钠水溶液100毫升配成)盛于玻璃喷雾器(DDT喷射器亦可代用)内,向有血迹嫌疑处喷射,如有血迹存在,血迹立刻显出青色亮光。1954年7月9日,我们到句容县下蜀镇勘验一件已事隔一年的刀、剪损伤致死案(钱永和死亡案)的现场,采用此法,结果仍能在现场上发现原有的一些血迹形态及分布情况,对分析死因起到了一定的作用。

(1957年第5期)

编 后 记

一、法律界的“反右派斗争”已在全国范围内波澜壮阔地展开了。为了捍卫马克思列宁主义的法学，巩固党对法律界的领导，必须揭发“右派分子”的阴谋活动，驳斥他们的理论，并深入批判旧法观点，从政治上和思想上彻底击溃他们。就此，本刊上期和本期连续刊出了这方面的文章。以后，仍将继续进行这一工作，请读者给予大力帮助。

二、经过“反右派斗争”，反击了敌人，也提高了自己。为着使本刊成为更好地宣传马列主义法学理论的坚强阵地，从而严厉地打击旧法观点，本刊编辑部已着手进行检查工作，希望读者就本刊已出版几期的内容，特别是编辑思想方面对“百家争鸣”方针的体现和锄毒草的工作等，提出批评意见，帮助本刊获得提高。

三、本期刊载的《对处理轻伤害、斗殴案件的体会》和《关于当前婚姻财礼的性质及处理原则的探讨》二文，对帮助司法工作者处理这类问题可能有些参考意义。尤其两文作者在写作本文以前，都花了比较长的时间进行社会调查研究工作，翻阅了不少案卷，并且还和基层审判工作者开会座谈，交换意见。像这样的写作方法，是值得我们欢迎的。

四、过去曾有不少来稿字迹太潦草，甚至连作者的姓名、地址也难以辨认，在工作上有很多困难，今后赐稿请务必缮写清楚，以免讹误。

（1957年第5期）

对《中华人民共和国宪法教学大纲》的几点意见

张光博*

《中华人民共和国宪法教学大纲》(以下简称《大纲》)是1956年7月高等学校法律专业教学大纲审定会议讨论定稿的,1957年1月从原起草单位作了最后修改,并由高教部和司法部推荐而发行的。这本《大纲》的出版,在某些方面,对我们的教学和科学研究工作是有帮助的,但我还认为有些地方是值得商榷的。由于在《大纲》制定时,我是参加讨论的一人,因此,对《大纲》的意见,也包含着自我批评的成分。

一、关于《大纲》的结构

从《大纲》内容的结构上来看,基本上包括了宪法的全部内容,在讲授时可以给予学生以较系统的关于宪法的知识。这是优点。但是,还有一些不足的地方:第一,就是《大纲》的章节未能正确地反映出宪法的体系。作为一门课程的体系不一定必须与课程对象的体系完全相符,并且这样也不可能。然而,在通常的情况下,做到基本上相符合则不仅是可能的而且是应当的。因为任何一门课程的对象本身都有它自己的体系,它表示着该对象本身的一定内在联系。尤其是宪法,是经过全国人民讨论后通过的,它不单纯是一个个宪法条文的简单堆砌,而是每章节条文之间都有紧密的逻辑联系,它正确地反映了我国的客观生活实际,是我国宪法的人民民主主义和社会主义本质的正确表现。因此我们说,它不仅是一个伟大的法律文件,而且也可以说它是一个伟大的科学作品,这并不过火。在这种情况下,我认为除非万不得已,不挪动宪法内容的次序就不能很好地表达出宪法的精神实质,或者由于教学方法上的考虑,依照原次序讲,实在使学生难以接受的时候,方可慎重地加以改变。这是为了帮助学生更好地掌握这门课程。如果情况不是这样,再改动宪法内容的次序就不对了。这本《大纲》就有这样一个毛病。这就是把经济制度放在阶级结构和政治制度的前面,而把民族关系(本应是国家结构)又放在政治制

* 作者单位:吉林大学。

度的前面了。

可能有人说，先讲经济制度这是从决定社会面貌，从而也是决定阶级结构和政治制度的根本因素开始，这既合于唯物主义原理，又有利于学生对以后问题的理解。我看这个理由不充分。只要提一下我国是先夺取政权然后才开始政权为工具建立起来的经济制度这一辩证唯物主义原理，至少也可以把前半部分的理由抵消了。至于这样讲对学生以后了解阶级结构和政治制度方便，我看也不见得。中国宪法课程是在学生学过国家和法的理论之后讲的，亦即在国家和法的理论课程中已经使学生一般地了解了关于阶级结构（其中表现为国家的性质）和政治制度的问题。在这种情况下，先讲阶级结构和政治制度以及民族关系显然对学生只有好处而无坏处。相反，由于学生政治经济学知识仍然欠缺而开头就讲经济制度，这倒是个困难。至于民族关系放在政治制度的前面则更是有些人为地制造混乱。本来政治制度最直接地反映阶级结构，在讲完阶级结构就讲政治制度是一个先实质后形式的问题，既方便又合乎逻辑，又能与讲授所根据的基本法律文件——宪法相一致，那么为什么不这样做呢？

另外，选举制度应放在国家机构之后，公民基本权利和义务之前。其原因是：（1）选举制度中的最本质的东西是公民的选举权的问题，并且是在《大纲》第九章第二节中提到了的，也是宪法第三章公民基本权利和义务中规定了的，放在这里讲便于衔接以及给学生以公民基本权利和义务的完整内容，又不致讲授时重复。（2）可能有人认为，放在政治制度之后和国家机构之前是因为三者联系密切，有助于问题的阐述。我根据几次讲课的经验，这个问题不大，把它放在国家机构的后面和公民基本权利和义务的前面将更好一些。我以为选举制度与公民基本权利义务的联系较大，而其本身最本质的东西就是公民的一项基本权利，而且是最基本的一项政治权利。只要在前面讲政治制度和国家机构时伏一笔，在后面讲选举制度是没有什么不便的。关于这一点，苏联宪法的经验可作参考，那里就不是将选举制度放在政治制度与国家机之间的，我认为这点很可取。

当然，《大纲》不是法律，可按照原次序讲，也可以灵活一些，这样在结构上多花工夫是否有些多余呢？我说，不完全这样，既然是个推荐的《大纲》，总是越有理越好一些，尤其《大纲》又未加说明，在目前许多学校是年轻教师讲课的情况下，提一提是大有必要的。

第二，《大纲》中有的章节是不必要分的。属于这种情况的，主要就是第四章——中华人民共和国人民民主统一战线。首先，我认为既然有阶级结构的一章，并且其中第三、四节又谈的是工农联盟和工人阶级与民族资产阶级的关系，这已经就把人民民主统一战线的基本内容包括进去了，如果把统一战线单列一章讲授更显得重复。其次，我认为阶级结构应该这样理解，即社会上有哪些阶级，各阶级的性质及其在国家中的地位、作用和相互间的关系。而每一社会的阶级结构则最直接地表现在作为社会正式代表的国家性质当中。我们讲阶级结构实质上就是讲国家性质。很明显,如果同意这样理解的话,那么把人民民主统一战线放在阶级结构以外就不适当了。我认为,统一战线中包括可以合作的非劳动者,但更主要的是它仍以工农联盟为基础,可以说它最全面地表现了我们国家的阶级内容,因而它本身正是我国社会阶级结构的体现。再次,“中华人民共和国人民民主统一战线”这样广泛的题目是否能在宪法课程中把它全部解决?宪法课程的任务应当只把它作为我们政权的基础的这个角度来加以阐释,也就是讲人民民主统一战线的法律形式的基本部分。否则将涉及过多,并且也是搞不好的。这就是说,要求我们应当明确宪法课程的对象是什么?不应把革命史或其他法的部门应讲的东西也给包括进去。我们不是经常在说各门课程的重复是增加学生负担的原因之一吗?最后,各民主党派也只能与宪法内容联系起来,从其对资产阶级和知识分子的改造中所起的作用上来讲,至于各民主党派的概况、历史以及与共产党的一般关系等就不必放在这里了。至于这一章第三节即政治协商会议的问题,不妨放在政治制度那章去讲,因为它是人民民主统一战线的组织形式,也可以说是我国政权正式组织的补充,放在一起好,它俩的联系密切一些。

第三,有的章节的名称应该考虑,这就是第五章“中华人民共和国民族关系”。我认为,第五章的内容是说民族关系方面的问题,但民族关系绝非仅仅第五章内容,而是包括得更多。以我的想法,民族学是否主要也是研究民族关系方面的问题呢?作为宪法课程来讲只应当从国家结构的角度来谈这个问题,亦即解决民族关系法律形式的基本部分。在我国在确定国家结构形式时是与民族问题的解决联系起来的,可以说国家结构形式主要是说我国民族团结的法律形式。

对现代民族来讲,尤其对汉民族来讲,在其内部根本不发生国中有国的问题,共同的语言、地域,共同的文化心理状态和共同的经济生活联系把汉族人民团结成一个稳固的共同体,这反映在国家结构形式上只能是单一制的。而当多民族存在的时候,这个问题就不这样简单了,必须根据历史条件、民族关系等来仔细研究后才可以确定。苏联根据自己的历史特点采取了联邦制的国家结构形式,我们则根据自己的实际情况采取了单一制的国家结构形式。这首先是因为这种形式能更好地处理我国民族问题,有助于我们国家和各族人民的发展。这就决定了在讲国家结构时必须要谈民族政策的各项问题。

当然,国家结构问题不只是涉及民族问题,此外,还有国家整体和组成部分间的关系、行政区域的划分,等等。只有这样才能使对国家结构的说明趋于完整,使学生也易于掌握。对此,我仍然同意起草单位修改前的样子。其原因一是,既有国家结构这一事物存在,那么宪法课程不讲谁来讲呢?原因二是,《大纲》第五章第一节就是讲的国家结构问题,但是这绝非国家结构问题的全部,此外还有"全国分为省、自治区、直辖市"等关于国家内部的划分的各项问题。如果"中华人民共和国宪法关于我国国家结构形式的规定"(《大纲》第15页),没包括这些内容,显然是与国家结构形式的含义不合;如果包括了,又无下文。这样的结果,岂不是既讲不好民族关系,又弄不清楚关于国家结构这一宪法科学中的基本概念之一吗?

关于这一点仍可以苏联的经验为参考。苏联国家法课程是把国家结构单列一章讲授的。其中除了国家结构形式、民族政策外,还有苏联与各加盟共和国职权的划分以及行政区划等。

二、关于《大纲》内容的几个问题

《大纲》内容的问题不多,有些重要的具体理论问题要经过一番科学研究才能加以解决,本文不打算涉及。现仅就我看到的几个关于公民基本权利和义务方面的小问题来谈。

1.《大纲》第九章第二节"中华人民共和国公民的基本权利和义务"中没有"公民在法律上一律平等"的权利。这是不可理解的。据我所知,讨论《大纲》时是把它放在公民基本权利和义务的社会主义本质的第三点,即公民权利和义务的平等性里面去了。我认为,公民权利和义务的情况平等性和公民在法律上一律平等这是完全不同的两个问题,前者主要是指人人都能平等地享受权利和平等地履行义务,它是在与资产阶级国家公民基本权利和义务的情况对比中提出来的,在资产阶级国家里,公民的权利和义务相脱节,即一小部分人享有特权,大部分人享不到权利只履行义务,而在我国则消灭了这种现象。公民在法律上一律平等则是指公民都要平等地遵守法律和都有平等地得到国家依法保护的权利。这是公民的一项首要的基本权利,我想把它放在宪法第三章的头一条是不无原因的。不用说,对这条任何忽视都是不正确的,干脆不讲就更不应该了。

2. 关于公民的人身自由问题,我不同意在"人身自由"的标题下放上"人身自由不受侵犯"、"公民住宅不受侵犯"、"通信秘密受法律保护"、"居住和迁徙的自由"。后三者与人身自由有密切联系,但绝不能使之淹没在人身自由当中。如果是这样的话,宪法中又何必分两条规定呢?标题是人身自由,而其内容除了人身自由以外又加上等等,这在逻辑上也是不通的。两个同样是"人身自由"的四个字,由于摆的地方不同,其含义也变了,这是说不通的。

3. 关于公民基本权利和义务的分类问题,《大纲》上似分又非分。说它似分即《大纲》第35页至第36页中的"一、公民的政治权利和自由"、"二、公民的人身自由"、"四、社会经济权利"、"五、文化教育权利",这些显然是分类。说它非分,就是这两页中的三、六、七、八，都是单打一，这样不好。我认为，既然没有把类分到底，就莫如不分，以免因类害意（人身自由就是这样），甚至搞得更加糊涂。其实按照宪法的规定一个一个地讲，总共也只有13条，这样经过“分类”，结果还有8条，其中要再加上公民在法律上一律平等则有9条，只少了4条，这又何必呢？

三、两点建议、一点意见

两点建议：(1)为了把《大纲》的水平提高一步，应该继续组织讨论，可不能像去年那样再济济一堂，以免“劳民伤财”。而且在这样大的会议上，每个人没有充分的研究，在会上同意了，回去一研究自己就又否定了，这是不好的。我认为，可以充分利用报刊杂志展开对这方面的讨论，既能深入又能提高水平，同时还能帮助发现问题，有助于科学研究。(2)可以多出版几种版本，使各校教员有选择的余地，并在对比中发现较好的“大纲”，共同提高水平。

一点意见，就是对原起草单位对《大纲》的最后修改，不大满意。看到《大纲》封里的说明，我以为是经原起草单位作了修改，一定会使《大纲》又有很大提高，尤其是把“八大”中提出的一些新的理论成就加进去了，但是结果，对这点感觉并不突出。相反，所做的两个主要变动，即加入人民民主统一战线一章，把国家结构改成民族关系，并不能令人满意；并且《大纲》结构的次序在讨论时是说明有两种方案的，但结果只把其中的一种写出，这是不合适的。我认为高教部既然召集了《大纲》审定会议，就多少应该尊重一些会议的意见，尽管它的水平非常之低，不要只听到一家之“鸣”声。对在会议上其他不是“家”的声音也要适当考虑一下，或者会有补益的。

以上几点非常不成熟的看法，其中可能是由于对《大纲》的精神体会不了而来的，恳请指教。

（1957年第5期）

1957年第6期

中国共产党的领导是我国国家机构组织与活动的根本原则

程辑雍*

根据我国《宪法》规定，我国是以工人阶级领导的，以工农联盟为基础的人民民主专政的国家。这表明我国国家机构是社会主义的国家机构，它在组织与活动中的根本原则就是中国共产党的领导。

今年夏季，资产阶级"右派分子"对党领导国家机构的原则发动了一次总攻击，他们是有着极大的阴谋计划的。这里谈一下党领导国家机构原则的意义，以揭发"右派分子"的阴谋野心。

一、中国共产党对我国国家机构的领导地位绝不能有丝毫动摇

这个问题表现在两个根本方面。一方面，中国共产党对我国国家机构的领导是历史发展的必然结果。

（一）从中国共产党的历史任务来看

中国共产党的历史任务是反帝、反封建、反官僚资产阶级的统治，建立人民民主专政国家。在民主革命完成之后，中国共产党的历史任务就是在我国逐步完成社会主义工业化，逐步实现对农业、手工业的社会主义改造，和逐步实现对资本主义工商业的社会主义改造，完成社会主义革命。在民主革命胜利之后，短短的七年时间内，就已经基本上取得了社会主义改造的胜利。今后，中国共产党继续领导全国人民，消灭阶级、剥削和贫困，为建成繁荣幸福的社会主义和共产主义社会而斗争。中国共产党在社会主义革命阶段的任务就是我们国家的任务，我们的国家机构就是实现党和国家任务的有组织的机构。在中国历史上，从来没有其他政党能像中国共产党提出这样伟大而崇高的任务。中国共产党所提出的任务，不但合乎工人阶级的利益，而且代表着全国人民的共同利益和根本要求。中国共产党提出这样的任务，就决定了我国国家机构必须由中国共产党来领导。

---

* 作者单位：华东政法学院（现华东政法大学）。

（二）从国家制度发展的规律来看

在民主革命阶段，有人提出在中国建立资产阶级共和国的方案，今天的历史事实完全证明了，在中国只有建立人民民主共和国才是正确的方案。任何资产阶级式的共和国，都不能使劳动人民得到彻底的解放。例如，从戊戌变法开始直到孙中山先生所领导的革命，都曾抱着在中国建立资产阶级共和国的目的，但是都没有得到成功。只有在中国共产党的领导下，取得新民主主义革命胜利后，所建立起来的人民民主共和国才是唯一正确的国家制度。中国人民依靠这样的制度，顺利地解决着社会主义革命中所面临的政治、经济、文化上的重大任务。因此，我国的国家机构就不能不是人民民主专政的国家机构。今天人民民主专政的国家机构，既然是在中国共产党领导下才建立起来的，当然必须由中国共产党来领导。

（三）从中国共产党的领导力量来看

新中国成立以来，中国共产党对我国政治、经济、文化生活实行全面的领导。它的领导力量是无穷无尽的，这表现在党的组织力量空前壮大，党领导革命工作的经验越加全面丰富。现在中国共产党的组织已分布在全国各省市、各民族地区。党不但具有领导农村工作的经验，而且有着领导城市工作的经验；党不但有政治工作的丰富经验，而且有着领导大规模经济建设工作、文化工作方面的经验。同时，党还以正确的政治路线，以广大党员的自我牺牲、英勇奋斗的模范行动在群众中树立了崇高的威信，党联系群众的深度、广度比任何时期都扩大了，党和群众的关系更加亲密了。刘少奇同志说过："中国共产党的领导力量，在于它有马克思列宁主义的思想武器，有正确的政治路线和组织路线，有丰富的斗争经验和工作经验，善于把全国人民的智慧集中起来，并且把这种智慧表现为统一的意志和有纪律的行动。"①在中国历史上从来没有出现过其他政党能像中国共产党这样具有如此巨大的领导力量。

由于以上的理由，我们认为，中国共产党对我国国家机构的领导是历史发展的必然结果。正如柯庆施同志所说："共产党领导地位不是自封的，是历史发展的必然结果，是中国人民流血牺牲的无数教训中选择的结果。"②

另外一个根本的方面，即中国共产党对我国国家机构的领导，是由其阶级基础所决定的。

我国《宪法》序言说明：中华人民共和国"要消灭剥削和贫困，建成繁荣幸福的社会主义社会"。要建成社会主义社会，就必须消灭剥削，消灭阶级，也就是要消

---

① 刘少奇著：《中国共产党中央委员会向第八次全国代表大会的政治报告》（单行本），人民出版社 1956 年版，第 61 页。

② 《解放日报》1957 年 8 月 16 日，柯庆施在上海市人代大会预备会议上的政治报告。

灭地主阶级和资产阶级。这个任务天生是工人阶级的任务，是共产党的任务。如果我国国家机构不是共产党领导，而由其他小资产阶级的政党来领导，我们国家就不能保证稳步地向社会主义的方向前进。

我们的国家在性质上就是无产阶级专政的国家。无产阶级要领导革命取得胜利，必须建立自身的专政体系，这个专政体系要有“引带”、“杠杆”及“指导力量”。“引带”和“杠杆”就是无产阶级专政的群众组织；“指导力量”就是工人阶级的政党，在我国就是中国共产党。

中国共产党是由工人阶级中最优秀的分子组成，它和其他工人阶级组织不同的地方，就在于党是工人阶级的最高的组织形式。共产党组织的先进性、组织性决定了它指导一切群众组织的工作，只有在党的指导下，群众组织的工作和活动，才能服务于工人阶级的解放事业。国家机构是工人阶级专政的组织形式，但从其阶级基础来看，它还不是工人阶级的最高的组织形式，因此，国家机构在阶级斗争的要求上，在完成国家建设的任务上，必须遵循共产党的领导和指导。

工人阶级的领导以及工农联盟是我们国家的基础，而指导国家活动的领导权必须由中国共产党来担任。刘少奇同志曾经这样指出：“不但在过去，而且在今后，为了保证我们的国家能够有效地处理国内和国际的复杂事务，都必须有这样一个党的领导。”接着又着重指出：“这是全国各阶层人民和各民主党派根据实际生活所共同承认的。”①

由于阶级利益的根本矛盾，“右派政治野心家们”极端仇视共产党在国家机构中的领导地位。储安平叫嚣“党天下”，葛佩琦说“不要共产党领导，人家也不会卖国”，章伯钧、罗隆基还阴谋组织什么“政治设计院”、“平反委员会”，企图代替党的领导。还有一些“右派分子”如黄心平等则公开喊出“各党派轮流执政”的口号。

这就是“右派分子”从前述的两个最根本的方面来攻击党对国家机构的领导，妄想改变我们的国家性质，抵制我国国家制度发展的历史规律。在这方面，“右派分子”低估了中国共产党的领导力量，低估了中国共产党是代表全国人民根本利益的事实。但是历史不止一次地证明，想拖住历史车轮向后转的反动派，一定要碰得头破血流。

---

① 刘少奇著：《中国共产党中央委员会向第八次全国代表大会的政治报告》（单行本），人民出版社1956年版，第61~62页。

二、中国共产党制定的方针、政策是领导国家机构最重要的形式

党领导国家机构的最重要的形式就是制定重大的方针、政策。党和国家的方针政策是一致的。党制定方针政策来领导国家机构的具体方法有三种：

1. 党向国家机构提出方针政策性的建议，经过国家机构的讨论（有时最重大的问题，还须经过人民群众来讨论），而后由国家机构具体执行。例如，1954 年 9 月颁布的《宪法》中肯定了党所提出的党在过渡时期的总路线，而又成为国家在过渡时期的总任务。

2. 共产党对国家机构贯彻方针、政策问题经常讨论和作出决定，通过国家机关中的共产党的党组来负责实现党的政策和决定。这种实现是党组在同党外人士完美合作的条件下来完成的。“八大”通过的新党章中就明确规定了国家机构中共产党的党组的组织和任务，这是我国几年来行之有效的，领导国家机构贯彻方针、政策的组织形式。新党章进一步加以总结并有了明确的规定。

3. 共产党在必要时可以单独发布方针、政策的指示或与政府联合发布方针、政策的指示。例如，1957 年 9 月 14 日中共中央发布的《关于做好农业合作社生产管理工作的指示》就是党单独发布的指示。如 1957 年 3 月中共中央和国务院《关于做好春耕工作，争取 1957 年农业大丰收的指示》就是党与政府联合发布的指示。

以上三种形式都运用了民主集中制的原则，研究和总结广大群众的经验，重视同党外人士的协商，经过充分的反复讨论，在集中全国人民智慧的基础上进行的。由于中国共产党认真地采取民主集中制的原则，实行了从方针、政策上来领导国家机构的工作，使得国家机构的工作取得了巨大的成绩。假使没有党提出并贯彻执行的过渡时期的总任务，坚持优先发展重工业的方针，农业合作化的方针，对资本主义工商业和平改造的方针，以及各民主党派长期共存、互相监督，艺术科学上百花齐放、百家争鸣和正确处理人民内部矛盾等一系列的重大方针，我们国家机构的工作就难以取得如此重大的成绩。

“右派分子”潜伏在人民内部，他们不敢明目张胆地反对党从方针、政策上领导国家机构，而采取了侧面攻击的方法，借口反对国家机构中的党组和反对党与政府联合发布指示，来企图取消党的方针、政策的领导。

“右派头子”章伯钧说：“现在，在非党人士担任领导的地方，实际上是党组决定一切，既要党组负责，就不能不要权；这是形成非党人士有职无权的根本原因。因此……各机关的工作应由法定实行集体领导的行政机构来决定。”很清楚，这种

主张不仅仅是反对党组在国家机构中的组织形式的问题，实质上是企图通过反对党组，而全部地否定党对国家机构的领导。

我们知道如果只有方针、政策的制定，而没有党组的贯彻实现，便不能使方针政策得到适合具体情况的贯彻，就会削弱了党对国家机构的领导作用。“右派分子”反对党组“负责”，反对党组有“权”，目的就是把党组悬空起来，然后用“政治设计院”来代替共产党的党组，“由法定实行集体领导的行政机构”来排除党在国家机构中的领导。“右派分子”企图篡夺党对国家机构的政治野心，已暴露无遗。

“右派头子”黄绍竑说：“党和政府共同发布决定，而没有把党对各级党委的指示和政府对人民的指示分开来，这样就可能导致人们或某些党员认为党的领导方法就是直接向人民发号施令。”黄绍竑把党向人民群众发出政治号召和政策性的决定说成是“发号施令”，我们的看法与他们根本相反。前面说过，党领导着政治路线和政策、方针，如果党对人民直接发号施令，对革命有利，对国家有利，又有什么不可。周总理指示：“党对人民群众发出政治上的号召和政策性的决定，对政府工作不但没有妨碍，而且有很大的帮助。”①“右派分子”说党不能“发号施令”，其用意在于削弱党与人民群众的联系，削弱党与政府的联系，从而要取消党对国家机构的领导，贯彻他们反党、反社会主义的阴谋。

三、共产党对国家机构工作的监督是贯彻方针、政策的基本保证

共产党除了领导制定、方针、政策之外，还必须监督国家机构工作的情况，来保证方针、政策的贯彻执行。国家机构除了受中国共产党的监督外，还受上级机关的监督和群众的监督。党对国家机构的监督是必然的，也是不可少的条件。如国家机构离开了党的监督，就难以保证方针、政策的贯彻执行。“右派分子”竟然提出“各机关工作应由法定实行集体领导的行政机构来决定”，他们把党对国家机构的监督和上级国家机关对下级国家机关的监督对立起来。如“右派分子”龙云说：“国家的行政上没有做到分层负责，而是国务院指示一发，等于垂直领导，就一直贯彻到基层，党有党的指示，就成为双轨并行；没有注意业务部门的职权，业务部门就无法帮助下面，置于可有可无之地，很多错误与混乱便由此产生。”

以上的说法，“右派分子”不仅要取消党组对国家机构工作的监督，并企图歪曲国务院的指示与上级党的指示间的矛盾。这种说法是抹杀了国家机构工作的成

① 周恩来著：《政府工作报告》（单行本），人民出版社1954年版，第47页。

绩。邓小平同志曾指示："党必须认真地、有系统地研究国家机关工作情况和问题，以便对于国家工作提出正确的、切实和具体的主张，或者根据实践及时地修正自己的主张，并且对于国家机关工作经常的监督。"①这种监督正是体现了党对国家机构的领导，正告诉"右派分子"，我们国家机关没有混乱，而是空前的巩固；我们国家机关并没有犯"很多错误"，即使有某些国家机关犯了错误，上级国家机关也会立即注意纠正的。前段时间国务院处理了广西壮族自治区一些机关领导人失职，饿死灾民的案件就是例子。

党与政府机关联合监督国家机关的工作，是为了检查方针、政策等问题的执行情况，改进国家工作，它们之间不是矛盾的，而是一致的。党与政府机关联合起来监督国家机关的工作，正是对被检查监督机关的帮助。周总理说过："有些工作的检查，由相应的党政机关联合进行……事实证明，这些办法对于推进工作是有好处的，今后还应该继续采用。"②

四、共产党挑选、配备和教育国家机关干部是党领导国家机构的决定因素

党和国家除了经常监督国家机构工作执行情况之外，挑选和配备、教育干部则成为保证党领导国家机构的决定因素。我国《宪法》规定，国家机关工作人员必须效忠于人民民主制度，服从宪法和法律，努力为人民服务。这就是挑选、配备和教育干部的法律根据，也是衡量国家干部的政治标准。

共产党挑选和配备干部的标准，不外乎两方面：一是德；二是才，这就是说国家干部必须是德才兼备。德就是政治品质，才就是业务能力，二者不能分割，而政治品质是带有决定性的主导因素。因此，国家机关干部必须经过严格的挑选。

挑选和配备干部是关系着党和国家的命运，关系到国家性质的原则问题。我们国家机关干部都是无产阶级专政的骨干，国家机关的一些职位如果被一些面目不清的人掌握住，我们整个国家就要发生危险。

"右派分子"反对党员担任国家机构的工作。例如，"右派头子"储安平的"党天下"思想，就是反对党员干部担任国家机构工作的典型。储安平反对"每个单位都安插一个党员做头儿"，这是十足的谬论。我们知道，党挑选和配备干部是通过人民的选举工作，由党和各民主党派、各人民团体协商，提出候选人，最后在人民群众的鉴别下选举产生的。对国家行政机关干部的挑选和配备工作，也是通过国家

---

① 邓小平著：《关于修改党的章程的报告》（单行本），人民出版社1956年版，第54页。

② 周恩来著：《政府工作报告》（单行本），人民出版社1954年版，第47页。

机构中的人事部门来进行的，这和反动国家机构的“安插”私人有着根本的区别。党员担任国家机构的工作是历史的必然要求，是由我们国家的阶级基础所决定的，人民需要党的领导，人民需要党员干部担任国家机构的工作。周总理说：“中国人民大众之所以信任共产党的领导，也就是因为他们根据事实看清楚了中国共产党是一个真正全心全意为人民服务的工人阶级政党。”①因此，“党天下”的说法，是对党领导国家机构的恶意的诽谤，这种诽谤是完全与事实相违的。

同样，“右派分子”也反对党的干部政策。例如，上海“右派头子”彭文应把党的干部政策说成是“大材小用，小材大用，有德无才，有才无德”，等等。这种说法是集中地反对党和国家在挑选干部上的政治标准。党和国家为了社会主义的利益，根据政治标准以及业务才能来安排国家机构干部的工作，是保证党和工人阶级对国家领导权的不受动摇。如果按照“右派分子”的标准来挑选和配备干部的话，这将会使我们的国家机构脱离党的领导，从而改变国家机构的性质，“右派分子”的恶毒用心也正在于此。

五、共产党领导国家机构是克服官僚主义、主观主义和宗派主义的根本保证

我国国家机构担任着空前伟大的历史任务，我国社会主义事业的成败，国家机构的巩固和发展是决定性的保证。我国国家机构之所以具有伟大的生命力，其根本原因就是新中国成立以来我国国家机构的组织与活动，一贯遵循着党的领导的原则。离开了党的领导，国家机构要顺利地解决社会主义建设的任务是不可能的。党领导国家机构，并不是说党就是在直接地指挥国家机构的工作，或者就可以由党来代替国家的行政活动。相反，党的工作和国家机构的工作是有界限的。我国《宪法》、《组织法》明确地规定了国家机构的职权范围。党主要是从方针、政策上通过党的组织，通过国家机构中的党员来保证国家工作的前进。党是国家机构的领导核心，是国家机构的中坚。

“右派分子”章伯钧等攻击我们是“以党代政”、“党政不分”，说共产党的领导是国家机构工作中存在官僚主义、主观主义、宗派主义的根源。这种说法是把我国国家机构与资产阶级的国家机构相提并论。几年来事实告诉我们，我们的国家机构是和人民的利益完全一致的。某些在国家机关中可能存在的官僚主义、主观主义、宗派主义的缺陷，并不是我国国家机构本身带来的结果，只有在资产阶级国家

① 周恩来著：《政府工作报告》（单行本），人民出版社1954年版，第45页。

里才不可避免地会产生官僚主义、主观主义和宗派主义。“右派分子”硬说,官僚主义、主观主义和宗派主义的根源就是我国国家制度,企图推翻党领导国家机构的这一根本原则。这种阴谋必须予以彻底地批驳和反击。“反右派斗争”的经验告诉我们,只有继续坚持党领导国家机构的原则,才能打退“右派分子”对党和国家机构的进攻,才能使国家机构的组织与活动得到进一步的改善、巩固和发展。周总理说:“社会主义国家从根本上说来,是同官僚主义、宗派主义和主观主义不相容的。我们一定要、也一定能够战胜这一切病菌,我们国家的基本制度本身所具有的生命力,就是我们能够战胜这一切病菌的保证。”①

数十年来,无产阶级专政的历史经验证明,没有无产阶级政党实行对国家机构的领导,便不能在一个国家内建成社会主义社会。国内外反动阶级虽然拼命攻击和破坏党对国家的领导,但是,他们所得到的只是无数次的失败。而党领导国家机构的原则,却取得了历史性的胜利。

(1957 年第 6 期)

① 周恩来著:《政府工作报告》(单行本),人民出版社 1954 年版,第 46 页。

驳斥“右派分子”杨兆龙对肃反运动的诬蔑

李仲成*

资产阶级“右派分子”以帮助我党整风为名，猖狂地攻击党所领导的肃反运动。杨兆龙在复旦大学党委召开的一次教师座谈会上说：“另一个大的问题，是解放来历次运动的成绩到底如何？有好有坏，不能都肯定。”又说：“不能说成绩是基本的，错误是次要的。如都肯定成绩，还检查什么错误。要检查错误，希望大家检查一下历次运动的合法性，尤其是肃反运动。”杨兆龙这样一笔勾销肃反运动的成绩，我们是绝对不能同意的。

我们从1955年夏揭露胡风反革命集团的罪恶活动开始，在全国范围内开展了肃清一切暗藏反革命分子的斗争，在这一斗争中，彻底粉碎了残余反革命分子的罪恶活动，各地先后逮捕了大批的反革命分子，取得了伟大的胜利，从而保障了我国社会主义建设和社会主义改造事业的顺利进行。主要表现在：

第一，在机关内部的肃反斗争中，查出了一大批混在革命组织内部的反革命分子和其他坏分子，这是谁也不可否认的。就已经定案的来说，有8.1万多名（普通的历史反革命分子，由于国家采取了更加宽大处理的政策，不以反革命分子论处者，没有计算在内）。在这些已被清查出来的反革命分子中，有重要的历史反革命分子，如南昌市民政局副局长柯常琳是个反动党团骨干分子，过去曾积极参与围剿我赣东北红军且亲自迫害过方志敏烈士，尚有血债，解放后混入革命组织，又掩护和放走了8个反革命分子。也有现行的美蒋特务机关派遣进来的特务间谍，如广州市第十五中学教员黄然，1955年3月经澳门的特务分子张维安和张维柱介绍，参加了蒋帮特务组织，被委为“广州工作组长”，曾八次用密写、暗语等方法和特务组织联系和寄送情报。事实很明显，经过肃反以后，清除了反革命，也教育了广大的人民群众，特别是我们的革命组织较之以前更加纯洁和巩固了。如果不坚决进行肃反，让他们继续隐藏在人民内部，这对于我国的国防安全和社会主义建设，无疑是不利的，也是十分危险的。

第二，在机关肃反斗争中，许多隐瞒政治历史的人弄清了政治历史问题。据不完全统计，全国有130多万人坦白交代了自己的问题，放下思想包袱，提高政治觉

* 作者单位：华东政法学院（现华东政法大学）。

悟,同反革命划清了界限。如果我们不进行肃反工作,就无法对他们的问题作出结论,使他们扔掉沉重的思想包袱,积极工作。这样对于革命事业和他们本人来说,都是十分不利的。

第三,由于肃反运动,反革命分子内部已日益趋向于分化瓦解。由于在全国范围内广泛深入地开展政治攻势,全国就有 19 万余名反革命分子投案自首。其中不少是长期潜伏下来和从国外派遣进来的特务间谍分子,也有罪恶严重、民愤很大的历史反革命分子。

在机关内部清查出来的反革命分子,也有很多是在宽大政策感召下坦白交代的,其中有些是隐藏在高级机关和要害部门中的反革命分子。因此,如果我们不进行肃反运动和贯彻执行党和政府的宽大政策,绝不会收到这种效果,这是很明显的。

第四,经过肃反斗争,人民群众擦亮了眼睛,提高了革命的警惕性,懂得如何去识别隐藏的敌人。例如,今年 6 月 7 日晚上,有一个特务分子在广州文化公园扔下定时炸弹,幸好被两位青年学生发觉,未生意外不幸事件,这就说明了群众的这种革命警惕性,经过肃反运动已更加提高了。

由此可见,肃反运动的成绩是巨大的,是必须肯定和不容抹杀的。毛主席说:"为了正确地估计我国的肃反工作,我们不妨看一看匈牙利事件对于我们国家的影响。匈牙利事件发生以后,在我国一部分知识分子中有些动荡,但是没有引起什么风浪。这是什么原因呢?应该说,原因之一,就是我们相当彻底地肃清了反革命。"

事实上,从我们国家目前的情况看来,由于反革命分子的主要力量已经摧毁,残余的反革命分子已经减少了。当然不等于说没有反革命,而是还有反革命,但是不多了。因此,人民民主的权利才能得到进一步的保护。我们的人民民主专政更加巩固了,社会秩序更加安定了,在我国新的生产关系下,生产力的广阔发展更加有了可靠的保障。

当然,我们并不否认肃反运动中的缺点和错误。在实际上,确实也发生过一些缺点和错误,这就是曾经漏掉了一些反革命分子、重罪轻判、应判未判、应捕未捕的,同时,也发生轻罪重判、不应判而判的,捕了少数虽有罪恶但可不必捕的分子,和捕错了个别的好人。但是,肯定地讲,错案是个别的。例如,北京市人民检察院 1955 年批准逮捕的全部反革命分子和普通刑事犯罪中,错案只占 0.72%(其中都是有犯罪嫌疑和根据的);1956 年错捕的只有 2 名。

那么,错判情况是怎样的呢?董必武院长所作的关于最高人民法院的工作报告中明确指出,1957 年 1 月至 5 月底所受理的 7350 件申诉案件中,从办案的结果来看,原判正确、申诉无理由的占绝大多数;原判不恰当,申诉有理由的只是极少数。

由此可见,错捕、错判的案件乃是极少数,绝大多数都是捕得正确、判得正确的。难道“右派分子”能否认得了吗?事实胜于雄辩,何况是莫须有的诬蔑呢?

根据中央指出“有错必纠”的方针,我们应该纠正这两方面:(1)漏掉的反革命分子,则必须继续追查究办;(2)判错的案件应依照法律程序予以改判。因此,单纯强调哪一方面都是错误的。

综上所述,我们肃反工作的成绩是主要的,但是也有缺点。过火的、漏掉的都有。道理就在于此。

中国人民政治协商会议第二届全国委员会第三次全体会议的政治决议对于肃反运动的问题已作了正确的评价。该决议指出,“我国政府肃清反革命的政策是正确的,虽然在肃反工作中发生过若干偏差,但是应该肯定,运动一般是健康的,成绩是主要的。”那么“右派分子”杨兆龙为什么要否定肃反的成绩,“不能说成绩是基本的,错误是次要的”呢?正如周总理在《政府工作报告》中指出:“就是为了夸大错误,抹杀成绩,引导一些立场不稳或者不明是非的人把这些个别性质或者部分性质的偏差和错误,看成是这些运动的根本性质的或全面性质的错误,以达到他们动摇革命运动的成果,反对社会主义革命的目的。”“右派先生们”,你们要想推翻这些决议,否定成绩也是不可能的,因为全国人民是不容许的。

肃反政策是正确的,肃反运动是有成绩的,这是全国人民所公认的。可是“右派分子”杨兆龙却“要检查肃反运动的合法性”。好吧,我们检查一下吧,肃反是否违反宪法和法律呢?肯定地回答,我们的肃反,不仅不违反宪法,相反地,它完全是按照宪法办事。我国《宪法》第19条前款规定:“中华人民共和国保卫人民民主制度,镇压一切叛国的和反革命的活动,惩办一切卖国贼和反革命分子。”为了要达到保卫人民民主制度的目的,必须对一切叛国的和反革命活动予以镇压,对一切卖国贼和反革命分子进行惩办,这难道还不清楚明白吗?我们是根据《宪法》的规定进行肃反运动的,怎么能够睁眼说瞎话说是违反宪法呢?

再从实际情况来看,当时国内的残余反革命分子的破坏活动也非常猖狂。例如,们对于我们的基本建设、工业、农业、商业和运输业,都在进行着或者秘密地计划着恶毒的破坏。全国人民代表有鉴于此,曾在1955年7月30日的第一届全国人民代表大会第二次会议上一致要求肃清残余的反革命分子,并在那次会议所作的《关于发展国民经济第一个五年计划的决议》中,规定了“各级国家机关和全国人民,必须充分地提高革命的警惕性,肃清一切公开的和暗藏的反革命分子,粉碎国内外敌人对我们社会主义建设和社会主义改造事业的破坏活动”。1955年7月以后,从人民公安、司法和检察工作这个角度和全国各地的肃反斗争的情况来看,那次代表会议有关肃清反革命分子的决议和提案是完全符合当时的实际情况的,也是全国人民普遍要求的。我们肃清一切反革命分子的运动,也正是根据这一个决议来进行的,这怎么能够说是违反法律呢?

至于在肃反运动中,斗错了个别的好人,要他们留在机关里作交代,中共中央已有所指示。其处理原则是:"凡是被错斗、错捕、错判的好人,原来在什么范围内弄错的,也应该在什么范围内宣布平反,恢复名誉,并进行妥善安置。"这不是很明显吗?这里必须强调指出,这些错误之所以发生,既不是为了保存反动势力,也不是为了私人恩怨利害,更不是明知故犯(除了极个别的假公济私,明知故犯,因而必须惩处的例外),而是为了革命和人民利益。依据当时的具体情况分析,的确不知道并且很难知道自己是犯了错误,这又有什么值得大惊小怪呢?正如1957年7月19日《人民日报》社论所指出:"在最英明的统帅所指挥的完全正义的战争中也无法保证被炮火攻击的都是该受攻击的。不但普通居民,有时甚至自己方面的战士,也会受到误伤。但是我们能不能根据这些无心的过失,去否定一场革命战争或者卫国战争的必要性和正义性呢?我们能不能因此而把犯了这些过失的将士看做冤仇呢?"难道就不能谅解吗?"右派分子"硬说是违法和侵犯人权究竟有什么必要呢?应该说,对群众、积极分子和干部泼冷水,对社会主义泼冷水,我们是不能容忍的。

这里必须强调指出,在肃反运动中,有些人由于不忠诚老实,明明自己有历史问题,却又故意不作交代,态度非常恶劣,因而引起群众和积极分子的义愤,而产生"过火"的行为,这也是可以理解的。

"右派分子"杨兆龙说:"有法院、检察院在,要法院、检察院是干什么的。"意思是说,我们的肃反运动不应该发动群众去进行,好像中央机关成立十人和各地五人小组也是非法的,多余的,只要有法院、检察院就可以了。其实这是反对群众肃反的路线,是反对党对肃反工作的领导。

记得在第一届全国人民代表大会第二次会议上,全国有许多人民代表的发言和提案,都一致要求惩办残余的反革命分子。因此,我们的党和政府,根据我国《宪法》第17条规定的"一切国家机关必须依靠人民群众,经常保持同群众的密切联系,倾听群众的意见,接受群众的监督"的精神,在全国范围内开展了轰轰烈烈的群众性的肃反运动。为着使肃反斗争健康地发展,中央机关成立了十人小组,各地也先后建立了五人小组,以加强运动的领导,从而保证了毛主席所指示的"提高警惕,肃清一切特务分子;防止偏差,不要冤枉一个好人"的方针的正确执行。因为有了党的核心组织领导,才能正确执行对待反革命分子的各项政策,广泛地发动群众,使专门机关的工作得到群众斗争的配合和支持。

毛主席说:"采取了群众路线,工作中当然也会发生毛病,但是毛病会比较少一些,错误会比较容易纠正些。"事实正是如此,而"右派分子"说,由于我们发动了群众，才使肃反搞糟了。这是胡说八道，不符合事实的。

我们的公安机关，在肃反运动中，为了核对事实，弄清案情，曾经对某些人的住宅进行了搜查，事实证明，这种做法是非常必要的，也是十分正确的。而“右派分子”借此大做文章，是不值一驳的。因为，我们的搜查是根据《逮捕拘留条例》进行的。具体地说：(1)有公安机关的搜查证件；(2)在搜查时有邻居或者其他见证人、被搜查人或者他的家属在场；(3)搜查后有扣押犯罪证物的记录，并且由邻居或者其他见证人、被搜查人或者他的家属、执行搜查的人员在记录上签名。可见，我们的搜查工作，不但符合法律，而且在手续上也是比较完整的。

必须指出，我们在搜查时，是由公安机关或派出所的同志亲自领导指挥的，难道协助公安部门去进行搜查工作就是违法的吗？

对于邮件、电报的问题，认为有扣留必要的时候，可以通知邮局机关加以扣押，这在该条例的第10条中已有明确规定。

至于逮捕、拘留人犯时也是严格遵守《逮捕拘留条例》的，并且接受人民检察院的监督。对于查出确有罪行的反革命分子，都是依照法律规定，报请人民检察院批准或人民法院决定才将其逮捕，并由人民法院审理。这不都是遵守宪法的规定吗？

我们知道，肃反斗争是敌我矛盾的斗争，是艰巨的、复杂的阶级斗争。在这个斗争中，敌人是隐蔽的、顽强狡猾的。正因如此，我们在肃清反革命分子的斗争中，不仅依靠专门的公安、检察部门的工作，同时，还要依靠广大人民群众的积极参加。事实证明，只有如此，才能比较容易发现隐藏得很深、伪装得很巧妙的反革命分子，也才能少犯错误。肃反斗争取得了巨大的成就，正是我党一贯依靠人民群众、走群众路线的工作方法的结果。政协会议第二届全委会第三次全体会议的政治决议指出，“采取群众路线进行肃反，既可分清敌我，弄清问题，又可教育群众”。事实的确正是这样。

至于中央机关的十人和各地建立的五人小组的组织的合法性问题，“右派分子”杨兆龙竟然污蔑，说它是不合法的。这是没有事实根据的，也是违反宪法规定的。因为共产党掌握政策，领导国家工作是宪法规定的。我们中央机关的十人和各地建立的五人小组，是领导肃反运动的群众性的核心组织，它不是一个机关，在实际工作上，也并没有代替公安、司法部门去直接处理案件，行使审判权。这怎么说它是违法的呢？我们知道，中国共产党是通过她的党员来领导政权的，她要制定各项工作上的方针、政策，当然，肃反运动也不能例外。难道党具体地通过各地党委组织的五人小组来掌握政策，领导肃反运动，就是不合法吗？试问，有什么根据呢？“右派分子”故意歪曲事实，大肆叫嚣，实质上也是反对共产党的领导，不要社会主义，不要人民民主专政。这是很明显的。

我国《宪法》第1条规定:“中华人民共和国是工人阶级领导的、以工农联盟为基础的人民民主国家。”难道“右派分子”还能推翻得了吗?“右派分子”杨兆龙反对党的领导,目的是企图在新中国复辟资本主义,把中国拖回到殖民地的道路上去,使社会倒退。

我们要警告“右派分子”杨兆龙,中国共产党在人民群众中的威望是最高的,并且是在群众中生了根的,你们要摆脱和削弱党的领导,推翻人民民主专政的政权,中国六亿人民是坚决反对的。

最后还必须指出,“右派分子”杨兆龙要我们检查肃反运动的合法性,是猖狂地向我们直接进攻的反动行为。骂我们“肃反违法”,我们倒要反过来先问问杨兆龙,我们的肃反工作有哪些地方不合法?违了谁的法?假如说不合我们自己的宪法和法律的话,那我们已经在前面说过了,我们正是依照宪法和法律办事。但如果说是违反了杨兆龙的内心的那种“法”,那倒是应该的,合理的。因为它不是人民所需要的,而是代表资产阶级的利益来统治人民的。我们劳动人民正要违反它,一万个“不合法”,也是完全正确的。我们不仅在肃反斗争上要违反它,而且一切斗争都要违反它,否则就要犯严重错误,人民就要遭灾。“右派分子”杨兆龙说我们肃反斗争不合法,正是表明我们是做对了,是合法的。

(1957年第6期)

驳“右派分子”的“人治主义”谬论

翟廷瑨*

一、问题的提出

人治和法治本是中国历史上长期争论的问题,实际上并没有存在过什么“纯粹”的人治和法治。因为任何一个统治阶级都需要把自己的意志提升为法。反之,无论什么样的法也不能离开人而存在。问题在于,过去的政治思想家为了不同的政治目的,因而有人主张人治,有人主张法治。他们(包括“右派分子”)所说的“法治”,又和我们的社会主义法制有着原则区别:他们认为只要有一套统治人民的法律就是“法治国”,而当权的剥削阶级并没有严格遵守法律的义务,法律并不妨碍他们对人民胡作非为。所以人治和法治只不过是剥削阶级约束人民的不同方法而已。

社会主义法制是广大劳动人民对他们的一小撮阶级敌人专政的工具。只要阶级斗争还存在,工人阶级和劳动人民就需要国家、法律等阶级专政的工具。但是我们则公开宣称:我们要消灭一切剥削和一切剥削阶级,最终目的是要建立没有阶级的社会主义、共产主义社会。因此,人治和法治的争论对我们社会主义国家来说,没有任何现实意义,而“右派分子”为了反共、反社会主义,却又搬出来这些陈旧的词汇,企图混淆视听,污蔑我们国家是没有法制的“人治主义”统治。我们对“右派分子”的这种无耻谰言必须严加驳斥。

“右派分子”王造时说:“我们中国经过几千年的封建专制统治,向来重人治而轻法治,解放虽已经八年,但是在我们大家的思想和生活习惯上,还有不少的人治主义封建残余。”①按照“右派分子”的逻辑推论,我们国家既然是重“人治”,轻“法治”,那么,结果就必然是像王造时所说的“国家干部无法可依,一般人民无法可守,权利义务搞不清楚,犯罪不犯罪没有明确的界限,人治主义便要抬头。社会就不容易纳入轨道。”②

由此可见“右派分子”对共产党和社会主义的刻骨仇恨,已经达到了无以复加

* 作者单位:华东政法学院(现华东政法大学)。

① 王造时在“我国重要法典何以迟迟还不颁布”问题的座谈会上的发言,参见《新闻日报》1957年6月1日。

② 同上。

的程度。他们的反动本质,已经完全暴露无遗。

“右派分子”所以要把人治和法治对立起来,把新中国描写成“人治主义”的统治,叫喊“法治”,反对“人治”,并要我们学习美国的“法治”,他们的目的就是要以资产阶级法制和资产阶级专政,来代替我们的社会主义法制和无产阶级专政。

为了彻底驳斥“右派分子”的“人治主义”谬论,这里就需要简单地回顾一下中国历史上剥削阶级的政治家和思想家是如何对待人治和法治问题的,以及他们争论这一问题的政治意义。

二、人治和法治不是绝对对立的

自从春秋战国以来,确实有过许多政治思想家,企图为统治阶级筹划长治久安之策。有人认为,国家政治的好坏,统治地位的安危,不取决于一国的典章文物、法律制度如何,而取决于执政的人是否能够胜任统治的任务。认为,“人”的作用决定一切。抱有这样主张的人,通常称他们为“人治主义”者。

“其人存,则其政举;其人亡,则其政息。”①

这就是“人治主义”者的论据。

与此相反,有人认为,执政者有“贤”,有“不肖”,未必都能胜任统治者的任务。因此,要想使国家的政治有轨可循,使统治者的宝座垂万世而不坠,最好的办法是建立一套符合统治阶级利益的法律制度,执政者就可以根据既定的法律制度去约束被统治者。在这里,法律的作用决定一切。抱有这种主张的人,通常称为“法家”。

“圣君任法而不任人……置法而不变,使民安泰。”(申不害语)

“法虽不善,犹愈于无法。”②

以上就是法家的理论根据。

“法家”和“人治主义”者看上去好像双方壁垒森严,各执一端,相持不下。如果我们考查一下国家产生以来的实际情况,就不难发现他们的主张是各有所偏的。

正如前面所指出的,历史上任何一个统治阶级都非常重视法。统治阶级总是要将自己的意志用特定的法的形式表现出来,“否则,意志一语就等于空谈”(列宁语)。但是,法本身并不能自动发生作用,而要依靠执法的人去运用它,要依靠国家的强制力去保证其实现。“如果没有一个能强迫人们遵守法的规范的机关,则所谓法便等于零。”(列宁语)因此,执法者的“贤”与“不肖”,他们能否胜任阶级统

---

① 《中庸》。

② 《慎子·威德》。

治的任务，实在是不容忽视的。如果从这个意义上看，人治和法治在实际的政治生活中从来不是绝对对立的，而是相互作用的。关于这一点，就连古代剥削阶级的思想家们，只要他们肯稍微正视一下社会政治的现实，也是不难发现的。

像儒家的孔子，他本来是非常重视"人治"的。他认为治理国家最理想的办法，不是：

"道（导）之以政，齐之以刑，民免而无耻。"

而是：

"道（导）之以德，齐之以礼，（民）有耻且格。"①

所以当孔子听说晋国要铸刑鼎，要公布法律，"与民共守"，他就竭力反对这一措施。

孔子反对晋国铸刑鼎，是反对晋国的贵族对新兴势力作了让步，因而破坏了当时的等级制度。孔子是从反对新制度，维护旧制度这个角度来提出问题的，而不是一般地反对法治。我们从孔子的基本政治主张——"正名"的最后目的就可以看出来。他说：

"名不正，则言不顺；言不顺，则事不成；事不成，则礼乐不兴；礼乐不兴，则刑罚不中；刑罚不中，则民无所措手足。"②

这说明孔子也是重视有刑罚的法治，不过，除了法而外，他还主张用道德、礼乐等一起作为维持当时社会制度的办法。他认为如果单纯依靠法，而没有其他制度相配合，没有具备一定道德标准的人来领导国家和执行法律，则政治还是很难上"轨道"的。关于这一点，后期儒家讲得更清楚。就是：

"徒善不足以为政，徒法不能以自行。"③

这都说明了儒家也不否定法，而是主张把法掌握在一定人的手里才能发挥作用。

至于法家，确实是很重视法的，他们几乎把法推崇到了决定一切的程度。虽然如此，法家也没有完全否定执法的"人"的作用。法家的著名代表人物韩非子说：

"废势背法而待尧舜，尧舜至乃治，是千世乱而一治也。抱法处势而待桀纣，桀纣至乃乱，是千世治而一乱也。"④

---

① 《论语·为政》。

② 《论语·子路》。

③ 《孟子·离娄上》。

④ 《韩非子·势难》。

这段话的意思，固然在于说明“法”的重要性，但同时也说明了“人”的重要性。韩非子认为，像尧舜那样的“贤明”统治者，有法无法是无关紧要的；假使碰到像桀纣那样的暴虐统治者，即是有法，也无能为力。这说明法家推行法治，也要求一定的人的条件，这个条件就是他们所说的“中主守法而治”。可见，就是法家也没有把人治和法治绝对地对立起来，也没有把法治看做和人治是绝缘的。他们不过是利用法来反对旧贵族的势力，来为新兴地主阶级的发展扫除政治上的障碍而已。

我们既然说，任何人治和法治的争论都是为一定的政治目的服务的，那么，历史上的政治思想家提出“反对人治，要求法治”的主张，和当前“右派分子”以反对“人治主义”和要求“法治”为名来反共、反社会主义有什么不同呢？我们说，在以人治和法治的争论为幌子，而企图达到自己的政治目的，在这一点上，“右派分子”和前人没有什么不同。但因为历史条件的变化，而同一问题的提出，就会有着不同的历史意义。过去反对人治，要求法治，往往符合社会的进步要求。而今天的“右派分子”，是要反对社会主义，反对无产阶级专政，是要把历史拉向后退，所以他们是彻底反动的。

许多历史事实告诉我们，每当阶级矛盾激化，剥削阶级的反动统治到了摇摇欲坠的时候，原来那一套镇压人民的法律制度，已经无法应对新的形势，这时，统治者往往迷信于不择手段的恐怖政策，对人民实行血腥镇压。在这种情况下，除了人民直接反抗反动阶级的罪恶统治外，也可能有一些政治思想家，出来要求结束混乱局面，提出“反对人治、要求法治”的主张。像明朝末年的黄宗羲曾亲眼看到过明朝特务、宦官政治的流毒，弄得民生凋敝，天下糜烂。外有强敌压境，而统治阶级对农民的镇压反而变本加厉。结果，惨遭亡国灭族的大祸。黄宗羲从当时中小地主和市民阶层的要求出发，反对人治，要求法治。他认为封建王朝的法是“非法之法”，“一家之法”，应彻底废除，而建立“天下之法”，认为只有他所主张的“法治”，才能使天下永治不乱。当然，什么样的“法治”也挽救不了反动阶级的死亡。可是，黄宗羲所反对的“人治”，正是明朝末年反动封建地主阶级所推行的罪恶的恐怖专政。因此，我们说他的主张在客观上还是有进步意义的。“右派分子”反对“人治主义”，很明显，是为着达到他们不可告人的政治目的。因为他们反对的“人治”，不是别的，正是无产阶级（通过共产党）对国家的领导，劳动人民对国家大事的管理，他们的企图是动摇我们人民民主的专政制度，因此，我们说他们是反动派。

三、“右派分子”以反“人治主义”为名，进行反共、反社会主义

“右派分子”颠倒黑白，耸人听闻地把我国的人民民主专政的制度说成“人治主义”，污蔑我国政治没有纳入“法治”的轨道，要用美国的“法治”取而代之。他们造谣惑众的“论据”是些什么呢？首先，说我们“无法可依”，我们真的是无法可依吗？事实完全是另外一回事。新中国成立八年以来，我们已经制定了各种法律四千多件，哪一个资本主义国家的立法工作能有这样快的速度？虽然我国的民法、刑法和诉讼法尚未作为法典颁布出来，但绝不能说我国在民事、刑事和诉讼关系方面就是“无法可依”，就是缺乏了“共同生活的准绳”。在这些方面，我国已经制定了许多的单行法规和条例，几年来，人民民主法制保证了革命的秩序空前安定，劳动人民的安全有了可靠的保障。但“右派分子”是从另外一个立场来看待这一问题，因而和我们没有共同的语言和认识，他们根本不承认我们的法律是“法”，他们的目的是要推翻我们的人民民主法制。和“右派分子”相反，我们要维护人民法律的尊严，要加强人民民主法制。

其次，“右派分子”还说我们是“以党代法”、“以党代政”，司法不“独立”，因而没有“法治”，致使“人治主义”抬头。“右派分子”企图用资本主义国家的所谓“三权分立”来偷换以共产党为领导核心的无产阶级专政制度，想把党变为司法机关的附属机关，企图使我们的国家机关脱离人民群众，然后让他们可以取而代之，这就是“右派分子”的“如意算盘”。

司法机关是无产阶级专政机构的重要组成部分，必须接受党的领导。“右派分子”只抓住了《宪法》第78条“人民法院独立进行审判，只服从法律”的一面，而根本忽视了《宪法》第1条“中华人民共和国是工人阶级领导的、以工农联盟为基础的人民民主国家”的规定。以工人阶级为领导是社会主义国家贯彻一切工作不可动摇的前提，同样在依《宪法》第78条办事时，也要紧紧地贯彻《宪法》第1条以工人阶级为领导的原则。“右派分子”竟片面地曲解第78条的精神，作为向党进攻的把柄。如果说司法机关可以脱离党而“独立”，可以从党的领导下“分”出来，那么，这种司法机关的阶级性就很值得怀疑了。正如今年10月15日的《人民日报》社论所指出的，“如果说党在政治战线的领导作用和核心作用就是‘党政不分’，‘党法不分’，那么，无产阶级专政正需要这种‘不分’”。政法部门是无产阶级专政的要害部门，凡属政法工作中的重大问题，必须由领导无产阶级专政的党作出决定，因为只有党能够了解整个政治形势，了解整个敌我关系，能够从全局出发，权衡利弊，从而正确地维护社会主义法制的威力。

其实,资本主义国家哪里存在什么"司法独立",它们的司法机关是受资产阶级统治集团、资产阶级政党和资本主义国家的政府机关所直接指使的。"右派分子"杨龙兆解放前就曾公开主张"党化司法",为国民党的一党专政辩护。至于"三权分立"的把戏,早被马克思列宁主义的经典作家揭穿了。时至今天,"右派分子"还趁机推销这种早已陈旧了的货色,目的不过是反对党对司法机关的领导,使资本主义制度和反动统治在中国复辟。但是,这对中国人民所一贯坚持共产党对一切国家机关的领导的原则来说,是根本对立的。

最后,"右派分子"还恶意地中伤,说我们是"有法不依","只讲政策,不讲法律",破坏"法治"。几年来我们的司法机关对任何法律都是认真贯彻执行的,这是有目共睹的事实。如果说我们的司法机关还存在有什么"有法不依"的话,那就是对反革命分子和其他破坏社会主义的坏分子镇压得还不够有力,还没有按照法律的要求来圆满地执行专政的任务。正因为"右派分子"和我们的立场不同,是敌我的两方面,所以我们说肃反成绩很大,他们偏说肃反是"违反"宪法,是"侵犯"人权。我们不禁要问,"右派先生们"所说的究竟是什么样的"宪法"?什么样的"人权"?你们所要维护的,不过是资产阶级的"宪法",反动分子的"特权"罢了。

"右派分子"还污蔑我们是只凭政策指示办事,不凭法律办事,又说政策可以由人任意解释,助长了司法干部的胡作非为,这就是"人治主义"。上海法律顾问处"右派分子"李国机咬牙切齿地说:"有些不学无术的审判员(指工农审判员)就凭他主观臆测,高兴如何判就如何判,什么法也不管……真是封王了。"①

丑化和污蔑工农干部是"右派分子"的共同特点,是"右派分子"反共、反社会主义突出的表现。但是,恶毒的污蔑却抹杀不了客观现实,我们的工农审判员,虽然不懂"右派分子"所说的"学"与"术",但却能出色地完成审判任务。根据新华社记者对上海市基层人民法院70个工人、店员出身的审判员办案质量的调查:从今年1月到7月,经过他们审结的7000多件刑、民事案件中,完全正确的共占96%以上,由于上诉而重判、改判的案件还不到4%。其中完全冤枉、完全判错的,1件也没有。② 这不是给"右派分子"的一记响亮的耳光么?

至于说到法律和政策的关系问题,我们要正告丧心病狂的"右派分子",我们一向是既讲法律,更讲政策的。党和国家政策,是每一个国家干部进行工作的最高准则,如果一个司法干部不懂或违反国家的政策,也就无法正确地适用法律。我们的法律,是以工人阶级为领导的劳动人民意志的表现,因而必须与各个时期的阶级

---

① 李国机在"我国重要法典何以迟迟还不颁布"问题的座谈会上的发言,参见《新闻日报》1957年6月2日。

② 《人民日报》1957年8月22日。

关系和阶级斗争的要求相适应。政策就是我们的法律的灵魂，我们的法律正是党和国家各项政策的具体化、条文化。

"右派分子"故意颠倒黑白，企图以法律的"专门性"、"技术性"来代替法律的阶级性、政治性，来阉割法律的"灵魂"，以达到他们不可告人的目的。我们绝对不能上"右派分子"的当。我们的法律必须服从党和国家的政策，必须为阶级斗争服务；社会主义法制必须成为无产阶级专政的工具。我们只要坚持了这些基本原则，"右派分子"的一切梦想必然永远破灭。

四、只有社会主义国家才有真正的法制

我们揭穿了"右派分子"的政治阴谋以后，就不难看出他们所说的"人治"和"法治"是怎么回事了。"右派分子"为实现他们的政治阴谋，总是喜欢装出一副伪善的面孔，好像他们是最懂得和最重视"法治"的，而无产阶级好像天生就是热衷于"人治"，而不懂"法治"的。但是，数千年来的历史证明，只有无产阶级专政的社会主义国家才有真正的法制，才能真正做到法律面前人人平等，广大劳动人民的民主权利才能获得真正的保障，而剥削阶级的政治和经济地位，决定他们是不可能实现真正法制的。

有人认为，中国古代商鞅治理下的秦国是最重视法治的。但是，我们知道，秦国有关刑罚方面的法律，对当时的统治者是不适用的，皇帝本人当然不受法律限制，太子犯了法，只能对其师傅加以处罚。"刑不上大夫"是中国几千年来封建王朝的通例，商鞅敢于处罚太子的师傅，在中国历史上已经传为"美谈"了，哪里还有什么真正的法制？"右派分子"说，中国几千年来向来重人治而轻法治，这里的"法治"如果是指的像我们今天的社会主义法制的话，那就不是什么或轻或重的问题，而是几千年来根本没有存在过。如果说的是用法律作为工具来统治人民的话，那么，中国历史上任何一个统治者都是重视"法治"的，这有历史文献可查。"右派分子"或许也会振振有词地说："我们说的是西洋的资产阶级法治。"其实，资产阶级法治同样不是真正的法治。资产阶级虽然也高喊"法律面前人人平等"，资产阶级的宪法虽然也规定着保护公民的权利和自由，但所有这些，都是假象，都是为掩饰资产阶级和无产阶级之间的实际上的不平等。资本主义国家的这种法制的外衣，随时会被它们自己的现实政治活动所揭破。例如，美国的宪法，本来是冠冕堂皇地规定着公民有言论、信仰、集会、结社等自由，工人有罢工的自由。但是，美国公民信仰共产主义反对侵略战争、美国工人举行罢工时，却又是违反了《麦卡锡法》、《塔夫脱—哈特莱法》等反动法律，而要遭到迫害。相反地，公开杀人的"三K党"暴徒，反而受到美国政府的保护，这还能说得上什么真正的法治吗？而"右派分

子”却偏要说“美国的法治是认真的”，这不是别有用心又是什么？

尤其是国民党反动统治时期，特务恶霸横行，无法无天达于极点。“人在家中坐，祸从天上来”，劳动人民失去了任何保障，根本谈不到什么法治。

在我们社会主义国家里，情况就完全两样。法律公布以后，必须严格执行，任何人不得违反。不管一个人的地位有多高，功劳有多大，只要他违反了国家的法律，就得依法受到制裁，这是历史上任何一个“开明”的统治王朝所做不到的。但是，社会主义法制不是为了束缚人民的手脚，它的主要锋芒是对准劳动人民的一切敌人。我们并不是把法制看做超阶级的、决定一切的永恒万能的东西，而是把它当做无产阶级专政的一种重要手段。正因为这样，所以资产阶级的“右派分子”和一切反动分子特别仇视和痛恨社会主义的法制。他们的反共、反社会主义的矛头，也集中地朝着我们政法部门和社会主义法制。我们必须给予这种进攻以迎头的痛击，必须在这场严重的斗争中取得彻底胜利。

（1957 年第 6 期）

驳“右派分子”关于人权保障问题的谬论

王召棠*

资产阶级“右派分子”向人民民主法制猖狂进攻的重要阴谋手法之一，就是污蔑我们“缺乏人权保障”。他们把自己装扮成好像是捍卫法制，维护公民权利的“仁人志士”，一笔抹杀我国人民民主法制的伟大成就，然后大声疾呼“人权从何取得保障”。另外，则蛊惑性地宣扬资产阶级的“法治精神”和“人权保障”，说“只有美国才有认真的法治，要学习美国的法治”。不难看出，这是“右派分子”向人民民主法制“开刀”的一个策略，并企图从此来否定我们的社会主义制度，达到复辟资本主义制度和蒋介石反动统治的目的。这是关系到我国人民一百多年以来流血斗争取得的伟大成果，而为我国宪法所业已巩固下来的根本问题，必须予以严正的驳斥。

一、“人权保障”具有阶级内容

法学界的“右派分子”从反动的资产阶级立场出发，把人权保障问题抹上一层玫瑰色彩，似乎法是应该保障一切人的权利，即使敌人也不该例外的。为此，他们首先由篡改马克思主义关于法的阶级性的定义开始，从贩卖资产阶级的“法治理论”下手，来从事他们不可告人的活动。杨兆龙早在《法律的阶级性和继承性》一文中就放出了所谓“资本主义国家的法维护着不同阶级的利益”，“反映着被统治阶级的阶级性”的谬论；接着，在《我国重要法典何以迟迟还不颁布》一文中又宣扬着：“社会主义民主是社会主义法治的指导原则，同时也是它的内容”，而这种“法治，那就是对于阶级敌人，也是不应该有例外的”。王造时则在《新闻日报》召开的座谈会上更露骨地作了补充说：“民主原则须通过法律的规定，成为共同遵守的行为规范，才得以实现。”问题很清楚，“右派分子”就是要否定法律的阶级性，而要我们去制定对阶级敌人也讲民主的法律，借此保障他们的人权。一句话，要我们放弃无产阶级专政。

这是彻头彻尾反动的言论。我们知道，法律和国家一样，是“阶级矛盾不可调和的产物和表现”，是“被奉为法律的统治阶级的意志，这个意志归根到底是由该

---

* 作者单位：华东政法学院（现华东政法大学）。

阶级的物质、生活条件所决定的”。在经济上和政治上占统治的阶级,利用法律来维护自己的物质生活条件,不让它们受到敌对阶级的任何侵犯。因此,法律所保障的只是统治阶级的利益和为实行这些利益的基本人权,而对阶级敌人,则只能是专政的工具。例如,奴隶主阶级的法,规定了“奴隶是物品”,奴隶不是权利主体而是权利客体。在封建社会里,封建主虽不能杀死农奴(这是从整个封建主阶级的利益出发的),但仍可作为私有财产买卖。可见,在奴隶制和封建制社会里,只有奴隶主和封建主的人权才受到保障,对奴隶和农奴来说,连做人的资格都没有。

在封建社会后期,由于封建君主专制制度不仅束缚着资本主义经济的发展,而且封建贵族在行政、司法上的特权和专横,禁止任何“自由思想”和对异教徒的残酷迫害等,既不能保证资产阶级的人身安全,又不能保证财产的不可侵犯,因此,在资产阶级革命时期,资产阶级首先提出了“人权保障”的口号,颁布了《人权宣言》。这是资产阶级本身所需要的,也骗取了群众的信任,利用劳动人民反封建的斗争,建立了资本主义的统治。

但是,资产阶级“人权保障”的口号和《人权宣言》中宣布的“人民生而自由、平等为天赋不可剥夺的权利”等,是以“私有财产神圣不可侵犯”的权利为基础的。这样,资产阶级革命废弃了封建主的特权,却确立了资本的特权。资本像一个魔鬼,支配着国家机器的整个活动,决定着官吏的人选;资本成了“立法是否对人有利的唯一条件了”。① 资本家任意解雇工人,枪杀罢工工人,却可以逍遥法外,而工人的正义行动则反要受到资产阶级的法律的制裁;资本家占有出版机构、电台、场地,享有言论、集会、出版等的自由,而工人一无所有,只有充当雇佣奴隶的“自由”。因此,资产阶级所宣布的“人权保障”,实际上不过是保障了资本家对工人和其他劳动人民有奴役和剥削的权利。

劳动人民真正的人权保障,只有推翻资产阶级专政和资本主义私有制度的基础,只有在无产阶级专政的社会主义制度下才能得到。因为在这里,由于生产工具和生产资料的社会主义所有制占统治地位,保证劳动者能享受国家所赋予的广泛权利;由于共产党所领导的无产阶级政权为自己提出的历史任务是,把劳动人民彻底从资本奴役下解放出来,消灭阶级、消灭人剥削人的现象,就使社会主义民主的内容不断得到丰富和扩大。但是,在阶级斗争还在进行的情况下,为了保证劳动人民的权利的实现,使社会主义民主不断丰富,就必须对少数反动派实行专政,剥夺他们的权利。任何企图把社会主义民主与无产阶级专政割裂开来,把保障人民的权利与剥夺反动派的权利混淆起来,只是帝国主义资产阶级骗人的话,这点在无产阶级专政的全部历史中,在不久前的匈牙利事件中都已经得到充分的证明。

---

① 《马克思恩格斯全集》(第5卷),俄文版,第19页。

综上可见,一切国家与法律所保护的只是一定阶级的利益与权利。剥削者国家与法所保障的是剥削阶级的人权,无产阶级国家与法所保障的是工人阶级为领导的广大人民的人权。资产阶级"右派分子"说什么"资本主义国家的法维护着不同阶级的利益","对阶级敌人也应讲民主"的谬论,只是表明了他们顽固不化的反动立场和用心的恶毒。

二、资产阶级国家"人权保障"法案的实质

"右派分子"为了使人们相信资产阶级国家的"法治精神"和"人权保障",枉费心机地挑选了一些资本主义国家中的荒诞例子(如王造时所举美国警察抓赌博的例子)来为自己的谬论辩护。显然,他们的用心是在说明,资产阶级国家的"法治精神有可取之处",叫我们去"继承"这些"精神","向他们去学习" 。

如前所述,"人权保障"是具有阶级内容的,"法治"本身也不能离开阶级专政而"超然存在"。资产阶级的"法治",只是资产阶级实行专政的一种工具,它是为资本主义利益服务的。劳动人民究竟在资产阶级"法治"中得到什么人权保障呢?就让资产阶级自己"神圣"的法制史来回答吧!

作为资产阶级第一部成文宪法的1787年《美国宪法》,是在镇压了美国人民的起义以后,由大资本家和奴隶主秘密定出来的,它公开违背了1776年的美国《独立宣言》的原则,把黑奴制度合法化。南部各州广泛地实行着《黑人法典》,禁止黑人从事手工业和开设商店;对未满18岁的黑人必须交给某一白种人以"从事自由生活的准备的教育";主人可以优先使用黑人劳动力并对他享有施行体刑的权利;对成年黑人,则可被发配从事强制劳役。南北战争后虽在形式上已废除了奴隶制度,但迄今仍是普遍地存在于美国各州。至于劳动人民的其他一些权利,则在财产资格、文化程度等数十种条件的限制下成为泡影。

1789年法国的《人权宣言》是18世纪资产阶级所宣布宣言中最完整的文献。其中所宣布了的各项人权原则,后来曾为其他国家的资产阶级宪政运动的口号。可是宣言却一字不提废除农民的封建义务。宣言以"天赋人权不可剥夺"为号召,却没有规定人民的集会、结社自由的权利。值得注意的是在1791年,国会一方面公布宪法(1789年的人权宣言列于该宪法的前面),另一方面又颁布了反劳工的沙勃雷耶法律,用监禁的刑罚来禁止各种工人的社团组织,对任何旨在共同拒绝工作或提出增加工资的协议,被宣布为侵犯《人权宣言》和宪法;反之,对商业组织则被认为是"有利于社会事业"而被准许。这里充分暴露了资产阶级所宣布的"自由"、"平等"的权利的实质:只有资产阶级的自由,而不允许工人的自由。

在素称有"民主"、"自由"权利的英国,直到今天还没有一部完整的宪法来规

定公民的基本人权。英国的宪法是由一些具有宪法性的立法文件凑合起来的，而且，这些文件大都颁布于17世纪。陈旧而繁杂的立法文件，只有法官和律师才能知道它的底细。劳动人民触犯了统治阶级的法律，势必只有延请律师，而延请律师的费用是非常昂贵的，再加上法院本身的反人民的组织成分，就实际上剥夺了穷人保护自己权利的可能。

由上述可见，当资本主义还处在上升时期，已表明了资产阶级所谓“人权保障”的何等伪善！所谓“自由”、“平等”的《人权宣言》和宪法，正如法兰士(Anatale France)所讽刺的：“用着冠冕堂皇的正义，禁止桥下睡觉，沿路行乞及偷盗食物，不论贫富均应一体遵守”而已。

如果说过去资产阶级还提出过一些虚伪的“人权保障”的法案，那么进入帝国主义阶段以后，连这种形式的法案也是寥若晨星了。为资产阶级学者和改良主义者所颂扬为“染有不少社会主义色彩”和“昭示德意志民族政治生活的途径”的1919年《魏玛宪法》(如“右派分子”钱端升所著《德国的政府》一书中所称扬的)，却正是资产阶级“人权保障”的腐朽滥调的典型。《魏玛宪法》曾列举75条之多的条文来规定公民的基本权利和义务，却又在宪法第48条中赋予总统的“独裁权”及“强制执行权”。据此，总统可任意停止宪法中的各项人权。正是这些规定，垄断资本家利用了“自由”权利扶植了希特勒；希特勒在1933年上台后，又利用“独裁权”消灭了资产阶级民主、自由权利的最后残余。这就是资产阶级民主制“自由”发展的归宿。

现在，帝国主义垄断资产阶级，在最大限度利润的追逐下，早已抛弃了资产阶级所津津乐道的“法治”精神，正步着希特勒法西斯主义的后尘，践踏着当年所宣布过的即便是形式上的一些“人权”原则。例如，在英国有1919年的《警察法》，1920年的《紧急权力法》、《政府机密法》，1922年的《特别权力法》，1934年的《煽动叛乱法》，1936年的《公共秩序法》，等等。其中《煽动叛乱法》和《公共秩序法》是英国资产阶级政府摧残公民自由权利恶毒阴险的“杰作”。前项法律规定，只要法官认为某一地方有犯罪的可疑，就可以命令警察搜查，不管这些地方是否和犯罪行为有关，只要认为有可能诱导士兵不满的一本书、一份报纸、一封私人信件，都可作为证明这些文书的作者、印刷者、出版者的犯罪“证据”。《公共秩序法》认为游行、集会以至“侮辱性”的言语都是违反“公共秩序”的行为。第二次世界大战后，由于英国统治阶级的出卖民族利益而引起的国内人民的反抗美帝国主义的运动、“五一”节的游行示威等，都由于适用《公共秩序法》而被禁止了，并且，常以“可能发生骚乱”为理由，禁止共产党集会。

在美国，“人权”原则正在被《麦卡锡法》和《塔夫脱—哈特莱法》等反动法案所代替。根据这些法案，联邦调查局和众议院非美活动调查委员会的特务们，可以肆无忌惮地干预企业、机关、学校、电台等的事务；警察局可以对公民和进步组织逞凶肆虐，诬告他们犯了所谓“颠覆活动”的罪名；法院可以用来迫害美国共产党的领导人，把许多争取和平、民主与人权的活动家、工人投入监狱和集中营；资本家可以调集警察、特务对工人运动进行镇压，等等。

必须指出，在现今帝国主义国家中，警察、特务、法西斯分子对共产党和进步人士、劳动人民的非法迫害要比我们所能看到的迫害行为多得不可计数。“有法不依、有法乱依”和“无法无天”，这真是帝国主义国家的共同特点，它表明了帝国主义者已经不能再用骗人的“法治”来对付国内深刻的阶级矛盾了。

有人说，现今帝国主义国家里经常发生的罢工罢课运动，不就是“人权”的表现吗？资本主义国家里的一些共产党不正是为保卫这些人权而进行着斗争吗？

我认为，资本主义国家现在还经常有罢工、罢课运动的发生，这当然是事实。但还有一个事实，即随着罢工、罢课运动而来的，不正是资本家的军队、警察、特务暗探们对共产党员、工人、学生和进步人士的残酷迫害和成批地被投入集中营吗？如果这可算做“人权”之一的话，为什么不给予保障呢？为什么不对警察、特务的暴行加以惩处呢？显然，这是两个问题。罢工、罢课甚至还要武装起义来推翻资产阶级的政权，这不是资产阶级所要给予的人权，更不是资产阶级法律所要保障的，而是资本主义制度本身的必然产物。随着资本主义制度腐朽性的加强和阶级矛盾的尖锐化，这种斗争将日益发展和扩大，直至建立无产阶级专政的政权为止。列宁早就指出过：“只有把承认阶级斗争扩展到承认无产阶级专政的人，才是马克思主义者。”①在这一问题上，马克思主义与机会主义和无政府主义者的根本区别，就在于机会主义者是在资产阶级“民主制”面前焚香顶礼，幻想可以在这种制度下“实现社会主义”。机会主义者只是口头上卖弄“社会主义”，实际上他们根本不要解放工人阶级，他们的真正目的是使工人阶级永远束缚于资本主义奴役之下。无政府主义者则是根本否认一切专政，他们否认依靠现有条件去准备革命的必要。这样，他们只是一些离开现实条件，空喊“自由”、“权利”的人，实际上就是取消了革命胜利的可能。马克思主义者是脚踏实地来对待这一问题的，尽管资本主义制度下的“自由”、“民主”的权利是形式的、虚假的，但为了准备无产阶级革命，在一定的条件下无产阶级可以利用这种形式来进行公开的斗争，以便对本阶级进行教育和组织工作，壮大自己的力量，准备向资本主义发动总攻。但这一切都是为了推翻资产阶级统治和建立无产阶级的政权，并不是为了保持资产阶级的民主制度，更不是对资产阶级“人权”存在任何幻想。

现在，资本主义国家中的工人、农民和进步人士在共产党的领导下，正为着争

---

① ［苏］列宁著：《国家与革命》，木苍译，人民出版社1953年版。

取真正民主、自由的人权而英勇地和帝国主义者进行着斗争，这恰恰证明了资产阶级“人权保障”口号的彻底破产。只有至死不悟的资产阶级“右派分子”，才想再要“借尸还魂”的魔术来蛊惑群众。然而，这不过是救人稻草。伟大社会主义国家的宪法已经证明，只有在社会主义制度下，人民才能从资本的奴役下解放自己的人权，获得真正的人权保障。因为在这里，劳动人民真正成了国家的主人。

三、我国人民享有充分的人权保障，不容“右派分子”污蔑

“右派分子”在大肆宣扬早已破产了的资产阶级国家的“法治精神”和“人权保障”之后，接着就是竭尽无耻手法污蔑我们“缺乏人权保障”。为了驳斥这种谬论，首先回顾一下我国人民为争取人权解放而斗争的历史是必要的。

中国人民曾经长期生活在帝国主义和封建主义的黑暗统治下面。对于旧中国的这一情景，毛主席指出，“中国的特点是：不是一个独立的民主的国家，而是一个半殖民地的半封建的国家；在内部没有民主制度，而受封建制度压迫；在外部没有民族独立，而受帝国主义压迫”。[①] 因此，争民主、争自由权利的斗争构成了我国近代史中灿烂的一页。以康有为为首的改良派，曾企图不要根本改变封建制度而实行变法运动，可是受到以慈禧太后为首的反动派的镇压而失败了。孙中山先生曾抱着建立资产阶级共和国的理想，提出过“人权保障”的资产阶级民主口号，又被袁世凯反对了，随后他的革命又被蒋介石集团所篡夺而建立了法西斯专政。在那个黑暗的社会里，人民过的是牛马生活，美蒋特务、宪兵可以任意拘捕人民、搜查住宅，任意严刑拷打和杀害人民而不必根据什么法律，人民更没有其他的民主权利可言了。

在伟大十月社会主义革命的影响下，中国共产党举起了人类解放的旗帜，领导着全国人民，经过28年的英勇斗争，终于在1949年获得了人民革命的伟大胜利。这一胜利表明了，只有中国共产党所指引的道路——社会主义的道路，才是全国人民真正获得解放的道路，人民才能从奴隶地位变成国家的主人。

毛主席在《论联合政府》一书中指出：“自由是人民争来的，不是什么人恩赐的。”因此，在革命过程中，中国共产党从来就是把广大人民的民主、自由权利的要求，作为革命斗争纲领的重要内容之一，并且适应着革命发展的各个阶段，及时地用立法形式巩固了这些胜利成果。例如，《选举法》、《土地法》以及有关调整人民之间权利、义务方面的各种刑、民法规条例，为人民民主法制创立了基础；在全国解

① 《毛泽东选集》（第2卷），人民出版社1952年版，第530页。

放之后，又先后在《共同纲领》，特别是在《宪法》里巩固下来。我国人民所获得的这些权利，一开始就与一切资产阶级国家所宣布的形式上的权利不同。这不仅在范围上说是供给全国人民享受的，而且由于人民在经济上、政治上成了国家的主人，使充分实现这些权利成为可能。因为既然国家的一切权力属于人民，人民自己的国家自然不但不害怕人民实现各项权利，而是积极创造和帮助他们享受和运用各项权利。这从我们人民代表大会的组织和民主集中制的原则乃至选举法、劳动立法、土地立法等法规中也都反映了这一特点。

由此可见，在共产党领导下的、强大的人民民主专政的政权性质和我们优越的社会主义制度，正是我国人民享有充分权利的出发点，是实现这些权利的根本保证。

然而"右派分子"与一切反动派一样，企图把社会发展的巨轮拉向后退，总是要回避历史。他们抹杀我们的政权性质和社会主义制度与剥削阶级国家的根本区别，却抽象地来谈论"人权保障"问题，从而把我国人民民主法制描绘成"无法可依，有法不依，有法乱依"。说什么由于我们对"人民的基本权利的保障及一般社会关系的调整最有密切关系的刑法典，刑事诉讼法典，民法典，民事诉讼法典等至今还没有颁布，什么是合法的，什么是违法的，什么不是犯罪，什么是犯罪，以及应如何处罚等，在好多场合，一般人固然无从知道，就是侦查、检察、审判人员也没有统一明确的标准足资遵守"。因此，"无论在刑事或民事方面都难免使坏人感到无所顾忌，好人感到缺乏保障"。①

显然，这在理论上来说是反动的，对事实来说是无耻的歪曲、造谣。

首先，前面已经说过，任何企图离开政权性质、社会制度来谈法律，都只是帝国主义者用来骗人的反动理论。难道劳动人民能够享受资产阶级《人权宣言》中所宣布的政治权利、经济权利吗？尽管资产阶级国家宣布过许多"人权保障"的法案，但劳动人民仍然是被统治、被剥削的阶级。蒋介石反动统治时期也颁布过"六法"，在其垂死时候还制定过伪宪法，可是它对人民却仍然实行着法西斯专政。

其次，就事实而论，我们也并不是"无法可依"的。大家知道，我国革命政权建立之后就很好地运用了法律这一专政的武器。在全国解放以后，随着经济的发展和革命斗争形势的需要，制定了体现工人阶级建设社会主义愿望的法律。这些法规基本上包括了调整国家事务与公民生活各方面的关系。例如，众所周知的国家根本大法——宪法，已经对我们国家的政治、经济、立法、国家机构等各个方面作了原则而周密的规定，《宪法》的第三章专门作了保障公民基本权利和义务的规定。

① 杨兆龙在"我国重要法典何以迟迟还不颁布"问题的座谈会上的发言，参见《新闻日报》1957年5月9日。

此外如《土地改革法》、《农业合作社示范章程》、《婚姻法》、《惩治反革命条例》、《惩治贪污条例》、《劳动改造条例》、《逮捕条例》以及《人民法院组织法》、《人民检察院组织法》等，基本上包括了民事、刑事和诉讼方面的制度和原则，是限制反动分子，使他们不得乱说乱动，而保障人民的权利的。

诚然，我们还没有颁布刑、民法典，但是我认为，制订法典只是立法的形式之一。我们的立法是为社会主义革命的崇高利益而服务的，是根据革命的实际需要而发展的。当社会具体情况需要一整套的刑法典、民法典时，国家就制定刑法典、民法典；当社会还不需要一整套的法典时，国家就颁布一些暂行条例、决定、指示等来作为共同遵守的工作规范。而且也只有这样，才是最符合于群众的利益的，因为在这时期，经济、政治各方面的变化很大，阶级斗争界限很明显，群众需要的不是复杂而难以理解的条文，而是要求有简单明确、便于自己掌握的政策、法令，才既能及时保障自己的利益，又能推动革命运动的深入发展。所以，在革命暴风雨时期不颁布一套"完备而专门化的法典"，正是从保障广大人民的利益出发的，并不是什么"没有完备的法典就不能保障人民的基本权利的"。

同时，由于我们的法，是人民群众革命斗争的产物，党和政府总结了这些斗争经验，制定了政策、法令等法规，再向群众进行广泛的宣传教育，对一些重要法规甚至还结合各种运动进行，如《婚姻法》等。因此，政法干部更能正确执行这些法规，而人民自己也最易了解这些法规的内容，知道什么是合法与违法，什么是犯罪要受到惩罚。例如，《镇压反革命条例》、《土地改革法》等，不正是由于人民群众自己了解了谁是地主、反革命而惩办了这些坏人吗？不正是由于在运动中，提高了阶级觉悟，分别出好人与坏人而进一步保障了人民权利，使社会秩序更加安宁了吗？试问，在任何剥削阶级国家里能有如此为人民群众所了解和拥护的法律吗？没有，也不可能有。这是只有在人民自己真正做了主人的社会主义国家里才能有的现象，这也就是我们人民民主法制优越性之所在和巨大威力的源泉。

那么，"右派分子"为什么又要如此颠倒黑白，把群众和国家工作人员都认为"无法可依"，污蔑为"一般人都无从知道"和"没有统一明确的标准"呢？污蔑什么"坏人感到无所顾忌，好人感到缺乏保障"呢？

问题在于，"右派分子"并不真正要使人民都能知道法律，因为这与在革命暴风雨时期要求制定"内容比较具体细密而专门"（杨兆龙语）的法典的说法，显然是矛盾的。因此"右派分子"在这里只是耍了一个花招，实际上，他们所害怕的正是人民群众知道自己的法，运用法来保卫自己的权利，因为这样一来，他们的阴谋活动就会被揭穿了，他们认为的"好人"——地主、反革命和一切反动派的人权就要"感到缺乏保障"了，就难逃人民的法网了。

问题还在于，"右派分子"对"好人"与"坏人"划分的界限与我们不同。因而对待的态度也不同。他们不是在叫嚣着什么“肃反肃了好人”，说肃反是“侵犯人权，侵犯人身自由权”。然而我们却认为，由于肃反肃清了大批反革命分子，打击了坏分子，而使社会秩序更安宁了，使好人——全国人民的权利更有保障了。至于“侵犯人权”，那么我们要指出，我们的人权只是给全国人民的，对于一切反动派来说，则没有什么权利可言。况且我们的肃反运动是根据宪法的，同时对每个反革命分子的处理都是经过严密调查、核对事实后根据法律判决执行的。这怎能说是侵犯人权呢？显然，这里除了说明“右派分子”对我国人民在行使保卫自己人权的行动表现出刻骨仇恨之外，是不能说明什么的。

正因为如此，所以毫不奇怪，他们在另一方面就来大肆攻击我们的政法干部、特别是工农干部，说“只知道立场、政策、而不懂法律”，因此“发生了一些不应有的错捕、错押、错判的情况”。他们甚至疯狂地大骂道，“现在审判员既执法，又立法，真是封王了，人权又从何取得保障”（!?）（“右派分子”李国机语）

必须指出，我们的人民民主法制是工人阶级领导的人民群众通过国家机构表现出来的自己的意志，它是代表了广大人民的利益的。因此，我们的政法干部与一切剥削阶级的官僚不同。他必须具有为革命事业忠诚，忠心耿耿为人民革命事业服务的立场，必须要忠实地按照党和人民政府的政策办事，才能与违法乱纪的行为作斗争，保障人民的利益；因为共产党的政策是正确而集中地反映社会发展规律和人民的利益的，政策是法律的灵魂，而法律是政策的条文化、具体化。任何法律，都不可能把错综复杂的社会现象包含无遗，就是有了民法、刑法和民刑诉讼法典，也还必须掌握政策精神去运用法律，才能准确地贯彻和执行法律。因此，我们与“右派分子”的谬论完全相反。我们认为，只有站在人民最高革命利益的立场上，只有懂得党和人民政府的政策，才能很好地执行法律（当然，法律与政策还是有差别的，但是二者都是统治阶级意志的体现）。在司法改革暴露出来的问题中可以看到，一些旧法人员，他们站在地主、资产阶级的立场上，不愿贯彻党和政府的政策、法令，对反革命分子强调“时效”、“不咎既往”，对不法资本家虐待工人的行为借口“契约关系”、“自由意志”等为他们开脱罪过。试问，难道这样的人能够保障人民的基本权利吗？显然不能。反之，在司法改革后，由于纯洁了司法工作者的队伍，批判了旧法观点，同时配备了大批的工农干部，从而使人民的司法工作获得了巨大的成绩。大家知道，几年来法院处理的案件是正确的，偶然有极少数错判的案件，也本着“有错必纠”的精神，进行过多次的清查和改正，这就有效地保障了人民的权利，打击了反革命分子和坏分子。可见，“右派分子”说什么工农干部“不懂法律”而“发生了一些错捕、错押、错判的情况”，是毫无根据的。

此外，“右派分子”所谓“现在审判人员既执法、又立法”的谰言也是弥天大谎。谁都知道，我国《宪法》规定了严格的法制统一的原则。全国人民代表大会是行使国家立法的唯一机关(《宪法》第 22 条),其他一切国家机关都无权制定法律,各个国家机关的活动都必须依照法律和符合法律。至于人民法院在执行法律方面,则《人民法院组织法》也已有明确规定,如实行公开审判制、辩护制、人民陪审员制、合议制和审判委员会,等等。再如,为了准确有效地打击犯罪分子,保障公民的合法权利,防止错案的发生,人民检察机关、公安机关、法院之间还作了互相配合、互相制约的严密规定。所有这一切规定都清楚地表明,我国宪法中规定的公民权利,是受着人民民主法制的各项制度和法律所保障的。"右派分子"硬要睁眼不看事实,大肆污蔑我们的审判人员和审判制度,其用心是很明显的。我们且不妨看一下他们提出的主张。他们提出应该制定"冤狱赔偿法"、"公务员惩戒法",成立"平反委员会",等等。这就是说,对"镇反"和"肃反"要进行"翻案",要向反革命分子"赔偿",保障他们的"人权",让他们出来继续进行破坏活动。而对积极保卫我们社会主义事业的国家干部,特别是工农干部,则要制定"公务员惩戒法"来"惩办"。试看,这些杀人魔王的本性在这里不是全部暴露出来了吗?如果按他们的主张,不就是要让中国人民重新回到蒋介石法西斯统治的时代去吗?但是"右派分子"应该清醒些了,屠杀人民的时代已是一去不复返了。中国人民既能争得自己的权利,也能保住自己的权利;中国人民与帝国主义者和蒋介石反动派经过长期的流血斗争,因此更能识破"右派分子"的一切阴谋手法。"右派分子"企图从污蔑我国"缺乏人权保障"开始,向人民民主法制进攻,以达到否定我国社会主义制度,把历史车轮倒转回去的目的,其结果只能是在历史车轮下被碾得粉碎。

(1957 年第 6 期)

杨兆龙否定法律阶级性的反动性

梅文秋*

一、法律是有阶级性的

资产阶级的众多法学家从来不敢暴露法律的实质,他们总是竭尽心机地替本阶级的法律穿上五颜六色的外衣,公开否定法律的阶级性。

资产阶级"右派分子"杨兆龙与他的老祖宗是一丘之貉。早在解放初期,杨兆龙就利用在南京大学教书的机会,公开传播法律是超阶级的反动论调,说:"国民党六法全书好比一把刀子,既然反动派可以拿在手上杀人民,今天人民亦可拿在手上杀反动派"。在去年11月写的一篇题为《法律的阶级性和继承性》一文中,杨兆龙又说:"法律中有许多规范的阶级性不表现在规范的本身,而表现在谁运用它们或用它们来对付谁。"杨兆龙提出这些反动主张,显然是蓄意否定法律的阶级实质,公然把法律说成是一个纯粹技术性的、可以流于各个不同性质的社会,为各个不同阶级服务,而不是阶级镇压的工具。

但是大家知道,法律绝不是什么技术性的东西,更不像"右派分子"杨兆龙说的是人类"长期经验智慧的积累",而是统治阶级为了维护自己的阶级利益和统治,为了巩固和发展它的经济基础,便通过国家来制定各种法律,借以按照统治阶级的意志去调整人们的相互关系。

马克思列宁主义者从不否认法律的阶级性,并公开认为无产阶级的法律和剥削阶级的法律是两种根本对立的社会现象,体现着两种根本不同的阶级性。地主和农奴,资本家和工人之间,由于他们是统治与被统治、压迫与被压迫的关系,他们的阶级地位与经济地位全然不同,他们的利害关系根本对立,自然也就不可能有共同的法权意识。"国民党的全部法律只能是保护地主与买办官僚资产阶级的反动统治的工具,是镇压与束缚人民群众的武器",①它和劳动人民的利益是绝对冲突的。因此,当工人阶级取得了政权以后,自然必须彻底废除国民党的"六法全书",制定代表工农大众的意志和利益的法律。这种法律和剥削阶级的法律完全不同,它是保护广大人民的利益,保证社会主义建设和社会主义改造事业的顺利完成,是

---

* 作者单位:华东政法学院(现华东政法大学)。

① 参见《中共中央关于废除国民党的六法全书与确定解放区的司法原则的指示》。

无产阶级专政的有力武器，它的锋芒是针对着剥削制度和剥削者的。

所以任何一个社会的法律，从每一条文、每一细目到整个体系，无不烙上这个阶级的烙印，体现它的阶级本质。超阶级、超政治的法律从来是没有的。

二、杨兆龙否定法律的阶级性

"右派分子"杨兆龙写的这篇《法律的阶级性和继承性》的论文，是一篇彻头彻尾的反马列主义、反社会主义法制的带有纲领性的反动挑战书。首先，他以形而上学的方法从表面来分析法律的阶级性，而不从它的政治实质来进行分析。他提出从"法律规范本身"来看，甚至还把它拆散开来，从一条一句来看它是于统治阶级有利还是于被统治阶级有利。其次，他用一些似是而非的、没有真实内容的抽象词句如"正义的和非正义的"、"主导性的和辅佐性的"等来区分法律规范的性质，并且还说资产阶级制定法律"往往是无计划的"。杨兆龙就是用这种资产阶级的欺骗手段来掩盖以至否定法律的阶级性。为了揭穿他的政治阴谋，这里就他文章中关于法律阶级性的几个主要反动论点加以批驳：

第一，杨兆龙说："旧社会采用过的法律规范在新社会里，因为社会经济的及政治文化的具体条件不同，可以具有新的内容而发生不同的作用。""为不同的阶级服务，从而表现出不同的阶级性。"在这里，杨兆龙特别举出"不得杀人，杀人者处死刑或徒刑"及"不得盗窃财物，盗窃财物者处徒刑或死刑"为例，企图证实他这个反动的论点。但社会发展的本身，却说明了杨兆龙的这个反动论点是不符合事实的。

杨兆龙所举的这些例子无论如何也抹杀不了作为某一特定社会的法律的阶级性。因为任何社会上掌握统治权的阶级，在制定每一种法律时必先考虑到怎样才能符合自己的政治目的和阶级利益。脱离一定社会中的阶级斗争的要求而制定法律是永远没有的。"不得杀人，杀人者处死刑或徒刑"的规定，在奴隶社会、封建社会、资本主义社会和社会主义社会是各不相同的，都有其强烈的不同的阶级内容。在奴隶社会，奴隶是被视作牲畜，奴隶主可以任意地大批屠杀奴隶，但如果奴隶杀害主人时，与这奴隶同住一屋的全体奴隶就会被判处死刑；不仅如此，奴隶主还可以任意迫使奴隶在斗技场上互相殴斗残杀来供自己观赏。在封建社会，欧洲的地主"可活活地把农民打死，高兴时，甚至可以斩首"。[①] 中国封建时代的王侯和地主，对于一般平民也操生杀予夺大权。常言道："君要臣死，臣不得不死。"但如果

---

① 参见《马克思恩格斯全集》(第 8 卷)，俄文版，第 125～126 页。

老百姓伤及王侯大臣,就要株连三族。同样,在资本主义社会,资本家杀死工人,审判官和检察官从来就没有给杀人者判处过死刑。可见,剥削阶级国家之所以有"不得杀人,杀人者判处死刑或徒刑"的规定,它的锋芒绝不是指向统治者和有产者,而是为了镇压劳动人民的反抗。其阶级性还是十分明显的。反过来,在我们人民民主专政的新中国,对于无故杀害好人,也给予刑罚。但死刑只是一种临时性的刑罚,是针对过渡时期阶级斗争的状况而提出的,它的锋芒主要是指向有严重罪行的反革命分子和其他犯罪分子;而且在实际适用上,我们也是尽量做到少杀长判,或采用"死缓",让他们在劳动中改造。而在苏联,死刑也仅仅适用于若干重大的叛国犯。因而这里的阶级性同样是十分明显的。应该说,杨兆龙提出的"旧社会采用过的法律规范在新社会里,因为社会经济以及政治文化的具体条件不同,可以具有新的内容而发生不同的作用"的这个反动理论是别有用心的。他的目的显然是阴谋否定法律的阶级性,从而把旧社会的法律规范渗入到新社会中来。这种用心是可耻的。

第二,杨兆龙认为一个法律体系内的法律规范,其阶级性并不都是一样强的。他形而上学地把法律规范分成主导性的和辅佐性的两大类。认为主导性法律规范的阶级性是"和当时统治阶级的具体阶级性一致的",所以"往往只能用于某一个特定阶级及社会";但辅佐性的法律规范则不同,由于它们"大都是辅佐主导的法律规范",它的"本身不一定表现得出具体的阶级性",所以"往往可以用于各种不同性质的阶级社会",如诉讼程序的法律规范等。从这个反动论点出发,杨兆龙认为"主导性的规范是纲领,是主干",而"辅佐性的规范是细则,是枝叶","主导性规范的变动是可以改变法律的本质","而辅佐性规范的变动则往往无伤于大体"。杨兆龙这种反动观点,显然是不能被同意的。

前面已经说过,"法律是阶级镇压的工具",任何法律都有阶级性,其阶级性是统一的。就资本主义社会而论,法律的种类虽然繁多,形式不同,但从其阶级实质来看,仍然是在各个方面,从不同的角度来保护资产阶级的利益,完成统一的阶级任务。只在有些时候,资产阶级为了蒙骗人民,其中有的法律规范是比较公开地表现出资产阶级的意志,有的则是较隐蔽地表现出资产阶级的意志;有的是间接的,有的是直接的;有的是正面的,有的却是侧面的。但无论公开或隐蔽,间接或直接,正面或侧面,这些规范仍然像一条链环,全部环节都紧密地联系着,构成资产阶级的一整套的法律体系。以伪国民党颁布的"特种刑事案件诉讼条例"为例,这个条例的第24条规定:"汉奸、盗匪经宣告死刑者,如于该管区域内镇压匪乱、维持治安确有重大关系时,原审法院得先行摘叙犯罪事实、证据及必须紧急处分之理由,电请最高法院就死刑部分予以核准,随后补送卷宗证物。"这里所谓"镇压匪乱",显然是指镇压中国共产党人有功而言。这就是比较隐蔽的一种。若照杨兆龙的说法,民刑法是主导性的,民刑诉讼法是辅佐性的。这么说来,诉讼法就是没有阶级性,或比民刑法的阶级性弱些了。这显然是不对的。我们不妨引证一下马克思的一段话。马克思曾经指出过实体法和诉讼法的内容与形式都是统一的。他说:"如果诉讼除掉是无内容的形式而外,便不成其为什么东西的话,那么这种徒具形式的诉讼就没有任何独立的价值了。"这样说来,如果把中国的法加上法国诉讼的形式,那么它就变成法国的法了;但是实体法有它的必须具备的诉讼形式,正如中国的法需要笞杖,中世纪残酷的刑法需要体刑(拷打)来作为诉讼形式一样,公开的自由的诉讼也必须具有在本质上公开的,以自由为意旨而不以私利为意旨的内容。因而,马克思认为,"诉讼和法是彼此密切联系的,就如植物和植物的形体,动物和动物的血和肉相联系一样。诉讼和法律应当表现同一种精神,因为诉讼只是法律生命的形式,因而也就是法律内在生命的表现"。①

用马克思这段话来考察一下杨兆龙在论文中提到的如下的一个例证也是很有好处的。杨兆龙说:"在社会主义国家内关于确立公有财产制的法律规范是主导性的,而关于保护公有财产制的方法的规范则是辅佐性的。如果将前者废除或加以基本改变,则社会主义的法律将失去其社会主义的特点;如果将后者删去或吸取资本主义国家的法律规范以替代之,那就不一定会发生这么大的影响。"从杨兆龙这段话中不难看出,他把确立公有财产制的法律规范是当做纲领性的东西,这一部分的"法律规范的阶级性是和当时统治阶级的具体阶级性一致的",而对于保护公有财产制的方法的规范则仅仅被看做细则,或者称做技术性的东西,这部分法律规范的本身是"不一定表现得出具体的阶级性"的,它可以"移植到资本主义国家去",也可以"吸取资本主义国家的法律规范以替代之"。在这里,杨兆龙显然是把"纲领性"的法律规范和"细则性"的法律规范完全割裂开来,看做彼此毫无联系的、命运各不相关的、独立自存的两种东西。按照杨兆龙的这个说法,似乎连国民党的民刑诉讼法以及国民党所制定的许多规章、条例都是细则,只要稍加修改就可以移植到新社会中来。显见,杨兆龙之所以把法律规范分成主导性的与辅佐性的两大类,他的着眼点也在这里。

第三,杨兆龙认为剥削阶级国家的法律不只有一个阶级性,也就是多阶级性的。他以为剥削阶级的国家统治权"不一定完全掌握在一个阶级手中,它可能在某个发展阶段掌握在几个不同的阶级手中",这从他们的议会中各党派或成分所占的席次可以看出来。他们"往往是势均力敌的。他们维护着不同阶级的利益。因此他们所制定的法律也是反映着不同的阶级立场"。尤其在某些资本主义国家中,"进步力量强大到和敌对力量相等或超过它,而在议会中力量的对比上得到相

① 《马克思恩格斯全集》(第1卷),俄文版,第257~258页。

应的反映的时候，则议会所制定的法律就不可能反映一种阶级性”。根据这种观点，杨兆龙对法律的阶级性提出一个十分荒谬的结论。他说：“法律的阶级性在任何时代，任何国家必然是统一的——这种说法是值得考虑的。”

马克思列宁主义始终认为，同一个国家的法律是只有一个阶级性的，因为在一个国家内，在某一阶段，当资产阶级还没有立刻实行独占的时候，国家的统治权虽然由几个阶级联盟所掌握，但其中毕竟有一个阶级居于主导地位。即以杨兆龙所举的法国大革命初期的制宪会议为例，组织成员中虽然有僧侣及贵族代表，也有新兴的资产阶级代表，但从当时的阶级力量的对比来看，资产阶级还是占据主导和支配的地位，三级会议只是一种以资产阶级为主的妥协形式，它所制定的法律还是受当时的资产阶级的意志所支配的。《中共中央关于废除国民党的六法全书与确定解放区的司法原则的指示》中指出：“反动统治阶级为了保障其基本的阶级利益（财产与政权）的安全起见，不能不在法律的某些条文中一方面照顾一下它的同盟者或它试图争取的同盟者的某些部分利益，企图以此来巩固其阶级统治。”由此证明，在某种社会情况下，由于统治阶级内部阶层或阶级的妥协，统治阶级在某些法律条文中虽然照顾了一下它的同盟者的利益，但其立法用意既然是统治阶级为了保障自己的基本的阶级利益，因而这些法律条文仍然是体现这个统治阶级的意志。至于杨兆龙所说的“势均力敌”的局面，是不可能长期存在下去的。因为辩证法告诉我们，事物总是行进的，绝对静止的局面是没有的。一个国家内的阶级力量的发展也是如此，如果这个国家内部的阶级力量出现如杨兆龙所说的“势均力敌”的局面，那么这个国家必然陷入混乱的无政府状态。这是毫无疑问的。何况，剥削阶级取得统治地位除了它本身所具有的力量以外，往往还会受到外来势力的影响、支持，这种情况在一些较小的国家和附属国中表现得尤其明显。

在现代资本主义国家里，由于进步力量的不断壮大，反抗反动统治的力量不断加强，掌握统治权的反动阶级，为了“敷衍一下它的根本敌人——劳动人民”，①借以保持本阶级的长远利益，在议会所制定的法律中，有时在表面上也可能被迫对进步力量作某些极有限度的让步，暂时列入某些对进步力量仿佛有利的个别条款，企图以此来缓和一下反对它的阶级斗争，使自己得到喘息的机会，或维持一下偏安的局面。但当反动统治阶级的力量一旦得到补充和调整的时候，以前议会所通过的这些个别有利于进步力量的法律条款，就会被抛到九霄云外。即以意大利为例，1947年制宪会议所制定的宪法，的确规定了较多的民主，较多的自由权利，甚而将意大利共产党当前所要求的政治目标——实现结构改革的一些民主原则也规定进去，但这样是否可以说意大利宪法已经具有两重性呢？显然是不能这样说的。它

① 《中共中央关于废除国民党的六法全书与确定解放区的司法原则的指示》。

仍然是资产阶级的宪法。因为1947年意大利制定这个宪法时,由于进步力量在制宪会议中取得一定的优势,虽然迫使资产阶级统治集团不得不作某些形式上的让步,但更根本的,宪法中依然确保资本主义的所有制,国家的政治统治权也仍然掌握在资产阶级的手中。这样,宪法中所规定的这些极有限的形式上的民主、自由,就只能是资产阶级用来欺骗笼络人民的一种虚假的把戏。这正如陶里亚蒂同志在意共第八次代表大会的报告中所指出的:"不能够把宪法中狭义的政治条款和它的社会经济内容割裂开来。而我国现有的民主,从内容上说,仍然是有限的而且虚假的,同时还受到统治者自己的不断威胁。"①

第四,杨兆龙认为统治阶级制定的法律,有时"在实际作用上它们却反映着被统治阶级的阶级性"。他说:"因为劳动人民的觉悟一天天提高起来,反抗反动统治的进步力量也一天天壮大起来。掌握统治权的资本家及其伙伴们不得不对进步人民的要求作一些让步。因此,出现了一些对进步人民比较有利的法律"。"在这些法律中,被统治阶级意志表现的程度无疑要比统治阶级意志表现的程度强得多",实际上"却反映被统治阶级的阶级性"。

不能否认,在现代资本主义国家中,资产阶级受到劳动人民的强大力量的压迫,不得不作某些形式上的让步,因而在资产阶级所制定的某些法律条文中,也的确出现过一些对人民比较有利的辞藻。但跟着而来的,是通过其他法令、附则及行政上的各种压制与恐怖措施来阻挠它的实现,或根本取消它。例如,1791年12月15日美国《宪法修正草案》第1条规定:人民有信仰、言论、出版、结社和向政府请愿申冤之权。但是,今天当美国人民真正起来要求实现上述宪法规定的权利时,垄断资产阶级集团不仅不提供实现上述权利的任何保障,相反,通过了一系列的反动法律,如反劳工的《塔夫脱—哈特莱法》、《国内安全法》和《共产党管制法》等,这在实际上就取消了美国《宪法修正草案》第1条所规定的民主内容。同样,伪《中华民国宪法草案》第2条规定,中华民国之主权属于国民全体。第13条和第16条都分别规定了人民有言论、著作及出版之自由,人民有集会及结社之自由的条款。伪《中华民国宪法》第7条更规定:"中华民国人民,无分男女、宗教、种族、阶级、党派,在法律上一律平等。"但谁也不会忘记,在伪国民党执政的数十年间,劳动人民并没有由此享受到丝毫的所谓民主、自由、平等的权利,而恰恰相反,当权的国民党反动派却有随意杀害及禁锢爱国民主人士和中国共产党人的自由,也有随意迫害进步报刊如《新华日报》和《生活周刊》的自由。至于目前在资本主义国家所最常见的,是禁止游行,驱散集会,封闭、捣毁报馆以及特务、暗探跟踪等情况。人民的基本权利已横遭摧残。例如,美国政府可以用"莫须有"的罪名把卢森堡夫妇的性

① 《意大利共产党第八次代表大会重要文件汇编》,第50页。

命葬送在电椅上，黑人歌唱家罗伯逊仅因到过苏联访问，就被“囚禁了七年，而却一直未曾受审”；①再如不久前发生的法国共产党中央委员会和它的机关报办公所在地遭到捣毁也正说明了这一点。斯大林同志说得好：“资产阶级的宪法通常是以规定公民的形式权利为限，而不注意实现这些权利的条件，实现这些权利的可能，实现这些权利的物质条件。他们畅谈公民平等，可是他们忘记了，如果资本家与地主在社会上占有财富和政治权威，而工人与农民却没有财富和政治权威，如果资本家和地主是剥削者，而工人和农民是被剥削者，那么工厂主与工人间，地主与农民间，就不能有真正的平等。又如他们畅谈言论自由、集会自由、出版自由、可是他们忘记了，如果工人阶级不能拥有适当的会场、良好的印刷厂，充分的印刷纸张等，那么这些权利对于工人阶级来说便是空话。”②

这里还不妨拿杨兆龙说的资产阶级所承认的罢工权的法律为例。资产阶级承认罢工权的法律，是资产阶级在工人阶级的斗争压力下，为了给工人罢工划好一定的范围，规定一定的限制，借以变相地取缔和限制工人的罢工。因而资产阶级承认罢工权的法律，只能是对资产阶级有利，体现资产阶级的意志，而不可能体现工人阶级的意志。这也是显而易见的。事实上，资产阶级及其伙伴们对待工人的罢工，经常的、主要的手段就是暴力镇压、大批逮捕，就是用警棍和开枪射击工人的游行队伍等。何况工人为了生活和生存起来罢工时，事实上也是绝不会去向资产阶级的国家机关挂号登记，取得它的认可的。

即使没有承认罢工权的法律，工人阶级还是一样罢工的。因此，我们考察资产阶级的法律，不能光从它的个别虚伪的条文的表面来看，而要看这些法律在当时的阶级斗争中和对统治地位所起的作用如何。

在阶级社会中，法律是不可能有代表共同意志的“全民性”的法律，更不可能有反映被统治阶级意志的法律。如果法律走到对被统治阶级一视同仁，而对统治阶级的利益漠不关心，那么法律就成为超阶级、超政治的法律了。但这样的事实是从来没有的。

三、杨兆龙否定法律阶级性的政治阴谋

杨兆龙的《法律的阶级性和继承性》一文发表后，在法律界引起各种不同的反

① 罗伯逊对《黑檀》杂志的记者控诉说：“我被囚禁了七年，然而我一直未曾受审……我被阻止从事作为一个艺术家的活动。这意味着我被剥夺了做一个完全的人的权利。”《人民日报》1957年11月12日。

② [苏]斯大林著：《列宁主义问题》，唯真译，外国文书籍出版局1950年版，第683页。

应。杨兆龙本人也曾对人说过，他只是在学术上提出了一些个人“创见”。杨兆龙说这句话的用意，一方面是自我欣赏，同时也是做贼心虚，特地披上一件外衣。但尽管杨兆龙要弄各种手段，也难以掩盖他否认法律的阶级性的真正用意。可以肯定地说，《法律的阶级性和继承性》这篇文章，绝不是什么学术上的一些个人创见，而是杨兆龙利用百家争鸣的时机，披着学术研究的外衣，明目张胆地进行政治阴谋。

首先，杨兆龙在文章中虽然屡屡用到阶级性的字眼，但根据他的荒谬分析，实际上是把法律变成超阶级的或抽象的不可理解的东西。要是按照杨兆龙的观点，法律就不是统治阶级意志的表现，不是阶级镇压的工具，而是“全民性”的法律，于是我们也就无须起来反对旧的法律，彻底粉碎旧的法律了。这样的后果必然是模糊了劳动人民的视线，引导劳动人民不去仇视、蔑视一切反动时代所制定的反人民的法律和法令。

其次，杨兆龙在字面上虽然没有公开反对中共中央关于彻底废除国民党的六法全书的指示，但他否定法律的阶级性，是作为旧法可以继承的理论根据的。他就说过：“要解决法律的继承性问题，必须先进一步研究法律的阶级性。”可见杨兆龙否定法律的阶级性，主张法律的继承性，实际上就是公开反对中共中央关于彻底废除国民党的六法全书的指示，主张复活国民党的反动法律和法统，而不承认今天我国人民民主专政的法律、制度。杨兆龙这个反对人民民主法制，企图使资产阶级法制复辟的野心，在以后发表于上海《新闻日报》的《我国重要法典何以迟迟还不颁布》一文中进一步暴露无遗。

最后，杨兆龙在否定法律的阶级性的同时，还竭力赞扬了资产阶级的法律，恶意诋毁社会主义法制，甚至说我们无法。更恶劣的，杨兆龙尽管承认有的法律规范是不正义的反人道的，可是他没有指明它是哪一个阶级的法律。而且他所提出的，如“不尊重诉讼当事人或刑事被告人的诉讼权利的法律；推定刑事被告人为有罪，以禁止上诉为原则，以刑事被告的自白或证人的证言为定罪的唯一基础，而不考虑自白或证言的真实性的法律；对于犯罪构成要件、刑罚种类、量刑标准、执行方法等漫无规定或基本上规定不明确，从而造成审判及执行人员的专横武断的法律”等，是在故意歪曲、污蔑、影射社会主义和人民民主国家的法律。而杨兆龙所谓正义的法律，如“限制政府机关职权，明确政府机关办事程序，以防止专横渎职及官僚主义的法律；主张罪刑法定主义的法律”等，却是资产阶级法学家所提倡的。如大家所知道的，国民党的各种特别刑法，有如《戡乱时期危害国家紧急治罪条例》是主张罪刑法定主义的，而《中华人民共和国惩治反革命条例》是采用类推办法的。如果按照杨兆龙的说法，是不是说国民党的各种特别刑法是正义的，是符合人民要求的，而我国现行《惩治反革命条例》却反而是非正义与不符合人民的要求呢？从这里可以看出杨兆龙所拥护的是什么阶级的法律，所反对的又是什么阶级的法律。他故意用各种手法来抹杀法律的阶级界限，目的何在，是大家所能看得清的。

总之，“右派分子”杨兆龙否认法律的阶级性，主张旧法应该为新法所继承，是他的反共、反人民、反社会主义法制的整个政治阴谋的第一枪；这一枪是和其他“右派分子”的阴谋活动互相合拍的。为了捍卫马克思列宁主义的法律理论，巩固人民民主专政和维护社会主义法制，必须坚决地回击它，彻底地粉碎它！

（1957年第6期）

驳杨兆龙关于法律继承性的谬论

潘念之*

【编者按】 发表于《华东政法学报》1956年第3期的杨兆龙的《法律的阶级性与继承性》,公然反对马列主义关于法的基本理论,否定法律的阶级性,借以掩盖剥削阶级法律的反动性;强调法律的继承性,企图国民党反动六法的复辟;是披着学术外衣进行政治阴谋的反动文章。杨兆龙这篇反动文章披露以后,《法学》1957年各期都有过严厉的驳斥,各地法律界也都进行了不少的批判。资产阶级"右派分子"的反动主张,不论怎样隐蔽,经过读者的鉴别和批驳,是很容易被揭发和击溃的。经过一次斗争,获得一次锻炼,也进一步扫除了资产阶级残留下来的毒素。但不能希望一次就扫清了。从这一年来对杨兆龙谬论的批判来看,大家对于法律阶级性问题的看法是一致的,对于法律继承性问题却有一些分歧。因此,对杨兆龙谬论的揭露和批驳还不够彻底。这里发表了潘念之同志的文章,对杨兆龙的旧法全盘继承论,再进行一次批驳;希望同志们对这个猖狂的"右派分子"的谬论,予以更狠更透的反击,使它彻底粉碎。

一、杨兆龙旧法继承论的荒谬

杨兆龙对于法律继承性的论断,是以他对于法律阶级性的荒谬分析为根据的。他用种种谬论,完全否定了法律的阶级性,因而也就主张旧法的全盘继承。这里把他关于继承旧法的谬论,分为四点加以批驳。

第一,杨兆龙认为,许多法律规范的阶级性是不固定的,并非永远具有原来的阶级本质,是随着各个时代的社会经济及政治文化的条件而变化。因而"同一形式的法律规范在不同的社会经济及政治文化条件之下,可以具有不同的内容,为不同的阶级服务,从而表现出不同的阶级性"。他并举出"不得杀人,杀人者处死刑或徒刑","不得窃盗财物,窃盗财物者处徒刑或死刑"的两个例子,以为这些规范同样可以适用于奴隶社会、封建社会,资本主义社会及社会主义社会,为各个社会

* 作者单位:华东政法学院(现华东政法大学)。

服务。①

杨兆龙这个说法是十分荒谬的。任何法律都有其具体的政治内容，绝不是抽象的空洞条文。法律体现统治阶级的意志，也就是这个阶级的物质生活条件所反映的。它完全从这个社会的所有制和生产关系出发，紧紧地保护着统治阶级的利益。当社会起了变革，出现了另一种新的所有制和新的生产关系，换了新的统治阶级的时候，他们的物质生活条件也就和旧社会的统治阶级有所不同。因此也必须用另一些办法来保护他们的特定利益，而不是过时了的不相适应的旧法律。所以具体的法律只能为具体的阶级服务，绝不是同一法律可以适用于不同社会而为不同阶级服务的。

譬如，奴隶社会以奴隶主占有奴隶劳动这一生产关系为基础，法律把奴隶看成一种物品，规定奴隶为奴隶主所有，允许奴隶主任意买卖奴隶，并可随便打死他们，并不为罪。封建社会以封建主剥削农奴劳动的生产关系为基础，法律规定地主统治农奴的特权，不仅允许王公、贵族、僧侣、豪门占有农民的劳动成果，可以随意支使和拷打他们，还可以把他们连同采邑一起分割让渡。资本主义社会以资本家剥削工人劳动的剩余价值的生产关系为基础，法律保障私有财产的绝对性，保障自由竞争，而使劳动者陷于失业和贫困，陷于破产和饥饿，使资本家可以自由购买劳动者的劳动力而不负任何责任。尽管同样是剥削者的社会，由于统治者的占有对象和剥削方法不同，保护当时统治阶级利益的法律也就有不同的内容。保持采邑制的法律只产生于封建社会，保障私有财产权，允许劳动者“人身自由”的法律只在资本主义社会才出现，这绝不是偶然的事。

再以杨兆龙所举的“杀人”和“窃盗财物”处刑的例子来看，也完全证明上述的道理。杀人这一行为如何看待，如何处理，各个社会的法律都依照当时统治阶级的利益作了具体分析，有着具体规定。就是要看杀人者是谁，被杀的又是谁，为着什么杀人等，而有不同的对待。在国民党的反动统治时代，不但特务可以随意抓人杀人，伪司法机关不能过问，就是美帝国主义的士兵，为了抢劫钱财，在上海杀死了臧大咬子，在台湾杀死了刘自然，都不算犯罪。在那个社会中何曾有像杨兆龙所提的“不得杀人，杀人者处死刑或徒刑”这样的法律。各个社会对于罪的认定和刑的判处都不相同。奴隶社会所认为“应为”的事，在封建社会可能视为有罪；封建社会认为犯法的事，在资产阶级的国家可能不加过问。譬如，封建时代，农奴不能越出领主的采邑，到了资本主义时代，人民就有了迁徙自由。可见法律只能在一定社会为一定阶级服务，而不可能在不同性质的社会继承使用。万古长存的法律是没有

① 杨兆龙的意见见他的文章“法律的阶级性和继承性”，载《华东政法学报》1956年第3期。以下所引杨兆龙意见，未注明出处的，都见该文。

的。把具体的法律变成抽象的原则，便不是法律问题而变成另外一种问题了。

但从奴隶社会到资本主义社会，生产方式和统治关系虽然有过转变，却有一个共同的基础，就是生产资料的私有制。它们剥削的方式虽然有所不同，但是由一个剥削者代替另一个剥削者，以一种剥削制度代替另一种剥削制度，它们总是要进行剥削的。因此，它们的法律间有不同的一面，也有共同的一面，有必须变更的地方，也有可以继承的地方。这情况到了社会主义社会就完全不同了。社会主义社会是以生产资料公有制的生产关系为基础，是根本废除剥削、彻底铲除了剥削者和剥削制度的，因而社会主义的法律和以前的剥削者社会的法律根本不同，它们之间完全不存在继承关系。

所以由于社会的变革，统治阶级及其物质生活条件改变了，保护他们利益的法律也必然改变。从奴隶社会到资本主义社会，由于都以财产私有制和剥削制度为社会基础，所以它们的法律，有部分或大部分是可以继承的。但到了社会主义社会，推翻了剥削制度，社会基础和过去根本不同了，因而旧社会的法律必须全部废除，重新制定适合于自己的新法律。杨兆龙以为同一法律规范可以沿用于不同社会为不同阶级服务，从而主张法律的继承性不仅存在于各个剥削社会的法律间，也存在于资本主义社会与社会主义社会的法律间，完全是违反历史事实，是荒谬不通的。

第二，杨兆龙把法律分为主导性或关键性的及辅佐性或从属性的两类，认为辅佐性的法律规范是“有关于调整各种关系的一般标准及处理各种程序方法的”。它是“过去长期经验智慧累积的结果”，也就是技术性的法律。它“本身不一定表现出具体的阶级性”，“往往可以用于各种不同性质的阶级社会”。与此相同的，刘焕文认为“以保护统治阶级利益为目的的法律，对被统治阶级来说，其危害程度总有轻重之分，也有某些法律对被统治阶级并无重大危害”，有的还具有一定的科学性，在利害相反的两相对立的阶级间也可以通用。他举出国民党政府的《狩猎法》规定“狩猎不得在鸟兽繁殖期间进行，不得以炸药、毒药、剧药、陷阱等方法进行”，《渔业法》规定“保护水产动植物之繁殖”等为例。① 他们提出法律的技术性和科学性，认为这是超阶级、超政治的，是法律有继承性的一个理由。这种说法也是荒谬的。

我们知道，任何法律都是有阶级性的、有政治内容的，天下没有超阶级、超政治的法律。规定所有权的法律是政治性的，规定保护所有权的方法的法律也是政治性的。在私有制社会中，有产者巧取豪夺、损人利己，他们的财产从剥削得来，也不得不以欺骗、压迫、横暴的方法来保护它。资本家可以行贿、收买国会议员，通过某

① 刘焕文的意见，参见他的文章“在百家争鸣中谈旧法思想”，载《华东政法学报》1956 年第 2 期。

种法令，从而侵占公有财产或垄断某种营业，发了大财。也可以用各种破坏方法巧夺别人的财产，可以把牛奶倒在海里，把小麦烧掉，使它们涨价，获得巨利。他们又用技术秘密、会计秘密等方法以保障私产。所谓会计师、信托公司就是专门替资本家们营私舞弊，经管私有财产的。他们的办法就是如此。可是社会主义的公共财产是人们共同劳动所生产，也是社会福利的根源，可以团结人民群众，发挥人们的民主力量来保护它，即使有破坏、盗窃的，也依照法律予以处理，而绝不像资本主义国家的需要用欺骗、横暴的办法。可见，社会主义国家关于保护公有财产的法律和资本主义国家保护私有财产的办法，绝不能互相移植的。

杨兆龙认为，刑法、民法是主导性的法律，有阶级性；而刑事诉讼法、民事诉讼法是辅佐性的法律，没有阶级性。他说："民、刑诉讼法典主要规定审理及执行民刑案件的各种程序，照各国的经验看来，并没有什么太大的具体特殊性。"①但谁都知道，刑事诉讼法和民事诉讼法不是什么"辅佐性"的法律，而且有很强烈的阶级性的。这点已有许多同志批判过了，这里不再详谈。

有时细则和程序法更显著地表现出它的阶级性。如资本主义国家关于人民权利，在宪法等规定上倒是冠冕堂皇，有些虚伪性，但在具体的施行法或管理法上便完全被否定了。又如，资本主义国家很多规定采取普遍选举的原则，允许各阶级的政党"自由竞选"，但在选举法上，翻来覆去地在选区和选票计算上搞花样，把那些表面原则又一笔勾销，难道这仅仅是技术的问题吗？

所以，杨兆龙把程序法、施行法和细则等作为辅佐性的法规，说成是没有阶级性的，在各个社会可以通用的，完全是骗人的胡说。

法律里面是否也有自然科学和技术的因素呢？剥削阶级在一定限度以内，有时也讲究科学技术的，但他们采用科学技术，仅仅为确保他们自己的利益。如打猎捕鱼，有时注意到禽兽和鱼类的繁殖，禁止竭泽而渔，这对于剥削者是有利的。但必须知道，当地主为着养鱼，往往霸占了整个的湖泽，牧主为着养草，往往圈住了大片农田；而贫苦的渔民和农民便失去了生计。这种讲究科学的饲养的渔猎法，对贫苦的农民、渔民来说，毕竟是个灾害。

法律所规定的并不是客观事物本身，而是人们对这些客观事物的占有、使用和其他的关系，也即是反映在客观事物上的人们的相互关系。如果舍去人的关系而处理事物本身的问题，便是自然科学和应用技术的问题，而不是法律的问题了。譬如，土地法只规定人们对土地的占有和使用等关系，关于土地的性质和改良的问题便属于土壤学的范畴。正是由于内容是人的关系，某些法律所牵涉科学和技术问题时，往往因人的利害关系而被隐蔽，被歪曲，甚至有时完全和它相违背。如在生

---

① 杨兆龙："向董必武院长提出的十二条质问"，第4条。

产中如何保护劳动者的安全是富有科学性和技术性的问题，但在资本主义社会，只有这种保护和资本家的利润增值相一致时才被提高到法律规范上来，否则就会采取牺牲劳动者安全的不科学不技术态度。劳动保护条例在资本主义社会只是嘲弄工人的一纸空文，直到社会主义社会才被重视而发展起来，不是没有理由的。这种情况在法律中极为普遍，就很好地说明所谓科学性和技术性，在法律之中是如何地服从于阶级性。还要说明白的，法律关系和自然关系是两回事。即使包含在法律之中的，如司法检验和古书《洗冤录》等的内容，有些科学性、技术性的东西可以为新社会所参考采用，那也是属于自然科学的因素而不是法律问题。所以，以科学性和技术性为理由而强调法律的继承性，是说不通的。只有工人阶级的利益才完全和科学规律相一致，因而只有社会主义的法律，其阶级性和科学性才能一致起来。要在剥削者的法律中找科学性是不可能的。

第三，杨兆龙提出有许多“法律规范的本身是正义的，符合人民要求的”。杨兆龙又说：“在现代资本主义国家里，劳动人民的进步力量一天天地壮大起来，掌握统治权的资本家及其伙伴们不得不对进步人民的要求作出一些让步。因此出现了对进步人民比较有利的法律。”“这些法律本身的进步性是和无产阶级的要求基本符合的。”在劳动人民自己掌握政权的时候，这些法律毋宁也是可以继承的。与此相近似的，有些同志也认为资本主义初期的法律，有着进步的、民主的积极因素，可以批判地继承。这种看法都是不正确的。

正义是有阶级性的。对于资产阶级有利，是正义的，但对劳动人民就是不利，非正义。阶级不同，不可能有共同的利益和正义。杨兆龙所谓正义的法律，在今天恰恰是对反党反社会主义的资产阶级“右派分子”有用的法律。如“罪刑法定主义”、“无罪推定原则”，及“限制政府机关职权，明确政府机关办事程序，以防止专横渎职及官僚主义的法律；保护人民请愿、诉愿及对政府机关违法及不当行为提起诉讼之权的法律”，过去曾经是某些资产阶级学者所吹嘘，或者曾为资本主义国家法律所标榜过，但从未实现的法律规范。在今天人民当家作主，实现人民民主专政的社会，杨兆龙提出这些法律规范来称为正义的，究竟是便利谁？对付谁的？这倒要问问杨兆龙是什么用心？

进步性是有着时间的局限的，在某种情况下是进步的东西，当这种情况改变时便会变成落后。当资本主义上升时期，资产阶级曾经对封建统治阶级的腐朽黑暗制度进行斗争，提出了自由、平等和资本主义的民主制度，在当时是有进步意义的。但当时是进步的，不能说现在还是进步的。又如资产阶级在工人阶级的强大压力下，曾被迫让步，发布了一些改良的、欺骗的法律，这些法律形式是虚伪的，实质是反动的，它是资本家用以缓和工人阶级的反抗，以保全他们的统治。

法律并不是孤立的条文，不能和当时的社会实际，尤其是阶级斗争的形势隔离开来。如大家所知道的,民主、自由向来是统治阶级内部的东西,从不和被统治阶级分享的。在资本主义社会,民主、自由仅仅是资产阶级用以反对封建专制的口号,是少数有产者的权利,劳动人民是享受不到的。社会主义民主与资本主义民主根本不同,其是集中广大人民的力量实行人民民主专政的动力,是整个社会主义制度的一部分,不是从资本主义民主孵化出来的。其他如选举制度和议会制度也是一样。就是陪审制度和辩护制度,在资本主义社会,陪审员和律师都有一定经济条件和社会条件的限制,需要受过一定的训练,只有证明是忠实于资本主义制度的人才能担任,他们只能为资本家服务,而不能为贫苦人尽力。至于被迫而向工人阶级让步的法律,在资本家的加工设计下,联系着资本主义社会的各种关系,把工人的要求变成陷阱。如经过资本家认定的罢工法,已不是保障工人的罢工权利,而是加入许多条件、程序,实际成为限制或破坏工人罢工的法律。形式上允许人民出版自由的条例,加上许多管理办法以及刊物内容不能违反国体政体等的规定,实际是限制了一般人民的出版自由,只供资本家享受了。这些法律显然是不能转移到社会主义社会来利用的。

第四,杨兆龙从法律的产生来强调法律的继承性。他说:"任何一种新的东西绝不能从无中产生出来,它必须在不同的程度上利用一些旧的或原有的东西作为根据、起点、资料或参考。法律当然也不能例外。"又说:"法律的继承和任何法律体系的形成发展,以及任何阶级统治的成功有着永远不可分割的关系。""因为在任何一个新政权建立后,不可能创造出一套形式与内容都是新的法律及法律制度。这不但在新政权刚建立时是如此,就是在新政权建立很久以后也是如此。"和这个意见相近的,有些人从法律的历史联系性来肯定它的继承性。这种说法是完全违反社会发展规律的。

法律是直接决定于经济基础,又转过来积极保护着经济基础的发展。法律和当时的生产关系和特定的阶级统治者相统一,它的独立性是很薄弱的。马克思说:"法律关系如同国家形态一样,既不能就其本身来理解,也不能从所谓人类精神的一般发展来理解,不如说,它们是在物质生活关系之中生根的。"①这个道理说得很清楚了。

从事实上来看,法律紧跟着阶级斗争而出现。社会主义所有制的法律是由于社会主义革命胜利,废除私有制和剥削制度而产生的。农民要没收地主的土地才制定《土地改革法》。人民要肃清反革命分子才制定《惩治反革命条例》。如果不承认这个事实,而说社会主义所有制的法律是针对《拿破仑法典》的私有财产所有权法而来,《惩治反革命条例》是学习蒋介石的危害民国紧急治罪法的,那是如何

① [德]马克思著:《政治经济学批判》,徐坚译,人民出版社1955年版,序言。

的荒唐。

有的人认为，法律是反映经济基础的，经济有历史继承性，因而法律亦有继承性。这个说法的错误在于把生产力和生产关系混淆起来了。社会生产力是由历史发展积累起来，即是后人继承了前人的生产技术和经济财富。但在生产关系方面就完全不是这个情况。新的生产关系是否定了旧生产关系而建立，社会主义的生产关系则是根本打碎了过去的生产关系，并不是继承旧的生产关系。法律反映经济基础，是反映社会生产关系而非直接反映生产力。对经济来说，法律从来只调整通过经济财富所表现的人们的关系，即生产关系，而绝不能调整经济财富的本身，所以当社会生产关系变革的时候，即经济基础变革了，体现这一关系（基础）的法律也就起了变革。在根本性质不同的社会，法律没有继承关系，基本理由就在于此。

又有人认为商品交换（价值规律）仍然存留于社会主义社会中，因而体现交换的契约等资产阶级法律规范也必然留存于社会主义社会。这说法也是错误的。首先，商品交换和价值规律并不是经济基础，只是一种经济范畴。这种范畴曾经以不同的形式和实质存在于不同的社会中。其次，商品交换和价值规律并不是独立的范畴，它必然随着所有制的性质而起变化。在私有制下，商品交换起了促进资本主义生产发展的作用，在社会主义所有制下，它不起产品生产的调节作用，也不影响生产的性质。与此相应，社会主义的合同和资本主义的契约，本质上是不相同的。“契约自由”的资本主义原则不能存在于社会主义社会，社会主义合同只是经济计划的联系者，并不发生竞争、垄断和破坏作用。因此，认为由于商品交换（价值规律）而表现法律继承性的说法是根本不成立的。

由上所述，可见所谓新的法律是以旧的法律为起点、根据而产生、发展，高级阶段的法律必然和低级阶段的法律有历史联系性，或者把“向敌人学习”，“针对旧社会残余因素”等说成是继承关系，都是错误的。法律直接反映经济基础，其本身没有独立的历史，它的历史联系是通过基础关系而间接反映的。敌对社会的法律只是敌对的关系，矛盾的关系，没有继承的关系。

二、杨兆龙主张全盘继承旧法

杨兆龙在文章中是不承认旧法全盘继承的。他说：“法律的继承……绝不意味着全盘地、机械地、无原则地抄袭或复制。”尽管如此，可是他对于法律继承问题的整个看法却是地道的全盘继承论。杨兆龙根据他对于法律规范的分析，说新法是从旧法发展起来的，说同一形式的法律规范可以通用于不同性质的社会，说有的法律规范是没有阶级性的，而有些规范还是“过去长期经验智慧积累的结果”，“或是人类正义感的表现,或是被人类长期的经验证明为有益于共同生活的规范”。得出了这样的结论:“法律中有许多规范的阶级性不表现在规范的本身,而表现在谁运用它们,或用它们来对付谁。”因此“不应该将他们摒弃”,而应将它们继承下来,“更好地发挥其作用”。这样,资产阶级的法律还有什么不好呢?还有哪些不应该继承呢?杨兆龙还用刑法作例子来总结这个意见说:“如果社会主义国家的刑法及刑事诉讼法将形式上与旧类型的刑法及刑事诉讼法或其他或多或少有相同之点的一律摒弃,那么剩下来的规范一定很少……刑法及刑事诉讼法尚且如此,其他部分的法律概可想见。”这种说法不是全盘继承,不是抄袭或复制又是什么呢?

关于社会主义国家不能继承剥削阶级的法律,在理论方面,前面已经说过了。在实践方面,我国革命法制的实际经验,是在和国民党的反动法律坚决斗争中生长和发展起来的。从国内革命战争时期起,我国革命政权一成立就开始制定自己的法律,全国解放以前,我国就有着完全体现劳动人民意志的许多法令。1949 年 1 月 14 日毛主席关于时局的声明,提出了“必须废除国民党的伪法统”的主张。1949 年 2 月党中央发布了《关于废除国民党的六法全书与确定解放区的司法原则的指示》。1949 年 10 月中国人民政治协商会议《共同纲领》第 17 条规定:“废除国民党反动政府一切压迫人民的法律、法令和司法制度,制定保护人民的法律、法令、建立人民司法制度。”1952 年在全国范围内开展了司法改革运动,严格批判旧法观点和旧司法作风,划清了新旧法的界限,整顿了人民司法机关。社会主义法制随着革命斗争形势的发展,逐步地充实起来,发挥了巩固人民民主专政、保障社会主义建设的伟大事业的作用。正如董必武院长所说,“我国人民民主法制所以有力量,是由于它在摧毁旧法制的斗争中产生的”。①

欧洲人民民主国家和我国一样实现了这一个原则,是彻底废除旧法的。不过由于欧洲人民民主国家和我国的革命过程不同,社会情况不同,因而废除旧法的方式方法和我国有所不同。就是一个原则,两种方式。欧洲人民民主国家关于国家基本制度和刑、民法中的重要部分都是革命后新颁布的,如宪法、土地法及重要的民、刑法单行条例。暂时利用的旧法也是经过重大的修改。如德国的 1877 年旧民事诉讼条例,革命政府曾颁布了 20 个修改法令,对于旧条文的补充解释,发表了 30 多件布告,30 多件命令。这些修改和解释都是其中较重要的和与实际生活关联较密切的。除此之外,还规定援用旧法条文必须根据宪法精神予以解释。这些事实证明资本主义的旧法是不能和社会主义的原则相适应的。民主德国总理乌布里希曾于 1952 年德国统一社会党第二次代表会议上说:“这些古老的资本主义德国

① 董必武在党的第八次全国人民代表大会上的发言:《加强党对人民法制工作领导》。

的法律是发展新法律的一个障碍。”捷克司法部长施捷范·莱斯曾于1950年7月11日在国民议会上说：“仅仅用旧的条文，即使赋予它完全新的意义，并且即使我们以人民民主的精神来解释它，也是不行的”，因为“被适用着的旧法律条文的资产阶级根源，有时还妨碍彻底地遵守社会主义法制”。所以“人民民主国家采取不同形式去对待旧法，这种事实终究改变不了建设社会主义社会的一般原则，即社会主义革命胜利必须摧毁旧机器，旧统治工具的一般规律。”①杨兆龙对苏联和人民民主国家对待旧法的态度，故意抹杀事实，任意曲解，说成是继承旧法的有力证明，完全是资产阶级的反动学者的颠倒是非的手法，是别有用心的。

由此可见，无论从理论上，从革命实践上，都证明无产阶级革命胜利，“必须立刻废除一切反人民、反革命的旧法律”。② 杨兆龙的旧法全盘继承论，是反动的资产阶级的反动观点，和工人阶级的法律观是绝不相容的。

三、杨兆龙强调法律继承性的政治阴谋

杨兆龙在发表《法律的阶级性和继承性》以后，还曾在上海《文汇报》上发表《法律界党与非党之间》，在《新闻日报》上发表《我国重要法典何以迟迟还不颁布》等反动文章。在复旦大学整风座谈会上提出修改法律的定义，要求检查肃反运动的合法性，极力攻击我国法制工作。从立法、司法以至政法教育，无不捏造事实，任意污蔑。尤其对于司法改革和高等学校院系调整，表示深恶痛绝。他反党、反社会主义，破坏社会主义法制的阴谋活动是一贯的、有计划的。鼓吹旧法全盘继承论仅仅是他整个阴谋的一部分，是在“百家争鸣”中进行试探性的进攻，企图为他的向人民法制开刀提出“理论”的根据。

杨兆龙咒骂我们对于法律的观点是简化的，机械的，脱离实际的看法，过去七八年“对于法律的继承没有予以应有的重视”。要我们学习欧洲人民民主国家的立法经验。而杨兆龙所捏造的经验却是：“他们都不采取到了某个阶段或一开始就一次完全废除旧法规的办法……这样做的主要目的是要避免造成新法规不完备而旧法规已全部废除所可能引起的无法规可适用的脱节现象。”③同时杨兆龙妄说我国今天是“无法可依”或“无完备精确的法可依”④的。杨兆龙这些话是什么意

① 《新建设》1957年第6期。

② ［苏］列宁著：《1905年革命临时政府纲领》。

③ 杨兆龙在“我国重要法典何以迟迟不颁布”问题座谈会上的发言，参见《新闻日报》1957年5月9日及6月6日。

④ 同上。

思呢？虽然文章上没有写出来，实际上，他不是说我国过去废除伪六法错了吗？他要继承的不正是国民党的反动法统吗？

杨兆龙所说的法律继承性的内容就是这些。

杨兆龙是主张“民主”而反对无产阶级专政的，他企图修改法律的定义，不承认法是阶级镇压的工具。他称资本主义的法律也有进步的法规，进步力量强大到和敌对力量相等或超过它，就可以通过议会制定法律，和平过渡到社会主义。说“将来的新议会也必然从现在的旧议会中演变出来。这就意味着将来的宪法和现在的旧宪法间的继承关系”。因此，照他的说法，有了法律的继承性就可和平过渡到社会主义，就不要暴力革命了。

杨兆龙主张法律继承性的用意就在于此。

旧法统的继承必然跟着旧法人员的复辟。杨兆龙痛恨司法改革和院系调整把旧法人员排挤出去。他曾大声疾呼，我们“不信任党外的法学人才，不敢放手使用他们”，“法律界的矛盾就在于党与非党之间”。[①] 在立法方面，他认为法典起草工作“只由某些对法学并无精深研究的党内人士在那里指挥掌握”，[②]而主张动员老法学专家。在司法方面，他硬说掌握审判大权的工农干部“既不懂法律而中文水平也很低，甚至连独立写判决书能力都没有”，[③]而主张旧司法人员复位。在政法教育方面，他反对“采取党内干部及年轻助教或讲师教课制”，[④]而主张由旧法学者来培养青年。最后，杨兆龙提出“最后通牒”了，他大声地责问说：“现在全国检察院及法院的检察人员及审判员中有不少是不懂法律并且文化水平很低的，过去在司法方面造成不少混乱现象，今后似应有一番根本的改革。”[⑤]好一个“根本改革”！杨兆龙竟要我们退出司法工作的阵地，缴出人民民主专政的武器了！

杨兆龙主张法律继承性的最后目的就在于此！

杨兆龙讲法律的继承性，断章取义地引用了许多马列主义的词句，玩弄了许多欺人的手法，是可以迷惑一部分人的。事实上已有一些人上了他的当，或被他所迷惑了的。如有人提出对旧法思想应重新估价，认为旧法思想可以为社会主义法制建设服务；有人主张旧法人员“归队”，应该发挥“旧法人员”的作用；有人认为司法改革是党的宗派主义，要大家鼓起足够的勇气来反对宗派主义。这些不是差不多和杨兆龙是一个口吻吗？另外又有一些人硬把法律拉到文化的、哲学的范畴里去，离开政治来谈法律，舞弄着抽象的哲学教条去硬套法律问题，唱着各种各样的法律

---

① 杨兆龙：“法律界党与非党之间”，载《文汇报》1957 年 5 月 8 日。
② 杨兆龙：“向董必武院长提出的十二条质问”，第 3 条。
③ 杨兆龙：“法律界党与非党之间”，载《文汇报》1957 年 5 月 8 日。
④ 同上。
⑤ 杨兆龙：“向董必武院长提出十二条质问”，第 12 条。

继承论。可是他们没有看到法律继承论正是杨兆龙企图实现政治阴谋的一个迷魂阵。

这里，剥开了杨兆龙的外衣，请大家看看他的继承论！

（1957年第6期）

驳杨兆龙“过分强调的政治性忽视了它的专门性和科学性”的谬论

傅季重*

杨兆龙在本年5月8日《文汇报》上发表的《法律界党与非党之间》一文中，发出了一系列的反动言论，向党和人民进行猖狂的进攻，妄想使旧法复辟，阴谋篡夺政法工作的领导权。“过分强调法律的政治性而基本忽视了它的专门性和科学性”，就是他射出的一支毒箭。

“法律有它的丰富的独特内容和技术，须加以系统地研究，关于法律的全面正确知识乃是一种专门的科学，不是任何人都懂得的。重视法律的政治性并不等于可以忽视法律的专门性和科学性。”这是杨兆龙披着科学的外衣对这支毒箭的具体解释。

我们强调法律的政治性对不对呢？我们是否忽视了法律的专门性和科学性呢？这里，有必要首先说明什么是法律的科学性与政治性，以及法律的政治性与科学性的关系。然后就可以回答上述两个问题，同时也可以清楚地看出这支毒箭的反动实质，从而彻底粉碎其政治阴谋。

什么是法律的政治性呢？简单说来，就是法律必须为政治服务。我们知道，政治就是阶级斗争，阶级社会的统治阶级为了进行阶级斗争，制定各项政策，而各项政策又须通过法律体现出来。所以法律是统治阶级意志的表现，是进行阶级斗争的一个有力工具。法律就是为一定政治服务的政策的条文化，具体化。有什么样的政治，就有什么样的法律。也可以说，法律的政治性，也就是法律的阶级性。无产阶级的法律是无产阶级专政的武器，它公然申明是为无产阶级服务的，而且，也只能为无产阶级服务，不能为别的阶级服务。这就是无产阶级法律的阶级性。资产阶级的法律是维护资产阶级统治，压迫无产阶级和其他劳动群众的武器，尽管资产阶级不敢公开申明它的法律为资产阶级服务，实质上也只能为资产阶级服务。美帝国主义颁布的一系列的反动法律，国民党反动政权曾经制定的镇压革命的法律，没有不为反动的政治服务的。新中国的法律也是根据我国的政治和政策的要求制定出来的，它是国家政策和工人阶级意志的体现。世界上不为政治服务的法律是没有的。法律绝不能脱离政治而单独存在，法律必须服从于政治，服务于政

* 作者单位：华东政法学院（现华东政法大学）。

治，这就是法律的政治性。

什么是法律的科学性呢？所谓科学就是关于客观世界发展规律的知识体系。一门科学的科学性就是表明它对客观规律的正确反映，与客观规律一致符合的认识。任何科学都是由于社会实践的需要而产生的。社会实践，生产力发展的需要和阶级斗争的需要才是科学产生和发展的动力。无论自然现象，或社会现象都是通过人们实践反映了某一现象的客观规律，上升为理论体系，这才成为一门独立的科学。整个社会科学就是阶级斗争的产物。任何一种社会科学之所以具有科学性，就在于这门科学正确地反映了社会发展的客观规律，并且把它上升为理论体系。任何法律毕竟是统治阶级意志的体现，一定要服从统治阶级的政治利益和要求，而且统治阶级的意志是它的物质生活条件所决定的，这是客观的规律。正确地反映了这个客观规律，从而研究一切法律问题，并把它上升为理论体系，这才使法律科学真正成为一门科学。这就是法律的科学性。

政治性与科学性都是法律的属性。这两者之间的关系是怎样的呢？马克思列宁主义法学与资产阶级法学有着根本的区别。马列主义法学认为法律的政治性与科学性是统一的，两者是密切联系而不可分割的。“理论的基础是实践，又转过来为实践服务”，作为社会科学之一的法律科学亦复如此。法律本身就是阶级斗争的产物，而又是阶级斗争的工具，这既是它的政治性，也是它的科学性。马列主义法学家们从来认为法律的政治性与科学性是一致的，而不是相互对立的。法律之所以具有强烈的阶级性，是客观存在的必然规律，也正是法律的科学性的体现。如果法律离开了阶级斗争，不为一定的政治服务。换句话说，离开了它的政治性，这不仅失去了它应有的作用，当然也就谈不到什么法律的科学性了。马列主义法律科学正是从这个基本观点出发，不断地从无产阶级的革命实践中，总结群众革命斗争中创立革命法制的经验，把它上升为科学理论体系，以更好地为社会主义的社会实践服务。当然，法律科学有其特有的研究对象，有它本身固有的特点，而法律的政治性与科学性的统一正是其主要特点之一。如果说法律科学有其专门性，那么这正是法律的专门性的表现。这就是马列主义法学对法律的政治性与科学性相互关系的正确理解。

与此相反，资产阶级法学家们为了掩盖资产阶级法律的本质，把法律孤立起来，说成是与政治无关的东西，把法律说成是自古以来自然存在的，是超阶级、超政治的东西，是“保护全民”、“一律平等”的东西。所以“只谈法律，不谈政治”，以此来麻痹和欺骗劳动人民，而便于维持其反动的统治。所以资产阶级法学对法律的政治性是坚决否认的。另外，资产阶级法学家们为了掩盖法律的政治性，达到他们政治上的欺骗，创立了形形色色的学说，把法律说成是专门的科学，片面强调法律的“科学性”，实际上是把法律问题弄得混乱不堪，使资产阶级有可能掩盖并模糊建立在私有制与剥削制基础上的资产阶级制度的真正本质。因此，从资产阶级的法律观点来说，法律的政治性与科学性是对立的，是互不相容的。如果法律具有政治性，则将失却法律的科学性，如果说法律具有科学性，则根本不能涉及法律的政治性。这就是资产阶级对法律的政治性与科学性相互关系的看法。

基于法律的政治性与科学性相互关系的两种根本对立的观点，我们可以肯定地说，只有马克思列宁主义法学才是真正的法律科学。资产阶级法学虽然一再强调法律的科学性，实质上是最不科学的，而是一种伪科学。因为马列主义法学不使政治性与科学性对立起来，以社会发展的规律为基础，从社会分裂为对立阶级以及对立阶级的矛盾斗争中，揭示法律的阶级本质，以及说明法律在社会生活中的作用，不仅能正确地说明过去有过的目前存在的法律，而且能科学地预见法律的未来的发展，从而能对一切有关法律的根本问题作出科学理论的说明。只有建立在辩证唯物主义与历史唯物主义基础上产生和发展起来的马克思列宁主义的法律科学才历史上第一次地体现了法律的科学性。资产阶级法学之所以是一种伪科学，就从资产阶级法学关于法律的政治性与科学性关系的观点本身就可以得到解答。尽管资产阶级法学家们大唱法律的科学性的高调，实际上只是反科学的。资产阶级法学把法律的政治性与科学性对立起来，这是资产阶级唯心主义的法律世界观的表现。由于资产阶级法学家对法律的研究，先有一个政治目的，就是掩盖资产阶级法律的反动性，欺骗劳动人民遵守他们的法律，以维持资产阶级的统治，因而他们摒弃社会发展的客观规律，千方百计地不让法律为哪一个阶级服务这个问题有提出的可能，用什么“自由意志”、“社会需要论”、“自然理性”与“人类的正义”等荒唐无稽的“学说”来解释法律的定义。他们虚伪地以科学为标榜，实际上却是从来不能科学地解决问题，只能是为资产阶级专政涂脂抹粉的工具。资产阶级法律世界观的特点还表现于观察一切社会关系，他们观察一切社会的现实生活现象，都是从形式主义的观点出发，对于一切事物都在外表上涂以法律色彩，都要通过“法律彩色的眼镜”来观察。他们对于法律产生的社会条件避而不谈，否认法律与阶级斗争有任何的联系，他们所关心的只是从“纯粹的形态上来研究”法律。资产阶级法学中的所谓规范主义法学派和纯粹法学派的形式主义的法律概念正是这种唯心主义法律世界观最完整的表现。这种反科学的法律世界观就是资产阶级法学家所谓的法律的科学性。当然，这种“科学性”完全是反科学的。因此，世界上虽有各种法律学说，但必须把科学的与反科学的区别开来，资产阶级法学虽自命为科学，而实际上是非科学的。只有马列主义的法学才是真正的法律科学。

把法律的科学性与政治性的关系问题搞清楚，就完全可以看出杨兆龙这支毒箭的反动实质。从杨兆龙一系列的反动言行充分证明了他所强调的法律的科学性，绝对不是马列主义的法律科学，而是要我们承认资产阶级法律的科学性。对于这个谬论，我们不仅要从本质上批判资产阶级法学的反科学性来加以驳斥，而且必须揭露在这个谬论下所隐藏着的一系列的反动的旧法观点的实质。

第一，这是露骨地表明了资产阶级法律可以采用的反动观点。按照他的逻辑，既然资产阶级法律是科学的，就是有用的东西，我们就不应“忽视它的科学性”。因此，他认为“过去七八年中对于法律、法律思想及法律科学的继承性问题没有予以应有的重视”，“资产阶级法中有一些规范可以用来为新社会服务”，又说什么“专靠自己创造经验不吸收别国的经验（实际上指资本主义国家及国民党的经验），能不能顺利的立法？这样的做法是否科学？”总之，在他看来资产阶级法律（当然也包括国民党的六法在内）是有它的科学性的，否定旧法，也就是不懂科学。我们知道，既然法律的科学性与政治性是相统一的，法律的科学也是有阶级性的。资产阶级法律只能是广大劳动人民的枷锁。法律离开了它的政治要求，绝无什么科学性可言。试问，国民党的《危害民国紧急治罪法》，美帝国主义的《共产党管制法》，难道能说还有什么科学性吗？资产阶级法律也好，国民党反动六法也好，都是反动统治阶级镇压人民的工具，毫无科学的气息。即以杨兆龙所认定的“法律不溯既往”、“无罪推定”等在他看来是科学的东西，除了作为反党反社会主义的论据外，是绝不能为人民的法律所采用的。杨兆龙荒谬地要我们“检查肃反运动的合法性”正是依据这些“科学”的东西来和我们挑战的。因此，“强调政治性忽视法律的科学性”的谬论，就是要在法律的科学性的幌子下，使旧法找到复辟的途径。这是我们绝对不能容许的。

第二，这是一种反科学的“法律技术论”。杨兆龙认为，法律有它的丰富的独特的内容和技术，须加以系统的研究。要我们改进立法技术，保证法律的严密性正确性稳定性和统一性。这就是说，法律的科学性还表现在其有独特的“技术”，这是从另一角度来肯定旧法是科学的，又是有用的反动论点。照杨兆龙的说法，法律技术是法律的专门性与科学性的体现，懂得法律技术，也就懂得法律科学；而搞旧法的既懂得法律技术也就自然成了精通法律的法学家了。这是一种荒谬透顶的说法。首先，这是把法律与政治割裂开来的观点的反映，把法律与阶级斗争相脱离，归结为纯技术的东西。的确，资产阶级法学为了掩盖其阶级本质，总是把法律当做与政治对立的技术来看待。的确，资产阶级要达到欺骗广大劳动群众的目的，在制定法律时以及对法律的解释上是有不少的“技巧”。资产阶级的法官要使资产阶级的犯罪行为从有罪变为无罪，资产阶级律师要为压榨工人农民的地主、资产阶级服务，就不能不舞文弄墨，造成法律从外表看来是有专门技术的东西，而“不是任何人都懂得的”，这正是一切资产阶级唯心主义法学家们的“本领”。但从马克思主义立场看来，法律既是政治的一部分，是国家政治的体现，那就只能是与群众的革命实践相结合的产物，绝不只是一种技术工作。事实上，像杨兆龙式的法学家所谓独特的技术，不外是认为懂得一些法典的体系格式与法律术语概念以及旧法学家炫耀自己的对国民党六法条文注释的“技术”而已。他们认为，这些“技术”是没有阶级性的，而且荒谬地认为法律工作不懂这套“技术”就是外行，就办不好事。这种谬论完全是资产阶级形而上学地把形式与内容相割裂的超阶级的观点。这种观点企图从表面形式出发，以为旧的法律形式还是可以利用的。其实，就形式而言，人民的法律与旧法也是绝不相容的。因为形式是指一定内容的结构，并不是指表面的形式，更绝不是文字上的名词。即以法律的篇章体系与术语概念而论，由于语言对各阶级是一视同仁的，法律名词的应用也是如此，但使用旧的法律名词并不意味着利用了旧的形式，相反是与新的内容相适应的新的形式。这种内在的形式，是由新的内容所决定的，因此即使法律的体系格式、法律的术语概念也不是没有阶级性的纯技术的东西。应该说法律为政治服务，是必须通过一定的形式表现出来，但这种形式又必须服从于内容的需要。换句话说，必须服从法律的政治实质。因此，一切旧法技术，是完全不能适用于社会主义的法律的。这些只能为反动统治阶级服务的技术，我们对之只能采取完全否定的态度，这是无可置疑的。

应该说明，我们要求在制定法律时要做到明确严密，要以一定的法律规范的形式表现出来，为社会主义国家的政治利益服务。这与我们反对“法律技术论”是毫无共同之处的。如果说我们也要求技术的话，那就是如何从实际情况出发，周密地进行调查研究，认真地总结经验，重视群众的讨论意见，而后即使在运用法律概念上也要注意明确清晰，使每一条文、法律概念都能做到正确地反映法律内容的要求，便于为群众所掌握和遵守。这从我国《宪法》、《婚姻法》等法典的制定就可以充分说明。但是，如果像杨兆龙所说的“改进立法技术”，以为懂得资产阶级法律和国民党六法的一套，就以为具有法律的专门技术，就算真正懂得法律科学，这与我们完全是背道而驰的。

第三，这是借口法律的科学性、技术性以反对法律的政治性的反动的旧法观点。上面说过，法律的政治性与科学性是密切联系而不可分割的。法律的任务，就是要在法律上表现出政治思想、政治目的和政治任务。社会主义法律既具有强烈的阶级性，是千百万劳动群众利益的体现，也是具有揭示社会发展客观规律的真正的科学性。在工人阶级掌握政权的国家里，杨兆龙已不敢公然否认法律的政治性，但却转弯抹角地说我们“过分强调了法律的政治性”，又说什么“误认政策、立场、观点、方法就是法律，而不知法律的内容是比较具体细密而专门的，它和政策、立场、观点、方法并非完全相等”。这些谰言无非是反对我们法律为革命的政治服务。其实，世界上哪有不为政治服务的法律呢？就以杨兆龙本人在执行国民党镇压人民的反动“六法”时，难道不是为反动统治的政治服务吗？杨兆龙的谬论不过是从资产阶级法律观点出发，把法律的政治性与科学性分割开来，借口法律的科学性、技术性来反对法律的政治性而已。通过反右斗争，法律工作者愈加明确认识，必须坚定法律为政治服务的观点，才能达到法律对保障社会主义改造与社会主义建设的作用。至于“误认政策就是法律”，这完全是恶意的诬蔑。我们从未把政策与法律等同起来，但我们也绝对不是把法律与政策割裂开来。法律如果不保证和贯彻政策的要求，就必然失去法律应有的作用。所以，我们强调政治完全是符合马克思列宁主义的法律科学的理论。这是不可动摇的原则。应该指出，我们在强调法律的政治性的同时，从未忽视它的科学性。不过脱离政治的“科学性”绝不是我们所需要的。这种反动的旧法观点是我们必须坚决反对的。这种伪装的手法必须彻底粉碎它。

杨兆龙在法律的政治性与科学性这个问题上所发出的反动谬论，并不是什么学术问题上的争论，而是具有重大的政治阴谋。他妄想解除革命法律工作者的思想武装，使我们的政法工作堕入脱离政治、脱离政策、脱离群众的陷阱，以资产阶级的法学来代替马克思列宁主义的法学，以反动的法律来顶替社会主义的法律，以杨兆龙式的法学家来代替有坚定的阶级立场的革命干部，从而使旧法复辟，使共产党下台，把中国拖回到资本主义的、殖民地的老路上去。当然，这种阴谋是绝对不能得逞的。这是全国人民绝对不能容忍的。为了捍卫祖国伟大的社会主义事业，为了巩固以工人阶级为领导的人民民主专政的法制，我们必须彻底揭露和粉碎这支毒箭的阴谋。

（1957 年第 6 期）

邓小平同志《关于整风运动的报告》(摘录)

党对资产阶级分子和知识分子的政策是一贯的。党对资产阶级工商业者实行赎买政策,并且争取他们继续为社会主义服务。党对各民主党派实行长期共存、互相监督的方针。党在学术文化范围内主张百家争鸣、百花齐放。所有这些方针政策都以社会主义为前提。党始终坚持:资产阶级分子和资产阶级知识分子必须彻底改造,必须逐步工人阶级化。党的领导、无产阶级专政、民主集中制绝对不容动摇。党的各项基本政策,例如肃清反革命分子的政策、合作化政策、主要农产品的统购统销政策等,绝对不容动摇。马列主义的宣传和政治教育必须加强,错误思想必须批判,“毒草”必须除掉。对于“毒草”的开放,是为了从反面教育群众,为了除掉可以做肥料,为了在斗争中锻炼无产阶级和广大群众。党并且指出,把无产阶级和资产阶级的矛盾作为人民内部矛盾来处理,条件之一是资产阶级接受我们的方针,接受社会主义改造和党的领导,否则就会转化为敌我矛盾。

(1957年第6期)

法律和政策的关系

朱恩霖*

一、法律和政策的特征

什么是法律?法律是阶级统治的产物。自从人类社会有了阶级分化以后,统治阶级为着保护自己的利益,压制被统治阶级的反抗,便组织了国家,定出了法律,作为他们的统治武器。

苏联法学家维辛斯基院士根据马克思主义关于法的经典著作,给法律确定了一个精辟的定义:“法是体现统治阶级意志的,经国家制定或认可的,并由国家强制力保证其适用的行为规则(规范)的总和,其目的是在于保护、巩固并发展有利和适合于统治阶级的社会关系和社会秩序。”

马克思列宁主义是从辩证唯物主义与历史唯物主义的原理来解释法律和经济基础的相互关系的。法律和国家一样,是阶级社会的上层建筑的重要组成部分,它是由社会经济基础决定,并为自己的经济基础服务,同时随着社会经济基础的发展变化而发展变化的。法律虽然由社会经济基础决定,但并不只是消极地反映社会经济基础,而是对社会经济基础的巩固和发展有着积极的作用。法律如果脱离了社会经济条件,违背了经济发展的规律,它就会丧失作用以至无能为力。

什么是政策?统治阶级为进行阶级斗争和国家领导,必须根据当时当地的客观情况,制定工作的一定的方针和路线与方式方法,这就是这个阶级的政策。要使某些政策有效地贯彻和执行,就必须使之具体化、条文化,用法令、法律的形式表现出来,才能借助于国家的强制力来保证它的实施。例如,我国过渡时期的总任务,就在《宪法》序言中肯定下来,成为我们建设社会主义的奋斗目标。其他如工业化的政策,对资本主义工商业的社会主义改造和对农业的发展的政策,都在宪法及单行法中确认下来成为法律规范。但是政策不能完全成为法律,它还可以通过不同的方式来体现在全部的政治上层建筑中,通过各种政治活动以及文化、艺术的宣传教育,散布到社会中去。而法律是统治者的政策的主要表现形式,因为法律具有普遍的约束力,可以用强制力来保证实施,人们违抗了法律,就可能因此受到法律的制裁;而一般的违反政策,如文艺方针的错误,对待中医政策的错误……只能用批

* 作者单位不详。

评教育或行政的方法来解决，并不能用法律制裁解决。因此说，政策是体现了统治阶级的政治要求和反映了阶级本质，它同样随着经济基础及统治阶级的政治要求的变化而变化。

总之，法律与政策的起源和目的都是一致的，同一阶级不会有相对立的政策与法律同时出现。

二、法律和政策的相互关系

由于法律和政策都是同一经济基础的产物，都是体现着统治阶级的意志和为其政治目的而服务，因而它们的相互关系是非常密切的。所区别的是法律具有特殊强制力，并且不包括全部政策，它仅是政策的主要表现形式和最有效的形式。因此说，政策是法律的灵魂，法律是政策的定型化；法律是随着政策的变化而变化的。试以下面的事实来证实：

第一，关于法律是依据政策而形成和确立，政策又靠法律而实施的问题。我们可以看到，在社会主义类型的国家里，共产党的政策是国家立法的依据，它决定着国家的一切法律规范的内容。如我国《共同纲领》，首先在总纲中确定了工人阶级的领导权和人民民主专政，又在各章中确定了我们解放全中国的领土和发展经济，稳步地变农业国为工业国，以及镇压一切反革命活动等。在经济政策方面，确定了四面八方的政策和国营经济的领导，以促成社会经济的发展，以及土地改革等都是当时的政策。根据《共同纲领》，人民政府制定了许多法令，逐一付诸实施，《共同纲领》所规定的政策乃得贯彻执行。如《土地改革法》、《婚姻法》、《惩治反革命条例》、《惩治贪污条例》等许多单行法规都是新中国成立之初的国家政策的具体体现，也就是法律规范。我们根据这些纲领和法令，解放了整个大陆，统一了全中国；完成了土地改革，挖掉几千年来的封建土地私有制的老根；解脱了封建婚姻制度加在妇女身上的枷锁，妇女获得解放；严厉地镇压了反革命分子和惩治了贪污犯。这在巩固人民民主专政、发展国家经济建设上都获得了空前巨大的成绩。以上事实充分说明我们的法律贯彻了党的政策，并保证了政策的实施，发挥了法律的特殊职能的重大作用。

在资本主义、帝国主义国家里，法律是以维护剥削阶级的利益和法西斯的政策为依据的。“私有财产神圣不可侵犯”的政策原则贯穿在资产阶级的各有关法律部门。国民党反动时期，农民被地主残酷地剥削而交不出租税，要遭严刑迫害；王孝和烈士为了工人阶级的利益进行正义斗争，就要被杀害。又如美国判处卢森堡夫妇死刑，西德宣布共产党组织为非法，其他的迫害进步人士、镇压工人运动等的法规，都体现了垂死的资本主义的血腥政策。原来的一些虚伪的民主的法律条文，实际上都被疯狂得不择手段地撕毁了。其唯一的目的也是企图为摇摇欲坠的垄断统治而服务。

事实很明显:剥削阶级的政策是要剥削、残害劳动人民的,它的法律中无论如何也不能确定工人阶级对国家的领导权和制定出劳动保护等法律来。国民党反动派是四大家族和大地主贪污、残害人民、污辱妇女等的罪恶集团,当然就不会出现像我们的《婚姻法》、《土改法》、《惩治贪污条例》那样的法律规范。同样的,在我们的国家里,也绝不会有如反劳工的《塔夫脱—哈特莱法》的出现。

第二,关于法律随着政策的变化,也就是随着经济基础和阶级关系的客观形势变化的问题。首先,从《共同纲领》发展为《宪法》的情况可以说明。自1949年《共同纲领》通过以后至1954年9月《宪法》公布的五年中,由于我国大陆已全部解放,反革命的势力遭到摧毁,地主阶级被消灭,国家的经济基础向前发展和巩固,阶级力量的对比关系变化了,当时作为奋斗目标的东西,大部已经实现。形势的巨大发展和变化,证明我们一定能够由新民主主义社会过渡到社会主义社会,因而共同纲领已不适应当前的形势了。例如,对私有化改造,共同纲领没有明确规定过,这些都必须根据新的条件加以扩充和发展。《宪法》序言中就确定了过渡时期的总任务是逐步实现国家的社会主义工业化,逐步完成对农业、手工业和资本主义工商业的社会主义改造。《宪法》第8条至第10条并确定了对农业、手工业和资本主义工商业改造的具体办法。当然,《宪法》第10条是确定保护资本家的生产资料和资本所有权的,但通过私营企业改造高潮以后,资本家所握有的生产资料又起了变化。目前的宪法是过渡时期的宪法,将来修改宪法时,对这一条又有考虑的必要了。

其次,可以看到,在“三大改造”取得决定性胜利以后的新形势下,对反革命分子的处理也是随着形势而变化的。例如,《农业纲要》(草案)第4、5条对农村中的地主分子、反革命分子进一步宽大和适当安排,1956年11月月间又通过了《关于宽大处理和安置城市反革命分子的规定》。从三届全国司法工作会议向人大常委的报告中所明确的四个问题的第二项可以看到:“人民法院在审判工作中,贯彻执行党和国家既定的‘镇压与宽大相结合’的政策,必须根据每个时期国内的政治形势和敌情的变化,以及每个案件的具体情节,来掌握从宽从严的界限。目前,我国的政治形势已经发生了根本的变化,审判反革命分子和其他重大刑事犯罪分子的政策界限的着眼点……应该比过去一个时期宽一些。”从我们对“右派分子”的处理中也可看到:“……这种人不但有言论,而且有行动,他们是有罪的,‘言者无罪’对他们不适用。他们不但是言者,而且是行者。是不是要办罪呢?现在看来,可以不必。因为人民的国家很巩固……可以宽大为怀,不予办罪。”(《人民日报》社论《文汇报的资产阶级方向应当批制》的结语)这些都说明我们的法律的适用是以政策为根据的。“右派分子”说，政策不能办事，必须事事依据法律，那么我们就根据《镇压反革命条例》来定罪量刑吧。你们“右派分子”反对社会主义，阴谋资本主义复辟，哪一个不应逮捕起来送到法庭上去判罪呢？你们说怎样呢？

再次，也可以从资本主义国家的法律是随着资本主义国家发展的三个阶段而发展的事实来说明。第一阶段是资本主义在欧洲各先进国家获得胜利和确立的时期，宪法曾确立了各种各样的资产阶级的民主制度。第二阶段是资本主义开始转变为帝国主义的时期，法律也就开始由资产阶级的民主急剧地转变为反动。第三阶段是资本主义总危机时期，法律也就随着公开地走向法西斯化了，过去用作点缀的一些虚伪的民主，这时已全部撕破了“遮羞布”。例如，美国于1791年在群众压力下补充的《权利法案》，现在已成为反动统治者的眼中钉；麦卡伦在国会中公开叫嚣《独立宣言》是“危险的纸”，美国宪法原稿是“反美国的原稿”；1952年12月，杜鲁门就把这一美国民主制度的纪念物，从可供参观的保管室中移入防空洞里收藏了。美国在第二次大战以后，又曾利用1940年颁布的《史密斯法》，对美国共产党进行大规模的迫害。1947年杜鲁门颁布了《忠诚调查命令》，也是以迫害进步人士为目的的。同年，美国国会通过了反劳工的《塔夫脱—哈特莱法》，限制工人罢工，不准共产党人在工会中任职。1950年9月又通过了《麦卡伦法》（即《国内安全法》），规定共产党员要向司法部登记，以便在紧急时把一切所谓颠覆分子投入监狱或集中营。1952年通过了更反动的《麦卡伦—华尔特法》，进行种族迫害，还设立了专门侵犯公民宪法权利和培植法西斯特务的机关——美国联邦调查局和国会“非美”活动调查委员会。由这些情况看来，也可以说明美国的法律正为着它的垂死挣扎而服务。

最后，伟大的苏联宪法，曾经在1919年、1924年、1936年三次颁布，同样证明了法律是随着阶级关系的变化而变化的。1918年、1924年的宪法是苏联国家和宪法发展的第一阶段，是由十月革命起向社会主义过渡时期的宪法。1936年的宪法已进入第二发展阶段，反映着剥削阶级已被彻底消灭，正在向共产主义迈进的事实。

以上看来，是可明确认识到法律随着政策以及随着阶级关系而变化的密切关系的。

第三，法律的贯彻执行，必须密切联系政策，才能发挥它应有的作用，有利于本阶级。如果死搬法律条文，束缚和脱离了政策，是盲目而且是有害的。例如：

1. 1956年6月，我国对日本战犯实行宽大处理，人大常委在处理原则中说：“……按照他们所犯的罪行本应该予以严惩，但是，鉴于日本投降后十年来情况的变化和现在的处境，鉴于近年来中日两国人民友好关系的发展……因此，决定对于这些战争犯罪分子按照宽大的政策分别予以处理……”《人民日报》社论说：“我国政府对于日本战争犯罪分子的处理，显然是适时的和正确的。这完全符合我国人民的长远利益，有利于中日两国人民友好关系的发展，有利于巩固远东和世界的和平……”相反地，如果我们仅仅因为这些战争犯罪分子犯有严重罪行，就把他们杀掉，效果便没有这样好。

2. 由于我们正确执行了对反革命分子的“镇压与宽大相结合”的政策，使对敌人内部的分化瓦解起了极大的作用。仅据天津市一地从1955年10月至1956年1月20日的统计，投案自首的各种反革命分子达7770人，还交出了不少武器弹药证件等。如果单靠我们坐在法庭上对反革命分子一个个地加以审理，没有政策的感召，法律就没有这样大的威力。

3. 在婚姻案件的处理中，我们社会里有不少解放前遗留下的重婚纳妾问题，也有现在的配偶未按登记办法办理手续或未达婚龄而已同居，且现在又要求离婚的案件。按照《婚姻法》“禁止重婚、纳妾；结婚有年龄限制；双方应亲自到所在地（区、乡）人民政府登记”的规定，如果死搬条文，重婚的一律离婚，未经登记或未达婚龄的离婚案件都不受理，那对妇女、子女以及对社会都是没有什么好处的。因此，在运用法律时还必须领会各个时期中央对婚姻问题的一系列的政策指示。

4. 在私营工商业改造高潮以前，城市法院是少不了私营企业的劳资纠纷的欠薪、公私纠纷的银行欠款、欠税等案件。当私改高潮的锣鼓爆竹声沸腾时，形势是变了，而案件却没处理完毕，当时我们就将此类案件先行搁置，等待研究解决。果然，1956年3月30日，国务院公布了《关于私营企业实行公私合营的时候对债务等问题的处理原则的指示》，于是这些案件便在合营中得到解决。我们如果“孤立办案”，不问当前的形势和政策，仍按老办法处理，这种办案便没有什么必要了。

第四，法律与政策的显著结合和最有效的贯彻执行方法——政治运动。新中国成立以后，为进行社会主义革命，变革生产关系，单靠法律的力量是不够的。大规模的阶级斗争，一定要依靠广大人民群众的直接参加行动和正确的政策，法律也要在这些斗争中经过总结经验而产生、发展和完备起来。例如，土地改革、镇反、“三反”、“五反”等运动。土地改革法、惩治反革命条例中固然贯彻了党的政策，同时在具体贯彻执行中更辅以不少的政策指示。如《划分农村阶级成分的决定》镇反中对罪恶严重的反革命分子的“少杀长判”等宽大政策。这些伟大的变革，只有执行了正确的政策和发动全民来搞，才能取得胜利。彭真同志在关于《惩治贪污条例（草案）》的说明中曾说：“这个条例，是根据中国人民政治协商会议共同纲领第十八条严惩贪污的规定和‘三反’、‘五反’运动中所揭露的事实和蓄积的经验而制定的。”“‘三反’和‘五反’运动是依靠广大人民群众，在毛主席、中央人民政府和工人阶级领导下，为着清洗旧社会遗留下来的污毒的一次伟大的群众运动。”

又如《婚姻法》颁布后的贯彻问题，曾由党中央和政务院规定了1953年3月为在全国范围内展开贯彻婚姻法的运动月。用这种深入人心的方法来贯彻婚姻法，才能改革千百万人的习惯势力。司改运动也是这样，我们虽有1949年2月党中央颁布的关于“废除伪法统”的政策指示，《共同纲领》第17条也有相应的规定，但如果不是经过这次运动，是不能尖锐地批判反动的旧法观点和认真地进行组织整顿，从政治上、组织上、思想上纯洁了各级司法机关的。以上说明了政治运动对贯彻法律与政策的重要关系。

三、认识法律与政策的相互关系，对于我们政法工作的实际意义

我以为，认识法律与政策的相互关系，对于我们政法工作有如下的一些实际意义：

首先，认识法律与政策的相互关系，就能确认党对司法工作的领导，明确我们的立法为什么一定以党的政策为依据，审判工作又为什么必须坚决贯彻党的政策。因为中国共产党是工人阶级的政党，它代表广大劳动人民的利益，而法律是阶级意志的反映，如果执行法律不根据党的政策，不要党的领导，那么这个法律便没有了灵魂，没有了内容，体现了什么阶级的意志，它为谁服务，岂不大成问题。“人民法院独立进行审判，只服从法律”是在党的领导下根据党的政策和所制定的法律而进行的。也只有在党的领导下，才能保护广大劳动人民的利益和巩固人民民主专政，以及为社会主义建设事业服务。否则，我们的司法工作将成为“无本之木、无源之水”，究竟为谁而服务呢？“右派分子”为了抗拒党的领导，提出了“司法独立”、“审判独立”等口号，是企图把司法系统同人民民主专政对立起来，这是非常荒谬的。

其次，认识法律和政策的相互关系，就可以用这些理论来武装自己，从而澄清和批判一切资产阶级唯心主义的关于法律的错误理论和思想，坚决站稳工人阶级的立场，参加和指导现实的阶级斗争。例如，“右派分子”杨兆龙、王造时等指责我们没有沿用伪“六法”，“司法改革”是搞错了；污蔑我们司法工作是“一团漆黑”；责怪我们的“重要法典迟迟还不颁布”是没有聘请他们一类的“专家”立法；反对我们“过分强调法律的政治性，忽视了法律的专门性和科学性”；反对我们搞各项政治运动，“希望检查一下历次运动的合法性”，以责怪我们没有学习美国的“认真的法治”，等等。我们如果从法律与政策的相互关系以及与经济基础的关系来分析，就很清楚地理解到：我们为什么一定要废除国民党反动统治的“六法”，为什么要进行“司法改革”；就可以证明我们历次的政治运动是实际的阶级斗争，但也是有法律和政策依据的，是合法和必要的行动；从而也明确到国家的重要法典，由于政

治、经济情况在变化中,绝不能一下子就把它全部都端出来;至于我们"强调法律的政治性"正是我们做对了,因为我们能够认识和敢于揭露法律的本质,而资产阶级就不可能认识和不敢公开地这样做。至于我们的法律,因为它是符合社会经济发展的规律的,是从斗争实践中产生与发展的,所以当然也是科学的。这样,尽管"右派分子"猖狂地向我们司法部门进攻,但一切阴谋、谬论在我们面前是不难识破的。

最后,认识了法律与政策的相互关系,就可以防止和减少我们工作中的教条主义、经验主义、右倾思想等的错误的发生。例如,国家的经济基础和客观形势变化了,对反革命分子可以进一步实行宽大处理;地主分子经过几年来的劳动,有些已转变了阶级成分,为了"化消极因素为积极因素",如果我们不根据政策和客观形势的这个变化,搬用条文,继续从严就不必要了。但是,我们就此误以为社会主义革命已经成功,对坚持反动立场和恶习太深的残余反革命分子和各种坏分子的存在和影响,估计不足,迷惑于刑事及反革命案件的逐年减少,从而放松了对这些人的政治思想教育和管教及改造,并曲解宽大政策,不分情节,把罪恶深重的反革命分子也宽大释放了,或者该办不办、该捕不捕,致使坏分子抬头,反革命分子的气焰又嚣张起来,这对社会秩序和国家建设是不利的,当然会引起人民群众对我们的玩忽职守感到不满。又如,私营企业改造高潮后,已有解决资本家欠税、欠薪等的新的政策指示,而我们因为高潮前受理的这些案件尚未结案,继续按陈规开庭审理判决追偿和查封拍卖财产等,那就不够妥当。但如果我们懂得了前面的道理,也就必然懂得我们工作的进行,我们必须不断地分析客观形势,要随着社会条件的发展变化而发展变化,否则会对革命工作带来损害。

以上问题阐述,是不够全面的,可能某些问题还不确切,希望大家批评。

(1957 年第 6 期)

我国选举制度是真正民主的选举制度

张大鹏*

资产阶级"右派分子",利用党征求党外人士意见,帮助党整风的机会,向我们的社会主义民主制度进行了猖狂进攻。攻击我们的选举制度,是其中的一个重要部分。他们诬蔑我们的选举制度不民主,说协商提出代表候选人名单是形式,是变相包办,等等。他们妄图以西方资本主义式的"自由竞选"代替社会主义的选举制度。

一

西方资本主义的选举制度真的比社会主义的选举制度民主吗?我们必须根据具体事实加以研究、分析,才能得出正确的答案。

选举制度是政治制度的重要组成部分。它和其他政治制度一样,是经济基础的上层建筑,并且是为它的基础服务的。现在,世界上基本有两种性质不同的选举制度:一种是社会主义的选举制度;另一种是资本主义的选举制度。这两种选举制度,无论在立法精神上,在政治任务上,以及实施程序的大小环节上,都有本质的差别。

社会主义选举制度的民主性,首先表现在选举权利的普遍性和平等性方面。我国的《选举法》规定,凡年满18周岁的中华人民共和国公民,除依法尚未改变成分的地主阶级分子,依法被剥夺政治权利的反革命分子,以及其他依法被剥夺政治权利的和精神病患者外,不分民族、种族、性别、职业、社会出身,宗教信仰、教育程度、财产状况和居住期限,都有选举权和被选举权。从执行的结果来看也是这样。根据全国第一次普选的统计,依法被剥夺选举权利的人数仅占选举地区人口的1.28%;在1956年选举时,由于一部分地主、反革命分子在劳动中改造了自己,完全服从政府法令,被恢复了选举权利,依法被剥夺选举权利的,据初步统计,仅占当地总人口数的0.58%。"右派分子"所醉心的资本主义的选举制度到底是怎样的呢?以美国为例来说吧。根据有关方面的材料统计,美国各州对选民资格的限制共计不下五十多种,其中最普通的有财产资格的限制、文化程度的限制、居住期限

* 作者单位不详。

的限制、种族关系的限制，等等。甚至还有“人头税”、“选举税”等许多苛刻的规定，来实际阻挠劳动人民群众参加选举。美国的种族歧视，更是惊人。根据过去的统计，美国年满21岁的黑人，被登记有选举权利的仅占10%，而实际能够参加选举的则不过1%。这是多么鲜明的对比。

民主选举是有阶级性的。因此，广大选民对待两种选举的态度也是截然不同的。在美国，广大劳动人民对于资产阶级垄断集团玩弄的骗人的选举，是很不感兴趣的。选民拒绝、回避参加选举的事实普遍存在。例如，1950年美国国会选举，享有选举权利的选民有9800万人，其中只有4000万人，即40%的选民参加了选举。和美国完全相反，在我国，选民积极参加选举乃是一件常事。在第一届全国基层人民代表大会选举中，选民参加投票的占登记选民总数的85.88%；第二届基层选举中，根据不完全统计，选民参加选举的比例占选民总数的86.42%，有些县市高达95%以上。

由于选举制度具有鲜明的阶级性，在我们国家的每一届选举中，党和国家都尽量设法采取各种方式，便利选民参加选举。例如，在文盲尚多的农村，则临时采用以举手代投票的办法，在医院和不便行动的选民中，采用“流动票箱”等，便利选民行使自己的选举权利。在资本主义国家就完全不是这样。资产阶级统治集团所感兴趣的不是人民大众积极参加选举，相反的，他们往往害怕人民大众，害怕工人、农民利用选举的机会反对资产阶级专政。由于这种惧怕和心虚，就促使资产阶级统治者施展各种阴谋诡计，甚至采取凶暴的恐怖、暗杀手段，来阻挠人民群众行使自己的选举权利。

任何国家的选举制度和它所采取的一些具体做法，都是和它们国家的性质、社会阶级关系相适应的，也都是为了实现统治阶级的政治目的。我们是人民民主专政的国家，国家的一切权力属于人民。人民内部没有对抗性的矛盾，人民群众的根本利益是一致的。基于这个因素，我们放弃了资本主义选举制度中的“自由竞选”的方式，采取了一种新的更切合实际的选举方式，这就是有领导的联合提名和选民提名相结合的选举方式，并且把这个方式和这一步骤看做选举工作中的一个主要环节。有领导的经过协商的过程中联合提出代表候选人名单，真的是和“右派分子”所诬蔑的那样不民主吗？真的是共产党变相的包办吗？不是的。我们看看国务院为联合提名规定的一些具体步骤：“在联合提名以前，首先通过当地共产党、各民主党派、各人民团体和生产合作社的成员，在选民中广泛酝酿，提意见集中起来；再由选举委员会邀请这些方面的代表协商，提出代表候选人初步名单，交选民讨论，并且依据多数选民的意见，加以认真的修改和补充；最后由选举委员会在选举以前公布代表候选人正式名单。”同时还规定：“对于公布的代表候选人正式名单仍有不同的意见的选民，选举的时候，可以另选自己愿意选的其他任何选民。”

实施的结果,广大选民群众认为是真正民主的。他们评论这种做法"既民主又全面"。民主是手段,"全面"在选举工作的范畴上来看是目的。我们选举的基本要求,就是通过选举把一些真正能够代表群众意志的和能够帮助人民群众积极走社会主义道路的代表人物从各个方面选拔出来,组成我们的国家机关,领导人民进行社会主义建设;同时我们还把选举工作当成"人民手中的鞭子,用去鞭策工作不好的政权机关"(斯大林语)。这种政治任务和资产阶级职业政客到处进行骗人的竞选演说,是完全不同的。

从选举的结果来看,我们的各级人民代表大会代表中,有工人和农民,有科学、文化工作者,有党政机关工作人员和现役军人,有国营企业,公私合营企业的工作人员,有烈属、军属、复员军人,等等。代表中妇女和少数民族、共产党和各民主党派及无党派民主人士均占有适当的比例。再看美国的情况是怎样的呢?美国本届国会有议员531人,清一色地都是资产阶级和资产阶级的代表人物。其中通常给大公司企业服务的律师占全部议员的60%左右,大商人和银行家约占1/4,其余的也都是百万富翁;其中既没有一个工人,也没有一个农民,根本就没有劳动人民的代表。

我们采取协商提名选举的目的,绝不是"右派分子"所诬蔑的"包办",而是从团结广大人民群众出发,并根据少数服从多数,多数又要照顾少数的精神,使各民主阶层、各民族在人民代表大会中都有与其地位相当的代表名额,使各级人民代表大会都具有广泛的人民代表性。如果说,我们的协商方式不"民主",那只能是我们在讨论、协商的阶段,为某些人作了一些宣传、保证工作;我们也的确是做过这样一些工作,但是保证当选的绝不是共产党员。

西方资产阶级所宣扬的、"右派分子"所念念不忘的"自由竞选"到底是怎么一个内容呢?是不是资本主义国家的代表人物真的是按照选民群众的意志,通过真正民主的程序选举出来的呢?我们可以肯定的回答:不是的。以美国总统的选举来说吧。美国总统候选人按规定必须由政党提名,这个制度虽然没有明文限制任何政党参加竞选,但在美国的实际生活中,由于物质条件和其他种种限制,除了民主、共和两党而外,真正代表劳动人民利益的政党和其他进步党派实际上没有参加竞选的可能。而美国一个普通选民在选举中所能做的,只能是在民主党和共和党的候选人之间作一个非此即彼的抉择,而两党的政客则像走马灯那样轮流执政,扮演着资产阶级所标榜的"两党制"。我们不妨回忆一下:过去由民主党组成的杜鲁门政府,同现在由共和党组成的艾森豪威尔政府,在对内对外的基本政策上有什么不同,一丘之貉而已。

二

资本主义式的选举制度，在旧中国也是实行过的。那和资本主义国家一样，只不过是地主阶级和官僚资产阶级用以维护他们的反动统治、愚弄人民的政治把戏而已。作家赵树理在他的小说《李有才板话》中描写过封建地主把持农村选举以及广大农民对这种“选举”的愤恨：

“村长阎恒元，一手遮住天，
自从有村长，一当十几年。
年年要投票，嘴说要改选，
选来又选去，还是阎恒元。
不如弄块板，刻个大名片，
每逢该投票，大家按一按，
人人省得写，保管用不烂。”

还有一段是：

“老恒元，真混账，
抱住村长死不放。
说选举是假样，
侄儿下来干儿上。”

再看国民党统治时期上层机构的选举吧。国民党反动派垮台以前，也玩弄过一次臭气熏天的选举。当时伪国民大会代表计分三种：一种是当然代表；另一种是当然列席代表；再一种是“民选”代表。反动的国民党中央执行委员和监察委员是当然代表；反动的国民党中央候补执行委员，伪国民政府主席和委员，伪各院、部、会的长官以及伪国民大会主席团所特许的人是当然列席代表；至于“民选”代表，则都是由伪乡镇长，各御用职业团体的职员和各军队、军校的长官推选出比代表名额多的好几倍的候选人，经伪省政府签注意见，再经伪国民政府指定若干人为正式候选人，最后由经过宣誓效忠的选举人就候选人中圈定一个人为当选代表。即使这样的选举，在蒋介石反动集团内部还是闹得乌烟瘴气的。大多数伪乡镇长都做了“票贩子”，一手交票，一手交钱，大发其“选举财”。

反动统治阶级所把持的“选举”，绝不会给人民带来任何好处，相反地，还会给人民带来灾难。当时的《观察》杂志对伪国民大会的选举有这样一段描述：“闹得举国骚然，鸡犬不宁，公私耗财之巨，社会风纪秩序破坏之烈……精神物质一切损失无法计算。有人比之为‘选灾’，而且认为水灾、旱灾、风灾、火灾任何一种灾也没有这‘选灾’普遍而深入。”

三

我们知道,“制度是有决定性的,但是制度本身并不是万能的”。[①] 从表面看来,“右派分子”所仰慕的好像是资本主义的民主形式,但是透视一下,他们追求的是资产阶级专政的实质。“右派分子”攻击我们的选举制度,也绝不是单纯地攻击选举制度本身,他们思想深处是仇视对国家生活、社会生活进行全面领导的共产党。他们的终级目的是企图取消共产党的领导,实现资本主义复辟。这种历史教训,在苏联是有过的。这在1917年7月间,当时的苏维埃是由孟什维克和社会革命党人领导的,在这一个时期中,苏维埃——这个无产阶级专政的最好的组织形式,就变成了掩护反革命来反对革命的工具。斯大林在论及这件事时说道,苏维埃不过是个组织形式,固然是社会主义的组织形式,但终究是个组织形式。一切都依这个形式包含有什么内容为转移。”并且进一步地指出:“所以,问题不但在于苏维埃这个组织形式,虽然这个形式是个极大的革命成果。问题首先就在于苏维埃究竟是由谁来领导——是由革命者所领导,抑或由反革命者来领导。[②] 中国在大革命时期,由于右倾机会主义分子陈独秀放弃领导权,使革命遭受失败的教训也在于此。这次“右派分子”向社会主义民主制度进攻的全部内容和实质也在于此。

四

通过这次整风运动,我们可以更加清楚地看到,共产党在国家生活中的坚强领导,是发扬民主的重要保证。共产党领导全国人民经过几十年的艰苦斗争,推翻了国民党的反动统治,消灭了封建的和资本主义的所有制,在政治上、经济上解放广大劳动群众,使广大人民群众开始走上了自由幸福的新生活。这是真正的民主,伟大的民主。我们知道,世界上只有具体的民主,没有抽象的民主。民主不能同它的经济基础和阶级专政分割开来,推开经济上的民主空谈政治上民主,不是真实的民主,是抽象的民主。大地主、大资本家同处于半饥寒状态的劳动群众在一起谈民主,那是天大的欺骗。列宁有句极为深刻的名言,他说:“资产阶级的民主制……始终是——而且在资本主义之下不能不是——狭窄的、残缺的、虚伪的、假仁假义的民主,对于富者为天堂,对于穷人和被剥削者为陷阱的骗局。”资产阶级民主制

① “再论无产阶级专政的历史经验”,载《人民日报》1956年12月29日。

② [苏]斯大林著:《列宁主义问题》,唯真译,外国文书籍出版局1950年版。

的全部内容就是这样。

毛主席说过，“共产党是为民族，为人民谋利益的政党，它本身绝无私利可图。”这种伟大的理想和抱负，在三十多年的革命实践中，已为广大劳动人民和一切正直的人士所公认。只有共产党领导了国家政权以后，才真正地宣布并且实现了国家的一切权力属于人民的崇高理想，并且宣布了随着政治、经济条件的变化，进一步地扩大国家的民主生活，更广泛地发扬社会主义民主制度。现在我们在整风运动中运用的大鸣、大放、大辩论、出大字报和开座谈会等，就是社会主义民主制度在新的基础上的进一步发展。

上面我们肯定我们选举制度的优越性，肯定选举工作的成绩，并不否认我们的选举制度还要随着政治、经济条件的变化不断地发展。但是，这些工作的缺点还需要不断的向前发展，和右派分子们所叫嚣的我们的选举制度不民主，协商提名是形式，是完全性质不同的两回事。应该划分清楚。

（1957年第6期）

加强社会主义思想教育建议修改宪法教学大纲

许崇德*

中华人民共和国宪法科学是新中国成立以后创立起来的一门新的科学，几年来，由于党、政府的正确领导和法律工作者的辛勤努力，这门科学已经建立了初步的基础，而且正在得到不断的发展。1956年7月通过的由高教部和司法部所推荐的《中华人民共和国宪法教学大纲》（以下简称《大纲》），基本上就是对几年来宪法科学所取得的成就的总结，它反映了一定的科学水平。《大纲》印发以后，对于国内高等院校中国宪法课程的教学，曾经起到了一定的指导和推动作用。这是应该首先肯定的。另外，在运用和实践的过程中，也逐渐使人感到它还存在某些不足的地方，应该加以修改。因此，我认为张光博同志在他写的《对中华人民共和国宪法教学大纲的几点意见》①一文中所提出的修改《大纲》的建议，无疑是有益的。可惜他所提到的只是偏重于形式方面的问题，而较少涉及带有根本性的更迫切需要解决的原则问题。为了更好地修改"大纲"，推进宪法科学，我提出几点不成熟意见。

一

在修改《大纲》的时候，首先有必要进一步明确课程的目的性。讲授中国宪法的目的，我认为有两个方面：一方面，是为了使同学掌握专业知识，了解我国社会制度、国家制度以及公民的基本权利和义务的基本原则，并为学习其他有关法律专业课程奠定基础。另一方面，是为了提高同学的政治思想水平，宪法科学，如同一切法律科学一样，必须紧密结合社会政治、思想实际，很好地为当前的政治斗争服务。目前，我国正处在社会主义革命和社会主义建设的大变动时代，一切对于我国社会制度、国家制度的不同观点，都会从人们的意识中反映出来。宪法科学的任务，就是要在社会制度和国家制度的基本原则方面，以自己的科学内容来解决社会主义与资本主义两条道路的争论问题，帮助人们分清大是大非。过去有人在讲授中过

---

* 作者单位：中国人民大学。

① 《法学》1957年第5期。

分强调中国宪法课程的专业性,忽视了结合同学的思想进行政治教育的重要性,这是非常不正确的。

讲授中国宪法所要达到的这两重目的,应该密切结合,忽略任何一面都是不对的。但就目前来说,它应为政治服务,成为对同学进行社会主义思想教育的一种工具。

中国宪法课程的目的性,我认为也就是修改教学大纲所要贯彻的总的精神和出发点。新的《大纲》应该根据这个出发点,来作具体的规定,而且首先把它在大纲的"引言"里反映出来,这样可以使同学一开头就能领会这个精神。

课程的总的精神,当然不能仅仅在"引言"中反映就算满足。它必须像一根红线一样贯穿到每章每节中去,使课程的每个部分都围绕着总的目的、总的思想,而结成一个严密的、有着内在联系的科学整体。过去有人说,"宪法课程内容一般化"、"不生动"、"不解决思想问题"等,这种说法虽不尽然,而且造成这种说法的原因很多,但是,如果能很好地明确课程的目的性,考虑到每章每节在本门课程中应占的地位、需要解决的实际问题,在讲授时能够结合同学的思想去进行,那么,"一般化"和"不生动"的缺陷多少是可以避免的。

二

为了使中国宪法成为进行社会主义思想教育的工具,我认为在修改大纲的时候,还必须注意到进一步加强这门课程的党性的问题。作为研究我国社会主义基本制度的宪法,是一门具有鲜明的党性的科学。它对于我国社会制度、国家制度的阐明,应该完全是从工人阶级的立场出发,而且是表现工人阶级和广大劳动人民的利益,坚决地为建设社会主义服务。任何客观主义的态度以及模糊阶级观点的倾向,都是不能容许的。

从《大纲》来说,它在反映无产阶级的立场、观点方面,我认为基本上是好的。但是《大纲》的某些内容,也并不是没有提出商讨的必要。例如,《大纲》第三章中关于"阶级结构"的问题,这里的写法,若从加强党性原则的要求来看,就有点不够理想。首先,在这一章里,关于工人阶级领导的问题,没有很好阐明,而且它的地位也是被安排得不很突出。其次,有些问题的提法不大妥当:如本章第一节中,在写到阶级结构的概念以后接着就光溜溜地写道:"我国过渡时期阶级结构在宪法上的确认"。所谓宪法加以确认的过渡时期阶级结构是什么呢?《大纲》在第二节中作了回答,那就是工人阶级、农民阶级、知识分子、民族资产阶级。我认为宪法所确认的,应该是有利于无产阶级专政的一种固定的东西,或者是比较固定的东西。《大纲》所谓的过渡时期阶级结构,乃是一个变动的不固定的东西,随着我国多成分经济结构逐渐为单一的社会主义经济所代替,与工人阶级敌对的资产阶级也是要跟着被消灭的。所以就不能叫做宪法“确认”过渡时期的阶级结构。事实上,《宪法》除了明确地规定我们国家的性质以外,并没有以立法的手续来确认过渡时期的社会阶级结构,虽然宪法可以反映过渡时期某一阶段的情况,但是在反映的同时,也必然规定发展社会主义、改造非社会主义经济成分的基本政策。因此,假如只是像《大纲》那样说宪法确认过渡时期阶级结构,那将是意味着必须把当时的阶级结构形态用立法的手续巩固起来,并使它保持下去。这种写法,不能不被人认为是意义含混的。此外,《大纲》在本章第二节中,又把“过渡对期社会各阶级和阶层”一二三四地作了平列的介绍,我认为这种处理,很难令人明显地感觉到这些阶级、阶层的地位,有什么特殊的差别。最后,同一章第四节中,《大纲》又用了这样一个标题:“我国工人阶级和民族资产阶级的关系”。究竟是什么关系呢?我认为这种写法,同样不足以鲜明地表示出工人阶级和资产阶级在国家中的不同地位。《大纲》一些近似客观描绘、把工人阶级和资产阶级平列起来的做法,同前面“过渡时期阶级结构在宪法上的确认”的提法,反映了同样的思想。

又如《大纲》在谈到选举制度的时候,对于选举权的平等性,一共写了这样三句话:“选举权的平等性。我国选举权平等性的具体表现。我国目前照顾阶级、民族和地区的必要性。”这里所写的“照顾阶级”,其意义也是十分含混的。“照顾阶级”是指什么样的阶级呢?是指城乡应选代表的不同人口比例保证了工人阶级的领导吗?对于工人阶级来说,岂是“照顾”的问题?工人阶级又需要谁的“照顾”呢?假如“照顾阶级”是指资产阶级而言,那么为什么像我国选举制度保证工人阶级领导地位这样重要的问题,《大纲》竟没有写上去呢?

以上虽然只是举出一些例子,但它们已经可以说明《大纲》的思想性还不够强。在修改大纲的时候,应该引起注意。不论是重新作一次检查,或者是以后打算怎样做,我认为毛主席在《关于正确处理人民内部矛盾的问题》一文中所提出的六条标准,应该成为我们在阐明人民民主制度、提高科学党性的时候,所必须严格遵循和努力贯彻的总精神与最高原则。

三

同增强课程的党性问题相联系,为了贯彻社会主义思想教育,我认为必须使中国宪法成为一门更有战斗性的科学。

资产阶级“右派”曾经对宪法所研究的具体内容,作了全面的进攻,反对我们社会主义社会制度和国家制度的根本原则。所以中国宪法科学在反击“右派”方面,其责任也就特别重大。就目前来看,我们国家的基本制度方面有许多的经验需要总结,许多问题需要继续加以说明;资产阶级的反动观点、“右派”的反社会主义言论,需要继续加以深入批判;我国社会主义制度的优越性,还必须进一步大力宣扬。宪法科学必须在政治、思想战线上的社会主义革命中,充分发挥它的战斗作用,成为彻底反击“右派”给人们进行思想教育的武器之一。

我国宪法科学本来是一门具有强烈的战斗性的科学,但《大纲》没有仔细地考虑到在阐明我们的社会制度、国家制度的基本原则的同时,应该针对一些具体的反动思想、反动言论来进行批判。《大纲》很多问题上没有提到必须批判什么,而在个别问题上也只是一般地写了如同“对资产阶级国家议会制度的批判”、“对资产阶级国家选举制度的批判”之类的话。《大纲》的这些缺陷反映在教学实践中,要么就是在说明新制度的时候,根本没有批判旧制度、旧观点;要么就是作一般化的批判,三言两语,一提而过。《大纲》这样笼统的规定,确实使大家在教学中很难做到在结合某一问题时,能够对于资产阶级的议会制度或者选举制度,来一个全面系统而又很深刻的批判。这种缺点,特别在“右派”进攻的时候充分暴露出来了。有些学了宪法的人,觉到自己所学习的东西不能成为他现成便利的武器,立刻用来反击敌人,有的甚至对资产阶级“右派”向我们国家制度的污蔑和进攻,不能分清是非。

为了使宪法科学在政治、思想战线上的社会主义革命中,起到应有的战斗作用,在《大纲》内应该列出本课程必须加以批判的反动观点和“右派”言论。譬如,在引言部分和第一章关于宪法的一般论述中,应明确表明宪法的战斗任务,说明本课程必须彻底批判有关社会制度、国家制度的“右派”言论和旧法观点;说明宪法原则是判别哪些不利于社会主义、哪些不利于社会主义的言行的尖锐武器。为了加强战斗性,本课程的任务还要同非政治倾向、教条主义倾向作斗争。在阶级结构中,应批判“无产阶级一无所知,不能领导”,“工人阶级也有两面性”,“中国的资产阶级比工人阶级还进步”等反对工人阶级领导的谬论。在民主党派里,应批判“党天下”、“民主党派要参加领导”、“各党派轮流执政”等谬论。在民族关系中,应批判“共产党的民族政策是分而治之”,“应当让少数民族地区独立或成立联邦”等谬论。在政治制度上,应批判“两院制”、“人民代表大会制是形式主义”等谬论。在选举制度上,应批判“我国选举不如资本主义国家竞选民主”、“提几个选几个不好,选民起投票机器作用”等谬论。在国家机构上,应批判“政治设计院”、“组织联合政府”、“党政不分”、“党不能发号施令”等谬论。在公民的基本权利和义务中,应批判资产阶级的民主、自由的观点,以及所谓“人权保障”等谬论。这里只是举几个例子,如何做到扼要而又能结合实际地在《大纲》中加以规定,还得从长研究。

四

为了贯彻社会主义的思想教育，必须使这门课程密切结合中国实际。当然前面谈到的三个问题，就某种意义上说，也是结合中国实际的问题。但在这里，我想谈另外两个问题。

第一个问题是《大纲》应该明显地反映出当前的阶级状况、阶级斗争形势，反映社会主义革命、社会主义建设的社会大变动的时代，一句话就是正确反映现状的问题。《大纲》在某些问题上，如经济制度、阶级结构、统一战线等，有些内容和提法显然是过时了，应该修改。当然，《大纲》是一年以前拟订的，在这一点上不能苛求。我之所以提到这个问题，是为了引起修改时候的注意。

第二个问题是如何从中国的具体实际情况出发正确地对待苏联国家法科学的指导意义的问题。苏联国家法科学对于本门课程有着极其重大的指导性意义，这是毫无怀疑的。但是在学习方法上是值得商讨的。如有些同志在教授中国宪法的时候，硬把我国的基本制度按照苏联国家法那样分成"社会结构"和"国家结构"两部分去讲。这种做法，我是不同意的。张光博在《对中华人民共和国宪法教学大纲的几点意见》上要我们"参考苏联国家法"，建议把第五章"民族关系"更换为"国家结构"，它的内容应包括：单一制的国家形式问题，民族区域自治问题，中国行政区域的划分问题。我认为这种意见是不足取的。

在中国宪法课程刚刚建立的时候，曾经仿效苏联国家法的体系，列过"国家结构"一章。《宪法》公布后，《大纲》根据宪法的精神，改为"民族关系"，这种革新，更适合于中国情况，把科学推向前进。尽管《大纲》的内容有所欠缺，但这是可以补救的。为此，我认为在修改的时候，"民族关系"这一章应包括下列四个问题（分四节）：(1)单一制国家形式问题；(2)民族区域自治问题；(3)各民族过渡到社会主义问题；(4)巩固和加强民族团结问题。

民族关系是宪法规范所要调整的一种社会关系。上面提到的几个问题，都是载诸宪法有明文可查的，因此它们应当列为本课程研究的对象。说宪法不要研究民族关系，应该让给"民族学"去研究，这是没有理由的。

当然，在多民族的社会主义国家里，民族问题同单一的或是联邦的国家形式有着密切的联系，但是在提出问题的方法上，是否一定要强求一律呢？对于苏联国家法来说，在阐述到国家结构形式的问题时，提到民族问题，这是恰当的。然而对于中国宪法来说，为什么不能够在阐述民族问题的时候，提到单一制的形式问题呢？我想这样做，对于中国的情况来说会更加恰当些。苏联是一个联邦国家，联邦之内还有联邦共和国，各成员国的内部划分上也很不一致，行政区域相当繁复；苏联的权限和各盟员共和国权限的划分问题、各盟员共和国的主权问题、中央和地方的关系问题等，都不像单一制的中国那样简单。所以在苏联国家法中，把这许多问题专门列成一章，这是完全必要的。而我国行政区划和中央地方关系是比较单纯的，另外，民族平等、民族团结是我国宪法的一个重大特色，而且宪法所反映的民族关系、民族政策也是丰富多彩的。那么在中国宪法里把民族关系专门列成一章，而把行政区域的划分按照宪法的结构，同地方国家机关的体系结合起来，这样把宪法所规定的民族政策集中在一起讲，从而使在我们国家生活中占相当重要地位的民族问题，比较突出起来，这有什么不好呢？

五

为了贯彻社会主义思想教育，是否需要变更课程的体系结构呢？我认为就各章的排列来说，原《大纲》的次序，仍旧可以保留。它和加强中国宪法的政治理论教育方面的作用并不矛盾。《大纲》是基本上符合于宪法结构的，同时也适合于讲授的进程，因此我认为不必变动。

张光博同志在他的文章中反对把"经济制度"放在前面，这是没有道理的。在着手具体分析我国社会制度、国家制度以前，依照《大纲》的次序，先讲经济制度，我认为这样比较好。经济制度是社会上层建筑的基础，我们想要知道人民民主制度的性质、作用及其优越性，首先必须知道决定这些重要问题的经济基础。即使是阶级结构的问题，也应该放在"经济制度"的后面去讲。因为一定的社会阶级结构和一定的社会经济结构相联系着的。社会的阶级划分既决定于人们在生产中的地位，而阶级结构的变化又首先取决于经济结构的变化，因此只有先了解中国社会的状况及其变化。所以这样的章次，不是张光博同志用"我国是先夺政权"一语所能够简单地推翻得了的。

如果依照张光博同志的意见把"经济"放在"民族"之后，"选举"或者"国家机构"之前，这对于课程的内在联系又有什么特殊的妙处呢？张光博同志的意图似乎在强调"严格遵守宪法的体系"。其实经济、阶级、民族以及政治制度，都是宪法总纲中的主要内容，只要把它们放在一起，虽然因教学方便而略为调整它们间的次序，不能指责它违背宪法的体系。相反地，张光博同志主张把宪法第二章第四节中关于行政区划的内容移作总纲的内容，成立"国家结构"一章，也并不是严格遵守宪法体系的。至于把"经济"列为第二章或第五章，对于同学的政治经济学的知识是没有关系的。

张光博同志认为，一讲完阶级结构应该立刻讲政治制度，这是先实质、后形式，否则就是违背逻辑。这意见同样不能令人赞同。首先，我认为《大纲》并没有把政治制度放到阶级结构的前面,所以这里不发生是否违反先实质、后形式的逻辑问题。其次,政治制度诚然直接由阶级本质所决定,但谁都知道,一国的政治形式除了主要地取决于阶级本质外,他还要受阶级力量对比关系的实际情况、经济发展的水平、多民族国家有其民族问题的特点、政权组织发展的历史传统等因素的影响。假如撇开一切足以影响政治形式的其他因素,而把内容与形式的关系简单化起来,这就很难说明像同一历史类型的国家中,为什么可以出现多种多样的国家形式这样的问题了。显然,只有当我们充分地研究了中国的经济制度、阶级结构、党派、民族关系之后,才能够了解我国政治制度的本质以及由以上这些因素所决定的种种特点。由此可见,张光博同志所谓"民族关系放在政治制度的前面则更是人为地制造混乱"的说法是没有根据的。正因为民族关系是影响着我国政治形式特点的要素之一,所以先研究中国的民族关系,是有助于对我国政治制度的特点的了解的。

关于"选举制度",张光博同志提出使公民的基本权利和义务这一章有完整的内容,所以主张放在国家机构的后面讲。我觉得与其从公民的一项基本权利来理解选举制度,倒不如从我国政治制度的一个民主环节来理解,从某一种意义上来说,选举制度乃是我国社会主义民主政治制度的一部分。其实我国的政治形式,一切民主制度,其实质都是实现人民的权利,是否有必要把一切问题都附在"公民权利和义务"的周围来讲呢?我认为是不合适的,也是不应该的。因此我主张保留原处,以便前后衔接。

总之,《大纲》的章次可以不变,但为了很好地贯彻社会主义思想教育,有些部分比重倒可以调整一下。例如,"人民代表大会制度"应加充实,它不仅是本课程的一个重要内容,同时也曾为"右派"进攻的对象,而在从前关于这一章的阐述所花的力量是不够的。又如,"公民基本权利和义务"一章也应适当加重。

另外有些部分应该适当缩减。例如,第二章"经济制度",按《大纲》所规定的内容,已经忽视了这一章在本门课程中应占的地位。《大纲》企图用国家法中狭小的一章,去一般地说明其他课程必须用极大的篇幅才能解决的问题,如经济学所要解决的关于过渡时期的各种经济形式问题,民法所要阐明的关于所有权的问题,农业合作社所要探讨的关于合作社内部的财产处理问题等,显然是不可能的,也是不必要的。

（1957年第6期）

各种鉴定意见的证据意义

[苏]П. П. 茨维德哥夫* 黄怡祥**张保成***译

鉴定人的意见是苏维埃刑事诉讼中的一种证据,它对揭发犯罪和认定案情有着重大意义。因此,应当向鉴定人的工作和他的意见提出一定的要求,以便保证正确地作出反映真实的结论。

这些要求可以表述如下:

第一,鉴定人用演绎法进行研究时所引用的作为大前提的原理和材料,应当严格地建立在用事实现象检证过的苏维埃科学最新成就的基础上。例如,"犯罪对策学中的同一认定,只能依靠那些已为实践检验过的并且本身是有科学根据的材料。"①

实践范畴造成我们认识相对性的这种情况,并不排斥作出反映真实结论的可能性。列宁说过,"……不要忘记:实践标准实质上决不能完全地确证或驳倒人的任何表象。这个标准同样是这样地'不确定',以便不致使人的知识变成'绝对',可是同时它又是这样地确定,以便和一切各种各样的唯心论与不可知论进行无情的斗争。"②

第二,在作出鉴定意见时用做小前提的案情,应当在客观上是真实的。

第三,鉴定意见应当不违反逻辑学上的思维规则,因为鉴定人的结论不但应当符合于案情,而且在推断形式上也必须是正确的。因而,每个鉴定人在作出结论时必须理解:任何概念应当在同一意义上使用,概念的定义应当通过其他概念来表达,这样就能避免违反逻辑学上的同一性的规则。同样也不许对同一对象在同一时间、同一意义同时加以肯定和否定。也就是说,不能就同一事物,既说"是",又说"否",违反了逻辑学上的矛盾律,就会使鉴定人作出导致侦查员和审制员在工作上迷失方向的鉴定意见。

就坦索夫省检察机关侦查的女教员 E. H. 莎特罗奇被杀害一案来说,法医鉴

---

* 作者单位不详。

** 译者单位:华东政法学院(现华东政法大学)。

*** 译者单位:华东政法学院(现华东政法大学)。

本文摘译自《刑法与刑事诉讼问题》一书。

① [苏]C. 米德里契夫:"苏维埃科学——犯罪对策学的任务",在1951年俄文杂志上发表的文章。

② [苏]列宁著:《唯物论与经验批判主义》,莫斯科版,第170页。

定人的意见认为这是一件自杀案，但同时他又声明说并不完全排斥被杀的可能性，假定有人出其不意地把莎特罗奇推入水中的话。① 用不着说，鉴定人未确定地解决了被杀或自杀的问题，因为这样的鉴定意见（既是"是"，又是"否"），对本案的侦查和审判机关来说，当然没有任何一点价值，同时什么事也没有证明。

在谈到矛盾律时，应当强调指出：逻辑学上禁止的不是辩证的矛盾，而是逻辑上的矛盾，因为这种矛盾不是由客观实际情况产生的，而是由于鉴定人本身思想的错误所引起的。

逻辑学上的排中律要求鉴定人对提出的问题作出完全肯定的答复。对于与鉴定人研究的事实有关的任何问题，都应当在或者是这样或者是那样的形式中作出结论。也就是说，或者"是"，或者"否"；或者大概"是"或者大概"否"，不可能有第三种情况（Tertium Nondatur）。

鉴定人的任何想法都应当有根据。根据应当是无条件的、真实的和充分的，也就是说，必须遵守充分根据的法则。对于犯罪对策学鉴定人来说，也必须遵守犯罪对策学鉴定的基本原则，如犯罪对策学上的同一认定原则。在遵守上述要求的情况下，鉴定人的意见才可被侦查员和审判员认为是案件中有说服力的证据，是能够帮助解决《苏俄刑事诉讼法典》第320条提出的各项问题的。

关于承认鉴定人的结论是否符合一定的证据事实这一问题，是和鉴定意见在推断形式上应当是怎样的问题有着密切联系的。也就是说，它应不应是绝对的，还是也可能是非绝对的——盖然性的或附有条件的。

革命以前的法学家和外国的刑法学家的观点认为，由于人类知识的局限性，鉴定不可能作出千真万确的绝对的结论。在他们看来，鉴定意见只能反映一定事实存在的某种程度的盖然性。这种观点不是别的，只不过是资产阶级唯心主义对客观事实的不可知论在审判和侦查的鉴定领域内的反映罢了。

苏维埃法学家虽然对此也有一些分歧，但却达到一个统一的结论，认为鉴定的结论应当是根据千真万确的绝对性的推断形式作出的。同时，他们在援引了一系列的客观规律的情况后，也一致认为，作出绝对的、可靠的鉴定意见也不是永远能办得到的，在某些个别场合，也允许鉴定人作出盖然性的结论。例如，维皮格教授写道："苏维埃鉴定的格言应当是使他们的鉴定意见具有可靠性……但是鉴定人并不是永远能作出千真万确的结论……那时他只能把结论局限于某种程度的盖然性。"②P. Д. 拉洪诺夫同意维皮格教授关于鉴定意见的可靠性的意见，也认为鉴定

① 《侦查实践》1953年第13期。

② ［苏］A. И. 维皮格著：《苏维埃刑事鉴定的基本原则》，国家法律书籍出版局1949年版，第59页。

人对提出的问题，并不永远可能作出肯定的答复。但拉洪诺夫认为盖然性的鉴定仅仅允许在极例外的场合出现，并且他绝对反对附条件的鉴定。① 关于不可能在一切场合都作出绝对性鉴定意见这一问题，其他的作者们也曾提到过。

至于说到实际工作者，他们之中的许多人仅仅承认绝对性的鉴定意见，并且错误地认为鉴定人的绝对性结论保证了确定所研究的事实的可靠性。但是实际上并不如此。鉴定人的绝对性意见，由于他自己的确信，经常地只是从他本人的观点看来是真实的。

可以举出下列情况做例子。在莫斯科—梁赞铁路库罗夫站的第一干线上发现了一具尸体，经家属认出死者为安东尼·维地兴。把尸体剖验后，法医拉哥维作出了绝对性鉴定意见，认为维地兴是由于跨出了火车，掉在车轮下致死的。这个情况似乎是由所有的柔软的毛织纤维的断裂和皱纹这一点来证明的。这一鉴定意见在后来并没有被证实，而证实的却是维地兴是被自己的邻居米特维杰和他的母亲共同下手所勒死，并把维地兴的尸体抛置在铁路的道板上，以便使人设想，维地兴仿佛是由于某种原因被火车碾毙的。

在前述例子中，尽管鉴定人的推断是绝对性的，但这个意见并不是可靠的。

在另外一些场合，鉴定人的绝对性结论也有值得怀疑的。例如，对同一事实，鉴定人却得出两个完全相反的绝对性结论。因此，为了证实或否定两个结论中的一个，必须指定再作一次鉴定。这种情况在进行司法会计鉴定时是经常遇到的。例如，在列宁格勒省茶叶公司仓库员西连勃梁斯克窃盗各种商品一案中，就进行过两次会计鉴定。这两个鉴定人仔细地根据自己研究的结果，得出了直接对立的结论。一个鉴定人绝对地断定，把其他多余的商品算在缺少的账上是可能的；另一个鉴定恰巧相反，他认为在任何场合下都不能这样算。②

在这种场合，虽然每一个鉴定人都坚信自己的结论是无可争辩的，但是法院终于把其中的一个绝对性的鉴定意见推翻了，因为它不符合案情。

可靠性比较大的是鉴定人在进行指纹鉴定时所作的绝对性的结论。但是，就在这里，鉴定人的绝对性推断也并不是永远能够保证结论的无可争辩性。

在审判瓦尔契哥夫窃盗案中进行了指纹鉴定，鉴定的对象是为了明确瓦尔契哥夫和通缉中的孟特叔格是否为同一个人。瓦尔契哥夫和孟特叔格（又叫皮洛沙夫）的指印都提供给鉴定人作为研究，并向他提出这样的问题：这些指印是否同属

---

① ［苏］Р. Д. 拉洪诺夫著：《苏维埃刑事诉讼中鉴定的理论与实践》，国家法律书籍出版局 1950 年版，第 230 页。

② 根据 1947 年 7 月 4 日《关于窃盗国家和公共财产应负的刑事责任指示》第 2 条对西连勃梁斯克提起的刑事控诉案。列宁格勒省法院 1952 年档案。

于一个人的？

鉴定人在仔细研究和比较螺纹的个别特征的基础上得出了绝对性的结论，认定两种指模印出的手纹是同属于一个人的。但在苏联最高法院审理此案时，对鉴定人这个绝对性的结论却发生了怀疑。因为在侦查中发现瓦尔契哥夫否认自己有罪，他并称，1947 年由于窃盗嫌疑第一次被捕，同室中除他以外还有二人。其中一人对瓦尔契哥夫威胁说，在传唤皮洛沙夫去捺模时，瓦尔契哥夫应离开房间去代替他。当时瓦尔契哥夫捺的指模就被附入皮洛沙夫的案卷中去。根据瓦尔契哥夫这个说法，皮洛沙夫案中的皮洛沙夫的指模就是由他代捺的。

苏联最高法院刑事审判庭在撤销刑事判决，把瓦尔契哥夫一案发回重新侦查审理时指出：指纹特定化只有在本人自捺指模的场合，才可认为是无可争辩的；在旁人代捺指模的场合，就不可靠了。

由此看来，鉴定人推断的绝对性还不能保证鉴定意见的完全可靠。

再来分析盖然性鉴定意见的意义。应当指出，这种意见是由于鉴定人对自己的结论的真实性缺乏坚决的确信时作出的。对这种意见采取否定态度，是因为这种盖然性无论达到怎样的高度，但对所研究的事实存在与否，终究是一种假定，并且本身就包含着错误的可能性。自然，可能性也并不就是现实性，事实上这个错误也许是不存在的。

在列宁格勒省的“延尼”泥炭开采区失火一案中，为了查明失火的原因，乃指定消防技术专家进行鉴定。鉴定人的结论是，发生失火的最大可能性应认定是由于第二工区的炉火没有熄灭。可以作为鉴定人这个结论的论证的，就是在前一晚上在同一地方亦曾发生过泥炭燃烧，但已由当地消防队所扑灭。鉴定人这一盖然性的结论，后来被侦查和公判调查的全部材料所证实。①

另外还有一件事实：1953 年 12 月 17 日的晚间到 18 日，阿列克赛夫和其他的人从诺夫哥罗德省玛罗维歇区医院的会计处窃盗了货币。罪犯撬开了玻璃窗框，爬进医院，用“模型”和锥子打开钱箱，窃取了 13,056 卢布的现款和 1375 卢布的有价证券。在勘查现场时，发现其中的一扇玻璃窗上留有指印。该案在进行指纹鉴定时，鉴定人作出盖然性的结论说，该项指印可能是阿列克赛夫的手指所留下的。这一结论后来由案中的其他材料进一步证实了。②

成功地运用盖然性鉴定意见的这些事实证明，推断的盖然性形式会使鉴定人的结论失去其可靠性的可能。从这里应当得出结论说，在否定这类鉴定意见以前，

---

① 对高其也夫和徐诺夫的刑事控诉案，列宁格勒省法院 1953 年档案。

② 对阿列克赛夫和其他人等的刑事控诉案，诺夫哥罗德省马维歇区域第一区人民法院 1952 年档案。

侦查机关和法院应当对有关材料加以详细的核对。如果盖然性的结论是根据鉴定人本人或由侦查员及法院看来很容易被推翻的理由所得出的,那么,这一鉴定意见就必须加以推翻,以便鉴定人另行作出可靠的鉴定意见。如果这样的可能性不具备,或者这一盖然性的结论是根据了客观的理由作出,那么,侦查机关和法院应当用搜集补充证据的方法,把自己的活动集中于这个盖然性的结论的证实上。

盖然性鉴定意见没有其他证据证实的条件下,不可以作为证实一定事实的根据,因为侦查机关和法院的确信,应当是依事实为根据的,而这种事实的可靠性应当是无可怀疑的。这种结论虽然对提出的问题没有作出答复,但它毕竟对侦查员和法院的活动指出了方向。盖然性结论的意义,可以和犯罪对策学中的同一认定属于同类的意义相等的。盖然性结论和它一样,是把案件中搜寻真实情况的范围缩小,并指出了一定的方向。此外,也不应忘记,侦查机关和法院对所研究的事实建立起自己的确信,绝不是单单靠鉴定人的意见,而是依靠案件中的全部材料的综合。只有由已经其他证据证实的盖然性的鉴定意见和其他已经查对的事实结合起来,才能给侦查机关和法院的揭发犯罪与确定案情的工作以巨大的帮助。但是为此就必须使盖然性结论的根据和可靠程度不致比绝对性的结论小,不这样,盖然性结论的实际价值也像绝对性结论一样等于零。

在齐略宾一案中,他是由于仇视关系,把未婚妻玛尔金杀死,并把尸体分段抛入了涅瓦河。法医鉴定委员会看了巨大的骨盆和狭窄的胸腔后,毫无根据并且不能信服地推测,这两部分是同属于一个尸体的。但是正如 A. П. 弗拉奇米斯克教授在理由中写的那样认为,如果委员会用米尺量一下骨骼的厚度,就会发现骨盆的部分和胸腔是连接不上的,因而这两部分属于同一尸体是不可能的。①

类此毫无根据的"在某种程度上"推测一定事实可能存在的结论,对侦查机关和法院来说是没有用的,对于这样盖然性鉴定意见是根本谈不上适用的。

谈到是否允许适用附条件的鉴定意见时,我们认为,把这类鉴定意见的可能性加以否定的观点是不正确的。P. Д. 拉洪诺夫对这一问题写道:"我们不允许适用附条件的鉴定意见。"为了证实上述的理论,他引证了苏联最高法院刑事审判庭关于马林诺夫斯克一案的裁定。裁定上说:"马林诺夫斯克在阿什商业局第十商店当经理。法院认为他的罪行是盗用了公款 26,146 卢布。司法会计鉴定认为,为了要明确马林诺夫斯克把摊贩那里收来的款项是用怎样的手续解缴到出纳处去的,必须还要询问一系列的证人。法院连一个证人也没有传讯,而把这一个附带条件的推定当做确定事实而加以接受了。"因此,P. Д. 拉洪诺夫说:"由于不允许采用

① 《侦查实践》1951 年第 6 期。

类似的鉴定意见，最高法院撤销了原审法院的判决和上诉的裁定。”①

这里，Р. Д. 拉洪诺夫之所以错误，就是因为最高法院撤销原判决和裁定，完全不是由于这种鉴定意见的不许适用，而是由于法院没有讯问鉴定人所提出的证人，把附条件作出的推定当做确定事实而加以接受，没有用必要的方式对这种鉴定人意见加以估价，没有把它和其他的证据对照起来研究。

我们认为，附条件的鉴定同绝对性和盖然性的鉴定意见一样，是有存在的权利的。它的出现，是由一系列的外在和内在原因决定的。例如，鉴定人并不永远可能把这种或那种事变都归引到科学的一般原理之下。实践中的事实证明，某些原理只是在一定的条件下才是真理，而不是在任何时间、任何地方都是真理。一切都决定于条件、地点和时间。

和一切事物一样，条件的改变，在一定时间内是正确的，在另一个时间可能完全不对了。因此，在该项条件下不可能对向他提出的问题作出绝对性答复的时候，可以向侦查机关和法院解释，在怎样的条件下所要研究的事实才会发生。在这种场合下，侦查机关和法院的任务就是要搜集证实或否定这些条件的补充证据。

此外，鉴定人决定或可以对提出的问题作出答复的条件，这样的鉴定意见也应当列入有条件的鉴定意见中去。

在行猎时由于机枪走火，疏忽地杀害巴甫洛夫一案中，为了要解决关于发射的准确距离问题而进行了法医鉴定。鉴定人根据子弹入口窟窿有很大的宽度，并具有毛边形花纹的边缘等特征作出的结论，认定发枪距离是 1～2 公尺。同时在这一鉴定中向侦查员解释，更精确的判断，可以在进行侦查实验下获得，在不同距离下用同一枪支进行射击的条件下获得。侦查员考虑了专家的意见，进行了射击，于是走火的距离被确定得更精确了。

另外还有一件事实，上面提到的齐略宾案在上诉审理时，该案的材料交由莫斯科的法医专家 П. С. 西密诺夫斯克进行鉴定。鉴定人在作出鉴定意见时，特别认为要确定该两部分的尸体是属于一人，或属于不同的人，只有把那一部分尸体和其他部分接合起来，研究表皮断裂的边缘后，才有可能得出结论。这一意见在进一步对该问题进行法医研究时被实现了，这样就造成了作为案件中一切其他材料所证实的绝对性结论的可能性。

经过其他证据检验的附条件的鉴定意见也像绝对性和盖然性的鉴定意见一样，须与案内其他的证据综合起来，才能帮助侦查机关和法院解决有关案情的问题。

---

① ［苏］Р. Д. 拉洪诺夫著：《苏维埃刑事诉讼中鉴定的理论和实践》，国家法律书籍出版局 1950 年版，第 235 页。

从以上对各种鉴定人意见的分析出发，应当得出这样的结论：鉴定意见的证据意义，归根结底并不依其绝对性的或非绝对性的（盖然的或附条件的）推断形式为转移，而是依侦查员和法院对鉴定人所作结论的估价为转移，在于他们是否承认这些结论可以作为证据，因为任何鉴定人的意见对侦查机关和法院都是没有拘束力的。[①] 因此，仅仅是鉴定人意见具有绝对性还是不够的，必须是这个意见和其他证据具有因果关系，并且相互符合，才能认为是证据。换句话说，作为证据的鉴定意见不仅包括鉴定人对事实的判断，而且也包括侦查机关和法院对推断事实的承认。

由此可见，在评论各种鉴定意见时，不应当从鉴定人意见的形式这一方面来着手，而应当从鉴定人的意见与案情符合到如何的程度，以及它在决定正确的侦查方向和形成法院的内心确信方面起着怎样的作用这一方面来着手。否则，如果认为绝对性的鉴定意见证明力大，盖然性的鉴定意见证明力小，就会使我们不知不觉地走上形式证据理论的道路，认为可能预先规定出判断证据的价值的客观特征和客观标准。从另一方面来看，审判和侦查工作人员如果对绝对性的鉴定意见采取盲目信任和不加批判的态度，那么，鉴定人实质上就成为对事实的审判员了，可惜这还不是罕见的现象。

在披鲁姆铁路沿线法院所审理的特鲁金和马克西姆夫一案中，受审人特鲁金否认自己的罪行，并辩称，案中所提到的关于交代贮藏室的文件没有经过他的签字，而该项文件的签字是伪造的。在侦查过程中对特鲁金的签字进行了字迹鉴定。制作鉴定意见的人得出结论说，不存在证明特鲁金签字系伪造的材料。因此，侦查员以及法院采用了鉴定人的绝对性鉴定意见，得出特鲁金否认在文件上签字的陈述是不确实的结论。在这方面，法院也没有查对所有的其他一切证据，也没有把鉴定意见的内容和其他证据加以对比。苏联最高法院铁路运输审判庭撤销了该案的判决，在自己的裁定标题中写道："案件中有鉴定人的意见并不免除法院对其他证据的审查责任，应当与案件中的全部材料加以综合判断。"

苏联最高法院这一指示责成侦查机关和法院不管鉴定人意见是绝对性的或者非绝对性的，都应仔细地全面地加以核对。但是指示的意见并不是说，侦查机关和法院对鉴定人意见的形式不应当加以区别。它们不是没有区别的。但并不是因为一种鉴定意见更完备，另一种鉴定较不完备；而是由于盖然性和附条件的意见比起绝对性意见来，要求更深入一步地用其他证据来核对。这样的核对需要更大的力量和时间。绝对性的鉴定意见并不是无可辩驳的，也并不是比盖然性和附条件的鉴定意见更为完善，而是它较有利于更快地更有效地帮助侦查工作的进行和作出

① 《苏俄刑事诉讼法典》第298条。

判决。从这方面看来,绝对性的鉴定意见有它的优越点,但这并不排斥盖然性和附条件鉴定意见的适用。因为它们虽然缺少可能作出绝对性的回答,但却为侦查机关和法院确定案情指出了一定的方向。

(1957 年第 6 期)

我国刑法中的“死缓”和无期徒刑是符合人道主义原则的

高　舫*

在我国即将制定的刑法中,是否应当继续采用“死缓”和无期徒刑的问题,近来引起了广泛的讨论。有的主张继续采用“死缓”,废除无期徒刑;有的主张继续采用无期徒刑,废除“死缓”;有的主张“死缓”和无期徒刑都继续采用;有的主张“死缓”和无期徒刑都废除。在《政法研究》刊登的几篇文章中,差不多是把讨论中的各种主要论点都反映出来了。这个讨论对刑事立法工作和理论研究工作都是有益的。但是在讨论中,有些同志为了阐明自己的论点,而将我国的“死缓”和无期徒刑说成是不符合人道主义原则的刑罚制度,这就使人难以理解了。

研究我国的刑罚问题,首先必须从我国刑罚的本质上加以考察。我国适用的刑罚,与一切剥削阶级国家适用的刑罚本质是不同的。在剥削阶级国家中,刑罚是掌握在反动统治阶级手里用以镇压被剥削群众的工具,而在我国和其他社会主义类型的国家中,刑罚则是维护人民利益、镇压反动活动的工具。我国的刑罚是为改造社会主义、改造人类的伟大事业服务的,因而它不像剥削阶级国家的刑罚那样具有惩办主义与报复主义的性质,以及因此而带来的残酷性。我国对犯罪分子适用刑罚,不但是为了惩罚犯罪分子,而且是为了教育改造犯罪分子,预防犯罪和消灭犯罪。

我们一贯反对给犯罪分子带来过分痛苦的残酷刑罚,反对采用肉刑。为了有力地保护国家和人民的利益,保障革命事业的顺利进行,我们虽然必须采用死刑,但是在适用死刑上我们是特别谨慎的。

这是我们党和国家一贯的方针。正如罗瑞卿同志所说的,“党中央历来坚持,捕反革命分子必须谨慎,杀反革命分子尤其必须谨慎。在1951年第一次镇压反革命运动的高潮时期,规定了:……凡是可杀可不杀的反革命分子,一律不杀,如果杀

---

* 作者单位不详。

了,就是犯错误。而在反革命疯狂破坏遭受严重打击以后,就立即坚持了更要少捕、少杀的方针”。① 1956 年 9 月召开的党的第八次全国代表大会,根据社会主义改造高潮以后新的斗争情况,进一步强调了这一方针。在大会《关于政治报告的决议》中说:“今后对于反革命残余势力还必须继续进行坚决的斗争。但是因为反革命残余力量已经日益缩小和分化,对于反革命分子应当进一步实行宽大政策。除极少数罪大恶极、引起人民公愤的犯罪不能不处死刑以外,其余犯罪应当一律免处死刑,并且给予人道的待遇,尽可能把他们教育成为善良的劳动者。”我国在过去的革命斗争中所采用的“死缓”和无期徒刑,是有利于实现尽量少杀的方针的。从新中国成立初年开始,我国就采用着无期徒刑,作为死刑与有期徒刑的中间阶梯,对那些罪恶严重判处有期徒刑不足以平民愤的犯罪分子适用。我国刑罚制度中有无期徒刑这个阶梯,若与没有这个阶梯相比较,无疑是会减少适用死刑的。在 1951 年第一次镇压反革命运动高潮时期,揭发出来相当数量的罪大恶极应当判处死刑的反革命分子,由于他们一贯与人民为敌,激起了广大人民的高度憎恨,一致要求严惩,在这种情况下,我们党和国家为了尽量少杀,创造了“判处死刑,缓期二年执行,强迫劳动,以观后效”的制度,给予那些严重危害了国家利益,但是还没达到最严重程度的反革命分子以最后悔改的机会。从第一次镇压反革命运动以来,这一行之有效的“死缓”制度即在我国的审判实践中保留了下来,并且也逐渐适用于其他严重犯罪,在罪该判处死刑的反革命分子和其他犯罪分子中,最后挽救了相当一部分人的性命。

“死缓”和无期徒刑在我国同犯罪活动作斗争的过程中,发挥了重要的作用。对那些罪恶严重、判处有期徒刑偏轻但又不是必须杀掉的犯罪分子,判处“死缓”或者无期徒刑,既能够平息民愤和有效地发生警戒作用,又能够尽量少杀人,争取更多地改造罪犯。几年来判处“死缓”和无期徒刑的犯罪分子,经过劳动改造之后,许多人都有了悔改、立功的表现,从而得到了减刑的宽大处理。据沈阳市监狱 1955 年的统计,“死缓”期满的 × × × 个犯罪分子中,因有悔改、立功表现而被减为无期徒刑或者有期徒刑的占 98%;因没有悔改、立功表现但也没有抗拒改造而宣布再缓一年的 1 人;只有 1 人因抗拒改造执行了死刑。另据北京市监狱的统计,几年来共收押判处“死刑”的犯罪分子 × × × 余人,大都因有悔改、立功表现被减为无期徒刑或者有期徒刑,执行死刑的也只有 1 人。各地几年来判处无期徒刑的犯罪分子,经过一定期间的劳动改造之后,获得减刑的是大多数,没有获得减刑的是少数。这些情况都说明,我们对判处“死缓”和无期徒刑的犯罪分子尽量加以改造,是取得了巨大的成效的。将这些犯罪分子改造成为对社会有用的人,对国家和

---

① “我国肃反斗争的主要情况和若干经验”,载《新华半月刊》1956 年第 20 号。

人民是有利的。

我们对于罪恶重大的犯罪分子，在能够维护国家和人民利益的前提下尽量留下他的性命，并尽量把他改造成为对社会有用的人，是否符合人道主义原则呢？在我看来这是无须争议的。

但是有些同志认为，既然判处“死缓”和无期徒刑的犯罪分子事后大都得到减刑，就说明原来对他们判处“死缓”和无期徒刑是没有必要的，因而得出结论说，“死缓”和无期徒刑并不能起到少杀人的作用，判处“死缓”和无期徒刑是对犯罪分子不必要地适用重刑，是不人道的。我不同意这种观点。我们知道，判处“死缓”和无期徒刑的犯罪分子，虽然在判刑的总人数中占的比例是不大的，但是，如果将几年来的数目累计起来，也会是一个不小的数目。对于这些人，在当时如果都不判处“死缓”和无期徒刑而判处较轻的刑罚，能够平息民愤吗？能够发生应有的警戒作用吗？况且，这些人事后能否悔改和立功，在判刑当时也是难以预计的。因而问题很显然，如果在我国刑罚制度中没有“死缓”和无期徒刑的阶梯，这些人就必然分化到两极，或者立即杀掉，或者判处有期徒刑。硬要否认“死缓”和无期徒刑具有减少杀人的作用，显然不是实事求是的态度。

有些同志在企图证实“死缓”和无期徒刑不符合人道主义原则的时候竟然把我国的“死缓”和无期徒刑形容成比立即执行死刑还残酷的刑罚制度，因而认为，我国的刑罚制度中有了“死缓”和无期徒刑，就不能圆满地体现人道主义精神。

对于我国“死缓”的这种议论，在过去就曾有过。这些人认为，判处“死缓”，使犯罪分子在缓期二年中提心吊胆，提着头过日子，精神负担很重，是不人道的。这种观点是不能令人同意的。谁都知道，“死缓”属于死刑的范畴，是对罪恶重大应当判处死刑的犯罪分子适用的。我国现在没有条件废除死刑，因而还完全有必要使这类犯罪分子受到死刑的威胁。如果为了对这类犯罪分子讲仁慈而不处死刑，那就是一种无原则的仁慈观点，其结果必然是不能有效地保护国家和人民的利益，也就是对广大人民群众的不仁慈。那么，判处“死缓”的犯罪分子是否思想负担重得不行了，以至于使他感觉不如马上死了好呢？显然不是的。我们的“死缓”制度向犯罪分子指明，只要他在缓期二年中不抗拒改造，能够有悔改表现，就不执行死刑而减为无期徒刑或者有期徒刑。几年来，“死缓”改判的无数事实也使犯罪分子确信，当法院对他适用“死缓”时，并不是为了杀他，而是为了改造他。至于缓期二年以后杀与不杀，与其说是取决于法院，还不如说是取决于他自己是否能有悔改表现。被判“死缓”的犯罪分子在缓期二年中，并不是像某些人想象的那样，“精神负担很重，还不如马上死了干脆”，而是清楚地知道，只要自己积极争取，努力改造，是完全有可能获得减刑的。因而，那种认为“死缓”比立即执行死刑还残酷的观点，是不符合实际情况的。

"无期徒刑比死刑还残酷"是在资产阶级学者争论无期徒刑存在问题中提出的。对于资产阶级国家的无期徒刑作这样的评论是有道理的。资产阶级国家采用无期徒刑,并不是出于什么人道主义的目的,而正是为了使被判刑人遭受终身的痛苦。在资产阶级国家中,监狱即地狱,被判刑人在牢笼里,在手铐和脚镣、铁棒和皮鞭面前,过着非人的生活,从事牲畜般的奴隶劳动。被判无期徒刑的人,就是经过这样长期折磨之后而"老死监锢"的。因而不怪资产阶级的许多学者都承认,在他们那里,无期徒刑是一种非常残酷、非常不人道的刑罚。

我国的无期徒刑则与此完全相反。我国采用无期徒刑绝不是为了给犯罪分子以过多的痛苦,而是为了通过劳动改造,使其成为对社会有用的人。我国的劳动改造政策,是"惩罚强制与思想改造相结合,劳动生产与政治教育相结合"的政策。因而我国对于判处徒刑的犯罪分子并不是单纯的惩罚与强制,而是尽量加以教育改造的,并在其服徒刑期间给以完全人道主义的待遇。同时我国还采取着减刑、假释等奖励制度。几年来已有许多犯罪分子因在执行中有悔改、立功表现得到了这种奖励,原判处无期徒刑的已减为有期徒刑。这一切都表明,我国的无期徒刑并不是一种残酷的、获释无期的、不人道的刑罚,它与资产阶级国家的无期徒刑是有着原则上的区别的。在研究无期徒刑问题的时候,这个原则区别是不容忽视的。

某些同志之所以认为我国采用的无期徒刑不符合人道主义原则,就是与忽视了我国无期徒刑的特点有关系的。例如,望楚说:"综合资产阶级刑法学古典法学派和社会法学派关于无期徒刑的主要意见,无期徒刑作为刑罚来讲,犯罪分子完全不能被改造,只是为了对实施犯罪的犯罪分子加以报复,使其终身禁锢,和社会永远隔离所采取的一种刑罚方法,按其性质来讲,是同社会主义人道主义和民主主义原则直接相违背的,因此无期徒刑这一刑罚方法是和我们国家的性质不相容的。"①又如李毅成说:"凡被判处无期徒刑的犯人,思想上的压力很大,感到自己获释无期,因此心灰意冷,缺乏改造信心……从这一点看,无期徒刑不但不能体现出我国劳动改造政策的优越性,也不足以体现我国刑事立法的人道主义精神。"②发表这些议论的同志,特别是前者,对于我国刑法中的无期徒刑的性质的理解不能说是正确的。

综合上述,我认为我国的"死缓"和无期徒刑是完全符合人道主义原则的,因而以"死缓"和无期徒刑不符合人道主义原则为理由主张将它们废除,是不妥当的。当然,这并不是说,"死缓"和无期徒刑的存废问题不可以加以研究,而是说不应当给我国的"死缓"和无期徒刑加上不符合人道主义原则的"罪名",因为那是不

① "谈谈刑罚中的几个问题",载《政法研究》1956年第5期。

② "略论我国刑法上的无期徒刑问题",载《政法研究》1957年第3期。

符合实际情况的。研究“死缓”和无期徒刑存废问题应当考虑的主要是，今后国家采用这种制度是否还有必要，继续采用对国家和人民有利，还是废除了对国家和人民有利。在我看来，继续采用“死缓”和无期徒刑还是有必要的，但因本文的目的不是着重讨论这个问题，因而具体的理由就不谈了。

（1957年第6期）

加强民事案件的调查和正确判断证据的重要性

张耀儒*

法院审理案件是本着“事实是根据,法律是准绳”的审判原则进行的。也就是说,对案件适用法律是建立在一定事实的基础上的,而一定事实的认定是通过全面调查和正确的判断证据来实现的。尤其民事案件的证据,除当事人提出的外,一般的是由法院依职权主动地调查和收集的。因此,民事案件的调查工作和对证据的判断显得特别重要。几年来,民事案件的调查工作有了很多的改进,但仍有一些案件由于调查工作不充分、不适当,很长时间内存在事实不清楚、证据不充分的情况,因而影响了审判工作的迅速和正确进行。这些情况表现在:(1)主要事实不清,致使案件认定事实的基础发生动摇。如有些离婚案件缺少婚姻关系的性质、双方感情的基础、感情变化的情况与原因以及离婚的真正原因等证据;借贷案件则缺少借贷发生的事实、借贷的数量和利率、借贷的期限和当时、当地信用社和国家银行贷给群众贷款的利率等证据;损害赔偿案件则缺少加害人的行为是否违法、损害程度等证据。(2)次要事实不清,也影响到案件的正确性,如离婚案件缺少有关子女抚养和家庭财产情况,特别是原审法院判决不准离婚的,一般都缺乏这方面的证据;借贷和损害赔偿等案件缺少双方经济情况的证据,等等。(3)有的案件虽有些证据,但证据力不够充分,尚不能肯定一方而否定另一方。

从上述情况看出,调查不细致、不全面的主要原因是:(1)对证明的对象不明确,即对一个具体案件或某一类型案件在一般情况下,应查清哪些事实和应具备哪些证据不明确。(2)基于对案件的先入为主而产生的调查不全面、不客观。如对离婚案件认为不应该离,即从不准离婚方面收集证据,根本不收集或很少收集离婚方面的证据和有关离婚方面的其他请求的证据(如子女抚养和财产分割等)。(3)不重证据,轻信当事人陈述与承认。因此,有的案件缺乏证据或根本没有证据即开庭审理草率判决。(4)不善于判断证据。

为了改进民事审判工作,提高办案质量,应该做好民事案件的全面调查和对证据的判断工作。首先,要确定某一类案件调查全面和证据完备的一般标准。也就是说,要根据某一类案件的特点,确定在一般情况下应查明的方面和应具备的

* 作者单位不详。

证据。

例如,离婚案件的特点是原告人要求消灭夫妻之间的法律关系,并涉及离婚后对于子女抚养和教育以及财产分割和生活等方面。因此,对离婚案件一般应查明五个方面:第一,查清婚姻关系的性质与事实。即订、结婚的时间,婚姻关系的结成是封建包办强迫结合的,是在父母主持下不得已而点头默许的,还是双方自主自愿的。第二,要查清双方感情的基础和感情发展变化的情况。即从订婚后到结婚前,结婚后到提出离婚前,提出离婚后到法院未判决前三个阶段,查清感情好坏的具体事实,以便于判断感情好坏是连续性的,还是间歇性的、偶尔的,是日益恶化的,还是日益改善的。还要在查清男女双方性格特点的基础上,从(1)夫妻在生活中互相对待的关系上;(2)男女所处的家庭地位上;(3)亲戚往来关系上;(4)双方或一方对他人在婚姻问题的表示等方面,查清感情好坏的具体事实表现。第三,查清感情变化和离婚的真正原因的事实。感情变化有主观原因,也有客观原因(如他人挑唆等),也有远因和近因;离婚原因有思想上、经济上、生活上、道德上或政治上的原因,等等。找出感情变化和离婚的原因后,再查清有否恢复和好的可能性的事实。第四,查清对离婚后子女抚养和教育等有关情况,即查清:(1)子女的真实表示(指能初懂事的小孩),即子女真正愿意跟哪一方;(2)平素父母对子女的感情(是根本的);(3)男女离婚后对子女要求抚养的愿望;(4)双方的经济情况和生活条件以及离婚后所要处的环境;(5)子女的年龄,是否在哺乳期;(6)双方的品质和作风。第五,查清家庭财产和生活情况,即查清:(1)家庭财产的性质、数量、来源和有无约定等情况,其中应当查清哪些是共同劳动所得,哪些是继承或赠与所得,哪些是子女的,哪些是属于个人专用的等;(2)共同生活中负责情况;(3)如结婚时间短,还要了解结婚时有无聘金、聘礼及其数量和性质;(4)男女双方劳动能力及个人收支情况等。

借贷案件的特点,一般的是原告人(出借人)请求确认借贷事实的存在,并要求借用人偿还本金或利息。因此,对借贷案件一般应查明六个方面:第一,借贷的事实是否存在,即借贷发生的时间、地点、经过与借贷标的物的数量及借用人的用途。第二,借贷是有偿的,还是无偿的。若是有偿的,则查清利率是多少,是否复利(利滚利)。第三,借贷是定期的,还是不定期的。第四,借贷合同的形式是口头的还是书面的,有无中间人(应有书面形式的借贷合同);如无书面形式的借贷合同应有口头的协议,但这种口头协议双方承认或有证可查。第五,当时当地信用社或国家银行贷给群众的利率情况。第六,双方当事人家庭现实经济状况。

另如损害赔偿案件的特点,一般的是被害人要求加害人赔偿由于其非法行为而损害的财产或者其他权益。因此,对损害赔偿案件应查明五个方面:第一,查清加害人行为是否违法的事实。第二,查清违法行为人是否有故意或过失的过错,被害人是否也有过错,双方过错程度如何(有的案件应有对加害人技术、知识、智力水平的鉴定或评论材料)。第三,查清损害事实(包括已造成的现有损失和将来可能的损失),即查清损害了什么和损害的程度(应有被损害对象的原状和损害后的现状的证据、鉴定或勘查材料)。第四,查清违法行为与损害事实之间有无因果关系(有的案件应有现场平面图)。第五,查清加害人与被害人家庭现实经济情况。

上边列举各项只是对某一类型案件所要求的一般标准,它不是对每个具体案件的具体要求。因此,在调查每个具体案件时,只能参考这个一般标准再根据具体案件的特殊性来决定应查明的情况和应具备的证据。

其次,做好对证据(主要指证人的证言)的判断工作。判断证据,就是审判员根据自己的内心确信和社会主义法律意识对证据的意义和效力(正确程度)所作的决定。因此,在判断证人的证言时应解决:证人是否愿意陈述真实情况,他能否陈述真实情况以及证言本身是否属实三个问题。具体应从以下几方面进行判断:

1. 审查证人的身份、证人和当事人的关系以及证人对案件结果有无利害关系等,以判断证人是否愿意陈述真实情况。如果发现证人与当事人有特殊关系或与案件结果有利害关系,就要特别注意证人是否能够陈述真实情况以及证人证言有否虚伪或扩大、缩小的情形。

2. 从若干主观情况(证人的政治品质和智力水平;证人对自己所接触的现象的领会程度即应考虑到证人的听、说、嗅觉等感觉器官情况;证人的记忆力好坏;证人表达自己感觉的能力等)和客观情况(证人接触现象的具体环境)来判断证人有否正确感觉事物的能力和真实反映情况的能力,即判断证人有否陈述真实情况的能力。

3. 从个别证据开始,并综合案内所有证据联系起来加以判断,从而发现证据的矛盾,发现案件的客观真实。主要是从证人之间、证人与当事人之间、当事人之间以及证人、当事人本身前后陈述之间相互加以对比、审核,找出相互和前后的矛盾点,从而判断真伪。但必须注意只有从证言的某些细节(如时间、地点、具体形态动作和具体过程等情节)中才容易发现矛盾。发现了矛盾要分析、研究、追查,同时,还要排除对案件无关的部分和证人自己主观认识的部分,以便于集中精神地进行判断证据。

4. 在判断证据中,审判人员要保持客观性,不能对某一证据持有成见,盲目分别优劣,轻易决定取舍。例如,不能片面认为物证优于人证;直接证据优于间接证据;成年人的证言优于小孩的证言;和当事人有特殊关系的证言不可信;忠诚老实或责任感很强的人的每一句话都符合情况,不忠诚老实或责任感不强的人的每一句话都是虚伪的或无用的。应该对每一证言作具体的分析,再根据分析结果区别对待,决定取舍范围和采信程度。

5. 还要注意到讯问证人时的环境和讯问证人的方式,以及影响证言的质量的客观条件。首先,证人被讯问的环境能否影响证人的责任感,能否影响证人的顺利陈述。其次,如果证人证言是在调查人以威胁手段逼出来的或以欺骗、暗示、指点等方法骗诱出来的,并非基于证人的真意,这都是影响证人证言质量的主要条件。另外,在讯问证人前,如不向他说明证人所应担负的责任,就不容易使证人认识到他们陈述的事实情况的重要性,也不会树立起证人的责任感,因此容易产生"信口开河",不加充分考虑的轻率态度,或者产生"少说为佳"的怕麻烦态度,这些都足以影响证言的真实性。

(1957 年第 6 期)

【讨论】

【编者按】本刊第二期发表了叶景荪的《关于"免予起诉"的问题》一文以后，曾接到不少来稿认为值得研究。在这里我们选择较有代表性的两篇文章，发表出来，以帮助大家更深入地理解这一问题。

我对"免予起诉"的看法

应后俊*

《法学》1957年第2期发表了叶景荪同志一篇《关于"免予起诉"的问题》的短文，提出了对免予起诉的一些不同的看法。我根据平时的了解，对这个问题发表一下自己的意见。

一、免予起诉的形成

《人民检察院组织法》第4条第2款规定，人民检察院的职权之一是"对于刑事案件进行侦查，提起公诉，支持公诉"；第11条规定："……公安机关提起的刑事案件，侦查终结后，认为需要起诉的，应该依照法律的规定移送人民检察院审查，决定起诉或者不起诉。"上述条文说明了各级检察院有决定起诉或者不起诉的权利。同时，第10条亦明确规定了对刑事案件"侦查终结后，认为必须对被告人追究刑事责任的时候，应当向人民法院提起公诉"。但是对刑事案件侦查终结后，虽被告已构成犯罪，但由于某些情节，人民检察院认为可以免除被告人刑事责任的时候，应该如何处理，条文并未作明确的规定。实际上这种情况是存在的，并且在1955年以后还显著增多起来，尤其表现在反革命案件方面。据统计，自1956年以来，全国有十九万余名反革命分子投案自首。当时的情况是必须对这批投案自首的反革命分子作出正确的处理，而其中又有一部分是必须按照"坦白从宽、抗拒从严、立功折罪、立大功受奖"的政策予以宽大处理免除刑罚的。但是，对这一部分反革命分

* 作者单位不详。

子由哪一个部门用什么方法来处理呢？在开始时，各地均处在摸索创造过程中，提出各种做法。归纳起来大致上有三种方法：第一种是由人民法院来处理，即由人民检察院起诉，法院经过公判审理判决无罪，或由人民法院直接受理判决无罪；第二种是由人民检察院来处理，即由公安部门作出《免予起诉意见书》，报请人民检察院审查后正式作出"免予起诉"决定，或由人民检察院自行侦查作出"免予起诉"决定；第三种是由公安部门代表政府决定宽大处理，不追究刑事责任。第一种做法虽然经过审判机关依法判决，但从人民检察院角度讲，在起诉时已明知被告可以免除刑罚，但还是要向法院起诉，请法院判决无罪，这显然是不必要的。第三种办法，对于"已构成犯罪的被告应否科以刑罚"的问题，由公安机关来决定也是不合适的。因此，尽管各地根据新的形势创造了三种不同的方法，但在实践中大多数还是采用第二种方法。至1956年4月25日，全国人民代表大会常务委员会通过了《关于处理在押日本侵略中国战争中战争犯罪分子的决定》，在决定的第1条第1款中规定了"对于次要的或者悔罪表现较好的日本战争犯罪分子，可以从宽处理，免予起诉"。这样，实际上法律已经明确地赋予检察机关以免予起诉的职权了。此后不久，即在同年6月21日至8月18日，最高人民检察院连续对三批日本战犯共1017名中的次要的或者悔罪表现较好的354名分别作出免予起诉决定以后，各地才根据常务委员会的决定精神，仿照最高人民检察院的做法，对宽大处理案件的做法逐渐趋向一致。免予起诉的制度就这样逐步形成了。

免予起诉的制度从其产生之日起，即表现了它的巨大的威力。根据全国21个省、市检察院和专门检察院的统计，在1956年经各级检察机关作出免予起诉决定的共有18,400余人。通过对这些犯罪分子的宽大处理，不但具体地体现了党和国家对反革命分子和其他犯罪分子的"坦白从宽、抗拒从严，立功折罪、立大功受奖"的政策及我国法律的人道主义原则，而且更进一步地促使了反革命分子内部的分化、瓦解。

二、免予起诉的概念

所谓免予起诉就是对被告的行为已经构成犯罪，但因有悔罪、立功的表现或其他原因，按照法律或政策可以免除其刑事责任的，由检察机关对他作出免予起诉的决定。因此它与"不予起诉"是有原则区别的。不予起诉虽然也是由检察机关作出的，但它仅是对一些犯罪证据不足，缺乏犯罪构成的条件或者过了追诉时效的案件所适用；而免予起诉却是对已经构成犯罪而可以免予追究其刑事责任的案件适用的。

刑法理论告诉我们,犯罪行为都是对社会有危害性的行为,都是按照法律应当受刑罚的行为。所以,在通常情况下并不存在免刑的问题,只有在特殊情况下,如由于存在真诚坦白、投案自首,或有立功表现等情节,而这些情节一方面足以说明犯罪者的人身已经没有社会危害性,另一方面按照党和国家的法律与政策又可以免除其刑罚的,才产生了免刑的情况,才能适用免予起诉。

三、适用免予起诉的条件

关于免予起诉适用的范围,目前未有明确的规定,从上述免予起诉的概念来看,并没有限定它适用于或不适用于哪类案件。可见,所有案件,不管它是反革命还是一般刑事案件都是可以适用的。

犯罪行为在什么情况下,也就是说,具备哪些情节才可给予"免予起诉"的问题,是实践中较难掌握的问题。根据党和国家对反革命分子和其他刑事罪分子的"坦白从宽、抗拒从严、立功折罪、立大功受奖"的政策,以及《镇压反革命条例》第14条、《惩治贪污条例》第5条的规定精神,我认为可以给予"免予起诉"的情节主要有以下几个方面:

1. 犯罪情节轻微,或者是胁从分子而又有坦白交代、投案自首及真诚悔改的表现,经查证属实的;

2. 犯罪分子不但自己真诚坦白,又能积极地检举揭发同案犯或其他犯罪分子,有立功折罪的表现,并经查证属实者;

3. 犯罪分子不但自己真诚坦白,检举立功,并能积极协助政府破获或发现重大案件而立有大功,并经查证属实者;

4. 有其他足以免除刑事责任的表现者。

在执行第一条时应注意将犯罪人的罪行大小以及坦白悔改程度密切地联系起来。一般来说,仅仅是坦白交代或投案自首、认罪悔改,只能作为从宽处理的根据,不是全都可以作为免刑的根据,就是"罪当处死的,一律免处死刑;罪当判处徒刑的,从轻判刑或者免刑"。[①] 只有在罪行轻微时,如反革命案件中的一般历史反革命分子,罪恶轻微或者被迫、被骗参加反革命组织,没有积极进行反革命活动的分子,再加上彻底的坦白认罪等情节,才能给予"免予起诉"。不问罪恶性质和罪行大小,只要坦白一律免予起诉,形成"坦白不问",显然是不妥当的。这种现象等于故纵了犯罪分子,歪曲了党和国家对犯罪分子的政策。这就犯了右倾性质的错误。

---

① 全国人民代表大会常务委员会《关于宽大处理和安置城市残余反革命分子的决定》。

再以第二条“立功折罪”来说，我们在对待这一问题时也应该注意罪的轻重与功的大小，只有在所立的功已足以折罪时才能“免予起诉”。若不管其“罪”与“功”的情况，只要有检举就算立功，只要立功就一律免刑，当然也是不对的。至于“有其他足以免除刑事责任的表现”一点，执行时，亦必须有既定的法律或政策为根据，不能单凭个人感觉作决定。如以“态度比较老实”、“表现较好”、“照顾其家庭生活困难”等理由作为免予起诉的依据，显然是荒谬的。总之，在适用免予起诉时，应该考虑到这样处理是否有利于祖国社会主义建设及社会主义改造事业，是否有利于党的领导，是否有利于巩固人民民主专政。必须明确的是，免予起诉是我们对犯罪分子的一种政策、一种武器；运用它的目的是更有力地镇压一切反革命分子与其他刑事犯罪分子，而不是为犯罪分子开脱罪责。只有明确了这一点，我们才能更正确地使用这一武器。

四、对于免予起诉不同认识的意见

免予起诉这一制度是我国一种独特的创造，其具体做法直至目前还在逐步改进、逐步健全的过程中。因此大家对这一制度，难免有一些不同的看法。现在我想根据叶景荪同志提出的两个主要问题，即检察院有没有权作出免予起诉的决定以及免予起诉是否为一种处分的问题发表我个人的意见。

关于检察院是否有权作出免予起诉决定的问题，如前面所说，已由全国人民代表大会常务委员会在《关于处理在押日本侵略中国战争中战争犯罪分子的决定》中加以肯定，正式以法律形式授权人民检察院以免予起诉的权利。所以，我认为这个问题实际上是不存在了。

至于免予起诉的含义是什么？我认为，免予起诉是我国刑事诉讼中的一个程序，亦就是在刑事案件侦查终结以后由检察机关以国家名义对罪犯赦免其刑事责任的一种决定。这一“决定”与“处分”是不同的，它本身并不是一种“处分”，最多也只能说是一种“处理”。我认为，其性质与特赦倒有某些相似之处，所不同的是特赦适用范围比较广，而且是全国人民代表大会常务委员会决定的，免予起诉的范围比较狭窄，而且是由各级人民检察院决定的。

（1957年第6期）

对《关于“免予起诉”的问题》的商榷

吴锦文*

叶景荪同志在《关于“免予起诉”的问题》(参见1957年《法学》第2期)一文中,对于由人民检察院决定“免予起诉”这种做法,认为值得研究,并提出了一些否定性的论断。我阅读了这篇文章以后,有这么一些感觉,现提出来共同研究。

叶景荪同志在文章中说:“‘免予起诉’的案件,都是一些已经构成犯罪应该受到处罚但是由于存在有某些可以从轻或减轻处分的情节(如自首投案,检举立功等),根据政策法律可以免予处罚的。”这种对于免予起诉的前提的理解,是不能认为正确的。我国刑法中实行“惩办与宽大相结合”的政策。案件在获得宽大处理的场合,往往表现为:从轻处罚、减轻刑罚或者免予刑罚。这三种互不相同,其取舍决定于案件本身的性质和社会危害性的大小,以及可予以宽大处理的情节。简言之,被告人是否受到从轻处罚,或减轻刑罚,或免予刑罚,都是取决于一定的条件。这种条件应当具有事实情节和法律或政策精神的统一。在权衡宽大条件时,应当全面地从当时的社会政治情况、犯罪情况、被告人的个人情况,以及法律或政策精神等多方面的因素来加以考察。例如,1956年8月18日最高人民检察院关于354名日本战争犯罪分子免予起诉决定这一案例,在决定书中指出:“……按照该犯等所犯的罪行,本应提起公诉,予以应得的惩罚,但是,鉴于日本投降后十年来情况的变化和现在的处境,鉴于近年来中日两国人民友好关系的发展,同时,姑念该犯等在关押期间悔罪表现较好,或者是次要的战争罪分子,因此根据‘中华人民共和国全国人民代表大会常务委员关于处理在押日本侵略中国战争中战争犯罪分子的决定’,对于日本侵略中国战争中战争犯罪分子,按照宽大政策分别予以处理的精神和第1条第1款的规定:对小林高安等在押日本侵略中国战争犯罪分子第三批354名从宽处理,免予起诉,即行释放。”

这就是给我们指出应当从当时的具体的情况出发,从各方面的因素来全面考察宽大条件的范例。案件中存在的宽大情节,经过全面考察后,可以作为对被告人予以在法定刑的幅度内较轻刑罚的原因时,即是从轻处罚的情节;可以作为对被告人予以比法定刑较低的刑罚,或者另有其他更轻的刑罚的原因时,则为减轻刑罚的

---

* 作者单位不详。

情节;可以作为对被告人完全免予适用刑罚的原因时,则属免予刑罚的情节。一般来说,减轻刑罚的情节对于追究刑事责任的宽大程度比从轻处罚的情节大;而免予刑罚的情节则比减轻刑罚的情节更大。各种对追究刑事责任的宽大,都是与案件所存在的宽大情节相适应的。叶景荪同志所谓"由于存在有某些可以从轻或减轻处分的情节",显然是不足以对被告人免予追究刑事责任的。因为这种情节还没有达到可以免予追究刑事责任的程度。虽然叶景荪同志在文章中也提到"根据法律、政策可以免予处罚的"这条件来补充,但实际上,这已经被"可以从轻或减轻处分的情节"所否定了。

叶景荪同志所指免予起诉的案件,实际上是应当起诉,提交法院进行实体审判,对被告人从轻或减轻处罚的案件,而不是我们这里所要探讨的免予起诉的案件。

叶景荪同志还说:"根据宪法和人民法院组织法的规定,人民法院是我国行使审判权的唯一机关。因此,只有人民法院才有权对犯了罪的人作出处理。即使案件中存在有可以减轻或从轻处分的情节,也只有人民法院有权依法予以减轻或予以处分。"从这一论断本身来看,应该说是对的。因为对这种只"存在有可以减轻或从轻处分的情节"的案件,人民检察院本来就应当起诉,提交法院审判,依法予以减轻或从轻处罚,或者当案件起诉后才发生或发现有可以免予处罚的情节而由法院依法"免予处分"。但这已经不是我们这里所要研究的免予起诉制度的问题了。叶景荪同志提出这个论断的目的,乃在于以此作为理由来推断人民检察院没有决定免予起诉的权限。这是不能成立的。因为他指错了研究的对象,在这样的前提下,也就根本不能从上述的前一个论断推出后一个推断来。

叶景荪同志又以"根据人民检察院的职权来看,在刑事诉讼中,它的任务是将犯罪的人提交法庭审判",和"人民检察院的不起诉决定应该只限于根本不构成犯罪或犯罪情节轻微,缺乏危害后果或证据不足的案件"为理由,作出"对已经构成犯罪本应予以刑事处分只是根据具体情节可以免予处分的案件也由人民检察院进行决定免予起诉,我认为是和人民法院行使审判权的原则不符的"的论断。依照这个论断来看,则由人民检察院决定免予起诉这种实践是不妥当了,或者说是越权了。但叶景荪同志在文章中却又说:"人民检察院对这些案件'免予起诉'而不予以'不起诉',想是要将其与那些因根本不构成犯罪或证据不足而'不起诉'的案件加以区别。这样区别一下是对的。"这岂不自相矛盾!

叶景荪同志对由人民检察院决定免予起诉这种实践所作的否定论断,是不能使人信服的。我们知道,人民检察院作出免予起诉的决定,是在案件具有可以免予刑罚的情节,依法可以对被告人免予追究刑事责任的场合下进行的。依照刑事诉讼的理论来说,犯罪人的刑事责任,在刑事诉讼的一切阶段中,不论从哪一方面来看,它是侦查机关、检察机关和法院的活动对象。免予起诉的案件既然在实际上不会发生对被告人适用刑罚的后果,即使提交法院进行实体审判,也是不会适用刑罚的。叶景荪同志所理解的人民检察院在刑事诉讼中的任务是“将犯罪的人提交法庭审判”,是不够确切的,它与刑事诉讼目的不尽符合。这种观点,将会促使人民检察院的起诉和支持公诉的活动导致为控诉而控诉的片面控诉犯罪的倾向,忽略去考虑诉讼继续进行会有什么后果。这对于提高人民检察院,乃至人民法院的工作效率,使他们能更集中力量去对那些应该而且必须起诉和进行审判的案件进行工作,显然是不利的。同时,对于促使被告人更早悔罪立功也不会更有利。根据“刑诉上的在侦查工作终结后,检察长有权终止诉讼或者把案件移送审判机关以便对被告人起诉”,和“控诉权力机关应当作出终结侦查工作的结论,在酌量全部案情以后,它就决定控诉今后的命运”这些原则,从广泛的意义上来理解,我认为,人民检察院对案件不仅应当具有可以决定起诉、不起诉的权限,而且也应具有可以决定免予起诉这一本质上的概念内的属于“有权终止诉讼”和有权“决定控诉今后的命运”的权限。人民检察院对案件决定免予起诉,可以说是由其所固有的控诉职能所派生出来的一种诉讼职能,也属于人民检察院所固有。叶景荪同志认为由人民检察院决定免予起诉是和人民法院行使审判的原则不符的问题,实际上是不存在的。

我国刑事诉讼实践中的免予起诉制度,与我国刑法中实行的“惩办与宽大相结合”政策是相适应的。这种制度在实践中,对更及时有效地促使各种犯罪分子的分化瓦解已经起了巨大的作用。1956年在全国范围内开展的政治攻势中,全国有十九万余名反革命分子投案自首。这种巨大成绩的获得,除了方针政策的正确和其他方面的原因外,其中与由人民检察院决定免予起诉这种实践的优越作用也是分不开的。

叶景荪同志又以“起诉”本来只是向法院提出控告的意思,它本身并不是对犯罪者的惩罚,而只是刑事诉讼中的一项程序。但是“免予起诉”实际上却是把“起诉”当做一种处分了。否则“免予”便无从谈起为理由,用来论证由人民检察院决定免予起诉是和“人民检察院作为国家法律监督机关,本身没有任何处分权的原则不符的”。这也是不能成立的。“起诉”这一概念,从其诉讼本质来考察,则是起诉机关使被告人变成受审人,提请法院对案件进行实体审理的一种诉讼行为。而免予起诉,则可以说是有权起诉的机关(即检察院)免予使被告人变成受审人,免予提请法院对案件进行实体审理的一种诉讼行为。按其内容来说,这种免予起诉乃是人民检察院在案情查清后,对案件所作的一种结论,说明被告人的行为具有犯罪构成,本应起诉受审,但因根据具体情况可以免予追究刑事责任,因而决定免予起诉,终止诉讼。这种免予起诉的决定,在内容上可能与法院对某些案件所作的免予处刑的判决是相似的，案件的实际后果也相同，但绝不能因此说前者与后者在诉讼本质上是一样的。因为前者可以说是一种属于控诉行为的派生性的诉讼行为，而后者则是一种审判行为。二者不能互相混淆。正如人民检院决定不起诉，与人民法院作出无罪判决，在内容上是相似的，案件的实体命运也相同，但绝不能因此说人民检察院对案件决定不起诉是行使了处分权，“是和人民检察院作为国家法律监督机关，本身没有任何处分权的原则不符的”。叶景荪同志错把人民检察院决定免予起诉当做一种审判行为来考察，因此，他认为免予起诉的“免予”乃是由于“把‘起诉’当做一种处分了”而来的。这是不正确的。免予起诉的“免予”不是来自“把‘起诉’当做一种处分了”，而是来自案件有可以免予追究刑事责任的具体情况。人民检察院之所以对这种案件决定免予起诉，我以为，这是因为在案件侦查终结后（未进入法院以前），它有权酌量案件的全部情况，根据“以事实为根据，以法律为准绳”的原则，决定控诉今后的命运，有权终止诉讼。

（1957 年第 6 期）

【读者来信】

不要被“右派分子”杨兆龙的谬论所欺骗

竺型熹*

编辑同志：

自从党在学术上提出了“百花齐放、百家争鸣”的方针以后，掀起了科学家们向科学进军的热潮。同样，法学界也呈现出一片新气象，这是很好的。但是，我认为，“百家争鸣”也应有一个尺度，这个尺度不是限制别人“鸣放”，而是应局限于争理，反对强词夺理恶意地用来争权。如“右派分子”杨兆龙就是采用了阴谋欺骗的办法，企图“翻身”、“复辟”。他疯狂地向人民的法制进攻，破坏人民民主专政，令人势难缄默。我特写此信给编辑部用做声讨。

我读了杨兆龙《法律的阶级性和继承性》的文章后，在思想上起了始则敬、继则疑、终乃大白的三个演变过程。

一、始　则　敬

我对杨兆龙过去只知其名，而不知其人，当我读了他的文章后，觉得他写的头头是道。他说，新的法律或后产生的法律，吸收旧的或先产生的法律，在过去是常发生的事实，这种事实的发生不是偶然的，而是必然性的……这不但在新政权刚建立时是如此，就是在新政权建立很久以后也如此……实际上当一个新政权建立以后，它只能制定一些主导性的或关键性的法律规范，也不一定完全从“无”中创造出来的，很可能是参考过去的或别国家的法律或受其启发而制定的。至于那些辅佐性或从属性的法律规范，其牵涉面很广，并且绝大部分是过去长期经验智慧累积的结果。“罗马法是奴隶社会里发展出来的东西，但是后代各种类型国家的法律中有很大的部分是从它的老规范中直接或间接演变出来的，就是苏联的法律也不能完全例外。”他还引证瑙维茨基教授的话：“据苏联民法学家瑙维茨基教授表示，

* 作者单位不详。

苏联民法中有些名词和概念是发源于罗马法的；研究了罗马法，才能更好地理解它们”。[①] 当初我以为他谈的“法律继承性”比其他李良、刘焕文诸先生们所谈的“法律继承性”，更深入详尽、具体。同时还认为他谈的一套理论与斯大林所表述的“生产的第三个特点，就是在新的生产力以及与其相适合的生产关系产生的过程不是离开旧制度而独立产生，不是在旧制度消灭以后发生，而是在旧制度内部发生”的论点吻合。[②] 因此，我认为杨兆龙真是博学多才，不胜敬佩之至！

二、继　而　疑

读了《法学》第3期万山先生驳《继承祖国的遗产论》一文，他认为“新法和旧法有着本质的不同，在它们之间无丝毫的内在联系，根本不发生什么继承性的问题”。“语言本身是没有阶级性的，它可以为任何一个阶级服务，在新法中采用一些旧法中采用过的语言，这并不是什么继承问题。”“新法和旧法中某些条文相似，也不能说明继承性问题，尽管在形式上相似，但它们的内容是有本质不同的，因而形式上也就不完全是一回事。”《法学》第4期叶孝信、江振良先生在《必须彻底废除伪六法》一文中也指出：“法典的形式，法的名词和概念同具体的法还是两回事，前数者可以说是属于历史遗产范畴内的，可以考虑是否继承和如何继承的问题。”[③]这与杨兆龙所指的具有强烈阶级性的法可以继承的问题毫无共同之处。杨兆龙所说的法律继承性的论点完全破产了。因此使我明确了不能把法的继承性这一概念与不同质的历史联系起来等同看待。认识到无产阶级是历史上被剥削阶级第一次掌握政权的阶级，与剥削阶级根本对立，因此资产阶级的法律不能为无产阶级所继承。

三、终 乃 大 白

此次在“反右派斗争”中，叶萌同志揭发了向法制进攻、破坏人民民主专政，是“右派分子”反党、反人民、反社会主义纲领的一个重要组成部分。充当这方面打手的英雄，在北京有黄绍竑、谭惕吾、杨玉清，在上海有王造时、杨兆龙等[④]，并阅读

---

① 《华东政法学报》1957年第3期。

② 联共（布）中央特设委员会编：《联共（布）党史简明教程》，外国文书籍出版局1949年印行，第167页。

③ 《法学》1957年第4期。

④ 《法学》1957年第4期。

了丁了、梅耐寒同志两篇文章，揭发"右派分子"王造时、杨兆龙反党言行和杨兆龙——蒋家忠臣、庞德信徒的丑恶面貌的文章后，使我大吃一惊！原来杨兆龙还是一个屠杀人民的刽子手，是一名向社会主义法制进攻的急先锋。啊！难怪杨兆龙在《文汇报》上大肆宣传"美国亦有保护劳动人民的法律"的谬论。这完全是烟幕弹，实有辱于人民教授的名位。美国现已发展到垄断寡头专政的阶段，大鱼吃小鱼，互相吞并，一般自由资产阶级都站不住脚，哪里还有保护劳动人民的法律?

原来杨兆龙是一个反党、反社会主义，企图为国民党伪法统复辟的"右派分子"，他之所以"巧言令色"，故意曲解法律的阶级性和继承性，是有着一个不可告人的阴谋野心。于是我乃恍然大悟，明白真相。

法学界的"右派分子"向人民法制进攻，谬称法律是超阶级、超政治的，贩卖欧美资本主义腐朽的私货，故意掩盖法律的阶级性，一方面想把工农干部搞垮台；另一方面在知识分子面前挑拨离间，妄想提出旧司法人员"归队"的口号，企图要继承国民党的伪法统，以达到反动统治复辟，破坏人民民主专政。这种使新中国历史发展轮轴引向倒转和建立一个资本主义类型的法治国家的阴谋活动，是值得我们引为警惕的，必须全力打垮它。

（1957年第6期）

【动态】

苏联成立国际法学会

金石音*译

1957年4月,莫斯科举行了一次国际法学者会议。到会者,有莫斯科列宁格勒、基辅、明斯克、第比利斯、埃里温、卡赞、罗斯托夫、萨拉托夫等地的国际法方面的科学工作者和实际工作者。

会议决议在苏联成立国际法学会,并加入世界国际法学会。

苏联国际法组构的成立,将促进苏联国际法学者在探讨和解决现代国际法上实际科学问题方面的努力方向取得一致。

学会会章说,为力求对巩固世界和平与发展国际间的友好合作而斗争的崇高事业做出贡献,苏联国际法学会将促进国际法向这一方面发展,即不管其社会制度或国家制度怎样,将努力加强促进和平共处与国际合作的规范与原则。此外,学会为推动国际公法的研究和促进国际公法科学地发展,利用出版、报告、会议等将国际法介绍于苏联公众,并将苏联国际公法科学的发展介绍于国外的科学团体。

国际法学会将出版《苏维埃国际法年鉴》,计划发表学会会议上所作的科学报告,以及其他国际公法问题方面的科学作品。

法学博士格·伊·董金(Г. И. Тункин)当选为学会主席,苏联科学院通讯院士耶·阿·高罗文(Е. А. Коровин)、法学博士斯·勃·克理洛夫(С. Б. Крылодв)为副主席,法学副博士斯·伏·莫洛德卓夫(С. В. МолодиодВ)为秘书长。

(1957年第6期)

* 译者单位不详。

本文节译自《苏维埃国家与法》1957年第8期。

国际比较法学会举行第一次代表大会

金石音*译

联合国国际法律科学会所发起的国际比较法学会，业已正式成立，并于去年9月间在西班牙巴塞罗纳省举行了第一次代表大会。出席会议的有来自39个国家的180名代表。大会有来自东欧，特别是苏联、波兰、罗马尼亚等国的比较法学者，以及日本等国的代表。代表中有颇多学术权威或在司法界有地位的人士。

大会除分成四个专门小组进行座谈，尚有一般性的讨论。座谈的专题有：

1. 印度吸收外国法律诸问题；
2. 生存配偶的继承权；
3. 比较行政法学上的"听取相对方意见"原则；
4. 以法律手段促进家庭稳定的比较研究。

这四个专门小组都曾展开了讨论，为着更好地从事学术讨论，吸收更多的学者和有实际经验的人参加，他们并准备了下一次会议的议程。

（1957年第6期）

华东政法学院举行第二次科学讨论会

华东政法学院的师生们在去年科学研究的基础上，今年又选出了99个科学论题。该院于11月16日庆祝五周年院庆的同时，举行了第二次科学讨论会。会上就本年已完成的选题中提出论文8篇进行讨论。参加讨论会的有上海政法业务部门的干部，有复旦大学法律系、上海法律学校的师生，以及该院的师生和历届毕业学生共1200余人。

华东政法学院这次举行的科学讨论会，是继续展开学术问题的自由争论，贯彻了百家争鸣的方针，并且结合了当前的整风运动。与会者对讨论会提出的8篇论文，给予了很好的评价，大家一致认为讨论会不仅反映了一年来教师们科学研究的成果，而且也反映了同学们向科学进军的成绩。报告会的特点之一，就是紧紧地结合了反右斗争，揭发并批驳了法律界"右派分子"进攻的阴谋，有力地保卫了马克思列宁主义的法律理论。

讨论会通过对翟廷瑨的《驳"右派分子"的"人治主义"谬论》以及王召棠的

---

* 译者单位不详。

本文节译自《国际比较法学季刊》第6卷第1期。

《论所谓人权保障问题》的两篇论文的讨论后，澄清了一些模糊思想。大家一致认识到在谈及法治和人权问题时，必须从阶级的立场、观点出发，必须从各个历史阶段的生产关系的改变来看法律的不同。资产阶级之所以不承认我们的法律，正是因为资产阶级从他们的反动立场、观点出发。因此看法律保障人权问题，也必须根据不同的历史情况，绝不能单从法律的形式上、条文上去看，因为资产阶级的人权保障从来就是骗人的东西。关于我国法制是否完备问题，也有不同意见。绝大多数同志主张法律完备与否，看它合不合今天实际的要求，实际中应该有的，我们有了，就是完备；过渡时期不可能有的法，因此我们没有，就不能说法制不完备。其实，会上对儒家是否可作为人治的代表，罢工罢课是否也是人权之一的问题也有争论。有些同志认为儒家是以德治、礼治为主，不能作为人治的代表。罢工罢课在资本主义社会是阶级矛盾不可调和而产生的对抗行为，不就是人权。

讨论会对黄道、汪家焯、吴永龙的论文也有争论。有些同志认为黄道同志的《刑事诉讼中的证据概念和意义》一文能够在烦琐的证据概念中，提出个人的看法是好的，但是他们不同意黄道对证据概念所下的定义，他们认为证据本身是客观存在的，是第一性的东西，而黄道认为证据要进行搜集和固定起来并经过分析研究的说法，是与证据的客观属性不符的，二者不能混淆。会上对汪家焯《关于国民党民法的批判》一文的争论是关于狄骥的社会主义化的问题。大家认为狄骥的社会主义与我们现在的社会主义毫无共同之点，不能相提并论。关于旧民法的变迁问题，仅仅从条文上加以叙述，尚不能说透。旧民法变迁的最根本问题，应该从社会历史发展的各个阶级、法与经济之间的关系上来论述。还有些同志也不同意吴永龙同学《关于我国刑法中犯罪特征的研究》一文中的某些论点。他们认为犯罪和其他违法行为的界限，不能根据社会危害性大小，而应该根据社会危害性的有无而定，并认为罪过本身有独立提出来作为一个犯罪特征的必要。

讨论会对李仲成《驳斥"右派分子"杨兆龙对肃反运动的诬蔑》、司经中的《定息是剥削又是赎买》二文也有争论。有些同志不同意司经中所说的定息是剩余价值的说法。他们认为剩余价值的概念是在一定历史条件下的经济范畴，是以劳动力变为商品作为前提的，定息则与此不同。因为今天的定息还反映了资本家对工人的剥削关系，资本家无偿地占有工人所创造出来的价值，因此定息就具有剩余价值的某些特征，但是绝不能就简单地把定息说成是剩余价值，如果把定息说成是剩余价值的话，必须与原来意义上的剩余价值有所区别。

同样，讨论会对王秀珍同学《关于农业合作化的几个问题》，也提供了建议性的意见。

华东政法学院这次讨论会之召开，进一步地证实了科学研究必须和教学与社会实践相结合。这不仅可以更好地贯彻理论联系实际的方针，充实教学内容，而且使论文的作者以及参与讨论的人都能吸收到更多的实际斗争的经验。

（1957年第6期）

编 后 记

在党的正确领导和读者的大力支持下,《法学》按照原定计划出完了1957年的6期。从明年开始,决定改出月刊了。面对着这个即将到来的新任务,编辑部全体编辑人员怀着十分兴奋的心情,借此机会把过去一年来读者对本刊的意见作一些归纳,并顺便谈一下我们的意见。

首先,关于本刊的编辑方针问题。有的读者认为《法学》是学术性刊物,它应该与司法各部门的业务刊物有所区别,要我们多通过实体问题来阐明马列主义关于法的理论。有的读者认为《法学》应该成为一种通俗性、大众性的刊物,要我们多登一些像"法学讲座"那样系统的法律基本知识,以及短小精悍的业务总结性的文章。我们认为,本刊今后仍将贯彻"理论联系实际"的方针,从实际出发,进行理论的研究,并相应地介绍人民群众在实际生活中需要的法律知识,使本刊逐步成为一种群众性的法学刊物。

其次,关于文章的内容问题。许多读者认为本刊过去刊载的文章多从实际出发,比较富有现实意义,比较适合一般干部的需要,这是好的,但前些时候也有一些"毒草"出现(见1956年《华东政法学报》第2、3期),不知是否有意这样做的,如果有意的话,应及时组织争论和批判。有的同志还建议我们就法律实践和法学研究中带有争论性的问题组织讨论,作出结论。我们认为,读者这些意见是正确的。"争鸣"可以发现香花,也会招来"毒草",我们编辑的责任无疑是应该培养香花,铲除"毒草"。本刊本年各期登载过一些论点错误的文章,同时也连续出了批判旧法思想及驳斥"右派分子"杨兆龙的反动理论的文章,并组织过多次会议进行争议。但这一工作还是做得不够紧,不够充分,是有缺点的。反旧法思想和批驳资产阶级的各式各样的反动理论,是一个长期的斗争,今后还须作许多努力。希望读者也投入到这场战斗中来,共同为克服教条主义,反对修正主义和旧法观点而斗争。其他有争论性的问题,今后也将组织讨论,尽量把问题搞清楚,获得正确的认识。

明年本刊内容基本上和过去一年相同,即是对社会主义法制中的具体问题,进行理论研究;密切配合政治运动,宣传党和国家的政策法令。经过整风,各政法部门都检查了工作,检查了思想,对政策的贯彻、理论的运用,都有进一步的端正。本刊希望通过具体工作的讨论,提高政策思想的研究。此外并将刊载"法学讲座"(第1期从国家与法的理论开始)和法令通俗讲解,请读者随时赐稿。

再次,关于文章的风格问题。很多读者认为过去一个时期的《法学》所刊登的文章有的太长，不够通俗。也有的读者认为有些文章的主题不够鲜明突出，问题牵扯太多，语文过于艰涩累赘，概念阐释太多，引文太多。如果能把这些东西省掉，篇幅就可以大大地精简，同时又加强了文章的力量。我们认为这些意见是非常好的。今后将尽力朝这个方向努力，把文风搞得实际一些，做到深入浅出，通俗易懂。希望大家多写短文章，探讨的问题愈小愈具体愈好；结论要清晰、明朗，文字要简洁、通顺，不要冗长枝蔓。

最后，有些读者建议本刊减低价目，并要求出合订本。我们的意见是：本刊定价，比一般刊物的收价是低一点的，为着不使国家赔补太多，实在无法再减价了。关于合订本问题，由于过去各期印数不多，有的已经售完了（如第1期），其余的存刊也不多，不能连办。如果读者自己装订，缺少哪一期的，可以向我们补贴，售完为止。请大家原谅。

（1957年第6期）

重编后记

本卷为《法学的历史》第1卷，收录的是1956年《法学》创刊至1957年第6期的所有文章。《法学》创刊时，1956年共出了3期，当时杂志名叫《华东政法学报》，自1957年第1期开始，更名《法学》。

在本卷的重编过程中，《法学》编辑部孙万怀、过纯益老师给予了许多帮助，法律出版社沈小英分社长和责任编辑王津京付出了辛勤劳动。对此，我们表达诚挚的谢意。本卷编辑分工为：李婧负责《华东政法学报》3期校订工作；周伟文负责《法学》1957年前3期校订工作；陈颐负责《法学》1957年后3期校订工作。最后，由何勤华统稿、定稿。

由于本卷篇幅较大，校订中可能会存在一些错误，敬请读者诸君批评、指正。

何勤华

于华东政法大学

2012年4月15日

领取稿费告知

尊敬的各位作者：

值华东政法大学建校60周年、《法学》创刊56周年之际，华东政法大学《法学》月刊社出版了《法学的历史》文丛，旨在以文献的方式反映新中国法制建设的进程以及法学理论的发展。为此，选萃了《法学》月刊自1956年创刊以来刊登的具有代表性的、能够反映当期现实问题和理论研究水平的文章。您的文章被我们选用，但由于各方面原因，我们无法与您直接取得联系，希望看到此通知后联系我们，以便发放您的稿费。具体事项如下：

1. 请告知您的信息，具体包括：(1)作者姓名；(2)文章名；(3)文章发表的卷名。可直接到杂志社领取稿费。如需要邮寄稿费的，为防止冒领，请将个人身份证号、收款账户、联系电话予以告知我刊。

2. 稿费的发放标准为每千字10元。

3. 杂志社地址：上海市万航渡路1575号华东政法大学六三楼《法学》月刊社。邮政编码：200042。联系电话：021－62071924。联系人：过纯益 汪池洲

感谢您的大力支持！

华东政法大学《法学》月刊社
2012年7月8日

图书在版编目(CIP)数据

法学的历史．第1卷，1956年～1957年／何勤华主编．
—北京：法律出版社，2012.9
ISBN 978-7-5118-3642-7

Ⅰ.①法… Ⅱ.①何… Ⅲ.①法学史—世界—文集—
1956～1957 Ⅳ.①D909.1-53

中国版本图书馆CIP数据核字(2012)第131391号

责任编辑／王津京　　**装帧设计**／李　瞻

出版／法律出版社　　**编辑统筹**／财税出版分社
总发行／中国法律图书有限公司　　**经销**／新华书店
印刷／北京中科印刷有限公司　　**责任印制**／吕亚莉

开本／720毫米×960毫米　1/16　　**印张**／69.5　**字数**／1242千
版本／2012年9月第1版　　**印次**／2012年9月第1次印刷

法律出版社／北京市丰台区莲花池西里7号(100073)
电子邮件／info@lawpress.com.cn　　**销售热线**／010-63939792/9779
网址／www.lawpress.com.cn　　**咨询电话**／010-63939796

中国法律图书有限公司／北京市丰台区莲花池西里7号(100073)
全国各地中法图分、子公司电话：
第一法律书店／010-63939781/9782　**西安分公司**／029-85388843　**重庆公司**／023-65382816/2908
上海公司／021-62071010/1636　**北京分公司**／010-62534456　**深圳公司**／0755-83072995

书号：ISBN 978-7-5118-3642-7　　**定价**：225.00元